北京市级
文物保护单位志 ①

BEIJING SHIJI WENWU BAOHU DANWEI ZHI

《北京市级文物保护单位志》编委会　编

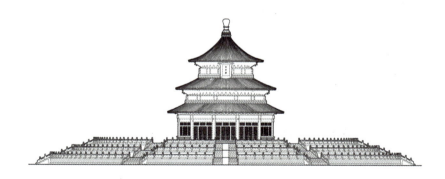

北京出版集团
北京出版社

图书在版编目（CIP）数据

北京市级文物保护单位志：全2册／《北京市级文物保护单位志》编委会编. — 北京：北京出版社，2022.10
ISBN 978 – 7 – 200 – 17392 – 5

Ⅰ．①北… Ⅱ．①北… Ⅲ．①名胜古迹—介绍—北京②文化遗址—介绍—北京 Ⅳ．①K928.701②K878

中国版本图书馆 CIP 数据核字（2022）第 152944 号

选题策划：豆广利
责任编辑：于 蕊 张素芹 张亚娟
执行编辑：杨金桥 邢 月 邓 川
装帧设计：魏建欣
责任印制：武绽蕾

北京市级文物保护单位志
BEIJING SHIJI WENWU BAOHU DANWEI ZHI
《北京市级文物保护单位志》编委会 编
*
北 京 出 版 集 团 出版
北 京 出 版 社
（北京北三环中路 6 号）
邮政编码：100120
网 址：www . bph . com . cn
北 京 出 版 集 团 总 发 行
新 华 书 店 经 销
北京华联印刷有限公司印刷
*
210 毫米×285 毫米 76.5 印张 1740 千字
2022 年 10 月第 1 版 2022 年 10 月第 1 次印刷
ISBN 978 – 7 – 200 – 17392 – 5
定价：680.00 元（全 2 册）
如有印装质量问题，由本社负责调换
质量监督电话：010 – 58572393

目　录

西城区市级文物保护单位 …… 315

皇史宬

皇史宬是我国明清时期保存皇家档案的档案库。位于北京市东城区南池子大街136号，始建于明嘉靖十三年（1534）七月，建成于明嘉靖十五年（1536）七月，清嘉庆十二年（1807）重修。皇史宬是我国古代建筑中一组特殊的建筑，它不仅对研究"石室金匮"制度具有重要的历史、科学、艺术价值，同时也为人们研究古代皇家档案的保存提供了建筑实物。

皇史宬俯瞰

皇史宬的建造，最早可追溯至明弘治五年（1492）。内阁大学士丘浚向皇帝提出了在紫禁城文渊阁附近修建"石室金匮"的构想，在丘浚的构想中，这是一处用来收藏历代典籍、国家重要文书、皇帝起居实录，以及皇帝颁发的各项政令诏书的地方。但丘浚的建议在当时并没有得到重视和认同，直到42年后，嘉靖皇帝才命人按照"石室金匮"的构想开始修建此建筑，即我们今天看到的皇史宬。

明嘉靖十五年（1536）八月二十日，皇史宬正式投入使用。在这一建筑建成初期，其名字并不叫皇史宬，而是被命名为"神御阁"。这是因为起初在这里还存放着皇帝画像。后来嘉靖皇帝决定这里专门存放皇帝实录和圣训，因此才更名为"皇史宬"。

清朝建立后，仍将皇史宬作为保藏皇家档案之所，但皇史宬的门额字形，清朝做了很大的改变，改成了左汉右满两种文字合璧。

皇史宬是一处二进院落建筑，占地8460平方米，建筑面积3400平方米。前院是狭长的通道，外门在东西两侧。院内北面中央设正门，门内为一横长方形庭院，北面正中就是贮存档案的皇史宬。

皇史宬坐北朝南，建于两米高的石基之上，面阔九间，庑殿顶，上覆黄琉璃瓦，全部用砖石建成，墙厚达5米，故有"石室"之称。殿身正面开五个券门做入口，山面各开一个方窗。殿内

皇史宬正殿

部无梁无柱，为开阔的拱形大厅，这种建筑形式称为"无梁殿"。殿前有平台，正中台阶间有云龙御路，各门均为两层，外层石门，内层木门，据明末记载殿内有20个石台，上贮金匮，到清乾隆时已改为两个大台子。台高约1.2米，为汉白玉石座，其上陈列金匮。金匮是用錾云龙的镏金铜皮包住的木柜制成，柜高1.31米，宽1.34米，厚0.71米，自明代累积至清末，现存152具，其内存放着皇帝圣训、实录与玉牒等皇家档案，另存《永乐大典》副本、《大清会典》、将军印信等重要文献。

皇史宬外观为仿木构建筑。墙身由灰色水磨砖砌成，檐下的柱头、额枋、斗拱、椽子都是砖石所制，但骤视几乎与木构无异。为了适应砖石材料的特点，斗拱出挑较短，出檐也较短，外观比一般木构建筑显得厚重。皇史宬体量宏大，色调雅致，在黄灰色砖墙身和黄琉璃瓦顶之间有青绿点金的斗拱额枋彩画，衬着下面的汉白玉石栏杆、台阶，和同一类型的天坛斋宫相比，给人更为明朗、庄重的感觉。皇史宬的整个建筑与装饰设计完美，做工精良，功能齐全，华贵耐用，主

皇史宬东配殿

皇史宬西配殿

要功能是防火、防潮、防虫蛀鼠咬，同时也应和了古代国家藏书处"石室金匮"的构想。

皇史宬左右有配殿各五间，砖墙拱券门窗，但内部为木构架，内有储藏皇家档案的大木柜。

1955年，国家档案局成立，皇史宬移交国家档案局管理。从1956年起，国家陆续拨巨款对皇史宬进行了多次修缮。

1957年10月28日，皇史宬被北京市人民政府公布为北京市第一批市级文物保护单位；1982年2月23日，皇史宬被国务院公布为第二批全国重点文物保护单位。

皇史宬正殿斗拱

皇史宬正殿内金匮

明、清两朝的档案管理

明、清两朝非常重视档案的管理，不但专门设置官员整理、管理档案，同时还制定了各项关于档案管理的制度。

在明朝建立初期，明太祖朱元璋就命令全国各级官员收集相关的档案进行整理保存，对于那些带着档案来投降的元朝官员还会特殊优待。朱元璋设置大本堂这一机构专门收集古今图书放置其中，并收集管理档案。随着档案管理机构的逐步完善，明朝前期形成了以内阁、通政使司、六科、司礼监、文书房为主题的档案管理系统。明朝政府还制定了"照刷"档案管理制度，各级官员都要对自己所属的文卷进行照刷。文档照刷后，要分门别类，做出标记，妥善存档。

明朝政府还着力培养档案管理人才，对从事档案管理工作的官员严格选拔，提升了档案管理的水平。

明朝档案管理分为皇家档案库，以及中央和地方行政机关档案库。而嘉靖年间设立的皇史宬就是负责管理皇家档案的机构。

清军入关之前，清统治者就已经非常重视档案的管理工作，很多档案都以满文的形式保留了下来。定鼎中原后，清王朝进一步加强档案的管理，档案管理机构分为内阁大库和方略馆大库。内阁大库主要保管内阁日常办公形成的各种承宣、实录、圣训、玉牒等档案；而方略大库则归军机处管理，因为其所保管内容多涉及国家重大机密，所以在保管上更加严格。另外清代的国使馆也设有档案库，到了近代，随着清王朝与列强交涉日益频繁，以总理各国事务衙门为代表的外交档案管理工作也开始出现。

明、清两朝完善的档案管理制度，为我们研究当时的历史和社会现象提供了非常宝贵的资料。

太庙（北京市劳动人民文化宫）

太庙，即今天的劳动人民文化宫，是明、清两代皇室的祖庙。位于北京市东城区东长安街北侧，天安门东侧。

太庙建成于明代永乐十八年（1420）。明嘉靖十四年（1535），明世宗朱厚熜将供奉先皇牌位和

太庙鸟瞰

举行祭典的大殿从一座改为九座，实行分祭制度。嘉靖二十年（1541），九座祭殿中的八座被雷火击毁。嘉靖二十四年（1545），太庙重建，并恢复了同堂异室的礼制。明崇祯十七年（1644），李自成率农民起义军攻入北京，太庙部分建筑被毁。同年，清军入关，清朝定都北京，将位于关外的清太祖努尔哈赤、清太宗皇太极的牌位迁入北京太庙。清顺治五年（1648）、乾隆元年（1736）、乾隆二十五年（1760），先后对北京太庙进行了重修。乾隆五十三年（1788），又对北京太庙进行了扩建和增建：将前殿从九间扩大为十一间，将后殿从五间扩大为九间，同时增建了部分围墙、门

太庙头道琉璃门

太庙头道琉璃门砖仿木斗拱

楼和其他附属设施。

太庙呈南北走向，总面积约14万平方米，四周有三道红色围墙。最外一道围墙围成长475米、宽294米的长方形。其西墙上辟有西向大门三座：南边的一座称太庙街门，面阔五间，歇山顶，黄琉璃瓦屋面，门可通天安门里。北边一座称太庙右门，又称神厨门，面阔三间，歇山顶，黄琉璃瓦屋面，此门可通端门里。距阙左门不远的东面是太庙西北门，歇山顶，黄琉璃瓦屋面，当中一座面阔三间，两侧旁门各面阔一间。

外围墙内是太庙的第一层院落，满植成排的古柏，凸显庄重肃穆的氛围。院内东南角有一所西向的院落，为太庙牺牲所，内有宰牲亭三间和治牲房五间，均为歇山顶，黄琉璃瓦屋面。牺牲所的西侧有黄琉璃瓦六角井亭一座。牺牲所院外北侧有一间进鲜房。

第二道围墙围成的平面亦呈长方形，东西宽208米，南北长272米。南墙居中有一组琉璃砖门，均为庑殿顶，黄琉璃瓦屋面，殿式做法。中间正门三座，各一间，拱券式门洞；两侧旁门各一座，均为一间，过梁式门洞。穿过琉璃砖门，有七座单孔汉白玉石桥，桥下原为干沟，清乾隆二十五年（1760）引来金水河流经桥下。梢端两桥原无桥栏，亦为其时增建。在梢端两座桥的北面，各有盝顶、黄琉璃瓦屋面六角井亭一座。这进院落的东西两侧各有房五间，悬山顶，黄琉璃瓦屋面，分别为神库和神厨。

桥北面为太庙戟门，原来内外各列朱漆戟架四座，每座插置金银铁戟15支，共120支。戟门面阔五间，正中三间为三座实榻大门，庑殿顶，黄琉璃瓦屋面，三层汉白玉台基四周都有石护栏。正中有汉白玉石雕御路，从上至下分别雕刻着二

太庙井亭

太庙金水桥

三层台基均有汉白玉护栏，正中御路为三层，分别雕云龙纹、狮滚绣球纹和海兽纹。

享殿的东西配殿各十五间，均为歇山顶，黄琉璃瓦屋面。东配殿前有大燎炉一座，为焚化前

太庙戟门

太庙享殿

龙戏珠纹、狮滚绣球纹、海水江崖纹。东西旁门各一座，歇山顶，黄琉璃瓦屋面，面阔各一间。戟门两侧又接有墙垣，形成太庙的第三道围墙，太庙主要建筑在此院落内。

享殿在戟门正北，又称前殿或大殿，面阔十一间，重檐庑殿顶，黄琉璃瓦屋面。明间之上的两层檐间悬木匾书"太庙"，用满、汉两种文字书写。头层檐下除尽间外均装六抹三交六椀菱花槅扇门或窗，尽间面阔很窄，装四抹三交六椀菱花窗一扇。前殿梁柱均包镶沉香木，其余木构件为金丝楠木制成，地面铺满金砖。殿基为汉白玉须弥座，共三层，俗称三台。殿前有宽敞的月台，

太庙享殿御路

殿及东配殿的祝帛之用。西配殿南侧原有小燎炉一座，为焚化西配殿的祝帛之用。

中殿在前殿的后面，又称寝殿。面阔九间，庑殿顶，黄琉璃瓦屋面，明间、次间各装四抹三交六椀菱花门四扇，梢间、尽间各装四抹三交六椀菱花窗四扇。台基为汉白玉须弥座，殿前有月台，上绕以石护栏。中殿内原供奉历代帝、后神龛，每龛外列放一代帝、后神椅，龛内供奉一代帝、后神主牌位。祫祀时，前一日由官员上香，及期将神牌置神椅上，移至前殿，奉安神座木托上。

中殿东西配殿各五间，均为歇山顶，黄琉璃瓦屋面，前檐各间均装四抹三交六椀菱花门四扇。中殿东西配殿是贮存祭器的地方。

后殿形制与中殿完全相同，又称祧庙，供奉追封的清代立国前的四代帝、后神主牌位。

太庙享殿西配殿

太庙寝殿

太庙祧庙

后殿东西配殿亦各五间，形制亦与中殿东西配殿相同，也是祭器收藏库。后殿东南隅有一座铁燎炉，为焚化后殿祝帛之用。

后殿北为一个狭长院落，北墙上有琉璃砖门三座，均为庑殿顶，黄琉璃瓦屋面，两侧还各有随墙角门一座。

中华人民共和国成立后，太庙作为文化遗产受到了国家的保护。

1957年10月28日，太庙（北京市劳动人民文化宫）被北京市人民政府公布为北京市第一批市级文物保护单位；1988年1月13日，太庙（北京市劳动人民文化宫）被国务院公布为第三批全国重点文物保护单位。

知识链接　　宗庙祭祀制度

宗庙祭祀制度是比肩于嫡长子继承制及封邦建国制的重要的封建制度，是封建统治者加强政治统治、维护自身统治正义性的重要依据，是我国封建社会得以延绵2000年之久的重要原因。

在封建王朝的政治统治体系中，宗庙祭祀并

不是简单的一人一家的私事，而是国之大事，事关国家稳定，统治根基。

中国古代社会，是一个宗法制度社会，这种以血缘联结的关系，通过父权和君权来确定等级地位，维持统治。这就是我们平时常说的君君臣臣、父父子子的统治方式。

基于以上原因，我国历朝历代对于宗庙祭祀都非常重视。早在我国周朝，就对宗庙祭祀的礼仪做了明确规定，《礼记·王制》中记载：周天子为七庙，诸侯为五庙，大夫为三庙，士为一庙，庶人不准设庙。宗庙的位置，天子、诸侯设于门中左侧，大夫则庙左而右寝。庶民则是寝室中灶膛旁设祖宗神位。

太庙享殿螭首吐水

进入封建社会后，我国已经形成了一整套成熟的宗庙祭祀制度，在皇宫前设立左宗右社的祭祀机构已经成为历代的标准配置，现在故宫左侧的劳动人民文化宫便是明清时期的太庙、右侧的中山公园是明清时期的社稷坛，也就是左宗右社的格局。左宗即是宗法的标志，右社是国土的象征，共同彰显这个王朝的天下和对全部土地臣民的占有。维护了其统治的合法性。

北京故宫

北京故宫是中国明、清两代的皇家宫殿，是帝王办公和居住的地方。旧称紫禁城，位于东城区景山前街4号。北京故宫始建于明代永乐四年（1406），历时14年完工，之后又进行了多次重修和扩建。故宫南北长961米，东西宽753米，总建筑面积为15万平方米，共有建筑9000多间，基本为木结构、黄琉璃瓦顶、青白石台基，并饰以金碧辉煌的彩画。故宫四周是高12米、长达3400米的宫墙。宫墙四面正中各辟一门，南门名午门，东门名东华门，相对之西门称西华门，北门名神武门。宫墙的四个角各矗立一座风格独特、造型秀丽的角楼，宫墙外环绕着宽52米的护城河。

故宫的建筑沿着一条南北向中轴线依次展开，这条中轴线向南延伸达皇城前门，北至御花园。故宫建筑根据方位可分为前导区建筑、外朝区建筑、内廷区建筑。

故宫前导区由门殿建筑大明门（大清门）、天安门、端门，廊庑建筑千步廊和桥梁建筑外金水桥等一系列礼仪性建筑组成，主要为紫禁城起到引导、铺垫作用。另外，在千步廊外还建有国家重要行政机构的衙署。

故宫俯瞰

故宫的前导区从皇城前门即大明门（清代称大清门，民国称中华门）开始。此建筑为三开间低矮无梁殿形式，1954年被拆除。在明清时期此门是国门的象征，在平常日子不得开启。皇城前门之后向北由一个长500多米的长廊——千步廊组成狭长的前院。千步廊低回而漫长，中间夹御道。明清时期，千步廊东西各有一道，每道均为一百一十间，连檐通脊，从大明门（大清门）内直到天安门前的长安街，再折向东西各三十四间，接长安左门和长安右门。千步廊外侧为中央机关办公地，即六部、五府和大理寺、都察院等机构，各衙门的位置按照文东武西安排。民国时期，千步廊被拆除。

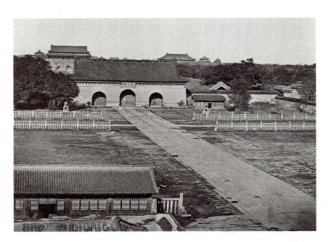

大明门（大清门）

天安门

千步廊的尽头是皇城正门——天安门，天安门在明清时期是皇帝颁发诏令及举行一系列重大典礼的必经之地。门前配以洁白的汉白玉外金水桥和华表，凸显了皇城的宏大，从而形成了紫禁城前导部分的一个建筑高潮。天安门始建于明永乐十五年（1417），原名承天门，寓意皇帝"承天启

运，受命于天"。清顺治八年（1651）重建后，取"受命于天，安邦治民"之意，改名"天安门"。

1949年10月1日，中华人民共和国的开国大典在天安门举行，毛主席亲自升起了第一面五星红旗，从此天安门成为革命历史纪念建筑。

天安门主体建筑由城台和城楼两部分组成，通高34.7米（原高33.7米，1970年修缮后改为现高）。城楼面阔九间，进深五间，四面回廊，取"九五"之数，象征皇帝的权威，重檐歇山顶，黄琉璃瓦屋面。城楼内60根红漆巨柱排列整齐，屋顶金龙藻井，地面铺满金砖。大厅内一盏重450千克的八角形宫灯和16盏各重350千克的六角形宫灯组成的众星捧月图案，使整个大殿庄严雄伟、金碧辉煌。天安门下部是10多米高的朱红色城台，城台上四周环绕琉璃瓦顶的矮墙，下面是一座高1.59米，雕刻精美的汉白玉须弥座台基。城台的总面积达4800平方米，城台辟5个拱形门洞，中间的门洞最大，高8.82米，宽5.25米，唯有皇帝可以进出。两侧门洞供王公大臣出入。

天安门前有一条河，名外金水河。河上飞架7座汉白玉雕栏石桥，称外金水桥。中间一座最宽阔的称"御路桥"，专为皇帝而设；御路桥两旁有供宗室亲王过往的"王公桥"；王公桥向外的两座桥为"品级桥"，是供三品以上的官员行走的；四品以下的官员只能走最外侧的两座"公生桥"。公生桥架在太庙（北京市劳动人民文化宫）和社稷坛（中山公园）前。金水河两岸有两对石狮及两座高9.57米的华表。石狮系明代永乐年间原物，距今已有500多年历史。华表上满刻着蟠龙与云朵，巨柱顶端加上了云板、承露盘，并蹲坐着石兽。此石兽有注视皇帝出入之意，人们把这两座华表上两只背北面南的石兽叫"望君归"，意思是皇帝在外

天安门

天安门前石狮

门，端门是皇城的正门，是一座礼仪性的门。两门高大的门殿形成连续的压迫感，更显示出皇城的威严气氛。

过端门再次进入一个深300多米的狭长院落，道路两侧的低矮房屋使建筑至此营造出了一种紧张而凝重的氛围。行至午门前时，四周高出人身数倍的"凹"字形的高大城台和城楼形成合抱之势，就连门洞也是棱角分明的方形，让人不自觉地产生一种非常威严的感觉，人站在下面会感觉自己非常渺小，而此时建筑造成的紧张氛围也到了一个最高点。但它同时也预示着一个新的转折和场面的开始。因为穿过午门，皇帝的宫殿马上就呈现在眼前了。

以上即是故宫前导区的建筑，过了前导区，即进入故宫的外朝区，外朝区是皇帝举行登基等大典、行使国家大权的场所，建筑高大、宏敞。外朝区建筑主要包括午门、太和门、太和殿、中和殿、保和殿、文华殿及武英殿等。

出时，千万不能贪恋宫外的花花世界，要早早回到宫内处理天下大事；而天安门城楼后的华表上的两只背南面北的石兽称"望君出"，意思是希望皇帝不要只深居大内，要外出体察民情。华表及其周围石栏杆雕镂精美，是明前期石雕中的精品。

端门

端 门

天安门后面是一个相对狭小的庭院，庭院北端是一座与天安门同样高度和形式的门殿——端

午 门

午门是外朝的开端，紫禁城的正门。此门居中向阳，位当子午，故名午门。每年腊月初一，

要在午门举行颁布次年历书的"颁朔"典礼。明代时皇帝每逢正月十五，在午门张灯结彩赐宴百官，并在立春日赐春饼，端午日赐凉糕，重阳日赐花糕。此外，逢国家征战，皇帝在此接受凯旋的军队献上的战俘。午门建成于明永乐十八年（1420），清顺治四年（1647）重修，嘉庆六年（1801）又修。

午门平面呈"凹"字形，承袭了汉唐以来的门阙形制。午门总高48米，分上、下两部分，下部为城台，正中开三门，两侧各开一座掖门。五个门各有用途，中门为皇帝专用。此外，皇帝大婚时，皇后乘坐的喜轿和科举时通过殿试选拔出的状元、榜眼、探花可从中门通过。东侧门供文武官员出入，西侧门供宗室王公出入。两掖门只在举行大型活动时开启。城台上建有五座门楼，建筑高低错落，左右呼应，形若朱雀展翅，故午门又俗称"五凤楼"。正中门楼面阔九间，进深五间，重檐庑殿顶，黄琉璃瓦屋面。正楼东西两侧建钟、鼓亭各三间，每遇皇帝亲自祭祀或大型活动则击鼓或钟鼓齐鸣。城台两翼各有廊庑十三间，廊庑两端各建一座重檐攒尖顶的方亭。

太和门

午门后是太和门广场。广场进深达200米，面积约2.6万平方米，内金水河自西向东蜿蜒流过。河上横架五座形似玉带的汉白玉石桥，称为内金水桥。内金水桥后面为太和门。太和门在明代和清初是"御门听政"之处，皇帝上朝时在此接受臣下的朝拜和上奏，颁发诏令，处理政事。

太和门始建于明永乐十八年（1420），当时称奉天门，嘉靖四十一年（1562）改称皇极门，清顺治二年（1645）改现名。太和门面阔九间，进深三间，重檐歇山顶，黄琉璃瓦屋面，下为汉白玉台基，梁枋等构件饰以和玺彩画。门前铜狮一

内金水桥和太和门

午门

太和门前铜狮子

对，铜鼎四只，为明代铸造的陈设铜器。太和门前的这对铜狮，左雄右雌，威武凶悍，是故宫六对铜狮中最大的一对。

太和门左右各设一门，东为昭德门（明代称弘政门），西为贞度门（明代称宣治门）。光绪十四年（1888）贞度门失火，殃及太和门与昭德门，第二年三门重建。太和门广场两侧是排列整齐的廊庑，称东、西朝房，朝房正中建有协和门（明代称会极门）和熙和门（明代称归极门）东西对峙。东侧朝房在明代用作实录馆、玉牒馆和起居注馆，清代改作内阁公署。内阁是明、清两代设置在宫中用以辅佐皇帝办理国家政事的机构，主要是草拟和传达皇帝的诏令，批阅和进呈官员的奏章文书。内阁用房按职别分设在紫禁城内的不同区域。内阁公署设在太和门广场的东侧，由协和门和两旁的22间房廊组成，其中设有诰敕房和稽查房。西侧朝房在明代为编修国家典章制度（即《大明会典》）的会典馆，清代改为翻译谕旨、起居注、御论、册文、敕文、祝文、祭文、碑文及御制诗文等的翻书房和记录皇帝起居言行的起居注馆。

太和殿

穿过太和门后是太和殿广场，太和殿广场恢宏的气势扑面而来。面积近4万平方米的方形广场，可容纳万人。广场北侧正中建在三层汉白玉高台上的太和殿金碧辉煌，台基四周环绕着云凤望柱，雕刻着吐水螭首（螭是龙的一种），四周10余座门、楼、廊、庑环列拱卫，宛若天上宫阙一般，更凸显了皇宫的神圣。此时，建筑营造的宏大氛围达到了宫殿轴线全局的最高潮。

太和殿

太和殿是举行皇帝即位、诞辰、节日庆典和出兵征伐等重大庆典的地方，俗称金銮殿，初建于明永乐十八年（1420），当时称奉天殿，嘉靖四十一年（1562）改称皇极殿，清顺治二年

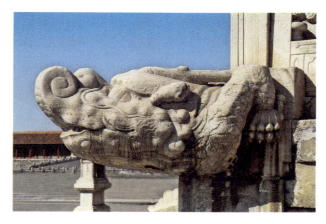

太和殿台阶螭首

太和殿大吻

（1645）改现名。康熙三十四年（1695）重新修建。

太和殿面阔十一间，进深五间，重檐庑殿顶，高26.92米，连同台基通高35.05米，宽63米，面积2377平方米，是我国现存等级最高、体量最大的古代木构建筑。殿的屋脊两端装有高3.4米、重约4300千克的大吻。檐角安放10只走兽，数量为现存古建筑之最。

太和殿共有72根大柱，其中顶梁大柱最粗最高，直径为1.06米，高为12.70米。明代用的是楠木，采自川、广、云、贵等地；清代重建后，用的是松木，采自东北三省的深山之中。殿的中央设楠木透雕镂空龙纹的金漆基台，台上设九龙金漆宝座，宝座背后有金漆雕龙屏风。宝座前正中顶部为蟠龙衔珠藻井，龙口中衔的宝珠，名"轩辕镜"，象征正统皇帝。宝座两侧排列六根贴金箔蟠龙龙井柱，金箔采用深浅两种颜色，使图案鲜明灵动。柱上方悬挂清乾隆帝御笔"建极绥猷"金地卧匾，宝座前两侧有四对陈设：宝象、甪端、仙鹤和香亭，象征国家安定和江山稳固。此部分装饰使这个空间显得金碧辉煌，在整个大殿中格外耀眼。殿内顶部全为金龙图案的井口天花，梁枋上也遍饰金龙和玺彩画，使整个大殿形成万龙竞舞的景象。

殿内地面则铺墁二尺（1尺≈33.33厘米）见方的大"金砖"，合计4718块。金砖并不是用黄金制成，而是采用苏州一带特有的土，经过一年时间数十道工艺加工后烧制而成的特殊的砖。它质地坚硬，密度很大，之所以称为"金砖"，是敲之有金石之声，故名。

太和殿前有宽阔的平台，称为丹陛，俗称月台。台前的石阶正中是巨型石雕蟠龙云海御路石。台上摆放的铜龟、铜鹤象征皇家江山永固和万古长青，摆放的测量时间的日晷象征皇帝勤勉为国，

还有计量器具嘉量则象征皇帝公允持国。台上还有18座用于庆典时焚烧香料的铜鼎。

太和殿内景

太和殿盘龙藻井及轩辕镜

太和殿前铜龟

中和殿

间，四面回廊，单檐四角攒尖顶，镏金宝顶，黄琉璃瓦屋面，殿四面开门，殿内外梁枋均饰金龙和玺彩画，天花为沥粉贴金正面龙。殿内设地屏宝座。

太和殿前铜鹤

中和殿

中和殿是皇帝在前往太和殿途中的小憩之处，并先在此接受内阁、礼部及侍卫、执事人员的朝拜。凡遇皇帝祭祀，皇帝于前一日在此阅视祝文。祭先农坛、举行亲耕仪式前，还要在此查验种子和农具。皇太后上徽号，皇帝在此阅视奏书。玉牒告成，恭进中和殿呈御览。

中和殿始建于明永乐十八年（1420），当时称华盖殿，嘉靖时改称中极殿，清顺治元年（1644），改现名。

中和殿平面呈正方形，面阔、进深均为三

保和殿

保和殿在明代时是大典前皇帝更衣之所，册立皇后、太子时，皇帝在此殿受贺。清代此处则成为每年除夕、正月十五皇帝赐宴外藩，王公及一、二品大员的地方。自乾隆时期开始在此举行殿试，即进京赶考的各地举人中了进士之后，由皇帝在这里最后出题考查，选定殿试一甲三名，

保和殿

保和殿云龙阶石

三大殿鸟瞰

之上，以示皇帝拥有天下土地，即所谓"普天之下，莫非王土"。台基为三层汉白玉石台基，台基四周雕有上千个螭首，这些螭首的功能一个是美观，另一个是排水，它们与台基上的排水管道相通，有排泄台基雨水的功能。每逢大雨，雨水从上千个螭首嘴中喷出，三大殿便形成了"千龙吐水"的一大奇观。

文华殿

三大殿的东侧是文华殿区，始建于明初，位于外朝协和门以东。文华殿区因位于紫禁城东部，初建时曾一度作为太子东宫。"五行说"中认为东方属木，色为绿，表示生长，故太子使用的宫殿屋顶覆绿琉璃瓦。明天顺、成化两朝，太子登基之前，先摄事于文华殿。后因太子大都年幼，不能参与政事，嘉靖十五年（1536）改为皇帝便殿，后为明经筵之所，建筑也随之改作黄琉璃瓦屋面。嘉靖十七年（1538），在殿后添建了圣济殿。1644年李自成攻入紫禁城后，文华殿建筑大都被毁。清康熙二十二年（1683）重建，二十四年（1685）又在其东侧添建传心殿，为经筵典礼前祭祀之地。乾隆年间，在圣济殿遗址上修建了

即状元、榜眼和探花，还有二甲、三甲若干人。保和殿始建于明永乐十八年（1420），当时名谨身殿，嘉靖时改称建极殿，清顺治二年（1645）改现名。

保和殿面阔九间，进深五间，重檐歇山顶，黄琉璃瓦屋面。殿内金砖铺地，设雕镂金漆宝座。东、西两梢间为暖阁，安板门两扇，上加木质浮雕如意云龙浑金毗卢帽。保和殿后阶陛中间设有一块雕刻着云、龙、海水、江崖的御路石，人们称之为云龙阶石。这是紫禁城中最大的一块石雕，长16.57米，宽3.07米，厚1.70米，重约200吨，原为明代雕刻，清代乾隆时期又重新雕刻。图案是在山崖、海水和流云之中有九条口戏宝珠的游龙，它们动态十足，生机盎然。

三大殿整体建在一座巨大的"土"字形台基

文渊阁。明、清两朝，每岁春秋仲月，都要在文华殿举行经筵之礼。清代以大学士、尚书、左都御史、侍郎等人充当经筵讲官，满、汉各八人。每年以满、汉各两人分讲"经""书"，皇帝本人则撰写御论，阐发讲习"四书""五经"的心得，礼毕，赐座、赐茶。明、清两朝殿试阅卷也在文华殿进行。

明代设有"文华殿大学士"一职，以辅导太子读书。清代文华殿大学士的职责变为辅助皇帝管理政务，统辖百官，权限较明代大为扩展。

文华殿区平面呈不规则长方形，南北最长处140米，东西最宽处90米，四周环绕红色围墙。

文华殿区全景

文渊阁

建筑群最前方为文华门，坐落在高1.5米的台基上，面阔五间，进深三间，歇山顶黄琉璃瓦屋面，饰金龙和玺彩画，明次间开门。门内即文华殿前殿与后殿，两殿坐落在一个"工"字形台基上，台基前部有高甬路直通文华门。前殿即文华殿，南向，面阔五间，进深三间，歇山顶黄琉璃瓦屋面，明间六扇三交六椀菱花槅扇门，次间、梢间各四扇三交六椀菱花槅扇窗，东、西山墙各开一方窗。殿前出月台。后殿名主敬殿，规制与文华殿略似而进深稍浅，体量稍小。前后殿间以穿廊相连。东、西配殿分别是本仁殿、集义殿。

主敬殿后为一个方形庭院，院中开凿一个方形水池，正中跨一座南北向石桥，桥北为文渊阁，是宫内最大的藏书库，收藏有《四库全书》。阁面阔六间，进深连廊子五间，歇山顶黑琉璃瓦绿剪边屋面，彩画为"河马负图""翰墨册卷"等题材的苏式彩画。整个建筑风格以黑、绿色调为主，五行中黑色属水，有镇火的寓意，与整个故宫的建筑风格迥异。阁后湖石叠山，洞壑相连，围绕文渊阁的台阶也点缀有湖石，加之院内的苍郁松柏，一派园林景色。同时，其又有防火、降温等利于书籍保存的功用。

传心殿位于文华殿东侧，东西宽约25米，南北长约100米。前院为治牲所，坐南朝北，面阔五间，硬山顶黄琉璃瓦屋面，饰旋子彩画。其后为景行门。门内传心殿，面阔五间，硬山顶黄琉璃瓦屋面，饰旋子彩画。

内阁大堂及用房集中在文华殿之南的院落中。内阁大堂院内正房为大堂，还有东、西厢房等建筑，为内阁办公及收贮印章、公文的地方。内阁大堂东侧为内阁大库，包括红本库和实录库，是两栋砖木结构的二层库房，共22间。为防火，以砖为表，不露木构。库内收藏有明清各种文档、舆图、卷案及大量史书等。

文渊阁内天花

上驷院曾名"御马监"，位于文渊阁东北，负责管理皇帝乘坐的御马。马厩就建在院署旁，兼管南苑内厩。今仅存院堂五间。

箭亭位于左翼门外以北，始建于清顺治年间，初名射殿，雍正年间重建。箭亭和其前面广场用于阅试武进士和八旗善射的兵丁。箭亭面阔五间，进深三间，带回廊，歇山顶黄琉璃瓦屋面。前檐、后檐中间三间均安槅扇门。箭亭内正中设宝座。宝座东有卧碣，刊刻清乾隆十七年（1752）上谕。宝座西的卧碣刊刻嘉庆十三年（1808）《八旗箴》，主旨思想都是警诫后世恪守满族骑射传统。

文华殿东侧区域还有编修《大清会典》的会典馆和编修清史的国史馆（清史馆），此外还有御茶膳房等建筑。

武英殿

武英殿区与文华殿区隔三大殿相对，始建于明初，位于外朝熙和门以西。明初皇帝斋居、召见大臣都在武英殿，后移至文华殿。崇祯年间皇后千秋（生日）、命妇朝贺仪也在此举行。明代

于武英殿设待诏，择能画者任之。明末农民起义军领袖李自成于崇祯十七年（1644）春攻入北京，成立大顺政权。但很快就因军心懈怠，无力抵抗入关的清兵，只在同年四月二十九于武英殿草草举行了登基仪式，翌日便撤离北京。

清兵入关之初，摄政王多尔衮先行抵京，以武英殿作为理事之所。清初武英殿用作皇帝便殿，举行小型朝贺、赏赐、祭祀等仪典。康熙八年（1669）因太和殿、乾清宫等处维修，康熙皇帝曾一度移居于此。康熙年间，首开武英殿书局。康熙十九年（1680）将左右廊房设为修书处，掌管刊印、装潢书籍之事，由亲王大臣总理，下设监造、主事、笔帖式、总裁、总纂、纂修、协修

武英殿

武英门

等30多人，由皇帝和翰林院派充。康熙四十年（1701）以后，武英殿大量刊刻书籍，使用铜版雕刻活字及特制的开化纸印刷，字体秀丽工整，绘图完善精美，书品甚高。乾隆三十八年（1773），命将《永乐大典》中摘出的珍本138种排字付印，御赐名"武英殿聚珍版丛书"，世称"殿本"。道光二十年（1840）后刊书甚少，仅存其名。武英殿之书凡存而不发者一向贮于敬思殿中。嘉庆十九年（1814）夏清查存书，将完好者移贮武英殿，残缺之书变价出售，此后敬思殿实际作为存储版片之处。同治八年（1869）武英殿失火，烧毁门、殿等建筑共37间，书籍版片焚烧殆尽，同年重修。

武英殿区东西宽70米，南北长100米，周围环绕红墙，略小于文华殿区。前方有内金水河流过，上跨三座石桥。南墙正中为正门武英门，形制与文华门相同。门后为高甬路直通武英殿。武英殿与后殿敬思殿坐落在一个"工"字形台基上，殿面阔五间，进深三间，歇山顶黄琉璃瓦屋面，须弥座围以汉白玉石栏，前出月台。后殿敬思殿与武英殿形制略似，前后殿间以穿廊相连。东、西配殿分别是凝道殿、焕章殿，左右共有廊房63间。院落东北有恒寿斋，西北为浴德堂。

内务府公署设在武英殿北，掌管宫廷内务一切事宜。南薰殿位于武英殿南侧偏西，明代为上徽号册封大典时，阁臣率中书撰写金宝、金册文的地方。清代改为尊藏内务府所藏历代帝后图像之处。南薰殿面阔五间，歇山顶黄琉璃瓦屋面，四周围以红色宫墙。

三大殿之后，中轴线前部建筑恢宏的气势渐次退去，代之以内廷区建筑雍容华贵和清幽的格调。内廷区主要由中轴线上的后三宫、御花园，配以东西展开布置的东西六宫组成，此外还有外东路和外西路建筑。装饰豪华的后三宫，建筑形式和风格虽与三大殿相同，但体量上小很多。

乾清门

乾清门是内廷区的开始，也是紫禁城内廷的正宫门，始建于明永乐十八年（1420），清顺治十二年（1655）重修。乾清门是连接内廷与外朝的重要通道。清代由康熙朝开始，从明代延续下来的"御门听政"制度由太和门改在此处。清代斋戒、请宝与接宝等典礼仪式也都在乾清门举行。乾清门坐落在高1.5米的单层石台基上，台基周围环护汉白玉石雕栏，石栏下部有螭首吐水。乾清门面阔五间，进深三间，高约16米，歇山顶黄琉璃瓦屋面。中开三门，门扉安设在后檐部位，门厅敞亮。两梢间为青砖槛墙，方格窗。檐下施以

乾清门前镏金铜狮

单昂三踩斗拱，绘金龙和玺彩画。门前三出陛，中为御路石。陛两侧列镏金铜狮子一对和镏金大铜缸数口。

乾清门两侧为"八"字形琉璃影壁，高8米，长9.7米，影壁心及岔角以琉璃花装饰，花形自然逼真，色彩绚丽，在阳光的照射下流光溢彩，将乾清门映衬得华贵富丽。

此外，故宫各处院落中多摆放有大铜缸，称为门海。门海有镏金铜缸、铜缸和铜铁缸三种材质及大、中、小三种形式。在古代，大铜缸内盛有水，一则出现火情时可以用铜缸内的水灭火；二则故宫地处北方，气候较为干燥，缸内水蒸发后可以调节宫廷内的小气候。

军机处内景

乾清门

乾清门琉璃影壁

乾清门东边为内左门及九卿值房，西边为内右门及军机处。门前广场东西两端为景运门、隆宗门。

九卿值房在景运门内北侧，蒙古王公大臣值房在景运门内南侧。清代皇帝在乾清门"御门听政"或在内廷召见官员时，九卿衙门的主要官员——六部尚书、都察院的左都御史、大理寺的大理寺卿、通政使司的通政使，都要在门外的九卿值房等候。蒙古的王、贝勒、贝子、公须在蒙古王公大臣值房等候。这里与隆宗门内的军机处虽然相距不远，却不准到军机处同军机大臣攀谈，违者重处不赦。

军机处在乾清门外内右门西侧值庐之内，邻近养心殿，方便皇帝随时召唤。军机处设立于清雍正七年（1729），此时清军在西北与蒙古准噶尔部激战，为及时处理军报，始设军机房。乾隆三年（1738）改名军机处，设军机大臣，军机章京，无定额，均为兼职。军机大臣由皇帝亲信的满汉大学士、尚书、侍郎等兼任。军机处职能原为承命拟旨，参与军务，随着机密政务由内阁转到军机处办理，军机处已不再是单纯的军事机构，逐渐演变为清代全国政令的策源地和统治中心，成为朝廷的中枢机构。皇帝最亲近的人才能充任军机处大臣，一切政事都由他们通过内奏事处进呈皇帝。军机处自雍正、乾隆朝直至宣统三年（1911）皇族内阁成立后裁撤，历时182年。

军机处建筑简单，与一般值房并无差异。室内有两块匾额：一块是雍正帝在雍正七年（1729）成立军机处时题的"一堂和气"，另一块是咸丰帝题的"喜报红旌"。

乾清宫

乾清门内有高台甬路直通乾清宫月台。乾清宫坐落在单层汉白玉台基上，台基四周环护汉白玉雕栏，石栏下部有螭首吐水。乾清宫面阔九间，进深五间，高20多米，重檐庑殿顶，黄琉璃瓦屋面，上檐施以单翘重昂七踩斗拱，下檐施以单翘单昂五踩斗拱，饰金龙和玺彩画，三交六椀菱花槅扇门窗。殿内明、次间相同，中间设屏风宝座，宝座上方悬挂顺治帝御题"正大光明"匾额。殿前宽阔的月台上陈设有铜龟、铜鹤、日晷、嘉量和镏金铜香炉四座，月台两侧还陈设有两座铜亭，名曰"江山社稷铜亭"。铜亭为两层，上圆下方，攒尖顶，用以象征天地长久、江山永固。月台南面出丹陛，接高台甬路与乾清门相连。

乾清宫为内廷建筑之首，先后有明代的14位皇帝和清代的顺治、康熙两位皇帝以此为寝宫，

乾清宫宝座

它与乾清门一起成为雍正朝以前的政治中心。乾清宫还是明、清两代皇帝的停灵之所，无论皇帝死于何处都要在此停灵。宫内悬挂的"正大光明"匾，自雍正皇帝执政开始，这个匾的背后便藏下了天下关注的秘密——建储匣。雍正朝鉴于皇子之间相互倾轧争夺皇位的情况，开始采取秘密立储君的办法，即皇帝生前不公开立皇太子，而秘密写出皇位继承人的文书，一式两份，一份放在皇帝身边，一份封在建储匣内，放到"正大光明"匾的背后。待到皇帝驾崩后，顾命大臣将匾额后面的一份取下和皇帝密藏在身边的一份对照、验看，经核实后册立新君。乾隆、嘉庆、道光、咸丰四帝，都是按此制度登上宝座的。清代后期，由于咸丰皇帝只有一个儿子即同治皇帝，而同治和光绪皇帝都无后，这种秘密立储的办法已失去意义。

交泰殿

交泰殿为皇后千秋节受庆贺的地方，乾隆时期开始将象征皇帝权力的25方玉玺存放在此处。此殿面阔三间，进深三间，单檐四角攒尖宝顶，

乾清宫

交泰殿内景

坤宁宫

坤宁宫冬暖阁

黄琉璃瓦屋面，镏金宝顶，檐下施以重昂五踩斗拱，龙凤枋心和玺彩画，三交六椀菱花槅扇门窗。殿内明间设皇后宝座，宝座上方悬挂康熙帝御题"无为"匾，宝座后屏风上为清乾隆帝御题的《交泰殿铭》。西次间放大自鸣钟。

坤宁宫

坤宁宫面阔九间，进深三间，重檐庑殿顶，黄琉璃瓦屋面，两层檐下均施以单翘重昂七踩斗拱，龙凤枋心和玺彩画。在明代时为皇后的正寝宫，清代时则改成皇帝的洞房和供奉满族萨满教神灵之处，因此装修风格也随之发生了巨大变化。前檐明代为明间开槅扇门，菱花心门窗，清代改为东次间装板门，其余改为直棂吊搭窗。室内明间、两次间和西梢间通敞，明间以西，南、西、北三面砌筑大炕，称为"万字炕"，是满族信奉的萨满教祭祀场所。东梢间和次梢间通敞，为清代皇帝大婚时的洞房，称为暖阁。

东六宫和西六宫

后三宫向东西两侧展开又各自布置有六组院落，自成体系，即东六宫和西六宫。东六宫由景仁宫、承乾宫、钟粹宫、延禧宫、永和宫和景阳宫组成。在东六宫之前，有三组特殊的建筑，它们从建筑功能和性质上与东六宫偏重于居住的作用有所不同，它们分别是皇帝斋戒的礼制性建筑斋宫、皇室供奉祖先的礼制性建筑奉先殿和清代太子宫毓庆宫。

斋　宫

斋宫位于东六宫之南，是清代皇帝到各坛庙祭祀前，在宫内斋居之所。明代时这里是弘孝、神霄殿，清雍正九年（1731）改建为斋宫，嘉庆六年（1801）修缮。

斋宫由两进院落组成。正门为随墙琉璃门，南向。前殿面阔五间，歇山顶黄琉璃瓦屋面，前出抱厦三间，殿内八角形浑金蟠龙藻井，龙纹天花。明间悬挂乾隆帝御题"敬天"匾。殿内东暖阁为斋戒时皇帝读书的地方，西暖阁设佛堂。东西配殿各三间。后寝殿初名孚颙殿，乾隆年间贮存《国朝宫史》，题额"诚肃殿"。殿面阔七间，歇山顶黄琉璃瓦屋面。东西耳房各两间。两侧游廊各十一间。

曰前星门，为琉璃随墙门，门内为第一进院，有值房三座，西墙开一门曰阳曜门，西出可至斋宫。北与前星门相对者为第二道门曰祥旭门。此二门是出入毓庆宫之门户。

祥旭门内即为第二进院，正殿曰惇本殿，光绪十六年（1890）重修。殿面阔五间，进深三间，歇山顶，覆黄琉璃瓦，前出月台。前殿明间、东西两次间均为门，各有槅扇门四扇；东西梢间为槛窗，各四扇。后檐明间为门，槅扇门四扇。殿内明间南向悬乾隆皇帝御题"笃祜繁禧"匾，为乾隆六十年（1795）嘉庆皇帝被公开立为皇太子时乾隆皇帝所赐。东西两次间隔为暖阁，内皆供佛像。是年十月皇太子千秋节曾于此殿受贺。后曾设孝全成皇后（道光帝之皇后）御像于此。东西配殿各三间，硬山顶，覆黄琉璃瓦，明间开门，

斋宫

毓庆宫

毓庆宫鸟瞰

毓庆宫位于内廷东路奉先殿与斋宫之间，为清代皇太子宫。明代时此处为奉慈殿。清康熙十八年（1679）改建，嘉庆六年（1801）扩建。

毓庆宫南北有四进院，南辟门两道。第一道

次间为槛窗，各有南耳房一间，北耳房三间。光绪年间，西配殿曾为皇帝师傅的值庐。

惇本殿北为第三进院。院内有工字殿，前殿为乾隆六十年（1795）添建，面阔五间，进深三间，

歇山顶，覆黄琉璃瓦，前檐明间开门，额悬匾曰"毓庆宫"，次间、梢间为槛窗；前檐明间由工字廊相接，廊檐安小板门，为后殿及工字廊出入口，次间、梢间为槛窗，明间内悬"续德堂"匾。西次间为毓庆宫内藏书室。后殿东次室原为书房，嘉庆皇帝御题匾曰"味余书室"。嘉庆皇帝曾写《味余书室记略》，即位后，这里作为斋宿之室。味余书室又东一室，嘉庆帝御题匾曰"知不足斋"。

奉先殿

奉先殿为明清皇室祭祀祖先的家庙，始建于明初，清沿明制，顺治十四年（1657）重建，后又经多次修缮。

奉先殿坐北朝南，前后两进院落，四周围以高墙。最前方为奉先门。门内建一座"工"字形须弥座，须弥座设栏板、龙凤纹望柱，座上前部建前殿，名曰奉先殿，面阔九间，进深四间，重檐庑殿顶，黄琉璃瓦屋面，檐下金线大点金旋子彩画。殿前月台宽40米，深12米，台上陈设日晷、嘉量。殿内设列圣列后龙凤神宝座、笾豆案、香帛案、祝案、尊案等。须弥座的后部建后殿，面阔九间，进深两间，庑殿顶，黄琉璃瓦屋面，外檐为金线大点金旋子彩画。殿内每间依后檐分为九室，供列圣列后神牌，各设神龛、宝床、宝椅等，前设供案、灯檠。前后殿之间的中间五间以穿廊相连，使前后殿形成工字殿。殿内均用金砖铺地，浑金莲花水草纹天花。奉先殿正南有神库、神厨十三间。东侧一座小院，内有一座三间的小殿，为明嘉靖帝朱厚熜为奉其父兴献王朱祐杬而建。

按清制，凡遇朔望、万寿圣节、元旦及国家大庆等，大祭于前殿；遇列圣列后华诞、忌辰及

奉先殿

奉先殿内斗拱和天花

元宵、清明、中元、霜降、岁除等日，于后殿上香行礼；凡遇上徽号、册立、册封、御经筵、谒陵、巡狩、回銮等仪式，均于后殿行礼。

景仁宫

景仁宫位于东六宫西南部，初称长安宫，明嘉靖十四年（1535）更名为景仁宫，清代沿用，顺治十二年（1655）重修。

景仁宫明代居住的都是妃嫔。清顺治十一年（1654）三月，孝康章皇后佟佳氏在此宫生下康熙帝。康熙四十二年（1703），裕亲王福全丧，康熙帝为悼念其兄，再次于此宫暂居。乾隆帝生母孝圣宪皇后、咸丰帝婉贵妃先后在此居住。清朝末

年光绪帝宠幸的珍妃也在此居住，光绪二十六年（1900）珍妃被慈禧太后溺死井中。北面墙上设有一面铁牌；南边地上的夹道地沟的石头上，刻着一道门。

宫的最南为景仁门，琉璃门形式，门内有石影壁一座。前殿名景仁宫，面阔五间，歇山顶黄琉璃瓦屋面，檐下施以单翘单昂五踩斗拱，木构架绘制龙凤和玺彩画。室内悬挂乾隆帝御题"赞德宫闱"匾，二龙戏珠图案天花，方砖墁地，殿前有月台。东西配殿各三间，硬山顶黄琉璃瓦屋面，檐下饰以旋子彩画。后殿五间，硬山顶黄琉璃瓦屋面，檐下施以斗拱，木构架饰以龙凤和玺彩画。两侧各建耳房。东西配殿各三间。院西南角有井亭一座。此宫保持了明初始建时的格局。

承乾宫

承乾宫，位于东六宫中部西侧，初名永宁宫，明崇祯五年（1632）更名承乾宫，由田贵妃居住。田氏原为崇祯帝即位前的侧室，崇祯帝登基后封其为贵妃。之后，清道光帝孝全成皇后、琳贵妃、佳贵人，咸丰帝云嫔、婉贵人都曾在此居住。

宫的最南端为承乾门，琉璃门形式，门内为前殿即承乾宫，建筑形制与景仁宫相同，而室内天花彩绘双凤纹，内悬清乾隆御题"德成柔顺"匾。殿前为月台。东西有配殿各三间。明崇祯七年（1634）悬挂匾于其上，名曰贞顺斋、明德堂。后院形制与景仁宫一致。

景仁宫

承乾宫

景仁宫后殿

承乾门

钟粹宫

钟粹宫位于东六宫西北部,初名咸阳宫,明嘉靖十四年(1535)更名为钟粹宫。隆庆五年(1571)改钟粹宫前殿名为兴龙殿(因此钟粹宫亦称兴龙殿)、后殿为圣哲殿,为太子居处,后复称钟粹宫。明末崇祯帝的太子朱慈烺曾于此居住。清顺治十二年(1655)重修此宫,道光帝的孝全成皇后钮祜禄氏也曾居于此。咸丰帝奕詝未登基以前,曾以皇子的身份居于此宫长达17年,而其母孝全成皇后生前也曾在此宫居住。咸丰帝的皇后即后来的慈安太后钮祜禄氏,从咸丰二年(1852)被册封为皇后到她在光绪七年(1881)暴崩为止,钟粹宫是她一生中最重要的宫院。为配合居住于此的慈安太后,于宫门内增建垂花门、游廊等。光绪十五年(1889)正月,叶赫那拉·静芬成为皇后,在此宫居住了19年。

钟粹宫为两进院,正门名钟粹门,前院正殿即钟粹宫,面阔五间,歇山顶黄琉璃瓦屋面,前出廊,檐下施以单翘单昂五踩斗拱,苏式彩画。室内明间悬挂乾隆帝御题匾额"淑慎温和"。院内东、西配殿各三间,均为硬山顶黄琉璃瓦屋面,苏式彩画。后院正殿面阔五间,硬山顶黄琉璃瓦屋面,苏式彩画。东西两侧有耳房。东西配殿各三间,均为硬山顶黄琉璃瓦屋面,苏式彩画。院内井亭一座。

延禧宫

延禧宫位于东六宫东南部,初名长寿宫,明嘉靖十四年(1535)改名延祺宫。清朝改称延禧宫。

延禧宫由于邻近宫女太监们出入后宫的唯一门户——苍震门,出入人员繁杂,关防难以严密,因此自建成后,多次毁于火灾,宫里的人只能诠释以阴阳五行之说。清道光二十五年(1845)延禧宫各殿均被烧毁,仅余一座宫门。重建以后,咸丰五年(1855)再度被烧毁。之后便一直未修建。至宣统元年(1909),隆裕皇太后决定再度重建延禧宫,并听取当时的大太监——张兰德(小德张)的提议,在延禧宫旧址修筑一座水晶宫,以铜铁为梁柱,玻璃砖为墙壁

钟粹宫

延禧宫灵沼轩——水晶宫

和地板，建筑整体建在一个直径达数十米的水池上，以镇祝融之灾，并由隆裕太后题匾曰"灵沼轩"。但是，工程一直到宣统三年（1911）冬季都还未完工，最后因国库负担不起只得罢建。1917年张勋拥溥仪复辟，延禧宫北面的部分未完工建筑被讨伐张勋的部队空投的炸弹炸毁，遂一直为空地。延禧宫在明、清两朝都是一座冷僻而阴森的宫殿，皇后或宠妃都不愿选择居住于此，因此居于此宫之妃嫔地位都甚低。现宫内仅存铁亭等建筑。

永和宫

永和宫

永和宫，位于承乾宫之东、景阳宫之南，初名永安宫，明嘉靖十四年（1535）更现名。清康熙二十五年（1686）和光绪十六年（1890）两次重修。明代为妃嫔所居，清代为后妃所居。

永和宫为两进院，正门南向，名永和门，前院正殿即永和宫，面阔五间，前接抱厦三间，歇山顶黄琉璃瓦屋面，正吻、五小兽，檐下施以单翘单昂五踩斗拱，绘龙凤和玺彩画。明间开门，次、梢间皆为槛墙，上安支摘窗。正间室内悬乾隆帝御题"仪昭淑慎"匾，吊白樘篦子顶棚，方砖墁地。东西有配殿各三间，明间开门，硬山顶黄琉璃瓦屋面，檐下饰旋子彩画。东西配殿的北侧皆为耳房，各三间。后院正殿曰同顺斋，面阔五间，硬山顶黄琉璃瓦屋面，明间开门，双交四椀槅扇门四扇，中间两扇外置风门，次间、梢间均为槛墙，步步锦支窗，下为大玻璃方窗，两侧有耳房。东西有配殿各三间，明间开门，硬山顶黄琉璃瓦屋面，檐下饰以旋子彩画。院西南角有井亭一座。此宫保持明初始建时的格局。

景阳宫

景阳宫初名长阳宫，明嘉靖十四年（1535）改宫名为景阳宫，清朝沿用旧名，在清康熙二十五年（1686）重修。

明朝时景阳宫为妃嫔所居，泰昌帝朱常洛生母恭妃王氏曾居住于此。清朝不再用作妃嫔寝宫，而将之改为宫中储书藏画之地。

景阳宫为两进院落。正门名景阳门。前院正殿即景阳宫，面阔三间，庑殿顶黄琉璃瓦屋面，檐下施以斗拱，绘和玺彩画。室内明间悬乾隆帝御题"柔嘉肃敬"匾，双鹤纹天花，方砖墁地。东西有配殿各三间，明间开门，硬山顶黄琉璃瓦屋面，檐下饰以旋子彩画。后院正殿为御书房，面阔五间，硬山顶黄琉璃瓦屋面，檐下施以斗拱，饰以金龙和玺彩画，明间开门，次间、梢间为槛墙、槛窗。清乾隆年间，因为收藏有宋高宗所书《毛诗》以及马和之所绘制的《诗经图》卷于此，乾隆帝御题额曰"学诗堂"。东西配殿各三间，硬山顶黄琉璃瓦屋面，檐下饰以旋子彩画。院西南角有井亭一座。此宫保持明初始建时的格局。

景阳宫

乾东五所

明朝内廷以乾清宫、坤宁宫为紫微正中，左右各有东西六宫为辅翼。在东西六宫之北，各有五所供皇子、皇孙居住的次要宫室称为乾东五所和乾西五所。平面规划上在乾清宫左右，原拟以九宫格形式划出九宫，九宫之北划出五所皇子居室，可能是为了表现天子为九五之尊，建造成九五之数。但实际建成仅为东西六宫，合为十二，象征十二月令，其余则改建其他宫室。明末内廷宫室被焚毁，东西六宫是在清顺治十二年（1655）及康熙二十二年（1683）分两次陆续复建完成的。至于乾东五所和乾西五所的复建情况没有明确的资料记载。根据乾隆十五年（1750）绘制的《乾隆京城全图》所示，乾东五所已经成为现在看到的规制。乾西五所改建为重华宫和建福宫等。

乾东五所从西至东分别称头所、二所至五所。每所均为南北向的三进院落，前院南墙正中开门，门内木影壁屏门。前院、中院均为"一正两厢"形式，中院东南隅建井亭一座。第三进院由于进深较短，只有一座正殿。各所之间用矮墙相隔，矮墙上开门，使得彼此既独立又相互连通。乾东五所初为皇子、皇孙居所，嘉庆帝为皇子时曾居于此处。其中头所、二所至嘉庆十四年（1809）尚为皇子居住。但是此后改变了用途，改为如意馆（宫廷画院）、寿药房、敬事房（管理太监的机构）、四执库（收存皇帝冠服之处）和古董房等。

明代时，西六宫与东六宫形制一致。但是，现存西六宫在形制上，并未和与之相对应的东六宫一致，那是因为清代历史上的一位铁腕女人而发生的改变。西六宫是慈禧太后主政时所居住的宫区，因此为了配合她个人的需要，西六宫依慈禧太后之命在清末多有改建，不但打破了各宫独立的格局，还将其中一座宫室改造成了故宫内最奢华的宫室之一。

乾东五所头所门

西六宫鸟瞰

永寿宫

永寿宫位于西六宫东南部，初名长乐宫。明嘉靖十四年（1535）改名毓德宫，万历四十四年（1616）又更名为永寿宫。清朝多次重修，但仍基本保持明初始建时的格局。道光中晚期，将各地官吏密奏存放于永寿宫。光绪以后，此宫前后殿均改为大库，收贮御用物件。

永寿宫为两进院，门为琉璃门形式。前院正殿永寿宫，面阔五间，歇山顶黄琉璃瓦屋面。外檐装修，明间前后檐安槅扇门，次间、梢间为槛墙、槛窗，双交四椀菱花槅心。殿内悬清乾隆帝御笔匾额"令仪淑德"，东壁悬乾隆《圣制班姬辞辇赞》，西壁悬《班姬辞辇图》。乾隆六年

永寿宫

（1741），乾隆皇帝下令，内廷东西十一宫的匾额俱照永寿宫式样制作，自挂起之后，不许擅动或更换。正殿有东西配殿各三间。

后院正殿五间，东西有耳房，殿前东西亦有配殿各三间。院落东南有井亭一座。

储秀宫

储秀宫初名寿昌宫，在清初顺治朝扫除旧宫殿名时，被改名为储秀宫。

储秀宫在明朝和清朝前期，居住的都是身份普通的妃嫔。但自从清嘉庆朝开始，由于嘉庆帝的两位皇后——孝淑睿皇后、孝和睿皇后都住过这所宫院，因此在清后期，储秀宫的地位大大提高。孝淑睿皇后喜塔腊氏在嘉庆未登基前是嘉庆帝的嫡福晋，嘉庆帝登基后便册立其为皇后，并以储秀宫作为其寝宫，同时她也是道光皇帝的生母。但这位皇后没能在此住上多久，在嘉庆二年（1797）二月初七病故，而她所生的旻宁（即后来的道光帝）也交由后来的孝和睿皇后抚养。

储秀宫

孝和睿皇后钮祜禄氏是嘉庆帝登基前的侧福晋，嘉庆帝登基后册封她为贵妃，之后又升为皇贵妃。在孝淑睿皇后病故后，嘉庆帝依乾隆帝之命封她为皇后。道光帝登基之后孝和睿皇后被尊为皇太后，之后她以皇太后的身份迁至寿康宫居住。咸丰年间，慈禧太后初进宫时被封为兰贵人，也居住在此处，并在此生下了载淳，母以子贵，

被封为懿贵妃。咸丰帝驾崩后，载淳登基，是为同治帝，其生母慈禧太后以皇太后的身份住到长春宫。光绪十年（1884）又重新住回当年居住过的储秀宫，为了庆祝她的50岁寿辰，下令改建此宫。这次工程耗费白银125万两，使这座宫院发生了巨大的改变，成为紫禁城内最豪华的宫室之一。

储秀宫面阔五间，进深三间，歇山顶黄琉璃瓦屋面。明间开门，次间、梢间为槛墙、槛窗，槅扇门为楠木雕万字锦底、五福捧寿、万福万寿裙板。万字团寿窗格，步步锦支摘窗，均用楠木。室内明间设地屏、宝座，悬挂乾隆帝御笔"茂修内治"匾额，两次、梢间用花梨木为槅扇，雕饰也以福寿为题材。

储秀宫内景三

储秀宫内景一

储秀宫内景四

后殿丽景轩，原名思顺斋。面阔五间，硬山顶黄琉璃瓦屋面。室内也以花梨木装饰门窗。

1922年，溥仪和婉容举行婚礼后，婉容便住

储秀宫内景二

丽景轩内景一

丽景轩内景二

翊坤宫

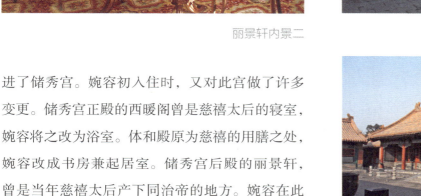

翊坤宫体和殿

进了储秀宫。婉容初入住时，又对此宫做了许多变更。储秀宫正殿的西暖阁曾是慈禧太后的寝室，婉容将之改为浴室。体和殿原为慈禧的用膳之处，婉容改成书房兼起居室。储秀宫后殿的丽景轩，曾是当年慈禧太后产下同治帝的地方。婉容在此设置了西式餐具、餐桌等，改成西式餐厅。

翊坤宫

翊坤宫位于永寿宫后储秀宫前，初名万安宫，明嘉靖时改称翊坤宫。翊坤宫原为二进院，由宫门、正殿和后殿组成。清晚期，慈禧太后住在后面的储秀宫时，为了配合她的需要，对此宫做了改建，拆除翊坤宫后殿，以及隔开两宫的宫墙和宫门，并在被拆除的宫门原址上新建一座体和殿，使翊坤宫与储秀宫形成前后连通的四进院格局。体和殿五间，硬山顶黄琉璃瓦屋面，东西接游廊与储秀宫配殿相连。东西配殿各一座，名平康室和益寿斋。

翊坤宫正殿面阔五间，歇山顶黄琉璃瓦屋面，前后出廊，檐下施以斗拱，梁枋饰以苏式彩画。门为万字锦底、五福捧寿裙板槅扇门，步步

锦支摘窗，饰万字团寿纹。明间正中设地屏、宝座、屏风、香几、宫扇，上悬慈禧太后题写的"有容德大"匾。东侧用花梨木透雕喜鹊登梅落地罩，西侧用花梨木透雕藤萝松缠枝落地罩，两次间与梢间用槅扇相隔。殿前设"光明盛昌"屏门，台基下陈设铜凤、铜鹤、铜炉各一对。溥仪曾在正殿前廊下安设秋千。东西有配殿曰延洪殿、元和殿，均为三间。

太极殿

太极殿位于西六宫西南部，初名未央宫，因明嘉靖帝的生父兴献王朱祐杬生于此，于嘉靖

十四年（1535）更名启祥宫。清代晚期改称太极殿。太极殿原为二进院。咸丰九年（1859）拆除长春宫的宫门长春门，并将太极殿后殿改为穿堂殿，咸丰帝题额曰"体元殿"，并在后檐接出抱厦，与长春宫及其东西配殿以转角游廊相连，形成回廊，东西耳房各开一间为通道，使太极殿与后面的长春宫连接成相互贯通的四进院。

太极殿面阔五间，歇山顶黄琉璃瓦屋面，前后出廊。外檐绘苏式彩画，门窗饰万字锦底团寿纹，步步锦支摘窗。室内饰石膏堆塑五福捧寿纹天花，系清末民初时所改。明间与东西次间分别以花梨木透雕万字锦底花卉栏杆罩与球纹锦底凤鸟落地罩相隔，正中设地屏、宝座。殿前有高大

太极殿

体元殿

的祥凤万寿纹琉璃屏门，与东西配殿组成一个宽敞的庭院。

后殿为体元殿，硬山顶黄琉璃瓦屋面，面阔五间，前后明间开门。后檐接抱厦三间，为长春宫戏台，东北角和西北角各有屏门一道，与后殿相通。

长春宫

长春宫位于太极殿后，初名长春宫，明嘉靖十四年（1535）改称永宁宫，万历四十三年（1615）复称长春宫。清康熙二十二年（1683）重修。同治帝登基后，慈禧太后搬来这里居住。

长春宫面阔五间，歇山顶黄琉璃瓦屋面，前出廊，明间安槅扇门，竹纹裙板，次、梢间均为槛窗，步步锦支摘窗。室内明间设地屏、宝座，上悬乾隆皇帝御笔所题的"敬修内则"匾。左右有帘帐与次间相隔，梢间靠北设落地罩炕，为寝室。殿前左右设铜龟、铜鹤各一对。东配殿曰绥寿殿，西配殿曰承禧殿，各三间，前出廊，与转角游廊相连，可通各殿。廊内壁上有清晚期绘制的18幅以《红楼梦》为题材的巨幅壁画，

长春宫

有"怡红院""潇湘馆""贾母逛大观园"等。绘制的人物栩栩如生,亭台楼阁等景物,富有立体感。

后殿曰"怡情书室",面阔五间,硬山顶黄琉璃瓦屋面,外檐饰以斑竹纹彩画。东西各有耳房三间。东配殿曰益寿斋,西配殿曰乐志轩,各三间。后院东南有井亭一座。

咸福宫

咸福宫位于西六宫西北隅,初名寿安宫。明嘉靖十四年(1535)更名为咸福宫。清康熙二十二年(1683)重修,光绪二十三年(1897)又加以修整。

咸福宫为两进院,正门咸福门为琉璃门,内有四扇木屏门影壁。前院正殿额曰"咸福宫",面阔三间,庑殿顶黄琉璃瓦屋面,形制高于西六宫中其他五宫,与东六宫相对称位置的景阳宫形制相同。前檐明间安槅扇门,其余为槅扇槛窗,室内井口天花。后檐仅明间安槅扇门,其余为檐墙。殿内东壁悬乾隆皇帝《圣制婕妤当熊赞》,西壁悬《婕妤当熊图》。山墙两侧有卡墙,设随墙小门以通后院。殿前有东西配殿各三间,硬山顶,各有耳房。

后院正殿名"同道堂",面阔五间,硬山顶黄琉璃瓦屋面。东西各有耳房三间。前檐明间安槅扇门,设帘架,其余为支摘窗;后檐墙不开窗。室内设落地罩隔断,顶棚为海墁天花。殿内东室匾额为"琴德簃",曾藏古琴;西室"画禅室",所贮王维《雪溪图》、米友仁《潇湘奇观图》等画卷都是画禅室旧藏,室因此而得名。同道堂亦有东西配殿,堂前东南有井亭一座。

咸福宫

咸福宫同道堂

养心殿

西六宫以南有一组清代非常重要的建筑,即从清雍正朝开始的政治活动中心——养心殿。养心殿始建于明代嘉靖年间,位于内廷乾清宫西侧。养心殿的名字出自孟子的"存其心养其性以事天"。清初顺治帝病逝于此地。康熙年间,这里曾经作为宫中造办处的作坊,专门制作宫廷御用物品。康熙帝驾崩以后,雍正帝不愿意和他的父祖一样以乾清宫和乾清门为政治活动中心和寝宫,以因为看到父亲的遗物伤心为由,搬到了养心殿,将这里作为居住和处理政务、读书学习的场所。从而开启了养心殿此后100多年间作为清王朝政治中心的历史。由于此处的特殊地位,雍正年间此地便安装上了当时极为罕见和珍贵的玻璃窗，从而使养心殿成为紫禁城中第一个装上玻璃窗的宫殿。咸丰帝驾崩后，慈禧太后控制皇权。在同治和光绪皇帝年幼时，养心殿前殿的东暖阁，曾是西太后（慈禧太后）和东太后（慈安太后）垂帘听政的地方。现在这里的陈设，就是光绪皇帝年幼时期西太后垂帘听政时的样貌。

养心殿东暖阁内景

养心殿

养心殿为一座独立的院落，南北长约63米，东西宽约80米，占地面积约5000平方米。养心殿前有琉璃门，名"养心门"，门外有一座东西狭长的院落。乾隆十五年（1750）在此添建连房3座，房高不过墙，进深不足4米，为宫中太监、侍卫及值班官员的值宿之所。

进门为一座木影壁。院内的养心殿为"工"字形，前殿面阔七间，歇山顶黄琉璃瓦屋面，明间、西次间接卷棚抱厦。正中三间为正厅，设有宝座、御案。室内悬挂雍正帝御题"中正仁和"匾额，宝座后的屏风背后有通往后殿的两个小门，曰"恬澈""安敦"。北墙设书架，东西安板墙与东西暖阁分开，在南端各有一门通往东西暖阁。东暖阁内设宝座，这里曾经是慈禧、慈安两位太后垂帘听政处。西暖阁分隔为数室，有皇帝批阅奏折、与大臣密谈的小室，曰"勤政亲贤"，还有

养心殿三希堂

养心殿后殿东梢间内景

乾隆帝御笔题额的"三希堂"。乾隆帝将王珣的《伯远帖》，连同王羲之的《快雪时晴帖》和王献之的《中秋帖》这三件稀世珍宝藏于该处，取名为"三希堂"。

前殿、东配殿各五间，雍正帝以后设佛堂于此，是皇帝专用佛堂。

养心殿明间"恬澈""安敦"两小门为穿堂，直通后殿。后殿是皇帝的寝宫，面阔五间，硬山顶黄琉璃瓦屋面，明代曰"涵春室"，清代无殿额。正间额曰"乾元资始"，靠北墙为一炕，正间南为穿堂与前殿正间相连，呈"工"字形。东西次间、梢间为槛窗。西梢间名"华滋堂"，内设床，西次间南窗下设通炕，北墙设雕龙柜。东梢间名"自强不息"，内设床，床上额曰"又日新"。东次间靠北墙下设宝座，上额曰"天行健"。后殿两侧各设有围房10余间，房间矮小，陈设简单，是供妃嫔等人随侍时临时居住的地方。

乾西五所

乾西五所在明代与乾东五所形制一致。清康熙二十二年（1683）左右改建了头、二、三所，其中二所为乾隆帝做皇子时居住的地方，并在此举行了大婚。乾隆帝即位之后，此处成了"潜龙"之地，不能再被其他人居住，故升格为宫，名为重华宫。重华宫作为皇帝新年受贺、茶宴、接见外藩和与文臣赋诗联句之地。随着重华宫的建立，继之开始了对乾西五所的全面改造。乾隆五年至七年（1740—1742），将头所改建为漱芳斋，作为重华宫附属看戏的地方。在庭院中面对正殿，设一座方形重檐歇山顶戏台，每面三间，台后为扮戏间。皇帝元旦受贺或宴请王公大臣时在此看

戏。另外，漱芳斋后殿的"金昭玉粹"室内也有一座规模很小的亭式小戏台，四角攒尖顶，周围墙壁绘作园林状及斑竹花架等，犹如室外空间，台前题有"风雅存"小匾，帝后往往在此用膳，同时由太监演唱戏曲。三所被改为御膳房，专门供应茶膳。

重华宫前院正殿为崇敬殿，面阔五间，进深三间，歇山顶黄琉璃瓦屋面，前檐正中接抱厦三间。殿内正中悬弘历为宝亲王时亲笔书匾额"乐善堂"。

中院正殿即重华宫，面阔五间，进深一间，硬山顶黄琉璃瓦屋面，前接抱厦三间。殿内明间与东西次间均以紫檀雕花槅扇分隔，槅扇雕刻精美，是紫禁城宫殿内檐装修上乘之作，东次间槅扇于光绪十七年（1891）拆除，改为子孙万代葫芦落地罩。

重华宫东西配殿各三间，硬山顶黄琉璃瓦屋

漱芳斋戏台

面。东配殿名"葆中殿",殿内额曰"古香斋",曾收贮《钦定古今图书集成》;西配殿名"浴德殿",殿内额曰"抑斋",为乾隆皇帝的书室。院内东西各有井亭一座,东井亭内有井,西井亭仅为对称而设。

后殿名"翠云馆",面阔五间,硬山顶黄琉璃瓦屋面。殿内黑漆描金装修,十分精美。东次间匾曰"长春书屋",为乾隆皇帝即位前读书处。殿两侧有耳房及东西配殿。

四所及五所合并改为建福宫,并占用了英华殿东厢房一部分用地。建福宫是一座兼有宴赏、集会功用和园林性质的宫室,在东半部布置有前殿抚辰殿及建福宫,以回廊连接成院,宫后为三间见方的惠风亭,亭后为寝宫静怡轩,轩为一座三卷勾连搭式的建筑,再后为慧曜楼。西半部的主体为延春阁,阁为一座面阔七间、高两层的方形大阁,阁前叠石为山,岩洞磴道幽邃曲折,间以古木丛篁,绕有林岚佳致。假山西南侧有一静室小楼,供大士像。延春阁北为敬胜斋五间,斋西为碧琳馆,斋东为两层的吉云楼,与慧曜楼相接。延春阁之西为凝晖堂。各建筑间皆以回廊相连,曲径通达,宫内俗称西花园。园内延春阁的牡丹、碧琳馆的竹子、静怡轩的梅树皆为名种,乾隆帝皆有题咏。尤其静怡轩一带夏日比较凉爽,乾隆帝原拟在此守制,并有退位之后在此养老的想法。乾隆帝将宫中的无数自己喜爱的奇珍异宝都藏在了敬胜斋内,成为宫内最大的珍宝库。可惜这样一座优美的园林式宫殿连同其中无数件珍宝,因1923年敬胜斋失火,殃及静怡轩、延春阁、中正殿、香云亭等建筑全部烧毁,仅剩下一座大假山。至于失火原因,据逊帝溥仪之弟溥杰在《我在醇亲王府中的生活》中回忆,是由于进

入民国后,宫内太监监守自盗,大量贩卖宫内文物,尤其是敬胜斋内的文物由于数量巨大,而且都是珍品,宫内太监盗卖猖獗。溥仪知道后想要彻查此事,宫内太监害怕事情败露,所以一把火将敬胜斋焚毁,以求湮灭证据。火灾殃及了这座优美的宫殿。而西花园究竟有多少珍宝,没有人确切地知道,只知道这场火灾让文物受到了巨大的损失,初步统计烧毁金佛2665尊,字画1157件,古玩435件,古书数万册。火后之垃圾由城内一家金店以50万元的价格买下来,从中拣出17000多两熔化的金块。余下的灰烬装成若干麻袋分送内务府的大小官员,有人从中提炼出两座直径约0.33米的黄金"坛城"。垃圾清理完,溥仪将这里改成了网球场。2006年,建福宫按照原式复建。

重华宫

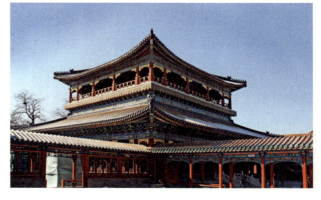

建福宫

御花园

过后三宫，轴线建筑以清幽的御花园作为结尾部分。御花园中古树蔽天、亭榭掩映、鸟语花香，令人神清气爽、回味无穷。轴线以此作为收束可谓妙不可言。

御花园始建于明永乐十八年（1420），明代称为"宫后苑"，清代改称为"御花园"。御花园东西宽135米，南北深89米，占地面积12015平方米。其南侧为坤宁门，可通后三宫，左右分别有琼苑右门和琼苑左门，通东西六宫。北面过集福门、延和门、承光门围合的牌楼门和顺贞门，正对着紫禁城北门神武门。园内建筑以钦安殿院落为中心，采取中轴对称的布局。

不致使宫殿轴线建筑反差过大，做到了宫廷建筑的工整和园林景观的变化相统一。同时，园内建筑多依围墙而建，只以少数造型精美的亭台立于园中，造成了园内建筑空间上的舒广。而空隙处遍布的苍柏古槐和点缀的盆景奇石等园林小品，为花园增添了几分灵动，丰富了园景的层次。加之园内用各色卵石镶拼成各种图案的路面，更使御花园形成了从地面到低空的园林小品，从中空的园林建筑到高空的山顶建筑的多空间和多角度景观。此外，堆秀山上的御景亭又是一座观景亭，每年重阳节，皇帝偕同后妃在御景亭——全园的最高点登高赏玩。

御花园是古典宫廷园林的典范，它与内廷的院落曲廊环通，构成一个完美的建筑整体。

御花园钦安殿

中路排列坤宁门、天一门、钦安殿、承光门和顺贞门。东西两路建筑基本对称，东路自南而北建有绛雪轩、万春亭、浮碧亭、摛藻堂和堆秀山御景亭；西路自南而北建有养性斋、千秋亭、澄瑞亭、位育斋和延晖阁。此外，园内还有四神祠、井亭、鹿台等。这种轴对称的布局方法，使得御花园从格局上与紫禁城轴线殿堂保持一致性，

御花园千秋亭

神武门

紫禁城的后门名神武门，它是紫禁城中轴线上的最后一座收束建筑。神武门由高大的城台和城门楼组成，城台为朱红色，中央辟三座门，门洞外侧为方形，内侧为拱券形。城楼面阔七间，进深三间，回廊，重檐庑殿顶，黄琉璃瓦屋面，

神武门

上檐施以三翘七踩斗拱，下檐施以重翘五踩斗拱，绘墨线大点金旋子彩画，一字枋心。明、次间为三交六椀棂心槅扇门，梢间为三交六椀棂心槅扇窗。

内廷区外东路建筑

内廷区还有外东路和外西路两路建筑。外东路以宁寿宫为主体。此外，其南部还有皇子居住的撷芳殿（南三所）。外西路有皇太后居住的慈宁宫、寿康宫和佛堂建筑英华殿等。

外东路的宁寿宫明代为外东裕库和仁寿殿旧址，北部为哕鸾宫、喈凤宫，建筑不多。清康熙

宁寿宫九龙壁

二十八年（1689）进行过大规模营建，称宁寿宫，作为皇太后和太皇太后的寝宫。

宁寿宫最南端为九龙壁，它是我国三座明清时期的九龙壁之一。这座九龙壁宽29.4米，高3.5米，图案是由270块琉璃砖拼成的九条龙和海浪，十分精美。

宁寿宫外朝区建筑由皇极门开始。皇极门在位置上相当于午门，建于清乾隆三十六年（1771）。

皇极门为三座随墙琉璃门形式，坐落于汉白玉须弥座上，单檐庑殿顶黄琉璃瓦屋面，单翘单昂五踩斗拱，枋、椽、斗拱等构件皆为琉璃烧制，门下部为汉白玉须弥座。中间主门略高，两侧稍低。皇极门形制独特，制作精美，兼有门的形式与壁的特色，恰到好处地承启了南面九龙壁和北面宁寿门的建筑风格，堪称故宫内琉璃门之冠。

皇极门北为宁寿门，形式仿乾清门，面阔五间，进深三间，歇山顶黄琉璃瓦屋面，前檐正中三间建为敞厅，门内设高台甬路与皇极殿相连。皇极殿是宁寿宫区的主殿，形制与乾清宫相仿。殿坐北朝南，建于青白石须弥座上，前出月台，面阔九间，进深五间，重檐庑殿顶黄琉璃瓦屋面，殿中四根沥粉贴金蟠龙柱，顶置八角浑金蟠龙藻井，下设宝座，级别仅次于太和殿。殿内左置铜壶滴漏，右置大自鸣钟。

皇极殿后为宁寿宫，建于清康熙二十八年（1689），初为宁寿宫后殿，乾隆三十七年至四十一年（1772—1776）将前殿建为皇极殿，原匾额移至后殿，遂改称后殿为"宁寿宫"。宁寿宫建于单层石台基之上，台与皇极殿相接，四周以黄绿琉璃砖围砌透风灯笼矮墙。宁寿宫面阔七间，进深三间，单檐歇山顶。檐廊柱枋间为镂空

云龙套环，枋下云龙雀替，皆饰浑金，堂皇富丽。内外檐装修及室内间隔、陈设皆仿坤宁宫。改建后的宁寿宫成为紫禁城内除坤宁宫以外的另一处体现满族风俗的重要建筑。乾隆皇帝《宁寿宫铭》补记称："盛京大政殿后曰清宁宫，祖宗时祀神之

皇极门

皇极殿

宁寿宫

所，祭毕，召王公大臣进内食祭肉。国初定鼎燕京，则于乾清宫后殿坤宁宫行祀神礼，一如清宁宫之制，至今仍循旧章。余将来归政时，自当移坤宁宫所奉之神位、神竿于宁寿宫，仍依现在祀神之礼。"说明了宁寿宫改造的原因。

宁寿宫原为龙凤和玺彩画。光绪年间，慈禧太后曾一度住在宁寿宫，遂将外檐围廊改为苏式彩画，失去了庄严的风格。1979年重新修缮后，恢复了乾隆时期的风貌。

宁寿宫内廷区的建筑可以分为中、东、西三路。中路与前庭大殿排列在一条轴线上。中路开端是养性门，面阔五间，歇山顶黄琉璃瓦屋面，中三间开门。往北是养性殿，是仿照养心殿而建的，面阔三间，每间又用方柱隔为三间，前接卷棚抱厦五间，歇山顶黄琉璃瓦屋面。室内与养心殿一样也隔为数间小室。明间前后开门，中设宝座，顶置八角浑金蟠龙藻井，片金升降龙天花。左右置板墙与东西次间相隔，墙各辟门，对称而设，门楣之上置毗卢帽。东暖阁分为前后两组空间，前曰明窗，后曰随安室，室东悬"俨若思"匾，为乾隆皇帝御笔。西暖阁隔为数间小室，北室为佛堂，建仙楼两层，内置佛塔、佛像，肃

养性殿

穆有制；南室称长春书屋。尽间仿养心殿三希堂规制辟为墨云室，因湖广总督毕沅进献古墨而定名。西山墙外耳房仿养心殿梅坞而建，与殿相通，取名香雪堂。内以白石依墙堆砌山景，南面开窗，西、北、东三面彩绘壁画，西山墙辟小窗可观宁寿宫花园一角。殿内多用楠木柱，紫檀木包镶门口、栏杆、供柜、夹纱槅扇窗等，十分精美。

养性殿北边是乐寿堂。乐寿堂仿长春园淳化轩规制，乾隆皇帝以此为退位后的寝宫，御题"座右图书娱画景，庭前松竹蕴春风"联句，故此堂亦称宁寿宫读书堂。光绪二十年（1894），慈禧太后曾以西暖阁为寝室。其南北庭院东西廊壁嵌敬胜斋帖石刻。乐寿堂面阔七间，进深三间，回廊，歇山顶黄琉璃瓦屋面，室内明、次间以东西向阁道分隔成南北两厅。东西梢间南部和靠北墙通道为单层，余为两层。大厅仙楼和东西梢间南部、北廊，以及夹层、阁道的装修多用楠木包以紫檀、花梨木等贵重木材，装饰玉石、珐琅（景泰蓝）等饰件，天花全部为楠木井口天花，天花板雕刻卷叶草，与整个室内装修相衬托，显得雍容华贵，为乾隆时期建筑装修的代表作之一。

最后是颐和轩和北侧的景祺阁组成的"工"字形殿，它是因两座建筑之间有穿廊相连形成的。

颐和轩建于乾隆三十七年（1772），嘉庆七年（1802）、光绪十七年（1891）两次重修。颐和轩面阔七间，单檐歇山顶黄琉璃瓦屋面。前檐出抱厦五间，后檐出抱厦三间。前檐抱厦明间、东西次间开敞，形成较深远的前出廊，东西梢间装板墙，南面为槛墙、支摘窗。轩明间为五抹槅扇门，次间、梢间为步步锦棂心支摘窗。轩内正中的三间和抱厦，其东、西两壁刻有乾隆皇帝御笔亲书的《西师诗》和《开惑论》全文。轩后檐明间有穿廊三间，北接景祺阁，穿廊明间东、西向开门，可通轩北的东、西两小院。轩东、西山面廊南、北封装，设有小门，西廊外建有亭及围廊，形成小院。该亭分两层，底层有一石瓮，上层为小戏台。

颐和轩前月台左侧设有日晷，甬路两侧各设琉璃花池。轩两侧有游廊连接乐寿堂，廊壁镶嵌敬胜斋帖石刻。

景祺阁后有一座青石覆盖的枯井，这就是著名的珍妃井。珍妃（1876—1900），他他拉氏，小字珍珠，光绪十五年（1889）与姐姐（瑾妃）一

乐寿堂

颐和轩

同入宫，成为光绪帝的妃嫔。由于聪颖丽质，在政治上同情光绪皇帝的变法维新，虽然年仅14岁，但深得光绪帝的宠爱，这惹恼了慈禧太后。戊戌变法失败后，光绪帝被囚禁在中南海瀛台，珍妃被囚禁在景祺阁后的厢房内。光绪二十六年（1900），八国联军攻入北京，慈禧太后带着光绪皇帝仓皇西逃。临行前，将年仅24岁的珍妃扔进了井里。

宁寿宫内廷区的东路建筑为休憩娱乐区，以畅音阁为主。阁内有一座高20.71米的三层大戏台，为宫廷内最大的戏台。戏台为三面开放型，三层之间有活动的天花板和地板，台底有水井和水池，可演神怪戏，上下有机关，能引水上台，三层台自上而下分别名曰"福台"、"禄台"和"寿台"。戏台北为阅是楼，是帝后观戏处，室内设宝座。慈禧每年都在此传戏。阅是楼周围有转角楼32间围护，为群臣的看戏房。

阅是楼北为寻沿书屋，屋前亦为回廊环抱，是一座书房。其北为庆寿堂等三排一般的宫室，光绪时，慈禧太后经常接一些王公贵族的眷属来此居住。东路最后部为景福宫及供佛的梵华楼、佛日楼。景福宫是乾隆四十一年（1776）重新修葺的，形制仿建福宫的静怡轩，因乾隆四十九年（1784）乾隆帝又得玄孙，五世同堂，故又称此殿为五福五代堂，主要用于娱乐，并陈设西洋天文仪器。

宁寿宫内廷区的西路建筑为游赏区，即宁寿宫花园，也称乾隆花园。乾隆帝四次下江南，饱览了江南的名园佳景，回北京后将其喜欢的美景移植其中。园内亭台楼阁富丽精巧，曲径游廊玲珑剔透，古树奇花争妍，湖石假山斗奇，彩画雕刻精美，布局格调清雅，既具宫廷气派，又融汇了江南园林特色，是宫廷花园的典范之作。

宁寿宫花园南北长160米，东西宽37米，为一个狭长的地带，西边为高耸的夹道墙，置景采取南北串联的方法，南北向安排四进院落，景致层层递进至高潮，但每组院落又各有特色。

第一进院自南面的衍祺门开始，迎门是左右夹峙的假山作为屏障，取"开门见山"之意。造景上则起到了障景的作用。

山屏背后，遍植松柏，营造出了清幽的境界，园内曲折的小径铺满五颜六色的小石子。坐北居

畅音阁大戏台

衍祺门内望假山

中的是古华轩，面阔五间，歇山卷棚顶，轩内百花图案的楠木天花，古朴淡雅。轩因其旁的一株古楸树而得名。古华轩西面是禊赏亭，四角攒尖顶，是北京现存的四座流杯亭之一。亭取王羲之《兰亭序》中"曲水流觞，修禊赏乐"之意命名，又按"茂林修竹"之意，在亭四周栏杆上雕刻修竹图案。亭子的旁边有水井，从井里打水，倒在两只大缸里，缸里的水利用地势通过管子流到亭内水槽里，将酒杯置于水槽中，人坐在四周，酒杯顺水流到谁面前谁就要作诗一首，不然便罚酒，用以效仿古人"曲水流觞"之雅。

古华轩东面的假山有仿汉武帝的仙人承露台而建的承露台，台不高，面积也只有三四平方米，但通过崎岖的山道盘旋而上，所以显得有些险峻，配上周围很矮的栏杆，也显得较为开阔。古华轩东南，曲廊转折，围出一个小院。东南角叠石为山，上建攒尖顶方亭，名禊赏亭。小院西曲廊转角处，衔接着另一座攒尖顶方亭，称矩亭。矩亭东廊连接着一座面阔只有一间半的硬山式小屋，名抑斋，是静坐养性之处。此院以轩、亭、斋、台为纲，用假山、廊、花木将全院分割成既独立

又相互连通的空间，平面布局灵活多变，园林意境以"幽、雅"为主旨。

过了古华轩，进入花园的第二进院。主体建筑名"遂初堂"，坐北朝南，面阔五间，歇山卷棚顶。院内以抄手游廊连接东西配房和院南面的垂花门，院子的墙面，一反宫中红色调，改用青砖磨砖对缝砌筑，下部衬以彩色石片镶贴的冰裂纹台基。院内少量湖石和花木点景，是一处以"敞、静"为意境的生活区。此院又是前院和后院的承启。

第三进院落满庭叠山垒石，偏西北的主峰上建有一座方亭，居高临下，挺拔秀丽，名"耸秀亭"。山北是五开间的卷棚歇山顶主楼萃赏楼和

遂初堂

禊赏亭曲水流觞

耸秀亭

西侧名"延趣楼"的配楼五间，环抱在北西两面，两楼以游廊连通。东南角建有三友轩，三面回廊，西面为歇山顶，东借乐寿堂西廊，改作悬山顶，室内门窗及家具均装饰松竹梅图案。这座庭院的游赏空间从平面向立体发展，除了建楼阁与山亭之外，又利用叠石造山之巧妙，经由曲折的山涧、山洞、磴道通达各处建筑，忽宽忽窄、忽明忽暗，在不大的空间之内，延伸成了无尽的游览路线，达到了园林中"变"的意境。

最后一进院落的建筑宏大壮丽，以中间的符望阁为主体建筑，此阁仿建福宫西花园的延春阁而建，面阔、进深各五间，两层楼阁，四角攒尖顶，周围带廊，阁端庄华丽。阁内底层用精工细雕的各种镶金嵌玉的落地罩、槅扇门、板壁，纵横间隔成很多上下左右的空间，置身其中，往往迷失其间，故有"迷楼"之称。二层为三开间见方的通敞空间，中设宝座。登临周围外廊，可以北望景山，西望中南海，南望紫禁城殿阁，是非常好的观景胜地。每年腊月二十一，乾隆帝在符望阁宴请御前大臣、蒙古王公。

阁北以倦勤斋为全园收束，此斋也是仿建福宫的敬胜斋而建，面阔九间，硬山卷棚顶绿琉璃瓦黄剪边屋面。前檐以一道穿廊与符望阁相通。斋内东五间的顶棚为团花纹银花纸裱糊的海墁天花，从东次间东前檐柱至西次间西前檐柱建成"凹"字形仙楼，嵌竹丝万字锦底挂檐，均以玉璧镶嵌竹黄白鹿山林图裙板，夹纱双面绣槅心，装修极富江南细致婉约的风韵。西四间顶棚装饰竹架紫藤萝天花，西墙和北墙上的通景画，绘制斑竹、丹顶鹤、山石、松柏，人在其中，周围竹篱环绕，仙鹤起舞，喜鹊登枝，仿佛置身于大自然的美景当中。两座楼阁之间连以围廊，西面并以

倦勤斋

倦勤斋内景

弓形围墙包围假山上的竹香馆，构成一座小巧的点景建筑。第四进院的风格以"雄"为特色。

撷芳殿位于宁寿宫外南部，俗称南三所。明代这一带为端敬殿、端本宫旧址，是东宫太子所居。清乾隆十一年（1746）改建为三组殿宇，用于皇子长大成婚后居住。宣统帝即位后，其父醇亲王载沣作为监国摄政王以此处为临时休息起居之所。

撷芳殿三组殿宇形制相同，均为前后三进院落。前有琉璃门一座。前院正殿三间，单檐歇山顶绿琉璃瓦屋面。中院正殿五间，硬山顶调大脊绿琉璃瓦屋面。院内井亭一座。后院正殿五间，

硬山顶调大脊绿琉璃瓦屋面。后罩房一座。每进院落均有东西配殿及顺山房等，总计房屋200多间。

内廷区外西路建筑

外西路在西六宫之西，是太皇太后、皇太后、太妃、太嫔等居住的地方，主要建筑有慈宁宫、寿康宫、寿安宫、雨花阁、英华殿等建筑。

慈宁宫位于故宫内廷外西路隆宗门西侧，始建于明嘉靖十五年（1536），是在仁寿宫的故址上，撤除大善殿而建成的。万历年间因灾重建。清沿明制，顺治十年（1653）、康熙二十八

康熙、乾隆三帝以孝出名，慈宁宫经常举行为太后庆寿的大典。凡遇皇太后圣寿节、上徽号、进册宝、公主下嫁，均在此处举行庆贺仪式。特别是太后寿辰时，皇帝亲自率众行礼，并与近支皇咸一同彩衣起舞，礼节十分隆重。不过道光帝之后，随着清王朝走向没落，国库空虚，当时的孝和睿皇后不得不缩减宫中开支，慈宁宫才逐渐失去往日的辉煌。

慈宁宫门前有一个东西向狭长的广场，两端分别是永康左门、永康右门，南侧为长信门。慈宁门位于广场北侧，内有高台甬道与正殿慈宁宫相通。院内东西两侧为廊庑，折向南与慈宁门相

慈宁宫

慈宁宫后寝殿（大佛堂）

年（1689）、乾隆十六年（1751）均加以修葺，将其作为皇太后居住的正宫。乾隆三十四年（1769）兴工将慈宁宫正殿由单檐改为重檐，并将后寝殿后移，始定今之形制。

明朝慈宁宫为前代皇贵妃所居。万历年间慈圣李太后，泰昌元年（1620）万历帝郑贵妃、昭妃等人均曾在此居住。天启七年（1627）明熹宗驾崩，其贵妃等人移居此处。清顺治十年（1653），孝庄文皇后居慈宁宫，自此成为太皇太后和皇太后的住所，太妃、太嫔等人随居。顺治、

接，北向直抵后寝殿（即大佛堂）之东西耳房。前院东西廊庑正中各开一门，东曰徽音左门，西曰徽音右门。

正殿慈宁宫居中，前后出廊，重檐歇山顶黄琉璃瓦屋面。面阔七间，当中五间各开四扇双交四椀菱花槅扇门。两梢间为砖砌槛墙，各开四扇双交四椀菱花槅扇窗。殿前出月台，正面出三阶，左右各出一阶，台上陈镏金铜香炉四座。东西两山设卡墙，各开垂花门，可通后院。

慈宁宫花园位于内廷外西路慈宁宫西南，始

建于明代，是明清太皇太后、皇太后及太妃、太嫔们游憩、礼佛之处。花园中原有临溪观、咸若亭等建筑，明万历十一年（1583）改名为临溪亭、咸若馆。清乾隆三十四年（1769）进行大规模改建，此后虽也有改动，但花园总的规模和布局始终没有大的变化。

慈宁宫花园南北长约130米，东西宽约50米，园中仅有建筑11座，集中于花园北部，南部则地势平坦开阔，莳花种树，叠石垒池，意在使太后、太妃、太嫔们不费跋涉之劳而得山林之趣。

花园入口揽胜门设在东墙，为一座朴素的随墙门。进门向北，主殿为咸若馆，面阔五间，前出抱厦，歇山顶黄琉璃瓦屋面。馆前有花坛一座，东西两侧有宝相楼和吉云楼，馆后正北为慈荫楼，三座楼形制相近，皆为两层，卷棚歇山顶绿琉璃瓦黄剪边屋面，成"凵"形环抱咸若馆。慈荫楼底层东梢间开一小门，与慈宁宫前广场相通。宝相楼和吉云楼正南各有小院一座，名为含清斋、延寿堂，是乾隆皇帝侍奉皇太后汤药之处，亦为苫次（新皇帝为驾崩的皇帝居丧）之所。院中主体建筑为灰瓦三卷勾连搭卷棚顶，素雅大方。

花园南部有一座东西窄长的矩形水池，当中横跨汉白玉石桥，桥上建亭一座，名曰临溪亭，北与咸若馆相对。亭的东西两侧原有翠芳亭、绿云亭，现为面阔五间的庑房各一座。花园的东南、西南两隅原各有井亭一座，绿云亭内流杯渠之水即从东南井内引出。临溪亭南花坛，高1米，6.5米见方，须弥座式，与北花坛对称。再向南绕过太湖石叠山，即为花园的南入口。

慈宁宫花园由于受礼制、宗法、风水等多种因素制约，建筑按照主次相辅、左右对称的格局安排，布局规整严谨却略显单调，主要依靠内部

慈宁宫花园宝相楼

临溪亭

精巧的装饰和院落中的水池、山石以及品种繁多的花木来烘托浓厚的园林气氛。园中树木以松柏为主，间有梧桐、银杏、玉兰、丁香，集中分布

在咸若馆前和临溪亭周围，花坛中则密植牡丹、芍药。园内景色可谓春华秋实，晨昏四季，各有不同的情趣。在礼制森严的紫禁城中，慈宁宫花园是唯一能令前代后妃们寻得心灵慰藉的轻松所在。

寿康宫位于内廷外西路，慈宁宫西侧。清雍正十三年（1735）始建，乾隆元年（1736）建成，嘉庆二十五年（1820）、光绪十六年（1890）重修。寿康宫为清代太皇太后、皇太后居所，太妃、太嫔随居于此，皇帝每隔两三日即至此行问安礼。乾隆帝的生母崇庆皇太后（孝圣宪皇后）、嘉庆朝颖贵太妃（颖贵妃）、咸丰朝康慈皇太后（孝静成皇后）都曾在此颐养天年。崇庆皇太后去世后，乾隆皇帝仍于每年圣诞令节及上元节前一日至寿康宫拈香礼拜，瞻仰宝座，以表哀悼之情。

寿康宫南北三进院，院墙外东、西、北三面均有夹道，西夹道外有房数间。院落南端为琉璃门形式的寿康门，门前为一个封闭的小广场，广场东侧是徽音右门，可通慈宁宫。

寿康门内正殿即寿康宫，殿坐北朝南，面阔五间，进深三间，歇山顶黄琉璃瓦屋面，前出廊，明、次间三交六椀菱花槅扇门各四扇，梢间为三交六椀菱花槅扇槛窗各四扇，后檐明间同前檐，其余开窗。殿内悬乾隆皇帝御题"慈寿凝禧"匾额，东西梢间辟为暖阁，东暖阁是皇太后日常礼佛的佛堂。殿前出月台，台前出三连台阶，中设御路石，月台左右亦各出台阶。

寿康宫东西配殿各三间，硬山顶黄琉璃瓦屋面，前出廊。两配殿南设耳房，北为连檐通脊庑房，与后罩房相接。

过寿康宫院为寿康宫的寝殿，额曰"长乐敷华"，有甬道与寿康宫相连。殿面阔五间，进深三间，歇山顶黄琉璃瓦屋面。前檐出廊。

寿安宫位于内廷外西路寿康宫以北。始建于明代，初名咸熙宫，嘉靖四年（1525）改称咸安宫。清初沿明制，雍正年间在此兴办咸安宫官学，乾隆十六年（1751）咸安宫官学移出。同年，乾隆皇帝为庆贺其生母崇庆皇太后六十寿诞，将此宫修葺一新并改称寿安宫。乾隆二十六年（1761），又在其母七十圣寿庆典时，在院中添建一座三层大戏台。嘉庆四年（1799）将戏台拆除，把戏台改建为春禧殿后卷殿。寿安宫自建成后便是皇太后、太妃、太嫔等人的居所。明代仁圣太后曾在此居住。乾隆年间，崇庆皇太后六十及七十圣寿节，乾隆帝都亲率皇后、皇子、皇孙等人至此跪问起居，进茶侍膳，于堂前跳"喜起舞"

寿康宫

寿安宫

贺寿，并于宫中设宴，王公、大臣及王后、公主分坐于东西两侧延楼中，陪同赏戏。1925年故宫博物院成立后，寿安宫被辟为故宫图书馆，沿用至今。

寿安宫南北长107米，东西宽78米，前后分为三进院落，东西各有跨院。正门寿安门为随墙琉璃门三座，中门内设四扇木屏门式影壁一座，上覆黄琉璃瓦。第一进院正殿为春禧殿，旧建筑何时被毁不详，现有建筑为1989年复建。此殿南向，面阔五间，黄琉璃瓦单檐歇山顶，明间开门，其余为槛窗。殿左右辟穿堂门，与第二进院相通。

中院正殿寿安宫面阔五间，进深三间，歇山顶黄琉璃瓦屋面，明间吞廊，步步锦槅扇门四扇，次间、梢间设槛窗。后檐明间开门，次间、梢间设槛窗。殿两侧山墙各出转角延楼，环抱相属，向南与春禧殿后卷殿两山相连。

寿安宫后为第三进院，院中叠石为山，东西各有三开间小殿，名为福宜斋、萱寿堂。

雨花阁位于寿安宫东侧，慈宁宫后，是宫中数十座佛堂中最大的一处。清乾隆十四年（1749），乾隆皇帝采纳蒙古三世章嘉国师呼图克图的建议，仿照西藏阿里古格的托林寺坛城殿，在原有明代建筑的基础上改建而成，用于供奉西

雨花阁屋脊行龙

天梵像。

雨花阁为楼阁式建筑，外观三层，一、二层之间靠北部设有暗层，为明三暗四的格局。底层面阔、进深各三间，四周回廊，乾隆三十二年（1767）添建前檐抱厦三间；南面明间开门，次间开双交四椀菱花槅扇槛窗四扇；屋顶南北为卷棚顶，东西为歇山顶，屋面覆绿琉璃瓦，屋脊和屋面剪边为黄琉璃瓦；檐下采用白玛曲孜、兽面梁头等装饰，屋内天花装饰为六字箴言及法器图案。二层面阔、进深各三间，东西南三面出平座；南面明间开门，次间安槛窗，歇山卷棚顶，黄琉璃瓦蓝剪边屋面。顶层面阔、进深各一间，正面开四扇槅扇门，两侧为槅扇窗；四面出平座，环以琉璃挂檐板；四角攒尖顶，屋面满覆镏金铜瓦，四条脊上各立一条镏金铜行龙，宝顶处安镏金

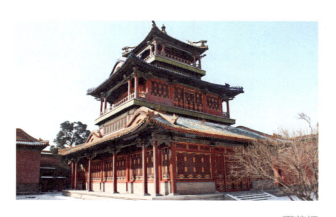

雨花阁

铜塔。龙和塔共用铜近500千克，乾隆四十四年（1779）曾重造。建筑形制独特，具有浓郁的藏传佛教建筑风格。

雨花阁严格按照藏传佛教密宗的事、行、瑜伽、无上瑜伽四部设计。底层称智行层，悬乾隆帝御题"智珠心印"匾额，供奉无量寿佛等事部主尊，佛龛之后有乾隆十九年（1754）制掐丝珐琅立体坛城3座。暗层称德行层，楼梯间前设供案，供行部佛像9尊，以宏光显耀菩提佛为中心，佛母和金刚各4尊分列左右。三层称瑜伽层，供瑜伽部佛像5尊。顶层称无上层，供奉密集金刚、大威德金刚、上乐金刚各一尊。每年四月初八，宫中派喇嘛5名在雨花阁无上层诵《大布畏坛城经》。二月初八及八月初八，各派喇嘛10名在瑜伽层诵《毗卢佛坛城经》。三月初八、六月初八、九月十五及十二月十五，各派喇嘛15名在智行层诵《释迦佛坛城经》。每月初六，在德行层放乌卜藏并诵经。雨花阁是目前中国现存最完整的藏传佛教密宗四部神殿，对于研究藏传佛教具有重要的意义。

英华殿

寿安宫之北有一组专供太后、太妃们礼佛的建筑——英华殿，原名隆禧殿，明隆庆元年（1567）改名英华殿。这组建筑由前后两座院落组成。最南端为一座砖砌无梁殿式三开间的山门。过山门，庭院北端正中为第二道门——英华门。门内甬路正中建一座四角攒尖顶的碑亭。碑亭正北即正殿英华殿，面阔五间，庑殿顶，殿前有宽阔的月台。殿内有7座木制重檐庑殿顶的佛龛，供奉藏传佛教佛像。殿前有明代所植的菩提树两株。

紫禁城先后有明、清两代的24位皇帝在此执政，是世界上现存规模最大、最完整的古代宫殿建筑群。故宫既继承了历代宫殿的建造理论，又体现了明、清两代的特色。它从整体规划布局、单体建筑到细节的装修与装饰都被赋予了丰富的内涵。故宫外围以高大的城墙、城门和宽阔的护城河，组成了一个壁垒森严的城堡，让人感觉到帝居的威严。前朝部分广阔的庭院和宏伟的建筑营造出了宫阙的恢宏大气，体现出了帝王的非凡气度。内廷的奢华装修与装饰则充分表达了帝王富有四海的尊贵。而内廷的几座花园则为深宫大内增添了几分灵秀的意境。

数百年来，故宫见证了王朝的兴替，时代的变迁，承载着中华民族深厚的文化积淀。

雨花阁二层内景

故宫角楼

1957年10月28日，北京故宫被北京市人民政府公布为北京市第一批市级文物保护单位；1961年3月，故宫被国务院公布为第一批全国重点文物保护单位；1987年被列入《世界遗产名录》。

知识链接 明朝迁都北京

明朝的都城最初是在南京，燕王朱棣发动靖难之役夺取皇位后，即着手将都城迁往北京。为了提升北平府的政治地位，明成祖朱棣将北平改为北京，改北平府为顺天府，迁移各地人口到北京，充实北京的人口。

为迁都做准备，明成祖做的另一件事就是从永乐四年（1406）开始着手建造北京皇宫，即我们今天看到的故宫。北京皇宫仿照南京皇宫进行修建，各种珍贵的木材、石料、"金砖"源源不断地被运入北京城中，这样的行动前后持续了11年。

在修建北京皇宫时，明成祖朱棣同时在永乐七年（1409）下令在北京昌平开始修建自己的帝陵——长陵，以此宣示自己将要迁都北京的决心。对于那些对迁都提出反对意见的大臣，明成祖都进行了惩处，为迁都北京扫除了障碍。

永乐十八年（1420），北京皇宫和北京城建成。迁都北京的时机已经成熟，于是明成祖下诏正式迁都，改金陵应天府为南京，改北京顺天府为京师，明朝的国都正式迁往北京。

国子监

国子监是元、明、清三代国家设立的最高学府，位于东城区国子监街15号。北京国子监始建于元大德十年（1306），明代初期定都南京，一度将北京国子监改称为北京府学，明成祖迁都北京后，又改为国子监。北京国子监自元代创建伊始，屡经修葺、扩建，功能不断完善，规模逐渐扩大，特别是清乾隆四十九年（1784），辟雍圜水建成后，形成了今天国子监的规模。

国子监鸟瞰

北京国子监坐北朝南，按"左庙右学"之制，东邻孔庙，由三进院落组成，占地面积20000多平方米。院内古树参天，肃穆静谧，主要建筑全部集中在一条中轴线上，自南而北依次为集贤门、太学门、琉璃牌坊、辟雍、彝伦堂和敬一亭。附属建筑围绕各自的主体建筑分布，这些主次建筑共同构成国子监的主体。

集贤门是国子监的大门，是进出国子监的

主要出入口，是皇帝等统治者的专用通道，平时很少开启。大门坐北朝南，面阔三间，门外东西各建有砖砌的一封书式撇山影壁，其正面建有一字影壁。集贤门内有东、西井亭等建筑，组成第一进院落。院内古树繁茂，建筑分列东西，左右对称。院子东侧有持敬门，与孔庙相连，是专供监生到孔庙拜谒孔子的通道。院子的西面有退省门，是监生入堂学习和国子监内任职人员出入的便门。

国子监琉璃牌坊

国子监集贤门

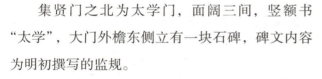

国子监辟雍

集贤门之北为太学门，面阔三间，竖额书"太学"，大门外檐东侧立有一块石碑，碑文内容为明初撰写的监规。

穿过太学门，进入第二进院，这是国子监最大的院落，亦是全监主要建筑的集中地，院内分别建有辟雍、东西六堂、博士厅、绳愆厅、典簿厅，以及牌楼和钟鼓亭等建筑，左右对称，排列有序，布局合理，环境幽雅。

太学门内有一座琉璃牌坊，其形制为三间四柱七楼，正面额书"圜桥教泽"，背面额书"学海节观"，均为乾隆御笔，这是北京城内唯一的一座专为教育设立的牌坊。

御碑亭有两座，分列琉璃牌坊东北、西北角，亭中各立石碑一块，东为乾隆皇帝御制《国学新建辟雍圜水工成碑记》汉文碑，西为满文碑。

琉璃牌坊之北即为辟雍，是国子监建筑群的核心建筑，清乾隆四十八年（1783）下诏修建，清乾隆四十九年（1784）落成，是清代帝王讲学的场所。按周代的礼制，国学设在天子的国都中，称为辟雍，一般认为是天子承师问道，行礼乐、宣教化的地方。"辟雍"二字含有扬善抑恶、明和天下的意思。辟雍是一种有水有殿，又有寓明和鉴戒之意的独特建筑。在清乾隆之前，历代并没有一座单独的辟雍建筑，只是在明堂外面设一环水沟即为辟雍。乾隆皇帝及辟雍的设计者根据前人的解释，加上自己的见解，建成了这座辟雍圜水建筑。清代自康熙以后，每位皇帝即位照例要到国子监讲学一次，称作临雍。在辟雍未建成前，于彝伦堂举行临雍典礼，辟雍建成后，便在辟雍殿举行临雍典礼，成为名副其实的"临雍"。

清代国子监的辟雍，大殿建在高大的方形石基之上，石基方十一丈一尺（约合37米）。殿为重檐四角攒尖顶，殿方五丈三尺（约合17.6米），面阔与进深均为三间，四面设门。四周建有围廊，廊深六尺八寸（约合2.67米）。围廊外面池水环绕，圜水围绕辟雍，这种建筑形式称为"辟雍泮水"。辟雍四面开门，方形大殿建在圆形的池水中央，四面石桥通达，外圆内方的布局是有讲究的：天圆地方，池圆象征德圆，殿方象征行方，是体天体之撰，立规矩之极也。四周环以水、达以桥，是附会"水圆如璧"的说法，同时以水为界线，用于节制观看者。辟雍周围的水池，直径十九丈二尺（约合64米），深一丈四尺（约合4.67米），池水是从太学门外东、西井及六堂后檐外东、西井通过暗沟分别引入的。从建筑上而言，辟雍是装饰性和实用性的完美结合：屋角向上，屋腰下沉，体现了曲线美，同时，在下大雨的时候，能使屋面雨水流冲较远，不致溅入走廊；铜制镏金宝顶，起到结构与装饰的双重作用；建筑整体色彩富丽，气势雄伟的抹角梁架使建筑结构十分合理，内部空间宽敞，符合教学的需要。当年修建辟雍时，最初的设计方案是在殿内用四根金柱承重，乾隆帝不甚满意，命和珅重定做法，和珅奏"将原估钻金柱四撤去，用抹角架海梁之法，较前议减费四千四百有奇"。如此改动，不仅节省费用，还使得辟雍内部空间更为宏敞周密。

辟雍建成200多年来，历经了多次地震的摇撼而无损，它的质量经受住了严峻的考验。

在辟雍的东、西两侧各有房33间，即东西六堂。东侧从南到北有崇志堂、诚心堂和率性堂，西侧自南而北为广业堂、正义堂、修道堂，"率性堂、诚心堂、崇志堂各十一间……修道堂、正义堂、广业堂悉如率性堂，六堂乃诸生肄业之所"。其作用是专供监生学习的场所，相当于现代的教室。六堂建筑外廊较大，可供监生在廊下活动。每座堂的正中檐下部位都悬挂有各堂名称的华带匾，建筑整齐规范，成为国子监中院建筑群的主要组成部分。

辟雍之北是彝伦堂，乃元代崇文阁旧址，明代永乐年间重建时改名为彝伦堂，为国子监藏书的地方。辟雍未建成之前，皇帝在此举行临雍典礼，后为传经授业的主要场所。建筑坐北朝南，面阔七间，进深九檩，后出抱厦，单檐悬山顶。

国子监辟雍内景

国子监彝伦堂

彝伦堂前建有宽大的月台，又称灵台或者露台、平台等，是国子监召集监生列班点名之处。在月台的东南角设有日晷一部，是古代依据日形测定时辰的仪器，又称日表。西南的汉白玉须弥座上置有赵孟頫所书的《乐毅论》石刻。

彝伦堂的东侧是典簿厅，其功能是国子监分管财务的管理机构，西侧是典籍厅，是国子监分管刻版印书和教材的机构。在典簿厅之南有绳愆厅，坐东朝西，负责教导惩戒违反学规的监生。典籍厅之南有博士厅，坐西朝东，其功能相当于现代大学的教研室。以上建筑均面阔三间。

彝伦堂后是一座牌楼式院门，即敬一门，穿过敬一门就来到清雅幽静的第三进院。

院内的敬一亭位于国子监中轴线的最后部分，建于明嘉靖七年（1528），建筑面阔五间，明间檐下正中悬挂华带匾一块，上书"敬一亭"，是专藏皇帝对监生训谕之处。

国子监内有十三经碑刻，十三经刻成于乾隆年间，故又被称为"乾隆石经"，共190座，原置放于东西六堂，现位于国子监与孔庙的夹道之内。石碑上所刻的十三经包括：《周易》《尚书》《诗经》《周礼》《仪礼》《礼记》《春秋左传》《春秋公羊传》《春秋谷梁传》《论语》《孝经》《孟子》《尔雅》，共63万余字。经书由蒋衡花费12年的时间刻写而成。

国子监共三进院落，每组院落均有围墙环绕，这种做法不仅满足了使用上的需要，而且也使其区域划分更为合理，等级区分和互不干扰成为国子监建筑的特点之一。在国子监的外围建有较高的围墙，这不仅符合中国传统建筑的规范和制度，同时也使得国子监因与外界的隔离而倍显庄重和神圣。

国子监敬一亭

国子监十三经碑刻

中华人民共和国成立以后，国子监进行过不同程度的修缮，特别是经过1956年的大规模修葺和之后的数次装饰，辟为首都图书馆，使得这座距今600多年的中国古老大学继续发挥作用，成为广大人民汲取知识的场所。2002年，北京市人民政府出资对国子监一进院地面与二进院文物进行修缮。2005年，由政府出资，专项用于孔庙国子监百年大修，并将"左庙右学"的孔庙、国子监合并为"孔庙和国子监博物馆"，于2008年6月正式挂牌开放。

1957年10月28日，国子监被北京市人民政府公布为北京市第一批市级文物保护单位；1961年3月4日，国子监被国务院公布为第一批全国重点文物保护单位。

古代中国的最高学府

今天的国子监是我国古代文化教育的标志性古迹，通过参观国子监，我们可以感受到我国古代教育的样子。在我国古代，国子监并不仅仅是一处建筑，在当时，国子监是我国最高学府的象征，代表着当时文化教育的最高管理机构。

我国古代教育历史悠久，《孟子·滕文公上》记载："夏曰校，殷曰序，周曰庠。"通过上述记载我们可知，在夏朝的时候，我国的教育机构称为"校"，商朝的教育机构称为"序"，而到了周朝，官方的教育机构则被称为"庠"。以上都是我国早期的官方教育机构，代表着国家承担教化思想的任务。

到了春秋战国时期，我国思想文化领域呈现出百花齐放、百家争鸣的繁荣局面，面对当时纷争的社会局面，很多思想家都在探索富国强兵的道路，并且纷纷开门讲学，扩大自己思想的影响力，像孔子、孟子、荀子等先贤都是当时中国教育事业的中坚力量。到了汉朝的时候，中央政府开始设立"太学"，作为当时国家教育的最高学府，为国家培养有用的人才。

到了隋朝，科举制度开始施行，在隋炀帝时期，"国子监"这一名称第一次出现在我国的教育称谓当中，作为当时国家的最高教育机构，在此后历代国子监都是国家教育事业的最高领导机构。

元、明、清时期，北京作为当时的首都，是国子监的办公所在地，今天我们看到的北京国子监，就是当时国家最高学府的办公所在地。当时在这座建筑之内，无数科举学子经过激烈的竞争才获得来这里求学的机会，通过在这里学习，成长为治理国家的中坚力量。

国子监御碑亭

在元、明、清时期，国子监的最高管理者被称为"祭酒"，负责国子监的全面工作，其下还设立司业、监丞、典簿等职位，负责国子监日常工作的具体事务。

1905年12月6日，清政府进行教育改革，设置了学部，国子监裁废，历经千年的这一教育机构完成了自己的历史使命，退出了历史舞台，我国的教育事业迎来了新的历史阶段。

北京孔庙

北京孔庙是我国元、明、清三朝祭祀孔子的场所，位于北京市东城区国子监街13号，庙东有雍和宫，庙西有国子监，庙北有地坛，庙的附近有保存完好的明清四合院和胡同。在这里，民族传统文化的气氛十分浓厚。

自汉武帝"罢黜百家，独尊儒术"之后，孔子地位与日俱增，先后被尊封"先师""先圣""文宣王""玄圣文宣王"等谥号。唐太宗贞观四年（630），令全国州县皆立孔子庙，孔庙遍布全国，并渐次形成"左庙右学"的规制。

元朝建立后，元世祖忽必烈令州县各立孔庙，并命宣抚王楫在金代枢密院旧址建宣圣庙，祭祀孔子。元大德六年（1302）在今址（安定门内国子监街）建庙，大德十年（1306）建成，大德十一年（1307）尊孔子为"大成至圣文宣王"，孔子"加号诏书"碑至今仍立大成门前。至顺二年（1331），皇帝下诏准建孔庙配享宫城规制，许孔庙四隅建角楼。元末，孔庙荒废。明永乐九年（1411）重新修缮孔庙。嘉靖九年（1530），为祭祀孔子五代先祖增建崇圣祠。清乾隆二年（1737）皇帝亲谕孔庙使用最高级别的黄琉璃瓦屋面，只有崇圣祠仍用绿琉璃瓦屋面。1906年祭孔的礼节升为大祀，孔庙也再次大规模修缮。工程尚未完工，清朝即被推翻，工程由北洋政府主持继续进行，至1916年竣工。至此北京孔庙形成今天所见之面貌，成为仅次于曲阜孔庙的全国第二大孔庙。2005年北京孔庙进行大规模修缮，修缮完成后作为博物馆对社会开放。

孔庙坐北朝南，呈南北向长方形，占地面积2万多平方米。主要建筑以大成殿为中心，沿一条南北中轴线排列。厢房、附属建筑左右对称，布局严谨。共有三重院落，位于中轴线上的主要建筑有先师门、大成门、大成殿、崇圣门、崇圣祠等。

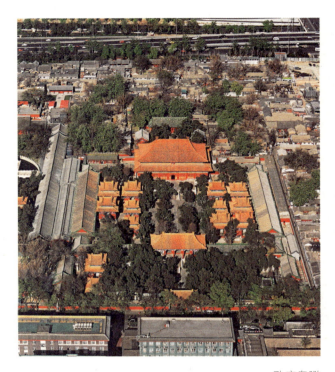

孔庙鸟瞰

孔庙先师门

先师门又称棂星门，是北京孔庙的大门，面阔三间，进深七檩，歇山顶，黄琉璃瓦屋面，这座建筑虽经多次改建，但其斗拱和梁柱架等依旧保持着元代的风格。檐下斗拱大而稀疏，造型精美，古朴简洁。这是目前北京罕见的元代风格木建筑。门前有琉璃照壁一座。左右两侧各有下马碑和二柱三楼的牌楼一座；门内两侧分别建有神厨、宰牲亭、井亭和神库、特敬门、致斋所等。先师门内两侧数排高大石碑，为元、明、清三代进士题名碑。进士题名始于唐代，据传说韦肇进士及第，偶然题名寺塔，而后蔚然成风，被后世仿效。孔庙院内的题名碑是元皇庆二年（1313）开科取士后竖立的。进士题名于碑上，借以光宗耀祖，留名千古。

元、明、清进士题名碑共有198座。其中，元碑3座，明碑77座，清碑118座。它们分别题写着元、明、清三代共51624位进士的姓名、籍贯和名次。每一座碑均分为三部分：第一部分，为状元、榜眼、探花的姓名；第二部分，为进士的姓名；第三部分，为同进士的姓名。我国历史上的著名人物，如史可法、严嵩、林则徐、刘墉、李鸿章、蔡元培、沈钧儒等人的姓名均在其上。这些碑刻，现今保存在先师门内的院中，实在是太珍贵了。

大成门面阔五间，进深九檩，歇山顶，黄琉璃瓦屋面，四周绕以汉白玉护栏，门前后三出陛，中为丹陛，左右各13级。门内悬钟置鼓各一，两侧放石鼓10枚。大成门左右辟角门。大成门外共有明、清两代三块御制碑。大成门内青砖铺地，古柏参天。院中间一条笔直的甬道通向大成殿，甬道两旁浓荫掩映着11座明、清纪功碑亭。在这里，有明英宗时期刻立的建太学碑，有清代康熙、雍正、乾隆年间刻立的平定朔漠、青海、准噶尔、两金川，以及重修孔庙的御制碑。这些碑文记述了我国历史上特别是清代发生的重大历史事件，很有价值。

甬道西南，设有祭奠焚纸用的燎炉和一眼古井。古井当年水深而甘洌，相传当时文人如能饮一杯孔庙古井里的"圣水"，就能笔下生花，文思如泉涌。清乾隆皇帝赐名为砚水湖。

大成殿是北京孔庙的正殿，重檐庑殿顶，面阔九间，进深五间，屋面上铺着黄琉璃瓦，灿烂

孔庙下马碑

孔庙进士题名碑林

孔庙大成门

壮观。殿前有一座汉白玉砌筑的月台。月台的东、南、西三面均修有台阶。在南侧台阶的正中，安有一块长7米、宽2米的青白石，石上雕有一条蟠龙和两对二龙戏珠的图案，非常精美。大成殿内正中有一座神龛，龛内供着孔子的牌位。明嘉靖年间，龛内曾设孔子泥塑像，后改为画像及木牌位，明成化十二年（1476）曾特诏许孔子圣像穿戴帝王衣冠。神龛之前安有祭案和祭器。神龛两侧分别列有四配、十二哲牌位和编钟、编磬等乐器。神龛之上悬有大匾十块：中间的一块黑底金字，上有黎元洪书写的"道洽大同"四字；左右九块，是清代九位皇帝题写的，分别为康熙的"万世师表"、雍正的"生民未有"、乾隆的"与天地参"、嘉庆的"圣集大成"、道光的"圣协时中"、咸丰的"德齐帱载"、同治的"圣神天纵"、光绪的"斯文在兹"、宣统的"中和位育"。这九块匾均为蓝底金字，气度不凡。

崇圣祠是一座由正殿和两庑组成的独立院落，位于大成殿之后。面阔三间，歇山顶，绿琉璃瓦屋面。其后为崇圣殿，面阔五间，进深七檩，歇山顶，绿琉璃瓦屋面，殿前出月台，月台三面各出垂带踏跺十级，正殿中供奉着孔子以上五代先

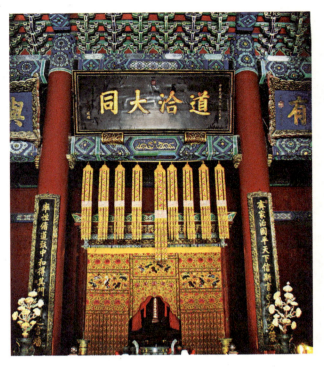

孔庙大成殿内景

祖的牌位。东庑中供奉着曾子、孟子父亲的牌位。西庑中，供奉着程颢、程颐、张载、蔡沈、周敦颐、朱熹等人父亲的牌位。很显然，这里是祭祀孔子及其弟子，以及历代名儒祖先的地方。

1957年10月28日，孔庙被北京市人民政府公布为北京市第一批市级文物保护单位；1988年1月13日，孔庙被国务院公布为第三批全国重点文物保护单位。

知识链接　　曲阜孔庙

曲阜孔庙又称"阙里至圣庙"，是祭祀中国古代著名思想家和教育家孔子的祠庙。位于曲阜市中心鼓楼西侧300米处，始建于鲁哀公十七年（前478），此后历代均有增修扩建。

曲阜孔庙原为孔子故居，是全国规模最大的孔庙。现存绝大部分是明清建筑，曲阜孔庙为九

孔庙大成殿

进院落，占地面积约21.8万平方米。庙内有殿堂、坛阁和门坊等464间。四周围以红墙，四角配以角楼。

孔庙的发展从孔子去世后的第二年，即周敬王四十二年（鲁哀公十七年，前478）就已开始，孔子后人以其宅立庙，祭祀孔子。到了汉朝，随着儒家思想地位的提升，孔庙不断受到统治者的重视，孔庙获得多次整修。但到了东汉末年，天下大乱，百祀隳坏，孔庙逐渐颓败。

魏晋南北朝时期，虽然天下动荡不安，玄学与佛教的盛行挤占了儒学的生存空间，但统治者还是对孔庙多加维护，多次修葺。

到了隋唐时期，孔子被唐玄宗追谥为"文宣王"。唐朝政府对孔庙先后进行了五次修缮。

到了北宋金元时期，儒学再次得到推崇，社会上尊儒重道之风盛行，孔庙自然也获得统治者青睐，多次得到修缮和维护。崇宁四年（1105），宋徽宗颁孔子像"冠服制度用王者，冕十二旒，衮服九章"，给予孔子前所未有的政治地位。到了元成宗大德十一年（1307），追谥孔子为"圣文宣王"。孔庙按照王宫的规制建设，其地位之尊崇可见一斑。

明清时期，统治者对孔庙更加重视，孔庙也在此时达到了全盛时期。明孝宗弘治十二年（1499）。孔庙遭到雷击，大成殿等重要建筑损毁，明孝宗拨重金对孔庙进行修缮，历时5年，耗银15万两。清雍正年间，孔庙再次因遭遇雷击而损毁，雍正皇帝亲自安排对孔庙的维修，调集12个府、州、县令督修，总共用时6年方才完成。

曲阜孔庙的兴衰是与儒学的政治地位密切相关的，从汉武帝时董仲舒提出"罢黜百家，独尊儒术"开始，儒学就不再单纯仅仅是一门学术了，它承载了太多的政治含义在里面，成为封建统治者用来统治人民的工具。凡是统治者尊崇儒学的时代，都是孔庙获得大力修缮，兴盛繁荣的时候，反之则会陷入颓废。

因为孔子本身就是我国历史上伟大的教育家，同时儒学也与科举考试密切相关，所以发展到后来，孔子成为天下读书人祭拜的偶像，孔子与诗书礼仪发生直接关系，孔子也成为我国教育事业的文化标志。

曲阜孔庙的兴衰，见证了我国封建社会的发展历程，折射出封建社会的政治与思想文化的关系，孔庙也成为非常重要的政治场所。

智化寺

智化寺系一座佛教禅宗寺庙，原是明正统年间司礼监太监王振的家庙，后被明英宗赐名为报恩智化寺，位于北京市东城区禄米仓胡同5号。是北京城内现存最为完整的一组明代木结构建筑群。

智化寺建于明正统九年（1444）。王振是明英

曲阜孔庙鸟瞰

智化寺鸟瞰

宗在位时的太监，操纵朝廷大权，鼓动英宗御驾亲征，酿成土木堡惨案，英宗被俘，明朝社稷几近倾覆。王振也因为自己的罪孽被杀，其家族亦被诛，与其相关的府宅建筑等皆被毁。但智化寺作为皇帝敕建的建筑幸运地被保存下来。英宗复位后，天顺元年（1457），又在智化寺内为王振修了旌忠祠，并塑像祭祀。此时智化寺内香火旺盛。到了清代康熙年间，又对寺庙进行了修缮。乾隆七年（1742）因御史沈廷芳的奏请，毁掉了智化寺内的王振塑像，并将明英宗时立的为王振歌功颂德的《敕赐智化寺之记碑》和《敕建智化禅寺报恩碑》的碑文磨去。如今我们看到的这两座碑遂成无字碑了。从此智化寺开始衰败。清末及民国时期，寺内文物不断散失，建筑亦多失修。中华人民共和国成立后，人民政府为保护这组珍贵的明代建筑，加强了管理并不断进行维修。

智化寺坐北朝南，共有五进院落，是北京现存最大的明代寺庙建筑群之一。古建筑专家梁思成、刘敦桢等人都曾对智化寺进行过考察，并有专门的论述。

智化寺主要建筑有山门、钟楼、鼓楼、智化门、智化殿、万佛阁、大悲堂等。

山门为砖砌仿木结构，面阔三间，进深一间，歇山顶，黑琉璃瓦屋面。明间开券门，门上石额

书"敕赐智化寺"。山门两侧有八字影壁。对面原有砖砌影壁，1949年后拆除。山门后为第一进院，院北侧为智化门，面阔三间，歇山顶，黑琉璃瓦屋面。

钟楼、鼓楼分列于第一进院东西两侧，形制相同，均为二层建筑，歇山顶，黑琉璃瓦屋面。智化门后为正殿智化殿，面阔三间，歇山顶，黑琉璃瓦屋面。檐下施斗拱，额枋绘旋子彩画。殿内正中和两山原有汉白玉须弥座，中央供奉释迦牟尼佛、阿弥陀佛、药师佛，两边供奉十八罗汉坐像，均为木质漆金。大智殿为智化殿东配殿，面阔三间，歇山顶，黑琉璃瓦屋面，殿中原供奉观音、文殊、普贤等像。藏殿为智化殿西配殿，形制与大智殿相同，内有八角形转轮藏一具。万

智化寺山门

智化门

佛阁在智化殿北侧，面阔五间，高二层，庑殿顶，黑琉璃瓦屋面。殿内墙壁遍饰佛龛，原置小佛像9000多尊（现缺损很多），故上檐额书"万佛阁"。万佛阁顶部天花原有精美的斗八方藻井，饰有云龙，于20世纪30年代初被盗，现存于美国纳尔逊艺术博物馆。殿前原有月台，东、南、西三面出陛，后因积土而掩埋地下。万佛阁后为大悲堂（后殿），旧称极乐殿，面阔三间，歇山顶，黑琉璃瓦屋面。智化寺西跨院为方丈院，在大悲堂东，原建筑已无存，后建房屋已改作他用。

智化寺内，还收藏着全国仅有的《龙藏》经版。《龙藏》经版，始刻于清雍正十一年（1733），完工于乾隆三年（1738），共有刻版29036块，佛经1675部7240卷共6700多万字，是宋太祖赵匡胤敕令刻制《开宝藏》之后的最后一部官刻经版。《大宝积经》《陀罗尼集经》《大金色孔雀王咒经》，是1986年在如来殿中整理出来的。这是我国首次发现的元代藏经，是全国的孤本。

闻名海内外的佛教音乐京音乐，又称智化寺音乐，堪称智化寺一绝。京音乐原流行于民间，宋代时进入宫廷，成为供皇帝享受的宫廷音乐。到了明代，大太监王振把京音乐从宫廷中引了出来，并在自己的家庙智化寺中演奏。由于智化寺的艺僧传授有方，即使作为宫廷音乐的京音乐已经失传，而作为寺庙音乐的京音乐却一直流传到今天。现在，智化寺里有专门的古乐演奏团。此外，智化寺内还有明代壁画，也非常珍贵。

1957年10月28日，智化寺被北京市人民政府

智化殿内佛像

智化寺万佛阁

智化寺藏殿

万佛阁内万佛像

公布为北京市第一批市级文物保护单位；1961年3月4日，智化寺被国务院公布为第一批全国重点文物保护单位。

知识链接 **宦官王振**

明朝的宦官王振是造成明军土木堡之变的罪魁祸首，这场惨败，几乎葬送了明王朝的国运，将明王朝前期几代人励精图治的功绩化为灰烬。从土木堡之变开始，明朝国运急转直下，不复前期蒸蒸日上的势头。

王振原来是一个落第秀才，自认为在科举考试中无法取得成就，于是另辟蹊径，在永乐末年入宫做了太监。因为王振善于揣摩圣意，故入宫后得到明宣宗的赏识，安排他入东宫服侍皇太子朱祁镇，从此王振就与朱祁镇结下了莫大的机缘。

宣德十年（1435）正月，明宣宗英年早逝，年仅9岁的皇太子朱祁镇即位，是为明英宗。而一直陪伴在英宗身边的王振，也一跃成为当时明朝最有权势的人物。他的意见可以左右英宗的决定，王振成为各路官员巴结讨好的对象。

正统七年（1442），太皇太后张氏病逝，王振的权势彻底失去了约束，整个朝堂已经被他弄得乌烟瘴气，而英宗一味听信王振之言，为日后的惨败埋下了伏笔。

正统十四年（1449），蒙古族瓦剌部落首领也先率军进攻山西大同，明朝守军交战失利，急忙向京师请兵救援。根本不懂军事的王振怂恿明英宗御驾亲征，以此来捞取军功，巩固自己的地位。出征前，兵部尚书邝埜和侍郎于谦竭力劝说明英宗不宜御驾亲征，此时明军并没有准备好，贸然出征，可能会有危险。但明英宗没有听取兵部的意见，而是在王振的怂恿下仓促出征。

王振和英宗顺利进入大同，发现瓦剌军队北撤，认为瓦剌军队害怕英宗亲征，仓皇溃退，于是坚持继续北进。邝埜等人深感其中有诈，劝英宗不可冒进，但王振依然怂恿英宗冒进，最终中了也先的埋伏，招致惨败。

失败后的王振陷入惊慌失措中，怂恿英宗向北京溃逃，在途经他的家乡蔚州（今河北省蔚县）时，为了显示自己的威风，让英宗到他的家乡看一看，因此贻误了行军的行程，在土木堡被也先大军追上，明英宗被也先俘获。而蛊惑英宗亲征的王振被乱军所杀，他的家小也在北京被全部处斩。

明英宗复位成功后，丝毫不认为王振有何过错，反而在智化寺中为他设立旌忠祠，以祭祀他的亡灵。

雍和宫

雍和宫是北京地区规模最大、保存最完好的藏传佛教寺院，位于北京市东城区雍和宫大街12号，占地面积6.64万平方米。

雍和宫于清康熙三十三年（1694）在明代太监官房旧址上创建，是雍正皇帝胤禛即位前被封为雍亲王时的王府。胤禛即位后，作为潜龙邸不得再为他人居住，将其中的一半改为藏传佛教黄教上院，一半作为皇帝行宫，后来行宫被火焚毁。雍正三年（1725），将上院改为行宫，称雍和宫。雍正十三年（1735），因停放雍正皇帝的灵柩，主要殿堂由绿琉璃瓦改为黄琉璃瓦，供奉雍正皇帝

雍和宫鸟瞰

有由讲经殿、密宗殿、数学殿、药师殿、戒坛楼、班禅楼、永康阁、延绥阁等组成的东西配殿。这些建筑均由王府建筑脱胎而成，但又有所改造或扩建。雍和门、雍和宫殿和配殿，原是王府的正殿部分；寺东有假山、水池的跨院太和斋，原是

雍和宫北牌楼

数学殿

影像于永佑殿，并改名为神御殿。此后，雍和宫的一部分即成为清帝供祀祖先遗像的影堂，但其中大部分殿堂作为黄教喇嘛诵经的处所。

乾隆九年（1744），雍和宫改为正式的藏传佛教寺院，并作为清政府管理全国藏传佛教事务的地方。各地许多重要寺庙的住持喇嘛，都由雍和宫抽签选定，即"金瓶掣签"制度。清光绪年间，主管全国教务的喇嘛印务处也设在雍和宫的东花园内，庙内的喇嘛最多达500多人。中华人民共和国成立后，对雍和宫进行了全面修缮。1981年雍和宫作为宗教活动的场所正式对外开放。

雍和宫中轴线上，由南往北依次排列着五大殿，即天王殿（雍和门）、雍和宫殿（大殿，又叫师祖殿）、永佑殿、法轮殿和万福阁。此外，还

密宗殿内景

王府的花园；永佑殿及其后面的法轮殿、万福阁，则是王府的寝居部分。改成寺庙后，又增修了钟楼、鼓楼等建筑。

雍和门原是雍亲王府的大门。殿前挂着一副

雍和门

雍和门内景

雍和宫殿

对联，"法镜交光六根成慧日，牟尼真净十地起祥云"，这是清乾隆帝的御笔。殿内，正中供着木雕贴金的弥勒佛坐像，两旁分别有东方持国天王、南方增长天王、西方广目天王、北方多闻天王的塑像。殿后面北而立者，是护法神韦驮的木雕像。

雍和宫殿（大殿，即师祖殿），原是雍亲王府的银安殿。殿内正中有三尊铜铸佛像，正中的是现在佛释迦牟尼佛，西边的是过去佛燃灯佛，东边的是未来佛弥勒佛。两旁的十八罗汉像，或手持禅杖，或轻举拂尘，或怀揣经卷，或紧握银鼠，表情自然，形象生动。

永佑殿原是雍亲王的寝宫，现殿内正中供着三尊高2.35米的白檀木雕佛像，中为长寿佛（即无量寿佛），左为药师佛，右为狮吼佛。在殿的东边墙上挂着一幅白度母画像。在殿内西边墙上挂着一幅绿度母补绣像。这幅补绣像，长2米，宽1米多，是乾隆皇帝的母亲崇庆皇太后钮祜禄氏为丈夫先帝雍正超度亡灵，也为自己祈福，用了1年多的时间和7000多块色泽不一的锦缎补绣而成的，极为精细。

法轮殿是喇嘛们举行法事活动的场所。殿内正中供奉着藏传佛教黄教创始人宗喀巴大师的铜铸像，高6米。宗喀巴铜像后面的背光上，有五幅宗喀巴的化身像。西北，有用紫檀木雕成的五百罗汉山。这件紫檀木雕刻，高5米，长3米，厚约30厘米，山峦起伏，怪石嶙峋，松柏古塔交映。山上的五百罗汉，每尊高约10厘米，是由金、银、铜、铁、锡五种金属制成的。罗汉或坐或卧，或立或行，形态生动。殿西墙下，有《大藏经》108部；殿东墙下，有《续藏经》207部；殿内还陈列有两部乾隆皇帝亲笔抄写的金字经书——《大白伞盖仪轨经》和《药师经》。东西两

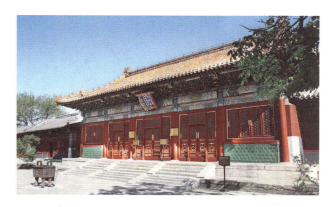

永佑殿

面墙壁上，还绘有色彩绚丽的壁画，描述了释迦牟尼的部分传教史绩。此外，在宗喀巴像背后，还陈列着一个鱼龙变化盆，据说这是乾隆帝出生三天时洗澡用过的，所以又称洗三盆。

法轮殿

法轮殿内景

万福阁是雍和宫中轴线上的最后一座大殿。阁内供奉一尊高26米（地上18米，地下8米）的木雕迈达拉佛像（也称弥勒佛）。这尊佛像，过去传说是用一整棵白檀木雕刻成的，木料是西藏七世达赖喇嘛送给乾隆帝的礼物。乾隆帝派人搭上芦席棚，用了3年时间，于乾隆十五年（1750）才雕成了这座佛像。佛像的一根手指就有成人的大腿那么粗，佛身上披的一件袈裟就用了5400多尺黄缎。游人至此，需仰视才能见到佛的面孔。万福阁，又称大佛楼，是雍和宫中轴线上最后一重大殿，也是宫内最辉煌的建筑，为乾隆十五年（1750）在原观音殿旧址上修建而成的。阁高达25米，建在长方形高台基上，形制为歇山顶，上覆黄琉璃筒瓦。全阁分为三层，面阔五间，进深五间。下层正面当中三间，全部安装六抹大槅扇，仅于两端用槅扇窗。山墙则以砖墙封护。下层屋檐上四周为平台，平台周围廊上设擎檐柱，支承顶层屋檐。前檐、后檐、明间、次间与两山墙部分，均安设六抹大槅扇。平台下部，装饰一周木质滴珠板，朱红色的底子上饰黄色的贴金云头纹，如一道吉祥彩云飘浮于阁周围。下层屋檐正中悬一方形巨匾，上以满、汉、蒙古、藏四种文字书"万福阁"字样。下层廊柱挂有"慧日丽璇霄光明万象，法云垂玉宇安隐诸方"联语。中层檐前悬"净域慧因"匾额，上层檐前悬"圆观并应"匾额。这些匾额和联语均为乾隆帝御笔。

阁内一层的北、东、西三面设有楠木质僧帽式画框，框内悬挂用明黄、朱红两色团龙纹绫绸裱制的唐卡41幅，人物繁多，画工考究，色彩艳丽，为乾隆十五年（1750）西藏七世达赖喇嘛为庆贺雍和宫万福阁弥勒大佛落成开光盛典所进献。二、三层阁间墙壁上，安设了多座壁挂式及坐式佛龛，龛

万福阁

内供有3寸（1寸≈3.33厘米）多高的藏香泥质彩绘小佛与铜胎镏金坐佛，数以万计。因"万佛"与"万福"读音相近，故乾隆帝赐名"万福阁"。

雍和宫最北的东厢房，过去是乾隆帝的母亲孝圣宪皇后钮祜禄氏供佛念经的佛堂，叫作照佛楼。据说，佛祖释迦牟尼要上天给母亲讲经，弟子要将他的影像留下，便请他站在水边。大家由于尊崇他，不敢直视，画师只能照佛祖在水中的影像来画，这样，佛祖的画像连水纹也画上了。以后，人们便照画像来雕像，这就叫作照佛。据说，第一尊照佛是用旃檀木雕成的，照佛也就因此而叫旃檀佛。雍和宫照佛楼里供的佛像并不是用旃檀木雕刻的，而是铜铸的，高两米多，水纹衣环绕身躯，系元代遗物，是从什刹海中打捞出来的。过去，佛像头上还戴着孝圣宪皇后命人用七成金为它打制成的一顶五佛冠，冠座上立着五尊释迦牟尼佛像，分别代表着东、西、南、北、中五个方向；佛像额上有一颗毫光珠，佛顶上还罩着一把金伞，可惜这些宝物均在中华人民共和国成立前先后被盗。佛像背后的佛龛是用金丝楠木雕刻成的。整个佛龛分内外三层，上下左右布满云水图案，上面有用透雕手法刻出的金色蟠龙

万福阁内白檀木大佛

九十九条，扶摇翻滚，栩栩如生。

法轮殿中的五百罗汉山，万福阁里的白檀木雕迈达拉佛像，照佛楼里的楠木佛龛，是我国木雕中的精品，被誉为雍和宫的"三绝"。

此外，在昭泰门和雍和门之间的两侧，各有重檐八角碑亭一座，分别用汉文和满文、蒙古文和藏文记述着雍亲王府改为喇嘛庙的原因。

雍和门（天王殿）后，有一座清乾隆十二年（1747）铸造的铜鼎。这座铜鼎高4米，呈鳝鱼青色。铜鼎的6个火门，镂空雕刻成二龙戏珠图案。鼎座上的图案为三狮戏球。据说，这样的铜鼎全国稀有。

铜鼎后是一座四角的御碑亭。御碑亭又称四体文碑亭，亭内石碑立于乾隆五十七年（1792），

照佛楼佛龛

《喇嘛说》碑亭及香炉

碑文为乾隆皇帝撰写的《喇嘛说》，用满、汉、蒙古、藏四种文字书写，记述了藏传佛教的来源。

　　御碑亭后是一个放置在汉白玉石座上的小小石池，池内有一件明代万历年间铸造的铜制品，这就是须弥山。须弥山形象地再现了佛教对世界的看法，即佛教宇宙观。须弥山的最下层为风轮，再上为水轮，再上为地轮（即金轮），再上是九山八海，山海之间就是须弥山。须弥山的下部分7层，山水交错；中部为平原和山峦，是人类生活的地方；再上，东、南、西、北四方各有一排殿宇，代表着东胜身洲、南赡部洲、西牛货洲、北俱卢洲，是四大天王居住的地方；山顶有一座小坛城，这便是天堂，是诸天王的居住地。坛城的

永佑殿内佛像

下部代表宇宙空间，数百颗星宿有规则地排列其间。据说，这些星座的标记和分布与现代天文学的研究成果大体相符。

　　在雍和宫的配殿里还有许多值得一看的文物。

如密宗殿里有男女双裸相抱的欢喜金刚。在东配殿里，还有两头大熊的模型，据说这是乾隆皇帝在乾隆十九年（1754）行猎时的猎获物，一头900斤，另一头1000斤。

雍和宫内有许多佛像、法物、法器、经书和壁画。不同的是，雍和宫里的这些文物不但数量多，而且艺术价值高，十分珍贵。

雍和宫从乾隆九年（1744）正式改建成喇嘛庙算起，已有200多年的历史，所幸仍然基本保存完好。在历史的岁月里，雍和宫虽然也受到不同程度的破坏，但也陆续得到相应的维修。特别是中华人民共和国成立以后，政府对雍和宫更加着意保护，喇嘛们的正常宗教活动也有了基本的保证。

1957年10月28日，雍和宫被北京市人民政府公布为北京市第一批市级文物保护单位；1961年3月4日，雍和宫被国务院公布为第一批全国重点文物保护单位。

雍和宫殿藻井

万福阁金龙藻井

知识链接　雍正皇帝

雍正皇帝是清朝的第五位君主，于康熙六十一年（1722）康熙病逝后继承皇位。继位后面对康熙帝统治后期遗留的各种社会弊端进行了一系列改革，扭转了严峻的社会局面。雍正皇帝实行改土归流制度，加强了中央政府对少数民族地区的统治；实行了摊丁入亩制度，减轻了无地或少地农民的经济负担，避免了土地兼并对国家税收的损害，促进了人口的增长；火耗归公的推行，补上了货币流通中的漏洞，杜绝了各地官僚通过火耗中饱私囊；实行官绅一体当差一体纳粮，避免了官僚士绅集团因为特权减少税赋，对国家造成的损失。在即位的第二年，雍正对西北用兵，平定了罗卜藏丹津叛乱，维护了清王朝西北地区的稳定；雍正创立了秘密立储制度，避免了康熙晚年"九子夺嫡"局面的出现，维护了皇位更替的稳定。雍正设立了军机处，加强了皇权，进一步完善密折制度，加强了对各地官吏的控制。雍正即位后实行的这一系列措施，迅速地将清王朝从沉沦的局面中挽救回来，为随后到来的乾隆盛世奠定了坚实的基础。

雍正是我国历史上最勤勉的皇帝之一，在位的13年里，雍正每天都坚持批阅奏章，雍正一朝，雍正批阅奏章所写字数达到了惊人的1000万字，平均下来每天达3000字，雍正每天的睡眠时间不足4个小时，这也为他后来的猝然离世埋下了隐患。

雍正帝于雍正十三年（1735）八月二十三子时驾崩，据《清世宗实录》记载，雍正帝于雍正十三年（1735）八月二十一得病，"仍照常办事"，至八月二十三子时就驾崩了。

雍正皇帝驾崩后，其皇四子宝亲王弘历继位，即乾隆皇帝。雍正是清王朝中期至关重要的一位皇帝，他通过勤勉的工作扭转了清王朝衰败的局面，为乾隆帝对国家的统治打下了坚实基础。

钟楼

钟楼

钟楼是元、明、清三代都城的报时中心，亦是研究明、清两代建筑形制，建筑构造，建筑艺术和冶炼、铸造、施工等技术的珍贵实物资料。钟楼位于北京市东城区地安门外大街，老北京内城南北中轴线最北端，原址为元大都大天寿万宁寺之中心阁。始建于元至元九年（1272），后毁于火灾。明永乐十八年（1420）重建，不久再度烧毁。清乾隆十年（1745）再次重建，两年后竣工。为防止火灾，建筑全部采用砖石拱券结构。后对钟楼多有修葺，而原有建筑格局没有做根本性改变。因此，现存的北京钟楼仍保持着清代风貌。

钟楼采用无梁拱券式结构，通高47.9米，楼体高33米，总占地面积约6000平方米。钟楼建在巨大的方形台座上。台座以砖石砌筑，四面辟券门，上部建雉堞。楼内东侧有石阶，可直上二层。钟楼面阔三间，进深三间，重檐歇山顶，上覆黑琉璃瓦，绿琉璃剪边，显得沉凝庄重。钟楼

四面明间辟券门，次间为雕花石券窗。檐下施仿木斗拱，石构件绘以彩画，建筑造型精美。台座和钟楼四周围以汉白玉栏杆。在外围墙正门门洞内，保存着乾隆十二年（1747）九月所立螭首方形座碑一通，额题"御制碑文"篆书，碑阳首题楷书《御制重建钟楼碑记》。此碑记为乾隆帝爱新觉罗·弘历撰文，梁诗正书丹，碑文以满、汉两种文字书写。碑阴为1925年所刻"京兆通俗教育馆记"。北京钟楼曾毁于火灾，乾隆十年（1745）重建时，乾隆帝特命改原来的木结构为砖石仿木结构，以使其具有防火功能。碑文即记其事。

钟楼二层中间置八角形钟架，上悬一口大铜钟。铜钟通高7.02米，钟口直径3.4米，钟顶直径2.52米，重约63吨，为国内现存体量最大、重量最重的古代铜钟，素有"钟王"之誉。铜钟铸有"大明永乐吉日"铭文。据记载，明代北京钟楼最初悬挂的是一口大铁钟，铸于永乐十八年（1420），钟高4.2米，钟口直径2.4米，重约25

吨。由于铁钟声音不够洪亮，便再铸一口铜钟，将铁钟取下放置钟楼墙边。这口铁钟虽没有铜钟大，声音也远不及铜钟响亮，却是我国古钟中一件珍品，1983年被移至大钟寺古钟博物馆陈列展出。钟楼内大铜钟作为报时工具，声音绵长，圆润洪亮。北京城过去尚无高大建筑物，钟声可传播10千米。

北京鼓楼、钟楼作为元、明、清时期北京城的报时中心，备受世人关注。在清朝，钟、鼓楼隶銮舆卫衙门，由銮舆卫校尉专司，原规定昼夜报时，其中定更与五更采用先击鼓后敲钟的形式，按"紧十八，慢十八，不紧不慢又十八"的规律重复两遍，共计108声，二更至四更则只敲钟不击鼓，以免影响百姓休息。乾隆时改为仅报定更与五更，敲击方法相同。那么，钟、鼓楼又是如

何传声的呢？研究表明，北京鼓楼、钟楼的报时传声原理十分巧妙，其建筑形制十分符合声学原理。如鼓楼内部拥有庞大的更鼓群，同时敲击时产生极强共振效应，鼓声雄浑，从而满足了定时功能和扬威的需要。而钟楼内部则设计成穹顶结构，配合下部十字券形门洞，形成了集聚声、共鸣、扩音于一体的声学结构，最大限度地向四面八方传递钟声，起到了报时的作用，并且由于古时候的京城没有高大建筑，在周围环境声音40分贝的情况下，以敲钟声级的102分贝计算，其声可达10千米以外，符合古文献中关于"都城内外，十有余里，莫不耸听"的记载，体现了古代工匠高超的设计及建造技艺。按明清规制，北京城从寅时撞钟，称为"亮更"，戌时再次撞钟，称为"定更"。戌时以后开始每个更次敲鼓，直至第二

《御制重建钟楼碑记》

钟楼报时铜钟

钟鼓楼鸟瞰

天凌晨5点。每次撞钟和敲鼓的节奏也有专门规定，城中官员百姓根据"晨钟暮鼓"安排作息。

如今，北京钟楼和鼓楼早已不再报时，作为古代建筑，却是北京最高和形体最大的古建筑之一，也是京城留存至今最重要的古代标志性建筑，对研究明、清两代建筑形制，建筑构造，建筑艺术及冶炼、铸造、施工等技术，具有重要的研究、艺术和历史价值。

2001年4月20日北京市人民政府拨款551万元对钟楼油饰加固和对鼓楼地面整修，2002年5月31日完工，2007年又拨款31.2万元对钟、鼓楼进行抢险结构检测。

1957年10月28日，钟楼被北京市人民政府公布为北京市第一批市级文物保护单位；1996年11月20日，钟楼被国务院公布为第四批全国重点文物保护单位。

知识链接　华仙铸钟

北京钟楼的楼顶上，悬挂着一口铜钟，关于这口铜钟的来历，要从一个传说讲起。

在这口铜钟之前，钟楼上挂着的是一口铁钟，但是这口铁钟发出的声音并不响亮，皇帝就想铸一口铜钟替换，让钟声更响亮，传到更远的地方。于是皇帝便召集天下的工匠来铸这口大钟，但是铸钟的进度却并不尽如人意，时间过去三年了，钟依然没有铸好。皇帝对这样的工程进度非常生气，下令斩了监督铸钟的太监，并且告诉工匠们，80天之内必须完成大钟的铸造，否则要将工匠全部处斩。

钟楼铜钟铭文

当时主管铸钟的是一位名叫华严的铜匠，大钟迟迟无法铸造完成，他茶不思饭不想，整夜睡不着觉。他的女儿看在眼中，急在心上，不知道如何才能帮到父亲。铜匠的女儿名叫华仙，生得如仙女一般，人见人夸。她与父亲分析，认为是因为炉温的问题，导致大钟迟迟无法成形。于是第二天铸钟的时候，华仙跟着父亲来到铸钟现场。此时铜浆在炉火中翻滚，但迟迟达不到铸钟需要的温度，华严两眼通红，看着翻滚的铜浆发愣。就在此时，只见一个身影从炉台一跃而下，跳入翻滚的铜浆之中，炉温瞬间升了上来，看着女儿跳入铜浆中化为青烟，华严心中难过至极，但此时他顾不得伤心了，女儿用命换来的炉温，他要赶紧利用起来，他招呼铜匠们趁着炉温高赶紧铸钟，大家眼含热泪完成了这口大钟的铸造。

后来，这口大钟就被挂在了钟楼之上，而为铸钟牺牲的小姑娘华仙被大家称呼为"华仙娘娘"。每当钟声响起的时候，人们就会想起这位为了救大家性命而献身的小姑娘。

鼓楼转角斗拱及彩绘

鼓楼

北京鼓楼与钟楼一起，是元、明、清时期北京城的报时中心。位于北京城南北中轴线的终点，东城区地安门外大街北端。两座建筑均坐北朝南，前后纵置，鼓楼在前，钟楼在后，鼓楼北距钟楼约百余米。鼓楼始建于元至元九年（1272），原名"齐政楼"，毁于大火。元大德元年（1297）重建，后再度毁于大火。明永乐十八年（1420）再次重建。明嘉靖十八年（1539）鼓楼被雷击毁后第三次重建。清嘉庆、光绪年间都曾对鼓楼进行修缮。清光绪二十六年（1900），八国联军入侵京师时，北京鼓楼、钟楼的文物遭受破坏，建筑幸免于难。1924

鼓楼楼梯间

年，鼓楼易名为"明耻楼"，次年复改为"齐政楼"。1984年北京市人民政府曾对鼓楼进行大规模修缮。2002年国家拨专款再次对鼓楼进行修缮。

北京鼓楼通高46.7米，是北京城体量最大的砖木建筑之一。鼓楼面阔五间，为三重檐歇山顶建筑，覆绿剪边灰筒瓦屋面，上层檐施以重昂五踩斗拱，下层施以单翘单昂五踩斗拱，平座下施以重翘五踩斗拱，木构架绘墨线小点金旋子彩画。整座建筑坐落于高约4米、四面呈坡道形的砖石台基上，宽为56米，进深为33米，南北有砖砌阶梯，东西为礓磋坡道。鼓楼内部包括上、下两个功能层和中间的一个结构暗层。下层为4米高的城台，内部拱券结构，南、北各有三座券门，东、西各有一座券门。北墙东侧有旁门，门内有69级

鼓楼

鼓楼原更鼓

鼓楼铜壶滴漏

石阶直通二层，其楼梯之深长，世所罕见。二层四周设回廊，宽约1.3米，平座周围建木栏杆，四角支撑有擎檐柱，平座下悬木挂檐板，如意头贴金彩画。三层为暗层。

鼓楼二层原有更鼓二十五面，是我国最大的报时鼓群，其中主鼓一面，群鼓二十四面，代表一年和二十四节气，现仅存一面主鼓，并且损毁严重（鼓面被八国联军戳破）。该鼓高2.22米，腰径1.71米，面径1.40米，仍放在原处。此外，鼓楼内原有铜壶滴漏一座，为古代计时器物。

据说，清代乾隆以前，钟楼昼夜报时。乾隆以后，便改为只夜间报更两次了。第一次是"定更"，第二次是"子正"，称"亮更"。到时两名更夫分别登上钟楼、鼓楼，手提"孔明灯"，遥相对照，作为信号（俗称"对灯儿"），然后各自进入楼中击鼓、撞钟。击鼓时，采用"紧十八、慢十八，不紧不慢又十八"的节奏，并重复两遍，共108下。而在第二次快敲的最后一下，要有一个停顿，以示撞钟人做好准备。接着钟声响起，撞钟次数与击鼓相同。在"定更"和"亮更"之间，每隔半个时辰还要撞一下钟。

过去，鼓楼二层内设漏壶室，室内安置铜壶滴漏。《图经志书》载：（鼓楼）上置铜刻漏，制极精妙，故老相传以为先宋故物。其制为铜漏壶四，上曰天池，次曰平水，又次曰万分，下曰收水。中安铙神，设机械，时至，则每刻击铙者八，以壶水满为度。涸则随时增添，冬则用温水云。

所言铜壶滴漏，是元代和明代所使用的计时

器。至清时，不再以铜壶滴漏计时，改为时辰香。但鼓楼中漏壶室的名称，起码至乾隆年间还在使用。

中华人民共和国成立后，鼓楼成为北京东城区文化馆所在地，是一处重要的文化活动场所。现在，鼓楼作为古都北京一处重要的名胜古迹，已向社会开放。

1957年10月28日，鼓楼被北京市人民政府公布为北京市第一批市级文物保护单位；1996年11月20日，鼓楼被国务院公布为第四批全国重点文物保护单位。

 知识链接 ▎**鼓楼东大街**

鼓楼东大街是以钟鼓楼为起点的一条街，这条街全长约1098米，宽约23米，这条街遍布很多条老北京胡同，如小经场胡同、寿比胡同、北锣鼓巷、南锣鼓巷、宝钞胡同、后鼓楼苑胡同、草厂胡同等都是非常知名的胡同，每天都有很多游客慕名前来参观。

1271年元朝定都北京，元朝政府根据都城"左祖右社，前朝后市"的建制原则开始建设北京城，处于皇城正后方的鼓楼大街就成为"后市"

鼓楼檐角和山花

的重要组成部分。这里商贾云集，人流熙攘，胡同里云集了权贵和功臣们的深宅大院，以及普通百姓的素雅民居，成为当时北京城繁华的商业街道。

近年来北京加大了对鼓楼东大街的改造，改造后的鼓楼东大街有众多北京老字号加入，于是鼓楼东大街有了老北京风情街的美誉，这些店铺与周边古朴的文化氛围相辉映，古槐环绕，翘角飞檐，再现了当年老北京城的味道。

天坛

天坛是明、清两代皇帝祭天和祈求五谷丰收的地方，是保存下来的中国古代王朝等级最高、最完整、最有特色的坛庙建筑群之一，位于北京市东城区天坛东里甲1号。

天坛始建于明永乐十八年（1420），定址在正阳门南3.5千米处，北京城中轴线稍偏东的位置，合祀天地，名天地坛，主体建筑为矩形的大祀殿。嘉靖九年（1530）在北郊建地坛，天地分祀。此后在大祀殿南建行祭天礼的圜丘坛专门祭天，改称天坛。嘉靖十九年（1540）在大祀殿旧址上建行祈谷礼的大享殿，即现在的祈年殿前身，嘉靖二十四年（1545）建成。祈年殿为三重檐圆攒尖顶，殿顶覆盖上蓝、中黄、下绿三色琉璃瓦，寓意天、地、万物。至此，天坛的形制大致形成。

圜丘坛为三层蓝色琉璃圆坛。清乾隆年间，加大圜丘坛直径并改圜丘坛的蓝色琉璃为艾叶青石台面，汉白玉栏杆，改皇穹宇的重檐顶为单檐顶，将祈年殿三层檐的蓝、黄、绿三色琉璃瓦一律改为蓝色琉璃瓦，成为现在天坛的面貌。光绪十五年（1889）祈年殿毁于雷火，光绪十六年（1890）按照原式重建。

天坛从选位、规划布局、建筑的设计到祭祀礼仪和祭祀乐舞，都有深刻的文化内涵。它成功地把古人对"天""天人关系"的认识，以及对来年的美好期盼用建筑的形式表现出来，是一座集古代哲学、历史、数学、力学、美学、生态学、建筑学、风水术等于一身的古代建筑精品，处处体现了中国古代特有的象征和寓意，是中国现存的一处集大成的古建筑群，在世界上享有盛誉。

天坛占地面积约273万平方米，由两重坛墙将全坛分为内坛和外坛两部分。坛墙南为方形，北为半圆形，以象征中国古代认为的"天圆地方"。外坛墙总长6553米，内坛墙总长4152米。

天坛主要建筑物集中在内坛，内坛又以一条南北向轴线集中了最主要的建筑。但这条轴线并不居中，而位于天坛中线偏东位置。一方面，这与整个北京城西城略大、东城略小的特点相一致；另一方面，天坛的正门在西侧，轴线偏东增加了坛的进深感，使人由西向东进入天坛时更觉得坛

天坛圜丘坛鸟瞰

天坛祈年殿

天坛中轴线鸟瞰

域深远广阔，给人更多的时间净化心灵，坛的崇高意境更为突出。

轴线南部是以圜丘坛和皇穹宇为主的祭天建筑群。最南为圜丘坛，是皇帝举行祭天大典的地方。圜丘坛外面有两重墙（坛的矮墙），内圆外方，每重墙四面各辟棂星门。墙中间是一座明、清两代所有坛台中最高级别的坛台——三层圆形石坛台，台石用艾叶青石，不加任何雕饰，象征天的浑厚和自然。每层台四周都环绕汉白玉栏杆和栏板，四面各出九级台阶。上层台面中心一块圆形石板称为"天心石"，是祭天大典时宣读祭文所立之处。匠师们利用了声音反射原理，人站在天心石上说话，声音通过四周的墙和栏杆、栏

板反射回天心石后产生不止一次的嗡鸣，使声音特别浑厚、洪亮，如同声音直达天庭，让帝王在读祭文时产生仿佛真的在与天交流和感应的感觉。围绕天心石四周以九这个中国古代认为的至阳之数为基数，环砌扇形台面石，第一圈九块，依次往外每圈递增九块，直至"九九"81块，以寓意我国古代认为的"九重天"。下面两层坛台面石也都是九的倍数。周围栏板三层共360块，象征周天360度。另外，坛的尺寸也有寓意。尺寸按照古尺设计，上层直径九丈（1丈≈333.33厘米），取一、九数；中层直径十五丈，取三、五数；下层直径二十一丈，取三、七之数，加在一起"一、三、五、七、九"单数中五个阳数全部包括。

圜丘坛总高度虽然并不是很高，但是却显示出了非凡的气势。首先，它以三层圆台的外形和处于中轴线南端、两重墙中心位置的方法呈现，给人以醒目的感觉。其次，使用突出中心，尽量弱化周围建筑高度和净化空间的手法，为了凸显中心的圜丘坛，其周围墙很矮，墙以内没有任何树木和形体高大的建筑，形成一个高度净化的空间，在墙以外绿树环绕，为这块空间勾勒出了很明显的轮廓线。最后，圜丘坛的总高度正好和树木差不多，人站在圜丘坛上，举目远望，四周树木好像就在脚下托着这座高坛，人仿佛飘浮在半空。加之充分利用了声学原理的天心石，好像真的在与天对话，营造出了一个人与天的感应场。

圜丘坛外墙和内墙之间有祭天用设施燔柴炉、瘗坎和燎炉。

燔柴炉是为举行燔柴礼时焚烧献给皇天上帝的供品而设。祭天仪式第一项就是"燔柴迎帝神"，祭祀天神的玉帛、牺牲在炉内被焚烧，烟气袅袅升上天空。焚烧时炉上有燎牛，香气冲天。

由于古人认为天神居住在天空，用此种办法可使天神收到人间的献礼。皇帝位于燔柴炉西的望燎位行望燎礼。燔柴炉，圆形，绿琉璃砖砌筑，东、西、南三面均砌台阶各九级，以便向炉内投放供品。北面则为炉膛开口，用于添柴。燔柴礼为天坛所独有，其他坛没有。

瘗坎在燔柴炉以东，是瘗埋牺牲毛血的地方，也是用绿琉璃砖砌成的，圆形，直径不到1米，深约0.3米。燎炉，镂空六足，生铁铸成，专门用来焚烧祭天时配位、从位前供奉的供品，共计12座。

圜丘坛往北为皇穹宇，是平日用于放置祭天大典时所供神灵的殿宇。皇穹宇南面开一座三间的琉璃门，正殿皇穹宇为圆攒尖顶，绿琉璃瓦屋

天坛圜丘坛和棂星门

天坛圜丘坛天心石

面，镏金宝顶，高19.5米，直径15.6米。室内三层镏金斗拱逐层上叠，青绿基调的金龙藻井，中心为大金团龙图案，显得十分严谨、精致。殿内供奉"皇天上帝"神板，配祀清代八位祖先牌位（咸丰朝规制）。东西配殿各一座，供奉祭天大典时从祀的日、月、辰、宿、云、雨、风、雷、木、火、土、金、水之神的牌位。皇穹宇是一座非常难得的保存较完好的明代建筑，据推测清代改造中很可能是去掉上层后，保留了明代的柱、梁、枋等。

皇穹宇四周环以充分利用了声学原理的圆形围墙，即著名的回音壁。人站在两座配殿后，对着墙壁说话，声波可由墙壁传递，即使说话的声音不大，一方也能清楚地听到对方的声音。皇穹

天坛皇穹宇

天坛皇穹宇内景

天坛燔柴炉

天坛燎炉

宇内的另外一个地方也有类似的现象，那就是三音石。在皇穹宇和琉璃门之间的神路上，站在从皇穹宇向南数的第一块石板上击掌，可以听到一声回音，站在第二、三块上可以分别听到两声和三声回音。此外，人站在皇穹宇中心甬道上从南数第三块石板（对话石）上，可以清晰地听到东配殿东北角（或西配殿西北角）的声音。两个人分别站在上述位置用正常的音量讲话，即使周围声音很嘈杂，也可以清晰地听到对方的声音。据

声学专家研究表明，这是由于墙壁是用质地非常特殊的砖制成的。这种砖产自山东临清，砖敲之有声，断之无孔（切开之后，砖内没有普通砖的气孔），砖本身就具有了传导功能，再加上用磨砖对缝（砖烧制好后，用的过程中，再将砖打磨得非常光滑平整）的方法砌筑，使墙壁非常光滑，声音在墙壁上产生连续反射，遂形成了奇妙的回音壁、三音石等现象。圜丘坛和回音壁的声学现象，反映了我国古代声学在建筑上的应用已经非常成熟。

天坛皇穹宇院落全景

皇穹宇往北有以祈年殿、皇乾殿为主组成的祈谷坛建筑群，并由一条高2.5米、宽28米、长359米被称为丹陛桥的甬道把这两组建筑连接起来。甬道向北微微隆起，似步步高升，站在上面环望四周，地下无尽的苍松翠柏，满眼翠碧，似近天宇。

丹陛桥的北端为祈谷坛建筑群的开端——祈年门，面阔五间，庑殿顶，蓝琉璃瓦屋面，和玺彩画，龙锦枋心，汉白玉崇基。祈年门前还有一座祈谷坛南砖门。

祈年门正北即祈年殿，是农历孟春（正月）皇帝祈祷丰年的专用建筑。祈年殿建于一座三层汉白玉圆形坛台之上，坛台名祈谷坛。祈谷坛每层各出八级台阶，四周以石栏围护。坛中央的祈年殿为三重檐圆攒尖顶，向上层层收缩直冲霄汉，上覆蓝琉璃瓦，镏金宝顶。殿高38米，殿内28根楠木大柱环绕排列，里圈四根龙井柱寓意春夏秋冬四季，中间一圈12根金柱寓意一年12个月，外圈12根柱寓意一天12个时辰，中圈柱和外圈柱相加寓意一年有24个节气，内外总计28根柱寓意周天28星宿。殿顶金龙藻井，殿中央地面上为天然龙凤纹大理石，殿中雕龙宝座（祭祀时放神牌位用），加上龙凤和玺彩画交相辉映，金碧辉煌。祈年殿院落空间开阔，主体建筑高大而又有特色，衬以白色的圆形坛台，在形式上形成一致，色彩上又形成台基的白色、屋身的红黄色、屋顶的蓝色之间的强烈对比，使建筑外观异常夺目，殿内部的豪华装修，更显得金碧辉煌，所有这一切形成了祈年殿恢宏和神秘之感。

祈年殿北为皇乾殿，是平日奉祀祈谷神牌位的地方。

祈谷坛东砖门外有一条长廊，俗称七十二连廊，又称供菜廊子，呈曲尺形，连接祈谷坛东砖门、神厨院及宰牲亭。明清时期长廊是运送祭祀供品的通道。据说为了保持供品的洁净，不能露天，需要从长廊运送至祈年殿。长廊为天坛原始建筑，始建于明永乐十八年（1420），共72间，长273米。旧时长廊有栅窗及槛墙，形式如房舍，也称七十二连房。1937年，因天坛已非祭天之所，北平市文物整理实施事务处遂将七十二连房辟为游廊，拆除栅窗、槛墙，添加坐凳以供游人休憩。改造后仅保留两间，以识其旧，并立记石，镶嵌于壁上。

天坛南砖门、祈年门及祈年殿

天坛祈年殿内景

系则都是一处，这也体现了天坛独一无二的特殊地位。

圜丘坛东侧掩映在翠柏中的为附属于圜丘坛的神库、神厨院、三库院和宰牲亭等建筑。神库坐北朝南，用于贮藏制作完成的祭品。神厨院坐东朝西，用于制作祭品。两座大殿均为五间，歇山顶，绿琉璃瓦屋面。院内有井亭，六角形，盝顶，绿琉璃瓦屋面，为制作祭品取水之用。

神库、神厨院东为三库院。院内由北向南依次为乐器库、棕荐库和祭器库，均为坐东朝西，三间，硬山顶，绿琉璃瓦屋面，是平时贮藏祭祀乐器、棕荐和祭器的地方，祭祀时从这里取出。

宰牲亭院在神库、神厨院东。宰牲亭为宰杀祭祀牺牲（祭祀用的动物）的地方，也称打牲亭，

天坛皇乾门和皇乾殿

天坛长廊

天坛内坛还有南北两处分别附属于圜丘坛和祈谷坛的神库、神厨院和宰牲亭建筑群。天坛中要举行两个祭祀体系——祭天礼和祈谷礼，由于这两个礼仪非同一般，所以都分别有自己置办祭品和宰杀牺牲的场所，而其他坛庙无论是几个体

天坛北宰牲亭

因为祭祀时宰杀牛等牺牲，不是用刀杀死，而是用木棒打死，因此得名。亭三间，重檐歇山顶，绿琉璃瓦屋面，室内有灶火间。院内东南角有井亭一座。

祈谷坛东侧，长廊（七十二连廊）的另一端连接着为祈谷礼置办祭品的另一组神库、神厨院和宰牲亭建筑群。出祈谷坛东砖门沿长廊东行左转即进入神库、神厨院。院内正殿为神库，坐北朝南。东西配殿为神厨，过去殿内有锅灶和洗涤池等。神库和神厨形制相同，均为五间，悬山顶，绿琉璃瓦屋面，五花山墙。院内还有一座井亭，六角形，盝顶，绿琉璃瓦屋面。亭内有著名的甘泉井，传说井水可通天界，甘美无比。井水用来制作祭品。

斋宫位于内坛西南隅，是皇帝到天坛祭祀时斋戒的地方。皇帝每逢祭天典礼之前便住进斋宫，这期间皇帝不近声色，荤腥俱禁，以表示对天的尊敬。

斋宫坐西朝东，平面呈正方形，面积近4万平方米，四周以两重城壕和两重宫墙环护，建筑瓦用绿色以表达帝王向天称臣、尊敬恭谦之意。宫内正殿无梁殿，始建于明永乐十八年（1420），面阔五间，庑殿顶，绿琉璃瓦屋面。明间设宝座，是祭祀期间皇帝召见大臣的地方。大殿月台左侧有石质的亭子一座，称为斋戒铜人亭。每当皇帝祭祀斋戒期间，执事人员将一个手持斋戒牌的铜人放置在亭内，用以警示皇帝恪守戒律。月台右侧为时辰亭。寝殿为皇帝祀前斋戒时的居所。另外，还有钟楼、纠仪房、值守房和巡守步廊等礼仪、居住、服务、警卫专用建筑。

天坛北神库

天坛甘泉井

外坛的主要建筑为神乐署，位于外坛西门内稍南侧，坐西向东，是天坛五组大型建筑之一，专司明、清两代皇家祭祀大典乐舞的机构。

神乐署建于明永乐十八年（1420），称作神乐观，是一所专司祭祀音乐的道观。明太祖朱元璋和明成祖朱棣都非常虔诚地信奉道教神明真武大帝，认为真武大帝在争夺帝位的战争中保佑了他们，因此在一些重要的祭祀中使用道教音乐。明成祖将《大明御制玄教乐章》作为祭祀音乐的国家标准，而后者也被收录在道教经典集成《道藏》中。明朝的神乐观不仅是一处皇家祭祀机构，同时也是市民休闲娱乐的去处。一方面每年随同皇帝赴天坛祭祀的各级官员会在神乐观赁房居住；另一方面神乐观中的道士种植花草、配制草药的技术在市民中口碑极好，人们纷纷到这里欣赏花木，购买草药。

当时神乐观中仅药铺就有保合堂、保龄堂、育生堂、广德堂、天德堂、瑞德堂等数家，久而久之神乐观便成为北京的一大庙会，一直繁盛到清朝初叶。至清乾隆年间由于神乐观游客过多又疏于管理，甚至发生了游客翻墙进入天坛禁地的事件，引起乾隆皇帝的不满。于是他将神乐观改

天坛斋宫无梁殿

为神乐署，遣散了神乐观原有的道士，改由八旗子弟中俊秀者充任，终止了神乐署的庙会。当时，京城各个皇家祭坛的祭祀乐舞生皆由天坛神乐署生员中选拔充任。清末，神乐署被八国联军侵占，从此衰败。中华人民共和国成立后，神乐署的大部分建筑或被单位使用，或成民居杂院，湮没50年。2001—2004年政府出资进行了全面的清退和修缮，并开辟为古代音乐博物馆向公众开放。馆中陈列展示了神乐署历史、乐律、词曲、琴瑟、鼓、埙笙，以及舞蹈服饰与《中和韶乐》乐谱等，其中的展品均可以实际演奏。

神乐署建筑总平面呈东西长、南北短的长方

天坛斋宫鸟瞰

天坛神乐署砖门

形，为两重门殿的两进院落，四周围廊。神乐署大门东向，前殿五间，明代称太和殿，清康熙年间改名为凝禧殿，用于排演祭祀大典。后殿七间，原名玄武殿，明末改称显佑殿，用于供奉玄武大帝和诸乐神，殿后还有袍服库、典礼署、奉祀堂等建筑，东跨院有通赞房、恪恭堂、正伦堂、侯公堂、穆佾所等建筑，西跨院有掌乐堂、协律堂、教师房、伶伦堂、昭佾所等建筑。据史料记载，天坛神乐署除了上述建筑，曾建有大量的茶棚、酒楼、药铺等建筑，在神乐署围墙内甚至还有一座关帝庙。

天坛内外坛墙内遍植松柏，古树参天，更烘

天坛凝禧殿

天坛凝禧殿内景

托了天坛宁谧的氛围，同时也营造出天人合一的环境，使人置身其中，仿佛融入了大自然，这也是这座古坛的又一大神韵所在。

1957年10月28日，天坛被北京市人民政府公布为北京市第一批市级文物保护单位；1996年11月20日，天坛被国务院公布为第四批全国重点文物保护单位。1998年被列入《世界遗产名录》。

知识链接　天坛"形""色""数"的象征

天坛在坛类建筑中地位非常重要，从天坛的占地面积就能体现出来，它是坛类建筑的代表。古代，天坛是最重要的祭祀建筑，具有极其重要的象征意义，而天坛建筑的象征意义主要表现在"形""色""数"的象征手法上。

"形"的象征意义，古人认为天圆地方，因此，天坛做成圆形以象征天，地坛做成方形以象征地，回音壁和祈谷坛成为中国古代建筑中最奇特、最精美的建筑造型。天坛的庭院为圆形，庭院中的皇穹宇为圆形建筑，从皇穹宇经过丹陛桥走到祈年殿，有一种由下往上走向天宫的感觉。

"色"的象征意义，中国古建筑是按等级制度建造的，分别为黄色、红色、绿色、蓝色……而天坛主要以蓝色为主，在这里蓝色为最高等级，因为天为蓝色，蓝色象征天。当时皇帝在去天坛祭祀之前，先要去天坛旁边的斋宫进斋，而斋宫的建筑色彩为绿色，可见皇帝对天的敬畏。据有关史料记载，在明朝，祈年殿的三层建筑最上层为蓝色，中间为绿色，下面为黄色，清朝时，将祈年殿的建筑全改为蓝色。

"数"的象征意义，既为数字，也为术。天

天坛祈年殿鸟瞰

坛象征天，在建筑方面也应该取阳术，为奇数一三五七九，九为最大的数字，所以很多建筑中都取九这个数字。在天坛圜丘坛铺地时，中间圆心为天心石，中间为圆形，第一圈由9块扇形石围绕，第二圈由2×9块扇形石围绕，第三圈由3×9块扇形石围绕……一直到第九圈由9×9块扇形石围绕。

在祈年殿内部，中间有4根柱子，象征一年四季，里圈12根柱子象征一年有12个月，外圈12根柱子象征一天有12个时辰，24根柱子象征一年有24个节气，28根柱子象征天上28星宿，祈年殿中所有的建筑都是与天有关的数字设计，而这一设计极其精妙，又恰到好处。

社稷坛（中山公园）

社稷坛是明、清两代帝王祭祀社稷神的地方，位于天安门西侧。辽金时期这里曾是燕京城东北郊的兴国寺，元代扩入元大都城内，改名为万寿兴国寺。明永乐十八年（1420），明成祖朱棣迁都北京，万寿兴国寺位于紫禁城前右侧，根据《周礼·考工记》"左祖右社"的帝王都城设计原则，在其基址上兴建了社稷坛，清因明制。1914年社稷坛被辟为公园，时称中央公园，1928年为纪念孙中山先生，改称为中山公园。

社稷坛之制，自古有之。社，指的是土地神；稷，指的是五谷神。"民以食为天"，故社稷即是土地、人民，所以在我国古代被认为是天下的象征，历代帝王都非常重视祭祀社稷神。社稷坛从中央到地方都有，中央的被称为太社和太稷。每逢农历仲月上戊日（每年立春后第二个月的初五日和立秋后第二个月的初五日），皇帝都要亲自祭祀太社和太稷。春天的时候为天下祈福求祥，秋天收获之后向社稷神报告丰收。北京的社稷坛即是明、清两代帝王祭祀太社和太稷的神坛，它遵从和吸取历代的建造理念，准确地表达出古人对国家、天下和黎民的理解，在坛庙体系中的地位极其重要。

社稷坛平面为一南北稍长的不规则长方形，南部东西宽345.50米，北部东西宽375.10米，南北长470.30米，有内外两重坛墙。外坛墙周长约为2015米，其南围墙即皇城城墙，于东墙上辟有三座东向大门，自南往北依次是社稷街门、社稷左门、社稷东北门。东北门为祭祀时皇帝出入之门。社稷坛内坛墙南北长266.80米，东西宽205.60米，每面墙正中辟门。

内坛墙之内为祭祀区，祭祀的路线是沿着一

社稷坛壝墙及拜殿

条自北向南的中轴线行进，主要建筑戟门、拜殿、社稷坛也排列在这条中轴线上。所以社稷坛的正门是北门，为砖石仿木结构，歇山顶，黄琉璃瓦屋面，五小兽，檐下施重昂五踩斗拱，旋子彩画。拱券式门洞三个，通面宽20米，进深7米，三个门洞均装双扇实榻大门，每扇门上均有九纵九横81颗镏金门钉。社稷坛的东门、西门与南门在建筑形制上完全一致，均为砖石结构，面阔一间，歇山顶，黄琉璃瓦屋面，五小兽，檐下施仿木绿琉璃单翘单昂五踩斗拱，旋子彩画，拱券式门洞。

北门之南为戟门，这是一道礼仪性的门，陈放24支镏金铜戟，以此表示社稷的威仪。皇帝祭祀时也在此搭设更换祭祀服装的幄次（一种帐篷）。戟门为明代建筑，坐北朝南，面阔五间，进深三间，歇山顶，黄琉璃瓦屋面，七小兽，檐下施单翘单昂五踩斗拱，金龙和玺彩画。下部为高75厘米的汉白玉台基，前出垂带踏跺六级。门内彻上明造。现有的门窗是1916年改作图书馆时加制的。

戟门之南为拜殿，祭祀时逢雨雪行礼之处。拜殿面阔五间，进深三间，歇山顶，黄琉璃瓦屋面，七小兽，单翘重昂七踩斗拱，金龙和玺彩画，殿内为彻上明造，一斗五升镏金斗拱，旋子彩画。整座殿堂坐落在高0.9米的汉白玉台基上，前出垂

社稷坛戟门

社稷坛拜殿（中山堂）

带踏跺六级。拜殿原是明、清两代皇帝祭祀时行礼之所，1925年孙中山先生在北京逝世后，曾在这里停灵，故1928年更名为中山堂，现为纪念中山先生活动展厅，对外开放。

全坛最主要的建筑——社稷坛，位于拜殿南面，为举行祭祀典礼的核心部分。社稷坛为三层方坛，与天坛层数相同，比地坛还要多出一层，只是宽度和高度比地坛规模小很多。坛是用汉白玉砌成的正方形三层平台，上层边长为15.9米，中层边长为16.9米，下层边长为17.8米，总高为1米，每侧正中各有汉白玉台阶四级。坛上采用古代"东方苍龙、西方白虎、南方朱雀、北方玄武"和"中央黄"的说法铺垫五色土。东为青色土，西为白色土，南为赤色土，北为黑色土，中

社稷坛北门

社稷坛五色土

为黄色土，借此象征"普天之下，莫非王土"。更为独到的是五色土的布局非常形象地象征了我国的国土特色。我国东部以海洋为主，用青色土代表；西部以戈壁和沙漠为主，用白色土代表；南方以红色土地为主，用红色土代表；北方以黑色土地为主，用黑色土代表。我国广阔的中原地区以黄色土地为主，故以黄色土为代表，而且中原地区长期都是我国的政治中心，是皇权的象征。坛的台面正中黄色土内埋设"社主石"，象征江山永固。社主石为上端尖形、下端方形的石块。明清时期五色土是由全国各地纳贡而来的，每年春、秋二祭由顺天府铺垫新土。明弘治五年（1492）规定将所铺坛土由二寸四分改为一寸，此后，明、清两代皆遵此制。坛台四周建有方形墙，每面分别铺覆与其所在方位土色相同的琉璃砖和瓦。墙边长57.6米、高1.4米、厚0.65米，四面墙正中各设一座汉白玉的棂星门。

非常值得一提的是，现存的三层汉白玉社稷坛台，在明、清的官方典章制度书籍中都记载为二层，比现存形制少了一层。这是史书记载错误？那么错误怎么可能在官修典籍之中持续存在400多年之久欤？又怎么可能错在这个被封建帝

国认为关乎国家天下的神圣之处？如果是后世改造，但没有不按照规制改造的理由，并且为何到目前为止没有发现任何改造的记载？是什么造成了百年来的文史不符？是不是社稷坛有什么特殊的含义，要求做成这个样子？这一连串的问号，又为这座古老神坛蒙上了一层神秘的面纱，并留待我们继续探索。

社稷坛西侧，坐西朝东排列两座形制相同的建筑，北侧为神厨，南侧为神库。神厨原是制备祭品的处所，神库原为储存祭器的地方。两座建筑南北向呈"一"字形排列，规模、形制完全相同。建筑均为面阔五间，悬山顶调大脊，黄琉璃瓦屋面，五小兽，檐下施一斗三升斗拱，旋子彩画，明间槅扇门，前出垂带踏跺三级，次间、梢间为槛窗，十字海棠棂心。

宰牲亭位于内坛墙西门外南侧，平面呈方形，

社稷坛棂星门

坐西朝东，面阔、进深各三间，重檐歇山顶，黄琉璃瓦屋面，上檐施一斗二升交麻叶斗拱，下檐施一斗三升斗拱，旋子彩画。亭内有方井一口。宰牲亭为祭前屠宰牺牲的处所。其外侧原有围墙，现仅存北墙正中一座砖石结构券门，门为拔券式，檐下施单翘三踩斗拱，旋子彩画。

除上述的主体建筑与附属建筑外，现在中山公园内的其他建筑均为1914年后陆续添建或迁建来的，如在外坛墙的南墙上、正对金水河西端白石桥的地方于1914年定为公园后不久开辟园门一座，以便游人出入，为中山公园南门，即今之正门。门亦为歇山顶，黄琉璃瓦屋面，面阔一间，进深一间，下部为石砌须弥座，拱券式门洞，朱门两扇。1915年在外坛北墙上开辟了通往紫禁城西华门的公园北门，即后门，以后又在外坛西墙

社稷坛神厨

社稷坛宰牲亭

上开辟了公园西门。在内坛墙的东门外，堆土叠石为假山，于其上建六角形的松柏交翠亭。在东坛门以南建投壶亭，是做仿古游戏的地方。在坛东南隅建来今雨轩，在坛西南隅建呈"乙"字形的碧纱舫、春明馆、绘影楼等。最有特色的是移建来的习礼亭和新建的唐花坞。习礼亭是一座由六角单檐攒尖顶、朱窗、石阶、黄琉璃瓦组成的六面亭，原在清代的鸿胪寺内，供初入京的文武官员及外国使臣朝见皇帝前演习礼仪之用。八国联军侵入北京后，鸿胪寺被毁，该亭被移至礼部，1915年又迁移到公园的南坛门外，作为园林风景亭供观赏。

唐花坞是添建的建筑中最使人感兴趣的，位于中山公园南门西北，共14间，中间是一座重檐八角盝顶亭，两侧连接玻璃房屋，其形有如雏燕展翅。1917年公园委员会又从圆明园遗址移来始建于清乾隆年间的兰亭八柱和兰亭碑，20世纪70年代在园内建亭陈列。

1918年在园西南山朝阳处，用古柏为柱，以石板做瓦建成了一座别致的四方亭，名为迎晖亭。在坛北门外建有汉白玉石亭一座，圆顶八柱，柱上镌刻历代名贤格言，名为格言亭。1919年在公园的南门内移建一座四柱三楼、蓝琉璃瓦顶、汉白玉柱座的牌坊。这座牌坊原设在东单大街路口，名为克林德坊，是1902年清政府按照屈辱的《辛丑条约》规定，为在1900年义和团运动中被杀的德国驻华公使克林德建立的。1918年第一次世界大战后，德国被英、美等国组成的协约国击败（中国也是协约国一员），北京市民拆毁了这座屈辱的牌坊。1919年，协约国方面的法国出面要德国将牌坊修好移至中山公园，改名公理战胜坊，中华人民共和国成立后将其更名为保卫和平牌坊，由郭沫若同志题名。除上述建筑外，公园还逐年添建

社稷坛习礼亭

保卫和平牌坊

和修缮了一些建筑和设施,才具有了如今的规模。

1957年10月28日,社稷坛被北京市人民政府公布为北京市第一批市级文物保护单位;1988年1月13日,社稷坛被国务院公布为第三批全国重点文物保护单位。

 知识链接 **社稷坛的历史文化**

500多年前,中山公园是戒备森严的皇家禁地。永乐皇帝在肇建紫禁城时,依照《周礼·考工记》中的"左祖右社"的规定,在紫禁城西侧建造了社稷坛。在祭祀日这天,皇帝都会在日出前一个小时赶到社稷坛祭拜社与稷。古人认为,土地和粮食是养育人民的根本,也是一个国家建立和存在的基础,后来慢慢延伸为疆域国土、衣

食之源,慢慢地,社稷便象征国家了。

明、清两代,皇帝在社稷坛祭祀中国古代神话中的社和稷。太社之神指土地神,叫作句龙;太稷之神为五谷神,叫作弃。每年要在这里举行两次祭社稷仪式,分别在春、秋季,不过,如有出征、班师、献俘等重要事件,都会在这里举行盛大的典礼。每次大祭前,社稷坛坛面上的土都会被重新更换,坛面上的土有五种颜色,东为青色,西为白色,南为赤色,北为黑色,中为黄色,五种颜色的土铺设在社稷坛上,象征"普天之下,莫非王土"。明朝时,祭社稷前,要从河南取黄色的土,从浙江、福建、两广地区取红色的土,从江西、湖广、陕西取白色的土,从山东取青色的土,从东北取黑色的土,这些土取自全国300多个县,从四面八方运往京城。清朝时,祭社稷仪式虽然与明朝有所不同,但也是期盼风调雨顺,1911年秋天,在社稷坛举行了最后一次祭社稷仪式。

1914年,社稷坛更名为中央公园,许许多多的市民来这里参观游览,后来这里修建了唐花坞,1928年,社稷坛被正式命名为"中山公园"。

毛主席纪念堂

毛主席纪念堂是一座坐落在天安门广场上的建筑,1976年11月24日动工,1977年9月9日落成。它位于原中华门旧址上,背对正阳门,向北正对天安门广场人民英雄纪念碑,是专门为纪念中国共产党、中国人民解放军、中华人民共和国的缔造者之一毛泽东主席而建造的。他的遗体就存放在这里,供中外宾客瞻仰。毛主席纪念堂是党和国家规格最高的纪念堂,也是全国爱国主义教育示范

基地。

毛主席纪念堂南北长260米，东西宽220米，占地面积57200平方米，建筑面积33867平方米。四周苍松翠柏环绕，一派庄严肃穆的景象。主体建筑是一个长宽各105.5米，高度为33.6米的正方形大厦。坐南朝北，外观为两层。基座高4米，分为上、下两层，全部由取自四川大渡河旁的枣红色花岗岩砌成。基座四周由房山汉白玉万年青花饰栏杆环绕，南、北门台阶中间又以两条雕刻着葵花、蜡梅、万年青、青松图案的汉白玉垂带装点。基座上，矗立着44根高17.5米的花岗岩廊柱，承托着金黄色的重檐琉璃瓦屋顶，檐间镶嵌着葵花浮雕，与廊柱间的佛山石湾花饰陶板相映，衬托着正门上方"毛主席纪念堂"汉白玉金字匾额。

大门的南、北两侧各有两组8米高的群雕，每一组雕塑都表现着不同的含义。北门东侧的雕塑表现的是民主革命，重在体现农村包围城市、人民战争、枪杆子里面出政权的思想，其主要内容分为三段，即井冈星火、抗日战争、解放全中国。北门西侧的雕塑表现的是社会主义革命和建设，其重在体现无产阶级专政条件下继续革命的思想。南门两侧的雕塑主要体现的是继承遗志、继续革命。四组群雕共有62个人物，由100多名来

自全国18省市的雕塑家历时5个月完成。另外，南门外飘扬着30面红旗，它们代表当时我国30个省市自治区。

纪念堂分为北大厅、瞻仰厅、南大厅三个部分。其中北大厅是供中外宾客瞻仰毛主席遗容前举行悼念活动的地方。大厅中央最醒目的就是3.45米高的毛主席坐像。它由汉白玉雕刻而成，背后墙上悬挂着一幅宽23.74米，高6.6米的巨型绒绣《祖国大地》。整个大厅宽敞明亮，可同时容纳700余人进行悼念活动。

由北大厅南侧的金丝楠木大门进去，是整个纪念堂最核心的部分——瞻仰厅，毛主席的遗体就安放在这里。走进大厅，映入眼帘的就是摆在大厅中央的水晶棺材。它安放在黑色花岗石制成的棺床上，由五颜六色的花丛环绕着。棺座四周分别镶着金饰党徽、国徽、军徽和毛泽东主席的生卒年份。毛主席身穿灰色中山装，安详地躺在其中，身上盖着鲜红色的中国共产党党旗。在大厅正面的汉白玉墙壁上，镶嵌着17个镏金大字"伟大的领袖和导师毛泽东主席永垂不朽"。

南大厅是毛主席纪念堂的出口大厅，它的墙面为白色的大理石，上面镌刻着毛主席的诗词《满江红·和郭沫若同志》手迹。诗词下方摆放着

毛主席纪念堂

汉白玉金字匾额

毛主席纪念堂北门东侧群雕

毛主席纪念堂北门西侧群雕

10盆五针松，其独特之处在于花盆是用云南特有的绿色彩花大理石制作而成，并且工匠们根据每一个花盆的天然纹理，磨制出韶山、井冈山、金沙江、大渡河、雪山、草地、延安、长城等图景。

毛主席纪念堂东、西各厅是毛泽东、周恩来、刘少奇、朱德、邓小平、陈云同志革命业绩纪念室。室内展出大批文物，有文献、书信、图片等，展示这六位老一辈无产阶级革命家在创建中国共产党、创建中国人民军队、创建中华人民共和国、领导进行社会主义伟大建设等方面的卓越贡献。在展出形式上，展品的制作工艺和制作材料都非常先进，每一个纪念室都配置有等离子超薄电视和电子资料触摸屏，宾客可以通过这些设备，观看革命家的伟大风采，调阅那些能够反映伟人思想和崇高风格的至理名言。

1979年8月21日，毛主席纪念堂被北京市人民政府公布为北京市第二批市级文物保护单位。

知识链接　毛主席纪念堂的建造

1976年9月9日，毛泽东主席溘然长逝，全国人民陷入巨大悲痛之中。1976年10月8日，中共中央做出建造毛主席纪念堂的决定。

根据中央指示，抽调全国8个省市最优秀的建筑设计师会聚北京，组成毛主席纪念堂选址设计工作组。设计师们首先要考虑到的是：纪念堂的位置应该选在何处呢？

毛泽东作为一代伟人，中华人民共和国、中国人民解放军的缔造者，中国共产党的创始人之一，全国人民心中的伟大领袖，为国为民操劳一生，选址设计组成员首先想到，应该选择风景优美的地方让他老人家安息。基于此，设计出"水上日出"方案，中南海、昆明湖……走了一水又一水，不知为什么，他们总觉得此方案不能表达人民的心意。设计组成员很快又提出"山顶红星"方案：毛主席仰卧在苍松翠柏的白云深处，夜晚一颗永不陨落的明星熠熠闪光，香山、玉泉山……走了一山又一山，不知为什么，他们又觉得这个方案也不够理想。

也有人提出，纪念堂建在天安门前，像莫斯科广场的列宁墓一样，但金水桥以北地方很小，且会影响天安门的雄伟；还有人提出，纪念堂建在景山，但这样会破坏景山的景观；还有人提出，纪念堂建在天安门广场。

设计组经过认真分析，多次座谈讨论，认为毛主席的伟大身躯，江河湖海容不下，三山五岳载不起，只有安卧在人民群众中才最合适，当即做出"毛主席纪念堂建在天安门广场人民英雄纪念碑南"的决定。这样，人民英雄纪念碑可以做纪念堂的序幕，碑南原有松林保留，形成一组完整的纪念建筑群。偏南一些，天安门、纪念堂和纪念碑保持大致相等的距离，这样，南北有纪念堂与天安门遥相对望，广场中心是纪念碑，东西又有人民大会堂和革命历史博物馆相称，形成一个完整的广场建筑群。

关于纪念堂的高度，要求恰如其分，既能遮住正阳门屋顶，又不能压倒纪念碑。

关于纪念堂的建筑形式，大部分成员认为，宏伟的建筑才能体现毛主席的伟大和崇高。只有南京工学院杨庭宝教授提出的方案是50米见方的正方形建筑，平面布局平整，造型简洁。由于它在广场中轴线上，建筑形式对称而立，给人以稳重平衡的感觉。设计组当即按杨庭宝方案勾画出了纪念堂草图。

1976年11月9日，毛主席纪念堂工程现场指挥部成立，时任北京市建委副主任的李瑞环担任总指挥，国务院副总理谷牧负责纪念堂建设的领导工作。

1976年11月24日16点30分许，毛主席纪念堂奠基典礼隆重举行。参加奠基仪式的党和国家领导人、工人、农民、解放军指战员和各界代表共8000多人。华国锋同志发表了重要讲话，并亲自为纪念堂基石培土。

奠基仪式结束，一支精神抖擞的建筑工人队伍，迈着雄健的步伐来到天安门城楼前。这支队伍是赶来参加毛主席纪念堂建筑工程的北京市第四市政工程公司第六施工队，他们代表所有参加施工建设的工人和技术人员向毛主席宣誓之后，立即投入紧张的施工中。

1977年5月4日，仅仅用了6个月的时间，毛主席纪念堂正式竣工。1977年8月18日，水晶棺移入纪念堂。8月20日，毛主席遗体进入纪念堂。

毛主席故居

毛主席故居，是毛泽东1918年第一次来京的住处，位于北京东城区景山东街三眼井吉安所左巷8号。在此居住期间，毛泽东组织了湖南留法勤工俭学并开始研读马列主义。

1918年8月，毛泽东与蔡和森、罗学瓒、萧子升等20多位青年，为奔赴法国勤工俭学乘火车离开湖南长沙来到北京。到了北京以后，毛泽东先在湘乡会馆落脚，之后与蔡和森在豆腐池9号杨昌济先生家居住数日，之后，萧子升以北京大学学生的名义租到了吉安所左巷8号院的三间正房。于是9月19日，毛泽东等人正式居住于此，直到1919年3月12日前往上海，才从这里离开。

吉安所左巷最初称"吉安所东夹道"。1942年改称为"吉安所左巷"。它长180多米，是三眼

毛主席故居所在街巷

井胡同路北自西向东数的第一条胡同，连通了吉安所北巷和三眼井胡同。

毛主席故居位于吉安所左巷中段东侧，占地面积约为213平方米。这处长方形的院子坐东朝西，院墙为灰色的碎砖墙，街门是一个随墙的"小门楼"。

走进街门，首先看到的是两间东房，向左看去，有三间北房，东西耳房各一间。虽说房子有七间之多，但总的建筑面积也就只有90平方米，而毛泽东居住过的北房也只有40平方米，除去墙壁占地面积等，每间房子的可使用面积不足10平方米，是真正的"一间屋子半间炕"的小房子。

三间北房的采光并不相同，中间一间是明间，供人们做饭、吃饭等，东、西两间是暗间，用来做卧室。毛泽东一行8人，4人住一间房子，他住的就是靠西的那间。这个房间非常小，青砖地面，纸质顶棚，屋中最显眼的就是一铺通炕，占去了大半的空间。因为人多，炕窄，所以一人一个被子根本没有办法摊开，于是大家只好几个人同盖一个被子睡觉。

在这样的居住环境下，毛泽东一住就是将近7个月。在这所房子里，毛泽东始终不停地探索改造中国的革命道路，他做得最多的事情就是组织赴法勤工俭学、探索救国的新道路、联系一切可以革命的力量。

据房屋档案记载，吉安所左巷8号房产在清光绪十六年（1890）购入私人手中，为私有财产。因为毛泽东曾经在这里居住过，所以1979年8月

毛主席故居街门

毛主席故居山墙

毛主席故居铜牌

21日，该房产作为"毛主席故居"被公布为北京市文物保护单位。2002年，政府出资对该处房屋进行修葺，使其保持原来的风貌。

如今，这里已经是普通的民宅，只是在胡同南口和北口挂上了毛泽东旧居的铜牌，并没有对外开放，然而很多游客还是慕名而来。小院的生活安静祥和，与伟人当时居住的环境已经发生了很大的变化。

根据北京历史文化名城保护规划，吉安所一带将会被改建成特色历史文化保护区，充分展现四合院原有的格局和韵味，同时也兼具仿古民居建筑的特色。

1979年8月21日，毛主席故居被北京市人民政府公布为北京市第二批市级文物保护单位。

知识链接　毛泽东的北京之行

1918年6月，毛泽东从湖南省第一师范学校毕业，当时宣传赴法勤工俭学的印刷物在湖南流传开来，因为是团体留学，大部分参与者费用能够减免，因此大家认为是个好机会，从那时开始毛泽东就积极活动，四处奔走，筹备新民学会赴法留学事宜。为此新民学会还专门派蔡和森先行去北京打探情况。后来，在蔡和森的动员下，毛泽东、萧子升等湖南青年在1918年8月15日启程奔赴北京。

毛泽东来到北京以后，为了能够更好地支持勤工俭学，自己也能够不断求学，在北京很好地生活下去，他必须要找一份工作才行。于是他就拜托杨昌济先生帮自己谋个差事。后来，在杨先生的介绍下，他结识了当时任北京大学图书馆主任的李大钊。

毛泽东是知道李大钊的。在湖南第一师范读书的时候，他经常阅读《新青年》，并对李大钊、陈独秀等人的文章反复阅读，经常还会将一些精辟的句子摘抄下来。尤其是李大钊在《新青年》上发表的《青春》等作品，深得毛泽东和同学们的喜爱。

然而李大钊并不认识毛泽东。但出于热心，他还是请蔡元培校长做了批示，给毛泽东在图书馆安排了职务。具体的工作就是每天在北大红楼新闻阅览室整理报纸。毛泽东每天把订阅的《民国日报》《申报》《京报》等15种报纸夹好放上去，分别进行登记、管理，等到月底就送去装订。有时候，他有空闲时间，还会去李大钊的办公室帮忙整理书刊报纸等。

有了北大图书馆的学习环境，毛泽东更加勤奋地探求知识。他阅读各种报刊书籍，研究各种学说，涉猎的知识面非常广泛。在学习的过程中，毛泽东发现自己对马克思主义的兴趣越来越浓厚，对政治的兴趣越来越大，思想也一天比一天激进。

毛泽东对知识的渴求引起了李大钊的关注，他的才干和抱负也逐渐得到了李大钊的夸赞和欣赏。他觉得，在湖南青年学生中，毛泽东是佼佼者，是优秀人才，应该有更广阔的发展空间，于是亲自介绍他加入少年中国学会、新闻研究会和北大哲学研究会。在北大任职期间，毛泽东与李大钊有了更深的接触，他经常阅读李大钊的文章，多次去听他的演讲，在潜移默化中，毛泽东的思想发生了很大的变化。后来，他曾回忆说在北大图书馆工作的时候，自己便迅速地朝着马克思主义的方向发展了。

如此，李大钊成了毛泽东走上马克思主义道路的领路人。

另外，毛泽东还对一些新文化运动的重要人

物有着很大的兴趣，每次这些人前来阅览书籍，他总想与其进行攀谈，然而并未能如愿，这一点从毛泽东的文字中即能窥见，"我的职位低微，大家都不理我。我的工作中有一项是登记来图书馆读报的人的姓名，可是对他们大多数人来说，我这个人是不存在的。在那些阅览的人当中，我认出了一些有名的新文化运动头面人物的名字，如傅斯年、罗家伦等，我对他们极有兴趣。我打算和他们攀谈政治和文化问题，可是他们都是些大忙人，没有时间听一个图书馆助理员说南方话"。

1919年春天来了，那些准备奔赴法国勤工俭学的湖南青年们已经完成了半年预备班的学习，马上就要出国了。这时，毛泽东接到了母亲病重的消息，无奈之下，他只好赶回家中照顾母亲。3月12日那天，毛泽东离开北京，中转上海，回到了湖南老家。

为期将近7个月的北京之行对毛泽东来说意义非凡。这进一步开阔了毛泽东的视野，也成为他迈出湖南走向全中国，乃至全世界的第一步。

古观象台

古观象台是世界上现存最古老的天文台之一，是明、清两代进行天文观测的中心，是钦天监的外署。位于北京市东城区建国门立交桥西南侧东裱褙胡同2号，它以建筑完整、仪器配套齐全、历史悠久而闻名于世。

北京地区的天文台始于金代的候台，候台的位置在今西城区白云观附近。元代在今建国门古观象台北侧建司天台，元末明初，司天台毁于战乱。明正统四年至七年（1439—1442），元大都城墙东南角楼旧址改筑为台体，建观星台，并在城墙下建紫微殿等房屋，正统十一年（1446）又增设晷景堂，此时观星台和其附属建筑群已颇具规模，基本形成今天的布局。明代的观星台上陈列有浑天仪、简仪、铜球、量天尺诸器。明崇祯年间，徐光启等人制造了象限仪、纪限仪、平悬浑仪、交食仪、列宿经纬天球、万国经纬地球、平面日晷、望远镜等仪器，大大提高了天文观测水平。

古观象台为砖砌高台建筑，上窄下宽，平面呈方形，台基中部黄土夯筑，底部边长24.6米，台基高为14.25米，东侧连接城墙，台顶平面高出城墙约3米。台西侧和北侧有马道供人登台，台

古观象台全景

古观象台1860年天文仪器

古观象台紫薇殿

古观象台钦天监院落

中心有圆拱形门洞。1980年修缮时将城台内清空，辟为二层展厅，8件大型铜制仪器陈列在台上南、西、北三面。台下西部为紫微殿、滴漏堂庭院。从平面上看，该庭院分为三条轴线，中路（大门耳房、紫微殿）为礼仪部分，西路（西侧顺山房、西厢房、西耳房）为管理用房，东路（东侧顺山房、东厢房、东耳房）为测量用房。庭院南侧为大门三间，两侧带耳房各三间，又接配房各三间。紫微殿面阔五间，东西附耳房各三间，殿前有东西厢房各五间。庭院东南角另有暑景堂三间，原有铜圭铜表，是测量夏至日、冬至日日射角的场所。

古观象台是我国也是世界上使用年代最久，古代天文仪器数量最多而又保存最完整的历史文物。从明正统年间到1929年，天文工作者连续观测近500年，使这里成为当时的中国天文事业的中心，在世界上现存的观象台中保持着同一地点上连续观测天文最久的历史纪录。这些不间断的天文观测记录，积累了大量的科学资料和数据，为人类的天文事业做出了很有价值的贡献。古观象台不仅进行天文观测，也进行气象观测，它保存了自清雍正二年（1724）至光绪二十八年（1902）近180年中每天的气象资料，是世界上现存最早的气象观测记录。

清光绪二十六年（1900）八国联军将古观象台的仪器抢掠一空。在仪器被劫期间，政府部门曾制作小地平经纬仪和折半天体仪，以供使用。1921年后，法、德分别将仪器归还，于是天文工作者将清代的8件仪器重新安置在古观象台上，明制的浑仪、简仪分别置于紫微殿左右两侧。辛亥革命后，古观象台改称中央观星台。1921年古观象台的东北角增建了一座三层混凝土结构的观测楼。1929年古观象台改称国立天文陈列馆，只做气象工作，结束了天文观测活动。1931年"九一八"事变后，我国天文工作者为保护古仪器，于1933年将明代的浑仪、简仪、漏壶等7件仪器迁到南京，现在分别陈列在紫金山天文台和南京博物院。至此，古观象台上只陈列着清代制造的8件青铜古仪器。中华人民共和国成立后，经国务院批准，将古观象台划归北京天文馆管理。20世纪50年代和70年代，政府出资对古观象台进行了维修。2000年北京市人民政府出资，对古观象台台面进行修缮，2005年又进行一次局部抢险修缮。

1957年10月28日，古观象台被北京市人民政府公布为北京市第一批市级文物保护单位；1988年1月13日被国务院公布为第三批全国重点文物保护单位。

古观象台地平经仪

古观象台赤道经纬仪

古观象台地平经纬仪

古观象台黄道经纬仪

古观象台玑衡抚辰仪

古观象台纪限仪

古观象台天体仪

古观象台象限仪

知识链接 古观象台"追星问月"辉煌500年

　　古观象台从明正统七年（1442）至1929年，用于天文观测近500年，是世界上保存最古老的

天文台之一，也是明清时期的皇家天文台，因建筑完整、仪器配备齐全、历史悠久而受世界瞩目。

　　很久以前，人类就对太空产生了好奇。在周代，周文王就组织百姓修建灵台，也被称为云台，云台是古代天文观测场所。元朝时期，1279年，天文学家郭守敬和王恂在建国门西北侧修建了世界上最大的天文机构太史院和司天台，同时安置了许多天文仪器。明朝朱元璋定都南京，将元大都的天文学家和浑仪、简仪等天文仪器都陆续移至南京鸡鸣山上的观星台。后明成祖迁都北京，将太史院改名为贡院，因为没有了天文学家和观测星月的天文仪器，就只能站在城墙上用肉眼观测。

　　为更好地观测天象，于是在贡院附近建造了古观象台，钦天监仿造南京的天文仪器，在古观象台安置了浑仪、简仪、浑象等天文仪器，并在下面修建了紫微殿和晷景堂等。古观象台建于明正统七年（1442），当时被称为"观星台"，清朝时，改名为"观象台"，辛亥革命后，又改名为"中央观星台"。

　　明末时期，为更加准确地观测外太空，更精确地探索星月，天文学家将古老的科学技术与世界接轨，天文仪器融合西方天文学文化，到清朝时，比利时传教士南怀仁经康熙皇帝批准，制造了6架大型青铜天文仪器，分别为天体仪、纪限仪、象限仪、地平经仪、赤道经纬仪和黄道经纬仪。6架仪器的构造参照了当时西方最先进的天文仪器，整体造型和装饰保留了中国传统风格。之后又制造了地平经纬仪和玑衡抚辰仪，地平经纬仪由德国传教士纪理安制造，玑衡抚辰仪是按照中国传统浑仪制造的。

1900年，八国联军毁古观象台衙署，掠走天文仪器，8架仪器上留下了弹孔，掠走的仪器直到第一次世界大战后才被陆续归还。辛亥革命后，相关工作人员在古观象台进行了天文、气象的观测，之后，随着上海佘山天文台和南京紫金山天文台等的修建，至1929年，古观象台才结束了它将近500年的"追星问月"使命。古观象台虽然不再被天文学家用作观测天文，却依然绽放光芒。1929年当它结束了观测星月使命的那一刻，被更名为国立天文陈列馆，成为我国第一座天文博物馆。

北京城东南角楼

东南城角角楼

北京东南城角角楼是我国现存古建筑物中最大的一座转角楼，是明、清两代北京城内城东南转角处重要的军事防御性建筑，位于北京市东城区东便门外崇文门东大街9号。

明清时期北京内城除9座城门建有城楼、瓮城、箭楼外，为加强防御能力，特在城四角各建一座箭楼，名城角箭楼，简称角楼。内城角楼原有4处：内城西南角楼、内城西北角楼、内城东北角楼和内城东南角楼，4座角楼形制相似。清乾隆年间，对各城楼进行较大规模的修缮。自光绪二十六年（1900）起，内城西南、东北、西北角楼陆续被毁或拆除，今天仅能见到东南角楼。

东南角楼始建于明正统二年（1437）正月，正统四年（1439）四月竣工。光绪二十六年，八国联军的炮火几乎将东南角楼彻底摧毁，清政府曾进行修补。民国以后，东南角楼不再设防，1915年修建京师环城铁路时，东南角楼附近的城墙和敌台被拆除。现在角楼城墙西侧还遗存着券

洞，这是修建环城铁路留下的遗迹。1935年角楼大修时，曾将内部的大木结构上的彩绘改为满堂红油饰。中华人民共和国成立后城墙被逐段拆除，东南城角一带亦因1958年新建北京火车站受到影响，只保留了角楼城台和以西近百米的一段城墙。当时由文物管理部门做了一些简单的保护措施，残留的角楼和城墙并未遭到破坏。

1981年和1988年国家拨款对东南角楼进行两次全面修缮，根据不改变原状的修缮原则，恢复了1935年修缮后的旧貌。在修缮过程中，发现带有"嘉靖""隆庆"等年号的城砖，以及带有"乾隆"年号的琉璃瓦件和民国时期的瓦件，从东侧墙体内发现了两颗炮弹残体，并在二层挑檐檩上发现大量铁砂枪弹，它们记载了"庚子之变"外国列强企图瓜分中国的历史。

东南角楼由城台和楼体两部分组成。城台是南城墙和东城墙相交后各自向外延展20米所形成的，砖石结构，方形，高12米，底边长39.45米，上边长15米。楼体为一座砖木结构建筑物，高17米，整座角楼通高29米，建筑面积701.3平方米。楼沿城台外缘转角筑起，以增强军事防御能力。平面呈曲尺形，四面砖垣，重檐歇山顶。顶部以

灰筒瓦铺设，施绿琉璃剪边，脊为绿琉璃通脊，脊两端饰吻兽。两条大脊于转角处相交呈"十"字形，成为小"十"字歇山顶，上加宝盖。

楼体外侧东面和南面（又称阔面），每面设箭窗（亦称射孔）四排，其中上檐下一排，下檐下三排，每排辟箭窗十四孔。楼体外侧北面和西面比东面和南面窄，称为侧面，每侧面各辟箭窗四排，每排辟箭窗四孔。整座角楼共辟箭窗144孔。箭窗外侧呈"八"字形，使向外观察视野更为开阔。过去，守城将士就是通过箭窗监视楼外动静，并以弓弩和佛郎机（欧洲的一种火炮）射杀敌人的。

楼体内侧随主楼各出抱厦，亦相连成转角房，以供人出入。抱厦辟二门，一西向，一北向，门上设直棂窗。楼内两排高大金柱，共二十根，以支撑梁架。金柱以楔形木包镶八棱形木心拼接而成，即所谓"拼帮"做法。外金柱一侧由硕大的承重枋隔为四层，每排承重枋之间又以四根并列的棱木横向连接，其上铺楼板，站在楼板上便可以从箭窗向外射箭等。各层间以木楼梯相通。楼西面和北面各设大门一座，门上安有菱花窗。过去，守楼将士就通过这两座大门出入。

北京城东南角楼，稳重挺拔，雄伟壮丽，是老北京城保留下来的唯一城墙角楼，现已成为古老北京城的一处标志。

1979年8月21日，东南城角角楼被北京市人民政府公布为北京市第二批市级文物保护单位；1982年2月23日，东南城角角楼被国务院公布为第二批全国重点文物保护单位。

19世纪二三十年代北京城东南角楼和火车站

北京城东南角楼翼角

北京城东南角楼内楼梯

追寻东南城角角楼的历史足迹

北京城墙始建于元朝时期，当时的北京城是一座国际性大都市，至明朝，进行了完善工程。明正统元年（1436），北京城墙在原元朝修建的基础上，修建了北京城东南角楼，也就是东便门角楼，这座角楼是至今保存下来的保卫北京城的最大一个箭楼，虽历经战火硝烟，却依然屹立在北京古城的东南方。

东南城角角楼是古代军事防御建筑。光绪二十六年，八国联军入侵北京，角楼被攻，角楼留下的痕迹记载着中华儿女与入侵者抗争的艰辛，也留下了中华民族饱受屈辱的历史。1915年，北洋政府在修建京师环城铁路时，火车经过崇文门拐弯时为避开角楼，因而拆除了东南角楼西侧与北侧的一段城墙，以及部分敌台，同时在两个券洞之间筑起了一道高墙。

关于东南城角角楼的城垣，在1920年和1921年进行了实测，并记录了数据，在《北京的城墙和城门》中有相关记载，不仅如此，书中还附载了相关照片。至1952年，北京城墙和城门开始大规模拆除，东南角楼却保留了下来，因为当时的地铁不经过这里，还有就是如果拆除这里，将会影响北京站火车进出，因此保留了下来。

东南城角角楼历经了八国联军的战火摧残，随着历史变迁，时代在进步，它虽经历了大大小小的战争，在600年的历史中，却依然像个战士一样守护着北京这座古城，同时也给现代人留下漫长的历史回忆。

正阳门与箭楼

正阳门俗称前门，是明、清两朝北京内城正南门，是古代城市防御性建筑，也是北京城内唯一城楼、箭楼保存完好的城门，位于北京市中心天安门广场南端。

正阳门始建于明永乐十七年（1419），原名丽正门，沿用了元大都正南城门名称。最初只有城门，明正统二年（1437）始建城楼、箭楼及瓮城，正统四年（1439）完工，改名正阳门。正阳门在北京城中轴线上，因其在皇宫正前方，故与其他城门规制有所不同，其规模之大、造型之雄伟，

东南城角角楼

正阳门城楼

20世纪二三十年代的正阳门城楼和城墙

在北京内城的九座城门中堪称第一。

明清时期，正阳门多次遭受火灾并屡次被修复。1900年八国联军入侵北京，正阳门亦未能幸免，城楼、箭楼被毁。从1902年起，参照崇文门城楼、宣武门箭楼规制重修正阳门城楼、箭楼，大约用了5年的时间才按原样修复好。1915年为改善内外城间的交通堵塞状况，在北洋政府内务总长、京都市政督办朱启钤的主持下，聘请德国建筑师罗斯凯格尔对城门进行改造，拆除正阳门瓮城及东、西闸楼，在城楼两侧城墙上各开辟两个券门，并改造箭楼，在箭楼抱厦北侧加筑月台，月台前两侧新建呈"之"字形的登城马道，箭楼四周加筑水泥挑檐及护栏，用作箭楼之环形通道及眺台，在一、二层箭窗上方加饰水泥制成的白色弧形华盖，门洞上方增添"正阳门"横匾，在城台东、西两侧墙体添加半月形西式水泥花饰，改建后的箭楼增加了西洋色调。

1949年北平和平解放，正阳门箭楼曾作为检阅台，军政首长在此检阅解放军北平入城式。正阳门城楼、箭楼于1949年后多次维修，1952年对城楼进行加固，20世纪60年代全部拆除城墙和原在瓮城内的关帝庙、观音庙，此后又进行过多次中小型维修，并拆除了箭楼前的五牌楼。1976年唐山地震，正阳门城楼、箭楼受损，而后对其进行大修；1989年对箭楼进行修缮，1990年对外开放；1991年对城楼进行大修，1993年对外开放。

正阳门由城楼、箭楼和瓮城三部分组成。

正阳门城楼，为区别于箭楼，文献上多称其为"城楼"或"大楼"。正阳门城楼建成后，虽多有修葺、重建，但基本形制保留了原貌。城楼坐北朝南，坐落于城台上。城台外砌城砖，内填黄土，上窄下宽，有明显收分，宽95米，厚31.45米，高14.7米。城台南北上沿各有1.2米高的宇墙。城台正中辟拱券式门洞。城楼面阔36.7米（面阔七间），进深16.5米（进深三间），高27.3米。城楼加城台通高43.65米，超过天安门城楼（高34.7米），是北京内城九门中最高的城楼。

城楼重檐歇山顶，三滴水檐口，上铺灰筒瓦，绿琉璃瓦剪边。屋脊两端饰鸱吻，栩栩如生。城楼以大红木柱支撑，金花彩绘，色彩绚丽。城楼有上下两个功能层和中间的一个结构层支撑上层平座，两层均面阔七间，进深三间，带周围廊，上层四角立擎檐柱。上层檐为单翘重昂七踩斗拱，下层檐为单翘单昂五踩斗拱。一层为朱红砖墙，明间及两侧山面各有实榻大门一座，二层前后装菱花槅扇门，城台内侧设马道一对。城楼外侧重檐以上悬木质大门匾。楼两端沿城墙内侧设斜坡

正阳门城楼斗拱

正阳门城楼翼角

正阳门箭楼

马道，以通上下。过去这里是守城士卒值班、放哨之处，现在成为人们登高望远之所。

现在的正阳门城楼内设展室，辟茶座。人们至此，不仅能够领略其雄姿，还可以通过展览了解北京城的历史。站在城楼上，南望箭楼，北眺毛主席纪念堂、人民英雄纪念碑、人民大会堂、中国国家博物馆、天安门城楼和天安门广场，雄伟壮阔的景致尽收眼底。

正阳门箭楼是正阳门最能体现古代军事防御思想和技术水平的建筑，是一座砖砌堡垒式建筑。箭楼雄踞于砖砌城台上，通高35.37米，是北京箭楼中最高大的一座。城台上窄下宽，收分明显，正中辟拱券式门洞。城台上的箭楼高24米，为重檐歇山顶，上铺灰筒瓦，绿琉璃瓦剪边。箭楼坐北朝南，东、南、西三面辟四层箭窗。正南52孔，东、西两侧各16孔，共84孔。1915年维修改建时，改为94孔，即东西两侧各增至21孔。过去，守城将士就通过这些箭窗监视敌人行动，并以弓箭、礌石、佛郎机等武器射杀敌人，保卫京师。

正阳门箭楼与内城其他城门的箭楼不一样，是皇帝进出皇宫的重要通道，所以，不但修得特别雄伟，而且也特别坚固。其进深达32米，并设两道城门，南城门由两扇红漆木门组成，气象森严，门上安有大门钉9排，每排9颗；北城门内为木质，外包铁皮，上下启动，重达千斤，既起防御作用，又起防火作用。正阳门箭楼的千斤闸，是北京城中最大的千斤闸，现在闸门固定在城台中，闸槽顶部被覆盖，仅有绞盘柱等辅助结构外露。从现存千斤闸的底部向上观看，可以看见闸门为铁皮包实木，布满加固铁钉，闸门宽6米，高约6.5米，厚度9厘米，重量约1990千克。开闸时，闸门升至门洞以上城台内闸槽中；关闸时，闸门从闸槽中平稳落下，形成一道牢固的屏障。

瓮城，又称月城，处于城楼和箭楼之间，东、西两侧筑有城墙，形成一个封闭式的院落。瓮城南北长88.65米，东西宽108米，基本呈长方形。瓮城城墙墙基厚20米，结实高大。东北、西北两内角为直角，东南、西南两外角为弧形抹角。瓮城内有庙，东为观音庙，西为关帝庙。瓮城东、西城墙上各开一座城门，门上建有闸楼，是明、清两朝官员等进出内城的通道。而皇帝的宫车，则从城楼和箭楼下的门洞中直接通过。

正阳门是古都北京留下的重要古建筑物之一，也是今日尚存的老北京旧城城门城楼的重要代表。

20世纪初从正阳门瓮城内看城楼和闸楼

被八国联军烧毁的正阳门城楼

1990年，正阳门城楼和箭楼正式对外开放，成为中外游客游览古都北京的重要景点。

1979年8月21日，正阳门被北京市人民政府公布为北京市第二批市级文物保护单位；1988年1月13日，正阳门被国务院公布为第三批全国重点文物保护单位。

 正阳门与箭楼历史

古人很讲究城防建设，就拿明、清两个王朝的都城北京来说，它拥有外城、内城、皇城三重城墙，每重城墙上都设有城门，有这样一种说法："内九外七皇城四"，也就是说内城有九座城门，外城有七座城门，皇城有四座城门，每座城门上都修建有高大的城楼，而北京正阳门城楼就是北京内城的正门京师九门之一，是老北京旧城城门城楼的重要代表。

关于正阳门城楼的建筑，在《日下旧闻考》《帝京景物略》《图经志书》等古书中都有记载，有的记载非常详细，有的只是略写。它是在明成祖当政时期，与明代北京城一起修建的，一开始为元大都正南城门丽正门，正统二年改为正阳门城楼，具有圣主当阳，日至中天，万国瞻仰之意。

在明朝和清朝时期，正阳门与北京内城墙连接在一起，是一座古老的建筑，由正阳门城楼、瓮城和正阳门箭楼三部分组成，瓮城在城楼与箭楼之间，当时，只有皇帝才能从正阳门出入，百姓只能从城楼两侧的门进出，为了改善内外城之间的交通状况，瓮城在1915—1916年就被拆除了。

正阳门城楼经过多次维修与加固，其中正阳门箭楼屡遭火灾，也多次被维修与加固，1900年，八国联军入侵北京，烧毁了这座雄伟的建筑物，将正阳门箭楼化为灰烬。

1901年，在外逃亡的光绪皇帝和慈禧太后要回京时，必定会经过正阳门箭楼进入皇宫，为迎接光绪皇帝和慈禧太后，人们用了一夜的时间，用纸板搭了一座箭楼楼体。因为正阳门城楼和箭楼是北京城的象征，1906年，又重新修建，保留了这座古老的建筑，在正阳门留下了历史的足迹。

孚王府

孚王府位于东城区朝阳门内大街137号，是至今保存比较完整的一座清代中期王府建筑。这座王府最初为怡亲王府，是清康熙皇帝的第十三子胤祥的府邸。

康熙晚年，众皇子围绕皇位的继承权展开了激烈的争夺。在激烈的皇位争夺战中，允祥作为异母兄弟极力支持当时还是四皇子的胤禛（即雍正帝），令雍正皇帝非常感动，对其极其信任并委以重任。康熙六十一年（1722），雍正帝即位后立即封允祥为怡亲王，并于雍正元年（1723）让他掌管国家的经济命脉——户部。允祥则兢兢业业地辅佐雍正帝。雍正八年（1730），怡亲王病重，皇帝亲自赶去探望时，怡亲王已经去世。雍正帝非常悲痛，第二天再次亲自前往王府吊唁，并罢朝三日、穿素服一月以示哀悼，并谕旨群臣只准穿常服，不许举行宴会等。另外，还恢复了因避讳雍正帝名字而改掉的"胤"字，改回胤祥名字，配享太庙。

允祥病逝之后，原府邸改建成贤良寺。而后雍正帝另赐第二代怡亲王弘晓建新府于此。为与旧府相区别，世人习惯称弘晓府邸为怡亲王新府。以后此府世代相传，至咸丰十一年（1861），第六代怡亲王载垣，与郑亲王端华、协办大学士肃顺等同为"赞襄政务王大臣"，是咸丰皇帝临终前托孤的重要成员，在辛酉政变中被慈禧太后夺爵赐死，其府邸也被内务府收回。

此时，在咸丰帝即位之初（1850）被封为孚敬郡王的道光皇帝第九子奕譓还没有分府。同治三年（1864），将原怡亲王府赐予奕譓，成为孚郡王府，孚王府的名称由此而来。因其排行第九，故此府俗称"九爷府"。

民国后，爱新觉罗·溥伒将该府售给奉系军阀杨宇霆，之后杨宇霆又转卖他人。孚王府辗转成为北平大学女子文理学院的校址。

现在的孚王府街门

中华人民共和国成立后，孚王府由中央机关所属的数个单位共同占用至今。

《乾隆京城全图》上绘有该府全貌，府邸占地自朝阳门内大街向北直至东四三条路南，东西向建筑布局可分为中、东、西三路。中路为主要建筑，是举行重大仪式的场所。西路是以合院式为主的建筑，应为居住区，东路则以排房为主，应为府库、厨、厩及执事之舍。经现场调研，现存府邸整体格局与《乾隆京城全图》和清末光绪朝绘制的《详细帝京舆图》相符，王府格局、范围和单体建筑基本保存完整，单体建筑式样呈现清代中期（乾隆、嘉庆朝）样貌。

中路轴线自南向北依次建有南房（后改为街门）、府门、银安殿、后殿、正寝殿、后罩楼，两侧建有附属建筑。

南房五间，民国时期中间三间改为街门，硬山顶调大脊，筒瓦屋面。明间及次间均安装红漆板门两扇，大门内外铺设礓磋坡道。府门五间，进深七檩，歇山顶，绿琉璃瓦屋面，檐下施以重昂五踩斗拱。额枋绘墨线大点金旋子彩画，室内绘升降龙天花。门前有石狮一对，故此院在王府中俗称狮子院。

银安殿坐北朝南，面阔七间，歇山顶，绿琉璃瓦屋面。檐下施以单翘重昂七踩斗拱。额枋绘墨线大点金旋子彩画。殿前建有宽大的青白石月

孚王府府门

孚王府银安殿

孚王府后殿

台一座，台上铺砌方砖。银安殿月台南面有高甬道与大门相连。院落东西翼楼均为二层，面阔七间，硬山顶调大脊，筒瓦屋面。后殿面阔五间，进深七檩，歇山顶，绿琉璃瓦屋面。檐下施以重昂五踩斗拱，额枋绘墨线大点金旋子彩画，天花绘贴金团龙井口天花。后殿的左右，各建有朵殿和转角房。

正寝殿（又称神殿）面阔七间，进深九檩，歇山顶，绿琉璃瓦屋面。檐下施以重昂五踩斗拱。额枋绘墨线大点金旋子彩画，金龙枋心，贴金团龙井口天花。殿前建有月台，月台的三面建垂带踏跺。正寝殿的东西两侧建有朵殿各三间。东西配殿面阔五间，硬山顶调大脊，绿琉璃瓦屋面。前出廊，檐下施以一斗三升斗拱，额枋绘旋子彩画。后罩楼位于府邸中线最后，二层面阔七间，硬山顶调大脊，筒瓦屋面，额枋绘墨线小点金旋子彩画。后罩楼的东西两侧各建有转角房六间，硬山顶调大脊，筒瓦屋面，额枋绘墨线旋子彩画。后罩楼转角房的东西两侧，各建有一座独立的庭院。

东路建筑临建情况较严重，中部保存有北房五间。后部有两进院落保存较完整。此外，王府

孚王府正寝殿

北部和中路多处保存有王府府墙和内宫墙，均为城砖糙砌，连檐通脊。西路目前保存有后部的四组四合院，原西路前方的内门和大门已无存。

1979年8月21日，孚王府被北京市人民政府公布为北京市第二批市级文物保护单位；2001年6月25日，孚王府被国务院公布为第五批全国重点文物保护单位。

清道光二十五年（1845），皇九子奕譞出生，母亲为琳贵妃乌雅氏。皇九子奕譞一岁时，道光帝已年过60，奕譞不在被立为储君的选择范围内，所以奕譞在皇宫中的存在感很低，只是过着普通的生活，按部就班地学习，享受着一般皇子应有的待遇。

1850年，68岁的道光帝在圆明园驾崩，由皇四子奕詝继位，即清文宗咸丰帝。咸丰帝继位之后，封奕譞为孚郡王。《清实录》中记载："百日释服后，俱加恩准其戴用红绒结顶冠，朝服蟒袍，衣冠俱准用金黄色。"孚郡王在咸丰帝继位以来，一心只是读书，对于朝政大事，一概不插手。

咸丰十年（1860），咸丰帝30寿辰时，曾赏赐九弟二千两。咸丰帝对弟弟们也是十分关照。咸丰十一年（1861），咸丰帝驾崩，载淳继位，为同治帝。

同治三年（1864），19岁的孚郡王奕譞受命分府出宫，孚郡王所在的府为孚王府。同年，孚郡王得到赏功记录四次的奖励，以在立功时兑现。同治四年（1865），孚郡王开始正式担任管理武英殿事务，参与安排国家大典礼仪。同治十一年

（1872），孚郡王奕譞被封为亲王。同治驾崩后，光绪帝即位，孚郡王奕譞奉两宫懿旨，率领内务府官员及全副武装的八旗护军疾驰前往宣武门内太平湖畔的醇亲王府，将4岁的载湉迎接进宫承袭大统。光绪三年（1877），33岁的孚郡王奕譞因病去世。

文天祥祠

文天祥祠，又被称为文丞相祠，是明、清两朝祭祀南宋著名将领文天祥而建立的祠堂建筑群。位于北京市东城区府学胡同63号。

文天祥祠大门

北京文天祥祠初建于明洪武九年（1376）。这座祠堂是由当时的按察副使刘崧主持修建的。因为有这座祠堂存在，这一带市区便被称为教忠坊。永乐六年（1408）重建。同时，朝廷将对文天祥的祭祀列入祀典。万历年间，人们将文丞相祠从顺天府学的右侧迁建到左侧。清代嘉庆五年（1800）、道光七年（1827）、民国年间和20世纪80年代初，都曾对文丞相祠进行过修缮。直到今

天保存依旧完好。

北京文天祥祠占地面积600多平方米。全祠坐北朝南，由大门、过厅和享堂等建筑组成。大门面阔3.2米，是一座牌楼式建筑，气势庄严，古色古香。过厅是一座硬山式屋顶的建筑物。屋面上铺着灰色筒瓦。面阔三间8.75米，进深一间，加走廊总深8.7米。在过厅的正中，有一尊文天祥的半身塑像，头戴高帽，手拿笏板，目视南方，面容严肃而安详。厅内陈列着有关文天祥生平事迹的材料。

享堂又称正殿。这是一座屋面上铺着灰色筒瓦的悬山式建筑物，是文天祥祠的主殿。历代人们祭祀文天祥，特别是春、秋两季的大祭，均在这里举行。享堂面阔三间10.6米，进深一间7.2米。享堂之中立有一座大屏风。屏风的正面，有毛主席书写的"人生自古谁无死，留取丹心照汗青"。屏风的背面，刻写着文天祥诗《正气歌》全文。享堂的四壁绘有8幅壁画，描述了文天祥的生平。此外，堂内还保存着历代碑刻。东壁嵌有《云麾将军李秀碑》断碑。这是唐代著名书法家李邕的手迹。清代吴涵书写的《云麾先生断碑记》，也陈列在这里。西壁嵌有《教忠坊》刻石。在北墙的前面，有明代的《宋文丞相传》碑，清代的《宋丞相信国文公像》碑，以及重修文丞相祠的碑记等。

在北京文天祥祠内，原有三株百年以上树龄的老槐树，可惜今已不存。然而，在享堂之前有一棵古枣树，枝干遒劲，自然地偏向南方。据说，这棵枣树是文天祥被囚禁时亲手种植的，其形态似乎也体现了文天祥的意志和思想。

1984年9月，国家重修了文丞相祠，10月向公众开放。

1979年8月21日，文天祥祠被北京市人民政府公布为北京市第二批市级文物保护单位；2013年5月3日，文天祥祠被国务院公布为第七批全国重点文物保护单位。

文天祥祠过厅

文天祥祠过厅内塑像

文天祥祠享堂

民族英雄文天祥

文天祥出生于南宋端平三年（1236），吉州庐陵（今江西吉安）人，以忠烈闻名于世，著名抗元英雄。

13世纪初，蒙古势力日益壮大，灭了金国之后，开始进攻南宋，文天祥因小时候受父亲的熏陶，听父亲讲先贤杨忠襄公杨邦乂和胡忠简公胡铨抗金事迹，而发出了"殁不俎豆其间，非夫也"的感慨。从此，文天祥就下定决心，刻苦读书，为振兴南宋而努力。

南宋末年，文天祥因性格耿直，遭小人暗算，经历了三起三落，但他就是不服输，为拯救国家，倾尽自己所有的积蓄起兵勤王，抗击元军，文天祥率领的勤王之师，个个英勇。因当时朝廷奸臣当道，勤王之师屡遭惨败，朝廷决定向元朝投降。后派文天祥出使元营，文天祥在谈判时不卑不亢，彰显英雄气概，但却被元军扣留，在押送至元大都的途中，被自己的随从营救。

文天祥祠石碑

从虎口脱险的文天祥到了温州，再一次招兵买马，抵抗元军，收复失地，在此过程中，文天祥的妻女被俘，长子和母亲感染瘟疫去世，即便如此，他还在继续抗元，后不幸再次被捕。文天祥在被捕后，不屈不挠，任凭敌人怎样威逼利诱，他都不为所动，因抗元途中经过零丁洋，文天祥发出感慨，写了《过零丁洋》这首诗。当时，退守在广东崖山的宋军与元军展开了"崖山海战"，最终以宋军失败而告终，文天祥目睹了这场战役，他曾几次想投海自尽，都被制止。

在文天祥被囚禁的过程中，元朝再次对他威逼利诱，甚至用骨肉亲情感化他，他都不为所动，元军用尽了各种办法都无济于事，于是决定将文天祥处死。在行刑前，文天祥问了方向，朝南方拜了拜，他没有留下一句话，从容就义，他的英雄故事永载史册。

孙中山先生逝世纪念地

孙中山先生逝世纪念地即北京孙中山行馆，原为明思宗崇祯皇帝宠幸的田贵妃之父左都督田弘遇的住宅。宅院坐北朝南，为一座带花园的大型四合院，位于东城区交道口街道张自忠路23号。在清康熙年间为靖逆侯张勇府邸，名"天春园"。清末经修葺之后改名"增旧园"。宅第范围南起张自忠路，北至府学胡同，东距中剪子巷20余米，西迄麒麟碑和交道口南大街，规模宏大。清末民初时期，随着主人的衰败，宅院被逐步分割出售。1922年，顾维钧任外交总长，买下增旧园的东南部做寓所。1924年"北京政变"后，顾维钧离京，此宅闲置。孙中山先生抱病北上，到达北京后居于此，于1925年3月12日上午9时25分在此逝世。现由某单位使用。

宅院分东西两路，东部为花园。东路大门五间，过垄脊，筒瓦屋面，明间双扇红漆实榻大门。第一进院有东西过厅各三间，过垄脊，筒瓦屋面，北侧过厅五间，过垄脊，筒瓦屋面，明间前后各出廊式四檩卷棚抱厦，悬山顶过垄脊，筒瓦屋面。第二进院有正房（福寿厅）三间，双卷勾连搭形式，过垄脊，筒瓦屋面，明间槅扇风门，次间槛墙支摘窗。院内四周环以抄手游廊连接各房，其西侧廊开一过道可通西路。

西路第一进院房屋已改建，第二进院北侧有一殿一卷式垂花门一座，两侧接看面墙，墙间装饰什锦窗。穿过垂花门为第三进院，名"银杏院"。院内有正房五间，前后廊，硬山顶清水脊，合瓦屋面，明间上置木匾一块，书"银杏堂"。

正房两侧各接耳房三间，前出廊，过垄脊，合瓦屋面，其西耳房为孙中山逝世地，现已辟为孙中山纪念室。院内有东西配房各三间，前出廊，硬山顶清水脊，合瓦屋面。院内各房均由四檩卷棚游廊相连。正房西侧耳房外半间为门道，可通西路第四进院。院内正房五间，前出廊，硬山顶清水脊，合瓦屋面，明间上置木匾一块，书"黄

东路二进院正房

杨厅"；正房两侧各接耳房两间，前出廊，清水脊，合瓦屋面。院内西配房三间，硬山顶清水脊，合瓦屋面。院内东侧为平顶廊五间半，檐下挂素面木挂檐板。其北侧间为过道，可通花园。

花园位于宅院东北部，内有建筑数栋。舒琴亭位于花园西南，黄杨厅东侧，为四角攒尖顶方亭。亭子北侧为一组假山，山上矗立刻石两方，其一为"有凌云志"，其二为"凌云洞"。花园西北为"松竹厅"五间，梢间较窄，歇山顶，筒瓦屋面。松竹厅明间前出四檩卷棚抱厦一间，悬山顶，筒瓦屋面，东侧五抹槅扇门四扇，上托黑底金字木匾一块，书"松竹厅"。松竹厅西侧明间出东西向平顶廊三间，装饰素面木挂檐板。花园东北角有北房三间，前出廊，硬山顶过垄脊，筒瓦屋面，戗檐装饰精美砖雕，西侧接平顶廊三间半。北房西侧为"牡丹厅"三间，前出廊，过垄脊，筒瓦屋面。面向花园有西房三间，清水脊，合瓦屋面，前出月台，方砖墁地；南侧八角攒尖顶亭一座。亭子东侧与花园假山间有游廊相连，与西房间有过道，门内为西路第五进院，即丁香园。园内有北房五间，过垄脊，合瓦屋面。花园松竹厅后有圆形月亮门，门内为西路第

北京孙中山行馆大门

西路二进院垂花门

护单位；2006年5月25日，孙中山先生逝世纪念地被国务院公布为第六批全国重点文物保护单位。

六进院。院内有北房六间，前出廊，鞍子脊，合瓦屋面。

1984年5月24日，孙中山先生逝世纪念地被北京市人民政府公布为北京市第三批市级文物保

舒琴亭

西路三进院银杏堂

松竹厅

西路三进院西耳房孙中山逝世地

知识链接　　**革命先行者孙中山**

孙中山是我国民主革命先行者，1866年出生于广东省中山市翠亨村，名文，一生都投身于革命。

孙中山出生在普通家庭，后来他的哥哥孙眉来到茂宜岛垦荒、经营牧场、开商店，家里的经济条件好了很多，当时12岁的孙中山在哥哥的资助下，先后在檀香山、广州、香港等地接受了西方近代教育。1883年，17岁的孙中山正在香港学

医，26岁时，他来到澳门镜湖医院，担任西医局首任义务医师。

19世纪末，孙中山目睹中国沦为半殖民地半封建社会，被西方列强瓜分的现状，他果断选择放弃医学生涯投身报国，想要通过李鸿章使清政府实行自上而下的社会改革，在1894年写下了《上李鸿章书》之后，他来到天津，想要通过郑观应和王韬的介绍去见李鸿章，和李鸿章阐述自己的救国主张，但只见到了清政府官员的腐败，于是改变了自己的想法。

1894年，孙中山在檀香山创立兴中会，有"振兴中华"之意，并提出了"驱除鞑虏，恢复中华，创立合众政府"的主张，他提出了推翻清王朝、建立民主共和国的纲领，完成了由改良主义者向民主主义者的转变。

1905年，孙中山和黄兴等人，以兴中会、华兴会等革命团体为基础，在日本东京创建中国全国性的资产阶级革命政党——中国同盟会，孙中山被推举为总理，提出了"驱逐鞑虏，恢复中华，建立民国，平均地权"的革命纲领，还提出了"民族、民权、民生"的三民主义，广泛传播资产阶级民主共和思想，让更多的人投身革命。1907年，孙中山参加镇南关起义，1911年辛亥革命爆发后被选举为中华民国临时大总统，1912年，颁布了《中华民国临时约法》。同年8月同盟会改组为国民党，孙中山被推选为理事长。第二年，二次革命失败，孙中山流亡日本。

1915年，孙中山回到国内。1917年，他领导护法战争；1918—1920年，他完成了《建国方略》，总结了之前的革命经验，提出了改造与建设中国的宏伟计划。1922年，孙中山提出了"联俄、联共、扶助农工"三大政策。1924年，孙中

北京孙中山行馆"有凌云志"刻石

山在广州召开中国国民党第一次全国代表大会，通过党纲、党章，重新诠释了三民主义。这一年，孙中山决定接受共产国际和中国共产党的帮助，在广州黄埔长州岛创立陆军军官学校，为建立革命军队打下坚实的基础。

1924年，孙中山因受冯玉祥、段祺瑞、张作霖的邀请，带病来到北京共商国是。1925年，孙中山在北京逝世。他是伟大的民族英雄，是伟大的爱国主义者，是中国民主革命的伟大先驱，是中华民国和中国国民党的缔造者。

柏林寺

柏林寺位于北京市东城区戏楼胡同1号，以寺内曾保存有《龙藏》而著称，是研究中国古代哲学、宗教、文学、艺术的珍贵文物。

柏林寺创建于元至正七年（1347），明正统十二年（1447）重建，由国子监祭酒李时勉亲撰重建碑文。柏林寺规模最大的一次修缮是在清康熙五十二年（1713），为庆祝康熙皇帝60寿辰，由雍亲王胤禛亲自主持重修。乾隆二十三年（1758），又一次拨巨款对其进行重修。

柏林寺影壁砖雕

大雄宝殿

柏林寺坐北朝南，主要建筑全都建在一条南北中轴线上。自南向北依次为山门、天王殿、大雄宝殿、无量殿和万佛宝阁，共五进院落，东西两侧各有配殿、廊庑。东西路有行宫院、大斋堂和小法堂等建筑。整座寺院布局整齐严谨，全部建筑都建在高大的砖石台基上，雄伟壮观。

山门前面矗立着一座高大的砖砌影壁，上面雕刻有精美的图案。大雄宝殿是全寺的主体建筑，重檐歇山顶，筒瓦屋面，檐下正中悬挂有巨大横匾，上书"万古柏林"，是康熙皇帝60寿辰时的亲笔题书。殿前月台东、南、西三面出陛。殿内有明代塑造的三世佛和七尊木质漆金佛像，造型生动，栩栩如生。东配殿内存有康熙四十六年

（1707）铸造的蛟龙纽大铜钟，高2.6米，钟身遍刻经文，制作十分精致。万佛宝阁又称维摩阁，位于全寺的最后部分，自成院落。万佛宝阁高二层，东西两侧建有翼楼，院内植有数株松柏，高大挺拔，枝繁叶茂，给这里带来了一种幽静和神秘的感觉。

柏林寺内曾保存了我国唯一幸存的《龙藏》经版。佛教经典从唐代起称为藏，《龙藏》则指清朝御制镌刻的佛学大丛书，其内容洋洋大观，丰富至极，收集了元、明、清三朝著名高僧及佛学研究的著作，不仅是研究佛学的宝藏，而且也是研究文学、历史、哲学、艺术、翻译等的宝藏。这部《龙藏》刊刻于雍正十一年（1733），成于

柏林寺天王殿

万佛宝阁

乾隆三年（1738），进行了6年之久，经版有7万多块，经书7000多卷。经版系选用上好的梨木雕造，刀法洗练，字体浑厚端秀。由于印刷量极少，因此经版至今字口锋棱俱在，完整如新。这部珍贵的经版已于1982年移至智化寺保存。

1984年5月24日，柏林寺被北京市人民政府公布为北京市第三批市级文物保护单位；2006年5月25日，柏林寺被国务院公布为第六批全国重点文物保护单位。

清朝时期的京城内有很多规模宏大的庙宇，其中有8座庙宇非常有名，被称为"京师内八刹"，其中一座寺庙就是柏林寺，其余7座分别为拈花寺、嘉兴寺、广化寺、广济寺、龙泉寺、法源寺、贤良寺。如今被保留下来的只有5座寺庙，分别为柏林寺、拈花寺、广化寺、广济寺和法源寺。

抗日战争时期，柏林寺内曾藏过抗日名将佟麟阁的遗骸。佟麟阁将军牺牲后，他的妻子和子女隐姓埋名，将他的尸体隐藏于寺中，方丈敬慕

这位爱国将领，一直保守秘密。如今，寺内的佛像已不在，改革开放后，又重新修葺。

嘉兴寺、贤良寺这两座庙宇分别为什刹海街道办事处、社保所等机关单位所在地；龙泉寺为小学和居民住所。这三处的原建筑已经基本上不存在，有的只保留了一进小院，但也被隐藏在了角落。

东四清真寺

东四清真寺又名法明寺，为北京四大清真寺之一，是北京重要的伊斯兰教的宗教文化活动中心。东四清真寺位于北京市东城区东四南大街13号。

关于东四清真寺始建年代有两种说法：一是始建于元至正六年（1346），传说宋、元期间有筛海尊哇默定的第三子筛海撒那定在今北京东城区建立清真寺；二是始建于明正统十二年（1447），由明代后军都督同知陈友捐资创建。明景泰元年（1450）赐名"清真寺"。

东四清真寺坐西朝东，占地面积约4000平方米。寺门三间，于1920年改建成硬山顶调大脊，

大雄宝殿斗拱及彩画

东四清真寺寺门

筒瓦屋面。第一进院内有南北用房数间，均为近代建筑式样，通体砖砌，屋身开平券门、窗。院落西部为过厅五间，近代建筑式样，上部为女儿墙，前后出砖砌廊子，拱券门洞。

过厅

过厅后为第二进院，院内有明成化二十二年（1486）建的邦克楼，二层，方形四角攒尖顶，可惜毁于清光绪年间，现建筑为后复建。第三进院内主要建筑有礼拜大殿、南北讲堂、图书馆等。礼拜大殿位于院落西侧，坐西朝东，三卷勾连搭形式，建筑面积约500平方米。其第一卷为面阔三间的卷棚抱厦，第二卷面阔五间，为庑殿顶，作为礼拜大厅，第三卷为窑殿，外部样式为歇山顶，室内为穹顶。殿内有20根直径约48厘米的大彩柱，均饰以赤金绘制的大型荷花，中央3根横梁上绘有金色的阿拉伯文库法体的《古兰经》经文，殿内三座拱券门门楣上也都刻有《古兰经》经文，使整个大殿充满阿拉伯风格。大殿抱厦南侧立有一通明万历七年（1579）立的《清真法明百字圣号》碑，碑身长91厘米，宽67厘米，下有须弥座，碑阳为汉文，记述伊斯兰教创始人穆罕默德事迹，碑阴用阿拉伯文字和汉文雕刻"理本无极"四字。院内南北讲堂各五间，讲堂配房

礼拜大殿

礼拜大殿内景

各三间。在南配殿的资料室里，存有各种版本的《古兰经》，最为珍贵的是一本保存完好、文字精美的元代手抄本《古兰经》，堪称国宝。另外，还有埃及国王赠送的图书等珍品。

中华人民共和国成立后，政府多次拨款对东四清真寺进行修缮。目前，这里是北京市伊斯兰教协会所在地，宗教活动频繁，是中外穆斯林做礼拜、聚礼和节日会礼的地方。

1984年5月24日，东四清真寺被北京市人民政府公布为北京市第三批市级文物保护单位。

 知识链接　　**北京五大清真寺**

清真寺，也称为礼拜寺，是伊斯兰教信徒礼拜的地方。在北京有68座清真寺，它们几乎遍布

全市，城内极具代表性的有5座清真寺，分别为东四清真寺、牛街清真寺、马甸清真寺、三里河清真寺、石景山清真寺。

东四清真寺在北京市东城区东四南大街，老北京人常常称其为东四牌楼清真寺。这座清真寺主体为明代伊斯兰建筑，可供500人礼拜。

东四清真寺窑殿穹顶装饰

牛街清真寺在北京市西城区广安门内牛街的南边，始建于辽圣宗统和十三年（995），建筑面积约3000多平方米，这座清真寺是北京规模最大、历史最久的清真寺。

马甸清真寺在北京市海淀区北太平庄，位于德胜门外，建于清朝康熙时期，占地面积约3800多平方米，这座建筑看上去就像是中国传统的四合院。院子里有一棵生长了400多年的古树，是清真寺历史的见证。

三里河清真寺建于明朝万历年间，原址在北京市西城区阜成门外三里，三里河清真寺的名字也由此而来。

石景山清真寺在北京城区西部，建于1953年，在石景山模式口，依山建造，只有三间平房和一个棚子。2000年，石景山清真寺进行了改造。

隆安寺

隆安寺是北京外城著名的佛寺，位于北京市东城区白桥大街南里3号，始建于明景泰五年（1454），后经过多次重修，现存主要建筑为清康熙四十七年（1708年）重修。

明景泰五年，隆安寺开始修建，其规模巨大，

隆安寺山门

占地面积约1万平方米，坐北朝南，南北长160余米，东西宽60余米，在整个南城是最大的寺院。然而寺院建成后不久，就在天顺年间逐渐被废弃，至于僧人何时离开，殿堂何时荒废无从考证，只是矗立在荒野之间失去了原本的生机。

万历三十七年（1609），四川高僧翠林来到隆安寺，看到其毁坏严重，深感惋惜，于是决定募化重修佛殿，终修得后堂三楹。在他的主持下，隆安寺逐渐兴旺起来，成为南城著名的寺院。清康熙二十四年（1685），隆安寺起大火，庙宇在大火中严重损毁。之后，寺中僧人开始募集钱财，康熙四十七年寺院得以重修。现在所看到的隆安寺建筑，基本上就是这次重修后的成果，但是明代的建筑特色仍依稀可见。

隆安寺有歇山顶砖石仿木结构的山门，单拱

券洞门上石额书写着"敕建隆安寺"。进山门之后，有钟、鼓二楼相对，左侧为钟楼，右侧为鼓楼。中间主殿依次为天王殿、前殿、大雄宝殿及"净土社"后殿。每层殿前东、西两侧都有配殿。

大雄宝殿前有一座戏台非常醒目。戏台面向北方，台基高0.74米，台高3.8米，台宽6.1米，戏台进深6.4米，台口立两根柱子，戏台东、西、北三面都敞开着，方便观众从不同的角度观戏。戏台以勾连搭式连接着台后殿。这座戏台虽然结构并不复杂，但是对于当时的寺院来说，已经是非常难得的创新了。这座戏台最主要的作用就是观看佛戏。翠林重修寺院之后，香火极盛，每年元旦时，室内设果饵供佛，盘数多达上千，于是称为"千盘会"，此时就在这座戏台上唱戏敬佛。

清道光、咸丰年间，寺院香火越来越衰落，以致最后中断。从那以后，隆安寺成为制作佛香的作坊，同时，一些高官贵胄、富豪商贾的家人去世后，他们也会将其灵柩存放在这里，而寺院周围也被人们做成了坟地。

1952年，隆安寺改建为东城区隆安寺小学，之后又改名为白桥南里小学和东花市少年之家。1983年，政府出资修缮了寺庙后部的三重殿宇，第二年，改为东城区青少年科技馆。

如今，古寺在城南的一角安静地隐匿着，虽然距离热闹的广渠门大街并不是很远，但是这里却十分幽静，花开时节，更显隆安寺的肃静之美。

1984年5月24日，隆安寺被北京市人民政府公布为北京市第三批市级文物保护单位。

隆安寺山门脊兽

隆安寺戏台

往天王殿后院走去，内院有两棵在北京很罕见的楸树，还有两棵500多年的古柏。吴长元《宸垣识略》称："士人相传唐刹，然景泰五年碑外，别无可证。惟殿前二柏树，大十余围，殆四五百年物，其为元刹无疑。"

隆安寺现存文物有四方石碑，最早的一块石碑为景泰五年碑，碑文记录了修建隆安寺的整个经过。另外三块碑，都是对历次重修寺院的记载。

隆安寺文保碑

清代佛教发展特点

清代对佛教的重视相对而言不及明代，但是诸皇帝在一定程度上信仰佛教。顺治帝自幼信佛，康熙帝曾经多次到各地巡游，途经佛教之地必题词，促进了佛教的发展。因此当时寺庙数目和僧人数目都颇具规模。雍正帝也好研究佛理，乾隆帝曾经大批量地刻印《大藏经》，然后分发到各个寺庙中。

尽管如此，清朝对佛教的管理仍相当严格，不仅限制佛教僧人人数，还明令禁止私自建立寺院，更不能私自募捐及化缘。康熙时，还专门设置管理僧人的人；乾隆时，还对不法僧尼进行取缔，并且对传入佛教的条件加以限制。虽有种种限制，但是清朝前期民间寺庙香火仍非常旺盛。

到了清朝后期，洪秀全掀起太平天国运动，对佛教大加排斥，在长江中下游地区，太平军所到之处佛教寺庙、经像几乎全部被毁，在西方基督教和洪秀全创立的拜上帝教的影响下，佛教信徒大量流失。到了同治、光绪年间，各地开始重建佛寺庙宇，佛教再次兴盛起来。然而随着历史发展，佛教发展也日渐衰落，很多寺庙断了香火，逐渐沦为丧葬之所。

地坛

地坛是明、清两代皇帝夏至日祭祀地的地方，是中国现存最大的一座祭地之坛，位于北京市东城区安定门外大街东侧。地坛始建于明嘉靖九年

地坛西门

（1530），初名方泽坛，嘉靖十三年（1534），改名地坛，明万历，清雍正、乾隆、嘉庆、同治年间屡加扩建、修缮。

地坛选址在北京城北部偏东，以象征古代所认为的"天南地北"和"天阳地阴"（南为阳，北为阴），是仅次于天坛的第二大坛，占地面积42.7万平方米。地坛的布局以北向为上，三组主要建筑集中在内坛，即中轴线上（中轴线略偏于东部）的方泽坛（俗称拜坛或拜台）建筑群、皇祇室建筑群和方泽坛西北部的斋宫。此外，地坛内还有神库、宰牲亭、钟楼、神马殿等附属建筑。

方泽坛建筑群是举行祭地大典的主要场所，建筑群有内外两重方形墙，外墙边长133米，内墙边长86米。墙四周正中均建有棂星门，北面三座，其余均一座。墙内正中为方泽坛，北向，平面呈正方形，二层，上层高1.28米，边长20.28米，下层高1.25米，边长35.84米，上下两层各8级台阶。坛面墁正方形白色石块。下层东侧设两座从祀五岳、五镇、五陵山的石座，刻以山形花纹；西侧设两座从祀四海、四渎的石座，刻以水形花纹，石座上各凿有四个水槽。坛四周按照《周礼》中"夏至日祭地祇于泽中方丘"的

地坛鸟瞰

说法，环绕祭祀时注水用的泽渠，方泽坛也以此名之。渠西南有白石龙头，祭前由暗沟从方泽坛西侧的神库院的井亭引水注入泽中，深以龙口为度。

方泽坛拜坛并不高大，初看似乎给人平淡、简单之感。但是，就在这看似一无所有的表象下面，却隐含着象征、对比、夸张、透视效果、视错觉、突出光影等一系列建筑艺术手法，隐含着古代建筑师们的匠心构思。

方泽坛建筑群以一个个嵌套的方形为平面构图，上层坛面的中心是用36块边长1.06米的正方形艾叶青石铺墁成纵横各六块的方形平面。其四周又划分为8个区，每区以64块（八八）边长82厘米的正方形艾叶青石铺墁成每边为8块的正方形。下层又分为16个区（二八），每区同样以64

方泽坛拜坛

块（六四）正方形艾叶青石铺墁成每边为8块的正方形。上下两层坛台台阶均为8级，下层台阶宽3.8米，上层台阶宽3.4米，均为青白石所制。这样阴数的二、四、六、八全部都使用了。凡此种种，皆是"地方""地阴"学说的象征。

方泽坛内不种植一草一木，使其尽可能地以最简练的形式出现，从而形成了一个高度简洁的环境，体现了大地的广博与平实。全坛方形平面由外向内的向心式重复构图，使位于中心的体量不高不低的方形拜坛显得异常突出。坛的内外两层墙有意垒砌成不同的高度，外层墙高2.6米，厚0.76米；内层墙高1.9米，厚0.63米。内外墙北面各3座汉白玉棂星门，均为两柱一门形式，安两扇5抹直棂槅扇门。外墙棂星门台基高0.15米、阔19.05米、深3.17米，两边设以五连礓。中门净空宽3.35米、高3.7米，边门净空宽2.55米、高2.89米。内墙棂星门台基高0.15米、阔18.72米、深3.11米。中门净空宽2.57米、高2.93米，边门净空宽2.16米、高2.67米。内外墙东、西、南三面各一座汉白玉棂星门，均为两柱一门形式。外墙棂星门台基高0.15米、阔5.46米、深3.15米。门净空宽2.52米、高2.88米。内墙棂星门台基高0.15米、阔5米、深3.15米。门净空宽2.13米、高2.5米。这种加大远景、缩小近景、尺寸层层递进的手法，大大加强了透视深远的效果，给祭拜者营造了一种君临天下的氛围。

在色彩运用方面。方泽坛只用了黄、红、灰、白4种颜色，便完成了象征、对比和过渡，起到了协调艺术整体、营造气氛的作用。拜坛侧面贴黄色琉璃面砖，既表明其皇家建筑规格，又是地的象征。方泽坛以白色为主色调，与周围鲜艳的红色和黄色相间的围墙形成鲜明对比，白色的棂星门为整座建筑增添了高洁的感觉，而白色与红色之间又以灰砖作为分割和过渡，这样使整组建筑既反映了大地的朴实，色彩上又不致非常单调。而方泽坛外围苍松翠柏的映衬，又使拜坛的轮廓十分鲜明，更增添了它神秘、神圣的色彩。

皇祇室建筑群在方泽坛南，是平时供奉皇祇（地神）、五岳、五镇、四海、四渎诸神位的殿室（清代又增供本朝前6位列圣）。每逢夏至大祀方泽时，由礼部侍郎将诸神位请至祭坛上安置于各自的神位上，祭祀完毕后又请回此殿安奉。每逢农历初一、十五由太常寺官员来此上香行礼。

皇祇室建筑群坐南朝北。大门北向，为琉璃门形式，歇山顶，黄琉璃瓦屋面，方券洞一座。皇祇室北向，面阔五间，进深三间，歇山顶，黄琉璃瓦屋面，斗拱为一斗二升交麻叶，山花为金钱绶带。殿内梁架为彻上明造。室内正中设汉白玉须弥座，高0.86米，阔1.91米，进深1.61米，上奉"皇地祇"牌位神龛。东西两壁各设须弥座一座，高0.86米，长5.14米，宽0.87米，上面供奉着五岳、五镇、五陵山、四海、四渎诸神位。次间与梢间前后金柱间东西两边各设三座须弥座，高0.8米，上奉清太祖、太宗、世祖、圣祖、世宗、高宗六帝牌位。皇祇室的内檐彩画采用了金凤（双凤）和玺的做法。这些彩画的题材以凤为主要形象，所有的枋心彩绘图案都是双凤，这也是地坛建筑象征手法的一大体现。古代认为天为龙，地为凤，所以地坛的装饰以凤纹为主。

神库在方泽坛西，前后两进院落，周围围以垣墙，东西68.2米，南北72.7米。大门北向，琉璃门形式，硬山顶，筒瓦绿剪边屋面。前院正殿神库是安放迎送神位时所用的凤亭、龙亭和皇祇室修缮期间供奉神位的地方，面阔五间，悬山顶，绿琉璃瓦屋面。西配殿为神厨，是制作祭祀食品

方泽坛棂星门

皇祇室

皇祇室内景

的地方；东配殿为祭器库，是存放银、铜、陶瓷等祭祀器物的地方（金祭器存放在故宫太常寺内）。东西配殿各五间，悬山顶，绿琉璃瓦屋面。院内东北和西北各一座井亭，均为盝顶，绿琉璃瓦屋面，檐下施一斗三升斗拱。东井亭专为方泽坛内渠注水，西井亭专为神厨供水。后殿为乐器库，是存放祭祀乐器和乐舞生服的库房，面阔五间，硬山顶，绿琉璃瓦屋面。院内各殿彩画均为双凤枋心。

方泽坛西北为斋宫，是明、清两代皇帝祭祀时斋戒的地方。斋宫在神路中轴线之西约180米处，同天坛斋宫一样，为了表明天子在皇地祇面前为臣，斋宫建在神路中轴线偏西的地方，瓦色同样用绿琉璃瓦。斋宫坐西朝东，一进院落。大门东向，为琉璃门形式，歇山顶，绿琉璃瓦屋面，旋子彩画，一字枋心。正殿坐西朝东，面阔七间，歇山顶，绿琉璃瓦屋面，檐下施单翘单昂五踩斗拱，旋子彩画。殿前月台三面围以汉白玉栏板，正面三出陛，中为9级，中间镶嵌汉白玉丹陛石，上雕刻瑞云、寿山、福海等纹饰；左右各为7级；南北两侧各一出陛，也为7级。斋宫南北配殿各一座，面阔七间，悬山顶，绿琉璃瓦屋面，檐下

施一斗三升斗拱，旋子彩画。斋宫各殿彩画同样为象征地的双凤枋心。

宰牲亭是宰杀祭祀牺牲的场所。琉璃门一间。亭北向，面阔三间，重檐歇山顶，筒瓦绿剪边屋面，檐下均为一斗三升斗拱，旋子彩画，双凤枋心。殿南侧有灶房三间与宰牲亭搭接，面阔同正殿。

神马殿位于斋宫之北，是祭祀时喂养御马的地方，故亦称神马圈。殿北向，面阔五间，悬山顶，绿琉璃瓦屋面，旋子彩画，一字枋心。殿周围围以垣墙，东西各一门。

钟楼位于斋宫之东北，神马殿之东，东向，为三间重檐歇山顶绿琉璃瓦屋面的正方形建筑。楼内有古钟一口，青铜素钟，钟面上铸"大明嘉靖某年某月某日制"字样，高2.58米，直径1.56米，重2320千克。由于年久失修，现建筑为复建。

中华人民共和国成立后，地坛经过多次修缮和绿化，1957年更名为地坛公园。地坛建筑处处体现出我国古代对"地"的认识，是北京最优美的古建筑群之一。

1984年5月24日，地坛被北京市人民政府公布为北京市第三批市级文物保护单位；2006年5

皇祇室屋脊仙人、走兽

神马殿

月25日，地坛被国务院公布为第六批全国重点文物保护单位。

钟楼

王对祭地礼仪是非常重视的。

古代皇帝在祭地活动中不仅对官员要求严格，也严格要求自己。清乾隆七年（1742），皇帝每进行一项祭地环节，都会虔诚地向正位、配位，以及各个从位行三跪九叩礼，整个过程要下跪70多次，叩头200多下，大概需要2个多小时，长时间下来需要耗费很多体力，如果皇帝年迈体衰，就由亲王或皇子代祭。

早在远古时期，人们就开始了祭地活动。据相关文献记载：我国的祭地活动已有4000多年历史，夏以五月，商以六月，周以夏至祭地于泽中方丘。当时，因为人们的知识文化水平有限，将万物归宿于天地神鬼的造化安排，以祭天地日月庇佑自己。

其中地坛祭祀为九个环节：迎神、奠玉帛、进俎、初献、亚献、终献、撤馔、送神、望瘗，在即将开始下一个环节时，就会切换乐章，当时由64人组成的天子专用舞队，并跳文、武"八佾"舞。

祭地活动整个过程极其严肃，所有陪同官员都要衣着整齐，十分虔诚，要按时到达祭祀现场，不得提前离开。在祭地过程中，不得随地吐痰，不得乱丢东西，不得随意走动，不得有围观群众。如果期间有违反纪律者，一定会被严惩。史料记载在清朝嘉庆二十四年（1759）五月二十四，当时正在修皇祇室内乾隆皇帝的神座，由成亲王代行祭告礼，成亲王在向列圣配位行"终献"礼时，将方位弄混了，之后就被革职，并罚其在宅邸闭门思过，还减少了他的俸禄。由此可见，古代君

宣仁庙

宣仁庙又称风神庙，是"故宫外八庙"之一，是清代北京城中唯一专门奉祀风神的皇家庙宇，位于北京市东城区北池子大街2号、4号。

宣仁庙于清雍正六年（1728）敕建，嘉庆九年（1804）重修。据《清史稿》记载，此庙规制仿中南海时应宫（供奉龙神），赐号"应时显佑"，庙曰"宣仁"。庙宇建成后，平日由道士看管，日常吃穿用度均由内务府拨给。同时每年春秋二仲，政府都派遣官员来此祭祀。

宣仁庙坐北朝南，街门一座，东向，为后期改建。山门面阔三间，歇山顶，黄琉璃瓦绿剪边屋面，檐下施单昂三踩斗拱，石券门上嵌"敕建宣仁庙"横额。山门两侧接琉璃八字影壁墙。门前琉璃砖制大影壁一座，硬山顶调大脊，绿琉璃瓦屋面，建于石质须弥座上，座雕金边宝相花心。

山门内钟楼、鼓楼各一座，均二层，歇山顶，黄琉璃瓦绿剪边屋面，一层辟石券门，檐下施单昂三踩斗拱；上层用障日板开云形窗，檐下施一斗二升交麻叶斗拱。前殿为献殿，祀风伯，面阔三间，歇山顶，黄琉璃瓦绿剪边屋面，额枋绘旋

山门石额

子彩画。正殿为享殿，祀八风神，面阔三间，歇山顶，黄琉璃瓦绿剪边屋面，檐下施重昂五踩斗拱，额枋绘旋子彩画。殿前台阶中为汉白玉御路石，雕龙纹。殿内为蟠龙藻井，额枋绘和玺彩画。后殿为寝殿，祀风神，面阔五间，歇山顶，黄琉璃瓦绿剪边屋面，檐下施单昂三踩斗拱，额枋绘旋子彩画。寝殿两侧有朵殿三间，硬山顶，筒瓦屋面，五檩卷棚顶带前廊，其中西朵殿已改建，东朵殿尚存。另外，庙内还有清雍正皇帝御书"协和昭泰"匾额。

民国时期，庙宇的风神祭祀活动终止，收归国有，道士遣散，并在庙内设立卫生试验所等机构。中华人民共和国成立后，宣仁庙先后由北京

中医医院针灸门诊部、北京市卫生局老干部活动中心等单位使用。2003年，宣仁庙开始大规模修缮。

1984年5月24日，宣仁庙被北京市人民政府公布为北京市第三批市级文物保护单位。

知识链接 | **祭拜风神的宣仁庙**

宣仁庙是祭拜风神的地方，又被称为风神庙。古籍记载，古代历来就有祭祀风神的典礼，并在皇城内建庙，"以展朕为民祈福之诚"。明朝至清朝之时，皇帝在天坛祭祀风、雨、云、雷4位神仙，到清朝雍正时期，将四神分开供奉，雍正皇帝钦定风神封号——应时显佑风伯之神，并建庙宇为宣仁庙。

在建宣仁庙之前，京城时常狂风肆虐，而人们对风却无可奈何。史料记载：早在元至正二十七年（1367）农历三月，大风自西北起，飞沙扬砾，白日昏暗。明朝时期，狂风大作，沙尘四起，《明实录》中曾记载了相关谚语：天无时不风，地无处不尘。清朝时期，百姓更是因风而叫苦不堪，这时，雍正皇帝就在皇宫旁边建了一座庙宇，以供奉风伯之神，并在后殿供奉八风之神。

寝殿

宣仁庙寝殿天花

古籍记载，风师为箕星，箕星为苍龙之第七宿，在东北方向，因此，宣仁庙也顺应这个星位，建于皇宫的东北方向。

嵩祝寺及智珠寺

嵩祝寺是雍正帝为蒙古活佛章嘉胡图克图在京修建的宗教场所，其西部与智珠寺毗邻，位于北京市东城区景山后街嵩祝院北巷。这里原为并排的三座大型寺院：东为法渊寺，中为嵩祝寺，西为智珠寺。法渊寺在明代时为番经厂和汉经厂，现多数建筑已无存。嵩祝寺、智珠寺主要建筑尚保存完整。

嵩祝寺建于清雍正十一年（1733），寺院坐北朝南，建筑规模较大，也较整齐，共分三路，主要殿宇在中路。中路从山门到藏经楼原有五重殿宇，现山门、天王殿及钟楼、鼓楼已无存。

正殿面阔五间，前带廊，硬山顶调大脊，筒瓦屋面，正殿明间有横匾书"妙明宗镜"。东西配殿各三间。

宝座殿面阔五间，硬山顶调大脊，筒瓦屋面，前出抱厦三间，悬山顶箍头脊，筒瓦屋面，檐下

绘旋子彩画。东西耳殿各三间。

藏经楼面阔七间，二层，硬山顶调大脊，筒瓦屋面。原有乾隆皇帝手书匾额及楹联，现已无存。

东西两路仅存最后一进院落。东路为寮房、配房、佛堂、经堂等，西路主要为喇嘛住所。现东、西两路仅存后部一进院落，其建筑石雕尤为精美。

智珠寺始建于清乾隆十六年（1751）。寺院坐北朝南，山门外有大门及红围墙。山门面阔三间，硬山顶调大脊，筒瓦屋面。门楣石额书"敕建智珠寺"。钟楼、鼓楼现已无存。

天王殿面阔三间，硬山顶调大脊，筒瓦屋面，檐下施单昂三踩斗拱，额枋绘旋子彩画，殿额书

嵩祝寺宝座殿

嵩祝寺正殿

嵩祝寺藏经楼

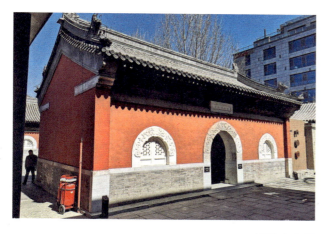

智珠寺山门

"宝网光音"，左右联为："香云遍覆真如界，皓月常明自在天。"

天王殿后为正殿，正殿平面呈方形，面阔、进深均为三间，带回廊，重檐四角攒尖顶屋面。上檐檐下施单翘单昂五踩斗拱，下檐柱带雀替，单昂三踩斗拱，额枋绘旋子彩画。静身殿面阔五间，歇山顶，筒瓦屋面，檐下施单翘单昂五踩斗拱，额枋绘旋子彩画。因殿明间悬匾额书"现清静身"，故称此殿为静身殿。两旁有联为："金粟神光照妙应，香林净域证虚明。"该联与天王殿联均为乾隆皇帝御笔。

后殿面阔五间，前出廊，硬山顶调大脊，筒

智珠寺正殿

瓦屋面。

1984年5月24日，嵩祝寺及智珠寺被北京市人民政府公布为北京市第三批市级文物保护单位；2019年10月16日，嵩祝寺及智珠寺被国务院公布为第八批全国重点文物保护单位。

知识链接　嵩祝寺和智珠寺的前身

明朝时期，嵩祝寺所在的地方为番经厂、汉经厂，是专门为皇家印刻藏文经典的地方。明万历年间，宰相张居正在《番经厂记》中记载了番经厂的创办过程。

番经厂主要念习西方梵呗经，专门印刷喇嘛用的蒙文、藏文、天竺文经卷，收藏明版藏文《大藏经》。每年皇帝的生辰或者元旦等重要节日，番经厂内官会在英华殿做佛事。汉经厂主要念习释迦牟尼诸经，专门印刷和使用汉文经卷。

清朝初期，蒙古准噶尔部多次侵扰，驻守长城古北口的总兵蔡元上奏朝廷，以修复破损的长城，但即便是这样，也难以抵挡屡次侵扰的蒙古族。康熙帝深知，要想安抚蒙古骑兵，修建喇嘛寺院是最好的办法，以此来维护民族团结，促进民族和睦共处。

雍正十一年（1733），为维护民族团结，将明代时期的番经厂旧址改建为嵩祝寺、法渊寺、智珠寺三寺，历代章嘉活佛都以嵩祝寺为驻京总部。

普度寺大殿

普度寺是一处具有鲜明满族建筑装饰风格的藏传佛教寺院，位于北京市东城区南池子大街东侧，普庆前巷35号。

普度寺其址原为明代皇城东苑，明英宗朱祁镇曾被软禁于此。"夺门之变"后，明英宗对东苑进行大规模重修，称之为小南城，明朝末年毁于农民战争。清朝初年，此地成为睿亲王多尔衮的王府。因顺治初年多尔衮被封为摄政王，故王府又称摄政王府。多尔衮死后顺治皇帝定其罪行、废其封号、黜其宗室、毁其坟墓、财产入官，睿亲王府也被查封。康熙三十三年（1694）康熙皇帝下诏将睿亲王府改为玛哈噶拉（大黑天神，即护法神）庙，乾隆四十一年（1776）赐名普度寺，正殿名慈济殿。

普度寺坐北朝南。山门面阔三间，进深七檩，硬山顶调大脊，绿琉璃瓦屋面。前檐明间开石质券门，两侧次间开券窗，券窗装饰有石质仿木三交六椀菱花窗。后檐前出廊，廊柱间装饰有雀替，明间开门，板门两扇，门上装饰有三横陂窗及门簪四枚，两侧装饰有余塞板。两侧次间装修同前檐。室内绘金龙和玺彩画，山门前出月台，山门后有甬路直通正殿。

大殿建于石质须弥座上，面阔七间，进深九檩，歇山顶，筒瓦绿剪边屋面，回廊，正面、山

普度寺山门

普度寺大殿

面开大支摘窗，下肩饰六方绿琉璃砖。前檐明间、次间出抱厦三间，歇山顶，绿琉璃瓦黄剪边屋面。此殿外檐出檐为三层椽，柱头装饰兽面木雕，雀替形式特殊，室内彩画多为博古题材，整个建筑装饰具有明显的关外满族宫室特征。抱厦用瓦等级高于主殿，可能是乾隆时新加的。殿内有转轮藏，为2002年修缮时发现。大殿西侧保存有方丈院北房一座，面阔五间，进深七檩，前出廊，硬山顶过垄脊，筒瓦屋面。

普度寺在民国年间改为小学使用。直至2001年，国家将使用普度寺的南池子小学及居民迁出，对普度寺进行了全面修缮。2003年完工后，普度寺对社会开放。

1984年5月24日，普度寺被北京市人民政府公布为北京市第三批市级文物保护单位；2013年5月3日，普度寺被国务院公布为第七批全国重点文物保护单位。

知识链接　明清时期的普度寺

普度寺为"故宫外八庙"之一，它见证了明清两个时期的皇城风云。普度寺的建筑气势恢宏，

明永乐时期为皇太孙宫,《明实录》载:"永乐九年丁卯,命皇太子嫡长子为皇太孙,冠于华盖殿。"这个位置前面是延安宫演礼,后面为重华宫燕寝,还有行殿崇质宫。重华宫和延安宫,一南一北形成皇太孙宫的核心区域,其方位设计也符合传统礼制,也有利于培养皇家接班人,提高皇室血脉的临朝理事能力,以及学习各种礼仪。

当时南池子东西两侧,东安门大街往南至菖蒲河公园,以及普度寺很大的区域,都是明英宗所居南内的地界。明英宗朱祁镇在土木堡之变中被俘,他的弟弟继位,朱祁镇获释后就居住在此处。后来,朱祁镇发起夺门之变,重登皇位,也是从普度寺开始。因朱祁镇在此处幽居7—8年,重登皇位时,又将此处扩建,中路有重华殿、圆殿、后殿和清和阁,前有重华门,后有丽春门,门后有御苑。

此处清朝初期为摄政王府,当时多尔衮为临朝方便,居住在此处。顺治帝曾钦定多尔衮府邸规制:"房基高十八尺,楼三层,覆盖以绿瓦脊及四边俱用金黄瓦。"多尔衮被夺爵后,王府废弃,康熙三十三年(1694),王府部分地方改为缎匹库,有的地方被改为供奉护法神大黑天的玛哈噶拉庙。乾隆四十一年(1776)钦赐普度之名,特赐御笔"觉海慈航"额匾,挂于殿内。乾隆四十三年(1778),乾隆帝为多尔衮恢复名誉。

凝和庙

凝和庙是"故宫外八庙"之一,俗称云神庙,仿宣仁庙规制修建,用以奉祀云神,位于北京市东城区北池子大街46号。

凝和庙于清雍正八年(1730)敕建,庙因云雾可凝结为水而得名,有雍正皇帝题"兴泽昭彩"额。同时,由于凝和庙离紫禁城较近,故旧时常有进京述职、办事的官员在此居住。民国时期,凝和庙改为学校,后称向阳小学,今由北池子小学使用。

凝和庙坐北朝南,主要建筑由钟楼、鼓楼及四重大殿组成。庙街门一座,为后期改建。原牌楼及原庙门前有琉璃砖砌大影壁,建于石质须弥座上,今无存。庙门三间,面阔16.8米,进深6.6米,歇山顶,黄琉璃瓦绿剪边屋面,檐下施单昂三踩斗拱,额枋绘旋子彩画。明间前后辟石券门,

普度寺大殿前檐装饰

山门

次间石雕券窗，门上嵌"敕建凝和庙"石额。山门内钟楼、鼓楼各一座，平面呈方形，歇山顶，黄琉璃瓦屋面，1972年拆除。

献殿三间，硬山顶调大脊，黑琉璃瓦绿剪边屋面，檐下施单昂三踩斗拱，额枋绘旋子彩画，障日板开云形门窗洞。

享殿三间，歇山顶，黄琉璃瓦绿剪边屋面，檐下施重昂五踩斗拱，额枋绘和玺彩画，殿前设雕龙丹陛。

寝殿五间，歇山顶，黄琉璃瓦绿剪边屋面，檐下施单昂三踩斗拱。寝殿两侧有东西朵殿各三间，硬山顶过垄脊，筒瓦屋面。

1984年5月24日，凝和庙被北京市人民政府公布为北京市第三批市级文物保护单位。

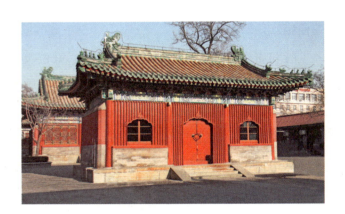

献殿

享殿

知识链接

北京故宫外的八座庙

环绕在北京故宫周围有八座庙，分别为宣仁庙、普度寺、真武庙、昭显庙、万寿兴隆寺、静默寺、福佑寺和凝和庙。

普度寺在南池子大街路东胡同内，明朝时期，这里是皇家东苑内的洪庆宫，清朝初，是八大铁帽子王之一的睿亲王多尔衮的府邸，之后改建为喇嘛庙，以供奉"大黑天神"，如今，因南池子文物古迹保护区开工，普度寺大殿及其他建筑已修复。

真武庙位于西华门外的玉钵胡同，所以真武庙也称为玉钵庵，这座庙之所以闻名于京城，是因为在元代时期，广寒殿的渎山大玉海流落至庙内，做了道士的腌咸菜缸。

昭显庙和万寿兴隆寺，以及静默寺均位于北长街路西。昭显庙建于清雍正十年（1732），用于祭祀雷神，是当时的皇家寺庙，现为北长街小学，仅存一座大殿。万寿兴隆寺原为明朝时期兵仗局佛堂，清康熙二十年（1681）改建为佛寺，现已成为居民大院，仅存山门。静默寺在元朝为关帝庙，清康熙五十二年（1713），重修改为静默寺，现为居民大院。

福佑寺位于北长街北口路东，建于清朝初期，原为康熙皇帝读书的地方，雍正元年（1723）为宝亲王弘历的府邸，因祭祀过雨神，又称为雨神庙，毛泽东曾在这里暂住，中华人民共和国成立后为西藏班禅驻京办事处。

宣仁庙与凝和庙均位于北池子大街路东，用于祭祀风神和云神，宣仁庙建于清雍正六年，现在宣仁庙前面为中医医院和妇产医院职工宿舍，后面为卫生局老干部活动中心。凝和庙建于清雍正八年，1933年为"北平市立第四十三小学"的校址，现为北池子小学。

和敬公主府

和敬公主府是清乾隆皇帝赐给其下嫁的第三女固伦和敬公主的府邸，是北京保存至今较为完整的两座公主府之一，位于东城区张自忠路7号（原铁狮子胡同）。

和敬公主（1731—1792），系孝贤纯皇后所生，乾隆皇帝非常宠爱她。在乾隆十二年（1747），公主16岁那年，乾隆皇帝将其下嫁给了蒙古科尔沁部的辅国公色布腾巴勒珠尔，并赐给了该处府邸，让他们留住京师，所以这座公主府也可以算蒙古族王府。

从《乾隆京城全图》上看，和敬公主府坐北朝南，分为中、东、西三部分。现存为西部的殿堂区，平面布局呈长方形，南北长，东西短。各大殿等主体建筑应该都在清代晚期进行了翻修，风格上表现为晚清面貌。自外垣以内有四进院落。

第一进院最南端为街门三间，硬山顶，筒瓦屋面绿剪边，正脊望兽，三小兽，排山勾滴，额枋绘墨线小点金旋子彩画，红色圆柱，柱间带雀替，鼓镜式柱础；街门向北为府门三间，硬山顶，正脊望兽，五小兽，筒瓦屋面绿剪边，排山勾滴，前后出廊，额枋绘墨线小点金旋子彩画，红色圆柱，柱间带雀替，鼓镜式柱础。府门前有石狮子一对。院落东西正中建阿斯门各三间。这进院落是主人会客和举行隆重的仪式活动之所在。

第二进院为公主府等级最高和最重要的殿堂，正殿五间，硬山顶，正脊望兽，五小兽，筒瓦屋面绿剪边，排山勾滴，前后出廊，额枋绘墨线小

府门背面

和敬公主府街门

东阿斯门

点金旋子彩画，红色圆柱，柱间带雀替，鼓镜式柱础，前后檐装修相同，明间双交四椀菱花槅扇门，次、梢间双交四椀菱花槅扇窗。东西配殿各五间，硬山顶，正脊望兽，三小兽，筒瓦屋面绿剪边，排山勾滴，额枋绘墨线小点金旋子彩画，红色圆柱，柱间带雀替，鼓镜式柱础。

第三进院主要建筑为寝殿五间，硬山顶，正脊望兽，五小兽，筒瓦屋面绿剪边，排山勾滴，前出廊，额枋绘墨线小点金旋子彩画，红色圆柱，柱间带雀替，鼓镜式柱础，前檐明间步步锦棂心槅扇门，次、梢间步步锦棂心槅扇窗；东西配殿各五间。后罩楼（绣楼）七间，两卷勾连搭（后卷似为后加），硬山顶，正脊望兽，五小兽，筒瓦屋面绿剪边，排山勾滴，前出廊，二层荷叶净瓶栏板，额枋绘墨线小点金旋子彩画，红色圆柱，柱间带雀替，鼓镜式柱础。东跨院南北房各三间，过垄脊，筒瓦屋面。后楼东侧跨院一座，南北房各三间。后楼西侧一座院落，北房五间，过垄脊，筒瓦屋面。院南侧月亮门一座，通往中路正寝院。府的东部由于拆改严重，已难窥旧貌。

由于府邸主人爵位逐世降袭，但府邸仍然使用的是原来的公主府邸，所以正吻有所变动，鸱吻改作望兽，以区别于王府。而且我们看到，此府最高等级的殿也只使用了硬山顶，相较于其他王府的歇山顶级别还是较低的。

民国期间，该府成为北洋军阀政府陆军部所在地，并对王府后寝部分进行了扩建，后楼则做了改建，但并未损及原来建制布局。中华人民共和国成立后，该地为机关单位占用。20世纪80年代曾进行大规模修缮。

1984年5月24日，和敬公主府被北京市人民政府公布为北京市第三批市级文物保护单位。

正殿

正寝殿

知识链接　和敬公主——乾隆皇帝的掌上明珠

和敬公主，也称为固伦和敬公主，乾隆皇帝的爱女，孝贤纯皇后的女儿，平时妆容普雅，却尤为高贵，饱读诗书，天生聪慧，心胸宽阔，乾隆十二年（1747），嫁给了蒙古王公色布腾巴勒珠尔。

和敬公主出生于雍正九年（1731），公主一出生，就深受乾隆皇帝偏爱，乾隆皇帝为她提供了优越的生活，和敬公主在宫中度过了一段美好的童年时光。乾隆皇帝为了公主的婚姻大事，也是费了不少心思，在公主很小的时候，就为公主选中了驸马。

和敬公主16岁时，要嫁给色布腾巴勒珠尔，乾隆皇帝不忍心让爱女远嫁，在这之前，乾隆皇帝就为公主准备婚礼，选择公主府邸。当时出嫁蒙古的公主不允许常住京城，但和敬公主却得到乾隆皇帝的准许，可以和驸马一起居住在和敬公主府。

和敬公主府后罩楼

乾隆皇帝爱屋及乌，不仅疼爱和敬公主，对驸马也是格外关照，一次，因为驸马的部下造反，按照大清律法，驸马本应该被斩首，但因考虑到女儿的感受，决定赦免驸马死罪。和敬公主的一生都在乾隆皇帝的爱护和关照中度过。

乾隆五十七年（1792），62岁的和敬公主离世，与驸马色布腾巴勒珠尔合葬于北京东郊的东坝镇附近。

旧宅园

旧宅园是清宣统皇帝溥仪的皇后婉容结婚前的住宅，位于北京市东城区地安门外帽儿胡同35、37号，原建筑格局基本保留。正房五间内的

楠扇、落地花罩雕镂精细。东院花厅装修基本保存原状，明间迎面墙满嵌巨镜一方，传为婉容婚前演礼之处。

宅院由婉容的曾祖父郭布罗·长顺所建，分为东、西两路。起初，这里只是普通的住宅，并不显赫，婉容被册封为皇后以后，其父亲郭布

旧宅园大门

罗·荣源被封为三等承恩公，将府门及前院进行了扩建。经过一番改建之后，原本的府门变成了三间筒瓦卷棚顶住房。中间开门的大门上装有铜镀金门环，左右两间坎墙各装有4扇菱花楠扇窗。门前有一对上马石，走进大门有一字影壁，左右两边各有4扇屏门。

从西屏门走进去，即是西路院子，这个院子为四进院落。第一进院落有七间倒座房，北面为两卷式垂花门，与之连接的是抄手廊。东、西各有一扇屏门，由此可进入东、西跨院。走入第二进院，北面是三间过厅，左、右两边各建有一间耳房。通过过厅，来到厅后，就能看见一个狭而长的院子，正中是一座木质影壁，上面有绿漆贴金团寿字。走入第三进院，环顾四周，可见南墙为绿漆贴金板墙，下面用砖砌成须弥座，中间为

悬山脊木屏门。正北面有五间正房,左、右两边各带一间耳房。东、西厢房各三间。正房和厢房均为硬山合瓦清水脊顶。正房前面出檐,后抱有厦。厢房前均有走廊。向北走进正房,室内装修精美,屋顶为井口天花,明间有一落地花罩,上面镂空雕刻着凤绕牡丹图案。西次间的板墙上镶嵌着7面椭圆形玻璃镜,西梢间北面墙上镶着一面水银玻璃砖镜,足足有一整面墙大,传为婉容婚前演礼之处。东次间和东梢间都装有碧纱橱。从东耳房过道可以走入第四进院,这个院内有7间后罩房,平台廊檐,东、西各有两间平台房。

与西路的居住区院落相比,东路院则为小型私家园林。东路院为三进院落,进门后第一进院子西北侧有一道月亮门,走过月亮门就能看到园林式的第二进院。这里首先看到的是假山石,因为月亮门并不在中轴线上,所以在穿过假山树木之后,才能看到掩映在树荫中的三间正房。该建筑房顶为合瓦硬山清水脊,前出廊。室内设有碧纱橱、玻璃镜等装饰物品。正房的两边各有一条游廊,从两边向前伸出庭院,将前庭院半包围着,廊子内侧墙壁带有什锦窗,外侧则倒挂着楣子,

安有栏杆和坐凳。游廊向后通向后院,与后罩房相连接。后院有三间后罩房,房子两侧有平台廊子。

婉容在出嫁之前,一直与其父母、兄弟居住在这座宅子里,西路正房即为婉容所居。如今,府门已经改成三间住房,原来大门西边的倒座房的位置上开了两个小门,一个为37号院,一个为35号院,院中原本相通的地方也已经完全阻断,形成两个独立的院落。虽然两处宅院都没有对外开放,但很多中外游客还是慕名前来。他们想从这里寻找一点儿末代皇后的影子,也想见证一下大清帝国的兴衰,无论是从建筑还是历史的角度去看,这座宅院都具有相当大的价值。

1984年5月24日,旧宅院被北京市人民政府公布为北京市第三批市级文物保护单位。

正房

垂花门

郭布罗·婉容

郭布罗·婉容，生于1906年11月13日，卒于1946年6月20日，字慕鸿，号植莲，达斡尔族，满洲正白旗。1922年12月1日她与溥仪成婚，被封为皇后。"北京政变"之后，她被废除皇后尊号，成为中国历史上最后一位皇后。

婉容出生在内务府大臣荣源府内。她的父亲是一位非常开明的人，认为男女就应该平等，所以婉容从小就得到了同男孩子一样的教育。她读书写字、弹琴绘画，还学习英文，是一位集中国传统美德与西方思想教育于一身的女子。

1922年，已经年满16岁的婉容端庄娇美，举止文雅，仪态不凡，并且琴棋书画样样精通，在

婉容

贵族女子中享有很高的声誉。这一年，她被选入宫中。然而溥仪并没有看中她的美貌与才华，反而第一个圈中的是文秀。后在端康皇贵妃的坚持下，溥仪才将家世显赫、才貌双全的婉容封为皇后。

1924年，冯玉祥发动"北京政变"，溥仪被迫于11月5日离开紫禁城。婉容也随之前往天津。

1931年夏天，反常的气候造成了全国性的水灾。当时受灾区域多达16个省，灾情极为严重。婉容虽早已出宫，但是她还是毫不犹豫地捐出了自己的大洋和珍珠项链，以赈灾民，赢得了社会各界的赞誉。同年底，川岛芳子接到关东军的命令后，将婉容接到满洲，居住在新京（今长春）的执政府。1932年，她又在日本人的诱骗下，辗转来到旅顺与溥仪团聚。在满洲，她每天由日本侍女服侍，一举一动都受到监视和约束，心中极度厌恶日本人的摆布，决定出逃。她认为，只要自己能逃出去，就有可能帮助溥仪逃出去。起初她拜托南京国民政府第一任外交部长顾维钧帮她逃跑，无果，之后又拜托伪满立法院赵欣伯的妻子帮她，最终又因被人告密而失败。一次次的失败最终让她心灰意冷，彻底放弃了逃跑的念头。

1934年3月1日，婉容被册封为满洲帝国皇后。后因夫妻关系不睦，她开始吸食鸦片。1935年，婉容怀孕，在临近生产的时候，溥仪才知道她与别人私通，于是将婉容生下来的女婴扔进了锅炉。在经历了生活的种种打击之后，婉容吸食鸦片越来越严重，以致精神逐渐崩溃。

1945年8月，苏联攻占满洲，婉容随宫廷人员撤离至通化，后又被当地的共产党俘虏，先后被运到通化、长春、永吉、敦化、延吉。1946年，婉容在吉林省延吉的监狱中去世。然而婉容的埋

葬地并不清楚，因此尸骨也无处寻找。只能在2006年10月23日以招魂的形式与溥仪合葬于河北清西陵外的华龙皇家陵园溥仪墓清献陵，谥号为"孝恪愍皇后"。

可园

可园是清光绪年间大学士文煜的宅第花园，位于北京市东城区地安门外帽儿胡同9号，因其规模虽小，但极可人意，故园主将其命名为"可园"。

可园平面呈不规则长方形，占地面积仅2600多平方米，是一座小型宅园，建筑分东、中、西三路。东路和中路以园林为主，西路以建筑为主。西路是可园建筑最多、格局最完整和保存最好的建筑群体，由多组四合院式建筑组成。每进院由正房、配房、耳房和游廊等建筑组成，垂花门、倒座房、后罩房等建筑一应俱全。中路花园部分是其西部住宅的延伸，西部垂花门以内的第一进和第三进院落的东厢均为后出抱厦的两卷房。当年，园主人多由此进园，宅、园本为一体。由此也使可园的空间递进由南北而转为东西，别有佳趣。园内依东墙设置了方亭、敞厅、八角半亭、山半小阁四座与坐东面西的对景建筑相呼应。其

可园大门

间贯以游廊，培植果木，点缀山石，饶有园林风致。可园各建筑群体既相对独立，又紧密联系，成为一个和谐、舒朗、紧凑的整体。

中路花园是可园的重要部分，共为两进院。第一进院是全园的核心部分，建有亭、台、阁、榭、游廊等建筑。蜿蜒曲折的水池，玲珑小巧的石拱桥及山上的六角亭，都具有江南园林风韵。北部为正房，面阔五间，前后带廊，是园主人起居、读书的居室，其外檐装修均为透雕彩漆松、竹、梅岁寒三友图案，十分精巧别致。正房南部空间开朗，为园林主景。这里山池相映，林木森森。山在园南，高约3米，是北面正房的对景。为增加山势，于山顶偏东建一座六角亭，左右高槐老榆，藤蔓丛生，颇具山林野趣。而假山正面是太湖石，背面则全用青石，一山两面，南北景观顿殊。若从南面临街门入园，首先见这一溜青石山，山上小亭半掩，竹树繁密，令人生发此地山林别有洞天之感。庭院东西两侧建有游廊，游廊随地势高低起伏盘旋，可通向东西两院。院内满种花草，簇拥着卵石甬路，松槐浓荫之间，点缀着玲珑透石、日晷、剑石等小品。刻有"可园"园名及《志和园记》的碑文，就镶砌在剑石座下。

第二进院，也就是前院正房以北，假山屏列，是幽深宁静的后园。转过竹林环护的湖石山径，北为闲斋数楹，东有小阁踞山而立，斋阁之间以曲廊相接，上下随意。后园假山叠石颇见功力，由太湖石、青石等堆砌而成，形态各异，在茂密的翠竹掩映下，成为可园独特一景。循斋前游廊西转即达于内宅，东出则上至小阁，阁下有洞。自阁南沿磴而下，过八角半亭，南行又回至前院。廊于主院假山小亭东侧向东折而达于东部别院的

六角亭

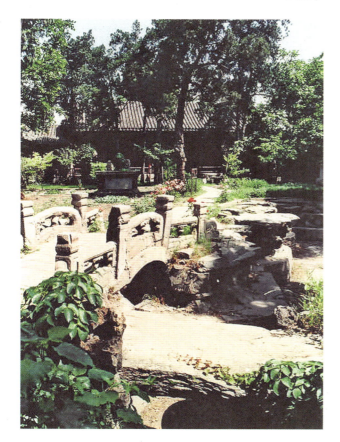

石桥

山半小阁，今已被围墙隔断于园外。这一切布置精巧，错落有致。

文煜之后，后人将宅园分割出售，花园与住宅已不相通，又从南边单辟一门，自成一宅。其间此园几度转手，曾被售与冯国璋、张岚峰等人。中华人民共和国成立后，这里曾经是朝鲜驻华大使馆所在地。

可园是北京为数不多保存较好的小园之一，也是我国北方私家宅园中保存较好的实例，具有一定的艺术价值和历史价值。

1984年5月24日，可园被北京市人民政府公布为北京市第三批市级文物保护单位；2001年6月25日，可园被国务院公布为第五批全国重点文物保护单位。

后院正房

知识链接 **可园里的名人逸事**

可园建于清咸丰十一年（1861），当时是一座私家花园，其主人是光绪年间大学士文煜。文煜是晚清时期的朝中重臣，曾担任过刑部侍郎、四川按察使、山东巡抚、直隶总督等职位。可园是文煜府邸的花园。这座花园精致可人，因此被称为"可园"。为此，文煜专门让自己的侄子——兵部尚书志和撰文刻碑记录可园的由来，这座碑是十分珍贵的文物石刻。

文煜去世后，其后人将这座宅园分割出售，这所宅子的主人换成了冯国璋。冯国璋去世后，他的家人将帽儿胡同13号租给了收藏家朱文钧，朱文钧的儿子朱家溍是当代著名的学者、历史学家，对文物收藏与鉴定的造诣颇高，朱家溍在这所宅园里度过了美好的童年，他的少年时代也曾在这里度过。

除此之外，冯玉祥的一位亲密随从赵亦云也在可园居住过。可园还有另一位居住者，据1948年北平市户口调查表记载，这里的主人名叫张岚峰，曾在这里居住了10年，抗战全面爆发后，张岚峰当了汉奸。抗战胜利后，冯国璋的儿子冯季

还在这里办公。可园是国家重点文物保护单位，从外观看，其建筑和格局都保存完好。

东城区东四六条63—65号四合院（崇礼住宅）

东城区东四六条63—65号四合院原为清光绪时大学士崇礼的住宅，位于东四六条，东邻南板桥胡同，西近月光胡同，北靠东四七条。

东四六条63—65号四合院崇礼故居坐北朝南，由三个并联的四合院组成，东路、西路均是有四进院落的住宅，中路为花园，各路自成一体又相互连通。在东四六条辟有两门，东为63号，

可园后院敞轩及亭

东路大门

远提出了返还冯家房产的请求，就是希望可园及周围院落重归冯家，为此，冯季远一直屈尊居住在可园旁边，却迟迟等不到可园返还。

中华人民共和国成立后，可园被划分为不同单位的宿舍，后又成为朝鲜驻华使馆，再后来被作为招待所，可以说，可园居住过许许多多有名的人，还有驻华大使，他们不仅仅居住在这里，

西为65号，中路花园的原门已封堵，现与东宅合为一体。

现存建筑全院面积近万平方米，街南面还有所属的花洞和马号。此宅东半部及花园（今63号）为崇礼居住，西部院（今65号）为其兄弟所居，后为其侄儿江宁织造存恒的住宅。

东院广亮大门一间，西侧倒座房六间，北房

东路三进院正房

西路二进院正房

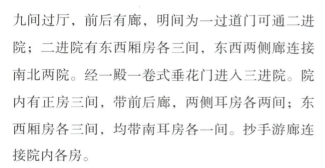

西路四进院正房

九间过厅，前后有廊，明间为一过道门可通二进院；二进院有东西厢房各三间，东西两侧廊连接南北两院。经一殿一卷式垂花门进入三进院。院内有正房三间，带前后廊，两侧耳房各两间；东西厢房各三间，均带南耳房各一间。抄手游廊连接院内各房。

中路花园区最南端原大门三间，其东有倒座房二间，西为三间。第一进院有假山、游廊，正中假山上建有一栋面阔三间、带周围廊的轩室，歇山顶筒瓦屋面。山前原有水池已填平盖房。二进院有一座面阔五间的戏台，前出六檩卷棚抱厦三间，木构架上绘箍头彩画。两侧有耳房各二间。该院西侧有一半面歇山式西房，背依西院两卷勾连搭房的东墙。三进院有北房五间，带前后廊，东侧有一组假山叠石，其上建圆顶亭子。四进院是祠堂，面阔五间前带廊，合瓦屋面，明间有门枕石一对，东接东路院后罩房十四间。

西院金柱大门一间，大门外有一字影壁，门内有照壁，雕刻有精美花卉图案。一进院有倒座房九间，北房为五间过厅。二进院内正房三间，带前后廊，两侧耳房各二间，东西厢房各三间，前出廊，正厢之间有转角廊，房门裙板上雕"五

福捧寿"纹饰。此院带有东西跨院各一，东跨院有南房三间，前出廊，北房三间，两卷勾连搭。西跨院南房三间，北房三间，带前后廊，房内有清代著名书法家邓石如题写苏东坡诗句的硬木槅扇，今日仍保存完好。二、三进院间有一小院，围廊连接前后院。进第三进院垂花门为内宅，有正房五间，两侧有耳房各二间，东西厢房各三间均带南耳房各一间，抄手游廊连接各房，东北角有廊道可通东侧花园。第四进院有后罩房十一间，西侧有门通西小院，南房三间，北房三间，原为佛堂。

东四六条63号、65号四合院崇礼故居几经转手，1935年重新修葺，又辗转为多个高官富人所

中路一进院正房

崇礼旧宅垂花门及游廊

中路正房

得。此宅占地面积颇广，屋宇华丽，在民国时号称"东城之冠"。现为住宅。

1984年5月24日，以"东四六条六十三至六十五号四合院"为名被北京市人民政府公布为北京市第三批文物保护单位，1988年1月13日以"崇礼住宅"为名被国务院公布为第三批全国重点文物保护单位。

 知识链接　　　　崇礼旧宅

东四六条街里有很多经典旧宅，其中当数崇礼旧宅最著名。

崇礼旧宅源于清光绪年间，崇礼是皇室姻亲，

也是当朝的大学士，因而他的宅子修得十分华美。随着时间的变迁，崇礼旧宅的主人也几经变更，但是这座宅子却保留了下来。崇礼旧宅现在依然可以想象到当年的华丽。

东四六条街上除了崇礼旧宅，还有沙千里的旧宅。沙千里是"七君子"之一和爱国人士，他的宅子建于晚清，与崇礼旧宅毗邻，建造得十分精美。

崇礼旧宅的东面、西面和北面分别是南板桥胡同、月光胡同和东四七条。它是三个并列的四合院。这里虽然历经几任主人，但是宅子的格局基本上维持了原样。这座宅子十分华美，有"东城之冠"的美誉。

东城区国祥胡同2号四合院

东城区国祥胡同2号四合院是一座蒙古王府，是蒙古喀尔喀赛音诺颜部和硕亲王策凌娶康熙帝第十女纯悫公主后建造的王府。策凌为元太祖成吉思汗第二十六代孙，蒙古喀尔喀赛音诺颜部人，博尔济吉特氏。策凌在清代康雍乾三朝稳定边疆

上立有卓越战功，赐号"超勇"，故此府初称超勇亲王府。

王府原来规模很大，分中路和东、西路等，几乎占据了多半条胡同。现国祥胡同2号两组院落，是原王府中路北部的两组院落。院落建筑坐北朝南，东西并联，大门北向。东院南端是一殿一卷式垂花门一座，悬山顶过垄脊，筒瓦屋面。院内北侧正房五间，硬山顶过垄脊，筒瓦屋面，前出廊，东西耳房各一间。东西厢房各三间，其中西厢房为两卷勾连搭形式的过厅，与西院相通。院内四周抄手游廊回绕，中间两座太湖石，放置在雕有海水江崖的石座上。院后有后罩房七间。

西路正殿

西院南侧为南房三间，周围廊。北侧正房五间，硬山顶调大脊，筒瓦屋面，前檐抱厦三间，悬山顶过垄脊，室内装有落地罩和碧纱橱槅扇，

东路正殿

西路东配殿

东路后罩房

西路西配殿

十分精美。

策凌七世孙那彦图袭爵后，府称那王府。那彦图于同治十三年（1874）袭亲王爵，是最后一位亲王。那彦图曾任侍卫内大臣，管理中正殿事务、雍和宫事务大臣、銮仪卫事务大臣和镶黄旗满洲都统。民国初年，那彦图曾做过蒙古联合会会长和北洋政府的国会议员，后因赌场失利，以2万元的价格将王府抵押给了西什库教堂。20世纪40年代后期，王府又被转卖给金城银行、精神病院等多家单位。

1984年5月24日，东城区国祥胡同2号四合院被北京市人民政府公布为北京市第三批市级文物保护单位。

知识链接　　那王府

那王府是一座蒙古亲王府。由于当时最后一代亲王是那彦图，所以将这座王府称为那王府。那王府其实是固伦和静公主府，也是超勇亲王府，那王府见证了清王朝由盛转衰的历史，蕴含着丰富的历史文化信息。

那王府的历史要从策凌说起，策凌是博尔济吉特氏，是成吉思汗的直系后代。策凌于康熙三十一年（1692）进京，于康熙四十五年（1706）成为和硕纯悫公主的额驸，于雍正元年（1723）成为多罗郡王，于雍正九年（1731）领兵夺回被准噶尔夺走的喀尔喀，也是因此而成为和硕亲王、喀尔喀大扎萨克，喀尔喀蒙古四部的最高行政长官。雍正十年（1732），策凌又击败了攻打喀尔喀的准噶尔部，所以被晋封为固伦额驸，赐号"超勇"，并被赏赐"黄带"，这就相当于是与皇帝有了亲戚关系。超勇亲王策凌于乾隆十五年（1750）

病逝。策凌生活的时期恰逢"康乾盛世"，所以说，他历经康熙、雍正和乾隆三朝，他见证了清王朝的盛世。

之后策凌的儿子袭爵，再后来他的孙子拉旺多尔济成为乾隆固伦和静公主的额驸，然后一路升官至都统，声望与日俱增。后来随着清王朝的衰落，那王府也逐渐衰落，等到亲王爵位传至第七代，那时已经是那彦图亲王了，也因此，这座亲王府又被称为那王府，这时，曾经极尽显赫的门厅，极尽华美的宅子已经成为过去，此时那王府的家产已经所剩无几。雪上加霜的是，那彦图由于清王朝的颓势和赌博，将那王府抵押给西什库教堂，到期后无力偿还，便又从教堂神父那里借了7万元，从此从那王府迁出。

那王府在历史的潮流下不断更迭，但是它却完整地保留了原本的建筑格局，它南北贯通国兴胡同与国祥胡同，最北面的两个并排院落，也就是我们所熟知的东城区国祥胡同2号四合院。

东城区圆恩寺后街7、9号四合院

东城区圆恩寺后街（后圆恩寺胡同）7、9号四合院，原系清末辅国公载勇住宅。宅院坐北朝南，由中、东、西三部分组成，是一座既有中式四合院又有西式洋楼的住宅。

宅院院落中部建西洋式楼房一幢，砖混结构，地下一层，地上二层半。前出爱奥尼克柱式门廊为主入口，楼体做过大规模的抗震加固，外貌有所改动。楼前有一圆形喷水池，池中堆砌假山，池旁点缀有部分圆明园石刻遗物。池东南侧建有

西洋式楼房

第二进院北房

游廊

混凝土结构圆亭，8根多立斯柱承托半圆形穹顶。其东侧有一道贯通南北的假山为障墙。穿过假山

即为东部花园区，面积开阔，由两进院落组成。第一进院有过厅三间，歇山顶过垄脊，筒瓦屋面，带围廊。院子东南面有游廊相互连接，东南角有六角攒尖顶小亭一座。亭前堆有假山，周围遍植树木花草。第二进院有北房五间，前后廊，东房三间，均为过垄脊，筒瓦屋面，各房间环以游廊相连。西侧廊西北有勾连搭式敞轩三间，过垄脊，筒瓦屋面。其北有北房三间，前后廊，西接耳房一间，均为过垄脊，筒瓦屋面。

西部为一座两进四合院。广亮大门一间，东接倒座房四间，西接倒座房五间，均为清水脊，合瓦屋面。第一进院东侧有北房三间，前后廊，悬山顶勾连搭形式。西侧有一殿一卷式垂花门一座。门内第二进院有正房三间，前出廊，西接耳房两间，东接顺山北房三间，均为过垄脊，合瓦屋面。东西厢房各三间，前出廊，过垄脊，筒瓦屋面，南侧接厢耳房各两间，各房间由抄手游廊相互连接。院落东北侧开随墙门一座，东向，门前有八字影壁。此宅院改动不大，基本保持原状。

四合院主人载勳为晚清庆亲王奕劻的次子，隶满洲镶蓝旗，光绪三十二年（1906）封二等镇国将军。载勳因赌博将此宅输给他人，后被一法国人购得并在此建立中法企业的办公处。中华人民共和国成立后，该院落成为中共中央华北局所在地，后曾为南斯拉夫驻华使馆，现为友好宾馆。

该院落整体布局协调，是北京现存少有的中西式结合建筑的实物。

1984年5月24日，东城区圆恩寺后街7、9号四合院被北京市人民政府公布为北京市第三批市级文物保护单位。

西院垂花门

西院正房

知识链接 　圆恩寺后街7、9号院的历史

　　圆恩寺后街7、9号院与清朝庆亲王奕劻的第二个儿子载旉有关，原是载旉的宅院。

　　爱新觉罗·奕劻，满洲镶蓝旗人，清高宗乾隆帝曾孙，庆僖亲王爱新觉罗·永璘之孙，不入八分辅国公爱新觉罗·绵性长子。道光十六年（1836）奕劻生于北京，过继给庆郡王绵愍为嗣子，初封辅国将军，后晋爵贝子、贝勒；同治十一年（1872）九月加郡王衔，任御前大臣；光绪十年（1884），担任总理各国事务衙门大臣，进庆郡王；光绪二十年（1894）进爵亲王；光绪二十四年（1898）加恩世袭罔替，成为铁帽子王；光绪二十九年（1903）为首席军机大臣，仍总理外务部。宣统三年（1911），裁撤军机处，改设内阁，奕劻任皇族内阁总理大臣。1918年奕劻去世。其生性贪婪，善于敛财。载涛在《晚清宫廷生活见闻》中说："奕劻之无钱不要，为人所共知。""当革命事起，十月十七日北京报纸曾登载，奕劻私有的金银珠宝衣饰详单估计所值在现金万万两以上。其来源固无从深悉，恐亦不是随便捏造。"

　　载旉是奕劻次子，清末京城内有名的纨绔子弟。奕劻是敛钱高手，载旉则堪称"风月场上魁首，赌博局中豪客"，是名副其实的"散财真人"。据说，载旉为讨京城名妓小红宝的欢心，按照小红宝的意思建造了这么一座"亦中亦西，不中不西"的豪宅，称"恩园"。载旉好赌，后将全部家当挥霍一空，这座豪宅也输与他人。几经转手，这座宅院落到了当时京兆尹刘梦庚手里。刘梦庚在此住了几年，精心打理，将圆明园的奇石、石柱石刻都搬了过来，以便和房子搭配。冯玉祥发动"北京政变"后，刘梦庚逃离前将宅子卖给了法国人做办事机构。抗日战争结束后，此处成为蒋介石在北平的行辕；北平和平解放后，中共中央华北局曾在此办公；中华人民共和国成立后，此处曾先后作为南斯拉夫驻华使馆和亚非作家协会所在地，现为宾馆。

东城区方家胡同13、15号四合院

东城区方家胡同13、15号四合院原为清朝循郡王府，是乾隆皇帝第三子永璋的府邸，因永璋是卒后被追封为循郡王，故该府规制低于其他王府。

王府本为三路宅院，东西并联而成。现15号

中路二进院前殿

院原貌已失，仅存府门前的一字影壁，其余建筑均为重修，为单位使用。13号院保存较完整，民国时有所改造，现为居民住宅。

15号院中路为新建的府门三间，街对面为一座砖砌的一字影壁。左右各带倒座房三间，西倒座房明间为15号院入口。第一进院有过厅五间，前后出廊，东西厢房各三间，前后出廊，南侧各

15号院府门

中路一进院过厅

13号院广亮大门

137

带厢耳房一间。第二进院格局与第一进院大致相同。第三进院现已改建成楼房。

中路入口左转可通西路院落。西路第一进院有南房五间、北房四间，前出廊。过西侧走廊，穿过一间垂花门，进入第二进院。院内有正房、东西厢房，均为三间前后出廊的硬山顶建筑。其后部院落现已改建为楼房。

东路建筑现为13号院，广亮大门一间建于高台阶上，左右两侧各有倒座房八间和一间，门内有一字影壁一座。院北侧有一廊罩式垂花门。第二进院有过厅五间，前后出廊，左右各带耳房两间，东西厢房各三间，南侧带厢耳房一间，院内四周环以抄手游廊。第三进院有正房五间，前后出廊，左右各带耳房两间，东西厢房各三间，南侧带厢耳房一间，院内建筑均为硬山顶过垄脊，筒瓦屋面，四周环以游廊。第四进院建筑多已改

东路垂花门背面

建，唯有最北侧尚存后罩房十间，前出廊，较破旧。

1984年5月24日，东城区方家胡同13、15号四合院被北京市人民政府公布为北京市第三批市级文物保护单位。

知识链接

方家胡同的历史沿革

方家胡同属于东西巷，建于元朝建大都时。方家据说是明嘉靖初人，但是是谁早已不可考。《地名志》引《琐闻录》中记载明万历年间戎政尚书方逢时曾居住此地，但这种说法是错的。

清雍正九年（1731），方家胡同东部路北设置南学，共190间房舍。除此之外，这里还有清朝内火器营马队。

方家胡同13、15号是循郡王永璋的府邸。永璋是乾隆皇帝第三个儿子，乾隆皇帝过世后，循郡王有了爵位，后来绵懿过继循郡王为嗣，他修建了这座宅院。该宅院布局规整且纵深宽广，其坐北向南，建筑面积1210平方米，现在大部分建筑已经在城市的变迁中不存，只保留了迎

方家胡同13号院第三进院东厢房

大门的照壁、后寝的正房和配房，东跨院和西跨院已经没有了。民国时，这座宅子被分割出售，汉奸王揖唐买后改建成了另外一个院落。如今这座院子保存还算完好，是北京市重点保护文物。

老舍先生还在这里住过两年，那时他是京师公立第十七高等小学（现方家小学）校长。另外，老舍的长篇小说《赵子曰》描述过方家胡同，那句话是这样的："北新桥往北的张家胡同。"

东城区内务部街11号四合院

东城区内务部街11号四合院，原为清乾隆年间定边右副将军、一等诚嘉毅勇公明瑞的宅第。道光十四年（1834），明瑞曾孙景庆袭爵。道光二十五年（1845），道光帝第六女寿恩公主下嫁景庆之弟景寿，故又称"六公主府"。

该府虽有公主下嫁，但寿恩公主并未获另赐府第，故此府规制并不高，只是公爵宅邸而已。

住宅区为东西并列四路院落，每路临街均开大门一座，门内均有屏门和一字影壁，现三座已封堵，中路大门改为如意门形式。四座大门两侧共接倒座房二十三间，清水脊，合瓦屋面。11号主院前后四进院落，第一进院北侧建一殿一卷式垂花门一座，悬山顶，筒瓦屋面。第二进院北侧厅堂五间，前出廊，后出悬山式抱厦三间，过垄脊，筒瓦屋面。第三进院正房三间，前出廊后带廊，两侧接东西耳房各两间，均为双卷勾连搭形式，过垄脊，筒瓦屋面。东西厢房各三间，其中西厢房为过厅，前后出廊，可通西侧院落。第四进院正房五间，前出廊。该路院落内各房均以四檩卷棚游廊相互连接，并装饰精美的戗檐砖雕、箍头彩画，当是庆典礼宾之所。

西一路亦为四进院落。第一进院北侧建一殿

中路大门

中路垂花门局部

中路三进院正房后檐博缝头砖雕

西一路垂花门

花园敞轩

一卷式垂花门一座，筒瓦屋面。过垂花门为第二进院，院内正房（过厅）三间，前后出廊，两侧接东西耳房各两间，均为过垄脊，筒瓦屋面。东西厢房各三间，前出廊，过垄脊，筒瓦屋面。院内四周环以游廊连接各房。第三进院有正房三间，前出廊，两侧接耳房各两间，均为过垄脊，合瓦屋面，其中东耳房西侧半间为门道，可通第四进院。东西厢房各三间，前出廊，过垄脊，合瓦屋面。院内原有平顶游廊连接各房，现已拆改。第四进院北侧东段正房三间，西段正房三间，均前出廊，过垄脊，合瓦屋面。该路院落房屋格局紧凑，当为主要居所。

西二路二进院落。第一进院有正房五间，前后廊，清水脊，合瓦屋面。第二进院有正房五间，前出廊，过垄脊，筒瓦屋面。此院原为家祠。

东路共四进院落。第一进院原有正房五间，现已改建。第二进院有过厅五间，前后出廊，过垄脊，合瓦屋面。第三进院有正房三间，前出廊后带廊，两侧接耳房各两间，均为过垄脊，合瓦屋面。东西厢房各三间，前出廊，过垄脊，合瓦屋面。第四进院有正房七间，前廊后厦，过垄脊，合瓦屋面。该路院落四周原由四檩卷棚游廊连接各房，现已拆改。该院落布局宽敞，应为书斋静室之用。

整座院落北部为花园，占地面积广阔，虽后期改建颇多，但北部横贯东西的叠石假山尚存，其上建敞轩三间，歇山顶，筒瓦屋面。两端各建四角攒尖顶方亭一座，筒瓦屋面。其下遍植花草灌木，间有涵洞、石阶、石雕等。

1984年5月24日，东城区内务部街11号四合院被北京市人民政府公布为北京市第三批市级文物保护单位。

知识链接　**内务部街11号四合院**

内务部街11号是一座老宅子，它源于清朝乾隆时期，当时的主人是一等诚嘉毅勇公富察·明瑞，当时也被称作"明瑞府"或是"将军府"。这里也可以称作"六公主府"，这要源于道光帝之女寿恩固伦公主，她嫁人后就住在这里。

富察·明瑞是清王朝中期的著名将领，满洲镶黄旗人，承恩公富文的儿子，大学士傅恒的侄子。乾隆二十四年（1759），伊犁地区发生叛乱，明瑞随军平叛后立功，收获了一系列赏赐和荣誉。同年，乾隆皇帝将在京城东部勾栏胡同的宅子赐给了明瑞将军。乾隆三十二年（1767），明瑞率兵征伐犯边的缅甸，在大胜后成为一等诚嘉毅勇公。次年，明瑞率军深入缅甸被切断后援，最终战死。

之后，明瑞的后代继续住在这座宅子里，明瑞的曾孙景庆于道光十四年袭爵，道光二十五年，景庆的弟弟景寿娶了六公主寿恩固伦公主。后来景寿成为一等诚嘉毅勇公，后来六公主在30岁时香消玉殒，所以这座宅子先后被称作"六公主府"和"额驸府"。

明瑞府是典型的老北京官宦四合院，是内务部街品级最高的官邸。清朝覆灭后，这里成为盐业银行经理岳乾斋的宅子，他创建了"北京证券交易所"，这是北京第一家证券交易所。从这以后，这座宅子的主人历经了好几个，不过该府邸基本布局没有变化，主要建筑保留了下来。

东城区礼士胡同129号四合院

东城区礼士胡同129号四合院，原为清末武昌知府宾俊的住宅。后宅院几经易手，卖给天津盐商李颂臣，他交由朱启钤的学生重新设计，改建成如今之规模。

宅院坐北朝南，由住宅和花园两部分组成。

广亮大门和倒座房后墙砖雕、石狮等

设广亮大门一间，过垄脊，筒瓦屋面，门前门墩一对。大门两侧倒座房各两间，前出廊，过垄脊，合瓦屋面。倒座房两侧为新开大门，筒瓦屋面，门外两侧做八字影壁墙。第一进院西侧南房五间，前出廊，过垄脊，合瓦屋面。北侧为两座东西并联的四合院，两路院之间有回廊相通，廊内镶嵌不同式样的什锦窗。

东路院入口有一殿一卷式垂花门一座，两侧置蹲兽一对。院内正房、东西厢房各三间，前出廊，清水脊，合瓦屋面。院内四周环以游廊，廊柱间带倒挂楣子、坐凳楣子，各房廊心墙开吉门，灯笼框上均雕刻匾额蕴秀、舒华、兰媚、竹幽等，娴雅秀逸，耐人寻味。后院北房六间，清水脊，合瓦屋面，由游廊与前院正房相连。东院北侧另有一独立小院，坐西朝东，入口有一殿一卷式垂花门一座，两侧接看面墙，墙上嵌各式什锦窗。垂花门前贴东院墙置一字影壁一座，过垄脊，筒瓦顶，须弥座形式下碱，影壁中心及四岔角雕花，并雕竖匾一方，书"君子安乐 庶士悦雍 商人咸僖"。院内南北房各三间，前出廊，清水脊，筒瓦屋面。西房三间，前带廊，清水脊，筒瓦屋面，为勾连搭式过厅，可通西侧花园。院内各房

东路一进院垂花门

花园敞轩

东路北院一字影壁

东路三进院游廊

西路正房

均由卷棚游廊连接。

西路院有南房三间、正房五间，均为带前后廊的过厅，两侧游廊相连，可通北侧花园。东厢房三间，前出廊，与东路院西厢房相连通。院落西侧原为游廊，现局部改建为西厢房三间，前出

廊。院内各房均由抄手游廊相互连接。在东西两路院正房之间建重檐攒尖顶圆亭一座，四面有廊道连通各房。

院落西北部为花园，园内假山、水池、石桥、花木等错落有致，幽雅娴静。在花园水池南侧有敞轩一座，歇山顶过垄脊，筒瓦屋面。东北角建八角攒尖顶小亭一座，上覆绿琉璃瓦。

此宅虽为民国时期改建，但布局紧凑，建筑形制完整，设计精妙，尤其在砖雕上独具匠心，建筑质量很高。

1984年5月24日，东城区礼士胡同129号四合院被北京市人民政府公布为北京市第三批市级文物保护单位。

知识链接

礼士胡同

礼士胡同位于北京市东城区东南部，它隶属朝阳门街道办事处。这个地方在明清时期被称作"驴市胡同"，到了清末宣统的时候，这里的骡马交易才被废止，被人们称作"礼士胡同"。

时至今日，礼士胡同里有很多大宅子，它们保留了当时的建筑风格，在胡同中有一些清朝的砖雕格外精美，即使在故宫也难得见到的。

礼士胡同129号是一座源于清末的四合院，它极具代表性。这座四合院原本是清末武昌知府宾俊的宅子。后来，这座四合院先后又为投机米商李彦青和律师汪颖所有。没多久，天津一个盐商的儿子李颂臣接手了这座宅子，由朱启钤的学生重新设计，将这座宅子改建了一番，形成了现在的规模。中华人民共和国成立以后，这里先后作为印度尼西亚驻华使馆和中国青年报社址。如今这里作为办公使用。

朱启钤（1872—1964），字桂莘，亦作桂辛，号蠖园，我国著名学者、实业家、爱国民主人士，清同治十一年（1872）生于贵州开州（今贵州开阳）。清末，他曾任京师大学堂译学馆监督、北京外城巡警总厅厅丞、津浦路北段总办。辛亥革命后，他先后任北洋政府交通部总长、内务部总长，并一度兼代国务总理，后任山东中兴煤矿公司总经理，他既是古物陈列所的发起人之一，也是中国营造学社的创办人，是中国营造学社的社长。民国时期，他曾亲自主持京城的改造，如改建正阳门、打通皇城、开放中央公园（今中山公园）、改建新华门等。中华人民共和国成立后，他任中央文史馆馆员、全国政协委员，1964年2月26日在北京逝世，享年92岁，著有《李仲明营造法式》《存素堂丝绣录》《蠖园文存》《芋香诗录》等。

东城区新开路20号四合院

东城区新开路20号四合院，原为同仁堂乐家某支的私人宅院。这座宅院建于民国初年，占地面积约800平方米，坐北朝南，有南北正房各三间，两侧各附耳房一间，东西各有厢房三间，是一座规整的小型四合院。

院大门位于西院墙中部，随墙门形式。院内正房三间，南房三间，均为前后廊，过垄脊，合瓦屋面，两侧接耳房各一间；东西厢房各三间，前出

北房明间

南房

西房

廊，过垄脊，合瓦屋面，院内设平顶廊连接各房。

四合院正房与厢房之间以回廊相连，建筑考究、砖雕精致，屋檐椽头嵌珐琅图案饰件，窗框均做元宝形花纹图案装饰，装修上凸显民国风格，是北京标准的四合院之一。

1984年5月24日，东城区新开路20号四合院被北京市人民政府公布为北京市第三批市级文物保护单位。

知识链接　**东城区新开路胡同**

东城区新开路胡同位于东城区南部，隶属建国门办事处，它的东面和西面分别是朝阳门南小街和东单北大街，南面通向春雨胡同和北极阁胡同，还有二支巷与北极阁三条相通，北面与西总布胡同相邻。

新开路胡同在清朝时属于镶白旗旗下。历史其实可以追溯到400多年前的明朝。明朝时这条路被称作辛开口，在街的东端路南是文思院，这是官府的手工作坊之一。其实在更早的宋朝，文思院就有了，这可以从《宋史·职官志》中得到证明："掌造金银犀玉工巧之物，金彩绘素装钿之饰，以供舆辇册宝法物，凡器服之用。"明朝时，文思院归工部管辖，《明史》中就记载了文思院有一大使和两副使，他们分别是正九品和从九品。

清乾隆时，这条路被叫作新开路胡同，清宣统时，这条路被叫作新开路。宁郡王府就坐落在这条路往西路南的地方。

1965年，地名整顿，新开路并入了新开路胡同。在特殊时期，这条路被改为瑞金路六条，但是如今它是新开路胡同。

正阳桥疏渠记方碑

正阳桥疏渠记方碑是为了记录疏通正阳桥下渠道而立的碑，位于北京市东城区红庙街78号，刻于清乾隆五十六年（1791）。

清代初期，正阳门附近的水都要通过正阳桥向东流经鱼藻池、状元桥、红桥、窑坑，排到城外。然而天桥南的渠道经常会发生淤堵状况，严重影响正常通行。为此，乾隆皇帝非常重视，派人进行疏通，取得了很大的成效，乾隆皇帝甚是欣慰，于是刻立石碑记录此事，并由他亲自书写此记。碑身呈方形，碑首为四角攒尖式，碑座为须弥座式，上刻精美浮雕。碑身镌刻满、汉文字的乾隆五十四年（1789）御制记并书文，是研究清代水道建设的资料。

该碑正面向南，高约8米，各面宽度都为1.45米。碑的形制非常特别。它的碑盖为四角攒尖式，四碑脊各雕刻着一条波浪形的龙。四龙龙首高高昂起，龙尾辐辏于宝顶。石碑的底座为束

正阳桥疏渠记方碑

碑首

腰须弥座，上面浮雕设计，有覆、仰莲瓣及云、龙、菩提叶等纹饰。另外碑额和碑面周边都有龙形纹边饰。碑的四面均刻有文字，其中东、北面为满文，西、南面为汉字，正面上首有汉字题名"正阳桥疏渠记"。

碑文字体为楷书，具体内容则是记录当时北京的水道情况，以及治理天桥南河道工程事宜，碑文如下：

正阳桥疏渠记

正阳门外之石衢抵正阳桥，桥之左右，市廛栉比，允帝王都会万方辐辏之基也。桥之南为天桥，其南石衢直达永定门，则答阳黄道，荡荡平平，会极归极之宗也。衢之左为圜丘、祈年殿之西外围垣；右为太岁坛、先农坛之东外围垣。各有石衢二，横接围垣之南、北门，为诣坛辇路。盖地势东高而西低，故石衢之西恒积水，而东之沙土常因西北风吹壅西垣之半，每诣斋宫，怵弗惬观。今年上辛祭毕，爰命司工于天桥南石衢之左右自北而南各疏渠三。第一渠长各一百六十余丈，宽北各三十余丈，南各二十丈，第二渠长各一百三十丈，宽各二十丈，第三渠长各五十五丈，宽各二十丈，深各三尺。其四达坛之横衢，命各辟土道，宽二丈，以为往来车路，并各去其向禁人行之木栅。（东西诣坛之横衢四，旧设木栅，以禁行人往来，盖地近坛垣，理宜严肃而重，车皆由正石衢以行，易致石弊。今石衢左右既开广渠，且各留土路，是四横衢之南北皆有界限，木栅亦可以不设矣。）疏渠之土即篑为渠岸之山，周植以树，兼培行车之土路，于是渠有水而山有林，且以抵御风沙，弗致湮。坛垣一举而无不便，向来南城井多

苦水，兹胥得饮渠之清水为利亦溥，而都人士之游涉者咸谓京城南惬观瞻、增佳景。然予之意原不在此也。洁坛垣而钦毖祀，培九轨而萃万方，协坎离以亨既济（都城南为离位，今开浚水渠六，坎为水卦，是为水火既济之象，亨之道也），莫经涂以巩皇图。其在斯乎，其在斯乎。故不得考工之请而为之记，亦合向之《知过论》所谓不可已者，仍斟酌为之之义，值此耄龄，复得藏一大工作，孰莫非昊苍鸿，钦承开国家万年有道之长也哉。

乾隆五十有六年岁次辛亥仲夏月御笔

随着民房的不断拆迁，原本隐藏在小小院落中的石碑渐渐显露出来。它四周被铁栅栏围挡着，底座很大一部分已经被埋在地下，大约有1米深。碑身的东北角有一块缺失，碑文也已经模糊不清，但是正阳桥疏渠记方碑对研究北京地理和历史变迁仍具有重要的价值。

1984年5月24日，正阳桥疏渠记方碑被北京市人民政府公布为北京市第三批市级文物保护单位。

石碑护栏

知识链接 正阳桥和五牌楼

正阳桥因正阳门而得名。它位于正阳门（前门）外的护城河上，是一座始建于明正统四年（1439）的石桥。这座桥桥身为三券拱，桥面有三条道路，之间用汉白玉护栏隔开，其中中间桥面在中轴线上，为"御道"。在《乾隆南巡图》中，正阳桥被四道栏杆隔成了三条道路，走在桥面正中间的就是乾隆皇帝。因此民间将这座桥也称作"三头桥"。正阳桥在当时非常宽阔，远宽于京城九门中其他各门的护城河桥。

中国古桥通常会在桥的两头建立牌坊，称作"桥牌楼"。正阳桥的牌楼就是其南面的五牌楼。上面有"正阳桥"匾额。匾额上"正阳桥"左边为汉文，右边为满文。后因匾额消失，重镶，变成了"正阳桥"左边为满文，右边为汉文。清朝统治结束后，匾额上只剩下"正阳桥"三个字。

1919年，北洋政府为了铺设电车轨道，对正阳桥进行了改造。首先将桥面中央的隔板拆除，又将原本的砖拱拆除，打造成钢筋混凝土结构。同时为了电车行进方便，桥面也被改造得更平，桥两侧的罗汉板也变成了水泥建筑。

19世纪末的正阳桥、五牌楼和前门大街

20世纪50年代，正阳桥再次被改造，路面变为沥青路，70年代，护城河加盖，正阳桥改造成道路，一座古桥彻底消失不见。

经历了时代变迁，正阳桥前的五牌楼却幸运地保存下来。1935年北平市推行"故都文物整理实施计划"，五牌楼就是其中的一个整理对象，原来的木牌楼在原址上拆除重建，屋顶之下全部改成钢筋混凝土结构，原来的抱柱和斜戗柱一并撤去。1936年，油饰彩画完工，五牌楼改造完毕。到了1955年，因为交通问题，五牌楼被拆除。

1996年，在五牌楼的原址稍南修建了一座新的跨街五牌楼。新的牌楼中间四根柱子呈垂花样式悬空，五间的跨度也不及原来大。楼顶为黄琉璃瓦。匾额改成了"前门大街"。2006年，"前门大街历史风貌修复"工程展开，"前门大街"牌楼被拆除，又在五牌楼的原址上进行重建，新建的正阳桥五牌楼沿用了民国样式，于2008年竣工。

如今的五牌楼已成为前门一带的标志性建筑。

东城区府学胡同36号（包括交道口南大街136号）四合院

东城区府学胡同36号在明末时曾为崇祯帝田贵妃的娘家，清康熙年间为靖逆侯张勇所有，至清代末年成为兵部尚书志和的宅第。光绪二十九年（1903），李鸿章之孙李国杰购买此宅奉母居住。民国时期，清同治帝的两位遗孀敬懿、荣惠皇太妃曾居于东宅（今府学胡同36号），建筑有所改建，现由北京市文物局管理使用。西宅（今交道口南大街136号）为北洋军阀海军总长刘冠雄的官邸，后由天主教燕京神学院购得使用，

府学胡同36号院中路大门

1931年后作为助产学校、产院。

四合院坐北朝南，为东西并列式四合院，宅院分为东西两部分，原大门均位于麒麟碑胡同。东宅由多组院落和花园组成，分中、东、西三路院。中路府门三间，西向，明间辟大门，筒瓦屋面，门前上马石一对。进门为第一进院，院内现有东房五间，原为轿厅；北房（过厅）三间，均为过垄脊，筒瓦屋面。过北房为第二进院，院内

府学胡同36号院中路垂花门

府学胡同36号院第一进院落过厅

北侧过厅五间，前后廊，东厢房三间，亦为过垄脊，筒瓦屋面。院落东侧有廊罩门一座，可通西路院。穿过厅见一点一卷垂花门一座，内为第三进院。院内正房（过厅）三间，前后廊，左右各带耳房一间。东西厢房各三间，前出廊，均为过垄脊，筒瓦屋面。第一、第二、第三进院内各房间均由四檩卷棚游廊相连。第三进院过厅后为第四进院，院内后罩房五间，过垄脊，筒瓦屋面。

东路为花园部分，现存三进院落。第一进院内东侧敞厅三间，歇山顶过垄脊，筒瓦屋面，两侧接四檩卷棚游廊与东院连通。院落北侧设廊罩门一座，歇山顶过垄脊，筒瓦屋面，过门即进入第二进院。第二进院内正房三间，前后廊，东房三间，均为过垄脊，筒瓦屋面。第三进院正房四间，过垄脊，筒瓦屋面。

西路第一进院有倒座房九间，过垄脊，筒瓦屋面。过厅三间，左右带顺山房各三间，均为过垄脊，筒瓦屋面。第二进院东西厢房各三间。院落北侧为一点一卷式垂花门，门内为第三进院。第三进院内北侧过厅三间，前后廊，左右各带耳房一间。东西厢房各三间，前带廊，其中西厢房南接厢耳房两间。各房之间均由四檩卷棚游廊相

互连接。过厅之后有后罩房十三间，前带廊，西厢房两间，均为过垄脊，筒瓦屋面。

西宅为一组独立的院落。该院坐北朝南，原宅门三间，位于麒麟碑胡同，大门封闭后，于宅院西南隅辟门，邻交道口南大街。宅院原有四进院落，今仅存三进。原第一进院现已改造。第二进院南侧垂花门一座，内有正房（过厅）五间，前后

府学胡同36号院西路一进院

府学胡同36号院西路二进院

府学胡同36号院东路花园敞亭

府学胡同36号院西路二进院垂花门

廊，东西厢房各三间，前出廊。第三进院正房（过厅）五间，前后廊，左右带耳房各一间，东西厢房各三间，前出廊。第四进院正房五间，前后廊，左右带耳房各两间，东厢房五间，西厢房已改建。最北端府学胡同南侧还有后罩房九间，疑为后期添建。该组院落内各房均由四檩卷棚游廊相互连接。

此宅院是至今保存较为完整的大型四合院，由多组院落和花园组成，为北京地区四合院建筑的典型代表之一。

1984年5月24日，东城区府学胡同36号四合院（包括交道口南大街136号四合院）被北京市人民政府公布为北京市第三批市级文物保护单位。

交道口南大街136号大门

知识链接 府学胡同36号的变迁

府学胡同是北京城内历史悠久的胡同之一。东起东四北大街，西至交道口南大街，南与中剪子巷相通，北与北剪子巷、文丞相胡同相通，全长680余米，属于东城区交道口街道办事处管辖。

府学胡同因明代顺天府学设于此而得名。元代，顺天府学所在地是报恩寺。明洪武初年，朱元璋定都南京，将元大都改称北平府，下设大兴、宛平二县。元朝的国子监不再是国家最高学府，改

府学胡同36号院西路三进院

为顺天府学，而报恩寺则改为大兴县学。靖难之变后，明永乐皇帝朱棣定都北京，北平改为顺天府，顺天府学重新恢复为国子监，将大兴县学升为顺天府学，隶属教忠坊，所在胡同被称为府学胡同。清代这里属于镶黄旗，一直到清末，500多年以来顺天府学一直都是北京的地方最高学府，是北京士子进修、学习、考试的地方，胡同名称也一直未变。

关于元代的报恩寺，有这样的传说：元末有一个和尚在这里建立了寺庙，建成后尚未安置佛像，明军就攻入大都。和尚诚惶诚恐，怕刚建好的寺庙被进城的明军占用，听说明军保护孔圣人产业，病急乱投医，慌忙之中将一尊木质的孔圣人像置于庙内，明军果然不再进入。既然孔子像已然迁进，不可改为他用。当然，传说仅是传说，不足以信。而据《顺天府志》记载，顺天府学的西部是学宫和孔庙，东部是文丞相祠，再东为文昌祠。府学的东西两侧建有育贤坊，现已无存，而明伦堂、孔圣殿及魁星阁等建筑遗迹尚在。

如今，府学胡同仍有多处文物旧迹。胡同西口北侧有文丞相祠遗址；36号院原为明崇祯田贵妃之父田琬宅第，陈圆圆曾将此宅作为歌舞道场，清康熙年间为靖逆侯张勇宅，兵部尚书志和于道光、咸丰年间购得此宅，原称"天春园"，增益修葺后易名为"增旧园"。另外，胡同东口有段祺瑞任北洋政府总理时的住所。

国子监街

国子监街是现存不多的京城古老街道之一，形成于孔庙和国子监建成后，至今已有700多年的历史，位于北京市东城区安定门内大街东侧，又名"成贤街"。

元大德六年（1302）在此建孔庙，大德十年（1306）在孔庙西建国子监，从而为国子监街的最终形成奠定了基础。明代称其为"国子监孔庙"，属崇教坊，清代称"成贤街"，属镶黄旗。清雍正年间，雍正帝钦赐在此设立学舍，即"射圃"和"南学"，与孔庙、国子监一起形成了中国古代重

国子监街（成贤街）牌楼

要的教育文化街，是中国古代街道中功能完备、规划合理的杰作之一。20世纪初期称"国子监"，1965年正式称"国子监街"。现在的国子监街多平房民居，仍保存着旧京街巷风貌。

国子监街呈东西走向，东起雍和宫大街，西至安定门内大街，南侧有公益巷，北侧有官书胡同、箭厂胡同、大格巷，全长680米，宽12米。街上共有4座过街牌楼，其中街东西口各一座，横额上题"成贤街"，国子监左右各一座，横额上

题"国子监"。4座牌楼均为二柱冲天带跨楼牌楼，平面呈"一"字形，起脊顶灰筒瓦，落地柱与跨楼边柱顶端置"坐龙"，主楼与跨楼檐下施五踩重昂斗拱，大、小额枋施墨线大点金旋子彩画，额枋间置云头锦纹样折柱花板，跨楼边柱装饰垂莲柱头。夹杆石上部雕刻覆莲纹样，中部饰八达晕纹、连珠纹样，下部为如意云纹雕刻。在"国子监"牌楼两侧路北另有石碑一块，为下马碑，小型石影壁形式，碑文采用汉、满、蒙古、回、托忒、藏6种文字镌刻"官员人等至此下马"，属礼仪性标志物。此外，国子监街北侧有全国重点文物保护单位孔庙和国子监，其中东为孔庙，西为国子监，符合中国古代"左庙右学"的规制。清雍正年间，雍正帝钦赐设立学舍"射圃"与"南学"，其中"射圃"在今箭厂胡同一带，即习箭之场。2002年7月5日北京市人民政府拨款33.4万元对国子监4座牌楼进行修缮，同年完工。

下马碑

火神庙

国子监街南侧还有庙宇两座，西为火神庙，东为灶君庙。火神庙始建于明代，主要建筑有山门、大殿、正殿及东西配殿，大殿内祭火神及关帝、财神、鲁班、药王、药圣等。此外，庙内原有石碑三座，已被当作台阶或砌在墙内，故无法得知其内容。火神庙现为民居，各殿虽存，但改变太大，无法窥其原貌，唯山门还保留着昔日寺庙的痕迹。

灶君庙现存为清代建筑，原有山门一间，大式硬山顶箍头脊筒瓦屋面，内为彻上明造，现已拆除。前、后殿各三间，前带走廊，饰旋子彩画，其中后殿内旧祀灶王。另庙内原有宣统时重修碑，今已无存。

国子监街除上述建筑外，在其后边的国学胡同内还有一座祀唐代大文学家韩愈的韩文公祠。韩文公祠坐北朝南，为一座四合院式建筑，由祠门、享堂及东西配房组成。祠门为大式歇山顶调大脊灰筒瓦屋面，享堂三间为大式硬山顶调大脊灰筒瓦屋面，上饰旋子彩画。门外有一铁香炉，堂前有一石香炉。堂内祀韩文公像。现享堂尚存，祠门及配房已拆除。

1984年5月24日，国子监街被北京市人民政府公布为北京市第三批市级文物保护单位。

知识链接　　　　国子监街

国子监街名称的由来与京城的孔庙和最高学府国子监有着莫大的渊源。

元代忽必烈自检"国子学"，当时的修建地点就是这条街。元大德十年，正式修建国子监，其位置位于孔庙的西侧。这是一种左庙右学规制的体现。明崇祯八年（1635），国子监明确记载在《帝京景物略》当中。清朝时期，这条街是著名的"成贤街"。民国以后，这条街称国子监，直到1965年，这条街才被称作国子监街。

国子监街被乾隆皇帝称赞为"首善之地"。国子监在全市以街命名的市级文物保护街道中，是

韩文公祠

清代末年的国子监街

唯一的一条。这条古老的街道中集中了大量历史文化遗产，如国子监和孔庙等，也是仅有的一条牌楼街，具有深刻的中国历史文化和人文内涵，是北京文化景区中的一大亮点。

燕墩

燕墩俗称"烟墩"，是北京城传统中轴线南端的标志性景观，旧为重阳登高之处，位于北京市东城区西南部，永定门外铁路南侧，其上立有清乾隆皇帝手书御制碑一座，为北京著名碑刻之一。

燕墩始建于元代，初为一座土台，位于元大都丽正门外，至明嘉靖三十二年（1553）北京修筑外城时才用砖包砌。据文献记载，元、明两代北京有"五镇"之说，燕墩因其形似烽火台，曾与广渠门外的神木（明初营建皇宫遗存的巨木，原在东三环路黄木厂路）、德胜门内的镇水观音庵［乾隆二十六年（1761）改建为汇通祠，即今什刹海西海北岸的郭守敬纪念馆］、西直门外的永乐大钟（在大钟寺内）和皇城中心的景山并列为"金木水火土"五方镇城之宝，时称"京城五

燕墩

御制碑

镇"，燕墩即为南方之镇，是历代皇帝用以祈求皇权永固的场所。另据《日下旧闻考》载："燕墩，在永定门外半里许，官道西。恭立御碑台，恭勒御制《帝都篇》《皇都篇》。"

现存燕墩建筑为一座平面呈正方形的墩台，上狭下广，台底各边长14.87米，台面长13.9米，高约9米，在台顶四周原有高约1米的女墙，现已损毁。墩台西北角设石门两扇，门内有石阶45级，可达台顶。台顶正中为一座正方形石坛，坛上立方形四面碑一座，即为御制《帝都篇》《皇都篇》碑。石碑高约8米，下部为束腰须弥座，束腰部分采用高浮雕技法精雕24尊水神像，各尊神像均袒胸裸足，形态各异，充分显示出古代工匠精湛的雕刻技艺，其他部分则雕刻云、龙、菩提珠、菩提叶等图案。石碑上部为四角攒尖顶方形

碑盖，四脊各雕一龙，龙身呈波浪形奔腾状，昂首，似欲飞奔夺宝顶。碑身南、北面分别采用满、汉两种文字对照镌刻清乾隆十八年（1753）御制《帝都篇》和《皇都篇》，《帝都篇》刻于碑阴（北面），《皇都篇》刻于碑阳（南面）。碑文为阴刻楷书，记述了北京幽燕之地的形胜，是研究和展示北京历史的重要实物文献，具有较高的历史价值。2004年北京市人民政府拨款20万元对燕墩进行抢险修缮。

御制碑基座雕刻

1984年5月24日，燕墩被北京市人民政府公布为北京市第三批市级文物保护单位。

 燕墩的历史沿革

燕墩的建造年代可追溯到元朝，在一些文献记载当中，元朝和明朝时期的京城有五镇的说法，燕墩就是用来镇守南面方向的。这是因为在"五行"之说中，南方是属"火"的，所以其应对方法就是堆烽火台。元朝，一开始建造的是一座土台，直到明朝嘉靖三十二年，北京修筑外城时才用砖来包砌。燕墩在清朝时就成为民间燕京八景当中的著名景致。

燕墩的台顶原本有女儿墙，大约有1米高，现只剩下痕迹。燕墩北面有两扇石门，它的高和

宽分别是2米和0.7米，后由于一些原因被毁，现在我们看到的木头红漆门并不是原来的，而是于1985年仿制的。

1987年，燕墩被保护起来，相关部门划定保护范围及建设控制地带。1990年，对燕墩的碑身和维修台顶部分做了防护处理。2004年，建了1.19公顷的燕墩公园。2009年，燕墩公园的上百棵树要为地铁14号线沙子口站出口让路，不过燕墩还在原地。

袁崇焕祠、墓和庙

袁崇焕祠、墓和庙是为了纪念明末杰出的军事家和抗清将领袁崇焕而建的纪念场所，位于北京市东城区东花市斜街52号。

明朝末年，袁崇焕镇守山海关，多次击败后金军的进犯，巩固了摇摇欲坠的大明江山。崇祯二年（1629），皇太极绕开袁崇焕，在辽西的关锦防线进攻北京，袁崇焕率部驰援京师，力解京师之危。但崇祯皇帝中了离间计，听信谗言，以叛国罪将袁崇焕逮捕下狱。崇祯三年（1630），袁崇焕被磔刑处死于西市。其部下佘义士冒死深夜盗走尸骨，葬于北京市崇文门广东义园。此后佘家世代为袁崇焕守墓，直至今日。

袁崇焕祠和墓坐北朝南，祠建于清代中期，有广亮大门一间，门内有享堂五间，进深八檩，前出廊，明间檐下有叶恭绰敬题"明代粤先烈袁督师墓堂"匾额，两侧廊心墙及室内墙壁上嵌有李济深撰《重修明督师袁崇焕祠墓碑》等石刻。享堂北侧为袁崇焕墓，建于明代，墓高1.35米，径约2米，墓前立有清道光十一年（1831）湖南

袁崇焕祠和墓大门

袁崇焕祠享堂

巡抚吴荣光题写的"有明袁大将军之墓"石碑。墓侧另有小丘为佘义士之墓。1982年，北京市第五十九中学扩建操场时，将"有明袁大将军之墓"碑迁至祠堂右前侧。2002年，北京市政府出资完

袁崇焕墓

成袁崇焕祠内居民的腾退工作，并进行修缮，修缮后对社会开放。

袁崇焕庙是广东人张伯桢先生于1917年在东城区龙潭湖畔（今龙潭公园内）创建的，坐西朝东，面阔三间，进深五檩。袁崇焕庙坐落在高约1.3米的虎皮石台基上，庙堂内三间各自分隔，明间上的石门额书刻"袁督师庙"。庙内明间正壁上镶嵌袁督师石刻像，两壁有《明袁督师庙记》《明袁督师庙碑记》《佘义士墓志铭》等石刻。门额、对联及庙记等多块石刻均为康有为手笔，有较高的历史和书法艺术价值。庙的北次间、南次间为张伯桢先生意钓亭和悼亡亭，是纪念其亡妻、亡子的家祠。北次间正壁有横书石刻"意钓亭"，两侧为康有为所书对联石刻，中间为张皇溪石刻像，正壁及两侧壁另有石刻三块。南次间正壁亦有横书石刻"悼亡亭"，两侧为梁启超所书对联石刻，中间为蔡夫人石刻像，正壁及两侧壁另有石刻六块。

袁崇焕祠、墓和庙经过多次修缮，并对外开放，供人们纪念这位英雄。

1984年5月24日，袁崇焕祠、墓和庙被北京市人民政府公布为北京市第三批市级文物保护单

袁督师庙大门

位；2006年5月25日，袁崇焕祠、墓和庙被国务院公布为第六批全国重点文物保护单位。

袁崇焕（1584—1630）是明末清初的抗清名将。他在抵抗后金的入侵中做出了杰出贡献，但是却因崇祯皇帝的不信任而被冤杀，这可以在《明史》中找到记载。

袁崇焕出生于经商世家，耕读传家，家庭氛围很好。他自幼品学兼优，14岁考上秀才，23岁成为举人，36岁成为进士，但是此时的明王朝却在逐渐没落。后来他成为了邵武县知县，但是他没有将眼光局限在县城当中，而是时时关注时政和辽东局势。

后袁崇焕成为兵部职方司主事，正值明军在努尔哈赤手下失利，于是他自请奔赴辽东。袁崇焕没有辜负辽东人民。眼看后金进军中原的计划搁浅，皇太极施了反间计，导致这位英雄被冤下狱。后因为崇祯皇帝听信谗言，袁崇焕被冤杀，他的死状极其惨烈。后来余义士将袁崇焕的骸骨收殓并安葬，从此世代为袁崇焕守墓。

《明史·列传一百四十七·袁崇焕》中记载："兄弟妻子流三千里，籍其家，崇焕无子，家亦无余赀，天下冤之。"后来南明政府和乾隆皇帝都曾为袁崇焕平反。

禄米仓

禄米仓是明、清两代储存京官俸米的地方。位于东城区南部禄米仓胡同71、73号。东面从小牌坊胡同起，西面在朝阳门南小街止，南面有二支巷通往小雅宝胡同，北面与武学胡同、东八宝胡同、禄米仓东巷、禄米仓西巷贯通，现属于建国门街道办事处管辖。

禄米仓高约7米的仓廒，其屋顶采用合瓦鞍子脊，屋顶椽子使用了封护檐做法，并没有出檐。屋檐下施菱角檐。

仓廒与围墙都是用大城砖砌成的，墙面经过多次修缮，砖的排列已经变得有些混乱，只能通过墙身来辨别出糙淌白砌筑方法。虽然现在的建筑并没有从中间开门，但是从仓廒的痕迹中仍可以辨别出之前每座仓廒都是从明间开门，次间和梢间只是开小小的方窗。

清末的禄米仓大门

仓内地面比院内地面矮将近1米的高度。每廒座开间五间，开间宽为23米，进深三间，深度共为17米左右。其建筑构架为七架椽屋，前后有两架梁，中间有三架梁，内部共有八根金柱支撑。

明代永乐时期，北京已经得到了繁荣发展，成为比较繁华的都市。于是北运的漕粮日趋增多，常常会接近400万石，远远超出元代的数量。因此元代所建立的粮仓自然不能满足京师的储粮需求。于是在元仓的基础上，明朝开始大规模新建粮仓，并且为了更好地管理粮仓，还在明正统三年（1438）设立总督仓场公署。禄米仓就是在这一时期修建的。它以元代的北太仓为基础而建，居于京师的南部，与北部的海运仓、北新仓，中部的南新仓、旧太仓、兴平仓及富新仓共同承担着京师的储粮重任。

清朝初期，国运昌盛，禄米仓仓廒数量较多。据《大清会典》记载：禄米仓共二十五廒，官廒三间，官舍八间，科房四间，井一。康熙二十二年（1683），禄米仓进行扩建，增至八十一廒。康熙四十四年（1705）初，禄米仓与太平仓合并，另外新建廒30座。乾隆六年（1741）又新增五眼井。然而到了清代末期，随着国运的衰退，政治的腐朽，再加上漕船质量差，破损严重，使得漕粮数目锐减，京师存粮严重减少，于是廒座也逐渐撤销。到光绪末年，禄米仓仅剩43廒。八国联军进入北京之后，粮仓内的存粮被拍卖，禄米仓又被北京日本第一高等女学校所占用。民国以后，仓址被改为陆军被服厂。中华人民共和国成立后，某军单位占用了禄米仓。

如今，禄米仓的围墙大部分还在，只是其中一部分廒房变成了工厂的仓房和仓库，另一部分已经盖起了高楼。现存仓廒三座。

残存的禄米仓仓廒

1984年5月24日，禄米仓被北京市人民政府公布为北京市第三批市级文物保护单位。

知识链接　**清代的储粮体系**

"粟者，王者大用，政之本务。"历代国家统治者对粮食都十分看重。因此在很早以前，我国就建立起了储粮体系，并且在社会发展的过程中不断地完善。清朝作为我国历史上最后一个大一统的封建王朝，其在储粮上，不仅承袭了很多传统因素，同时还根据国力情况构建了一套完备的储粮体系。

清王朝的财政收入主要有两种方式，即货币和粮食。每年朝廷都要向全国各地征收粮食并储存起来，以此作为官员的禄米和国家的粮食储备。清政府建立的储粮体系由"仓庾""常平仓""社仓"构成。政府负责管理的是"仓庾""常平仓"，其中"仓庾"直接由中央政府管理。而"社仓"则是由民间自主兴建和管理。

仓庾储存的粮食是来自全国各地的税粮，每年由各地通过漕运送到京师，因此粮食也被称作"漕粮"。清代漕粮主要来自东南地区，如江苏、安徽、浙江、湖南、湖北等地。

常平仓以其职能而命名,战国时,政府在粮食丰收时大量购买储存起来,等粮食歉收时再将其卖出,从而平衡民间粮价,是为"常平法"。清代沿用这一方法,鼓励各州、县建立常平仓,由政府经营,一方面可以平稳粮价,另一方面可以赈济灾民。通常来说,常平仓筹集粮食的方式有采买、奖励捐纳、京仓补给、截留漕粮及经营收入五种方式。

采买主要是由中央政府或者地方政府出资购买粮食,然后再将粮食存入粮仓中;奖励捐纳就是政府鼓励官员、商人、百姓等给国家捐赠粮食,给予一定的奖励;京仓补给就是中央政府对常平仓的缺额进行补充,以备不时之需;截留漕粮就是在中央政府的授意下,地方常平仓将各地漕运来的粮食截留下一部分,以补充自己仓的不足;经营收入是指粮仓在粮价高的时候卖出,粮价低的时候买入,从而利用差价来不断充盈粮仓。

社仓是民间修建的粮仓,主要职能就是弥补官仓在乡镇地区的空缺。康熙四十二年(1703),中央政府意识到虽然各州县设有储存粮食的常平仓,但是遇到灾荒之年,这些粮食根本不足以维持灾民的正常所需,因此下令同意村镇可以另立仓库,即社仓。两三家组成一社,由家境富裕或品行端正之人负责管理,读书之人辅助管理。社仓储粮取之于民,用之于民,无论是灾荒之年分得粮食还是丰收之年捐纳粮食,均按照家境进行等级划分,尽量做到公平合理。在社仓的管理上,地方政府不得干预。

清朝的粮食储备在赈灾、调控粮价、促进农业生产方面均发挥出极大的作用,整个储粮体系为清政府长达300年的中央集权政治体制提供了坚实的经济基础,促进其发展和延续。另外在维持社会稳定、推动社会发展等方面也起到了积极的作用。

如今用以储备粮食的仓房大多已经消失不见,但仍有一部分幸运地保存下来,它对研究古代粮食储存体系以及历史的兴衰发展具有很大的研究价值。

金台书院

金台书院,是清代康熙年间在京城建立的一所义学,位于崇文门外东晓市街,原是降清明将洪承畴的赐园——洪庄,占地面积宽阔,环境幽雅。康熙三十九年(1700),京兆尹钱晋锡在宛平、大兴分设义学,收孤寒生童就学,其中大兴

金台书院大门

义学僦屋于洪庄。后来，又将宛平的义学合并到洪庄来，改称首善义学。乾隆十五年（1750）首善义学正式改名为金台书院，隶属顺天府学，学员主要是京师和各省准备参加会试、殿试的举人和贡生，顺天府的童生亦可就读。

金台书院于道光二十二年（1842）和光绪五年（1879）进行过两次规模较大的重修。光绪年间的重修，自光绪五年四月二十八开工，至光绪七年（1881）春完成，历时两年，建筑共计有朱子堂七间，讲堂三间，大堂三间，垂花门一座，官厅六间，大门一座，南罩房五间，东门一座，东、西文场二十间，东、西厢房十间，厨房、中厕、马棚共七间，以上共房六十四间。此外大门外有扇面形影壁和石雕卧狮一对，工艺精致，蔚为壮观，在此可以看出我国古代书院建筑的传统规制。金台书院的主体建筑之一朱子堂，系祭祀朱熹之所。

金台书院的主要建筑现今均保留下来，主体是三进四合院式院落，布局井然有序，现存文物有乾隆四十九年（1784）《金台书院记》石刻一方，嵌于门洞东壁，院内还存有石碑两座。

随着科举制度的衰败，光绪三十一年（1905）废除了延续千余年的科举制度，推行学校教育，金台书院随之停办，其旧址改为顺直学堂，民国期间改为公立第十六小学，后虽几易其名，校舍却无变动，中华人民共和国成立后改为东晓市小学。20世纪50年代该校曾几次维修扩建。1950年后，将原六间厅房挖槽见底落地重修，把当中的

金台书院正房

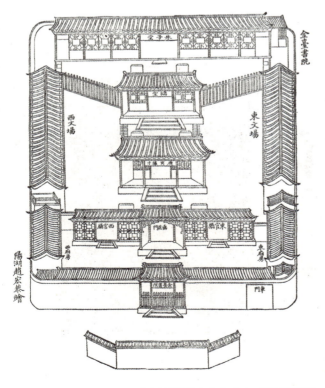

《光绪顺天府志》金台书院平面图

金台书院东庑房

垂花门楼换成走廊式门道。1954年前后，拆除前院的西厢房，并将西墙外毗邻的一家煤铺和一家皮子作坊地基并入，修建西跨院和操场。

金台书院自开办义学至今，已300多年历史，并且始终作为学校使用，这在北京是比较少见的。2002年，北京市人民政府出资对金台书院进行修缮。修缮后的金台书院面貌焕然一新，更显文雅、庄重。

1984年5月24日，金台书院被北京市人民政府公布为北京市第三批市级文物保护单位。

 金台小学和金台书院的渊源

在天坛公园北侧，有一条东晓市大街，那里便是北京市东城区金台小学的所在，这里之前曾是金台书院，属于北京市重点文物保护单位。

金台书院位于北京市东城区东晓市大街203号，是建于清中期的一所书院。金台书院设立在了洪承畴的赐园里。清康熙三十九年，京兆尹设义学招收孤寒学生读书，当时的地点就定在了宛平和大兴，宛平和大兴的义学分别设在了地长寺和洪庄。后来，洪庄义学将宛平义学纳入其中，并取名为"首善义学"。这便是京师义学的前身。

一开始，首善义学占地并非全部的洪庄，只是租来其中一部分，后来，京兆尹施世纶想要买些空地来扩建，他想建立一所大的书院，而当时洪承畴的孙子奕沔作为洪庄主人，他愿意将地捐献出来办义学。从此首善义学扩大了规模。乾隆十五年，首善义学正式更名为"金台书院"。金台书院地处京师，所以十分出名。金台书院的办学宗旨是为清王朝培养人才，发现人才。

金台小学校园就是建立在金台书院旧址上的，

它是一座三进四合院，具有典型的明清风格。校门临街，坐北向南。从南到北的中轴线上依次是原金台书院大门、垂花门和讲坛；两边的建筑十分对称，分别是官厅、文场和厢房；最后是与左右文场相接的朱子堂，中间是中规中矩的大院。这里所有的教室和宿舍都是蓝色的砖，青色的瓦，古朴且厚重。还有一块爱新觉罗·溥杰题写的牌匾，上面写着"金台书院旧址"6个字。

纵观北京历史，这里保留下来的最典型最完整的一座书院就是金台书院了。这座书院源于大兴和宛平的两所义学合并，开始只是几间租来的房舍，当时被称作"首善义学"，康熙帝御笔钦赐"广育英才"，"首善义学"历经康乾盛世，于乾隆十五年扩建修缮，并改名为"金台书院"。

金台书院在历史的变革中几度改名，但是却差不多完整地保留了下来。这里于1915年改为京师公立第十六小学，1951年，在金台书院旧址上，建立北京市东城区第一中心小学。1973年，这里改名为东晓市小学。20世纪80年代末，胡絜青重新题写了"广育英才"的匾额。20世纪90年代初，冰心写下寄语"专心地读书，痛快地游戏"，这所小学焕发了新的生机。2000年，东晓市小学经北京市教委批准更改为"金台小学"。

北新仓

北新仓是明、清两代北京的官仓之一，位于东城区北新仓胡同甲16号，现存仓廒7座，北向仓门三座，部分仓墙及各廒通风设施大都保存完整，是研究古代仓廒形制的实物。

北新仓创建于明代中期，明万历年间在此设

北新仓仓廒入口

仓廒山墙

立海运仓，后因需要扩大粮仓，在其北部设立新仓，又因南面与南新仓相对，故称北新仓，以便储存漕粮，自此南门为海运仓，北门为北新仓。清初，北新仓有仓廒49座，后于康熙三十二年（1693）增至85座，并陆续有所增建。光绪二十六年（1900）八国联军进京后，强占粮仓，建筑遭到破坏，其作为明、清两代官仓贮粮的历史宣告结束。民国时期，北新仓被改成陆军被服厂，原有设施进一步遭受破坏，仓廒数量骤减。中华人民共和国成立后将其作为机关单位使用，得到了较好的保护。

北新仓平面呈不规则矩形，现存仓廒6座，多为清代建筑，个别为明代。建筑通体采用城砖砌筑，廒座明间前均建有抱厦，且大多数仓廒前后檐和山墙开窗，合瓦屋面，部分仓廒屋面带正脊。一号仓坐东朝西，悬山顶，五花山墙，由三廒组成，每廒五间，共计十五间；二号仓坐南朝北，悬山顶，五花山墙，由二廒组成，每廒五间，共计十间；三号仓坐北朝南，悬山顶，五花山墙，面阔五间；四号仓坐北朝南，硬山顶，面阔五间；五号仓坐南朝北，硬山顶，面阔五间；六号仓坐南朝北，硬山顶，面阔五间。此外，北新仓的部分仓墙及各廒通风设施大部分保存完整。2002年

8月25日，北京市人民政府拨款163.2万元对北新仓进行抢修，同年11月15日完工。

北新仓作为北京地区现存为数不多的仓房建筑，亦是我国古建筑中的一个特殊类型，其建筑布局、结构形式、运作方式和管理体制，为研究古代仓储制度和仓房建筑提供了宝贵的实物资料。

1984年5月24日，北新仓被北京市人民政府公布为北京市第三批市级文物保护单位。

圆形通风口

知识链接　　**我国的仓储制度**

我国有着悠久的储粮文化，从考古发现的汉代"华仓"、唐代"含嘉仓"，再到江苏镇江宋代

粮仓遗址及元、明、清三代的众多粮仓都充分说明了这一点。同时，由于粮储具有较大的社会作用，故受到历代封建统治者的重视，成为其巩固统治方法的一部分。我国历代粮仓大致可以分为三类，即义仓、常平仓和官仓。义仓，又称社会仓，多设于村落之中，用于农民贮粮，以便其荒年自赈。常平仓为官府粮仓，设于州、县府衙，由官府在丰年收粮贮存，以便灾年开仓赈济灾民。官仓则是专供朝廷中央开支的粮仓，设于王朝国都，所贮粮食用于皇室开销、官员俸给及军队粮饷。北京作为元、明、清三代国都，故所建粮仓多为官仓。

北京官仓的设立始于元代，元世祖忽必烈兴建大都，大都军民用粮皆仰给江南，因此开始了大规模的南粮北运，并于大都城内、城边及通州等地设立官仓贮粮，共计54座。按元代规定，大都官仓隶属户部下设的"京畿都漕运使司"，仓以"间"为单位贮粮，粮米供给蒙古贵族、官员及军队开支，必要时也可用作赈济。明代在北京元代官仓的基础上加以扩建、重建，起初只用于供应军粮，故设置以"卫"为单位。迁都北京后设立供给皇室、官员及军队的官仓，并将卫仓归于京城官仓之下。同时，明代较元代在官仓建制上有了改建与发展，规定三间为一廒，后改为五间为一廒，前后出檐，城砖砌筑，廒门悬挂匾额，标明某卫某字号廒，廒内铺设木板防潮。到了清代，仓廒以明仓基础建立，规定每廒五间，顶上设气窗，廒内底部用砖铺砌，上设木板，并在墙下开气孔以便通风，仓墙上则开设窗户，封护檐后檐墙。至此，形成了一套十分完善的仓储管理体制。

南新仓

南新仓原为元代北太仓旧址，在北京市东城区东四十条22号，是明、清两代皇家仓库之一，专门用来储藏皇粮和俸米，至今已经有600多年的历史。

自明永乐迁都北京，这座城市就得到了快速的发展，对粮食的需求量也日益增大，然而北方粮食紧缺，为了满足生活所需，朝廷只能实施南粮北运。于是，疏通河道，开展漕运，南方的粮食很快被大量地运到北京。为了储存这些粮食，朝廷开始兴建粮仓，南新仓就是在这一时期建成的。

明代时期，北京设有军卫和卫仓存储军粮，均由军仓管理。当时南新仓所管辖的卫仓就有8个。之后，南新仓规模不断扩大，到了清初，南新仓有30廒，经过康乾盛世之后，又增为76廒。晚清时期，贪污腐败成风，国力衰退，南新仓的规模不断缩小，保留至今的就只有9廒。

走进南新仓就能看到，清代仓廒沿用明代的形制，有的一座一廒，有的一座两廒。每5间为一廒，每廒面阔约24米，进深约17米，高约7米。然而相较于元、明，清代在仓廒的建筑上有

仓廒

了很大的改进。仓廒墙体遵照军事标准建造，全部采用来自山东省临清县的大城砖砌成，每块大城砖长约45.5厘米，宽约22.5厘米，高约11.5厘米，重约25千克，坚固无比，另外还装有护墙板和门罩。相比而言，仓院墙砖要小一些，每块长约41.5厘米，宽约20.5厘米，高约8厘米，重约12千克。围墙厚度达1.3—1.5米。廒架结构基本采用中国传统的木架结构，均为直径30—60厘米的独棵圆木。屋顶悬山合瓦清水脊顶，前后出檐，不用飞头。为了能够更好地通风散热，每座仓廒不仅设置有气楼和闸板，还用竹子做成高出米顶之上的通气设备，再用竹篾编成隔孔，固定在窗户上，以免飞鸟前来觅食。另外，南新仓的改进还体现在其选址和地基上。每座仓廒都建在地势比较高的地方，四周用围墙高高地围上，地下做好排水管道。粮食储存容易变潮，防潮防霉是关键。因此每座仓廒的地基都用三合土夯实建成，接着在上面均匀地撒一层白灰隔离，然后上面覆盖以砖，砖上又加楞木，用松板铺设。南新仓有这样的防潮通气措施，才得以安全保存至今。

中华人民共和国成立以后，南新仓由北京市百货公司所使用，主要用来存放货物。如今这座有着600多年历史的皇家粮仓已经被改造成一个文化休闲场所——南新仓文化休闲街，以全新的面貌出现在人们面前。

南新仓是我国现存古建筑中一个比较特殊的类型。它的结构、布局、形式都堪称精妙，体现着我国古代劳动人民高超的建筑智慧，同时它的管理制度也相当完备，体现了劳动人民强大的管理才能。因此它的存在对我们研究古代仓房建筑和仓储制度有着极其重要的意义。另外南新仓还是南北大运河的终点，这为研究我国运河历史又提供了宝贵的资料。

1984年5月24日，南新仓被北京市人民政府公布为北京市第三批市级文物保护单位；2013年5月3日，南新仓被国务院公布为第七批全国重点文物保护单位。

改造后的南新仓

气窗

知识链接 **南新仓文化休闲街**

南新仓文化休闲街是围绕南新仓而建设的，由南新仓古仓群、仿古建筑群及南新仓商务大厦底商组成。街区占地面积2.6万平方米，建筑面积3.2万平方米，步行街全长达千余米。其显著特色为在旧文化中感受新事物，在历史中体会新时尚。

南新仓文化街的业态主要有两大类别，即文化与休闲。内有音乐传播中心、艺术画廊、文化传媒工作室、昆区小剧场、风味餐厅、酒吧、茶馆等，涉及文化、美食等多个领域。这里经常举办各种文艺沙龙，吸引着远近游客慕名前来。

南新仓文化休闲街以新奇的文化创意为亮点，走出了属于自己的文化特色。其中的建筑"新北京画廊"成为当代书画艺术展示的热土，满足书画爱好者的欣赏需求；皇家粮仓改造的小剧场上演厅堂版昆曲《牡丹亭》，将历史文化遗产与非物质文化遗产巧妙地结合在一起，凭借演唱者绝美的身段和嗓音给人耳目一新的感觉，一时间成为文化热点，也因此成为北京新派传统文化项目。

置身南新仓文化休闲街中，你会发现古老的皇家粮仓正展现出勃勃生机，南新仓虽经历600多年风雨，但仍散发着王者的气息。南新仓是不可再生的文物，但是南新仓文化休闲街却把新旧结合、古今结合，中外文化互相结合，树立起自己的特色招牌。其以保护南新仓、传承古都文化的方式，将仅有的存量资源变成了市场的增量资源，使文化遗产与街区发展有机结合，使人与遗产、环境与遗产，传统与现代更加和谐，让古文化遗产在开放的市场中得到应有的保护与尊重，也使得古都历史文脉不断传承发扬，实现历史的永恒。

于谦祠

于谦祠是为了纪念明正统、景泰年间力挽狂澜的功臣于谦所建，位于北京市东城区西裱褙胡同23号，原名"于忠肃公祠"。

相传于谦当年被害之日"阴霾翳天，京郊妇孺，无不洒泣"，可见于谦在百姓心中的地位。成化二年（1466），宪宗皇帝认为"先帝已知其枉，朕心实悯其忠"，特诏追认复官。万历十八年（1590）时改谥"忠肃"，万历二十三年（1595），将于谦故居改为于少保祠，额曰"忠节"，并在祠中立于谦塑像。清顺治年间，像毁，祠也废。清光绪年间又重建。清朝末年，义和团曾在于谦祠设神坛，后长时间作为民居。现于谦祠已被修葺一新，住户也已被迁出。

于谦祠坐北朝南，院落东南隅开门，广亮大门一间，清水脊，合瓦屋面，朱漆板门两扇，门上梅花门簪四枚，门下门墩一对。大门两侧各有房半间。大门西侧有倒座房五间，清水脊，合瓦

于谦祠大门

过厅与奎光楼

二进院北房

屋面。进入大门，迎面为一座二层小楼，为奎光楼，面阔三间，上层为魁星阁。第二进院为于谦祠的主要建筑，院内正房五间为享堂，清水脊，合瓦屋面，内供于谦塑像。南房五间为过厅，清水脊，合瓦屋面。院内东西厢房各两间，过垄脊，合瓦屋面。

1984年5月24日，于谦祠被北京市人民政府公布为北京市第三批市级文物保护单位。

 于谦

于谦（1398—1457）是明朝景泰年间的杰出

政治家和军事家。于谦所作的《石灰吟》一直传诵至今："千锤万凿出深山，烈火焚烧若等闲。粉身碎骨浑不怕，要留清白在人间。"

于谦是浙江钱塘人，在永乐年间中进士后做官，他做官期间遇到受冤枉的人会为其平反，遇到灾荒会去赈济灾民，因此受到百姓的拥护。

明正统十三年（1448），于谦成为兵部左侍郎。也是在这时，蒙古瓦剌部逐渐强盛起来，他们已经不满足于当时的疆域，于是便经常南下侵扰中原。后明英宗御驾亲征，他亲率15万大军来到土木堡，但是却兵败成为俘虏，这就是历史上著名的"土木之变"。

瓦剌挟持英宗率兵南下，目标是京师。着令当时的朝廷乱了阵脚，有的人甚至提出了首都南迁的建议，但是却遭到了于谦的严词反对。这获得了监国郕王朱祁钰的支持，于是于谦升为兵部尚书以部署京师防务。后在北京保卫战中，于谦率军击破瓦剌军队，大明江山总算没有断送掉。但是英宗复辟后杀害了于谦。

于谦死后，他的遗体被都督同知陈逵收埋，后被他的女婿朱骥安葬在杭州岳坟的对面。于谦被后世奉为"京师城隍"，他俨然是人们眼中的北京城保护神。

老舍故居

老舍故居位于东城区东华门街道丰富胡同19号，建于清代后期至民国时期。1949年，老舍从美国回国后购买并修缮，于1950年阖家迁入居住。因院内种植柿树，老舍即称此宅为"丹柿小院"。

大门

二进院正房

1997年老舍夫人将宅院捐献给国家。1998年"老舍故居筹建处"开始组建，并由市政府拨专款进行修缮，工程中采取落架修缮的方式，按照院落原貌整修，并保留了两株柿树，使小院重新焕发青春。1999年恰逢老舍100周年诞辰之际，故居作为老舍纪念馆对社会开放。

1984年5月24日，老舍故居被北京市人民政府公布为北京市第三批市级文物保护单位。

故居坐北朝南，分内外院，占地面积500平方米，故居小门楼式街门一间，东向，辟于院墙东南角，门前置方形门墩一对，门内设一字影壁。外院南房两间，为看门工友居住之所。北房两间，为老舍私人秘书南仁芷先生白天的办公室，兼做外地客人的临时客房。北房东侧设屏门，门内为二进院，迎门木影壁一座。

第二进院有正房三间，其中两间为客厅，东侧一间为老舍夫人胡絜青画室兼卧室。正房两侧接耳房各一间，东耳房原为卫生间，西耳房为老舍先生的书房兼卧室，现均按原貌布置。东西厢房各三间，现为纪念馆展览室。在故居院内有老舍亲植柿树两株及鱼缸一口。

院内西侧柿树

老舍

老舍（1899—1966），满族，北京人，原名舒庆春，字舍予。老舍是他最常用的笔名。

老舍1918年毕业于北京师范学校，担任过小学校长、郊外北区劝学员等职。1924年，老舍赴英国伦敦大学东方学院，讲授汉语和中国文学。1925年起，老舍陆续写了3部长篇小说：《老张的哲学》对乌烟瘴气的教育界做了生动的揭露；《赵子曰》的鞭挞锋芒指向以新派自诩其实醉生梦死的青年学生；《二马》的主人公是旅居英国的北京人，讽刺的仍是在封建小生产社会土壤里培植出来的"出窝儿老"的畸形心态。小说都以清脆的北京口语，俏皮的幽默笔墨，渲染北京的民俗风情，通过闭塞守旧、苟且偷安的民族心理的剖析，申述对于祖国命运的忧虑，显示出与众不同的艺术个性和思想视角。

1926年老舍加入文学研究会。1929年夏，他绕道欧、亚回国。在新加坡逗留期间，他被当地高涨的民族解放思潮所鼓舞，创作反映被压迫民族觉醒的中篇童话《小坡的生日》。

1930年7月起，老舍到济南齐鲁大学任教。1934年秋，老舍改任青岛山东大学教授。在这两所大学，他相继开设文学概论、外国文学史、欧洲文艺思潮、小说作法等课程。他课余继续从事创作，长篇小说《离婚》和《牛天赐传》等沿袭了他原来的艺术取向，写得富有生活情趣和喜剧效果。比之早期作品，描写从浅露趋向含蓄，相当圆熟地形成他作为幽默作家、北京人情世态的风俗画师、市民社会的表现者和批判者独特的艺术风格。面对愈来愈严酷的社会

现实，他的创作出现两种新的趋势：一是日益关切国家大事，由此触发写作的灵感，如受到日本侵略者制造的五卅惨案的刺激写了《大明湖》，九一八事变引起他"对国事的失望"，遂有寓言小说《猫城记》的问世；一是更加关怀城市贫民的苦难，以此作为主要描写对象，《月牙儿》叙述母女两代沦为暗娼，《我这一辈子》诉说小人物的坎坷经历。在《骆驼祥子》中，以农村来到城市拉车的祥子个人的毁灭，写出一场沉痛的社会悲剧。把城市底层暗无天日的生活引进现代文学的艺术世界，是老舍的一大建树。《骆驼祥子》是他个人也是中国现代文学史的重要作品。他从20世纪30年代初起，开始写作短篇小说，作品收入《赶集》《樱海集》《蛤藻集》等。其中如《柳家大院》《上任》《老字号》《断魂枪》诸篇，绰约多姿，精致完整，是不可多得的佳作。

老舍故居客厅陈设

抗日战争爆发后，1937年11月济南沦陷前夕，老舍只身奔赴武汉。1938年3月，老舍参加中华全国文艺界抗敌协会，出任总务部主任。抗战中，老舍对文艺界的团结抗日多有贡献。他写于抗战

时期的作品，也多以直接为民族解放服务为题旨。战争初期，他倡导通俗文艺，写作宣传抗日的鼓词、相声、坠子等小型作品，供艺人演唱。随后，他转向直接向群众宣传的话剧创作，连续写出了《残雾》《张自忠》《国家至上》等10余个剧本，颂扬民族正气、表彰爱国志士，批判不利于团结抗日的社会弊端，在当时起了积极的宣传作用。自1944年初，他的长篇小说《四世同堂》的创作，回到所熟悉的北京市民社会和所擅长的幽默讽刺艺术。小说刻画深受传统观念束缚的市井平民，在民族生死存亡关头的内心冲突，于苦难中升腾起来的觉醒和抗争，自然也有消极逃匿和无耻堕落。《四世同堂》是他抗战时期的力作，也是抗战文艺的重要收获。1946年3月，老舍应美国国务院邀请赴美讲学。一年期满后，他继续旅居美国，从事创作并将自己的作品译成英文。

中华人民共和国成立后，老舍立即启程回国。新社会的新气象使他极为振奋，不久就发表以艺人生活为题材的剧作《方珍珠》。1951年初他创作的话剧《龙须沟》上演，获得巨大成功。剧本通过大杂院几户人家的悲欢离合，写出了历尽沧桑的北京和备尝艰辛的城市贫民正在发生的天翻地覆的变化，是献给新中国的一曲颂歌。《龙须沟》是老舍创作的新里程碑，他因此获得"人民艺术家"的荣誉称号。20世纪50—60年代，他在文艺、政治、社会、对外文化交流等方面担任多种职务，但仍然勤奋创作。作品以话剧为主，有《春华秋实》《西望长安》《红大院》《女店员》等，以刻画北京市民告别旧生活、迎接新时代的精神历程的作品较为成功。他还写有散文《我热爱新北京》。自20世纪50年代后半期起，老舍在话剧《茶馆》《义和团》（又名《神拳》）和小说《正红旗下》（未完成）等作品中，转而描绘近代北京的历史风云。《茶馆》以一座茶馆作为舞台，展开了清末戊戌维新失败、民国初年北洋军阀盘踞时期、政权崩溃前夕三个时代的生活场景和历史动向，写出旧中国的日趋衰微，揭示必须寻找别的出路的真理。老舍的话剧艺术在这个剧本中有重大突破。《茶馆》是当代中国话剧舞台最负盛名的保留剧目，继《骆驼祥子》之后，再次为老舍赢得国际声誉。

老舍在40多年的创作生涯中，思想上、艺术上不断取得重要进展和突破。他写作勤奋，孜孜不倦地涉猎文学创作的各个领域，是位多产作家，一生写作了1000多篇（部）作品。

"文革"初期老舍遭受迫害，于1966年8月24日自溺于北京太平湖。

茅盾故居

茅盾故居是现代著名文学家茅盾（沈雁冰）的住所，位于东城区交道口南大街后圆恩寺胡同13号。从交道口南大街路西向南数，第三条胡同就是后圆恩寺胡同。它全长约400米，东面连

茅盾故居大门

接交道口南大街，西面与南锣鼓巷相通。它的名字历经更改，清代乾隆时期，称作"后圆恩寺胡同"，到了宣统时期，改成"后圆恩寺"，1965年，又被改成"交道口南三条"，之后又称为"大跃进路七条"，后又改成"交道口南三条"，直到1979年，"后圆恩寺胡同"的称呼才得以恢复。

茅盾故居是一座两进四合院，占地面积约为800平方米，其中建筑面积约为500平方米，街门建为如意门，两扇板门漆成了红色，门口有一对方形石墩。大门后檐柱间装饰着步步锦棂心倒挂楣子。街门和两侧的倒座房均为合瓦清水脊屋面，屋脊两端有6条蝎子尾，向上斜翘着，与其下面的砖雕相协调，非常美观，倒座房明间装修为槅扇门，前面出垂带踏跺两级。

茅盾故居的门前影壁上挂着"茅盾故居"横匾，金字黑大理石，为邓颖超亲自所书。影壁下放着一口养莲花的大缸。绕过影壁，就能看见院子的正前方立着一尊茅盾的半身汉白玉雕像。它放置在黑色的大理石底座上，高度为83厘米。在前院中，院落设置极富生活气息。中间天井位置架着葡萄廊架，每年都会长出新芽，旁边还种着两棵石榴树。在廊架挨近门口的地方，上面拴着一个秋千，颇为有趣。

前院共有十七个房间，北房三间，左右各带一间耳房，东西厢房各三间，南侧各有一间耳房，倒座南房四间，街门东侧一间，西侧三间，东侧半间辟为通往后院的过道。西厢房是茅盾的会客厅和藏书室，东厢房为饭厅，剩下的房间则供家属或服务人员居住。如今，这些房间都成了陈列室，用来展示茅盾生前所用的旧物及一些图片资料。在前院的展厅中，展示着茅盾创作时常用的钢笔、墨盒、镇纸、《英汉大词典》等，另外还有一些珍贵的文件，如茅盾小时候写过的作文原稿、其长篇代表作《子夜》的手稿、朱自清寄来的信件及茅盾写的童话手稿等。

后院有九间房，其中正房五间，东耳房一间，西厢房一间，东厢房两间。其中西侧东厢房向西开门，东侧向南开门。北房原是茅盾的工作室兼卧室。茅盾去世以后，这里保持旧时原貌，但是并不对外开放，游客们只能隔着玻璃瞻仰其遗迹。在房檐下，陈列着一台老式旧冰箱，这是茅盾定居北京以后，与其夫人从旧货市场买来的，一直使用了20多年。如今这台冰箱已经锈迹斑斑，被保护在玻璃罩中。

从1974年12月搬进这座院子，茅盾一直居住在这里，直到1981年辞世。

1984年5月24日，茅盾故居被北京市人民政府公布为北京市第三批文物保护单位。

茅盾半身雕像和正房

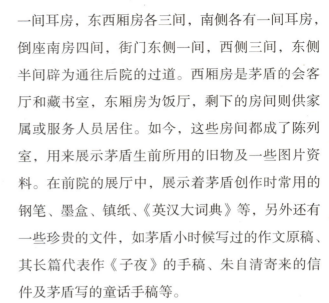

茅盾故居前院葡萄架

知识链接 茅盾

茅盾，原名沈德鸿，字雁冰，茅盾系常用笔名。1896年7月4日，他出生于浙江嘉兴桐乡，1981年3月27日去世。他是中国现代著名作家、文学评论家、社会活动家及文化活动家。他参加了新文化运动，为中国革命文艺奠定了基础。

1913年，茅盾考入北京大学预科第一类，毕业后到上海商务印书馆编译所工作。1920年初，他开始主持《小说月报》"小说新潮栏"的编务工作，这一年11月，他正式接编《小说月报》，在这一年中，他先后发表了《小说新潮宣言》《新旧小说平议之平议》等多篇文章，充分阐述自己在文学方面的独到见解。1921年1月，他与郑振铎、叶圣陶等发起组织文学研究会，倡导并评论新文学，对外国文学作品进行评介。7月中国共产党成立，茅盾积极参加社会革命活动，由上海共产主义小组成员成为正式的共产党员。1922年，他以《小说月报》编务的身份做掩护，担任中共中央联络员，为共产主义事业贡献自己的力量。1923年，他辞去《小说月报》主编一职，转商务印书馆国文部工作。1925年，他当选并出席广州国民党第二次全国代表大会代表。1926年，他接受中共中央的安排，奔赴广州工作，之后又奔赴武汉，担任汉口《民国日报》总编辑一职。南昌起义失败后，茅盾回到上海。1928年7月，他东渡日本，与党组织失去了联系。

1930年4月，茅盾返回上海，没多久就加入了中国左翼作家联盟，之后的几年，专心创作，发表了《子夜》《林家铺子》《春蚕》等多部著名小说。

1937年，他与周恩来相遇，再次与党组织建立起联系，但当时党员身份已经变得不明确。在上海，他参与编辑《呐喊》《救亡日报》，后因上海沦陷而被迫来到长沙。

1938年12月，杜重远邀请茅盾去新疆迪化（今乌鲁木齐），于是他决定前往。1939年3月茅盾到达新疆，在新疆学院教书，4月新疆文化协会成立，他当选为文协委员长。

1940年，他从新疆赶往延安，在鲁迅艺术文学院、陕甘宁边区文化协会进行讲学。同年10月，他去了重庆，第二年又到了香港，之后又去到桂林。1942年，他再次返回重庆。

抗日战争胜利后，茅盾在上海担任《文联》杂志主编一职，主要进行争取民主与和平的活动。1946年，他赶赴苏联访问。1947年，他回到国内，抵达上海，年底又去了香港。1949年2月，茅盾到达北平，7月当选为中国文学艺术界联合会副主席和中国文学工作者协会主席。中华人民共和国成立后，茅盾长期担任文化部部长、中国作家协会主席，引领中国文坛的前行。在艰难的"文化大革命"时期，茅盾始终站在党和人民的身边，积极努力着。1981年3月27日，茅盾与世长辞。他生前曾请求恢复共产党员身份，于是在3月31日，中共中央恢复其中国共产党党籍，并且确定从1921年起他即为中国共产党党员。

在文学创作上，茅盾可谓是硕果累累，代表作有《子夜》《夜读偶记》《春蚕》等。1927年9月，他以笔名茅盾发表中篇小说《幻灭》。1928年，他又创作中篇小说《动摇》《追求》，至此《蚀》三部曲的创作全部完成，在日本期间，他还创作长篇小说《虹》及《从牯岭到东京》等。1931年，他创作写实主义的长篇小说《子夜》。1932年7月，他发表《林家铺子》；11月，发表《春蚕》。1933年4—7月，他创作《秋收》《残冬》并发表。1935年，他的论文《中国新文学大系·小说一集·导言》被收录发表。1940年，他辗转新疆、延安、重庆，其间创作优秀散文《风景谈》《白杨礼赞》。1941年5月，他开始创作《腐蚀》，同年12月在桂林创作长篇小说《霜叶红似二月花》。1945年4月，茅盾开始创作剧本《清明前后》。1951年1月，他开始创作《夜读偶记》，同年3月，人民文学出版社出版《茅盾文集》第一卷，到1961年，《茅盾文集》10卷全部出版完成。1984—1997年，人民出版社出版了38卷本的《茅盾全集》。除此之外，茅盾还创作了多部中长篇小说、短篇小说、散文、童话作品、戏剧作品、国学研究及一些文艺理论等。

茅盾还具有较高的书法造诣，是一位出色的书法家。他的字布局严谨，笔法苍劲含蓄，疏朗婉丽，有瘦金体之风。事实上，他学于《董美人墓志》，因此字体华美坚挺，线条舒展富有张力。

茅盾的一生具有较强的影响力，在文艺、政治、文学奖项方面都做出了巨大贡献，体现了"文学家与革命家的完美结合"。

福建汀州会馆北馆

福建汀州会馆北馆是目前北京尚存最具南方特点的古建筑，坐落于前门外长巷一条、二条。它有北馆和南馆之分，其中北馆就在东城区长巷二条48号。主院正房，结构新颖，是北京少见的具有南方特点的古建筑。从它能窥探到明、清时期南方的建筑风格。

福建汀州会馆北馆外景

北馆始建于明弘治年间，原本是一处私宅，为明代居民施以仁所有。明万历十五年（1587），尚书裴应章看到福建诸郡县在北京都有会馆，唯独汀州府没有，心中甚是难受，他想为汀州举子来京应试提供容身之所，于是萌生创建会馆的想法。他第一个捐出薪俸，又向在京居住的汀州籍人士发出邀请，赢得四五十人的赞同，于是大家合力捐资，从施以仁的手中购得房产，建立了汀州会馆。明崇祯十七年（1644），会馆被豪门所占。清宣统三年（1911），会馆宅院以800两银子的价格典当给一户靳姓人家，1920年，长汀县人江庸发起创办了协会组织——福建汀属八邑旅京同乡会，会址即为汀州会馆北馆。1922年在京的同乡将其从靳姓人家赎回，次年进行修缮。

福建汀属八邑旅京同乡会的成立对北馆的延续起到了很大的作用。同乡会不仅对外维护旅京同乡的合法权益，同时对内还对会馆进行民主管理。每年，会馆会举办两次例会，对会馆事务进行总结报告，并且列单公布会馆的来往账目。除此之外，会馆每两年还要进行改选，推举有能力的人担当会馆理事，然后再由理事推选出理事长，主持会馆的大小事务。正因为有了这样好的维护

长巷二条48号入口

墙上雕花

制度，北馆才得以发展和延续。20世纪50年代以后，北馆变成了民居。

北馆有大小6个院落，共50多个房间，总面积2000多平方米。其建筑考究，形制独特，是清代北京地区比较少有的闽越风格建筑。北馆坐东北朝西南，分为东、中、西三个部分。其中中院为主院。面向大街开随墙门一间，倒座房五间。走进院中，可见正房五间，是会馆的祠堂，用来供奉天后娘娘以及创建会馆的先人牌位。祠堂上方悬挂着"德配坤元"和"慈恩广被"两块匾额，另外还有两副楹联。其一为乾隆朝进士、汀州永定人廖瑛所题："酬尚义之功，北阙盍簪，风雨攸宁歆俎豆；丽同人之泽，南天连袂，梓桑必敬集冠裳。"其二为同治三年（1864）宁化伊秉绶之孙伊绍鉴所题："湄岛慈云瞻日下，鄞江福耀丽天中。"

祠堂建筑比较讲究，屋顶为硬山顶清水脊合瓦。屋面坡度平缓，前面出廊，后有厦。梁柱门窗全部选用江南出产的优质杉木。廊内装有卷帘雕花门窗，一色的花格子，廊顶露明天花。房椽头雕刻出象鼻子的形状，梁头又雕刻成神牛、天马等动物的图案。整个房屋雕刻精细，动物图案栩栩如生，再加上部分彩绘，更显整体装饰精致典雅。走廊还有光绪年间江苏漕运京局总办道员上杭人邓心茂所题的联句："渤海靖鲸鲵，万廪千仓遵职贡；舟车驰水陆，南征北运仗神威。"

中院还有东西厢房各三间，屋顶合瓦过垄脊，装饰与正房浑然一体，极为协调。而东西跨院各有两进院落，装饰同样与中院十分协调。

1984年5月24日，福建汀州会馆北馆被北京市人民政府公布为北京市第三批市级文物保护单位；1987年11月，又被划定保护范围及建设控制

山墙

地带，保护范围系所存会馆北馆主院正房建筑。2003年3月北馆修缮工程正式启动。

福建汀州会馆南馆

福建汀州会馆南馆与北馆隔路相对，是福建汀州旅京人士继北馆之后建立的又一处同乡会馆。其具体位置为北京市东城区长巷头条62号，后门为长巷二条43号。南馆相对北馆来说，规模较小，据1943年李景铭先生在《闽中会馆志》中推测，修建南馆的原因可能是因为北馆房屋不够而进行的扩建。

南馆始建于清乾隆年间，坐东北朝西南，其格局为一路正院，两侧附带两跨，均为两进院落。沿街大门一间，倒座房八间，其中西侧三间，东侧五间。正路中部为正殿三间，屋顶为合瓦过垄脊，前檐出廊。随梁是双象耳蜀柱，梁头用神牛、天马等图案进行雕饰。在正殿中，原本祀奉着一尊硬木雕刻的文魁星像，还悬挂匾额，上书"樾荫天南　宣统二年立"，后来因为馆舍对外出租，殿内文物均消失不见。在南馆中有很多楹联，其中有一副很特别，其暗藏着"汀州会馆"四个字，上联为"汀浦游春，会文修艺"，下联为"州里选秀，馆士翘材"。

如今，除正殿之外的各部分配房已经经过一定的翻改，失去了原有的风貌。原来倒座房及后门已经进行了彻底的改造。之前门额存有"汀州会馆"字样，如今已经不复存在。

南馆虽不及北馆规模，但却弥补了北馆房间的不足，使福建汀州会馆可以容纳更多的人士进行活动集会。近代以来，民主革命活动就将这里作为集会的场所。清末，刘映奎、雷焕猷等旅京人士都曾在这里落脚居住，在辛亥革命运动中积极贡献自己的力量。据王克昌《宣南革命活动追述》中记载，1931年，地下党员还曾在汀州会馆秘密接头。

2013年，汀州会馆南馆被公布为东城区文物普查登记项目。

阳平会馆戏楼

阳平会馆为北京规模较大，建筑保存完整的戏楼，位于北京市东城区小江胡同32号、34号、36号、38号。阳平会馆于清嘉庆七年（1802）由山西平阳府及周边20余县商人联合修建。会馆戏楼始建年代不详，或改建于清朝，现存建筑均为清式。

阳平会馆东西长17米，南北长28米，以戏楼为中轴线，南北为附属院落，均为坐东朝西的传统民居。戏楼是一座十二檩卷棚前后双步廊悬山顶木结构建筑，位于会馆的南部，坐西朝东。戏楼内戏台平面呈正方形，面宽7.2米，进深7米，面积为50平方米，台基高0.6米，台面突出，戏

阳平会馆戏楼匾额

或演地宫戏。

戏台左、右和正面三面各有双层看台，二楼正对戏台，是卷棚顶前轩式的官厢，两侧亦为看台，可放桌、凳。看台护栏有栏板和望柱，四角处都设有楼梯，供人上下。楼下场地中间为方池，南北间距10米左右，东西间距12米左右，放置方桌、长凳，是一般看客的座席。戏楼内部雕梁画栋，富丽堂皇。戏楼两侧的墙壁上绘有壁画，设有神龛供祭祀神、祖之用，与戏台相对的后壁嵌有刻石4块，记载会馆的历史和重修情况，由于自然风化且遭人为破坏，大都字迹模糊不清，只能辨认极少部分。原戏楼内高悬巨匾数块，现仅存墨地金字木匾两块，其中一块为明末清初著名书法家王铎题写的"醒世铎"。该戏楼为现存少有的木结构室内剧场，亦是保存比较完整的清代风格民间戏楼佳作，对研究会馆的建筑布局和戏剧发展史有一定的参考价值。

池内呈前轩式，上有檐庑，上层三面均有三个壶门装饰木雕花纹。戏台正中藻井板上开有1平方米的孔洞，上有吊架痕迹，可为演天宫戏所用。戏台上下两层，前面有两根通顶木柱支撑，每层之间有方形通口，底层有坑道，可设置机关布景

清末至20世纪末，戏楼长期被药厂、药材仓库占用。2001年北京市人民政府出资腾退阳平会馆，并于2003年开始修缮戏楼，2004年居民搬迁，对会馆进行全面修缮，2006年对阳平会馆戏楼二期文物进行修缮。现阳平会馆戏楼继续进行演出

阳平会馆戏台

戏楼内景

正面二楼看台

活动。

1984年5月24日，阳平会馆戏楼被北京市人民政府公布为北京市第三批市级文物保护单位。

知识链接　**北京的会馆**

会馆是专供同乡或同业人士在京城及各大城市聚会、寄寓的场所。作为全国政治、文化中心的北京，不仅是会馆产生的源头，也是会馆最集中的地方。

北京的会馆发端于明代，在清代达到鼎盛。据1949年11月北京市民政局统计，全市会馆总数为391处。建于明代的有33处，最早的南昌会馆建于明永乐年间。建于清代的有341处，建于民国初年的有17处，建得最晚的为1936年兴建的湖北大冶会馆。

北京会馆的出现和发展与中国古代官吏制度和科举制度密切相关。明永乐十九年（1421）明成祖朱棣迁都北京后，朝廷官员来自全国各地，又常要调任京外，致仕养老通常要回原籍，流动性较强，客居现象十分普遍。会馆主要是用作同乡官绅阶层的社交场所，以士人会馆居多。

明、清两朝，每当科举考试期间，全国各地数以千计的应考举子涌入北京。为解决应考贫寒举子的住宿问题，在明嘉靖、隆庆年间，会馆在北京大量出现。以接待举子考试住宿为主的会馆，就直接叫作"试馆"，例如花市上头条的遵化试馆、花市上二条的蓟州试馆等。

随着北京城市经济的繁荣，商业从业者为了维护自身利益，需要经常集会、议事、宴饮，于是就有了商业会馆之设。最早的商业会馆建于明代，如颜料行业的山西平遥会馆、粮油业的临襄会馆。这类会馆一般是按不同行业分别设立，也叫"行（háng）馆"。行馆分两种：一种是完全由同行业组成的，如南新华街的玉器行长春会馆、北芦草园的颜料会馆、崇文门外东兴隆街的药行会馆、精忠庙的梨园会馆；另一种是冠以地名的会馆，但实际却是行馆，如宁波药材商人在右安门内郭家井（今里仁街）建立的四明会馆、山西布行商人在小蒋家胡同建立的晋冀会馆。

明代北京内外城都有会馆的分布，而且东部明显多于西部，如正阳门外东河沿建于明初的浮梁会馆、广渠门内的广东会馆、前门外长巷三条的芜湖会馆，建于明后期冰窖胡同的漳州东馆、东草场二条的邵武会馆、长巷二条的汀州会馆北馆等，多数都在东部。这种分布特征与明代漕运直接相关，当时士人进京，位于城东的运河是一条主要交通要道，会馆大都邻近运河分布。明代，内外城会馆有一定分工，内城是官员主持的会馆，主要为久居的京官服务；外城则是士商与谒选者主持的会馆，主要为商人和临时来京的士人服务。

清代内城被八旗圈占后，会馆大都集中于外城，而且随着士人向宣武门外地区集中，会馆分布的重心也由东部向西部转移，向宣南地区集聚。

据统计，清代会馆在宣南地区占7/10，外城东部约占3/10。和明代会馆士商一体不同，清代士人会馆和商业会馆形成了明确分工，士人会馆不接纳商人。如歙县会馆就规定："会馆创立之意，专为公车以及应试京兆而设，其贸易客商，自有行窝，不得于会馆居住，以及停顿货物。"

会馆的地域来源与该地在京士人和商人的多少、实力的大小及会馆建立时间早晚有关。

据1949年北京会馆调查：山西的会馆数量最多，有38处，且以商业会馆为主，这是由于清代晋商在京的商业活动十分活跃；其次为广东和湖北，各有36处会馆；安徽29处，江苏25处，浙江、陕西各24处，福建22处，湖南21处，河南18处，河北、四川各12处，其余省份都不到10处。其中，省馆数量最多的是河南、四川和贵州，各有7处；府馆数量最多的是山西，有13处；县馆数量最多的是湖北，有26处。各省在京会馆数量主要取决于府、县两级会馆是否发达，如江苏、浙江、皖南等清初以来经济文化发达地区，会馆数量历来很多。晚清以来发展迅速的广东、湖北、湖南等省，在京会馆数量也随之增加。

从会馆房产数量来看，规模最大的是广东，计有房2479间，以下依次是浙江2468间，安徽2278间，山西2067间，江苏1829间。福建排第八位，有房1014间。其余各省在京会馆房屋均不及千间。会馆房屋最多的省是经济文化发达的地区，也是在京士人、商人人数最多的省份。单个会馆规模也体现了这种趋势，湖广会馆、安徽会馆、南海会馆等无不是拥有房屋百间以上的大会馆。一般规模的会馆大都是建有20间房屋左右的四合院，较小的会馆如手帕胡同的齐鲁会馆只有一个小院房屋13间、棉花四条的吉州惜字会馆仅

有一小三合院房屋9间。

会馆作为一种特有的文化现象，有其发生、发展和消亡的过程。光绪三十一年（1905），清廷废除科举考试后，接待举子考试住宿的试馆功能从此消失，由于会馆是按籍贯建立的，它的同乡会所功能仍然得以保持。民国初年北洋时期，北京仍然维持首都地位，会馆的同乡会所功能达到一个新的高峰。五四运动期间，陈独秀因散发《北京市民宣言》传单被捕。由于陈独秀是安徽怀宁（今安庆）人，京师警察厅总监吴炳湘是安徽合肥人，安徽同乡会吴传绮等专门致函吴炳湘，以乡谊"恳请阁下曲赐矜惜，准予保释"，最终促成了陈独秀获释。

1928年首都南迁，北京改称北平，初为特别市，继而降为河北省辖市，政治地位一落千丈，经济萧条萎缩，会馆收入难以为继，有些会馆甚至连负责人也找不到。1937年全面抗战爆发，北平沦陷，百业萧条，会馆房屋破损倾圮很多。抗战胜利以后，国民党当局忙于打内战，无暇顾及其他，会馆虽有整顿之说，亦形同画饼，无济于事。

中华人民共和国成立后，北京市人民委员会与各省市协商，由北京市民政局接收各会馆财产。1956年，在京的各地会馆房屋全部移交市房地产管理局，大多数会馆房屋经过整理修葺后分给无房的市民居住。1984年以来，文物管理部门陆续把有文物价值的会馆确立为国家级、市级和区级文物保护单位，其中安徽会馆被确立为全国重点文物保护单位，阳平会馆、汀州会馆、南海会馆、顺德会馆、中山会馆、湖广会馆、湖南会馆、正乙祠等被确立为市级文物保护单位。

会馆属于同乡公产，其兴建主要通过三种

渠道：

第一种是本籍在京官员捐建。这些京官一般都是原来的举子，深知进京应考之艰难，自己一旦做了官也就乐于捐助建馆，既有益桑梓又荣耀乡里，名利双收。位于板章胡同的安溪会馆，原为吏部尚书、文渊阁大学士李光地私宅一隅，清康熙五十四年（1715），李光地送母归乡，把私宅让与乡人充作会馆，会馆中有乡贤祠，祀供原馆创始人李光地等三人。位于宣武门外上斜街的番禺会馆，曾是我国近代思想家、文学家龚自珍故居。道光十一年（1831）龚自珍将这所宅院卖给享誉朝野的官商巨富潘仕成，后来潘离京就职，把这所宅院赠予番禺同乡会，遂成为番禺会馆。但个人捐宅者仍为少数，多数会馆是靠众人捐资建成的。

第二种是在北京的本籍、本行业经商者集资兴建，借此集会联络感情开展商务活动。位于广安门内大街的河东会馆是由山西烟行商人所建立，位于珠市口西大街的当商会馆则是由在京开业的典当行联合公议建立的聚会议事之所。

第三种是本籍官员和商人共同资助建立，作为对旅京乡人的支持。位于宣武门外大街的歙县会馆创建于明嘉靖年间，由徽州茶、漆商人出资兴建，最早是商业会馆。清乾隆五年（1740）重建改为接待举子进京赶考的试馆。重建时，不仅外放湖北黄德道的刑部官员黄昆华将其私宅捐献给会馆，还得到了歙县籍扬州盐商和在京徽籍茶商的大量资金支持。位于粉房琉璃街的延平郡馆建于清顺治九年（1652），由延平、邵武两地的纸商兴建，作为试馆容纳同乡举子居住。

会馆的管理者由在京同乡推举产生。龙岩会馆规定由本籍京官轮流担任馆主，吉安会馆则按抓阄得来的顺序确定依次担当管理责任的官员，歙县会馆还吸纳商人与本籍京官共同管理。

得益于本籍京官富商的组织和支持，会馆为具有不同社会地位的士人提供了交流的机会，履行着扶助在京同乡的道义责任。安徽会馆规定："善后用费，如有不敷，应由值年写公信，致各省同乡督抚、司道、提镇等官，量力捐助。"江西会馆规定，文武会试、乡试期间对应考举子"不算房租"。对于寓居者，有的会馆不许带家眷同住，有的虽可带家眷，但有种种限制。歙县会馆规定："非乡会之年，房屋虽空，京官有眷属者，及凡有眷人，皆不得于会馆居住。盖家口人杂一住，别无余地，且难迁移，殊非义举本旨。"马克思在《资本论》中提到的唯一的中国人王茂荫，在清道光、咸丰、同治三朝历任户部右侍郎、左副都御史、吏部右侍郎等职，在京居官30年不携眷属随任，一直在歙县会馆独居，以两袖清风、直言敢谏而闻名。咸丰四年（1854）他曾上书主张发行纸币，遭到皇帝申斥，马克思在《资本论》第一卷第83条注释中曾提及此事。

为使离乡士人得以感受乡情的温暖，会馆为同乡提供多种联谊方式：一是祭祀活动，在会馆中祭祀神明和本乡先贤；二是每年的团拜和各种庆典活动；三是迎来送往的活动；四是士人之间的聚会和诗歌唱和。在会馆宴会场合，列坐多以年龄、辈分为序，只有特定情况才照顾官爵。《龙岩会馆规约》规定："馆中公会，并应序齿，以洽乡谊。"

会馆在推动北京政治、经济、文化发展，促进各地区文化交流和融合，特别是京剧艺术的形成和发展中发挥了不可磨灭的作用。据统计，有17处会馆建有大小不等的戏楼，其中正乙祠、湖广会馆、安徽会馆、阳平会馆的戏楼被称为蜚声京城的四大戏楼。

会馆还是各地饮食和方言的集中展示地,在展示各自菜肴特点中,取长补短,既有融合,更具特色,最终形成川、鲁、粤、淮等地方菜系;在语言的交会中,给北京话以营养和活力,促进了以北京语音为标准、以北方方言为基础的普通话的形成。此外,在建筑艺术、园林建设、书法石刻、诗文楹联等方面,会馆都为后人留下了丰富的遗产,有待我们去发掘,去研究。

原中法大学

中法大学是在民国初年蔡元培发起组织的留法俭学会与法文预备学校和孔德学校的基础上组建的一所大学,始建于1925年,位于北京市东城区东黄城根北街甲20号,其主楼是民国初年兴建的中西结合式楼房建筑,礼堂及其他中式建筑物均保存完整。

学校占地面积约9500平方米,坐东朝西,由北部校部及南部教学主楼两部分组成。

北面的校部是清末理藩部旧址,大门面阔三间,硬山顶调大脊,筒瓦屋面,上有吻兽,当心间为大门,两次间前为檐封墙。正对大门的礼堂为二层南北向楼房,硬山顶,清水砖墙,西山墙为主入口,前接连房,面阔十一间,正中三间出抱厦。

中法大学中式教学楼

南部教学主楼为新建楼房,沿街布置,地上三层,地下一层,砖混结构。地上三层布置相同,地下室在西半部,屋顶为平顶,平面呈对称布局,建筑体现出了中西合璧式风格,入口门头与两端顶部都采用中式影壁墙的形式。建筑中央部分凸出较高,垂直划分为三部分,两侧塔形上部冠以

中法大学校门

中法大学西式教学楼

盝顶式小披檐，增强了该建筑的整体性与中式风貌。南北两侧门处，做成中式卷棚抱厦式。

原中法大学旧址基本保存完好，现为北京光电技术研究所使用。

1984年5月24日，原中法大学被北京市人民政府公布为北京市第三批市级文物保护单位。

中法大学历史沿革
知识链接

1902年，李石曾、张静江、夏坚仲随驻法公使孙宝琦到法国，同行者有官费、自费留学生20余人。

1903年，吴稚晖由沪赴英，与同学一二人实行勤工俭学。

1906年，吴稚晖、李石曾、张静江在巴黎组织"世界社"。世界社以从事出版、研究、教育和社会四项事业为宗旨。而教育事业方面，则分为设立学校和介绍、组织留学两方面。

1917年，留学俭学会设立，同时又创设法文预备学校及孔德学校。法文预备学校为中法大学文学院之雏形，孔德学校为中法大学计划之初等、中等教育之始基。

1918年，在北京西山碧云寺设立生物研究所，又设立天然疗养院。

1920年，在西山碧云寺就原有法文预备学校，扩充为文、理两科，改称中法大学西山学院。至此，世界社会教育事业所主办之世界大学中的中法大学，才开始在北京正式成立。从此逐渐发展、壮大。

1921年，在法国里昂成立中法大学海外部，称为里昂中法大学，同年，又在比利时设立晓露槐工业专修馆。同年，又在京西碧云寺成立碧云寺小学。

1923年，在北京西部温泉村成立温泉初级中学及温泉小学各一所。

1924年，建立孔德学院，该院盖承孔德学校而以法国哲学大家孔德之名命名，即中法大学社会科学院。同年，设立温泉女子中学。是年冬，理科移到北京地安门外吉祥寺。

1925年秋，移文科于北京东黄城根39号，改称服尔德学院（服尔德今译伏尔泰，法国著名文学家、哲学家，生于1694年，卒于1778年）。该院承1917年法文预备学校旧有之基础而起。文学院移城内后，西山所遗校址，设西山中学和碧云寺小学各一所。同年，理科改称居里学院。同年，又将生物研究所改称为陆谟克学院（陆谟克为法国生物学家）。该院扩充为甲、乙部：甲部设于城内，有生物学讲座与实验室；乙部仍设于西山，并附设农场一所。

1926年1月22日，中法大学奉国民政府教育部第112号指令，正式得到认可。

1929年秋，由镭锭医院院长宋悟生会同新药业同业公会筹办，并得北平中法大学资助经费的私立中法大学药学专修科在上海亚培尔路（今陕西南路）成立，学制四年，培养西医药剂师，聘请医学博士宋悟生任首任教务长。该专修科初期还设有夜校，为一些职业青年提供进修取得学衔的机会。

1930年3月15日，奉国民政府教育部第651号指令，暂准备案。同年，遵照教育部令、停办各学院的预料，改设中法大学附属高级中学，甲、乙、丙三部。

1931年春，成立镭学研究所。同年9月，成立医学院及高级中学、商业专科。同年，又改服

中法大学校友纪念碑

尔德学院为文学院、改居里学院为理学院、改陆谟克学院为医学院、改孔德学院为社会科学院，于同年12月在国民政府教育部呈报立案。

1932年，在北京成立药物研究所。

1933年，成立理工调查所。同年，教育部令中法大学改"国立"，中法大学不遵。同年8月，教育部令中法大学撤销社会科学院，中法大学将社会科学院改称为文学分院，仍保留社会科学院原有各学系。

1935年3月，兴建理学院居里楼。同年秋，成立化学工厂，扩充铁工厂、温泉疗养院。

1935年起，华北局势严重恶化。

1937年，燃起抗日烽火。后方师生奔赴前线、抗日根据地和大后方。中法大学在敌寇占据华北的情况下，苦苦支撑，坚持爱国立场，不屈从日寇，不"接纳辅导官"、不开日语课、不挂太阳旗。1938年夏，终被敌伪勒令停办，附属温泉中学也未能幸免。

在此之前，中法大学的首任校长为蔡元培（1920—1930），其间，先后曾由李石曾、李书华、李麟玉任代理校长。李麟玉是1928年出任代理校长的，从1931年担任校长，一直到1950年中法大学的终结。

1939年，李麟玉委派周发歧、李秉瑶两位教授绕道越南赴昆明，筹备复课事宜，他们先在昆明建立中法大学附中；1940年，在昆明南菁中学旧址先安排中法大学理学院复课。

1941年，文学院招收新生，在昆明复课。

1945年8月15日，抗战胜利。

1946年夏，中法大学分别在北平、昆明招生。同年10月19日，文、理、医三院各系在北平复课。

1948年秋，中国人民解放战争进入决战阶段，中法大学学生纷纷奔向解放区，在校学生锐减。师生共同护校，迎接北平解放。

1949年1月，北平解放后，又有不少中法同学离校参加革命工作。同年夏，继续招收新生。

1949年10月1日，中华人民共和国成立。不久，中法大学正式由政府接管，改称为"国立北京中法大学"，仍由李麟玉任校长。

1950年夏，北京中法大学奉命与由华北解放区迁京的华北大学工学院合并。

1951年，华北大学工学院定名为北京工业学院。

1988年10月，北京工业学院更名为北京理工大学。

原协和医学院

协和医学院又称罗氏驻华医院，是北京最早设立、规模最大的医学院校，建于1919—1921

年，其旧址位于北京市东城区东单三条9号。协和医学院旧址原为有300年历史的清太祖努尔哈赤第十五子豫亲王多铎府邸，1915年被美国石油大王洛克菲勒购买，拆除了王府大部建筑，并邀请中美两国专家设计，修造了中西合璧的协和医学院及附属医院。

现存协和医学院建筑群规模宏大，历史悠久，旧址基本保持了1921年的布局和规模。同时，原协和医学院建筑群虽由外国人设计，但在运用西方先进建筑材料和功能时加入了中国传统建筑风格，属仿中国古典建筑，反映了20世纪初到20世纪20年代仿中国古典建筑的特征。

协和医学院及附属医院建筑群由16栋独立的楼房组成，其中14栋为中国传统风格建筑，即A楼至N楼；两栋为西洋风格建筑，即O楼和P楼。由于医院功能的需要，大部分楼房用封闭走廊连接。现存建筑分为两组，即南部的教学区和北部的医院区。

协和医学院在我国近代医学发展史上具有重要地位，其投资巨大，建筑质量高，仿照故宫太和殿天花图案，更是成为当时的建筑精品。现协和医学院建筑群保存完好，仍由协和医学院及附属医院使用。

1984年5月24日，原协和医学院被北京市人民政府公布为北京市第三批市级文物保护单位；2006年5月25日，原协和医学院被国务院公布为第六批全国重点文物保护单位。

协和医学院落成典礼

A楼（礼堂）

现在的协和医学院大门

C楼

协和医学院的历史沿革

协和医学院的前身叫协和医学堂。原是清太祖努尔哈赤的第十五子豫亲王多铎府邸。1906年，协和医学堂由英国伦敦教会与英美其他几个教会合作联合创办，所用"Union"这个词，中文名称为"协和"。协和医学堂坐北向南，内部不仅有主楼，还有翼楼。这座建筑物的外部和内部迥然不同，其外部是中国古典形式，内部是西方典型风格。

1915年，协和医学堂被洛克菲勒基金会收购，然后选中了豫王府的地方，购入后便决定将协和医学院建立在这里。1917年9月，北京协和医学

院建立。但是在太平战争爆发以后，日军侵占了协和医学院，不得不对外关闭。

直到1945年日本投降以后，中华医学基金会和协和医学院校董事会将日军手中的财产全部收回后重建医学院。1947年10月，协和医学院第一次复校。1949年9月，这里被称作北京协和医学院。中华人民共和国成立后，中央人民政府接管了这所学校。

2002年9月，教育部和卫生部签署了一份协议，成立"清华大学北京协和医学院"。

2006年9月5日，北京协和医学院—清华大学医学部举行揭牌仪式。

北京协和医院必将在中国教育部和卫生部的领导下继续前进。

D楼

K楼

顺天府学

顺天府学是明、清两代顺天府的地方官学，位于东城区府学胡同65号，始建于元末。明洪武初年，此地为大兴县学。明永乐元年（1403），升北平府为顺天府，设国子监于京都，此处不得再设县学，故改成顺天府学，大兴、宛平县学附于顺天府学。永乐九年（1411）建明伦堂东、西斋

顺天府学大门

顺天府学泮池和大成门

明伦堂

舍，永乐十二年（1414）建大成殿，又建学舍于明伦堂后。

　　顺天府学坐北朝南，现有建筑分为东、西两路，按"左学右庙"之制。西路建筑有两进院落，正门为棂星门，面阔三间，四柱三楼木牌坊式。进入第一进院落，棂星门北面为椭圆形泮池，池上架三座石桥。泮池是文庙的特有建筑。按周代礼制，国学设于天子和诸侯的国都中，《礼记·王制》中有记载，"大学在郊，天子曰辟雍，诸侯曰頖宫"。頖宫又名泮宫，本是鲁国官学，泮水即泮宫之水，泮是一半的意思，诸侯所立国学，等级低于天子的辟雍，因此水只环半圈，称为"泮池"。自秦代废除诸侯分封之制，后世遂在州县

官学的文庙中比拟诸侯泮宫兴建泮池。

　　第一进院西侧为乡贤祠，坐西朝东，面阔三间；东侧为名宦祠，坐东朝西，面阔三间。泮池往北为大成门，面阔三间。穿过大成门，进入第二进院落。大成门北面为大成殿，是西路的主体建筑，面阔五间，庑殿顶，供奉大成至圣先师孔子。

　　东路建筑即为顺天府学，大门面阔三间，硬山顶。大门北面为二门，面阔三间，硬山顶。左右官厅、祠殿各三间。仪门在二门北面，门内有明伦堂五间，为讲学之所。明伦堂两侧为斋舍。明伦堂之东是魁星阁，为六角二层阁楼。魁星阁意为企盼魁星入室，高中三元，即乡试中解元、会试中会元、殿试中状元。堂、阁、亭、祠是学宫的传统建筑形制，是儒家思想的外在表现。

　　顺天府学虽经多次修缮，但民国以后渐渐破败，一直作为学校使用，中华人民共和国成立后为府学小学使用。2000年政府出资，经过严格考证，在原址上复建。现存建筑除东路二门和西路大成殿尚是原物外，其余均为原址复建。

大成殿

1984年5月24日，顺天府学被北京市人民政府公布为北京市第三批市级文物保护单位。

顺天府学

明朝的时候，顺天府学是除国子监外规格最高的学校。顺天府学迁址后，其校园不断修葺和扩充，成为具有一定规模的府学。到了明朝晚期，顺天府学的办学规模已经很大，其建筑规模已经形成：大成殿、明伦堂、尊经阁、省牲所、致斋所、文昌阁、名宦祠、敬一亭和魁星阁等。

顺天府学建筑的历史可以追溯至元代所建的寺庙报恩寺。《日下旧闻考》载："顺天府学，故报恩寺也。元末有僧游湘潭，募造报恩寺，尚未安像。明师下燕，戎士卒毋得入孔圣庙。僧仓皇借宣圣木主置殿中，后不敢去，遂以为学。"这段历史在顺天府学遗址出土的《重修顺天文庙碑》里得到了印证："顺天府庠文庙在郡之东南教忠坊右。元末，僧人募修报恩寺，未列像，适明兵定燕都，下令勿得擅入孔圣庙，僧人借孔子木主，设焉，是为大兴县学，永乐时改为府学。"

明洪武初年，报恩寺改为大兴县学，而将国子监作为府学。明成祖朱棣迁都北京，于永乐元年（1403）改北平府为顺天府，以大兴县学为府学。直到清末的500年间，顺天府学成为北京的地方最高学府。其生源多少是有规定的，所以即使规模已经很大了，但是读书人依然入学困难，后又多次增员，但是名额也是有定数的。所以学子想要上顺天府学，也是要经过重重考试的。

清朝末年，随着封建制度的日渐衰落，改革浪潮的不断推进，科举制被废除，随之，为科举服务的旧式学堂也被新式学堂所代替。光绪

魁星阁

二十九年（1903），清政府颁布《奏定学堂章程》，宣布改革教育，创办新式学堂。顺天府学的东半部被改为"顺天府高等小学堂"，这是我国历史上最早的近代小学之一。当时，学校规定设置9门课程：修身、读经讲义、中国文学、算术、格致、图画、音乐、体操等，其中传统国学仍是规定科目。每周学生课时为36小时，学制3年。光绪三十一年（1905），改名为"左八旗小学堂"；1923年，改名为"京师公立第十八小学校"；1934年，改名为"北平市市立府学胡同小学"。

中华人民共和国成立后，曾名"北京市三区第一中心小学"，1958年为"东城区第一中心小学"，后改为"府学胡同小学"，1967年称"继红小学"，1978年恢复今名。

2000年，府学胡同小学开始扩建工程，扩建基本上依据清朝《顺天府志》所载的原貌进行。

二层挑檐构件

中华圣经会旧址

中华圣经会旧址在民国年间曾是基督教会青年活动的场所，是一座融合中国建筑特点的西式建筑，位于北京市东城区东单北大街21号，始建于1926年。

旧址现存建筑坐西朝东，占地面积约1800平方米，砖混结构。中华圣经会包括主楼、西院楼房、西院院门、西院附属平房等建筑。主楼是一座中西合璧的建筑，外形仿中国宫殿建筑形式，重檐庑殿顶，筒瓦屋面，平面呈矩形，建在一高大台基之上，周围为中国传统式样的石栏杆装饰。东、西立面中央三开间，两层通高柱廊，仿中国传统装饰，柱廊两端的墙面一、二层开有大窗。南、北入口做中式卷棚檐。一层和二层主要房间都是一个大厅，南北两侧为次要辅助房间，三层层高较低，是较小的办公室和库房。外墙为灰砖清水砖墙。主体建筑之西院大门开于煤渣胡同，

院内有一栋二层小楼及附属平房和花园，为该会总干事的住所。

圣经会建筑主体是外形覆以殿式大屋顶的中西合璧风格，室内则是西式装修，现为北京市基督教三自爱国运动委员会所在地。

1984年5月24日，中华圣经会旧址被北京市人民政府公布为北京市第三批市级文物保护单位；2013年5月3日，中华圣经会旧址被国务院公布为第七批全国重点文物保护单位。

知识链接　　　　**中华圣经会**

圣经会并非是基督教的一个宗派，而是一个印刷基督教《圣经》的机构，是基督教传播中必不可少的一环。中华圣经会在基督教的传播方面具有十分重要的作用。

中华圣经会源于1923年，当时美国圣经会在北京买了一块地，然后获得了美国马里兰州圣经会捐款后便拆除地上旧建筑，对这里进行重建。重建后的圣经会是基督教会建筑中的代表，它在西式的建筑上融合了中国建筑的特点，是一座中西合璧式的建筑，这里建成后便成为华中分销

中华圣经会旧址

《圣经》的中心。

清道光十三年（1833），在华的传教士受到美国圣经会的委托，让他们帮忙印发中文《圣经》；清光绪二年（1876），美国圣经会中华分会在上海成立；光绪十六年（1890），中华圣经会北京分会在北京建立，其第一任总干事是美国人甘牧师，这时它的业务只有批发和销售。中华圣经会旧址在民国时为基督教会青年活动场所，1958年，这里改为做礼拜的地方，后来是北京基督教教务委员会在使用。

段祺瑞执政府旧址

段祺瑞执政府旧址位于北京市东城区张自忠路3号，原为清雍正皇帝第五子和亲王弘昼府和贝勒斐苏府旧址。和亲王府的前身是康熙皇帝第九子贝子允禟府邸，雍正十一年（1733）弘昼改建为和亲王府。贝勒斐苏府，是清初顺治皇帝第五子恭亲王常颖的府邸。清末在此设立海军部、陆军部，两府内的建筑全被拆除，重新建造了三组砖木结构的楼群：中间的主楼为欧洲古典式灰砖楼，东、西、北各有一座楼房。

1912年3月袁世凯任中华民国临时大总统时，将陆军部大楼作为总统府，海军部大楼作为国务院。1919年后，靳云鹏任国务总理兼陆军总长，改为总理府；1924年11月24日中华民国临时执政府成立，段祺瑞任临时执政，此地为执政府址。1926年3月18日，在执政府门前发生了震惊中外的"三一八"惨案。1926年4月10日，冯玉祥发动北京政变，鹿钟麟率军包围了执政府，段祺瑞出逃，执政府倒台。王树常任北平卫戍司令时，又将这里改为北平卫戍区司令部驻地。1937年七七事变前，这里是第29军驻北平军部及冀察

陆军部主楼正面

段祺瑞执政府旧址大门

陆军部主楼背面

政务委员会所在地。七七事变后这里成为日本华北驻屯军总司令部，东院则是以喜多为首的日本特务机关兴亚院。1945年日本投降后，这里改为十一战区长官司令部和北平警备司令部。1949年中国人民大学将这里作为校舍。1978年主楼由清史研究所使用。现陆军部和海军部旧址分别由中国人民大学和中国社会科学院使用。

段祺瑞执政府旧址占地面积3.7万平方米，原有建筑格局（包括东院当年的海军部）保存完整，具有较高的艺术价值。

陆军部主楼为欧洲古典式灰砖楼，西洋折中主义风格，坐北朝南，前后面三间楼门，中部门厅以上三层突起一座堡形钟楼，两侧及翼楼均为两层。门窗和外廊均做拱券，外墙全部采取用于高级房屋的上等砖——停泥砖。在细部的装饰上采用了大量的砖雕，刻画入微、工艺娴熟，具有很高的艺术价值。在大型建筑上如此规模地使用砖雕是罕见的。主楼后有东西配楼和后楼，装饰较为简洁。

陆军部东侧为海军部大楼，建筑造型仿西洋古典风格，南立面采用巴洛克山花构图装饰，砖砌拱券外廊。南楼、侧楼和后楼连为四合布局，内院一面为通长木外廊。

海军部南楼西段

1984年5月24日，段祺瑞执政府旧址被北京市人民政府公布为北京市第三批市级文物保护单位；2006年5月25日，段祺瑞执政府旧址被国务院公布为第六批全国重点文物保护单位，同时更名为"清陆军部和海军部旧址"。

知识链接　段祺瑞

段祺瑞（1865—1936），字芝泉，中华民国时期著名的政治家，皖系军阀首领。在孙中山的"护法运动"中，他是主要的讨伐对象之一。

1865年3月6日，段祺瑞出生在安徽省合肥市六安县太平集（今六安市金安区三十铺镇太平村）。

1885年，清朝洋务派代表李鸿章创办北洋武备学堂，段祺瑞以优异的成绩考入该学堂。在校期间，他学习勤奋刻苦，成绩优异，很得李鸿章的欣赏。1887年，毕业之后，他就被派往旅顺督建炮台。

1888年，段祺瑞以其优异的成绩争取到了赴德国留学的机会，在国外学习军事，又到兵工厂进行实习。1890年秋天，他学成归来，被任命为北洋军械局委员。之后，他参加了1894年的中日甲午战争，1899年的镇压义和团运动。

1901年，袁世凯出任直隶总督，从这一年开始，段祺瑞步入政坛。在他的政治生涯中，他比较突出的成就之一就是"三造共和"。段祺瑞早年出国留学，受到了西方民主共和思想的熏陶，认为中国之所以落后，在于中国腐败的统治阶级。于是1911年，他率领北洋前线将领46人，联名给清政府上书，希望清帝能够认清局势，退下帝位，中国2000多年的封建帝制就此结束。1915年，袁世凯想要称帝，段祺瑞曾经5次进行劝阻，甚

陆军部后楼正面

至被迫辞去了职务。这一时期，他虽然并未公开声讨，但是也不参与袁世凯的行动。1917年，张勋复辟，段祺瑞立即对张勋展开讨伐，不仅亲自给张勋致电，还发表讨伐张勋檄文。从1916年到1920年，他实际操控着整个北洋政府。

1924年10月23日，冯玉祥发动北京政变，推翻了大总统曹锟，并请段祺瑞出面主持大局，于是段祺瑞出任中华民国临时政府的临时执政。第二年，段祺瑞正式废除中华民国第一届国会，由临时参政院取代。

1926年4月9日，段祺瑞被冯玉祥驱逐下台，退居天津，从此不问政事，一心礼佛。

1936年11月2日，段祺瑞因病在上海宏恩医院去世，1月11日，其灵柩运至北京，安放于西山卧佛寺后殿。后来，因为抗日战争爆发，段祺

瑞家人便将其草草埋葬在北京西郊白石桥附近。1963年，段祺瑞墓在章士钊等人的组织下，迁入北京西郊香山附近的万安公墓。

京师大学堂建筑遗存

京师大学堂创办于清光绪二十四年（1898）"戊戌变法"时期，其校址原为乾隆帝四女和嘉公主府空闲府邸，位于东城区沙滩后街55号、59号。当年，光绪帝接受康有为、梁启超的变法主张，实行新政，开办京师大学堂为新政措施之一。大学堂的第一任总管为光绪皇帝的老师孙家鼐，"中学"总教习为许景澄，"西学"总教习为美国传教士丁韪良，并将原有官书局和新设译书局均并入大学堂。八国联军侵占北京时，京师大学堂校舍先后被俄军和德军用作兵营，学堂被迫停办。光绪二十八年（1902）京师大学堂恢复，由吏部尚书张百熙为管学大臣，改大学堂为三级：大学院（相当于研究生院）、大学专门分科（相当于大学本科）和预备科。大学专门分科之下又设经、文、法、理、农、工、商等七科三十五目。光绪三十年（1904）改设立一、二、三院和分科学院（分科大学），此处为一院。1911年辛亥革命后改称北京大学，此处仍为一院。

京师大学堂建筑遗址坐北朝南，占地面积3.3万多平方米。成立后不仅是全国最高学府，还是主管全国教育的中央衙署，原公主府的中路即是衙署部分。当时共修复了府中房间340余间，新建130多间，光绪二十六年（1900）扩建校舍120余间，光绪三十年（1904）又在西侧新建宿舍。原公主府为传统的并列三路院落，虽经多次改扩

京师大学堂匾额

建，但基本格局仍然可辨。中路至今存有一座五间大殿（后寝殿），另有配殿、后照楼，但都经过改建，另尚存部分府墙。

西路保留五进四合院：一进院后出廊南房九间，北房五间为过厅，前后廊、东厢已拆改，西厢处有一呈"凸"字形的近代建筑；二进院前出廊正房五间，中三间出抱厦，东西厢各三间，左右耳房各二间，四周游廊环绕；三进院前出廊北房五间，另有西厢三间，前带廊；四进院前出廊北房七间，进深七檩；五进院为后罩房九间

半，西带半间耳房，另有三间北房，北和西即府墙。西轴线以西有平房十四排，是清光绪三十年（1904）新建的学生宿舍。

东路大部分经过改建，为三座西式建筑。北部为"工字楼"，中间为教学楼，均已翻建，失去原貌。只有南端的数学系楼基本保持原状。该楼平面呈正方形，二层砖木结构，建筑外廊每面27.05米，四面中央都各有一处入口。十字交叉的走道，将平面划分为每层四间方形教室，每间教室除走廊有门外，都另有两个外门直通外廊，在西门进入走廊后有一单跑楼梯直通二层。建筑立在高1米的基座上，四面中央有台阶，正对内走廊。建筑总高11.45米，檐口高9.25米，屋顶为对称的坡顶，四面各有一窗。四周环绕的外廊，造型采用简化的罗马券柱式，但柱子开间不同，正对门的开间为3.4米，其余柱间为2.4米，形成半圆形与扁平弧形券的交替。壁柱上部无柱头，嵌有长方形砖雕装饰。二层回廊柱间有木质栏杆，将柱间围起。这栋建于清朝末年的中国最早的新式大学中的西式学校建筑，反映了中国近代建筑吸收西方建筑的改革精神，有重要的历史价值。

1990年2月23日，京师大学堂建筑遗存被北

和嘉公主府残存大殿

京师大学堂数学系楼

京市人民政府公布为北京市第四批市级文物保护单位。

京师大学堂历史沿革

1862年，清政府在总理衙门设立了京师同文馆，这是中国近代第一所新式高等学校，是我国创办新式学校的开端。

1895年8月，康有为、梁启超等在北京组织"强学会"，宣传介绍西方资产阶级的社会政治学说和近代科学知识，鼓励人们学习西方，以学以致用的原则来培养人才，最终达到民族自强的目的。

1896年6月，刑部左侍郎李端棻在给光绪帝的《请推广学校折》中，第一次正式提议设立"京师大学"。

1898年初，随着变法维新运动日益发展，康有为在《应诏统筹全局折》中再次提出："自京师立大学，各省立高等中学，各府县立中小学及专门学。"

1898年6月11日，在康有为、梁启超的推动下，光绪帝《明定国是诏》宣布变法。诏书中强调："京师大学堂为各行省之倡，尤应首先举办。"于是由梁启超起草了一份《奏拟京师大学堂章程》，是中国近代高等教育最早的学制纲要。其中提出"兼容并包""中西并用"的办学方针，认为"二者相需，缺一不可，体用不备，安能成才"，强调大学堂的核心是培养人才，把"乃欲培植非常之才，以备他日特达之用"奉为创办大学堂的目的。这为中国现代高等教育的发展设计了良好的开端。

1898年7月3日，光绪帝正式批准设立京师大学堂，由孙家鼐主持，最初校址在马神庙（原景山东街），美国传教士丁韪良任西学总教习。

1898年9月21日，百日维新失败，而大学堂以"萌芽早，得不废"，未被慈禧废止。1898—1900年的京师大学堂后来被称为"戊戌大学"。

1900年，八国联军入侵北京，京师大学堂遭到破坏，校舍被占，图书设备被毁，大学堂难以维持，于8月3日被下令停办。

1902年12月17日，京师大学堂恢复办学，藏书楼也于同年重设，派吏部尚书张百熙为管学大臣，吴汝纶和辜鸿铭任正副总教习，严复和林纾分任大学堂译书局总办和副总办，从各个方面开始步入正轨。先设速成、预备两科。速成科分仕学、师范两馆，预备科分政科及艺科，创办于1862年洋务运动期间的京师同文馆也并入京师大学堂。

1903年，增设进士馆、译学馆及医学实业馆，毕业生分别授给贡生、举人、进士头衔。同年改管学大臣为学务大臣，统辖全国学务。另设总监督，专管京师大学堂事宜，派张亨嘉为第一任总监督，京师大学堂遂成为单纯的高等学校。

1903年底，京师大学堂选送39名学业优秀者赴日本、欧美留学，其中师范馆学生31名。这是京师大学堂首次派出留学生。

1904年师范馆改为优级师范科。

1908年5月，京师大学堂优级师范科改名为京师优级师范学堂，独立设校。

1910年京师大学堂开办分科大学，共开办经科、法政科、文科、格致科、农科、工科、商科共七科，设十三学门，分别是诗经、周礼、春秋左传（经科）；中国文学、中国史学（文科）；政治、法律（法政科）；银行保险（商科）；农学（农科）；地质、化学（格致科）；土木、矿冶（工科），一个近代意义的综合性大学初具规模。

1912年5月4日，京师大学堂改名为北京大学，严复出任北京大学第一任校长。

大慈延福宫建筑遗存

大慈延福宫建筑遗存是北京的一座道教寺观。因为庙内祀奉着天官、地官和水官三位神仙，因此又被人们称为"三官庙"，位于北京市东城区朝阳门内大街203号。现存有东路的正殿、后殿及部分西配房。东路正殿三间，歇山黑琉璃瓦顶，梁架斗拱等保留有明代建筑特征。明间神龛及藻井保留完整，雕刻精细，除龙头有损，大部保存完好。该建筑遗存，是研究元、明之际北京城市变迁的重要实物。

大慈延福宫始建于明成化十七年（1481）。建成初期，规模宏大，金碧辉煌，远超当时北京其他道教寺观，深受朝廷的重视。明宪宗将这里作

1938年的大慈延福宫山门

为为国祈福消灾、答谢上天的场所。他还曾经亲自撰写碑文，记述建庙的缘由以及该建筑的规制。

《乾隆京城全图》所绘及有关记载，大慈延福宫分为东、西两路，西路为主体建筑，为正院；东路为东道院。正院坐北朝南，布局严整，气势非凡。由南向北，首先是山门。山门为七开间，屋顶为黑琉璃瓦调大脊硬山顶，绿剪边，门前有大八字屏墙。从山门走进院中，东、西两侧分别为钟楼和鼓楼。再向北走，有三间大殿，从殿中穿过，就来到了大慈延福宫的主殿大慈延福殿，面阔五间，四面带廊。殿后有虎尾抱厦。殿前设月台，其两侧有碑亭两座。东配殿三间，称为葆真殿；西配殿三间，称为法善殿。两殿均为黑色琉璃瓦屋顶。最后一进院落是后殿，其建筑特点比较奇特，为三殿并排。其中中间为面阔五间的紫微殿，左右两侧各带有一间耳房。东侧为青殿，面阔三间；西侧为清华殿，面阔三间。各殿屋顶均为黑琉璃瓦歇山调大脊顶。大殿内供奉着三官像，均由金丝楠木雕刻而成，雕工精致，造型灵动，体现出高超的宗教艺术造诣，另外殿内还装饰有精美的壁画与藻井。这三座殿相对独立，又紧紧相连，极大地拓宽了院落的视野，使格局变得开阔，也更加突出了整个主体建筑卓尔不凡的雄伟气势。

东道院从南向北分立着三座殿宇。前殿很久之前就已经被拆除，无证可考。中殿为通明殿，面阔三间，后殿为延座宝殿。两座殿的屋顶均为黑色琉璃瓦歇山大脊顶。

大慈延福宫在建宫后不久，因为宫内丹青金口剥落，曾经修缮过一次。工程从明嘉靖四年（1525）三月十日开始，七月竣工。对于这一次修缮，当时的礼部尚书兼翰林院学士徐阶还曾撰写

东道院正殿歇山黑琉璃瓦顶

碑文，以将此事记录下来。碑文如下：

大慈延福宫者，宪祖纯皇帝之所建，而国家岁时祈禳报谢之所。其所祀日三元三大帝，盖天地水赐福赦罪解厄之神也。嘉靖己酉，宫之建至六十七甲子矣。丹青金口之剥落暗……真人陶仲文以上赐金与所度道士楮价，葺而新之。始于三月十日，至七月讫工。

碑文不仅记述了整个工程，并且文字间尽显大慈延福宫的雄伟辉煌。

大慈延福宫建宫之初，香火旺盛，然而到了明末，香火却断绝。民间传说是因为李自成领导的农民起义逼近京师，崇祯皇帝惶恐，忙到庙中向神灵求助，结果连抽三签均为下下签。崇祯皇帝气急，当即发口谕，称此庙永远不能有香火。从那以后，该庙再无香火。直到乾隆三十六年（1771），朝廷对大慈延福宫进行了长达一年的修复之后，香火才逐渐延续起来。每年元旦期间，这里都要举办庙会，热闹非凡。这里的庙会与其他地方有所不同，会场中多有卖旧衣服的估衣摊，因此这条街被人们称为"估衣街"，后因庙前修路，庙会场地只好由庙前挪到了庙旁边。

从20世纪50年代开始，先后有两个单位在大

大慈延福宫残存建筑

慈延福宫的原址上盖楼房，寺内殿堂大部分被拆除，只留下东道院正殿、后殿及部分西配房。寺中石碑也消失不见。1984年文化部幼儿园占用该殿堂，于是在殿内加设天花板，藻井虽不得见，但保留完整。而三官神雕像也被移至东岳庙育德殿内。1998年占用单位又先后对正殿、后殿进行重修。2002年再次开始修缮工程。

东路正殿黑色琉璃瓦歇山调大脊顶、梁架斗拱等均保留着鲜明的明代建筑特征。明间神龛、藻井完整，雕刻细致精巧，大部分都保存较好，对现代研究元、明之际北京城市变迁提供了有力的佐证。

1990年2月23日，大慈延福宫建筑遗存被北

京市人民政府公布为北京市第四批重点文物保护单位。

三官信仰的起源

天官、地官、水官即为人们所熟知的三官大帝，是道教较早祀奉的神灵。

天官名为上元一品赐福天官，紫微大帝，统领诸天帝王。每逢正月十五就会降临人间，给众生校定罪福，因此被称作"天官赐福"，旧时民间将其奉为祈福消灾的吉利话。在道教神话中，天官极负盛名。每年正月十五这天都会举行各种庆典活动，例如放天灯等，祈求天官赐福。

地官名为中元二品赦罪地官，清虚大帝，统领五帝五岳诸地神仙。每年七月十五就会降临人间，校定众生罪福，为人赦罪，因此被称作"地官赦罪"。

水官名为下元三品解厄水官，洞阴大帝，统领水中诸大神仙。每年十月十五降临人间，给众生校定罪福，为人消灾。因此每年的这天，道观就要开设道场，民间祭祀亡灵，祈求水官排忧解难。

三官信仰起源于中国古代先民对天地水的自然崇拜。在远古时代，天、地、水是人类生存的必要条件，生产和生活不能脱离这三个条件进行，因此人们常常心怀敬畏。

东汉中后期，宦官外戚专权，社会黑暗，百姓生活在水深火热之中，反抗情绪异常激烈。于是沛国人张陵弃官学道，开创五斗米道，进一步强调了对天、地、水的崇拜。其请祷方法在古籍中就有记载。南北朝时期的裴松之在《三国志·张鲁传》注引《典略》中介绍："汉中有张修，修为五斗米道，鬼吏主为病者请祷，请祷之法，书病人姓名，说服罪之意。作三通，其一上之天，著山上；其一埋之地；其一沉之水，谓之三官手书。"

因为三官的职能与人们的生活息息相关，所以在道教中三官是极为重要的尊神。因为三官的诞辰为三元日，因此自唐宋以来，三元节就是道教的大日子，准备各种庆典活动，到了宋明时期，三官职能有所缩小，一般认为是掌管人间祸福、生死轮回、天神转迁等事宜，民间信仰仍非常普遍。每到三元节，人们就会到庙宇中祭拜，忏悔自己的罪过，为自己或家人祈福免灾。到了清代，天官信仰更加普遍，人们把福的内容更加扩大，长寿、发财、多子均是"福"，因此天官又逐渐演化成"赐福财神"，身穿一品大红官服的"天官赐福"更作为吉祥年画出现在民间。虽说对于三官的来历众说纷纭，但对其信仰始终体现着人们对美好生活的向往与追求。

东堂

东堂全称北京天主教圣若瑟堂，又称王府井天主堂，位于北京市东城区王府井大街74号，是北京四大天主教堂之一。现建筑整体保存完好，砖木结构，灰砖清水墙，仿欧洲文艺复兴风格。立面比例严谨，墙面砌工讲究，砖石雕刻细致，现仍为宗教活动场所。

东堂始建于清顺治十二年（1655），1904年重建。东堂大门向西，开拱券门，拱券采用多层线脚装饰，顶部置石碑，上书"天主堂"，再上为十字架。大门两侧为灰砖砌矮墙，上部连拱装

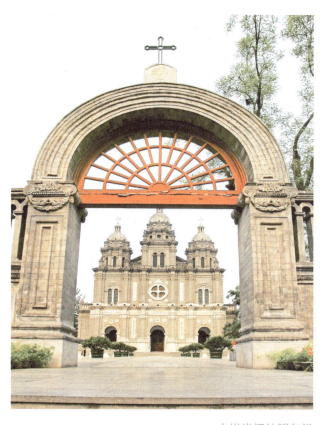

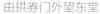
由拱券门外望东堂

东堂主立面

饰。穿过此门为一宽阔广场，东堂就坐落于广场东部。

东堂坐落在一青石台基上，坐东朝西，面阔24米，东西长64米，平面呈巴西利卡式，灰砖清水墙体，在基座及檐部等重要部位采用青石装饰，东堂大门前设宽大平台。建筑西立面为主立面，做重点装饰，由上、中、下三部分组成，各部分间采用水平腰线连接成一整体。主立面下部设半圆券式大门洞三座，形成高大门廊，廊后为大门。其中央大门两侧设楹联一副，上书"庇民大德包中外，尚父宏勋冠古今"，横额题"惠我东方"。主立面中部中央设玫瑰花窗，内嵌宗教题材的彩绘玻璃画，两侧为半圆券双联长窗各一扇。主立面上部与中部均采用组合式壁柱划分，柱头为仿爱奥尼克柱式。主立面上部设三座小塔，中央高

大，两侧稍显低矮，塔顶为肋形穹隆顶，顶上各带小穹隆顶采光亭一座，亭上为十字架。东堂整个立面既雄伟又不失曲折变化，体现了文艺复兴与巴洛克风格的完美结合。东堂其他立面装饰较为朴素，采用砖壁柱分割。

东堂内部由18根圆柱分成中厅与侧廊，各柱柱头采用拱券连接，上覆木屋架坡顶。堂内西部大门上设唱经楼，东部为祭台，其后为向外凸出的小经堂和更衣所，整体平面形成十字布局。南北两侧墙体各壁柱间开尖券窄长窗，墙体西侧各开侧门一扇以通室外。

1990年2月23日，东堂被北京市人民政府公布为北京市第四批市级文物保护单位；2013年5月3日，东堂被国务院公布为第七批全国重点文物保护单位。

东堂内景

诺受命成为汗八里（汉名大都，即今北京）总主教兼东方宗主教。之后，进入中国的传教士越来越多。皇庆二年（1313），福建泉州增设一个主教区，这一时期信徒达6万人。天历元年（1328），约翰·孟德高维诺去世，其职位一直空缺，无人主事的天主教逐渐衰退，最后几乎退出了中原地区。

16世纪，天主教再次进入中国。明嘉靖三十六年（1557）澳门被葡萄牙所租用，从此成为耶稣会在中国内地传教的基地。万历十年（1582），耶稣会会士利玛窦奉命到澳门学习中文，第二年，他在广东肇庆建立了第一个传教会所，之后又到了北京。利玛窦将天主教教义与儒家伦理观念相融合，以传播科学知识为媒介，在中国知识分子阶层活跃着。他的努力为天主教在中国

知识链接　　**天主教传入中国**

历史上天主教大规模传入中国共有三次。

唐贞观九年（635），基督宗教的聂斯托利派传入中国，当时称为景教。他们发展了少量信徒，并在3年后修建教堂。唐武宗会昌五年（845），朝廷下诏禁止佛教流传，景教也受到很大的影响，一时间在中原消失。

元代蒙古族进入中原时，景教随之再次进入中原。元世祖至元三十一年（1294），意大利方济各会会士约翰·孟德高维诺受罗马教廷派遣来到中国，受到成宗的接见，并且被批准在大都设立教堂，传播教义，从这时开始，天主教真正地进入了中国。大德十一年（1307），约翰·孟德高维

1900年被毁的东堂残迹

发展奠定了广泛的基础，到了明末，中国天主教信徒大约已经达到15万人。

清初，耶稣会继承了利玛窦的传教方针，传教士得到了清帝的信任和倚重，在朝廷中担任重要的职位。康熙三十一年（1692），康熙帝颁布旨意，允许天主教在中国自由传播。传教士开始到全国各地进行传教。雍正元年（1723），礼部倡议全国禁教，从此天主教在中国失去了合法传教的条件，于是开始进行秘密传教。乾隆、光绪年间，天主教曾受到极大的打压。后来，天主教通过兴学、办报、兴办慈善事业等方式扩大影响，逐渐在中国发展壮大，并得到政府的承认和支持。1978年十一届三中全会之后，宗教信仰自由政策逐步得到贯彻，1980年建立的中国天主教教务委员会和主教团也成为全国性教务机构。

东城区西堂子胡同25—37号四合院

东城区西堂子胡同25—37号四合院，原为清雍正年间总管内务府大臣德保的宅院，光绪年间左宗棠曾居住于此，故今人视其为左宗棠故居。宅院现存建筑建于清代中晚期，坐北朝南，是北京现存较好的由多组院落构成的大型四合院建筑群。

29号院位于整组院落东部，现存建筑有广亮大门一间，后改为如意大门，门内仍保留有原门扇、门簪、雀替，以及雕刻精美的抱鼓石门墩一对。迎门一字影壁一座，大门西接倒座房五间。第一进院内原有垂花门一座，现已拆除。第二进院有正房五间，前廊后厦，清水脊，合瓦屋面，

院内四周环以游廊连接。第三进院原有垂花门一座，现已拆除。院内正房三间，前后廊，两侧接耳房各两间；东西厢房各三间，前出廊，均为过垄脊，合瓦屋面。院内各房均由游廊相互连接。现为居民住宅。

该院东侧另有一路院（即今25号、27号），其中27号院已拆改，失去原貌。25号院后辟大门

29号院大门

29号院倒座房

于院落东侧南端，第一进院内原有倒座房七间，今只余六间，清水脊，合瓦屋面。第二进院有正房五间，前出廊；南房五间为过厅，前出廊，均为过垄脊，合瓦屋面。院内建抄手游廊连接正房与过厅，并设花坛，其东廊开一屏门，以便出入。第三进院有正房五间，前出廊，过垄脊，合瓦屋面。溥雪斋在改建时，在室内做有八方罩、圆光罩、花罩、栏杆罩和碧纱橱等古朴精美的楠木装修，保存完好。现为单位办公用房。

31号院有三间一启大门一座，东接倒座房七间，西接门房一间。第一进院有正房五间，前出廊，东接耳房两间，过垄脊，合瓦屋面；东厢房三间，后添建为八间。第二进院有正房三间，前后廊，两侧接耳房各两间；东西厢房各三间，过垄脊，合瓦屋面。第三进院有正房五间，两侧接耳房各两间；东西厢房各三间，前出廊，过垄脊，合瓦屋面。第四进院有后罩房九间，鞍子脊，合瓦屋面，原东西顺山各接转角房七间，现仅存东房。现为居民住宅。

33号院临街有广亮大门一间，过垄脊，合瓦屋面，门前抱鼓石一对。大门东接门房一间，西接倒座房三间，均为过垄脊，合瓦屋面。进门左

31号院大门

转为第一进院，院内有南房五间，正房三间，东西厢房各三间，均前出廊，过垄脊，合瓦屋面。院内设抄手游廊连接各房。两厢北山墙各有一小跨院，院内有北房三间。正房两侧有游廊通往第二进院，院内原有垂花门一座，早年已拆除，改为石门柱和清水砖墙。过门有正房五间，前后廊，西接耳房两间；东西厢房各三间，前出廊，均为过垄脊，合瓦屋面。现为北京基督教女青年会管理使用。

35号院为宅院的西花园部分，原与东侧院落相通，现已封闭成独立院落。现存建筑有大门三间，前后廊，过垄脊，筒瓦屋面，门前抱鼓石一对。大门东接倒座房四间，西接倒座房三间，过垄脊，合瓦屋面。进大门为敞轩五间，过垄脊，合瓦屋面，明间后有直廊通往北侧花厅。直廊两侧院落宽敞，原花园内山石点缀其间。花厅五间，前后廊，两侧接耳房各两间，西一间改为门道，可通后院。后院正房五间，前后廊，两侧接耳房各两间；东西厢房各三间，前出廊，均为过垄脊，合瓦屋面。院内四周环以游廊连接各房。现归北京基督教女青年会，作为宾馆使用。其西37号院原为花园的一部分，但已拆除。

25号院三进院正房

1990年2月23日，东城区西堂子胡同25—37号四合院被北京市人民政府公布为北京市第四批市级文物保护单位。

33号院大门

35号院大门

33号院一进院正房

35号院花厅

33号院二进院正房

35号院花园内平顶游廊

左宗棠

左宗棠，字季高，晚清政治家、军事家、著名的湘军将领，洋务派代表人物之一。他与李鸿章、曾国藩、张之洞齐名，合称为"晚清中兴四大名臣"。

清嘉庆十七年十月初七（1812年11月10日），左宗棠出生于湖南省湘阴县。他天资聪颖，胸怀大志，嘉庆二十一年（1816）跟随父亲到省城长沙读书，后又考入湘水校经堂。读书期间，他博闻广学，努力刻苦，成绩优异。

道光二十八年（1848），林则徐任云贵总督，胡林翼向其举荐左宗棠，但当时左宗棠有事，未能赴任。第二年，林则徐返乡，约左宗棠相见，这次见面，左宗棠很得林则徐的赏识。

咸丰二年（1852），太平天国大军将长沙团团包围，发起进攻，省城陷于危难，左宗棠积极投身保卫。他运筹帷幄，行事缜密，击退了太平军的围攻，从此左宗棠加官晋爵，开始了自己辉煌的一生，做出了卓越的贡献。

首先在政治上，他收复了新疆，并且在新疆地区推行各种政策，促进了新疆经济的快速发展，他还主张在新疆建省，实现新疆同全国其他地区行政制度的统一，使祖国的西北边疆更为稳固。另外，他还促成了台湾建省，使得我国东南海防更为强大。在吏治问题上，左宗棠主张使用良臣，罢免昏庸贪污之吏，注重考察和体恤官吏，促进其向善发展。

其次在军事上，他与曾国藩建立湘军，注重练兵，加强军事技术训练及德行的教育。他强调纪律，不允许士兵滥杀无辜，残害百姓。他与将士们同甘共苦，军队士气大振。在杀敌用兵方面，他不骄不躁，主张缓进急战，等掌握好敌军的一切情况才进行出击；他注重后勤保障，事必躬亲，在作战上看重前线将士的建议，作战技术极为灵活。左宗棠重视海防与塞防，促成了总理海军事务衙门的成立，促进了中国近代海防建设，丰富了海防思想。他凭借自己超群的军事才能，在太平天国运动、捻军起义、收复新疆等事件中为清政府做出了巨大的贡献。

再次在洋务兴办方面，左宗棠注重洋务思想的学习，注重建设军事工业，他兴办了福州船政局，组织制造枪炮、火药、机器等，使得清政府的军事力量得到了很大的提升。另外，他还设新式学堂，注重培养军事技术方面的人才，派遣部分学生到国外留学，学习先进的造船和驾驶技术。除了军事之外，他还促进了民用企业的发展，创建各种民用工厂，支持商人集资兴办近代工矿企业，抵制西方商人在中国开厂营利。

最后在民生方面，他兴修水利，解除水患，给百姓农业生产等创造了条件。在禁烟问题上，他严禁百姓种植罂粟，劝其改种棉花，如果有官员督察不力，必严惩。另外他还以提高税率的方式使得洋烟的进口数量大大缩减。

光绪十一年七月二十七日（1885年9月5日），戎马一生的左宗棠在福州病故，因未能在中法战争中大展身手而抱憾，享年73岁。

北京大学地质馆旧址

北京大学地质馆旧址，原为清乾隆大学士傅恒的家庙，位于东城区沙滩北街路西15号院。

北京大学地质馆旧址南立面

北京大学地质馆旧址细部线脚装饰

1931—1935年，北京大学购得此处房产，建成地质学馆。该馆由我国著名建筑学家梁思成、林徽因设计。建筑平面呈曲尺形，地上南翼三层，东翼二层，砖混结构，灰砖清水墙面，入口立面左上方女儿墙局部的高起部分做旗杆处理。整座建筑平面、立面均为不对称形式，外形随功能要求变化，建筑造型明快简洁。

方窗之间以砖块交错垒砌出凹凸横线的简单装饰。内部居室分配合理，门窗尺寸、楼梯、墙线等装饰设计精巧。建筑外形优美朴素，完全服从内部功能构成，既不刻意追求雄伟感的大块体量构成，也没有特别烦琐的细部装饰。在楼下西南角墙体内嵌有一块奠基石，镌刻"中华民国二十三年五月十五日北京大学校长蒋梦麟奠基"字样。

20世纪20—30年代正值西方现代主义与古典折中式建筑风格交流融合的新时期，致力于中国古典建筑研究的梁思成先生适应时代潮流，创作出这样一座明快简洁、经济实用的建筑，使之成为我国最早引入西方现代主义建筑风格的优秀作品，在中国近代建筑史上占有重要地位。北京大学地质馆旧址现为中国社会科学院法学研究所使用。

1990年2月23日，北京大学地质馆旧址被北京市人民政府公布为北京市第四批市级文物保护单位。

北京大学地质馆旧址

知识链接　富察·傅恒

富察·傅恒（1722—1770），满洲镶黄旗，清朝名将，清高宗孝贤纯皇后的弟弟。

富察·傅恒出身名门，他的祖先很早就跟随努尔哈赤南征北战。祖父在康熙朝立下了不少功劳，在恢复和发展社会生产、平定三藩之乱中都

富察·傅恒

典馆正总裁等职务，短短几年时间就成了皇帝器重的朝廷重臣。

傅恒为官期间，功绩卓著，为清王朝立下了汗马功劳，甚至奉献出了自己年轻的生命。

乾隆十一年（1746），大金川土司莎罗奔屡屡挑起事端，使得金川地区不得安宁，为了平定战乱，朝廷决定出兵。然而大金川土司莎罗奔凭借本地地理优势，屡屡战胜清军，使得清军伤亡惨重，川陕总督张广泗、大学士讷亲先后被处死。乾隆十三年（1748），傅恒毛遂自荐，率兵前去镇压。第二年，大金川土司莎罗奔因为久战乏力，宣布投降，傅恒宣布金川之战告捷，于乾隆十四年（1749）凯旋回朝。乾隆帝为其在东安门内建造府邸。

乾隆十九年（1754），准噶尔内乱，乾隆帝打算用兵镇压，群臣多持反对意见，只有傅恒挺身而出，支持乾隆帝的想法，并且全身心辅助乾隆帝指挥这场战役，经过一年多的努力，清军终于攻克伊犁，平定了准噶尔之乱。傅恒再次被授予一等忠勇公。但因为在平定大金川战役中，傅恒已经获封一等忠勇公爵位，再次获封的殊荣实不敢承受，于是主动辞谢。

乾隆三十年（1765），缅甸军队不断在西南边陲生事，滋扰云南百姓。清廷出兵镇压。然而在征缅战役中，三任云贵总督先后自杀，以至于朝中人心惶惶。尚书、参赞大臣舒赫德奉命前去进行实地考察，认为征讨缅军困难重重，很难获胜。面对这种情况，傅恒执掌征缅帅印，率兵出征。进入云南之后，傅恒想尽一切办法与缅军斗智斗勇，虽然对缅军造成了重大的打击，清军也伤亡惨重。更糟糕的是，南方湿气重，久居北方的士兵无法适应环境，纷纷患上了瘴疠

起到了很大的作用。父亲李荣保官至察哈尔总管，姐姐又是乾隆的皇后，良好的家庭出身对傅恒的发展大有助益。

乾隆五年（1740），傅恒担任蓝翎侍卫，之后升任头等侍卫。两年后，他又成为御前侍卫、总管内务府大臣，并且负责管理圆明园的一切事务。再后来，他的官职一路飙升，历任户部右侍郎、山西巡抚、军机大臣、内大臣、户部尚书、銮仪卫、议政大臣、殿试读卷官、会典馆副总裁、会

之疾，傅恒也未能幸免，腹泻严重，一病不起。乾隆帝得知情况之后，命傅恒班师回朝。这时，缅军也畏惧清军，有意投降议和，于是两军议和息战。

回到朝廷之后，傅恒的病依旧不见好转，两个月后，病情每况愈下。乾隆三十五年（1770）七月十三日，傅恒病逝。乾隆帝作诗悼念他，嘉许他为"社稷臣"。

亚斯立堂

亚斯立堂是美国基督教卫理公会在北京乃至整个华北地区建立的第一所礼拜堂，亦是北京现存最大的一座基督教新教教堂，位于北京市东城区后沟胡同丁2号，始建于清同治九年（1870）。随着教会信徒人数的不断增加，出于传教的需要，卫理公会在原址重建教堂，光绪八年（1882）新堂落成。光绪二十六年（1900）夏，该教堂在义和团运动中被焚毁，1902年清政府拨款重建亚斯立堂，于1904年春建成。

亚斯立堂占地面积为8246平方米，现存建筑

亚斯立堂大门

包括教堂大门、教堂主体等，属近代折中主义风格。教堂建筑风格别具特色，融入了中国传统建筑的特点，中西合璧，整体造型完美，具有较高的艺术价值。

教堂大门位于教堂庭院西侧，坐东朝西，砖木结构，灰砖清水墙，面阔三间，当心间稍高为门道，两侧为传达室和门卫室。门道采用拱券形式，两侧方壁柱装饰，壁柱腰部做须弥座，上枭出挑，门道上砌女儿墙，中央做匾额。女儿墙上做雉堞装饰，两侧柱头采用砖砌多层线脚。两侧次间开拱券窗，女儿墙中央做花卉图案装饰，其余形式同当心间。

亚斯立堂

教区西北部为教堂，坐北朝南，灰砖清水墙，砖木结构，三角桁架，红色铁皮屋顶。教堂面阔五间，进深七间，其南面进深四间形成一个独立教堂（正堂），北面进深三间形成一个独立教堂（副堂），正堂和副堂之间采用闸板相隔，既可分开又可连用，可谓别具特色。教堂顶部为八角形坡顶，南侧独立空间用三角桁架做成重檐，平面布置复杂。教堂南立面做装饰重点，由三大部分组成，顶部做一巨大三角山花，山花顶端做平，檐口砖砌出挑，上做雉堞装饰，两侧立面呈

阶梯状，檐口下挂一个十字架。南立面中央做一巨大拱券窗，采用多重砖砌线脚，券内设五个小圆形采光窗，下设三个长方形窗。大券窗两侧设对称采光拱券窗各一，窗内嵌宗教题材彩绘玻璃画。

教堂入口分列于左右两个突出部位，西入口为门厅，平面呈方形，门头做西洋古典三角山花。东侧入口为钟楼，南侧设拱券门，腰檐砖砌线脚装饰，檐口砖砌出挑，檐上做砖砌雉堞装饰，四角为砖砌横线条角柱，红铁皮瓦四角攒尖屋顶。教堂东、西、北三面装饰简洁，灰砖清水墙面留有拱券采光窗。教堂内部于主堂西北置圣台，堂内设传统长条形礼拜椅。主堂北侧为副堂，堂内布置基本同主堂，不设圣台。

亚斯立堂建筑风格融入中国传统建筑的特点，在拱券与立柱之间的细部砖雕采用了中国传统花纹，体现了中西合璧的建筑特色。现教堂主要建筑保存完好，由北京基督教会崇文门教堂管理使用。

1990年2月23日，亚斯立堂被北京市人民政府公布为北京市第四批市级文物保护单位；2006年5月25日，亚斯立堂被国务院公布为第六批全国重点文物保护单位。

知识链接 **折中主义建筑**

社会的发展，需要有丰富多样的建筑来满足各种不同的要求。在19世纪，交通的便利，考古学的进展，出版事业的发达，加上摄影技术的发明，都有助于人们认识和掌握以往各个时代和各个地区的建筑遗产。于是出现了希腊、罗马、拜占庭、中世纪、文艺复兴和东方情调的建筑在许多城市中纷然杂陈的局面。

折中主义建筑是19世纪上半叶至20世纪初，在欧美一些国家流行的一种建筑风格。折中主义建筑师任意模仿历史上各种建筑风格，比如古典主义建筑、哥特式建筑、巴洛克式建筑、洛可可建筑、文艺复兴建筑风格等，或自由组合各种建筑形式，也称模仿主义建筑。他们不讲求固定的法式，只讲求比例均衡，注重纯形式美。

折中主义建筑在19世纪中叶以法国最为典型，而在19世纪末和20世纪初期，则以美国最为突出。总的来说，折中主义建筑思潮依然是保守的，没有按照当时不断出现的新建筑材料和新建

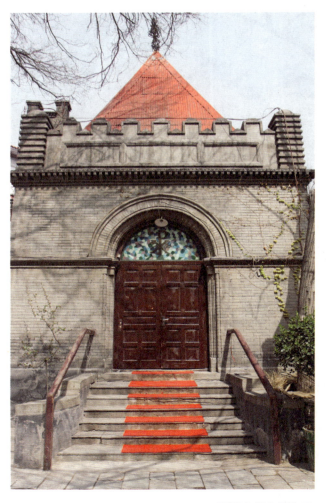

亚斯立堂东侧入口

筑技术去创造与之相适应的新建筑形式。折中主义建筑的代表作有：

巴黎歌剧院，剧院立面仿意大利晚期巴洛克建筑风格，并掺进了烦琐的雕饰，它对欧洲各国建筑有很大影响。

罗马的伊曼纽尔二世纪念建筑，是为纪念意大利重新统一而建造的，它采用了罗马的科林斯柱廊和希腊古典晚期的祭坛形制。

巴黎的圣心教堂，它高耸的穹顶和厚实的墙身呈现拜占庭建筑的风格，兼取罗曼建筑的表现手法；芝加哥的哥伦比亚博览会建筑则是模仿意大利文艺复兴时期威尼斯建筑的风格。

北京饭店初期建筑

北京饭店初期建筑位于北京市东城区东长安街33号，为民国时期北京城内规模最大、设备最好的一座大型旅馆。其前身是光绪二十六年（1900）由法国人傍扎、白来地开的三间铺面的小酒馆，位于崇文门大街东面，苏州胡同南。次年其迁到东单菜市场西，始用"北京饭店"这个名称，由傍扎和意大利人贝朗特经营。这时的北京饭店分前、后两个院落。前院是三合院，正房北房是大餐厅，东配房是酒馆，西配房是客厅；后院有20多间客房。光绪二十九年（1903），北京饭店迁到东长安街现址，建成五层砖木结构楼房。光绪三十三年（1907），北京饭店被中法实业银行出资收购，改为有限公司，由法国人罗非、麦义经营。此建筑于20世纪70年代拆除，在其原址（包括原京汉铁路局）上建造了高层新北京饭店。

1917年，北京饭店规模再次扩大，向西拓

民国时期的北京饭店

展，在清代理藩院旧址上兴建了7层大楼，当时是北京最高的建筑。1940年，中法实业银行把北京饭店的股权大部分出售给日本人，董事长由日本人犹桥渡担任。北平沦陷时期，北京饭店改为日本俱乐部。1945年日本投降后，北平市市长熊斌接收了北京饭店的日本股权，以后由于市长的更换，北京饭店也不断转手。中华人民共和国成立以后，北京饭店收归国有，1954年、1974年和1988年进行了3次大规模的扩建，形成了现在的规模。

北京饭店初期建筑，是指1917年兴建的7层大楼，1931年对顶层进行了改建。这是一座砖混结构的建筑，它与1954年兴建的西楼、1974年兴建的东楼和1988年兴建的贵宾楼，既有风格上的差异，在总体构图上又有所呼应，带有典型的时代风格。

这座建筑具有近代欧洲折中主义风格，地上7层，地下1层，占地面积约5700平方米。外立面用红砖清水墙和浅灰色的抹灰墙面装饰。其底层层高为7.75米，柱上立有拱券，北部正对大门，为左右双分式大楼梯。室内装修朴素大方，巨大的采光窗占据大面积外墙。立面的凸窗，3层、5层的水平长阳台，以及水平挑檐成为立面造型的

北京饭店初期建筑

北京饭店初期建筑挑檐细部

突出要素。宽窄窗洞的交替处理及浅米黄色调，使建筑显得轻巧而有活力。7层是1931年经过改造的连续拱形窗。中华人民共和国成立以后，该建筑进行了重新装修，但正立面除大门改为拱券门外，整体效果仍为原貌。

在近代史上，北京饭店是许多历史事件的见证。1925年1月，孙中山北上促进国民会议，就住在北京饭店5045房间。冯玉祥、宋庆龄、张学良、英国的蒙哥马利元帅等人都曾在此下榻。1946年国共谈判时期，军事调停处执行部的第二招待所就设在这里，许多谈判都在此举行。新中国成立后，这里是党和国家领导人招待国际朋友、宾客的地方。

1990年2月23日，北京饭店初期建筑被北京市人民政府公布为北京市第四批市级文物保护单位。

知识链接　　**谭家菜**

北京饭店是民国时期北京城内最具规模的旅馆，发展至今，已经以豪华舒适的居室、特色的美味珍馐、热情周到的服务赢得海内外人士的青睐。不仅如此，北京饭店还独家经营着中国著名的官府菜之一——谭家菜。

谭家菜是清末官僚谭宗浚的家传筵席，因为其在同治二年（1863）考中榜眼，因此谭家菜又被人们称为"榜眼菜"。该菜的烹调方式主要以烧、炖、煨、燽、蒸为主，其最大的特色就是"长于干货发制""精于高汤老火烹饪海八珍"。

北京饭店初期建筑门廊

谭宗浚一生钟爱美食，又热情好客，经常会请亲朋好友到家中做客，以美食招待。为了提升烹饪技艺，他与儿子重金聘请名厨，博采众长，将广东菜与北京菜相融合，自成一派。

1909年，谭宗浚的儿子谭瑑青与三姨太赵荔凤回到北京，他们依靠谭家菜的美味及谭家的翰林地位经常宴请京城的官僚贵族，一时间将谭家菜发展成官僚宴请宾客的时尚。到了20世纪30年代，政界、商界、文化界等社会名流纷纷以用谭家菜宴请宾客为荣。不仅如此，很多外地人也以品尝谭家菜为心愿。

清朝灭亡以后，谭家逐渐败落，谭瑑青开始承办家庭筵席，很多人慕名而来，不惜重金请其备宴。

谭瑑青和赵荔凤去世之后，其后人辗转多个地方继续经营谭家菜。1958年，周恩来总理亲自安排谭家菜在北京饭店安家落户。自此，谭家菜成为北京饭店的特色菜肴。

如今北京饭店谭家菜的掌门人为谭家菜第三代传人王炳和，厨师长为王炳和的关门弟子、谭家菜第四代传人刘忠，他们共同致力于谭家菜的传承。作为中国官府菜最突出的典型，谭家菜也为研究清代官府菜提供了最完整而准确的资料。

军调部1946年中共代表团驻地

军调部1946年中共代表团驻地是1946年1月10日，周恩来代表中国共产党和国民党政府签订"停战协定"时中共代表团的驻地，位于东城区南河沿大街1号，现存主楼是20世纪50年代按原状重新修复的。

军调部1946年中共代表团驻地大门

军调部1946年中共代表团驻地是一栋坐西朝东的小楼，建筑平面呈"T"形，仿古式建筑。中间主楼为三层，两侧楼高二层，顶部为中式的屋脊，上面覆盖着绿色的琉璃瓦。整座建筑面阔17间，宽度大约为50米。

大门位于院落的东侧，看上去古朴厚重。大门对开，上面镶嵌着门钉，顶部为硬山式屋脊，同样覆盖着绿色的琉璃瓦，并且带有吻兽、垂兽及小兽。东侧院墙上挂着一个文物标识牌，上面写着：军调部中共代表团驻地旧址。

20世纪30年代，梅兰芳购买此地，准备盖戏园，可是没过多久，日军就攻入北平，并且占有了这里，他们在这里建起一座高级招待所，并为其取了一个名字，叫"翠明庄"。

抗日战争取得胜利之后，翠明庄被国民党政府所接收，改为励行社招待所。当时，全国人民反对内战，渴望和平，中国共产党尝试通过和平的方式建立起一个新的中国。1946年1月10日，国共双方代表签署了《关于停止国内军事冲突的协议》，并于1月14日在北京饭店宣告成立军事调处执行部，简称军调部，由中国共产党、国民党及美国三方组成，办公地点设在协和医院。工

军调部1946年中共代表团驻地外景

作内容主要是调处全国范围的军事冲突、解除敌伪武装、恢复阻断的交通、将日俘和日侨遣送回国等。之后，罗瑞卿、李克农率领中共代表团的机要、电台等工作人员搬进了翠明庄。

因为当时翠明庄属于国民党的地盘，所以中国共产党的一举一动都受到国民党的监视和掌控，翠明庄里的服务员一个个身份复杂，很多都是国民党特务。在这种情况下，可以说中共代表团在一个没有硝烟的战场中工作。

在翠明庄工作的这段时间，中共代表团在叶剑英的领导下，与国民党反动派、美帝国主义代表进行了各种谈判斗争，坚持开展各项工作。

主楼檐角

由于国民党反动派撕毁《关于停止国内军事冲突的协议》，挑起国内战争，和平谈判彻底失败，1947年2月21日，中共代表团奉上级命令从北平撤离。

1995年10月20日，军调部1946年中共代表团驻地被北京市人民政府公布为北京市第五批市级文物保护单位。

知识链接　　**全面内战爆发**

军调部成立以后，下设的38个执行小组分赴各军事冲突地点进行调处。这一时期，美方有意偏袒国民党，为其提供大量的作战物资，有了支持的国民党政府，坚持内战、独裁方针，蓄意破坏《关于停止国内军事冲突的协议》，调处工作始终无法公正有效地开展。

1946年6月26日，国民党准备好了一切之后，不顾广大民众的强烈反对，撕毁《关于停止国内军事冲突的协议》和政治决议，向解放区展开大规模的进攻，其中以进攻中原解放区为起点，之后为晋南、苏皖边、鲁西南、胶济路及其两侧、冀东、绥东、察南、热河、辽南等地，全面内战爆发。

在进攻解放区上，蒋介石动用了大量的兵力，总计为193个旅（师）160万人。他声称，只需3—6个月，国民党就能够打败共产党取得最后的胜利。战争形势非常严峻，中共中央于7月20日发出《以自卫战争粉碎蒋介石的进攻》的党内指示，并且加强党内认识，强调共产党不仅要打败蒋介石，而且一定能打败蒋介石。8月，美国总统特使马歇尔宣布"调处"失败，军调部已经名存实亡，成为虚设。9月16日，中共中央军委发出《集中优势兵力，各个歼灭敌人》的指示，要求人民解放军改变作战方针，不惜放弃城市和地区，将战争的主动权争取到自己手中，严厉打击敌军的有生力量。各解放区遵照这一方针对国民党进行打击，极大地削弱了其全面进攻的势头。

1947年1月7日，马歇尔离开中国，返回美国。29日，美国政府正式宣布终止与军调部的关系，并且将美方人员撤回。2月21日，中共驻军调部的工作人员在叶剑英等人的带领下被迫撤离，返回延安，军调部工作至此结束。

日本公使馆旧址

日本公使馆旧址是日本驻中国使馆最初的馆址及建筑，开设于1872年，位于东交民巷21号。

清同治十年（1871），日本任命大藏卿伊达宗城来华与清政府进行建交谈判，日本想要参照西方列强与中国签订不平等条约，遭到清政府拒绝，最终双方签订《中日修好条规》，在双方平等的基础上正式建交。

日本公使馆旧址原是东四六条的一处民宅，日本购买后建设日本公使馆，在设计师片山东熊的主持下，于光绪十二年（1886）建成投入使用。

这是一栋单层砖木结构的平房建筑，属西方折中主义建筑风格中的仿古典主义类型。正立面七开间，中砌砖做拱券式大门。西侧的砖砌门柱上，雕有精美的图案。门顶檐的女儿墙上，砌做三角山花，具有浓郁的西欧古典色彩。大门两边各有三个连续的砖作拱券门廊，其柱子均用线脚做装饰。檐上设女儿墙壁为饰，遮挡了平房的坡顶。后来，日本公使馆又以此平房为基础扩建成了一所四合院。光绪二十六年（1900），八国联军进京，重新划定东交民巷使馆区后，日本公使馆移入位于正义路的新馆，旧馆改作他用。

1995年10月20日，日本公使馆旧址被北京市人民政府公布为北京市第五批市级文物保护单位；2001年6月25日，日本公使馆旧址被国务院公布为第五批全国重点文物保护单位。

日本公使馆旧址正房入口

日本公使馆旧址正房

清政府与日本建交

日本明治维新后，走上了对外扩张的道路，而朝鲜和中国是他们侵略的主要目标。1870年8月，日本开始与清政府接触，派遣外务权大臣柳原前光等人来华与清政府商讨建交事宜，希望可以像西方列强那样与清政府签订不平等条约。面对日本的无理要求，清政府予以拒绝。

后来日本继续与清政府交涉，提出西方列强对日本进行压迫，日本希望与清政府建交共同应对，持"以夷制夷"心理的李鸿章认为应该与日本建立外交关系。于是双方在天津展开建交谈判，谈判过程中清政府对日本政府提出的享受片面最惠国待遇等不合理要求予以拒绝。羽翼未丰的日本面对清政府的强硬态度选择妥协，于1871年9月13日，在清政府提出的条约文本的基础上，与清政府签订《中日修好条规》，日本政府对这个条规十分不满，迟迟不予批准，并于次年5月再次派柳原前光来华，要求改约，但被拒绝。直至1873年，日本政府才正式批准这个条约。

子民堂

子民堂全称为子民纪念堂，是北京大学为纪念伟大的教育家、民主革命家蔡元培先生而建的纪念堂，位于北京市东城区北河沿大街甲83号。

子民堂原为清代乾隆年间大学士傅恒的宅第。清末，裔孙松椿承袭公爵，府邸改成"松公府"。民国初年，这处宅院归并北京大学。1945年，抗日战争取得全面胜利以后，北京大学从昆明回迁

子民堂垂花门（大门）

到北京。1947年，北大教授周炳琳等人组织北大师生在原松公府内西厢院举行公祭，纪念已经去世的蔡元培先生。因为蔡元培先生号孑民，所以当天纪念会场横幅上就写着"蔡孑民先生纪念堂"，从那时开始，"孑民堂"这一名称就诞生了。

松公府是一个很大的院落，原本的孑民堂是一个三进院落。当年"一等忠勇公府"门前的大狮子立于大门外，还有阿斯门前的上马石。从大门进去，正面是一间大厅，东边是五间配房，西边则是一个独立的小跨院。整个院子雕刻彩绘装饰，十分气派。院内还生长着参天古槐，每到夏日，浓荫密布，蝉声绵长，寂静中极显肃穆。二进院的垂花门前也有一对儿石狮子，雕刻精美，栩栩如生。门楼梁架与立柱十字相交，在梁下两端各悬一根垂莲柱，梁头两端承担一根檐檩，砖雕没有丝毫浮夸之感，木雕尽显灵动的姿态。门楼连接着院内两边的游廊。穿过门楼，就看见院内的木质雕花影壁及月台。绕过影壁，可见正房、东西配房各五间，院内还种着几棵松树。在正房与西配房的西侧还有一个小小的花园。第三进院落有七间后堂，东西建有连通的配廊。

1955年，为了修建中宣部办公大楼，孑民堂

子民堂一进院落正房

垂花门前大部分建筑被拆除，西跨院完整保留，后又成为政研室军宣队办公地，现在变成了杂志社。

1957年，中宣部办公大楼建成以后，垂花门后的正房被改造成中宣部部长的办公会议厅，而后院的房间全部被打通，形成一个空阔的大房间，又装上了彩色的壁灯，成为放映电影的放映室，以及举办各种娱乐活动的场所。1962年，子民堂和放映室重新装修，成为副部长的居所。

如今的子民堂是一个两进院落，一殿一卷式垂花门成了大门，走进院中，有正房五间，两侧各带一间耳房，前后有廊，前面还有一三面出阶月台，屋顶为硬山顶灰筒瓦过垄脊，室内有井口天花装饰。东西厢房各三间，院子四周有连通的围廊，廊上有倒挂楣子，下面有带有坐凳的木栏杆。后院保留七间后堂，东侧有一间耳房，东西两侧围廊中有带坐凳木栏杆，还各有屏门4扇。

1995年10月20日，子民堂被北京市人民政府公布为北京市第五批市级文物保护单位。

 蔡元培年谱

蔡元培，字鹤卿，号子民，1868年1月11日

出生于浙江省绍兴府山阴县（今浙江绍兴）。他是近代中国著名的教育家、革命家、政治家，民主进步人士，是中华民国首任教育总长，曾任北京大学校长。

1871年，4岁的蔡元培开始在私塾学习。11岁时，父亲因病去世，次年，他寄居姨母家读书。1884年，17岁的蔡元培考取了秀才，第二年，他就开馆教书。

1889年，蔡元培考中举人，同时迎来自己的第一次婚姻。1892年，蔡元培通过殿试中进士，被点为翰林院庶吉士。

1894年，中日甲午战争爆发，蔡元培开始接触西方文化，同情康梁维新。1898年，他返回家乡绍兴，担任绍兴中西学堂监督一职。任职期间，他积极倡导新学。1901年，蔡元培代理上海澄衷学堂校长，第二年迎来自己的第二次婚姻。

1902年，他在上海同蒋智由等人创办中国教育会，并出任会长一职，另外还创立爱国学社、爱国女学等。然而清政府很快注意到了爱国学社的活动，于是下令侦讯。蔡元培开始在中国的青岛、绍兴、上海及日本辗转停留，一边从事教育和革命活动，一边学习德语，为出国做准备。1903年，蔡元培与上海反清革命人士以对俄同志会的名义创办了《俄事警闻》，以反抗俄国政府对我国领土的虎视眈眈。1904年，他在上海组织成立光复会。1905年，同盟会成立，光复会并入其中，孙中山委任蔡元培为同盟会上海分会的负责人。

1907年，蔡元培去往德国，在莱比锡大学听课，开始学习研究心理学、美学、哲学、文学、文明史和民族学等。1911年，辛亥革命爆发后，蔡元培经西伯利亚返回中国。

1912年1月4日，中华民国临时政府在南京

成立，蔡元培出任临时政府的教育总长。这一年，他颁布了《普通教育暂行办法》，并主持制定了中国第一个大学、中学校令《大学令》和《中学令》。在任职期间，他积极倡导西方教育制度，废止陈旧的读经教育，并提倡男女平等。同年7月，他因不愿同袁世凯合作而辞职，第二年赴法留学。

1916年，黎元洪北京政府恢复《临时约法》，这一做法吸引了孙中山等众多海外流亡的革命党人回国，于是蔡元培也返回上海。同年12月26日，他担任北京大学校长的职务。在治校管理上，他主张"思想自由，兼容并包"，积极支持新文化运动。

1917年10月，蔡元培主持教育部召开北京各高校代表会议，商讨修改大学规程，他的一系列建议在大会上通过，于是决定在北大施行。

1919年五四运动爆发后，为了抗议政府逮捕学生，蔡元培提出辞职，他的这一做法赢得了北京各大专学校校长的赞同，纷纷向政府提出辞职申请，对蔡元培表示极大的支持。

1920年，蔡元培同李石曾、吴敬恒在北京创办中法大学，蔡元培出任校长。并于当年秋天，开始正式招收女学生，打破了中国公立大学只招收男学生的惯例。

1927年，蔡元培在南京国民政府身兼数职，包括大学院院长、司法部部长及监察院院长等职务，同年3月又出任国民党中央监察委员会会议主席一职。虽然在任期间他主张"清共"，但是却反对滥杀无辜，希望政治上的弹压行动能够在规范的法制范围内进行。

九一八事变以后，蔡元培拥护国共合作，在1932年，他与鲁迅、宋庆龄等人发起组织中国民权保障同盟，为抗日爱国运动积极奔走。

1933年，蔡元培倡议创建国力中央博物院，并兼任第一届理事会董事长。抗日战争爆发以后，蔡元培号召上海文化界众知名人士成立上海文化界救亡协会，鼎力襄助抗日救亡运动。

1940年3月5日，蔡元培因病在香港去世。毛泽东尊其为"学界泰斗"，周恩来特地赠送挽联："从排满到抗日战争，先生之志在民主革命；从五四到人权同盟，先生之行在民主自由。"

蔡元培一生中有非常多的著作，如1919年出版的《哲学要领》、1928年出版的《中国伦理学史》、1945年出版的《中国新文学大系导论集》、1983年出版的《蔡元培美学文选》、1985年出版的《蔡元培哲学论著》和《蔡元培政治论著》等，都对后世有着极强的指导意义。

在近现代中国教育、中国革命中，蔡元培做出了卓越的贡献。他为近现代资产阶级大学教育理论的形成奠定了坚实的基础，其在教育中的真知灼见，如提倡思想自由、主张沟通文理等，均对后世影响深远。

淳亲王府

淳亲王府是清康熙帝第七子允祐府邸，位于东城区东交民巷正义路西侧5号院。清朝末年，这里曾作为英国使馆，建有英式楼房，是20世纪初期建筑。王府建筑现存仪门、正殿、翼楼、后寝及配殿等，保留完整。

允祐于雍正元年（1723）晋封淳亲王。此府是受封郡王后建成的。原府邸街门面临御河，建筑分三路布局。中路是宫殿式绿琉璃瓦顶建筑群，主要建筑至今保存较好，分前殿后寝两个院落。

仪门

大殿后部与二门

有大门一座，五间前后廊歇山顶建筑，中启三门，檐下五踩重昂斗拱。前院为王府大殿五间，周围廊，歇山顶建筑，覆绿色琉璃瓦，檐下单翘重昂七踩斗拱。大殿内为井口天花，中绘团龙图案，非常精致。东西有翼楼各一座，五开间硬山顶建筑，带前廊。

大殿之北为二门，二者之间连以月台。二门三间，歇山顶建筑，左右各带顺山房三间。寝殿五间，前后廊歇山顶，覆绿色琉璃瓦，檐下五踩重昂斗拱，左右各带顺山房三间。在殿身与顺山房之间分别搭接了半间门道。院东西各有配殿三间，硬山顶，覆灰色筒瓦，绿琉璃瓦剪边。从形

制上看，寝殿之北应有后罩楼，现已不存。

东路原有建筑已不存，在二门顺山房东建有一座二层砖木结构的楼房，采用中国传统式样的屋顶，檐下施以五踩重昂斗拱，为原英国使馆时期仿建官邸。

西路原属花园，现只存改建的四合院一所和添建的英式楼房。

1995年10月20日，淳亲王府被北京市人民政府公布为北京市第五批市级文物保护单位。

大殿

知识链接　爱新觉罗·允祐

爱新觉罗·允祐（1680—约1730）是康熙帝第七子，雍正帝异母弟，成妃戴佳氏所生，身体有残疾，康熙三十七年（1698）晋封贝勒。康熙四十七年（1708）秋冬，康熙帝患病卧床，允祐昼夜侍奉，用药调治，康熙帝甚为感动。康熙四十八年（1709）三月允祐被晋封为郡王，十月二十一日正式晋封为多罗淳郡王。康熙五十七年（1718）十月，正蓝旗满洲都统延信出征西陲，允祐奉命管理正蓝旗满洲、蒙古、汉军三旗事务。雍正元年（1723）三月，允祐奉命管理左翼镶黄、

正白、镶白、正蓝四旗事务。

因为身患残疾，允祐远离皇位争夺的旋涡，听从调遣，恪尽职守，得到雍正帝的认可。雍正元年（1723）四月，上谕"淳亲王数年以来，安分守己，敬顺小心。朕登基后，尤竭诚尽敬……著晋封亲王"。爱新觉罗·允祐卒后，雍正帝命辍朝三日，赐祭两次，下旨在易县神石庄村南造坟立碑。

20世纪初的日本使馆大门

日本使馆旧址

日本使馆旧址位于北京市东城区正义路2号，即如今的北京市人民政府大院内，是东交民巷使馆区保存较为完好的建筑群落之一，也是全国重点文物保护单位。

日本使馆旧址建于宣统年间，原为清肃亲王府。义和团运动中，位于东交民巷路北的日本旧公使馆虽未被破坏，但日本借口原址狭小，不敷使用，光绪二十七年（1901）《辛丑条约》签订时趁机迫使清政府将西面的詹事府、肃王府及部分民宅一大块区域划为新使馆用地，其中北部用地修建使馆，南部则作为日本兵营。

日本公使馆新址东部与法国使馆、南部与西班牙使馆和横滨正金银行、北部与意大利兵营使馆相邻，正门与英国使馆隔着御河路相对。这块区域成为日本公使馆之后，其中的大部分中式古建筑被拆除。

清光绪三十三年（1907），由日本近代著名建筑师真水英夫担任设计师，在院内北部新建一座西式二层主楼。修馆时保留并利用了原肃王府花园的部分树木、山石和围墙。

日本使馆大门坐东朝西，面阔三间，进深一间，全长为14.74米，中央门洞净宽为4.56米，大门两侧的弧形墙与门楼共同形成长24米、深3.34米的门前空地。门楼为两层建筑，两侧各有一门房，其中设有小楼梯，通往二层。整体为西式仿罗马凯旋门风格，大门两边用粗大壁柱装饰。立面不对称，注重多样性变化组合，重点部分向东偏移。由三部分组成，券廊和柱廊结合。门前台

日本使馆旧址大门

阶上一对爱奥尼式矮柱上支撑一半圆筒拱做门罩，而两侧碉楼式墩体由灰砖砌成。二层中央门前有牛腿挑出的阳台，两侧为壁柱。上层墙上有盾徽式装饰。女儿墙带巴洛克式涡卷装饰。屋顶为高耸的方锥形铁皮，总高9.35米。正面开有西洋古典细部的老虎窗。

主楼为地上二层砖木结构，立面为欧洲古典式，做工精良。东北部有局部地下室。该楼平面为不规则矩形，南立面长约46米，南北进深约34米，四面均设置有入口，其中南面入口为常用。

入口西翼主体有六开间，底层为连续的罗马券柱式，以瓶式栏杆相连，二层则为双圆式柱廊，上以简化水平的檐部结束，双柱间连以新艺术运动风格的铁花栏杆。西翼结束端是一个约7米见方的碉楼式突出体，上部退后，四角细柱支撑一四锥顶。中央入口东翼有两开间的实墙开窗，屋顶檐口上面立栏杆式女儿墙。东翼结束端底层为半圆形突出体，四根扁平塔司干式壁柱间开长窗，以立于小型塔司干壁柱上的半圆券为窗套。檐部之上伸出弧形大挑檐，上面突起为弧形护墙。二层墙面开有并联一体的两窗夹一门，并以完整的一套罗马柱式做门窗套，其上又有半圆形券石装饰，顶部呈三角形山墙高出屋檐。

建筑西立面朝向花园，门前有宽大伸展的平台，长约25米，宽约4—8米。中段立面为与正面西翼相似的通廊，但二层为爱奥尼双柱。北段结束体前凸，亦有复杂装饰，但南段结束处，又在南立面西翼的方形突出体北侧，加一中世纪圆形碉楼。

1995年10月20日，日本使馆旧址被北京市人民政府公布为北京市第五批市级文物保护单位；

日本使馆主楼

2001年6月25日，日本使馆旧址被国务院公布为第五批全国重点文物保护单位。

知识链接　日本驻华公使馆变迁

1854年，英国公使首先提出"遣使驻京"的请求。第二次鸦片战争中，清政府被迫与英、法签订《天津条约》，其中第一次正式提出进京常驻的要求。1860年，清政府被迫答应这一请求，于是从1861年开始，西方列强纷纷将各自的驻华公使馆开设在北京东交民巷地区。

1870年，日本派外务权大丞柳原前光为全权大臣来华，提出签约通商要求。他先后拜见了三口通商大臣成林和直隶总督李鸿章，但是总理衙门拒绝签约。于是柳原前光对李鸿章说："英法美诸国，强迫我国通商，我心不甘，而力难独抗……唯念我国与中国最为邻近，宜先通好，以冀同心合力。"这一说法让李鸿章颇有感触，他曾经主持办理"天津教案"，对洋人狂妄自大，对中国困境幸灾乐祸的态度深有体会，认为如果日本诚心与中国合作，势必会对中国有所助益，于是力主与日本签约，同时也得到了曾国藩等人的支持。

1871年6月，日本任命大藏卿伊达宗城为全权正使，来中国商议签约之事。在中日双方的协商下，双方签订了《中日修好条规》《中日通商章程》。

1874年，日本派内务卿大臣大久保来华商议双方建交及在北京设立公使馆等事宜。1875年，在中国的允准下，日本最先选定了北京东四六条胡同购买的民宅作为改建日本驻清朝公使馆的地址。1884年8月6日，日本外务聘请片山东熊担任日本公使馆的设计和工程监督，日本公使馆改建工程于1885年5月开工，1886年8月完工。

1894年，中日甲午战争爆发，中、日两国一度断交，日本驻华公使中岛雄回到日本。《马关条约》以后，两国再次建交，驻华公使再次来到北京。

1900年，虽说义和团围攻使馆区，老旧的日本公使馆并没有受到损坏。但是《辛丑条约》之后，日本却借口之前的公使馆太过狭窄，趁机划分新使馆用地，即为詹事府、肃王府、柴火栏胡同及部分民宅区域，也就是如今的日本使馆旧址。

比利时使馆旧址

比利时使馆旧址位于北京市东城区崇文门西大街9号，是20世纪初东交民巷使馆区遭受义和团攻击之后，重新选址扩建的公使馆。现存五栋建筑，主楼为英国都铎式风格，地上三层，地下一层，立面用砖做出三个城堡和雉堞组成的山花。四栋配楼对称布置，为乡村别墅式。

原本比利时的使馆并不在东交民巷，而是在其东口之外。1900年6月，义和团运动爆发，愤怒的义和团拳民对列强的使馆群发起冲击，比利

比利时使馆鸟瞰

时公使馆被焚毁。

八国联军攻占北京之后，清政府在列强的逼迫下签署了丧权辱国的《辛丑条约》，这时比利时趁机要求再次选址重建公使馆。比利时使馆相比较之前的占地面积要扩大了很多，至少有24亩，其北面毗邻法属圣弥厄尔天主堂，南面邻内城南垣，东面与原美国花旗银行相近。

1950年1月19日，北京市军官管会为了维护国家主权，决定将外国兵营地产收回，并且对其相应的兵营和建筑进行征用，之后用作德意志民主共和国等驻华大使馆的临时周转房舍。如今则由国家机关事务管理局主管，称为紫金宾馆。

比利时使馆建筑，整个院落中除最为壮观的主楼之外，在其东、西两侧，各有两座独立的官邸，并且呈南北平行状态。五座建筑从三面合围着庭院。

主楼坐东北朝西南，为地上三层，带一层地下室，高约17米。主体面阔十一间，进深大约五间，外立面以砖石砌成，内部则用砖木共同打造。整体立面做仿阶梯式山墙和由雉堞组成的山花，大有欧洲古典风格之美。纵向上，该建筑采用三段划分：底部基座为墩台状，且四面带有收分，

比利时使馆大门

比利时使馆主楼

由五层巨大的灰色花岗岩块堆砌而成，最上层为突出的阶檐，地下室选择一些对称的房间，做出一些矩形地笼窗来增加采光，中间以石材直棂纵向进行分割；中部为两层楼身，暖红色实心清水砖为主要建材，其砌法采用英式建筑风格，上下层之间以一道细条状的素面石材为腰线；顶部为阁楼层，屋面呈现为不同位置双坡式单元的复合形态，每一个坡面都具有较大的坡度，整体设计高低错落，雄伟富丽。横向上，该建筑采用五段划分，中央三开间，上方对应阶梯式山墙。两侧各展开两开间，房间跨度极为紧凑，且各自延伸两开间，上方同样对应阶梯式山墙，但跨度明显增大。中间部分有内凹式木构门斗，方便进出；侧间辟为宽大的长窗。

四座官邸均为独立楼宇，带有比利时乡村别墅风貌，通高12—18米不等，建筑平面、体量、朝向、外接构造均不同，但均以砖木结构为主，基座采用大理石砌成，立面为暖红色实心清水砖砌造，主体多为地上二层，带一层阁楼，屋面为坡度陡峭的复折式，上面盖有红色波浪形彩钢板，每一个官邸都配备有相应的地下室。

比利时使馆通体红墙、白石勒边、坡面陡峭、

错落有致，既追求构造对称和层次的韵律感，又使格局呈现多样化，大气雅致，单从建筑上来说实在精美。

2017年，比利时使馆旧址在中国文化遗产研究院的帮助下，进行了系统的修缮，全院西北、东北两处带有阶梯山墙门头的使馆大门得以恢复，陡峭双坡屋面、阶梯山墙装饰的正南门房也进行

比利时使馆西侧小楼

了重新修整，焕然一新。

比利时使馆是帝国主义推行对华侵略的大本营之一，是带有屈辱印记的半封建半殖民地时期的建筑，它时刻提醒着人们要牢记历史的教训，同时也为历史研究提供了重要的实物资料。

1995年10月20日，比利时使馆旧址被北京市人民政府公布为北京市第五批市级文物保护单位。2001年6月25日，比利时使馆旧址被国务院公布为第五批全国重点文物保护单位。

知识链接 ━━━━ **东交民巷**

东交民巷位于北京市东城区，西起天安门广场东路，东至崇文门内大街，全长1552米，是老北京最长的一条胡同。这里曾经是著名的使馆区，如今是北京市文物保护街区。

元至元二十九年（1292）开凿了通惠河接通了大都和大运河。当时运粮的船只停泊在城外一个叫船板的胡同附近，因为控制漕运米粮进京，是南北运粮的咽喉之地，所以这里逐渐被人们叫成江米巷。后来明代修建棋盘街，这里就被称作是东江米巷。

1860年第二次鸦片战争后，先后有英国、法国、美国、俄国、日本、德国、比利时等国在东江民巷设立使馆。1900年义和团运动之后，根据《辛丑条约》的规定将东江米巷更名为使馆街，而在中方的地图上则正式更名为东交民巷。清政府在这条街上的衙署逐渐撤出，而各种外资银行、邮局、医院等纷纷建立起来。

1949年1月31日，北平和平解放，毛泽东下令入城仪式必须从东交民巷经过，于是中国人民解放军全副武装昂首挺胸通过东交民巷，五十年

来中国武装人员不得进入东交民巷的耻辱得以洗刷。1949年以后，这里仍被作为使馆区，直到1959年各国使馆迁至朝阳门外三里屯第一使馆区，东交民巷建立使馆的历史才宣告结束。

1980年以来，随着北京城市建设的快速发展，东交民巷的建筑受到了很大的冲击，因为拓宽马路的需求，之前的汇丰银行、怡和洋行、俄罗斯馆旧址纷纷被拆除。1992年，德华银行被拆除，日本使馆旧址被北京市政府所占用。另外街道上还兴建了很多高层建筑及现代建筑，以至于整条街道的风貌都遭到了极大的改变。1992年，东交民巷被定为爱国主义教育基地。之后，北京市制定规划，对东交民巷的历史风貌进行整体保护，提醒世人勿忘国耻。

如今东交民巷是北京市文物保护街区。东交民巷使馆建筑群，是北京仅存的20世纪初的西洋风格建筑群，具有非常重要的历史意义。

意大利使馆旧址主楼

意大利使馆旧址位于北京市东城区台基厂大街1号。

意大利使馆最初建于清同治八年（1869），位于东交民巷东段路北。义和团运动爆发以后，使馆区遭到攻击。意大利使馆被毁。第二年，清政府与西方列强签订不平等的《辛丑条约》之后，意大利趁机抢占土地，将堂子、总税务司以北、肃亲王府之一部分等大片地区占为己有，开始修建新的使馆，使馆建成后，东起台基厂，西至玉河，北临长安街。经过历史变迁，如今使馆仅保存下来原办公楼、教堂、官邸等

几处建筑。

使馆大门两侧是四面呈坡顶方形单层对称门房，原来门道两柱外侧还各有一面门墙，其用砖砌出线角，上面雕刻着卷草纹。

原办公楼坐南朝北，地上二层，地下一层，东西长37米，南北宽27米，整体为新艺术式风格，这种设计在当时非常流行。办公楼立面为砖石结构。大门位于北侧，三开间拱形门廊，顶上有出挑的檐口，上面带着女儿墙，墙体线脚简洁，用白石做隅石。二层中央三开间与门廊协调一致，浑然一体，墙面上装饰着科林斯壁柱，三个窗套用弧形的三角山花进行装饰。在屋顶的女儿墙处，镂空栏杆更显别致。

室内的地面、楼梯以及墙裙都采用大理石砌成，每一个房间都采用连列厅式，可以从一个房间通往其他房间。走进房间，可见每个房间都装修得非常豪华，均设计有壁炉。

办公楼北侧是两栋二层小楼，坐西向东，分别为教堂和官邸楼。教堂设计为四坡顶，整个建筑为砖木结构，门窗和立柱都设计为西洋风格。

意大利使馆旧址主楼

使馆大门内北侧有一座平面呈"U"字形的官邸楼，坐北朝南，砖木结构，地上二层。墙体为灰砖清水墙，一、二层中间装饰有卷草纹腰线。1949年以后，著名的国际民主人士路易·艾黎就住在这栋楼里。路易·艾黎去世之后，这里用作纪念馆。至今保存着圆明园的一对铜狮和一些小的石雕作品。

今天，这里被中国人民对外友好协会使用。

1995年10月20日，意大利使馆旧址主楼被北京市人民政府公布为北京市第五批市级文物保护单位；2001年6月25日，意大利使馆旧址（属东交民巷使馆建筑群）被国务院公布为第五批全国重点文物保护单位。

 知识链接　路易·艾黎

路易·艾黎（1897—1987）是新西兰作家、社会活动家，是中国人民忠实的朋友。新中国成立之后，他始终致力于维护世界和平与各国人民友好事业，并做出了卓越的贡献，先后被北京市政府、甘肃省政府授予"北京市荣誉市民""荣誉

意大利使馆旧址大门

公民"的称号。

1927年，路易·艾黎不远万里来到中国上海，并在1927—1938年出任上海公共租界工部局消防处防火督察、工业督察长等职。工作期间，他目睹中国工人遭受各种压迫和剥削以及各种不公平的社会现象，这些都深深地触动着他，尤其是当反动统治者对人民群众进行残酷镇压时，他更是心急如焚，于是决定投入到中国人民社会变革的斗争中去。

路易·艾黎与中国共产党建立联系是在1934年，当时他参加了第一个国际性的马克思主义学习小组。而他在上海的住所也成了党的地下工作者秘密接头和躲避灾难的地方。

1938年，他在成立于汉口的中国工业合作协会任顾问。从此，路易·艾黎的足迹伴随着运动的开展遍布中国的大江南北。"工合"在整个非敌占区建立了大约2000个大大小小的合作社和作坊，生产数十种民用消费品和一部分军需品，为抗日战争提供了极大的帮助，后来因为与共产党联系，路易·艾黎被免去了职务。

在发展生产的同时，路易·艾黎还非常注重教育，从1940年起，他在全国各地兴办培黎学校，让"工合"徒工和难民子弟能够学习到先进的生产技术和文化知识。在甘肃省山丹县创办的学校曾发展为近600人的规模，为社会做出了巨大的贡献。

新中国成立后，他仍致力于中国的教育工作和经济发展，不遗余力地进行各种考察，然后给出自己的建议和报告，为中国的繁荣发展做出了不懈努力。1987年12月，他在北京病逝，被邓小平称为"伟大的国际主义战士"。

在中国的几十年中，他将满腔热血投身于中国人民的解放和建设事业，在中国与世界各国之间架起了友谊之桥，值得敬仰。

英国使馆旧址

英国使馆旧址位于北京市东城区东长安街14号公安部大院内。它是一个由中国传统建筑风格和西洋古典风格相结合的建筑群，其中心为清淳亲王府。

1840年，第一次鸦片战争爆发，中国的大门被西方列强的大炮轰开，从此沦为半殖民地半封建社会。1856年，第二次鸦片战争爆发以后，在美国和俄国的支持下，英法联军节节胜利，进犯天津。这时，清政府派遣钦差大臣与美、英、俄、法各国代表进行谈判，分别与之签订《天津条约》，该条约中有一项规定为外国公使可以进驻北京。从那以后，外国公使与商人频繁出入北京，提出在北京设立使馆的要求，但清政府拒绝。

1860年，英法联军攻占北京，并展开疯狂的

英国使馆旧址大门

抢掠和报复，10月，清政府被迫与之签订《北京条约》。第二年1月9日，英国使臣与恭亲王奕䜣议定租用东江米巷北、御河西岸的梁公府（原淳亲王府）为英国使馆，每年一千两租银。英国率先在北京建立了使馆。3月26日，英公使正式入驻使馆。

1900年6月，义和团运动爆发，使馆区遭到攻击，意大利、法国、日本、美国、俄国5个公使馆全部迁入英使馆，其中一部分平房受到重创而毁掉。《辛丑条约》签订之后，英使馆不满自己的使馆面积，于是在原址上大加扩展。将其北面的翰林院、銮驾库，西面的兵部署、工部署（包括存料场）、蒙古内馆、鸿胪寺之一部分等全部划定为自己的使馆范围，比原来足足大了两倍多。新址划定以后，西边的边界已经到了兵部街，由于周围空地多，所以英国又将西北部占据为自己的兵营，北部为操场，另外还将其西南角一带租赁出去。

1928年，北洋政府倒台，国民党确定南京为首都，英国使馆也随之迁走，但旧址仍被英国人所占用。直到1944年，英美等国才把使馆交还到中国手中。1950年，英使馆由新中国人民政府接收，被占用为国家机关。

梁公府原为康熙帝第七子淳亲王允祐的府邸，传至其重孙镇国公奕梁，因此被称作梁公府。英使馆占用之后，保留了部分的清代建筑，另外新建了一些外部为中式、内部为西式或者纯粹的西洋建筑，例如保留至今的有梁公府的仪门、正殿、后寝、两侧的翼楼和配殿等建筑。后又将西翼楼改为教堂，在后寝的东南角新建了一座中西混合式的官邸，为二层楼。

现存英使馆的大门是一座两层三间的门楼，

英国使馆旧影（二门和仿建的二层官邸官员楼）

灰砖砌筑，仿罗马凯旋门风格。中部有水平腰线，门上部为半圆拱形龛，上部有凸出的徽式雕塑，两侧边跨上下各有长方形和长拱形龛，顶部为中央高起的女儿墙，立面用砖勾勒出简洁的线角和拱券图案。

西北部现存一座兵营建筑，叫作武官楼。该建筑为二层砖木结构，坐北朝南。外部造型为西方古典折中式。南面二层全部为连续拱廊，拱券以石质短柱为支撑，柱头为爱奥尼柱变体。连廊之间装有花瓶式栏杆。底层半圆拱立于砖砌方柱上，柱头仿塔司干柱。直抵山花顶的壁柱将中央部分分为三开间，采用一大两小的券柱式构图。山花中央又有壁柱，两侧为圆窗，东西两侧端顶部立有圆拱山墙，中央为圆窗。整个外立面用灰砖砌成，只在一些拱券处用红砖装饰，还有一些细部则是用中式卷草花纹来装饰。内部中央大厅两侧是两个楼梯间，北面有门，从这里可进入到北院。大厅东西两侧各有三组两间相套的房间，在套间的北面有局部已经凸出主体之外的二层附属用房，为之后新建。大厅两侧的楼梯间和两侧房间是连通的。

使馆中的官员楼极具中国古建筑特色，斗拱、

英国使馆旧址武官楼

歇山顶、瓦当等中国传统建筑元素比比皆是。另外，职员宿舍既有中国民宅的建筑风格，又有英国16世纪都铎王朝的建筑风格。

原本院内还有两处西式楼房，其中一处与武官楼比较相似，建筑东西两端为方锥顶碉楼，南立面为二层连续拱廊。只是这两处建筑在2002年已经被拆除。

1995年10月20日，英国使馆旧址被北京市人民政府公布为北京市第五批市级文物保护单位；2001年6月25日，英国使馆旧址（属东交民巷使馆建筑群）被国务院公布为第五批全国重点文物保护单位。

 知识链接　　　　**义和团攻打使馆区**

义和团运动爆发后，清政府已经无力控制局面，由最初的镇压改为利用，希望借反帝国主义的义和团的手来对抗西方列强。清政府的这一转变着实让列强变得紧张起来。他们也清楚地知道，清政府已经无法管控义和团的势力，为了维护自己的在华利益，他们决定派兵前往中国，镇压义和团运动。于是，在1900年5月31日和6月2日，各国两次调兵449人进驻北京，并且携带着机关枪等更先进的武器。不仅如此，他们还向天津大沽口外的舰队求援，希望他们可以派兵进驻北京。

面对各国列强积极备战的状态，慈禧太后被迫下定决心进行攻击，开始围攻东交民巷各国使馆。其根本目的就是挟持使馆人员做人质，与进攻北京的八国联军谈条件，令其停止进攻。

外国使馆卫队在中国横行霸道，肆无忌惮，他们的挑衅已经激怒了中国军民，也使义和团的怒火直冲使馆区。6月13日，使馆的卫兵在使馆外开枪攻击义和团，导致多人死伤。14日，德国公使带领士兵开枪射杀了约20名义和团战士。他们的行为已经超越了正常的外交活动，肆意践踏中国的尊严，滥杀无辜。这让义和团忍无可忍。

6月20日，愤慨的义和团向东交民巷使馆区发起了猛烈的进攻，奥地利使馆、意大利使馆很快就被攻陷。次日，清政府正式发布对各国列强进行宣战的诏书。从6月25日到7月14日，清军对日本使馆、法国使馆、德国使馆展开猛烈的攻击，战事非常激烈，为了取得胜利，清军采用了各种形式，包括炮轰、火攻、挖地道、炸药等，在清军的殊死拼搏下，法国使馆防线逐渐崩溃，法军放弃大部分阵地，退守到北京饭店。这时，如果清军乘胜追击，法军防线很快就会全面崩溃，整个使馆区的防线也会随之崩塌。然而这时，天津被八国联军攻陷，慈禧太后急于向列强求和，于是命令清军停止进攻，并且给列强提供各种食物供应。最终，攻打使馆区的战斗以失败告终。

花旗银行旧址

花旗银行旧址是美国在北京东交民巷建立的一处代表性商业银行旧址，位于北京市东城区东交民巷36号。大门外为两层爱奥尼柱廊，立面全部用花岗岩砌筑。建筑物地上三层，地下一层，为西洋古典式，外观坚固厚重，现保存完好。

1870年初，美国人米建威秘密来到中国，与清政府大臣李鸿章见面。米建威此行目的就是协商在中国所有的政治和商业中心设立美国银行的分行。这个消息一出，引来了高度的关注。然而当时英国已经在中国设立了汇丰银行。所以，英法等国为了维护其在华利益，对米建威的计划提出了抗议，因此在中国建立美国银行分行的计划一时被搁置。

花旗银行旧址

1902年，美国人经过不懈的努力，终于在中国上海开设了第一家花旗银行的中国分行。1902年1月1日，美国华盛顿对外宣称"花旗银行为美国在华的国库代理人"，也就是说，美国政府将中国庚子年赔款利息支付的管理权限授予了花旗银行。之后，美国花旗银行很快又在中国的香港、广州、汉口等城市开设分行。1914年，在北京东交民巷设立花旗银行北京支行。

花旗银行旧址坐南朝北，由美国著名建筑设计师亨利·墨菲设计。其主体大楼外立面并不似其他建筑有各种装饰，而是主要以厚重坚固为特点，从而使得整个造型简朴壮观。水平腰线将整体建筑进行分割，而四根粗壮挺拔的爱奥尼花岗岩古典石柱所形成的廊柱立于七步台阶之上，又将一、二层巧妙地连接在一起，与最外侧的两道纵向花岗岩山墙结合，正好将建筑等分成上下平行对应的5个平券、拱券式门窗。建筑的水平腰线采用的是砖石仿木结构出檐的形式，稍稍借鉴了中国传统的建筑元素，似中式木椽头式样。三层有5个平直的矩形长窗。顶部檐口上方，用叠涩砌法形成顶檐，建有低矮的女儿墙，并于正中塑造涡卷装饰的盾徽。上面刻有花旗银行的标志，徽后设旗杆。大楼内部配置老式电梯，保留至今，虽已不用，但从中也可见建筑的现代化和超前。

大楼做工精细，比例严谨良好，外观厚重沉稳，古朴典雅，是典型的古典主义银行建筑风格。1999年，北京市公安局在原有三层的基础上，改建成四层。如今外立面虽保留着原有风格，但是内部装修已经有了很大的改动。

花旗银行关闭后作为北京市公安局签证处，沿用至1998年。现为北京警察博物馆。

花旗银行门窗和廊柱

花旗银行顶部盾徽和旗杆

1995年10月20日，花旗银行旧址被北京市人民政府公布为北京市第五批市级文物保护单位；2001年6月25日，花旗银行旧址（属东交民巷使馆建筑群）被国务院公布为第五批全国重点文物保护单位。

知识链接　北京警察博物馆

北京警察博物馆由北京市公安局筹建，属于行业性博物馆。其址为美国花旗银行北京分行旧

址，因此其建筑本身就是一件难得的文物。

北京警察博物馆展出面积为2000余平方米，陈列展出藏品1500余件。藏品展示方式多种多样，其中以实物为主，另外还附带文字、图片以及相应的模型。除了这些基本的展示方式之外，博物馆还引进了相应的高科技手段，例如声、光、电技术，通过这些高科技手段与传统展示方式的结合，不仅让游客更加详细、清楚地了解展品，同时也更好地突出了博物馆的时代特征，展现出首都公安的风采。

为了寓教于乐，博物馆还设置了各种游客可参与操作的项目。例如消防逃生自救训练、模拟仿真射击训练系统、交通道路情况实时显示等。游客们动手实践，对知识的理解就更加透彻。

整个博物馆按照楼层分布分为4个展厅。其中第一层展厅为北京公安史展厅。其采用编年史的方式展示北京警察保卫党中央、保卫祖国首都，在各个时期出色完成保卫任务的光荣历程。在这层展馆中，最引人注目的是警魂柱。该柱高6米，宽1.8米，重5吨，它极为厚重，并被赋予了内涵，能够穿越时空隧道。警魂柱主体造型的特别之处为5个盾牌和两支利箭，寓意人民警察的武装性质，代表国家行使治安管理的权力。其设计理念为人民警察是和平年代捍卫国家安全、保卫社会安宁的坚实立柱。第二层展厅为刑事侦查展厅。该展厅展示50年来刑事侦查、监所看守组织机构的逐步建立和完善，公安机关同各种违法犯罪分子进行斗智斗勇的技术手段和看守管理水平的明显提高，以及公安机关为保卫社会稳定和人民财产安全所做出的巨大贡献。通过这一展厅，游客还能对中国近代警察制度的建立过程以及不同警种的不同职能有一个大概的了解。第三层展

厅为警种职能展厅。该展厅主要的内容就是缅怀先烈，为人民服务。其中设置有高8米、弧宽18米的英烈纪念墙，用四川歌乐山红砂岩进行浮雕雕刻而成，代表着英烈虽逝去，但其精神永远留存。另外还有民国京师警察厅消防队建队纪念碑、北京现存最古老的消防车等展品。第四展厅为警械装备展厅。主要展示枪支、服装、警务交流、公安文化、科技强警灯等内容，例如装甲防爆车、特警装束、抗击打服等。

通过北京警察博物馆的展示，社会各界可对公安工作有一个比较全面的了解。该博物馆将警察与人民紧紧地联系起来，成为青少年法制教育、爱国主义教育的重要场所。

正金银行旧址

正金银行旧址是日本在北京东交民巷设立的一处代表性商业银行，位于北京市东城区东华门街道正义路4号，它建立于20世纪初。

正金银行的全称是横滨正金银行，总行创立

正金银行旧址

于1879年12月11日，地址在日本横滨。北京支行从1902年1月21日开始营业。位于正义路4号的这座银行大楼建成之后，正金银行北京支行从此落于此处。

正金银行旧址大楼的设计者是日本建筑师妻木赖黄以及森川范一、村井三吾。银行主体建筑平面呈"L"形设计，西部体量较南部要长一些。这座西洋古典式建筑为地上两层，地下一层。花岗岩的台基和壁柱，砖石立面，木结构，转角处做成弧形三层铁皮穹顶楼，呈向两翼后侧辐射状。铁皮穹顶，上面安装有旗杆，穹顶底部做成老虎窗。大楼的背面内侧，多设日本木质回廊和拉合门窗。整栋建筑呈现德国新巴洛克风格，同时还具备尼德兰古典折中主义之美，在众多的外国银行建筑中属佼佼者。正金银行旧址内部设计很像旅馆，二楼外部檐廊是木构的经典，其分室比较复杂。

正金银行北京支行的设立，对日本控制北洋政府的经济有着很大的影响。从清末到北洋政府，正金银行北京支行一直受王公大臣、高官商贾所青睐，他们中的很大一部分人把自己敛收来的资产存入正金银行，认为这里远比国内的银行要保险得多。在《第一回东洋支店长会议录》中可以总结出，1908年共有182户定期存款纳入正金银行北京支行，并且大多为大额存款。这些储户大多为中国官吏以及官府、户部银行等，其中125户都是中国官吏，只有1户是中国下层商人，所占比例微乎其微。另外活期存款数额较小，储户有58户之多，同样大多为中国官吏或官府组织。

1913年日本委派正金银行为代表，与英国、德国、法国、俄国联合起来，形成五国银行团，与北洋政府签订了高达2500万英镑的"善后大借

正金银行铁皮穹顶

正金银行砖雕

正金银行正面

正金银行大门

款"合同，使北洋政府向帝国主义列强背负起巨额的贷款债务。尽管如此，日本也没有善罢甘休，之后正金银行又独立承贷"善后续借款"三次，合计日金3000万元，使得北洋政府的经济更加牢固地掌握在日本人的手中。

正金银行北京支行除了对北洋政府进行经济控制之外，每年还要向社会发行多达百万的银行券，这一行为彻底扰乱了北京地区的金融秩序，使社会经济更加动荡。日伪时期，正金银行又扶植伪中国联合准备银行发行伪联银券，用作全面侵华的战争费用。抗日战争胜利以后，国民政府成立特派员公署，专门负责清理各沦陷区的敌伪金融机构，并且恢复国家银行和民营银行的经营，于是正金银行等日系银行产业一时土崩瓦解。

今天，正金银行旧址已经辟为中国法院博物

馆，并且于2016年正式开馆，对外开放。

1995年10月20日，正金银行旧址被北京市人民政府公布为北京市第五批市级文物保护单位；2001年6月25日，正金银行旧址（属东交民巷使馆建筑群）被国务院公布为第五批全国重点文物保护单位。

知识链接　中国法院博物馆

中国法院博物馆是一个全国行业性博物馆，它对于中国司法文化建设具有里程碑式的重大意义。

中国法院博物馆新馆址即正金银行旧址。建筑面积3000余平方米。新馆设有三个基本陈列展厅。其中第一展厅为中国审判历史展，向游客展示中国古代司法文明的发展历程；第二展厅为人民审判历程展，总结人民法院建设和审判工作所取得的重大成就；第三展厅为"全面依法治国，走向伟大复兴"主题展，非常全面地展示了党的十八大以来的审判工作成果。

博物馆还设置了7个专题展厅。即"法律古籍珍本""正义的审判——审判日本战犯""港澳台地区法院掠影""外国法院及国际法院掠影""中国古代最高审判机构""审判服饰专题展""时事沧桑东交民巷"。"法律古籍珍本"展示的是各种古籍善本，中国法院博物馆现存古籍善本2488册（文物约2000册），展出约2000册，其中包括中国古代法律鼎盛时期最高水平的《唐律疏议》《明会典》《钦定大清会典》，以及明、清两代所颁布的重要法律典籍；"正义的审判——审判日本战犯"展厅用实物结合影像资料的方式，向游客介绍第二次世界大战之后对日本战犯的审判，该审判共

分为4个部分，即远东国际军事法庭审判、亚洲其他军事法庭审判、中国南京国民政府军事法庭审判、中华人民共和国最高人民法院特别军事法庭审判；"港澳台地区法院掠影"展厅介绍了港澳台地区的法院组织体系以及其与内地法律界的交流与合作；"外国法院及国际法院掠影"介绍了大陆法系、英美法系、伊斯兰法系及其代表国家的法院组织体系，以及国际法院的基本情况，另外历史上一些具有重大影响的审判案例也在这里展出；"中国古代最高审判机构"展厅依据朝代更替的顺序进行展示，让游客们清楚地知道中国古代最高审判机构的发展演变过程；"审判服饰专题展"展示了改革开放之后，人民法院审判服饰的发展演变，以及港澳台地区法院的法官服饰变化，甚至还展示了国际法院和部分外国法院法官的法袍变化。在这一展厅，专门给游客设置了虚拟的试衣镜，大家可以在虚拟空间试穿各种法袍，从而拍照留作纪念；"时事沧桑东交民巷"展厅采用图片、多媒体、沙盘等多种形式还原东交民巷的历史风貌，让游客从13世纪开始对东交民巷有一个全面的认识。

博物馆还设置三个普法互动区。"模拟法庭"展厅利用科技手段将现代科技法院按比例微缩还原，依照人民法院现行审判法庭标准进行布置，给游客们更加直观的视觉感受，从而更好地认识法院、了解法庭；"知识问答平台"展厅可让游客通过触摸屏互动答题，更加深入地了解和学习法律知识，另外还可以签名或留言；"普法活动教室"展示普法行动，加深游客对法律的认识。

博物馆还设置了一个法制影视放映厅。这个展厅汇集了各种与中外法制有关的影视作品，加深人们对法制的了解。

奥地利使馆旧址

奥地利使馆旧址是经历义和团运动冲击后基于原址修建的使馆，位于今北京市东城区台基厂头条3号，如今仅存大门和主楼。建筑物为西洋古典式，立面大门做两层外廊，檐上用三角山花突出重点，两边围廊，现保存完好。

1871年，奥地利在东交民巷正式设立驻华使馆，当时使馆规模并不大。1897年，使馆代办阿图尔·讷色恩又买下了北邻长安街、西贴台基厂的地产，占地面积大约12000平方米，建设施工两三年，使得公使馆规模得以扩大。1900年，义和团运动爆发，奥地利使馆距离其他国家使馆较远，相对孤立，所以最先遭到了义和团的攻击。因为使馆建筑防御能力低下，使馆工作人员不得不从使馆中撤离。就在他们撤离后，奥地利使馆楼被付之一炬。

1901年，《辛丑条约》签订以后，奥地利与列强一起恣意扩大使馆的地盘，重修扩建使馆。使馆大门面阔三间，下方设有基座，上面竖立着塔司干双圆柱，以支撑门头。门头檐部用三陇板进行装饰，又以三角形山花结构结束，颇具西洋古典风格。中央柱间开大门，两侧实体墙上开窗。门楼两侧呈弧形，呈环抱状，使门前空地成为一片空敞的环境。

院内主楼风格与大门一致。主楼为上下两层，都带有外廊，整体造型简洁大方，为法国古典主义风格。主楼东西长约52米，南北长约23米。平面近似倒置的希腊字母"Ψ"。中央与两侧翼顶部都用三角形山花做装饰，并且略向前凸出。中央入口分为三开间，两侧翼各为两个衔接部分。底层柱廊为方柱，二层为圆柱，都为塔司干柱。檐部非常简洁，没有任何装饰，二层采用宝瓶式栏杆，装饰效果非常活泼。

从底层进入主楼之后，两侧用房均为管理使用，走过第二道门，才是宽大的门厅。正北面是双分式大楼梯。室内的门窗、金属栏杆、天花仍保持着原来的样式，门廊柱子以及檐部重建后贴了一些瓷砖。建筑总体刷白，清新淡雅；列柱也为白色，窗套和栏杆则装饰成蛋黄色，檐口油成了绿色，在外廊透射在墙上阴影的映衬下，显得更加明亮。

如今，由于大门与主楼都保存完好。院内还遗存着一个以4只雕花鼓形石座托起的欧式石凳，

奥地利使馆旧址大门

奥地利使馆旧址主楼旧影

主楼现状

月，德国法西斯打着"维护奥地利秩序"的旗号，侵占奥地利，将这个国家变成自己的一个省份，东交民巷的奥地利使馆建筑以及设施全部被德国使馆所吞并。德国将原来的奥地利使馆改成德国俱乐部。

1945年第二次世界大战爆发后，同盟国军队战胜了德国。这时，原奥地利使馆又被美国所接收，将其改设成盟国资产管理处。

中华人民共和国成立之初，一些与中国建交的国家继续留在东交民巷的使馆内办公。因为历史关系，这处房产再次归为奥地利共和国所有。

1950年，中国政府将原奥地利使馆收回并征用。如今为中国国际问题研究和学术交流基金会驻址。

造型非常别致。1950年，原奥地利使馆被中国政府收回。

如今，使用房间不足，又在主楼后面加建了房屋，前院西南部新建了图书馆，东南部也增建了新的建筑。

1995年10月20日，奥地利使馆旧址被北京市人民政府公布为北京市第五批市级文物保护单位；2001年6月25日，奥地利使馆旧址（属东交民巷使馆建筑群）被国务院公布为第五批全国重点文物保护单位。

知识链接　奥地利使馆旧址的易主变迁

第一次世界大战后，奥匈帝国的势力被大大削弱，奥地利从一个世界大帝国一下子变成了中欧的一个小国，面临着无数的困难。因为战败，奥地利与周边国家的边界被封锁，由于这些国家关税壁垒的阻碍，奥地利的原料进口和工业品出口都成了难题，经济一度瘫痪。20世纪30年代，奥地利国内经济大萧条，政治局势动荡，几乎引起内战，这时，奥地利无奈之下向德国求援，这一决定加速了德国兼并奥地利的步伐。1938年3

法国邮政局旧址

法国邮政局旧址位于北京市东城区东交民巷19号，建筑主体为砖木结构，坐北朝南，四方造型，总体为单层建筑，高约6米，东西侧面宽约13米。南立面长约26米，左右对称。东西两侧各开一门，门外有门廊，每个门的两侧都设有宽度约为638毫米的花岗岩贴面壁柱，每个门柱上有椭圆形"盾徽"装饰。门廊廊柱为西方古典柱式风格，门廊三面都雕刻着西式花纹。墙体为中式清水墙，正面墙体砌有6扇连续拱券式大窗，其中两门外侧各有一扇，两门之间有4扇。墙体顶部有中式女儿墙，女儿墙上方分布着等间隔的9个西式三角墙。

19世纪末，该建筑当时是一家旅馆，名字为"HOTEL DE PEKIN"，是由瑞士人沙蒙经营的。

法国邮政局旧址

法国邮政局旧址窗户

它原本是一座中式平顶建筑，1900年义和团运动爆发后，这座建筑被当成列强在东交民巷使馆区主要街道上的东线重点地段，在这里修建了防御工事，并且遭受到重创，光子弹穿过的孔洞就有400多处，于是后来又进行了重建。因为这座建筑被划为东交民巷区域在华使馆区，因此改建时融入了西方建筑的色彩，成为一座西式折中主义建筑。改建后的建筑位置没有发生改变，整体面貌也非常相似，只是在门廊等部位与原始建筑存在一些差异。

八国联军占领北京之后，这些国家得到了在北京开设邮局的权利，因为旧址建筑紧邻当时的法国公使馆，所以被改成法国邮局，也就是法国客邮局，正式成为法国邮政局的营业场所。

1923年1月17日，外国所设邮局全部被裁撤。这座建筑也不断变迁，1949年为邮政储蓄汇业局，1965年为北京东交民巷邮政所，1976年又变成北京东交民巷电信所，之后又为工商银行东交民巷储蓄所，如今为静园川菜馆，保存完好。

1995年10月20日，法国邮政局旧址被北京市人民政府公布为北京市第五批市级文物保护单位；2001年6月25日，法国邮政局（属东交民巷使馆建筑群）被国务院公布为第五批全国重点文物保护单位。

法国邮政局旧址屋顶

知识链接　法国在华"客邮"的出现

"客邮"跟随鸦片贸易而出现，是帝国主义、殖民主义侵犯中国主权、在中国土地上开设的邮政机构，被清政府称为"客邮"。

中国邮政发展缓慢时期，以英国为首的西方国家已经进入邮政业飞速发展的阶段，这是因为工业革命的不断深入，使这些国家经济发展日益活跃，人口流动也更加频繁。尤其是18世纪60年代以蒸汽机为标志的第一次工业革命的开始，更使邮运工具发生了质的飞跃。汽车、轮船、飞机等新型运输工具的出现，更加推动了邮政通信的发展，在这方面，尤数英国发展迅速、突出。

当西方开始把追逐高利润的目光投向中国以后，他们便将邮政通信作为西方各国与中国沟通的主要通道。英国率先在华开设"客邮"。其第一个邮局就是广州的"英国邮局"，之后又在香港开设。只是这些邮局都没有得到中国的认可。1858年，英国强迫清政府签订了《天津条约》，其中第四款就规定"大英钦差大臣并各随员等，皆可任便往来，收发文件……"这一条款同时也互惠了其他缔约国，这时的法国已经觊觎中国多时，自然不会放过这样的好机会。1861年，法国在上海天主堂街成立了第一家在华邮局，之后又陆续在北京、天津、烟台、福州、厦门等地设立邮局，所有的通商口岸都有其足迹。

随着法国对华侵略的加深，法国的这些邮局不仅承办法国商民的邮件，也开始承办中国商民的邮件。虽然中国自己设有邮局，并不允许外国人在华开设邮局，可法国对此置之不理，仍旧在中国开设"客邮"，甚至还从事一些非法活动。在中国的土地上肆意敛财，卷走国人的白银。

圣米厄尔教堂

圣米厄尔（即圣弥额尔）教堂，又名台基厂天主堂，位于北京市东城区东交民巷甲13号，是北京城规模较小的一座教堂，也是最后建造的一座教堂，建筑物为哥特式风格，清水砖墙，内部为木结构，立面为三个尖顶钟楼，用尖券、壁柱、

圣米厄尔教堂大门

玫瑰窗和壁龛装饰，做工精细，现保存完好。

圣米厄尔教堂占地面积为2656.4平方米，整个院落很小。整个建筑坐北朝南，立于高台之上。西部是哥特式圣堂。圣堂南北进深14间，东西宽为3间，主体为清水砖墙，瓦灰色。立面为三个尖顶钟楼，用尖券、壁柱、玫瑰窗和壁龛装饰，建筑工艺非常精湛。圣堂顶部呈斜坡形，上面覆盖着灰色琉璃筒瓦。南部为两座锥形尖塔，塔的四周雕刻着花纹。

正门上方有精美的天使造像。从正面进去是圣贤阁，两侧均有壁龛，东龛供奉着若瑟，西龛供奉着圣母。圣堂内部为木质结构，顶部用肋状拱券和圆柱做支撑，地板铺有花砖甬道。墙壁上有法国定制的彩色花玻璃窗，格外引人注目。正北面是讲经台。正后面供奉着米厄尔像。大厅中

圣米厄尔教堂南立面

圣米厄尔教堂内景

央两侧是一排排木椅，脚前是跪凳，供虔诚的教徒们祈祷和忏悔。

圣堂北侧有一座二层的西式楼房，用灰砖砌成，是神职人员的住所。圣堂的东侧有10间砖砌的平房，是提供给外侨使用的，当时的神父都是法国人。

圣米厄尔教堂创建于1901年，由法国高司铎神父创建，原属法国领事馆。教堂里供奉的米厄尔像，也就是大天使米迦洛。在《圣经》中，他是总领天使，保护着以色列子民不受侵害，他曾经与代表魔鬼的大龙进行决斗，并取得最后的胜利，因此，教会尊称他为新约子民的守护天使。

1951年，外国神父离开中国，从此该教堂由中国人担任神父。1958年，该教堂辟为东交民巷小学。1986年，学校从这里迁了出去，教堂重新加以修整，之后作为修女院临时之所，宗教活动再次开展起来。1989年，教堂重新开放。

1995年10月20日，圣米厄尔教堂被北京市人民政府公布为北京市第五批市级文物保护单位；2001年6月25日，圣米厄尔教堂（属东交民巷使馆建筑群）被国务院公布为第五批全国重点文物保护单位。

知识链接　北京的四大教堂

大约在明末清初，天主教正式传入北京。从明万历年间到清雍正年间，北京先后修建了4座天主教堂，即南、东、北、西4座教堂，其规模远大于东交民巷的圣米厄尔教堂。

南堂，最初称作宣武门礼拜堂，是意大利传

教士利玛窦在明万历三十三年（1605）兴建的。起初，它只是一座普通的中式建筑，规模并不大。后来，因为清顺治帝喜欢这里，经常来跟传教士汤若望聊聊天，坐一坐，因此其地位逐渐提高。清康熙年间，该教堂曾经进行过两次修葺，改掉了原始的中式风格，修建成当时在欧洲比较风靡的巴洛克式风格。光绪三十年（1904），这座教堂迎来第四次修葺，也就是今天教堂所延续下来的样子。教堂正面有三个并列的砖雕拱门，看上去宏伟而庄严。整个建筑采用磨砖对缝技艺，用各种砖雕来装饰，精美绝伦。教堂内部设计有穹顶，两侧墙壁上有五彩的玫瑰花窗，宁静而肃穆。

东堂也就是王府井堂，修建于清顺治十二年（1655）。清康熙年间，该堂曾经有过3次修缮，其中在清康熙六十年（1721），该堂改造成罗马式风格，著名的传教士、宫殿画师郎世宁负责整座建筑的绘画和装饰工作。光绪二十六年（1900），义和团运动爆发，东堂受到了重创。光绪三十年，法国和爱尔兰得到庚子赔款之后，利用这笔钱对东堂进行重建，这次整个风格没有太大变化，仍旧采用罗马式风格，城砖砌墙，内部立柱，整个平面采用十字架形状，教堂的正面有三座钟楼，每一座都是穹顶设计，顶端用十字架进行装饰。2000年，北京市政府配合王府井大街扩建工程对东堂进行整修，这已经是东堂的第7次修缮。这一次，教堂围墙全部拆除，广场也进行了扩建，并且还修建了圣若瑟纪念亭，这座有着几百年历史的教堂内外焕然一新，吸引着无数虔诚的信徒。

北堂也就是西什库堂，兴建于清康熙四十二年（1703）。该堂原本在西安门内蚕池口。但在同治时期，慈禧太后嫌它打扰了自己的清净，于是就将该堂迁到了西什库大街。光绪二十六年义和团运动爆发，北堂也遭受重创，次年进行重建，整体打造成哥特式建筑风格。教堂建筑平面呈"十"字形，共三层，顶端由11座尖塔构成，钟楼尖端高31米。教堂正门中央上有一扇圆形玫瑰花窗，礼拜堂四周有大大小小的玻璃花窗共80面。这座教堂的特殊之处就在于它结合了中式和西式的装修特点，教堂正面用汉白玉进行装饰，并且整个建筑坐落在中式台基之上，周围环以汉白玉做成的中式栏杆和栏杆装饰。另外，教堂前面左右两侧还各设有一座碑亭，亭内有两座乾隆皇帝手书的御碑，还有4尊石狮子和一对石供。

西堂也叫西直门堂，它始建于清雍正元年（1723），是一座三层尖顶哥特式建筑。它是四大天主教堂中规模最小的，也是唯一没有皇家支持的教堂。清嘉庆十六年（1811），教堂被毁，同治六年（1867）又得以重建，光绪二十六年义和团运动时再一次被毁，1912年又进行重建，之后被辟为纽扣厂、电扇厂、同仁堂制药厂的仓库。1994年恢复成教堂。

北京这4座教堂代表着天主教早期在中国的发展，历经多年，虽都遭受过重创，但是有过各自的辉煌，见证了历史的发展。

法国使馆旧址

法国使馆旧址位于北京市东城区东交民巷15号，现存中央喷水池、大门和4栋配楼，大门用砖做出壁柱和拱券。4栋配楼对称排列，为法国乡村别墅式，木构两层，有木外廊，也有砖做连续券廊。

使馆大门整体由清水灰砖砌成，为单券凯旋

门式，局部用青石进行装饰。中央门洞两侧用砖砌有粗大的壁柱，向外凸出，整体呈梯形墩状；柱础、柱头都是简单的方墩，柱身的装饰非常简单，只是采用了一些凹槽设计，这与柱头的竖条状装饰相互点缀。中央门洞上部为平缓的半圆券，拱脚用石材进行承托，两侧的圆形倚柱柱头设计为爱奥尼柱式。大门上部浮雕着卷草龙图案，还有多层次的古典檐口，顶部还有砖砌的女儿墙。大门放置着一对中国石狮。

走进使馆大门，可见院内中央有喷水池，北部主楼已经翻建，东、西两侧仅存四栋法国乡村别墅风格的二层原始配楼。其中东面三栋，西面一栋，都是地上二层，地下一层。建筑大多为砖木结构，局部使用石材。复合式坡屋面，各个檐口高度在9—11米，平面并不规则，立面也没有刻意追求对称。台基和窗下墙都采用花岗岩做成。檐口下方延伸出挑檐构件，呈中式造型。

法国使馆中的各个建筑附加结构并不统一，例如它们的立面不同，不同位置凸出的外飘窗也不同，外廊、栏杆、屋顶等都各有特色。另外每个建筑在装饰细节上也千差万别，例如有的在一层窗券拱脚位置加装石材的脚线，横贯整个墙体，

有的则在二层窗梁一线采用石材做框罩等。总之，使馆内建筑别有一番艺术气息。

法国使馆始建于清咸丰十一年（1861）。《北京条约》签订以后，清政府在京城内城东南的东堂子胡同增设了总理各国事务衙门，其最主要的任务就是协助各国公使选择合适的位置建立使馆，以长期驻守在中国。

当时，法国最先看中御河以东的肃亲王府，也就是清太宗皇太极的长子豪格的居所，他的王府是著名的八大铁帽子王府之一。清政府认为将这样一个著名的地方"租借"给外国人建使馆，有损皇家颜面，于是又用台基厂与东交民巷交会处之西北隅的纯公府进行置换。于是法国公使布尔布隆开始找人修建使馆。当时的使馆是在纯公府的中式建筑基础上修葺而成的，在很大程度上保持了中式形制和体量，只是新建了一些小教堂、医务所等建筑，没有大肆拆建。使馆很快竣工了，布尔布隆抢先英国公使一天入驻使馆，这对中国历史来说是非常重要的时刻。

1900年，义和团运动爆发，使馆在战火中遭到损毁。《辛丑条约》签订之后，法国趁机进行扩建，于是改建后的使馆成为欧式建筑，也就是我

法国使馆旧址大门　　　　　　　　　　　　　　　20世纪初的法国使馆大门

20世纪初的法国使馆主楼

们现在所看到的建筑。

1995年10月20日，法国使馆旧址被北京市人民政府公布为北京市第五批市级文物保护单位；2001年6月25日，法国使馆旧址（属东交民巷使馆建筑群）被国务院公布为第五批全国重点文物保护单位。

法国使馆旧址东配楼

布尔布隆

阿尔方斯·布尔布隆（1809—1877）是法兰西第二帝国的外交官，1851—1862年，布尔布隆曾经三次出任驻华特命全权公使。他对中国的外交历史有着很大的影响。

布尔布隆有着非常强硬的外交手腕。1853年，太平天国正盛，为了刺探其对外政策，布尔布隆在11—12月以法国中立的名义来到中国，访问当时的首都天京（今南京）。可是，太平天国对西方列强强加给中国的不平等条约坚决不承认，于是布尔布隆试图拉拢太平天国主要领导人，寄希望于分化瓦解，从而实现自己的获利目的。可是这一次，他的愿望并没有实现。

1854年，布尔布隆又联合英、美两国公使针对《望厦条约》中关于12年后变通贸易的规定，提出修改《南京条约》的请求，这一次，他们要求中国全境开放通商、将鸦片贸易合法化、废除进出口货物的"复进子口半税"等，另外还提出在长江流域口岸城市及港湾进行贸易，允许法国人在中国内地进行传教、贸易、居住等。虽然他提出的条件并没有被全部接受，但却在最大程度上为法国争取到了利益。

第二次鸦片战争时，布尔布隆又借助英法联军的力量逼迫清政府签订《天津条约》，最后争取到了公使包括其家眷长期驻京和自由来往的权利。1861年3月，布尔布隆成为法国首任驻京公使，1862年5月正式卸任。

东方汇理银行旧址

东方汇理银行是20世纪初法国设立的一处代表性商业银行，位于北京市东城区东交民巷34号。建筑物地上三层，地下一层，下层用花岗岩拱券窗做基础，上层用爱奥尼式壁柱，并用隔石、花岗岩窗套和女儿墙加强立面，现保存完好。

东方汇理银行旧址坐南朝北，西邻美国花旗

银行，北与俄国使馆相对。其采用砖石结构，整体风格既受西欧近代流行的折中主义风格影响，又受尼德兰古典主义的影响。整体墙面采用红砖砌筑，柱子、转角、门窗套、腰线等位置使用花岗岩。立面以轴线左右对称，从下到上分为三段，一层高出地面约3米，地面上开有明窗，门窗为拱券式，包砌着向外凸出的花岗岩门窗套。二、三层为整体设计，整个墙面用4根高大的爱奥尼柱分割，顶部挑檐，挑檐上建有花瓶栏杆式的女儿墙。银行对外主入口位于北面和西面，南面有通向地下室的入口。东面二层有一条通廊，由此可通向东侧配楼。

大楼每一个立面的造型都不相同，其中北面面向街道，造型丰富别致。爱奥尼柱将墙面分割为五开间，并贯通二、三层，柱子的形制独特，其并非独立圆柱，只有3/4壁柱从墙面凸出，柱身上并没有凹槽，中间夹以方形块石。二层梢间窗上部为三角形设计，三层与之不同，只是简单的直线形设计。一层大门与上层是相对应的，中央为三开间大门，其门框采用重石块做成，向外凸出。西立面的中央用爱奥尼式扁壁柱分割，中部柱间为三个窗户，两侧柱间仅一个窗户，在装饰上也比较简单，只有二层中央窗上设计有曲线拱。

东方汇理银行旧址全景

门的形制为下门上窗样式，门框为巴洛克式。南立面是建筑的背面，所以造型很简单，中间部分向内凹进，上层没有壁柱，只是以窗过梁弧形线角连成一个整体。

东方汇理银行旧址大约建造于1917年，1900年以前，这里已经是民宅区，义和团运动之后，民房受到损毁，法国趁机占用此地，并且在这里兴建银行，该行是东交民巷地区仅存的4座具备法定文物身份的外国银行之一。

1995年10月20日，东方汇理银行旧址被北京市人民政府公布为北京市第五批市级文物保护单位；2001年6月25日，东方汇理银行旧址（属东交民巷使馆建筑群）被国务院公布为第五批全国重点文物保护单位。

知识链接　东方汇理银行

东方汇理银行是法国农业信贷银行旗下的投资银行，是一家国际性银行。它创建于1875年，总部在法国巴黎。

东方汇理银行的业务范围非常广泛，其包括商业银行服务、经纪业、金融产品、股票发行、以资产为基础的融资和私人银行业务、保险业

东方汇理银行旧址大门

等。它曾经为很多大型工程提供融资服务，例如欧洲迪士尼乐园、英吉利海峡跨海隧道工程等；另外，东方汇理银行还在巴黎、纽约、香港等地专门设船舶融资机构，是世界五大船舶融资银行之一。

东方汇理银行业务扩展到中国是在1888年。1894年在香港开设分行。1899年又在上海开设分行。最开始，它将银行地址选在上海法租界内，之后，在上海公共租界外滩29号建造大楼。新中国成立后，它曾经被批准为中国银行买卖外汇、代办国外汇兑业务的指定银行。1901年，它又在汉口开设分行，现在为武汉市文化市场管理中心。之后，它又陆续在天津、广州、沈阳、北京等地开设分行，业务范围遍布中国的大江南北。

1949年，东方汇理银行从中国大陆撤离，再回归时已经是1982年。它首先在深圳设立分行，之后又在上海和广州重新开设分行。

2021年8月20日，2021胡润世界500强发布，东方汇理银行位列第438位，企业估值为2698亿元。

东城区帽儿胡同11号四合院

东城区帽儿胡同11号四合院是清末协办大学士文煜的府邸。

东城区帽儿胡同11号四合院是一个五进院落，坐北朝南。屋宇式广亮大门位于院落的东南角。大门所占面积为一开间，两边各设有三根山柱，分别支撑着前后檐与脊檩。这些山柱分别有自己的名字，从前往后，分别为前檐柱、中柱、后檐柱。其中中柱的形制比较特别，上面有木质

抱框，框内安装着朱漆大门，门道进深比相邻的房屋要大一些。门楼屋顶也比相邻的房屋要高。屋顶为硬山式清水脊，阴阳瓦相扣。顶脊两端也非常漂亮，有雕刻着花形的花草砖和高高向上翘起的朝天笏。板门两扇涂着红漆，门口长方形的基石上有一对圆形门墩，与石鼓呈天圆地方造型。石鼓上有鼓钉、鼓环，鼓面也用鹿、松等图案进行装饰，象征着吉祥如意、兴旺康宁。与门墩呼应的是门扉上方的门簪，四枚梅花形门簪卯榫于中栏之上，在蓝色的底面上写着"国恩家庆"四个金色大字。门前两侧有上马石，门前建有礓磋坡道。门内设有一座一字影壁。影壁西面有四扇屏门。掩映在绿树中间的影壁上方仿照房屋加以硬山式长顶，顶脊也有向上翘起的笏。

从大门向里走为第一进院，这里有七间倒座房。其中东侧有两间，西侧有五间，房间进深五檩，屋顶清水脊，合瓦屋面，前檐装修为现代门窗。北侧有一殿一卷式垂花门，前卷清水脊，后卷为卷棚顶，二者均为筒瓦屋面。两扇板门漆成红色，一对门墩呈方形，前出垂带踏跺三级。

第二进院有正厅三间，前后出廊，屋顶清水脊，合瓦屋面，前后檐装修均为现代门窗。明间出垂带踏跺五级。在正厅的左右各有二间耳房，

广亮大门

屋顶清水脊，合瓦屋面，前面都设有走廊。东、西厢房各三间，前出廊，屋顶清水脊，合瓦屋面，前檐装修为现代门窗，明间前出垂带踏跺三级。西厢房右边带耳房二间。东厢为两卷勾连搭过厅，向东面与可园相连。厢房左侧耳房一间，屋顶清水脊，合瓦屋面。

第三进院为正房院。院内四周由转角廊贯通，每条走廊都设有坐凳栏杆。东廊与正房拐角处连接着一条横廊，通过这里可以进入花园。正房三间，前后出廊，屋顶皮条脊，合瓦屋面，木质构架上绘制着箍头彩画，前后檐装修成现代门窗，明间前出垂带踏跺五级。正房两侧各带一间耳房，屋顶清水脊，合瓦屋面。

四进院正房三间，前后廊，屋顶清水脊，合瓦屋面，前檐明间隔出一道扇风门，上带有横披窗，次间槛墙、支摘窗，明间前出垂带踏跺五级。正房东边有耳房二间，屋顶清水脊，合瓦屋面。东、西厢房各三间，前出廊，屋顶清水脊，合瓦屋面，前檐明间隔出一道扇风门，次间槛墙、支摘窗。院内各房屋通过抄手游廊相互连通。

最后一进院内有后罩房16间。院内主要建筑屋顶为大清水脊，合瓦屋面，前檐装修为现代门窗，封后檐墙。

砖雕

这处宅院原本是文煜府邸的主要部分。1917年被冯国璋购入手中，然后对整个宅院重新进行了油饰。1937年后，这座宅院又被卖到张岚峰手中。1949年后，这里成为朝鲜驻华大使馆，之后又被改成单位的宿舍。

1995年10月20日，东城区帽儿胡同11号四合院被北京市人民政府公布为北京市第五批市级文物保护单位。

 知识链接　　　　　　　文煜

文煜（？—1884）为满洲正蓝旗人，费莫氏，字星岩，历任刑部郎中、直隶霸昌道、四川按察使、江宁布政使、江苏布政使、山东巡抚、直隶总督等要职。

清道光四年（1824），文煜以八旗官学生的身份考取太常寺库使，开始自己的仕途。从道光四年（1824）到道光二十九年（1849）这20多年间，文煜从太常寺库使一直做到刑部郎中。

门墩与抱鼓石

咸丰三年（1853），文煜升任江宁布政使，当时江宁（今江苏南京）已被太平军攻陷，文煜便跟随钦差大臣琦善驻扎在江北大营。在同太平军的作战过程中，文煜立下军功，咸丰七年（1857），文煜调任江苏布政使，奉命办理江南军营粮台事务。当时，粮台支应冒滥，已成故习。文煜力求节省，按照定例发放，因此得罪了那些贪污的官员，这些人联合起来参奏文煜，文煜被调回北京。

后来在围剿捻军的过程中文煜也很活跃，成为支撑清王朝的重要力量。

咸丰十一年（1861）正月，直隶总督恒福因病卸任，文煜署理直隶总督，不久实授。在担任直隶总督期间，文煜再次充当清王朝镇压农民起义的主力。对起义的百姓残酷镇压。同治元年十二月二十七日（1863年2月14日），因为镇压农民起义不力，文煜被革职。

同治七年（1868），文煜被再度起用，离京任福州将军。同治十年（1871），兼署闽浙总督。同治十二年（1873），回本任。

同治十三年（1874），日本兵船觊觎台湾，文煜会同闽浙总督李鹤年、总理船政大臣沈葆桢上疏筹办台湾防务。

光绪三年（1877）三月，文煜入朝觐见，奉命留京，先后任内大臣、镶白旗汉军都统、都察院左都御史、刑部尚书。

光绪七年（1881），任协办大学士。光绪九年（1883），任总管内务府大臣。

光绪十年（1884）五月，文煜官拜武英殿大学士，同年八月，因病请求致仕归家休养。十月，因病于家中离世。

京师大学堂分科学院旧址

京师大学堂分科学院旧址是中国第一所按西方教育体制创立的大学建筑遗存，位于北京市东城区安德里北街21号，建于1911年，体现了清朝末年中国教育从传统封建体制向近代教育的过渡。这组建筑对中国近代教育发展史具有重要的研究价值。

京师大学堂分科学院旧址原有5栋楼房，其中4栋南北向布置，一栋东西向布置。在文科讲堂和经科讲堂之间的一栋外廊式二层楼房，现已被拆除。现存4栋建筑都是二层楼房，分为两种类型，东部经科事务所与西部文科事务所为同一建筑形式，文科讲堂和经科讲堂为另一建筑形式。

经科事务所坐北朝南，位于该组建筑的东部。该楼底层有两个出入口，分列于两端，两个楼梯间也对称布置。楼体采用灰砖砌筑，砖木结构，坡屋顶上覆进口红机瓦。楼体墙面窗洞较高大，底层为平窗，二层为半圆形拱券窗。建筑南北两个立面以中央两开间为中心，左右各以三开间为一组向外凸出，包角壁柱上冠以三角形山墙顶，在两层窗的平过梁上面，以砖砌三个半圆形拱券做装饰。中央部分窗下墙之外砌以平缓曲线拱墙，

经科事务所

并以叠涩砖砌方框图案作为装饰。另一栋东西向灰砖楼文科事务所的建筑形式同经科事务所一致。

经科讲堂位于该组建筑中部，为地上两层、地下一层的砖木结构建筑，体量较大，按照古典主义手法处理成三部分，底部为砖砌基座，上部由壁柱式窗间墙将窗户分成双联窗组，顶部是木屋架的坡形屋顶，覆盖进口红机瓦。南立面两端凸出部分的边墙为较宽的墙墩，其间以两砖砌壁柱做窗间墙，上冠以三角形山墙，山墙面上有屋顶通风的圆形窗和砖砌拱形线脚。整栋建筑的中央部分是整个立面的重点，该处两侧墙角加厚，做成西方城堡碉楼式，其下层墙身饰以小拱形窗，上层墙面砖砌十字轮式雕饰，顶部四角的小柱塔夹以弧形月墙。两碉楼之间为三角形山墙面，山墙面上满开整体半圆拱形大窗，二层窗下墙饰以西洋瓶式栏杆。半圆拱形大窗立面被柱式横向划分为两部分，底部有凸出外墙的基座，其上立有塔司干式的倚柱，并带有完整的檐部，上部为方形塔司干式壁柱，壁柱末端为巴洛克式涡卷并与底层檐部相接。此中央凸出部分的内部即经科讲堂底层大厅和二层的阶梯教室。大楼的主要出入口分列于中央凸出体的两侧，台阶做成1/4圆形。大门两侧墙上各有一对涡卷牛腿支持短檐及半圆形拱券。室内中央北侧为侧分式大楼梯，中央走道两山墙端部有次要楼梯可出入大门。中央及两端凸出体的山墙屋顶与主体屋顶垂直相交，在东西两端屋脊设有尖顶的小通风塔。建筑外墙以灰色清水砖墙为主，有少量石材做装饰，另在柱头、腰线部分饰以红砖线脚。

文科讲堂位于经科讲堂西侧，坐北朝南，其建筑形式与风格同经科讲堂。此两栋建筑造型粗犷厚重，是北京早期折中主义形式的优秀作品。

经科讲堂主入口

京师大学堂分科学院整组建筑构图比例及装饰手法成熟，保存了清末西洋折中主义的建筑风格，具有较高的艺术价值。同时，建筑设计者真水英夫是日本第一批受到西方教育的建筑师，他设计的京师大学堂分科学院建筑，西洋古典造型比例成熟，利用中国传统手工砖砌出丰富的线脚来表现西洋艺术构图，利用三角桁架形成大跨度空间建成的教室和讲堂，是清末较先进的技术，也是中国教育建筑的重要遗存，现为部队机关使用。

1995年10月20日，京师大学堂分科学院旧址被北京市人民政府公布为北京市第五批市级文物保护单位；2006年5月25日，京师大学堂分科学

文科事务所

院旧址被国务院公布为第六批全国重点文物保护单位。

知识链接 **京师大学堂**

京师大学堂创办于1898年7月3日，是1912年5月之前北京大学和北京师范大学的旧名，也是中国近代第一所国立大学。它的成立标志着中国近代国立高等教育从此拉开帷幕。

中日甲午战争之后，外国列强纷纷要求中国割地赔款，使中国再次陷入被瓜分的危机之中。面对这种情形，梁启超、康有为等人决定救亡图存，发起了一场变法维新的资产阶级改良运动，试图废除科举，兴办学校，学习先进的知识。在他们的推动下，1898年6月11日，光绪帝正式宣布变法，并在7月3日批准了梁启超代为起草的《奏拟京师大学堂章程》，任命吏部尚书孙家鼐为管理大学堂事务大臣，许景澄和美国传教士丁韪良分别为中学和西学总教习。京师大学堂就此诞生。

1898年9月21日，慈禧太后伙同其顽固派开始镇压维新变法运动，幽禁了光绪帝，废除了所有的变法新政，但是京师大学堂却幸存了下来。她在谕旨中称："大学堂为培植人才之地"，批准其继续兴办。不仅如此，她还继续筹办京师大学堂。1898年11月22日，她命人将地安门内马神庙空闲府邸改建成京师大学堂，之后，大学堂正式开始招生。

1898年12月31日，京师大学堂正式开学，标志着中国从此有了第一所近代化的高等学府。

京师大学堂诞生于民族危难之际，充分表现出了强烈的爱国主义精神。在俄罗斯长期侵占中国东北之时，京师大学堂掀起了轰轰烈烈的拒俄运动，积极组织集会声讨俄罗斯的侵略罪行。京师大学堂师生掀起的拒俄运动树立了光荣的爱国主义传统。

大陆银行旧址

大陆银行旧址位于北京市西城区西交民巷17号东部，始建于1924年，是我国建筑师设计西方古典式建筑质量最高的一座。

大陆银行旧址

该银行建筑坐北朝南，体现西洋古典风格，建筑面积约2760平方米。大楼主体地上五层，地下一层。砖混结构，立面采用三段式划分，基座用大块方整花岗岩砌筑，稳固庄重，中段用西洋壁柱装饰，上层檐口出挑较大。入口大门做重点装饰，三层拱门内嵌西洋古典式券柱、多立克柱，两侧又镶贴科林斯壁柱。四层以上正中凸起一座方形钟楼，上覆穹隆顶的四面钟，比例准确，造型美观。银行内部中央为营业大厅，周围连以方形大理石拱券柱廊。东南侧为楼梯间，地下层为金库，采用当时最先进的设备，由德国禅臣洋行技师和基泰公司工程师钱翼如共同指挥施工，现

大陆银行旧址大门

织存款和发放贷款为主，并办理信托、仓库等业务。

大陆银行的客户群体中个人存款占多数，工商业及对外贸易次之；大陆银行的放款对象主要以工业放款为主，商业及对外贸易也是改行的重要客户。

1922年7月11日大陆银行加入"四行联合营业事务所"，成为"北四行"重要成员。大陆银行的仓库业务在各家银行中独具特色。为了获得天津的仓库业务，大陆银行与英商洋行垄断资本进行了激烈争夺，大陆银行为了夺取这项业务，使抵押借款有所保障，经过两年的努力经营，每年押款均达1000万元以上，英商洋行7/10的业务为大陆仓库所夺取，与此同时，大陆银行还在汉口、上海开办了仓库业务。

大陆银行做的另一件非常有影响的事情就是与金城、中南、交通、国华等5家银行于1931年创立了太平保险公司，资本为500万元。

中华人民共和国成立后，大陆银行经历公私合营，于1952年关闭。

为中国银行使用。

1995年10月20日，大陆银行旧址被北京市人民政府公布为北京市第五批市级文物保护单位；2013年5月3日，大陆银行旧址（属西交民巷近代银行建筑群）被国务院公布为第七批全国重点文物保护单位。

 大陆银行

大陆银行，是旧中国重要的私营银行，与金城银行、盐业银行、中南银行一起，被称为"北四行"。由谈荔孙、许汉卿等人以银圆500万元共同注资组建，于1919年开业，总行设于天津，总管理处在北京。在天津、汉口、南京、青岛、杭州等地分设40余处分支机构。业务以组

荷兰使馆旧址

荷兰使馆旧址南门位于北京市东城区前门东大街11号，北门位于东交民巷路南40号，始建于1873年，现存大门和两幢原楼房。大门两侧有爱奥尼式门柱和拱券外廊，均用砖砌成。拱券上装饰有三角山花，顶部也用半圆形拱券装饰。两幢原楼房均建于1909年。

原位于大门西南部的西楼是使馆的办公楼。这幢楼建在高0.85米的平台上，砖石结构，地上

老照片里的荷兰使馆全景

有两层，地下一层，整个建筑平面接近正方形。建筑北侧有双门，通过走廊与后面的厨房等辅助用房相连接，东、西、南三侧均为出入口，其中东侧最为常用。因为该建筑已经过翻建，所以有些位置并非原状，如基座平台多边形的四角已经改建成了直角；东、西入口的弧形台阶已经改成了直线形；西北与东北原本两个可以通向地下室的入口台阶已经被堵塞，将地下室的入口改到了室内。

整个原西楼墙壁用红砖砌成，墙角隅石和门窗套及水平线脚均采用白石。东、南、西三面中央入口的券廊都呈凹状。上下两层的立柱都为多立克柱，用红砖砌成，柱础与柱头采用石材，弧形券则由砖石相间而成。东、西的门廊为三开间，

荷兰使馆旧址大门

南门廊较小一些，是两开间。

原东楼是大使馆的官邸，砖木结构，地上两层，地下一层，整个平面也接近正方形。主入口面向西侧，正好与使馆的办公楼相对。正面主入口向内凹入，大门和二层中央大窗用白石重点装饰。上部水平檐口采用半圆拱形装饰，与使馆院北门相似，南面中部外凸，上层为居室，下层为空廊，立柱采用的是塔司干柱。顶部檐口呈折线形凸出体，比水平檐部要高出一些，中间装饰有圆形盾徽。底层大门一直通向半圆形平台，从这里可到花园。

荷兰使馆旧址主楼（东楼）正面

2001年，这些建筑全部被拆除，并且在原来的地址上按照原来的形制进行重建，只是将原来的砖木结构改成了砖混结构，并且内部进行了调整，更加适合办公使用。另外，院内又新建了两幢建筑，均仿照原有的建筑风格，造型简洁，格调清新。

如今，荷兰使馆旧址已经成为国务院参事室、中央文史研究馆办公所在地。

1995年10月20日，荷兰使馆旧址被北京市人民政府公布为北京市第五批市级文物保护单位。

荷兰使馆旧址西楼房顶

国务院参事室是国务院直属机构，主管政府参事工作，是政府决策的智力支持机构。它设立于1949年11月，由毛泽东、周恩来等老一辈无产阶级革命家亲自倡议。国务院参事室具有咨询性和统战性，其主要的职责有调查研究、建言献策、咨询国事，具体工作涵盖范围非常广泛。

国务院参事室的参事们大多是民主党派成员和无党派人士，也有一些中国共产党的专家和学者，还有一些具有丰富管理经验的领导干部，他们对祖国充满热爱之情，博闻广识，具有极强的社会责任感，通过紧密联系群众、了解民情，然后进行公正客观的评价，进而向国务院领导提出意见和建议。

1951年7月，经毛泽东同志亲自倡议，中央文史研究馆成立。中央文史研究馆具有统战性、

荣誉性，其工作的宗旨就是敬老崇文，最主要的职责就是大力弘扬中华民族优秀的传统文化，人员主要以党外人士为主。

如今，国务院参事室与中央文史研究馆合署办公，工作地点就是荷兰使馆旧址。

美国使馆旧址

美国使馆旧址位于北京市东城区前门东大街23号，1903年兴建。一座主楼四座配楼中央是一块面积为3000平方米的草坪。其建筑远远地与天安门相呼应，是东交民巷使馆区一带的地标性建筑，在清朝保留至今的众多外国使馆区建筑群中，它是唯一保存完整的建筑群。

美国使馆旧址主楼东西长约33米，南北宽约17米。上下共三层，其中地上两层，地下一层。底层室内高5米，二层相对低一些，室内净高3.5米，总建筑高度为13.65米。主楼立面朴实，中央三开间稍微向前凸出。大门两侧有爱奥尼柱，上面冠以三角形山花。楼前砌有5级台阶以及平台，使得整个建筑看上去高高耸立。外墙为灰色的清

美国使馆旧址主楼

水砖，墙角隅石为花岗岩，门窗上也多用石材进行装饰。整个建筑颇具西方古典风格。

1951—1953年，这里曾是当时外交部长及副部长的办公室，之后，周恩来总理也曾在这里办公。1971年，当时中美两国还没有建交，时任美国国务卿的基辛格博士前来访华，周恩来总理在这里与他秘密会晤，这次见面，为美国总统尼克松第二年访华奠定了良好的基础。

20世纪80年代，美国使馆旧址被翻修，用作钓鱼台前门国宾馆。2005年4月，李景汉先生以他的名义将这处建筑租下，并且正式更名为"前门23号"，其主要目的就是将这里打造成京城最高端的精品生活消费场所。

今天，这里已经成为时尚、艺术、美食汇聚的中心，走进院中，绿草如茵，芳香四溢，是闹市中的僻静之所。5座砖石和花岗岩建造的小楼环绕着中央草坪，豪华气派。另外，院中还有9棵挂着牌子的古树，显得一片静谧。

1995年10月20日，美国使馆旧址被北京市人民政府公布为北京市第五批市级文物保护单位。

知识链接　基辛格访华

基辛格是美国政坛上的风云人物，中美建交时期，他担任美国国务卿，并推动了中美两国的建交。

1969年，美国总统尼克松向工作于哈佛大学国际关系学院的基辛格博士伸出橄榄枝，之后在1969—1975年，基辛格担任尼克松政府的国家安全事务助理，兼任国家安全委员会主任，1973—1977年，他担任美国国务卿。

1971年7月8日，基辛格访问巴基斯坦期间，秘密从巴基斯坦飞往北京。当时中美还没有建交，他此行的目的就是为两国建交打前站。周恩来总理在美国使馆旧址秘密会晤了他。这一次，他们商谈了尼克松访华的具体细节。次年2月21日，在基辛格的安排下，尼克松正式访华，这是中美第一次高层接洽，两国关系得到很大的缓解。2月28日，中美签署了《中美联合公报》。1979年，中美正式建交。

自从1972年基辛格与尼克松一起访华之后，基辛格长达31年没有再来中国。直到2003年，他才再次来到中国。之后2007年、2009年、2011年、2013年，他都到中国访问，甚至还出席了2009年中美建交30周年纪念活动。

2019年，97岁高龄的基辛格再次访华，可见他一生都在牵挂中美关系，为两国和平稳定发展做出了重要的贡献。

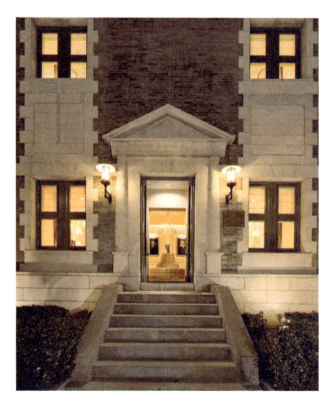

美国使馆旧址主楼入口

东城区东棉花胡同15号院及拱门砖雕

北京市东城区交道口街道东棉花胡同15号，原为清末广州将军刘凤山的宅第。院落坐北朝南，内有一座砖雕拱门十分精美。

原宅大门已拆除，现有广亮大门一间，为后期改建。大门东接倒座房三间，西接倒座房六间，前出廊。第一进院内原有一殿一卷式垂花门一座，现已改建成住房。垂花门后的二门即砖雕拱门，两侧接平顶拱券窗北房。

砖雕拱门呈半圆拱形，高4米多，宽约2.5米，从金刚墙以上均为砖雕，上刻花卉及走兽。拱券中间的汉白玉拱心石上雕刻"福到眼前"图案，笔法老练圆润。上部为朝天栏杆，栏板上雕着岁寒

砖雕拱门

拱券

广亮大门

拱门上部栏杆

拱门侧墙多宝槅

拱门侧墙上部

三友——松、竹、梅，中间有"出入明和"字样。

拱门外两侧雕多宝槅，槅内为暗八仙等博古图案。整座拱门砖雕布局严谨，凹凸得当，其做工之细，刀法之精，实属罕见。拱门内为一四合院，院内正房三间，前后廊，东接耳房两间；东西厢房各三间，前出廊，鞍子脊，合瓦屋面。

2001年7月12日，东城区东棉花胡同15号院及拱门砖雕被北京市人民政府公布为北京市第六批市级文物保护单位。

知识链接 — 刘凤山

刘凤山（1859—1911）是清末广州将军，隶属汉军镶白旗。他生于1859年。最初以翻译举人袭佐领，后历任近畿陆军第一镇统制、西安将军、训练近畿各镇大臣、荆州将军，1911年又被任命为广州将军。

刘凤山还没有上任，武昌起义就爆发了。这时，下属们纷纷劝诫，不要到广州赴任，可他偏不听劝阻，他说："吾大臣也，不可不奉诏。"于是毅然到广州赴任。

快到广州时，总督及布、按以下官员没有谁敢出门迎接，有人劝他说，或许可以乔装打扮，穿上寻常衣服先进城，然后再进行谋划，千万不能像前任孚琦将军一样被暗杀。刘凤山依然不听劝告。

1911年10月25日中午，刘凤山一行人抵达南城外，革命党人隐匿于市井之中，向其投来炸弹，然后又用屋瓦擂压，随从们死去10多人。黄昏时分，刘凤山的尸首被找到，已经被炸弹炸得面目全非。朝廷听闻此事之后，赠其太子少保，给予骑都尉世职。

东城区美术馆东街25号四合院

东城区美术馆东街25号四合院，原为国民党将领杜聿明的居所。宅院坐北朝南，是一座保存较好的三进院落的四合院。

大门

二进院垂花门

宅院原为一组带花园的住宅，1958年建中国美术馆时，占用了该宅西部的花园部分，仅存东半部的住宅部分。大门一间位于整座院落东南隅，原为广亮大门，现已改。大门西接倒座房九间，清水脊，合瓦屋面。第一进院空间开阔，种植多株树木，北侧过厅九间，前后廊，清水脊，合瓦屋面，明间前有上马石一对。

第二进院较小，有东西配房各三间，清水脊，合瓦屋面。院落北侧垂花门一座，悬山顶过垄脊，筒瓦屋面，柱下置滚墩石一对，门旁石狮一对。

第三进院有正房三间，前后廊，前出月台，两侧接耳房各三间，正房内明间有硬木落地罩，雕有梅竹纹饰，刻工精细。东西厢房各三间，前出廊，南接厢耳房各两间，均为清水脊，合瓦屋面，院内各房由抄手游廊相互连接。

第四进院后罩房五间，前后廊，两侧接耳房

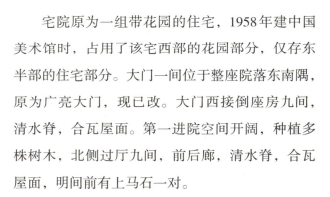

三进院正房

各两间，均为清水脊，合瓦屋面，院内四周环以游廊。

院落西侧另有一南北向连通几进院落的游廊。廊子西侧跨院内有北房五间，前后廊，勾连搭形式，过垄脊，合瓦屋面。北房东接勾连搭式耳房一间，西接平顶耳房一间。

该座宅院规格较高，是京城中型四合院的典

三进院正房戗檐砖雕（1）

三进院正房戗檐砖雕（2）

西跨院北房

型代表之一。院内建筑保护较好，砖、木、石雕颇具特色。

2001年7月12日，东城区美术馆东街25号四

合院被北京市人民政府公布为北京市第六批市级文物保护单位。

知识链接

杜聿明

北京市东城区美术馆东街25号原是慈禧太后侄女的私宅，后几经周折成为国民党将领杜聿明的府邸。

1905年，杜聿明出生于陕西米脂县东区吕家岭杜家湾。1923年从榆林中学毕业。1924年春天，杜聿明跟随榆林同乡马师恭等人先后来到北京。他原本想要报考北京大学，可当他目睹了北洋军阀黑暗的统治之后，心中产生了巨大的革命思潮，这时他从《新青年》杂志上看到黄埔军校在招生，于是经过考虑就报考了黄埔军校。

在校期间，杜聿明认真学习每一门课程，也开始参加战斗。之后，杜聿明成为一名国民党军官。他先后参加了北伐战争、抗日战争以及解放战争，领导了无数次战役，打倒军阀、对日抗战，战绩赫赫。

1948年12月，杜聿明军队遭到解放军的包围。在解放军20多天的政治宣传攻势下，杜聿明仍按照蒋介石的命令负隅顽抗。并且于1949年1月10日进行突围，最终被解放军战士所俘。被俘后，他得到了人民解放军的优待，在战犯管理所医务人员的精心治疗和护理下，一些顽固疾病都得到了治疗并康复。

1959年12月4日，杜聿明接到了最高人民法院特赦通知书，他成为第一批被特赦的战犯。

1961年2月，杜聿明被任命为全国政协文史资料研究委员会专员。他因为这个难得的工作机

会而高兴，对待工作极为认真。1964年，他又被邀请为中国人民政治协商会议第四届全国委员会委员。

晚年时期的杜聿明非常关心祖国统一大业，曾发表《纪念二二八起义》《寄语台友》等文章，号召台湾的老同学和老朋友们为完成祖国统一大业而贡献力量。

1981年5月7日，杜聿明因患肾衰竭在北京逝世，享年77岁。

广亮大门走马板彩画

宅院坐北朝南，前后四进院落，房屋皆为硬山合瓦鞍子脊，额枋上绘有苏式彩画。墀头等处的砖雕十分精细，是一座结构严谨，布局合理，保存完好的四进院落的四合院。

东城区帽儿胡同5号四合院

北京市东城区交道口街道帽儿胡同5号四合院，宅院建于清代后期，传为荣禄家族房产。

广亮大门

一字座山影壁

倒座房

宅院现有广亮大门一间，门前街道南侧建一字影壁一座，门内设一字座山影壁，西有屏门4扇。

第一进院有倒座房五间，清水脊，合瓦屋面，院内方砖铺墁。院北侧有随墙门式二门一座。进门为第二进院，院内有过厅三间，前后廊；两侧东西配房各五间，东西厢房各三间，前出廊。

过厅后有甬道与第三进院前的垂花门相接。甬道两侧出垂带踏跺三级。垂花门为一殿一卷式，门前置小石狮一对。第三进院有正房三间，前后廊，两侧接耳房各一间；东西厢房各三间，前出廊，南接厢耳房各两间，均为清水脊，合瓦屋面。院内各房间由抄手游廊相互连接，廊墙做什锦窗装饰，东西夹道可通第四进院。第四进院有后罩房7间，清水脊，合瓦屋面。

2001年7月12日，东城区帽儿胡同5号四合院被北京市人民政府公布为北京市第六批市级文物保护单位。

二门

荣禄和戊戌变法

瓜尔佳·荣禄（1836—1903）是晚清重臣，满洲正白旗人。他很受慈禧太后的青睐，在戊戌变法中充当着重要的角色。

1898年，康有为、谭嗣同等人主张维新，光绪帝起用其参与新政，准备实行变法。而慈禧太后等人守旧，双方产生了非常大的冲突。为防形势有变，慈禧太后迅速重用手握兵权的荣禄，任命其为文渊阁大学士、直隶总督兼北洋大臣。董福祥的甘军、袁世凯的新军以及聂世成的武毅军全部都归他所统率。

光绪帝依靠维新派的支持颁布了新政，重用新党的一系列旨意，给守旧的大臣们带来很大的思想冲击，于是荣禄马上进京面见慈禧太后，密谋应对之策。

当时，慈禧太后和光绪帝正在筹划去天津阅兵，于是他们就打算利用这次机会，发动兵变，囚禁光绪帝，请慈禧太后训政，必要时废黜光绪帝。这时，维护光绪帝的大臣翁同龢识破了他们的计划，但是又不敢明着向光绪帝上奏，于是就婉言规劝光绪帝取消这次阅兵。荣禄觉得翁同龢这是在阻碍他们的计划，于是让慈禧太后将其撤职。

之后，维新派认识到了掌握军队实权的重要性，于是想要将表面倾向于维新的袁世凯拉拢过来。荣禄听说光绪帝召见袁世凯之后，马上派聂军驻扎在天津，又命董军驻扎在长辛店，同时他又以英兵舰侵犯大沽口为由，召袁世凯迅速回营。

袁世凯回到天津之后，马上将维新派拉拢的事告诉了荣禄。情况紧急，荣禄连夜赶到颐和园面见慈禧太后。第二天，慈禧太后就发动了政变，将光绪帝囚禁起来，同时开始疯狂地捕杀维新派人士。

由于顽固派掌握着军队实权，所以维新派最终失败。荣禄作为掌握军队的中坚力量，在顽固派中属于决策性的人物，自然受到了慈禧太后的重视与信任。这次变故之后，荣禄被授为军机大臣、兵部尚书，节制北洋三军，成为慈禧太后跟前炙手可热的人物。

修复后的宁郡王府府门

宁郡王府

宁郡王府是现存的一座清代早期王府建筑遗存，位于北京市东城区北极阁三条。清雍正八年（1730），雍正帝封怡亲王允祥第四子弘晈为宁郡王，即建府于此。现府邸大门、翼楼、正殿、后寝、后楼基本保存完整。自建府以来，未经大的修缮和更改，保存了乾隆时期以前的建筑风貌。是北京现存建筑年代早、建筑规制较高的一座王府。

修复前的宁郡王府府门

王府整体坐北朝南，平面分中、东、西三路，中路为主要殿堂所在，东西两路为居住生活和办公、厨库区。《乾隆京城全图》同样绘制有该王府的样貌。目前，中路和东路保存基本完整。

中路府门面阔五间，进深七檩，歇山顶，筒瓦屋面，檐下施以重昂五踩斗拱，明间平身科六攒，次梢间平身科三攒，山面当心间平身科六攒，廊间一攒，外檐彩画已经剥落，仅北立面平板枋、额枋保存有龙草和玺彩画，门窗装修已经完全无存，砖石台基。

正殿（银安殿）面阔七间，进深五间，九檩，四周为回廊形式，歇山顶，筒瓦屋面，檐下施以单翘重昂七踩斗拱，明间平身科六攒，次间平身

科五攒，梢间平身科四攒，廊间平身科一攒，山面当心间平身科六攒，次间平身科两攒，廊间一攒，外檐保存有龙和玺彩画，红色圆柱，鼓镜式柱础，四围廊间柱间饰以骑马雀替，山面次间饰

修复后的宁郡王府正殿

以小雀替，当心间饰以雀替，门窗装修为后改，砖石台基。殿前有一个砖石砌筑的月台。

东西配房各六间，东侧已改建为楼房，西侧仍为原貌。殿前东西翼楼各5间，硬山顶调大脊，筒瓦屋面，前出廊，门窗装修后改，砖石台基。

二宫门（即寝门），面阔三间，进深七檩，歇山顶，筒瓦屋面，前后出廊，檐下施以单翘单昂五踩斗拱，前后檐明、次间平身科均为四攒，山面当心间平身科四攒，廊间一攒，额枋绘和玺彩画，红色圆柱，鼓镜式柱础，砖石台基。

正寝殿（又名神殿）面阔五间，进深七檩，歇山顶，筒瓦屋面，前后出廊，前檐明、次间前出三间悬山抱厦，檐下施以重昂五踩斗拱，明间

宁郡王府后罩楼

修复前的宁郡王府寝门套兽

平身科六攒，次间平身科五攒，梢间平身科四攒，山面当心间平身科九攒，廊间平身科一攒，抱厦部分不带斗拱，红色圆柱，鼓镜式柱础，砖石台基。殿两侧朵殿各三间，硬山顶调大脊，筒瓦屋面，前后出廊，东西配殿各三间，配殿与朵殿用一道围墙围起来，又形成了自己的一个小院子。

最后一层建筑是后罩楼，面阔七间，前出廊，前檐门窗装修后改，砖石台基。后罩楼两侧各连配房，后罩楼在20世纪40年代又加高了一层，改成三层。

东路五进院落（四进主院加最前面一进附属院）格局，殿房基本保存完整。第一进院为东路附属小院，北房三间，鞍子脊合瓦屋面，前檐装修后改，两侧耳房各一间，鞍子脊合瓦屋面，前

修复前的宁郡王府正寝殿

檐装修后改。第二进院北房三间，硬山顶过垄脊，筒瓦屋面，明间前出悬山抱厦一间，硬山顶过垄脊，筒瓦屋面，砖石台基。东西耳房各一间，耳房与正房建筑形式相同，屋面为一个整体，只是前檐砌筑出墙腿子，作为区别。第三进院，北房五间，硬山顶过垄脊，合瓦屋面，前檐装修后改。第四进院，南房四间，硬山顶过垄脊，筒瓦屋面，排山勾滴，装修后改。北房四间，硬山顶过垄脊，筒瓦屋面，前檐装修后改。最后一进院落，已经完全改造，不能辨别出原貌。东路建筑与《乾隆京城全图》比较，格局稍有变化，但是对比2001年北京市测绘设计研究院测绘的地形图可以看出，如果去掉现状第三进北房，那么后三进院落格局和建筑形式基本没有变化，现状的第三进院北房为后来添建，建筑形式上也与其他建筑不一致。现存的西路建筑已经不能辨认出原来建筑样貌，被改建成商铺和民房。

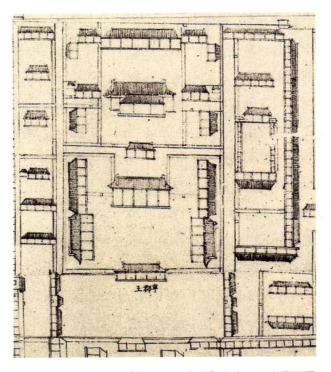

《乾隆京城全图》中宁郡王府平面图

中华人民共和国成立后，宁郡王府前部由中国青年艺术剧院（现国家话剧院）使用至今，后部由北京京雁电器厂使用至今。东路由居民居住至今。

2001年7月12日，宁郡王府被北京市人民政府公布为北京市第六批市级文物保护单位。

知识链接　爱新觉罗·允祥

爱新觉罗·允祥，清康熙二十五年（1686）生于北京，和硕怡亲王，康熙帝第十三子，清朝第九位铁帽子王。

清康熙时期，允祥与雍正帝的关系非常亲密，兄弟二人不仅政治立场高度一致，生活情趣也格外相投。雍正帝继位之后，允祥不仅被封为和硕怡亲王，还被任命为总理事务大臣，得到了极大的恩宠和荣耀。例如清雍正元年（1723），雍正帝赐其钱23万两，虽允祥再三谦退，可雍正帝坚持赏赐，最终只得收下13万两；根据雍正帝旨意，原来只归他兼管的佐领人丁全部划归怡亲王府属下，同时又在亲王规定的名额之外，多给允祥增加护卫17名，仪仗中也增加豹尾枪、长杆刀各二，以此来凸显允祥身份的贵重。不仅如此，雍正帝还破例在亲王之外加封一个郡王爵位，允许允祥在自己的儿子中随意指封。

允祥一生政绩突出。在治理水患方面，他疏通河道，修堤筑坝，开挖沟渠，修河造田，募民耕种，奏请设立营田水利府，亲自进行实地勘察，了解全国各地的水利情况，取得非常好的成效。在案件审理方面，他善辨真伪，明察秋毫，主持审理了数十次大案。在军事方面，负责全国中低级官吏（三品以下）的遴选，又负责军需供应，在雍正帝对准噶尔用兵时，不仅保证军事供应，还理财得当，懂得调度，和雍正帝在这一方面配合极为默契。允祥重视人才，曾多次向雍正帝举荐优秀人才，例如陕西总督查郎阿、福建巡抚赵国麟等，这些人当时官职卑微，但之后都成为朝廷的栋梁之材。

因为允祥对雍正王朝的政绩助力非常大，怡亲王爵位得到了雍正帝世袭罔替的许可，成为清朝第九位铁帽子王。

雍正八年五月初四（1730年6月18日），允祥因积劳成疾而去世，享年44岁。去世之后，配享太庙，追谥号为"贤"，另外还有"忠敬诚直勤慎廉明"匾额冠于谥前。

原大门

东城区鼓楼东大街255号四合院

北京市东城区安定门街道鼓楼东大街255号四合院，建于民国时期，坐北朝南，前后共三进院落。该四合院内砖雕、石刻、室内装饰均十分精美，做工考究。

宅院原大门位于草厂胡同，坐西朝东，原倒座房五间，后改为大门三间，中间为广亮大门。现鼓楼东大街255号大门为后开，位于最南端院墙中部，两侧接门房各两间。

第一进院有正房七间，前后廊；东西厢房各三间，均为后期改建。从正房东侧有一通道可通第二进院。第二进院北侧为一殿一卷式垂花门一座，两侧看面墙上装饰形态各异的什锦窗，并做精美砖雕图案。正对垂花门的南墙上，有正方形汉白玉影壁一座，镌刻单龙戏珠图案。

影壁两侧有东西厢房各三间。垂花门内庭院

垂花门

二进院影壁

喷水池

豁然开朗，院内中央置双层六边形汉白玉西式喷水池一座，各转角上雕刻小石狮子一尊，池中立一汉白玉蟠龙柱，柱身浮雕云纹，莲花造型柱头，其下雕四个龙头做喷水口。

水池北面有正房七间，前后廊，其中前檐吞廊五间，两侧接耳房各一间，均为过垄脊，筒瓦屋面。其室内装修精美，有镶嵌大理石的硬木槅扇、硬木雕花的落地罩，还有博古架等。北墙明间砖雕凤凰、牡丹图案，十分精美，保存完整。后院西北角另有后罩房四间。现为经营用房。

整座宅院从布局上看应为原大型宅第之附属花园部分，后经改建形成了中西合璧的院落形式。院内砖雕、石刻以及室内的装饰精美，保存较好。

2001年7月12日，东城区鼓楼东大街255号四合院被北京市人民政府公布为北京市第六批市级文物保护单位。

二进院西厢房

喷水池蟠龙柱

知识
链接　　　　　　**四合院影壁**

在北京传统建筑中，四合院大门内或外会有像一堵墙一样的东西，这就是影壁，又称照壁。影壁是每个院子都会有的，大多数是在大门以里，因为老话讲鬼不会拐弯，只会直来直去，所以在门里立一个影壁，可以起到阻挡的作用。同时，影壁还起着阻挡视线的作用，这样可以不被人一眼看到底，把整个院子看个通通透透。

影壁也是凸显主人身份地位、品位及财力的一个重要地方，影壁从上到下分三个部分，最上是筒瓦，像房上瓦的作用一样，把雨水引到远离影壁主体的地方，免得侵蚀影壁主体。中间是影壁的主体，一般是条砖砌出框架，中间有各种吉祥文字或图案。下面是须弥座，一般是山海景色。

寻常的影壁分三种：一是大门以里，呈"一"字形，如果是单独一个影壁就是独立影壁，如果地方小而在厢房的山墙上直接砌出影壁形状的称为座山影壁。二是大门以外，有一字影壁及雁翅影壁，起到装饰作用和遮挡作用。三是位于大门的东西两侧，呈"八"字形，称作"反八字影壁"或"撇山影壁"。在这种影壁的烘托陪衬下，宅门显得更加深邃、开阔、富丽。

在北京有两座影壁中外闻名，它们都被称为九龙壁，其一是在故宫内的宁寿宫，门前有一座大影壁，由彩色琉璃砖瓦砌就，壁上用琉璃砖镶嵌成九条蟠龙，这就是故宫九龙壁。其二为北海公园北岸西侧的大圆镜智宝殿真谛门前的影壁——也就是北海九龙壁，比故宫那个还大，而且是中国现存的三座九龙壁中唯一的双面影壁。

东城区前鼓楼苑胡同7、9号四合院

前鼓楼苑胡同是北京南锣鼓巷周边的一条胡同，位于鼓楼东南侧，呈东西走向。东起南锣鼓巷，西至南下洼子胡同，北与后鼓楼苑胡同相通。全长261米，宽6米，现为沥青路面。

前鼓楼苑胡同在明朝的时候叫孤老胡同，因胡同中有一所养济院而得名。清乾隆年间这里被称为前鼓楼院，宣统年间称前鼓楼苑，这一名称一直沿用至今。

前鼓楼苑胡同现存多座保存完好的四合院，建筑风格经典，保存完好，如7、9、12、13、14号院都非常漂亮，代表了北京四合院建筑的特色。

东城区前鼓楼苑胡同7、9号四合院是一座原状保持较完整的三进院落的四合院，建于清代末

蛮子门

年，坐北朝南，属于东城区交道口街道。

宅院现存建筑为蛮子门一间，位于院落的东南隅，清水脊，合瓦屋面，门前抱鼓石、上马石

座山影壁

垂花门及看面墙

二进院正房

后罩房

各一对，门内座山影壁一座。

第一进院倒座房七间，清水脊，合瓦屋面。北侧一殿一卷式垂花门一座，两侧接着面墙，上雕楹联一对，字迹现已模糊不清。第二进院有正房三间，前后廊，两侧接耳房各两间，其东耳房一间辟为过道，均为清水脊，合瓦屋面。东西厢房各三间，前出廊，南接厢耳房各一间，院内四周环以抄手游廊相互连接。第三进院有后罩房六间，前出廊，过垄脊，合瓦屋面。西侧院墙后辟一门，门牌为9号。

整座宅院布局严谨，结构合理，建筑质量很高，保存较好，在京城中型四合院中颇具代表性。

2001年7月12日，东城区前鼓楼苑胡同7、9号四合院被北京市人民政府公布为北京市第六批市级文物保护单位。

 北京传统四合院大门

老北京四合院的标准样子应该是南北长、东西窄、坐北朝南的长方形院子，大门建在东南角。按照古代八卦来说，东南是"巽"位，"坎宅巽门"

是吉宅。这种建制也有一定科学道理，北京冬天多刮西北风，四合院的北面是高墙或高楼，可以挡风保暖。而夏天天热，多东南风，院门开在东南角，风一刮，四合院门里形成穿堂风，悠长门道是最凉快的地方，门墩又是石雕的，坐在门墩上吹着凉风，也是老北京的一种消暑方式。

四合院的大门形式也很有讲究。大门口的建制不同，代表房主身份地位也是不一样的。民间有个说法叫"门当户对"，说白了就是靠大门的建筑来衡量一家人的地位。

四合院大门第一级为王府大门，是皇亲国戚专用大门，足足占三间至五间房，并且两侧设有影壁。

广亮大门，也称广梁大门，是因为门垛在房间中央，即在房屋中柱上安装抱框和大门，门前有半间房的空间，而房梁全部暴露在外，因此得名"广梁大门"。门板装在后柱上，大门和门廊占一间屋子大小，门外的两扇墙呈"八"字形，从建筑上说气派，从风水上说敛财，像伸开手往怀里搂一样。

金柱大门，顾名思义就是在房屋"金柱"上安装抱框和大门，门前的空间要比广亮大门小很多。门板装中间那根柱子上，也就是房檐的那根柱子上。因此门的进深不如广亮大门，其门外比门内浅，门外占1/4，门内占3/4。

蛮子门是在房屋前面的檐柱上安装的抱框和大门，门前没有空间。门板装在前门柱上，比金柱大门更靠前，因此外门道更小。在古代，南方到北京经商的商人经常使用这种大门，他们把大门推到了最外面的檐柱上，就是为了不给小偷容身作案的机会。而"蛮子"则是北方人给南方人起的外号。

如意门是在房屋檐柱上砌墙，在墙上的门洞内安装抱框和大门，门前也没有大门。那为什么管这样的门叫如意门呢？如意门很小，而且没有门洞，门框上方只有两个门簪，上写"如意"二字，故为如意门。是北京四合院采用最为普遍的一种，是普通人居住的。

随墙门是直接在墙上开的门洞，也会在墙上略加装饰变成小门楼。它还有一个名字叫"墙垣式门"，和墙是一体的，没有柱子，没有房脊，是最低端的门，是最底层平民的房子。在清中期西洋文化进入中国广泛传播之后，北京的老百姓模仿外国建筑，将自家的大门装饰成西洋门。

北京宅院还有其他形式的门，如垂花门、板子门、院门、菱角门、栅栏门等，都是一些不同的叫法或者不同情况下的特殊形式。

京奉铁路正阳门东车站旧址

京奉铁路正阳门东车站旧址位于北京市东城区前门大街北侧东端、正阳门箭楼东。建于1903年，1906年正式启用，直至1958年，一直是北京最大的火车站。车站建筑为欧式风格，现存基本完整。是中国铁路早期车站建筑的代表作。

京奉铁路正阳门东车站旧址位于内城南墙与护城河之间，地段狭窄。车站坐东朝西，主立面呈长方形，由中央候车大厅、南北辅助用房、钟楼（七层）四部分组成，建筑面积约3500平方米。建筑为砖混结构，墙体采用英式砌法，为一层顺砖、一层丁砖交替砌筑，只在门窗周围和墙角部位用白色石材装饰。中央候车大厅顶部为三角屋架，正面以三心拱造型为山墙，拱脚处嵌云龙雕

车站旧影

饰。南侧有穹顶钟楼挺立，其造型和线脚处理富有装饰趣味，使其成为前门商业区一带重要的城市标志。

车站主建筑

京奉铁路正阳门东车站旧址在1997年经过改建，建筑除北部基本保留外，其余进行了复建，2008年8月辟为北京铁路博物馆。

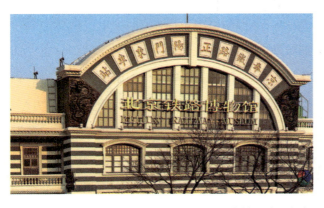

车站西立面细部

2001年7月12日，京奉铁路正阳门东车站旧址被北京市人民政府公布为北京市第六批市级文物保护单位。

知识链接 北京最早的火车站

丰台站是北京最早兴建的火车站，它的历史可追溯到清光绪二十一年（1895）。

这一年4月，清政府决定兴建一条从天津到北京卢沟桥的铁路，即津卢铁路。可是，当时清政府并不具备独立修建铁路的能力，资金上也有很大的缺口，于是津卢铁路督办胡燏棻就向英国借了40万英镑，修建了中国第一条复线铁路，开创了借款修铁路的先例。英国人金达被聘请为津卢铁路总工程师。当时，金达进行实地考察，认为在丰台设站非常有必要，于是就在年底将津卢铁路延长到了丰台，兴建了丰台火车站。丰台火车站兴建初期，站牌为中英文站牌。为了方便各国铁路工人辨认，当时货车的车号使用阿拉伯数字和中国传统数字合用。

修建丰台站的同时，清政府还筹建着另外一条铁路，即卢汉铁路。这条铁路从北京出发，经由郑州通往湖北汉口。因为其起点为卢沟桥，而丰台火车站还修建了一条通往卢沟桥的支线，因此丰台站就成了卢汉铁路和津卢铁路的交会点。

1900年，义和团运动爆发。外国列强假借剿灭义和团之名，纷纷想要率军进入北京。为了阻止这一行动，义和团首先把目光锁定在丰台站。他们冲进丰台站，砸毁进口机车，打伤工作人员，最后将火车站付之一炬，仅剩下一段东墙残留和书写着"光绪二十三年"的牌匾。

《辛丑条约》签订之后，北京局势暂时缓和，于是丰台站再次被修复，20世纪初恢复了运营。

1905年，丰台站又迎来了京张铁路，从此丰台站成为同时经过3条重要铁路的火车站。它承载客运和货运，业务非常繁忙。每天货运量达七八百吨。

新中国成立之后，丰台站的枢纽地位更加凸显，20世纪80年代，日均客流量达3万多人，周围的服务和餐饮行业也随之迅速发展。

由于其他火车站的兴建，丰台站被分流，其功能地位逐渐下降，2010年6月，丰台站停办了客运业务，实施改建工程。

陈独秀旧居

陈独秀旧居是陈独秀1917—1919年在北京的居住地，位于北京市东城区北池子大街箭杆胡同20号，具有重要历史价值。

陈独秀旧居整个院落的占地面积并不是很大，是一个正方形的院落，长宽均为17米。大门在院子的东北角，向北而开，有两步台阶，门是一个小型的如意门，只占半间房，顶部合瓦清水脊。门上有两个门簪，上面刻着"吉祥"两个字。门口有两个青石门墩，上面雕刻着石狮。

该院坐北朝南，如意大门，正房三间，南房三间，硬山合瓦过垄脊。

1917年，陈独秀从上海赶赴北京大学任教，同时把在上海创办的《新青年》杂志也带到了北京。当时，他就入住这座院落，并将《新青年》社编辑部也安排在了这里。当时很多新派学者都成了这部杂志的主要撰稿人，例如胡适、李大钊、鲁迅等人，经常会到这里聚集聊天，开展新文化

大门

《新青年》杂志影壁

运动，因此，陈独秀旧居也是见证新文化运动的重要历史遗存。

五四运动爆发后，作为总指挥，陈独秀渴望唤醒更多民众的爱国热情，加入到运动中来。于是他在1919年6月11日晚，赶到北京南城的新世界游艺场，向普通民众散发《北京市民宣言》。这份宣言是由陈独秀、李大钊起草，胡适做英文翻译而成的，主要就是对北洋政府提出一系列要求，例如"免除曹汝霖等六人官职，并驱逐出京""对日外交不抛弃山东省经济上之权利"等，因为散发对北洋政府不利的传单，陈独秀很快就被军警逮捕了。

陈独秀被捕后，安徽同乡合力声援，终于在被关押3个月之后获得释放。只是在这种情况下，陈独秀不能再回到北京大学任教了，于是在1920

院落

陈独秀住所

年2月离开北京，结束了在箭杆胡同20号长达3年的居住生活。

新青年社编辑部

新青年社编辑部专题展

2020年3月，北京市组织开展"北大红楼与中国共产党早期北京革命活动旧址"保护传承利用工作，将北京地区与中国共产党创建活动有关的重要会议场所、重要党史人物故居以及重要纪念设施、重大历史事件发生地等31处纳入活动范围，其中就包括新青年社编辑部旧址，也就是北京陈独秀的这座旧居。

如今，陈独秀旧居作为中国共产党早期北京革命活动旧址已经向社会公众免费开放，同时也开展新青年社编辑部旧址专题展。

2001年7月12日，陈独秀旧居被北京市人民政府公布为北京市第六批市级文物保护单位。

北大红楼

从1917年到1920年，陈独秀在北京度过了3年时光，推动了新文化运动的发展。当时他住在北京东城区箭杆胡同20号，工作的地方距离他住的地方并不远，即五四大街上的北京大学红楼。

北京大学红楼始建于1916年，通体红砖砌筑，屋顶铺满红瓦，砖木结构，整个平面呈"工"字形，从东到西宽100米，正楼南北进深14米，东西两侧楼进深相对较浅，各有34.34米，整个建筑占地面积约为1万平方米。这里曾经是文化巨匠云集的地方，众多的学者和名人在这里任职、任教。当时这座红楼为北京大学文科、图书馆、校部所在地，陈独秀担任文科学长，李大钊担任图书馆主任，另外，著名学者还有胡适、鲁迅、周作人、钱玄同、梁漱溟、辜鸿铭、高一涵、刘半农等也都在这里任教。中国新民主主义革命也从这里拉开序幕。

1918年，李大钊在北京大学红楼创建了马克思主义研究小组，在他的指导下，1920年3月，邓中夏、高君宇等19人又在这里秘密成立马克思学说研究会，同年10月，在一层东南角李大钊的办公室，李大钊、张申府、张国焘三人又秘密成立北京共产党小组。

1952年，全国高校院系进行调整，北京大学搬迁到别处。1961年3月4日，北京大学红楼被中华人民共和国国务院公布为第一批全国重点文物保护单位。2002年，北大红楼进行改建，成为北京新文化运动纪念馆，正式向全社会开放。对外开放的参观区共分为两个部分，即北京大学红楼一层和院内的平房展厅，当时李大钊办公室、毛泽东工作的第二阅览室、学生教室等都做好了复原工作。2014年，纪念馆与北京鲁迅博物馆合并，称为北京鲁迅博物馆。

如今，这座纪念馆仍散发着浓厚的"新文化"气息。展厅里立着一尊陈独秀先生的铜像，还展出了一幅陈独秀旧居的图片，也就是东城区北池子大街箭杆胡同20号。

僧王府

北京市东城区炒豆胡同是交道口南大街路西从南往北数的第一条胡同，长400多米。73、75、77号院在胡同西段北侧，原为僧格林沁王府，后被隔成独立院落。坐北朝南，南北贯通炒豆胡同与板厂胡同。门朝北开，为其后门，门牌分别为板厂胡同30、32、34号。以上院落共有房屋200多间。

僧王府是清末蒙古亲王僧格林沁在北京的王府，不是一次性建成的，而是逐年扩充而成。僧

炒豆胡同75号院大门

府内建筑

格林沁死后，他的儿子伯彦讷谟祜袭亲王爵，所以该王府清末也曾经称为伯王府。此宅是研究该地区地理变迁、王府形制和建筑的重要实物。

王府规模十分宏大，占据了炒豆胡同多半条胡同。王府大致可以分为三部分——中部殿堂区、东部家祠区和西部居住生活区。

中路炒豆胡同75号院广亮大门一间，门内为独立影壁一座，南有倒座房6间，为合瓦屋面，北为腰厅7间，中启厅门，过厅门，进垂花门为二进院，北房三间，进深七檩，东西耳房各二间，东西厢房各三间，抄手游廊环四周。后院内板厂胡同32号院，北房三间，东西耳房各二间，东西厢房各三间，均为筒瓦过垄脊硬山房。

中路东侧有一路大式与小式相结合的建筑，为王府家祠所在，即现炒豆胡同73号一路建筑。广亮大门一间，硬山顶过垄脊，合瓦屋面，两侧带披水，排山勾滴，实榻大门，圆形抱鼓石一对，戗檐砖雕卷草花卉。大门对面的街上，建有八字影壁一座。一进院倒座房5间，院内正殿5间，双卷勾连搭形式，硬山顶过垄脊，筒瓦屋面。西配房三间。二进院，北房5间，东西厢房各三间，鞍子脊合瓦屋面。三进院北房三间，全院环

东路大门

戗檐砖雕

炒豆胡同77号院大门

以围廊。四进院后罩房九间，均为合瓦过垄脊硬山房。

王府中路以西的生活居住区及附属建筑，由几组大型的四合院组成。即炒豆胡同77号院，广亮大门一间，倒座房东二间，西六间，合瓦屋面。院内只存西配房五间，北为过厅七间，前出廊，中启厅门。北出一间轩门，东西连廊，北房三间，进深七檩，前后廊东西耳房各二间，东西厢房各三间，前出廊，抄手游廊连接各房，北房西侧耳房内间应为穿廊至后院。北房三间，进深五檩，前出廊，东西耳房各二间，东西厢房各三间。西路院一进院南房三间，西厢房三间，北房三间带前廊和东西各一间耳房。二进院北房三间，带前廊东西耳房各一间。东西厢房各三间。以上均为筒瓦过垄脊硬山房，虽有改建但廊间宽大，应为

原王府的建筑。

僧王府与北京的满族王府相比较，虽然占地面积不逊色，但是单体殿堂的建筑规模和规制都远远低于满族王府。很多房屋都是在一些普通房屋的基础上稍作改建，例如安上吻兽等，以符合王府的规格。

2003年12月11日，僧王府被北京市人民政府公布为北京市第七批市级文物保护单位。

知识链接　　　　僧王府的沿革

僧王府的第一个主人并不是僧格林沁，而是其父、上一代扎萨克博多勒噶台亲王索特纳木多布斋，索特纳木多布斋清仁宗三女庄敬公主，公主府在炒豆胡同。公主死后，公主府上交内务府，

按朱家溍先生考证，上交公主府后，索特纳木多布斋仍住在自己的府中，就是后来僧王府的中、西二所。

《燕都丛考》载："博多勒噶台亲王府，在安定门内炒豆胡同。科尔沁郡王索特纳木多布斋尚仁宗三女庄敬公主，追封亲王衔，其子博多勒噶台亲王僧格林沁，咸丰时以剿贼功，食双亲王俸，谥曰忠，配享太庙。今王伯彦讷谟祜嗣府为忠王所建，非公主赐第也。"据此可知，此府之所以称"僧王府"，是因为第一代府主是僧格林沁。

确切来讲，此府应称"博多勒噶台亲王府"，因为"博多勒噶台亲王"是世袭罔替的。

僧格林沁承袭科尔沁郡王，因军功加封博多勒噶台亲王、食双俸。因此，僧王府最初只是一般的郡王府，其规模和规制远不能与后来几乎占了整条胡同的"世袭罔替"的亲王府相比，后来的僧王府是累年扩建、改建而成的。

僧格林沁

关于这个东所，是前杭州织造福德宅，因其任期内短交银两而以入官。清道光七年（1827），僧格林沁出银6690两认买福德入官的房屋117间。东所的建筑风格与西、中二所迥然不同，一派江南风光。僧格林沁改造王府时，把中、西与东连在一起后，因原先索王府正门在中所，与三所相对，位置过于偏西，僧王便把王府正门向东迁移，建在了东所的位置上，这就是现今我们所能看见的面阔三间五脊六兽的僧王府正门，以符合亲王府制。

胡同南侧有一座大照壁正对府门，府门两旁有上马石，上马石旁有一对雕石矗灯；府门里两厢置兵器架，后器架上插着两排"阿虎枪"，面阔五间的腰厅和垂花门、后罩房等均有抄手廊相连，院内有假山、水池和爬山廊、游廊、花厅、亭、台等建筑。正殿台阶5层，举架高大，有脊兽；每间面阔一丈有余，进深超过两丈；殿内用"金砖"墁地，墙上挂着一幅僧格林沁头戴秋帽、身穿"巴图鲁"鹿皮坎肩的油画像。

僧格林沁死后，其长子伯彦讷谟祜袭爵，此府遂称"伯王府"。伯彦讷谟祜死后，因其长子那尔苏死得早，故由其长孙阿穆尔灵圭袭爵，此府又称"阿王府"。

阿穆尔灵圭曾任清廷銮仪卫大臣，清廷退位后又曾任民国的国会议员，家道日趋衰落。阿穆尔灵圭死后，因欠族中赡养费而被控告，法院受理公开拍卖"僧王府"。该府西部成为温泉中学，中部卖给了朱姓人家，东部除留一部分为阿穆尔灵圭之子和琳自住，其余卖给了西北军。由于阿王把王府卖给了数家，所以原先只有两个门的僧王府，前后又多开了十几个门，一座显赫的王府未及百年便被分割得七零八落。僧王府规制满目疮痍的景象也是从那时开始的。

1954年，煤炭部买下原"僧王府"中部的大部分院落作为宿舍，朱家存16间半。东所正院后罩房现在是街道办事处，前几年修新。东所东院为侣松园宾馆，其内建筑修饰一新。

一进院及垂花门

东城区前永康胡同7号四合院

北京市东城区北新桥街道前永康胡同7号四合院，传为太监李莲英所建。宅院坐北朝南，原为一座有中、东、西三路的带花园的大型四合院，新中国成立后，徐海东、陈毅先后寓此。

房各三间，前出廊，均为过垄脊，合瓦屋面。院内各房以抄手游廊相互连接，其中垂花门两侧游廊的内壁上绘沥粉壁画10幅，为《红楼梦》故事，但保护欠佳，已难辨认，西北部有游廊可通西跨院。

大门

二进院正房

7号四合院本为四进院落，现只存二进，第三、四进院在合作巷辟门，另立门牌。现存建筑有广亮大门一间，过垄脊，合瓦屋面，门前抱鼓石一对，八字影壁一座，影壁正中雕竖匾框，影壁西侧存拴马桩一根。大门两侧各建倒座房三间，清水脊，合瓦屋面。第一进院内铺十字甬道，东西两侧墙上辟月亮门，原可通东西两路。

过一殿一卷式垂花门进入第二进院，院内有正房三间，前后廊，两侧接耳房各两间；东西厢

垂花门背面及两侧游廊

跨院内为原花园部分，北端有敞厅一座，面阔五间，前出轩一间，歇山顶，卷棚筒瓦屋面。院落中部有一水池，南部堆砌假山，山上有六角攒尖顶亭一座。

整座院落结构规整，布局疏朗，装饰工艺精湛，门前影壁，院中花园，亭台山榭一应俱全，特别是游廊中的10幅《红楼梦》壁画在北京四合院中很少见。

2003年12月11日，东城区前永康胡同7号四合院被北京市人民政府公布为北京市第七批市级文物保护单位。

花园敞厅

知识链接 前永康胡同

前永康胡同在明朝时属北居贤坊，称作永康侯胡同。这是因为永康侯徐忠的住宅在这里而得名。

徐忠是安徽合肥人，明朝靖难名将。他出生于一个将官之家。早年承袭父亲的职务，为河南卫副千户，后来，他跟随明军多次进行北伐，取得较多战绩，后荣升为济阳卫指挥金事。明洪武末年时，被派往开平镇守。

明太祖朱元璋去世之后，惠帝继位，这时齐泰、黄子澄提议进行削藩，惠帝允准。然而明太祖曾在《皇明祖训》中说过："朝无正臣，内有奸逆，必举兵诛讨，以清君侧。"于是燕王朱棣以此作为理由，起兵反抗，发动了靖难之变。

燕王起兵之后，势如破竹，接连攻破了居庸关、怀来，镇守开平的徐忠投降燕王，从此成为朱棣手下的一员猛将。在战争时期，徐忠一向勇猛无畏，奋勇杀敌，深得朱棣的赏识。后来朱棣整编军队，分为前、后、左、右、中五军，任命徐忠为前军统帅。徐忠也不负期望，所立战功无数。

明建文四年（1402）六月，朱棣攻入南京称帝，徐忠被册封为永康侯，子孙世袭，其府邸所在的胡同就命名为永康胡同。

到了清朝，该胡同属镶黄旗，清乾隆时称前永康胡同，宣统时称观音寺。1947年，西段用旧名观音寺，东段则称前永康胡同。1949年以后，该胡同继续称作前永康胡同。1965年，地名进行整顿时，观音寺并入其中，仍称前永康胡同。

绮园花园

绮园花园是晚清内务府大臣索家宅院的花园部分，名叫"绮园"，位于北京市东城区秦老胡同35号，东面与交道口南大街相邻，西面靠近南锣鼓巷，南面依靠着北兵马司胡同，北面依靠前圆恩寺胡同。

花园内建筑多样，除了假山、桥、水池、凉亭之外，还有一座船形敞轩。它仿的是江南的园林建筑，别致美观。如今的花园是经过改建后的样子。索家后代将花园出售之后，新的主人把院中的建筑拆除，重新建造房屋，唯一保留下来的

大门

大门砖雕

就是大门东隅的一组假山，用来充当影壁。因此整个院落看上去更加宽阔，远不像普通的四合院那样结构紧凑。

新建的院落是一个三进院落。大门是一开间如意大门，第一进院落有倒座房九间，硬山合瓦过垄脊屋面。门内东侧有一组假山，上面立着"绮园"石刻匾额。西侧有三间厢房，北面有过厅五间；二进院有五间正房，前出廊，后有抱厦，有两卷勾连搭式屋面。正房的两侧各有两间耳房。东、西各有厢房与正房连在一起。三进院有后罩房九间，硬山合瓦过垄脊屋面，前出廊。东西配房均为平顶小房。

绮园花园是从富察·明善时期开始形成规模的。明善汉姓索，属满洲镶黄旗，自清咸丰十年（1860）至同治十三年（1874），一直任总管内务府大臣，其儿子文锡、孙子增崇也先后任清总管内务府大臣，像这样祖孙三代都担任内务府总管大臣的人家只有索家，因此被称为内务府世家。

二进院正房

那时候索家的宅第规模宏大，从秦老胡同西部开始，连续几座院落都归索家所有，包括如今的39、37、35、33、31、29和27号。其中31号是当时的大门。大门对面的影壁到现在仍完好地保存着。

2003年12月11日，绮园花园被北京市人民政府公布为北京市第七批市级文物保护单位。

知识
链接 **清末内务府四大家族**

清末内务府设七司三院，其职能范围十分广泛，在内务府的八旗人中，上三旗人直接为皇帝服务，也颇得皇帝信任，因此经常能够得到一些肥差，不仅享受特殊的社会地位，并且富比王侯。清末内务府就有著名的四大家族。

富察·明善，即绮园花园最早的主人。他是晚清咸同年间的总管内务府大臣。雍乾年间，明善的先祖为索柱。当时，满族上层流行一种时尚，即取汉姓，索正好是汉姓之一，于是索柱就以"索"字冠以汉姓。索家世世代代都在内务府供职，即使被外放到其他地方为官，也都是管理河道、监督海关、管理织造等肥差，因此每一代都非常富有，在京城是有名的富豪。辛亥革命推翻了清朝封建君主专制统治，这对索氏家族产生了极大的影响，他们的政治地位急剧而下，经济也受到了重大的影响。明善的孙子增崇认为浮财不可靠，于是开始置办房产。他先后在北京和天津购买了大量房产，除了自己居住和给女儿的陪嫁之外，其他房产都出租，获取租息。现在秦老胡同28、30、32、34、36、38号的6座一进小四合院以及19号两座大规模的五进四合院都是在那个时期所建。

荣廷，号拙园老人，隶属内务府正白旗。他的先祖为蒙古族，姓博尔济吉特，是成吉思汗的后裔。清初就进入内务府，得汉姓"尹"，因此当时人称"荣尹家"。荣廷年轻时，曾经修建过水利工程，之后又做苏州织造，官职位于内务府坐办

堂郎中，极有权势。他的府邸在地安门东拐棒胡同。他的兄长荣诰也在内务府供职，二人分居拐棒胡同南北两院。

钟祥，内务府旗人，隶属汉军旗镶黄旗，汉姓杨，世称"钟杨家"。清嘉庆十三年（1808），他先后担任山东按察使、浙江布政使、山东巡抚等职，道光年间又任闽浙总督、库伦办事大臣、东河河道总督等。钟祥世代富裕，其府邸在旧鼓楼大街马家厂。

文丰，内务府旗人，隶属汉军正黄旗，汉姓董。在内务府先后担任堂主事、员外郎、造办处郎中、杭州织造、粤海监督、苏州织造、总管内务府大臣等，其弟文廉也任总管内务府大臣，因此世称"文董家"。他们的府邸为东西相对两院，位于地安门东雨儿胡同。

这些内务府世家管理着各种宫廷事务，见多识广，钱财无数，在当时可谓名声显赫。

东城区黑芝麻胡同13号四合院

东城区黑芝麻胡同13号四合院，原为晚清四川总督奎俊的房产。宅院坐北朝南，分东西两路，是一座带花园的大型四合院。民国时期，外交总长顾孟余（1888—1972）购得此房产。现西部住宅为单位宿舍。

宅院建于高台之上，由东部花园和西部住宅两部分组成。现存建筑有广亮大门一间，清水脊，合瓦屋面，门前抱鼓石、上马石各一对，设台阶七级。大门内外还各设一字影壁一座，其门内两侧做屏门，可通东西两路院落。西路第一进院东接门房两间，西接倒座房八间半，北面过道房八

间，均为清水脊，合瓦屋面。

　　穿过门道进入第二进院，院内有一殿一卷式垂花门一座。第三进院有正房三间，前后出廊，两侧接耳房各一间。东西厢房各三间，前出廊，均为过垄脊，合瓦屋面，院内四周有抄手游廊连接各房。

东路第一进院原有大门，现已封堵。大门东接门房一间半，西接倒座房5间，院内北侧有一殿一卷式垂花门一座，可通第二进院。第二进院正房三间，前后出廊，两侧接耳房各一间；东西厢房各三间，前出廊，院内四周由抄手游廊相互连接各房。第三进院后罩房7间，清水脊，合瓦

大门

西路垂花门

一字影壁

西路三进院东厢房

东路原大门

屋面；东西各建平顶厢房一间。院落东侧还有一座二进跨院，院内前后各有北房三间，为新改建。

此宅院东部原有大面积的花园，园中曾有假山、游廊、亭轩、月牙河、珍贵树木等，现已拆除，改为黑芝麻胡同小学。现存宅院建筑保存较好，格局完整，砖、石、木雕精美，很有特色。

2003年12月11日，东城区黑芝麻胡同13号四合院被北京市人民政府公布为北京市第七批市级文物保护单位。

东路二进院正房

顾孟余

东城区黑芝麻胡同13号四合院原为晚清四川总督奎俊的宅院，后被外交总长顾孟余购得。

顾孟余，原名兆熊。1888年，他出生于河北宛平（今属北京市）。15岁时，他进入京师大学堂求学，主修法国文学和德语。

1906年，顾孟余通过译学馆的选拔，被派往德国留学，先后在莱比锡大学和柏林大学学习电学和政治经济学。

1928年，他与汪精卫等人在上海成立国民党改组同志会，攻击蒋介石的独裁统治，第二年，蒋介石操控了国民党第三次全国代表大会，开除顾孟余党籍三年，尽管如此，他的反蒋斗争仍没有停止。

1931年，顾孟余恢复党籍。之后，他出任国民党第四届中央执行委员会常务委员。抗日战争期间，汪精卫等人投敌叛变，顾孟余不愿与之为伍，从香港返回到重庆。

1941年7月，顾孟余被任命为中央大学校长，很受全校师生的爱戴。后因受到蒋介石的责备愤然辞职。

1949年，顾孟余定居到香港，后定居到美国加州伯克利。直到1969年返回台湾。

1972年6月，顾孟余在台北病逝，享年85岁。

东城区沙井胡同15号四合院

东城区沙井胡同15号四合院，原为四川总督奎俊的一所宅院。宅院坐北朝南，原与17、19号共同组成一座中、东、西三路的大型四合院，现存15号院为其东路。宅院建于清代后期，现沙井胡同17、19号院多已拆改，已失旧貌。只有15号院保存基本完好，曾为北京市群众艺术馆、北京画院使用，近年修葺一新，为北京市文化和旅游局下属单位使用。

穿过垂花门进入第二进院，院内有正房（过厅）三间，前后廊，过垄脊，合瓦屋面。院内四周环以游廊连接。第二进院东侧有一跨院，院内有正房三间，前后出廊。

过一殿一卷式垂花门为第三进院，院内有正房三间，前后廊，两侧接耳房各两间，均为过垄

广亮大门

宅院现存建筑为广亮大门一间，清水脊，合瓦屋面，大门对面有一字影壁一座，门内有座山影壁一座。第一进院倒座房东西各四间，清水脊，合瓦屋面。北侧有一殿一卷式垂花门一座。

二进院落垂花门

一字影壁

二进院正房

脊，合瓦屋面，东西厢房各三间，前出廊，其中西厢房为双卷勾连搭形式。院内四周环以游廊。西耳房旁有一月亮门，内有北房三间，过垄脊，合瓦屋面，与西厢房山墙形成一个跨院，自成一体。第四进院有后罩房七间半。

三进院正房

从形制看该院是北京四合院中的典型，其布局是研究北京四合院的重要实物。

2003年12月11日，东城区沙井胡同15号四合院被北京市人民政府公布为北京市第七批市级文物保护单位。

四进院后罩房

瓜尔佳·奎俊

东城区沙井胡同15号四合院是晚清瓜尔佳·奎俊宅院的东路院。

瓜尔佳·奎俊，字乐峰，生于清道光二十三年（1843），满洲正白旗人，荣禄的堂叔。他是晚清四川总督、京城四大财主之一。

光绪二十四年（1898）五月，奎俊补授为四川总督。七月，他从上海顺江而上，赶到四川赴任，沿江督抚争相迎送。

奎俊在四川任职期间，有两个非常性情相投的下属，他们三人想方设法为自己敛财。光绪二十六年（1900）后，为了弥补庚子赔款的巨大缺口，朝廷将资金缺口分摊到各省，要求地方政府按照自己的方式筹集钱财，于是各地政府便巧立名目，趁机搜刮民脂民膏。其中四川税种明目极多，例如牲畜税、食物税、茶捐、肉厘等，大约有四五十种，税率远远高于其他省份。另外，奎俊还发明了"粪税"，借百姓如厕敛财。

由于四川吏治越来越荒废，苛捐杂税、民不聊生，朝廷只好将奎俊调任回京。临回京前，奎俊仍不忘敛财，向新任川督索要1万两车马费。

回到京城之后，奎俊官职不断升高，可谓风生水起，贪污敛财的手段也越来越高明，使得自己成为真正的大财主。

1916年9月2日，奎俊去世，享年74岁。

恒亲王府

恒亲王府是康熙帝第五子恒亲王允祺的王府，

位于北京市东城区朝阳门内大街55号，现存西跨院，正房三间东西耳房，东配房三间。

大门

恒亲王府坐北朝南，共分为两路。东路正门面阔五间，大殿面阔七间，前出抱厦，东西配楼各面阔七间，后殿面阔五间，后寝面阔七间，抱厦面阔五间，后罩正房面阔七间，另外还有东西附院和转角房。整个院落建筑大多为硬山顶，筒瓦过垄脊。西路为花园，小巧别致，颇有一番生活气息。

允祺之后，他的家族后裔又在这里居住了87年。到了清嘉庆年间，允祺后人的爵位已经递降

东路正殿

到了镇国公，按其身份地位，已经没有权利居住王府，只能搬迁到他处。于是恒亲王府又成了嘉庆帝第三子绵恺的府邸，从此称为惇亲王府。惇亲王在政治上没有建树，经常会犯错，于是被嘉庆帝一降再降，去世前已经被降为郡王。等到他死后，嘉庆帝又恢复了他亲王的爵位。因为惇亲王没有子嗣，于是就以道光帝第五子奕誴为嗣子，1846年，奕誴承袭惇亲王爵位，这座府邸又被称为"五爷府"。

正殿彩绘

后来，惇亲王府家道败落，其子孙便将院落分割出售。到了民国时期，该王府已经再无记录。后来成为居住着56户居民的大杂院。如今该院落建筑遗存并不多，被发现后得到了文物管理部门的高度重视，马上将其列入保护名单，市区文物局领导亲自到现场勘察，并且与产权单位联系、沟通，协商好保护工作。日本侵华时期曾经在院落中盖起红砖小楼，现在已经被拆除，一些原居民私自搭建的违法建筑也全部拆除，并且与居民协商，先后搬迁出去，为文物古建的修缮提供了条件。残余建筑修葺完毕之后，交由北京市新闻出版局管理使用。

连廊

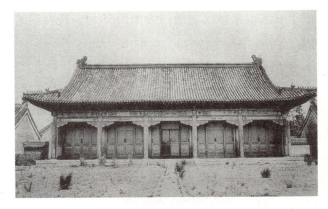

1922年的醇王府银安殿

2003年12月11日，恒亲王府被北京市人民政府公布为北京市第七批市级文物保护单位。

铁帽子王府

铁帽子王府的来由与清朝的分封制度有关。清朝分封皇室爵位有功封、恩封、袭封和考封四种形式，共十二等爵。其中辅国将军以上还细分为世袭罔替和世袭递降两种形式，通常来说，功封爵位大多属于世袭罔替，也就是世世代代延续的爵位，因此被称为"铁帽子王"，他们的府邸也就是"铁帽子王府"。而恩封爵位大多为世袭递降，但最低只能降到辅国将军。恒亲王府不是铁帽子王府，为世袭递降，到了嘉庆帝时，恒亲王后人的爵位已经降到了镇国公，因此无权再住王府，只得搬迁他处。

在清朝，十二等爵位中，只有和硕亲王和多罗郡王的宅邸可以称为王府，其他爵位的宅邸只能称为府。清初，入关有功的八大王都赐有大型府邸，他们一个个战功赫赫，可以隔代不降爵。因此被称为八大家铁帽子王，即礼亲王代善、睿亲王多尔衮、豫亲王多铎、郑亲王济尔哈朗、肃亲王豪格、庄亲王硕塞、克勤郡王岳托、顺承郡

王勒克德浑。后来，清雍正年间又有了怡亲王允祥，同治年间又增加了恭亲王奕䜣，光绪年间又增加了醇亲王和庆亲王。这十二家王府除肃、庆两府外都按照一定的形制规划修造。房屋建筑大多采用"大式"做法，采用高质量的建筑材料，在装饰方面也非常精细，使用有雕砖、雕木、刻石、彩画等各种工艺。

因为铁帽子王拥有至高无上的权力和荣耀，所以其王府也必定格外气派，王府建造的规制也相似，通常都建有五开间大门，门内为视野开阔的大院落。院子两边建有供人出入的阿司门，院中二道门前还有一对高大威猛的石狮子。通过大门的二道门就能进入正殿。正殿是王府中规模最大、最为气派的建筑，屋顶覆盖绿琉璃瓦，殿前环绕着石栏杆。王府的各种大型庆典活动都会在正殿展开。正殿两边会建造七开间翼楼。而正殿的后面则会建造一个二层的穿堂殿，通过这里，可以进入后面的神殿。神殿分为东、西两个部分，东边为王爷的婚房，西边为满族萨满教祭祀的场所。王爷大婚后必须在婚房住一个月才能搬到跨院居住。

通常来说，铁帽子王府侧院一般都会建造花园，这些花园都是精心打造的，极为精美，遗憾的是，经过岁月的洗礼，这些花园大多没有保存

下来，如今保存完好的就只有恭亲王花园和醇亲王花园（宋庆龄故居）。

总理各国事务衙门建筑遗存

总理各国事务衙门建筑遗存原为一等超武公赛尚阿的府邸，位于北京市东城区东堂子胡同49号，1860年《北京条约》签订后，清政府为办洋务及外交事务而特设的中央机构。清同治年间，在院内设"同文馆"，挑选八旗子弟学习外语，这是我国第一所外语学校，称东所。1875年，西院改建为出使各国大臣留住，也是各部院大臣接见各国大臣的地方，称西所。

总理各国事务衙门建筑遗存坐北朝南，现仅存前部部分院落。西路大门一间，大门两侧有倒座房，东侧两间，西侧三间。院内正房五间，前后出廊硬山顶建筑，明间出悬山顶抱厦一间。大门与正房间有游廊相连。院内另有西厢房五间。中路与西路相通，现存正房五间，前后出廊，硬山顶。东西厢房各三间，南侧倒座房五间。东路现仅存南房等部分建筑。总理各国事务衙门建筑遗存现由国家机关使用。

西路正房前抱厦

西路西配房

2003年12月11日，总理各国事务衙门建筑遗存被北京市人民政府公布为北京市第七批市级文物保护单位。

 知识链接　**北京同文馆**

北京同文馆设于总理各国事务衙门院内，是清代最早培养译员的洋务学堂，即中国第一所外

总理各国事务衙门仪门旧影

语学校。

第一次鸦片战争以后，清政府屡次同帝国主义列强交涉，经常因为语言不通而受欺蒙。清同治元年（1862），为了培育应对外交事务的外语人才，洋务派领袖恭亲王奕䜣、李鸿章、曾国藩等人请旨在北京设立同文馆，附属总理衙门，得到同治帝的批准。七月二十九日，北京同文馆正式成立，成为培养翻译人员的洋务学堂。

同文馆设立管理大臣、专管大臣、提调、帮提调及总教习、副教习等职位。英国人赫德任监察官，管理着整个同文馆的事务。馆中先后任教的中国教习有李善兰、徐寿等人，外籍教习有包尔腾、傅兰雅、欧礼斐、马士等人。同治八年（1869），美国传教士丁韪良应邀出任同文馆总教习一职。

同文馆最初只设英文和法文，后因俄文馆并入同文馆，增加了俄文。中日甲午战争之后，日本逐渐强大，于是又增设了日文，另外该馆还设有天文、算学、化学等多门课程。基本上不再学习"四书五经"之类的传统科目，因此可视为中国近代新式学校的开端。

因为同文馆教习外文，大家觉得如果学习了洋文就是投降了外国，会被人瞧不起。不仅学生自己会被人轻视，就连自己的亲朋好友也会受到牵连，所以没有学生愿意来上学。面对这种情况，政府无法控制汉人，只好从八旗弟子中挑选学生，可有人情所托的学生仍旧不愿前来，入学的基本上都是一些平庸之辈。

为了鼓励入学，同文馆只好给学生创造极好的入学条件，每月固定给学生银两，并且逐渐增加，洋文成绩优秀者，可得到奖励。另外考试最优者可保举为部司务，再过三年，如果成绩仍非常优秀，则可保举主事，即成为国家官员。

自丁韪良任总教习以来，该馆不仅拟定了完整的课程计划，同时也实施了严格的考试制度，分为月课、季考、岁考三种。每三年要进行一次大型考试，成绩优异者可升官阶，次等者仍然留馆学习，劣等者除名。在同文馆中，学生的待遇非常优厚，官家不仅提供书籍、膳食、纸笔等，每月还给学生白银10两。慢慢地，同文馆的学生越来越多。

光绪二十七年（1901），同文馆并入京师大学堂。

花市火神庙

花市火神庙是神木厂悟元观下院，供奉着火德真君，因此全称火德真君庙，位于北京市东城区西花市大街113号。现存前院主殿和东、西配殿。主殿是勾连搭硬山顶式建筑，大脊有黄琉璃双龙戏珠的装饰。

据《顺天府志》记载，火神庙修建于明隆庆二年（1568），庙内原本有三开间的山门和两进的主殿，到了清乾隆四十一年（1776）曾经进行扩建重修。如今保存下来的仅有大殿和东、西两侧的配殿。

大殿屋脊是绿色的琉璃瓦，正面为六条行龙，张牙舞爪，背面是六只飞凤，呈随风起舞状。龙殿雕刻非常形象生动，制作工艺极其精湛。

2004年，火神庙的大殿和东西厢房都被重新装饰，并且还给庙宇兴建了新的山门。

据民国年间的《北平庙宇通检》记载，在旧时的北京曾经有15处火神庙，大多是祭拜火神的道教庙宇，它们所供奉的就是火神，即"八仙过

花市火神庙大殿

屋顶琉璃瓦和屋脊行龙

花市火神庙东侧面

配殿神兽

海，各显神通"中的吕洞宾。在这众多的火神庙中，花市火神庙为京城较大的火神庙之一。

经过政府的修葺，花市火神庙这座已经有400多年历史的庙宇又重新焕发了生机。修复好的庙宇被用作东城区图书馆外借处周转房屋，从此这座文物保护单位与文化结合在了一起。之后，东城区图书馆改称东城区第二图书馆，而花市火神庙继续为该馆书刊外借处，仍为市民的文化生活贡献着自己的力量。

2003年12月11日，花市火神庙被北京市人民政府公布为北京市第七批市级文物保护单位。

知识链接　**火神庙花市集**

火神庙从清康熙年间开始就有集市，后集市日

渐兴旺，逐渐增至每月的初四、十四、二十四，一个月三天集市，一直延续了下来，只是在1922年，将原本的阴历改成了阳历，即逢四日进行花市交易。到了20世纪30年代，火神庙的香火已经断绝，这时花市仍很兴旺，成了完全的商业集市。

花市以销售工艺花而得名，"所谓花市者，乃妇女插戴之纸花，非时花也。花有通草、绫绢、绰枝、揲头之类，颇能混真"。它在京城的知名度非常高。后来，京城的工艺花行业不断向前发展，工艺花的形制也变得越来越多，又逐渐增加了纸花、绫绢花、缎花、绒花等，色彩亮丽，非常精美。

从明清时代开始，花市大街就已经成为京城纸花、绢花、绒花的生产和销售中心，摊贩们将房子一分为二，前半部分做工艺花销售，后半部

分作为居家生产作坊，就地生产，随即销售，逐渐成为大的集市。不仅如此，京城的工艺花还销往江南苏杭地区，甚至还走出国门，销售到美洲巴拿马地区。据20世纪30年代统计，花市大街一带，以制作和销售工艺花为生的家庭大约有1000家以上。

如今，花市集以火神庙为中心，店铺摊点林立，布满了整个花市大街。另外还有很多风味小吃。整条街人来人往，格外热闹。

北京大学女生宿舍

北京大学女生宿舍位于北京市东城区沙滩北街乙2号，始建于1935年，是由中国建筑师设计的体现现代主义建筑风格的早期作品之一，设计者是梁思成先生。它是研究国际现代主义建筑理论对中国近代建筑发展影响的重要实物。

该楼地上三层（局部四层），平顶，砖混结构，灰砖墙面，占地面积1207平方米。建筑坐北朝南，平面呈"匚"形布置，西立面、北立面三层，南立面四层，东部敞开。外立面一层窗下墙以水刷石装饰，顶部装有旗杆。整栋建筑分为8个居住单元，各单元内每层设有6—8个居室，以走廊彼此连接，并设有水房、厕所等公共设施。

建筑主入口

建筑主入口为券洞形式，在其南立面一层中部可通内院，其他单元的大门则呈方形，多朝向内院，西立面局部设有地下层，用作锅炉房。

建筑原有格局清晰可辨。立面平实简洁，没有繁复的细部雕饰，内部结构服从于建筑功能需要，外形利用单元间的排列构成组合。门窗排列比例关系恰当，楼体不加任何装饰，简洁生动，经济实用，体现了现代主义建筑潮流，在北京近

北京大学女生宿舍建成后留下的历史老照片

北京大学女生宿舍南立面

北京大学女生宿舍院内

代建筑历史上占有重要地位。

2003年12月11日，北京大学女生宿舍被北京市人民政府公布为北京市第七批市级文物保护单位。

知识链接　梁思成和林徽因

梁思成是中国著名建筑史学家、建筑师、城市规划师和教育家，一生致力于保护中国古代建筑和文化遗产。

1901年4月20日，梁思成出生于日本东京。这是因为他的父亲是清末改革家梁启超，当时梁启超为了躲避清政府的迫害而避难于日本。辛亥革命后，梁思成跟随父母回到了祖国，在北京上学。1923年，他毕业于清华学校高等科。第二年又赴美国费城宾州大学建筑系学习，后又到哈佛大学学习建筑史。

林徽因是中国近代著名的建筑师、作家、诗人。1904年6月10日出生于浙江杭州。1916年，因为其父亲在北洋政府任职，林徽因随全家来到北京，并在英国教会办的北京培华女中学习。

1920年，林徽因跟随父亲到欧洲游历，因受房东女建筑师的影响，立志学习建筑学。同时，她还结识了诗人徐志摩，对作诗产生了浓厚的兴趣。

1924年6月，梁思成和林徽因同时赴美攻读建筑学。9月又一起进入宾夕法尼亚大学美术学院学习，都从三年级课程读起。梁思成在美术学院建筑系学习，因为建筑系不收女生，于是林徽因就注册了美术系，然后选修建筑系的主要课程。

1928年3月21日，梁思成和林徽因在加拿大渥太华的中国总领事馆举行婚礼。8月，梁思成和林徽因一起回国，在东北大学建筑系任教。后林徽因从东北回到北平，在协和医院生下女儿梁再冰。

从1937年开始，梁思成和林徽因夫妇先后走遍中国的15个省，近200多个县，测绘和拍摄了大约2738处唐、宋、辽、金、元、明、清各代的古建筑遗物。其中包括河北正定辽代建筑隆兴寺、大同辽代寺庙华严寺和善化寺、山西辽代应县木塔、武义延福寺等。他们的考察引起了国内外的重视，为梁思成日后注释《营造法式》以及编写《中国建筑史》奠定了良好的基础。

1932年，梁思成和林徽因为北平大学设计地质馆和北京大学女生宿舍。1949年，他们又参与了中华人民共和国国徽、人民英雄纪念碑、东北大学校徽等作品的设计。

除了建筑成就之外，林徽因在文学方面也很有成就，她著名的文学作品有《你是人间四月天》《九十九度中》等。

1955年4月1日，57岁的林徽因因病去世。7年后，梁思成与小自己27岁的林洙结婚。1972年1月9日，梁思成在北京病逝。

协和医院住宅群

协和医院住宅群有两处，包括北京市东城区外交部街59号和北极阁三条26号，即住宅群的北区和南区。该住宅是原协和医院高级住宅区，也是北京近现代重要史迹及代表性建筑之一，住宅群由多栋美国乡村独立别墅形式的住宅构成，灰砖清水墙，大门处用凸出的三角门罩装饰。是完整保留西洋风格的别墅群。

南区大门

北区大门

院中别墅建筑（1）

协和医院住宅群始建于1920年前后，是美国洛克菲勒基金会在投资兴建协和医院的同时修建的。曾经有多位医学界的著名人物在这里居住过，使这座住宅有了更深的文化底蕴。这座建筑结合中西方的建筑风格，是中西文化相互融合的一种形态。

位于外交部街59号院的协和医院住宅群，门口有一座三个并排拱形门洞的大门，向里走去，院落南北大约长127米，东西大约宽140米。中轴线的南端就是大门，门上装饰有凸出的三角门罩。中轴线的北端为两层半连排式住宅。院落中有10多幢住宅，布局灵活，不求对称，建筑形式也多种多样，有独立式住宅，也有连排式住宅，乡村

别墅式坡顶，也有古堡式尖顶。

独立式住宅建筑平面布局很灵活，都是矩形平面组合，每一幢占地面积大约都为600平方米。一层地坪与室外地面要高出60厘米，地上建筑为二层，地下二层。住宅内部规划很到位，设置有客厅、厨房、卧室、餐厅、卫生间等，另外还设置有辅助用房以及储藏室等。

院内环境非常优美，道路、绿化、花坛等都进行了精心设计，在它们的映衬下，灰色砖墙、坡顶石板屋面的建筑更显生动。

20世纪90年代中期，院中南端的4幢独立式住宅被拆除，最后保留下来6幢。虽然政府对院中建筑进行了局部改建和修缮，但整体的建筑风

院中别墅建筑（2）

院中别墅建筑（3）

格仍与原来的院落保持一致。

位于北极阁三条26号的南区由围绕中轴线对称的三组独立住宅组成。每组建筑对称又变化灵活，整体风格与北区大同小异。大门用凸出的三角门罩装饰，灰砖清水墙。院落的中间是一个圆形环路与花坛，别有一番意趣。

2003年12月11日，协和医院住宅群被北京市人民政府公布为北京市第七批市级文物保护单位。

知识链接　洛克菲勒基金会

1921年，美国洛克菲勒财团所属中华医学基金会在北京开办私立北平协和医学院附属医院，

即如今的北京协和医院。与此同时，为了给协和医院的高级教授们提供住宿，洛克菲勒基金会还建立专家别墅区，即如今的协和医院住宅群。

洛克菲勒基金会成立于1904年，当时叫作公共教育基金，表面上来看，只是一个为公共教育基金做补充的组织。之后，由于洛克菲勒投入大量钱财，并且长期进行经营，终于在1913年5月14日赢得了纽约立法机关的特许令。小约翰·戴维森·洛克菲勒担任第一代会长。

洛克菲勒基金会正式得到纽约立法机关的认可后，洛克菲勒首先在基金会下成立了国际卫生部，并且将之前成立的卫生委员会合并了进来。由此可见，老洛克菲勒有着很长远的目光，成立卫生委员会之初就有了向国际化发展的想法。从那以后，老洛克菲勒就开始向全世界推广他发起的防治钩虫病和公共卫生的工作。

老洛克菲勒在基金会任职的10年里，做出了很大的成绩，国际卫生部尤为显著。钩虫病的防治工作已经走向62个国家，之后，他又开始致力于伤寒、疟疾的防治，均取得很大的成就，在开展工作的同时，基金会还在美国和其他国家建立常设公共卫生机构，开展更加广泛的医疗卫生工作，不仅如此，它还注重医学人才的培养，在美国和世界各国培训从事公共卫生的医务人员。我国著名的北京协和医院及其附属医院就是洛克菲勒基金会这一时期在海外的重要投资项目，并且相当成功。

原麦加利银行

原麦加利银行是20世纪初英国在东交民巷设

立的一处代表性商业银行，位于北京市东城区东
交民巷甲39号附近。

该建筑结构复杂，平面布局也非常不规则，
总体接近于曲尺形。不仅如此，其各部分体量、
建筑风格、立面布局等也都不一致。

银行主体大楼三层，上有小阁楼，面阔17
间，为欧洲新文艺复兴风格。平面呈"一"字形
沿着新大陆街与东交民巷交叉的拐角处纵向铺开，
红砖砌筑，屋顶为复古式的折面屋顶，斜面各位
置设计有老虎窗。

建筑立面

建筑东南面

从下面来看，基座下方可看见半地下室的外
窗，底层有壁柱、挑阳台、门窗套、挑檐等，均
采用白色隅石进行装饰，其中最有特点的要数大
窗，其凹凸有致，上半部分为半圆形拱券。二层
设计有挑阳台，承托以涡卷式牛腿，上面安装着
铁艺栏杆，并且雕花装饰。二、三层的窗套与窗
下墙因为用石材相连，整体感非常强。二层的窗
户上装饰着三角山花，相对而言，三层窗户装饰
要简单一些，只是装饰有一些平直线脚。

大楼共设置了两个入口，其中主入口位于建
筑的东南转角处，从大门走进宽大的门厅之后，

可以从楼梯间上楼。从东立面看，大楼可分为
十二组开间，从北向南数，第五、六组的墙面并
联切向外凸出，就好像壁柱一般。其中第五间为
主入口。大楼内部，二、三层与小阁楼布局相似，
主要为一些小型的办公室。在大楼的西侧，紧贴
大楼建有不同平面的二层建筑，每一个建筑都带
有一层地下室，立面构造及整体装饰都相对简
单，大多数为四坡顶。并且，在这部分体量的东
南面，立面嵌着一块浮雕，上面为"1918·1919"
字样。

该建筑原址在清光绪二十六年（1900）之前，
是大清礼部衙署。之后成为麦加利银行北京支行
旧址。其设立于1915年，由英商沈德工程司的建
筑师沈德（Charles Thunder）和肖氏（A.j.m.Shaw）
合作设计完成。

浮雕

2003年12月11日，原麦加利银行被北京市人民政府公布为北京市第七批市级文物保护单位。

麦加利银行，也叫渣打银行，是一家国际金融服务机构。总部位于英国伦敦，1853年由维多利亚女王特许成立，主要为个人和企业客户提供金融服务，具体业务包括存款、贷款业务，国际结算业务等。它是扎根中国历史极为悠久的外资银行之一。

1858年，麦加利银行在上海设立首家分行，从那时开始，其在华业务一直持续至今。1859年，香港分行成立；1863年，汉口分行成立。

19世纪80年代，麦加利银行在中国发展极为迅速，从众多的银行中脱颖而出，资产不断增长。

第一次世界大战期间，麦加利银行开办透支贷款和汇兑，并且支持外商在汉口收购战略物资，去满足协约国民众的需求，通过这一途径，银行赚取了大量的利润。1917年，麦加利银行青岛分行成立，1918年，北京分行成立。之后又先后在哈尔滨、大连等城市设立了分行。但在第二次世界大战期间，麦加利银行在华业务受到重创，曾被日本银行所接管。

1949年以后，麦加利银行中国各分行除上海分行之外成为中国经营外汇业务的指定银行。1957年，麦加利银行收购了东方银行，1965年在香港股灾事件中，又出手相助道亨银行及广安银行两家银行。1969年，麦加利银行与标准银行合并。改革开放之后，在北京、深圳、广州等多地设立分行，之后发展日渐兴盛。

顺天府大堂

顺天府大堂始建于元代，明、清两代为顺天府署内的大堂，位于北京市东城区东公街9号。该大堂是元大都重要的地标性建筑和明清官衙的重要遗存，具有较高的历史价值。

顺天府署负责京畿地方之事，共领五州十九县。即通、蓟、涿、霸、昌平五州和大兴、宛平、良乡、房山、东安、固安、永清、保定、大城、文安、武清、香河、宝坻、宁河、三河、平谷、顺义、密云、怀柔十九县，又称为顺天府二十四州县，其中大兴、宛平因靠近京城又称京县。

顺天府署坐北朝南，原有三重大门，第一重门在今东公街南口，稍北即第二重门，第三重门是今北京教育学院（分院）大门处。现署内建筑只留下顺天府大堂。

顺天府大堂面阔五间，进深七檩，东西面阔26米，南北通进深14米，前后出廊，柱子为黑色，下有覆盆式柱础，悬山顶调大脊筒瓦屋面，两端用五花山墙封护。屋面上有正吻、戗兽及五小兽。额枋上绘有旋子彩画。明间装修为六抹槅扇门各四扇，次间装修为六抹槅扇门各四扇，明次间装修在上方均有十字方格棂心横披窗。梢间装修为四抹槛窗各六扇，下为干摆砌槛墙。

此外，其明次梢间装修均为黑色，仅棂心为

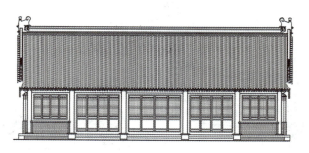

顺天府大堂正立面图

绿色。明次间前有垂带踏跺三级，地面为方砖铺墁。大堂两侧山墙为五花山墙，上身为丝缝砌法，下碱为干摆砌法。

大堂后面明间开门，为黑色板门，两侧各有四抹槅扇门一扇，上有门簪四个，大门两侧还装饰有西洋式壁灯一对，明间前有垂带踏跺三级。次间与梢间为砖砌，上身为丝缝砌法，下碱为干摆砌法。

2005年，北京市人民政府出资对顺天府大堂进行修缮。修缮后的顺天府大堂由东城区教育委员会使用。

顺天府大堂侧面

2011年3月7日，顺天府大堂被北京市人民政府公布为北京市第八批市级文物保护单位。

顺天府大堂鸱吻

知识链接　　**顺天府**

顺天府是明、清两代北京地区的称呼，是首都最高的地方行政机关。

顺天府共统领五州十九县。因为一府管二十四州县，很多时候会有些鞭长莫及，同时京城附近事务繁杂，清康熙二十七年（1688）顺天府设四个厅来分管各州县。其中东路厅驻张家湾，分管通州、蓟州、三河、武清、宝坻、宁河、香河；南路厅驻黄村，分管霸州、保定、文安、大城、固安、永清、东安；西路厅驻卢沟桥拱极城，分管涿州、大兴、宛平、良乡、房山；北路厅驻沙河镇巩华城，分管昌平、顺义、怀柔、密云、平谷。

因为顺天府所管辖的地区是天子脚下，处理的事务也是京畿近辅的事务，因此顺天府尹的地位就非常显赫，其品级要比一般的知府高三级。一般的知府从四品，而顺天府尹则为正三品。另外，清代的三品衙门使用的是铜印，而顺天府使用的是银印。顺天府尹可以直接向皇帝奏事，而其他知府没有此权力。

顺天府管理的事务非常广泛。府尹之下设府丞、治中、通判、经历、照磨、司狱、府学教授、训导等官职。其中，府丞主要负责管理学校和考试之类的事务；治中负责土地、钱粮等事务；通判负责礼仪、诉状等事务；经历负责收发文稿等事务；照磨负责核对文书等事务；司狱负责人犯的收押和发配等事务；府学教授、训导负责教学以及书籍管理等事务。

在顺天府大堂上曾决策了无数至关重要的事情，它的留存使北京地方治理的脉络更加清晰，是一份珍贵的物质文化遗产。

东城区史家胡同51、53、55号宅院

北京市东城区史家胡同是一处保存较为完好的北京传统宅院建筑，51、53、55号，坐北朝南，占地5700多平方米，由3组三进院落组成。其中51号前两进院曾作为现代学者、社会活动家章士钊先生1959年后居京住所。

章士钊住在51号院中时，只占用了前两院，将第三院分了出去，从北面另行辟门。如今51号院有广亮大门一间，硬山顶，合瓦皮条脊。从大门走进院内，西侧有倒座房五间，硬山顶，合瓦皮条脊，正房为三开间的过厅，硬山顶，筒瓦过垄脊，后有出廊。进入二进院后，可以看到正房三间，前出廊，后有抱厦，两侧各带一间耳房，东西厢房各有三间，都是硬山顶，筒瓦过垄脊，各个房间由抄手游廊相连接，正房装饰非常精美，北面抱厦的隔扇是由两座八方屏门组成的，其顶部是一个楼阁式的书橱，上面带着朝天栏杆，从

西面次间的一架楼梯即可上到书橱去。另外，室内还有一个碧纱橱。院内四角种植着果木，有海棠、苹果等，增添了院子的景致。章士钊去世后，其女儿章含之和女婿乔冠华继续住在这处宅院中。如今，这个院落的南半部分已经成为好园宾馆，而北半部分被某单位占用，辟为单位宿舍。

53号院是一座三进四合院，坐北朝南，大门位于正中，如今已经改成两扇铁门。从大门进去，有倒座房五间，其中东侧三间，西侧两间，正房三间，硬山顶，合瓦过垄脊，两侧各带有两间耳房，东侧墙上留有一扇门，从这里可以通向51号院的一进院。因二进院是一个过渡的院落，所以院内多种植花木，景色优美。三进院有正房三间，两侧各带两间耳房，东西厢房各有三间，另外这个院中还有三间南房，南房两侧各带一间耳房，三进院中所有房屋都为硬山顶，筒瓦过垄脊，房屋都带有前廊。走进室内，地面均为花砖。

这个院落原本是抗清名将史可法的府邸，清末，大太监李莲英又将其占为自己的外宅，之后这里又成为范汉杰将军的故居。新中国成立后，中国妇联在这里办公，其中康克清和邓颖超都在这里办公。邓颖超还专门给这个院落写了一块匾

51号院广亮大门和倒座房

51号院二进院正房

53号院大门和倒座房

55号院大门

额"好园",表达"女子之园"的意思。如今这里已经辟为好园宾馆。

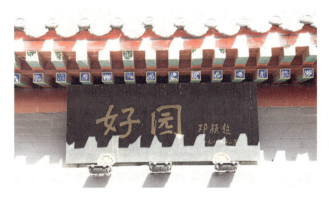

53号院大门匾额"好园"

55号院也是一座三进四合院,坐北朝南。院落有广亮大门一间,硬山顶,合瓦清水脊,门前有一对抱鼓石,门扇有铜包叶。从大门进去,有一字影壁,砖上雕刻着清代和亲王题写的诗。从影壁向东走,有一段廊子,走廊的东侧是一个小跨院,里面有两间南房,大门西侧有9间倒座房。

房屋均为硬山顶,合瓦过垄脊。北面有一殿一卷式垂花门,通过这里可以进入到二进院中。二进院有五间正房,东西厢房各有三间,北面还有两间耳房,所有的房屋均为硬山顶,合瓦清水

脊,各房间由抄手游廊相连接,廊子上还有倒挂楣子。进入第三进院,可看见正房三间,东西厢房各三间,各个房间由抄手游廊相连接,均为硬山顶,合瓦清水脊,并且上面还带有排山勾滴。这个院落规模相当大,布局也十分严整,曾经是李维汉的故居。如今已经分割成为两部分,南半部分即55号,北半部分也就是第三进院已经成为内务部街甲44号。现在该院落已经成为某单位宿舍。

2011年3月7日,东城区史家胡同51、53、55号宅院被北京市人民政府公布为北京市第八批市级文物保护单位。

55号院垂花门

55号院二进院正房

　　　　　　章士钊

　　章士钊（1881—1973）出生于湖南省善化县，是我国著名的民主人士、作家、政治活动家和教育家。他从青年时期开始，就积极参与和开展各种政治活动，如1903年，他进入上海爱国学社，8月他与陈独秀等人创办《国民日报》，之后又与黄兴等人组织华兴会，从事各种反清活动。即使留学时期，他也始终没有停止各种政治活动。

　　1920年，赴法勤工俭学运动中，毛泽东、蔡和森拿着杨昌济的手书去拜见章士钊，希望得到他的帮助。章士钊随即赠予2万元支持该运动。之后，毛泽东将其中的一部分资助给了赴法的学生，另一部分留作湖南革命活动经费。

　　中国共产党成立之后，他在共产党人身上看到中国人民的希望，于是逐渐成为中国共产党的朋友。之后，李大钊、陈独秀等人被捕时，他积极奔走营救。解放战争后期，又以上海和平代表团代表及南京国民党政府和平谈判代表团非正式代表的身份，为国共合作贡献自己的力量。章士钊的政治立场非常坚定，他拒绝了国民党请他到台湾的邀请，毅然留在大陆。1949年11月，章士钊带着全家从上海搬到了北京。起初，他们一家

一直借住在著名爱国人士朱启钤先生家中的后院。1959年，周恩来总理来探望他，发现章士钊一家居住非常拥挤，非常自责，回去之后马上向毛主席报告了情况，并且指示国务院管理局为章士钊一家寻找一处四合院住宅。后来，章夫人选中了史家胡同51号院。51号院是一座三进宅院，章士钊觉得一家人住太大，于是就把三进院分了出去。这座宅院见证了中国共产党与民主人士之间的良好关系，具有非常重要的历史价值。

　　1973年，章士钊自请第四次赶赴香港，准备与台湾方面谈两岸统一的事业，在香港病故，享年92岁，为祖国海峡两岸的和平统一贡献出了最后的力量。

北平电话北局旧址

　　北平电话北局旧址是目前北京电信行业最早、保存最完整的建筑，位于北京市东城区东皇城根大街14号，是20世纪30年代北京地区所建电话局的代表。北局内置的日本A29式步进制电话交换设备均保存完好，并能正常接听，被誉为电信行业唯一的能与公众电话网并网运行的活化石。

北平电话北局旧影

北平电话北局旧址现存建筑为一栋带有明显日式风格的伞顶灰色小楼。小楼面阔七间，进深三间，中央五间出廊，楼体两端凸出，楼主体为二层，两端部分建筑为三层。顶部为三角桁架结构，仿歇山顶造型，覆盖黄色琉璃瓦，外墙为灰色清水砖墙，有木质门窗。主体建筑至今保存基本完好，并存留下很多具有近代风格的物件，如门灯、楼梯、烟囱以及消防设施。二楼展厅保留有当年日本制造的A29式步进制电话交换设备，以及磁石、供电人工交换台、各种电报及电话机等珍贵通信器材文物，现为东皇城根电话局使用。

北平电话北局旧址

2011年3月7日，北平电话北局旧址被北京市人民政府公布为北京市第八批市级文物保护单位。

知识链接　北平电话北局旧址见证了京城电话的发展

北平电话北局也被称为皇城根电话局，这个电话局从1925年到现在，见证了电信业发展的风雨历程。

在700多年前，从元朝开始，北京城由紫禁城、皇城和外城组成，现在紫禁城仍在，外城与皇城的城墙大部分被拆除，皇城是在1911年被拆除的。1925年，北京电话局购买了东皇城根的一块土地，1939年开始动工，用了一年的时间建起了皇城根电话局。

电话局建成之后，也被称为"北局"，因局号为4，也被称为"4局"，在二楼安装了3500门A29式步进制自动交换机。抗日战争取得胜利之后，电话局被国民政府接收，这段时间电话的发展是缓慢的。新中国成立使电信业加快发展，北局的交换机容量增加至7000门。

1982年开始，北局更名为"东皇城根电话分局"，由于改革开放，国民经济迅猛发展，人民生活水平提高，因此对通信的需求也日益增长，之前的7000门容量已不能满足人们的需求，所以，在1994年，电话局停用了老式步进制交换机，取而代之的是先进的程控数字电话交换机，对应也扩大了容量。

电信业的发展也促进了小楼样貌的改变，为在电话局安装新的设备，相关负责人决定在原地址扩大建筑规模，同时，还新建了营业厅和一栋四层的设备楼，人们的老式电话在一夜之间也变成了现代的远程控制，人们的通信变得更加方便快捷，更让人感到惊讶的是，在接听电话时，还可以看到来电显示、三方通话等，人们的通话服务变得更加便捷。

1997年，北京电话局将这里作为北京通信电信博物馆，恢复了步进制交换机机房，这里的步进制交换机能够加电运行，被称为通信史上的"活化石"。2006年，这里再次更名为"皇城根电话局"。

全聚德烤鸭店门面

全聚德烤鸭店是一家中华老字号饭庄，是以烤鸭为特色的连锁餐饮企业，位于北京市东城区前门大街30号，始建于清同治三年（1864）。是清末民初商业铺面代表性的实物资料。

烤鸭店门面建于民国年间，三开间，青砖砌筑，中间设券门，两侧设券窗，门窗砖刻匾额。店堂改建后，原状迁建于餐厅内。门面长9.3米，高3.8米，厚0.3米，三开间，青砖砌筑而成，门楣是砖砌拱券结构，两侧有槛墙支摘窗。门窗上嵌有砖雕匾额，"全聚德"位于正中间，左边是"老炉铺"，右边为"鸡鸭店"，另外，墙上还设置有铁制的招幌。店堂改建之后，这面老墙被迁建于餐厅内部。

北京前门全聚德烤鸭店的创始人是冀县（今河北衡水冀州区）的杨全仁。幼年时期，由于家境贫寒，他就到北京去谋生。最开始他在前门肉市做生鸡生鸭买卖，因为他爱动脑琢磨，所以生意做得很好。平日里，他省吃俭用，积累了一定的资本。后来，肉市中有一家干果店倒闭了，于是杨全仁盘下了这家店铺，开起了烤炉铺，并且重新立字号"全聚德"。

"全聚德"旧匾额

杨全仁经营店铺颇费苦心，生意蒸蒸日上，全聚德烤鸭逐渐成为京城又一个美食品牌。

1901年，全聚德进行改建，将原来的两排平房改建成一栋二层的小楼。1985年，全聚德的客流量已经非常大，为了满足生意需求，便决定将肉市胡同东侧的老房子拆除掉，然后在那里盖新楼。在施工的过程中，这面墙被精心保留了下来。

为了保持原貌，在墙壁拆除时，设计师们对原墙上的门窗进行了准确的测量，并且拍摄照片

全聚德烤鸭店新门面

民国时期的全聚德挂炉烤鸭

进行资料保存。不仅如此，他们还对每块砖进行编号，门上的砖刻牌匾也是小心翼翼抠取下来的。因为拆除工作损毁了一些老砖，所以全聚德又找砖厂重新烧制，并且严格按照原来的尺寸，然后再按照原来的位置砌好。新楼盖好之后，新的门面墙也是按照这面老墙的样子修建的。如今这个老的门面墙充当了新店的"屏风"，将饭店分隔为就餐区和配菜区。

2011年3月7日，全聚德烤鸭店门面被北京市人民政府公布为北京市第八批市级文物保护单位。

现在的前门大街全聚德烤鸭店

 知识链接 　　烤鸭飨外宾

经过100多年历史变革，全聚德已经脱胎换骨，成为独具特色的老字号饭庄，它以烤鸭为主，集"全鸭席"和400多道特色菜品于一体，备受国内外宾客的喜爱，被誉为"中华第一吃"，驰名中外。不仅如此，全聚德还成为宴请国内外政要首脑的重要场所，曾经周恩来总理就数次以烤鸭招待外宾。

1960年1月27日，周总理宴请缅甸总理奈温；1960年3月21日，宴请尼泊尔首相柯伊拉腊；

1971年7月10日，周总理宴请美国总统尼克松的特使、国家安全事务助理基辛格博士等吃的都是烤鸭宴。据全聚德统计，周总理曾先后27次到全聚德宴请外宾。每次来全聚德，周总理都要向外宾们介绍全聚德的烤鸭和制作烤鸭的厨师，让外宾们当场观看厨师们精湛的刀工。

一次，在宴请外宾时，一位外宾很好奇地向周总理询问"全聚德"三个字的含义。周总理非常机智地解释说："全而无缺、聚而不散、仁德至上"。所谓"全而无缺"是说全聚德的菜品丰富多样，已经属于上乘，没有什么可缺憾的；"聚而不散"是说天下的宾客相聚在这里，深情厚谊，长长久久；"仁德至上"是说全聚德上下以仁德之心服务于每一位宾客，并将其奉为经营理念。

在烤鸭席上，周总理会向外宾介绍全聚德的发展历史，即如何从一个名不见经传的小店发展成享誉世界的连锁企业，让外宾们了解到在党和政府的高度关怀和支持下，全聚德战胜各种困难走到现在，使外宾们对中国有了更加深刻的认识，促进了国与国之间的友好邦交。

后来，人们把周总理喜欢用烤鸭招待外宾的事情称为周总理的"烤鸭外交"。

大清邮政总局旧址

大清邮政总局旧址位于北京市东城区崇文门内大街小报房胡同7号，旧址建筑为研究近代邮政事业发展提供了实物资料，具有较高的历史价值。

旧址坐东朝西，为五间平房，之后又曾进行改建，平房屋顶过垄脊、合瓦，东侧带有狭长的内院，另外还有两幢西式楼房，建于清末民初。

大清邮政总局旧影

第一次鸦片战争后，被迫开放通商口岸，近代邮政开始传入中国，在各个口岸自设邮局。到了清光绪二年（1876），总税务司英国人赫德意识到了邮政的重要性，于是奏请钦设邮政，两年之后，北京等地开设了送信官局，开始发行邮票。送信官局归属总税务司署管理，并且接收普通人的信件。光绪二十一年（1895），张之洞就邮政上呈奏表，希望皇帝能够允许举办国家邮政，光

绪帝了解到这个想法之后，表示赞同，答应了这件事。光绪二十三年（1897）大清邮政局正式成立，掀开了大清邮政事业独立发展的新篇章。

最初，大清邮政局设置在总税务司署内，后来又迁到了崇文门大街。清光绪三十一年（1905），迁至小报房胡同7号。光绪三十三年（1907），大清邮政总局又迁到东长安街，宣统三年（1911），邮政事务由清邮传部接管，成立大清邮政总局，之后几次更名，先后为大清邮政北京邮政总局办公地、北京第一邮务支局、崇文门大街邮局，1949年以后，还做过营业处、邮亭、邮政支局、邮电所。

1966年，北京市邮政管理局对小报房胡同7号进行修复，在这里建立北京邮政博物馆，之后又撤销。如今，这里已经成为某单位的办公用房。

小报房胡同第一邮政支局旧影

2011年3月7日，大清邮政总局旧址被北京市人民政府公布为北京市第八批市级文物保护单位。

1900年，小报房胡同口大清邮政分局牌楼

知识
链接　　　　　　**大龙邮票**

1840年第一次鸦片战争之后，西方列强开始疯狂地攫取中国的资源，他们把持着海关。当时

英国人赫德担任清政府海关总税务司，他与李鸿章协商，上奏朝廷，希望清政府同意由海关兴办邮政。

邮政在天津海关试办以后，清光绪四年（1878），清政府在北京、天津、上海、烟台和牛庄五处又设立邮政机构，附属于海关。紧接着上海海关造册处开始发行邮票，第一套邮票就是大龙邮票。这套邮票总共3枚，主图案就是象征清代皇室的云龙。

邮票图案正中是一条五爪蟠龙，两目圆睁，底衬为云彩水浪，使龙看上去腾云驾雾，给人一种呼之欲出的感觉。邮票上印着5个非常醒目的字"大清邮政局"，上方标有"CHINA（中国）"，下方标有"CANDARIN（S）（海关关平银分银）"字样。

大龙邮票为铜制模板，雕刻家用手工逐枚刻制，有不同的颜色和面值。"一分银"是绿色，主要用来做邮寄印刷品的邮资，"三分银"是红色，用来做普通信函的邮资，"五分银"是橘黄色，用来做寄挂号的邮资。集邮界习惯将其称为"海关大龙"，也就是"大龙邮票"。

根据票幅和纸张等特征，大龙邮票又分为薄纸大龙、阔边大龙和厚纸大龙三种类型。这是因为大龙邮票使用时间长，初期印刷时，使用的纸张薄而透明，因此称作薄纸大龙；第二期印刷时，时间比较短，但是票与票之间的距离加大，因此称作阔边大龙；第三期印制邮票的纸张较厚，邮票的间距又缩小，因此称作厚纸大龙。

大龙邮票是中国发行的第一套邮票，在我国邮票发行史上有着极其重要的意义。因此，它的制模特征和版式、邮戳、发行史都是集邮研究的重要课题。

东城区魏家胡同18号宅院

东城区魏家胡同18号宅院是清代著名营造家马辉堂的住宅，建于1919年，为马辉堂亲自设计的住宅，又称"马辉堂花园"。坐南朝北，东部为住宅，西侧为花园，住宅部分保存较完整，花园部分多有拆改。该院是清末民初北京传统宅院的代表。

庭院

花园的入口在北面偏西，整个宅园的西侧是花园，中间部分是马辉堂住宅。住宅部分是东西并列的两个四合院，由游廊相连通，而住宅和戏楼之间点缀着花草和山石，显得既和谐又统一。

马辉堂花园虽然建于清朝灭亡之后，园主人仍不敢逾制，一切按商人身份建造。同其他的私家花园一样，此园建筑屋顶多为民间所用的合瓦卷棚脊。

花园部分是马辉堂花园的点睛之笔，体现了营造家高超的造园水平，园主人为自己建造的这座园林兼南北造园之所长，既有皇家园林的气派，又融入了江南园林以山池为重的秀美惬意。

整个花园的布局并不规整，大门西侧是门房和汽车房，东为账房。入门直扑眼帘的便是连绵的假山，既富生机，又具有障景之效。往南便是北部最大的假山，坡上有灰筒瓦的三开间歇山厅堂，四周围廊。西面有财神小殿一座，坐西朝东，内供财神爷——赵公明元帅。

园中偏西处，沿歇山厅堂西南角的游廊南下，可见坐南朝北五开间三卷勾连搭建筑，此房为马辉堂本人的寝室。前有敞轩，后出抱厦。室内绘画雕刻十分精美。从东部的敞轩出来，往南走便是被小径围绕的假山和小池，假山的西南方向也就是全园的西南角，沿小径可到，是一个转角的辅助用房。在辅助用房的东面，由游廊切割出三块不规则的空间，其中包括全园的主厅，两卷厅堂——惜阴轩。

三卷勾连搭建筑

供奉着木匠的祖师爷鲁班。沿南院东侧游廊北上，被北面的游廊分隔，便进入了另一个小院，院内有一汪小池，名"影池"，池中有小猴石雕可以喷水，池边围绕山石。踱步至此，别有一番景致。此园北边接内宅，至此便贯通了马家的府邸，想必当年马家的家眷也常从此处进入花园。

马辉堂花园的造园水平较京城其他园林是别具一格的。园林重叠山理水，掇山均出自名家之手，这源自马辉堂本人在园林方面的造诣，也因他和那些造园大师是世交，再加上马辉堂花园的选材都是建造皇家园林的御料。他倾其毕生对园林的感悟，建造出自己质朴而不张扬的宅院。

马辉堂花园不但重视掇山置石，更注重理水。院内引入三方池水，在当时北京的宅园里算是很罕见的。其中月牙河取自方井亭里的井水，影池和假山下的小水都是引自自来水。值得一提的是水池中的石雕，俨然结合了中西建筑之精华，体现出当时的营造大师们在造园手法上已经融入了西方建筑风格，在设计思路上不是一味地保守排外。如今园中水景均已不在。

歇山厅堂

惜阴轩，顾名思义，是珍惜光阴的意思。惜阴轩四周环以游廊，前庭被游廊围抱。最南面的这个空间就是全园的中心，有全园最大的水池——月牙河，形如上弦之弯月，西接一方形井亭。月牙河中有一仙女提篮的石雕，甚为婀娜。

月牙河之东坐落着一座五开间的敞厅，此厅坐东朝西，厅前立湖石。敞厅的正南，即全园的最南处还有一座三开间的书房，坐南朝北。厅中

马辉堂很注重园林中生态的和谐。首先进入大门就矗立着一棵古楸树，非常繁茂。园中还种

惜阴轩

植了槐树、银杏、榆树、海棠、丁香、牡丹等。除了花木外，池中还养了很多鱼，金鱼自由地游弋于鱼池之中。鸟儿的鸣唱也给全园带来了格外蓬勃的生机与活力。

该花园的建筑布局，并不像传统的北京园林

古楸树

那样有明显的中轴，花园部分小巧别致，几近江南园林的秀美。此外，花园的院落分区非常有新意，是由游廊分隔的，再加上假山和小池的穿插，蜿蜒曲折，每个空间都别有洞天，给人一种江南园林移步换景的美。

马辉堂花园整组建筑保存尚好，体现了马氏建筑的营造特点，是研究马氏营造技术及建筑特点的重要实物资料，亦是了解和研究清末至民国初年宅院建筑特色的重要实物资料。

2011年3月7日，东城区魏家胡同18号宅院被北京市人民政府公布为北京市第八批市级文物保护单位。

知识链接　　魏家胡同

从元代开始，人们就将街巷称为胡同，北京的胡同有很多，有的以胡同的地形地貌命名，有的以胡同职能命名，有的则以人的姓氏命名，魏家胡同就是以人的姓氏来命名。

关于魏家胡同的名字有两种说法，一种是在明朝，皇帝直接掌控守卫皇城的金吾左卫，将这里称为"卫胡同"，谐音就把这里称为"魏家胡同"；另一种是在清朝，有一位姓魏的官员住在这条胡同，胡同就被称为"魏家胡同"。

魏家胡同的两侧有大小不一的院落，由上了红漆的门窗点缀，每处院落都是方方正正的四合院，从东至西，魏家胡同逐渐变窄，有的地方甚至窄到只能通过一个人。

过去，魏家胡同住着很多皇亲国戚和达官贵人，其中就包含清朝末期营造家马辉堂，马辉堂家世代从事皇宫、王府、皇家园林的营造工作，承德避暑山庄和紫禁城就是马家参与的佳作。著名的教育家章士钊，1924—1925年曾居住在这条胡同。末代皇帝溥仪的生父载沣也曾住在魏家胡同。新中国成立后，载沣卖掉醇亲王府，在这里居住了一段时间。

现在，很多曾经居住过达官贵人、皇亲国戚的院落都成为了居民居所，不过，很多院子的内部还保留先前的格局，保留历史的气息，为世人展现历史遗迹。

大门

东皇城根南街32号宅院

东皇城根南街32号宅院，建于清代晚期，原是清代粤海关监督俊启的府邸，后因为逾制被没收，又成为慈禧太后弟弟照祥的宅院，位于北京市东城区东皇城根南街32号。原有建筑基本保存完整，是北京保存较完整的四合院建筑群，具有一定的历史艺术价值。

该宅院坐北朝南，占地面积约7000平方米，由东部住宅和西部花园组成，大门西向，厅堂房舍庭院布局紧凑。宅院的规制与北京大多数大宅门是不同的，它的整个平面看上去呈曲尺形，东半部南北向要稍长一些。因为不是方方正正的形状，它的三开间大门坐东向西，大门对面是一座砖砌的八字影壁，门与八字影壁之间就是原小草厂胡同的宽度。

从大门进去，向东走，进入一个院落和一个过厅，东路是一座南北向的三进院。第一进院是一个方正的四合院，有倒座南房五间，正房五间，正房两侧各带两间耳房；东西厢房各三间，环绕的回廊将各个房间连接起来。进入二进院，可见正房七间。三进院的设置比较特别，有正房五间，

西侧有一座二层硬山顶楼阁。它建在八层城砖上，是整个宅院的最高点。它将住宅和花园分隔开来。紧贴着小楼南侧楼壁有一座假山，叠石而建，山下留有门洞，可以从这里通过，进入西边的宅院。北侧原本也有一座假山，只是在1955年建设东单公园时，将这座假山移到了公园中。

楼阁和假山的西侧是一条长廊，从南到北，贯穿整个院落。廊的一面有墙，上面设有什锦窗，形状多种多样。在长廊的西侧也有一个正方形的院子，北面是一座垂花门，上面雕刻着花鸟图案，看上去非常精美，更显整个宅院的气派。

然而随着时代的变迁，这座宅院当年的风貌已经遭到破坏。如今，胡同的南端已经被堵死，门口的八字影壁墙头已经严重破损。宅院里大大

二层硬山顶楼阁山墙

垂花门

小小的现代建筑几乎占满了全部空间，只有勉强能够让人通行的过道。有一段走廊已经改建成了厕所，垂花门也已经变成了存放废料的阁楼，所幸的是基本建筑还保存完整，仍具有较高的研究价值。

二层硬山顶楼阁砖雕

2011年3月7日，东城区东皇城根南街32号宅院被北京市人民政府公布为北京市第八批市级文物保护单位。

清代的住宅等级

在等级森严的清代，官员们的住宅也有着严格的等级划分，不同级别官职所住的房屋数目和建制等都是不同的，通过宅院就可彰显主人的身份、家境以及社会地位。

从房屋数目来看，一品官可以享有二十间住房的大四合院，这样的府邸一般是复式四合院，由多个四合院向相连而成。院落非常多，可以有前院、后院、偏院、跨院等，院内房间通过抄手游廊相连接，占地面积非常大。二品官可以享有十五间住房，三品官十二间，四品官十间，五品官七间，六品官五间，七品官四间，八品官三间，九品官三间。通常3间住房的也就是普通的小四合院，正房三间，一明两暗或者两明一暗，东西厢房各两间，倒座房三间。院北铺设砖墁甬道，将各个房门连接起来，每个屋子门前都有台阶。

从大门的形制来说，最高级别的是王府大门，王府大门设于正对院落中线，亲王府五间，郡王府三间，还可有旁门和中门，大门内设有二门，寝殿之前另设寝门，门口可以放狮子像。广亮大门位于中柱间，大门里外门洞面积相等，占一间房，对开门。金柱门位于金柱之间，大门外的门洞小于里面的门洞，占一间房，对开门；蛮子门门扇又往外移动了一段距离，直接安放在檐柱上，门外没有门洞，占一间房；如意门的位置与蛮子门位置相同，在前檐柱之间砌筑砖墙，门安装在中间位置，只是占用面积比较小，不足一间。如意门屋檐下经常雕刻很多如意形图案，显得很精致；墙垣门开在墙上，只有一个小门楼，单开门或者开窄门。一般来说，不同品级的官员住宅使用广亮门和金柱门，富商们多使用蛮子门，而普通百姓则使用如意门和门楼。人们从大门的形制就可以看出主人身份的高低。所以大门成了身份的象征，即使院子里再豪华，大门也不能逾制，因此如果有人家儿子当官了，大门就可以换成更高级别的，相反当官家没落了，大门的形制也要进行更换。

另外，门前摆设和屋顶形制等也有级别的区分，例如普通人家门口不允许放抱鼓石和上马石；满人可以用筒瓦，而汉人官职再高也只能用合瓦；官员府邸可以用悬山式屋顶，普通百姓家只能用硬山式屋顶等。

清代自来水厂

清代自来水厂是一座由清政府自主投资筹建的近代民用设施，位于北京市东城区东直门外香河园3号，原名"京师自来水公司"，1908年建造，为官督商办。现存大门、汽机房、水厂烟囱、清水池、来水亭、给水亭、更楼及办公用房等，建筑保存完好。该厂是北京最早的自来水厂，也是近代完全自主投资筹建的公用设施，在北京市政工程建设发展史上占有重要地位。建筑均为欧式风格，为近代建筑研究提供了实物资料。

清代自来水厂大门位于整组建筑南部，面阔五间，砖木结构，中间辟券门。靠近厂区南部为一组四合院建筑，原为水厂办公用房，院内有北房五间，东西厢房各三间，建筑均为硬山顶清水脊合瓦屋面，前出廊，柱间装饰倒挂楣子，楣子下饰花牙子，建筑墙面采用丝缝砌法，保存完好。

水厂办公用房东北方为汽机房，汽机房大门由白色石柱与三角形山墙构成，建筑的南立面为红色，屋顶为欧式风格尖顶。整座建筑高12米，占地面积600多平方米，现保存完好。在展厅的前面有明代井口石，为原南宫官井旧物，于2004

清代自来水厂大门旧照

年从普度寺搬运至此。汽机房东侧为水厂烟囱，砖砌结构，平面呈八角形。汽机房西北方为清水池，建于1908年，其平面呈"品"字形分布，现被埋入展厅北侧绿化草坪下。

厂区北部东侧为来水亭，建于1910年，用于接收孙河取水厂原水，消毒后送入厂内清水池。该亭为天津德商瑞记洋行设计，圆柱形，欧式风格，砖石结构，地上建筑共分为两层，一层建筑被围廊环绕，围廊又有10余根石柱支撑，每根石柱两端雕刻有精美的纹饰。二层建筑的窗户为拱券式，建筑顶部有一圈联拱式装饰带，屋顶为绿色穹顶。厂区北部为给水亭，位于来水亭西侧，

修复后的大门

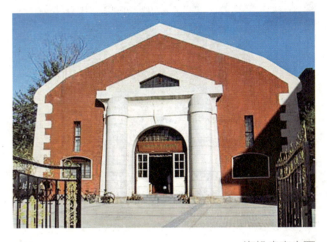

汽机房南立面

来水亭

建于1939年。建筑呈圆柱形，东侧有一阶梯与其相连。在建筑内部有五口水源井，其中的井盖、井锁都是原物，建筑至今保存完好。邻近厂区西界墙

有一砖砌二层小楼，名更楼，为合瓦屋面，西侧开有什锦窗，每层之间有砖砌饰带相隔，墙体采用三顺一丁法砌筑。紧靠更楼西侧有一旧水井遗存。

清代自来水厂现已改建为北京自来水博物馆，成为研究北京自来水工业发展、普及有关科学知识的基地。

2011年3月7日，清代自来水厂被北京市人民政府公布为北京市第八批市级文物保护单位。

知识链接　清代自来水厂的由来

1908年之前，京城百姓都自打土井，取用浅层地下水。清光绪十一年（1885），北京内外城有土井1245眼，百姓用水艰难，从土井里打上来的水，多数都有咸苦味道。至光绪三十四年（1908），京城接连产生火灾，要灭火，就要有水，这时运水是一件很困难的事，因为运水不及时，导致损失惨重。当时，慈禧太后得知此事后，无比焦虑、懊恼，于是让袁世凯呈上防火良策，袁世凯随即答道："以自来水对。"

袁世凯提出这一方案之后，1908年4月18日，农工商部三位大臣溥颋、熙彦、杨士琦向慈禧太后和光绪帝上奏折，请求筹办京师自来水，同时，三位大臣还奏请农工商部周学熙主持相关事务，奏折呈上不到10日，就获得了慈禧太后的许可。10日之后，农工商部三位大臣再次呈上奏折，为自来水厂写了规划，并为自来水厂命名"京师自来水股份有限公司"，性质为官府监督下的商股商办，三位大臣上奏没过多长时间，奏折就获得批准。

在建造自来水厂时，也遇到了一些难题，第一个难题就是从哪里寻找水源；第二个难题是如

何等集修建自来水厂的资金；第三个难题是从何处购买自来水工程的设备及零部件；第四个难题是如何制订管理人员的方案。

为了让百姓用上优质的自来水，周学熙等人经过夜以继日的勘察，在安定门外沙子营迤下的孙河找到水源，这里的水势非常大，水质相对纯净。关于建造自来水厂资金的问题，周学熙等人呈上奏折，以召集股本的方式，让广大群众参与其中，让入股者享受股息红利。关于自来水厂购买设备的问题，自来水公司经过深思熟虑，决定将订购设备的重任委托给了天津一家德国公司，这家公司为瑞记洋行。关于公司人员的规划，则采取了雇佣制，将人员分为五级，每一级的人员分工明确，各司其职，管理有序。

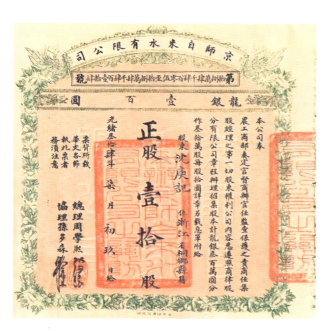

京师自来水有限公司1908年股票

自来水厂面临的各项问题解决之后，公司于1910年2月建成。这一工程见证了北京城市水务发展的过程，它是改变城市供水的体现，是促进城市快速发展、具有历史纪念意义的载体，具有重要的历史价值。

东城区北总布胡同2号宅院

东城区北总布胡同2号宅院，1918年由美国石油商人洛克菲勒家族修建。1946年曾作为军调部国民党代表驻地，1949年后为龙云住所。中华人民共和国成立后，陆定一在此居住，逝世后仍为龙云所有，后为国务院机关事务管理局使用，现为中央统战部使用。该院为典型的近代中国民族风格建筑，也是若干中国近现代历史事件的实物见证。

宅院坐北朝南，平面呈"工"字形，建筑面积近千平方米，主体建筑为中西合璧房屋。宅院大门为仿传统砖木结构，辟于院西墙中南部，屋顶似传统四柱牌坊式，由三部分组成，中央大门退后，内墙呈"八"字形；两边各开小门一扇。

大门

进入大门为宽敞庭院，中北部为院内主体建筑。建筑建于五级水泥台阶上，为一幢中西合璧式房屋，平面呈"H"形，砖木结构，地下一层，地上一层，中国传统组合式大屋顶，由中间庑殿顶与四角攒尖顶组成。外墙大部分采用砖石砌筑，门窗皆用券，除平券以外还用拱券做出中式扇形窗。南面中间设露台，南房可见柱、额等木结构，装修也极具中式特色，现已推出改建为通体玻璃

中式屋顶与烟囱

形式。北面八角形二层楼一座，门窗均用平券，与主体建筑之间置封闭式游廊相互连接。同时，在主体建筑东北角还有砖砌方形烟囱一座。

庭院内遍植草木，甬路呈"S"形贯穿其间，西南地面上有圆形雕龙纹石花坛，据传为圆明园遗物。此外，沿西院墙另建西房五间，房前有游廊环绕。

整座宅院施工精细，装修精美，集东西方建筑特色，代表了20世纪初中国建筑的特征，是研究中国近代建筑发展及特点的重要实物资料。同时作为国民党代表的驻地，见证了国共和谈这一重要历史事件。

2011年3月7日，东城区北总布胡同2号宅院被北京市人民政府公布为北京市第八批市级文物保护单位。

知识链接　北京总布胡同的历史变迁

胡同是北京的城市象征，也是一种文化的象征。随着社会的发展，一些老胡同已经消失，一些保留下来的胡同称为历史文化遗产，北京总布胡同是保留下来的胡同之一，历经数百年的历史。

明朝时期，总布胡同是明时坊，胡同中设有总捕衙署，所以也称为总捕胡同，后称为总铺胡同。清朝时期，这条胡同归白旗管制，清乾隆时期，将胡同改名为总部胡同，清末朱一新编撰的《京师坊巷志稿》中，"总铺胡同"条有如下描述："总铺胡同，铺俗讹捕，或讹布。井二。有元贞观。《燕都游览志》：东院在总铺胡同东城畔，昔日歌舞地，今寥寥数家如村舍，兼之人掘土为坯，满目坑堑，从寒烟衰草中，想走马章台之盛，邈不可复寻，犹记旧游有陈家园、郝家亭子，树石楚楚，并无存矣。"宣统年间，又改名为总布胡同，并以朝阳门内南小街为界线，将胡同分为西总布胡同和东总布胡同。

1965年之后，经过一系列的更名与改变，总布胡同分为了3条胡同，分别为东总布胡同、西总布胡同和北总布胡同，总布胡同在北京非常有名气，胡同很长，也很宽，胡同里的大宅门很多，大部分都是比较规矩的四合院，一些老四合院保护相对比较完整，很多重大历史事件都在这条胡同发生，如1900年在西总布胡同，德国公使克林德不服清军巡逻盘查，并开枪挑衅，清军巡逻兵领队恩海击毙克林德，这个事件成为八国联军入侵北京的导火索。近代史上的名人也在这条胡同留下了历史足迹。如1930—1937年，梁思成和林徽因曾在北总布胡同24号院居住过。

如今，居住在总布胡同的人，因为近距离接触到丰富的历史文化，不由自主会对胡同产生一种亲切感，他们继续为后人讲述着北京总布胡同的故事。

蔡元培旧居

蔡元培旧居是蔡元培1917—1920年任北京大学校长期间租赁的住所。位于北京市东城区建国

大门

门街道东堂子胡同75号，原为其西邻77号住宅的东偏院。宅院坐北朝南，前后三进。1919年5月3日，蔡元培在此宅内参与策划了次日的五四运动。此宅档次在当时属于普通民宅，体现了蔡元培朴素清廉的精神。作为五四运动的策源地之一，具有很高的纪念价值。

宅院始建年代约为清朝中后期，为其西部主宅之东偏院，占地面积约566平方米。第一进院有倒座房五间，蔡元培在此居住时曾作为客厅使用，东次间现辟为街门，西侧另接耳房一间。第二进院有正房三间，前出廊，两侧接耳房各一间；东西厢房各三间；南房三间，两侧接耳房各一间，其东耳房为门道，连通第一、二进院。第三进院已拆除，现为后期添建，有北房四间，平顶房两间。

蔡元培旧居于2001年金宝街开发过程中对建筑周边区域进行拆除并腾退。在市、区文物部门的指导与支持下，2007年7月开始修缮，2008年8月竣工，修缮过程中以抢险修缮为主，遵循不改变原状的修缮原则，使修缮后的故居排除了文物险情，恢复了历史原貌，并作为展览室对社会开放，实现了其社会教育功能。

2011年3月7日，蔡元培旧居被北京市人民政府公布为北京市第八批市级文物保护单位。

二进院南房

二进院东厢房次间支摘窗

二进院正房

 知识链接　　　　北大校长蔡元培

蔡元培出生于1868年，浙江绍兴府山阴县（今绍兴市）人，是我国近代著名的民主革命家、教育家。蔡元培成为北大校长是因其有深厚的知识基础和丰富的工作经验。清光绪十五年（1889），蔡元培中举人，清光绪十八年（1892）中进士，授翰林院编修。1904年担任光复会会长，第二年加入同盟会，接着远赴德国留学，编著《中国伦理学史》等书籍。辛亥革命后回到祖国的怀抱，担任南京临时政府首任教育总长。

1916年，教育总长范源濂致急电邀请蔡元培担任北大校长，因为当时北大并没有形成严格的校园管理秩序，师生时常在校园里打麻将、吸大烟等，很多朋友得知这件事后，劝阻蔡元培不要去北大，他们担心北大腐败的校园环境会损害蔡元培的名声，但蔡元培却不这么想，他对劝阻的朋友说："我不入地狱，谁入地狱？"就这样，他毅然告别了家人，踏上了去北京的征途。

1917年，蔡元培担任北大校长，当时就居住在前述旧居，这是他在北京其中的一所住所。蔡元培担任北大校长迈进校园的那一刻，校警都站在门口，排好队，恭恭敬敬地迎接他，而蔡元培也脱下礼帽，谦逊地鞠躬回礼。

蔡元培担任校长时，严格要求师生，对于教员的缺勤，即便是大有来头的教员，他也毫不留情地开除，为此，还引来有实力的人的质问，以及带来各种压力，但无论怎样，蔡元培都不屈不挠，以一身正气捍卫教育荣光，规范校园风气。

蔡元培崇尚"思想自由，兼容并包"的理念，欣然接纳有真才实学的教授，他欣赏陈独秀的《新青年》，于是三顾茅庐聘请他担任北大文科学长。之后，北大不断有人才加入，教师力量大幅度提升，同时也有新思潮的涌入。不仅如此，蔡元培还敞开校园大门，欢迎女学生加入。王昆仑的姐姐王兰就是中国第一个女大学生。

蔡元培的这一决定开创了男女同校的先河，他为我国的教育奠定了坚实的基础，为中华民族的教育指明了方向。蔡元培虽然不是北大的第一任校长，但却被誉为北大"永远的校长"。

欧美同学会

欧美同学会原为明朝皇城东苑的崇质宫，清顺治八年（1651）改为普胜寺，位于北京市东城区南河沿大街111号，民国时期被欧美同学会购买、改建，成为其会所，原寺占地面积约2700平方米，主体部分为二门三间，大殿三间，东、西配殿各三间，各殿间以围廊连通。临街大门为近代新建。此建筑对于明代皇城东苑具有地标性价

大门

值，对于清初宗教和民族政策、近代科学民主及爱国运动都具有较高的纪念价值。

欧美同学会大门朝东，建筑屋顶为硬山式，黄琉璃瓦绿剪边。二道门坐北朝南，前有抱厦，后出廊，左右各设置有一座石狮。从二道门进入，可看见坐北朝南正殿三间，屋顶为黄琉璃瓦，单昂三踩斗拱，有和玺彩画装饰，前面出廊，带有月台。东、西各有三间配殿，同样为黄琉璃瓦屋顶，后出抱厦，前面出廊，院中各房屋通过廊庑连接起来。前院原有两座大卧碑，分立于东西两侧，碑高1.5米，宽3米余，立于东边的石碑碑文由清朝翰林、国史院大学士宁完我撰写，立于西边的石碑为重修碑，清乾隆九年（1744）由工部侍郎励宗万撰写。

1915年，欧美同学会会员集资筹钱，共得现银2000元，对已经破损的普胜寺进行翻修，之后在此建立会所。1918年、1922年又进行了两次扩建，1925年，该址再次进行扩建，它是由颜惠庆发起、会员贝寿同工程师设计、国内外同学募捐而实现的。

如今的欧美同学会临街，向东开大门一间，门前设置了栅栏。院内的建筑仍保持原状，在此基础上又增加了转角廊庑和抱厦，使用空间变得更大，只是院内的两大卧碑已经于1984年运往北京石刻艺术博物馆收藏。另外，这里还增加了很多现代设施，除大会议厅外，还配置有图书馆、餐厅、招待所、游艺室以及浴室等，方便开展各种活动。欧美同学会经常在这里开展各种学术演讲活动，一些相关的学术团体也会在这里开展学术讲座、开会等。

2011年3月7日，欧美同学会被北京市人民政府公布为北京市第八批市级文物保护单位。

二道门

二道门匾额

正房明间

欧美同学会

欧美同学会是留学人员联谊会，它是一个由中国共产党领导的群众团体，主体成员为归国留学人员，具有很强的统战性。它的存在使党和广大留学人员的关系更加紧密，方便党与政府给留学人员工作提供更多的帮助，可以说是广大留学人员的大家庭。

1913年，著名学者梁敦彦、颜惠庆、周诒春、王正廷、叶景莘、詹天佑、顾维钧等人积极活动，发起并赞助京津两地的同学会合并，创建了欧美同学会。1915年，梁敦彦提议欧美同学会应该有属于自己的会所，会员们一致赞同，并筹集2000两白银，买下了北京市东城区南河沿大街111号，将原来的普胜寺改建成自己的会所。

欧美同学会作为自愿参加的社团组织，积极开展各种政治活动，他们曾经致电中国代表，请代表们拒绝在《巴黎和约》上签字，坚决反对签订"二十一条"。五四运动爆发时，他们积极参与，又支持勤工俭学运动，五卅运动爆发时，欧美同学会又积极声援，在中国共产党和国家的号召下，他们走上了抗日救国的道路，不仅如此，他们还联系海外留学人员，感召他们回到祖国，建设更好的中国。

七七事变爆发后，北平被日寇攻陷，欧美同学会会所成为日寇活动的场所，失去栖身之地，欧美同学会的活动无奈中断。

新中国成立以后，周总理向广大身居海外的科学家发出号召，希望他们能够回到自己的祖国，贡献力量。这时，欧美同学会积极响应，通过各种途径联系身居海外的学者，号召他们回到祖国的怀抱。

1988年，欧美同学会注册成立了欧美同学基金会。2003年，欧美同学会题写了"中国留学人员联谊会"这一新会名；就在这一年，国家出资对会所进行了扩建。2003年9月，欧美同学会增挂了"中国留学人员联谊会"的牌子。2013年，欧美同学会成立100周年，在100周年庆典上，习近平同志发表了重要讲话。

从创建至今，欧美同学会、中国留学人员联谊会始终团结和引导广大留学人员为国家经济建设、文化建设、政治建设服务，积极开展各种活动，如为奥运会服务、参与赈灾募捐、主办中国留学人员广州科技交流会等，为全面建设小康社会、实现中华民族伟大复兴而不懈努力。

澄清下闸遗址

澄清下闸遗址是元代著名水利专家郭守敬为调节积水潭水位、满足运输漕粮需要而建造的水工建筑，位于北京市东城区北河胡同东口，是研究京杭大运河历史、北京水系变迁及工程技术史的重要实物遗存。

澄清下闸低于地面六七米，与澄清上闸和澄

澄清下闸遗址

清中闸并称为澄清闸，初为木闸，后改为石闸。现在主要保存有闸口、闸墙、闸槽石、河底石等构件。在很早以前，澄清下闸上游河道大约有27米宽，流到澄清下闸时，其通过雁翅设计，将河道收拢，形成一个漏斗形的样子，使河道宽度变成6米，提升了水位，使漕船逆流顺利行驶。

该闸最初的名字叫海子闸，分为上、中、下三道闸口，元代元贞元年（1295）忽必烈赐名"澄清闸"。1956年前后，部分河道被改为暗沟，澄清下闸被填埋。2015年经发掘，发现闸墙、雁翅、水闸等遗存。2021年10月22日，该闸被列入北京市第一批水利遗产名录。

残存的闸口和雁翅

澄清下闸是大运河人文遗产的重要见证，它为研究北京水利调节、漕运情况以及城市发展提供了重要的实物遗存。

2021年8月28日，澄清下闸被北京市人民政府公布为北京市第九批市级文物保护单位。

知识链接　澄清上闸和澄清中闸

澄清上闸是通惠河澄清闸的最后一段，也是大运河的终点。它位于北京市西城区万宁桥西侧。

在万宁桥河堤北岸的条石上有一个石槽，石槽后有一块残断的巨石，就是澄清上闸遗存的绞关石。这块巨石就是用来开启或关闭船闸的。完整的绞关石顶端会有一个粗圆孔，人们将圆木或绳索从这里穿过，从而来控制船闸。

澄清上闸只有遗迹的残存，并没有中闸和下闸的闸基，不仅如此，它与什刹海相连，更看不到是否存在其他遗存。如今的澄清上闸已经与万宁桥连为一体，成为大运河重要的历史见证。万宁桥为单孔石拱桥，桥两侧堤岸雕刻着镇水兽，是非常珍贵的石雕艺术品。

澄清中闸位于东不压桥下，也就是地安门东大街和玉河交会处。澄清中闸是漕船行至运河终点什刹海的必经之路。明永乐年间，因为皇城墙向东外扩，通惠河被围在皇城之中，这时船只无法进入积水潭，于是积水潭的出水只留下澄清上闸进行调控，而澄清中闸和澄清下闸则废弃不用。如今，澄清中闸只留存有闸口遗迹。

永定门御道遗存

永定门御道遗存是一条石板道，北起前门五牌楼，南抵永定门。位于北京市东城区永定门公园内。2004年复建永定门城楼时被发现。西侧路面140余米，东侧路面108米。遗存路面多以花岗岩条石铺砌，下方为三合土夯筑的路基。

永定门御道是连接皇宫建筑和祭祀建筑的纽带，可以说它是皇家祭祀仪式的空间延伸，这条御道见证了北京中轴线乃至北京城道路交通的发展，对研究北京交通历史有着重要的意义。永定门御道被发现之后，就被保护起来，御道石上加

20世纪20年代的永定门城楼

了一层玻璃罩，然而因为玻璃罩缺乏通风排气设施，每当潮湿天气，玻璃罩内就会产生凝雾，以至于内部的湿度非常高。在这样的条件下，杂草从石板缝中长出来，石板上也长满了各种霉斑。

2019年，永定门地区公园管理处开始对古御道文物本体进行修复和保护。努力使历史文脉得以延续，使其恢复古貌。

2021年8月28日，永定门御道遗存被北京市人民政府公布为北京市第九批市级文物保护单位。

永定门御道遗存

知识链接　北京中轴线

北京中轴线是指明清北京城的中轴线，北京城市规划有一个最大的特点，就是以宫城为中心左右对称，很多建筑都建在对称轴上，称为中轴线。北京的中轴线从南到北，贯穿北京城，直线距离约为7.8千米，其南端为永定门，北端为钟鼓楼。这一城市规划在世界城市建设中堪称典范，引得无数的赞美。

北京中轴线的形成始于元代，当时元大都的城墙就左右对称，最南边的正门就位于中轴线上，整座皇城也左右对称，但是出了皇城以北，中轴线稍微向西偏斜了2°。到了明清时代，除了西直门以北城墙的一角外，北京城的规划基本上按照元代的中轴线对称，北部已经偏斜的中轴线也被矫正过来。在北京中轴线上有许许多多的建筑，从南至北，依次为永定门箭楼（1957年该建筑被拆除）、永定门城楼（1957年被拆除，2005年又进行重建）、天桥（1934年被拆除）、正阳桥坊（五牌楼）、正阳门（前门）箭楼，正阳门城楼、中华门（明代称为大明门，清代称为大清门，民国时改称为中华门，1954年被拆除）、天安门、端门、午门、太和门、太和殿、中和殿、保和殿、乾清门、乾清宫、交泰殿、坤宁宫、坤宁门、御花园、钦安殿、顺贞门、神武门、北上门（1956年被拆除）、景山门、绮望楼、万春亭、寿皇门、寿皇殿、地安门（1954年被拆除）、万宁桥、鼓楼和钟楼。故宫中的很多建筑都是东西对称分布的。不仅如此，北京的城市建设也围绕中轴线展开，呈对称分布的状态，例如天坛—先农坛、东便门—西便门、崇文门—宣武门、太庙—社稷坛、东三座门—西三座门、长安左门—长安右门、东华门—西华门、东直门—西直门、安定门—德胜门等，都分列于中轴线的两侧。

中华人民共和国成立之后，对天安门广场进行改造，长安左门、长安右门、中华门等均被拆除，广场中央矗立起了人民英雄纪念碑，东西两侧分别为中国国家博物馆、人民大会堂。之后，在原中华门的位置又建起了毛主席纪念堂。

1990年，北京举办亚运会，为了让亚运村与北京市中心连接起来，北京中轴线向北延伸。在中轴线两侧又建起了中华民族园和奥体中心。北京申奥成功之后，北京中轴线再次向北延伸，东边建造了国家体育场，西边则是国家游泳中心，奥林匹克森林公园则成为北京中轴线的最北端。

宏恩观

宏恩观是清末道观，位于北京市东城区钟楼北张旺胡同4号，该观中路观门、前殿、后殿及东西耳房、部分东配殿仍保持原貌。西跨院已经被拆除，东跨院保存较为完整。主体建筑保存较为完整，是研究我国古代宗教建筑的布局特征、形制特点、装饰艺术的重要实物。

宏恩观始建于元朝元贞年间，其前身为千佛寺。明、清两代曾多次修缮，改名为"清净寺"。清光绪十三年（1887）该寺进行大规模修缮，更名为"宏恩观"。清朝末年，这里成为退休太监

的养老之所。碑文中所记载的方丈刘素云（诚印）原是清宫里的太监，曾在慈禧太后跟前当二总管，颇得慈禧太后恩宠，修此观为自己养老，因此宏恩观颇具气势。

宏恩观山门前有一座宽3.8米、厚1.2米的照壁，顶部为硬山调大脊筒瓦顶，墙身红色，岔角上雕花。山门面阔五间，宽17.6米，进深7.9米，门额上书写着"重修清净宏恩观"。山门东西两侧的垣墙上各有一个角门。进入山门，东西两侧各有配殿，北面为一垂花门，宽2.9米，进深3.9米。从垂花门进入，便看见宏恩观的前殿，即帝君殿，该殿为宏恩观的中心建筑，明式风格，面阔五间，檐下五踩斗拱，调大脊筒瓦歇山顶，围廊上带有雀替。殿内保存着和玺彩画，东西两侧山墙上分别嵌有绿琉璃字"万古长青""元运赞燮"。

宏恩观山门

帝君殿外廊

帝君殿前东西两侧各有一座碑亭，顶部为砖券大式硬山箍头脊筒瓦顶。西碑亭放置着一通石碑，底座方形，螭首中雕宝珠，碑额书写着"万古流芳"，首题《宏恩观碑记》，刻于清光绪十九年（1893）9月9日。整块石碑宽1.5米，高3.3米，厚0.43米。东碑亭的石碑，碑阳额书写着"万古长青"，碑文主要记载了宏恩观的历史沿革。碑阴额书写着"因果不昧"，碑文为"宏恩观第一代开山黄冠羽士素云刘诚印重修立"。东西配殿各五间，屋顶为大式硬山筒瓦顶。

帝君殿往北进入后殿，即大雄宝殿。大殿面阔五间，宽为18.2米，进深9.8米，屋顶为硬山大脊筒瓦顶，两侧各带耳房三间。大殿内存有一石碑，螭首方座，宽1.5米，高2.98米，厚0.4米，碑额书写着"万古长青"，碑阳镌刻着"宏恩观

20世纪30年代的宏恩观垂花门（二门）

者，刘素云方丈之所建也，观为千佛寺故址，地势辽抒，远于龙华柏林诸寺……光绪十九年九月九日"。殿前有一座炉亭，顶部为重檐四角攒尖顶，檐垂角铃。亭内放置着一方形铁炉，宽1米，高1.58米，厚7.5米，兽面蹄足，炉身上雕铸着八卦纹和"清净宏恩观"等字样。其为清光绪年间铸造。

东西配殿各面阔三间，宽16米，进深6.7米，屋顶均为大式硬山过垄脊筒瓦顶，前面带廊，廊上有苏式彩画。另外东西配房各面阔七间，宽20米，屋顶为硬山过垄脊筒瓦顶，前带廊。

宏恩观东路有两座跨院，第一跨院有大门、垂花门、殿宇两层以及东西配殿，第二跨院有大门和正殿。殿宇屋顶均为硬山筒瓦顶。

2021年8月28日，宏恩观被北京市人民政府公布为北京市第九批市级文物保护单位。

知识链接　中国十大知名道观

道教发源于中国，是中国人创立的宗教，流传至今已经有非常悠久的历史。我国有很多著名的道观，如北京白云观、西安重阳宫等。

北京白云观位于北京西便门外。它始建于唐代，后在大火中烧毁。金大定七年（1167）进行重修，历时7年修建完毕，并且举办三天三夜大道场庆祝。元初长春真人邱处机对殿宇进行整修，明初正式称为"白云观"。该观为中国北方道教的中心。

西安重阳宫位于陕西省西安市区西南40千米处。它又称作重阳万寿宫，是中国著名的道教宫观。重阳宫是我国道教全真派的三大祖庭之首，全真教祖师王重阳早年曾在这里修道，去世之后

又长眠于此。

山西永乐宫位于山西省运城市芮城县城北3千米的龙泉村东侧。它又称作大纯阳万寿宫，为纪念八仙之一吕洞宾而建，是我国道教三大祖庭之一。永乐宫保存了4座巧夺天工的元代木结构建筑，殿内保存有精美的元代壁画，是我国现存最大、保存最为完整的元代道教宫观。

陕西楼观台位于秦岭北麓中部陕西省西安市周至县境内，是著名的圣迹游览地。楼观台是中国道教最早的重要圣地，道教楼观从这里起源，被称为道家七十二福地之首。

开封延庆观位于河南省开封市包公湖东北部，原名为重阳观。该观始建于元太宗五年（1233），明洪武六年（1373）改称延庆观。该道观为纪念全真教创始人王重阳在这里传教并逝世于此而建。

四川常道观位于青城山山腰混元顶下峭壁间。该观又因为东汉天师张道陵到此传道而命名天师洞。隋大业年间，该观进行重建，称为常道观。

龙虎山正一观位于江西省鹰潭市贵溪市的龙虎山。相传第四代天师张盛曾在这里建祠祭祀祖先。五代南唐时在这里建天师庙。宋徽宗时，天师庙改名为演法观。明嘉靖三十二年（1553），该观正式称为正一观。该观是道教中著名的宫观，共祀奉三人，即王长、张道陵、赵升。

真武道观位于湖北省襄阳市襄阳城的真武山。明永乐十年（1412），武当山道观建成。明崇祯年间该道观被毁。清顺治年间，道观中的部分殿堂进行重建。1994年，该观进行复建。

武乡会仙观位于山西省长治市武乡县境内。该观创建于金正大二年（1229），后又在1512年进行重修。会仙观的殿宇依山势而建，错落有致，风景优美，极为壮观。观内存有精美的壁画。

武陟嘉应观位于河南省焦作市武陟县。它是一座集宫、庙、衙三位一体的黄淮诸河龙王庙。因此雍正帝建此观的目的就是纪念武陟筑坝堵口、祭祀河神、封赏治河功臣等事件。观门上的"敕建嘉应观"为雍正帝手书。该观规模宏大，观内存有铜碑、彩绘龙凤图等各种精品，令人称绝。

僧格林沁祠堂

僧格林沁祠堂又称显忠祠，是祭祀清代蒙古亲王僧格林沁的专祠，位于北京市东城区地安门东大街47号。主要建筑保存较好，格局较完整，是研究北京地区祠庙文化的重要实物。

僧格林沁（1811—1865）是成吉思汗胞弟哈撒尔的第二十六代孙，博尔济吉特氏，科尔沁左翼后旗（今内蒙古科尔沁左翼后旗）人，清末著名蒙古族将领。清道光五年（1825）僧格林沁袭科尔沁左翼后旗扎萨克郡王，咸丰五年（1855）因镇压太平天国北伐军擒杀主将林凤祥、李开芳之功，被封为博多勒噶台亲王，世袭罔替，并赏

仪门

赐亲王双俸。在第二次鸦片战争中，僧格林沁率军在大沽口英勇抗击英法联军，击毁了英法战舰三艘，取得大沽口保卫战的胜利。大沽口保卫战是中国近代史上中国军队抵抗外国入侵取得的第一次重大胜利。后来，因在拦击英法联军进攻北京的通州八里桥大战中战败，被革职夺爵。不久，由于捻军起义声势日大，清廷起用僧格林沁。同治四年（1865）僧格林沁在战斗中阵亡。

僧格林沁祠堂坐北朝南，是一座二进四合院建筑。现存仪门、享殿及配殿。

仪门也叫前殿，面阔三间，宽12.6米，进深10.2米。硬山顶调大脊，绿琉璃瓦屋面，上面带有垂兽和吻兽装饰，前后出廊，旋子彩画，龙锦枋心。东西配殿各五间，箍头脊，筒瓦屋面。原有二门一间，现已拆除。二门前原有六角重檐攒尖顶碑亭一座，亭内纪功碑一块，面向南，高4.5米，宽1.9米。螭首龟趺，龟趺高1.1米，碑身与趺之间的碑座为长方形，宽1.3米，高0.5米，厚0.56米。碑身侧面雕刻着龙，正面碑文为满文，碑阴没有文字。碑亭亦拆除，碑移他处。

二进院门面阔4.8米，进深2.9米，砖门楼，顶部为绿琉璃瓦歇山顶，并且用吻兽和垂兽进行

享殿

装饰。二进院享殿三间，殿前出月台，月台三出陛。屋顶为大式绿琉璃瓦歇山顶，上面用吻兽和垂兽进行装饰，并且做旋子彩画进行装饰，檐下有五踩重昂斗拱。东西配殿各三间，屋顶为绿琉璃瓦硬山顶。在东配殿南侧有一座燎炉，用砖砌成，平面呈正方形，边长2.83米，顶部为硬山灰筒瓦调大脊，有吻兽及垂兽进行装饰，下方带有方形底座。

民国时，该祠堂被辟为怀幼小学，之后改名为进步小学，如今又更改为宽街小学。

目前，祠堂中的很多建筑已经被拆除，尚存有仪门、享殿以及东西配殿。因为院内不断被加高，享殿前原本有的月台如今也被垫平。1984年，

仪门彩画及雀替

配殿鸱吻、仙人、走兽

碑亭被拆除以后，里面存放的石碑被运往北京石刻艺术博物馆内。

2021年8月28日，僧格林沁祠堂被北京市人民政府公布为北京市第九批市级文物保护单位。

知识链接 僧格林沁

僧格林沁，博尔济吉特氏，成吉思汗二弟哈撒尔的二十六代孙，出生于科尔沁左翼后旗哈日额日格苏木百兴吐嘎查一普通台吉家庭。幼年时，家境贫寒，常跟随父亲给富人放牧。

清道光五年（1825），僧格林沁被选定为索特纳木多布斋郡王嗣子，承袭科尔沁左翼后旗扎萨克郡王。道光十四年（1834），僧格林沁被授御前大臣、正白旗领侍卫内大臣、正蓝旗蒙古都统。道光三十年（1850），他被封为镶黄旗蒙古都统。道光帝驾崩后，僧格林沁为顾命大臣之一。

咸丰五年（1855）正月，僧格林沁率兵对战太平军，歼敌无数，并将太平天国北伐军统帅林凤祥生擒。因为这一巨大的功劳，僧格林沁被咸丰帝封为博多勒噶台亲王，四月，又下诏世袭罔替。因为与太平天国的作战，僧格林沁名声大噪，威震四海。咸丰七年（1857）五月，命僧格林沁署镶红旗汉军都统。咸丰九年（1859），咸丰帝命僧格林沁到天津督办大沽口和京东防务。僧格林沁吸取经验教训，积极筹建各种防御工事，整肃军队，做好对抗侵略者的准备。当英法任驻华公使普鲁士、布尔布隆率领所谓换约舰队侵犯恬静大沽口时，僧格林沁奋力抵抗，击毁英军3艘战舰，歼灭敌人464人，最后逼迫英法联军军舰撤退。咸丰十年（1860），英法联军再次入侵中国，这一次僧格林沁兵败被革职。

同治元年（1862），僧格林沁恢复亲王爵位，率兵与捻军对战。同治四年（1865），在山东追击敌军时，坠马被杀，战死沙场。

僧格林沁战死的消息传到京城，清政府以亲王规格厚葬僧格林沁，同治帝和慈禧太后亲临祭奠，并享配太庙，在北京、河南、山东等多地建立祠堂进行纪念。

玉河庵

玉河庵是沿玉河故道而建的一座佛教庵堂。位于北京市东城区东不压桥胡同南口西侧，是明清玉河河道及沿岸风貌历史变迁的见证。

玉河庵为坐西北朝东南的二进院落，主体建筑为山门、正殿、后殿及各进配殿。山门是一间樱山大脊筒瓦顶建筑；正殿为三间大式硬山大脊筒瓦顶；东西配殿各三间，为硬山筒瓦顶建筑。

大门

玉河庵内曾有两尊大佛像、两座香炉、两块匾、一口钟以及很多小佛像。到1985年时，仅剩正殿和后殿，但都已经移作他用。山门被拆除，配殿被改建，佛像、匾、钟和香炉等都没有保留下来。

2007年考古发掘出山门、前院东配殿、西围墙等基址以及山门前的夹杆石残块和局部石板便道，出土"玉河庵碑"。

2021年8月28日，玉河庵被北京市人民政府公布为北京市第九批市级文物保护单位。

玉河庵碑

玉河庵是一座祭祀小庙，它建造的初衷与玉河有一定关系。玉河庵很小，但却在清《乾隆京城全图》上有标注，那是一座小院子，与现今的位置相符。

玉河庵坐落在东不压桥头，东不压桥桥头的两段雁翅应该是对称的，但是现在较完整的是西面的雁翅，东面如果是一样的，那一定会横穿过玉河庵。然而事实是，玉河被填了一部分，然后盖起了这座"漂"在河中央的祭祀小庙。

玉河也称御河，属于京杭大运河通惠河河段，它建于1292年，起点是地安门外万宁桥澄清上闸东，经过帽儿胡同南侧、东不压桥胡同西和北河胡同，沿着东皇城根，来到正义路南口，然后沿着崇文门东西河沿线向东，连接东便门和朝阳区故道，全长将近8千米。经历史变迁，玉河经考古发掘了出来，成为研究北京漕运和城市发展的重要遗迹。

原贝满女中建筑

原贝满女中建筑原为明嘉靖年间权臣严嵩儿子的宅邸。1864年，基督教公理会建立了贝满中学，这是北京最早建立的女子学校，现在这里是北京市第166中学。位于北京市东城区灯市口大街55号。

学校的大门是明代常见建筑，具有典型性，屋檐四角高高翘起，绿椽红柱，缤纷彩绘，灰墙青瓦。大门道中间有一块具有天然黑纹的汉白玉石，它的长和宽分别是6米和2米，从门口便可以看到玉石中间的观音坐像。墙上的砖面大多有印

原贝满女中建筑遗存

记，可以证实这是大明年间的东西，这些都彰显着王府的贵气。

大门里本是一个带有三个后门的小院。二门的位置在中间，是一个垂花门，描金彩绘十分好看；两侧有门，分别与东跨院和西跨院相通。再往里面原本是多重院落，第一重院落的正房是一座大殿，原本的名字是"训怀堂"；第二重院落的北房是"紫萝轩"，其名源于院子里一架葱葱郁郁的紫藤；第三重院落原本有扁桃树与葡萄架；最后一重院落是"翠竹馆"，其名字源于其中的一丛翠竹。东跨院原本有一行松树和几棵合欢树等，西跨院则在学校的发展过程中进行了改造，如今是学校的操场、食堂和宿舍等。

邵氏楼

贝满女中正对校门的照壁上写有校训"致知力行"4个字。影壁后面是惜阴池。这里遗存三栋楼，它们从南到北依次是邵氏楼、贝氏楼和贝满中斋。邵氏楼和贝氏楼都是二层砖木结构，其中邵氏楼的坡顶、东侧和北侧带围廊，有方木柱子和木栏杆、倒挂楣子和花牙子等。邵氏楼大修过，水泥瓦替换了原本的青石板，外墙经过防震加固。贝氏楼北侧是围廊，有方木柱、传统木栏杆、倒挂楣子以及花牙子。顶上用水泥瓦替换了

青石板瓦。贝满中斋的平面形状更像是一个直角曲尺，中间的位置是一个带有西方基督教风格的钟楼。贝满中斋有4层高，上面是围着女儿墙的平台，两侧是二层砖木结构。南侧中间有一道门，下面是高台阶，门上有一个刻着"贝满中斋"4个字的砖刻门额，而北侧部分在1989年已被拆除。

2021年8月28日，原贝满女中建筑被北京市人民政府公布为北京市第九批市级文物保护单位。

贝满中斋

知识链接　　贝满女中

贝满女中是北京设立的第一所女子学校。它培养出了很多著名人物，如李德全、冰心、王绣瑛和王承书等，她们都在各自领域做出了瞩目成绩，这都有赖于贝满女中"敬业乐群"的校训。

"敬业乐群"出自《礼记》，被贝满女中当作校训，是说要学生们对自己的学业有敬重之心，学习的时候要心无旁骛，不要停下前进的步伐；也要团结和友爱同学，在相互切磋中努力提高。另外，学校为了贯彻这一校训，也切实制定了很多方法和细则，为广大学子在各方面成长提供了

帮助。

贝满女中当初是由美国基督教公理会创办的，其创始人是派来中国传教的传教士艾莉莎·贝满夫人。贝满夫人于1864年在北京设立贝满女子小学，校址在灯市口大街北面的大鹁鸽市胡同，规模较小，由她一人主持校务。以后有了中国教员，逐步发展，到1895年，已初具规模，开始成立四年制女子中学，校名为贝满女子中学。

1902年，校舍往南扩建，校门建在灯市口大街路北公理会大院内。1905年，在贝满女子中学已有课程的基础上，又增设了大学课程，名为协和女子大学。后因学生增加，遂于1916年将协和女子大学移到佟府这个地址。灯市口的校址则仅为贝满女子中学所在地。1920年，协和女子大学与通州的协和大学（由潞河书院升格成立，其中"斋"部后来更名为潞河中学，中华人民共和国成立后曾一度改名通县一中，现又恢复潞河中学名称）、北京汇文大学（校址在东城区盔甲厂，其中

学部分称汇文中学，中华人民共和国成立后曾一度改名为二十六中学，现恢复原名汇文中学）合并成立燕京大学。协和女子大学改称燕京大学女校，仍设在佟府。

1923年，贝满女中改为三三制完全中学，学生剧增。1926年，燕京大学女校与男校合并迁往城外（今北京大学所在地），贝满女中高中部遂迁入佟府，初中部仍在灯市口公理会院内。1927年经北洋政府教育部批准立案，定名为北平私立贝满女子中学。

1941年，太平洋战争爆发，学校被日伪当局接管，曾一度改名为北京市立第四女子中学。1945年抗日战争胜利，学校于当年9月恢复贝满女中校名。此时学校已发展到高中有9个班、初中有12个班的规模。1949年北平和平解放，学校于1951年改名为五一女中，高中部仍设在佟府内（1952年定名为女十二中），从此结束了贝满女中前后长达87年的时代。

西城区市级文物保护单位

中南海

中南海位于北京市西城区西长安街北侧、北海之南。占地面积约100万平方米，其中水面约占46.6万平方米。既有庄严肃穆的宫殿式建筑，又有灵活多变的园林式建筑。各景区相对独立，又彼此呼应，各具特色。

中南海是中海和南海的统称，始建于辽金。相传辽代萧太后梳妆台，就在现在的北海白塔山上。湖水从玉泉山引来，汇为南北长约4里、东西宽200余步的巨池，名太液池。后经不断修建，成为金代皇帝离宫。自金代时即有"西苑太液池"之称，那时也称太液池为西华潭。西苑规模很大，包括现在的北海公园。

元代定都北京，重建都城，修缮太液池中琼华岛，即现在北海公园白塔山，继而环绕北海、中海和琼华岛建造宫殿城池。明朝新建皇宫向东迁移，西苑又成为皇帝行宫。明时称西苑为"西海子"，称太液池为"金海"，又将其分为南海、中海、北海，合称三海。南海与中海以蜈蚣桥为界，中海与北海以金鳌玉蝀桥为界，两桥之间为中海。大致来说，瀛台、勤政殿在南海，琼华岛、五龙亭在北海，紫光阁、蕉园及水云榭在中海。

三海之名从明朝始称，一直延续下来。清朝康熙、雍正、乾隆几代皇帝，对中南海进行拓建，在此游玩，更在勤政殿处理国务，使中南海成为清王朝政治中心。1912年，南海和中海合称中南海。民国初年，为大总统府和大元帅府。1929年，将其辟为公园。1949年后，为中共中央、国务院所在地。1980年以来，中南海里毛主席故居、瀛台和静谷等部分对外开放。

南海主要建筑有宝月楼、瀛台、怀仁堂、海宴堂等。宝月楼现为中南海南门，重楼重檐，面阔七间，为清乾隆二十三年（1758）所建，民国初年改为新华门。进入新华门，便见南海一泓碧水，微波荡漾，岸边垂柳依依，绿草如茵。明、清两朝皇帝，常来此泛舟消夏。明朝时曾造几条楼船，彩绘雕饰，宏大富丽，清朝时还加以修葺，

金鳌玉蝀桥

1922年的南海瀛台远景

专供皇帝御用。因楼船太大，虽然壮观，却难以行动，所以常系岸边，成为观赏之物。瀛台为小岛，四面临水，居南海之中。岛上殿堂楼阁，雕梁画栋，凌檐翘顶，覆以黄、绿、蓝多色琉璃瓦，掩映于碧树浓荫之中，恰如海上蓬莱，故名瀛台。瀛台东有石桥通达岸边。

瀛台建于明朝，时称南台，指现在瀛台最南端的一小块地方。那时瀛台岛上林木深茂，建筑简单，只有一座昭和殿，殿前建一小亭。至清顺治年间，在岛上扩建宫室，顺治帝题额改名瀛台，后经不断扩建修葺，成为现在的规模。瀛台为帝王处理朝政的场所，也是戊戌变法失败后囚禁光绪帝的地方。主要建筑有勤政殿、翔鸾阁、涵元殿、蓬莱阁等。

勤政殿原是中南海正殿，面阔五间，坐南朝北，康熙时题殿额为"勤政"。殿前有门名"德昌门"，濒临中海。光绪帝亲政后，特别是实行维新变法时期，常把这里作为办公之所。民国初年，因故宫除三大殿外，还为清逊帝所占，所以袁世凯把总统府设在中南海里，他就住在勤政殿，后来又将勤政殿改造成为西洋式礼堂。勤政殿现已无存。

1900年的南海瀛台石桥

翔鸾阁，即瀛台正门，坐南面北，高两层，面阔七间，左右两边展延出双层回抱楼，各有十九间。阁后面是涵元门，门内正中是涵元殿，为瀛台正殿。涵元殿原名香扆殿，清乾隆六年（1741）改题殿名，殿中悬"天心月胁"四字匾额。这里是清皇室在瀛台游览、休息和筵宴的主要场所。至晚清，因光绪帝被慈禧太后幽囚于涵元殿，整个瀛台从此变得冷落寂寞。光绪三十四年（1908）十一月，光绪帝死于涵元殿东室。

中海主要有紫光阁、蕉园、万善殿、水云榭等。紫光阁居中海西北岸，为清王朝追念先贤之地，也是设功臣宴之所。蕉园居中海东北岸，内有万善殿、水云榭等建筑，其中水云榭建于碧水之上，是一座凉亭，云霞倒映水面，小亭宛如在云水之中，故名"水云榭"。亭中立一石碑，镌刻着乾隆帝所题"太液秋风"四个大字，为燕京八景之一。

紫光阁在中海西岸，始建于明正德年间，初为皇帝阅射之地，名平台。"台高数丈中作团顶小殿，用黄瓦，左右各四楹，接栋稍下，瓦皆碧。南北垂接斜廊，悬级而降，面若城壁。"后废台建阁，"阁甚高敞，树阴池影，葱翠万状，一佳景也"。清时，紫光阁为皇帝殿试武进士和检阅侍卫大臣校射之所。从清康熙二十九年（1690）后，每年十月皇帝在紫光阁前考试武进士。乾隆二十五年（1760）重新修葺紫光阁，并于翌年举行落成典礼。现存紫光阁，仍保持着乾隆时原貌。

紫光阁坐北朝南，两层重檐楼阁，体量宏大，面阔五间，前出抱厦五间，绿琉璃筒瓦黄剪边顶。上下置槅扇窗，下层檐下悬有用满文和汉文所书"紫光阁"竖匾，上层设回廊。阁前筑宽敞平台，设白石栏杆和雕龙望柱，衬托着紫光阁的雄伟。

1922年的中海水云榭

1922年的中海紫光阁内景

1922年的中海紫光阁

阁后为武成殿，面阔五间，两侧各有廊庑十五间，与紫光阁相连接，形成一个典雅、肃穆的封闭院落。另外，按清朝典制，每年农历新年正月皇帝要例行赐外藩和蒙古王公宴。过去多在南海丰泽园，从清乾隆二十六年（1761）后，就移往紫光阁，直至清末。可惜紫光阁所收藏的文物，由于八国联军入侵北京而损失殆尽。

在中海与南海之间的陆地上，建有丰泽园和静谷等建筑。丰泽园建于清康熙年间，门上所悬"丰泽园"匾额，为乾隆帝御笔。康熙年间，园外有几亩稻田，园内植几十株桑树，康熙帝来此"亲御耒耜"，以示劝课农桑、敦本重农之意。从雍正以后，每年春天皇帝到先农坛祭祀神农，便

先在丰泽园进行演礼。故此乾隆帝写道：丰泽园"行一事而合于天心，建一园而合于民情"。

丰泽园是一座庭院式建筑，古朴敦厚，不尚华丽。新中国成立后，毛泽东同志长期住在这里。颐年堂为丰泽园主体建筑。颐年堂后为澄怀堂，是康熙初年儒臣为皇帝进讲之处。颐年堂东侧小庭院，名"菊香书屋"，康熙帝题有"庭松不改青葱色，盆菊仍霏清净香"联语，院内清幽典雅。菊香书屋是毛泽东同志当年的办公住所，现为毛泽东同志故居，已向社会开放，书房、办公室、卧室，大都保持着当年陈设原貌。

丰泽园西为静谷，北面南向有一小门，以汉

1981年的颐年堂

白玉雕砌，样式别致奇特，具有佛宇梵阁风格，门额上镌刻着"静谷"二字。静谷是一座独立完整的院落，园内屏山镜水，云岩奇秀，华林芳径，竹柏葱茏，景致旖旎，环境尤为清雅静谧，素有"园中之园"之称。春耦斋为静谷主要建筑，凝重浑厚，别是一种格调。斋前平台宽敞，立于水上，护以玉石栏杆。清朝时，春耦斋属于丰泽园一部分，乾隆帝曾作《春耦斋记》，说建丰泽园为表"民本食天""知稼穑艰"之意，故"园之内有斋，兹以春耦名之"。斋内藏有唐朝韩滉《五牛图》真迹及项圣谟、蒋廷的仿作。乾隆帝咏道："五牛致十五，考牧可因通"，且誉为"艺苑胜事"。

中南海现存建筑多为清代遗构，既有庄严肃穆的宫殿式建筑，又有灵活多变的园林式建筑，各景区既相对独立，又彼此呼应，各具特色。而北海、中海、南海碧水相连，均为京城著名的皇家园林，并延续经营多代，是前人留给我们的珍贵文化遗产。

1957年10月28日，中南海被北京市人民政府公布为北京市第一批市级文物保护单位；2006年5月25日，中南海被国务院公布为第六批全国重点文物保护单位。

"静谷"西洋门

知识链接　中南海的历史变迁

在历史的长河中，中南海所处的地方，曾是自然河流与湖泊。辽金时期，北海、中海处于低洼处，因为这里要引入西山之水。辽代时期，在自然湖泊上建造琼岛和行宫，人工园林也首次在这里出现。

金代建都后，这里建造离宫，开挖"海子"，扩充"瑶屿"，"海子"是水域的意思，是蒙古语"海"的简称。此处风景秀美，宫楼玉宇，树木茂盛，鲜花艳丽，被称为"西苑太液池"，"太液秋波"是金朝燕京八景之一。

元朝时期，都城在燕京，以北海公园（当时为离宫）为中心建大都城。当时的太液池就是现在的北海和中海。

明朝初期开始挖南海，并将挖出的土方和开凿的筒子河土方堆成了万岁山，同时建了一座四面环水的岛屿，岛屿命名为瀛台，四面为太液池，太液池上有蜈蚣桥和金鳌玉蝀桥，桥将太液池分为北海、中海和南海。

清朝时定都北京，中南海为皇帝的行宫与御苑，并扩建了处理政事和娱乐活动的建筑。

中华人民共和国成立后，定都北京，中南海成为中共中央的办公地点。

北海、团城

北海位于北京市西城区文津街1号，在故宫西北、景山西侧。现存元、明建筑遗址及清代建筑物，殿宇崇宏，为历代帝王别苑，名胜古迹很多。

北海历经辽、金、元、明、清5个朝代，逐步完善，形成丰富多样而又和谐统一的格局。早在辽代，辽会同元年（938）建都燕京时，城东北郊有一片水泊，名"金海"，又称"海子"，即北海前身。而水中有一小岛，名"瑶屿"，即琼华岛前身。金时改燕京为中都，金天德二年（1150），扩大瑶屿，改称"琼华岛"，在岛上增建瑶光殿。金大定三年至十九年（1163—1179），以琼华岛为中心建造大宁宫，后称万宁宫。还营建广寒殿、团城，堆叠假山，并从北宋汴京艮岳御园运来太湖石至琼华岛上，使北海初具规模。元代以此为中心营建大都城，成为今天北京内城的基础，这时琼华岛改称万岁山，成为宫内御苑。明代又多次修建，且向南开拓水面，形成三海格局。清朝承袭明代西苑，尤其在乾隆时期对北海进行了大规模改建，奠定了现在的规模和格局。

北海作为帝王宫苑已有900余年历史，历经辽、金、元、明、清五代，是我国现存历史悠久、规模宏伟且极具代表性的皇家园林之一，在我国的造园史上具有重要的地位和影响。

明代北海、中海、南海合称三海，又称太液池，并列为禁苑，在太液池北岸修筑五龙亭。清顺治八年（1651），在广寒殿旧址建造白塔，并将岛南部宫殿改建为永安寺。乾隆时除在琼华岛四面建亭榭楼台外，又在北岸修建先蚕坛、阐福寺、西天梵境、万佛楼、小西天、澄观堂、静心斋等，在东岸修建濠濮间、画舫斋等，具备了今天北海的规模。民国初年，中海和南海合并一园，称中南海，北海则另辟一园。1925年，北海开放为公园。中华人民共和国成立后，对北海进行大力修缮，使之成为一处游览胜地。

琼华岛、永安桥和"堆云""集翠"牌楼

北海占地面积约70万平方米，水域广阔，占全园面积一半以上。北海按照神话传说中的海外仙山布局，以水面连通北海、中海、南海为太液池，以琼华岛、团城、犀山台象征蓬莱、瀛洲、方丈三座仙山，是典型的"一池三山"形式。

全园布局以琼华岛为中心。琼华岛也称琼岛，坐落在湖南侧，因山顶建白塔，又名白塔山。岛上建筑依山而建，高低错落，按其布局大致可分为以白塔为主体的东、南、西、北4个部分。

北海白塔建于清顺治八年（1651）。明末广寒殿塌毁，白塔即建于广寒殿旧址上，塔前建白塔寺（即今永安寺），而万岁山也因此改名白塔山。北海白塔为覆钵式塔，高35.9米，而白塔山高32.8米，塔比山还高。白塔由塔基、塔身、塔刹三部分组成，塔基为高大石砌须弥座，呈十字

小西天

折角形。须弥座上为覆钵式塔身，正面辟一壶门式眼光门，上刻梵文咒语。覆钵上置塔刹，刹座为一小型须弥座，俗称塔脖子；座上为十三重相轮，组成"十三天"刹身；刹身上覆宝盖，刹顶冠以仰月、宝珠，整座白塔采用砖石结构，造型厚重沉稳，高大挺拔。白塔是空心塔，塔身辟有306个通风口。塔内一根通天柱，高9丈，柱顶置一金盒，内藏两颗舍利。塔内还藏有佛龛、供桌、喇嘛经文、衣钵、佛教法物等物品。

据《大清会典》记载，塔上曾置信炮，设信炮总管，以为报警之用。塔前设高台，上建琉璃小殿，名善因殿，殿与白塔连为一体，成为白塔的一部分。善因殿四周嵌砌数百尊琉璃砖制小佛，殿中供奉千手千眼佛，又称镇海佛，传为镇守北海之神。

当人们登上白塔山顶，站塔边凭栏四望，故宫、景山、中南海、人民大会堂、中国国家博物馆尽收眼底，实为京城一处观光胜地。

山南坡以永安寺为主体，有法轮殿、正觉殿、普安殿、钟鼓楼等建筑，这些建筑均为歇山顶，并覆以黄、绿、紫等各色琉璃瓦。自山顶俯瞰，色彩斑斓，蔚为壮观。永安寺西的悦心殿，

为皇帝莅临塔山时听政之所。其后庆霄楼，是帝后冬日观冰嬉戏之处。山西坡有琳光殿和阅古楼。阅古楼为皇帝私人藏书之处，平面呈半月形，分上下两层，共25楹，左右合抱，墙壁遍嵌"三希堂"法帖刻石495方，保留了魏晋以来书法家的墨迹，汇集了我国书法艺术的精华，为我国现存最完整的古代书法集成石刻。乾隆帝曾将王羲之的《快雪时晴帖》、王献之的《中秋帖》、王珣的《伯远帖》三位晋朝大书法家手迹收藏于此，为三件稀世珍宝。山坡上的亩鉴室、烟云尽态亭、甘露殿、蟠青室、摄山亭等建筑，古雅幽静。

山北坡有仿江苏镇江金山寺而建的漪澜堂和道宁斋、碧照楼、远帆阁等，与太液池北岸五龙亭、西天梵境隔水相望，构成太液池畔交相辉映的两组重要建筑群。山东坡林木成荫，怪石嶙峋，崖洞深邃，自山门、石桥、牌坊至智珠殿、见春亭，构成燕京八景之一的"琼岛春阴"，至今还保存有乾隆帝题诗碑。

太液池东、北沿岸，亭台楼阁掩映于绿丛碧波之间。东岸画舫斋，建筑精巧秀丽，仿佛一只大船浮于水上，环水长廊盘曲深幽，可与江

白塔

阅古楼

琼岛春阴碑

南园林媲美。画舫斋南侧是濠濮间，其中心建筑是一座水榭，东、西、北三面临水，四周山石环绕。濠濮间的水池上有一座雕栏九曲石桥，很富诗情画意。桥北端有一座石牌坊，由濠濮间往南有曲廊向上，伸延山顶，廊东有崇椒室，小山顶上有云岫。每当夏时，慈禧太后常在濠濮间避暑、听书。

静心斋是北岸主体建筑，占地约1万平方米。

濠濮间

这座园中之园，以山石池水为中心，以斋亭楼轩点缀其间。建于清乾隆二十二年（1757），面积4700平方米，原为乾隆帝游乐读书之处，又称乾隆小花园。后来为清朝太子读书之所，也是清代帝后去北海大西天拈香拜佛、暂时休息的行宫。光绪十一年（1885），慈禧太后挪用海军经费，大修静心斋，增建叠翠楼等建筑，并由中南海到北海沿湖铺设铁轨，直通静心斋门前。光绪二十六年（1900），八国联军侵占北京时，小火车铁轨和车站走廊全部被捣毁。

静心斋沁泉廊

此外，还有极乐世界（俗称小西天）、西天梵境（俗称大西天）、九龙壁、五龙亭等，为湖光山色平添风采。其中驰名中外的九龙壁，建于清乾隆二十一年（1756），原是大圆镜智宝殿真谛门前的一座照壁。据说是乾隆帝看了山西大同九龙壁后所仿建。壁高5米，厚1.2米，长27米，全壁以五彩琉璃砌成。两面各有9条蟠龙，戏珠于波浪之中，姿态各异，栩栩如生。全国现存三座九龙壁，最大的是山西大同代王府门前的一座，建于明永乐年间；最好的是北海九龙壁；另一座是故宫皇极门前九龙壁，建于清代。而大同和北京故宫的九龙壁只单面有龙，唯独北海九龙壁双面有龙，堪称我国琉璃建筑艺术杰作。

五龙亭也是一组精巧的建筑，初建于明嘉靖二十二年（1543），后经不断修葺，终成石桥回转、五亭出水如游龙的格局。五龙亭为临水的琉璃亭，中间主亭龙泽亭，重檐，上圆下方，在清顺治八年（1651）依天圆地方之说重建，故又名天地亭。左右两边四亭均为方亭，左为澄祥亭、滋香亭，右为涌瑞亭、浮翠亭，左右对称，亭间以曲桥相接。

北海公园南门西侧，有一座砖筑圆形小城，这就是团城。团城位于北海与中海间金鳌玉蝀桥东桥头北侧。团城既是北海一部分，又是一座独立小园林，与北海、中海、南海共同构成北京城

内最优美的风景名胜。

辽时这里仅是一个小岛，俗称"圆坻"。金大定三年至十九年（1163—1179），金世宗完颜雍于岛上开始建造宫殿，将当时挖出的湖泥堆在琼华岛和圆坻上，同时在圆坻上建起一座殿宇，与北海琼华岛广寒殿遥遥相望，成为御苑一部分。元世祖忽必烈又在圆坻的旧殿基上，创建仪天殿。殿为重檐圆顶，十一楹，高三丈五尺，围长七丈，台基以文石砌筑，时称"瀛洲"，象征神话中所说的仙岛。在岛周围垒起石城，称为"团城"。明、清两代增建承光殿、玉瓮亭、古籁堂、敬跻堂、余清斋、镜澜亭等建筑，在岛屿周围加筑城墙，并砌有垛口，使之成为名副其实的城。

团城高5米，面积约4500平方米。承光殿位

九龙壁

团城

五龙亭

承光殿内景

于团城中央，是园内主体建筑，平面呈正方形，为黄琉璃瓦重檐歇山顶，四面各出单檐卷棚顶抱厦，色彩绚丽，装饰豪华。殿内雕龙佛龛中，供奉一尊白玉释迦牟尼坐佛，为一块整玉雕琢而成。这是清光绪年间，慈禧太后将明宽和尚从缅甸募回（也有乾隆时从西藏进贡来之说）的白玉佛供奉于此，使这里成为一座佛堂。清光绪二十六年（1900），八国联军侵占北京，大肆抢掠团城珍奇古玩，就把白玉佛身上装饰的珠宝等珍贵物品掠走，至今玉佛左臂上还留有侵略者的刀痕。

殿前放置一大玉瓮，高70厘米，周长492厘米，腔深55厘米，重约3500千克，为一方整墨玉雕成，名"渎山大玉海"。玉瓮周身浮雕着波涛汹涌的大海，海中有海龙、海马、海猪、海鹿等海兽，形象生动，气势磅礴，风格粗犷豪放，造型古朴厚重，具有极高的艺术价值。玉料产地渎山，即四川岷山，当年忽必烈扫平西南，取岷山玉雕成此器，放置琼华岛广寒殿内，用以象征对天下的征服。忽必烈曾用玉瓮盛酒，宴赏功臣。明代广寒殿毁，玉瓮流落至紫禁城西华门外的真武庙中，道人当作咸菜瓮。至清乾隆时始收归内府，移置团城，并建亭保护，乾隆帝还亲作《玉瓮歌》铭刻于瓮内，并命将内廷翰林等人所作诗章，镌刻于玉瓮亭石柱上。玉瓮是一件传世重器，国之瑰宝，是研究北京城历史的重要文物。

北海及团城为我国现存历史悠久、规模宏伟、保存完整的古典皇家园林之一，集中体现了我国古代优秀的传统造园艺术。

1957年10月28日，北海、团城被北京市人民政府公布为北京市第一批市级文物保护单位；1961年3月4日，北海及团城被国务院公布为第一批全国重点文物保护单位。

渎山大玉海

知识链接　北海公园的前世今生

关于北海，民间流传着这样一个传说：北海是根据我国古代神话故事《西王母传》中的仙境而建造。渤海东边的三座仙山——蓬莱、瀛洲和方丈上住着神仙，那里藏有长生不老仙丹。公元前221年，秦始皇派人来这里寻过长生不老仙丹，挖池筑土建蓬莱。汉朝时，汉武帝也寻过长生不老仙丹，挖池为"太液池"，挖出的泥土堆成了三座山，为蓬莱、瀛洲、方丈。

其实，北海水泊最初为永定河的一段旧河道。《周元长墓志铭》和《蔡氏夫人墓志铭》中记载，唐朝时，北海一带为幽州出都县的一个小村庄，名为龙道村。辽代，居民开辟了这处湖泊，并在附近种植稻田与荷花，接着又建起了小岛，这处湖泊就是北海的前身。

金天辅六年（1122），金太祖完颜阿骨打领兵攻取燕京，金灭辽之后，改燕京为中都，天德二年（1150），金代海陵王完颜亮在这里扩建了瑶屿与行宫，增建瑶光殿。天德三年，金将都城迁入燕京。大定三年（1163）开始，金世宗利用辽代凿建的小岛和水域，建了琼华岛，将水域扩为西华潭，修建了大宁离宫。

金、元两代扩建了琼华岛，并在此岛的南面修建了小屿，也就是现在的团城，当时，团城被称为圆坻，还在圆坻上修建了仪天殿。元朝时期，建都于北京。元世祖忽必烈三次扩建北海琼华岛，修建广寒殿。

明朝明宣宗在北海修建了太素殿、凝和殿、迎翠殿。清朝时，也曾多次对北海修建与扩建，尤其是乾隆年间，投入232万两白银，用了30年精心打造北海，光绪年间重修中海、南海与北海。清光绪二十六年（1900），八国联军入侵，北海公园被严重破坏，北海的澄观堂成为日军司令部。

辛亥革命后，北海闭园，直至1925年才开放。

中华人民共和国成立后，国家重新修建北海公园，让这一处历经800年历史的园林成为中国园林建设的典范，成为中华民族爱国主义教育基地。

琼岛北侧长廊

景山

景山是古代京城之中著名的皇家御苑之一，是古代皇宫北部的屏障，亦是京城中轴线上重要的皇家建筑群。位于北京市西城区景山前街北侧、紫禁城之北、鼓楼之南，景山是明初皇宫里的镇山，所有建筑物和附属文物都是故宫体系内的一部分。

景山地区在辽代以前为郊野。金大定三年至十九年（1163—1179），金世宗完颜雍以琼华岛为中心营建太宁宫，把挖掘"西华潭"（今北海）的淤泥堆积于此，形成土丘，作为太宁宫的屏障，周围以双重的宫墙环绕。山上建有瑶光楼，与琼华岛上的广寒殿相互呼应。由此可见，至金代，景山就已成为一座完整的园中之园了。

景山鸟瞰

13世纪中叶，元世祖忽必烈营建大都，景山之地正处于宫城之北，元朝统治者将此地辟为"后苑"，苑内有地8万平方米，元代皇帝曾在此亲耕，以垂范天下。时将苑内土丘称作"青山"，并在山上修建延春阁等建筑，进行宗教活动。马可·波罗曾在其游记中对青山有如下描述："离皇宫不远的北面，距围墙一箭之远的地方，有一座人造的假山，山高整100步，四周长约1.6千米，山上遍栽美丽的常青树。因为皇帝陛下（忽必烈）一旦得悉哪里有一株好看的树，他就命令人把它连根带土挖起，不管该树多大多重，也要用大象运到这座小山上栽种，给这座山添绿增翠，因此这座小山的树木四季常青，并由此得名青山。山顶上耸立着一个装饰别致的亭子，亭身全部绿色。青山、翠树、绿亭，浑然一体，形成一幅赏心悦目的园林奇景。"以上记载是对景山风光最早的历史描述。

明初，成祖朱棣营建宫室，于明永乐四年（1406）将拆除元代宫殿的渣土和挖掘紫禁城御河的泥土压在元代延春阁的旧基之上，形成五座山峰，主峰高43米。由于明成祖龙兴于北京，认为是北方玄武神护佑，遂于宫禁之北堆土叠山以崇

园"（又称北果园）。在山东北隅建寿皇殿等殿亭楼馆，供皇帝登高、饮宴、游赏。山下豢养成群的鹤鹿，以寓吉祥，每逢重阳节皇帝常到此登高远眺，祈福禳灾。然而，万岁山并不能使得明王朝千秋万载。明崇祯十七年（1644）三月十八日，李自成的农民起义军攻入北京时，末帝朱由检吊死在万岁山东麓一株老槐树上。

清兵入关后为了笼络人心，将这棵槐树定名为罪槐，用铁链加锁，并立下马碑以示敬意。清顺治十二年（1655）将万岁山改称景山。乾隆十四年（1749）移建寿皇殿至景山正北。乾隆十六年（1751）添建景山五亭。清帝逊位后，景山一度荒芜，并经常驻扎军队。1928年景山对外开放。中华人民共和国成立后辟为景山公园，并进行了全面修缮。近年来，北京市文物局已对景

景山之巅万春亭

崇祯帝自缢处

寿皇殿鸟瞰

其位，并与金水河一起，使得皇家宫苑成为依山傍水的风水宝地，兼有镇压元代王气的作用。景山因此成为皇家宫苑的镇山，关乎明代国祚。为求皇图永固，定名为万岁山，俗称煤山（传明初曾在山前堆放大量煤炭，或云山下埋有大量煤炭以备战时所需）。

沿山密布松柏，山下遍植果树，通称"百果

山五亭、护国忠义庙进行了修缮，并计划对北京市少年宫占用的寿皇殿建筑群实行腾退整修并对外开放。

景山平面呈矩形，南北长约220米，东西宽约400米。全部建筑分为山前和山后两部分。从建筑规模上讲，山后建筑群体无论从建筑形体的尺度还是建筑的数量，都远大于山前部分的建筑。

景山原有园门三座，分别建于正南、东、西三个方位，分别称作景山门、山右里门、山左里门。景山门是南端的正门，面阔五间，歇山顶黄琉璃瓦屋面，檐下施以三踩斗拱，木构架绘以旋子彩画。东西两门规格略低，面阔仅三间，其余形制略同。

山左里门

景山脚下的主体建筑为绮望楼，是景山门后南北轴线上的第二座建筑，建于清乾隆十五年（1750）。此处原为清代皇室祭孔之所，内部供奉孔子牌位。建筑前出廊，面阔五间，重檐歇山顶，过垄脊黄琉璃瓦屋面。二层明间悬匾额满汉双书"绮望楼"。楼前置宽大月台，台前三出陛，四周环护汉白玉石栏。绮望楼背倚高山，前临开阔地，映衬得景山更加巍峨壮丽，楼左右各有两条山路蜿蜒可至山顶。

绮望楼

在景山的山脊上，均匀排列着5座亭式建筑，建于清乾隆十六年（1751）。万春亭位于山巅，为城内制高点，历来被誉为鸟瞰京城的最佳位置。亭高17.4米，平面呈方形，内外槽共32柱，三重檐四角攒尖顶，黄琉璃瓦绿剪边屋面。第一、二层檐为单翘单昂五踩斗拱，第三层檐为单翘重昂七踩斗拱。其东西两亭分别称为观妙亭和辑芳亭。两亭形制相同，均为八角攒尖顶，绿琉璃瓦黄剪边屋面。檐下施以墨线斗拱，上檐为单翘重昂七踩斗拱，下檐是单翘单昂五踩斗拱。两槽内外各8根红漆木柱，亭内直径10.4米。两亭之东西分别为周赏亭和富览亭，形制相同，圆形重檐攒尖顶，顶覆蓝琉璃瓦棕色剪边。上檐为单翘重昂七踩斗拱，下檐是单翘单昂五踩斗拱。两槽内外各8根红漆木柱，亭内直径10米。

景山五亭依山势而建，以万春亭为中心，对称协调，构成了一幅和谐景观。五亭之内原各有佛像一尊，合称"五方佛"，即中之毗卢遮那（大日如来）、东之阿閦（不动如来）、西之阿弥陀、南之宝生、北之不空成就。清光绪二十六年（1900）八国联军入侵北京后，佛像惨遭破坏，仅余高约1

富览亭

观妙亭

周赏亭

辑芳亭

米的须弥座幸存，1998年复建万春亭佛像归安。

　　景山北侧的中轴线上有一组大型建筑群，为寿皇殿。寿皇殿始建于明代，清乾隆十四年（1749）重建。殿前广场东、西、南三面立高大的四柱三门九楼木牌坊。北面为砖砌拱券门，面阔三间。庑殿顶黄琉璃瓦屋面，檐下置仿木斗拱、

万春亭复建毗卢遮那佛像

寿皇殿前广场

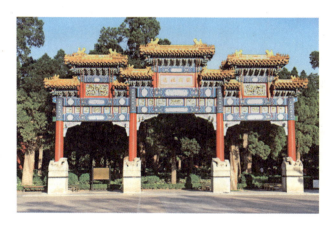

寿皇殿前东牌楼

寿皇门

雀替、额枋等琉璃构件。板门上置九路铜门钉，两侧各有一石狮守护，威武雄壮。

琉璃门之后为寿皇门（即戟门），坐北朝南，面阔五间，单檐庑殿顶，黄琉璃瓦屋面。寿皇门两侧建有歇山顶配殿各五间。配殿北侧是井亭、宰牲亭。寿皇门东西两侧狭长的夹道内，分别建有神厨、神库。

寿皇门后院内古柏苍翠，正中即建于清乾隆十四年（1749）的寿皇殿，是陈列皇帝先祖影像的场所，每年除夕、正月初一、万寿、忌辰，清帝要亲率皇子及王公来此致祭。大殿坐北朝南，面阔九间，重檐庑殿顶，黄琉璃瓦屋面，檐下施以金线斗拱，上檐为单翘重昂七踩，下檐为重昂五踩。大木构架绘以和玺彩画。建筑前建有宽大的月台，月台周围环护汉白玉石栏杆，南侧御路踏跺，两侧亦有垂带踏跺。寿皇殿所属东西配殿，分别称作衍庆殿、绣锦殿，各面阔七间，单檐歇山顶，黄琉璃瓦屋面。寿皇殿月台两侧各建有碑亭一座，重檐八角攒尖顶，黄琉璃瓦屋面，始建于清乾隆十七年（1752），主要记述了乾隆帝对明代原寿皇殿的改建历史。

寿皇殿建筑群气势宏大，规格很高，是景山后部的核心建筑，与紫禁城、钟鼓楼在同一轴线上，使皇城气派凸显，给人景深无限的感觉。

寿皇殿西侧一片近5万平方米的空地，曾为元世祖忽必烈亲耕之所，清代曾为官学堂馆舍。寿皇殿东侧为永思殿建筑群，南北两重院落，主要为停放皇帝灵柩的场所。永思殿东南为观德殿，建于明万历二十八年（1600），为万历帝观看皇子演武所建，其建筑规模仅次于寿皇殿。全院建筑共有四进，主要有观德门、观德殿等，建筑群周围建有高大的红色围墙，墙帽覆黄琉璃瓦，自成一封闭的院落，格局完整。观德殿东侧为护国忠义庙，全部建筑共为二进，由前殿、后殿及东西配房组成。前殿三间带抱厦，供奉关帝，后殿三间，黑琉璃瓦黄剪边，供奉真武大帝。

景山是极具特色的城市园林，是元、明、清三朝皇宫的镇山屏障，兼具皇家御苑与坛庙的作用。综观景山各建筑群体，既相对独立而又相互关联，特别是山上的五亭，各踞一峰，在苍松翠柏的掩映之下，给观者一种人移景换的奇妙之感。万春亭位于京城中轴线的中心点，也是全城最佳的风景观赏点，由此俯视紫禁城，眺望全北京，林树蓊郁，金碧辉煌，令人心旷神怡，堪称中国城市规划与古典园林的完美杰作。

1957年10月28日，景山被北京市人民政府公布为北京市第一批市级文物保护单位；2001年6月25日，景山被国务院公布为第五批全国重点文物保护单位。

寿皇殿

永思殿

观德殿鸟瞰

知识链接　景山——北京中轴线上的制高点

梁思成在《北京——都市计划中的无比杰作》中写道："再往北，又'奇峰突起'地立着景山做了宫城背后的衬托。景山中峰上的亭子正在南北的中心点上。"景山是北京中轴线上的制高点，也是中心点。景山位于故宫北侧，原是元、明、清的皇家御苑。

景山位于北京中轴线的制高点，并非天然而成，而是人工建造。那么为什么景山会成为北京中轴线上的制高点呢？让我们一起揭开这一奥秘。

北京中轴线上有8个重要建筑，由南向北分别为永定门、正阳门、天安门、太和殿、景山、地安门、鼓楼、钟楼。这8个重要建筑呈前后起伏之势，而景山就位于最高峰。

明朝时期，永乐帝兴建紫禁城时，按照当时中国传统的风水学说，在重要建筑后要有一座大山作为靠山，因此，在修建这座宫城时，将挖出来的护城河淤泥以及清理中海、南海、北海中的泥土都堆积起来，形成了一座山。这座山就位于宫殿后，看上去非常美观，就像屏风一样守护着宫殿。不仅如此，宫殿后面的大山还可以有效地阻挡西北风的吹入，保护宫殿不受冷风的侵袭。古人对建筑非常讲究"前有照，后有靠"，这里的照指"水"，靠指"山"。依照科学，人们临水而居，方便取水；背靠大山，可阻挡风寒，也可保障安全。

景山靠近北海，金代开挖北海时，把挖出的泥土堆积在景山附近，在不远处堆起了一座小丘；元世祖忽必烈营建大都时，以北海一带为大都中心，对应的小丘就变成美丽风景，被称为青山；明朝永乐帝营建北京城时，听信术士建议，将青山加高，形成5座山峰，成为皇宫靠山，这座山更名为万岁山。

就这样，经过历朝历代人为设计，渐渐地，景山就成为北京中轴线上凸起的建筑。

大高玄殿

大高玄殿是我国唯一一座专供明、清两代皇家御用的道观，位于北京市西城区景山西街21、23号。大高玄殿不仅是明清时期等级最高的道观，且建筑形式丰富多样，独具一格。它使用了最高等级的重檐庑殿顶、别具特色的五花阁、象征"天圆地方"的乾元阁，都是其他道观所不能比拟的，这使其成为北京道观建筑中最具特色的一座。

大高玄殿山门

大高玄殿始建于明嘉靖二十一年（1542），是嘉靖帝修建的斋宫，嘉靖二十六年（1547）毁于大火，万历二十八年（1600）重修。清代因避康熙帝名讳，大高玄殿改名为大高元殿，后又更名为大高殿，雍正八年（1730）、乾隆十一年（1746）和嘉庆二十三年（1818）对其进行重新修

1900年八国联军洗劫后的大高玄殿前习礼亭

缮。1900年八国联军侵华时，大高玄殿受到严重破坏，后修复。民国年间，对殿前部分建筑进行了拆除和改动。

大高玄殿最前方原有牌楼三座、习礼亭两座。习礼亭构造独特，为五花阁式，三重檐，歇山顶十字脊，结构类似故宫角楼，但更为精美，1949年以后扩建街道时均被拆除。2004年南牌楼复建。复建的南牌楼为三间四柱九楼式，建筑结构形式采用1927年修复时的做法，高10.08米，宽16.6米，黄琉璃瓦屋面，檐下施斗拱，额枋绘墨线大点金旋子彩画，横额北为"大德曰生"，南为"乾元资始"，下部夹杆石采用"寿与天齐"雕刻。东西两座牌楼形制同南牌楼，仅横额不同，其中东牌楼东额为"孔绥皇祚"，西额为"先天明镜"；西牌楼西额为"弘佑天民"，东额为"太极仙林"。

南牌楼北面为大高玄殿山门，券洞式三座门形式，琉璃仿木结构，歇山顶，绿琉璃瓦屋面，正门题额"始清道境"，是北京地区唯一一座采用此形式的山门。穿过山门又是一道三座门形式的琉璃门，中央稍大，两侧稍小，歇山顶，绿琉

1860年大高玄殿前牌楼及习礼亭

璃瓦屋面，檐下施斗拱。二道琉璃门内为过厅式的大高玄门三间，坐落于石质须弥座上，歇山顶，黄琉璃瓦屋面，檐下施单翘单昂五踩斗拱。大高玄门后两侧有钟楼、鼓楼各一座，均呈方形平面，

大高玄门

重檐歇山顶，黄琉璃瓦屋面，檐下施一斗三升斗拱，楼内钟、鼓于八国联军侵入北京时失落。门前原有旗杆。

大高玄殿坐北朝南，呈南北长方形，面积约1.3万平方米。坐落于汉白玉栏杆围绕的须弥座台基之上，前有月台，正面三出踏跺，中间为石雕御路，御路上雕云龙、云凤、鹤等图案。大殿面阔七间，重檐庑殿顶，黄琉璃瓦屋面，上檐施单翘重昂七踩斗拱，下檐施重昂五踩斗拱，额枋绘金龙和玺彩画。明间、次间四抹槅扇门各四扇，梢间做槛窗，均为三交六椀菱花窗，带铜面页。殿内金龙藻井及井口天花，蟠龙藻井装饰，原供奉的三清造像已无。东西配殿各五间，前出廊，歇山顶，绿琉璃瓦屋面，檐下施一斗二升交麻叶斗拱，额枋绘旋子彩画。正殿和配殿使用如此高

等级的建筑形式在北京道观中绝无仅有。

　　大高玄殿后为九天应元雷坛，原为供奉真武大帝之处。殿宇坐落于青白石须弥座台基之上，前有月台一座，中间丹陛雕刻祥云、仙鹤图案。此坛面阔五间，庑殿顶，绿琉璃瓦黄剪边屋面，檐下施重昂五踩斗拱，额枋绘旋子彩画。殿内团凤天花，蟠龙藻井装饰。东西配殿各九间，歇山

大高玄殿丹陛

大高玄殿

顶，绿琉璃瓦屋面，东为天乙之殿，西为通明之殿。

　　最后一座建筑是象征中国古代"天圆地方"宇宙观的两层楼阁，名乾元阁，原供奉玉皇大帝，是清帝祈雨之所。乾元阁上圆下方，建于台基之上，四周围以汉白玉护栏，正面中央设踏跺及石雕御路。上部圆亭立于平座之上，环以围廊，有木质栏杆，顶部为8根柱子构成的圆攒尖顶，覆蓝琉璃瓦，象征天；下部为方形的坤贞宇，覆黄琉璃瓦，象征地，檐下施单翘单昂斗拱，殿内金龙藻井及井口天花图案非常精美。

大高玄殿藻井

乾元阁

1957年10月28日，大高玄殿被北京市人民政府公布为北京市第一批市级文物保护单位；1996年11月20日，大高玄殿被国务院公布为第四批全国重点文物保护单位。

知识链接 大高玄殿的前世今生

大高玄殿建于明嘉靖二十一年（1542），是我国现存的唯一一处明、清两代皇帝御用的道观。每逢道教节日，明、清两代皇帝就在大高玄殿举办道场并拈香行礼，尤其是遇到大旱、大涝时，皇帝在此开展祭天祈雨等活动。大高玄殿经过多次修葺，在建成不久后因遭遇火灾而修葺，明嘉靖二十六年（1547）与明万历二十八年（1600）重新修建。大高玄殿的大门为"三座门"，自20世纪60年代，人们就称这里为"三座门"。

1900年，八国联军占领北京，清宫档案中记载，大高玄殿建筑被侵略者一次次破坏，其中的雕像、法器、经卷等也被一次次掠夺。自此之后，大高玄殿被占领了十几个月。《辛丑条约》签订后，慈禧太后与光绪帝返回北京，清政府修复了大高玄殿。溥仪即位之后，大高玄殿由内务府管理。溥仪被逐出紫禁城后，大高玄殿交由清室善后委员会接管。

1925年，大高玄殿交由新成立的故宫博物院管理，并由专人对大高玄殿进行了修缮，之后将军机处档案存放在这里。1937年七七事变，大高玄殿被日军占领，抗日战争胜利后，由国民党军队接管大高玄殿。1949年后，大高玄殿被军事单位借用，被军委总政文化部所属的电影处、军人俱乐部使用。并被划为军事禁区，未对外开放。

乾元阁金龙藻井

大高玄殿在1996年被列为第四批全国重点文物保护单位后，相关工作人员对大高玄殿进行修缮，并提倡对外开放。经过多次提议，2013年，大高玄殿正式归还故宫，并在2015年进行大修。

天宁寺塔

天宁寺创建于北魏孝文帝时期，初名光林寺，是北京创建年代较早的庙宇之一。隋仁寿年间更名宏业寺，唐开元年间改名天王寺，金大定二十一年（1181）改名大万安禅寺。元末寺院毁于兵燹，仅存古塔。明初燕王朱棣重修庙宇，于明宣德十年（1435）改为天宁寺并沿用至今。清代时天宁寺又有几次修葺。现仅存山门、弥陀殿、东西配殿及佛塔等建筑。

天宁寺坐北朝南，山门为硬山式建筑，石券门窗，额书"敕建天宁寺"。弥陀殿在山门之后，殿前建有月台，两侧各列一通乾隆年间重修天宁寺的螭首石碑。天宁寺塔建在寺院中部，塔北原有大觉殿、广善戒坛等建筑。寺西北原有院落，名宗师府，现已无存。传说明代著名的政治家和史学家姚广孝，清代杰出的文人学者王士禛、朱彝尊等人，都曾在此居住过。

天宁寺塔又名天王寺舍利塔。从1992年在塔的刹座内发现的一通碑刻可知，天宁寺塔建于辽天庆九年至十年（1119—1120），由秦晋国王耶律淳奉旨建造，塔高62.36米。自辽代建成以后历代都有修缮，但塔的结构和形状以及大部分雕饰

天宁寺塔

仍为辽代原物，只是塔顶上原为辽代通用的相轮火珠式铁刹，在清乾隆二十一年（1756）大修后改为砖宝顶。

第一层塔身砖雕

现存天宁寺塔建在一个方形基台上，平面呈八角形，高57.8米，整体结构自下而上为：基台、基座、平座、仰莲座、塔身、十三层塔檐、塔顶、宝珠、塔刹。其上雕刻尤为精美。

基台之上是两层八角形基座，基座上是一个高大的须弥座，须弥座各面以短柱隔成六座壶门形小龛，龛内雕有狮兽头，龛与龛之间雕缠枝莲图案，转角处雕有造型极为生动的金刚力士像。其上又雕刻壶门浮雕束腰一道，其壶门内雕刻坐佛像，间柱及转角处均雕有金刚力士像。基座上部是平座，勾栏、斗拱均仿木结构，上再施三层巨大的仰莲花瓣，承托第一层塔身。莲瓣原为铁质，逢节日可在其中倒上蜡油，插上蜡烛，以供佛祖。每月初八点燃360盏灯，上到官员下到百姓齐聚于此观灯拜佛，祈祷风调雨顺，吉祥如意。今天所见之石质莲瓣，为清代重修时所改。

塔身四正面辟佛龛，龛内雕坐佛一尊，门侧砖雕金刚力士像。余之四面为直棂窗，窗两侧雕侍从菩萨像，窗上部雕大菩萨像，共四大菩萨，

形象生动。另有天部诸神、升降龙等形象，所有雕饰造型均生动完美，线条流畅，堪称中国古代雕刻艺术的精品。

第一层塔身砖雕菩萨

第一层塔身之上施密檐十三层，塔檐紧密相叠，不设门窗，几乎看不出塔层高度，这是典型的辽金密檐式塔的形式，每层塔檐自下而上逐层递减，轮廓线形成丰满柔和的收分。各层塔檐的角梁均为木质，各种瓦件和脊兽、套兽等构件，全部用琉璃烧制，建筑工艺十分讲究。塔檐每层檐角悬有铜铃，据《京城古迹考》中记："天宁寺……据寺僧传册所记，上有铃2928枚，合计重10492斤。风雨荡摩，年深钮绝，渐次零落。亦颇残缺矣。"每逢风起，铃声齐鸣，发出清脆、悠扬、悦耳的铃声。

塔刹现为砖刻双层八角仰莲，上置须弥座，以承托宝珠。1976年唐山大地震波及北京，塔顶宝珠被震碎，所幸整个塔身尚且完好。

天宁寺塔为实心砖塔，内外均无梯级可以登攀。而整体上，须弥座、第一层塔身、十三层密檐和巨大结顶宝珠，轻重协调、疏密相间，造型雄伟壮丽、稳重挺拔。著名建筑学家梁思成先生曾盛赞此塔富有音乐韵律，是古代建筑设计的一

第一层塔身砖雕金刚力士像（1）

第一层塔身砖雕金刚力士像（2）

个杰作。

天宁寺塔是辽代密檐式砖塔中最典型的一座，也是研究辽南京（今北京）城址地理位置的重要依据。天宁寺塔今已成为北京市标志性建筑物之一。

1957年10月28日，天宁寺塔被北京市人民政府公布为北京市第一批市级文物保护单位；1988年1月13日，天宁寺塔被国务院公布为第三批全国重点文物保护单位。

第一层塔身佛龛内砖雕一佛二菩萨

知识链接　天宁寺与天宁寺塔

北魏孝文帝时期建造了天宁寺，这是一座历史悠久的佛教寺院，位于北京市西城区广安门外护城河西岸附近。在天宁寺中耸立着一座天宁寺塔。天宁寺塔经历了历史沧桑，却不曾被损坏，依然屹立于北京市西城区天宁寺前街甲3号。

天宁寺原名为"光林寺"，唐朝开元年间更名为天王寺，金代大定时更名为大万安禅寺，元代时没有更改寺名，却毁于大火，当时仅剩下了天宁寺塔，明代初期，燕王朱棣下令重新修建，并更名为天宁寺，明朝正统年间改名为广善戒坛，清朝时，又改为明代初期的寺院名字天宁寺。

天宁寺的建造时间和天宁寺塔的建造原因，在很多史籍中都有记载，其中《帝京景物略》中记载："隋文帝遇阿罗汉，授舍利一裹，与法师昙迁数之，数多数少莫能定。乃七宝函，致雍、岐

1922年的天宁寺塔

等三十州，州各一塔。天宁寺塔，其一也。"史籍中记载，天宁寺建于隋朝，所以后世人自然而然地认为天宁寺塔也建于隋朝。之后著名建筑学家梁思成先生和其妻子林徽因女士对此提出了质疑，1992年，文物部门在对天宁寺塔的修缮中，发现塔顶有一石碑，石碑上记录了天宁寺塔建造的时间为辽代。石碑的正面记载："大辽燕京天王寺建舍利塔记皇叔、判留守诸路兵马都元帅府事、秦晋国王，天庆九年五月二十三日，奉旨起建天

王寺砖塔一坐，举高二百三尺，相计共一十个月了毕。"

由此得知，天宁寺塔的原名为天王寺舍利塔，传说，塔内藏有佛舍利子，天宁寺塔由此也显得无比宏伟而神圣。

天宁寺塔是北京城区现存最古老的地上建筑，是极其珍贵的艺术遗产之一，具有重要的历史价值。

李大钊故居

李大钊故居是革命先烈李大钊及其家人1920—1924年的居所。位于北京市西城区金融街街道文华胡同24号，故居坐北朝南，原为一进三合院形式，现于南侧添置第二进院为李大钊同志生平事迹展室。

故居大门位于院落西北角，随墙门形式，北向。院中有北房三间，过垄脊，合瓦屋面，前出平顶廊，明间槅扇门，次间槛墙支摘窗，步步锦棂心，两侧各带平顶耳房两间。东西厢房各三间，平顶带木挂檐板，槅扇门、支摘窗装修，步步锦

棂心。第二进院北侧有过厅五间；东西厢房各三间；南房五间，双卷勾连搭形式，均为过垄脊，合瓦屋面。

院内的正房和东西配房

李大钊在此居住期间，共发表各种文章130余篇；参加各种会议120次。此地是李大钊传播马克思主义、创建中国共产党、领导北方工人运动、促成第一次国共合作等革命实践活动的见证。

1979年8月21日，李大钊故居被北京市人民政府公布为北京市第二批市级文物保护单位；2013年5月3日，李大钊故居被国务院公布为第七

大门

李大钊塑像

批全国重点文物保护单位。

知识链接　李大钊《狱中自述》全文

李大钊，字守常，直隶乐亭人，现年三十九岁。在襁褓中即失怙恃，既无兄弟，又鲜姊妹，为一垂老之祖父教养成人。幼时在乡村私校，曾读四书经史，年十六，应科举试，试未竟，而停办科举令下，遂入永平府中学校肄业，在永读书二载。其时祖父年八旬，只赖内人李赵氏在家服侍。不久，祖父弃世。

钊感于国势之危迫，急思深研政理，求得挽救民族、振奋国群之良策，乃赴天津投考北洋法政专门学校。是校为袁世凯氏所创立，收录全国人士。钊既入校，习法政诸学及英、日语学，随政治知识之日进，而再建中国之志亦日益腾高。钊在该校肄业六年，均系自费。我家贫，只有薄田数十亩，学费所需，皆赖内人辛苦经营，典当挪借，始得勉强卒业。

卒业后我仍感学识之不足，乃承友朋之助，赴日本东京留学，入早稻田大学政治本科。留东三年，益感再造中国之不可缓，值洪宪之变而归国，暂留上海。后应北京大学之聘，任图书馆主任。历在北京大学、朝阳大学、女子师范大学、师范大学、中国大学教授史学思想史、社会学等科。数年研究之结果，深知中国今日扰乱之本原，全由于欧洲现代工业勃兴，形成帝国主义，而以其经济势力压迫吾产业落后之国家，用种种不平等条约束制吾法权税权之独立与自主。而吾之国民经济，遂以江河日下之势而趋于破产。今欲挽此危局，非将束制吾民族生机之不平等条约废止不可。从前英法联军有事于中国之日，正欧、美

东厢房

强迫日本以与之缔结不平等条约之时，日本之税权法权，亦一时丧失其独立自主之位置。厥后日本忧国之志士，不忍见其国运之沉沦，乃冒种种困难，完成其维新之大业，尊王覆幕，废止不平等条约，日本遂以回复其民族之独立，今亦列于帝国主义国家之林。惟吾中国，自鸦片战役而后，继之以英法联军之役，太平天国之变，甲午之战，庚子之变，乃至辛亥革命之变，直到于今，中国民族尚困轭于列强不平等条约之下，而未能解脱。此等不平等条约如不废除，则中国将永不能恢复其在国际上自由平等之位置。而长此以往，吾之国计民生，将必陷于绝无挽救之境界矣！然在今日谋中国民族之解放，已不能再用日本维新时代之政策，因在当时之世界，正是资本主义勃兴之时期，故日本能亦采用资本主义之制度，而成其民族解放之伟业。今日之世界，乃为资本主义渐次崩颓之时期，故必须采用一种新政策。对外联合以平等待我之民族及被压迫之弱小民族，并列强本国内之多数民族；对内唤起国内之多数民众，共同团结于一个挽救全民族之政治纲领之下，以抵制列强之压迫，而达到建立一恢复民族自主、保护民众利益、发达国家产业之国家之目的。因

此，我乃决心加入中国国民党。

大约在四五年前，其时孙中山先生因陈炯明之叛变，避居上海。钊则亲赴上海与孙先生晤面，讨论振兴国民党以振兴中国之问题。曾忆有一次孙先生与我畅论其建国方略，亘数时间，即由先生亲自主盟，介绍我入国民党。是为钊献身于中国国民党之始。翌年夏，先生又召我赴粤一次，讨论外交政策。又一年一月，国民党在广州召集第一次全国代表大会，钊曾被孙先生指派而出席，被选为中央执行委员。前岁先生北来，于临入医院施行手术时，又任钊为政治委员。其时同被指认者，有：汪精卫、吴稚晖、李石曾、于右任、陈友仁诸人。后来精卫回广州，政治委员会中央仍设在广州，其留在北京、上海之政治委员，又略加补充，称分会。留于北京之政治委员，则为吴稚晖、李石曾、陈友仁、于右任、徐谦、顾孟余及钊等。去年国民党在广州开第二次全国代表大会，钊又被选为中央执行委员。北京执行部系从前之组织，自第二次全国代表大会后已议决取消。中央执行委员会为全国代表大会闭会中之全党最高中央机关，现设于武汉，内分组织、宣传、工人、农民、商人、青年、妇女、海外等部。政治委员会委员长系汪精卫，从前只在上海、北京设分会，今则中央已迁往武汉，广州遂设立一分会。北京分会自吴稚晖、于右任等相继出京后，只余李石曾及钊。此时南方建设多端，在在需人。目下在北方并无重要工作，亦只设法使北方民众了解国民党之主义，并且增收党员而已。

此外，则中外各方有须与党接洽者，吾等亦只任介绍与传达之劳。至于如何寄居于庚款委员会内，其原委亦甚简单。盖因徐谦、李石曾、顾孟余等，皆先后任庚款委员，徐谦即寄居于其中，一切管理权皆在徐、顾，故当徐、顾离京时，钊即与徐、顾二君商，因得寄居于此。嗣后市党部中人，亦有偶然寄居于此者，并将名册等簿，寄存其中，钊均径自润许，并未与任何俄人商议。盖彼等似已默认此一隅之地，为中国人住居之所，一切归钊自行管理。至于钊与李石曾诸人在委员会会谈时，俄人向未参加。我等如有事与俄使接洽时，即派代表往晤俄使。至如零星小事，则随时与使馆庶务接洽。

中山先生之外交政策，向主联俄联德，因其对于中国已取消不平等条约也。北上时路过日本，曾对其朝野人士，为极沉痛之演说，劝其毅然改变对华政策，赞助中国之民族解放运动。其联俄政策之实行，实始于在上海与俄代表越飞氏之会见。当时曾与共同签名发表一简短之宣言，谓中国今日尚不适宜施行社会主义。以后中山先生返粤，即约聘俄顾问，赞助中山先生建立党军，改组党政。最近蒋介石先生刊行一种中山先生墨迹，关于其联俄计划之进行，颇有纪述，可参考之。至于国民政府与苏俄之外交关系，皆归外交部与驻粤苏俄代表在广州办理，故钊不知其详。惟据我所知，则确无何等密约。中山先生曾于其遗嘱中明白言之，与"以平等待我之民族，共同奋斗！"如其联俄政策之维持而有待于密约者，则俄已不是以平等待我之民族，尚何友谊之可言？而且国民党之对内对外诸大政策，向系公开与国人以共见，与世界民众以共见，因亦不许与任何国家结立密约。

政治委员会北京分会之用款，向系由广州汇寄，近则由武汉汇寄。当徐谦、顾孟余离京之时，顾孟余曾以万余元交付我手，此款本为设立印刷局而储存者。后因党员纷纷出京，多需旅费及安置家属费，并维持庚款委员会一切杂费及借给市党部之维持费。数月间，即行用尽。此后又汇来数万元，系令钊转交柏文蔚、王法勤等者，已陆续转交过去。去岁军兴以来，国民政府之经费亦不甚充裕，故数月以来，未曾有款寄到。必需之费，全赖托由李石曾借债维持。阳历及阴历年关，几乎无法过去。庚款委员会夫役人等之月薪，以及应交使馆之电灯、自来水等费，亦多积欠未付。委员会夫役阎振，已经拘押在案，可以质证。最近才由广州寄来两千元，由武汉寄来三千元，除陆续还付前托李石曾经借之债，已所余无几，大约不过千元，存在远东银行。历次汇款，无论由何银行汇来，钊皆用李鼎丞名义汇存之于远东银行，以为提取之便。

党中之左、右派向即存在，不过遇有政治问题主张不一致时，始更明显。其实，在主义之原则上原无不同，不过政策上有缓进急进之差耳。在北京之党员，皆入市党部，凡入市党部者，当然皆为国民党员。市、区党员之任务，乃在训练党员以政治的常识。区隶属于市，积若干区而成市，此为党员之初级组织，并无他项作用。北京为学术中心，非工业中心，故只有党之组织，而无工会之组织。在国民军时代，工人虽略有组织，而今则早已无复存在。党籍中之工人党员，亦甚罕见。近来传言党人在北京将有如何之计划，如何之举动，皆属杯弓市虎之谣，望当局悟勿致轻信，社会之纷扰，泰半由于谣传与误会。当局能从此番之逮捕，判明谣诼之无根，则对于吾党之政治主张，亦可有相当之谅解。苟能因此谅解而知吾党之所求，乃在谋国计民生之安康与进步，彼此间之误会，因以逐渐消除，则更幸矣！

钊自束发受书，即矢志努力于民族解放之事业，实践其所信，励行其所知，为功为罪，所不暇计。今既被逮，惟有直言。倘因此而重获罪戾，则钊实当负其全责。惟望当局对于此等爱国青年宽大处理，不事株连，则钊感且不尽矣！

又有陈者：钊夙研史学，平生搜集东西书籍颇不少，如已没收，尚希保存，以利文化。谨呈。

鲁迅故居

鲁迅故居是鲁迅先生1924年5月—1926年8月在北京的住所，位于北京市西城区阜成门内大街西三条21号。该院落建于1924年，为一座小型四合院，北房三间，南房三间，东西厢房各两间。这里是至今保存最为完整的鲁迅在北京的故居。

鲁迅故居的大门是两扇黑漆大门，门的右侧是郭沫若题写的"鲁迅故居"四个苍劲有力的大字，门的右上角标着蓝底白字的门牌号，清清楚楚地写着"西三条胡同21号"。两扇门分别设计有门环，右边一扇门门环旁有个信箱，鲁迅先生曾从信箱里收到了来自学生，包括很多文艺青年的信。

大门与庭院之间的过道顶部设计是南方造型，但却出现在了北方，由鲁迅亲自设计，属于南北方相结合的建筑作品，它设计严密紧实，不漏雨水，南北通透，通风良好。

穿过过道，向左拐是两扇绿色的小门，跨进门里是一个约为400平方米的小四合院。小四合院的格局布置、室内陈设都保留着鲁迅先生居住

大门

时的模样。院子里有两株生机盎然的白丁香，东西厢房各二间，南房三间，北房三间，北面三间房的后面多加了一间小屋，因为凸出了一小块，像老虎的尾巴，所以称为"老虎尾巴"，透过"老虎尾巴"的窗户，能看到后院。

鲁迅故居的东厢房是女工住室，西厢房是厨房。

鲁迅故居的南房是朴素、典雅的会客室和藏书室，由槅扇隔开。在会客室靠近窗户的位置放着两把藤椅，东边摆放有两把大木方椅，南边靠墙的地方摆放着两个大书柜，鲁迅先生喜欢收集杂志，然后将收集来的杂志放进书柜。书柜的左

上角挂着一张鲁迅先生的炭画像，是画家陶元庆先生画的，鲁迅先生很喜欢这幅画，于是给陶元庆先生回信称赞道："我觉得画得很好，我很感谢。"藏书室摆放着书柜，书柜由一个个书箱叠放组成，每个书箱放着各种藏书，为了能很好地分辨各种书籍，鲁迅先生在书箱的左上角制作了索引，分别标注着形态各异的"中一、中二、中三……"。靠近窗户的地方有个三角几，上面摆放着几件鲁迅先生喜欢的物件。

鲁迅故居的北房是卧室，正中间是起居室，是全家人吃饭和洗漱的地方。起居室的门口放着一柳条箱，这是鲁迅先生换洗衣服的地方，房间的右侧摆放着方桌和洗脸架，洗脸架的下面放着当时提水用的铁桶。西屋是鲁迅先生原配夫人朱安女士的卧室，卧室陈设简单，只有一张竹床、麻布帐、一个立柜。

东屋是鲁迅母亲的卧室，卧室陈设也很简单，但却充满了江浙风味，一张精致的大木床三面围着床栏，床上铺着蓝色的粗布被单，麻布帐上印有蓝花，弥漫着绍兴的乡土气息。床的旁边放着一张藤椅，当时，鲁迅先生吃过晚饭后，经常坐在藤椅上和母亲聊天。藤椅的左侧有一个柜子，

鲁迅手植白丁香和正房

正房明间——会客室、藏书室

柜子的正上方墙上挂着鲁迅母亲的照片。逆时针旋转至东边，挂着一幅画像，是鲁迅先生四弟的画像，四弟四岁时夭折，鲁迅的母亲十分想念小儿子，鲁迅先生为安慰母亲，请画家画了四弟的画像送给母亲。

朱安的卧室

北房后面修建了一间仅仅只有8平方米的小房间，鲁迅先生把这间房当成自己的卧室兼工作室。这间房就是人们所说的"老虎尾巴"，也称为"灰棚""绿林书屋"。"老虎尾巴"的东面，由外向里，依次是书架、三屉桌、椅子、白皮箱，墙上挂着鲁迅先生在日本留学时藤野严九郎老师的照片，旁边还有一幅他从司徒乔画展上买来的

鲁迅母亲的卧室

"五个警察和一个O"的画像。书架上放着甜点盒、茶叶盒、烟草和花生筒等；三屉桌上摆放着煤油灯、小物件、钟表、笔筒、茶盏、茶杯、烟灰缸等，桌子下面放着竹纸篓，鲁迅先生经常将写坏了的文稿、文案扔进里面；白皮箱上是当时用来堆放各种书刊的。小物件上放着鲁迅先生当时使用的被称为"金不换"的毛笔，当年，鲁迅先生曾在这个位置，用"金不换"毛笔写下了《野草》、《华盖集》全集、《华盖集续编》、《彷徨》和《朝花夕拾》等文章。

"老虎尾巴"的北面是用长凳和木板搭的床，床垫和被子都很薄，这足以体现鲁迅先生艰苦朴素的生活。床上放着一对枕头，是他的学生许广平赠送的，枕头上绣着色彩斑斓的图案，分别绣有"卧游""安睡"四个字。床的上面，北墙上有两扇大玻璃窗，透过玻璃窗能够看到后院的美景。床下放着一个竹编网篮，鲁迅先生几次外出都用这个网篮来装自己的日用品和其他杂物，因此，这位"伙伴"和鲁迅先生具有深厚的感情。"老虎尾巴"的西面有两把椅子和两个茶几，其中一个茶几上摆放着石刺猬头。西墙壁上逆时针方向分别挂着孙福熙的《山野缀石》画、水粉风景画和一副对联，对联摘自《离骚》的一句诗："望崦嵫而勿迫，恐鹈鴂之先鸣。"鲁迅先生以此时刻提醒自己：珍惜时间，努力奋斗。

北屋的右侧有一道通往后院的小门。进入小门，穿过一条小过道，进入后院。后院有两株枣树、一口围着围栏的井、黄刺梅等。鲁迅先生在《秋夜》中写道："在我的后园，可以看见墙外有两株树，一株是枣树，还有一株也是枣树。"枣树因《秋夜》而闻名，但只可惜早已枯死，现在后院的枣树、碧桃等都是在建馆时补种的，唯有鲁迅

先生亲手栽种的黄刺梅还活着。井里的水不能喝，鲁迅先生当年只用井里的水洗菜、洗衣服、洗漱等。

鲁迅故居被完好地保存了下来，供后人瞻仰，具有历史纪念意义。1949年1月，军管会文物部

"老虎尾巴"

同志查看并接管故居，进而筹备恢复故居原状，10月，鲁迅逝世十三周年纪念日，故居正式对外开放。1950年3月，许广平将西三条鲁迅故居文物捐献给国家。1980年，鲁迅故居进行了大修，

鲁迅故居的枣树

保护并恢复了原貌，成为北京纪念鲁迅的重要地点。

1979年8月21日，鲁迅故居被北京市人民政府公布为北京市第二批市级文物保护单位；2006年5月25日，北京鲁迅故居被国务院公布为第六批全国重点文物保护单位。

知识链接　　鲁迅

鲁迅一生创作了大量小说、散文、杂文、诗歌等作品，并被译为德、法、日等50多种文字，他被誉为"民族魂"，是中国现代文学的奠基人，是我国现代文学家、思想家。

鲁迅原名周树人，字豫才，1881年出生在浙江绍兴县的一个没落的地主家庭。他早年就读于南京水师学堂和矿务铁路学堂。1902年，鲁迅赴日本留学学医，认为学医可以救国。但是，在日本留学的经历改变了他的这种思想，他觉得，要改变国民精神，就要转志从文。于是，在1906年，鲁迅弃医从文，并加入反清革命组织光复会。

1909年，鲁迅回国，在杭州、绍兴任教，后相继担任了绍兴师范学校校长、教育部部员。1912年，他又受临时政府调遣，来到北京任职。1918年参加《新青年》编辑工作，首次以鲁迅笔名发表了白话小说《狂人日记》，接着发表了《孔乙己》《阿Q正传》、小说集《呐喊》和许多杂文，杂文被收入《热风》和《坟》中。1930年主编《萌芽月刊》，发起成立中国左翼作家联盟，并担任常务委员。1931年，日本占领东北，他编著了《二心集》《南腔北调集》《准风月谈》等8个杂文集，揭露了日本侵略者的罪行，让世人认识到国民党

"攘外必先安内"的反动政策。1933年，他担任中国民权保障同盟执行委员，与宋庆龄等积极开展营救被捕共产党员和爱国人士。他的一生，以笔为武器，与敌人做斗争。

1935年，鲁迅病重，却仍然坚持工作，1936年，他在上海逝世。他虽然已经离开，但精神永存，他的作品被编为《鲁迅全集》十六卷，收藏于北京、上海、广州等鲁迅博物馆和纪念馆。

陶然亭慈悲庵

陶然亭为清代名亭，是我国四大历史名亭之一，慈悲庵又称为观音庵、大悲庵和慈悲禅林，位于北京市西城区太平街19号，坐落在陶然亭公园中心地带中央岛西南高台上。始建于元代，距今已有近800年的历史。

慈悲庵的南、西、北都是湖水，北与窑台隔湖相望，西南方向是云绘楼和清音阁，中间隔一座小桥，东临中央岛揽翠亭，除此之外，还有许多著名的历史胜迹。庵门朝东，站在门前，望向几百米处的岛上，有山、有湖、有树、有花、有亭。由远及近俯视，就能看到脚下宽宽的台阶，台阶的右侧有一座石碑，石碑上刻着《陶然亭记》。庵门口有一棵巨大的古槐，1920年，毛泽东等人在这里进行革命活动时，曾在大槐树前合影留念，后来槐树枯死，为保留这一重要历史红色足迹，又移植了一棵于此。

慈悲庵的大门朝东，蕴含着紫气东来。庵内的建筑主要有山门、观音殿、准提宝殿、文昌阁、陶然亭、南厅、北厅、西厅等，1979年，慈悲庵全面修缮后建有5个展室。5个展室是为了纪念中国共产党成立之前，仁人志士为了革命理想不断奋斗前行的辉煌历程。

抬头仰望山门，上面有一块长方形石额，刻着6个大字："古刹慈悲禅林。"门内檐悬挂一块木匾，刻着"陶然"二字，由江藻题写。慈悲庵是一座古建筑，叩门而入，就能感受到一种古韵。院里优雅恬静，古色古香，一阵清风拂来，四周散发着古刹浓重的朽木味，让人仿佛身临古代。庵内还有辽代和金代两经幢，四面镂有佛像，刻着咒文，辽代经幢在文昌阁前，金代经幢在山门照壁后。

慈悲庵有4个小院，分别为前院、后院、北

"陶然亭"匾额

慈悲庵

院和东北隅小院。前院有两座殿堂，主殿为观音殿，坐北朝南，对面为南殿，准提宝殿。观音殿由殿廊、槛柱、朱红色的门窗构建，屋顶有麒麟、海马、狮子和脊兽等，显得庄严肃穆。康熙四十三年（1704）殿匾额为"大自在"，道光二十八年（1848）改为"自在可观"，殿内祭祀着观音菩萨、普贤菩萨、文殊菩萨等。准提宝殿坐南朝北，殿额为"准提宝殿"，门两侧题联为："法雨慈云、众生受福；金轮宝盖，两戒长明。"殿前有一块"陶然亭"石碑。殿内供奉准提等三位菩萨，除此之外，还有诸多神像、佛像、祭器、供具等。1979年，准提殿重新修葺，"红色梦"革命史迹展室就设在准提殿，并展出了"救国与启蒙""一个马克思主义者的成长"等展览，为第一展室。

慈悲庵后院和前院有一道隔墙，墙上镶嵌着两块石刻，穿过月亮门，就是后院，后院南厅为李大钊纪念室，西厅为陶然亭和陶然亭配殿。南厅，李大钊纪念室的陈设简单，1921年7月，李大钊曾在这里租房进行秘密革命活动。进入南厅，首先映入眼帘的是李大钊半身铜像，三面墙上挂着李大钊生活和工作的相关资料，以及照片，左边是卧室，右边是资料陈列馆，为第二展厅。西厅陶然亭的檐下匾额为"陶然亭"，是慈悲庵西侧的三间敞轩，由郭沫若题字，亭名取白居易"更待菊黄家酝熟，共君一醉一陶然"之意。亭柱楹联为："烟藏古寺无人到，榻倚深堂有月来。"陶然亭深受文人墨客的喜爱，他们在亭下饮酒、赋诗，并留下诗文。凡是到北京来的文人，必定会到此一游。陶然亭的面积为90平方米，亭上为苏式彩绘，亭内梁栋上画着五彩缤纷的山、水、花、鸟画。两根大梁上画有《彩菊》《八仙过海》《太白醉酒》《刘海戏金蟾》。陶然亭的南北墙上有四方石刻，分别为江藻的《陶然吟》、江皋的《陶然亭记》、谭嗣同的《城南思旧铭》，以及《陶然亭小集》。陶然亭内南北两侧分别有石桌和石凳，上面的浮雕精致华丽，西边北侧有长长的游廊，古书记载，有人曾站在游廊上遥望西山。

慈悲庵的北院西侧是第三展厅，北侧由西至东为第四展厅和第五展厅。这里展出了"五四时期的进步社团"和"五团体会议"。其中一处为五团体会议室旧址，其中的一间屋子陈设简单，只有拼接的长桌和几排摆放整齐的方椅，墙上挂着一张陈旧的黑白照片，记录了100年前李

慈悲庵内革命史迹展览

李大钊纪念室

大钊、周恩来等人召开的"五团体会议"的场景。1920年8月，天津"觉悟社"、北京"少年中国学会"等进步团体，曾在这里讨论"五四"后革命斗争的方向和各团体联合斗争的问题。后修建辟为周恩来纪念室，屋内按照会议原状布置陈列。

慈悲庵东北隅小院里有文昌阁，约建于清雍正年间，是一座砖木结构的二层小楼，楼上祀奉的是玉皇大帝，楼下祀奉的是文昌帝君和魁星。东侧是石刻的《魁星图》，由孔子的"正心修身，克己复礼"8个字组成。文昌阁是慈悲庵内仅有的高层建筑，坐北朝南，门上悬挂"因材而笃"匾。总面积为83.28平方米。亭、廊和天花板上都饰有华丽的彩绘，令人赏心悦目。文昌阁前面有一小方亭，上方挂着"文昌阁"匾，两侧柱子上的对联为："爽气抱西山，窗外峰峦挑笔阵；文光凌北斗，花间楼阁接天梯。"是清光绪年间徐琪的佳作。

1979年8月21日，陶然亭慈悲庵被北京市人民政府公布为北京市第二批市级文物保护单位。

文昌阁

陶然亭慈悲庵留下的红色足迹

知识链接

陶然亭慈悲庵是五四运动后爱国志士、革命先辈秘密集会的地方。

慈悲庵被誉为"人民革命的摇篮"。五四运动后，湖南学生会和毛泽东遭受张敬尧的野蛮镇压，1919年底湖南赴京代表团来到北京，并向湖南在京学生、议员等宣传驱除湖南军阀张敬尧。1920年1月18日，毛泽东、邓中夏、罗章龙，以及"辅社"在京成员在慈悲庵内，共同商议"驱张"斗争，会议结束以后，参加会议成员在慈悲庵山门外的大槐树前合影留念。

1920年1月29日，天津数千名学生在"觉悟社"的带领下，对军阀政府进行了大规模的游行示威和请愿，却遭到军阀政府的残暴镇压，周恩来被逮捕。半年后，周恩来出狱，并率领天津"觉悟社"成员来京寻求帮助，在李大钊的帮助下，天津"觉悟社"，北京"少年中国学会""曙光社""人道社""工读互助团"等5个进步团体，在陶然亭慈悲庵举行了茶会，有周恩来、李大钊、邓颖超、张申府、刘清扬等23人参加，会议讨论了五四运动后革命的斗争方向，这次会议大大促进了各进步社团思想的统一和行动的一致。

俄国十月革命的一声炮响，为中国迎来了马克思列宁主义。1921年7月，中国共产党成立，"少年中国学会"成员陈愚生的妻子刚刚去世，被葬在了慈悲庵，李大钊以陈愚生为妻子守墓为掩护，在慈悲庵的后院租下了两间南房，以供党组织召开秘密会议。

陶然亭慈悲庵是革命的道路上，北方党组织秘密集会和活动所在地，对北方革命能够取得胜利具有非常重要的意义，很多游客来到这里，为的就是探索与追逐革命先辈留下的红色足迹。

恭王府及花园

恭王府花园为清道光帝第六子恭亲王奕䜣王府的花园，位于北京市西城区前海西街17号、什刹海西侧。恭王府前身是清乾隆年间大学士和珅的宅第，清嘉庆四年（1799）和珅被赐死后，宅第入官，嘉庆帝将此宅赐予其弟庆郡王永璘（乾隆十七子）作为庆王府。清咸丰二年（1852），清咸丰帝将庆王府收回，转赐其弟恭亲王奕䜣，改称恭王府至今。

恭王府府门

清同治年间，奕䜣在府后修建一座花园，名萃锦园，形成现在的格局。作为恭王府及花园，奕䜣之子载滢曾题有"邸园二十景"，因若干园景题名与《红楼梦》中大观园一致或相似，被一些研究者称为《红楼梦》中的荣国府及大观园。20世纪20年代，恭王府及花园被溥伟、溥儒兄弟抵押给西什库教堂。1932年后，产权归辅仁大学。1937年，辅仁大学收回府园作为女校校舍及司铎书院，拆除府邸门外倒座房和后罩楼木假山式楼梯及花园西北角花洞和花神庙，建了楼房，但王府面貌基本未变。

1937年的恭王府香雪坞垂花门

王府占地面积6万余平方米，坐北朝南，前为府邸，后为花园。府邸分中、东、西三路，各路多为二进四合院落。府门两重，南向，大门面阔三间，前置一对石狮；二门面阔五间，均在中轴线上。门内为中路，1921年2月21日元宵节，因为点灯失火，银安殿及东西配殿遗址被全部烧毁。现在的银安殿及其配殿为2007年重建。其后为后殿神殿，神殿前檐悬"嘉乐堂"匾额，为和珅所题。后殿及配殿均面阔五间，硬山顶。中轴线上的殿堂屋顶都覆以绿琉璃筒瓦，配殿旁庑覆以灰筒瓦。

东路为奕䜣起居处，前院正厅名多福轩，后院正厅名乐道堂。前后院正厅及配房均面阔五间，硬山顶覆以筒瓦。西路前院正厅名葆光室，面阔五间，硬山顶覆以灰筒瓦，两旁各三间耳房，东西配房各五间。后院正厅为锡晋斋，面阔七间，后出五间抱厦，高踞月台之上，建筑内外檐形制均仿效故宫乐寿堂，旧名庆颐堂。室内安装雕饰精美的楠木隔断和暗楼，东西配房各五间。

二宫门

天香庭院及游廊

嘉乐堂

葆光室与锡晋斋之间有一垂花门，上悬"天香庭院"匾额。垂花门南有竹圃，北有两棵西府海棠。在院落最后，有长160余米、贯连50余间连檐通脊的两层后罩楼环抱，东边悬"瞻霁楼"匾，西边悬"宝约楼"匾额，前檐出廊，后檐墙上层各间为形式各异、砖雕精细的什锦窗，下层是方形窗。楼中间偏西原有一间下层是过道门，通向府后的花园——萃锦园。

乐道堂

后罩楼

恭王府花园占地面积2.8万平方米，东、西、北三面环山，清泉回环，随势而变，更有曲廊亭榭，叠石假山，20余处景点掩映于繁花茂树之间。

花园南辟园门，是一座西洋式石雕花拱券门，南面题"静含太古"，北面题"秀挹恒春"，为恭亲王手笔。

西洋门

园内分为三路，东、西各有一山，东曰垂青樾，西曰萃云岭，皆以云片石所叠，虽不高，却峰峦起伏，奔趋有势。中路正面耸立一柱形太湖石，顶刻"独乐峰"三字（又名福来峰、飞来石）。石峰后为一蝙蝠形小水池，因其形状而得名蝠池。其后为正厅安善堂，面阔五间，前出抱厦，堂前为东西配房，东配房名明道堂，西配房名棣华轩。安善堂为昔日园主宴客之处，前后视野开阔，山水相映，颇富山林野趣。堂后有一方形水池，池后为一组大型假山，假山内正面嵌有康熙帝御笔"福"字碑一方。

蝠池、安善堂

假山上有三间敞厅，名绿天小隐，轩前有邀月台，两侧有爬山廊通向东西庑。西配房名韵花簃。中路最后为正厅养云精舍，面阔五间，硬山卷棚顶，前后各出三间歇山顶抱厦，左右各有三间折曲形耳房，其瓦顶形式在与正厅相接处为硬山式，折曲处为庑殿式，两端则为歇山式。因其平面恰似一只展翅的蝙蝠，取"福"字谐音，又名蝠厅。这里为恭亲王及之后园主人的起居、读书之所。

纵观花园中路的重要景物，均呈拱揖之势朝向福字碑。独乐峰正面向北，安善堂月台亦向北，山顶绿天小隐之邀月台向南，与东西两庑及最北端的蝠厅共同围合成众星拱月之势，形成府园中轴线上蝠池、福字碑、蝠厅三重以"福"字为主题的寓意深远的独特园林景观。

滴翠岩、邀月台

东路正门为垂花门，门外右前方有一座流杯亭，名沁秋亭，八角攒尖顶，亭内凿石成流杯渠，引山后井水注之，随势回旋，清音雅致，此即仿古人"曲水流觞"之意。院内"千百竿翠竹遮映"，东有房八间，西有房三间。南侧三间东房名香雪坞，西房即明道堂的后卷。其后为大戏楼，东路主体建筑，三卷勾连搭式，是完全封闭的；面积685平方米，分看戏厅、戏台、扮戏房三部分，戏楼内四壁绘有藤萝，给人以藤萝架下看戏之感。戏台正面有一方"赏心乐事"木匾。清同治年间，慈安、慈禧皇太后与同治帝曾驾幸园中，在这里看戏。这座大戏楼为京城仅存的几座戏楼之一，

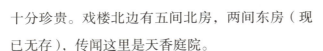

大戏楼内景

诗画舫

十分珍贵。戏楼北边有五间北房，两间东房（现已无存），传闻这里是天香庭院。

西路正门是城门洞形的券门，名榆关。榆关为山海关别名，以此象征山海关，以示不忘清祖从山海关入主中原的丰功伟绩。而关墙如城墙，筑有雉堞，墙两端接连青石假山。榆关内有秋水山房、妙香亭、益智斋等建筑。再北为一较大的方形水池，水面开阔，波光涟漪。林木清幽，山水相映，是府园最富山林野趣的区域。而池中心有三间敞厅式水座，名诗画舫，又称湖心亭，亦称观鱼台，无桥相连，上台要乘船而上，这里为主人饮宴、观鱼之处。池北面有五间，两卷正厅，名澄怀撷秀；三间东耳房，名韬华馆。西边有南

北向土山，从榆关延伸至澄怀撷秀厅西侧，东路东侧有一道青石假山，从正门以东折向北，延伸至大戏楼东边。花园院墙以城砖砌筑，原未开门通往大街，只能从府后出入。

恭王府及花园集西洋建筑和我国古典园林风格于一体，设计极富意趣，布局紧凑自然，府邸富丽堂皇，花园风景幽深，斋室轩院曲折变幻，花园内散置叠石假山，清流池水，为北京现存最为完整的王府建筑之一。

1979年8月21日，恭王府及花园被北京市人民政府公布为北京市第二批市级文物保护单位；1982年2月23日，恭王府及花园被国务院公布为第二批全国重点文物保护单位。

棣华轩长廊

知识链接

恭亲王奕䜣

爱新觉罗·奕䜣（1833—1898），号"乐善堂主"，道光帝第六子，咸丰帝同父异母胞弟，晚清著名改革家、政治家、外交家、洋务派领袖。道光帝遗诏封"和硕恭亲王"，曾任总理衙门首席大臣、领班军机大臣、议政王。

自幼与其兄奕䜣一同成长，深受道光帝宠爱，受到极为严格而又特殊的教育。天资聪颖，颇有才气，道光帝立储时，曾在四子奕䜣和六子奕䜣之间犹豫不决。清道光二十六年（1846）道光帝下定决心由皇四子奕䜣继位，写下遗诏，并于道光二十九年（1849）下令在妃园寝内为奕䜣之母静贵妃修墓，亲令静贵妃死后，必须葬于妃园寝，不得更改，变相对外公布奕䜣争储失败（奕䜣若能继位，按惯例，将尊其生母为太后，若已去世则追封为皇后，清朝皇后，无论是正式册封或母以子贵追封，先于皇帝去世与皇帝合葬，后于皇帝去世则单独建陵，道光帝这一举措表明，静贵妃不管生前死后都只是他的妾室绝非正室，换而言之，恭亲王不会继位）。

清道光三十年（1850）以宣宗遗诏公布封皇六子奕䜣为亲王，皇四子奕䜣即位，奕䜣迎娶热河都统瓜尔佳·桂良女为福晋，这往往被认为是道光帝属意恭亲王之举，而实际上这个指婚发生在道光帝下定决心写下遗诏之后，最多只能视为对恭亲王的补偿，况且恭亲王福晋并非桂良嫡女，而仅为妾室所生的庶女之一。咸丰时期，由于恭亲王母子矫诏强封太后、藐视皇帝的行为，奕䜣的政治地位并不很重要，他只在1853—1855年担任领班军机大臣。

1860年，在第二次鸦片战争中，奕䜣被授命为全权钦差大臣，负责清政府与英、法、俄的谈判，并且签订了《北京条约》。1861年夏，咸丰帝过世，奕䜣与东太后慈安和西太后慈禧合谋发动辛酉政变，成功夺取了政权，处死或贬逐了载垣、端华、肃顺等顾命八大臣，因此获两宫太后重用，授予议政王大臣之衔。

从清咸丰十一年到光绪十年（1861—1884），奕䜣担任领班军机大臣与领班总理衙门大臣，掌握军政大权。辛酉政变后奕䜣与慈禧太后关系密切，但并不长久，因功高震主，遭到慈禧太后猜忌。同治四年（1865）三月初五，慈禧太后指使编修蔡寿祺弹劾奕䜣"揽权纳贿，徇私骄盈，目无君上"，一度革除其所有职务，但最后因众大臣求情，而仅被革除议政王一职，但依旧身处权力中心，允许其在内廷行走，自此有所收敛退避。

奕䜣长期厌恶慈禧太后亲信太监安德海。清同治八年（1869），安德海奉慈禧太后之命赴江南办理织造。按例太监不得离京，奕䜣于是命山东巡抚丁宝桢捕拿，未经审讯将其就地正法，遂为慈禧太后所恨。同治十二年（1873），奕䜣不同意修治圆明园，为同治帝所怨。

1867年的奕䜣

之后奕䜣常在西郊戒台寺静修，一直到1894年中日甲午战争败战以后才再度被起用，但当时奕䜣老迈，更无斗志，毫无作为。从1894年到1898年逝世为止，任领班军机大臣与领班总理衙门大臣。清光绪二十四年（1898）二月一病不起，四月初十病逝。

牛街礼拜寺

牛街礼拜寺为北京四大清真寺之一。寺始建于辽统和十四年（996），即北宋至道二年，为入仕辽的阿拉伯学者筛海那速鲁定所创建，明正统七年（1442）重修，成化十年（1474）奉敕赐名为礼拜寺。清康熙三十五年（1696）时，又对其进行大规模重修，康熙帝亲题匾额"敕赐礼拜寺"。民国时期，该寺有所扩建。近些年，该寺又陆续进行了大规模修缮，并且继续作为广大信教群众进行宗教活动的场所。

牛街礼拜寺建筑采用中轴线对称布局，主要建筑有望月楼、礼拜大殿、邦克楼、碑亭和讲堂等。

礼拜寺最前方为一座砖石砌筑的"一"字形大影壁。影壁后面为一座四柱三楼式牌楼，上悬匾额书"达天俊路"。牌楼后为望月楼，望月楼为清真寺中特有建筑，是一座无梁阁，与寺内其他建筑一起，形成了中国式伊斯兰教建筑的独特形式。按照伊斯兰教教规，穆斯林入斋和出斋日期，由享有威望的见证人或大阿訇登楼望月后决定，故名望月楼。望月楼是一座亭式楼阁，高约10米，平面呈六角形，两层，六角攒尖顶。楼下部为六角形砖墙，正中辟寺院大门。二层楼上，周匝凌空游廊，并有重台栏杆围护，是为登楼望月之处。上下层檐覆以黄琉璃瓦绿剪边，脊上饰垂兽和走兽，屋顶冠以黄绿琉璃瓦宝顶。檐下施以斗拱，且绘有彩画。上层檐下悬挂蓝底金字"牛街礼拜寺"横匾。

礼拜大殿是礼拜寺的主要建筑，坐西朝东，前殿面阔三间，歇山顶，前廊用擎檐柱，檐下有斗拱。其后礼拜大殿面阔五间，由歇山庑殿勾连

牛街礼拜寺牌楼及望月楼

大影壁

礼拜大殿内景

搭及周围加抱厦组成，连前殿总进深达39米，可以容纳上千人同时做礼拜。殿内的西尽端为窑殿，象征着圣地麦加，平面六边形，攒尖顶，檐下施一斗三升斗拱。大殿梁柱、花罩和天花板等处饰以博古、花卉和阿拉伯文字等装饰图案，使大殿显得古朴素雅。在大殿的西北侧建有一座木质宣讲台，是聚礼日或节日教长讲经说道之处。

礼拜大殿南侧的涤虑处（浴室）建于民国时期，为西洋式，两坡顶，砖壁柱，有券门及券窗，是穆斯林做礼拜沐浴的地方。

邦克楼为一座重檐歇山顶的方亭，是礼拜寺用于召唤教众来做礼拜的建筑，所以又称其为宣礼楼或唤礼楼。邦克楼前身为早期修建的尊经阁，元世祖时曾经有两位阿拉伯的传教士来寺传教，并在阁上储存经卷。

邦克楼两侧对称建有两座方形的碑亭，重檐歇山顶，亭内立有明弘治九年（1496）和万历四十一年（1613）用汉、阿两种文字刻成的《敕赐礼拜寺记》《敕赐礼拜寺重修记》石碑。

碑亭两侧为南北讲堂各五间，通过游廊与礼

礼拜大殿

邦克楼

北碑亭

拜大殿相连。另外，邦克楼东有后殿七间，硬山顶，前出廊，七檩梁架。

此外，礼拜寺里面有"白匾"及元代的两通阿拉伯文墓碑，清代的大铜锅、铜香炉、铁香炉等，都是见证伊斯兰教在北京传播、发展的珍贵文物。

康熙敕赐大铜锅

1979年8月21日，牛街清真寺被北京市人民政府公布为北京市第二批市级文物保护单位；1988年1月13日，牛街礼拜寺被国务院公布为第三批全国重点文物保护单位。

知识链接　　牛街与牛街礼拜寺的由来

牛街是北京最大的回民聚集区，据考古专家推测，这里可能是古蓟城遗址，经过时代的变迁，才逐步变迁为街道，居住了很多居民。之后，经过元、明、清的发展，成为很有名气的回民聚集区。

牛街古称柳河村，也被称为柳湖村。牛街靠近永定河故道，低洼的地方时常积水，水域两岸种植柳树，呈现一片乡村景象。传说很早以前，这里也被称为岗儿上村，因为这个村庄的东边有一个很长的土丘，看上去既像城基，又像堤岸，由此得名。

辽代，牛街位置处是一片枣林，并不是街道，只有在人们踩踏处的土路两边有几处房子。后来，这里的人口逐渐变得密集，渐渐地，这里开始变得繁华，因为当地居民喜欢在这里种植枣树和石榴树，因此将东西走向的街道称为枣树林，将南北走向的街道称为榴街，在这里居住的人多经营牛羊肉，之后榴街也就更名为牛街。

据记载，唐玄宗时期，清真寺开始在长安与沿海兴建。960年，阿拉伯长老革洼默定带着儿子来京传教，其子纳苏鲁定一心当清真寺掌教，遂请敕建清真寺。辽统和十四年（996），牛街清真寺建成，初具规模。

牛街礼拜寺是中国历史上最悠久、规模最大的礼拜寺，其建筑具有极高的艺术价值和历史价值。

南堂

南堂又称为圣母无染原罪堂，俗称宣武门天主教堂，是北京城区内最古老的天主教堂，亦是北京城四大天主教堂之一，位于北京市西城区前门西大街141号，明万历年间意大利传教士利玛窦在此建经堂，清顺治七年（1650）扩建，历来是北京天主教教区的主教堂，有一定的研究参考价值。

南堂鸟瞰

南堂始建于明万历三十三年（1605），光绪二十六年（1900）义和团运动中被毁，光绪三十年重建，建筑面积约1300平方米，附属建筑约400平方米。教堂坐北朝南，由东西两组院落构成。南堂设中式大门三间，进深七檩，前后出廊，过垄脊筒瓦屋面，山墙饰铃铛排山。大门明间装实榻大门两扇，中槛置门簪四枚，条石铺地；两次间为值房，前檐柱装修卷草纹雀替。门两侧接倒座房共五间，东三西二，硬山顶花瓦脊，干槎瓦屋面。

院内迎门设小影壁一座，东侧有叠石堆砌的

圣母山一座，正中立有圣母玛利亚雕像一尊。过北侧券门进入二进院，院内有北房十一间，西房九间，前出廊，过垄脊合瓦屋面，是神职人员起居用房。东院是教堂的主体院落，院内南侧为一西洋式门楼，半圆形拱券门，两侧砖壁柱装饰，上承托双层檐口，顶部饰十字架。此门平时不开，只在举行重大宗教活动时才打开，以便疏导人流。教堂前有长方形月台，两侧置两块残损的碑石，碑刻文字已斑驳不清。据《日下旧闻考》记载，教堂东侧石碑为清顺治十四年（1657）二月立，碑文是顺治帝御书的《御制天主堂碑记》。教堂西侧的碑文是记述利玛窦和汤若望两人的事迹及建堂的历史。

主堂建筑仿西洋古典主义风格，砖木结构，南北长39.30米，东西最宽处24米，坐北朝南，通体磨砖对缝。该建筑平面略呈长方形，南立面三间，北侧钟楼部分内缩为一间，东西两侧立面各十二间。顶部为木质三角桁架，上覆筒瓦。主立面（南向）用四根砖壁柱把立面分为三间，柱础为中式须弥座形式，柱头以西洋式涡卷、草叶装饰。一层明间入口处为拱券门，两侧为砖壁柱

西南立面和圣母山

正面

三层为三角山花部分，两次间用巴洛克曲线雕饰。明间下部雕有瑞兽、海水、五星、卷草等中西合璧图案，上部两侧用巴洛克曲线装饰，中间雕饰圆形宗教徽记，顶部安装十字架。

南堂侧立面共十二间，每间用扶壁分隔，顶部檐口为栏杆造型女儿墙。南段八间为信徒礼拜大厅，下部开狭长券窗，上部开圆形采光窗，窗内镶嵌宗教题材的彩色玻璃画；第二间与第六间各开一门。北段四间为主祭台区和钟楼，中间以腰檐分为二层，下层每间开一狭长拱券窗，第二间辟一门；上层内收为一间，南侧三间各开三个小拱券窗，最北侧钟楼二层开一细长拱券窗。三层即凸出的钟楼部分，平面八角形，每面开一长券窗，铁皮穹顶，上置十字架。

承托双层冰盘檐，上置巴洛克弧形山花，正中雕饰十字架，券肩、檐口、山花内部雕以中式卷草、花卉图案。次间入口与明间大门形式相同，仅是开间略小而已。二层明间开一拱券窗，外置雕花窗套，次间券窗稍低，也略小于明间。二层上方腰檐部分置冰盘檐，雕以中式卷草、花卉图案。

教堂内部空间宏大，为一主两副形式，中间主堂跨度12米，两侧副堂跨度6米。堂内两柱之

钟楼

内景

间以半圆形拱券相连。木柱外侧包木板仿大理石纹饰装饰，卷草纹柱头，上承冰盘檐。

南堂在近300年间共历经5次大规模重修，建筑形式由中国传统宅院转化为西洋古典风格。

1979年8月21日，南堂被北京市人民政府公布为北京市第二批市级文物保护单位；1996年11月20日，南堂被国务院公布为第四批全国重点文物保护单位。

知识链接　汤若望

汤若望（1591—1666），本名约翰·亚当·沙尔·冯·拜尔，出生于德国科隆一个贵族之家，全家人都是天主教的虔诚信奉者。少时就读于耶稣会所创办的著名的三王冕中学，学习成绩优秀。16岁被当地耶稣会教区推荐到罗马的德意志学院学习，三年后以优异的成绩完成了全部课程，特别在数学和天文学方面显示出极高的天赋。在此期间他第一次接触到伽利略的望远镜，并对此产生浓厚的兴趣。

1611年10月，汤若望加入了耶稣会，到了罗马的圣·安德烈奥修道院当一名见习修士，接受严格的修士训练。圣·安德烈奥修道院的图书馆里，收藏许多世界各地耶稣会士写给总会的年报、报告、信函，汤若望经常到图书馆翻阅这些材料。早期传教士在东方在中国所建立的丰功伟绩，让他激动不已。他钦佩利玛窦在中国采取的适应中国文化习俗的，所谓"合儒"的传教策略，竭力把天主教义与中国的儒家文化相结合。当他听说利玛窦以其数理、天文学的知识赢得了中国人的信任，并且受到中国皇帝的优待和敬重，让他茅塞顿开，欣喜若狂。

两年见习期满后，汤若望进入罗马学院，开始了为期4年的学习。该学院除了神学外，还设置有数学、天文学、地理学、机械力学、化学等课程。伽利略担任过该院的教师，汤若望对伽利略的学说产生浓厚的兴趣。

1617年，汤若望以优异的成绩完成了在罗马学院的学业，晋升为神父。1618年4月16日，在金尼阁的带领下，汤若望、邓玉函、罗雅谷等22名传教士，以葡萄牙政府派遣的名义，从里斯本启航东渡。1619年7月15日抵达了澳门，被安置在圣保禄学院里。

汤若望等人一踏上中国土地，换上儒服，住进中式房屋，便潜心研究中国经史和伦理，刻苦学习中国语言文化，寻找东西方文化的融合点。这些西学知识丰富又熟读汉文典籍的西方传教士，很快赢得了中国文人和士大夫的好感和信任，从而达到其传播信仰的目的，这就是利玛窦开创的"合儒"传教策略。

当时，明王朝内忧外患，认为对付努尔哈赤的勇兵悍将"非火器战车不可御之"，派人到澳门向葡萄牙人购买大炮，滞留澳门的汤若望等传教士们便以军事专家的面目，随着大炮北上。1623年1月25日到达北京。其间，汤若望把自己德文姓名"亚当"改为发音相近的"汤"，"约翰"改为"若望"，正式取名汤若望。

汤若望到北京后，仿效当年的利玛窦，将带来的数理、天文等书籍列好目录呈送朝廷，又将带来的科学仪器在住所内一一陈列，请中国官员们前来参观。汤若望以他的数理、天文学知识得到朝廷官员们的赏识。不久，成功预测出当年（1623）10月8日出现的月食。后又准确预测了第二年9月的月食。

耶稣会交给汤若望的主要任务是研究中国的语言文字与儒家学说，数理、天文学以及传教工作只是附带的。在北京，他在钦天监官员李祖白的帮助下，用中文写了一本介绍伽利略望远镜的《远镜说》，第一个将欧洲的最新发明介绍给中国，在以后的历法改革中起了相当大的作用。

《远镜说》将伽利略望远镜的原理、结构功能和使用方法进行了详细介绍，全书通篇条理清晰、浅显易懂、图文并茂，成为传播光学和望远镜制造技术的奠基性著作，对中国后来科学技术的发展有重要影响。

明天启七年（1627），汤若望被派到西安接替金尼阁的传教工作，但他始终坚持科学研究。他研究从西安通向中亚、中东和欧洲的交通问题，为此经常向往来的商人、到北京向中国朝廷进贡的附庸国的使团打听并记录他们的行走路线，经过的国名、地名、驿站以及来往商品的名称、贸易状况等，据此写出详细的研究报告，寄往欧洲。

崇祯三年（1630），由礼部尚书徐光启举荐，汤若望回北京供职于钦天监，译著历书，推测天文，制作仪器。还利用向太监讲解天文的机会，在宫中传播天主教。还同中国学者合作翻译了德国矿冶学家阿格里科拉撰写的论述16世纪欧洲开采、冶金技术的巨著《矿冶全书》，中译本定名《坤舆格致》。此书编成后进呈给崇祯皇帝，崇祯御批："发下《坤舆格致》全书，着地方官相酌地形，便宜采取。"

崇祯七年（1634），汤若望协助徐光启、李天经编成《崇祯历书》137卷。又受命以西法督造大炮，并口述有关大炮冶铸、制造、保管、运输、演放以及火药配制、炮弹制造等原理和技术，由

焦勖整理成《火攻挈要》二卷和《火攻秘要》一卷，是当时介绍西洋火枪技术的权威著作。

崇祯九年（1636），汤若望奉旨设厂铸炮，两年中铸造大炮20门。为谋取天主教在各省的合法地位，崇祯十一年（1638）奏请崇祯赐"钦褒天学"四字，制匾分送各地天主堂悬挂。

清顺治元年（1644），清军进入北京，明朝灭亡。而汤若望以其学识和技能受到清廷的保护，受命继续修正历法。他多次向朝廷力陈新历之长，并适时进献了新制的浑天仪、地平晷、望远镜等仪器，而且用西洋新法准确预测了顺治元年（1644）农历八月初一日食的初亏、食甚、复圆时间，说服了摄政王多尔衮，决定从顺治二年（1645）开始，将其参与编纂的新历《时宪历》颁行天下。

顺治元年（1644）十一月，汤若望受命执掌钦天监。次年受封太常寺少卿。

顺治七年（1650），朝廷赐地给汤若望，允许他在宣武门内原天主堂侧重建教堂。汤若望将利玛窦始建的经堂扩大，建成了当时北京城内的第一座大教堂南堂，而汤若望工作的地点则在观象台，即钦天监所在地。当时在观象台工作的传教士有50多人，汤若望担任钦天监监正，即观象台台长。

顺治帝亲政后，汤若望先后授太仆寺卿、太常寺卿、通政使，并赐号"通玄教师"（康熙帝时为避讳，改"通微教师"），经常出入宫廷，对朝政得失有所建言，先后上奏章300余封。顺治帝临终议立新君，征求汤若望意见，当时朝廷中只有汤若望一人知道天花的病因和病理，于是他就说一定要找一位得过天花的皇子来继王位，而正好玄烨得过天花，于是便有了后来的康熙大帝。

中、西历法之争由来已久。早在顺治十六年

（1659），吴明煊上奏举报汤若望天算错误，结果落了个"诈不以实"的罪名。顺治十八年（1661），顺治病逝，康熙登基，辅政大臣鳌拜等反对西洋学说，而杨光先上奏汤若望、南怀仁等传教士有三大罪：潜谋造反、邪说惑众、历法荒谬。康熙三年（1664）冬，鳌拜等废除新历，逮捕了已经中风瘫痪的汤若望和南怀仁等传教士，并被判处死刑。

按照判决，汤若望等应次年凌迟处死。但不久天上出现了当时被认为不祥之兆的彗星，北京地区又突然发生了大地震，紫禁城很多宫殿在地震中也遭到损毁。朝廷认为是上天降罪，遂大赦天下，汤若望免死羁狱，旋获孝庄太皇太后特旨释放。两年后，即康熙五年七月十五（1666年8月15日），汤若望病死于寓所。

康熙八年（1669），康熙帝给汤若望平反，十一月十六日发布了对汤若望的祭文："皇帝谕祭原任通政使司通政使，加二级又加一级，掌钦天监印务事，故汤若望之灵曰：鞠躬尽瘁，臣子之芳踪。悯死报勤，国家之盛典。尔汤若望，来自西域，晓习天文，特畀象历之司，爰锡通微教师之号。遽尔长逝，朕用悼焉。特加因恤，遣官致祭。呜呼，聿垂不朽之荣，庶享匪躬之报。尔有所知，尚克歆享。"

法源寺

法源寺是北京南城现存历史最为久远的寺院，位于北京市西城区法源寺前街7号，其内保存有研究唐史的重要资料。其规模宏大，新中国成立后，亚洲宗教界代表人物曾在此集会活动，在佛

法源寺山门

教国家中有一定的声誉。

唐贞观十九年（645），唐太宗李世民为哀悼北征辽东的阵亡将士，诏令在唐代幽州城东南部立寺纪念，武则天万岁通天元年（696）完成工程，赐名悯忠寺。自唐朝建寺直至辽、金，它一直为华北地区著名的巨刹。元明之际寺院被毁，明正统三年（1438）由太监出资重建，改名崇福寺，现在寺院的规模就是那时形成的，面积比唐辽时缩小了一半以上。清雍正十一年（1733）重修崇福寺后，改名为法源寺。现存寺院内建筑基本都是清代改建的。

法源寺坐北朝南，分为中、东、西三路。中

影壁

路为主要殿堂所在。山门为三座门形式，中间一间为正门，歇山顶，筒瓦屋面，门前石狮一对。两侧门悬山顶调大脊，筒瓦屋面。山门两侧建有八字影壁。山门对面一座砖砌一字影壁。

进山门，院内东西两侧建有钟楼、鼓楼，北面正中是天王殿。天王殿面阔三间，进深七檩，硬山顶调大脊，筒瓦屋面，前檐开石券脸门窗。天王殿左右有侧门连廊庑，廊庑又向北折，直抵最后一进建筑——藏经楼，形成一个由配殿及配

大雄宝殿

天王殿

观音殿

房围合而成的东西宽50米、南北长180米的封闭殿庭。殿庭内正中为大雄宝殿、观音殿（悯忠台）、毗卢殿（净业堂）、大悲殿和藏经楼，共五进院落。

第一进院正殿为大雄宝殿，面阔五间，进深七檩，歇山顶，筒瓦屋面，前出抱厦三间，殿前出砖石月台。月台两侧有石碑六通。东西配殿各三间，前出廊，硬山顶调大脊，筒瓦屋面。

第二进院正殿为观音殿，又称悯忠台，面阔、进深各三间，平面呈方形。此殿台基较高，据传为唐悯忠寺正殿基座，台基四周有砖砌护栏。东西配殿各五间，前出廊，硬山顶调大脊，筒瓦

屋面。

第三进院正殿为毗卢殿，又称净业堂，面阔三间，前出廊，硬山顶调大脊，筒瓦屋面。东西配殿各三间，前出廊，硬山顶调大脊，筒瓦屋面。毗卢殿两侧围房可通往东西跨院，均为一进小院。

第四进院正殿为大悲殿，面阔五间，进深七檩，硬山顶调大脊，筒瓦屋面，后接悬山卷棚顶抱厦一间。正殿两侧各接朵殿一间。东西配殿各三间。

第五进院为藏经楼，二层，面阔五间，两卷勾连搭屋面。楼后部两侧建有转角楼与配殿相连。

寺院东路另有三座建筑，北侧一座为斋堂，

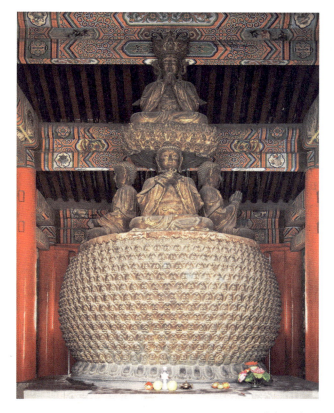

毗卢殿内景

面阔七间，悬山顶，筒瓦屋面。另两座为僧房。西路北端也保存有一座僧人居住的小院。

唐时的悯忠寺曾有东西两座塔，东塔为安禄山造，西塔为史思明造。塔早已毁去，只有史思明造西塔时的铭刻现在还保存在寺中，从铭文所

藏经楼

载可以大致知道塔的建设情况。另外，在大雄宝殿明间的前檐金柱下还有两个覆莲柱础，雕工精细，饱满圆润，其年代最迟为辽代，也有可能是唐代。

1980年4月，法源寺东西两庑的数百间寮房被辟为中国佛教图书文物馆，正式对外开放。馆内主要陈列各种各样的佛、菩萨造像和各种版本、各种文字的佛经。其中最为珍贵的，是唐人手写的《开宝藏》。另外，还有四部《房山石经》拓片。

法源寺从建寺之日起，就成为人们的游览胜地。过去，文人墨客常常在这里集聚。法源寺除了有巍峨的殿堂、珍贵的文物之外，古树繁花同样引人注目。白皮松、文冠果、银杏树，高耸入云。寺内的丁香和崇效寺的牡丹、大觉寺的玉兰齐名。每至春季，丁香花开，香飘十里，别有一番情趣。

1979年8月21日，法源寺被北京市人民政府公布为北京市第二批市级文物保护单位；2001年6月25日，法源寺被国务院公布为第五批全国重点文物保护单位。

知识链接　千年古刹法源寺的名人逸事

法源寺建于唐贞观十九年（645），时至今日，在1000多年的历史中，法源寺有过很多名字，而在这里发生的故事，都与它最初的名字相关。《元一统志》中记载，法源寺初名为"悯忠寺"，当时，唐太宗是为哀悼北征辽东的阵亡将士，才下令建寺的，此寺共建造了51年，直至武则天时才完工。

安史之乱时，法源寺更名"顺天寺"，辽清宁三年（1057），改名为"大悯忠寺"，明正统年间，法源寺被称为"崇福寺"，清雍正年间，才正式更

法源寺唐代史思明石刻

徽因和诗人徐志摩的陪同下，来到法源寺欣赏这里的丁香花。

法源寺虽然不大，这里却发生了很多的历史故事，它也曾经历沧桑，多次被毁，又反复重建，这也是一个浓缩时空、讲述历史故事的大舞台。

名为"法源寺"。在此过程中，法源寺经历了很多次兴衰、复建，在此过程中，法源寺发生着与朝代、帝王、权力之间的故事。

唐代安史之乱，节度使安禄山、史思明先后称帝，定都幽州（今北京），在当时的悯忠寺立了两座佛塔，安史之乱被平定之后，一场火灾将两座佛塔烧毁。

北宋时期，金朝南下攻取北宋都城东京（今开封），宋徽宗、宋钦宗被俘，之后被带到燕京（今北京），宋徽宗被关在了大延寿寺，宋钦宗被关在法源寺。

明朝时期，抗清名将袁崇焕被冤枉与后金军有勾结，被抓入狱，之后被凌迟处死，姓佘义士将袁崇焕的头颅带到法源寺进行超度。

法源寺的花是特别吸引人的。1924年的春天，获得诺贝尔文学奖的泰戈尔来到中国，在才女林

先农坛

先农坛是明、清两代皇帝祭祀先农、太岁、天神地祇诸神及举行耕藉典礼的场所，位于北京市西城区东经路21号，在北京城中轴线南端西侧，与天坛隔街相望，形成两坛夹一街的格局。

先农坛始建于明永乐十八年（1420），建制沿用明初旧都南京规制，将先农与山川、太岁等自然界神灵共同组成一处坛庙建筑群，称山川坛，天顺二年（1458）又有修缮和新增建筑。嘉靖九年（1530）增建天神、地祇二坛，遂形成今天规模。清代末期至民国以后，先农坛逐渐衰败。1917年先农坛被辟为城南公园，坛墙和建筑随之遭到了破坏。1936年，在原址东南角盖起北平公共体育场，后更名为先农坛体育场。中华人民共

先农坛外坛东门

和国成立后，先农坛由工厂、学校使用，改革开放后，将工厂搬迁，成立了北京古代建筑博物馆，对外开放。

先农坛占地面积近100万平方米，在北京的所有坛庙中位列第二，占地面积甚至是地坛的两倍多。整座坛由内外两重坛墙环绕，将坛域分成内坛和外坛两部分。外坛墙呈北圆南方形，与天坛坛墙类似，南北长1424米左右，东西宽700米左右，在东坛墙开有坛门。由于累年的破坏，外坛北部已经踪迹全无。内坛墙南北长约446米，东西宽约306米，东、西、南、北墙各开有坛门一座。

坛内建筑主要集中在内坛，主要有太岁殿建筑群，神库、神厨建筑群，神仓院，具服殿，先农坛及观耕台。另外，还有一块行耕藉礼的藉田，俗称一亩三分地。外坛内有庆成宫、天神坛和地祇坛等。整座坛内没有主轴线，呈现出建筑一组组分散的现象，掩映在遍布全坛的翠柏林中。先农坛建筑群也是北京明代大型殿式建筑的代表。

先农坛是祭祀先农神的祭坛，体现了我国农业大国的重农思想。明、清时，每年仲春或季春吉亥之日，皇帝亲临或遣官在此祭先农，随后在藉田行耕藉礼。坛为方形，一层，坛面和侧面铺

坛门

砌青灰砖，四角用青条石，四面各出八级台阶。坛看上去非常普通，与先农坛是最重要的礼仪建筑之一的地位似乎不相称，但这恰恰也是坛庙象征手法的又一体现。众所周知，"农"自古就是淳朴和平实的象征，先农坛正是表达了这一含义，它并不高大，也不显眼，但朴实无华。

拜坛

先农坛东北侧的太岁殿建筑群与先农坛相比显得宏大而壮观，既是整座先农坛内规模最大的建筑，同时也是北京保存至今的三座明代大型殿式建筑群之一（其余为长陵和太庙），主祀每年值年之神——太岁神（岁星）。

太岁殿建筑群建于明嘉靖十一年（1532），清乾隆十九年（1754）修缮，是祭祀太岁神及十二月将神的场所。整组建筑由拜殿（前殿）、太岁殿和东西配殿组成。

太岁殿又名太岁坛，坐北朝南，面阔七间，进深三间，歇山顶，黑琉璃瓦绿剪边屋面，施单翘重昂七踩镏金斗拱，外檐绘和玺彩画，内檐绘旋子彩画。

太岁殿

太岁殿前为拜殿，是为祭祀时逢风雪在此行礼之用。拜殿坐北朝南，面阔七间，进深三间，歇山顶，黑琉璃瓦绿剪边屋面，单翘单昂五踩镏

拜殿

焚帛炉

金斗拱，前檐装修均为四抹槅扇门四扇，三交六椀棂心，后檐装修同前檐。东西配殿是祭祀四季每个月的月将之所，各十一间，进深三间，悬山顶，过垄脊，黑琉璃瓦绿剪边屋面，旋子彩画，前檐装修均为四抹槅扇门四扇，正十字方格棂心。

太岁殿建筑群均覆以黑瓦，象征太岁神，是北京坛庙中采用象征手法表现的一个实例。

拜殿南侧有一座焚帛炉，为砖仿木无梁殿结构建筑，始建于明永乐十八年（1420），是焚烧祭祀太岁诸神的祝帛祭品之处。

神库、神厨院位于太岁殿院西侧一墙之隔，始建于明永乐十八年（1420），为存放先农诸神神位和准备牺牲祭品的场所。正殿名神版库，是盛放供奉先农诸神神位的地方。西殿名神厨，是祭祀前准备祭品的地方。东殿名神库，是放祭祀用具的地方。院内南部大门两侧建有两座井亭，是祭祀取水之处，六角形，盝顶屋面，中心与井口上下相对，寓意天地一气。院西侧建有宰牲亭一座，始建于永乐十八年（1420），为祭祀先农坛内诸神时宰杀牺牲的场所，其屋顶采用上层悬山、下层庑殿的形式，可称明清官式建筑中的孤品。

具服殿位于太岁殿院东南，为皇帝亲耕前更

神库

具服殿

换亲耕礼服的场所。具服殿建在一座砖石高台之上，坐北朝南，面阔五间，进深九檩，歇山顶，绿琉璃瓦屋面，檐下施单翘单昂五踩镏金斗拱，金龙和玺彩画，前檐均为四抹槅扇门四扇，三交六椀棂心。

观耕台是皇帝行耕藉礼亲耕完毕后观看王公大臣耕作之处，初建于明嘉靖十年（1531），原为木构，每年皇帝亲耕时临时搭建。清乾隆十九年（1754）改建为砖石结构平台，须弥座，四周贴五彩琉璃面砖，台基上置汉白玉栏杆，方砖地面，显得十分美观。观耕台南即皇帝行耕藉礼的藉田，即一亩三分地。

观耕台

神仓院位于太岁殿东，始建于明嘉靖十一年（1532），清乾隆十七年（1752）重修，是用于贮藏藉田收获的谷物和祭祀祭器的地方。其所贮藏的粮食供京城各坛庙祭祀所需，有"天下第一仓"的美誉。建筑坐北朝南，分为前后两个院落，前院大门南向，面阔三间，歇山顶，黑琉璃瓦绿剪边屋面。

院内正中前为晾晒谷物所用的收谷亭（方亭），四角攒尖顶，宝顶形式，黑琉璃瓦绿剪边屋面。其后为神仓（即圆廪），圆攒尖顶，宝顶形式，黑琉璃瓦绿剪边屋面，四周为红漆板墙，上开什锦窗，室内木地板。东西仓房各三间，东西碾磨坊各三间。后院为祭器库，坐北朝南，面阔五间，悬山顶，黑琉璃瓦绿剪边屋面。祭器库东西配房各三间，悬山顶，黑琉璃瓦绿剪边屋面。

庆成宫位于外坛东南，建于明天顺二年（1458），原称斋宫，是皇帝来先农坛祭祀斋戒的地方。清乾隆二十年（1755）后改称庆成宫，为皇帝祭祀先农神行耕藉礼后，犒劳随从百官、庆祝丰收之所。坐北朝南，东西长122.84米，南北宽110.14米，主要建筑集中在中轴线，从南向北依次为宫门、内宫门、大殿、后殿。

两重宫门，均为坐北朝南，砖仿木拱券无梁形制，面阔五间，歇山顶，绿琉璃瓦屋面，檐下施单昂三踩砖仿木斗拱。建筑明间、次间开三间拱券门，板门装九路门钉。建筑前后台明置汉白玉栏杆，并于每座门前后台阶中部铺设雕龙御路石。

大殿坐北朝南，面阔五间，进深九檩，庑殿顶，绿琉璃瓦屋面，檐下施单翘单昂五踩斗拱，

神仓院

仓房

和玺彩画，前檐均为四抹槅扇门四扇，三交六椀
棂心，后檐明间四抹槅扇门四扇，次间、梢间为
墙。殿前月台一座，砖石台基，台基上饰以吐水
螭首，汉白玉云龙柱头，汉白玉荷叶净瓶栏板。
月台三面出带栏板柱子的垂带踏跺，正前面踏跺
上带御路石，九级台阶，两面七级台阶。月台前
台阶两边有日晷、时辰碑。

后殿五间，进深七檩，庑殿顶，绿琉璃瓦屋
面，檐下施单昂三踩斗拱，和玺彩画。东西配殿
各三间。

古代将天上的神称为神，地上诸神称为祇。
神祇坛位于先农坛西南，砖砌大门三座，坐北朝
南，歇山顶，黑琉璃瓦绿剪边屋面（现西边一座
已拆毁）。天神坛奉祀天上星辰，已经无存，仅
剩南面石棂星门一座，六柱三门式，焚帛炉一座，
砖石琉璃结构，坐西朝东，面阔一间，进深一间，
歇山顶，黑琉璃瓦绿剪边屋面，檩、枋、垫板、
斗拱均为琉璃质，琉璃须弥座。地祇坛也已无存，
剩石棂星门四座，北面为六柱三门式，东、南、
西三面为两柱一门式，还存有石龛九个，五个雕
刻成山形，代表五岳、五镇、五山、京畿名山和
天下名山之神，四个雕刻成水纹形，代表四海、

地祇坛石龛

四渎、京畿名川和天下名川之神。为了更好地对
石龛进行保护，于2002年将它们移至太岁殿院西
南安置。

1979年8月21日，先农坛被北京市人民政府
公布为北京市第二批市级文物保护单位；2001年
6月25日，先农坛被国务院公布为第五批全国重
点文物保护单位。

知识链接　　先农坛里的一亩三分地

一亩三分地现在用来指个人的生活圈子，或
者职责范围。一亩三分地来源于先农坛里的皇帝
"亲耕"的田地。古代皇帝重视农业生产，为祭奠
先农神和太岁神创建了先农坛。皇帝亲自耕种，
就是为了给天下百姓做表率，当然也是皇帝重视
农业的一种表现。

朱元璋时期，就已经兴起与农业相关的祭祀
制度，之后，但凡是明朝皇帝登基，都要在先农
坛祭祀。清朝时期，祭奠先农，皇帝开始在先农
坛亲耕。皇帝在去一亩三分地亲耕之前，先要来
到丰泽园演耕，在亲耕的前两天，进行斋戒，其
他文武百官要在家斋戒，亲耕的前一天，皇帝来
到中和殿，在这里察看祭奠祝文、耕藉谷种、农
具等，最后命人送到先农坛。

亲耕的这一天，皇帝身穿礼服，乘坐龙辇来
到先农坛，皇帝到来之前，官员在此等候，等到

庆成宫大殿

皇帝来到先农坛，到具服殿盥手，再祭拜先农，接着再次来到具服殿换龙袍，去一亩三分地。

皇帝在一亩三分地耕种，位于田地正中间。户部尚书进来，顺天府尹进鞭，皇帝一手执鞭，一手扶耒，耕种一亩三分地的还有两位农夫。皇帝耕田时耕种三垄，被称为"三推三返"。皇帝耕种时，顺天府尹手捧青箱，户部侍郎播撒种子。当时的民间百姓对日理万机的皇帝亲耕十分好奇，他们根据自己丰富的想象，创作了皇帝亲耕的年画，并附上打油诗"二月二，龙抬头，万岁皇爷使金牛。九卿四相头前走，八大朝臣在后头。正宫娘娘来送饭，保佑黎民天下收。"

皇帝耕种之后，剩下的田地由王公贵族来耕种，皇帝则到一亩三分地旁边的观耕台，目睹王公大臣耕种。皇帝在一亩三分地耕种的是旱稻，王公大臣耕种的是粟或黍。一亩三分地丰收之后的粮食十分珍贵，用来祭祀先农神与太岁神。丰收之后，一亩三分地的粮食会储存在神仓。

先农坛神仓（圆廪）

德胜门箭楼

德胜门箭楼是明清北京内城九座城门之一，是护卫城门的军事堡垒，它与前门箭楼是仅存的两处研究古代都市布局、城防设施的实物资料。其位于北京市西城区德胜门东大街9号，建成于明正统四年（1439），后历经不同程度的修建。箭楼坐南朝北，平面呈倒"凸"字形，面阔七间（29.77米），进深两间（7.50米），前楼后厦，重檐歇山绿琉璃剪边顶，是明清北京城的重要城防设施，德胜门箭楼是研究古代都城建设、建筑营造技术以及北京城市发展史的重要实物资料。

德胜门由城楼、箭楼和瓮城组成，建在一座高大的城台上，通高31.9米。城台砖石结构，高12.6米，东西宽39.5米，墙体收分明显。城台上北面筑雉堞，南侧筑宇墙。城台上陈列数门铁炮。底层南侧辟三座过梁式门，可直通城台。箭楼坐南朝北，前楼后厦，平面呈倒"凸"字形。北为正楼，面阔七间，进深两间，南接庑座五间。前檐开过木方门三，四檩单坡顶，檐下施以斗拱，上檐枋额、角梁、斗拱都绘以旋子彩画，是典型的清代官式建筑。楼内结构主要是由高大的金柱、承重梁、穿插梁、枋等相互搭接，将立体空间分成

德胜门箭楼鸟瞰

上下4层，每层都辟有箭窗，共计82个，作为守城时对外射击的孔道。其中，北面辟箭窗48孔，东、西两面各辟箭窗17孔。城楼下没有门洞，不设城门。旧时登临箭楼，须从瓮城两边侧门进入。

德胜门箭楼

瓮城内箭楼下正中建真武庙，20世纪30年代倾圮，1992年经北京市文物局批准，在原址上复建了真武庙，分东、中、西三院。庙门位于瓮城南侧围墙正中，面阔一间，单檐硬山顶，灰筒瓦过垄脊屋面，双扇红漆板门。中院分布正殿、东配殿、西配殿及钟楼、鼓楼。

正殿位于中院北侧，坐北朝南，单檐歇山顶，灰色筒板瓦，面阔三间，进深九檩，前出六檩悬山顶卷棚抱厦一间，檐下施以单翘单昂五踩斗拱，木构架绘旋子彩画。东、西配殿位于正殿东、西

两侧，单檐硬山顶，筒瓦过垄脊屋面，面阔六间，进深七檩，前出廊，木构架绘有雅伍墨彩画。

钟、鼓楼位于真武庙中院配殿南侧，悬山顶，二层，灰色筒板瓦，面阔一间，木构架绘有雅伍墨彩画。

真武庙东院、西院北侧，各有正殿，坐北朝南，单檐硬山顶，筒瓦调大脊屋面，面阔三间，进深七檩，前出廊，木构架绘有雅伍墨旋子彩画。

德胜门城楼在1921年严重倾斜而政府无力修缮，于内城九门中率先被拆除，仅存的城台及城券门也于1955年被拆除，唯箭楼幸存至今。1951年国家曾拨专款修缮了残破的箭楼。1964年北京修建环城地铁，将德胜门城墙拆除。1976年唐山地震，箭楼外檐及部分砖墙倾圮。1980年6月按原建筑形制进行全面重修，以保持原有风貌，修缮时保留了箭楼西侧的一段瓮城城墙，使城台呈月牙形。近年来，不断对箭楼进行维修及加固修缮。现在，德胜门箭楼已成为世人参观和游览古都北京的一个重要景点。

1979年8月21日，德胜门箭楼被北京市人民政府公布为北京市第二批市级文物保护单位；2006年5月25日，德胜门箭楼被国务院公布为第六批全国重点文物保护单位。

真武庙正殿前出抱厦

德胜门箭楼山花

知识链接

德胜门箭楼历史

北京内城有9座门，各司其职。其中德胜门与安定门位于北京内城的北侧。古代，敌人若从北面进攻北京，德胜门和安定门则是重要的防御城门。

按传统说法，北方属玄武，玄武主刀兵，所以出兵打仗，一般从北门出城。之所以取名叫德胜门，意为"以德取胜""道德胜利"。遇到战事自德胜门出兵，由安定门班师，分别取"旗开得胜"和"太平安定"之意，是京师通往塞北的重要门户，素有"军门"之称。明代永乐帝北征，清代康熙帝平定噶尔丹叛乱，乾隆帝镇压大、小和卓叛乱都是出师德胜门。

北京城流传着一句话："先有德胜门，后有北京城"，其意思就是北京先有了德胜门的名称，之后才拥有了德胜门的城门。1267年，忽必烈建立元大都，当时都城的北侧有两座城门，分别为健德门和安贞门。100年之后，大将军徐达攻破元大都，元大都改名为北平，北平城北侧的两座城门分别改为德胜门和安定门，以证明明朝军队以德取胜，天下安定。明洪武年间，徐达改建北平城垣，将北城垣南移2千米，重新修建了两座城门，还是取用原来的名字：德胜门和安定门。朱棣登基后，北平改为北京。当时，永乐帝朱棣营建北京城时，这里已有城门"德胜门"，所以有"先有德胜门，后有北京城"之说。

明朝建立后，败退到北方草原的蒙古各部落仍有相当实力，对明朝北部构成威胁。永乐帝亲率大军进行了5次北征：第一次北征于明永乐八年（1410），率50万大军出德胜门北上，出兵攻击蒙古鞑靼部落，取得大胜。第二次北征于永乐十二年（1414），率大军出德胜门打击反叛的瓦剌部落，取得胜利。第三次北征于永乐二十年（1422），率军出德胜门，亲征反叛的蒙古鞑靼部落首领阿鲁台，于阔滦海北道发现阿鲁台部大批辎重，发兵焚烧，收其牲畜班师。回师途中，以蒙古另一个部落兀良哈部落附逆阿鲁台，而将其击败。第四次北征于永乐二十一年（1423），率军出德胜门再次亲征阿鲁台，这时阿鲁台已被明朝打得势力大为削弱，为瓦剌部所败，瓦剌部首领也先向明朝投降，永乐大帝封其为忠勇王，赐名金忠。第五次北征于永乐二十二年（1424），这一年鞑靼部进犯边关，永乐帝率军出德胜门，进行讨伐，回师时永乐帝病死途中。

经过5次征讨，明朝北部的疆域得以暂时安定。

明英宗朱祁镇即位后，决定留在北京城，于是大兴土木，将土城墙改为砖城墙，并在各城门的瓮城上建起箭楼，作为北京城重要的防卫建筑。明正统十四年（1449）六月，瓦剌部落首领也先叛乱，率军南下侵扰张家口、大同一带。明英宗朱祁镇在太监王振的蛊惑下，八月亲率50万大军出德胜门向北征讨。一路上王振专断军务，行军路线屡变，士兵疲惫不堪，在怀来县土木堡发生内乱，王振被将士杀死，蒙古军队乘机大败明军，明英宗被俘。十月，也先率军直抵北京城下。当时，北京城中空虚，精锐部队均在土木堡丧失，朝中大臣纷纷要求迁都南京。临危受命的兵部尚书于谦，坚决反对迁都。他一是主张将皇帝的弟弟朱祁钰立为皇帝，打消也先以皇帝相威胁的图谋；二是从各地调兵进京；三是从通州大量调粮进京；四是亲率大军驻守最要害之处——德胜门。

也先率军首先进攻德胜门，于谦率军主动出

城，与之战于城外，将也先军打退，并将也先的弟弟击毙；接着又指挥安定门、西直门守军大败瓦剌，迫使也先撤军，一年后将明英宗被放回。

李自成（1606—1645），明末农民起义领袖，陕西米脂县人。明崇祯十七年（1644），李自成率军一路从陕西进入山西，攻太原、占大同，又东进从居庸关攻入北京，推翻明王朝。李自成从德胜门进入北京，但由于起义军领袖犯了胜利时骄傲的错误，政权弛怠、军纪松懈，仅在北京42天就匆匆逃离，成了短命的政权。

清康熙时期，蒙古准噶尔部日益强大，占据着天山南北、青海、西藏等地。清康熙二十九年（1690），准噶尔部首领噶尔丹在沙俄的支持下，向东扩张，率军击败蒙古喀尔喀部，直接威胁到北京的边疆。康熙帝率军对准噶尔部进行三次征伐：第一次亲征于康熙二十九年（1690），率大军出德胜门，兵分两路将准噶尔部首领噶尔丹于今天的内蒙古赤峰市附近击溃，噶尔丹逃走；第二次亲征于康熙三十五年（1696），率军出德胜门，在今蒙古国首都乌兰巴托东南大败噶尔丹；第三次亲征于康熙三十六年（1697），康熙帝乘胜追击，亲率大军再出德胜门，西渡黄河，进抵宁夏，噶尔丹走投无路饮毒而死。

康熙帝三征噶尔丹，不仅粉碎了噶尔丹的叛乱，也结束了我国西北边陲长期分裂的割据局面，使沙俄侵略者无机可乘。

白云观

　　白云观是北京现存规模较大、历史较悠久的道教建筑之一，亦是道教全真派三大祖庭之一，有"天下第一丛林"之称号。位于北京市西城区白云观街9号，道观规模宏大，观内文物众多，是我国现存规模较大的道教建筑，由数进四合院组成，是研究道教文化的一大宝库。

白云观前身为唐代天长观，距今已有1200多年。唐玄宗李隆基于开元十年（722）特下旨建庙，命名天长观，并赐石刻老子像一尊，奉祀于观内。金代时天长观遭兵火，大定七年（1167）敕命重修，建成后改名为十方大天长观。泰和三年（1203）道观遭火灾，奉旨重修，改名为太极宫。元太祖十九年（1224），邱处机谒见成吉思汗，东归后奉旨入居太极宫，太极宫后改名为长春宫。邱处机羽化后，其弟子于长春宫下院安置其遗蜕，并在基上建处顺堂（即今邱祖殿）。元末明初，长春宫又遭兵火，明永乐年间敕命重修时，将观址东移，以处顺堂为中心进行扩建，明正统八年（1443）正式赐额"白云观"。清康熙元年（1662），王常月宗师奉敕对白云观又一次进行了大规模维修，至康熙四十五年（1706）竣工，奠定今日中路各殿堂的规模。

中华人民共和国成立后，对白云观进行了几次大规模修缮，并在观内成立了中国道教协会、

白云观山门

中国道教学院、中国道教文化研究所。

白云观坐北朝南，以中路为轴线，配以东西两路和花园，布局紧凑。

中路为主要殿堂所在，最前方为"一"字形青砖影壁一座，上嵌元代大书法家赵孟頫所书"万古长青"四个斗方大字。影壁后为一座修建于明正统八年（1443）的三间四柱七楼式牌楼，旧时为观内道士于朔望日观星望气之所。

过牌楼迎面为白云观山门，建于明正统八年（1443），是为道观正门，表示与世俗的分界，入则出尘，出则入世。山门面阔三间，无梁殿式，歇山顶，筒瓦屋面，檐下悬"敕建白云观"铸铁匾额，寓意企盼白云观坚固持久。山门两侧另有石狮和汉白玉华表一对，是帝王敕建宫观的标志，一般的宫观则没有。在白云观山门上还有一个典故，据传观内有三只石猴，若能全部找到并摸一摸，便可全年消灾免难。

过山门后为一座名为窝风桥的石桥，桥下无水，是一座象征性石桥。过桥即第一座殿堂灵官殿，面阔三间，硬山顶，筒瓦屋面，明正统年间殿内供奉马陆、赵公明、温琼和关云长，称四帅殿。清康熙年间重修后，四帅殿开始主祀道教护法尊神王灵官，遂改名为灵官殿。殿前东西两侧配殿为灵水堂和十方堂，均面阔五间。灵官殿北侧为钟楼、鼓楼，钟楼在西，鼓楼在东，与佛教寺院"东钟西鼓"的布局形式不同。

影壁

牌楼

1900年的白云观云集山房

窝风桥及灵官殿

鼓楼

灵官殿后为玉皇殿，原名玉历长春殿，面阔五间，硬山顶，筒瓦屋面，明间、次间前出月台，殿内供奉玉皇大帝。东配殿为三官殿，原名风真殿，殿内供奉天、地、水"三官大帝"；西配殿为财神殿，原名儒仙殿，殿内供奉三位财神。

老律堂在玉皇殿之后，原名七真殿，因清代王常月祖师曾奉旨在此主讲道法，开坛传戒，求

玉皇殿

老律堂

戒弟子遍及大江南北，道门玄风为之一振，后世为纪念道教史上这一中兴时期，便改名为老律堂。老律堂是观内道士举行宗教活动的地方，建筑面积较大，面阔三间，进深十五檩，两卷勾连搭形式，歇山顶，筒瓦屋面，殿内供奉全真道祖师王重阳的七大弟子即"北宗七真"。老律堂东配殿为救苦殿，殿内供奉太乙救苦天尊；西配殿为药王殿，殿内供奉中国古代名医孙思邈。

老律堂后为邱祖殿，是白云观建筑群之中心，原为长春宫下院，始建于蒙古拖雷监国时，原名处顺堂。明代全真龙门派后裔改为专祀邱处机祖师，称长春殿，清初改为贞寂堂，乾隆时称邱祖殿，相沿至今。邱祖殿面阔三间，硬山顶，筒瓦屋面，殿内供奉邱真人和二侍从塑像，四壁做邱真人与元太祖成吉思汗来往事迹的浮雕塑像。此外，殿内瘿石座之上置瘿钵，传为宋代遗物，是乾隆帝赐给白云观的，钵体镌刻"大清乾隆二十一年奉旨重修髹金仍供本观"字样，钵下埋藏邱祖遗蜕。

邱祖殿后为三清四御阁，是中路最后一座殿堂，建于明宣德三年（1428），原名三清大殿，供奉三清，清康熙元年（1662）改建为二层楼阁，上层供奉三清，下层供奉玉皇。乾隆五十一年

邱祖殿

三清四御阁

邱祖殿内瘿钵

基为青石八角形须弥式塔座，汉白玉围栏，塔座上承托着八角形的塔身。塔身下半部雕有道教的主要象征八卦图案，上部雕有实心拱窗，三交六椀菱花窗纹饰。塔身正面向南，刻有塔铭，铭首为"敕建"，铭文为"恬淡守一真人罗公之塔"，塔铭四周有巨龙浮雕，双龙宝珠图纹。塔身上方覆以三重密檐的层顶，石仿木构件装饰（仅翼角为木质），雕刻出屋檐的椽子、飞头、瓦垄、垂兽等，并以密叠斗拱做装饰，每面三攒。塔刹用八角脊承托宝珠。此塔是道教塔中的珍品，也是一件不可多得的大型石刻艺术品。

（1786）改今名，上层供奉三清，下层供奉四御。三清四御阁面阔五间，前出廊，硬山顶，筒瓦屋面。阁两侧接转角翼楼，东翼楼为藏经阁，西翼楼为朝天楼或名望月楼。殿前东西客堂各五间，客堂南端另设转角房与邱祖殿两侧相连。

白云观东路现有记录捐赠等的功德殿三间，又名功德祠；供奉福禄寿三星神像的三星殿三间；供奉观世音菩萨像的慈航殿三间；供奉真武大帝像的真武殿三间；供奉雷祖神像及四天尊神像的雷祖殿三间；道长们吃饭的斋堂五间。

另有斋堂北侧三级密檐式八角攒尖塔一座，名罗公塔，该塔坐北朝南，平面为八角形，仿亭阁式造型，全部用石雕而成。塔通高约7米，塔

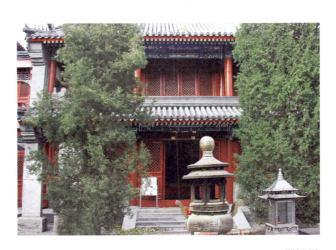

雷祖殿

罗公塔

云华仙馆及长廊

西路殿堂六座，自南向北依次为祠堂三间，供奉全真龙门派第七代律师王常月祖师，堂下埋藏其遗蜕。室壁上嵌历代仿刻元代大书法家赵孟頫所书《道德经》《阴符经》石刻。八仙殿三间，殿内供奉道教八仙——钟离权、吕洞宾、张果老、

曹国舅、何仙姑、蓝采和、铁拐李和韩湘子。吕祖殿三间，是白云观内唯一使用绿琉璃瓦顶的殿宇，殿内供奉纯阳祖师吕洞宾。元君殿三间，又称娘娘殿，原名子孙堂，殿内中座供奉天仙圣母碧霞元君，右座供奉眼光娘娘、天花娘娘，左座供奉送子娘娘、催生娘娘。文昌殿三间，原名北五祖殿，殿内正中供奉主宰人间功名禄位之神的文昌帝君，两旁供奉孔子、朱熹。元辰殿五间，又名六十甲子殿，金时名丁卯瑞圣殿，是金章宗为其母所建，供奉太后本命之神。现殿内中间供奉斗姥元君，周围为六十甲子神。

白云观最北端是后花园，名云集囿，又名小蓬莱，建于清光绪十六年（1890），由三个庭院连接而成，景致清幽，曲廊回环，有别于白云观前面殿堂建筑规整堂皇的风格，似乎真的像道教描述的洞府仙境一般，别有意境。园中东有友鹤亭、云华仙馆，西有妙香亭、退居楼，中央则为戒台和云集山房。其中云集山房是园内中心建筑，坐南朝北，面阔五间，四周出廊，为全真派律师向受戒弟子讲经说法之所。戒台为道教全真派传授"三坛大戒"（初真戒、中极戒和天仙大戒）的坛场。

另外，每个庭院中有假山一座，象征道教的三仙山，即蓬莱、瀛洲和方丈。整座园子正好组

吕祖殿

成了一个修仙入境的程序，即脱离尘世，退居楼修行，戒坛受戒，遇仙亭闻妙悟道，驾鹤入三山仙境，居于云华仙馆，可谓道观园林的典范。

白云观内还保存有明清以来的碑碣多通，其中较重要的有明正统九年（1444）胡濙撰《白云观重修记》碑，正统十三年（1448）许彬撰《赐经碑》，赵士贤撰《白云观重修碑》，正德元年（1506）张瓒撰《长春丘真人道行碑》、正德十三年（1518）《白云观重修碑》，明嘉靖朝顾颐寿撰《白云观重修碑》，清康熙朝王常月撰《重修白云观碑记》，清乾隆五十三年（1788）《御制重修碑记》和《御制诗碑》。

1979年8月21日，白云观被北京市人民政府公布为北京市第二批市级文物保护单位，2001年

妙香亭

退居楼

6月25日，白云观被国务院公布为第五批全国重点文物保护单位。

知识链接

白云观名称的由来

清黄永亮的《七真传》中记载："长春以杨枝醮净水，向红日洒去，不多时，日边生出一段黑气，倏变为云，将红日遮掩，一霎时天昏地暗，大雨如注，连下了几日，转枯为荣，变朽回春，人民腾欢，群生咸赖，元顺帝龙心大喜，封长春为宏道真人，留居京师，待以上宾之礼……""邱真人即于御前求了纸笔，便在龙书案前，写了字样，上写：'立赌首级人邱长春，令与白云禅师赌胜，倘若后宫主母产生是凤，邱长春为输，愿割项上首级，并无异言。'白云禅师也在御前提笔写：'立出赌白云寺人白云僧，令与邱长春赌胜，倘若后宫主母所生是龙，白云僧为输，颐将白云寺输与邱长春，永无异言。'"元顺帝对白云禅师曰："朕已发皇饷与国师新建寺院，待工程圆满，可将白云寺佛像移于新修寺院内，另取寺名，将白云寺改为白云观，重塑道祖神像，以别僧道，各有所宗，为千秋香火，作万世观瞻，素不负二师保孤之功也。"

这是白云观名称来源的传说。《光绪顺天府志》中记载："白云观，唐天长观旧址，在西便门外一里许……"由此可知，白云观在唐朝为天长观，距今已有一千多年历史。唐开元十七年（729）八月初五是唐玄宗的生日，他规定这一天为"千秋节"，之后改为"天长节"，天长观也由此而得名。

唐朝后期衰败，人们渐渐开始忽略天长观，后毁于战火，又重建。之后，天长观更名为"十方天长观"。毁于火灾之后，又重新修建，更名为"太极宫"。金宣宗时期，太极宫又逐渐荒废。

1900年的妙香亭

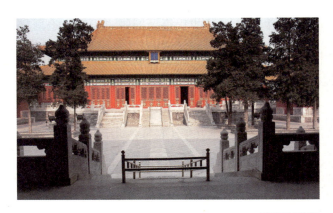

景德崇圣殿

元太祖十九年（1224），忽必烈初来北京，居住在太极宫，自后太极宫又改名为"长春宫"。

明朝初年，燕王朱棣重新修建长春宫，将长春宫更名为"白云观"。

历代帝王庙

历代帝王庙是明清时期祭祀中华炎黄祖先和历代帝王、功臣名将的皇家庙宇，位于北京市西城区阜成门内大街131号，是规模宏大的古建筑群，原有建筑保存完整。历代帝王庙是现存唯一一座专门祭祀历代帝王的庙宇。它不仅反映了中华民族悠久的历史，而且也体现了我国统一的多民族国家一脉相承的历史特点。此外，它对于研究古代建筑、古代典章制度也具有较高的价值。

历代帝王庙始建于明嘉靖十年（1531），在原保安寺址上修建，祭历代帝王。其后规定，凡岁仲春秋，太常寺提请遣大臣一员至庙行祭礼，四员从臣分献祭品。迄清顺治、康熙朝，钦定享祀帝王由21人增至167人；从祀功臣由39人增至79人，上自伏羲、轩辕，下至明代历朝帝王、名臣，均增入祀典，无道被弑及亡国之君则不列入。清雍正七年（1729）重修，乾隆二十九年（1764）大修时，将景德崇圣殿殿顶的绿琉璃瓦易为黄琉璃瓦，并在碑亭内立碑。民国时期，祀典遂废，历代帝王庙改由中华教育促进会及北平幼稚师范学校等单位使用。中华人民共和国成立后历代帝王庙由北京市第一五九中学使用，2003年学校迁出历代帝王庙后，经北京市人民政府出资进行修缮改为博物馆，并对社会开放。

历代帝王庙坐北朝南，占地面积2.2万平方米，建筑面积约4000平方米。建筑布局分为中、东、西三路，中路自南向北依次为琉璃影壁、木牌坊（已拆）、庙门、钟楼、景德门、景德崇圣殿、祭器库等建筑，两侧建有配殿。

琉璃影壁为硬山顶调大脊，绿琉璃瓦屋面，

历代帝王庙大门

琉璃影壁

景德崇圣殿三出陛御路

东西长32.4米，高5.6米，厚1.35米。影壁正中有琉璃团花，四角饰有琉璃岔角。

庙门面阔三间，进深一间，歇山顶，黑琉璃瓦绿剪边屋面，檐下施单昂三踩斗拱，各斗拱之间的垫板装饰有火焰宝珠彩绘。庙门额枋绘墨线小点金旋子彩画，龙锦枋心，柱间装饰有雀替。庙门两侧有八字影壁。

景德崇圣门面阔五间，进深三间，歇山顶，黑琉璃瓦绿剪边屋面，檐下施单昂三踩斗拱，各斗拱之间的垫板装饰有火焰宝珠彩绘。庙门额枋绘墨线小点金旋子彩画，龙锦枋心。明间及次间柱间装饰有雀替。门内顶部装饰天花。景德崇圣门四周绕以汉白玉护栏，前后各三出陛，中为云山纹御路。

景德崇圣殿是历代帝王庙的主体建筑，是明、清两代帝王祭祀历代帝王和功臣的场所。大殿面阔九间，重檐庑殿顶，黄琉璃瓦屋面，檐下施斗拱，和玺彩画，殿前有汉白玉月台，东、南、西三面有石护栏，南面三出陛，中为御路，其规格及规模仅次于太庙，殿内有11龛供历代帝王的牌位。

景德崇圣门

碑亭

月台两侧各有碑亭一座，重檐歇山顶，黄琉璃瓦屋面。大殿两侧的两座碑亭内立有清雍正帝、乾隆帝御制碑各一块。除中路外，东路为神库、神厨、宰牲亭、井亭等建筑，西路为关帝庙、遣官房、祭器库、典守房、乐舞执事房等建筑，多为在2003年历代帝王庙修缮工程中复建。

1979年8月21日，历代帝王庙被北京市人民政府公布为北京市第二批市级文物保护单位，1996年11月20日，历代帝王庙被国务院公布为第四批全国重点文物保护单位。

关帝庙

神库、神厨

建立了历代帝王庙。

历代帝王庙祭祀对象是从三皇五帝开始，祭祀的是历史上有记载的帝王。当时，除历代帝王外，朱元璋主要祭祀的是一些开国元勋、有丰功伟绩、有文治武功的将相和大臣。朱元璋建立帝王庙，有学者认为，其主要目的就是稳定大局、缓解矛盾。之后，朱棣迁都北京，其后代嘉靖帝在北京城修建了历代帝王庙。位于北京市西城区的历代帝王庙修建好之后，祭祀有多位皇帝，以及三皇五帝中记载的圣人。

清朝时期，祭祀历代帝王这一制度继续沿用。清朝时，是对历代帝王的祭祀达到顶峰的时期。皇帝对历代帝王的祭祀，是一个国家通过帝王庙对自己国家历史、对中华民族文化的一种认同。从这一时期开始，在帝王庙祭祀的帝王也增加了很多。

北京历代帝王庙从明嘉靖年间建立以后到清朝的300多年里，祭祀有600余次，是皇帝对国家认同的集中体现。

知识链接　历代帝王庙的历史渊源

历代帝王庙主要用于祭祀历代帝王。秦汉之后，对三皇五帝，以及历代帝王的祭祀不断发生变化。开始是陵墓祭祀，到后来发展为立庙祭祀；开始为分散单独祭祀，到后来发展为集中群体祭祀，由祭祀开国帝王到祭祀守业帝王。

在此发展的过程中，中国第一个建立帝王庙的朝代是唐朝，唐玄宗在都城长安建立了帝王庙，帝王庙主要祭祀的是三皇五帝和开国皇帝。宋朝和元朝时期的祭祀方式，并未沿用唐朝祭祀帝王庙的方式，而是继续沿用之前陵墓祭祀或都城祭祀的方式。明朝时期的朱元璋在南京建立都城，

吕祖阁

吕祖阁是专门供奉吕祖即吕洞宾的道教宫观，位于北京市西城区新壁街41号和明光胡同6号，

一进院前殿三间，面阔11.8米，进深9.3米。硬山调大脊，筒瓦顶，正吻垂兽，五小兽，排山滴水。

二进院中殿三间，面阔12.85米，进深9.3米。硬山调大脊，筒瓦顶，正吻垂兽，五小兽，排山滴水。中殿两侧有东西配殿各三间，为硬山调大脊，筒瓦顶，正吻垂兽，五小兽。

三进院后殿五间，面阔20.55米，进深9.75米，硬山调大脊，黄琉璃瓦绿剪边，正吻垂兽，五小兽，排山滴水，带前廊，梁上有精美的旋子彩绘。侧面的山墙封檐勾滴是黄色琉璃瓦，而房顶为绿色琉璃瓦，很少见。有东西配殿各五间，硬山调大脊，正吻垂兽，五小兽。台阶旁砌着两个雕花圆石墩。后殿殿前有宽阔的月台，月台西

钟楼

建于清朝初年。是北京现存少数道观之一。其规模较大，整体布局和建筑物尚完整。

吕祖阁坐北朝南，主要建筑包括山门、钟鼓楼、前殿、中殿、后殿。

山门在20世纪50年代已经被拆除。钟楼、鼓楼各一座，保存完整，均为上下两层，歇山，筒瓦顶，调大脊，砖吻垂兽，五小兽，上有障日板。

二进院配殿

二进院正殿

三进院后殿

侧台阶的右侧有块石碑，左侧有石碑碑座。碑座上有"暗八仙"浮雕，雕着八位仙人的法器。

1984年5月24日，吕祖阁被北京市人民政府公布为北京市第三批市级文物保护单位。

知识链接

道教宗师吕洞宾

吕岩，字洞宾，号纯阳子、回道人，道教著名宗师，被后世尊称为吕祖、吕祖师、纯阳祖师等。其出生于官宦世家，祖父为唐朝礼部尚书吕渭，父亲是海州刺史吕让，吕洞宾排行老三。一开始，他学习儒学，29岁时考中进士，后因厌倦官场上的尔虞我诈而辞官，来到终南山学道，后成为道法精深、法力高强的道士。吕洞宾和其他7位道法高深的仙人结义，被世人誉为"八洞仙人"。

相传吕洞宾成仙之后，经常在人间云游，除恶扬善，民间流传着很多关于他造福百姓的故事。为了感念吕洞宾为老百姓做的好事，百姓就建造了吕祖阁，供奉这位为百姓造福的神仙。

在元代，位于山西浮云山的一个小山村里，有一眼清泉非常神奇，据说喝了这里的泉水可以治百病，周边的百姓都来这里取水。村里有一个姓李的恶霸，他见大家都来这里取水，于是就动了歪主意，他让自己的刁奴把泉水围了起来，凡是想从这里取水的人，必须得交钱，谁要是不交钱取水，必定会遭来这些恶奴的暴打。这样一来可愁坏了那些需要这眼泉水的贫苦百姓，他们哪儿有钱给这个恶霸啊。周边百姓面对这样的局面苦不堪言。

距泉水20千米外有一处叫招贤村的地方正在建一座宫殿，为了建造宫殿，村民们要费很多力

气去黄河挑水，很多村民累得都卧床不起。

就在这个时候，吕洞宾云游到这个地方，了解到两地百姓的苦难后，决定要惩治一下这个恶霸，帮一帮苦难的百姓。心想：反正这眼泉水在原来的地方被恶霸霸占，老百姓也用不上，倒不如给它挪挪地方，把它移到招贤村，既惩治了恶霸，也让招贤村的百姓不用那么辛苦地挑水。

第二天，吕洞宾来到这眼泉水前，那些刁奴们见有人接近泉水，上来就要驱赶。吕洞宾口中念诀，用手一指，只见泉水腾空而起，如一条白练一般，朝着招贤村的方向飞去，而吕洞宾也现出真身，飞升在空中，警告恶霸不要为富不仁，欺压百姓，否则下次再让他遇见就不是迁走泉水这么简单了。恶霸早已吓得魂不附体，磕头如捣蒜一般。

知道恶霸受到了吕洞宾的惩罚，百姓欢声雷动，纷纷感激吕洞宾，从此，这眼泉水就迁到了招贤村，周边百姓又可以自由地来打水了。

西什库教堂（北堂）

西什库教堂又称北堂，原名救世堂，是北京城四大天主教堂之一。位于北京市西城区西什库大街33号。曾是北京最大的天主教堂。

西什库教堂的前身为始建于清康熙四十二年（1703）的蚕池口教堂，光绪十二年（1886）迁于今址，经历了重建和多次修缮。初建时其建筑面积很大，东到东夹道，西至西皇城根，南邻西安门大街，北到北京医学院，包括修道院、图书馆、后花园、印刷厂、孤儿院、医院、光华女中以及神甫宿舍，现主要保留了中路及西路部分建筑。

1886年的蚕池口教堂

教堂大门位于院落南侧，为砖结构，檐部做线脚装饰，顶部做女儿墙装饰。

西什库教堂的大堂坐北朝南，平面呈"十"字形，立面为法国哥特式造型，狭窄细长，西洋建筑风格浓重，堂前还有月台和汉白玉石栏。大堂面积2200平方米，高16.5米，钟塔尖高约31米。大厅采用木结构三角桁架，上覆筒瓦坡屋顶，

西什库教堂入口

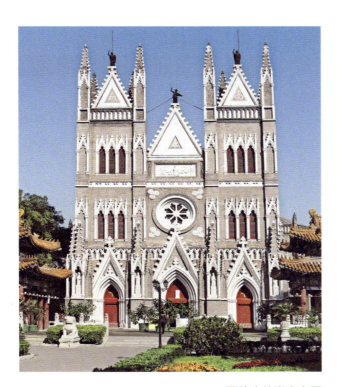

西什库教堂南立面

内部则采用木柱分割为中厅和侧厅，天花为木结构做出尖券效果。大堂南立面面阔三间，进深一间，为主要出入口并做重点装饰。立面中间为大门，门上方木匾上书"敕建天主堂光绪十三年"。两侧为钟楼。大堂一层三间单开门，采用汉白玉做尖券门框，形成层层递进的透视效果，透视门上方为汉白玉做尖耸的三角山花，大门两侧为砖砌方壁柱，每个壁柱基础部分做一个凸出的汉白玉壁龛，龛中置汉白玉圣保禄、圣伯多禄、圣玛窦、圣若望立像。

两侧大门造型与中央大门一致，但开间尺寸较小。大堂二层居中一间为汉白玉玫瑰花窗，两侧为砖壁柱。两侧钟楼房间采用三组纵向尖券窗装修，三组尖券窗均用汉白玉柱式做竖向分割，

玫瑰花窗

每个窄窗用尖券和尖耸的三角山花装饰。大堂三层中间为山花屋顶造型，两侧为钟楼房间，每间三组纵向窄窗，窗间用汉白玉做西洋柱式，柱式上承托尖券和三角山花，两侧为壁柱。钟楼顶用三角山花做一尖耸屋顶，屋顶四角将壁柱向上延伸形成四个尖塔。大堂侧立面为灰砖清水墙，砖砌壁柱纵向划分间数，每间置一个从基础延伸至顶部的采光窗，采光窗用砖柱分割成两扇，每窗上檐做成尖券，两个并列窗的尖券顶置一圆窗，圆窗上又做一尖券，尖券上做三角山花，采光窗为铅条镶嵌彩色玻璃。大堂内部有明柱36根，柱顶俱镂刻菘菜叶形，柱高约10米。堂内设主祭台和配台，大堂正门内还建有唱经楼。大堂主祭台

碑亭

的北边是苦难堂。

除此之外，大堂正门南侧东西各有中国传统重檐歇山顶调大脊碑亭一座，面阔三间，黄琉璃瓦屋面，正脊饰正吻，垂脊、戗脊饰垂兽、戗兽及五小兽，一层檐施一斗二升交麻叶斗拱，二层檐施一斗三升斗拱，苏式彩画。碑亭红色圆柱上装饰有雀替，基座为花岗岩质地，四周环以汉白玉栏杆装饰。亭内分别立清光绪十四年（1888）刊刻《天主教堂迁建谕旨碑》和《迁建天主堂碑记》各一方。其中东碑亭的《天主教堂迁建谕旨碑》为螭首龟趺，高3.1米，宽1米，厚0.36米；西碑亭的《迁建天主堂碑记》形制同《天主教堂迁建谕旨碑》。这两方石碑记载了西什库教堂的建立及迁建的情况。

1984年5月24日，西什库教堂（北堂）被北京市人民政府公布为北京市第三批市级文物保护单位；2006年5月25日，西什库教堂被国务院公布为第六批全国重点文物保护单位。

知识链接　命运多舛的西什库教堂

西什库教堂始建于清康熙四十二年。说到西什库教堂命运多舛，是因为它多次被毁，几度重建，才拥有了今日的辉煌。

《燕京开教略》中记载："康熙偶患疟疾，洪若翰、刘应进金鸡纳，皇上以未达药性，派四大臣亲验，先令患疟者服之，皆愈。四大臣自服少许，亦觉无害，遂请皇上进用，不日疟瘳。"是说天主教教士洪若翰、张诚、白晋、刘应进献金鸡纳霜西药治愈了康熙帝的疟疾，因而获赐皇城西安门内蚕池口一块地，得以建教堂，这所教堂就是西什库教堂的前身，名为"救世堂"。由于此教

正面圣徒雕像

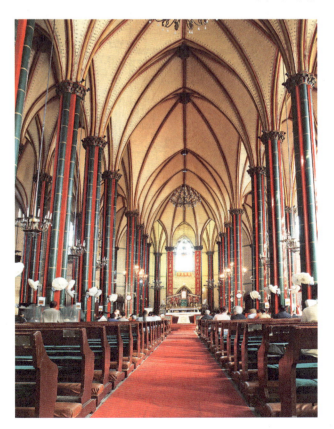

教堂内景

堂只有绘画和文字叙述问世，为叙述方便，习惯称为"蚕池口老北堂"。

清朝中叶，民间反对天主教的势力，与天主教会不断发生摩擦，清政府于清道光七年（1827）查封了蚕池口老北堂，并没收了全部教产，拆毁了教堂。第二次鸦片战争后，清政府向教会归还了蚕池口老北堂的土地，同意重新修建。同治三年（1864），主教孟振生主持了在北堂原址上重建的一座高大的哥特式建筑。至此，教堂经多次重建，由于该教堂已有照片问世，对有照片的蚕池口教堂，习惯称"蚕池口北堂"。该时期的教堂完整的正面照比较少，法国外交官谢满禄在华期间（1880—1884）拍摄了一张有天主教神职人员主持的蚕池口教堂正面照。

由于蚕池口临近皇家禁地，高大的教堂钟楼引起了慈禧太后的不悦；在钟楼上直接可以窥探到慈禧太后为颐养天年在西苑内兴建的"集灵囿"。经过与罗马教廷和法国政府的交涉，教会同意将教堂迁往西什库，由清政府出资建新的教堂，原蚕池口教堂归清政府所有。人们常见的一张1900年八国联军占领北京时的"蚕池口北堂"老照片，照片中教堂建筑外形除正面墙三角楣尖顶的"大十字架"被拆掉，总体并未受到庚子之乱的破坏，原因是当时的蚕池口北堂属清廷所有。

清光绪十四年（1888）西什库新教堂正式落成，至庚子之乱毁坏，存在了12年。为便于称呼上的准确，习惯称此时的教堂为"老西什库教堂"。

清光绪二十六年（1900），在义和团反洋教的运动中，义和团用火攻、炮轰、水淹等方式，接连毁坏了东堂、西堂、南堂和北堂。西什库教堂自6月17日遭到围困，在攻守的炮火中，教堂内设施遭到严重的破坏。8月16日，八国联军攻陷北京后，西什库教堂才得以解围。

庚子议和后由清政府赔偿出资重修了损毁严重的西什库教堂建筑。习惯将光绪二十六年底重修的教堂称为"新西什库教堂"，也就是我们今天所见的西什库教堂建筑群。

1985年、2001年，政府拨款对西什库教堂进行修建，使得教堂恢复旧有的风貌。如今，这座古老的建筑也见证了中国历史的变迁，记录了重大的历史事件。

礼王府

礼王府是清代礼亲王的府邸，清朝的第一代礼亲王是清太祖努尔哈赤次子、清初"八大铁帽子王"之一代善，此地在明代是崇祯帝的外戚周奎的私宅，位于北京市西城区西黄城根南街7、9号。现主体建筑仍保存完整，是研究清代王府建制的实物。

现存的礼王府建筑为清嘉庆十二年（1807）大火后复建的遗存。府邸分中、东、西三路。中路为主体殿堂，自南向北有府门五间，正殿七间，

正殿东西翼楼各七间，后殿五间，寝门一间，正寝殿九间（前接七间抱厦），最后为后罩楼七间。东路建筑残存几个院落，但是面貌破坏较严重。西路原为花园，亭榭俱全，现在已经大部分拆除，遗存建筑很少。

整个礼王府呈长方形，规模雄伟，占地宽广，重门叠户，院落深邃。在清代所建的诸多王府中，

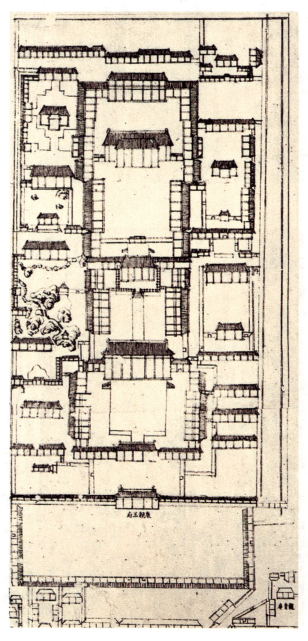

《乾隆京城全图》中康亲王府（即礼王府）平面图

1922年的礼王府大门

礼王府是京城规模最大的王府，民间素有"礼王府的房，豫王府的墙"的说法，说的就是礼王府规模大、房子多。据《乾隆京城全图》记载，礼王府共分为中、东、西三路，整个王府共有房屋、廊庑等480余间。

其中东路有十二进院落，是王爷及其家人的卧房。西路有十一进院落，其间有花园、阁楼，设计精美。中路是主体建筑，有五重房屋，七进院落，既有府门、宫门、银安殿等，又有两侧翼楼、后殿、两侧配殿，还有启门、神殿前出轩、两侧配殿、遗念殿（后罩楼）、两侧转角配房、后罩房等。

1922年礼王府花园清音斋

1984年5月24日，礼王府被北京市人民政府公布为北京市第三批市级文物保护单位。

 礼亲王

礼亲王代善为努尔哈赤第二子，随从努尔哈赤征战。明万历四十四年（1616）努尔哈赤建元"天命"，封代善、舒尔哈齐、阿敏龚古尔泰和皇太极为贝勒，人称代善大贝勒，是皇位有力的竞争者。明天启六年（1626）努尔哈赤卒。代善

以大贝勒身份让位给其八弟皇太极。皇太极即位后，改国号为"清"，封代善为和硕礼亲王。崇祯十七年（1644）皇太极死后，多尔衮、豪格和福临三方争夺皇位，代善又积极拥戴福临继位，因而深得孝庄皇太后和顺治帝的信赖。清顺治六年（1649）代善卒，顺治帝赐葬银万两，立碑记功。康熙十六年（1677）追谥曰"烈"。乾隆四十年（1775）配享太庙。

代善共有八子，除了袭爵的第七子满达海、克勤郡王长子岳托两家"铁帽子王"之外，另外六子皆立有战功。代善去世后，第七子满达海承袭和硕亲王爵。满达海在征伐明的过程中，无役不从，封为贝子。清顺治元年（1644）随多尔衮进关。顺治八年（1651）加封号"巽"，因而礼亲

1922年礼王府花园一景

王改号巽亲王。次年，满达海卒，谥曰简。其第一子常阿岱袭巽亲王爵。顺治十六年（1659）因满达海被揭发在处理睿亲王多尔衮削爵事件时，因与其素无恩怨却私自侵吞其财物、骄纵下属等罪状，而被削去爵位和谥号，推倒墓碑。其子孙也不再"世袭罔替"，改为世袭递降，常阿岱也因此被降为贝勒。世袭亲王爵位改代善孙康郡王杰书（代善第八子祜塞之子）袭封，从此爵号又改称康亲王。

杰书为清代名将，清顺治六年（1649）封郡王，顺治八年（1651）封号曰"康"，顺治十六年（1659）袭爵后，仍用原爵号，为康亲王。康熙十三年（1674），杰书被封为奉命大将军，率军征讨耿精忠，收降耿精忠。继而挥师收复台湾郑氏所占领的福建，康熙十九年（1680）班师回京。10年后，再度率师出张家口屯兵归化城，抗击噶尔丹。不久，因敌遁匿撤还。征战中，知人善任，提荐的姚启圣、吴留村等，都成为后来的封疆大吏。康熙三十六年（1697）杰书去世，谥曰"良"。至乾隆四十三年（1778）杰书曾孙永恩时，逢朝廷追论先王功勋，复号礼亲王。

清嘉庆十二年（1807）府邸毁于大火，建筑几乎全部烧毁。由当时的礼亲王昭梿（永恩之子）自行重建，嘉庆帝赐银一万两。

末代礼亲王世铎于清咸丰元年（1851）袭爵，清末曾任军机大臣，赐亲王双俸，1914年去世。

郑王府

郑王府是清初"八大铁帽子王"之一的郑亲王济尔哈朗的府邸，位于北京市西城区大木仓胡

郑王府街门

同35号，是现存清代早期王府建筑的代表。郑王府在历史上规模较大，布局开阔，建筑雄伟，原为北京规模最大的王府。郑王府花园在史书上被记载为"最大最美者"。

郑王府由第一代郑亲王济尔哈朗创建于清顺治元年至五年（1644—1648），是当时京城较大的王府之一。后来，郑亲王济尔哈朗因王府殿基逾制，又擅用铜狮、龟、鹤等陈设，于顺治四年（1647）遭弹劾而被罢免辅政并降爵位为郡王，至今，王府殿基逾制的证据犹存，在府门台阶上现在还保存有北京王府中唯一的一块御路石。按照清朝规定，只有皇家建筑才能使用，王府禁用。

府门御路石

花园北房

而在以后清朝的200多年历史中再也没有一座王府擅自逾制了，包括权倾天下的醇亲王。郑王府建成后，历代有所修缮或扩建。在清乾隆十五年（1750）成书的《乾隆京城全图》上可以看到这座王府的规模。

至第八位袭王德沛时，在清乾隆十五年至十七年（1750—1752）增建了一座花园，名"惠园"，后经历代扩建成为当时京城王府花园中最大、最美的一座。这座豪华的花园中，山石、亭榭一应俱全，尤为值得注意的是它修造了当时非常罕见的人工瀑布（皇家园林中也仅圆明园有）。直至清末，它仍然被列为京城四大王府花园之首，

《道咸以来朝野杂记》记载："京师园林，以各府为胜，如太平湖之旧醇王府，三转桥之恭王府，甘水桥北岸之新醇王府，尤以二龙坑之郑王府最为有名。其园甚钜丽，奥如旷如，各极其妙。"

郑王府坐北朝南，原建筑可以分为东部府邸和西部花园两部分。府邸原布局横向分为东西两路，东部前部突出，是王府主要殿宇所在。花园目前已经拆除。但根据20世纪50年代地形图仍可以依稀看出原王府格局。现在，王府东部自南而北保存有三组院落，即狮子院、正殿院和正寝殿院。

狮子院最南为街门，面阔三间一启门，硬山顶调大脊，绿琉璃筒瓦屋面，排山勾滴，额枋绘旋子彩画，红色圆柱，鼓镜式柱础，柱间带雀替，砖石台基。街门内为府门（二宫门），面阔五间，硬山顶调大脊，绿琉璃瓦屋面，排山勾滴，檐下施以一斗三升斗拱，额枋绘旋子彩画，红色圆柱，鼓镜式柱础，柱间带雀替，明间垂带踏跺六级，踏跺间浮雕御路石犹存，次间各出垂带踏跺六级，砖石台基。门前高大的石狮子一对。所以此院在王府中称为狮子院。院子的东西两侧阿斯门各三间（阿斯是

郑王府府门

府门前石狮

满语雁翅的意思，因为门位于府门两侧似雁翅）。

正殿院的最主要建筑是银安殿，又名和乐堂，面阔五间，歇山顶，绿琉璃瓦屋面，檐下施以重昂五踩斗拱，额枋绘墨线大点金旋子彩画，红色圆柱，鼓镜式柱础，柱间带雀替，前檐和后檐明、次间装修为近代式样的槅扇门，梢间为墙，砖石台基。正殿两侧朵殿各三间。东西翼楼各五间。配殿仅剩西配殿两间。

银安殿（和乐堂）

最后为正寝殿，中国大学使用时为纪念孙中山先生改名逸仙堂，今尚沿用。正寝殿，面阔七间，硬山顶调大脊，黑琉璃瓦绿剪边屋面，排山勾滴，额枋绘旋子彩画，红色圆柱，鼓镜式柱础，柱间带雀替，前出廊，前檐明间悬挂"逸仙堂"匾额，近代式样的槅扇门，次梢间为近代式样的

正寝殿（逸仙堂）

槛窗，砖石台基，明间出垂带踏跺四级；东西配殿各五间。院南还有供出入的垂花门一座（后改建）。王府原有后殿、后罩楼和一些附属建筑被拆除。西路的后部还保存一个院落。

中华人民共和国成立后，该王府一直被教育部使用。

1984年5月24日，郑王府被北京市人民政府公布为北京市第三批市级文物保护单位。

知识链接　　郑亲王

第一位郑亲王——济尔哈朗（1599—1655），是清太祖努尔哈赤三弟舒尔哈齐之子，是清初"八大铁帽子王"之一。济尔哈朗幼年丧父，被努尔哈赤收养于宫中，并封为贝勒。后由于骁勇善战，率兵屡立战功，后金"天聪五年（1631）七月，初设六部，济尔哈朗掌刑部事"。清崇德元年（1636），又因战功封为和硕郑亲王。崇德八年（1643），清世祖福临即位，新帝年幼，"命与睿亲王多尔衮同辅政"。顺治元年（1644），被封为"信义辅政叔王"。但是，顺治四年（1647），以睿亲王多尔衮和庄亲王多铎为首的一派，拔除异己，以郑亲王府邸逾制和不举发肃亲王豪格篡位等为理由，削去其辅政之职并降爵为郡王。多尔衮死后，济尔哈朗于顺治九年（1652）被加封为和硕郑亲王。顺治十二年（1655）五月，戎马一生的郑亲王病逝于王府中。病重期间，顺治帝亲自来府中探望，当问到有什么遗言时，郑亲王说："臣受三朝厚恩，未及答，原以取云贵，殄桂王，统一四海为念。"顺治帝听后，痛哭流涕地说："天奈何不令朕叔长年耶！"并让人画下郑亲王的画像。郑亲王死后，顺治帝辍朝七日，以表示哀悼，命在亲王园寝（即坟墓）例银5000两的基础上，再加5000两，并立碑记功。

济尔哈朗死后，他的第二子济度于清顺治十四年（1657）五月袭爵，由于此前济度因战功已经被封为简郡王，所以袭爵后王爵改号简亲王。后世的袭王一度以简亲王爵位袭封。至第七位袭王神保住时，因罪被削爵。乾隆帝命济尔哈朗之弟贝勒费扬武曾孙德沛袭简亲王爵。德沛是王公亲贵中少有的封疆大吏。德沛在地方做官期间，赈济灾民、兴办学校、垦田植树、惩治贪官，造福了一方百姓。而且，德沛为官清廉，《清史稿》称："操守廉洁，一介不取。"至乾隆十三年（1748）七月，因病不得不卸任。乾隆帝便以德沛操履厚重的原因，特命袭简亲王爵。乾隆十七年（1752），德沛去世，谥曰"仪"。

郑王府银安殿斗拱和彩画

德沛死后，以济尔哈朗曾孙奇通阿袭爵。清乾隆四十三年（1778）正月，第十一位袭王积哈纳袭爵，恢复郑亲王爵号。第十三位袭王端华袭爵后，被道光帝授为御前大臣。道光帝死后，为顾命大臣。咸丰十年（1860），英法联军占领北京时，随咸丰帝逃往承德避暑山庄，咸丰十一年（1861）在咸丰帝临终之际"授领侍再受顾命"，与怡亲王

载垣及肃顺等并号"赞襄政务王大臣"辅佐年幼的同治帝。同治帝即位后，端华在慈禧太后和恭亲王奕䜣发动的辛酉政变中被赐死，没收府邸，爵位也降为不入八分辅国公。同治元年（1862）二月，以济尔哈朗八世孙岳龄袭郑亲王。

由于此爵位是开国的"铁帽子王"，慈禧太后觉得这样做不符合祖宗规矩，自己的处置太过极端，所以在清同治三年（1864），借镇压太平天国胜利之机，复还了郑亲王世爵，以奇通阿五世孙承志袭爵。而以岳龄改袭辅国公。但是没有归还王府，而是转赐给道光帝第八子钟郡王，改为钟郡王府，直至同治十年（1871）才归还，复为郑亲王府。光绪二十六年（1900）昭煦袭爵，11年后清朝覆亡，昭煦也就成了最后一位郑亲王。从崇德元年（1636）封爵到宣统三年（1911）清朝灭亡的275年间，郑亲王一爵共传十代18人。

庆王府

庆王府是清末庆亲王奕劻的府邸。位于北京市西城区定阜街3号。后殿及西部三路院落保存

庆王府西一路大门

完整。西路有精雕的楠木装修建筑一处，价值很高；后部的梳妆楼，形制新颖。

庆王府南起定阜街，北至延年胡同，东起松树胡同，西至德内大街。大致可分为中、东、西三部分，大小房屋近千间，每个院落门上都有匾额。王府主体殿堂在中部，民国初年曾经发生过一场大火，焚烧殆尽，现在前部已经改为楼房，仅保留有后寝一座。东部也已经难窥旧貌。西部生活居住区，基本保存完整，有三路并排院落。三路院落各开大门，是奕劻死后三子分家所致。每路院落都是以前后套院为主，即一座正房，两座厢房。

庆王府西二路垂花门

西一路共六进院落，大门为三间一启门形式，悬山顶过垄脊，筒瓦屋面。第一进院内正房三间，东西厢房各三间，院内有游廊连接各房。第二进院有一殿一卷式垂花门一座。第三进院内正房三间，前后出廊，东西耳房各两间，东西厢房各三间。第四进院内正房五间，前出抱厦三间，院内有游廊环绕。第五进院内正房五间，两卷勾连搭形式，前后出廊，东西厢房各三间，均前后出廊，院内有游廊连接各房。第六进院有后罩房九间。西二路共六进院落，大门为一殿一卷式垂花门一座。

西一路一进院正房

西二路第一进院内正房五间，前后出廊，院内有游廊环绕。第二进院内正房五间，前后出廊，东西两侧耳房各三间，东西厢房各三间，院内有游廊连接各房。第三进院内正房三间。第四进院内正房五间，前后出廊，房前出月台，东西耳房各两间，院内有游廊连接各房。第五进院内为一座坐北朝南的精美二层楼房，俗称绣楼，平面呈"凹"字形，是至今难得的一座保存完好的梳妆楼。第六进院有后罩房十二间。

西一路三进院正房

西二路五进院绣楼

西一路和西二路建筑均为硬山顶过垄脊，筒瓦屋面。

西三路为花园区，第一进院正房五间，前出抱厦三间，后出抱厦一间，连接北房三间，院内游廊环绕。第二进院有正房五间，歇山顶过垄脊，筒瓦屋面，四周带回廊。西三路后部园内旧有一座戏楼，规模宏大，装饰精美，能容纳300多人，是王府戏楼中的佼佼者。奕劻每遇生日或喜庆，都要大摆筵席演戏三天。著名京剧表演艺术家谭鑫培、王瑶卿、陈德霖、杨小楼、王凤卿等都曾到府演唱过。1971年2月4日晚在此戏楼演出京剧《红灯记》时，剧务人员在后台吸烟，引燃幕布、道具，戏楼被焚，后在遗址上改建礼堂一座，现仅存东西两侧游廊。

西三路二进院正殿

1984年5月24日，庆王府被北京市人民政府公布为北京市第三批市级文物保护单位。

知识链接

爱新觉罗·奕劻

爱新觉罗·奕劻，满洲镶蓝旗人，乾隆帝曾孙，清朝铁帽子王之一。

清道光十六年二月二十九（1836年3月24日）奕劻在北京出生，之后过继给庆郡王绵慜为嗣。

道光三十年（1850），奕劻被封为辅国将军，之后又被封为贝子、贝勒，同治十一年（1872）九月，加郡王衔，封为御前大臣。

清光绪年间，奕劻的权位逐渐提升，但是始终没有大的作为。光绪二十四年（1898），戊戌政变时，身为神机营主管的奕劻积极支持慈禧太后，帮助慈禧太后将光绪帝囚禁于瀛台，由此获得了世袭罔替的铁帽子王，更深得慈禧太后的器重。

义和团运动爆发时，奕劻任总理衙门大臣，他多次请求朝廷镇压。八国联军入侵北京时，他又奉命留在北京，同李鸿章一起与列强议和。外务部成立之后，他仍然任总理大臣。清光绪二十九年（1903）军机大臣荣禄去世之后，奕劻成为新任军机大臣，于是借内外权力开始横征暴敛，以收受贿赂等各种方式进行敛财，仅一次七十寿诞就获得白银50万两，奇珍异宝无数。

清宣统三年（1911），军机处被裁撤，成立皇

庆亲王奕劻

族内阁，奕劻任总理大臣，武昌起义之后，其职位被袁世凯所替代，他改任为弼德院总裁。宣统帝退位之后，奕劻被家人带到天津避难，他仍心牵北京，然而其府邸经历革命风暴之后已一片狼藉。

1917年，奕劻在天津租界病逝，享年79岁。

一字影壁

克勤郡王府

克勤郡王府是清代克勤郡王府邸，位于西城区新文化街53号，始建于清顺治年间。第一代克勤郡王岳托地位非常显赫，是清初因为立下卓著战功而受封的"八大铁帽子王"之一。民国时期，这里曾一度是知名人士熊希龄的住宅，后来熊希龄将其捐赠给了北京救济会。

座只有亲王府级别住宅才能使用的一字影壁，砖石结构，硬山顶调大脊，筒瓦屋面，四岔角雕花。府门（复建）五间三启门，硬山顶调大脊，筒瓦屋面，额枋绘旋子彩画，门前有雄性石狮一只。

府门内的正殿已经无存。东西翼楼各五间，

府门

东翼楼

第一代克勤郡王名岳托，是礼亲王代善的长子。早在清朝入关前，他就因为屡立战功于清崇德元年（1636）被封为亲王，后因为犯错被降为贝勒。崇德三年（1638）他在对明朝的战争中战死于山东，死后被追封为克勤郡王。

克勤郡王府坐北朝南，原府邸分为中、东、西三路。目前仅中路保存较为完整。府门前有一

寝门

硬山顶调大脊，筒瓦屋面，额枋绘旋子彩画，前出廊。东西庑房各七间，硬山顶调大脊，筒瓦屋面，额枋绘旋子彩画，前出廊。寝门三间，硬山顶调大脊，筒瓦屋面，额枋绘旋子彩画，红色圆柱，鼓镜式柱础。寝门东西各连看面墙，过垄脊，筒瓦屋面。

正寝殿五间，硬山顶调大脊，筒瓦屋面，额枋绘旋子彩画，前后出廊。东西配殿各五间，硬山顶调大脊，筒瓦屋面，额枋绘旋子彩画，前出廊。后罩房七间，硬山顶调大脊，筒瓦屋面，额枋绘旋子彩画，前出廊。东西厢房各五间，硬山顶调大脊，筒瓦屋面，额枋绘箍头彩画，前出廊。正殿与配殿间连转角房，硬山顶调大脊，筒瓦屋面，前出廊。西部跨院也保存有部分建筑。

正寝殿

后罩房

中华人民共和国成立后，克勤郡王府一直由学校使用。2001年11月北京市政府开始对克勤郡王府进行了历时两年的大规模修缮工程，克勤郡王府现已被整修一新。

1984年5月24日，克勤郡王府被北京市人民政府公布为北京市第三批市级文物保护单位；2013年5月3日，克勤郡王府被国务院公布为第七批全国重点文物保护单位。

知识链接　　熊希龄

熊希龄，湖南湘西凤凰人，民国时期政治家、教育家、慈善家、社会活动家和实业家。

清同治九年庚午六月二十五日（1870年7月23日），熊希龄出生在湖南湘西凤凰县的一个军人家庭。他从小天资聪颖，加之父亲严格的教育，因此在少年时代就已经非常出名，被誉为"湖南神童"。

光绪十年（1884），熊希龄考中秀才，之后经过不断的学习和深造，在光绪二十年（1894）考中二甲进士，并被皇帝钦点为翰林院庶吉士。

光绪二十一年对于熊希龄来说是人生中关键的一年。这一年中日甲午战争爆发，中国处于生死存亡的关键时期，然而清政府昏庸腐败，慈禧太后还为自己的六十大寿挥霍无度，这让熊希龄感到既愤慨又悲哀，于是他打算弃笔从戎。可这一想法很快被两江总督抹杀了，之后他返回家乡。清政府被迫签订了丧权辱国的《马关条约》以后，让熊希龄更加坚定了弃笔从戎的想法。于是在次年，他向当时的两湖总督张之洞上书，强烈要求变法维新，并得到了张之洞的赏识，委任他为两湖营务处总办。从此，熊希龄正式投入改革政治的阵营。

熊希龄

宣统三年（1911），熊希龄来到上海，加入中华民国联合会，之后历任热河都统、"第一流人才内阁"总理兼财政总长等职务。1914年，熊希龄因受曾经热河行宫盗宝案的牵连，仕途受挫，开始从事慈善及教育事业。1917年，他开始负责京兆水灾的善后事宜，创办了慈幼局，给难童们提供安身之所。1918年，他又在北京香山成立香山慈幼院，旨在培养更多对祖国有用的人才。1937年，淞沪会战爆发后，熊希龄与上海红十字会合作创办伤兵医院和难民收容所，终日为慈善事业而殚精竭虑。

1937年12月25日，熊希龄因为脑溢血在香港去世，享年68岁。他弃笔从戎，投身革命，无论是在变法维新，还是抗日救亡中都具有十分重要的影响，是我国近代重要的历史人物之一。

原国立北平大学女子师范学院

国立北平大学女子师范学院，原为清光绪二十四年（1898）建京师女子师范学堂，1913年改称北京女子师范学校，1924年改为北京女子师范大学。1928年设立北平大学，学校改为北平大

学女子师范学院，位于北京市西城区新文化街45号。1923—1926年，鲁迅曾在此讲学。

京师女子师范学堂旧影

学堂大门由四个中西合璧式门柱和三组大门组成。门柱为方形，丝缝做法，下部为中式须弥座造型，上部为灰砖。柱心雕中式砖雕，柱头亦仿须弥座造型，其上承托一四角攒尖顶，攒尖上承托一莲花球。大门中间双扇，两侧单扇，用涡卷铁艺装饰，中间大门两柱间做一拱形铁艺门楣。大门两边为灰砖清水墙，墙心用砖砌线脚组成中式图案，墙帽为砖脊两坡顶。

一号楼地上两层，砖木结构，三角桁架，立面造型丰富，由中西合璧的砖砌壁柱将立面纵向划分成十一间。南立面中三间带前廊，中央为门道通向后楼，每间一拱券窗，其上雕刻有中国传统卷草纹。正中一间大门做重点装饰，大门两边装饰粗大壁柱，柱础和柱头都用中国传统须弥座图案，腰檐和屋檐用砖砌出丰富线脚，建筑檐口有女儿墙。大门二层上方有一弧形三角山花，三角山花间有丰富砖雕，顶为两坡屋顶。北立面为通长走廊。

二号楼纵向十二间，二层坡顶，三角桁架，灰砖清水墙，立面用壁柱纵向划分，用砖砌线脚

大门和一号楼

一号楼上部

突出腰檐，房檐用砖砌出椽头效果，檐上为女儿墙，窗洞均为拱券式。北立面为通长走廊，装饰朴素。

三号楼、四号楼是围楼，窗户为平券，壁柱纵向分割房间，用砖砌线脚做出檐口和女儿墙。围楼内院是围合贯通的走廊。

五号楼位于四号楼西侧，二层砖木结构，纵向排列七间。南立面为通长走廊，上带木栏杆和西洋图案倒挂楣子。北立面为西洋壁柱，灰砖清水墙，木桁架。

文化苑是一个独立的四合院建筑，正房是一

个平面方形的二层楼。二层楼以南是一个四合院，保留进口红机瓦，走廊为方柱，上置近代图案的倒挂楣子和雀替，屋檐上带挂檐板。院中保留1926年三一八惨案中牺牲的烈士刘和珍、杨德群纪念碑，纪念碑为汉白玉方尖碑，下置方形基座。

京师女子师范学堂旧址现为北京市鲁迅中学使用。

1984年5月24日，原国立北平大学女子师范学院被北京市人民政府公布为北京市第三批市级文物保护单位；2006年5月25日，原国立北平大学女子师范学院被国务院公布为第六批全国重点文物保护单位。

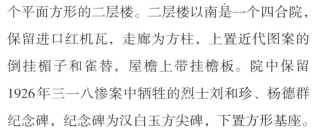

知识链接　　　**刘和珍**

刘和珍，江西省南昌人，是北京女子师范大学的优秀学生，是民国时期北京学生运动的领袖之一。

1904年，刘和珍出生在江西省南昌市，因为家境贫寒，她从小就勤奋好学，吃苦上进。

1918年，她考入南昌女子师范学校。五四运动爆发后，她积极投身运动，带领学生们打破陈规，大搞改革，赢得了广大学生的支持。之后，

五号楼走廊

她又倡导女生剪发，鼓励大家从封建枷锁中解放自己，顺应时代发展潮流。她为妇女解放运动做出了相当大的贡献。

1923年，刘和珍考入北京女子师范学校预科，后转入英文系。她在学校学习认真努力，待同学热情友好，深得学校老师和同学们的喜爱。刘和珍的思想非常进步，每次有学生集会或游行，她总是积极参加，并冲在最前面。她注重自己的精神涵养，经常会跑到北大听李大钊同志讲授的女权运动史等课程，并分享给同学们听。她还学习鲁迅的斗争精神，订阅其《莽原》半月刊杂志来充实自己。她觉得时代赋予了自己解放女性、改造社会的重要使命。

1926年3月12日，日军向大沽口国民军开炮射击，国民军予以还击，将其驱逐出大沽口。日本帝国主义以此为借口向段祺瑞政府施压，并纠结其他帝国主义列强于3月16日向我国发出最后通牒，要求停止津沽间军事行动和撤除大沽口的防御工事等。帝国主义列强的侵略行径激怒了北京各界人士，人们纷纷站起来反对，刘和珍也积极参与其中。

3月18日上午，刘和珍组织学生队伍去参加天安门示威大会。在做过一番慷慨激昂的演说之后，她就带领着同学们奔向天安门。她一如既往地站在游行队伍的最前列，手中高举着校旗，昂首挺胸，无所畏惧，鼓舞了无数的群众和学生。在段祺瑞政府门前，游行的学生们高喊着口号，要求段祺瑞拒绝帝国主义列强的最后通牒。突然，游行的队伍周围出现了全副武装的警察和军队，他们吹响警笛，开始向请愿的队伍枪弹射击，顿时场面一片混乱，顷刻间鲜血染红了大地。面对这种情况，刘和珍毫不畏惧，仍高举校旗站在游行队伍前面，这时凶残的敌人一齐用枪口对准了

她射击，又用军警的大刀和木棍向她砍去。刘和珍倒在一片血泊之中。当时她年仅22岁，为反对卖国政府奉献出了自己的生命。

为了纪念刘和珍，鲁迅先生作《记念刘和珍君》一文，歌颂她舍生取义、百折不挠的英雄气概。

广化寺

广化寺是一座北京著名的大型佛教寺院，也是北京市佛教协会所在地，位于北京市西城区后海鸦儿胡同31号。

广化寺始建于元代，明天顺至成化年间重修。由于得到内府太监苏诚的资助，重修后的广化寺规模宏大。到万历二十七年（1599），广化寺成为净土宗道场，住持圆环率众举行了盛大的弥陀法会，盛况空前。清光绪二十年（1894）再次重修广化寺殿宇。1908年，张之洞将个人藏书存放于寺中，奏请成立京师图书馆，次年获准，清政府派缪荃孙主持建馆事务。民国时期，教育总长蔡元培派江翰任京师图书馆馆长，次年开馆接待读者。鲁迅作为教育部主管图书馆工作的社会教育司第一科科长，常来此工作。不久之后，京师图

广化寺山门

书馆迁馆他处，广化寺又恢复为佛教寺院。

1938年，在书画家溥心畬的捐助下，广化寺再次修缮。1939年，广化寺创办了广化佛学院，招收学僧数十人，聘请周叔迦、魏善忱、修明、海岑等佛教学者任教，后又创办了广化小学，免费招生，为贫苦困难的学生提供书籍和学习用具，直到1952年由北京市教育局接办。1952年9月，虚云法师来京驻锡广化寺，佛教徒纷纷前来参礼这位佛学大师、禅宗高僧，平静的广化寺一时兴盛。

广化寺坐北朝南，建筑分中、东、西三路，院落宏阔而严整，殿宇达329间。中路是全寺的主要建筑所在，沿中轴线主要殿堂依次为：影壁一座，山门三间，歇山顶，匾额书"敕赐广化寺"五个金粉大字；天王殿三间，庑殿顶；五佛宝殿（大雄宝殿）五间，重檐歇山顶；藏经楼，二层，硬山顶，两侧对称排列着钟楼、鼓楼、伽蓝殿、祖师殿、首座寮与维那寮。

东路原有戒坛、斋堂、学戒堂、引礼寮等殿堂，现存一进院落。

西路现存二进院落，有大悲坛、观音殿、地藏殿、方丈室、法堂、祖堂等。院落之间回廊环绕，僧房毗连，形成一座大四合院中有众多小四合院，即"院中有院"的建筑特色。整座寺院古柏苍翠，花草溢香，曲径通幽。

此外，广化寺共收藏国家各级文物1716件，其中图书1087部、字画282件、碑拓298件，其

五佛宝殿

地藏殿

五佛宝殿内佛像

法堂

他物品49件，不少是文物珍品，如明永乐年间翰林院刻印的《大方广佛华严经》、清雍正皇帝抄写的《金刚经》，还有不少明、清名人字画。《大藏经》共4藏2761函，也十分珍贵。

1984年5月24日，广化寺被北京市人民政府公布为北京市第三批市级文物保护单位。

北京是一座国际化大都市，也是一座历史悠久的古城。历史上的北京不仅有各种各样的古建筑，还有林立古刹，其中佛教寺庙就有很多，非常著名的有内八刹、外八刹等。广化寺就是著名的内八刹之一，另外七处为广济寺、法源寺、龙泉寺、柏林寺、贤良寺、嘉兴寺和拈花寺。

广济寺位于北京市西城区阜成门内大街东口，始建于金代，明成化年间又进行重建，之后又有过大规模的重建和修缮。如今这座古寺庄严华丽，在国内外佛教界享有非常高的声望。中国佛教协会会址就坐落于此，是全国重点文物保护单位。寺中珍藏了大量珍贵的文物。

法源寺位于北京市西城区教子胡同南端东侧，始建于唐贞观十九年（645）。当时李世民东征到了此处，为了超度征辽将士的亡魂，他特命兴建该寺，并取名悯忠寺。清雍正十二年（1734），该寺进行大修，至此更名法源寺。如今该寺院收藏着大量珍贵的佛教文物及书籍，是中国佛教文化图书馆和中国佛学院所在地。

龙泉寺位于北京市海淀区西北边凤凰岭脚下，始建于辽代。该寺是海淀区自新中国成立以后第一座新开放的三宝具足的佛教寺院。现在已经正式开放为佛教活动场所。这里经常会举行各种法事活动，每年都会有大批的人来到这里，有的前来学习，有的来做义工，帮助寺院搞建设等。

柏林寺位于北京市东城区雍和宫大街戏楼胡同1号，始建于元至正七年（1347），明、清两代都经过了修缮和增建。寺内保存着中国释藏中唯一的木刻经版——《龙藏》经版，堪称国宝。如今这里是北京文化部干部学院，被国务院批准为第六批全国重点文物保护单位。

贤良寺位于北京市东城区金鱼胡同中部路南，曾为清初怡亲王允祥府邸，后改成寺院，并于雍正十二年（1734）正式被称为贤良寺。之后多为外省官吏进京述职的居所。新中国成立后，贤良寺进行拆迁改造，如今寺内建筑多被拆除。

嘉兴寺位于北京市地安门外西黄城根五福里南口外，始建于明弘治十六年（1503）。明清时期该寺也曾繁盛，后以停灵、办理丧事而出名。20世纪80年代中期，嘉兴寺全部拆除，如今其旧址上兴建了北海宾馆。

拈花寺位于北京市西城区大石桥胡同61号，始建于明万历九年（1581）。该寺院专门为西蜀高僧徧融而建，最开始名为千佛寺。清雍正十二年（1734）该寺进行重修，更名为拈花寺。从1953年起，该寺被人民大学印刷厂占用，如今印刷厂已经腾退，只有部分遗迹可寻。

报国寺及顾亭林祠

报国寺是北京城南最大的庙宇，位于北京市西城区报国寺前街1号，始建于辽代，明初塌毁，成化二年（1466）重修，改名慈仁寺，俗称报国寺。成化年间，周太后的弟弟周吉祥在此出家，扩建慈仁寺。清康熙十八年（1679），京师大地震，寺院大部分建筑坍塌，乾隆十九年（1754）得以重修，改名大报国慈仁寺。现存建筑多为此次重修。1901年《辛丑条约》签订后，由于昭忠祠被划入东交民巷使馆区，清廷曾计划将报国寺改建为新的昭忠祠，但随着清朝的灭亡而搁置。

第二进院正殿

报国寺山门

第三进院正殿

报国寺坐北朝南，现存四进院落。山门面阔三间，进深五檩，前出廊，硬山顶调大脊，筒瓦屋面。进入山门为第一进院，正殿面阔五间，进深七檩，悬山顶，筒瓦屋面，殿前东西两侧各有石碑一通。第二进院正殿面阔三间，进深七檩，悬山顶，殿前东西两侧各有石碑一通。东西配殿各五间。第三进院正殿面阔九间，进深七檩，歇山顶，筒瓦绿剪边屋面，殿前建有宽大的砖石月台。正殿东西配殿各五间。第四进院正殿面阔五间，进深七檩。正殿两侧各有朵殿三间，东西配殿各三间。

顾亭林祠位于报国寺西路南端，清代著名学者顾炎武（字亭林）曾寓居于寺内。道光二十三年（1843）何绍基、张穆等人集资修建顾亭林祠，有佛殿、享堂、碑亭等建筑。1900年顾亭林祠曾

被八国联军炮火轰毁，1921年王式通等对其进行重修，徐世昌也亲为顾亭林祠撰写祠记。这次重修新设佛殿三间及配房。1934年顾亭林祠曾被知行中学占用，后经与地方当局力争，享堂、佛殿、碑亭各三楹，西房一间及顾氏遗物被收回，由顾亭林祠保管委员会保存。在这之后顾亭林祠曾被当作仓库使用，使原址遭到严重的破坏。1949年后，顾亭林祠及报国寺先后被多个单位使用，1990年北京市人民政府出资修复了报国寺及顾亭林祠。

顾亭林祠坐北朝南，三进院落，院落东南隅设砖门楼，门上石匾刻有篆书"顾亭林祠"。每进院落均由正房及西配房组成，自成一体，各进院落之东由一条自南而北的游廊连接。第一进院正房五间，南房三间，带西耳房一间。第二、第三进院形制相同，均为正房三间，带西耳房一间，

顾亭林祠大门

西配房三间，建筑均为硬山顶过垄脊，合瓦屋面。

顾亭林祠游廊

1984年5月24日，报国寺及顾亭林祠被北京市人民政府公布为北京市第三批市级文物保护单位；2006年5月25日，报国寺及顾亭林祠被国务院公布为第六批全国重点文物保护单位。

知识链接 | **顾炎武**

顾炎武，明朝南直隶苏州府昆山（今江苏省昆山市）千灯镇人，明末清初杰出的思想家、史地学家、经学家和音韵学家。他在当时社会拥有非常高的声望，与黄宗羲、王夫之合称为"三大儒"。他开创了清学，被誉为清学的"开山始祖"。

明万历四十一年五月二十八日（1613年7月15日）顾炎武出生于昆山千灯镇。他18岁开始参加乡试，屡试不中，后便开始博览群书，辑录关于水利、农田、交通、矿产等方面的记载，撰写了《天下郡国利病书》和《肇域志》。

清兵入关后，顾炎武投靠南明朝廷。他满腔热忱，积极为朝廷出谋划策。清顺治二年（1645）五月，南明弘光帝被俘获，江南各地抗清义军纷起，顾炎武投笔从戎，加入到义军的队伍中。之后的几年，顾炎武始终奋斗于抗清活动中，虽然抗清活动一再受挫，但是顾炎武从未灰心沮丧，反而越挫越勇。

清顺治十四年（1657）元旦，顾炎武再次谒孝陵，寄思故国，从此之后开始四处游历，行踪不定。

康熙十七年（1678），康熙帝开博学宏鸿科，招明朝遗民，顾炎武始终拒绝推荐。次年，清廷开明史馆，顾炎武仍不愿效力。

康熙二十一年正月初九（1682年2月15日）顾炎武因坠马呕吐不止去世，享年70岁。

顾炎武一生最主要的成就就是其学术贡献。他开创清学，在史学、经学、音韵、金石考古、小学、方志舆地及诗文诸学上，都有非常高深的造诣，创作了大量的学术论著及文学作品。他所倡导的学术话语和理念，以及他开创的学术方法和范式对清代钱嘉学派产生了非常深刻的影响，引起学者们的普遍共鸣，是一位比较有影响力的历史人物。

都城隍庙后殿（寝祠）

都城隍庙后殿（寝祠）是专门奉祀保佑北京城池的城隍神的庙宇，位于北京市西城区成方街

都城隍庙后殿

33号。现仅存后殿，即寝祠，建筑面积420平方米，是研究元代大都城地理方位的重要遗迹。

都城隍庙始建于元至元七年（1270），名佑圣王灵应庙，元天历二年（1329）加封都城隍神为护国保宁王，明永乐年间重修，改名为大威灵祠，以后又多次重修，并改名为都城隍庙。现仅存后

都城隍庙后殿抱厦前房门

抱厦转角斗拱和彩绘

殿（寝祠）五间，建筑面积420平方米。庙内有明英宗碑及清世宗碑、高宗碑，有康熙帝和雍正帝的题联。

1984年5月24日，都城隍庙后殿被北京市人民政府公布为北京市第三批市级文物保护单位。

知识链接 　　　　城隍

城隍是道教中守护城池平安的神仙。本来"城隍"二字是指城池周围的护城河，从南北朝开始，民间开始将城隍看作城池的保护神并加以信仰。到了唐朝中期，城隍信仰已经成为一种全国性的信仰，全国各州郡都设立了城隍祠。

到了明朝，朱元璋于洪武二年（1369）正月"封京都及天下城隍神"。当时的京都（南京应天府）的城隍神被封为"承天鉴国司民升福明灵王"，并且为各地城隍赐以品级，如都、府、州、县四级，朱元璋"龙兴之地"的城隍亦被封为正一品王爵，到了清代，北京、南京、西安、福州四地被封为"都城隍"。

在历代帝王的推崇下城隍庙遍及中国各地，几乎每个县城都有一两座建筑雄伟堂皇的城隍庙，城隍庙作为城池守护神的职能获得广泛认可。但凡新官到任前需到城隍庙斋宿；上任日，更需在城隍前完成祭礼才能就任，请求城隍爷一起协助地方政治事务。

各地的城隍神一般多由历史上殉国而死的忠烈之士，或是正直聪明的历史人物来担任。浙江绍兴城隍庙供有功于民的庞玉大将；广州城隍爷是五代十国时的南汉国皇帝刘龑；北京地区是明朝一代忠良杨继盛。

城隍庙里大多挂有"纲纪严明""浩然正

气""护国庇民""我处无私""节义文章""发扬正气"等匾额，这些匾额与楹联的核心是歌颂城隍爷的功和德，劝人行善不作恶。

护国寺金刚殿

护国寺金刚殿为护国寺现存建筑，位于西城区护国寺大街11号。护国寺是北京八大寺庙之一，建于元代，原为元代丞相托克托故宅，被称为崇国寺。明朝宣德四年（1429）改名为大隆善寺，明成化八年（1472）赐名大隆善护国寺，清康熙六十一年（1722），蒙古王公贝勒修缮本寺，称为护国寺，因本寺与东寺隆福寺相对，所以又称西寺。

护国寺坐北朝南，原有九进院落，由南向北依次为山门、金刚殿、天王殿、延寿殿、崇寿殿、千佛殿、护法殿、功课殿、菩萨殿。

金刚殿是护国寺的第二进殿宇，面阔五间，歇山单檐，黑琉璃瓦绿剪边，剪边的四个角分别有仙人和脊兽，部分脊兽已缺失，三踩单昂斗拱，是护国寺建筑中保存最好的建筑。

20世纪二三十年代的护国寺山门

金刚殿的南面原为山门，山门为三间单檐歇山顶，门上题字"大隆善护国寺"。前后都是石券门，左右两侧各有一道小门，里面石砖券顶。山门于20世纪50年代初拆除。进入山门，正北方向是香炉，香炉两侧各有一根蟠竿。金刚殿北面第三重殿为天王殿，天王殿正殿五间，东西设旁门、钟鼓、鼓楼各一间。

被保护起来的护国寺金刚殿

天王殿往北是延寿殿，正殿五间，前有月台，月台下立有东碑、西碑，有东西配殿，东配殿是文殊殿，西配殿是秘密殿。殿内供奉三世佛，两边供奉二十四诸天像；延寿殿往北是崇寿殿，正殿五间，前有月台，月台前东、西两侧是六角碑亭，院内有东西配殿，东配殿是伽蓝殿，西配殿是无量殿，配殿前有《皇元大都崇国寺重新修建碑》，也称为透龙碑；崇寿殿往北是千佛殿，也称为土坯殿，前有月台，与崇寿殿之间以甬道相通，东西配殿分别是大悲殿、地藏殿；千佛殿往北，是一道垂花门，门东西两边各有一座覆钵式舍利塔。垂花门往北，是护法殿，正殿五间，殿内正面供奉三世佛，左右两侧墙壁画有彩绘佛像；护法殿往北是功课殿，内檐悬挂牌匾，清朝康熙御笔"宝莲法地"，殿内供奉无量佛；功课殿往北是菩萨殿，为三间重楼。

护国寺金刚殿俯瞰

1933年，梁思成先生和刘敦桢先生曾带领研究人员对护国寺建筑进行实测、绘图和摄影，当时的护国寺建筑虽然已年久失修，但规模依然很大，保持着明清时期的建筑格局。1984年，北京市文物局对护国寺建筑进行调查时，仍存有部分建筑，特别是金刚殿，保存最为完好。

金刚殿檐角仙人和小兽

1984年5月24日，护国寺金刚殿被北京市人民政府公布为北京市第三批市级文物保护单位。

知识链接　　　　**八大金刚**

在很多寺院中都建有金刚殿，在殿中供奉金刚，像北京护国寺中的金刚殿就是其中的典型代表。佛教中的八大金刚分别是青除灾金刚、辟毒金刚、黄随求金刚、白净水金刚、赤声火金刚、定除灾金刚、紫贤金刚、大神金刚。

这八位天神是守护《金刚经》的护法，他们手持金刚杵保护着《金刚经》的安全。另外，这八位天神每一位都有他们各自的能力。

青除灾金刚能够消除世间众生生前的灾殃；辟毒金刚可以消除众生身上的热毒病苦；黄随求金刚能够让众生心中的愿望都实现；白净水金刚可以让众生心中的烦恼都烟消云散；赤声火金刚可以照一切众生光明所得见佛；定除灾金刚能够消除一切众生的三灾八难之苦；紫贤金刚则能够让众生开悟解发菩提心；而大神金刚可以令一切众生智牙成就惠力增具。

广济寺

广济寺是京城著名的寺院，中国佛教协会所在地，位于北京市西城区阜成门内大街25号。

广济寺始建于金代，原名西刘村寺，元代改称报恩洪济寺，元末毁于战火。明天顺年间，山西僧人普慧、圆洪等法师于废址上重建寺院，历经两年建成。明宪宗朱见深于成化二年（1466）下诏命名为弘慈广济寺。明万历十二年（1584）、清康熙三十三年（1694）都对其有不同程度的扩建。康熙三十八年（1699）整修广济寺时，增建御制碑文匾额，并增塑了释迦牟尼等镏金佛像。1921年寺院遭火灾，1924年重建，1934年1月又遭严重火灾，正殿和后殿烧毁，明代佛经典籍和国外进贡白檀木释迦牟尼立像俱焚，次年重修，1952年、1972年、2000年进行过三次大规模修建。

广济寺山门

大雄殿

广济寺坐北朝南，中轴线上依次为山门、天王殿、大雄殿、圆通殿（观音殿）、藏经楼（舍利阁）等。此外还有西路院，其中有三层汉白玉戒坛。

广济寺山门为三座门形式，每座门之间有墙相连，中门为歇山顶绿琉璃瓦黄剪边、石券拱门，门上有匾额，上书"敕建弘慈广济寺"。东西两门与中门形式相同，体量稍小，东门额书"毗庐性海"，西门额书"华藏玄门"，两侧有八字影壁。

进山门为第一进院，院两侧为钟楼、鼓楼。正面为天王殿，面阔三间，歇山顶，筒瓦屋面，石券门，内供奉铜铸弥勒佛坐像，四大天王左右排列，背后是韦驮像。第二进院，正殿为大雄殿，面阔五间，庑殿顶，黄琉璃瓦屋面，殿前有一尊乾隆五十八年（1793）铸造的铜宝鼎，高约两米，鼎身铸有佛教八宝（轮、螺、伞、盖、花、罐、鱼、长）等花纹，造型古朴大方，工艺精湛，是珍贵的艺术品。殿内供有三世佛像和铜质十八罗汉像。佛像背后有乾隆年间画家溥雯的指画《胜果妙音图》，高5米，宽10米，描画了释迦牟尼灵山说法的故事，是一件独具特色的艺术珍品。

第三进院，正殿为圆通殿，面阔五间，硬山顶调大脊，筒瓦屋面，殿内供奉观世音菩萨。第

四进院，是二层的后罩楼，上层为舍利阁，绿琉璃瓦屋面，下层为多宝殿，黄琉璃瓦屋面，陈列国际佛教界友人所赠珍品。舍利阁曾于1955—1964年供奉灵光寺佛牙舍利，现为藏经楼。藏经楼内现珍藏佛教经书10万余册，其中包括房山

圆通殿（观音殿）

藏经楼（舍利阁）

三学堂

云居寺石经拓片，1721—1753年甘肃临潭县卓尼寺雕版印刷的一部藏文《大藏经》共231包，宋、明血写佛经等，均是佛教典藏中的艺术珍品。西院有持律殿、净业堂和云水堂。

寺院的西北隅是建于康熙三十七年（1698）至今保存完好的戒坛殿和汉白玉砌成的戒坛，今称三学堂。寺中旧有古树一棵，树旁立石碑，上刻乾隆皇帝御制《铁树歌》。

1984年5月24日，广济寺被北京市人民政府公布为北京市第三批市级文物保护单位；2006年5月25日，广济寺被国务院公布为第六批全国重点文物保护单位。

知识链接

浴佛节

浴佛节在每年的农历四月初八，又称作佛诞节、华严会、龙华会等。它是中国佛教一个重要的节日，是佛教徒为纪念释迦牟尼佛诞辰而设的节日。

在中国的历史记载中，佛诞生于周昭王二十四年（前977），释迦牟尼从摩耶夫人的肋下诞生，一只手指着天，另一只手指着地，说"天上地下，唯我独尊"，之后，大地开始震动，九龙吐出水来为其沐浴。后来佛教徒们便以浴佛的方式进行纪念。

浴佛节活动形式每个寺院不尽相同，但其大致都侧重于法会的仪规，分为四个步骤进行，即恭迎佛像、安座沐浴、祝圣绕佛及回向皈依。

恭迎佛像就是在浴佛节当天，众僧人搭衣持具走上殿堂，按照东西序位次分班而立。听到磬声之后，向上顶礼三拜后，六个人恭迎佛像，其中两个人引礼执引磬，两个人执事托香盘，主法僧跟在后面，侍者紧随其后，大家同声唱念"南无本师释迦牟尼佛"。此时佛像从经楼上迎到大殿之中，主法僧上香、展具、顶礼三拜，之后大家一起唱赞歌。

安座沐浴就是大殿内钟鼓齐鸣，主法僧把佛像安放到金盆之中，然后上香、展具、向佛像顶礼参拜。有的是三拜，有的是九拜。然后大家一起念《沐浴真言》，三称"南无香云盖菩萨"，再开始唱赞歌。

祝圣绕佛就是主法僧听到磬声之后顶礼三拜，虔诚地说颂词。之后大家一起绕着佛像唱赞歌。

回向皈依就是绕佛结束之后，大家各自回到自己的位置，开始诵经念佛。

广济寺是北京著名的佛教寺院，这里经常会举行一些佛教活动，其中就有浴佛节活动。2021年5月19日，中国佛教协会在北京举办佛诞节庆祝活动，地点就在广济寺。当天，活动场面非常盛大，出席活动的有中国汉传、南传、藏传三大语系佛教界代表人士，老挝、柬埔寨、缅甸、尼泊尔、泰国、斯里兰卡、越南、韩国等国驻华使节，以及各界嘉宾和佛教徒们。大家一起在广济寺大雄殿内的释迦牟尼太子像前诵经礼佛、灌沐释迦牟尼太子像，祈愿人民幸福安康，世界和平安宁。

火德真君庙（火神庙）

火德真君庙又名火神庙，是道教正一派道观，亦是一座主祀火神的大型道观，位于北京市西城区地安门外大街77号，明万历三十八年（1610）在元代庙址上改建而成，清乾隆二十四年（1759）重修。现存建筑保留了明代形制和布局。

火德真君庙全景

火德真君庙坐北朝南，殿堂建筑按南北轴线排列，前后共三进院落。山门一间，东向，歇山顶，黄琉璃瓦绿剪边屋面，檐下施一斗二升交麻叶斗拱。山门内外原有牌楼各一座，今存门内一座四柱三楼式牌楼，为后期复建，门内另有钟楼、鼓楼。

山门

牌楼

进山门西行为南北向的三进院落。第一进院南殿三间，名隆恩殿，歇山顶，黑琉璃瓦绿剪边屋面，檐下施单昂三踩斗拱，南面嵌"火德真君庙"匾额，殿内原供奉隆恩真君王灵官，现已改为山门。南殿两侧接东西转角房各四间，硬山顶，黑琉璃瓦绿剪边屋面。中殿三间，前带四檩抱厦三间，名火祖殿，歇山顶，黑琉璃瓦绿剪边屋面，檐下施单翘重昂五踩斗拱，殿内有漆金八角蟠龙藻井装饰，工艺精湛，是北京地区保存下来为数不多的藻井精品。西配殿三间，硬山顶，黑琉璃瓦绿剪边屋面。东西庑房各三间，硬山顶，黑琉璃瓦绿剪边屋面，再北接东西耳房各两间，硬山顶，筒瓦屋面。

第二进院正殿为二层楼宇五间，名斗姆阁，

火祖殿

火祖殿藻井

玉皇阁

硬山顶，黑琉璃瓦绿剪边屋面，檐下原悬清乾隆皇帝御笔匾额一方。东西配殿各三间，前带廊，硬山顶，黑琉璃瓦绿剪边屋面。

斗姆阁

第三进院又是一座二层楼宇，名万岁景命阁，俗称玉皇阁，面阔三间，硬山顶，黄琉璃瓦绿剪边屋面，檐下原悬乾隆皇帝御笔匾额一方。主楼两侧接东西配楼各三间，硬山顶，筒瓦绿剪边屋面。火德真君庙最后面原有水亭一座，可观赏什刹海风景，现已无存。

1984年5月24日，火德真君庙（火神庙）被北京市人民政府公布为北京市第三批市级文物保护单位。

 知识链接 ## 火神庙历史

古人敬畏神灵，常常兴建庙宇进行祭拜，以求平安，皇家也不例外。火神庙就是为祭拜火德真君而兴建的庙宇，人们希望得到火神的庇佑，从而免去火灾的侵害。

北京西城火德真君庙也叫什刹海火神庙，始建于唐代贞观六年（632），距今已经有将近1400年的历史。火神庙起初规模很小，顶部均为灰色，看上去与普通的民房并没有两样。

元代定都京城之后，元世祖忽必烈开始营造大都城。这时，西直门外的高梁河上出现了龟蛇，大臣们说，这是真武神来到了这里，是大吉的征兆，忽必烈听了非常高兴，于是命人整修火神庙，并且加以扩建。

到了明代，明成祖朱棣非常崇敬真武大帝，觉得自己能够夺得皇权是有真神相助，因此，他登基之后，加封真武大帝为"北极镇天真武玄天上帝"。为了更好地祭拜真武大帝，他下令在火神庙的原址上建造皇家道观真武庙，专门供官方进行祭祀。明代时，宫中火灾频发，宫中财物不断受损，于是皇家更加重视对火神的祭拜，以期获得火神的庇佑。为此，特意将火神庙改为敕建，使其成为皇家寺庙。万历三十三年（1605），万历皇帝为了表达自己对真武大帝的崇敬，命人将庙顶的灰瓦撤去，换上了蓝色和绿色的琉璃瓦。后来，火神庙发生火灾，这可吓坏了万历帝，他将这场火灾视为不祥之兆，于是举办了非常隆重的道场，消灾祈福。

清代火神庙又迎来了重修。乾隆二十四年（1759），皇帝命人将火神庙的山门和殿顶均换成黄色的琉璃瓦，这样才能彰显皇家寺庙的气派。重修后的火神庙，流光溢彩，极为壮观，香火也非常旺盛，就连慈禧太后也曾亲自到火神庙敬香祈福。

火神庙留存至今，虽已不似过去繁盛，但是其山门上悬挂着的赤字金匾"敕建火德真君庙"却时刻表明它由皇室拨款修建的尊崇地位，揭示着它曾经的辉煌。

月坛

月坛是明、清两代秋分祭祀夜明之神（月亮）和天上诸星宿的地方，位于北京市西城区月坛北路南。

月坛始建于明嘉靖九年（1530），名夕月坛。明、清时秋分亥时在夕月坛举行祭祀之礼，主祭夜明之神，配祀木火土金水五星、二十八星宿及周天星辰。每逢丑、辰、未、戌年，皇帝都要亲自赴月坛行祭祀礼，其他年份则遣武官代行。清乾隆年间，改建各坛庙时，将拜坛上铺砌的象征月亮的白色琉璃砖改为金砖。月坛于1955年辟为公园，1983年后又兴建了如天香庭院、揽月亭、

月坛钟楼

爽心亭、嫦娥奔月雕塑、月下老人祠和碑墙等景观。

古代的哲学观认为日为阳，月为阴，所以月坛按照《周易》的说法建在北京城酉位，属阴。月坛外坛墙呈方形，也照应了月为"阴"的说法。坛墙周长786米，东墙、北墙各有一座门，均面阔三间，北门东有角门一座。坛内主要建筑有拜坛、具服殿、神库、神厨、钟楼等。

拜坛为月坛主要建筑，坛为方形，一层台，东向，按照古代的营造尺，宽四丈，高四尺六寸，台面铺砌金砖，四面各有六级台阶，台阶用白石砌筑。月坛的拜坛尺寸都取阴数（偶数），并且由于月坛不能大于地坛，所以月坛的尺寸都取四、六的倍数。坛四周有方形墙，周长303.04米，高2.56米，厚0.704米。墙正东面为白石棂星门三座，西、南、北各有两柱一门棂星门一座。

东门外瘗池和铁燎炉各一座。南门外南为祭器库和乐器库各三间，均坐南朝北。西南为神库、神厨和宰牲亭。北门外为钟楼一座。拜坛东北为

拜坛东面棂星门

具服殿，是明、清两代皇帝祭祀时更换服装和休憩之所。正殿三间，坐北朝南，歇山顶，绿琉璃瓦屋面。东西配殿各三间，黑琉璃瓦绿剪边屋面。四周围以宫墙，宫门南向，一间。月坛虽然占地面积较天坛、地坛小很多，但是祭坛的建筑元素基本上都具备了。

具服殿

1984年5月24日，月坛被北京市人民政府公布为北京市第三批市级文物保护单位；2006年5月25日，月坛被国务院公布为第六批全国重点文物保护单位。

知识链接　**北京五坛**

自古以来，我国就注重祭祀，有敬天礼地、祭祀日月的传统，以此来祈祷国家长治久安。在北京有著名的五坛，除月坛外，还有天坛、地坛、日坛和先农坛。它们分布在紫禁城的东南西北。

天坛位于北京城区的东南，占地273万平方米，是中国现存最大的坛庙建筑群。它始建于明永乐十八年（1420）。天坛有坛墙、圜丘坛、祈谷坛等建筑，其中圜丘坛是天坛的主要建筑，也是真正意义上的天坛，它是明、清两代皇帝举行祭天大礼的地方。

地坛又叫方泽坛，位于北京市东城区安定门外大街路东。它始建于明嘉靖九年（1530），清代又进行了多次重修。地坛中有神厨、神库、宰牲亭、钟楼、斋宫等建筑，是明、清两代皇帝祭祀皇地祇的地方。地坛有一个与众不同的地方在于地面所铺的石头块数均为偶数，这是因为古代人认为偶数为阴数，正好对应"天为阳、地为阴"的说法。

日坛又叫朝日坛，位于北京朝阳门外东南。它始建于明代嘉靖九年（1530），是明、清两代皇帝祭祀太阳的地方。日坛是一座直径为10丈的圆形建筑，其中间有一座方台，名叫拜神台，表面砌有红色琉璃砖，象征着太阳。

先农坛位于北京市西城区东经路。它始建于明永乐十八年（1420），其平面呈长方形。坛内有先农坛、太岁坛、天神地祇三组建筑。其中先农坛为明、清两代皇帝祭祀先农、举行耕藉礼的地方，太岁坛为祭祀太岁的地方，天神地祇则是祭祀山川大地等自然神的地方。

万宁桥

万宁桥又名海子桥，为元大都城内通惠河上的重要通水孔道。因地安门称为后门，故俗称此桥为后门桥。万宁桥位于北京市西城区地安门外大街，是北京城中轴线上的古代桥梁。

万宁桥始建于元至元二十二年（1285），原为木桥，因地处闹市，交通流量过大，运粮船碰撞的原因，木桥多次被毁，后改为石桥。明清两朝对万宁桥都进行过多次修葺。

万宁桥

元代在北京建都城大都后，为解决漕运，引昌平白浮泉水入城，修建了通惠河，由南方沿大运河北上的漕运船只经通惠河可直接驶入大都城内的积水潭。而万宁桥则是积水潭入口，且设有闸口，漕船要进入积水潭，须从桥下经过。

万宁桥是北京漕运的重要遗址，不仅地位重要，而且此处也是京城著名的繁华地带，桥的附近是皇城和密集的商业区，达官贵人在此择地构筑园林别业画舫朱楼，因此，这里酒楼歌肆，灯红酒绿，商贾云集，一派繁荣景象。桥两侧高柳巨槐，迎风摇曳，俨然一派江南景色，十分优美。

万宁桥为单孔拱券，券脸石正中雕刻有吞水兽纹饰，怒目而视，形象极为生动。桥长10余米，宽近10米，桥面用块石铺砌，中间微拱。桥

上的两侧建有汉白玉石护栏，雕有莲花宝瓶等图案。

桥梁的东西石砌驳岸上有伏卧镇水兽，四角各有一只鹿角镇水兽，趴在岸沿边，双目注视河水，造型奇特，形象生动，雕刻精美。镇水兽长1.77米，宽0.9米，高0.57米，头顶有一对鹿角，

万宁桥吞水兽

瘪嘴翘鼻圆眼，四爪张开抓在花球上，浑身是大片鳞甲，有一条粗壮的尾巴。四只镇水兽各异，桥东的两只趴在岸沿上，头伸出岸沿边，形成伏岸望水的姿势，因在下水方，有通过桥孔望水势的寓意；桥西的两只镇水兽，是将头外伸，两只有吸盘的爪抓着垂直的岸边墙面，身体的一侧挂在岸沿外，大有了解水势，保一方水运平安之意。

桥西侧有石闸一座，名澄清闸，其功能是控制水量，按时提放，保证漕船畅通无阻，作用十分重要。

民国时期，万宁桥下的河道仍存，雨季尚通流水，部分河段尚有白石栏杆。澄清闸在初期仍露在地面，后在石闸西边又建一混凝土闸代替原石闸。1955年，扩建道路，将澄清闸埋入地下，河道改为暗沟，万宁桥成为旱桥，桥栏破坏严重。

万宁桥镇水兽

1998年，北京市政府出资疏浚河道，修复石桥，整治周围的环境，修复工程于2000年竣工。修复后的万宁桥，不仅恢复了原来的真面目，而且成为什刹海旅游区的重要景观。

万宁桥护栏

1984年5月24日，万宁桥被北京市人民政府公布为北京市第三批市级文物保护单位。

 知识链接　　　　　　鹿角镇水兽

龙作为华夏图腾，一直以来备受尊崇，无论是帝王还是佛道神尊，甚至神话传说，都离不开龙的影响。自然，各种龙亲眷属也享有非常高的地位。相传，龙生九子，其子蚣蝮，头部有点像龙，但是比龙头扁平一些，头顶上长着一对犄角，身体、四肢和尾巴上都长着龙鳞。其性好水，又称作镇水兽、避水兽。它能够吞吐潮水，调节水患，轻松地驾驭水。

相传在很久之前，蚣蝮的祖先不小心触犯了天条，被贬下凡间，镇压在巨大的龟壳下看守运河，一看就是1000年。后来，避水兽从龟壳中脱离，获得了自由。为了对它守护运河进行表彰，人们就按照它的模样雕刻石像，安放在河边的石墩上，以此来镇住河水，防止水患。有了这样的传说之后，后世之人就开始将蚣蝮的雕像用在各种与水相关的地方。

因为蚣蝮好水，人们会在修桥时将其雕像放于桥头或桥身；蚣蝮嘴大，肚子能盛水，人们会将其用于建筑物的排水口，因此在古代很多宫殿建筑上，经常能看到蚣蝮的身影，例如天坛、故宫等都有蚣蝮的雕像。另外，蚣蝮还经常出现在跟用水有关的器物上，例如文人墨客的砚台、笔洗等会装饰有蚣蝮图案；传统的蓄水缸上也会雕刻蚣蝮的形象作为装饰。不仅如此，人们还认为蚣蝮作为神物有堪舆防护的功能。蚣蝮继承龙的土性，能够胜水，在风水说中，蚣蝮能够化解窗外有殡仪馆、寺院、医院等纯阴独阳之地带来的病灾凶气，还能够阻挡"岁刑星"等带给家人的灾病，因此人们也会在居家中配置蚣蝮以求平安。

然而蚣蝮虽有固定的造型，但在实际环境中却往往呈现出不同的样式。人们在使用其雕像时，经常会因地制宜，做相应的变化，例如古代建筑中蚣蝮常常藏身露头，有时还会带着前爪，张大嘴巴吐水，这时经常就会被误认为是龙。而桥头上的蚣蝮常成对儿出现，会被人们误认为蹲狮。

福佑寺

福佑寺是清朝皇城中一座非常重要的藏传佛教寺院，位于北京市西城区北长街20号。

福佑寺始建于清顺治年间，为康熙皇帝儿时避痘处，并传为其幼年读书处。雍正元年（1723）兴建正殿，拟分给宝亲王（乾隆皇帝为皇子时的封号）弘历作为府邸，但弘历并未迁入，后改为藏传佛教寺院，名福佑寺。

福佑寺整体坐北朝南，寺院西南隅有外垣门一座，西向，为入寺院的通道。进外垣门，院内东西两侧各立有三间四柱七楼式木牌楼一座。庙

影壁

宇最南端建有一字琉璃影壁一座，长约18米。山门面阔三间，歇山顶，黄琉璃瓦屋面。山门前后有雕龙御路，左右建八字影壁。

山门后东西两侧钟楼、鼓楼各一座，二层，歇山顶，黄琉璃瓦绿剪边屋面。天王殿面阔三间，歇山顶，黄琉璃瓦绿剪边屋面。天王殿东西配殿各三间。天王殿后为大雄宝殿，面阔五间，歇山顶，黄琉璃瓦屋面，正脊中部装饰有一座藏式佛塔。大殿前出月台，南、东、西三面出陛。

大雄宝殿东西配殿各三间，殿后有甬道与后殿相连，后殿面阔五间，歇山顶，黄琉璃瓦屋面，殿内曾供奉"圣祖仁皇帝大成功德碑"牌位。后

福佑寺山门

牌楼和一字影壁

大雄宝殿

后殿

殿东西配殿各三间，东西朵殿各一座。最后为后罩房三间。

1984年5月24日，福佑寺被北京市人民政府公布为北京市第三批市级文物保护单位。

知识链接　　康熙避痘

17—18世纪，亚欧大陆遭遇了一场规模极大的、极为猛烈的天花疫情。中国北方是重灾区之一。天花病毒传染性极强，病情又非常严重，一旦感染极易死亡，完全没有医治的办法，存亡完全依靠自己的抵抗力。

当时，中国清朝政权正在崛起，满族人在入关前，生活在寒冷而干燥的东北地区，天花并没有四处蔓延，等到进入中原之后，天花的威胁突然增大。顺治十二年（1655）十一月，清宫开始流行天花。为了安全起见，凡是宫中没有出过天花的皇帝和诸皇子都要到紫禁城外避痘。于是刚出生的玄烨，只得由乳母抱出紫禁城避痘，当时他就住在宫城西华门外（今北长街路东）一所宅邸，即如今的福佑寺。尽管如此，两岁时，他还是不幸感染了天花，险些丧命。

顺治十八年（1661）正月初二，顺治帝亲临悯忠寺观看吴良辅出家仪式，回宫途中染上天花，高烧不退，他预感到自己体力不支，恐有性命之忧，于是开始认真考虑继位人选。顺治看好次子福全，孝庄皇太后看重皇三子玄烨，双方意见相左，相持不下，最后只好请当时的钦天监西洋传教士汤若望仲裁。汤若望认为此时的玄烨已经出过天花，具有了终身免疫力，应该是帝位的合适人选，于是玄烨被立为太子。

雍正元年（1723），雍正帝将康熙帝曾经的避痘所分给宝亲王弘历做王府。弘历继位之后，将该处改为喇嘛庙，赐名福佑寺。

福佑寺大雄宝殿正脊藏式佛塔

昭显庙

昭显庙，又称为雷神庙，北京故宫外八庙之一，与时应宫（龙神庙）、凝和庙（云神庙）、宣仁庙（风神庙）组成了"皇城祈雨庙"系统，建于清雍正十年（1732），位于西城区北长街71号。

昭显庙主要建筑有山门、钟鼓楼、前殿、中殿、后殿及配殿。

庙宇坐北朝南，山门坐西朝东，门外砌绿琉璃筒瓦硬山调大脊影壁。山门为石券门，门额上写着"敕建昭显庙"，两边为八字墙。穿过山门，就是钟鼓楼，钟楼在西，鼓楼在东，钟鼓楼分为两层，歇山重檐黄琉璃瓦绿剪边，旋子彩画，上檐交麻叶头，下檐单昂斗拱。每一层屋檐的角上都挂着铁铃铛。钟鼓楼的前面分别有一组"抱竿石"。

北长街71号大门

钟鼓楼往北，依次是前殿、中殿、后殿，以及一些对应的配殿。昭显庙有前殿三间，绿琉璃瓦歇山顶调大脊顶，三踩单昂斗拱；中殿三间，歇山顶调大脊，黄琉璃瓦绿剪边，五踩重昂斗拱，和玺彩画，殿的前方五级踏步带御路，雕刻着二龙戏珠；后殿五间，歇山顶调大脊，黄琉璃瓦绿剪边，三踩单昂斗拱，和玺彩画。原昭显庙雄伟壮观，别具一格，这里一年四季鲜花盛开，芬芳怡人。

今天在昭显庙原址上的是北京市西城区北长街小学，昭显庙建筑只剩下了影壁和后殿。影壁长约22米，高约3.5米，厚约2米，绿琉璃瓦，硬山调大脊，至今约有300年的历史。

昭显庙后殿

1984年5月24日，昭显庙被北京市人民政府公布为北京市第三批市级文物保护单位。

知识链接　雷神与雷神庙

雷神长相凶神恶煞，让人震颤。《山海经·海内东经》记载："雷泽中有雷神，龙身而人头，鼓其腹。在吴西。"这里的雷神为半人半兽模样，腹部有一鼓，鼓声响，就伴有雷雨。《夷坚丙志》卷七记载："长三尺许，面及肉色皆青。首上加帻，如世间幞头，乃肉为之，与额相连"。《集说诠真》中记载："状若力士，裸胸袒腹，背插两翅，额具三目，脸赤如猴，下颏长而锐，足如鹰颤，而爪更厉，左手执楔，右手执槌，作欲击状。自顶至傍，环悬连鼓五个，左右盘蹲一鼓，称曰雷公江天君。"这里将雷公描述成猴脸、尖嘴的形象，可见，雷神的形象并没有标准的说法。

在远古时期，先民对于雷电十分崇敬，于是就在民间建起了关于祭奉雷神的庙宇。不仅如此，古代宫廷也有祭奉雷神，以此来表达对自然的崇敬之情，如明嘉靖皇帝在北海公园东北隅建造了"雷霆供应殿"，清雍正皇帝在北长街建造了昭显庙。

清朝顺治、康熙年间，皇室和百姓祭祀风、雨、云、雷时，都统一在天坛祈年殿举行。雍正年间，因为雷电频繁袭击皇城，为防止雷击殿宇，雍正皇帝下诏在皇城附近修建雷神庙。当时，工部与礼部大臣接到诏书，开始商议并实地勘探，经研究，大家一致认为雷电来自于西北方向，皇宫西北方的北长街为京城龙脉，龙生水，水克火，雷神庙应该定位在北长街，大臣们启奏皇帝，并获得准奏，开始动工修建了雷神庙，也就是现在的昭显庙。

醇亲王府（摄政王府）

醇亲王府是清朝末代皇帝溥仪的出生地。位于北京市西城区后海北沿43号、44号、46号，与什刹海仅一墙之隔。后海北沿43号原是王府马号，现在是北京第二聋哑学校所在地，原建筑大部分不存；44号原是王府花园，是京城王府四大花园之一，现在是宋庆龄故居；46号原是府邸，现在是国家宗教事务局所在地。整个王府东临甘露胡同西段，西带后海夹道胡同，北靠鼓楼西大街，南靠后海北沿大街，占地面积6.8万余平方米。

醇亲王府北府原为清康熙朝大学士兼太子太傅纳兰明珠宅邸，至今府内还有一方"五峰挺秀"的康熙帝御笔题额。明珠长子是清代杰出词人纳兰性德。乾隆时这里成为皇十一子成亲王永瑆王府花园。嘉庆帝即位初，成亲王任领班军机大臣，协理政务。为表恩眷，皇帝特许其府园引用玉河之水，府内"恩波亭"之名由此而来。光绪十四年（1888），醇亲王府从太平湖迁此，俗称北府，宣统皇帝溥仪即诞生于此。溥仪即位后，其父载沣被封为监国摄政王，故又称摄政王府。1924年，溥仪被赶出皇宫，移居天津前曾暂住府内。1949年以后，国家对王府多次进行维修。

醇亲王府是研究清代王府历史和建筑形制的典型实物资料，坐北朝南，东部为马号，中部为府邸，西部为花园。府邸部分又分为中、东、西三路。

中路是其主体殿堂所在。街门面阔五间，进深五檩，硬山顶调大脊，筒瓦屋面。前檐明间、

醇亲王府鸟瞰

街门

府门

银安殿

次间开大门，梢间菱花窗。自南而北穿过街门，便进入王府第一进院落，这是王府的外院，其后才是面阔五间的王府正门——府门，面阔五间，歇山顶，绿琉璃瓦屋面，檐下施以单翘单昂五踩斗拱，额枋绘金琢墨和玺彩画，室内金琢墨团龙井口天花。

进入正门是王府正殿——银安殿，面阔七间，歇山顶，绿琉璃瓦屋面，垂脊七小兽。檐下施以单翘重昂七踩斗拱，额枋绘金琢墨和玺彩画，明间檐下悬毗卢帽红底金线斗形匾，上书满汉文"银安殿"，室内金琢墨团龙井口天花。正殿东西翼楼各五间，面阔五间，二层，硬山顶调大脊（正脊雕有缠草图案），筒瓦屋面。配楼北侧接转角房四间。靠近正殿两侧为门道。

穿过正殿，后面是一组自成院落的屋宇，寝门面阔三间，硬山顶调大脊，绿琉璃瓦屋面，垂脊五小兽，额枋绘金线大点金旋子彩画，沥粉金琢墨团龙井口天花。明间为门道，次间槛墙槛窗。寝门东西两侧各接转角房。正寝殿（也称神殿）面阔五间，进深九檩，硬山顶调大脊，绿琉璃瓦屋面，垂脊五小兽，额枋绘金线大点金旋子彩画，金龙枋心。正寝殿东西山墙各接四檩卷棚过道门一座。东西朵殿各三间和殿前东西配殿各三间，

西翼楼

均为硬山顶调大脊，筒瓦屋面。

绕过后寝殿，是面阔九间的后罩楼——遗念

寝门

正寝殿

殿，面阔九间，进深七檩，二层，硬山顶调大脊，筒瓦屋面，垂脊五小兽，额枋绘金线大点金旋子彩画。这里供放有第一代醇亲王奕譞生前的衣冠及其用品，顾名思义是为后世子孙怀念所设。

遗念殿东西耳房各两间，东西配殿各五间，进深五檩，硬山顶调大脊，筒瓦屋面，五小兽，前出廊，额枋绘金线大点金旋子彩画。

东路建筑主要是两组祠堂、佛堂和四进雇工住房，现仅存南大门和最北的五间神厨等。

西路建筑是王府的住宅部分和日常起居活动的处所，由并排的两组院落组成，西组院落面阔五间。第一进院叫宝翰堂，也叫大书房，是第二代醇亲王载沣理事与休息、会客的地方。据说当

年孙中山进京，冒着漫天飞雪拜访醇亲王时，会谈地点就在宝翰堂。1个月后，孙中山病逝，载沣在宝翰堂设灵堂祭拜。第二进院的正房叫九思堂，是太妃居所。第三进院的正房叫思谦堂，是王妃住所。正厅东西两侧有配房，前有垂花门及屏门、角门、游廊，形成一座四合院。末代皇帝溥仪就出生在思谦堂东屋。

其东组院落原建有儿辈读书处的任真堂，是末代皇帝溥仪和溥杰两兄弟小时候读书的地方；树滋堂，是溥杰的住处。

此两组院落后为面阔九间的后罩楼。

王府花园内有箑亭、恩波亭、濠梁乐趣、戏台、乐寿堂、畅襟斋、观花室、听鹂轩、听雨屋及南楼等建筑。抄手游廊为灰筒瓦顶，油漆彩画，恩波亭为六角攒尖顶的亭子。

进入大门以后，左侧是一座假山，山上有一座箑亭，匾额是醇亲王亲笔题写的，其匾额上正名为"箑亭"。从箑亭下来北行，竹林掩映间就是抄手游廊，引人到一个六方亭，上有篆书题字"恩波亭"，寓意是"皇恩浩荡"。因为奉旨引玉泉水进园，此园是京城唯一引用玉泉水的花园，这个亭子就是为了谢恩而建的。园里的水都是活

后罩楼

恩波亭及游廊

水，与北海、后海、故宫的水相通。在纳兰明珠
拥有此府邸时，在文坛声名斐然的公子纳兰性德
就经常在这里高谈阔论。南楼前有两株二三百年
树龄的夜合花树，是纳兰性德亲手栽植。

草坪的北面即是园内的主体古建筑群。其中，
前厅濠梁乐趣，原址是益寿堂。后厅是畅襟斋，
全园中的主房。东厢房是观花室，西厢房是三卷
棚勾连搭的听鹂轩。二层主楼的原址上曾有一座
四方古建庭院，三排房舍，同前面提到的益寿堂、
畅襟斋、观花室、听鹂轩都是醇亲王府的原有
建筑。

醇亲王府花园的植物以槐树和榆树为主，大
多沿水种植，树形挺拔。园中花卉有海棠、玉兰
等。钟楼南侧的草坪上有株古槐，树冠如巨伞，
树荫上百坪。草坪的一侧有两株宽大的海棠树，
是原醇亲王府内的植株，春天开花，秋天果实
累累。

花园布景以山水为重点，山石与水交融组成
美妙境界。所谓"山贵有脉，水贵有源，脉源贯
通，全园生动"，醇亲王府花园的山水是最有特
色的，全园四周环山，以山抱水，水内又有建筑。

畅襟斋

整体看来，山体连绵，水面宽阔，建筑突出。虽
少了几许江南园林的移步异景的婀娜秀丽与玲珑，
但湖面由小桥、游廊分隔，未失层次，也增添了
北方园林的简洁大气。

园内建筑布局因地制宜，充分利用了环境，
建筑选址于最佳的视线和观景点，如箑亭和听雨
屋，登高可远眺后海风光。再如南楼，不仅可以
把全园尽收眼底，亦可眺望西山景色，更可欣赏
到后海湖面的荷花，这些都是其他私家园林不可
匹敌的。园内主体建筑虽有严谨的中轴线，但因
有湖面围绕，中轴却不是行进的主路线，让游人

箑亭

南楼

不觉中轴的对称。花园内建筑多采用卷棚屋面，以求轻巧和曲线轮廓，建筑严谨而不烦琐，又相得益彰，既有江南园林的精致又不失北方园林的大气，是难得的北方园林之佳作。

1984年5月24日，醇亲王府（摄政王府）被北京市人民政府公布为北京市第三批市级文物保护单位；2006年5月25日，醇亲王府全部被国务院公布为第六批全国重点文物保护单位。

知识链接

醇亲王府历史沿革

醇亲王北府在康熙年间是大学士纳兰明珠的府邸，据记载他们家有房屋989间。乾隆五十四年（1789），乾隆帝封其第十一子永瑆为成亲王，遂将明珠宅府赐分给永瑆，是为成亲王府。乾隆五十八年（1793）修缮竣工入住。格局与后来的醇亲王北府差不多，最大的改变就是扩展了明珠时代的花园部分，开挖河道、湖泊、假山等。据说纳兰明珠时代的渌水亭就是如今的恩波亭。

成亲王不是铁帽子王，爵位是世袭递降的。到了光绪十四年（1888），成亲王永瑆及其子孙在该王府先后居住了近百年，最后一位承袭成亲王爵位的毓橚这时只是贝子爵位，已经不具备在亲王府居住的资格。这一年慈禧太后将成亲王府赐予醇亲王奕譞，并拨付10万两白银对该王府进行整修。同时，为了体恤原府主人贝子毓橚迁居到西直门内半壁街新的府邸，也赏赐他1万两白银作为安家费用。

醇亲王奕譞于光绪十四年（1888）九月开始对王府进行大肆整修，务求精致，所费不赀。据说在花完慈禧太后所赐那10万两白银后工程仍未结束，随后慈禧太后又赏赐6万两白银用于该王府的整修，直到光绪十五年（1889）下半年整个工程才基本竣工，奕譞由老府（醇亲王府南府）迁入。

醇亲王北府修好两年后，奕譞就去世了。之后，奕譞的第五子，也就是光绪帝的胞弟载沣成为第二代醇亲王。光绪三十二年（1906）正月，载沣的长子溥仪于此降生。光绪三十四年（1908）十月，慈禧太后和光绪帝同时病重。在光绪帝临死前一天，慈禧太后也行将不起，由于光绪帝无后，慈禧太后在中南海召见军机大臣，商量立储人选。最后议定，立3岁的溥仪为帝，并让溥仪的亲生父亲载沣任监国摄政王。

半个月后，溥仪在太和殿即位，由光绪皇后隆裕和载沣摄政。第二年改年号为"宣统"。就这样，溥仪登上了大清王朝末代皇帝的宝座。醇亲王北府也成了"潜龙邸"。

醇亲王府的第三座府邸也就是监国摄政王府，在"北府"成为宣统帝潜龙邸后，皇后隆裕命人在中海西岸集灵圃地区修建监国摄政王府，有宫门、银安殿、神殿、后罩殿，还有东西两个跨院。辛亥革命时，这座监国摄政王府的工程仍未竣工。

关岳庙

关岳庙是清末醇亲王祠堂，辛亥革命后改祀关帝、岳王，位于北京市西城区鼓楼西大街149号。原建格局保存完整。中华人民共和国成立后，关岳庙曾是国家民委交际处（接待处）所在地，后来由西藏自治区人民政府驻北京办事处使用至今。

关岳庙坐北朝南，中间一路带东西跨院，其主要建筑集中排列在中轴线，附属建筑左右对称分列，主次分明，整齐严谨，宏伟壮观。关岳庙最南端有一字琉璃影壁一座，长32.2米，宽2.06米，高5.63米。庑殿顶调大脊，黄琉璃瓦绿剪边屋面，檐下施重翘单昂七踩琉璃斗拱。红土浆影壁心，中心四岔角琉璃雕花装饰，下端白石质地须弥座，束腰饰莲花图样雕刻。

庙门五间，歇山顶，黄琉璃瓦绿剪边屋面，檐下施单翘单昂三踩斗拱，墨线大点金旋子彩画，龙锦枋心。庙门两侧为"一封书"撇山影壁，中心四岔角琉璃雕花装饰。庙门正面两侧各有一块龙首石碑，为民国遗物，碑身正面镌刻碑文。庙门两侧各有琉璃旁门一座，歇山顶，黄琉璃瓦绿剪边屋面，檐下施单翘单昂七踩琉璃斗拱，双扇红漆门板，两侧红土浆涂抹，中心饰莲花图样，四岔角琉璃雕花，下端白石质地须弥座，束腰饰莲花纹样雕刻。

前殿三间，歇山顶，黄琉璃瓦绿剪边屋面，檐下施单翘单昂三踩斗拱，墨线大点金旋子彩画。前殿明间夹门窗装修，套方棂心，次间套方棂心槛窗装修。殿前后各出三连垂带踏跺六级。此外，

前殿正面两侧各有铜缸一口。前殿两侧亦同庙门，各有琉璃旁门一座。院内东西配殿各三间，硬山顶调大脊，黄琉璃瓦绿剪边屋面，墨线大点金旋子彩画。配殿明间夹门窗装修，套方棂心，次间套方棂心槛窗装修，殿前出垂带踏跺三级。

正殿院内有正殿七间，重檐歇山顶，黄琉璃瓦绿剪边屋面，上层檐下施单翘重昂七踩斗拱，下层檐下施重翘五踩斗拱，墨线大点金和玺彩画。正殿明间、次间五抹三交六椀菱花棂心槅扇门各四扇，梢间、尽间三抹三交六椀菱花棂心槛窗各四扇。正殿前出大月台，方砖地面，前出踏跺12级，两侧各出踏跺11级，条石铺墁，两侧饰汉白玉栏杆，龙凤纹雕刻柱头。月台下端须弥座形式，束腰饰莲花图案雕刻。月台下有三出陛御路。正殿内装饰蟠龙藻井天花，梁架绘墨线大点金和玺彩画，金龙枋心。殿内后檐金柱处明次间装饰五抹三交六椀菱花棂心槅扇门各四扇，上饰三交六椀菱花棂心横披窗，再上悬挂藏文书写匾额。殿内两侧还悬挂有寓意西藏和平图案吊灯各两盏。东西配殿各三间，前出廊，歇山顶，黄琉璃瓦绿剪边屋面，檐下施一斗二升交麻叶斗拱，墨线大点金旋子彩画。配殿明间夹门窗装修，门饰三交

一字琉璃影壁

前殿

前院东配殿

六椀菱花棂心,其余均为套方棂心,次间套方棂心槛窗装修。配殿前檐柱间装饰雀替,殿前出垂带踏跺六级。

配殿南侧有焚帛炉和祭器库各一座,东为焚帛炉,西为祭器库。焚帛炉面阔三间,通体琉璃砌筑,歇山顶,黄琉璃瓦绿剪边屋面,檐下施单翘单昂七踩琉璃斗拱。焚帛炉明间为进香口,次间为琉璃制四抹三交六椀菱花槅扇,侧面及背面共饰琉璃制四抹三交六椀菱花槅扇14扇。基座采用须弥座形式,束腰装饰精美琉璃雕花。祭器库平面呈方形,歇山顶,黄琉璃瓦绿剪边屋面,檐下施单翘单昂三踩斗拱,墨线大点金旋子彩画。

祭器库正立面夹门窗装修,三交六椀菱花棂心。两侧及背立面为三交六椀菱花槛窗装修,正面前出垂带踏跺六级。

中路最后一进院为寝殿五间,歇山顶,黄琉璃瓦绿剪边屋面,檐下施重昂五踩斗拱,墨线大点金和玺彩画。寝殿明间、次间做五抹三交六椀菱花棂心槅扇门各四扇,梢间做三交六椀菱花棂心槛窗各六扇,窗上为三交六椀菱花棂心横披窗。殿前出三连垂带踏跺六级,殿后出三连垂带踏跺十级。寝殿正面两侧各有铜缸一口。

庙宇东跨院主要是神库、神厨和宰牲亭等建筑。神库位于该院北侧,面阔五间,悬山顶调大脊,黄琉璃瓦绿剪边屋面,五花山墙,墨线大点

正殿

焚帛炉

寝殿

宰牲亭内木构架

金旋子彩画。明间夹门窗装修，门上饰走马板，两侧套方椆心槛窗；次间、梢间套方锦椆心槛窗装修，明间前出踏跺四级。

院内东侧为神厨五间，悬山顶调大脊，黄琉璃瓦绿剪边屋面，五花山墙，墨线大点金旋子彩画。明间夹门窗装修，套方椆心，次间、梢间套方椆心槛窗装修，各间均饰套方椆心横披窗。明间前出踏跺四级。

宰牲亭位于神厨南侧，面阔三间，重檐歇山顶，黄琉璃瓦绿剪边屋面，上层一间，下层三间，檐下施一斗三升斗拱，墨线大点金旋子彩画。宰牲亭明间五抹三交六椀菱花槅扇门四扇，次间三抹三交六椀槛窗四扇，两侧山面各有三抹三交六椀槛窗四扇。此外，宰牲亭背立面一层出第三重檐，黄琉璃瓦绿剪边屋面。宰牲亭明间前出垂带踏跺四级。除了上述建筑之外，在宰牲亭正立面北次间前还有游廊三间，黄琉璃瓦绿剪边屋面，廊柱为方柱形，柱间装饰步步锦倒挂楣子及花牙子。游廊明间前后各出垂带踏跺四级。

西跨院为南北并列的两座一进院落。北院坐西朝东，上房五间，原为前出廊，现改为明间、次间吞廊，过垄脊，筒瓦屋面，墨线旋子彩画，一字枋心。明间槅扇风门，次间、梢间做玻璃窗装修。建筑为砖石台基，明间前出如意踏跺三级。南北厢房各三间，过垄脊，筒瓦屋面，墨线旋子彩画，一字枋心。明间夹门窗装修，次间做玻璃窗。建筑为砖石台基，明间前出踏跺一级。南院形制同北院。

1984年5月24日，关岳庙被北京市人民政府公布为北京市第三批市级文物保护单位；2006年5月25日，关岳庙被国务院公布为第六批全国重点文物保护单位。

知识链接　爱新觉罗·奕譞

爱新觉罗·奕譞，道光帝第七子，光绪帝父亲，和硕醇亲王，晚清政治家。

道光二十年（1840），爱新觉罗·奕譞出生在北京，咸丰帝即位后，被封为醇郡王。咸丰十一年（1861），咸丰帝驾崩之后，慈禧太后与恭亲王密谋政变，奕譞受到慈禧太后的重用，做步军统领，将戍卫京师的军权掌握在自己的手中，之后又兼管善捕营事。辛酉政变之后，慈禧太后大权在握。她十分器重奕譞，授予他都统、领侍卫内大臣、御前大臣、管理神机营等职务，甚至还免去了他面见皇帝时的叩拜之礼。

同治三年（1864），加亲王衔。同治十一年（1872），他又晋封为和硕醇亲王。

光绪帝即位之后，奕譞上奏请辞官职，言辞恳切，于是慈禧太后同意他辞去一切官职，但是仍命他照料菩陀峪陵墓工程，并且授予其世袭罔替的殊荣，使奕譞成为清朝又一位铁帽子王。

光绪十年（1884），慈禧太后强调，朝廷大事要与奕譞商办，于是奕譞再次接掌大权。光绪十一年（1885），清政府设海军衙门，奕譞总理节制沿海水师。他曾动用海军经费，修缮了颐和园。不久后，慈禧太后命奕譞回朝执政，奕譞婉拒。

光绪十六年（1890）十一月，奕譞突发疾病，光绪帝亲自探望。不久后，奕譞病逝，享年51岁，追谥号为贤，配享太庙。

爱新觉罗·奕譞一生中最主要的成就在于参与成立了海军衙门，并与李鸿章等人共同努力打造了"定远"和"镇远"两艘铁甲战舰，让中国拥有了不可小觑的海上武装力量。

杨椒山祠（松筠庵）

杨椒山祠是明代著名忠臣杨继盛的祠堂，位于北京市西城区宣外达智桥胡同12号（校场胡同三条2号）。

杨继盛（1516—1555），字仲芳，号椒山，明嘉靖时进士，冒死弹劾当权派严嵩五奸十大罪，被严嵩投入刑部大狱，在狱中受尽折磨。他始终坚强不屈，临刑前，在刑场留下了"浩气还太虚，丹心照千古。生前未了事，留与后人补"的名句，时年39岁。

杨椒山祠原为杨椒山故居，清初改为松筠庵，清乾隆五十二年（1787）改为祠堂。杨椒山祠的总体布局可分为北部庵祠部分和西南部的谏草堂

醇亲王奕譞

杨椒山祠大门

谏草亭

部分。大门面阔三间，过垄脊，筒瓦屋面，带披水及排山勾滴。明间开券门，门上有石刻匾额，次间开券窗。正堂内原有杨继盛的塑像及对联。后殿匾额书"正气锄奸"。他起草疏稿的书房，后来被称为谏草堂，他弹劾严嵩的奏疏，请海盐布衣镌石名手张受之刻石，嵌在谏草堂的壁上。张受之敬佩其刚直正气，摹椒山真迹，精勒于石，谏草刻就，死于松筠庵内。道光年间在祠之西南隅建谏草亭。亭内有椒山先生手植榆树一株及石碑一块，他两次批评朝政的谏言草稿，都刻在亭内石碑上。

清末戊戌变法时，以康有为、谭嗣同为首的

谏草亭翼角木构架

1300多位举人在这里聚会，由康有为起草上皇帝书，史称"公车上书"。

杨椒山祠整组建筑虽已破败，但仍保留原建筑格局，现为居民使用。

1984年5月24日，杨椒山祠（松筠庵）被北京市人民政府公布为北京市第三批市级文物保护单位。

知识链接　　　杨继盛弹劾严嵩

杨继盛，直隶容城（今河北省容城县）人，是明朝中期著名谏臣。他忠于朝廷，不畏权贵，敢于直言进谏，曾冒死弹劾位高权重的奸臣严嵩。

明嘉靖二十九年（1550），杨继盛在京师为官。当时蒙古军屡屡进犯明朝北部边境，这时奸臣严嵩的同党、身为大将军的仇鸾想要与其议和，于是上奏请旨开马市。杨继盛深觉不妥，开始弹劾仇鸾，无奈仇身居高位，又得皇帝信任，最后杨继盛被贬出京。

一年后，北部边境仍没有得到安宁，马市也全部遭到破坏，这时嘉靖帝朱厚熜才想到杨继盛的话在理，于是重新起用他。当时，严嵩位高权重，痛恨仇鸾对自己的侵犯，于是着意提拔杨继盛。然而让他没想到的是，杨继盛一心想要报效国家，同样憎恨他这样的奸臣。最终，杨继盛在妻子的启发下，决定弹劾严嵩。

嘉靖三十二年（1553）正月十八日，杨继盛斋戒三日，上书《请诛贼臣疏》，列"五奸十大罪"弹劾严嵩。在他的奏章中提到了"二王"（裕王朱载垕、景王朱载圳），严嵩便以此为由向嘉靖帝进谗言，使原本恼怒的嘉靖帝更加愤怒，直接将杨继盛下狱。在狱中，杨继盛受廷杖100，两腿粗肿发硬，不能屈伸行走，之后，他又被转到了条件更差的民监中。后来，杨继盛创伤发作，半夜疼醒，便摔碎瓷碗，将腐肉割去，为他照明的狱卒都害怕得颤抖，可他却神态自如。在杨继盛下狱的几年中，严嵩总想取其性命，所幸杨继盛有陆炳等人的保护，才得以存活。

虽然杨继盛入狱已经三年之久，但其好友并没有放弃对他的营救，迫于舆论压力，严嵩打算上疏解救杨继盛，但其党羽和儿子却反对这一做法，不停劝说他，最终使严嵩下定决心杀掉杨继盛。于是他在党羽赵文华送来对闽浙总督张经等人的论罪奏疏中加上了杨继盛的名字，皇帝阅读奏章时并未注意，于是就同意处罚。就这样，嘉靖三十四年（1555）十月，杨继盛等人被处决，弃尸于市。不久后，其妻也自缢殉夫。

隆庆元年（1567），明穆宗朱载垕继位，以杨继盛为首抚恤谏臣，追赠他太常少卿，谥号"忠愍"。

云绘楼清音阁

云绘楼清音阁是充满古风的清式建筑，位于北京市西城区太平街19号陶然亭公园内陶然亭南门附近、西湖南岸。云绘楼坐西朝东，与陶然亭相对；清音阁坐南朝北，与北岸抱冰堂相对而望。云绘楼清音阁风格独特，具有江南的精致风雅，虽彼此独立，又相互连接。该建筑原在中南海，1954年按原状迁建于此，是中国第一例被完整搬迁的古建筑。

云绘楼清音阁建于清朝乾隆年间，原址在皇家御苑西苑内的南海东岸。据史料记载，清音阁建于乾隆十六年至二十二年（1751—1757），云

1922年南海的云绘楼清音阁

绘楼与清音阁上下相连，推测为同期建造。之后，这一建筑成为专供皇帝在太液池上赏月、作画、弹琴、习书、娱乐等活动的近水楼阁。云绘楼是乾隆皇帝的画室，清音阁是他的琴房。至新中国成立之初，云绘楼清音阁经历了200余年的风雨沧桑和人为损坏，已变得破旧不堪。当时再加上中南海正在建设，云绘楼清音阁面临着被拆除的命运。这时，著名建筑学家梁思成建议对这组古建筑进行迁址保护。经过周恩来总理和梁思成的精心选址，最终决定将云绘楼清音阁选在北京陶然亭西湖南岸。至1954年，云绘楼清音阁重新组建完成，如今，在这座建筑的西墙上嵌有《迁建竣工题记》，石刻上记载：

云绘楼清音阁，建筑于清乾隆年间，原在南海东岸，今移建于此。这是把古建筑迁地重建的创举。测量设计者，北京建设局。全部保存原来形式及装饰。

一九五四年十一月八日 郑振铎记

云绘楼清音阁是一座具有江南风格的小巧建筑，彩绘雕塑，整体建筑呈"L"形。云绘楼是一座三层楼阁，一层与二层之间的檐下悬挂着乾隆御笔书写的匾额"云绘楼"。不过，这块匾额上的

字是复制而来的。云绘楼北侧是清音阁，清音阁是一座二层楼阁，门额的牌匾上写着"清音阁"，同样是乾隆皇帝的御笔复制品。两座建筑方位不同，看似独立，但却属于一组拼体建筑，楼层与楼层之间相通。清音阁的西侧有假山石，相互重叠，搭成台基，通过台基，可直通二楼。

云绘楼和清音阁的一层、二层之间相通，分别由彩画游廊连接，一层游廊相通的门称为"韵馨"，乾隆二十六年（1761）御制韵馨居诗："风水相吞吐，磬声出碧粼。自称宫与角，底辨主和宾。似矣彭兹口，居然泗水滨。东坡笑李渤，盖是特欺人。"清音阁一层游廊的另一个门称为"卯月"。二层有一座复式凉亭，分别位于云绘楼的北侧和清音阁的东侧。两座凉亭设计精巧，在东北的拐角处相交，别具风格。

云绘楼里有复古桌凳，桌子上摆放着瓷器，墙上挂着彩画和对联，西面墙上的对联曰："众皱峰如能变化，太空云与作浮沉。"南面墙上的对联曰："道堪因契真佳矣，画岂能工有是夫。"乾隆二十五年御制云绘楼诗："棣通景物斗韶妍，又见鱼鳞皴远天。水墨丹青争献技，东皇宁许一家专。"清音阁一层建筑也摆放着复古桌凳，墙上有

搬迁至陶然亭公园的清音阁

彩画和对联，南面墙上的对联曰："宫商之外有神解，律吕以来无是过。"西侧屋子里有一张金黄色床榻。

2000年，在这座建筑的周围修建了汉白玉围栏，使这组古建筑显得更加巍峨壮观。2014年，云绘楼清音阁经过9个月的大修，逐渐恢复建筑历史风貌，在地面局部整修垫层，补配方砖，屋面挑顶，重新铺设，对椽望、脊梁、瓦片进行修补。建筑内的彩画经过传统的除尘，局部不锈，对彩画有严重破坏的地方，进行了重新绘制。同时，为预防火灾损坏建筑物，配备了灭火器和消防栓。2015年8月13日此处对公众开放，让游客近距离观赏古建筑和建筑内的陈设、字画，进一

搬迁至陶然亭公园的云绘楼

云绘楼匾额

清音阁匾额

步了解历史。

1984年5月24日，云绘楼清音阁被北京市人民政府公布为北京市第三批市级文物保护单位。

中南海云绘楼清音阁原位于南海东北角的淑清院，是乾隆时期修建的小型园林，园内有杯亭、韵古塔堂、日知阁、云绘楼、清音阁等。

云绘楼清音阁是淑清院一处典型的江南水乡园林建筑，建筑物前轻舟泛过，水中荷花盛开，荷香四处飘散。《日下旧闻考》记载："云绘楼三层，北向……阁上下与云绘楼相通，有门曰：印月，门外东南则船坞也。"

云绘楼清音阁檐角

1954年，因中南海扩建，将云绘楼清音阁迁至陶然亭慈悲庵西侧的原武家窑旧址上。

中南海云绘楼清音阁的朝向与现在不同，但角度却相似，基本上将原来的景观风貌保存了下来。中南海云绘楼清音阁与现在的云绘楼清音阁相比，地势较低，水面距离较窄，当时，乾隆皇帝在这里欣赏美景，诗情画意的灵感也油然而生。

朱彝尊故居（顺德会馆）

朱彝尊故居是清代著名学者朱彝尊在京的住宅，位于西城区椿树街道海柏胡同16号。

朱彝尊（1629—1709），字锡鬯，号竹垞，晚号小长芦钓鱼师，又号金风亭长，浙江秀水（今浙江省嘉兴市）人，清代著名诗人、词人、学者。康熙二十三年（1684），朱彝尊遭劾谪后便在此居住。后在其迁出时，住宅由官员温汝适等人集资购买，改为顺德会馆。

故居坐北朝南，由多组院落组成。故居北侧中部辟金柱大门一间，门前抱鼓石一对。院内有东西并列四路院落，其中最西侧一路，据传为朱

朱彝尊故居大门

彝尊故居,现仅存两进院落。第一进院内正房五间,前出廊。南侧过厅三间,前后廊,均为硬山顶,合瓦屋面。东西厢房各三间,硬山顶,合瓦屋面。第二进院后罩房七间,硬山顶,合瓦屋面。过厅以南,原有曝书亭等建筑,现已无存。

该组院落西侧的两路院落格局不甚完整,仅存部分院落。中路存南侧一进院落,内有北房三间,前出廊;南房三间,均为硬山顶,合瓦屋面。东路存大门东侧的一进院落,内有北房五间,南房三间,前出廊,均为硬山顶,合瓦屋面。院落最东侧一路有三座格局相同的一进四合院,内有正房、倒座房及东西厢房各三间,均为硬山顶,合瓦屋面。

朱彝尊故居后罩房

1984年5月24日,朱彝尊故居(顺德会馆)被北京市人民政府公布为北京市第三批市级文物保护单位。

知识链接 朱彝尊

明崇祯二年八月二十一日(1629年10月7日),朱彝尊出生在浙江嘉兴碧漪坊。6岁时,他开始进入私塾学习。长大后,朱彝尊特别喜欢作诗,与同乡的朋友交游作诗,并取得不小的名气,于是家中常有学诗者来访,和他共同探讨诗文。

顺治七年(1650),22岁的朱彝尊开始在家中授课,教学生们作诗,以求谋生。

康熙三年(1664),朱彝尊打算到山西投奔当时的山西按察副使曹溶,从此开始了自己四方游历的生涯。直到康熙十八年(1679),他才举博学鸿词科,以布衣的身份授翰林院检讨,并且参与《明史》的修撰。之后,朱彝尊颇受朝廷的器重,并在康熙二十二年(1683),入职南书房,不仅获得在紫禁城骑马的殊荣,还得乾清宫赐宴。

朱彝尊官场浮沉,几次被罢官、升官,始终潜心研究史学,康熙四十八年十月十三日(1709年11月14日)因病去世,享年81岁。

朱彝尊一生成就颇多,诗词作品无数。他的主要作品有《经义考》《日下旧闻》《曝书亭诗文集》等书。他还开创了浙西词派,这是清代前期最大的词派,影响既深刻又广泛,并且随着清朝的发展逐渐走向鼎盛时期。而朱彝尊也因为他出色的词作与纳兰容若、陈维崧被人们并称"清词三大家"。

康有为故居

康有为故居是康有为在京居住的地方,也是其筹划变法维新的主要活动场所,位于西城区陶然亭街道米市胡同43号南海会馆内。故居坐西朝东,为南海会馆北路第一进院。

康有为是我国近代史上著名的思想家、政治

康有为故居大门

家、教育家和文学家，资产阶级改良主义的代表人物，清末"戊戌变法"的主要发起者。康有为在京期间居住于南海会馆内，在此主持"公车上书"的同时，亦于此地创办了强学会，并出版了第一种民办报刊《中外纪闻》。

整座南海会馆由南北并列的四组院落组成，位于北路第一进院的故居占地面积约200平方米。院内有北房三间，硬山顶，合瓦屋面，因形似船，而得名"汗漫舫"，是康有为的书房。西房三间，硬山顶，合瓦屋面，原为康有为的卧室。院内原有七棵槐树，所以又名"七树堂"，今树已无存。

清代末年"七树堂"

1984年5月24日，康有为故居被北京市人民政府公布为北京市第三批市级文物保护单位。

知识链接 康有为

咸丰八年二月初五（1858年3月19日），康有为出生在广东省南海县（今佛山市南海区）的一个官僚家庭。他从小聪明伶俐，5岁就能诵读数百首唐诗。少年时，他跟随康赞修、朱次琦学习，在他们宋明理学的影响下，康有为也逐渐鄙弃那些汉学家的东西，试图开辟新的治学之路。然而学习一段时间之后，他对理学也不再赞成。

光绪五年（1879），康有为开始接触西方文化，读了很多经世致用的书，其中有顾祖禹的《读史方舆纪要》、顾炎武的《天下郡国利病书》等，眼界逐渐打开。光绪八年（1882）康有为接触到了资本主义事物，并且收集了很多关于资本主义的书刊。通过学习，他逐渐清晰地认识到资本主义制度远比封建制度要先进得多。当时西方帝国主义列强不断侵犯中国，清政府软弱无能，康有为心中救国的意识越来越强烈，于是他立志学习西方，心中维新变法的思想体系逐渐形成。

光绪十四年（1888），康有为到北京参加顺天乡试，第一次上书光绪帝请求变法，但奏折并没有送到光绪帝跟前。于是同年九月，他再次上书，要求变法维新。

光绪二十一年（1895）三月二十三，清政府签订了丧权辱国的《马关条约》。于是康有为联合各省应试举人于四月初八联名请愿，发动"公车上书"，请求拒绝议和、加强练兵，变法维新。然而这次上书光绪帝并没有看到。之后，他又多次上书，请求变法维新。直到光绪二十四年（1898）六月十六日，光绪帝才召见康有为，准其奏折，戊戌变法开始。然而戊戌变法推行的各种新政影响了顽固派的利益，以慈禧太后为首的顽固派开始进行阻挠变法，最终变法运动仅维持百天就以失败告终，康有为被迫逃亡海外。

1913年，康有为在外漂泊15年，回到中国。这一次，康有为成了尊孔保皇的代表人物。1917年，他与北洋军阀张勋发动复辟，拥立溥仪登基。没过多久，段祺瑞进行讨伐，复辟失败。康有为遭到通缉，逃亡上海，之后，长期隐居在茅山。

1923年，康有为迁居青岛。1927年3月31日，康有为因食物中毒而去世。

康有为的一生成就颇多，他关心国家生死存亡，学贯中西，展望世界，是中国近代史上的风云人物。

程砚秋故居

北京城有10余处程砚秋故居，其中西城区西四北三条39号，原为西四牌楼北报子胡同18号，是程砚秋居住时间最长的一处故居。1938年，程砚秋搬入这处故居，之后，一直居住于此，直到1958年逝世。

程砚秋故居坐北朝南，门外两侧各有一方形石礅，大门南向，为两扇方形双开门，右扇门扣环下方有一条长方形缝隙，是当时放信封和报纸杂志的地方，这扇门的上侧有一个门铃。门梁上有"如意"二字。门的西侧墙上挂着"北京市文物保护单位"的牌子。

这是一处二进院故居，分为前院和后院，占地面积390平方米。从大门进入，迎面有一座影壁，通过影壁就是前院，院子里有一棵柿子树，是程砚秋和他的子女亲手栽种的。院子里有一张大理石圆桌，当年，程砚秋曾围绕大圆桌为红线女讲解《孟姜女》的身段。前院北侧有四间北房，名为"御霜书斋"，是程砚秋的会客厅和书房。芙蓉花的别名为"御霜"，又称为拒霜，先生的小名为御霜。其中还有两间是先生的练功房和卧室。除此之外，有倒座三间半和三间西厢房。

前院的北侧有一道月亮门，通过月亮门，是一道垂花门，穿过垂花门，来到后院。院子中间有一口大天井，左右两边分别有花坛，北边有三间房，房子的东侧两间是程砚秋夫妇的卧室，室内陈设和先生生前一模一样。后院有东西厢房各三间，这处后院设计与众不同，院内房屋由抄手

程砚秋故居大门

门梁上的"如意"

廊相连。故居的东侧还有一处小跨院，跨院有数间房屋，其中一间为餐厅。

程砚秋故居里完好地保存着先生生前用过的戏装、戏本、练功镜、图书、藏书、古旧家具、学习和绘画用品、生活用具等。

现今，程砚秋的次子和他的妻子居住在此，为很好地保护父母生前遗物，他们将戏服、藏书、道具等保管得很好，每年分批搬到院子里晒太阳，以此方式纪念父母亲。

倒座房上的窗户和屋檐

1984年5月24日，程砚秋故居被北京市人民政府公布为北京市第三批市级文物保护单位。

一代巨匠程砚秋

知识链接

程砚秋（1904—1958）是中国京剧表演艺术大师，京剧"四大名旦"之一。他的演唱风格沉郁顿挫，结合了传统诗学之美，传承了中华民族古典美学传统，其表演艺术影响深远。

程砚秋，原名承麟，首次登台演出时改名为程菊农，之后改名为程艳秋，字玉霜。1932年后他改名程砚秋，字御霜。程砚秋幼年时家道中落，为谋求生计，拜荣碟仙为师，跟随荣春亮习武，后与陈桐学花旦，因嗓音好，又改学青衣，拜陈啸云为师。程砚秋从6岁开始艰苦的训练，为自己成为一代巨匠打下了坚实的基础。

11岁时，他开始登台演出，因在舞台上有超凡的文武之功，演出了《朱砂痣》《桑园寄子》等，他的表演引起了业内人士的关注，名声远扬。不久，程砚秋进入变声期，因未能及时停止演出保养嗓子，差点儿断送了自己的演艺生涯。后来，在罗瘿公的帮助下，他暂时告别舞台，开始学习绘画、书法、昆曲等，最后潜心研究出了符合自己嗓音的特殊声乐表现方法。之后，程砚秋再次登台，表演了《玉堂春》《汾河湾》《金锁记》等曲目，让人耳目一新，从此，他的表演艺术上了一个新台阶，达到了一个新高度。他在表演的过程中汇聚了独有的艺术风格，喜欢研究与创新，创造了京剧史上独树一帜的"程派"。

1925—1938年，是"程派"艺术的成熟期，面对广大劳动人民处于水深火热的现实社会，他义愤填膺，创作了许多爱国主义和民主主义思想的剧目，如《春闺梦》《亡蜀鉴》等。他以精湛的演技引起观众的强烈共鸣，表达了广大人民反对战争、反对压迫、向往和平的强烈愿望。

晚年时，程砚秋致力于教学和总结舞台艺术经验，创办中华戏曲职业专科学校，担任南京戏曲音乐学院北平分院院长、中国戏曲研究院副院长，著有《戏曲表演艺术的基础——"四功五法"》《谈戏曲演唱》《谈窦娥》《与青年演员谈如何学艺》等作品。1949年，他作为特邀代表，参加全国政协第一届会议。1950年，他当选为全国人大代表，中国戏协理事会主席团委员。程砚秋一生都在为京剧艺术做贡献，他的艺术达到了顶峰，对戏曲发展产生了深远影响，是京剧艺术界的百年巨匠。

齐白石故居

齐白石在北京的住所一共有两处，一处是东城区雨儿胡同齐白石旧居纪念馆，一处是西城区辟才胡同内跨车胡同13号。跨车胡同13号住所是他晚年时的故居，齐白石从50多岁到逝世前一直居住在这里，即现在说的齐白石故居。

齐白石故居大门

厅堂陈设

齐白石故居是一座三合院带跨院住宅，坐北朝南，门坐西朝东，院内有东、西、北屋，住宅面积约为204平方米。大门是老式四合院门，平时大门紧闭。门的南侧墙上镶嵌着石牌，石牌上刻着"齐白石故居"字样。从外面看，这处建筑的大门破损，门楣破旧。过去，齐白石故居的院子里有葡萄、凌霄，还有柳树，夏天时，他经常在院子里乘凉。

院内三间北屋是正房，是饭厅，也是客厅。中央摆放着一张普通两用饭桌，饭桌很简陋，四边由半圆木板支撑，放下去是方桌，支起来便是圆桌，靠北侧的墙的一边摆放着一把长藤靠椅，这里是齐白石茶余饭后休息的好地方，天凉时，他还会铺上一个皮褥子。齐白石的生活一向朴素，屋子里只摆了几个板凳，每次有客人来，他们就坐在这里，新中国成立后，政府对齐白石格外照顾，为他的客厅添置了一套沙发。

客厅的东侧为卧室，西侧是画室。建筑整体看上去非常普通，陈设简陋。当年，齐白石居住在这里时，被称为"白石画屋"。为什么称其为"白石画屋"呢？老人自写："予五十岁后，因避乡乱来京华，心胆尚寒，于城西买一屋卖画，屋绕铁栅。如是年九十矣，尚自食其力，幸画为天下人称之，其屋自书'白石画屋'不遗子孙，留为天下人见之一叹。"屋子里摆放着一张黑漆画案，面朝西，画案的南端摆放着一堆参差不齐的宣纸，北端摆放着文房四宝，旁边还有大小不一样的颜料碟儿。屋子里摆放着一把圆座带靠背的竹椅，椅子上铺着一块布垫，当年，齐白石画画时就坐在这把椅子上。原来，画案对面有一张香几，香几上摆放着一个玻璃罩钟，是齐白石的心爱之物，据说，这个玻璃罩钟上一次发条能够走一年多。屋前安装着铁栅栏，所以又被称为"铁栅屋"。

之前，齐白石一直靠卖画为生，七七事变后，日伪军觊觎他的画，通过各种方式索要，为了躲避他们，齐白石来到了这处故居，从此闭门谢客。齐白石在这里创作了2万多幅画。日寇入侵北平时，他画了《群鼠图》，通过画来讽刺日军侵略

齐白石在"铁栅屋"前

者；他画了《不倒翁》和《螃蟹图》，《螃蟹图》上注有"看你横行到几时"，以此来抨击旧官僚的腐败；新中国成立，他画了《祖国万岁》图；抗美援朝时期，为表达自己对祖国的热爱，他画了《和平鸽》，并参加义卖。

齐白石去世后，故居居住着齐氏后人。因为这处故居是这段胡同的独户，为安全起见，故居昼夜闭户。

1984年5月24日，齐白石故居被北京市人民政府公布为北京市第三批市级文物保护单位。

知识链接　齐白石

齐白石（1864—1957）是我国近代绘画大师，擅长中国画、书法、篆刻、诗歌，一生创作了大量画、书、印、诗作品，推动我国现代花鸟画达到最高峰。他的传世画作有《母牛图》《墨虾》《蛙声十里出山泉》等，著有《白石诗草》《白石老人自传》等，出版《齐白石山水画选》等多部画册。

齐白石，原名纯芝，字渭清、兰亭，之后改名为璜，字濒生，别号白石、白石老人、齐大、木居士、三百石印富翁等。他出生于同治二年（1863），年幼时，家庭一贫如洗，他只读过一年书就回到家以砍柴放牧为生，闲暇时，他会读书习画。

光绪三年（1877），为维持家人生计，齐白石做木匠学徒，后又学雕花木工。为精益求精，开始临摹《芥子园画传》，在学习的过程中不断创新，雕刻出新花样。光绪十六年（1890）开始，他摒弃雕花木工工作，先后跟随萧芗陔、文少可、胡沁园等人学画。齐白石也很喜欢读书，曾受陈

作埙影响读书，受王湘绮的启发，攻读诗文，并担任龙山诗社社长。

齐白石的很多画作的灵感来源于游历的感悟。齐白石在7年的时间里出游陕西、北京、广东等地，开拓视野，看到名山大川，有感而发，画作栩栩如生。1917年，齐白石第二次来到北京，结识陈师曾等人，1919年，定居北京，跟随陈师曾，始行变法。抗日战争时期，齐白石下定决心，不把自己的画作卖给官家，从此过上了隐居生活，隐居期间，他在自己居住的地方创作了很多幅画。

1946年，齐白石在南京、上海举办个展，徐悲鸿聘请他担任北平艺专名誉教授，1949年当选中国文联委员、中华全国美术工作者协会委员。1952年，他担任中央美术学院名誉教授。之后，齐白石历任中国美术家协会主席、中央文史馆研究馆员、北京中国画研究会主席、北京中国画院名誉院长等职。齐白石曾当选第一届全国人大代表。1953年，中央文化部授予他"人民艺术家"称号，他曾多次获奖，为世界文化名人之一。

梅兰芳故居

梅兰芳故居是著名京剧艺术家梅兰芳的住所，梅兰芳一家1951—1961年在此居住。这里原为庆王府马厩，位于西城区厂桥街道护国寺街9号，1985年辟为梅兰芳纪念馆。

梅兰芳（1894—1961），字畹华，艺名兰芳，"四大名旦"之首。在舞台实践中，独创"梅派"艺术，代表作有《洛神》《贵妃醉酒》《霸王别姬》等。中华人民共和国成立后，他曾任中国戏曲研究院院长、中国京剧院院长、中国文联副主席等

梅兰芳故居大门

职，著有《梅兰芳文集》《舞台生活四十年》等。

故居坐北朝南，共二进院落，是北京一座典型的小型四合院。民国时期，禁烟总局曾设在此。中华人民共和国成立后，国务院将其改建成招待所。1951年拨给梅兰芳居住。1983年文化部成立梅兰芳纪念馆筹备组，开始着手将梅兰芳故居改为纪念馆。1984年为筹办梅兰芳纪念馆，开始对故居进行修缮，恢复了历史原貌。1985年底，正式建立梅兰芳纪念馆，次年对社会开放，发挥了故居的教育功能，宣扬了梅兰芳在中国戏曲发展史上做出的杰出贡献。2004年故居再次进行大规模整修。

一字影壁和梅兰芳雕像

二进门

正房

故居临街蛮子门一间，过垄脊，筒瓦屋面，门前抱鼓石一对。大门东接门房一间，西接倒座房六间，均为过垄脊，合瓦屋面。迎门有一字影壁，前置梅兰芳先生的汉白玉半身塑像。第一进院北侧设二门一道，两侧接看面墙，西侧另设一门可通西跨院。穿过二门为第二进院，迎门木影壁一座。

院内正房三间，前出廊，过垄脊，筒瓦屋面，两侧接平顶耳房各两间。东西厢房各三间，前出廊，过垄脊，筒瓦屋面，南接平顶厢耳房各一间。院内四周有平顶廊连接各房。正房后有后罩房七间；西跨院内西房两座连为一体，共六间。

1984年5月24日，梅兰芳故居被北京市人民政府公布为北京市第三批市级文物保护单位；2013年5月3日，梅兰芳故居被国务院公布为第七批全国重点文物保护单位。

知识链接　梅兰芳

梅兰芳，祖籍江苏泰州。清光绪二十年（1894），梅兰芳出生在北京前门外李铁拐斜街。1902年，他正式拜师吴菱仙，开始学习青衣戏。

光绪三十年（1904），梅兰芳第一次登台演出。当时演出的地点是北京广和楼戏馆，出演的剧目为《长生殿·鹊桥密誓》，他在当中扮演织女，演艺生涯从此开始，之后曾到上海去演出。梅兰芳演戏的同时仍不断学习，提高自己。之后，他又拜师乔蕙兰、李寿山、陈嘉梁等人学习昆曲。另外，他还学习绘画、收藏等。

他不仅演戏，还编创新戏，整个演艺生涯中，给观众带来了无数的经典作品，如《嫦娥奔月》《黛玉葬花》《天女散花》《游园惊梦》《霸王别姬》《洛神》《凤还巢》《宇宙锋》《抗金兵》《生死恨》等，声名远扬。不仅如此，他还创立了梅派，以不断创新的精神，将诸多艺术领域的创作思想融于京剧艺术舞台表演之中，使京剧旦行的表演境界不断提升，趋近完美，其代表作有《贵妃醉酒》《天女散花》《穆桂英挂帅》等，梅派独

东厢房——梅兰芳生平展览室

湖广会馆外景

特的艺术风格成为旦行中影响深远的流派。

1951年4月，梅兰芳出任中国戏曲研究院院长；1953年10月，他当选中国戏剧家协会副主席；1956年1月，他出任中国京剧院院长。1959年，他加入中国共产党。

1961年8月8日，梅兰芳因病在北京去世，享年67岁。

梅兰芳对中国戏剧文化有着非常大的影响。他的京剧改良运动使京剧发生了巨大的转变，对京剧的发展起到了先导、示范、启发等巨大作用。而梅派的创立，也给中国戏曲增加了宝贵的遗产。

湖广会馆

湖广会馆是湖南、湖北两省共建的跨省区会馆，位于北京市西城区虎坊路3号、5号，是清初北京著名的会馆之一。现存的戏台、后楼基本完好。

湖广会馆在清乾隆时先后为张惟寅、王杰、刘权之等官员府邸，嘉庆十二年（1807）捐为会馆；道光十年（1830）改修，增建戏楼，扩建文昌阁；道光二十九年（1849）又重修，增添风雨怀人馆和花园；光绪十八年至二十二年（1892—1896）再次大修，改建楚畹堂，迁建宝善堂，重建风雨怀人馆，添建游廊，形成20世纪70年代以前的格局。

湖广会馆属于试馆，其馆舍主要是"以待公车及选人之栖止"，但因其地处宣南繁华之区，故"凡有喜庆宴会著彩觞，无不假本馆举行"。据

垂花门

文昌阁

1927年《湖广会馆全图》标注，会馆原占地东西长48.77—53.34米，南北长82.3—92.66米。1976年拓宽骡马市大街，拆去北部，现今东西长42.8米，南北长64.24米，分为东、中、西三路，主要建筑有乡贤祠、文昌阁、风雨怀人馆、宝善堂、楚畹堂、戏楼等。

原大门为一木栅栏门，坐南朝北，现已无存。现今沿东边巷道至二门垂花门，进门后为会馆东路前院，有五檩倒座房三间；通过游廊至中院，有五檩带前廊东房六间；再北为东路主院，原有多座建筑，现只存三间南房。中路的主体是戏楼（又名罩棚），戏楼北面以平顶游廊围成庭院，院中即著名的子午井；正面建筑为文昌阁，该建筑坐北朝南，面阔三间，二层硬山顶筒瓦屋面，开间尺度颇大，屋内所奉"文昌帝君神位"尚存。

子午井

风雨怀人馆

相传文昌帝君主掌人间录籍、考试、命运，旧时一般同乡会馆中都设有文昌帝君神位，按时祭祀。

文昌阁北接风雨怀人馆，该建筑为三小间，五檩卷棚悬山顶，下为砖台。再北即新添建筑宝善堂，该建筑面阔五间，五檩前出廊，当心间辟为大门。西院建筑经多次改建，只有楚畹堂尚是原物，该建筑面阔三间，进深三卷勾连搭，共十一步架，其前廊为四檩卷棚顶，较为特殊。该建筑原门窗装修雅洁，房中四壁嵌有名人手迹石刻，院中竹林蓊郁、花草繁茂，是两湖名流宴会吟咏之地，有《楚畹集》二卷刊行于世。

会馆的主体建筑为戏楼，面阔五间，当心间即舞台柱间宽度达5.68米，进深七间。戏楼为二层楼，东、西、北三面为楼座，南面为舞台。后台五间，高达两层，后再接单坡房五间为扮戏房。戏楼为抬梁式木结构，上檐为双卷悬山顶仰合瓦屋面。双卷高跨为十檩，低跨为六檩，十一架大梁长达11.36米，在北京民间建筑中极为罕见。下檐为楼座屋顶，单坡四檩，外设木板槛墙槛窗。再下为砖砌墙身，开方窗。北面开槅扇门三樘进入游廊，东面开板门二樘，西面突出两间为场面（乐队）使用。楼内原无天花板，梁架和四周走马板、楼座挂檐板及栏杆均有苏式彩画。绿柱红枋，具有浓郁的清代建筑风格。

湖广会馆戏楼在清同治、光绪年间就享有盛誉，每逢年节均有堂会，两湖旅京人士云集馆中，杯酒联欢，届时名角、名票共聚一堂。京剧名家谭鑫培、田桂凤、陈德霖、梅兰芳、余叔岩、言菊朋、时慧宝、王蕙芳等常临戏楼演唱。

湖广会馆戏楼可容纳1000余人，清末民初许多重要的集会均在湖广会馆中举行。1912年5月7日，北京统一党在湖广会馆召开欢迎章太炎大会，章太炎发表了关于统一党宗旨的演说。1912年8月25日，国民党成立大会在此召开，孙中山先生出席大会，宣布国民党党纲，并当选国民党理事长。该会馆因此成为重要的革命历史纪念地。1994年湖广会馆被列为爱国主义教育基地。1993—1996年，北京市人民政府出资对湖广会馆进行大修。修缮后的湖广会馆被辟为北京戏曲博物馆，于1997年9月正式对外开放。这是北京首家戏曲博物馆，以翔实、珍贵的戏曲文献、文

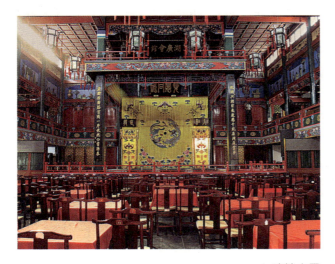

戏楼内景

湖广会馆大门

物图片、音像资料等向观众展示了北京地区戏曲发展史。湖广会馆戏楼现已恢复演出功能，每天都有精彩的演出，丰富了首都人民的文化生活。2006年，北京市人民政府出资对湖广会馆周边环境进行了改善。

1984年5月24日，湖广会馆被北京市人民政府公布为北京市第三批市级文物保护单位；2019年10月16日，湖广会馆被国务院公布为第八批全国重点文物保护单位。

知识链接

孙中山五到湖广会馆

清嘉庆十二年（1807），湖广会馆在京建成，其目的就是联络湖南、湖北等在京人士的乡谊。道光二十九年（1849）曾国藩主持扩建，使湖广会馆功能更为齐全，成为北京最大的会馆之一，很多具有很大影响的历史事件都发生在这里，给湖广会馆增添了厚重的历史文化底蕴。孙中山的5次亲临就是比较辉煌的一件事情。

孙中山一生中到过北京3次，其中第二次在北京逗留24天，5次亲临湖广会馆。1912年8月

《中山先生莅临湖广会馆题记》

24日孙中山受袁世凯邀请来到北京。第二天上午，同盟会在湖广会馆大戏楼集合，欢迎孙中山的到来，在欢迎会上，孙中山发表了演讲，强调要注重调和党见、容纳异才，赢得了同盟会会员们阵阵热烈的掌声。当天下午，经过孙中山与黄兴的同意，宋教仁在同盟会的基础上，与统一共和党、国民共进会、国民公党、共和实进会4个政团联合，成立国民党，成立大会就在湖广会馆举行。孙中山出席了大会，并在大会上做重要讲话："今五党合并，兄弟切望诸君同心合志，破除党界，勿争意见，勿较前功，服从党纲，修明党德，合五党之力量气魄，以促民国之进行。是中华民国前途之无量幸福。即有他党反对，我党亦宜以和平对付，决不宜为鹬蚌之争……"在这次大会上，他被推举为国民党理事长，主持党务工作。

8月30日下午，北京大学等10多所高等院校在湖广会馆为孙中山先生举办欢迎会。当天到会的人大约有2000名，场面甚是壮观。在大会上，孙中山指出，革命想要获得成功，在很大程度上要依靠学界的力量，国家要搞建设也需要有学问的人，这样一来，中华民国必将是一个文明而优美的国家。

9月4日下午，共和党在湖广会馆为孙中山举办欢迎会。当天正赶上下雨，但并未影响孙中山的行程，他仍然准时出席，并且在大会上做了演讲，他先是解释了国民党的"三民"主义，后表示民族、民权已经达到，而民生主义仍是一个值得研究的问题。

9月15日，国民党在湖广会馆举行欢迎会，欢迎孙中山、黄兴等人。这一次是孙中山最后一次到湖广会馆。孙中山出席了袁世凯的饯别宴，离开了北京。湖广会馆成为他在京活动的一个重要地理坐标。

湖南会馆

湖南会馆是清朝时期湘籍京官在北京创建的专门为进京赶学的湖南学子、京官及候选人员提供的安歇之所，位于北京市西城区烂缦胡同101号。光绪十三年（1887），谭嗣同之父谭继洵等湖南籍进士在烂缦胡同集资修建湖南会馆。民国时期，湖南会馆成为湖南籍革命志士活动的场所。毛泽东同志1919年曾在此居住，并召开湖南旅京各界驱逐军阀张敬尧大会。

湖南会馆占地面积约为8800平方米，《北京湖南会馆》中记载："馆共三十六间，内设戏台一座、文昌阁楼一座、东厅署、望衡堂、西厅及中庭均横敞，为平时集合之所。"朱红大门，门口蹲着一对石狮。南房墙壁上刻有光绪十年（1884）长沙徐树均重摹镌刻的苏东坡《明州阿育王广利寺宸奎阁碑》。除此之外，会馆另有馆辖公产义园二处、祠堂二处。纵观湖南会馆，青栲头、绿椽头、连檐瓦、朱红油，颇有清朝官方的气派。

民国时期，这里有房屋六十六间，会馆中间看上去像极了四合院，西边原来有文昌阁、辉照堂、戏楼，现在留有建筑为：东房十间，五檩进深，其中一间辟为广亮式大门；主院正房五间，

门前石狮

进深五檩加前廊，附东耳房两间，东、西厢房各两间，五檩前出廊；南接东配房三间，西配房五间，均为五檩进深；最南侧倒座房五间，进深五檩加前廊。所有房屋均为合瓦硬山顶，过垄脊。

经过时间的洗礼，湖南会馆面目全非，已失去了当年的历史风貌。2009年7月，工作人员分

湖南会馆大门

20世纪初的湖南会馆大门

别对湖南会馆的正房、厢房、影壁、门楼等建筑主体进行了修葺，为廊柱、门窗等上了漆，在西侧厢房墙壁上嵌有两块黑色石刻，并进行了绿化美化。

湖南会馆是北京历史的重要组成部分，湖南会馆的修建，是为了留住历史遗迹，让后代了解更多的历史。

1984年5月24日，湖南会馆被北京市人民政府公布为北京市第三批市级文物保护单位。

知识链接　湖南会馆留下的红色足迹

1918年3月，军阀张敬尧担任湖南督军和省长，统治手段极其残忍，常常带兵打家劫舍，强行种植鸦片，遏制舆论。五四运动掀起了爱国热潮，湖南人民热情高涨，这时却受到张敬尧的阻挠，他利用手中职权解散了湖南省学生联合会，查禁《湘江评论》。

张敬尧的种种恶行引起了当时一批仁人志士的不满，毛泽东等人开始筹备恢复学联，并在1919年12月发表《驱张宣言》，长沙各校学生纷纷罢课，当时，有志青年快速组成驱张代表团，并在北京和上海等地进行广泛宣传。当时，毛泽东带领驱张代表团来到北京，并于1920年初居住在湖南会馆。

代表团在北京的这段时间，曾先后7次参加请愿活动，向北洋政府提出撤销张敬尧的职务并严惩他的要求。1920年1月28日，毛泽东带领代表团成员来到北洋政府总统府门前，与几名代表相继发言，列举张敬尧的种种罪行，并声明要见靳云鹏总理。在这里找不到总理时，大家就直接来到了靳云鹏的居所，靳云鹏在无法回避的情况下，命令秘书给予毛泽东及代表团成员承诺："明日召开国务会议，对湖南问题提出讨论，这是靳总理负责任的话。"有了结果之后，大家带着希望离开了靳云鹏的住所。

后在毛泽东及代表团的不断请愿的压力下，在各界人士的助力下，在全国人民的声援下，张敬尧在1920年6月11日逃走，离开了长沙。毛泽东在湖南会馆居住的这段时间里，不懈地参加驱张运动，他的名字频繁地出现在驱张通电及新闻中，他参加的驱张运动不仅引起了很多人的关注，也为今后的革命运动奠定了一定的基础。

安徽会馆戏楼

安徽会馆为京师最著名的会馆之一，位于北京市西城区后孙公园胡同3、25、27号，包括戏楼、思敬堂、藤闲吟屋、碧玲珑馆、龙光燕誉堂等建筑，馆北有花园，总面积9000多平方米。馆址原是明末清初著名学者孙承泽的别墅故址。李鸿章兄弟于同治十年（1871）在此创建了安徽会馆，为接待在职州、县级官员及副参将以上级别

安徽会馆碧玲珑馆

的实权人物的重要场所，后又有许多知名人士曾在此居住。

安徽会馆大门位于中路最前面，面阔五间，过垄脊灰筒瓦屋面，梁架尚好，装修已改。

安徽会馆分为东、中、西三路庭院，每路皆为四进。各路庭院间以夹道相隔。最北部为一座大型园林，面积约两亩，原有假山亭阁，池塘小桥，现仅存一座碧玲珑馆建筑，面阔五间，进深六檩，悬山顶，梁架为原物，装修已改。

东路为乡贤祠、思敬堂、魁光阁等建筑。中路为节日聚会、议事、酬神、演戏的场所，主体建筑为文聚堂和戏楼。

文聚堂面阔五间，七檩硬山顶，过垄脊，灰筒瓦屋面，前出廊，装修已改，堂内悬挂书有皖籍中试者姓名的匾额。戏楼是中路规模最大的建筑，坐北朝南，面阔五间，双卷勾连搭悬山顶，东西两侧各展出三米重檐，形似歇山。前部进深六檩，后部进深八檩，合瓦顶屋面。戏台在南面，后接扮戏房五间。其余三面为楼座，围有朱漆栏杆。戏台北侧有后楼一座，面阔五间，进深五檩，前出廊，清水脊，筒瓦屋面。

安徽会馆的戏楼与正乙祠、湖广会馆、阳平

戏楼内戏台

戏楼二层看台

会馆戏楼合称为京城"四大戏楼"。乾隆六十年（1795）徽班进京，四大徽班曾借助安徽会馆在京城立足。

会馆西路为接待居住用房。隔壁为泉郡会馆。整组建筑除花园已无存外，基本格局保存尚好，只东路建筑残破拆改严重。

安徽会馆与近代中国风起云涌的社会变革息息相关，这里曾是康有为等维新党人的活动场所之一。光绪二十一年（1895），中国近代史上维新派的第一张报纸《万国公报》（后改名为《中外纪闻》）就是在安徽会馆内创办的。维新派的代表人物康有为等，亦是在安徽会馆内创立了早期组

安徽会馆戏楼正面

戏楼后楼

织——强学会，这是中国近代史上维新派的第一个政治团体。当时众多维新派的仁人志士云集于安徽会馆内集会演讲、共商国是，安徽会馆也因此成为戊戌变法的策源地之一。

光绪二十六年（1900）安徽会馆被八国联军侵占，成为德军司令部。同年十一月，德军寻衅，滥捕附近居民，并将会馆左、右、后三面民房全部烧毁。1919年会馆租给市民。1926年，会馆西路创建安徽中学。中华人民共和国成立后，这里仍为居住区。1958年椿树整流器厂在此组建，后来该厂规模扩大，厂房迁建，这里成为库房。1998—2000年，北京市人民政府出资对戏楼进行

中路后楼

了全面修缮。

1984年5月24日，安徽会馆戏楼被北京市人民政府公布为北京市第三批市级文物保护单位；2006年5月25日，安徽会馆被国务院公布为第六批全国重点文物保护单位。

知识链接　京师第一会馆

安徽会馆是旧京著名会馆，有"京师第一会馆"的美称。这是因为安徽会馆不仅占地面积达9000多平方米，而且气势恢宏，要比京城其他会馆更加豪华壮观。

安徽会馆始建于清代中后期。同治五年（1866），安徽籍官员吴廷栋上书提议要修建安徽会馆，两年后，同为安徽籍的李鸿章开始向安徽级官员及淮军将领集资捐款，并且在第二年开始修建安徽会馆。

安徽会馆的修建动用了大量的人力、物力和财力，极尽豪华壮丽。安徽会馆之所以要比一般的会馆规格要高，这是因为安徽会馆并不像其他会馆一样供进京赶考的举子居住，也不是促进工商业发展的行业会馆，而是专门供安徽籍淮军将领和达官贵人在京活动的场所，它只接待在职的州、县级官员和副参将以上的实权人物。李鸿章主张修建安徽会馆一方面是与安徽权贵沟通感情，另一方面则是扩充淮军势力，以便对抗湘军。

安徽会馆在同治十一年（1872）和光绪十年（1884）又进行了两次扩建，使其房屋多达219间半，其规模居京城会馆之首。

安徽会馆建筑华丽，会馆内的大戏楼更是宽阔雅致，是北京现存的四大民间戏楼之一。该会馆见证了京剧的诞生和发展。

乾隆五十五年（1790），在江南久负盛名的徽班"三庆班"进京为乾隆帝庆贺八十大寿。从那以后，江南的徽班逐渐进入京城，并到处演出。道光八年（1828），一批汉戏演员也开始进入北京。由于徽和汉两个剧种在声腔和表演方面都非常有渊源，所以徽班和汉戏经常合作演出，逐渐形成一个新的剧种——京剧。当时，安徽会馆就经常有京剧表演。

因此无论从建筑上还是文化上，安徽会馆都有着极高的文物价值，配得上"京师第一会馆"的称号。

中山会馆

中山会馆是北京市内规模较大的会馆之一，位于北京市西城区珠朝街5号，该会馆布局严谨，建筑精美。前厅、过廊、花厅、中院正房、后院正房等保存较完整。

中山会馆起初为清康熙年间进士、皇太子的老师刘云汉购置的义地，北侧盖有祠堂。清嘉庆年间义地迁移至左安门内龙潭湖一带，此处即

由广东省香山县乡友建成"香山会馆"，光绪五年（1879）曾进行扩建。光绪二十一年（1895），清朝驻朝鲜总领事广东香山籍官员唐绍仪回京，寓居香山会馆，并筹资将此处修缮、扩建一新。1925年，唐绍仪提议将香山县改名中山县，以志对孙中山的永久纪念，香山会馆也随即改名为"中山会馆"。1933年唐绍仪再次筹资，对中山会馆加以维修、扩建。

中山会馆东西长80米，南北宽50—64米，总占地面积为4560平方米，总建筑面积为2258平方米。原大门位于会馆西侧中部，向西，后将大门改在会馆东侧中部，朝东。主体建筑均南北向，分为前院、中院、后院及跨院。

中山会馆大门位于前院东侧中部，广亮大门，硬山顶清水脊合瓦屋面，进深五檩，门道两侧各有一边门，檐柱间有雀替，檐下绘苏式彩画，传统工艺油饰，双扇红漆板门，门鼓石一对。大门内侧南北与两侧东房前出廊相通，向西四檩卷棚游廊与花厅东回廊正接。大门北侧东房五间，坐东朝西，进深五檩。东房北侧另有东房两间。大门南侧有东房三栋，由北向南依次排列面阔为两间、三间、两间，第一栋为清水脊，第二、三栋

中山会馆广亮大门

中山会馆花厅及游廊

花厅檐下彩绘

为过垄脊。

花厅位于前院中心位置，四周回廊环绕，东西面阔三间，进深八檩，歇山顶过垄脊筒瓦屋面，檐下绘有苏式彩画，东面回廊柱间雕有木花罩，雕工细腻，娟巧秀美，具有岭南建筑风格。1912年孙中山来京时，曾在该花厅会客。该会馆花厅曾作为纪念孙中山生平的展室，陈列孙中山在花厅外的留影及《总理遗嘱》等纪念物。

花厅北部为一栋勾连搭北房，进深十一檩，硬山顶，中间以实心墙隔成南北房各三间，南北出廊，清水脊合瓦屋面。北房西侧耳房，一殿一卷式，北侧进深五檩，硬山顶与南侧四檩卷棚勾连搭，面阔两间半。南、北面均出廊，南面出廊

中院正房前出抱厦

向东与北房出廊相接，北面出廊退一步廊深。

花厅南侧有一组院落，结构较为特殊。北房面阔六间，进深七檩，前后出廊。南房面阔六间，进深六檩，前出廊。东西厢房各一间，其间建有两卷勾连搭房舍，中间实心墙隔成东西各一间。

中院南侧原有花园及游廊。中心位置即花厅的西侧建有南北向敞厅，面阔七间，进深七檩，硬山顶，清水脊灰筒瓦屋面，前后出廊。

中院正房坐北朝南，面阔五间，进深七檩，前出廊，清水脊合瓦屋面，前出四檩卷棚悬山顶抱厦三间。正房东、西两侧各有耳房一间。正房北部原有一进院落，现已拆毁。

中院正房西面

后院正房坐北朝南，面阔三间，进深六檩，卷棚歇山顶，灰筒瓦屋面，四周回廊环绕。后院中间建有方亭一座，四角攒尖顶筒瓦屋面，南侧台基接三级垂带踏跺。南房面阔三间，进深六檩，前出廊，东西分别接平顶廊。后院尽头西侧有西房十间半，南侧尽间为半间，前出廊，南侧接东向平顶廊，与南房串联。平顶廊南墙有门通南跨院，内有西房三间半。

中院南侧另有一组院落，自东向西共二进院

后院正房

落。第一进院东房三间半，西房三间半，均前出廊，过垄脊合瓦屋面，北侧半间为过道，通向第二进院。第二进院西房三间半，前出廊，过垄脊合瓦屋面。院内原有北房一间，现已拆除。

中山会馆建筑精美，院落整体布局严谨，多进式布局相结合，建筑物之间相互毗邻，建筑房身较北方建筑房身稍低，以利抵御强风，这些都是广东沿海地区的建筑特色。会馆建筑及木装饰均集南北方建筑特色于一身。会馆早期曾有魁星楼、戏台、假山、亭榭、水池、小石桥、什锦窗院墙等，并植有柳树、桃树、梅树、藤萝、牡丹等花草树木，太湖石假山上长满爬山虎，环境十

后院方亭

分幽美，后期均遭破坏、拆毁。

辛亥革命后，广东青年会以香山会馆为会址，进行革命活动，后在此成立了中山少年学会。解放战争时期，中共晋察冀中央局城工部和中共华北中央局城工部依照中共中央"隐蔽精干、长期埋伏、积蓄力量、以待时机"的方针，将中山会馆设为秘密活动地点。刘仁等同志都曾在这里进行地下革命活动。

1951年中山会馆由北京广东省会馆财产管理委员会接管，此后辟为居民院，花厅、过厅等建筑保存较好。2007年，北京市人民政府出资对中山会馆进行全面修缮，会馆现由北京京都文化投资管理公司管理使用。

1984年5月24日，中山会馆被北京市人民政府公布为北京市第三批市级文物保护单位。

知识链接　　唐绍仪与中山会馆

中山会馆，在1925年以前曾叫香山会馆，是广东省香山县乡友联络处。

唐绍仪，同治元年（1862）生于广东省香山县。同治十三年（1874），赴美留学，进入哥伦比亚大学学习。光绪七年（1881），他被召回国内，进入天津水师学堂读书。第二年，他被派往朝鲜襄助海关事务。

光绪二十一年（1895），唐绍仪从朝鲜卸职归京，在香山会馆寓居，后筹资对香山会馆进行扩建。历时三年，香山会馆扩建竣工。扩建后的香山会馆，规模宏大，装修精致，在北京众多的会馆中别具一格。

1911年10月，南方革命党人发动了武昌起义。清政府极为恐慌，赶紧派当时的朝廷重臣唐

绍仪为全权代表到上海与南京代表谈判议和。在这个过程中，唐绍仪与孙中山认识，并结为莫逆之交。

唐绍仪和孙中山既是同乡又是同一时代的政治家，他们曾共同反对军阀独裁专制，维护民主共和，然而在实现自己的政治理想上，二人却有着不同的方式和手段，最后在政治上分道扬镳。但是两个人都是君子，并没有因为道不同而反目成仇，反而保持着良好的友谊。

1925年，孙中山在北京病逝。当时已经回到家乡的唐绍仪提议将香山县改名为中山县，以此来纪念孙中山，北京香山会馆遂改名为中山会馆。1927年，广东国民政府同意了唐绍仪的提议，正式将香山县改名中山县，并且邀请唐绍仪出任中山县县长。

1933年，唐绍仪从乡里募集资金，对北京的中山会馆进行维修。

乐善园建筑遗存

乐善园建筑遗存原为清康亲王赐园建筑，乾隆时收为御园，位于北京市西城区西直门外大街137号，现为北京动物园使用。乐善园建筑遗存，形式各异，保存完好。现动物园正门的砖雕精美，与上述建筑已连成一体，是研究建筑发展史的实物资料。清光绪三十二年（1906）商部奏请将乐善园及附近的广善寺、慧安寺划为农事试验场。

现存清末建筑仍有畅观楼、鬯春堂、大门及门内四合院式楼房及茶亭。大门为砖木结构，仿文艺复兴券柱式，坐北朝南，正面三门，一层为拱券和柱式，二层为巴洛克山花和曲线，山花中

农事试验场大门（今北京动物园大门）

心为砖雕龙和云朵，山花为复建。试验场大门现仍作为北京动物园门使用。门内正楼及侧楼，二层砖木结构，折中主义形式，木外廊铁皮顶。鬯春堂，传统三卷勾连搭形式，筒瓦，硬山顶带前后廊。

畅观楼位于西北部，清朝末年，慈禧经常由皇城出发，从西直门外的高粱桥乘船经长河到颐和园昆明湖。光绪二十四年（1898）兴建了这座畅观楼作为慈禧太后去颐和园中途休息的行宫，其南侧的鬯春堂为随行官员住所。

畅观楼为砖木结构的二层楼房，面阔九间，

鬯春堂

畅观楼入口

木桁架铁皮屋顶，周围有深外廊，红砖墙体，门窗套用中式传统砖雕花草图案装饰，外廊用爱奥尼柱式和拱券装饰，中间主入口用爱奥尼柱式做门廊和拱券，二层檐上置三角山花，山花边沿用巴洛克风格曲线装饰，并在曲线上饰以球形点缀。

畅观楼正面两端转角处为圆形和八角形楼阁，东侧圆形楼顶有露台，可登临远眺。

畅观楼是中国工匠建造的西洋式楼房，总体上仿欧洲大府邸式建筑，但装饰手法夹杂中国传统图案，比例较自由，是中国工匠根据自己对西方建筑的体会而建造的西式风格的作品，体现了当时西方文化对中国社会的影响。

1984年5月24日，乐善园建筑遗存被北京市人民政府公布为北京市第三批市级文物保护单位；2006年5月25日，清农事试验场旧址被国务院公布为第六批全国重点文物保护单位。

知识链接　　**农事试验场的创建**

中日甲午战争之后，清政府不断衰败，半殖民地化程度不断加深，中国传统农业越来越衰落，百姓生活苦不堪言。面对传统农业的困境和西方对中国农业的冲击，一些有识之士提出了农业为立国之本的主张，强调农业是国民经济的基础，是国家生存发展的命脉，国家应该以农为本。然而，清末我国的农业技术非常落后，要想实现以

畅观楼西立面

农事试验场西侧出口

农为本，就应该采用先进的农业技术，对传统农业进行改良，想要实现这一目的，最好的办法就是建立农事试验场，进行农业科学技术实验，进而推广新的农业技术。

从光绪二十九年（1903）起，清政府就发布上谕，要求各省创建试验场。不少的官吏和乡村绅士都积极投入到试验场的创办工作中，各省的农学堂、农会等也给试验场的创办提供了良好的条件。为了给各省起到模范带头作用，光绪三十二年，商部上奏朝廷，提议在京师选择合适的地方创建农事试验场。这一提议得到了光绪帝的批准。同年4月，京师的农事试验场开始动工，1908年竣工，占地面积约为1060亩。

农事试验场除了建有动物园、植物园和农产品试验区3个重要的部分之外，还专门设立了博览园，并且在其中建造了各式的亭台楼阁，有中式、日式、西式等，风格迥异，非常适合游览休息。

农事试验场建成以后，慈禧太后和光绪帝曾经两次前来视察，并且为试验场中多处景点题名，例如欧式建筑畅观楼。

1955年4月1日，农事试验场改称北京动物园，里面饲养着很多珍禽异兽，很受小朋友的喜爱，逐渐发展成为重要的旅游景点。

西四北大街六条23号广亮大门

垂花门

西城区西四北大街六条23号四合院

西城区西四大街北六条23号四合院，建于清末民初，坐北朝南，纵跨西四北六条、北七条，前后四进院落带跨院，为典型的大型四合院住宅。

院落东南隅开广亮大门一间，清水脊，合瓦屋面，门前台阶两侧为一对上马石，门外有一字影壁一座。大门两侧倒座房共八间，东侧两间，西侧六间，清水脊，合瓦屋面。门内有座山影壁一座。

第一进院北侧有一殿一卷式垂花门一座，两侧连接看面墙，内侧为游廊，墙上嵌什锦窗。

第二进院正房五间为过厅，前后廊，清水脊，

二进院正房

合瓦屋面，明、次间槅扇门裙板雕《西游记》等古典小说人物形象及花篮盆景图案，两侧接耳房各两间，其东耳房一间为过道，可通第三进院，过道墙上布满卍字纹砖雕。东西厢房各三间，前出廊，南接厢耳房一间，均为过垄脊，合瓦屋面。院内四周环以抄手游廊。

第三进院有正房五间，前后廊，清水脊，合瓦屋面，两侧接耳房各两间；东西厢房各三间，前出廊，南接厢耳房一间，均为清水脊，合瓦屋面。院内四周环以抄手游廊。

第四进院有后罩房九间，亦为清水脊，合瓦屋面。跨院位于第三进院东侧，院内正房三间，前后廊，清水脊，合瓦屋面，西接耳房一间；东西厢房各三间，过垄脊，合瓦屋面。现为居民院落。

1984年5月24日，西城区西四北大街六条23号四合院被北京市人民政府公布为北京市第三批市级文物保护单位。

知识链接 北京传统四合院

老北京的四合院是由东、南、西、北四面房屋围合起来的院落式住宅，分布在北京城中大大小小的胡同里。"四"表示东、南、西、北四个方向，"合"表示围在一起。

四合院无论规模大小，其建造都遵循一定的规制。四合院的建筑布局受封建宗法礼教支配，按照南北中轴线对称进行房屋布置。通常大门开在东南角或者西北角。院中正北是正房。正房通常是主人的居室，建在石质或砖砌的台基之上，规模较大。东西两边建有厢房，通常供晚辈们居住。正房和厢房之间由走廊相连，人们可在其中行走或者休息。该院落最大的特点就是环境封闭，极为幽静。

四合院是中国北方住宅的典型代表，也是北京传统民居。规模小的四合院只有一个院子，规模大的四合院则有多个院子。古代富贵人家通常就住在多个院子的深宅大院中。如今北京留存下来的四合院大多建于清代到20世纪30年代。

北京四合院有着非常悠久的历史。从元代正式在北京建都之后，大规模进行都城建设，四合院就出现了。它以生活便利、私密性强受到百姓及达官贵人的喜爱。它虽为居住建筑，但是却蕴藏着深厚的文化内涵，发展至今，已经成为中华传统文化的载体。其文化内涵主要体现在以下几个方面：

首先，四合院中轴线对称，讲究风水，采用斗拱等特殊的构件，这对中国建筑发展有着非常大的影响。

其次，四合院的装修、彩绘等充分体现了中国人民的民俗民风，例如人们在装修中出现的以寿字组成的图案、用月季花插瓶等都能表现出人们对福禄长寿、平安喜乐生活的美好向往。

最后，四合院的门头匾额、抱柱楹联、室内字画等大多为古今名句，体现着浓郁的中国传统文化气息。

如今，老北京四合院已经成为一种民族文化，成为我们的一种骄傲。这使得很多人迷恋四合院的生活方式，甚至将其看成是一种尊贵地位的象征，以至于四合院的价格越来越高。

西城区西交民巷87号、北新华街112号四合院

西城区西交民巷87号、北新华街112号四合院，原是双合盛五星啤酒创办人郝升堂的住宅，1915年建成。东院（西交民巷87号）是住宅，西院（北新华街112号）是花园。

宅院坐北朝南。东院广亮大门一间开于院落东南角，倒座房八间。进门是座山影壁一座，西接灰筒瓦卷棚四檩游廊，向西穿过游廊为太湖石

叠成的"门"，进入内院的"门"，"门"上太湖石刻有乾隆御制诗三首。假山"门"构成一道屏障，替代了传统四合院中垂花门及看面墙，这种设计别具匠心，别有一番风味。假山内院中北房三间，东、西耳房各两间，屋面瓦石同北房。东耳房东侧有庑房三间。南与东厢房接，东厢房为五间。东厢房前出廊与进大门处游廊贯通。其后为三进院，北房为两卷勾连搭面阔三间，耳房两间，东、西厢房各三间。正房、耳房、厢房间有灰筒瓦卷棚四檩游廊相连，四进院为后罩房七间。

西院花园与东院花园原通过长廊相连，西院花园中有太湖石假山，山上镶嵌有汉白玉题字刻石，其中有乾隆御笔的"普香界"，原为长春园法慧寺西城关刻石；"屏巘"，原为圆明园杏花春馆东北城关刻石。嘉庆御笔的"护松扉""排青幌"，原为绮春园含辉楼南城关之南北石匾；"翠潋"，原为绮春园湛清轩北部水关石刻。西院花园西侧

西交民巷87号院大门

乾隆御笔"普香界"

原为铺面房，东侧有一座亭子，六角攒尖顶灰筒瓦屋面，石台基，花砌墁地。花园与建筑物之间用汉白玉石雕栏板分割，花园北侧为卷棚歇山顶花厅三间；东厢房与87号院三进院西厢房为两卷勾连搭，面宽三间。西厢房有一组中西合璧式建筑，平面布局呈半框形，灰合瓦屋面，前出平顶廊，前有异形月台。后院是一座小型四合院正房及倒座房各五间，东、西厢房各三间。

1984年5月24日，西城区西交民巷87号、北新华街112号四合院被北京市人民政府公布为北京市第三批市级文物保护单位。

知识链接

郝升堂

郝升堂（? —1954），山东省掖县（今莱州市）人，近代爱国商人、实业家，北京双合盛五星啤酒厂创始人。

光绪年间，黄河下游地区连年遭灾，但清政府无视百姓疾苦，坚持民族等级和隔离制度，不准汉人到东北地区垦殖。可是为了能够生存下去，还是有一大批汉人冒险闯入关东，寻求活路，郝升堂也在这"闯关东"大军之列。

到了东北之后，郝升堂没有什么好的生存之道。最先被俄国人带到西伯利亚金矿上当苦力，后来又去海参崴火车站当搬运工。工作期间，他结识了自己的同乡张廷阁，因为投缘，二人结拜为兄弟。

光绪十五年（1889），兄弟二人决定自己做点事情，于是拿出各自多年的积蓄，在海参崴开了一家杂货铺，取名"双合盛"，意为双人合作，财源旺盛。兄弟二人都是做生意的好手，没过多久，杂货铺便小有名声，并且在黑河、哈尔滨等地开设了分店。不仅如此，他们还做起了外国人的生意，德国、英国等厂商纷纷与之签订了长期购货的合同，他们的货源也极为广泛，有时还会从欧洲、日本、东南亚各国采购。就这样，几年后，双合盛便成了当地最大的百货商店。

清政府倒台后，一些爱国的民族工商业者提出了"实业救国"的口号，郝升堂在长期经商的过程中，思想也比较超前，善于接受新事物，也非常认同实业救国的想法，于是就想开个啤酒厂。1914年，经朋友介绍，兄弟二人在北平广安门外南观音寺11号收购了一家瑞士人开办的啤酒厂，创办了"双合盛五星啤酒厂"，正式从商转到了工。为了兼管东北和北平两地的生意，兄弟二人决定分工，张廷阁继续留在东北管理原来的生意，郝升堂在北京经营新开办的啤酒厂。

郝升堂注重啤酒品质，用水、用粮都会选择最好的原料，不仅如此，他还高价聘请捷克的啤酒专家到厂指导。因为品质有保证，啤酒又是当时人们比较喜欢的饮品，所以双合盛短短几年就极具规模，甚至还在巴拿马国际博览会上获得了金奖。使得双合盛啤酒畅销国内外。

九一八事变之后，双合盛的生意受到了严重的冲击，尽管兄弟二人用尽一切办法，还是损失惨重。双合盛逐渐处于半停顿状态。抗日战争胜利之后，双合盛的生意还是没有起色，国民党方方面面的势力还经常对其进行勒索，使得双合盛逐渐陷入倒闭的窘境中。

1949年北平和平解放之后，郝升堂代表双合盛五星啤酒厂向政府申请公私合营，成为北京最早的一家公私合营企业，啤酒厂恢复生产。

1954年，哈尔滨的双合盛面粉厂遭到了无情的火灾，所有财产几乎都付之一炬。没过多久，张廷阁病逝了，郝升堂听到这个消息之后，伤心欲绝，郁郁寡欢，没过多久在北京西交民巷的住宅中去世。

西城区西四北三条19号四合院

西城区西四北三条19号四合院，建于清代末期，建筑为一座典型的小型四合院住宅，位于北京市西城区西四北三条19号。该四合院建筑格局完整，保存较好，相传曾是著名教育家张雪门先生的住宅。

该院坐北朝南，二进院落，如意门一间。大门门楣栏板砖雕牡丹花图案，清水脊合瓦屋面，梅花形门簪两枚，象眼砖雕花卉，博古图案，板门两扇，方形门墩一对，后檐柱间饰盘长如意倒挂楣子。大门西侧倒座房六间，清水脊合瓦屋面，前檐装修为现代门窗，封后檐墙。一进院北侧正

垂花门

中一殿一卷式垂花门一座，梁枋绘苏式彩画，大花板和小花板镂刻缠枝花卉图案。垂花门两侧连接游廊，后改机瓦屋面。

二进院由正房、耳房、厢房组成，四周环有游廊，正房三间，前后出廊，披水排山脊合瓦屋面，前檐明间槅扇风门，前出垂带踏跺四级，次间槛墙支摘窗，正房东西两侧各有耳房一间，东西厢房各三间，前出廊，披水排山脊合瓦屋面，前檐明间槅扇风门，前出如意踏跺三级，次间槛墙支摘窗，正房多为长辈居住，厢房多为晚辈居住。此处现为西城区教育委员会管理使用。

西四北三条19号四合院如意大门

二进院正房

1984年5月24日，西城区西四北三条19号四合院被北京市人民政府公布为北京市第三批市级文物保护单位。

张雪门，浙江鄞县（今宁波市鄞州区）人，我国著名的学前教育专家。

光绪十七年（1891），张雪门出生。他自幼研读四书五经，青年时期对幼儿教育产生了浓厚的兴趣，于是前往沪宁一带进行学习考察。然而他所看到的尽是一些教会般的幼儿园或日本式的蒙养园，他觉得这些教育方式对幼儿实为一种伤害，为此他感到非常痛心，于是发誓要投身到幼教的事业中去。

1918年，他与几位志同道合的朋友联手创立了中国人自办的第一所幼稚园，即星荫幼稚园，他本人担任园长。两年后，张雪门又与人合伙创办了两年制的幼稚师范，并受邀前往北平考察平津幼稚教育。

1924年，张雪门在北平大学任职，同时也在教育系学习。他给自己制订了学习计划，打算利用几年的时间，学习研究福禄培尔、蒙台梭利及世界各国的幼稚教育，然后穷其一生的精力去做好这份事业。后来，他按照自己的计划去执行，先后出版《福禄培尔母亲游戏辑要》《蒙台梭利及其教育》两本译著，一直致力于幼稚教育的研究工作。

1931年，九一八事变之后，张雪门产生了很大的思想波动。他认识到幼儿是祖国的未来，于是开始了对幼稚园行为课程的研究。

1937年，卢沟桥事变后，张雪门很快南下寻找上海的熊希龄商量对策，决定将北平幼师迁往湖南，后因困难重重，又迁至广西。第二年，幼稚师范在桂林成立，开始招生教学。1944年，幼师又在张雪门的带领下迁至重庆，推动了当地幼儿教育的发展。

1946年1月，张雪门返回北平，但这时他没有找到合适的幼师校址，恰逢台湾明政处邀请他到台湾开办儿童保育院，于是他在第二年将幼师建在台湾，称为台北育幼院。随着育幼院规模不断扩大，工作日渐烦琐，张雪门因为操劳过度而患上眼疾。后来眼疾越来越严重，他不得不离开了育幼院。

1960年，张雪门突患脑病，眼睛几乎看不见任何东西，手脚也不利索，耳朵也听不清声音，即使在这样的身体条件下，他还是凭借顽强的毅力，写出了《幼稚教育》《幼稚园课程活动中心》《幼稚园行为课程》等十几本专著。

1973年，张雪门脑病复发，于4月18日下午病逝于台湾，享年83岁。

张雪门一生致力于中国幼儿教育事业，为此做出了极大的贡献，其诸多专著更是我国幼儿教育的宝贵遗产。

西城区西四北三条11号四合院

西城区西四北三条11号四合院为三进四合院建筑，曾经是国民政府蒙藏委员会委员长马福祥的住所。

四合院整体坐北朝南，共分五进院落，西边为四合院住宅，东边带一跨院为小花园。大门在东南角，样式为广亮大门，大门墀头上的砖面加雕饰，雕饰以花卉和吉祥图案为主。大门西侧倒座房为五间，东侧为三间，过垄脊合瓦屋面。

进垂花门为二进院，垂花门两侧为抄手游廊，四檩卷棚顶筒瓦屋面，施苏式彩画。北房三间，过垄脊合瓦屋面，前后出廊，两侧耳房各两间，东西厢房各三间。三进院和二进院格局及形制相同，其中东厢房和东耳房后改为现代机瓦屋面。四进院正房七间，现代机瓦屋面，两侧耳房各两间，西厢房三间。五进院后罩房十四间，过垄脊合瓦屋面。

东跨院为一进院，北房五间，披水排山脊合瓦屋面，前出廊，西厢房五间，过垄脊合瓦屋面，前出廊。院东侧为二层配楼，面阔三间，披水排山脊合瓦屋面，一层檐下带木挂檐板，楼南侧有一座八角攒尖顶小亭，立于假山之上，楼北侧连接假山叠石，下有山洞，假山石上建爬山游廊通

西四北三条11号四合院广亮大门

垂花门背立面及游廊

二进院正房

八角攒尖顶亭

东跨院爬山游廊

往东侧二层配楼。室内各种形式的落地槅扇至今保留完好。现由西城区西四北幼儿园管理使用。

1984年5月24日，西城区西四北三条11号四合院被北京市人民政府公布为北京市第三批市级文物保护单位。

知识链接　马福祥

马福祥，北洋将军府祥武将军，中华民国时期为西北马家军领袖。曾任蒙藏委员会委员长、绥远都统、安徽省主席等。他与马福禄、马福寿被人们称为"西北三马"。

光绪二年（1876），马福祥出生在甘肃省兰州府河州城（今甘肃省临夏回族自治州）。13岁那年，马福祥跟随哥哥马福禄到河州观看陕甘总督阅兵，

当时的场面震撼了他，回家之后就萌生了习武从戎的想法，跟着哥哥练习了3年刀枪弓马。

光绪二十一年（1895）三月初八，韩奴勒率近万人起义，清政府派兵进行镇压，最后允许回族绅士自己组建队伍，加强训练，进行自我防备。趁此机会，马福祥和哥哥马福禄招募200多名勇士，组建了"安宁军"，马福禄为步兵管带，马福祥为骑兵管带。

光绪二十一年，河湟、海固爆发起义，起义军来势凶猛，朝廷迅速派兵镇压，马福祥兄弟率领军队配合，取得胜利。从此，安宁军被编入简练军，马福祥也不断为清廷效力。

八国联军进攻北京时，马福祥兄弟二人率军奋力抵抗，经过浴血奋战之后，仍没有击退敌人，马福禄在战争中牺牲，马福祥则出任宫廷警卫，一路护送慈禧太后和光绪帝西逃至西安。后又在《辛丑条约》签订之后，护送慈禧太后和光绪帝回京。慈禧太后念及其在京城有战功，又一路护送有功，于是任命其为甘肃靖远协副将，驻守靖远。

在之后的几年中，马福祥的官职不断升迁，历任甘肃庄浪协镇守使、陕甘督标中协、西宁镇

西四北三条11号四合院院东跨院东配楼

总兵、阿尔泰护军使、步兵第二标标统、巴里坤镇总兵、西路巡防统领等。辛亥革命以后不久，马福祥开始驻守宁夏，一守就是8年，颇有威望，成为甘肃回族军阀中的领军人物。

慈禧太后和光绪帝逃出北京时，马福祥在禁卫宫内，认识了慈禧太后宠信的宦官小德张，二人订为盟交。中华民国成立之后，小德张居住在天津，马福祥居住在北京，逢年过节，二人相互探望，情谊深厚。

1928年4月，蒋、桂、冯、阎联合北伐，由于马福祥对北方情况了解，又与张、阎、冯及吴佩孚都有关系，蒋介石任命其为军事委员会委员、北平政治分会委员等职。1930年，他又被任命为青岛市市长，之后又出任安徽省省长，任职期间，积极奔走于各军阀之间，从事联络调解工作。在调任蒙藏委员会委员长期间，马福祥致力于国家统一，民族团结，又被任命国民党中央委员会候补执行委员等职。

1931年，因为不想参与甘肃的政治，马福祥向蒋介石推荐马鸿宾出任甘肃主席，然而马鸿宾对甘肃政治情况不了解，根本无法控制局面，仅仅几个月时间就失败而去，这让马福祥非常尴尬，认为有损于自己的威严，不禁抑郁成疾。

1932年8月19日，马福祥在去北京看病的路上去世，享年56岁。

西城区前公用胡同15号四合院

西城区新街口街道前公用胡同15号四合院，原为清末内务府大臣崇厚宅邸。宅院坐北朝南，为一座中、东、西三路并排的大型四合院。

前公用胡同15号四合院中路大门

中路花厅

崇厚历任长芦盐运使、三口通商大臣、大理寺卿、兵部侍郎、直隶总督等职，光绪十九年（1893）卒。民国时期，张作霖部下傅双英军长购得此宅，并进行了修葺改造。中华人民共和国成立后，该院收归国有，现为西城区少年宫。

宅邸分中、东、西三路，除中路为二进院落外，东西两路均为三进院落，形式相似。

中路有大门三间，门两侧有雕刻精美的上马石一对。院内前部为花园，中间堆有叠石花坛。北侧花厅五间，前后廊，明间前出六檩卷棚抱厦，廊檐下置"松竹梅"砖雕，雕刻工艺精细，意境传神，为当时主人宴请宾客的场所。花厅两侧建

中路二进院正房

东路正房

游廊

东路垂花门背立面

北接倒座房四间。过屏门为第一进院，院内有南房三间，前出廊。北侧有一殿一卷式垂花门一座，可通第二进院。第二进院内有正房三间，前后廊，两侧接耳房各两间；东西厢房各三间，前出廊。院内四周环以游廊连接各房。第三进院有后罩房五间，西接耳房两间。

西路与中路并排，第一进院有南房三间，两侧接耳房各两间。第二进院有一殿一卷式垂花门一座，正房三间，前后廊，两侧接耳房各两间；东西厢房各三间，前后廊。院内四周环以游廊连接各房。第三进院有后罩房五间。

1984年5月24日，西城区前公用胡同15号四

月亮门各一座，造型别致。

穿过东侧月亮门可达第二进院，院内有正房三间，前后廊，两侧接耳房各两间；东西厢房各三间，前出廊，均为过垄脊，合瓦屋面。院内四周环以抄手游廊相互连接。

东路位于院落东南，广亮大门一间，东向，

西路第一进院

合院被北京市人民政府公布为北京市第三批市级文物保护单位。

完颜崇厚

完颜崇厚，内务府镶黄旗人，清末大臣。清道光六年（1826），他出生于一个官宦世家，父亲是河道总督完颜麟庆，兄长完颜崇实担任刑部尚书、盛京将军等职务。

道光二十九年（1849），完颜崇厚考中举人，开始为朝廷出力。

咸丰十一年（1861），完颜崇厚开始操办各种洋务。当时清政府国力渐衰，武器落后，有着广袤的土地和丰富的物产资源，使得西方帝国主义列强虎视眈眈，都想从中国获得巨大的财富。当时中国的有志之士认为，想要挽救中国，抵抗外国的侵略者，就要学习西方先进的知识和技术，武装好自己。在洋务运动的影响下，完颜崇厚也深刻地认识到了这一点，于是在同治六年（1867）创办了近代军事工业天津机器制造局，主要用于生产弹药，其规模仅次于江南制造局。不仅如此，清同治中期，完颜崇厚还参与了诸多的外交活动，不仅与英、法重修租界条约，还与葡萄牙、丹麦等国议订通商条约等。天津教案发生后，他更是代表清政府出使法国道歉。

沙俄借助阿古柏侵略新疆，攻占伊犁，清政府击败阿古柏之后，于光绪四年（1878）派完颜崇厚出使俄国谈判。然而让人没想到的是，完颜崇厚竟然不经朝廷允许，就私自与沙俄签订了《里瓦几亚条约》，条约内容包括允许沙俄通商，并且沙俄从天山输入的商品不需缴税；沙俄可以铺设西伯利亚到中国的铁路；俄国在华人员可以携带火铳武器；俄国永远占据伊犁城一带等条件。之后，他未经朝廷允许回到中国。

《里瓦几亚条约》的签订引起全国上下的反对，光绪帝大怒。完颜崇厚被捕入狱。朝廷只好又派人出使俄国修改条约，重新签订了《中俄伊犁条约》。

入狱后的完颜崇厚出资30万两白银，获得释放，在朝廷中仍有官职。

光绪十九年（1893），完颜崇厚去世，享年67岁。

京报馆

京报馆是民国初年新闻界著名人士邵飘萍主办的京报馆旧址，位于西城区魏染胡同30号、32

京报馆

号，现保存完好。

20世纪一二十年代，中国著名报人邵飘萍创办《京报》，开展反帝反封建斗争。邵飘萍宣传俄国十月革命，传播马克思主义，秘密加入中国共产党，一生侠肝义胆，在军阀面前不屈不挠，始终保持初心，甘愿为祖国奉献自己的生命。

京报馆建于1925年10月，占地面积1120平方米，建筑面积约820平方米，是一个四合院，青砖灰瓦，门楣上刻有"京报馆"3个大字，由邵飘萍亲自题写，落款为"振清题"，振清为邵飘萍后改之名。乍一看，整座建筑肃穆可敬，旁边竖立两根高大挺拔的廊柱。

进入京报馆大门，首先映入眼帘的是影壁，影壁上镶嵌着"铁肩辣手"4个大字，落款"飘萍"，因为邵飘萍推崇明朝嘉靖年间杨继盛的诗句"铁肩担道义，辣手著文章"，以此用于自勉，也勉励同人。京报馆内部有一栋二层小楼，有两个小四合院，馆内设计了3个相对独立又具有观赏价值的展览。

左侧是二层小楼，沿着古旧的木质楼梯往上走，就来到了京报馆历史展厅。展览分为3个部分，分别为"京报群英""京报华章""京报浮沉"。第一展厅"京报群英"，是邵飘萍的社长办公室，

"铁肩辣手"影壁

这里根据邵飘萍的好友描述，还原了当时的场景。办公室里有办公桌、沙发、茶几，茶几上摆放着当年的老照片，旁边框架上有邵飘萍当年出版的其他主流报纸。后在京报馆每个展厅内，设计有多媒体触摸屏，在"京报群英"办公室内，点击多媒体触摸屏可以看到"京报群英"每个人物的详细介绍、故事等延伸内容。在京报馆的展柜，可以看到收集着比较重要和知名的报纸版面，其中包含有1923年5月5日《京报》刊登的《马克思纪念特刊》等。展柜正上方的墙上展出了邵飘萍和他的办报团队的个人简介，每个人都是才华横溢，其中包括邵飘萍的夫人汤修慧、好友吴定九、文坛名流鲁迅等。

第二展厅"京报华章"，这是一间宽敞的大展

京报馆门楣

院内正房和配房

厅，是当时《京报》编辑部，屋内摆放着大长条桌，供当时编辑撰写和修改文章使用，桌上摆放有一个用相框收藏起来的老照片，第二展厅也是根据原照片还原场景。"京报华章"墙壁上挂着复制的报纸，主要展示了"京报"是如何无情揭露帝国主义和反动军阀的罪行，同时又充满感情地为俄国十月革命、马克思主义、工人运动喝彩的。展览选取了京报报道、五卅运动、拥护孙中山等几个事例，还有中苏建交等报道。

第三展厅"京报浮沉"，这一单元墙壁上挂着的报纸，主要展示了《京报》通过顽强打拼，风风火火地发展了起来，过程中曾屡次被反动势力打压，一次次遭遇挫折，邵飘萍为避难，也多次流亡在外。紧挨着"京报浮沉"的旁边是一张京报馆新建编辑部的老照片，照片中显示的京报馆相当气派，建筑费用极高。下面附有一张报刊"自己盖楼房，北方报纸'头一份'"。这一展厅根据老照片还原了总经理吴定九的办公室，办公室陈设简单，一张办公桌、一把办公椅，还有一些简单的摆设，由此可以想象到当时工作人员忙碌工作的场景。

从二楼下去，沿着影壁的左边走，进入小门，就来到了百年红色报刊展，这里展示了从1921年中国共产党成立到现在、红色报刊从萌芽到壮大的艰辛历程和精彩华章。同时也从党报党刊的历史视觉折射出中国共产党领导全国人民革命建设、改革开放，走向民族复兴的伟大历程。来到百年红色报刊展厅1，从"萌芽"开始介绍，在五四运动后，以新青年为代表的一些进步报刊，开始宣传马克思主义、俄国十月革命的内容，展柜展示了毛泽东、陈独秀、李大钊、鲁迅等的文章。然后是"诞生"，1921年，中国共产党诞生以来，

党报党刊在中国共产党的领导下，宣传党的纲领，在革命斗争中，《京报》发表的文章，为舆论宣传起到了指导作用，其中以《向导》为代表，《劳动音》《工人周刊》《热血日报》等一大批报刊崭露头角，在1921—1927年，红色报刊呈现蓬勃发展态势，党的报刊体系也逐步建立起来。

百年红色报刊展厅1

走出这一展厅，来到西屋，是百年红色报刊展厅2，这一展厅板块为"燎原"，展示了大革命失败后，全国陷入一片白色恐怖，年轻的中国共产党遭受成立以来从未遇到过的严峻考验，面对反动派的血腥屠杀，中国共产党和人民没有被吓倒，他们从血泊中站了起来，继续战斗，这时候的党报党刊顽强地生存并发展，经受住了考验，

百年红色报刊展厅2

星火燎原。这一阶段，具有代表性的刊物为《红色中华》，展柜展示了创刊号。接着介绍的一个板块为"长征"，这时候《红色中华》已停刊，《红星》出版。红军到达陕北后，《红色中华》又复刊，继续宣传抗日，党报党刊在艰苦的环境中依然发挥着宣传鼓动作用。这一展厅还生动展示了长征时期的雕像，两百多期《红色中华》报被战士们用大木箱挑着。第三个板块为"抗战"，介绍了卢沟桥事变拉开了中国全民族抗战的序幕，党报党刊创办较多，一方面在红色根据地创办，一方面在上海、重庆等创办，其中以《红色中华》《新中华报》《解放日报》为代表。展柜展示了《救亡日报》《新华日报》等报刊。

百年红色报刊展厅2的对面为展厅3，这一展厅由左向右的第一个板块为"决胜"，抗日战争胜利后，中国共产党为争取和平做出巨大努力，在此期间，保持党刊迅猛发展，与国民党反动派针锋相对，进行斗争。这时，北平《解放》刊正式出版，同时展示有《鲁迅晚报》等报刊、中华人民共和国成立前主要党报党刊一览表，多媒体触屏介绍了《人民日报》的前世今生。另一个板块为"解放"，1949年1月31日，北平和平解放，由此，根据新形势办报刻不容缓。主要展示有

《人民日报》《北京日报》两份报刊，展示了毛主席四题报头等内容。

后院为百年红色报刊展厅4，展示的板块为"伟大复兴"，展示了在新民主主义革命即将取得全国胜利及中华人民共和国成立初期，到党的十八大以来，党报事业的蓬勃发展及"四梁八柱"构建党报传播，同时展示有的《进步日报》《北平解放日报》《光明日报》等。另一个展示板块为"改革开放：党报引领报业繁荣"，展示了毛泽东、邓小平、江泽民、胡锦涛、习近平5代领导人对党报党刊发展做出的重要指示，提出的希望。最后一个板块为"推进媒体融合，解答时代命题"，展柜里展示了一些具有特殊意义的展品，是党报党刊新闻工作者使用的工具，包含稿纸、钢笔、墨水、采访本、手机、5G设备等，展品展示了设备的更新，时代的进步。展厅还有主流报纸新媒体传播效果动态分析大屏。

32号小院，是邵飘萍生平事迹展，进入小院，可以看到白色的墙壁上镶嵌有毛泽东在接受美国记者采访时，说过的一句话："他是新闻学会的讲师，是一个自由主义者，一个具有热情理想和优良品质的人。"小院右手第一间展厅是邵飘萍生平事迹展，展厅包括"勇斗袁逆""五四名将"两部分，里面

百年红色报刊展厅3

百年红色报刊展厅4

的展厅还原了邵飘萍会客厅的场景，屋内有一张桌子，桌子上放着钟表，一把椅子，床榻，床榻中间摆放着一张桌子，墙面上挂着相框。会客厅外面是"勇斗袁逆"，介绍了邵飘萍早期办报的经历；"五四名将"介绍了邵飘萍带领《京报》冲锋陷阵的过程，展厅屋内大屏上播放着他在北大演讲的片段。

邵飘萍会客厅

邵飘萍衣物

中间是展厅2，介绍了"潜心马列""秘密入党"两部分，"潜心马列"介绍了邵飘萍流亡日本的情景，墙壁上用图片展示这段时间，他潜心马列的过程及相关报刊。"秘密入党"，介绍了邵飘萍与李大钊、邓中夏、高君宇等共产党人往来密切，为党为革命做了大量工作，并秘密入党的过程。1925年，邵飘萍加入中国共产党，在展柜中还展示了毛泽东批复邵飘萍为烈士的请示文件等。这间展厅里展示了邵飘萍牺牲时的衣物复制品，同时还展示有邵飘萍与夫人，以及他5个子女的照片。

展厅3板块为"以身殉道"，介绍了邵飘萍被捕牺牲的过程，展厅中央展示有书法作品，是冯玉祥专门为邵飘萍题写的"立德立功立言"，体现了邵飘萍一生的追求，展柜中展示有一件米色长

物，是邵飘萍牺牲后的衣物复制品，展柜上摆放着一个钟表，时间定格在邵飘萍被枪杀、英勇就义的一刻，为4点20分。

1984年5月24日，京报馆被北京市人民政府公布为北京市第三批市级文物保护单位。

 传奇报人邵飘萍

知识链接

邵飘萍，浙江省金华市东阳人，革命志士，民国时期著名报人、《京报》创办者，新闻摄影家，是中国传播马列主义、介绍俄国十月革命的先驱者之一，是一名优秀的无产阶级新闻战士，是中国新闻理论的奠基人，被誉为"新闻全才""铁肩辣手""一代报人"等。

邵飘萍出生于光绪十二年（1886），从小刻苦学习，光绪二十五年（1899）考中秀才，后进入

省立第七中学，青少年时期，受到创办了金华第一张报纸《萃新报》的张恭的影响，对报业有了初步认识。光绪三十二年（1906），邵飘萍考入浙江省立高等学堂示范科，接触并阅读《民报》《新民丛报》等，开阔了自己的眼界，又受到梁启超文章的影响，开始为上海的《申报》写地方通讯，从此，邵飘萍开始了报业生涯，他为《申报》写了200篇22万字的《北京特别通讯》，他的文章真实、生动、犀利、正直。

1918年10月，邵飘萍辞去《申报》记者的职位，创办了《京报》，不久后，受到广大读者欢迎。当时的他担任了北京大学新闻学研究会副会长兼导师，1919年，他在北京大学法科学堂举行的各高校集会上，表明了自己的态度，并发言："现在民族命运系于一发，如果我们再缄默等待，民族就无从挽救而只有沦亡了，北大是全国最高学府，应当挺身而出，把各校同学发动起来，救亡图存，奋起抗争！"《京报》对五四运动进行报道，抨击并揭露北洋军阀和官僚投靠帝国主义罪行，声援学生和工人的爱国运动。不仅如此，邵飘萍还借助《京报》，为二七大罢工、五卅运动、三一八惨案等猛烈发声，并揭露张作霖的滔天罪行，冯玉祥这样赞叹道："飘萍一支笔，胜抵十万军。"

1926年，邵飘萍被张作霖部队诱捕。4月26日，年仅40岁的邵飘萍被绑在天桥刑场，英勇就义，一代传奇报人，被迫害牺牲！

民国国会议场

北京国会旧址建筑群是民国初年政治历史的重要建筑遗存，位于北京市西城区宣武门西大街

国会议场旧址

57号，见证了由清末资政院到民国国会的变迁，展示了中国近代社会处于大转变时期建筑历史的演进过程。参众两院会议、总统选举等重大政治活动皆在此进行。原状基本保留。

北京国会旧址现存建筑包括国会议场、圆楼（大总统休息室）和原仁义楼、礼智楼（现称红一楼、红二楼）两栋二层带前廊的楼房。此建筑群属于西洋折中主义风格，采用西方建筑工艺和建造手法，是北京最早的西方建筑风格作品之一，为中西合璧建筑的代表，为研究中国近代早期建筑尤其是北京地区近代建筑提供了很好的实物资料。北京国会旧址现为新华通讯社管理使用。

国会议场坐北朝南，砖木结构，三角桁架，绿铁皮坡屋顶，灰砖清水墙，平面呈正方形，其南立面是主要出入口，因此做重点装饰。南立面中央三间三层，一层为大门三间，二层、三层为每间三组竖向窄窗，两层之间用砖砌线脚装饰，且整组建筑立面采用砖做壁柱竖向布置以分间数。屋檐为砖砌三角山花。国会议场南立面两侧为两层配楼，平面层层后退以丰富立面，用砖砌线脚做竖向线条，平顶，檐口做丰富线脚。其

国会议场西立面

圆楼南立面

侧立面风格同南立面一致，二层侧厅仍为竖向窄窗，平顶，檐口做丰富线脚，侧厅平顶上可见会议厅天窗，形似3层。该建筑北立面形式同侧立面。

国会议场内部东、西、南三面都有狭长的门厅，穿过门厅即为会议大厅。大厅平面为矩形，主席台设在北侧中央，场内座位按扇形布置，楼下共有674个座位，全部为木桌椅。室内墙面为白灰粉刷，做西洋壁柱装饰；屋顶采用木桁架钢拉杆结构。在会议大厅上部另做一排采光高窗，使建筑外观呈现三层楼房状。大厅内楼上东、西、南三面设有座席314个，与楼下严格分开，作为

国会议场内景

旁听之用，并且会议厅内设有通往楼上的楼梯。该建筑于2001年经过修缮，其大跨度钢拉伸结构为德国进口，为当时国内罕见。

圆楼位于国会议场北侧，因其楼内会议厅平面呈椭圆形而得名。其地上二层，灰砖砌筑，屋顶为三角钢木桁架，南立面三间，每间三扇竖向窄窗，一层明间为大门，二层檐部用砖砌出弧形线脚，顶为三角山花。圆楼北立面风格同南立面，仅在大门处作一外弧形造型。楼内南部为三间休息室，北部由一半圆形门厅围合成一圆形会议室。

在国会议场东侧还保留有两栋二层外廊式楼房（现称红一楼、红二楼）。此两排楼房各面阔二十六间，为二层中西结合砖木结构外廊式建筑，建筑面积1500平方米。外墙为青砖白灰浆砌筑，采用木屋架四面坡机瓦屋面。建筑南立面通廊，方廊柱，护栏采用木栏杆，上饰木质倒挂楣子与木栏杆相呼应。门窗均为拱券形式，其圆拱过梁为红砖砌筑。楼梯两侧各出外跨式木质楼梯，外侧为木栏杆，上有木质倒挂楣子。

1984年5月24日，民国国会议场被北京市人民政府公布为北京市第三批市级文物保护单位；

圆楼入口

2006年5月25日，北京国会旧址被国务院公布为第六批全国重点文物保护单位。

曹锟贿选

　　1922年，直系军阀和奉系军阀第一次战争，直系获得胜利，独立控制了北京政府。6月，直系军阀曹锟、吴佩孚驱赶皖系总统徐世昌。徐世昌在利益的诱惑和外部武力的胁迫下，不得不辞去大总统的职位。一时间总统职位空缺。尽管直系军阀觊觎总统职位已久，但是因为害怕西南军阀、奉系和国民党反对，只好迎原任大总统黎元洪复职，作为傀儡总统，并恢复张勋复辟期间解散的国会。

　　同时，直系内部吴佩孚逐渐崛起，形成了以他为首的洛阳派，而曹锟领导的是保定派，两派明争暗斗，吴佩孚并不支持曹锟出任大总统。然而曹锟在直系中占有优势，同时也得到了美国的支持。1923年6月，曹锟命人对黎元洪进行恐吓，逼迫黎元洪逃往天津，随后，他又派王承斌在天津杨村站扣住了黎元洪的火车，逼迫他交出总统印，并且签署辞职书。

　　曹锟为了使自己出任大总统看起来合情合理合法，利用内政总长高凌霨和议长吴景濂高价收买或威胁国会议员。他用40万收买了国会议长，又以每张选票5000元到1万元的价格贿买500多个议员，同时还对反对派进行镇压，将反对的记者逮捕，封锁舆论消息。

　　1923年10月5日，国会选举当天，曹锟动用大批军警宪兵进行警戒，以免生出事端，就这样，曹锟顺利地当上了中华民国大总统。10月10日，曹锟就职，由国会起草并通过了《中华民国宪法》。

　　曹锟任大总统之后，直系的实权移到了吴佩孚的手中。1924年10月，第二次直奉战争爆发。一直不满曹锟贿选的冯玉祥于10月23日晚从前线撤兵，班师回京，发动了北京政变。曹锟被赶下台，并软禁于中南海延庆楼。北京政府的主导权从直系交到了奉系手中。曹锟的总统梦破碎。

利玛窦墓及明清以来外国传教士墓地

　　利玛窦墓及明清以来外国传教士墓地是专门用来安葬外国传教士的墓地，位于西城区车公庄大街6号北京市行政学院院内，首位安葬于此墓地的传教士是明朝著名的传教士利玛窦。

利玛窦是意大利传教士，也是一位数学家，明万历十年（1582）来中国传教，并向中国介绍西方的天文、历法、地理和数学等科学知识。万历三十八年（1610），利玛窦在京病逝，万历帝赐"腾公栅栏"为其墓地，1611年入葬。从此此地即成为京城传教士墓地，时人称"栅栏墓地"。清初，顺治帝赐德国传教士汤若望墓地于栅栏墓地西侧。以后比利时传教士南怀仁等中外教士80余人葬于此。1900年墓地被毁，同年重修。20世纪60年代，墓地再毁。1979年，利玛窦、汤若望、南怀仁墓园得以重修。1984年，扩建新墓园，竖

利玛窦墓，后为南怀仁、汤若望墓碑

石牌坊

残存各国教士碑60座。1993年，清代石门移至墓园南端，形成现今墓地格局。

1984年5月24日，利玛窦墓及明清以来外国传教士墓地被北京市人民政府公布为北京市第三批市级文物保护单位；2006年5月25日，利玛窦和外国传教士墓地被国务院公布为第六批全国重点文物保护单位。

知识链接　利玛窦在中国

利玛窦来到中国后，根据中国人思想传统的特点采取宽容开放的方式来传播天主教思想，让中国人逐步接受天主教。他努力接近当时明朝的皇帝，广泛结交士大夫群体，树立天主教良好的声誉。允许教徒在信奉天主教的同时可以继续祭天、祭祖、敬奉孔子。在这样的方式下，天主教在中国逐渐被接受，尤其是在上层士大夫群体中，天主教得到了长足的发展。

除了传播天主教，利玛窦做出的最大贡献就是促进了当时中西方文化的交流。利玛窦将西方的几何学、地理学及人文主义观点带到了中国，他与我国著名的科学家徐光启合作翻译了欧洲经典几何著作《几何原本》，对我国数学的发展产生了非常重要的影响，是我国数学发展史上的重要事件。利玛窦还带来了中国历史上的第一幅世界地图《坤舆万国全图》，对中国认识世界产生了非常重要的影响，让当时的人对自己生活的世界有了全新的认知。在此期间，利玛窦还将西方的人文主义思潮带到中国，将意大利文艺复兴时期人文主义大师的著作引入到中国。

利玛窦还积极将中国传统文化介绍到国外，促进了中西方文化的交流。

原辅仁大学

辅仁大学原为清醇贤亲王奕譞第七子载涛贝勒的府邸，位于西城区定阜街1号，1925年3月租给罗马教廷，由美国天主教本笃会创办辅仁社，1927年升为辅仁大学。现存辅仁大学教学楼及涛贝勒府花园部分建筑。

辅仁大学教学楼正面入口

辅仁大学旧影

原辅仁大学教学楼坐北朝南，仿南方传统祠堂庙宇形式，平面呈"日"字形，砖混结构，建筑面积约4600平方米，四角是歇山式角楼，和正面中心的3个歇山式屋顶皆为第三层，其余均为二层。楼内有房500多间，南北向多为教室，东西向为办公用房，中部上层为礼堂，下层为图书馆。建筑立面运用中国传统技法，绿琉璃瓦大屋顶，斗拱承托檐口，屋身装饰雀替。主入口为拱门，券面浮雕中式图案，红漆大门饰金色门钉，汉白玉须弥座为基础。整体造型主次分明，具有一定艺术效果，现为北京师范大学继续教育学院使用。

1984年5月24日，原辅仁大学被北京市人民政府公布为北京市第三批市级文物保护单位；2013年5月3日，辅仁大学本部旧址被国务院公布为第七批全国重点文物保护单位。

知识链接　格里森设计辅仁大学

1929年，辅仁大学筹建主楼，聘请了比利时籍传教士和建筑师格里森担任设计工作。接到邀请之后，格里森来到北京。然而他并没有匆忙进行设计，而是进行了数月的走访研究，力求设计出最出色的作品。

当时，传统复兴式建筑为这一时期的建筑风格主流，它一方面以西方建筑技术为依托，另一方面结合中国传统建筑风格，充分体现了中西合璧的特点。受到这股风潮的影响，格里森觉得如果把主楼设计成一个规矩的高层建筑，是可以满足其使用功能，但是辅仁大学主楼选址在涛贝勒府南部的马圈和花园前空地上，这里紧邻故宫和北海，如果设计成现代风格，就会破坏了环境的和谐，因此他决定将辅仁大学建造成具有中国传统风貌的建筑样式，并以此表达对中国传统文化的崇敬。

有了这个想法之后，他开始查询中国北方古典建筑的原始材料，研究故宫等古典建筑与园林的特色。他从中国的皇宫宫墙、城门和城楼中获得启发，最终辅仁大学主楼设计成一座中国宫殿式城堡，以两层楼围合成封闭的院落。另外在装饰上，他着意增加了木质雕花窗框、石狮等元素，使得中国古典建筑特色更加明显，整个建筑大气庄重。

辅仁大学主楼设计体现了格里森对于中国传统城市美学极为深刻的理解和把握。在许多大型建筑辞书中，这座建筑都被列为中国近代著名建筑，是近代传统复兴式建筑的代表。

主楼正面

天主教圣母会法文学校旧址

天主教圣母会法文学校旧址是清末北京中西结合建筑物的代表作，曾为南堂中学。其西侧原为南堂小学，位于北京市西城区前门西大街137号，始建于光绪三十四年（1908），是一座中西合璧的二层楼式建筑。

天主教圣母会法文学校旧址

天主教圣母会法文学校，清末由南堂天主教圣母会创办，作为法文专门学校传播天主教教义，由法国工部局管辖。此处原为东、西两部分，分别于1908年、1914年建成，1921年后改为南堂小学，1943年改为南堂中学，由天主教圣母会修士管理。

该校主建筑坐北朝南，体现了清末民初的中

西合璧式风格，建筑面积约5000平方米，平面呈"冂"形，是一组三面围合的近代折中式建筑。地上两层为砖木结构，灰砖清水墙，三角桁架坡屋顶，铁皮瓦，每层均有连通各室的拱券式外廊，二层廊间围护木栏杆，拱券、挑檐、窗套等部位重点以红砖装饰。在中部的主入口处做两个凸出楼体的三层城堡式门楼，顶部为雉堞式女儿墙。一层拱心石上刻有"1908"（东入口）和"1914"（西入口）的标记，三层楼体刻有"法文专门学校"字样。建筑现状保存较好，为北京市外事职业学校使用。

1984年5月24日，天主教圣母会法文学校旧址被北京市人民政府公布为北京市第三批市级文物保护单位。

东配楼

中国的教会学校

教会学校是指天主教或基督教教会所建立和经营的学校，最早出现于中世纪的欧洲，当时欧洲大学大都是教会办的。鸦片战争以后，法、英、美等国通过教会，曾在中国设立许多大、中、小学。1926年，国民政府曾禁止外国人办教会大学。中华人民共和国成立后，于1951年接管了外资津贴学校，收回了教育主权。

由于教会学校的特殊地位，在一个较为封闭的大环境中形成了若干个较为开放的小环境。教会大学的中国师生与西方文化乃至西方社会有较多直接的接触，思想比较活跃并且享有较多的自由。同时，也由于其更为直接感受某些外国势力如政治、宗教、种族偏见的刺激，比较容易触发民族反抗情绪乃至滋生革命思想。

所以，历次反帝爱国运动与民主革命运动，都有大批教会大学师生积极参加，有的教会大学甚至成为爱国民主运动的重要据点。从这个角度来看，教会大学史对于研究近代中国政治史、革命史也有一定意义。

近代中西文化交流史，是一个双向对流的运动过程。中国教会大学既是基督教文化与近代西方文明的载体，同时它又处在东方传统文化的环境与氛围之中，因而不可避免地要逐步走向本土化、世俗化。中国教会大学的发展，归根到底，还得取决于它对中国国情与社会需要的适应能力。许多长期在中国教会大学工作的西方教职员（包括一些传教士），也不可避免地要受到中国文化的熏陶，在不同层次与不同程度上吸收中国文化，并且将其带回西方故土。所以，对于有些西方人来说，教会大学又是一个观察、了解中国文化与中国社会的窗口。

教会学校校规非常严，不仅对学生有成绩要求，还对学生有很高的礼仪要求。教会学校中女子学院居多，而且女生都穿校服，剪短发，不化妆，不涂口红，不染指甲。

教会学校是中国近代教育的重要组成部分，在19世纪中下叶的清代教育领域中占有特殊的地位，影响也十分广泛和深远。教会学校的产生和发展，是伴随着欧美各国对华的政治、军事及宗教文化入侵同步进行的，是在不平等条约造成中国半殖民地化程度日益加深的情况下不断扩展的，它带有明显的文化侵略性质。同时，教会学校的存在，也为中国培养了大批优秀的人才，并在介绍和引进西方先进的自然科学、社会科学方面，发挥了积极的作用。

升平署戏楼

升平署戏楼是保存完整的一座清代戏楼及四合院建筑，位于北京市西城区西长安街1号。

升平署是清代掌管宫廷戏曲演出活动的机构，始设于康熙年间。宫内演戏，先由升平署缮写进呈皇太后、皇帝阅览的"安殿戏单"，上列演出地点、日期、开戏时间、剧目及主要演员。升平署珍藏的剧本、档案、戏衣、道具、剧照等，至今保存在故宫博物院内，成为我国戏剧史上珍贵的实物资料。

升平署戏楼院是保存较好的一组建筑物，建筑面积约200平方米，戏楼坐南朝北，戏台台基高0.8米，宽12米，前出轩，进深11米。戏台台

升平署戏楼正面

口四柱，四角各有角柱3根，上场门原为城门样式，寓"出将"之意，下场门原为宫门样式，寓"入相"之意。后墙上下之间的正中位置原有大宫门，可排仪仗。戏台分上、下两层，下层台顶中央有活动天花板，乃方形天井，演员可通过天井吊下，但多不用。阁楼与天井相接的梁柱间设有铁滑轮，上、下阁楼为木楼梯，戏楼南侧有三间扮戏房。戏楼北面的北房前出轩，适合帝后观赏演出。

20世纪30年代升平署旧址东部为华北中学，西部为艺文中学。50年代，东部为北京六中，西部为二十八中校舍。2002年4月，北京市人民政府出资对升平署戏楼院进行大修。修缮完毕的戏楼院继续由长安中学使用，其中戏楼作为校图书

升平署戏楼前出轩

馆，北房作为教室使用。

1984年5月24日，升平署戏楼被北京市人民政府公布为北京市第三批市级文物保护单位。

知识链接　清代宫廷戏曲管理

中国戏曲很早就出现了，在明朝以前，它在民间自由发展，朝廷并没有太多干预。然而从朱元璋开始，朝廷对戏曲的态度发生了转变。朱元璋崇儒，他认为戏曲诲淫，不利于人心，因此对戏曲加以排斥和抑制，命令宫廷掌管筵席之乐的教坊司来管理戏曲的相关事情。慢慢地，朝廷出资修建了专门演戏的场所，对戏曲开始正规化管理，戏曲也从此走进了宫廷。

到了顺治时期，朝廷在戏曲方面沿袭了教坊司的管理，这时，因为国家初建，戏曲演出并不是很多。随着国力的不断强盛，从康熙年间开始，宫廷戏曲也迎来了蓬勃发展的机会，逐渐发展壮大起来。为了更好地管理繁杂的戏曲事务，南府和景山出现了，它们是管理演戏诸多事宜的新机构，负责宫廷戏曲的教授、排练和演出等。

乾隆七年（1742），为了加强宫廷礼乐的管理，专门设立了乐部，之前宫中的神乐观、和声署等机构全部都由乐部统一管理。但是南府和景山仍然保留，专门管理戏曲方面的事情，并且在管理人员名额和钱粮标准方面给出了统一的规定。

慢慢地，从外地选入宫中的优秀伶人越来越多，他们统一被安置在景山之中，之后又涉及了南府。这些优秀的伶人除了演戏之外，还要教授学生，所有的事宜都由南府管理。这一时期，戏楼修建多，戏曲创作极为丰富，庆典演出也非常

升平署北房

北平图书馆旧址大门

奢华，宫廷戏曲的发展达到了鼎盛时期。

道光元年（1821），道光帝对戏曲管理机构进行了改革。他先是将景山并入南府，精简了大量的人员，甚至一些上了年纪的伶人和学艺不精者都被革退，护送回籍。道光七年（1827）二月六日，道光帝再次下令，将南府改为升平署，不仅对管理人员、学生人数进行压缩，对宫中的各种承应戏也进行压减。

到了光绪年间，慈禧太后喜欢听戏，于是宫廷戏曲再次迎来机遇。这时升平署的演出规模和演技水平已经达不到宫廷需要，于是慈禧太后还专门成立了以长春宫太监为主的本家班、普天同庆班等，它们在钱粮上不归升平署管理，但是戏目仍由升平署分派。一直到宣统年间，升平署仍负责宫廷戏曲的管理。只是随着朝廷腐败，宫廷戏曲也逐渐呈下滑的趋势，升平署在不断调整的朝廷政策中艰难生存。

北平图书馆主楼

北平图书馆主楼是近代北京第一座大型图书馆的建筑遗存，位于北京市西城区文津街7号，

其前身是建于清代的京师图书馆。1931年文津街馆舍落成（现为国家图书馆古籍馆），成为当时国内规模最大、设施最先进的图书馆。

北平图书馆坐北朝南，建筑面积约1.3万平方米，属于仿中国古典建筑。图书馆正门为琉璃门3座。中间一座为单檐庑殿顶调大脊，绿琉璃瓦

北平图书馆大门旧影

北平图书馆主楼旧址

屋面，檐下施仿木五踩斗拱，饰墨线大点金旋子彩画，门辟方形门券，双扇朱漆大门，门上铺首一对，九纵九横81枚门钉装饰，上槛饰金线包边梅花门簪四枚。门两侧立柱墙中心四岔装饰琉璃雕花，下端白石质地须弥座，束腰雕刻莲花图案。门上悬挂竖向匾额一块。东西两座门为单檐庑殿顶调大脊，绿琉璃瓦屋面，饰墨线小点金旋子彩画，宝相花枋心。门两侧下端为白石质地柱脚石。整座正门两侧还作"一封书"式八字影壁，门前置石狮一对（圆明园遗物）。

穿过正门有一甬道直通图书馆主楼——文津楼。该楼平面呈"王"字形，地上两层，地下一层，由前楼、中楼、后楼、东西配殿及月台组成，均连以平顶连廊。前楼外立面面阔九间，二楼四周环以围廊，重檐庑殿顶调大脊，绿琉璃瓦屋面，饰墨线大点金旋子彩画，龙锦枋心，前楼廊步柱间装饰雀替，二层廊步还装饰步步锦栏板。建筑一层明间开石质方门，底部两端做须弥座，各间均采用十字方格装修，廊间采用中心四岔琉璃雕花装饰。在建筑上层明间额枋悬挂匾额一块，上书"文津楼"。

中楼为单檐庑殿顶调大脊建筑，外立面用多根立柱进行装饰，绿琉璃瓦屋面，饰墨线小点金旋子彩画。后楼形制与中楼相同。

东西配殿各九间，进深五间，单檐庑殿顶调大脊，绿琉璃瓦屋面，施单翘单昂五踩斗拱，墨线小点金旋子彩画，龙锦枋心。配殿廊柱间装饰雀替，明间、次间吞廊处饰步步锦坐凳楣子，各间均采用十字方格装修。在前楼与东西配殿前为月台一座，明间前出踏跺九级，中间御路石雕刻二龙戏珠图样，东西两侧各出踏跺九级，月台环以汉白玉栏板，云纹柱头。

北平图书馆中楼旧址

1984年5月24日，北平图书馆主楼被北京市人民政府公布为北京市第三批市级文物保护单位；2006年5月25日，北平图书馆主楼被国务院公布为第六批全国重点文物保护单位。

知识链接　京师图书馆

戊戌变法之前，中国的有识之士认为我国应该效仿外国，建立公共图书机构，供人们学习。光绪三十一年（1905），清政府开始兴办学校，废除了原本的科举制度，湖南建立了我国第一个图书馆。

光绪三十三年（1907），张之洞任军机大臣，兼管学部，于是开始筹划京师图书馆。宣统元年（1909）九月九日，学部上奏的《筹建京师图书馆折》被批准。第二年，京师图书馆在什刹海广化寺成立。

1912年8月27日，京师图书馆正式开馆，迎接前来读书之人。当时京师图书馆所藏图书有限，总计不到10册，大多取自国子监南学和内阁大库。其中有明代皇家图书馆文渊阁藏书、敦煌石室所藏唐人写经本8000卷等。为了充实图书馆，鲁迅等人付出了很大的努力，例如他以教育部名义咨调各省官书局所刻书籍，然后收于京师图书馆中，征调各省区最新修刊的志书等。

1913年6月，因为广化寺地势偏僻且环境潮湿，不利保存图书，于是教育部批准另择新址建新馆。1915年，安定门内方家胡同国子监南学旧址被确定为京师图书馆。两年后，图书馆重新开放。

1928年，国民党政府定都南京，在南京成立国立图书馆，于是京师图书馆改称为国立北平图书馆，并且迁址到中南海居仁堂。第二年正式开放。当时，在北京还有一家图书馆，就是1926年中华文化教育基金会创办的北京图书馆，1929年8月，两馆合并，仍称作国立北平图书馆。

1929年5月1日，图书馆新馆在北海西侧文津街开工奠基。1931年竣工。新馆用圆明园中文物进行装饰，庄严气派，并于1931年7月1日正式开馆。新楼环境幽雅，阅览室有200多个座位，是当时全国乃至整个远东地区最具规模的图书馆。

1950年3月6日，国立北平图书馆更名为国立北京图书馆，第二年，又更名为北京图书馆。

随着中华人民共和国的成立，北京图书馆展现出前所未有的繁盛景象，前来读书的人日益增多，文津街的图书馆虽然几经扩建，但仍无法满足需求，于是周恩来总理提议并批准在元代大护国仁王寺旧址上建立新馆。

新馆建成后，馆中藏书和馆舍面积均为亚洲第一。1998年1月12日，国务院批准，将北京图书馆更名为国家图书馆，而文津街图书馆则成为国家图书馆分馆。

金中都太液池遗址

金中都太液池遗址，位于西城区广安门外南街77号，曾是金中都城内皇家园林同乐园的水池，是研究中都城宫室方位的重要实物。

贞元元年（1153），金朝将都城迁至燕京，即今天的北京，对城市进行了大规模的建设，在原辽代鱼藻池的基础上建成了金中都太液池。

金中都太液池位于金中都城内的西南角玉华门外，为马蹄形水面，水池里有荷莲，供人观赏。早在辽代，这里有汩汩清泉从地上涌出，一年四季都有泉水冒出，慢慢地，这里变成了一片天然

国立北平图书馆旧影

金中都太液池遗址

湖泊，取名为鱼藻池，鱼藻池畔建起了一座玉渊亭，从此，有的人也称这里为玉渊潭。后将原北宋皇宫里的金鱼移入池内放养。当南宋灭亡后，元朝大将伯颜命人打捞出南宋皇宫里的金鱼，并连同池水一起海运至大都，放入池内放养。后鱼藻殿被毁，鱼藻池也呈现一片萧条。

遗址上的楼房

现今太液池湖域平而呈马蹄形，在湖中心"琼华岛"发现了两处夯土区，据推断这里可能是文献记载的鱼藻殿和瑶池殿。20世纪90年代，为配合西厢工程建设，相关工作人员对太液池遗迹进行钻探，并取得重要成果，探明了金代鱼藻池东、北、南岸。太液池是金代保留下来的重要皇家园林遗迹，具有极其重要的历史文化价值。

1984年5月24日，金中都太液池遗址被北京市人民政府公布为北京市第三批市级文物保护单位。

知识·链接

鱼藻池历史渊源

辽代的鱼藻池是北京最早的皇家园林，也是金代保留下来的重要皇家园林，如今，已寻不到辽代的皇家园林，金代皇家园林的大部分遗址已

经消失不见，只有鱼藻池这处遗址，因此也显得异常珍贵。

元朝初年，原金中都皇家园林河湖水系完整，景色优美，在金中都居住的贵族和文人都会去游览观光。明朝嘉靖时期，鱼藻池依然受欢迎，同时保留着环形水面，当时官府要用鱼藻池周边的土地，于是召集众人，开始在这里种植蔬菜，再在城中出售。清朝末年，因修建京张铁路，要设立广安门客货站，新修建的铁路占用了鱼藻池西北地方的园地及水面，这样一来，原来的环形水面变成了马蹄形。

1915年，广安门外双合盛五星啤酒厂在鱼藻池湖心岛上为外籍技师修建了一座小洋楼。中华人民共和国成立后，洋楼由房管部门管理。之后，又在这里修建青年湖露天游泳场，接着北面水面被填平，鱼藻池水面成为月牙形。

盛新中学与佑贞女中旧址

盛新中学与佑贞女中旧址原为法国天主教仁爱遣使会所属的两所中学，中华人民共和国成立后，两校合并使用，位于北京市西城区教场胡同2号、4号北京四中院内。旧址现存建筑比例严谨，是20世纪二三十年代北京城内典型的教会学校建筑。

校内主要保存有两栋教学楼和一座礼堂，砖木结构，欧洲折中主义建筑风格。

两栋教学楼形制略同（只是东部的盛新中学两侧梢间带雉堞式封护山墙），均为地上三层、面阔十七间、两坡顶筒瓦建筑。南北立面当中三间为主入口，凸出楼体，高台阶上通一层门廊，两侧宝瓶式栏杆以水刷石装饰。立面三层以上做

盛新中学教学楼旧址南立面

《谕习骑射熟国语碑》

佑贞女中教学楼旧址南立面

三角山花造型，以连续弧形线脚装饰。一层为平券门窗，二层和三层每间辟一弧形拱券窗，窗套以水刷石做出隅石、拱心石效果。北立面重点以红砖清水墙装饰，其余为青砖墙。两侧山面每层开三间拱券窗，三角山花中辟一圆窗。

在两楼中间还有一座礼堂，平面呈"工"字形，地上二层，灰砖清水墙，筒瓦屋面。南立面面阔五间，中间凸起一圆形攒尖顶塔楼，北侧连接五间平房，北端为三间坡顶的二层小楼。

在礼堂西侧尚存一方清乾隆皇帝手书的《谕习骑射熟国语碑》，为乾隆时期西苑校场遗物。盛新中学与佑贞女中旧址现为北京四中初中部使用，2010年进行结构加固与维修。

1990年2月23日，盛新中学与佑贞女中旧址被北京市人民政府公布为北京市第四批市级文物保护单位；2013年5月3日，盛新中学与佑贞女中旧址被国务院公布为第七批全国重点文物保护单位。

知识链接　　**遣使会办学**

　　遣使会是天主教传教修会，顾名思义，其主要工作就是派遣会士进行传教工作。康熙三十八年（1699），遣使会会士毕天祥、穆天尺受命来到中国创办修道院。乾隆三十八年（1773），耶稣会被解散。10年后，遣使会会士受教廷和法国国王的委任接替耶稣会，负责中国的传教事业。

　　1917年，遣使会在北京城内西城区教场胡同

礼堂南立面

创办佑贞女子师范，由遣使会辖属的仁爱会修女管理，后改为佑贞女中。1923年，其东侧又新建一栋教学楼，即天主教圣母会修士管理学校，也就是盛新男中。

1949年，北平解放，佑贞女中里的一些进步学生为了保护学校，组织起来，同修女们进行斗争，无奈之下，修女被迫离开学校。3年后，盛新男中与佑贞女中合并，改名为和平中学。

后来，遣使会在中国的一切活动停止。其在中国所创设的各种机构也交由中国教徒自己管理。

1952年9月，北京市人民政府正式接管遣使会创办的和平中学，并改为北京四十中学。2004年，在盛新中学与佑贞女中旧址上成立北京四中初中部，从此成为北京四中初中部的校址。

平绥西直门站西北立面

舍、天桥等建筑，是现存京张铁路站场设施中唯一保存较完好的一处。

站房仿西洋古典风格，二层砖木结构，正面向南，砖墙面抹灰，立面三道券门，其他面为清

平绥西直门车站旧址

平绥西直门车站是詹天佑主持修建京张铁路时所建，有站房、站台、机车库及员工宿舍等。是现存京张铁路站场设施中唯一保存较完好的一处。位于北京市西城区北滨河路1号，始建于1909年，次年竣工。

车站主体建筑为詹天佑设计监造的船形站室。1908年、1916年京门支线和环城铁路相继通车，西直门车站成为京张、京门、环城三线的起点站。1923年京张铁路西延至包头，改称平绥铁路。1968—1972年先后将西直门至五路通、西直门至德胜门、西直门至广安门（平绥铁路南端）三段市区铁路拆除，西直门站成为平绥铁路尽头站。

1988年西直门车站改称北京北站。现存站房（今北京北站候车厅）、站台、机车库、员工宿

站房主楼

站房南侧入口

水砖墙，壁柱做线脚装饰。铁皮四坡顶，四周加单坡顶，轮廓线丰富。

1995年10月20日，平绥西直门车站旧址被北京市人民政府公布为北京市第五批市级文物保护单位。

知识链接 京张铁路

关于京张铁路的修建在很早以前就有人提议过。1899年之前，俄国曾经提议修筑从恰克图（原为中国边境重镇，今位于俄罗斯境内）经库伦（今蒙古国首都乌兰巴托）、张家口到北京的铁路，当时清政府并没有允许。1903年，商人李明和、李春有先后提出以招集股银的方式修建京张铁路，这其中又有外国资本渗透的嫌疑，于是该提议再次被拒绝。后来又有人提议此事，仍没有通过，修京张铁路的事情就暂时被搁置了。

慢慢地，朝廷中再次开始议论修铁路的事情，并且建议官办。当时关内外铁路运营非常好，获利颇丰。这时，身为关内外铁路总办的袁世凯与会办胡燏棻想到了一个方案，那就是将关内外铁路的营业额用于京张铁路的修建。

袁世凯最初给京张铁路的预算是500万两白银。他想每年从关内外铁路的收入中支出100万两，4年之后，可筹集400万两，然后再从关内铁路拨取80万两，这样基本的预算就可以满足了。然而经过一番仔细筹划后，袁世凯最终的预算居然比刚开始的预算多出了200万两。于是他打算再从购置车辆款上筹钱，至于办公费用则使用第一段工程通车的营业额，如此计划，京张铁路就没有资金上的担忧了。

1905年6月，袁世凯将自己的预算上奏给朝廷。7月7日，主持修建铁路的詹天佑和总办陈邵常就从天津汇丰银行提取第一笔工程款，折合白银100万两。9月5日，铁路正式开工，12月12日，开始铺设轨道。

京张铁路工程远比想象的要艰难，计划的路线中崇山峻岭，石峭弯多，很多地方都十分艰险，相比其他省份的铁路，这个工程的难度相当高。随着工程的不断进行，实际花费远远超出了原本的预算，袁世凯只好上奏申请追加工程款，仍由关内外铁路营业额来补充。

中国人自己修建铁路的消息传出以后，外国人一片讽刺之声，因为"由南口至八达岭，高低相距一百八十丈，每四十尺即须垫高一尺"，这个工程的复杂、艰难程度可想而知，所以一些狂妄的人嘲笑说，修建这条铁路的中国人恐怕还没有生出来。

然而詹天佑亲自率领工程队勘测路线，然后进行仔细的研究，制订缜密的计划，并且克服重重困难，促使京张铁路工程不断开展。

1909年8月11日，京张铁路终于建成了，并且于10月2日正式通车。4年的坚持不懈终于换来了中国人民的光荣。这是中国首条独立修建的铁路，不仅工期比原定时间缩短了两年，而且建造成本也节省了20多万两白银。这条铁路的修建饱含着中国人民不屈不挠的民族精神，也令外国人对中国刮目相看，是我们每一个中国人的骄傲。

万松老人塔

万松老人塔是金元时期著名僧人万松老人的灵骨塔，位于北京市西城区西四南大街41号。是北京城区仅存的一座砖塔。其塔身内部包裹元塔的情况在北京地区较为罕见，是研究北京地区密檐式塔发展的重要实物。

万松老人名万松行秀，精通曹洞宗的禅理，为金元时期佛教曹洞宗的高僧。他深通佛法，又精通儒家典籍。元初中书令耶律楚材奉其为师。耶律楚材向其参学3年，接受了万松老人"以佛治心，以儒治国"的主张，积极献身于维护中原文化，终成一代名相。他的许多政治纲领和措施的正确实施，都离不开恩师万松行秀的教导和指点。

万松老人塔建于元代，相传至今已有600余年了，此塔坐落在一处塔院中，万松老人塔位于塔院的中间，塔院东西长约14米，南北宽约7米，面积约100平方米。塔原为七级密檐式砖塔，清乾隆十八年（1753）重修时将塔加高至九级。1986年重修中发现了清乾隆十八年重修时裹砌其内的元塔。砖塔用元代特有的薄砖叠砌而成。该塔总高15.9米，平面呈八角形，密檐下不施斗拱，为叠涩封护檐，顶部为尖形筒瓦顶，最上为刹座和宝珠。塔保存了金元时密檐式塔的风格。塔上嵌有石刻一块，上书"乾隆十八年岁次癸酉谷旦康亲王永恩奉敕重修"。民国初期万松老人塔缺乏管理，荒芜日久。1927年，北洋政府交通总长叶恭绰等人组成"万松精舍"，筹资整修，加筑了围墙和门楼，并书石门额"元万松老人塔"。中国和日本建交后，日本曹洞宗几乎每年都组团来

万松老人塔塔院大门

万松老人塔

华参拜此塔。万松老人塔，高耸挺拔，宏伟壮观，是北京城早期建筑文化的一个重要标志。近年，北京市对古塔和塔院的环境进行了整治。

1995年10月20日，万松老人塔被北京市人民政府公布为北京市第五批市级文物保护单位；2013年5月3日，万松老人塔被国务院公布为第七批全国重点文物保护单位。

知识链接　行秀禅师

行秀禅师，号万松老人，河中解（今山西运城西南）人。

金大定六年（1166），行秀禅师出生。15岁那年，他参拜邢州（今邢台）净土寺赞允禅师出家为僧。受具足戒后，他发誓要研究宗门大事，于是离开家去求学。他首先去的是燕京（今北京），在庆寿、万寿、潭柘3个著名的禅寺求学，后又南下到了磁州（今河北磁县）大明寺，嗣法于雪岩满禅师，成为曹洞宗第十四代宗主，声名鹊起。从那以后，各地纷纷慕名请他去说法，留做住持。然而他并没有接受，毅然回到了邢州，在净土寺兴建"万松轩"，自我修行，从此被人们称作"万松"。他在净土寺修行时，一边读书修行，一边接受众多参访的人，信众越来越多，深得人们的信赖。

行秀禅师不仅在民间享有盛名，就连金朝和蒙古的统治者也非常崇拜他。金明昌四年（1193），金章宗诏行秀禅师到宫中说法，亲自躬礼相迎。蒙古灭掉金建立元朝之后，行秀禅师也深得元朝统治者的赏识，后尊其为国师。

元初，在行秀禅师的大力弘扬下，曹洞宗享誉东南。宋元以来，禅净双修非常盛行。行秀禅师一方面注重修禅，另一方面推崇净土，跟着他学习的人非常多。当时，开元寺、天宁寺、净土寺彼此相邻，互通友好，法脉传承有序，三者共同形成北方重要的佛教中心。

行秀禅师在佛法方面造诣颇深，著作极多。其中禅宗语录有《鸣道集》《释氏新闻》《请益录》《禅说》《祖灯录》等。净土宗著作有《净土》《四会》《万寿》《洪济》等。

元定宗元年（1246），行秀禅师在燕京圆寂，享年81岁。这一消息传开，北方信众无不悲痛万分。为了表示对他的怀念，北方信众纷纷起塔供奉。根据史料记载，在全国各地的佛塔中，只有两处供奉着行秀禅师的真身佛骨舍利，一处在邢台，另一处在北京，即西城区西四的万松老人塔。

涛贝勒府

涛贝勒府是晚清贝勒载涛的府邸，初为康熙帝第十五子愉郡王允禑的愉王府，位于西城区柳荫街27号，是清代晚期王公府邸中非常有特色的一座，其花园是府邸花园的佼佼者。

涛贝勒府街门

府门

东路一进院银安殿

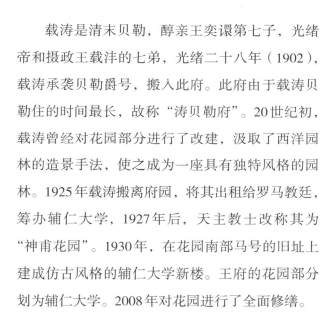

东路三进院寝殿

载涛是清末贝勒，醇亲王奕𫍯第七子，光绪帝和摄政王载沣的七弟，光绪二十八年（1902），载涛承袭贝勒爵号，搬入此府。此府由于载涛贝勒住的时间最长，故称"涛贝勒府"。20世纪初，载涛曾经对花园部分进行了改建，汲取了西洋园林的造景手法，使之成为一座具有独特风格的园林。1925年载涛搬离府园，将其出租给罗马教廷，筹办辅仁大学，1927年后，天主教士改称其为"神甫花园"。1930年，在花园南部马号的旧址上建成仿古风格的辅仁大学新楼。王府的花园部分划为辅仁大学。2008年对花园进行了全面修缮。

涛贝勒府分为北侧府邸和南侧花园，坐北朝南，建筑保存较完整。街门东向，即柳荫街27号，原为王府的东阿斯门，为三间一启门形式。进入街门，就到了王府的门院——狮子院，由廊屋围墙相连围合。院内北侧为府门，五间三启门形式，硬山顶调大脊，筒瓦屋面，额枋彩绘，大门内部还保留了部分原来的彩绘。门前有石狮一对，因此此院也被称为"狮子院"。东西各有阿斯门一座，三间一启门形式，硬山顶筒瓦屋面。东西阿斯门北侧各有庑房三间。东庑房北侧接东房三间，东房北侧另接东房一间。现东阿斯门被辟

为街门。

府邸分东、中、西三路，格局严谨。现存古建筑约1000平方米，建筑风格为晚清式样。

东路有四进院落，保存较为完整，为主要殿堂所在，举架高峻，均为带正脊的大式硬山建筑。院中殿前存有老槐、榆树和竹子，并有湖石散置。

从府门进入东路一进院，这是王府最重要的院落。北房五间，即所谓的银安殿，前出廊，硬山顶筒瓦屋面，起脊带鸱吻走兽。殿前出长方形月台，东西各有配殿五间，南侧各接耳房一间。东西配殿与正殿屋面及装饰相同。二进院正房后殿五间，前出廊，屋面结构与一进院银安殿相同。殿前有月台，东西两侧有耳房各三间，前后出廊，

中路花厅

圆亭、爬山游廊及假山

硬山顶筒瓦屋面。东西配殿各三间，前出廊，硬山顶筒瓦屋面。三进院正房寝殿五间，前后出廊，硬山顶筒瓦屋面。正殿东侧有耳房二间。东西配殿各三间，屋面及装饰与正房相同。四进院落有后罩房七间，过垄脊筒瓦屋面，是东路的最后一进院落。

西路庭院

中路院落现存三进。一进院南房为花厅，面阔三间，卷棚歇山顶筒瓦屋面，四周环以围廊，还有曲尺游廊连接厢房。房内非常通透，可以环顾到四周的景色，有人认为是王府中最美的建筑。正房五间与花厅相对，灰筒瓦屋面。正房两侧各有耳房三间，东、西厢房各三间，屋面与正房相同。二进院是一个非常宽敞的院落，北房七开间，为全府最大的一座房屋，左右耳房各二间，东西厢房各三间，合围成二进院落。院内摆放一对精美的汉白玉石雕滚墩石，当是以前王府垂花门或者木屏门的构件。

西路原来有戏楼，后拆除改为操场，现有新建仿古四合院一组，竹林掩映，十分清幽。正房五间，南房五间，东西配房各三间。正房东西各设月亮门一座。

府南部为花园部分，可由府邸东路最南端的过厅或府邸南侧的夹道进入。花园以一道纵贯东西，并向南北延伸的游廊为主要景观，游廊中段建一座假山，蜿蜒至山顶与山上的一座圆形亭子相连，这样亭子与游廊形成二龙戏珠之势。游廊从功能上又达到了分割景区的效果，将院落分为南北和东西几部分。此外，人行走在游廊内，可以透过游廊观赏花园景色，长廊檐下的倒挂楣子和长廊的柱子形成了一个个画框般的景致。

花园占地约15亩，呈长方形。园内建筑之间分别以爬山游廊及抄手游廊相通。庭院正中平缓土坡上现仅存方亭台基，园西北部较为空旷，西侧建八角亭一座，亭北水池现被填平，尚存一座青石所叠的山峰石洞。西南有一处游廊环绕的别院，厅前及院内均有湖石、石笋及怪石罗列阶下，与繁盛的花木相互映衬。

游廊

八角亭

涛贝勒府花园占地虽宽敞，建筑却较少，且基本沿着园墙布置，中央地带开阔。园中游廊蜿蜒曲折，东侧采用弧形平面，南侧随假山地势而成爬山游廊，其间串联楼、堂、亭、馆、轩，富于变化。园内3座亭分别为方形、圆形、八角形；另有平顶敞厅，使院落轮廓变化多样。园中所有建筑的柱子均饰绿漆，门窗、楣子、坐凳等外部装修采用原木色，与府邸中建筑油饰明显区分。游廊倒挂楣子和坐凳棂心均采用特制的花纹图案，有别于寻常宅园中常见的步步锦装饰。

园中假山主要堆叠在圆亭之下，平面形态呈蝙蝠的形状，含有"纳福"之意。亭北堆叠的湖石，秀丽玲珑，上面点缀两三株石笋，内侧隐含左右两个山洞，均有石径可登。湖石北侧有一圆形小水池，池中原有一块湖石，其上还有一座可做喷泉用的青铜雕的丘比特雕像（雕像现已无存）。亭南堆叠的青石，峥嵘峻峭，与北面形成鲜明对比，形成以亭廊为界，同一假山呈现出两面完全不同的景观。厅堂和楼阁前均以姿态各异的石景作为点缀，主次分明，错落有致。园中花木种类繁多，尤以楼前的古柳、海棠，以及别处的数株古槐为佳景。

园中建筑物形式多样，花木及堆叠假山自由散落且错落有致，建筑装饰中式纹样且有别于寻

青石假山

常传统宅院，西洋式的喷泉融汇其中，充分体现了中西合璧的营造手法。

1995年10月20日，涛贝勒府被北京市人民政府公布为北京市第五批市级文物保护单位。

知识链接　　爱新觉罗·载涛

爱新觉罗·载涛，满洲正黄旗人，和硕醇亲王奕譞第七子，宣统帝的叔父。

光绪十三年（1887），爱新觉罗·载涛在北京出生。1902年世袭贝勒。之后，清廷设禁卫军，载涛出任专司训练禁卫军大臣。

1910年2月，载涛奔赴美国、日本、英国、德国、法国、奥地利、意大利、俄国8个国家考察陆军。同年5月又被派任为赴英国专使大臣。1911年5月，载涛出任军谘大臣，之后又任蒙古镶黄旗都统。然而风云变幻，清政府势力日渐衰退，载涛清楚地认识到大清的腐败和覆灭的必然性。迫于生计，1929年，他将自己的贝勒府卖给了当时的辅仁大学。溥仪逃亡东北后，载涛在德胜门外的鬼市摆上了地摊。他宁愿如此维持生计也不愿逃往东北寻找靠山。

溥仪在日本人的帮助下建立了伪满洲国，于是下诏邀请载涛远赴东北帮助自己处理朝政之事。载涛并没有将此看成是良机，果断拒绝。九一八事变以后，载涛皇族的身份吸引了日军，日军陆军大将亲自拜访载涛，对他威逼利诱，希望他以皇族的身份帮助日军，可载涛不愿卖国求荣，严词拒绝了他的要求。后载涛又拒绝了"伪华北政府北平市市长"的职务，始终坚持对内不做忤逆之徒，对外不做汉奸走狗。

中华人民共和国成立后，周总理了解了载涛的事迹和窘境，于是将他安排为全国人大代表成员，又引荐给毛主席。1951年，毛主席亲自任命他为中国人民解放军炮兵司令部马政局顾问，之后，载涛又历任总后勤部马政局顾问、国家民委委员、北京市民委副主任、民革中央委员。第一至三届全国人大代表，第二、三届全国政协委员。

1970年9月2日，爱新觉罗·载涛在北京去世，享年83岁，其骨灰被安放在北京八宝山革命公墓。

西城区富国街3号四合院

西城区富国街3号四合院，原为清初名将祖大寿的宅邸。宅邸坐北朝南，三进院落，中轴线上依次排列有府门、过厅、正厅、后寝祠等主要建筑，建筑格局是清代官僚住宅的典型布局。现保存基本完整。

祖大寿曾为明朝大将，后降清，因作战英勇，颇受皇太极的器重，亲授总兵官职，隶属汉军正黄旗。清兵入关后，祖大寿住进西城区大桥胡同

富国街3号四合院大门

二进院正房

（即今富国街）的这座宅院，后将其改建为祖家祠堂。清雍正八年（1730）在此设八旗官学、正黄旗官学，乾隆三十四年（1769）重修。辛亥革命后，改为京师公立第三中学。老舍先生曾就读于

三进院垂花门

此。1950年改称北京市第三中学。

该宅邸现存建筑有府门一座，为三间一启门形式，门前抱鼓石一对，以及代表官宦宅邸的石狮和上马石各一对。府门两侧接倒座房，东侧两间，西侧三间，均为过垄脊，合瓦屋面。府门内为卷棚顶过道一间，过垄脊，筒瓦屋面，两侧接南房各三间，过垄脊，合瓦屋面。

穿过过道进入第二进院，院内有正房五间，前后廊，两侧接耳房各一间；东西配房各四间，过垄脊，合瓦屋面。第三进院南有六檩卷棚垂花门一座，装饰有滚墩石一对，雕刻精美，气派非凡。

院内后寝祠五间，前后廊，两侧接耳房各两间；东西厢房各三间，前出廊，其南各接厢耳房一间，均为过垄脊，筒瓦屋面。院内中央置假山装饰，后寝祠前还有小石狮一对。整组院落建筑质量很高，是清代官宦宅邸的典型代表。

三进院后寝祠

1995年10月20日，西城区富国街3号四合院被北京市人民政府公布为北京市第五批市级文物保护单位。

祖大寿

祖大寿（1579—1656），字复宇，明末清初辽东宁远（今辽宁兴城）人，吴三桂的舅舅。

祖大寿出生于将门世家。父亲因抵御蒙古骑兵作战有功，被任命为辽东副总兵。明泰昌元年（1620），祖大寿授职靖东营游击。次年，又在广宁巡抚王化贞军中任中军游击，正式开始了自己的军旅生涯。

天启二年（1622），明朝与后金发生广宁之战，努尔哈赤占领广宁，祖大寿只好带部队避到觉华岛。第二年，为了加强防守功能，孙承宗和袁崇焕开始修筑宁远城墙，祖大寿则负责这一工程项目。天启三年（1623），努尔哈赤率军攻打宁远，祖大寿则积极投身宁远保卫战中。时隔4年，后金皇太极又率军攻打宁远，这一次祖大寿再次参加战斗，并且取得了胜利。之后，祖大寿因为军功，升为辽东前锋总兵。

崇祯二年（1629），皇太极再次率兵进攻，一直打到北京城下。由于清兵使用反间计，袁崇焕被下狱，祖大寿一时气愤，率兵回到辽东，后崇祯皇帝又命袁崇焕写信召回祖大寿以解京城之危。

崇祯四年（1631）七月，祖大寿奉孙承宗之命督复大凌河城，可工程进行不到半月，皇太极就率军包围，祖大寿奋起抵抗。他几次试图突围，全都失败。孙承宗几次援救，都被后金军击败。3个月后，城中已经断粮，士兵们惶恐不安，为了充饥，开始杀马，马吃完了就开始杀人相食，城中生灵涂炭。

为了保住将士们的性命，农历十月二十八，祖大寿杀了宁死不愿投降的何可钢等人，打开城门，率领众人到了金营中，受到了皇太极、代善等人的隆重欢迎。皇太极拉着祖大寿的手迎入帐中，为他设宴庆贺。

表面上投降的祖大寿表示，自己的妻女还在锦州，趁自己投降的消息还没有传到锦州，他愿意前往锦州做后金兵的内应，好顺利夺下锦州。皇太极同意了他的想法，并放他回到锦州。

回到锦州之后的祖大寿开始组织防御，对抗后金军，丝毫不顾与皇太极的约定。不仅如此，崇祯皇帝几次下旨召见，祖大寿都没有进京，始终驻守在锦州，并与后金军展开多次战斗。

崇祯十一年（1638）十月，皇太极率领郑亲王济尔哈朗、豫亲王多铎出宁远进攻明朝；睿亲王多尔衮为左翼，自青山关进攻；贝勒岳托为右翼，自墙子岭进攻。祖大寿在中后所（今辽宁绥中县城）屯兵，领兵偷袭，大败多铎。不久，皇太极亲自率兵来到中后所，派使者劝降祖大寿，祖大寿不为所动。第二年二月，皇太极再次进攻明朝，率军包围了松山。崇祯帝命令祖大寿前去支援松山，祖大寿刚刚出发，清军就到了，于是祖大寿去宁远驻守。皇太极派人通过祖大寿的妻子劝降，并下令停止进攻松山，率军返回盛京（今辽宁沈阳）。于是祖大寿又进入锦州驻守。

崇祯十三年（1640）七月，皇太极命多尔衮、济尔哈朗等带兵轮番攻锦州，不克。次年再次发兵围攻锦州。明蓟辽总督洪承畴率吴三桂等八总兵领兵13万来援，驻扎在松山。皇太极亲率军队切断明军粮道，明军大乱。清军趁势掩杀，总督洪承畴等被围于松山，城破后洪承畴被俘，投降清朝。

崇祯十五年（1642），祖大寿困守锦州一年后，城中弹尽粮绝，百姓互相蚕食的悲剧再次上演，无奈之下，祖大寿只得再次向皇太极投降。

这一次，他被皇太极授予汉军正黄旗总兵的职位。其间，他写信给自己的外甥吴三桂，劝其投降，遭到拒绝。

清顺治元年（1644）九月，爱新觉罗·福临从盛京抵达北京，祖大寿也跟着来到北京。之后，他再也没有为清政府出兵作战。

顺治十三年（1656），祖大寿在北京的府邸中病逝。

祥义号绸缎店旧址门面

祥义号绸缎店旧址是清光绪年间创办的祥义号绸缎店的经营旧址，位于北京市西城区大栅栏街1号。

祥义号绸缎店为二层砖木结构建筑，下部做须弥座，花草纹。清水山墙凸出，仿西洋式墙线分三部分，中部砖雕精美（传统花草纹），顶部有宝瓶圆雕，墙头两面有"祥义号绸缎店"字样砖雕。大门入口处有一座高二层的西洋巴洛克风格铁艺大棚，采用繁缛的铁花装饰，大棚立面置6根镂空铁柱，柱头饰铁艺花瓶（似瑞蚨祥）。大栅栏二层置长方形铁艺招牌，招牌内采用三层"回"字框，框内装饰花草造型，中心框内嵌大理石匾额"祥义号绸缎店"，招牌三边装饰铁艺花草，所有铁艺颜色均为墨绿。现祥义号立面已改建，在原有二层的基础上增修一层，为宜诚厚服装店使用。

1995年10月20日，祥义号绸缎店旧址门面被北京市人民政府公布为北京市第五批市级文物保护单位；2006年5月25日，祥义号绸缎店旧址门面（属大栅栏商业建筑）被国务院公布为第六批全国重点文物保护单位。

祥义号门面铁艺装饰

祥义号墙头砖雕文字

知识链接 祥义号

浙江杭州冯氏家族经营绸缎生意数代。道光十五年（1835）春天，家族为了打开北方市场，于是派19岁的冯公前往北京。来到北京之后的冯公选择在前门开了一家绸缎店，一面经营绸缎，一面做服装定制。经过四五年的打拼，在北京也小有名气。后来冯公的生意越做越大，甚至把生意做到了海外。

33岁时，冯公喜得一子，取名冯保义。冯保义天资聪慧，慢慢地接掌了父亲的生意，并不断扩大业界的影响力。

祥义号匾额

清光绪二十一年（1895），凭借在绸缎界的名声和高超的裁剪技艺，冯保义认识了慈禧太后手下的太监总管小德张，并深受其信任。之后，小德张极力向太后推荐冯保义为宫内提供服装定做，并且提议用江浙总督进贡的丝绸折合成银两当作裁剪费用，慈禧太后很快答应了。

清光绪二十二年（1896），冯保义和小德张正式合作，他们在大栅栏街8号创立祥义号绸缎店，"祥义"二字由冯保义和小德张（本名张祥斋）名字组合而来。从那以后，冯保义全权打理祥义号绸缎店，主要经营宫内贡品绸缎和高级成衣定制。因为宫中贡缎民间难得一见，所以非常吸引人，再加上冯氏家族精湛的做工技艺，周到的服务，祥义号绸缎店很快声名大噪，引来无数的商贾巨富、王公贵族。

光绪二十六年（1900），祥义号绸缎店迁址到大栅栏街1号，被人们盛赞为大栅栏绸缎"第一号"。之后，祥义号以顶级的品质、周到的服务和良好的口碑享誉整个北京城，社会各界名流纷纷光顾，于是其一举成为北京绸布业"八大祥"之一，扎根在更多人的心中。

1954年，祥义号改为公私合营。两年后，更名为前门妇女服装店。

1999年，该店再次改回祥义号绸缎店，继续经营其原有生意，服务于海内外的宾客。

2008年，为了恢复历史风貌，西城区政府正式启动了大栅栏商业街的整体改造工程，很多老字号店铺也进行内部升级。祥义号绸缎店也以全新的风貌迎接海内外的宾客。这个历经风雨的老字号仍在续写着它的百年辉煌。

瑞蚨祥旧址门面

瑞蚨祥旧址门面是中华老字号瑞蚨祥绸布店的经营旧址，位于北京市西城区前门大栅栏街5号。原为山东人孟洛川在北京开办的土布庄，后经营有方，成为全国各地开有分店的绸布商店。现保留的建筑为1901年建成。

瑞蚨祥始建于清光绪十九年（1893），光绪二十六年被焚后重建，现建筑保存完好。瑞蚨祥旧址为二层砖木结构建筑，采用西洋折中主义风格装饰。门口两边有类似看墙的墨绿色弧形八字影壁，分上下两层，西洋式墙线装饰边内嵌白色大理石拼砌壁心，一层浮雕荷花图案，二层浮雕牡丹图案。正门立面上划分为三间，中为入口，以爱奥尼式柱装饰，柱式采用凸出的多层线脚装

瑞蚨祥门面

心，为松鹤延年雕刻，且于壁心下部紧贴墙面为西式栏杆装饰。下层圆形门柱沿至此层，形成类似石榴柱头的西洋式花瓶圆雕柱头。此外，整座建筑上部设墨绿色铁罩棚，装饰烦琐的西洋花纹挂檐。

1995年10月20日，瑞蚨祥旧址门面被北京市人民政府公布为北京市第五批市级文物保护单位；2006年5月25日，瑞蚨祥旧址门面（属大栅栏商业建筑）被国务院公布为第六批全国重点文物保护单位。

知识链接　瑞蚨祥的历史变迁

瑞蚨祥是中国高级定制的领导品牌，具有"中国丝绸第一品牌""中华老字号"等美称，享誉海内外，同时，它还是中国的非物质文化遗产。

清同治元年（1862），孟子的后裔孟传珊在山东济南经营了一家土布店，字号为瑞蚨祥。后来，店铺生意越来越红火，瑞蚨祥开始在青岛、天津、上海等地开设连锁店，经营规模也逐渐扩大，从

饰将立面分为三部分。最下面为门道，方柱门框，旋涡纹装饰，中间部分为金地黑字"瑞蚨祥"牌匾，两侧圆形门柱装饰，再上为白色大理石壁

瑞蚨祥门头装饰

瑞蚨祥匾额及柱头

原来的土布逐渐发展到绸缎、皮货等多种类型。

光绪二年（1876），瑞蚨祥的掌门人孟洛川打算把品牌做到京城，并且看好了当时非常繁华的大栅栏商业区。于是后来派孟觐侯到北京去，并在前门外抄手胡同租房设庄，从事大捻布的批发生意。

光绪十九年（1893），大量的洋布开始涌入中国市场，这时，孟觐侯建议孟洛川开布店，孟洛川接受了他的建议并出资8万两白银在大栅栏买了店面，正式成立北京瑞蚨祥绸布店。瑞蚨祥绸布店生意非常红火，到了清末民初，已经成为北京最大的绸布店，仅在大栅栏街内就有5个字号。

光绪二十六年（1900），义和团运动爆发，瑞蚨祥被洗劫，但不久后，这家老店又重新开业。虽历经劫难，但瑞蚨祥仍不忘初心，坚持货品纯正，花样新颖，以优质的服务面向社会。

1954年，瑞蚨祥率先实行了公私合营，将5个字号合并为一，主要经营绸缎、呢绒、皮货，成了人们倍加喜爱的国营绸布店。

改革开放以来，瑞蚨祥继承了销售面料和定制服装的传统，尤其是在中国传统服饰方面进行了深入研究，它所设计的旗袍受到了广大女性的喜爱。

如今，瑞蚨祥已经有了自己的品牌，其注册标识图案就是古代神话中形似蝉的一对母子"蚨"。

谦祥益旧址门面

谦祥益旧址门面原为丝绸店谦祥益的分号益和祥的经营旧址，1953年合并，改称谦祥益。其旧址位于北京市西城区珠宝市街5号，建于清朝末年。

谦祥益旧址为地上二层砖木结构建筑，一层用爱奥尼式柱将立面分成三部分，各设拱券，有

谦祥益旧址门面

北侧外墙广告

铁艺装饰，中间是大门及台阶。中间券门上置黑地金字横匾一块，上书"谦祥益"。旁间券窗上各嵌石匾一块，分别是"绸缎纱罗"和"洋货布匹"。两侧墙面内侧均写有"自置绸缎纱罗顾绣礼服，泰西花缎华丝葛绉"。爱奥尼式柱上有牛腿承挑二楼弧形阳台，西式铁栏杆围护。二楼立面由方壁柱分为三间，柱头上装饰西洋盾徽、谷穗图案，三扇大窗再各由两壁柱分为三部分。屋顶中间部分有女儿墙，两侧为宝瓶栏杆。

1995年10月20日，谦祥益旧址门面被北京市人民政府公布为北京市第五批市级文物保护单位；2006年5月25日，谦祥益旧址门面（属大栅栏商业建筑）被国务院公布为第六批全国重点文物保护单位。

知识链接 谦祥益的历史变迁

谦祥益是北京的老字号丝绸店，是北京著名的"八大祥"之一。

清嘉庆年间，孟子后人孟毓溪在山东周村开设了恒祥染坊。后来他的远房外甥董连元来店里当学徒。董连元聪明能干，颇有经商头脑，很得孟毓溪的赏识。孟毓溪的儿子孟传珠接手店铺之后，委任董连元为经理，之后，恒祥染坊更名谦祥益。

董连元很懂经营之道，在他的带领下，谦祥益取得了快速的发展，不仅在其他地方开设分号，还积累了大量的资金，然而董连元并不满足于此。为了扩大经营，他带着资金来到北京，开设了谦祥益分号，即北京谦祥益绸布店。

谦祥益绸布店生意非常火爆，先后在北京开设了"谦祥益南号""益和祥""谦祥益北号"3个分号，后来还以北京谦祥益为总店，在全国各地开

设分号。义和团运动爆发后，谦祥益老号被烧毁。

1909年，谦祥益老号在北京前门外廊房头条进行重建，并逐渐发展到鼎盛时期。它在全国各地的分号多不胜数，形成一个庞大的体系，成为全国规模最大的丝绸布匹店。

1949年进行公私合营时，谦祥益总店从前门外廊房头条搬到了"益和祥"。1978年更名为"北京丝绸商店"。2000年，谦祥益又经历了股份制改造，为了发扬中国文化，重新恢复"谦祥益"的称号。

如今，谦祥益是全国规模最大、经营品种最全的丝绸专营店，它与全国20多个省市的丝绸公司、120多个丝绸重点生产厂家保持着密切的业务联系。其经营的丝绸面料、服装及工艺品都显示出超凡的魅力，深受海内外人士的喜爱。

劝业场旧址

劝业场旧址是近代北京第一幢大型综合性商业建筑，前身是1906年创设的京师劝工陈列所。位于北京市西城区前门廊房头条17号，始建于1906年，是北京最早集购物、娱乐和餐饮于一体的大型近代商场。

劝业场旧址建筑布局为地上三层，地下一层，钢筋混凝土砖石结构，内部纵深方向设三个大厅，四周为三层回廊，设敞开式商店。建筑北立面为巴洛克式，正门入口处有爱奥尼式柱和拱形断角山花。二楼设有阳台，用爱奥尼式柱和柱座分为三弧形，柱座上凹槽装饰，前为花瓶栏杆，三扇窗户采用壁柱装饰，中间为三角山花，两次间窗上加拱形山花，山花下均有西洋装饰浮雕。三楼是朴素的方形门窗，采用壁柱、窗套装饰，当心

劝业场旧址南立面

劝业场内景

劝业场穹顶

间挑出阳台，装饰瓶座式栏杆。

　　建筑南立面用具有冲击性的墙线装饰横向分为三部分，第一部分为一层。第二部分为二层、三层，每层各五扇窗，三层上方正中为大三角山花，两侧用断角山花装饰。第三部分为第四层，平窗。纵向也分为三部分，分别用块石（一层）、

爱奥尼式柱（二层）、方壁柱分割装饰，中间三扇窗，旁间一扇窗。二层中间设三间券窗，两旁券顶上还加了三角山花。三层为方形窗，每窗有四窗柱，旁间的两扇加圆券顶。第四层窗户狭长，中间4扇紧凑，旁间一扇用窗柱三分。劝业场旧址曾为新新宾馆使用。

　　1995年10月20日，劝业场旧址被北京市人民政府公布为北京市第五批市级文物保护单位；2006年5月25日，劝业场旧址（属大栅栏商业建筑）被国务院公布为第六批全国重点文物保护单位。

知识链接　　北京劝业场的由来

　　19世纪末20世纪初，清政府开始推行新政，想要实现工业普兴，人人有自立技能。1903年，首先在天津设立直隶工艺总局。在工艺总局成立

之前，为了促进天津民族工业的发展，全面了解世界科技发展状况，袁世凯特意派以周学熙为代表的考察团出国考察。考察团在参观过日本劝业博览会之后，感触颇深，认为想要振兴工艺，就应该设立专门的机构，于是回国之后，给予袁世凯最大的支持，扶持天津直隶工艺总局的设立。天津直隶工艺总局成立后不久，直隶工艺总局下属的考工厂（劝工陈列所前身）宣告成立，其最主要的活动就是举办各种展览会，给人以启发，劝办实业。

1905年，清政府的商部设立京师劝工陈列所，用以展览各地的工业品，同时还附设劝业场，用以销售一部分商品。然而1908年，陈列所燃起了一场大火，受损严重，于是该所选择新址进行迁建，地点为广安门内大街路北。新的陈列所为一座三层的楼房。

1912年，北京政府工商部将该所改为商品陈列所，1928年，该所再次进行迁建，新馆址为前门箭楼之上，名称改为工商部国货陈列馆，馆中展出各个商号的商品，并且对部分商品进行销售。

1936年以后，该馆被市政府划归到了北平市，陈列馆成为北平市国货陈列馆，于是改名北京劝业场，其内涵的意思为"劝人勉力，振兴实业，提倡国货"，成为京城第一栋大型综合性商业建筑。劝业场规定，场内摊位可以租给私人经营，但前提是只允许售卖国货，不许经营洋货。

到了20世纪40年代，劝业场新增了很多娱乐项目，三层设有台球室、杂耍演出场、咖啡厅等，前来光顾的人越来越多，生意格外红火。

中华人民共和国成立后，北京劝业场逐渐形成了自己的经营模式，劝业场中共设有180多个摊位，涵盖22个行业，人们日常生活中所能用到的东西，劝业场中几乎全部能够买到。不仅如此，劝业场还采用产销结合，厂店挂钩的形式降低产品价格，实现薄利多销。

1956年，北京劝业场实现公私合营，成为国营商场，其经营范围更加广泛，产品包括金属制品、珠宝玉器、刺绣、日用百货、五金商品、纺织品等，服务于广大人民群众。

中央银行旧址

中央银行旧址是中华民国时期中央银行北平分行的旧址，位于北京市西城区西交民巷17号，1905年建成。原为清朝户部银行，1908年改称"大清银行"，辛亥革命后改组为中国银行，1931年成为中央银行北平分行所在地。

中央银行旧址平面呈"L"形，西南朝向，地上二层，地下一层，砖木结构，建筑面积约1400平方米，体现近代折中主义风格。建筑在临街转角处以三间弧形外廊为主入口，大理石高台阶，汉白玉门窗套，门头装饰高浮雕西洋徽标。二层弧形阳台以爱奥尼式柱分隔为三间，柱间围护宝

中央银行旧址西南立面

中央银行旧址门头高浮雕西洋徽志

瓶式栏杆,外立面墙为花岗岩装修,从主入口向东、北两侧伸出翼展,一层辟矩形长窗饰以横向线脚,二层为半圆形拱券窗,中置拱心石,挑檐以上为雉堞式山花、宝瓶栏杆式女儿墙。门厅内以大理石柱装饰,地面用彩色大理石铺装圆形图案。该栋建筑是民国时期北京金融业的重要历史遗存。

1995年10月20日,中央银行旧址被北京市人民政府公布为北京市第五批市级文物保护单位;2013年5月3日,中央银行旧址(属西交民巷近代银行建筑群)被国务院公布为第七批全国重点文物保护单位。

 中央银行的发展

1923年3月,孙中山第三次在广州建立政权,即设立陆海军大元帅大本营。虽然革命政权建立,但是连年的军事斗争带来了沉重的财政负担,以至于府库连年都处于入不敷出的状态,几乎每年都亏空两三百万元。不仅如此,广东的金融界也相当混乱,金融市场被一些外国银行所把控,它们投机倒把,扰乱了整个金融秩序。

面对这种情况,孙中山清楚地认识到,要想使革命彻底成功,就必须要配备完善的中央银行。于是在1924年春天,孙中山便开始筹划建立中央银行,并且交由宋子文负责这个事情。8月2日,孙中山正式任命宋子文为中央银行行长,黄隆生为银行副行长。之后,各项工作便紧锣密鼓地进行着。8月7日,宋子文呈交《中央银行条例》,孙中山予以批准。第二天,孙中山便组织中央银行董事会,其中胡汉民、廖仲恺、林云陔、叶恭绰等人都是政府各部门的主要负责人,他们作为董事,使中央银行在革命政权下属各机构中更具有权威性。

1924年8月15日,中央银行举行开幕典礼,地点为广州南堤原广东省银行旧址。从此,这家银行成了中国历史上第一家以"中央银行"命名的国家银行。当天典礼非常隆重,孙中山向各界代表发表训词,并赢得阵阵热烈的掌声。

1927年,南京国民政府在上海又增设了中央银行,为了尊重孙中山先生,广州的中央银行就改名为"广东中央银行"。

1931年,中央银行北平分行成立,行址选在西交民巷原户部银行。新中国成立后成为中国人民银行总行办公用房,2006年之后,中国金融出版社服务部进驻该大楼,成为其所在地。如今,该大楼为北京方泉斋集币服务部的所在地。

北京水准原点旧址

北京水准原点旧址是华北地区现存建筑历史最早的水准原点,位于北京市西城区西安门大街1号,北京大学第一医院妇产儿童医院院内。1915年,由民国陆军部测地局招聘日本商人在测地局内设计、建造。

北京水准原点旧址

北京水准原点匾额及门头

北京水准原点旧址建在一栋花岗岩砌筑的房屋内，仿古希腊建筑造型，平面呈正方形，南立面为主立面，做重点装饰，建筑入口则设于北面。建筑南立面仿古希腊门头造型，由两根多立克式花岗岩石柱支撑，上承三角山花装饰。门头内上部嵌石刻匾额一块，书"水准原点"。

匾额下方为观察窗，此窗平时用铁门锁住，窗内安置水准原点的水晶标尺。此外，在窗外设台阶两级，台阶地面上东西两侧各置一椭圆形石包，作为测量时使用的东西参考点。北立面装饰同南立面，采用壁柱承三角山花，中央辟门，砖砌方门券。建筑东西两侧装饰较为简洁，仅做方窗各一扇，其余为花岗岩砌筑。

建筑内部中央为水准原点所在，由地上和地下两部分组成。地上又分为三部分。最上面为一块长方形花岗岩台石，台石南立面与观察窗相对，顶部镶嵌水晶石，中间为"0"刻度，上下各标注8厘米16个刻度。台石下面为八边形花岗岩承台，接近地面部分为混凝土圆柱基座。地下基础为混凝土圆柱，周围衬砌砖及沙石，由地面向下延伸10余米。建筑最下层为一块混凝土承台。由于北

京水准原点当时是以黄海平均海平面为基点，一段段导测至此确定，故水准原点的水晶标尺"0"刻度线位置，即为北京海拔。

1995年10月20日，北京水准原点旧址被北京市人民政府公布为北京市第五批市级文物保护单位。

知识链接 北京水准原点的发展

1994年6月20日，经北京市西城区文物管理部门确定，在北京水准原点旧址上设置文物保护标识牌，并于1994年6月21日—7月9日，委托清华大学建筑学院历史与文物建筑保护研究所实地勘测北京水准原点建筑。

1977—1980年，北京市测绘局建立了玉渊潭水准原点，位于玉渊潭晾果厂甲7号，经过联测，确认了该水准原点的高程为49.908米。它的正式启用时间是1983年。

北京水准原点对城市建设、工业、农业、科技、市政规划、交通运输、天文地理、地震气象和历史文化等的发展具有十分重要的意义，为其发展提供重要的参照数据。

盐业银行旧址

盐业银行旧址是民国时期盐业银行的经营场所，位于北京市西城区前门西河沿街7号。盐业银行由张镇芳于1915年创办，在民国时期享誉全国，金融辐射功能遍及长江以北。

该建筑坐北朝南，平面呈"凹"字形，临街为欧美银行常见的西洋古典风格，砖木混合结构。建筑地上三层，地下一层，面阔七间，建筑面积约500平方米。立面以红砖墙为主调，用花岗岩做台基、石柱、窗套、女儿墙及雕饰纹样，中部五间用4根爱奥尼式柱承托挑檐。二层上做檐壁、檐头、拱券窗。三层窗用三角山花装饰，女儿墙为宝瓶栏杆式，中间凸起一座四面钟楼，上置旗杆。

盐业银行旧影

盐业银行旧址南立面

盐业银行旧址保存较好，20世纪90年代初复建钟楼。整体造型稳重，典雅端庄，应是出自受过西方建筑学教育的职业建筑师之手，现为中国工商银行西城区西河沿分理处使用。

1995年10月20日，盐业银行旧址被北京市人民政府公布为北京市第五批市级文物保护单位。

知识链接　盐业银行的历史变迁

盐业银行创建于1915年，其创建者是长芦盐务使、河南都督张镇芳，不过仅两年时间，张镇芳被捕，原因是他参与了"张勋复辟"，之后盐业银行的总经理是吴鼎昌，此时银行营业良好，吸收了很多存款。

该银行的总行在北京，分行在天津，由张松泉和王志卿主持。盐业银行的创办，曾获得了袁世凯的称赞，其投资者大多是官僚，这也符合盐业银行的创办宗旨，即"以辅助盐商维护盐民生计、上裕国税、下便民食"，它与长芦盐商之间往来频繁，都是大宗生意，在盐务产销区，先后设立为盐务提供服务的机构，是一个官商合股的银行。

盐业银行是"北四行"之一，其他三大银行

盐业银行旧址西立面

国传统建筑风格，并参照西方折中主义造型手法，中西合璧，形成新型的中国折中式风格。主体建筑为五层，地上四层，地下一层，结构为砖混式。花岗岩贴面基座，水刷石墙体，女儿墙上点缀中国花饰。门窗上加琉璃门罩，上有雀替，而顶部

是金城银行、中南银行和大陆银行，可见盐业银行在当时的地位。盐业银行属于中资银行，在民国时期就享誉全国，金融功能辐射到整个长江以北地区。后来更是凭借其本身的优势，发展和扩张业务，用抵押和收购的方式，将大量纱厂、航运、外贸、盐业和化工等企业掌控在手里，其金融功能更是延伸到了国外。

后来，由于盐务往来不断减少，股本再无政府投资，只能逐渐转为普通的商业银行并经营普通商业银行业务。直到抗日战争时期，日军强占了该银行的大楼。1945年，日军战败后撤出，这里恢复营业。1952年12月，盐业银行转为公私合营，从此走上社会主义金融道路。盐业银行完成了其历史使命。

交通银行旧址南立面

交通银行旧址

交通银行旧址是交通银行曾经的办公场所，位于北京市西城区前门西河沿街9号，始建于1931年。

交通银行旧址是由我国近代建筑师杨廷宝于1930年主持设计，次年建成的。其主体建筑为中

交通银行内部装修中国元素

则施以斗拱、琉璃檐。建筑南立面隐含中国传统石牌坊形式，两侧为红砖墙面，内部用中国式藻井、扇及彩画装饰，现为北京银行营业办公楼。

1995年10月20日，交通银行旧址被北京市人民政府公布为北京市第五批市级文物保护单位。

主工房大楼建设铭牌

知识链接　　交通银行的历史变迁

交通银行始建于光绪三十四年（1908），它的创办者是梁士诒。一开始，交通银行的总行设在北京，全国各地设有分支机构。民国十七年（1928），总行迁到上海。

在近代中国，交通银行是我国的六大行之一，具有悠久的历史，是发钞行之一。1987年4月1日，交通银行经重组后，在上海正式对外营业，是我国第一家全国性公有股份制商业银行。2005年6月，交通银行在香港挂牌上市，2007年5月，交通银行在上海挂牌上市。

交通银行主营金融业务，其业务范围十分广，主要有：商业银行、证券、信托、金融租赁、基金管理、保险和离岸金融服务等。

交通银行实力强劲，于2019年7月成为当年《财富》世界500强当中的第一百五十位，"一带一路"百强企业当中的第十八位；于2019年12月进入当年的中国品牌强国盛典榜样100品牌，于2020年3月，成为全球品牌价值500强之一。

民国财政部印刷厂旧址

民国财政部印刷厂旧址，原为清朝度支部印刷局，后成为国民政府的财政部印刷厂。位于北京市西城区白纸坊路23号，始建于1908年，1915年建成投入使用，主要有主工房大楼、机务科工房、活版科工房及3座二层办公楼。

国民政府财政部印刷厂旧址现存建筑包括二号门及钟楼（中卫门）、主工房大楼和3栋西式小楼，总体呈"L"形布局，其中二号门及钟楼（中卫门）、主工房大楼位于该厂中部，呈前后分布，前为二号门及钟楼（中卫门），后为主工房大楼。3栋西式小楼位于中部建筑东北侧，呈"一"字形平行分布。

二号门及钟楼（中卫门）位于主工房大楼和

二号门及钟楼和主工房大楼远景

厂门之间，坐南朝北，为装饰性建筑。该建筑平面为"⌐⌐"形，东西长57米，为一排平顶房，在平房中部辟有门道，门道两侧设门房和警卫室。门道上方设有二层楼，楼四角用砖砌出隅石效果，二层檐部做丰富线脚装饰，顶部做低矮栏杆。二层顶部平台上置二层四面钟楼，四面嵌有直径85厘米的西式圆钟表盘。钟楼屋面为十字半圆拱顶，上置高1米的宝顶座旗杆。

二号门及钟楼（中卫门）北立面为正立面，门道上部（女儿墙高度）嵌有楷体阴刻"财政部印刷局"匾额。南立面门道上部为高2.6米的山花，上做类似布币造型的抹灰图案。该建筑为砖石混合结构，墙体为灰砖砌筑，勾白灰半圆凹缝清水做法，局部用石材，墙体砌筑材料不是水泥砂浆，而是白灰黏土，说明当时水泥较为贵重。

主工房大楼位于中卫门南侧，坐南朝北，地上三层，半地下一层，钢筋水泥框架结构，顶为三角桁架，平面呈"工"字形，纵向排列十九间，横向排列七间，因为是厂房建筑，因此房间体量高大。灰砖清水墙面造型简洁。在半地下部分用

水刷石做出大块石砌筑效果，用于表现建筑基础，在半层和一层檐部用花岗岩砌出凸出的腰檐，立面采用砖砌壁柱纵向划分。其地上部分每层各开双窗。

大楼入口位于二层，前出宽大台阶，并做重点装饰。大门采用砖砌壁柱承托花岗岩檐部，在花岗岩上嵌楷体阴刻"财政部印刷局"字样，同时在大门外侧壁柱的基座上东西两侧各镶嵌花岗岩刻字石一块，东侧记录设计、营造单位。大楼入口处原有爱奥尼式门柱，现已拆除。大楼屋顶为四坡顶带天窗形式，其出檐采用木质西洋牛腿承托出挑。

主工房大楼入口

在二号门及钟楼（中卫门）东侧，并列3栋美国乡村别墅式小楼。小楼均为灰砖清水墙，平面呈多个方形组合，屋顶错落，二层坡屋顶，覆红机瓦屋面，中央南坡顶、北坡顶各辟老虎窗两座。小楼各立面辟平券窗，入口设在建筑四角，其中东南、西南入口较大，门外做"L"形门廊，坡屋顶，覆红机瓦屋面，廊柱采用西洋古典柱式，仿科林斯式柱头。东北、西北入口稍小，门外做平顶门廊，廊柱为方形，并与小楼墙体间做木质

主工房大楼侧立面

栏杆连接。

在主工房大楼后还有铁架水塔一座，为建厂时原物。此塔采用铁架支撑，顶端安放弧底圆形仓廒式水柜。

别墅式小楼

2001年7月12日，民国财政部印刷厂旧址被北京市人民政府公布为北京市第六批市级文物保护单位；2006年5月25日，民国财政部印刷厂旧址被国务院公布为第六批全国重点文物保护单位。

 木活字印刷的发展

印刷在我国有着悠久的历史。雕版印刷术发明之后，人们在使用的过程中不断进行探索，直到北宋庆历年间，我国的印刷术又迎来了重大的突破。毕昇发明了活字印刷术。他用胶泥做成一个个规格一致的毛坯，在一端刻上反体单字，使其成为胶泥活字，改进了雕版印刷术费时费工费料、存放不便、不容易更正等不足。到了元代初期，农学家王祯又创制了木活字，并且试印了

《大德旌德县志》。明清时代木活字得到了广泛的应用。

明代木活字印刷不但流行于苏州、杭州、南京、福建等地区，云南、四川等地也开始使用，木活字印本非常多，例如《世庙识余录》《唐诗类苑》《璧水群英待问会元》等。

到了清代，木活字印刷就更加普遍，无论是官私还是坊间都有出现。在清朝木活字印刷使用最具规模的一次是刊印《武英殿聚珍版丛书》。当时，乾隆帝命人修《四库全书》，下诏印刷明代《永乐大典》中一大批失传的古书。这一工程极具规模，为了节省人力物力和时间，主办人金简提议使用木活字排版，得到皇帝批准之后，金简就开始命人雕刻活字，这些活字多达253500个。刊印成功之后，金简还专门把这些刊印经验写成一本书，详细说明了整个刊印过程。有了这次成功的例子，人们纷纷效仿，木活字使用更加普遍。

三圣庵

三圣庵是北京南城的一处寺庵，位于西城区陶然亭北里黑窑厂14号，因供奉西方三圣：阿弥陀佛、大势至菩萨、观音菩萨，因此称为"三圣庵"。

三圣庵坐东朝西，分为南、北两路。主要建筑位于庵的北路，由山门殿、主殿和后罩房组成。

临街为三间一启山门殿，绿琉璃瓦黄剪边歇山顶调大脊顶，前檐明间为红漆大门，前檐门两侧各有两个菱形石窗，砖石台基。山门拱券上有浮雕龙纹，门前有两个石狮。山门殿两侧各有一座黄琉璃瓦脊歇山顶披门。山门殿内两侧山墙有

三圣庵山门

四大天王彩绘形象，另各有一方石碑，一为《重修三圣庵山门记》，许诵恒撰文，翰林院修撰陆润庠书丹；另一方石碑无题额，光绪三年（1877年）状元王仁堪书。从内容看，三圣庵初建于宋仁宗时期。当时庙中原建山门、大殿、后楼各三楹，殿旁两院客堂十二楹，后楼两庑十二楹，后又建北院。光绪十年（1884），复将山门重加修葺，换用琉璃瓦。民国时期，三圣庵大修。不过在大修的过程中，为尊重千年来全木榫结构，大修的整个过程中都没有使用过铁钉，墙面上连一个钉子都找不到，当时，黎元洪大总统为三圣庵

捐款，修整了元宝形状的琉璃瓦，飞檐上的五脊六兽。

山门殿内主尊为弥勒佛，弥勒佛背面是韦陀立像，面向前院。

进入前院，北房主殿为三圣殿。三圣殿面阔三间，前出厦，绿琉璃瓦黄剪边歇山顶调大脊顶。元宝形状的琉璃瓦还有飞檐上的脊兽，都是笃信佛教的黎元洪大总统捐建的。

最后一进院落北房是两层的后罩房，三开间，前出厦，绿琉璃瓦黄剪边歇山顶调大脊顶。一层现为法堂，二层现为藏经楼。东西配殿分别为观音殿和地藏殿，均三开间，灰筒瓦歇山顶调大脊顶。

法堂内除供奉卧佛塑像外，还供奉有藏传佛教的珍贵唐卡。耳房摆设有图书，看上去就像是

山门绿琉璃瓦脊兽

三圣殿

后罩房

三圣殿绿琉璃脊兽

一个小小的图书馆，书架上摆放着各种典籍，以供来清修的人钻研。后院南侧，有一株大槐树，名为"姻缘树"，据说是明朝成阳公主亲手栽种的。

2001年7月12日，三圣庵被北京市人民政府公布为北京市第六批市级文物保护单位。

知识链接 **"姻缘树"上飘着的红绳**

几百年来，许许多多香客来到三圣庵，不仅仅是为了上香，很多人都是为了后院的那棵老槐树而来。迄今为止，老槐树已有400多年历史，而栽种它的人，就是明朝时三圣庵的师太——成阳公主。

明万历年间，成阳公主因不能和自己喜欢的一位青年才俊成婚，整日里忧郁寡欢，后来到三圣庵出家，她每日都思念着自己喜欢的人，为寄自己的相思之苦，而在院子里栽种了这棵树，也就是"姻缘树"。"姻缘树"经过400多年的洗礼，还依然立于三圣庵后院南侧，但凡有求姻缘的人，都会将一条红绳系在姻缘树的树枝上，闭上眼睛，心中默念着心上人的名字。

随着时间的流逝，很多人都觉得在姻缘树上系上红绳，就可以求得姻缘，久而久之，三圣庵也就被人们称为"天好姻缘，三圣护佑"，心诚的人还专程从很远的地方赶来，就为在这棵树上系一条红绳。

如今，这棵散发着灵气的"姻缘树"成为一对对有缘人的"红娘"，它绿叶招展，身上挂满了红绳，不得不让人联想到有缘人的天长地久。三圣庵因为有这棵"姻缘树"，使得前来观光的人络绎不绝，而这棵老槐树上的红绳也在不断增加。

国立蒙藏学校旧址

国立蒙藏学校旧址明初为常州会馆，是京城最早的会馆之一，位于西城区小石虎胡同33号、38号。清初为吴三桂之子吴应熊的府邸，因清太宗皇太极的十四女恪纯公主下嫁吴应熊，所以人们一直称这里为驸马府。后收回。建筑整体坐北朝南，分东、西两院。雍正二年（1724）清政府分设左、右两翼宗学，专为培养宗室弟子，右翼宗学即设于东院。西院原为乾隆帝长子定亲王永璜之长子绵德的府邸。1913年民国政府蒙藏事务局在此开办蒙藏学堂，后改为国立蒙藏专门学校。1923年秋，李大钊、邓中夏等来校开展革命工作。1924年乌兰夫、奎璧、吉雅泰等一批青年学生成为中国共产党历史上第一批蒙古族党员，并在此组建了蒙古族的第一个党支部。

蒙藏学校旧址基本保存了清代贝子府的府邸格局，占地面积11880平方米，其中古建筑面积3200平方米，分东、西两部分。

国立蒙藏学校旧址西路位于小石虎胡同33号，是主要殿堂所在，现存三进院落。府门面阔三间，明间开门，硬山顶调大脊筒瓦屋面。第一进院正殿面阔五间，硬山顶调大脊筒瓦屋面，正殿、东、西朵殿各三间。第二进院北房五间为过厅，两侧有耳房各三间。过厅东侧有厢房三间，房前有一棵古枣树，其树高10米以上，树围2.8米，相传为明朝初年种植，已有600多岁树龄，有"京都古枣第一株"之称。第三进院正殿面阔五间，前后出廊，硬山顶调大脊筒瓦屋面，前后檐廊柱间均装饰有雀替，装修已改。正殿东、西朵殿各三间，东、西配殿各五间，前后廊，过垄脊灰筒瓦屋面。

国立蒙藏学校旧址东路位于小石虎胡同38

"京都古枣第一株"

号，为原松坡图书馆，建筑规模相对较小，现存四进院落。大门面阔三间，硬山顶调大脊灰筒瓦屋面，前出廊。第一进院过厅面阔三间，带前廊，硬山顶清水脊合瓦屋面。过厅两侧东、西耳房各三间。院内东西厢房各三间，硬山顶鞍子脊合瓦屋面。第二进院正房面阔五间，硬山顶调大脊，后改合瓦屋面，前出廊，明、次间带吞廊。东、西配殿各三间，硬山顶调大脊，后改合瓦屋面。第三进院北房五间，鞍子脊合瓦屋面。第四进院北房十一间。该组建筑装修虽有较大改动，但建筑格局保存完好。

2001年7月12日，国立蒙藏学校旧址被北京市人民政府公布为北京市第六批市级文物保护单位；2006年5月25日，国立蒙藏学校旧址被国务院公布为第六批全国重点文物保护单位。

国立蒙藏学校旧址西路二进院北房过厅

东路大门

国立蒙藏学校旧址东路二进院正殿

知识链接 **国立蒙藏学校旧址简史**

国立蒙藏学校旧址的历史要从明初时期说起，当时这里是常州会馆的所在地，及至明末崇祯时期，这里又成了大学士周延儒的宅邸。

清朝初年，建宁公主府便是在这里。雍正二年（1724），该址作为皇室贵族子弟学校的右翼宗学使用，相传曹雪芹也曾在这里做过短期教习；乾隆九年（1744），宗学迁往绒线胡同，该址又被赐给了大学士裘曰修，成为他的宅邸。乾隆后期，这座宅子被赐给乾隆长子定亲王永璜的儿子镇国公绵德，由于他后期被晋封为贝子，所以这座宅子的规制是按照清朝贝子府建造的。清末，这里的继承者是毓祥，因此这里又被称作"祥公府"。

清朝被推翻后，1913年民国政府蒙藏事务局将蒙藏学堂设在这里，专门招收蒙古族、藏族学员，学习中学文化课和本民族语言，培养少数民族学者。1924年，松坡图书馆第二馆在东侧院建成。

中华人民共和国成立以后，1951年国立蒙藏专门学校改为中央民族学院附属中学，并将东侧的松坡图书馆并入校内。1987年中央民族学院附中迁

出后，国立蒙藏学校旧址建起民族大世界商场用于商业活动。

2011年北京市文物局等部门对商场进行了专项文物督查，要求全面进行文物保护修缮，拆除非文物建筑，消除安全隐患。国家民委、北京市西城区政府专门成立"西单33号院文物保护修缮项目联合工作小组"，经研究决定停止市场经营，实施文物保护修缮。2013年5月19日民族大世界商场关闭。

贤良祠

贤良祠是清朝供祀国家功臣的地方，位于北京市西城区地安门西大街103号。

贤良祠始建于清雍正八年（1730），怡贤亲王胤祥去世后，雍正帝为纪念胤祥将怡贤亲王府改建为贤良寺，并颁下诏书："古者大烝之祭，凡法施于民，以劳定国者，皆列祀典，受明禋。我朝开国以后，名臣硕辅，先后相望。或勋垂节钺，或节厉冰霜，既树羽仪，宜隆俎豆。俾世世为臣者，观感奋发，知所慕效。庶明良喜起，副予厚期。京师

贤良祠大门

仪门

宜择地建祠，命曰'贤良'，春、秋展祀，永光盛典。"然后选择在地安门外的西面另建祠庙群祀贤良即"贤良祠"，御书额曰"崇忠念旧"。于第二

东碑亭

年建成。

贤良祠的入祀人物，是从雍正朝到宣统朝期间做出贡献以及忠君爱国的人物，如雍正时期的胤祥、范文程等；乾隆时期的张廷玉、李卫和超勇亲王策凌等，他们以入祀贤良祠为荣。最初贤良祠祀王、公、侯、大学士、尚书、左都御史、都统、将军、总督、巡抚、副都统共78人，至清朝灭亡时入祀贤良祠人员共百余人。

贤良祠坐北朝南，面积约740平方米。中轴线上依次为大门、碑亭、仪门、正殿、后殿等建筑，东西两侧有治牲所、宰牲房及燎炉等。大门面阔三间，其后为碑亭，左右各一，六角攒尖顶，内立雍正皇帝御制贤良祠碑。仪门面阔三间，门前左右原有石狮，仪门左右又各辟一侧门。正殿面阔三间，前出轩，内有金龙藻井。东西配房各三间。后殿面阔五间，东西配房各三间。每年正月十五和八月十五，前殿主要是内大臣、散佚大臣、尚书和都统，后殿主要是太常寺长官派遣官员来这里祭祀贤良。此院现为同仁堂药店使用。

2001年7月12日，贤良祠被北京市人民政府公布为北京市第六批市级文物保护单位。

正殿

正殿金龙藻井

知识链接 **怡亲王胤祥**

爱新觉罗·胤祥（1686—1730），康熙帝第十三子，雍正帝同父异母弟，封和硕怡亲王，清朝第九位铁帽子王。生母为敬敏皇贵妃章佳氏。

康熙二十五年（1686）十月初一出生于北京，自幼受到康熙帝宠爱。从12岁第一次随驾盛京谒陵后到22岁废太子事件发生前整整10年间，康熙帝只要离开京师，无论去哪里，必带胤祥。其能文能诗，书画俱佳，有很高的文化素养，且骑马射箭样样精通，为人处世能力出众，善于协调人际关系，是难得的人才。有一次出巡狩猎，一只猛虎突出林间，他神色不动，手持利刃向前刺之，见者无不佩服他的神勇。

康熙四十七年（1708）九月初四，皇太子胤礽第一次被废，胤祥受到波及。据爱新觉罗·弘旺《皇清通志纲要》记载，胤祥与胤礽、胤禔曾于该年九月起被圈禁了一段时间。后世学者对这段记载的真实性存有争议，但无论如何，胤祥因此失宠于康熙，康熙之世终无重用，也没有受封，这是不争的事实。不过，虽然圈禁可能确有其事，但此次圈禁的时间应当不长，如康熙四十八年（1709）二月，康熙帝巡幸畿辅时，胤祥就在随行之列。

废掉太子后，康熙帝对诸皇子信任度大减，从第二年起随扈开始采用轮班制，每个人都要轮流陪伴康熙帝出巡，以免结党营私。但轮班制似乎并没有用到胤祥身上。直到康熙帝五十年（1711），胤祥每次依然作为皇子陪驾，但康熙帝明显对胤祥冷淡了。此后，胤祥腿部生了一种毒疮，久治不愈。四皇子胤禛也曾为胤祥遍访名医，但直到雍正二年（1724），病情也没见明显好转，胤祥的身体状况一直不容乐观。

胤祥在康熙时期可谓经历了大起大落。康熙前期他得到了开阔眼界的机会，康熙后期则在长期压抑中磨砺了自己的性情，对政治权力的残酷有所认识。因此，胤祥在康熙时期的处境并不是一帆风顺的，但确为日后在雍正朝的有所作为打下了坚实的基础。在康熙帝去世的第二天，继承皇位的皇四子胤禛——雍正帝便任命胤祥为4位总理事务的大臣之一，同日晋升为和硕怡亲王。在遭受十几年冷落之后得到雍正帝如此厚待，胤祥当然竭尽全力报效，以偿知遇之恩。

皇四子胤禛和胤祥自幼亲密无间，雍正给胤

祥的祭文中提到胤祥的算学由他亲自教授："忆昔幼龄，趋侍庭闱，晨夕聚处。比长，遵奉皇考之命，授弟算学，日事讨论。"每逢塞外扈从，兄弟俩"形影相依"。当康熙帝出巡只带他们其中一个扈从时，即使短暂分别，两兄弟也会诗书往还。雍正帝还把他和十三弟唱和的诗作收在诗文集中，使胤祥的少数作品得以传世。

雍正帝初政，胤祥迅速成为雍正帝的得力助手。其理事之才，识人之明达，手段之老练，完全不像个从未与政的皇子。这也坚定了雍正帝继续重用他的决心。雍正元年（1723），胤祥受命总理户部。该部所司直接关系国民生计，而且事务繁多，头绪复杂，康熙末年以来积存的许多弊端都亟待解决，胤祥自上任伊始，便勤奋理事，不稍懈怠。首次清理过去遗留的旧案，由于数量颇大，胤祥打破以往常规，采取规定限期和奖励勤勉相结合的办法，将几千宗旧案都理出头绪。当时中央新设会考府，专门负责审核财政出纳，办理清查亏空、收缴积欠的事务。胤祥深知此事至关重要，遂尽职尽责，认真办理。同时，又查出户部亏空白银250万两，经奏请皇上，针对不同人群的不同情况，采取诸如直接查抄，或把亏空官员的职位全部冻结，"如限内交完，伊等应升之缺听其升转"；以类似于分期付款的方法逐年减扣官员奖金等方式分别加以解决。对一些与造成财政亏空有直接关系的王公亲贵也毫不容情，连履郡王允祹等人都被勒令变卖家产清还亏欠。有人因此责怪胤祥过于苛刻无情，然而也正是凭着这种不徇情姑息的认真态度，他才较好地贯彻了雍正皇帝的旨意，使亏补欠还，整顿财政取得显著成效。雍正三年（1725），擢任议政。当年冬，又负责直隶营田事务。

雍正七年（1729）秋冬，胤祥的身体已经非常不好了，雍正帝令太医院使刘声芳任户部侍郎，就是让他在胤祥身边为其随时诊疗病情，可胤祥还是亲自和高其倬一起翻山越岭，"往来审视"，费尽辛苦，胤祥怕烦扰百姓"常至昏夜始进一餐"。这种身心俱疲的状态加重了他的病势。

雍正八年（1730）正月初八，北运河青龙湾修筑减水坝，胤祥想要去现场勘察已不可能，只好奏请将此事交与侍郎何国宗督理监修。当时，胤祥对其一同办理水利的下属说："本图遍治诸河，使盈缩操纵于吾掌之上，岂期一病沉废，已矣何言。"胤祥病后，雍正帝对他"医祷备至"，他为了宽慰雍正帝，"旬月间必力疾入见"。3个月后胤祥就因病去世了，这番话听来让人不胜感慨，其事业心之旺盛、责任心之强可见一斑。同年二月，先农坛的亲耕礼胤祥没有参加（此前他每年都参加）。

雍正八年（1730）五月初四，胤祥病故，年仅44岁。配享太庙，上谥号"贤"，另赐有匾额"忠敬诚直勤慎廉明"冠于谥前。将其名"允祥"的"允"字改回"胤"字，这成为有清一代臣子中不避皇帝讳的唯一例。

旧式铺面房

旧式铺面房是北京现存较为完整的铺面房建筑，亦是北京现存传统铺面房中的典型代表，位于北京市西城区地安门外大街50号，是旧京闹市一处珍贵的商业文化实物遗存，对于北京商业文化的研究具有重要意义。

所谓铺面房，即为旧时北京的一种临街性商

业建筑，是城市商业文化的体现。北京传统民族样式的铺面房形式多样，有别于近现代修建的西洋式或中西结合式铺面房。其主要形制分为三间二柱单檐一层牌楼式、单檐重楼栏杆转角式、三间单檐重楼式、两间带雨棚式、三间重楼朝天栏杆式、三间重楼带九龙头式、三间四柱重檐三层牌楼式等。

地安门旧式铺面房建于清代末期，原为谦祥益绸布店，五间单檐重楼式建筑，坐东朝西，砖木结构，通面阔15米，通进深15米，建筑面积约400平方米。铺面房为硬山顶勾连搭覆灰筒瓦屋面，一层店堂宽敞明亮，二层楼廊雕镂精美，檐

地安门外大街50号旧式铺面房

1860年前门大栅栏"恒聚斋"铺面房

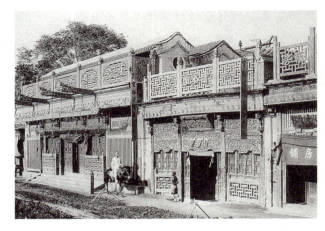

1900年东四牌楼铺面房

下施以苏式彩画，额枋下装饰镂雕挂落。建筑后楼作为账房，北侧原有库房，现已被拆除，现为瑞蚨祥商店使用。

2001年7月12日，旧式铺面房被北京市人民政府公布为北京市第六批市级文物保护单位。

知识链接　旧式铺面房的发展

旧式铺面房是一组清代建筑，有谦祥益北号、晋隆祥、乾泰隆，经营的一直都是绸缎庄。清代店门前有招牌，上面用汉、蒙、藏三种文字写就。店铺里经销的是蒙古族、藏族衣饰。

旧式铺面房位于地安门外大街中轴线的北端，东面与南锣鼓巷相连，西面与什刹海毗邻，南面和北面分别是地安门东西大街和鼓楼，全长大约有800米，是我国历史上形成时间最早的商业街市。它形成于元朝时期，当时只是一些货物集散的市场，经过长时间的发展，到了清朝时期，这里出现了大量店铺和字号，反映出这里商业的繁荣状况。

旧式铺面房承载着北京的历史变迁，见证了北京在各个时期的商业发展。

长椿寺

长椿寺是北京城内保存较完整的大型寺院建筑，在明代曾被誉为"京师首刹"，位于北京市西城区长椿街9号。现主要建筑基本完好。

长椿寺始建于明万历二十年（1592），孝定皇太后为水斋禅师明阳所建，供其居住，神宗朱翊钧赐名长椿寺，寓祝皇太后健康长寿之意。清初，文人龚鼎孳出资在长椿寺修建一座楼阁，名曰妙光阁，成为文人墨客登高远眺、吟咏作诗的场所。清康熙十八年（1679）长椿寺因地震损毁，康熙二十年（1681）重建。康熙三十九年（1700）京兆（今西安）钱晋锡于此兴办宛平义学。乾隆年间，长椿寺又加修葺。其间妙光阁倒塌，嘉庆年间重建，并更名为浙寺。1927年4月，李大钊就义后，遗体停放在长椿寺，后移至浙寺南屋内，现在浙寺已经拆除。

长椿寺坐西朝东，主要建筑集中在一条东西向中轴线上，共四重殿宇。山门一间，歇山顶，筒瓦屋面，门上石额刻有"敕建长椿寺"。第一进院正殿面阔三间，进深五檩，硬山顶调大脊，筒瓦屋面。第二进院正殿面阔三间，进深九檩，前

长椿寺殿宇

出廊，开间尺度较大。正殿后面南北建有配殿各三间，硬山顶，黄琉璃瓦屋面。第三进院为藏经楼，面阔五间，进深七檩，前出廊。第四进院面阔五间，两卷勾连搭屋面。

在主建筑两侧均建有配房。在中路北侧建有北跨院及数组小型建筑。

长椿寺现作为北京宣南文化博物馆对社会开放。

2001年7月12日，长椿寺被北京市人民政府公布为北京市第六批市级文物保护单位；2019年10月16日，长椿寺被国务院公布为第八批全国重点文物保护单位。

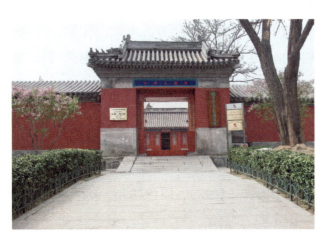

长椿寺山门

二进院正殿

知识链接 九莲菩萨像与渗金多宝佛塔

明万历二十年（1592），明神宗的母亲孝定李太后有感于水斋禅师的感人事迹，于是她下令为此人敕建寺庙。

寺庙建好以后，明神宗钦赐匾额，上书"长椿"二字，其寓意是祝愿母亲健康且长寿。后来，李太后过世，人们都称她为"九莲菩萨"，因此，长椿寺里一直供奉着一幅九莲菩萨像。明代崇祯时期，崇祯帝由于思念生母孝纯刘太后便也找人为其画像，然后供奉在长椿寺里。到清光绪时期，九莲菩萨像早已不知所终，只余刘太后像，后来连刘太

后像也不见了。

长椿寺还有一尊渗金多宝佛塔，根据史料记载，"寺有渗金多宝佛塔，高一丈五尺……金色光不可视，而梵相毕具，势态各极，视之，又不可算，不可思"。该佛塔在制作过程中，按照一定的比例，往铜料中加入了黄金。铸成以后还在表面镀了一层赤金，所以该佛塔金光闪耀，其雕刻也是栩栩如生，格外精美。但是随着时间的流逝，现在只余青铜色了。后来这座佛塔流落到五塔寺，最后又被移到了万寿寺。

长椿寺内保留下来的只有一块石碑，石碑上是米万钟为水斋禅师所撰写的碑文。

时至今日，长椿寺作为第八批全国重点文物保护单位之一，经过现代技术的修复，已作为宣南文化博物馆使用，为我们展示着悠久的文化。

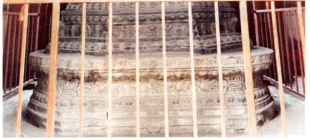

渗金多宝佛塔

正乙祠

正乙祠是京城存留不多的行业会馆之一，位于北京市西城区西河沿街281号，其戏楼是北京地区现存最早的戏楼之一。

正乙祠所在地原为明代古寺庙，清康熙六年（1667）由浙江绍兴银号商人集资，利用古寺旧址创立祠堂（供奉正乙玄坛老祖即财神赵公明），名"正乙祠"。清康熙四十九年（1710），浙江绍兴银号商人再次集资购买土地，扩建正乙祠，康熙五十一年（1712）落成即为现在之规模，内设戏楼供宴乐，大堂供集会，撰有《正乙祠碑记》。乾隆五十七年（1792）、同治四年（1865）和1913年分别进行过修缮。

正乙祠坐南朝北，临街为九间倒座北房，正

正乙祠大门

戏楼内包厢

中一间辟为入口，系广亮大门，规格与一般住宅相似。庭院东西长，南北短，两排客房南北对峙。院内偏东有南房三间。

戏楼为木结构建筑，位于会馆西部，坐南朝北，面积315平方米，为北京现存4座会馆戏楼之

正乙祠戏楼戏台

一。戏楼布局紧凑，工艺讲究，罩棚只用一个大卷棚顶，在会馆戏楼中别具一格。戏楼正中罩棚（即池座）东西面阔三间，南北进深十二檩，卷棚悬山顶。东、西、北三面为二层看台，进深三檩，上加坡檐。室内梁架明露，绘有彩画。戏台在南面，上下两层，伸出式舞台。一层戏台正方形，台基高0.95米，约6米见方，四角立柱。台顶设木雕花罩，侧面有架空木梯可通二层楼座。台下中心为池座，约70平方米。楼座设"万"字花板栏杆，雕花木挂檐板，二层正面楼座护栏下雕有五条行龙，楼座向外满开槛窗。舞台后（南）部扮戏房六间。戏楼前（北）部正厅五间，正中三间为厅，两梢间为戏楼入口。整个戏楼可容纳200余人。京剧大师王瑶卿、梅兰芳等均曾在此献艺。

2001年7月12日，正乙祠被北京市人民政府公布为北京市第六批市级文物保护单位。

正乙祠的历史变迁

正乙祠是源于明代的一座建筑，它原本是一座古庙，在康熙年间改建为大戏楼，距今大约有300余年的历史了。要早于很多西方著名的歌剧院。

正乙祠东面毗邻天安门广场，南面连接琉璃厂文化街，北面是北京和平门烤鸭店，其地理位置十分优越。它采用纯木结构，是我国保存较完整的清代建筑，也是我国最著名的戏楼之一。

正乙祠一开始接待的是一些来这里观看民间传统戏曲的浙江商人，后来随着京剧的盛行成为十分红火的地方。清同治时期，正乙祠的舞台上相继迎来一批京剧名角，如程长庚、谭鑫培和梅兰芳等。

正乙祠戏楼具有古典风格，在北京城也是很著名。戏台共有两层，演神仙道化戏时，可以演出从天而降的场景。戏楼的雕栏是红色的，这让它在灯光的衬托下更加光彩夺目。

随着历史的变迁，正乙祠做过仓库、兵营、煤铺和学校，院子也逐渐被改作民居，面积不断在缩小，目前只剩从前的六分之一。1954年，这

正乙祠内景

里改为了招待所，到了1994年，浙江企业家王宇鸣出资500多万修缮了正乙祠，将正乙祠重新修成戏楼，但是却只经营了3年便关门了。2010年1月，新华雅集与北京市传统文化保护发展基金会合作经营，正乙祠修葺后重新开张，这个舞台重新焕发了生机。

正乙祠见证了戏曲的诞生、发展和繁荣，它是"中国戏楼文化史上的活化石"，在戏楼的发展中起着里程碑式的作用，是人们参观和研究历史文化的一个重要地方。

中华圣公会教堂

基督教中华圣公会教堂是华北地区建设较早的基督教中心教堂，位于北京市西城区佟麟阁路85号。教堂始建于清光绪三十三年（1907），由英籍主教史嘉乐主持建造。是北京地区建设较早、规模较大的基督教中心教堂，为中国近代民族建筑形式中的早期代表作。

教堂坐北朝南，平面呈拉丁十字式，外形为中国传统风格，砖木结构，灰砖清水墙面。教堂中央部分做成交叉的两个硬山建筑，两侧廊做成单坡硬山形式，比中央部分低。中央部分上部做侧窗装饰。在屋顶的两个交叉点上各设攒尖亭一座，作为钟楼与天窗。教堂入口位于南立面硬山墙上，中国传统大门式样。入口两侧下部镶嵌碑刻4块，包括鄂方智纪念碑、中华圣公会主教史碑等。教堂内部采用木柱支撑，木柱上为三角桁架。教堂内部多采用中国传统装饰。

该教堂为中国近代民族建筑形式的早期代表作品，其内部结构以木柱、桁架支撑屋顶荷载，

中华圣公会教堂旧影

南立面

地面铺设木质地板。教堂四周围以中式红木围栏，雕有中式花草图案，圣坛摆设为中式传统家具。教堂内设圣洗池，并且配备有完整的上下水装置系统，这在当时是很少见的。

2001年7月12日，中华圣公会教堂被北京市人民政府公布为北京市第六批市级文物保护单位；2013年5月3日，中华圣公会教堂被国务院公布为第七批全国重点文物保护单位。

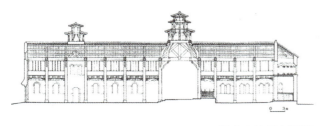

圣公会教堂剖面图

中华圣公会历史

知识链接

1835年，美国圣公会派骆武和韩森两位传教士到广州传教。因不能开展工作而转道爪哇，向当地华侨传教。

1835年，英国圣公会传教士麦都思与施美夫二人，至上海、宁波等地，开办教会。1844年在上海翻译《祷告文全书》，施美夫于1849年在香港被祝圣为主教，会务向福建、浙江以及华北等地推广。

1837年，美国传教士文惠廉至爪哇，1842年至厦门传教，1844年被封为中国传道区主教，1860年出版公祷书。

1839年，英国传教士史丹顿牧师曾独自来粤传道，遭反对而退；1843年再来香港，开辟教会，创立香港最早的教会学校圣保罗书院。

1842年，成立维多利亚教区，直属坎特伯雷大主教，教区管辖中国内地、香港地区，以及朝鲜、日本、马来西亚等地，主教座堂为香港圣约翰座堂。

1845年，文惠廉主教在中国开辟第一个教区——江苏教区，并于1853年在上海建造大陆第一座正式圣公会教堂——救主堂。

1862年，英国传教士包尔腾、美国传教士施约瑟到北京传道，从事翻译《圣经》工作。1872年包、施二人在北京出版《教会祷文》，之后二人以其为范本，于1879年与1880年分别为自己的教区在香港与上海出版了《教会祷文》。

1866年，美国圣公会在上海创立第一所教会医院——同仁医院，以成为圣约翰大学的附属医院。

1870年，美国圣公会差会组成妇女传道会，在中国进行宣教工作。

1879年，江苏教区主教施约瑟将原来的两所圣公会学校培雅书院和度恩书院合并成圣约翰大学，该校成为后来民国时期中国最优秀的高等学府之一。

此后，西方圣公会教士散布全国，创设教堂、学校、医院及各种慈善事业，在中国设立有11个教区：江苏教区（1845）、港粤教区（1849）、浙江教区（1872）、华北教区（1880）、华西教区（1895）、鄂湘教区（1901）、山东教区（1903）、福建教区（1906）、桂湘教区（1909）、河南教区（1909）和皖赣教区（1910）。

1897年，在上海召开第一次的中国与日本主教会议上，西方宣教士建议把中国安立甘教会命名为"崇古教会"，此建议未获所有教区通过，故在1899年的主教会议中保留"安立间"与"安立甘"两词作为"Anglican"的中译。

1909年3月27日—4月6日，全国主教和圣品人员及平信徒代表在上海召开会议，草拟联合教会的宪纲与规例，通过采纳"中华圣公会"为联合组织的名称。至此，"圣公会"正式成为安立甘教会的中文名称。

1912年4月26日，英、美、加拿大差会在我国所设立11教区的主教和圣品人员及平信徒代表，群聚上海成立中华圣公会总议会，是为中华圣公会诞生之期。

1915年，第二届总议会提出了规章草案，提出拟开办一所中央神学院，专为培养神职人员，会议决定在陕西建立新的传道区。

1918年，第三届总议会选出浙江教区的沈载琛为第一位中国籍副主教。

1924年，第五届总议会成立公祷书常备委办，参照英美公祷书译本，并各教区、辖境的版本，预备中华圣公会公祷书之范本。

1929年，郑和甫被祝圣为河南教区副主教，次年参加普世圣公会兰柏会议，成为第一位参加兰柏会议的中国籍主教。

1930年，第七次普世圣公会兰柏会议上，中华圣公会正式被承认为普世圣公会中的一个独立教省。

1933年，郑和甫被祝圣为河南教区主教，成为第一位中国籍正权主教。

1947年，第十届总议会时，设立"中央办事处"为总议会及全国性各项事业辅助执行机构。

1948年，郑和甫主教当选中华圣公会主席主教，成为中华圣公会历史上首任中国籍主席主教。

1948年，郑和甫大主教、陈见真主教、张光旭主教代表中华圣公会参加第八次普世圣公会兰柏会议，张光旭主教在英国威斯敏斯特大教堂讲道，英国女王伊丽莎白（时任王储）在台下聆听，并号召全英国信徒收听。

1950年，陈见真主教当选中华圣公会主席主教。

1955年，中华圣公会祝圣最后一批主教，即丁光训为浙江教区主教，刘玉苍和薛平西为福建教区副主教。

1956年5月，中华圣公会在上海圣三一堂召开主教院暨常务委员会联席会议，这是最后一届总议会会议。

1958年，中华圣公会停止活动。

陆徵祥家族墓

陆徵祥家族墓是民国时期的外交总长陆徵祥的家族墓地，位于北京市西城区百万庄路8号。陆徵祥出任外交总长后，在此购地建墓，将其祖

陆徵祥家族墓

母及父母的遗骸从上海迁葬于此。

该墓坐东南朝西北，立面仿古希腊神庙，墓分上下两层，上为祭堂，下为墓室。墓室门开背

徐世昌题字

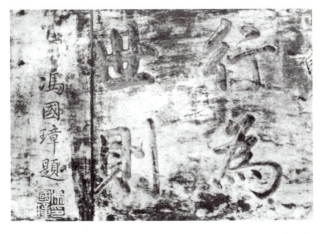

冯国璋题字

侧，原有两座铜像，一座为"孝子救亲"像，另一座是陆徵祥的"哭亲"像，以示其长跪墓前。墓室顶部还绘有天使等西方圣像，墓室四壁镶嵌着北洋政府首要、各界名流如袁世凯、段祺瑞、黎元洪、溥仪、康有为等50余人的题词石刻，弥足珍贵。

2001年7月12日，陆徵祥家族墓被北京市人民政府公布为北京市第六批市级文物保护单位。

知识链接　　　　陆徵祥

陆徵祥的一生可以用"传奇"二字来表述。他曾在上海方言馆和北京同文馆就读，这也为他后来在驻俄使馆担任翻译奠定了基础。1892年，陆徵祥到驻俄使馆做翻译，后来多年工作于外交领域，成为我国第一代职业外交家。

陆徵祥在驻俄使馆工作期间，受到了当时许景澄的赏识，所以短短几年间，他就升任荷兰公使。1911年，他又成为驻俄国特使，其间他参与了《中俄陆路通商条约》的修订，之后由于辛亥革命爆发，帝制被推翻，新政府邀请他出任首任外交总长。陆徵祥上任后，建立外交秩序，清除官场陋习，制定管理制度，这标志着中国外交开始走向现代化。同时建立外交人才培养体系，这为中国外交部储备了很多外交人才。

陆徵祥具有书生意气，所以他几次入阁出阁，在派系的征伐中也沉沉浮浮。陆徵祥一生最痛心的事情便是"二十一条"的被迫签订，在巴黎和会上顶住压力拒绝在《凡尔赛和约》上签字。这两件事让他感受到了"弱国无外交"的悲凉，发出了"弱国无外交"的感叹。

陆徵祥虽生于旧时代，但是他的思想却不陈旧，这从他娶比利时女子为妻可见一斑。他在彼得堡时认识了培德·比夫小姐，便对对方一见钟情，后来他娶了培德小姐为妻，虽说他们婚后没有生下一儿半女，但是他们的婚姻却和谐美满。他们在婚后的27年里相亲相爱、相互扶持。后来陆夫人去世后，陆徵祥当即辞去公职为妻子守丧，又于第二年将夫人的灵柩送回比利时的布鲁塞尔。

陆夫人过世了，陆徵祥似乎觉得一生无牵挂了，他于1927年7月5日进入本笃会的圣安德鲁修道院修行，远离了红尘，但是他在外交上的贡献却是不可磨灭的。他建立了中国现代外交体制，即一个秘书处，一个参事室，一个总务厅，另设外政司、通商司、交际司和庶政司。部长下增添了一个次长和4个秘书，分管英国、日本、法国和德国相关事务，参事负责研究草拟法规和条约。此外，他还坚持培养和选拔外交人才。

由于当时军阀混战，形势复杂，中国是弱国，陆徵祥却极力为中国争取权利，为中国外交的现代化奠定了一定基础。虽说人们提起陆徵祥，总是将"二十一条"的签订和《凡尔赛和约》的签订归咎于他，但是当时的实际情况和形势非常严峻，我们应当客观看待。1945年，日本战败后，陆徵祥更是通过记者发出警句：弱国无公义，弱国无外交。这句话也时刻警醒着我们铭记历史，为中国的强盛而不断努力。

粮食店街第十旅馆

粮食店街第十旅馆原为一处镖局，后改做旅馆使用。位于北京市西城区粮食店街73号，为大栅栏历史文化保护区保存较好的近代商业建筑，约建于20世纪初。

粮食店街第十旅馆东立面

旅馆建筑为砖木结构，建筑面积约740平方米，建筑做工精细、朴实规整。地上二层，面阔七间，进深十二间，平面呈"日"字形，二进院落。建筑东临粮食店街，灰砖清水墙体，一层明间为入口，门头上内嵌匾额，其余辟为方窗，平券窗套略做线脚雕饰。

立面以方壁柱和腰檐划分，腰檐下部有小牛腿造型雕饰，屋顶带女儿墙，中砌海棠池。院中

粮食店街第十旅馆入口

有两个内天井，所有房间均环天井四周布置。一进院正楼七间为勾连搭形式，一层明间为过道，连接前后庭院，南北厢楼各三间。后院正房七间，南北厢楼各一间，西侧有楼梯可供上下。两个天井四周环以平顶回廊，木质栏杆围护。

该院建筑做工精细，各房均为五檩前出廊形式，当院以罩棚覆盖天井，四面围护高大的玻璃采光窗，朴实规整，是清末民初较为典型的商业建筑作品。

粮食店街第十旅馆内部回廊

2001年7月12日，粮食店街第十旅馆被北京市人民政府公布为北京市第六批市级文物保护单位。

粮食店街全长大约520米，位于正阳门西南侧，南、北分别是珠市口西大街和大栅栏街东口。

这条街上的生意很好，很多店铺具有悠久的历史，如六必居酱菜园和会友镖局，这两家店铺分别起源于明朝和清康熙年间，虽然经历了几百年，但是它们的生意依然不错，会友镖局成了北京持续时间最长和规模最大的镖局，而六必居酱菜园早已享誉海内外。

中华人民共和国成立后，这条街上依然聚集着十几家饭馆和旅馆，它们分别是泰和馆、永盛斋、兴升馆、全兴馆、海宾楼和万年居等。其中作为市级文物保护单位的第十旅馆就位于这条街上。

拈花寺

拈花寺是京城大型佛教寺院之一，位于北京市西城区大石桥胡同61号，寺内千佛阁原有明代所铸的铜佛"毗卢世尊莲花宝千佛"，故名千佛寺，寺内原建筑格局基本保存完好。

千佛寺始建于明万历九年（1581），由司礼监太监冯保秉承孝定皇太后之命创建。清雍正十二年（1734）奉敕重修，赐名拈花寺。

拈花寺坐北朝南，占地面积为6432平方米，分中路和东、西二路。

中路院落整体保护较差。山门前有石砌影壁长24.5米，厚1米。山门面阔三间，进深三间，歇山顶调大脊，无脊兽，筒瓦屋面，圆券拱门，

拈花寺

鼓楼

中路三进院伽蓝殿

券脸做云纹图案，次间圆券拱窗，三交六椀菱花装修，檐下绘有旋子彩画，并施有斗拱，一斗二升交麻叶柱头科，平身科明间六攒，次间五攒，枋下书"敕建拈花寺"，瓦当上有多种图案。门两侧有八字影壁。

一进院正殿天王殿，歇山顶调大脊，无脊兽，面阔三间，进深三间，筒瓦屋面，檐下绘有旋子彩画，并饰有单昂三踩斗拱。鼓楼二层，歇山顶调大脊，有吻兽、垂兽（部分遗失）和走兽，走兽有三小兽，筒瓦屋面，檐下为单昂三踩斗拱。原钟楼无存。

二进院大雄宝殿，面阔三间，硬山式，过垄脊，筒瓦屋面。目前已拆除，北面加建房屋。殿前有月台，台下立有明万历九年（1581）《新建护国报恩千佛寺碑记》碑和《新建护国报恩千佛寺宝像记》碑、清雍正十二年（1734）《清世宗御制重修拈花寺碑文》碑；东、西配殿各五间，东为禅房，西为法华坛，硬山式过垄脊，有排山勾滴，筒瓦屋面，戗檐和盘头上有蕃草浮雕，老檐出，檐下后开窗。

三进院伽蓝殿，面阔五间，硬山式过垄脊，

有排山勾滴，筒瓦屋面，明间槅扇门，次间槛窗，戗檐和盘头上有砖雕。两侧接引殿各十六间。东西厢房南屋，面阔十六间，进深一间，硬山式，过垄脊，筒瓦屋面，老檐出；东西厢房、北屋，面阔三间，二层，出前廊，硬山式，过垄脊，有排山勾滴，筒瓦屋面，老檐出，花式栏杆。藏经楼，面阔五间，硬山式，过垄脊，筒瓦屋面，戗檐和盘头上有砖雕，前檐一层接建房屋，二层套方槛窗。

东路院落整体格局相对稍好。一进院大殿药师殿，面阔五间，硬山式过垄脊。

二进院南房，面阔五间，硬山式，过垄脊，合瓦屋面，方槛窗。大殿大悲殿，面阔五间，硬山式，过垄脊带排山铃铛，老檐出，后檐各间开

中路一进院天王殿和西配殿

东路三进院

有窗洞。东、西厢房，面阔三间，硬山式，过垄脊带排山铃铛，筒瓦屋面，明间、次间开单扇门，其余为槛窗。

三进院南房，面阔五间，硬山式，过垄脊，筒瓦屋面。大殿面阔五间，出前廊，硬山式，调大脊，有吻兽、垂兽、筒瓦屋面，步步锦横陂，戗檐有浮雕。东、西厢房，面阔五间，硬山式，过垄脊带排山铃铛。东南角为方丈院。

西路院落整体格局保护较差，部分建筑塌毁严重。一进院倒座面阔五间，硬山式，过垄脊，合瓦屋面，屋面坍塌，以水泥板瓦补修。大殿接引殿面阔三间，硬山式，过垄脊，筒瓦屋面，有排山勾滴。东、西厢房，面阔三间，硬山式，过垄脊，筒瓦屋面，老檐出。

二进院大殿法树堂，面阔三间，硬山式，扁担脊，筒瓦屋面，老檐出，有排山勾滴。西厢房，面阔三间，硬山式，扁担脊，水泥板瓦屋面。大殿东西耳房，面阔两间，硬山式，过垄脊，筒瓦屋面，建筑残损严重。

三进院大殿祖堂，面阔五间，硬山式，扁担脊，筒瓦屋面，有排山勾滴，前檐檐下有包袱式苏式彩画，单扇门带槛窗，门窗已被更换，四级台阶，老檐出，后檐开窗，红砖砌筑。进院大殿西抄手廊，卷棚式，筒瓦屋面，红砖砌筑，塌毁严重。

四进院后罩房，面阔五间，硬山式。

作为明清时期北京城内著名的古刹，内有多处雍正帝御书匾额，是当时北京重要的佛事活动场所。1937年日军侵华，寺内大部分铜质佛像被掳走。1939年北洋军阀吴佩孚去世停灵此处。拈花寺这座老寺院是这些历史事件的见证。1953年，拈花寺被印刷厂占用，后有大雄宝殿等被拆除，用于建厂房，不过还保留有天王殿、藏经楼等建筑。寺中的诸神像存放在了法源寺，罗汉铜像则存放在了妙应寺。

2003年12月11日，拈花寺被北京市人民政府公布为北京市第七批市级文物保护单位。

知识链接　　拈花寺的历史渊源

拈花寺的前身为护国报恩千佛寺，因为当时寺内千佛阁中有明代所铸的铜佛"毗卢世尊莲花宝千佛"，铜佛座为莲花，周围还有千朵莲花，千朵莲花上有千佛旋转，因此被称为护国报恩千佛寺。

至清雍正十二年（1734）重修千佛寺，并赐名为"拈花寺"，拈花寺来源于"佛祖拈花，迦叶微笑"之典故，迦叶为释迦牟尼的大弟子。这则典故为：当时在灵山会上，大梵天王取金色菠萝花献佛，并请释迦牟尼说法，不过佛祖沉默不语，只是手拈菠萝花展示给众人，大家都一头雾水，不知其意，这时，只有释迦牟尼的大弟子心领神会，笑了，于是释迦牟尼将衣钵传给了迦叶。

拈花寺大雄宝殿殿前有月台，月台下有两座

前廊彩画

明碑，一座明碑为长沙杨守鲁所撰《新建护国报恩千佛寺碑记》，碑文记载："西蜀僧遍融自庐山来游京师，御马太监杨君用以其名荐之司礼监冯公保，随买地于都城干隅，御用监太监赵君明阳宅也。将建梵刹，迎遍融主佛事，闻于圣母皇太后，捐膏沐资，潞王、公主亦佐钱若干缗，即委杨君董其役。辛巳（万历九年，1581）秋落成。寺南向为山门，为天王殿，为钟鼓楼；中为大雄宝殿，为伽蓝殿；后为方丈，为禅堂，为僧寮，为园圃；左右侧有龙王庙及井亭。"

还有一座明碑为安阳乔应春所撰的《新建护国报恩千佛寺宝像记》，碑文记载："大司礼枢辅冯公（太监冯保）上承圣母皇太后命，特建宝刹，于是御马监太监杨君用（杨用）受遍融上人指，

铸毗卢世尊莲花宝千佛，旋绕四向若朝者然，铸十八罗汉二十四诸天，复塑伽蓝天王等像。"

清朝雍正十二年（1734），奉敕重修千佛寺，寺中大雄宝殿前有《清世宗御制重修拈花寺碑文》碑，碑文记载："京师内城西北隅有护国报恩千佛寺者，创自前明，历百有六十载。琳宫颓敝，钟鼓寂寥。爰命重加修整，经始于雍正十二年正月，本年九月告成。梵宫禅宇，焕然辉煌……锡寺额曰拈花。"

会贤堂

会贤堂是北京八大堂之一，原为清光绪时礼部侍郎斌儒的宅邸。位于西城区前海北沿18号。

清光绪十六年（1890），山东人在此开设会贤堂饭庄。这是一家专营鲁菜的饭庄，坐北朝南，占地面积约3000平方米。会贤堂前部建筑为十二开间大玻璃窗二层楼，雕梁画栋，门辟其间。门口马头墙上挂"会贤堂饭庄"铜牌，大门门簪上镌刻"群贤毕至"四字。

后院建筑分东西两路，有房百余间，有花园

戗檐砖雕

会贤堂饭庄二楼外景

和一座戏台,戏台今已无存。

这里在清末民初时期是达官显贵云集的地方,摄政王载沣、溥仪朝的内务府大臣绍英,以及徐世昌、熊希龄、靳云鹏等人都曾到过这里。

五四运动爆发前后,这里成为进步学者发起新文化运动的阵地,1912年鲁迅曾3次来会贤堂。

这里也曾是京剧艺术的重要舞台,王瑶卿、杨小楼、梅兰芳、余叔岩等名家都曾在此表演。会贤堂于抗日战争胜利前夕停业。1948年辅仁大学购做校友楼。后为中国音乐学院家属宿舍,存有文物建筑65间。

门簪上的"群贤毕至"

2003年12月11日,会贤堂被北京市人民政府公布为北京市第七批市级文物保护单位。

知识链接　八大堂

八大堂是对老北京餐饮行业最著名的八家饭庄的称呼,分别是惠丰堂、聚贤堂、福寿堂、天福堂、会贤堂、福庆堂、庆和堂、同和堂。这些饭庄规模都很大,一般有两三进四合院,几十间房屋,同时能摆开8人一桌五六十桌席面。另外在装修及服务上也很上档次,房间陈设雅致,餐具考究,菜品精美,此外,饭庄内大多设有戏台,做到了餐饮与娱乐的兼容。

惠丰堂是八大堂中唯一还在营业的饭庄,原来的营业地址在大栅栏观音寺街,后搬入了翠微大厦,主营各式烩菜。惠丰堂是一家山东风味的饭庄,由山东人张克宣在咸丰末年创立。

福寿堂,也是一家经营鲁菜的饭庄。位于北京市东城区西打磨厂街179号。这里的戏台非常气派,能容纳数百人观看。杨小楼、王瑶卿、梅兰芳、荀慧生等不少京剧名角都曾在这里演出。

聚贤堂位于西城区报子胡同,招牌菜是"炸响铃双汁",饭庄就餐环境很好,建有新式戏台。

同和堂也位于西城区报子胡同,与聚贤堂是直接竞争关系,双方的竞争非常激烈。同和堂有

会贤堂门墩

一道"天梯鸭掌"的拿手菜，可以与聚贤堂的"炸响铃双汁"相媲美。同和堂中没有戏台，但院落众多，各院落多栽花木，也是别有一番景致。

会贤堂在什刹海边上，占地近3000平方米，建筑面积约1800平方米。原有戏台、瓦房、平房100余间，二楼有栏杆可眺望什刹海。曾是文人墨客聚会的场所。

庆和堂位于地安门外，今天已经不复存在。但清末民初这里却是北京城北边最有名的饭庄。拿手菜是"桂花皮炸"。选猪脊背上三寸宽的一条肉皮，毛拔干净，用花生油炸到起泡，捞出沥干油，再晒透了，放入瓷坛密封保存。第二年开坛食用，烹调时用温水把皮洗干净，用高汤或鸡汤泡软，切细丝加作料，下锅爆炒。最后打碎鸡蛋，浇在上面，撒上火腿肉末，出锅。

庆和堂主要的服务对象是内务府的人。内务府负责皇宫内厅的一切采购，所以有钱。司官的聚会，一般都选择庆和堂。

天福堂饭庄位于北京市东城区西北部的肉市街，清朝以来这里即是繁华之地，天福堂饭庄与著名的碎葫芦酒店、正阳楼饭馆和全聚德烤鸭店等店铺汇聚于此。北京最早的戏园广场和戏园也在这里。

过道门

过厅背面

纪晓岚故居

纪晓岚故居是清乾隆进士、礼部尚书纪晓岚的宅邸，位于西城区珠市口西大街241号。

此宅原为雍正朝兵部尚书陕甘总督岳钟琪宅邸。嘉庆十年（1805）纪晓岚去世后，房产几经易主，直隶会馆、梅兰芳、张伯驹、萧长华、刘

少白等都曾购买过此处房产。20世纪50年代初为西城区党校使用。1958年后改为晋阳饭庄。2002年，政府投资对故居进行修缮，作为纪晓岚故居展览馆对社会开放。

故居坐北朝南，由两进四合院建筑组成，原第一进院有广亮大门、倒座房，后因修路等原

正房

纪晓岚故居东侧游廊

因拆除。现存建筑有第一进院过厅式正房三间，后出廊，双卷勾连搭形式，两侧接过道门各一间，正立面（今临街立面）为民国初年修缮时所建，中西合璧式装修，拱券门窗，上做精美砖雕装饰，顶部为镂空女儿墙。第二进院有正房五间，前出抱厦三间，为阅微草堂。东西原有厢房各三间，现已拆改为游廊。院内各房均有抄手游廊相互连接。此外，在第一进院正房前有紫藤一株，第二进院有海棠一株，均为纪晓岚亲手所植。

2003年12月11日，纪晓岚故居被北京市人民政府公布为北京市第七批市级文物保护单位。

知识链接　　**纪晓岚**

纪晓岚（1724—1805）是清乾隆时期的官员，也是一代文学大家。

纪晓岚原名纪昀，祖籍在今江苏南京栖霞区。他从小聪敏好学，于乾隆十九年（1754）考中进士，之后开启了他的官途。他一路官至礼部尚书、协办大学士、太子太保。他为官期间关心民间疾苦，在乾隆五十九年（1794），山东和直隶等省因水灾而造成流民拥入京师，他连忙上奏皇帝及时赈

灾放粮，这不但稳住了灾民，也维护了当朝的统治。

纪晓岚主要在文学上有很高造诣，他一生都在致力于修书，只要是编辑和修书的事情，他大体上都参与了，这其中最为著名的就是《四库全书》的编纂。除此之外，还著有《阅微草堂笔记》《纪文达公遗集》等。《四库全书》是奉旨编纂的，所以其中很多思想都符合当朝的统治思想，虽然浩瀚，但是却被鲁迅和唐弢等人评价为"一部阉割中国古文化的集大成之作"。而《阅微草堂笔记》则是记述了一些鬼怪故事，没有什么独到的见解，反而折射出了封建王朝的腐朽。

纪晓岚于嘉庆十年（1805）病逝，嘉庆帝御赐碑文，"敏而好学可为文，授之以政无不达"。

地安门西大街153号四合院

西城区什刹海街道地安门西大街153号四合院，原是一座典型的清代建筑，民国时期是总统徐世昌之弟徐世襄的宅邸。由五进四合院组成，现存三进四合院。此院前半部格局保存基本完整，建筑较好，是研究北京四合院建筑的典型

地安门西大街153号四合院大门

三进院正房

实例。

宅院现存建筑有广亮大门一间，位于院落东南隅，门外带八字影壁，门内为一字影壁。大门东接门房一间，西接倒座房七间，均为过垄脊，合瓦屋面。第一进院西侧有西房三间，过垄脊，合瓦屋面，北侧过一殿一卷式垂花门即为第二进院。

第二进院内有正房（过厅）三间，前后廊，清水脊，合瓦屋面，东接耳房两间，其内侧一间为过道，可通第三进院，西接耳房三间。东西厢房各三间，前出廊，南接厢耳房一间，均为过垄脊，合瓦屋面。院内四周环以游廊连接各房。

垂花门

第三进院有正房五间，前后廊，清水脊，合瓦屋面，两侧接耳房各两间。东西厢房各三间，前出廊，清水脊，合瓦屋面，南接厢耳房各两间，各房间有游廊相互连接。同时，院内保存有石雕多座，大多是圆明园遗物。此院现为北京电化教育馆使用。

2003年12月11日，西城区地安门西大街153号四合院被北京市人民政府公布为北京市第七批市级文物保护单位。

知识链接　　**地安门西大街**

地安门西大街位于西城区东北部，其东面和西面分别是地安门外大街和西四北大街。地安门西大街，明清时期被称作北京皇城北墙外侧。清光绪时的《顺天府志》中记载，这里是地安门外西城根。光绪三十四年（1908），这里又被称作西皇城根。民国十五年（1926），西皇城根又改作西黄城根。

这条街在明朝的时候是太平仓，在清朝的时候是庄王府。民国后在庄王府中部辟出一条路来，这就是平安里大街。及至1965年，新辟的大街与西黄城根合并，被称作地安门西大街。迄今为止，它属于平安大道的一部分。

　　地安门西大街上有很多古迹，如北海公园，还有北京著名的历史文化景区什刹海。什刹海往西是建于雍正八年（1730）的贤良祠，再往西是建于乾隆年间的旌勇祠，旌勇祠西侧是一条胡同，这条胡同因祠得名旌勇里，再向西153号四合院原本是一座民国时期的五进院落。

阜成门内大街93号四合院

　　西城区阜成门内大街93号四合院，建于民国时期，坐北朝南，原为一座带花园及跨院的中西合璧式三进四合院，现花园、跨院已无存。中华人民共和国成立后，该四合院归属几经变更，后由北京市西城区粮食局、西城区商委万方集团管理使用。

　　该宅院于院落东南隅辟广亮大门一间，过垄脊，合瓦屋面，戗檐砖雕花篮、狮子绣球图案，门前抱鼓石一对。大门西接倒座房六间，前出廊，过垄脊，合瓦屋面。门内座山影壁一座。

座山影壁

二门

阜成门内大街93号四合院大门

二进院正房

三进院正房

第一进院北侧为看面墙，中央辟一过门，可通第二进院，门前置抱鼓石一对。

第二进院内有正房五间为过厅，近代建筑形式，三角桁架坡屋顶，石板瓦屋面，带周围廊，廊檐带木挂檐板、倒挂楣子、坐凳楣子，拱券门窗，前出如意踏跺三级。东西厢房各三间，亦为近代建筑形式，三角桁架坡屋顶，石板瓦屋面，前出廊，装饰同正房。院内有游廊连接各房。

第三进院有正房三间，前后廊，清水脊，合瓦屋面，明间槅扇风门，次间槛墙支摘窗，前出垂带踏跺四级；两侧接耳房各两间，过垄脊，合瓦屋面。东西厢房各三间，过垄脊，合瓦屋面，前出廊，装饰同正房。院内各房均由平顶游廊相互连接。整组宅院造型独特，中西结合，砖砌拱券门窗的细部装饰汲取了西洋艺术手法，颇具特色。

2003年12月11日，西城区新街口街道阜成门内大街93号四合院被北京市人民政府公布为北京市第七批市级文物保护单位。

知识链接

阜成门内大街

阜成门内大街的名字源于它的位置。它东面从西四南大街起，西面到阜成门立交桥止。

阜成门内大街有很多古迹，如东段的广济寺，中段建于明代的历代帝王庙，西段建于元代的俗称为白塔寺的妙应寺，还有现为区级文物保护单位的西四新华书店等。

阜成门内大街93号四合院游廊

阜成门内大街上有很多商店，看起来十分繁华，是北京城区的交通干道，而阜成门的名称则源于旧时北京内城的九门之一，元代时称作平则门，明代时改为阜成门。

旧时阜成门内大街是指羊市到西面的阜成门，比今天的这条大街要短一些。而今天的阜成门内大街早已拓宽。

恭俭冰窖

恭俭冰窖是清代的宫廷御用冰窖，位于西城区恭俭五巷5号，坐西朝东，双勾连搭建筑，灰筒瓦顶。建筑面积为450平方米。

《大清会典》对清代北京城内18座皇家冰窖的记载："凡伐冰取诸御河……岁以冬至后半月，部委司官一人，募夫伐冰，取其明净坚厚者，以方尺有五寸为块。凡纳冰，紫禁城内窖五，藏冰二万五千块；景山西门外窖六，藏冰五万四千块；德胜门外窖三，藏冰三万六千七百块，以供各坛庙祭祀及内廷之用；德胜门外土窖二，藏冰四万块；正阳门外土窖二，藏冰六万块，以供公廨……设暑汤之用。"

清朝时期，用冰有严格的等级规定，当时工部都水司管辖了18座冰窖，被称为"官窖"，里面的冰专供宫廷和官府使用，恭俭冰窖是其中之一。当时北京较为有名的御用冰窖有3处，一处在故宫，称为内窖；一处在北海公园东门雪池胡同，称为雪池冰窖；一处在恭俭胡同五巷5号，称为恭俭冰窖。当时，夏季用冰可是一件很奢侈的事情，普通百姓没办法使用，只有宫中、官宦和商贩能使用。现今只留有雪池冰窖和恭俭冰窖，其他都被填平或毁坏。

恭俭冰窖坐西朝东，今已被改为餐厅，之前

恭俭冰窖大门

恭俭冰窖匾额

的冰窖也被改为餐厅包间，包间里挂着一些清代工人采冰的照片。大门为朱漆大门，并开有一扇小门，门上檐挂着"皇家冰窖小院"的牌匾，门上的大红灯笼高高挂起。

冰窖面积为450平方米，砖拱结构，属于半地下建筑，过去的山面开为券门，地上4米，地下3米，大厅为冰窖外室，内室要过小门，分为两个厅，一个被改为大餐厅，餐厅墙壁上悬挂文字说明，详细记录了皇家冰窖的历史。一个用来存放餐饮物品。当走到冰窖门口时，会感觉到冷飕飕的，室内温度为20℃，抬头向上看，顶部为"人"字形脊坡，窖长20.4米，宽7.78米，高7米，沿着石阶往下走来到窖底，墙面为花岗岩材质，厚为1.4米，墙壁上凿出了壁洞，壁洞内存放着酒水饮料。在靠后门的位置处能够看到一道黑漆的木门，门上挂着一块黑色牌匾，牌匾上写着两个漆金大字为"冰窖"。当时建造冰窖时使用的砖瓦木料皆为皇家提供，砖采用的是"西通合窑"烧制的青砖，当时的宫殿和王宫府邸都是采用这种砖修建的，瓦使用的是皇家专用琉璃瓦。

经过上百年的洗礼，恭俭冰窖经过了多次修缮，现在，原有的建筑材料已被替换，但仍有一

冰窖内景

部分保留了下来。从1982年开始，京城的皇家冰窖也开始被弃用。

2003年12月11日，恭俭冰窖被北京市人民政府公布为北京市第七批市级文物保护单位。

知识链接　恭俭冰窖的历史渊源

冰窖在我国有上千年历史，据《燕京岁时记》记载："周成王命凌人掌冰，岁十二月，敕令斩冰纳于凌阴。凌阴者今之冰窖也……藏冰之制始此。"可见，在周代就有冬季储藏冰块供夏季使用的风习，进而这种采冰、储冰、用冰的方法也传承了下来。

清代时，因为皇宫、官员府上和商贩也要用冰，为更好地储藏冰，就有了冰窖，而恭俭冰窖的前身为德顺冰窖。清末时期，王德山和王德义兄弟来到京城，其中一人在雪池冰窖当差，与皇宫御膳房关系极好，渐渐地，两兄弟萌生了要修建冰窖的想法，后在北海皇家御膳房管事的提议与帮助下，二人出资修建了恭俭冰窖，这座冰窖与雪池冰窖一模一样，因此，人们将两座冰窖并称为"姊妹窖"。

1970年，德顺冰窖收归国有，1995年改名为恭俭冰窖，现如今，恭俭冰窖被改为餐厅，外室能容纳10桌客人，内室可容纳40人左右，很多客人都会在炎炎夏日来到这家餐厅感受来自冰窖的凉意。

雪池冰窖

位于北京市西城区雪池胡同10号的雪池冰窖建于明万历年间，为明、清两朝宫廷御用冰窖，每年腊月从太液池、什刹海、筒子河及护城河中取冰贮存，供夏季使用。雪池冰窖作为北京现存不多的皇家御用冰窖，对于研究北京旧时冰窖的建筑形式、布局、结构等方面提供了珍贵的实物资料，同时，也是北京旧时藏冰消暑文化的一个缩影。

雪池冰窖原有东西向排列冰窖6座，现存其中较大的两座，西侧一座东西长、南北窄，东边一座南北长、东西窄。两座冰窖呈"L"形布局，为半地下式建筑，主体上部采用城砖五伏五券砌筑，边墙长约20米，高约2米，山墙宽约10米，

雪池冰窖

东冰窖入口楼梯

最高处约4米，硬山顶过垄脊，筒瓦屋面，覆黄琉璃瓦。冰窖两端山墙上均开设宽约1米，高约2米的拱门以便出入。冰窖内深约4米，长约25米，宽约10米，底部采用柏木桩为基础，花岗岩铺底、砌墙，顶呈拱券形。冰窖内设窖门一座，门外安置砖井一口，以便承接窖内融化的冰水。在窖址北边还有神殿一间，殿内供奉窖神，现均已无存。

2003年12月11日，雪池冰窖被北京市人民政府公布为北京市第七批市级文物保护单位。

知识链接　雪池冰窖的历史变迁

雪池冰窖是储存冰块的设施，这些冰块来自太液池、什刹海、筒子河及护城河中，每年腊月这些地方结冰后都有专人负责凿冰储存，以用于坛庙祭祀和宫廷生活。

在《大清会典》中记载了京城一共有18处冰窖，这一切的掌管者是工部都水司。清朝工部都水司专设了采冰差役，他们在每年冬至后半月开始采冰，采冰的地点选在了故宫护城河、北海和御河等处，所采的冰块每块重量大约80千克，然后送往京城四处的冰窖，这些冰窖一共可储存20.57万块冰，每年会采冰三四次，而雪池冰窖就是其中一处储冰地点。

雪池冰窖的冰是京城冰窖中最为洁净的，这在金受申老先生的《老北京的生活》中提及过："城内冰窖以雪池冰窖为最洁净……所藏冰块，是由北海伐取，经陟山门运出。"所以雪池冰窖的冰一般都供应内廷。清廷贡冰的时间是规定好的，它们从每年阴历五月初一开始，直到同年七月三十止。

雪池冰窖都是用城砖砌成的半地下建筑。两端山墙上开有拱门，然后是一处台阶，与窖底连接。冰窖的墙体、拱顶、屋瓦之间有厚厚的夯土填充，这可以提高隔热保温效果。现存冰窖两座，皆由北海公园管理使用。

雪池冰窖东冰窖室内

德寿堂药店

德寿堂药店是一家老字号药店，至今仍在营业，其营业场所是近代商业建筑的代表。位于西城区珠市口西大街175号。

德寿堂药店由康伯卿创建于1934年，当时以自创鸡鹤为注册商标的"康氏牛黄解毒丸"而享誉京城。

德寿堂药店的建筑为中西合璧式，前面为二层楼阁门面，后面为二进院落，为围合式建筑。

德寿堂药店正立面

楼阁地上两层，灰砖清水墙，木结构，立面为近代折中主义形式，用砖壁柱竖向划分间数，用横向砖线角砌出檐口，二层出外廊，顶部做一间穹顶钟楼。其二层楼阁的外立面上的额匾上写着"同臻寿御，共跻春台"，长幅砖雕写着"本堂采办川广云贵地道生熟药材精洁饮片遵古炮制丸散膏丹零整批发"，由此可以想象到当时这里是多么的热闹。

德寿堂药店后院有仓库和制药作坊，办公室内珍藏着年代已久的德寿堂早期药价表，这本小册子历经百年，已破损泛黄，序言中记载着："济世之道，莫过于医；治病之功，必赖乎药……种种细料药材，无不拣选精洁，无不遵古炮制……方为真方，药为真药，心为真心，价为实价。"办公室的书柜中摆放着盛放原料的青花瓷瓶，墙上挂着一面"有药千疾远，无病一身轻"的楷书镜框。

为了维护北京市唯一完整保留的这家老字号中药店铺，由政府拨款给德寿堂药店进行了3次修缮，1987年，原西城区政府将德寿堂列为"区级文物保护单位"。

2003年12月11日，德寿堂药店被北京市人民政府公布为北京市第七批市级文物保护单位。

德寿堂药店入口

德寿堂药店楼顶西洋钟

德寿堂药店创始人康伯卿

提到康伯卿，或许很多人都不知道，但一提到牛黄解毒丸，就有很多人知道了，而牛黄解毒丸的创始人就是康伯卿，大名鼎鼎的德寿堂药店创始人也是康伯卿。

康伯卿生于1887年，出生在农民家庭，从小家境贫寒，因家中兄弟姐妹较多，为维持生计，他很小的时候就随父亲外出打工。康伯卿17岁那年，在吴鸿溪大夫的推荐下，来到西单怀仁堂店做学徒工，跟着师傅学做生意。康伯卿天资聪颖，又十分好学，刻苦努力，没过多久，他就出徒在怀仁堂当上了店员，他在这个职位上也很好学，学到了不少药性药理，记下了很多丸药配方。

1920年，康伯卿用手中的积蓄购买了北京南城花市的地方，开设了德寿堂药店，他利用自己丰富的经验，将生意做得风生水起，两年后，他再次购置旁边的房子，并扩大面积，开了制药工厂。之后几年，康伯卿一直在购房扩大经营，开设药房，其中，德寿堂是规模最大的一家药店。

康伯卿之所以能将药店做得这么好，其一，是因为他极其重视药品的疗效，为了让患者能够对症下药，他在印制药方时，给予详细的说明和服用方法，以让药品发挥最大的疗效。其二，是因为他做的宣传很到位，他采用多种销售方式，设立代销点，在车站等地方悬挂醒目的德寿堂代销广告，让民众前来购买。

康伯卿还是个喜欢钻研的人，他思想活跃，富有创造精神，在德寿堂研制了200多种丸散膏丹，还研制了牛黄解毒丸，这是他一生中最大的荣耀。

京华印书局

京华印书局是上海商务印书馆在北京开设的印刷机构，位于北京市西城区南新华街177号，是北京最早一批钢筋混凝土结构的建筑之一。建筑外观的造型处理受到古典主义的影响，但已很大程度地展示出现代建筑的主要特征，是有较高历史价值的标志性建筑。

现存京华印书局建筑为钢筋混凝土梁柱结构，共3层，占地面积1100多平方米。该建筑为适应地段而将西南部修建成锐角形状，平面呈不规则的矩形，形似轮船的楔形平面建筑。主入口设在

德寿堂药店外景

京华印书局东南立面

东南立面，因其远看犹如一艘向南行驶的船只，故俗称船楼。

建筑主立面（即东南立面）面阔六间，一层为水泥抹面仿块石墙，设券门、券窗，二层、三层中央四间有多立克柱式五根，柱间有阳台，装饰铸铁花式栏杆及仿石栏杆，两侧间为券窗，其中二层为半圆券窗，前有阳台，装饰石质栏杆，三层为方券窗。屋顶有檐口女儿墙，正中镶有大钟。

东西立面装饰简单，设方窗，便于印刷车间采光，东立面中央三间顶部为三角形山墙装饰，在二层与三层间的墙体上还装饰有长方形图案，中间的图案中镌刻"1920"字样，标示该建筑的建造年代。楼内有楼梯三组及垂直货运电梯一部。值得一提的是，楼内的这部货运电梯为木质导轨电梯，不仅是北京最早的木质导轨电梯，也是留

京华印书局旧址西南立面

京华印书局老照片

存下来的唯一一部。

2003年12月11日，京华印书局被北京市人民政府公布为北京市第七批市级文物保护单位。

 知识链接　　**京华印书局的历史沿革**

京华印书局源于强学会书局，这是由康有为和梁启超创办的一家官营印刷机构，创建于1884年。1905年，该书局被上海商务印书馆购入并更名为京华印书局。当时商务印书馆是全盘接下书局的，但是不能沿用"官书局"的名称，于是双方经过协议便有了京华印书局的名称。

上海商务印书馆在接手京华印书局后，于1905年在北京虎坊桥开设京华印书局，在琉璃厂设北京分馆，另外还设小学师范讲习班和附属小学。现存一座像轮船一样的楼房，这就是保留下来的京华印书局建筑，这里也被称作"船楼"。"船楼"历时两年竣工。这座建筑采用钢筋混凝土框架结构，具有现代建筑特征，但是其造型却受古典主义的影响甚多。这座大楼的建筑风格在当时来说还不多见。

京华印书局引进许多新机器，主要用于平版

印刷和凸版印刷。京华印书局的印刷范围广泛，有一般书刊，也有清华大学、北京大学和中央研究院等学术机构的书刊，还有故宫博物院的画刊，它的业务还向天津和沈阳等地扩展。京华印书局不但在北京数一数二，而且还享誉全国，在公私合营前达到鼎盛，其业务包括承接了很多文化名人的书籍。

京华印书局发展良好，获得了很多美誉，也流传出了"南有商务、北有京华"的说法。民国时期，京华印书局为民国政府印出了第一幅北平城区全图。从这幅图上可以看到京华印书局的印刷水平，因为上面既保留了明清时的古建筑，也标注了与民众生活相关的邮局、学校、寺庙、医院和水井等。

20世纪50年代，京华印书局的经理原是上海商务印书馆的代表宣芦先生，他对这家工厂的历史十分清楚。到1954年5月，京华印书局公私合营后改为高等教育出版社印刷厂，隶属国家出版总署，其名称没有变更，依然保留了京华印书局的叫法。及至1962年，中华书局、北京排版厂和50年代出版社印刷厂并入京华印书局，其名称未变。"文革"时期，这里曾经改名为"北京第二新华印刷厂"。"文革"结束后，船楼划归中国书店管理，直到1969年，北京第二新华印刷厂迁址，从"船楼"迁到了翠微路。

京华印书局历经清末、民国和新中国，其起止时间为1905—1967年，其名称一直没有变更过。现在船楼保存了下来，是市级文物保护单位，作为中国书店出版社办公使用，现在大楼一层的部分空间作为店面在使用。直到2021年3月，京华印书局被确定为北京第一批不可移动革命文物。

中国农工银行旧址

中国农工银行旧址是一座极具文艺复兴时期风格的建筑，位于北京市西城区西交民巷50号。该建筑地下一层，地上二层，总建筑面积为750平方米。大楼的入口处由4根爱奥尼柱支撑，其中外侧的两根为3/4壁柱，柱廊上方是宽大的阳台，使得整个建筑更加立体，空间感也变得更强。整个立面用花岗岩装饰，为欧洲古典风格，是文物重点保护部位。檐口上方设有山墙，给人一种城墙般的感觉，上面刻着建筑的竣工时间"1922"。

中国农工银行的前身是大宛农工银行。大宛农工银行成立于1918年12月。最开始时，其在北京石桥全国银行筹备处，由财政部以及京兆财政厅垫拨5万银圆资本，属于官办银行。1920年，北洋政府将之前垫拨的5万银圆收回，从此大宛农工银行不再为官办，而成了一座普通的商业银行。

大宛农工银行业务发展越来越广，1922年其在西交民巷购买土地，新盖银行大楼，并且次年7月迁入新的办公地址。

1927年，财政部以全国农工业发展资金不足，而各地设立的农工银行较少，不足以给予救济作为

中国农工银行旧址

理由，将大宛农工银行改组成中国农工银行，其总管理处设在西交民巷88号，又在西交民巷89号设立中国农工银行北京分行。中国农工银行主要任务就是"融通资财，辅助农工业"，另外兼营普通银行业务，性质为一家官商合办的地方银行，资本总额为500万银圆，其中2/5由政府出资。

如今改为中国记者协会办公楼。

1995年10月20日，中国农工银行旧址被北京市人民政府公布为北京市第五批市级文物保护单位；2013年5月3日，中国农工银行旧址（属西交民巷近代银行建筑群）被国务院公布为第七批全国重点文物保护单位。

 知识链接 | **大宛农工银行的建立**

鸦片战争之后，中国进入半殖民地半封建社会，传统的自然经济逐渐土崩瓦解，农村经济发生了巨大的变化。辛亥革命的爆发，促使清政府走向了灭亡。中华民国成立之后，中国又迎来了军阀混战的局面，连年战乱，使得农村经济几乎没有发展的空间，日渐衰退。

当时，在农村存在的借贷关系为典当业、私人贷款等，他们索取的利息都非常高，然而农民要进行生产，必须要购买种子、肥料以及添置农具等，这些都需要款项。再加上内地现金多集于北京、天津等大商埠，农民以及小生产者无力还贷等问题，农村金融日渐枯竭，因此农民借贷陷入非常危急的局面，虽然当时已经陆续成立了很多新式银行，但是这些银行缺乏有效的投资机制，又远离农村，对农牧工商等实业根本起不到应有的作用，因此创办一个对农工业有巨大帮助的金融机构已经迫在眉睫。

1915年，周学熙出任北洋政府财政总长之后，开始实施一系列财政建设措施，例如整顿田赋和盐务等，之后又开始重视经济建设。同年8月，周学熙上报呈文，请求创办民国实业银行。之后就设置农工银行拟定条例46条呈报，要求在全国普遍设立农工银行。北洋政府财政部鉴于国民经济凋敝、农工事业继续发展振兴的状况，最终决定设立农工银行。

1915年12月周学熙着手设立大兴、宛平两县的农工银行，因为两县相邻，为了节省资金，将两县合并成一个营业域，定为"大宛农工银行"，也就是中国农工银行的前身。只是当时其因为资金不足，一直没有开业，直到1918年12月4日才正式成立。

保商银行旧址

保商银行旧址位于北京市西城区西交民巷17号，始建于20世纪30年代。

保商银行创办于1910年，银行成立的最初目的是清理天津商人积欠洋商款项、维持天津华洋商务，所以名为"保商"。是我国近代为数不多的中外合资银行，初创者为中国人叶兰舫和德国人冯·巴贝，二人分别任中、德方经理。

清朝末年，天津地区的商人从国外进口大量棉纱纺织品，但因为市场波动的原因，这些商人都亏了本，这导致对外商的货物款项无法按时结清，而这些外商中德国商人占多数。为了解决这些欠款，保商银行就出现了。1912年4月，保商银行开始在北京设立网点，办理业务。1918年冯·巴贝撤资回国，保商银行成为中国人独资银行。1919年，该银行设立时的全部目标均实现。

保商银行旧址

1920年，该银行改组为普通商业银行，后在西交民巷重建了新楼。1937年七七事变后停业。

该建筑地上3层，体现近代折中主义风格，平顶，坐北朝南，砖混结构，矩形平面，建筑面积约2660平方米。建筑立面采用花岗岩做出五间多立克柱廊，承挑二层檐口。主入口位于一层明间，上置三角山花，青铜质门窗，坚固感强。三层开有五间方窗，饰以简单的线脚装饰，其上为方壁柱承托弧形三角山花、女儿墙。主楼内部装修为木门窗套、大理石方柱、石膏吊顶，东北侧有一座地下一层的金库。

现为中国钱币博物馆使用。

1995年10月20日，保商银行旧址被北京市人民政府公布为北京市第五批市级文物保护单位；

保商银行发行的钱币

2013年5月3日保商银行旧址（属西交民巷近代银行建筑群）被国务院公布为第七批全国重点文物保护单位。

 知识链接　　　　**保商银行**

光绪末年，天津商人向国外进口了大量的布匹及棉纱织品，但遇到国际市场棉价波动，商人们遭受很大损失。直至清光绪三十四年（1908），商人们所欠款项还没有结算，拖欠包括德商瑞记洋行、礼合洋行和日本大仓洋行等计货款数百万两，无力归还。

清宣统元年（1909），德国人冯·巴贝作为债权代表之一，就有关此项欠款的清偿问题向北洋通商大臣署提出交涉。双方同意首先组成"北洋华洋商务理事会"专门处理此项工作。后经德商代表建议，为解决华洋商界贸易债权欠款和保障双方利益，中国大清政府、中国商人和外国债权人三方共同出资组建"北洋保商银行"，债权人从银行盈利中分期提取欠款，最后提取资本。

北洋保商银行总行最初设在今天津解放北路，银行除经营存放款业务外，还有权力单独发行货币。北洋保商银行为二层砖混结构楼房。在转角处有山花式处理的细节。入口设在转角处，外立面为青水砖墙，顶层建有缓坡式屋顶，整体建筑为折中主义建筑风格。

1912年4月，因为委托办理财政部兑换券事务，所以在北京设立分行网点，经理为陈志华，地址在前门外打磨厂中间路南。后德国在第一次世界大战中战败，冯·巴贝撤资回国，相关手续全部移交给叶兰舫全权处理，北洋保商银行改组为华资商业银行。

1921年，因为业务发展的需要，北洋保商银行总行迁址北京。总经理为王克敏。因为前门打磨厂办公用房不够，于是购买西交民巷东口的一块地皮，另建新址。初期，北洋保商银行经营很好。如1920年北洋保商银行净余额15万余元；1921年北洋保商银行净余额33万余元，业绩良好。

天津保商银行旧址

因为清末是中国纸币滥发时期，除国家发钞外，各省、地方银行，各特种银行、外商银行、合资银行均享有发钞权。故北洋保商银行在此经济背景下，也发行了一系列纸币。

1924年3月3日，喜迁新址营业，各界人士纷纷前来道贺。此外，北洋保商银行还在唐山、石家庄、张家口、呼和浩特、郑州等设立分支机构，业务一派欣欣向荣。1936年末，北洋保商银行各项存款为501万元，各项放款为382万元，发行兑换券658万元。

北洋保商银行虽然资金实力较为雄厚，最初还享有一定的政治特权，而且在一段时间内也曾获得了较大的发展，但后来经营不力。抗日战争爆发后，于1939年1月陷入停业倒闭的境地。

1949年1月，北平和平解放。2月，中国人民银行从石家庄迁到北平，各专业部门在北洋保商银行旧址办公，对其进行改造利用。

醇亲王府南府

醇亲王府南府，也称醇亲王旧府，原为清乾隆帝第五子荣亲王永琪府邸，咸丰九年（1859）赐予道光帝第七子奕譞。同治十一年（1872）奕譞封为醇亲王。同治十三年（1874），奕譞次子载湉被立为皇帝，年号光绪。因皇帝出生于此，此府成为"潜龙邸"，为区别于后海北岸新建醇亲王府，称此府为南府。位于西城区鲍家街43号，宗帽胡同甲2号。

醇亲王府南府坐北朝南，根据光绪朝《详细帝京舆图》可以看到，王府总平面呈不规则长方形，主要建筑为中、东、西三路和花园部分。王府花园被史籍赞为京城王府四大名园之一，可惜已经拆除。但是据陈宗蕃编写的《燕都丛考》记载，李鸿章受醇亲王邀请，游花园时写下《丁亥春日醇邸召游适园诗》，其中提及了很多花园中建筑和景观的名字，如宣赞七德殿、东楼、西楼、竹林、修禊亭、问源亭、风月双清楼、抚松草堂、寒香馆、绚春沁秋、梯云揽霞、小幽趣处等。

王府中路最南端为街门，面阔五间，歇山顶，黄琉璃瓦绿剪边屋面，檐下施以单翘单昂五踩斗拱，额枋绘墨线大点金旋子彩画，金龙枋心，明、

醇亲王府南府街门背立面

府门

次间四抹槅扇门四扇，梢间三抹槛窗四扇，均为三交六椀菱花棂心。砖石台基，三连垂带踏跺六级。门后左右各一石雕台座，上置石雕鱼缸。

街门以北为府门，面阔五间，歇山顶，黄琉璃瓦绿剪边屋面，檐下施以单翘单昂五踩斗拱，额枋绘墨线大点金旋子彩画，金龙枋心，明、次间四抹槅扇门四扇，梢间槛窗，均为三交六椀菱花棂心。府门两侧石狮和圆形石雕座各一对。院内东西两侧阿斯门各三间，硬山顶过垄脊，筒瓦屋面。府门东西庑房各五间。

过府门进入正院，北房正殿银安殿已经拆除，改建为楼房。

王府前部建筑由于在醇亲王去世后改为醇亲王祠堂，所以改为一般王府不允许使用的黄琉璃

瓦，以及一些供奉的摆设。

建筑群在正殿之后分为3路，除与轴线一致的中路寝门、正寝殿、后罩楼等，另外还有东、西两路。

寝门位于银安殿以北，面阔三间，前后出廊，硬山顶调大脊，绿琉璃瓦屋面，在前后金柱位置，部分保存有三交六椀菱花窗，门内留有天花。寝门前东、西两侧配殿各三间。

正寝殿（又称神殿，供奉满族萨满教神像）位于寝门以北，面阔五间，硬山顶调大脊，绿琉璃瓦屋面，前出廊，柱间带云纹卷雀替，额枋绘墨线大点金旋子彩画（部分已经脱落），部分保存三交六椀菱花棂心的槅扇窗。东西朵殿各三间，硬山顶过垄脊，筒瓦屋面，前出廊。东西配殿各五间，硬山顶调大脊，筒瓦屋面，院内各房由游廊相连。

后罩楼位于正寝殿以北，二层建筑，面阔五间，前出廊，硬山顶调大脊，绿琉璃瓦屋面，东西各接转角房。

东路最前端为一座砖砌的门，歇山顶，筒瓦屋面，檐下施以砖仿木单昂三踩斗拱，墙体饰以砖雕。第一进院正房五间，硬山顶过垄脊，筒瓦屋面，额枋绘墨线大点金旋子彩画，金龙枋心，前出

西阿斯门

正寝殿

正寝殿彩画

两间。正房五间，硬山顶过垄脊，筒瓦屋面，额枋绘墨线大点金旋子彩画，金龙枋心，前出廊。东西厢房各三间，硬山顶过垄脊，筒瓦屋面，额枋绘雄黄玉旋子彩画，前出廊。第三进院北房三间，硬山顶过垄脊，筒瓦屋面，额枋绘箍头包袱彩画，前出廊。西路也保存后两进院落，形制与东路基本相同。

2011年3月7日，醇亲王府南府被北京市人民政府公布为北京市第八批市级文物保护单位。

东路二进院正房

廊，柱间带雀替。东西厢房各三间，硬山顶过垄脊，筒瓦屋面，额枋绘雄黄玉旋子彩画，前出廊。

第二进院院南端北房三间（此房似为门或倒座房），硬山顶过垄脊，筒瓦屋面。东西耳房各

后罩楼

东路一进院大门背面

知识链接　　晚清活跃的奕譞

醇亲王奕譞是道光帝的第七个儿子，是咸丰皇帝的异母弟弟，也是光绪皇帝的生父。他活跃在清末的政坛上。

咸丰十一年（1861），咸丰帝驾崩后，慈禧太后发动辛酉政变，他与恭亲王一起协助慈禧太后获得最高统治权力，获得了慈禧太后的信任。慈禧太后开始重用他，他先后担任很多重要职位，如都统、御前大臣、领侍卫内大臣等。

同治三年（1864），奕譞加亲王衔；同治十年（1871），奕譞的第二个儿子载湉出生在该府；同治十一年（1872），奕譞晋封，成为怡亲王。光绪

元年（1875），同治因病去世后，因没有留下子嗣而过继了奕譞的第二个儿子载湉，这便是历史上的光绪皇帝。

光绪登基后，奕譞获得晋封，后奕譞以商办的名义接掌了军机处，之后他担任总理海军事务大臣时挪用海军经费修建颐和园。醇亲王奕譞过世后被追封为醇贤亲王，而他的爵位被侧福晋所生的五子载沣继承，载沣的长子便是溥仪，也是清朝的最后一任皇帝。

奕譞一生中值得称道的便是创建北洋海军，这是远东地区数一数二的海上武装力量。

广福观

广福观是北京什刹海地区保存较完整的道教建筑，位于西城区烟袋斜街37号、51号，后门为大石碑胡同6号、8号。有较高的历史价值。

广福观始建于明朝天顺三年（1459），作为管理天下道教的机构"道录司"使用，原为道家宫观。清朝雍正时期，广福观被重修，改名为"孚佑宫"，至光绪九年（1883），改建山门，民国后，又改回原名为广福观。

广福观坐北朝南，分为东、西两院，东院是正院，在烟袋斜街37号院，依次为山门、天王殿、三清殿、三官殿。西院是西跨院白云仙院，有山门（已被毁）、吕祖殿、后殿，在烟袋斜街51号院。

因为广福观紧邻什刹海，明代著名文学家、书法家李东阳曾写过《咏广福观》来赞美在什刹海风景衬托下的广福观建筑，这首诗写道："飞楼凌倒景，下照清澈底。时有步虚声，随风渡

广福观东院山门

湖水。"

广福观东院的山门于清光绪九年（1883）改建，山门面阔三间，上有石额，石额上用楷书刻有"广福观"，汉白玉拱形券门刻着缠枝花纹。2008年，山门复修。

山门往北是三间天王殿，殿门造型样式为五抹三交六椀，窗造型样式为二抹三交六椀，原供奉哼哈二将，现在前门已关，后门是商品部。

天王殿往北为三清殿，为二道院落主殿，供奉"三清"。"三清"分别为玉清元始天尊、上清灵宝天尊、太清道德天尊。殿前立碑两统，东碑为明代诰敕碑，碑额篆书《大明诰敕》，有上下两部，天顺诰敕碑文载："尔道录司左正一兼大德观

山门石额

住持孙道玉，盍游方外，聿追清净之风，久视域中，深悟玄中之道，为道流之领袖……"明成化诰敕碑文所载："今特封尔（孙道玉）为掌道教之事，锡之诰命。"西碑罩玻璃罩，碑文不明。

三清殿有东西配殿，其中东配殿为崇玄殿，原供通天教主和八仙等；西配殿为三间演法殿，原供天师、财神、关公诸神。三清殿有转角房4座，连接天王殿、演法殿、三清殿和崇玄殿。三清殿往北有五间三官殿，此处"三官"分别为天官、地官、水官，也被称为"三官大帝"，殿前有月台。

广福观东院的后殿没有匾额，往西走就能进入西跨院，抬头看向院子后面的树梢，可以隐隐约约见到鼓楼。西跨院的白云仙院南部不开放，不过隔窗可以看到垂花门。在西院内南侧为三间吕祖殿，是西跨院一进院正殿，东南侧是吕祖殿的东厢房，后殿已被毁。西跨院二进院的东西厢房、耳房、正房在吕祖殿的北边。

民国时期，广福观设有"安庆水会"，是北京民间组织的消防机构。

中华人民共和国成立后，广福观的建筑文物得到了很好的保护，尤其是东院保存较为完好，

三清殿东配殿

后殿

西院也经过多次修缮，一些建筑保存完好。广福观作为街道博物馆，展示了什刹海的前世今生、人文古迹和民俗风情等，让前来观赏的游人感受到什刹海的文化底蕴。

2011年3月7日，广福观被北京市人民政府公布为北京市第八批市级文物保护单位。

 什刹海的前世今生

800年前的永定河故道有一片水域为什刹海，是北京著名的历史名胜，原与前海、后海同为积水潭，是坐落在北京西城区的一片观光大湖。什刹海繁荣的时期为元朝，这里承载了北京城的诸多记忆，记载了什刹海的前世今生。

三清殿

元朝时期，什刹海被称为积水潭，是皇城外的一片湖泊，当时元大都落成，为解决皇城内的供水和漕运，忽必烈命郭守敬修建通惠河，再从西山导入白浮泉泉水，汇入积水潭，顺利解决了皇城内的供水及漕运问题。渐渐地，积水潭的面积也随着多条水系的汇入而不断扩大。元朝对积水潭尤为重视，因而不断修缮。

明朝时期，积水潭因经历战火摧残，已变得破旧不堪。当时朱元璋定都南京，北京积水潭的漕运功能也不被重视，再加上北京城南移，积水潭也被一分为二，水系面积也变小了。朱棣当皇帝后，为将首都从南京迁往北京，开始扩展城池，开通通惠河，开展南北漕运，当时拓展城墙扰乱了水道秩序，将通惠河上游围在了城墙之内，漕运也无法北上至积水潭。

德胜门修建之后，南北向大街从积水潭中间穿过，自此，德胜桥西为积水潭，德胜桥东为什刹海。什刹海包括前海、后海、西海及其他海域。至此，皇城内的权贵开始在这片风水宝地上建造府邸、池塘、花园，这里也成为文人墨客游玩写诗的地方，日益繁华的什刹海使得酒楼的生意非常火爆，在这里，还修建了众多寺观，其中就包括广福观。

清朝仍将北京作为都城，什刹海是人们游玩的最佳选择，清朝中期，什刹海开始向所有人开放，湖面上小船荡漾，到了晚上，桥上两侧也是灯火通明，无比热闹。同治年间，什刹海由盛及衰，这里也不再像从前那么热闹，甚至还禁止人们在这里摆茶摊，什刹海的水少、潭浅、被污染，什刹海也失去了往日的风光。

辛亥革命后，什刹海以前的王府、旧宅有的被拆除，有的被改建，有的保留了下来重新修建。

1918年开始，什刹海上的桥也被重新修建。1930年开始，什刹海经过污水治理、环境改造，恢复了一定的繁荣。1948年，为保护什刹海生态环境，开始禁止人们倒垃圾。

中华人民共和国成立后，相关部门开始不断修缮并美化什刹海，经过长时间的改善，什刹海的环境变得干净整洁，风景秀丽。

清稽查内务府御史衙门

清稽查内务府御史衙门是清代对内务府官员的监察机构，设立于清雍正四年（1726），位于西城区陟山门街5号，是目前北京仅存的一处完整的宫廷衙门。现状保存完整，对研究清代衙署制度有重要的价值。

稽查内务府御史衙门，由都察院两名满族监察御史任职，是负责监督内务府官员的机构。清朝灭亡以后内务府取消，该衙门逐渐成为普通民居。现存形制与乾隆年间略有不同，据推测为御史衙门功能丧失后，逐渐演变形成的。

清稽查内务府御史衙门坐北朝南，四进院落，

清末稽查内务府御史衙门大门

仪门

大门面阔三间，硬山顶调大脊，筒瓦屋面，明间开广亮大门，门内为第一进院。大门两侧接东西转角房，第一进院北侧有仪门一座。

进仪门为第二进院，院内正房面阔五间，硬山顶调大脊，筒瓦屋面。院内东、西配房各三间，清水脊，合瓦屋面，其北各接庑房三间，过垄脊，合瓦屋面。正房后有仪门，过仪门为第三进院，院内有正房，面阔五间，东西各带耳房两间，其中西耳房东侧一间辟为过道，可通第四进院。第三进院内东西配房各三间。第四进院有后罩房九间。

清稽查内务府御史衙门现由故宫博物院使用。2011年3月7日，清稽查内务府御史衙门被北京市人民政府公布为北京市第八批市级文物保护单位。

 知识链接　　稽查内务府御史衙门的发展

稽查内务府御史衙门又被称作稽查门各府御史处，归都察院管辖，是清朝的官署名称。

清朝的内务府是一个机构，其职责是专门服务于皇室，它下面有广储司、都虞司、掌仪司、会计司、庆丰司、慎刑司、营造司等七司三院，除此之外，还有一些附属机构，如三织造处和三旗参领处等。而稽查内务府御史衙门就是监督内务府官员的。

稽查内务府御史衙门在满语的意思是"总管查核内务府之衙署"，监督内务府一切内务。稽查内务府御史衙门会核查内务府各司和院每年所用的钱粮数目，按照旧管、新收、开出和实在等各项造册，然后呈给稽查内务府御史处，经该部门人员核查并注销。该部门还稽查广储司、六库等官员更调交接及物品的取用存储等，每个月稽查两次并注销。另外，该部门还负责稽查紫禁城，遇到出行有异的人会进行处理。

二进院正房

清稽查内务府御史衙门北房侧立面

清稽查内务府御史衙门现保存较完整，具有一定的历史文化价值。民国以后，该部门由故宫博物院管理使用；中华人民共和国成立以后，该旧址作为故宫博物院家属宿舍使用。2007年，相关部门将居民迁出并对建筑进行修缮。

过厅

清学部遗存

清学部遗存原为敬谨亲王府，光绪年间改建为学部。位于西城区教育街1号，是清代末期清政府改革的重要机构，是清末实行"新政"的产物。建筑是公府规格，现存建筑有重要的历史价值。

清学部遗存建筑坐北朝南，原有东西二路。现东路保存有三进院落，大门面阔三间，硬山顶调大脊，筒瓦屋面，三间一启门形式。第一进院北侧有北房十一间，中间三间为过厅，硬山顶过垄脊，筒瓦屋面，明间辟为门道。

第一进院东侧建有垂花门一座，门内东房三间，过垄脊，合瓦屋面。

第二进院，正殿面阔五间，硬山顶调大脊，

二进院正殿

筒瓦屋面。东西两侧各有耳房三间，硬山顶鞍子脊，合瓦屋面。正殿与东西配殿之间各建有月亮门一座。东、西配殿各十间，过垄脊，筒瓦屋面。

第三进院，启门三间，有神殿五间，后罩楼五间。

2011年3月7日，清学部遗存被北京市人民政府公布为北京市第八批市级文物保护单位。

清学部大门

 知识链接 清学部

清学部旧址建于清朝初年顺治年间，是清敬谨亲王府，敬谨亲王名尼堪，尼堪的父亲是努尔哈赤的长子褚英，他是褚英的第三个儿子。清顺治六年（1649）三月，尼堪获得晋封，成为敬谨亲王。他在战场上立过功并牺牲在战场上，所以谥号"庄"，他的府邸又被称作"庄王府"。

清朝末年，科举制废除，清政府要建立学部，负责主持全国学政，于光绪三十一年（1905）十一月在尼堪后代镇国公全荣府设立学部。学部设尚书1位，左右侍郎各1位，左右参议各1位，参事官4位，分设总务、专门、普通、实业和会计5司，另设12科。

辛亥革命以后，学部改为教育部。教育部南边的胡同也随之改为"教育部街"。1965年，相关部门对地名进行整顿，这里更名为"教育街"。这个名称一直保留了下来。后民国政府南迁，清学部作为北平市党部在使用。中华人民共和国成立后，清学部旧址又被北京三十三中北院使用。

清学部二进院东配殿

清学部二进院西配殿

后来，这里作为北京外事服务职业高中实习饭店在使用。

绍兴会馆

绍兴会馆是清代绍兴府的山阴、会稽两县（今属绍兴市）在京会馆，位于北京西城区菜市口大街南半截胡同7号，现存比较典型完整的府级会馆，对研究会馆及近代文化具有重要的价值。

会馆的大门旁墙上有一块汉白玉石碑，石碑上写着"绍兴会馆"。过去，大门上方悬挂着一块木匾，上面写着"绍兴会馆"4个大字，现在的门已翻新，重新上了红漆，一眼望去，绍兴会馆的门并不大，但走进院子却发现其规模并不小。院子里面有房屋84间，大小不一，有很多宅院，其中包含有仰蕺堂、希贤堂、渔文萃、福之轩、藤花馆、蒔花别馆、绿竹舫、嘉荫堂、补树书屋、怀旭斋、一枝巢等。

紧靠大门朝西有一排房子，南北两侧也排列着房子，还有最里面朝东的房子，这些房子历经百年，房顶是灰色的瓦，瓦缝中长着杂草。

会馆前厅为仰蕺堂，供奉着让绍兴人无比自

绍兴会馆大门

绍兴会馆大门旧照

绍兴会馆腾退后的一座房子

　　2011年3月7日，绍兴会馆被北京市人民政府公布为北京市第八批市级文物保护单位。

豪的先贤牌位，后厅为希贤堂，供奉着文昌魁星。1912年，鲁迅来到北京，住在绍兴会馆的藤花馆西房，藤花馆的得名来源于这座院子的藤萝架，因为周围住的邻居经常喧哗，吵得鲁迅不能入眠，于是，鲁迅就搬到了朝南的屋子。周作人来到北京后，鲁迅便将这间屋子让了出来，自己又搬到了北边的补树书屋。当时的补树书屋看上去陈旧，屋中阴暗，房间的采光并不是很好。不过，鲁迅先生并不在乎这些，他克服困难，在艰苦的环境中完成自己的著作。在此期间写出了《狂人日记》《孔乙己》《药》《一件小事》等著作。

　　补树书屋位于绍兴会馆南边第二进院子里。进右手门里为第一进院，由南边过道进去，为第二进院，第二进院的西边就是补树书屋，有4间西房，窗门为和合式，上下为花格糊纸，没有玻璃，院子里有棵大槐树。

　　鲁迅从1912年居住在绍兴会馆，至1919年迁至八道湾新居，在这里居住了7年半，这是他离开绍兴老家后居住时间最长的一处居所。

知识链接

鲁迅的《狂人日记》

　　鲁迅的《狂人日记》中有这样的一段经典语句："我翻开历史一查，这历史没有年代，歪歪斜斜的每页上都写着'仁义道德'几个字。我横竖睡不着，仔细看了半夜，才从字缝里看出字来，满本都写着两个字是'吃人'。"

　　这一经典语句脍炙人口，出自中国第一部现代白话文小说《狂人日记》。鲁迅写这部小说的目的与当时社会背景有关，鲁迅和许多先进的知识分子，都深深感悟到，要解救中国，就必须要反对旧思想、旧礼教、旧文学，进行一场"文学革命"。也就是在这样的文学革命大浪潮中，鲁迅在《新青年》上发表了这篇小说《狂人日记》。

　　鲁迅写《狂人日记》是受到了外国文学作品的启发，他在留学期间，受到俄国文学作品的影响，其中的一部作品为果戈理的《狂人日记》；一部为高尔基的《二狂人》。鲁迅的《狂人日记》就是受果戈理《狂人日记》的影响，以日记体的形式，内容受高尔基《二狂人》的影响，展现"狂人"特有的心理躁动。鲁迅《狂人日记》中的经典语句"吃人"，对旧制度进行了深入骨髓的揭露和批判。

鲁迅的《狂人日记》发表后，受到广泛关注，在形式与思想方面深刻影响了20世纪的中国文学史和中国思想史。《狂人日记》在我国现代文学史和中国现代文化史上都具有跨时代的意义。

浏阳会馆

浏阳会馆即谭嗣同故居，位于西城区菜市口大街北半截胡同41号。浏阳会馆原为清末官员谭敬甫的宅邸，后被浏阳兴宾会购得，改为浏阳会馆。而谭敬甫就是谭嗣同的父亲。浏阳会馆作为清末为变法革新捐躯的第一人——谭嗣同的旧居，有重要的纪念价值。

浏阳会馆建于清同治九年（1870），占地1000多平方米。会馆坐西朝东，现存格局较完整，分前后院。谭嗣同在戊戌变法时曾住在会馆主房北套间，自题为"莽苍苍斋"。他的许多诗文、信札都在这里写成。会馆里还有维新志士开会的里院北屋。

浏阳会馆大门

谭嗣同故居

2011年3月7日，浏阳会馆被北京市人民政府公布为北京市第八批市级文物保护单位。

知识链接 **戊戌君子谭嗣同**

谭嗣同出生于清同治四年（1865），清代湖南长沙府浏阳县（今湖南省浏阳县）人，是我国近代著名的革命家、思想家。光绪二十四年（1898），戊戌变法失败后，他宁愿被抓，也不愿狼狈逃跑，最后被杀害。

谭嗣同出生在官僚家庭，5岁开始读四书五经，他聪明伶俐，有胆识，热爱作诗，写的文章文采过人。他为人正直，喜文习武，12岁跟随"通臂猿"胡七和"义侠"大刀王五学剑练武。

谭嗣同性格豪放不羁，勇敢坚毅，这与他经常跟随父亲奔走于西北原野有着密切的关系。他常跟随父亲穿山越岭，踏沙涉水，夜间在点燃的篝火旁饮酒高歌，在搭起的帐篷中休息。青年时，因受父亲逼迫，无奈多次参加科举考试，却屡考不中。光绪十年（1884），谭嗣同离家出走，游历各省，结交义士，游览名胜，体验风土人情。在游历过程中，谭嗣同了解社会背景，体会到人民群众疾苦，于是，他下定决心，做有利于国家的事。

中日甲午战争，清军惨败，丧权失地，百姓受难，这一切都无时无刻不牵动着谭嗣同的心。当时，康有为联合在京参加会试的举人上书清政府，要求拒和、迁都、变法，谭嗣同在变法思潮的影响下，意识到必须要对腐朽的封建专制制度实行改革，救国救民。光绪二十三年，他完成著作《仁学》，之后便付诸实际行动，开始变法，他创办时务学堂，兴建浏阳文庙算学馆，出版《湘学新报》，广泛传播维新思想，实行变法。

最后，戊戌变法以失败告终，谭嗣同原本有机会逃走，但他却不愿意狼狈逃走，甘愿束手就擒，他要用自己的牺牲唤醒世人，与封建顽固势力做斗争，谭嗣同牺牲时的最后一刻，大声地说："有心杀贼，无力回天，死得其所，快哉！快哉！"

张自忠旧居

张自忠旧居是张自忠将军1935—1937年在北京时的故居，位于西城区府右大街丙27号。现在，这里是北京市自忠小学所在地。

府右大街丙27号曾是袁世凯总统府侍卫长徐邦杰的住所，1934年，张自忠买下了这处宅院。当时，这处院落占地面积十几亩，看上去很大，分为3个院落，后来扩建马路，毁掉了其中的一座院落。旧居对研究张将军的生平事迹，发扬民族精神，开展爱国主义教育有非常重要的价值。

张自忠旧居的院落非常大，有百余间房，院子里种植着各种花草树木，有假山、凉亭、荷花池，还有藤萝架，经过历史的变迁，有的东西已

北京市自忠小学

经不存在了，不过仔细的人如果认真观察，还能看到留下的痕迹。房屋由走廊连接，垂花门上刻着花鸟图案，看上去无比精美，房间的门上有的能看到"寿"字，房屋里用木板铺设地面，木制的槅扇上刻有典雅的花纹。

张自忠旧居原有东、中、西3组院落，现中、西院基本保持原貌，现占地约4600平方米。故居坐北朝南，南部为花园，后被拆除，北部为住宅，有北房七间，房顶灰色，分为东西两院，大门在西院，东院有南房、北房和东西耳房，西院有南北门房、南房、北房、东西厢房。东院东边一间是张自忠妻子李敏慧的卧室，穿过这间房，就是

张自忠旧居外景

张自忠的卧室。张自忠的卧室十分简陋，有一张双人软床、一对沙发、一个小衣柜，这里最吸引人的是镶嵌在门上的玻璃，在阳光的照耀下，折射出各种各样的颜色。院内有东西厢房，为客厅。走出张自忠卧室，能够看到院子里的5棵高大国槐，这些国槐没有经过修剪，但却仍有观赏价值，非常俊美，其中2棵因为树龄较大，已成为古槐，以前，它们可都像士兵一样守护着张自忠将军，伴他度过每个日夜。

1940年，张自忠在枣宜会战中牺牲，后来自幼跟随他长大的侄女张廉瑜遵从叔叔的遗愿，在故居创办了自忠小学。1949年，张自忠侄女将房产与学校移交政府，1950年张自忠小学并入北京小学。2001年，张自忠小学被西城区民政局命名为爱国主义教育基地。基地展示分为"投笔从戎""长城抗战""政坛生涯""奋起抗日""威震江汉""爱兵爱民""血洒襄东""荩忱不死""继承遗志"等10个部分，讲述了张自忠波澜壮阔，为国捐躯的事迹。

这所故居被精心保护着，张自忠故居院落干净整洁，张自忠所在的西院北屋书房被用来展示，展览张自忠将军的生平，在张自忠卧室所在的东

东院庭院和纪念碑

院中，立了一座纪念碑，碑文刻有："其忠义之志，壮烈之气，直可以为我国抗战军人之魂。"

2011年3月7日，张自忠旧居被北京市人民政府公布为北京市第八批市级文物保护单位。

知识链接　　　　**爱国将领张自忠**

张自忠，1891年出生于山东省聊城市临清唐园村，他从6岁开始读私塾，之后跟着父亲来到江苏，14岁时父亲去世，张自忠随母亲回到家乡，在清高等小学堂上学。1911年，张自忠考入天津北洋法政学堂，秘密加入同盟会，第二年，他转入济南法政专科学校，投身于山东革命运动中。

1914年，张自忠弃笔从戎，奉天辽宁省新民

张自忠旧居正房

民族英雄张自忠

县新民屯陆军第二十师第三十九旅第八十七团团长车震看中了张自忠不怕吃苦、意志坚强的优点，接纳了他。之后，又将他介绍给了冯玉祥，张自忠也深受冯玉祥的器重，成为冯玉祥西北军中的一员大将，连升为卫队团第三营营长、学兵团团长、第十五混成旅旅长、第二十八师师长兼第二集团军军官学校校长。九一八事变之后，西北军被改编为第二十九军，张自忠为第三十八师师长，1933年，日军进逼长城一线，他担任第二十九军前线总指挥，在担任这些职务期间，张自忠做事认真，为士兵起到了很好的带头作用。

1937年，七七事变后，全民抗战爆发，张自忠先后参与临沂保卫战、徐州会战、武汉会战、随枣会战、枣宜会战等，在枣宜会战中，张自忠率领部队与敌人抗衡，当日军的飞机大炮攻击鄂北南瓜店时，张自忠率领卫队增援，当他在指挥所指挥作战时，敌人的弹片飞了进来，正好穿过他的右肩，就在这时，一颗流弹又穿过他的左肩，身负重伤的张自忠为掩护大家撤离，与日军进行了殊死搏斗，1940年，49岁的张自忠壮烈牺牲。

中国地质调查所旧址

中国地质调查所旧址是1913年成立的地质研究所和地质调查所合并后的办公研究场所，位于西城区兵马司胡同15号。这座中国地质调查所为我国早期的地质科学研究机构，是中国近代科学体制化的重要标志。记录了中国近代科学起步及其学术辉煌，蔡元培先生对这所建筑曾给予高度评价，称其为"中国第一个名副其实的科研机构"。著名科学家章鸿钊、丁文江、翁文灏、裴

中国地质调查所大门

文中、李四光等都曾在此工作过。

中国地质调查所旧址门口立着文物标识石桩，门柱和红色横匾是近几年重新翻修过的。里面是一个很大的院落，院中有南楼图书馆、西楼办公室、北楼研究室3座西洋风格建筑，北楼为灰色小楼。中国地质调查所旧址共有房屋264间，建筑面积为3517.5平方米，由当时民间团体及个人募捐建造。

中国地址调查所旧址坐南朝北，走进大门，直走就是南楼图书馆，整体看上去像德国民居样式的楼房，图书馆大门位于正南，为拱券形门，门顶上汉白玉石额上写着"地质调查所图书馆"。图书馆中珍藏着很多地质图书，当中的藏书每年以五六千册递增，这里是东亚最大的地质图书馆。

图书馆

图书馆有二层，一层东侧为阅览室，这里也是演讲室；西侧有三间办公室。二层东侧有一间很大的藏书室；西侧是办公室。玄关东墙上镶嵌着撰文《地质调查所图书馆记》，记述了图书馆的筹建过程："民国十年（1921）九月，地质调查所图书馆成。丁所长以验工告且曰：文江备员兹所以讲求地质，端赖图书附室三楹，仅足庋置。八年，派与巴黎和会，以暇搜罗欧美载籍，彼都专家亦竞以新著见饷，总万数千册载以归，室隘莫容，原有矿产陈列馆五室亦不敷用。爰与邢前司长端、今林司长大闿、今翁会办文灏商之，业矿诸臣商，先后集银币几四万元。图书器用约费五分之二，余供营构。今幸观成，不可无述，敢以记请予。"

西楼办公室的造型稳重、色彩柔和，1928年建成，看上去像德国样式的精致小楼，由第一个赴西方学习建筑的中国人、世界建筑业著名的贝氏家族第一代创始者、当代世界著名建筑大师贝聿铭的叔祖——贝寿同设计。西墙上隐约有"土壤研究室"的字样，西楼地上有两层，二层是中国第一位地质学博士翁文灏的办公室，地下有一层，楼顶有一间阁楼。西楼有中国的第一个土壤学研究机构——地质调查所土壤研究室，地质调查所新生代研究室诞生于此。

北楼地上有三层，地下有一层，1930年建成，由社会活动家金绍基捐资建造，为平顶建筑。北楼的门额上题写"地质调查所沁园燃料研究室"，这幢楼是科学实验楼。许许多多工作者在这里进行矿物岩石的化学研究。

地质调查所诞生以来，取得了很多重大的科研成果，工作者在这里创立了"燕山运动"和与之相关的岩浆活动，以及金属矿床形成理论。工作者发现了举世闻名的新石器文化，开创了中国现代考古事业，这一文化就是著名的韶文化。不仅如此，这里还培养出了多名杰出人才，他们在国际学术界的地位颇高，这些科学家成为我国科学界诸多学科的领军人物，是后代学习的榜样。

2011年3月7日，中国地质调查所旧址被北京市人民政府公布为北京市第八批市级文物保护单位。

位于图书馆后面西侧的沁园燃料研究室

知识链接 中国地质调查所旧址的故事

中国地质调查所成立之初，几乎就只有所长丁文江在从事地质专业研究工作。之后，海归科学家章鸿钊、翁文灏等人归国，与丁文江共同努力，为中国培养出了第一批地质学人才，中国地

西楼

质学才真正登上学术殿堂。

1914年，由所长丁文江组织，在工矿部开办地质研究班，将北大原有的图书标本借来，并请来了北大原有的德国教授梭尔格，地质研究班培养出来的学生成绩都很优异，为拓宽学生的地质学视野，他们都被送到国外留学，其中包括后来中国地质学界的领袖人物，如王竹泉、李捷、谢家荣、李学清等。

中国地质调查所不仅有优秀的人才，也取得了突出成就，优秀的工作者在这里举办了中国第一次地震科考活动，成立了第一个土壤学研究机构，在这里进行中华民国新地图的绘制，进行周口店北京人头盖骨的发掘和研究等。北京人头盖骨的发现是我国科学界获得的第一块世界金牌，这一发现，也轰动了世界，对研究世界古人类学极有价值。

由著名古生物学家、地质学家杨钟健、尹赞勋作词，近代著名作曲家黎锦晖作曲，为中国地质学会创作了一首会歌："大哉我中华！大哉我中华！东水西山，南石北土，真足夸。泰山五台国基固，震旦水陆已萌芽。古生一代沧桑久，矿岩化石富如沙。降及中生代，构造更增加，生物留迹广，湖泊相屡差。地文远溯第三纪，猿人又放文明花。锤子起处发现到，共同研讨乐无涯。大哉我中华！大哉我中华！"以此表达他们对地质工作的热爱，对地质调查所的热爱，对祖国的热爱！

兆惠府第遗存

兆惠府第遗存是乾隆时期著名将领兆惠的府第，位于西城区前井胡同3号。

兆惠府第遗存屋顶

兆惠府第坐北朝南，分为南、北两个院，中间由东西向且西口封闭的小胡同分隔，北院大门设在东墙南侧，为坐西朝东的三开门。中院垂花门内是正房五间，东西厢房各三间，正房以北是正房五间带耳房，后楼七间。东院有两进院落。南部的西院是马圈，东院是佣人住房。

现存北房五间，东、西厢房各三间，占地712平方米，为典型的乾隆前期建筑。具有重要

垂花门

的历史和社会价值。

2011年3月7日，兆惠府第遗存被北京市人民政府公布为北京市第八批市级文物保护单位。

知识链接　收复新疆的功臣兆惠

兆惠（1708—1764）的全名为吴雅·兆惠，字和甫，满洲正黄旗人，是雍正生母孝恭仁皇后族孙，其父亲为都统佛标。兆惠一生都在为平定新疆做贡献，他是中国有史以来收复国土最多的人之一，被誉为"中国反疆独第一人"。

乾隆十八年（1753），兆惠来到西藏办理筹防准噶尔部相关事宜，第二年，朝廷派出精兵平定准噶尔部时，兆惠受命协助北路军务，担任分配粮饷一职。乾隆二十一年（1756），清军打败阿睦尔撒纳，收复伊犁，兆惠又被任命为定边右副将军，筹办伊犁善后事宜。乾隆二十二年（1757），兆惠

率领军队来到乌鲁木齐，扎那噶尔布等叛军在此集合，兆惠为平定叛军，在此作战，甚至在一天之内接连作战10余次。因兆惠作战奋勇，深受乾隆皇帝青睐，并封兆惠为一等武毅伯。即便如此，兆惠还依然奋力追击叛军，时刻保持警惕，从不懈怠。

兆惠还先后平定了大、小和卓木叛乱，进行黑水营之战，大战呼尔璊。乾隆二十五年（1760），兆惠带领大军回到京城，乾隆二十六年（1761），兆惠被封为御前大臣。在回到京城之后，兆惠先后查办案子、疏通水道、疏浚河道，尽心尽力为朝廷效力。乾隆二十九年（1764），56岁的兆惠因病去世，他的画像被列为南海紫光阁功臣第二位，平定新疆叛乱的功绩被世人铭记。

万寿兴隆寺

万寿兴隆寺是清代皇城内八庙之一，位于北京市西城区北长街39号，原为明代兵仗局佛堂，清康熙三十九年（1700）改成万寿兴隆寺。现存建筑较完整，规模较大，对于研究清代养老义会的创办和发展具有重要的参考意义。

万寿兴隆寺规模宏大，为朝向故宫，故坐西

吴雅·兆惠

万寿兴隆寺山门

山门拱券与匾额

山门内某处建筑的前廊顶部

朝东。寺院南临后宅胡同，北至庆丰司，西侧与中南海东墙紧靠。寺院内殿宇众多，其中东向大殿二重，南向大殿四重，并且各殿所在四合院中均有配殿。山门面阔三间，雕龙石额上书"万寿兴隆寺"。中路前殿三间，外额书"显灵尘世"，殿内额书"摩利中天"。后殿三间，额书"兴隆寺"，这些匾额均为康熙御笔。南向四重均有殿宇，其中一重三间，二重三间，三重五间，四重五间，这些殿宇的形制大致相同，均为硬山筒瓦顶。

万寿兴隆寺中原存有多方石碑，如米汉雯题写的重修碑记、清乾隆二十六年（1761）万寿兴隆寺养老义会碑、乾隆三十二年（1767）献花会题名碑、乾隆四十八年（1783）养老义会题名碑，另外还有清同治、光绪、宣统年间所留存下来的多方碑刻。现多数已经被毁。

明代时，该寺院为兵仗局佛堂，里面供放着各种各样的兵器。相传皇帝和皇子们经常在这里习武。因为清康熙帝的生母孝康章皇后佟佳氏在该寺院出生，而康熙帝出天花时又曾在附近的福佑寺养病，所以他即位之后，对这两个寺院非常关注，将其视为吉祥之地，于是在康熙二十年（1681）及康熙二十八年（1689）两次对兴隆寺进

行修缮，后又为纪念生母，特意将该寺院命名为"万寿兴隆寺"，并且亲自题写匾额。

由于万寿兴隆寺一直由皇宫管理，实际上也由太监们管理事务，因此该寺院接纳那些被驱逐出宫的太监。到了清末，万寿兴隆寺成为太监们集中养老的地方，被俗称为"太监寺"。

如今，该寺院已经辟为民居，大多数殿宇得以保存。寺院内生长着很多古树，如柏树、槐树、银杏等，值得一提的是生长在后院北殿前东、西两侧的两棵雌、雄银杏树，东边的一棵雄株高达20多米，树围达3米，西边的一棵雌株也高达20多米，树围达2.5米，这两棵树树龄已达300多年，是一级保护古树，成为西城区最有名的银杏树。

2021年8月28日，万寿兴隆寺被北京市人民政府公布为北京市第九批市级文物保护单位。

 知识链接　　　　太监与寺院

太监在古代社会扮演着非常重要的角色，皇帝、君主等生活起居大多由太监负责照料，甚至有些太监还深得帝王信任，参与国家政务。据史料记载，到了明代，太监的数量已经相当庞大，

有一万多人。这些太监年老之后，按照律法就要被驱逐出宫，于是太监们就开始寻找自己安身立命的地方。

太监们年老出宫，如果回到原籍，可能会遭到村民的歧视。自己无后，亲戚又不愿赡养，因此他们只得留在京城。在这种情况下，一些有权势和钱财的太监就会出资在京城修建寺院，以供自己养老，同时也可收纳其他养老的太监。如东城报房胡同的法华寺是明景泰年间太监刘通所修，西郊万寿寺为明万历年间太监谷大用所修，石景山区模式口的法海寺为明英宗时太监李童所修等。渐渐地，太监们出宫后到寺院中养老就成了一种不成文的规则。

清乾隆年间，皇宫里乾清宫总管大太监刘钰和副总管太监肖云鹏创办了一种新的太监养老制度，他们建立"养老义会"，想要出宫到寺院中养老的太监要在出宫之前就加入"养老义会"，定期交纳银两，这样出宫后就会被寺院所接收。这种方式深得下层太监们的欢迎。他们没有像李莲英、小德张等大太监那样丰厚的财产，能解决养老问题已然非常满足。

到了清末，很多寺院因为各种原因不愿再接收太监，只有万寿兴隆寺等少数寺院仍愿接收，于是太监们就集中在这里养老，寺院成了太监们的养老院。

护国观音寺

护国观音寺是一座汉传佛教寺院，位于北京市西城区樱桃斜街4号、6号、8号，建筑布局完整，对研究清代民间寺院建筑形制特点、布局特征、装饰艺术等有重要的参考价值。

修复前的护国观音寺

护国观音寺呈东窄西宽的梯形。坐西朝东，共有三进院，中轴线上依次为山门、正殿、后殿、后罩楼，北侧有两层配楼。这些建筑全为硬山顶调大脊，筒瓦屋面，寺院虽损毁严重，但仍可见金柜花彩画、雅五墨旋子彩画等装饰。

护国寺始建于明朝末年，清乾隆二十九年（1764）观音寺得以重修，并正式挂上"护国观音寺"的匾额。之所以寺名定为"护国"，是当时人们渴望借助神明的力量来保佑太平盛世。清朝后期，观音寺又一次进行重修，现存建筑大多为此次重修后留存下来的。

清末民初时期，护国观音寺的香火日渐衰退，

修复后的护国观音寺

护国观音寺门额

往日盛况一去不返，于是寺院逐渐成为民居。其真实面貌也逐渐被掩埋。

2008年，大栅栏西街进行改造，违章建筑逐渐被清除，这时，被遮挡了60多年的护国观音寺的山门才重新面世，门额上的"护国观音寺"，两边的"乾隆甲申""桂月重修"和下边的"云山碧海"篆刻清晰可见。

2013年，护国观音寺修缮保护工程启动，坚持不改变文物原状、修旧如故、最小干预、最大程度尊重传统、保持地方风格等原则，恢复寺院旧貌，将山门前非文物建筑悉数拆除，并且建成157平方米的小广场。如今，护国观音寺旧址已

经成为大栅栏历史文化展览馆，并对外开放。

2021年8月28日，护国观音寺被北京市人民政府公布为北京市第九批市级文物保护单位。

知识链接

大栅栏商业街区

大栅栏是北京前门外一条著名的商业街，现在泛指包括大栅栏街、廊房头条、粮食店街、煤市街在内的街区。它地处老北京中心地段，是南中轴线的重要组成部分。

一条煤市街将大栅栏分为东西两部分，其中大栅栏西街又被称作"观音寺街"，因其西端的区域地标性建筑护国观音寺而得名。古时，观音寺香火旺盛，每逢庙会，热闹非凡。清末民初时，观音寺街店铺林立，成为大栅栏商业街区重要的组成部分。

修复后的护国观音寺建筑

民国时期的大栅栏街景

自明永乐十八年（1420）以来，大栅栏经过500多年的沿革，逐渐成为店铺林立，繁华热闹的商业街区。老北京有顺口溜："看玩意上天桥，买东西到大栅栏""头顶马聚源，脚踩内联升，身穿八大祥，腰缠四大恒"，这些说的就是当时大栅栏的繁华景象和地位。

20世纪80年代末，随着北京商业场所的增多，大栅栏虽几经整治，仍逐渐趋于萧条。从2019年开始，大栅栏商业街区又开始悄然改造，其目的就是将大栅栏商业街区打造成高品质步行街区。在改造过程中，大栅栏商业街将在街面重铺和外立面修正的基础上，注重硬件升级，并且将廊房三条打造成1到2个共享院落和3个亭宇院落。在这些工作完成之后，大栅栏还将着力打造文化软件，使其业态不断升级，最终恢复昔日的繁华胜景。

发掘后的桥面

西板桥

西板桥是明清北京内城河上的一座石桥，架于西板桥明渠上。位于北京市西城区恭俭胡同南

西板桥旧影

西板桥侧面

口，是研究北京内城水系变迁的重要物证。

西板桥为南北走向的单孔花岗岩石桥，是两侧带有栏杆的平板桥。桥面与水面平行。整个古桥面近似正方形，边长为6.5米，桥洞高约1.7米。现存桥面已经残缺，宽4.15米，桥面下铺着一层青砖，砌桥石条规格大小不一，长0.75—2.4米，宽0.45—0.75米，厚0.25—0.3米。

西板桥及其河道从明代起就已经存在。20世纪70年代，西板桥明渠改为暗河，中间穿污水管道，西板桥与暗河连接在一起，埋于地下，桥栏杆被拆除，地面上再无桥的痕迹。河道从北海公园流出，到了西板桥向南转折，再经过白石桥沿着景山公园西墙流入故宫的筒子河。因此西板桥是内金水河的重要组成部分。

2017年8月，什刹海街道在拆除违建工程时，发现水泥桥面下竟然覆盖着一层非常古旧的石板，这引起了相关人员的高度重视，之后，市文物局组织市文物研究所对该桥以及河道进行发掘，发现正是历史上的西板桥。

2019年，西板桥遗址保护已经成为北京市重点工程。之后西板桥遗址又迎来新的保护措施。

泊岸局部

西板桥局部

2021年8月28日，西板桥被北京市人民政府公布为北京市第九批市级文物保护单位。

知识链接 **内金水河**

在北京紫禁城中环绕着一条长长的河流，这就是内金水河。它起源于北京西郊玉泉山，再从紫禁城西北角的护城河流入城内，全长约为2100米，平均深度约4米。因为紫禁城的地势属于北高南低，西高东低，因此内金水河的基本流向就是从西北流向东南。

内金水河蜿蜒曲折，宽窄不一，最宽处达11.8米，最窄处不足2米，其河底及侧面均由石材铺砌而成。内金水河不仅点缀了整个紫禁城的环境，同时也为紫禁城的防火、排水、气候调节等起到重要作用。

紫禁城中古建筑众多，大多为木质结构，建筑内外还用易燃的油性材料装饰，因此一旦发生火灾，必须有充足水源进行扑救。虽然紫禁城中有72口水井，但其分布并不均匀，因此无法满足灭火需求，河水发挥重要的作用。内金水河之所以设计成蜿蜒曲折的形状，主要是充分接近流域途经的各个宫殿，以备不时之需。

北京每年夏季都会迎来汛期，这时紫禁城中的雨水暴涨，但是长久以来，城中建筑从未出现过积水问题，这得益于城内强大的排水系统。地表排水和地下排水都会流入内金水河，再由东华门区域的内金水河及时排出紫禁城，经护城河流入通惠河。因此内金水河是紫禁城内排水系统的重要环节。

另外在调节紫禁城气候方面，内金水河也起着非常重要的作用。内金水河环绕整个紫禁城，使得城内水汽充足，缓解了皇宫的干燥气候，夏季高温时，还可通过河水蒸发实现降温避暑效果，而冬季因为水的比热容大于土壤而实现御寒效果。

醇亲王府马号

醇亲王府马号是清末醇亲王府北府养马之地。位于北京市西城区后海北沿43号，是北京现存较为完整的王府马号建筑。

醇亲王府马号坐北朝南，西临醇亲王府，有东、西两个单进院落，占地面积5471平方米，建筑面积约1036平方米。东院仅存北房三间，卷棚歇山顶，筒瓦屋面，垂脊与檐角均有吻兽装饰，檐下梁枋施彩画，东西厢房被改建，正房的东西两侧耳房也被改建。西院有大门一座，影壁一座，正房八开间，东西厢房各九开间，另有倒座房一排。所有建筑均为硬山顶，合瓦屋面。院中尚存有石马槽和古槐。

清朝的王爷们都养有马群，这些马一方面用作交通出行，另一方面则为狩猎和应战做准备。满族是一个擅长骑射的民族，乾隆帝时，经常要

醇亲王府马号大门

醇亲王府马号大门北立面

求八旗子弟练习骑射，因此王爷们个个都保持英勇的状态，定期举办射猎活动，因此养马十分必要。但因为养马噪声大，气味儿难闻，因此马号经常设立在距离王府有一段距离的地方。醇亲王府马号就位于王府东侧100多米处。

1928年，醇亲王府马号被一个叫杜文昌的人租用，他在这里创办了一所聋哑学校，担任校长。另外，他还在学校中设立工厂，专门教聋哑人学习一些生产技术。为了鼓舞每一个聋哑学生，杜文昌校长还专门在马号正门的照壁上写下"做有用人"4个红色大字，以此作为办学的宗旨。

1951年，这所聋哑学校由政府接管，从之前的私立学校变成了公立学校，并且命名为北京市第二聋人学校，一直沿用至今。

2021年8月28日，醇亲王府马号被北京市人民政府公布为北京市第九批市级文物保护单位。

> **知识链接** 　**醇亲王载沣**
>
> 和硕醇亲王是清代铁帽子王之一，首位醇亲王为道光帝第七子奕譞。北京市西城区后海北沿43号醇亲王府马号，是当时的摄政王爱新觉罗·载沣养马的地方。

光绪九年（1883）正月初五，载沣出生于北京太平湖醇亲王府南府，为奕譞的第五子，光绪帝载湉的异母弟，宣统帝的生父。光绪十六年（1890）十一月二十一日，载沣世袭醇亲王。光绪三十三年（1907）五月，载沣成为清政府最高决策机关的领导成员之一。光绪三十四年（1908）正月，载沣任军机大臣。同年十一月，慈禧太后病危，立年仅3岁的溥仪为帝，由其父亲载沣监国，因此载沣成为摄政王。

宣统三年（1911）十一月一日，摄政王载沣宣布解散皇族内阁，任命袁世凯为内阁总理大臣，至此，其手中的军政大权被袁世凯所获取。不久后，载沣卸任监国摄政王，以醇亲王的名义退归藩邸，从此结束自己的监国生涯。

1950年，载沣将醇亲王府北府出售给国立高级工业学校，自己搬离王府。1951年2月3日，载沣因感染风寒不愈病逝，葬于北京西郊福田公墓。

钱市胡同

钱市胡同炉房银号建筑群

钱市胡同炉房银号建筑群是清朝时的炉行作坊，是用来冶炼银锭的地方，位于西城区珠宝市街37号、39号，钱市胡同1—8号、10号。

钱市胡同最宽处是70厘米，最窄处是40厘米，它被称作"北京最窄的胡同"。只有50米长，且还是一个死胡同，但是这里却是北京最早的"金融街"。街南有4组炉房，都是三合院带一间铺面，街北是4组楼房，其风格是中西合璧式，这是民国时期的银号铺房，门上挂有石匾，上面刻着诸如"大通银号"和"万丰银号"的字样。西尽头是一组主体结构保存较好的庭院。这里是

万丰银号建筑遗迹

大通银号西立面

我国现存最早的金融交易所，也是我国现存最完整的金融交易所，见证了晚清到民国期间北京地区的商业文化和货币交流。

2021年8月28日，钱市胡同炉房银号建筑群被北京市人民政府公布为北京市第九批市级文物保护单位。

钱市胡同

钱市胡同的不远处就是前门老火车站，这为云集的商户提供了便利条件。据说100多年前这里十分繁荣，那时北京的白银、铜钱买卖都集中在这里。可以说，当时北京城的白银、铜钱交易，钱市胡同基本上垄断了。

清朝人们用铜钱交易，但是朝廷征税时却不是用铜钱结算，而是必须兑换成白银才行，所以这带火了钱市交易。钱市胡同，每天一大早便聚集了北京全城各行的钱庄、粮庄和行业较大的商号，它们等钱市一开盘便用小布条记下当天行情，再用信鸽传回去，最后根据自己的实际情况做银钱交易。民国时期，钱市萧条，钱市胡同也不及以往热闹。

近年来，钱市胡同40余户居民被腾走，拆除了违规建筑，要将这里建成钱业博物馆。

北师大旧址

北师大旧址位于北京市西城区南新华街13号、15号、17号。1901年最初建成的是"五城学堂"。1908年，这里迁来了京师优级师范学堂。学校在发展过程中，曾扩建多次。

院校原本的建筑，按照从南向北的顺序依次排开，主要是丁字楼、图书馆，还有办公楼和宿舍楼。丁字楼属于宿舍楼，它建于20世纪30年代初，平面看上去呈"凸"字形，砖混结构，为三层楼，大青砖筒瓦，属中国传统式风格。1923年，图书馆建成。图书馆有很高的建筑工艺和合理的功能设计，是三层砖混结构，主立面朝北，偏西洋古典风格，看上去既大方又比较庄重，保存较完好。从外面看，"图书馆"3个字刻在檐壁上，大门前面有4根爱奥尼式立柱，现在这里是杏坛美术馆。

两座办公楼是清代风格建筑。两座宿舍楼是砖混结构，屋顶带坡，现在的使用者是北京第一实验小学。对面是北师大附中的校址，原来的建筑只剩一栋临街的红色建筑，是一栋二层小楼，

北师大旧址丁字楼

北师大旧址图书馆

中式办公楼

曾经是北师大附小的教学楼。

2021年8月28日，北师大旧址被北京市人民政府公布为北京市第九批市级文物保护单位。

北师大校史

北师大的全称是北京师范大学，国家双一流大学，隶属于中华人民共和国教育部，是985工程和211工程大学，国家"七五""八五"首批重点建设10所大学之一。

北师大前身为创办于1902年的京师大学堂师范馆。

1904年，改称优级师范科。

1908年，独立为京师优级师范学堂。

1912年，改称北京高等师范学校。

1923年7月，升格为国立北京师范大学校。

1927年，北京国立高校被整合为京师大学校，时为京师大学校师范部。

1928年，国民政府实施大学区制，平津国立高校被整合为国立北平大学，改称国立北平大学第一师范学院。

1929年8月，重新独立设置，称国立北平师范大学。

1931年7月，由国立北京女子师范大学校沿革而来的国立北平大学女子师范学院并入国立北平师范大学。

1937年7月，全面抗战爆发，师生被迫西迁，参与组建国立西北联合大学。

1939年8月，国立西北联合大学解体，独立为国立西北师范学院，部分师生参与国立西北大学的建设。抗日战争胜利后，回归北平。

1949年，北平和平解放，复用"北京师范大学"原名。

1952年，全国高校院系调整，辅仁大学主体并入北京师范大学。

泰安里民国早期建筑

泰安里民国早期建筑是民国时期北平当局在现在的原西城区香厂路一带规划建设新市区的遗迹，位于北京市西城区仁寿路6号、8号、10号、12号、14号、16号。其建造年代为1915—1918年，由六幢平立面造型相似的二层楼房组成。6座小楼被一条过道分为两排，过道口通向仁寿路，楼门均朝向过道。每幢小楼一层有走廊，二层有天井。泰安里的建筑与北京传统建筑形式差别较大，带有浓厚的海派风格。

泰安里的历史可以追溯到百年前，它是当时新市区地标式建筑，现在早已破败了，但是依稀可以看到它曾经的样子。

当年的泰安里属于京师市政公所香厂新市区建设的一部分。1914年，京师市政公所开始对香厂一带的旧街区进行现代化改造，时称"香厂

泰安里民国早期建筑临街面

西式开窗

新市区"。这一改造的目的在于用现代化理念取代封建、陈旧的传统观念，力图在虎坊桥一带建设一个西洋风格的新式街区。为顺利完成这一工程，京师市政公所参考了当时上海公共租界在城市建设方面的成功经验，使"香厂新市区"工程走上正轨。那时，新世界商场、仁民医院和东方饭店及泰安里、华康里共同组成了一个"海派街区"。

2021年8月28日，泰安里民国早期建筑被北京市人民政府公布为北京市第九批市级文物保护单位。

知识链接　泰安里尝试

泰安里位于西城区天桥西侧香厂路和仁寿路十字路口东南角，在1915—1918年这里曾仿照上海石库门海派风格建筑进行了一系列城市规划的尝试，对旧街区进行现代化改造。

主持这项建设工程的主要人物是当时任京师市政公所督办的朱启钤。他对这一改造工程十分重视，对新市区的道路建设、商业设施建设及相关公共设施建设亲自把关，不论是土地招租，还

泰安里弄堂

是原有旧房拆迁都在法律框架下进行。

关于土地政策，当时的政府制定了新市区土地30年使用权的政策，用法律对承租人的权利进行保护。同时也对土地使用性质进行明确规定，如果承租人不按政府之前规定好的用途使用土地，政府有权将土地收回。

另外，对于新市区原有住户，政府按照民国初期颁布的《北京房地收用暂行章程》规定给予补偿，实行拆迁，这些城市规划及建设的操作方法在当时的中国都是非常具有指导意义的。

高君宇烈士墓

高君宇烈士墓是优秀的共产主义战士高君宇烈士与五四运动时期的革命女作家石评梅女士的合葬墓，位于北京市西城区陶然亭公园内。

在陶然亭公园石桥南的锦秋墩，北坡前面是一片郁郁葱葱的松林。松林下面便是两座紧挨着的白色方锥形墓碑，其材质是大理石，这便是高君宇和生前女友石评梅的安眠之地。

高君宇烈士墓碑正面刻着字，上面是"吾兄

高君宇烈士墓

高君宇与石评梅石像

高君之墓"，由高君宇胞弟高全德题写，记录了高君宇的生平；侧面是一首诗词，它摘自高君宇的日记："我是宝剑，我是火花，我愿生如闪电之耀亮，我愿死如彗星之迅乎。"

旁边是石评梅烈士墓碑，墓碑的正面刻着"故北京师范大学附属女子中学校女教员石评梅先生之墓"，碑座上刻着石评梅生平，还有"春风青冢"的字样。在他们墓的东侧有他们二人相依在一起的石像，这座石像底座上用红字刻着他们的名字和生卒年月日。

2021年8月28日，高君宇烈士墓被北京市人民政府公布为北京市第九批市级文物保护单位。

知识链接　高君宇和石评梅

高君宇是中国共产党早期著名政治活动家，是五四运动的骨干成员，有"中国青年革命之健将"的称誉。石评梅是当时著名的青年女作家，有"民国四大才女之一"的称誉。这两人的爱情源于一次在陶然亭的偶遇，从那以后，两人之间经常写信，便是在这样的交往中，他们之间产生了美好的爱情。

他们见面的地点通常都是在陶然亭湖畔,他们一起谈理想、谈抱负、谈苦闷、谈彷徨,1925年,相互安慰,将对方视作自己的另一半。高君宇因为革命工作操劳过度而病逝,他的年纪永远定格在了29岁。此后几年,石评梅经常来高君宇墓前祭扫,还亲自种下几棵松柏。并留下诗句:"假如我的眼泪真凝成一粒一粒珍珠,到如今我已替你缀织成绕你玉颈的围巾。假如我的相思真化作一颗一颗红豆,到如今我已替你堆积永久勿忘的爱心。我愿燃烧我的肉身化为灰烬,我愿放浪我的热情怒涛汹涌……让我再见见你的英魂。"

时过三年,石评梅26岁,她因悲伤过度而一病不起,她留下遗愿:"生前未能相依相处,愿死后得并葬荒丘。"后溘然长逝。

高君宇和石评梅的爱情让人感佩,他们虽然"生前未相依",但是可以"死后永相伴"。

朝阳区市级文物保护单位

东岳庙

东岳庙是道教正一派在华北地区的一座规模宏大的道观，位于北京市朝阳区朝阳门外大街北侧，供奉的是东岳大帝众神体系。庙内有大量各具特色的道教塑像和历代碑刻，堪称北京一绝，对研究中国古代道教以及玄教的历史具有重要的参考价值。

东岳庙牌楼门即北京民俗博物馆门

1933年东岳庙山门

东岳庙始建于元至治二年（1322），初名东岳仁圣宫。元朝末年，东岳庙被兵火所毁。明正统十二年（1447）重建。万历三年（1575）慈圣皇太后率领众人捐资重修东岳庙，一年后竣工。清康熙三十九年（1700）再度重建。乾隆二十六年（1761）重新修葺了东岳庙。东岳庙的现存建筑虽大部分为清代遗物，但中轴线上的总体布局，仍然保留着元代的规制。东配殿等少数殿堂，仍为元代遗物。这是北京现存为数不多的元代建筑之一，极为难得。中华人民共和国成立后，东岳庙由政府机关使用。1995年，北京市人民政府决定恢复东岳庙，建立北京民俗博物馆，并于1999年正式对社会开放。

东岳庙坐北朝南，以中路为轴线，辅以东西跨院组成。中路为主要建筑所在，规模宏大，格局严谨完整，由南至北依次为琉璃牌楼、山门（已拆除）、洞门牌楼、瞻岱门、岱宗宝殿、育德殿和后罩楼，两侧配以附属建筑，主次分明，前后呼应，左右对称，颇具皇家道观气魄。

1901年东岳庙前牌楼，西牌楼西面"蓬莱胜境"，东面"灵岳崇祠"；东牌楼西面"宏仁锡福"，东面"泰岳洞天"

琉璃牌楼建于明万历三十五年（1607），三间四柱七楼式，歇山顶，绿琉璃瓦屋面，正脊中央装饰火焰宝珠，檐下施仿木琉璃砖斗拱，额枋以上做黄、绿两色宝相花纹样装饰。两侧白石柱，中柱砖砌，柱脚设夹柱石，各柱间做3个拱券门洞，青砖砌筑。正楼檐下各嵌南北石额一方，南面书"秩祀岱宗"，北面书"永延帝祚"，相传为明代权臣严嵩所书。牌楼东西原本还各有一座木制牌楼，现已拆除。

山门三间，是东岳庙原本的正门，歇山顶，筒瓦绿剪边屋面，三间券门，正门嵌石匾一方，书"敕建东岳庙"，1988年因拓宽朝外大街而被拆除。

洞门牌楼和钟鼓楼

琉璃牌楼

洞门牌楼一座，原为东岳庙的第二道门，俗称牌楼门，在山门拆除后，即作为东岳庙正门。此门为庑殿顶，筒瓦绿剪边屋面，正门一间，设双扇实榻大门，前后檐各置戗柱两根。因道教宫观被道众称为神仙洞府，故此门遂名洞门牌楼，原挂于山门上的康熙皇帝御书"东岳庙"横匾也移至此处。门内左右为钟楼、鼓楼，平面呈方形，歇山顶，筒瓦绿剪边屋面，檐下施斗拱，上层做障日板券窗装修，下层做筒瓦绿剪边冰盘檐封护檐，

四面均为砖砌，正立面辟拱券门一座。西侧钟楼额题"鲸音"，东侧鼓楼额题"龟音"。

洞门牌楼正对瞻岱门，又称瞻岱殿，面阔五间，庑殿顶，筒瓦绿剪边屋面，明间、次间为穿堂，梢间供奉哼哈二将和十太保，因哼哈二将称为神龙、虎将，故瞻岱门又称龙虎门。殿内梁架及架构均具有典型的明代建筑特征。瞻岱门内西侧有槐树一株，主干粗壮，枝杈纤细，据说已有800多年历史，人称"寿槐"，常有人对此树朝拜祈寿延年。

出瞻岱门是一条被称为福路的御道，直通岱宗宝殿。福路两侧各设碑亭一座，黄琉璃瓦屋面，原先放置康熙皇帝和乾隆皇帝御笔亲题的石

瞻岱门

碑。沿院落东西两侧各有一组回廊，共72间，代表东岳大帝掌管下的地狱七十二司。建筑为连檐通脊，筒瓦屋面，前后檐下所施斗拱均呈明显的元代形制。每间门楣上均悬挂所敬神司横匾，两侧柱上贴有楹联，殿内塑像造型生动、形神兼备。原地狱七十二司每司供神像一组，后又增建了四司，故共有76组神像，不过早已不存。今之泥塑为1995年重建时由"泥人张"的传人重塑。

福路北端为岱宗宝殿，是东岳庙的主殿，面阔五间，庑殿顶，筒瓦绿剪边屋面，殿前出轩三间，歇山卷棚顶箍头脊，筒瓦绿剪边屋面，殿身所用梁、柱、檩、枋均绘有皇家才允许使用的金龙和玺彩画。正面檐下悬挂匾额一方，曰"岱岳殿"，四周雕饰蟠龙，包有金叶。岱宗宝殿后亦带四檩悬山抱厦一间，与通往寝宫的长廊相连。大殿前建有月台，摆放铜香炉和石五供，台前东西设焚帛炉。殿内原供奉的东岳大帝及其侍臣像，现已不存。

大殿两侧设东西朵殿各三间，歇山顶，其中东朵殿供奉三茅真君塑像（即道教茅山派创始人司命真君茅盈、保生真君茅固和定箓真君茅衷）；

岱宗宝殿

西朵殿供奉统领三山正神炳灵公塑像（东岳大帝第三子）。

东配殿三间为阜财殿，西配殿三间为广嗣殿，均为歇山顶，筒瓦绿剪边屋面，前廊檐下施斗拱，拱上设替木，排列制式具有元代风格，额枋绘墨线大点金旋子彩画。岱宗宝殿西侧走廊上有方石一块，人称"小金豆子"，传说从此石上跨过，来年可发财。

岱宗宝殿之后为寝宫，两座殿宇之间用一条长廊相接，廊檐下施一斗二升交麻叶斗拱，额枋绘墨线大点金旋子彩画，为北京现存少有的元代建筑布局形式。

寝宫名育德殿，面阔五间，庑殿顶，筒瓦绿

地狱七十二司回廊

"小金豆子"石碑

剪边屋面，檐下施单翘重昂五踩斗拱，殿前出轩，内饰龙凤天花，与岱宗宝殿遥相呼应。殿内悬挂清代道士娄近垣所书的"玄妙赞化"匾，原本供奉东岳大帝和淑明坤德帝后的神像，现改为三官九府像陈列厅（三官像为大慈延福宫旧物）。

寝宫东西配殿各三间，歇山顶，称四子殿，殿内供奉东岳大帝之子，即静鉴法师、宣灵侯、佑灵侯和惠灵侯。

东岳庙中路最后为一座二层的后罩楼，原为玉皇阁、碧霞元君殿、斗姥殿、大仙爷殿、关帝殿、灶君殿、文昌帝君殿、喜神殿、灵官殿、真

后罩楼

武殿等，现已改为北京民俗博物馆的展厅。建筑为连檐通脊，筒瓦绿剪边屋面，额枋绘旋子彩画，西边楼下有三间御座房，是供清代皇帝来庙祭奠或去东陵祭祖路过时休息之用。

东跨院为东岳庙的主要居住区，建筑较为分散，生活气息较浓。院内回廊环绕，栽植奇花异果，并精心布置了亭台怪石，成为一座美丽的花园，据说光绪皇帝和慈禧太后常常来此观赏、休息。

西跨院为东岳庙的另一祭祀区域，由供奉各路神祇的多组小型院落构成，包括东岳宝殿（祠

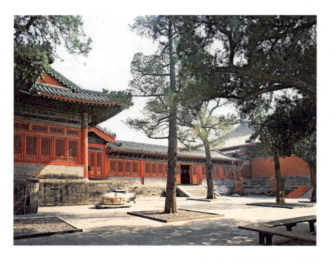

岱宗宝殿与育德殿穿廊

育德殿

抄手廊

1933年东岳庙地狱七十二司塑像之一

东岳庙碑林

堂）、玉皇殿、三皇殿、药王殿、显化殿、马王殿、妙峰山娘娘殿、鲁班殿、三官殿、瘟神殿、阎罗殿，以及判官殿等，殿宇规模都不大，多是由民间人士出资修建而成。

东岳庙内共有神像3000多尊。其人物形态各异，生动逼真，尤其是地狱七十二司更是雕塑中的精品，故有"东岳庙神像甲天下"之说。

东岳庙的各院落内都立有石碑，最多时达140多通，数量居京城寺观之冠。现存100多通石碑，全为元、明、清三代作品，多为修建东岳庙碑记和民间善会石碑，种类齐全，内容丰富，具有较高的艺术和史料价值。其中最著名的是赵孟頫的行书《张留孙道行碑》（俗称《道教碑》），风格古朴遒劲，为元代书法艺术的珍品。此外，赵世延的楷书《昭德殿碑》、虞文靖的隶书《仁圣宫碑》等也颇为著名，已无存。石碑中还有两通较为奇特的碑，一通是清顺治七年（1650）的石碑，碑首采用镂空蟠龙造型，两人站于碑前后可互相看见，被人们称为透亮碑或透龙碑。另一通在东岳庙东碑林里，是顺治年间的《重建东岳庙金灯碑记》碑，碑座两侧各刻有一个提着灯笼的小道童，由于雕工精湛，不论从哪个方向看去，他们都好像是眼睛看着人笑，被人们称为机灵鬼儿。传说这两个道童因年久通灵，常于夜晚提灯外出玩耍，后被人发现于碑座上，便糊上灯笼，捆住其一只脚，从此便不能在夜晚提灯出庙玩耍。

东岳庙的大多数殿堂前都挂有白底黑字、小篆字体的楹联，内容多为对各殿神司职能的诠释和对人们的劝诫，发人深省。目前，正院各殿堂前的楹联均已恢复，文字由当代知名的书法家书写。

1957年10月28日，东岳庙被北京市人民政府公布为北京市第一批市级文物保护单位；1996年11月20日，东岳庙被国务院公布为第四批全国重点文物保护单位。

知识链接　　东岳庙的历史沿革

北京东岳庙为道教正一派在华北地区最大的宫观。它主要祀奉的是泰山神东岳大帝，它的名称也是因此而来。

东岳庙创建于元朝，由玄教大宗师张留孙创

建，这一切的因由要从张留孙发现元大都没有泰山神东岳大帝的行宫开始说起。张留孙于元延祐六年（1319）在今朝阳门外购入地皮并修建庙宇，但是他没有等到庙宇修成便过世了。之后，他的弟子吴全节继承师志修建庙的大殿和大门，第二年建东西庑和四子殿并塑神像，东岳庙正式落成，敕赐额"仁圣宫"。元泰定二年（1325），后殿获得鲁国大公主捐资修建。元天历元年（1328），元文宗即位，公主进京朝贺时恰巧寝殿完工，文宗赐下"昭德殿"的名称予寝殿。

明朝迁都北京后，正统十二年（1447）明英宗对东岳庙进行修葺，从当年五月到八月，即修葺完成。明英宗在完工后亲自动笔写了《御制东岳庙碑》并把前殿更名为岱岳，奉祀东岳山神，后殿作为东岳大帝和淑明坤德帝后的神寝更名为育德殿。明朝多次修葺东岳庙：嘉靖年间乾清宫太监命人重修庙宇并修建了一座影壁，还开凿水井，续建庙前东西房十九间，最后还立碑并做了《崇整岳帝司神修葺续基碑记》；隆庆三年（1569）和四年（1570）修复神像；万历年间，李太后带头捐资重修东岳庙，并在修成后由张居正撰写《敕修东岳庙碑记》，此后，明神宗又添建了祠堂、寝殿左右配殿和殿后罩楼，以及庙门前的过街牌楼。东岳庙中路的格局已经形成，也就是我们今天看到的格局。

清朝顺治年间、康熙年间、乾隆年间和道光年间都曾经对东岳庙重修和整修，另外还创办义学，为寒门学子提供上学的地方。这时，东岳庙的基本格局已经形成。

民国初期，军阀混战导致东岳庙逐渐凋敝，东岳庙也关闭了将近半个世纪。经过相关部门的努力，东岳庙这座古建筑得到了很好的修缮，并于1997年6月正式成立了北京东岳庙管理处暨北京民俗博物馆，后于1999年春节期间正式对外开放。

西黄寺

西黄寺是北京最早建造的藏传佛教皇家寺院之一，位于朝阳区黄寺大街11号，始建于清顺治八年（1651），是顺治帝为西藏黄教领袖五世达赖所建的驻锡之地。寺内清净化城塔是为纪念班禅六世在此病故而建，是清代单体建筑艺术的杰作，具有汉藏印艺术形式相融合的特点。

西黄寺山门

寺东原有一座建于顺治八年的藏传佛教寺院，为便于区分，依两寺的方位称作东、西黄寺，统称双黄寺，东黄寺早已无存。

清雍正元年（1723），蒙古喀尔喀部最大活佛一世哲布尊丹巴呼图克图集资对黄寺寺院进行大规模重修。乾隆四十五年（1780），六世班禅来京，觐见乾隆皇帝并为乾隆七十大寿祝寿，乾隆皇帝指定将五世达赖曾经住过的西黄寺作为六世班禅的安禅之所，同年十一月，六世班禅因病圆寂于西黄寺，第二年将其舍利金龛送回西藏。乾隆四十六年（1781），乾隆皇帝为纪念六世班禅，在西黄寺内建造清净化城塔，次年建成。清末，寺院遭到英法联军的疯狂掠夺和毁坏。1983年，西黄寺被国务院列为汉族地区佛教重点寺院，1987年成立的中国藏语系高级佛学院也设在寺内。

西黄寺坐北朝南，两进院落，主要有山门、正殿、清净化城塔和后罩房等建筑。

西黄寺清净化城塔塔院坐北朝南，占地1.9万余平方米，全院建筑原为五进，主要建筑全部位于一条南北中轴线上，共有殿堂房屋59间。主殿的两侧配以附属建筑，形成一组组完整的院落。进山门后自南而北建有天王殿三间，殿前左右建

有钟楼、鼓楼各一座。

第二进院正殿五间，殿前有月台，台前建垂带踏跺，中间有雕龙丹陛。殿内天花绘曼陀罗花。殿前有东、西配殿各三间，正南面有装饰华丽的垂花门一座。

第三进院主要建筑为清净化城塔，塔前有东西碑亭两座。东碑亭记述六世班禅入京的功绩和建造清净化城塔的意义，碑文用满、汉、蒙、藏4种文字篆刻，西碑亭置有乾隆题诗碑。

中轴线建筑的最后部分原有后罩楼一座，是塔院的最后建筑，但清朝末年被八国联军烧毁，20世纪50年代在其基址上重建。

清净化城塔位于第四进院塔院的中部，全部用汉白玉砌成。塔建在3米多高的汉白玉台基上，台基平面呈"亚"字形。台基周围建有栏杆、牌

1921年的清净化城塔

二进院北仪门

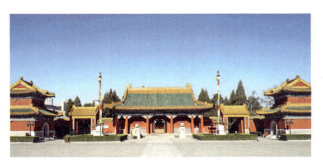
天王殿和钟鼓楼

正殿雕龙丹陛

坊和辟邪。塔四角各有一座八角形塔式经幢，高7米，各分5层，每层供有8座佛像，雕刻精美，风格独特。塔四周都雕刻有阴文经咒。

主塔高约15米，最下面为八角形的须弥座，其上承托塔身。须弥座以莲花、卷草、云彩、蝙蝠等为纹饰，基座的八面浮雕佛教故事。基座的8个拐角，各浮雕一尊藏族力士像，他们手擎宝塔，气势雄伟，犷悍淳朴。须弥座正南面雕刻佛龛，龛内浮雕三世佛。塔顶为铜质镏金双层莲花、相轮、宝瓶盖顶。顶端是个金葫芦，金光灿灿。

主塔的四周有4座小塔亭亭玉立，相互衬托。整个清净化城塔的石雕璀璨晶莹。塔的南北各有一座三门石牌坊；东西各有一座碑亭。乾隆帝御撰满、汉、蒙、藏四体文《清净化城塔记》碑，就矗立在塔东的碑亭里。清净化城塔建筑风格是以藏传佛教的塔式为主体，形成了融合汉族、藏

西黄寺鸟瞰

族和印度佛教诸风格于一体的巧妙建筑，布局和谐，气势宏伟，雕刻精美，享有"北京白塔之冠"的美誉，在清代诸塔中实属上乘，堪称清代佛教建筑艺术的杰作。

1979年8月21日，西黄寺被北京市人民政府公布为北京市第二批市级文物保护单位；2001年6月25日，西黄寺被国务院公布为第五批全国重点文物保护单位。

知识链接 西黄寺的历史沿革

与西黄寺对应的有东黄寺，两者一起被称作黄寺或是双黄寺。西黄寺的屋顶覆有黄色琉璃瓦，在红墙、苍松和佛塔的掩映下十分有气势，是国家重点文物保护单位。

西黄寺是清军入关后达赖和班禅的驻锡之地。1644年，清朝入主中原，清政府为与西藏地方势力之间保持融洽的关系，于顺治八年（1651）派人去西藏，邀请五世达赖喇嘛罗桑嘉措来京城，所以顺治命人建造了供五世达赖喇嘛驻锡的西黄寺。

之后，五世达赖喇嘛来京，随他一同来的还有西藏的僧俗官员侍从3000余人，他们便是驻在西黄寺。五世达赖喇嘛在京期间与皇帝多次见面，

清净化城塔正面

氛围融洽，往来互动良好，于是在他奏请返藏时，清政府第一次对达赖喇嘛进行册封，即"西天大善自在佛所领天下释教普通瓦赤喇怛喇达赖喇嘛"。康熙五十二年（1713），康熙派钦差大臣去扎什伦布寺，封五世班禅为"班禅额尔德尼"并赐金册、金印。此后的历代达赖喇嘛、班禅额尔德尼，中央政府都会对其进行册封，这已经成为定制。

清朝以来，达赖喇嘛、班禅额尔德尼进京觐见的时候，都是驻西黄寺。另外，西黄寺也被赐为北京藏传佛教事务中心。乾隆时期，六世班禅主动进京为皇帝贺寿，并表明西藏是中国领土的一部分，所有军政事务的处理必定听从中央政府的指示。此次六世班禅便是驻西黄寺，乾隆皇帝还为此在西黄寺内建立塔院，成为西黄寺的标志以及历史象征。

后来西藏的班禅到北京，如九世班禅和十世班禅，也是驻西黄寺。该寺已经成为西藏人民和汉族人民进行文化交流的重要平台。

日坛

日坛又名朝日坛，是明清两代皇帝春分时祭祀太阳的地方，位于朝阳区朝阳门外大街日坛北路6号，始建于明嘉靖九年（1530），现为日坛公园。

日坛不及天坛、地坛、先农坛占地那么广阔，但是坛的设计思想和祭祀建筑一应俱全。日坛象征了古代认为的"日圆月方"的思想，周长968米。古人认为日为阳，是活跃和运动的，用圆形象征；月为阴，是安静和稳重的，用方形象征，所以形成了"日圆月方"的规制。坛西墙、北墙各有一座天门（即坛门），均面阔三间。坛内主要建筑有拜坛、具服殿、神库、神厨、钟楼、祭器库等。

拜坛是全坛最主要的建筑，坐东朝西，是为了祭祀时祭祀者面朝东方太阳升起之地。坛四周有象征"日"的圆形墙，墙西面正中为汉白玉六柱三门棂星门一座，东、南、北各有汉白玉两柱一门棂星门一座。

墙内正中为方形的拜坛，边长五丈，高五尺

19世纪二三十年代的清净化城塔

日坛北天门

573

棂星门

宰牲亭

九寸，四出陛，各有白石台阶九级。台面用方形金砖铺砌。日坛建筑数字虽然也用阳数九，但最大用至五九，显然要比天坛的九九至阳之数低得多，就连拜坛也是象征"阴"的方形，等级远远低于天坛，也比地坛的两层坛台少一层。墙西门外有一座燎炉和一座瘗池，分别用于祭祀典礼焚烧燔柴和埋牺牲毛血，规格也都比天坛小很多。

拜坛北门外东侧为神库和宰牲亭。神库、神厨各三间，是存放日神神牌和祭祀时置办祭品的建筑，院内有井亭一座。宰牲亭是宰杀牺牲的地方。北有祭器库、乐器库、棕荐库各三间，连檐通脊，坐北朝南，是存放祭祀器物、演奏乐器和棕荐的地方。西门外北侧有钟楼一座。

在拜坛西北原有具服殿（现在已拆除），是明、清两代皇帝祭祀时更换服装和休憩之所。正殿三间，南向，绿琉璃瓦屋面。东西配殿各三间，绿琉璃瓦屋面。四周围以宫墙，宫门南向，三间，绿琉璃瓦屋面。

1984年5月24日，日坛被北京市人民政府公布为北京市第三批市级文物保护单位；2006年5月25日，日坛被国务院公布为第六批全国重点文物保护单位。

拜坛

祭器库

知识
链接

日坛的历史沿革

日坛又被称作朝日坛，是明、清两代皇帝祭祀大明之神，也就是太阳之地。日坛的设计遵循了"天圆地方"的原则，将日坛坛台外墙设为圆形，台面设为方形。

日坛始建于明嘉靖九年，这在《明嘉靖祀典》中有所记载，即"礼臣率钦天监正夏祚等，会看朝阳门外三里迤北锦衣卫指挥萧音地，东西阔八十一丈，南北进深八十一丈，堪建朝日坛"。这一规划得到了嘉靖帝的同意，然后日坛便开始施工。

日坛完工时间是在明嘉靖十年（1531）三月，当年春分节气时，当朝便是在这里举行祭祀活动的。次年春，嘉靖帝亲自从北天门出发，步行至具服殿，更衣后对太阳神进行祭祀。

日坛的西北角于清乾隆七年（1742）进行了改建。等到了清朝末年，清政府逐渐式微，而日坛的祭祀活动也无暇顾及，慢慢地便走向衰败。棕荐库和钟楼先后着火，就连祭祀的礼器也失窃了。

民国时期，军队占用了日坛，西天门和北

天门的照壁也毁损了，居民将西北部当作了墓地。中华人民共和国成立时，日坛毁损愈加严重。1951年，日坛得以重修并扩建了日坛公园。1969年10月，日坛公园建成以后，日坛古迹遗存也一并对外开放。

1900年日坛具服殿内梁架

顺承郡王府

顺承郡王府，是礼亲王代善的三子萨哈廉的次子顺承郡王勒克德浑的府邸，也是目前保存下来的较为完好的清代早期王府建筑之一。原址位于西城区太平桥大街23号（旧赵登禹路32号）。2002年，因政协礼堂扩建，顺承郡王府被整体迁建至朝阳区朝阳公园南门东侧。

府门

第一代顺承郡王名勒克德浑，是礼亲王代善之孙。其兄阿达礼于崇德八年（1643）皇太极去世后，因欲拥立睿亲王多尔衮为帝，被以"扰政乱国"罪处死，逐出宗籍。年仅15岁的勒克德浑，因此也被革除宗籍。顺治元年（1644）才恢复宗室，并封为贝勒。顺治二年被委以平南大将军。顺治五年以平定南明、招降李自成余部的功绩晋封为顺承郡王，成为清朝开国"八大铁帽子王"之一。

银安殿

院落局部

王府大致创建于勒克德浑封王时，其王府样貌在《乾隆京城全图》上有所描绘。府邸布局自外垣以内可分三路，中路是主要殿堂建筑，自南而北有府门五间、正殿七间、正殿两侧翼楼、后殿三间、正寝五间和后罩楼（后罩楼现已无存）。东西两路则为生活居住区。中路主要建筑基本保存完整，且基本为清代早期建筑遗构，只有正殿在八国联军攻入北京期间被烧毁。

清朝灭亡后，1917年，顺承郡王家族人将王府租给皖系军阀徐树铮。奉系军阀进入北京后，王府被奉系汤玉麟没收自住。1924年张作霖进京，自任安国军政府大元帅，将王府作为大元帅府，后顺承郡王府家族人因生活拮据将王府以7.5万大洋卖给张作霖。日本侵占北京后，王府被日本宪兵队强占。中华人民共和国成立后，政府又从张作霖亲属手中购回王府，1950年成为全国政协办公地。

作为大元帅府后，张氏家族将其翻建。东路前后数层院落仍保存原有格局。西路改建颇多。

顺承王府见证了清王朝由盛而衰的历史进程，具有十分丰富的历史文化价值。

1984年5月24日，顺承郡王府被北京市人民政府公布为北京市第三批市级文物保护单位。

知识链接　全国政协礼堂

全国政协礼堂是新中国较早的重要建筑之一，是举行中国人民政治协商会议全国委员会会议的场所、全国政协常委会的办公场所，也是国家领导人和各民主党派举行政治、外交、文化活动的场所。

全国政协礼堂坐落在北京市西城区阜成门内大街（白塔寺）南侧，太平桥大街23号，毗邻政协机关，紧挨北京金融街。占地面积5600平方米，总建筑面积1.6万平方米，并拥有5724平方米的政协文化广场。属欧式建筑风格，外形庄严、典雅、大方，把朴素典雅的民族风格和现代建筑

第二进院正房

的非凡气派结合在一起。礼堂门额高悬中国人民政治协商会议会徽。

中国人民政治协商会议曾经代行全国人大的职权，筹备成立了中华人民共和国，之后，全国政协作为爱国统一战线组织的工作仍十分重要。为适应形势和任务的需要，1954年春，周恩来指示要为全国政协盖一个大礼堂。当时设计方案为大会场上下两层，可容纳1300余人开会。一楼设5个会议室，三楼为800平方米的大厅。1955年下半年建成。周恩来亲自查看了礼堂的建筑情况。1995—1996年，进行了整体加固改造。

政协礼堂，顾名思义，是全国政协开会和办公的地方。但是，由于当时北京还没有一座可以举行大型会议的地方，人民大会堂还没有开建，因此它建成后的第一场重大活动，是中国共产党第八次全国代表大会。

政协礼堂座位是按照1300人设计的，但八大会议计划有1500人参加。为了解决这个难题，把一楼所有桌椅都移动位置，增加了两排座椅。八大是党的历史上第一次也是唯一一次邀请几十个外国政党代表团出席的会议，因此，主席台上需要安排270人，还要求代表都能看到主席台的人。但主席台台口只有16米宽，每排最多坐30人，需要坐9排，但主席台安排不下9排。后来采取了一个巧妙的办法，第一排座位就在地面，从第二排起每排高出20厘米，共做了8排高大地坪，每排都设有坚固的栏板以保证安全，这样共设计制作了80多块栏板，在两侧和后排还留了走道，终于解决了主席团就座的问题。

中共八大是中国共产党在全国执政后的第一次党代会。出席大会的正式代表1026人，候补代表107人，代表全国1073万名党员。59个国家的共产党、工人党、劳动党和人民革命党的代表团以及国内各民主党派和无党派民主人士代表应邀列席大会。政协礼堂作为八大的会场，也因此载入史册。2018年6月21日，在全国政协礼堂设立了中共八大会址标识。

几十年来，党和国家的许多重要活动在这里举行。

1957年5月，中国新民主主义青年团第三次全国代表大会在全国政协礼堂召开。毛泽东等党和国家领导人出席，邓小平发表祝词。这次大会决定将新民主主义青年团改名为共产主义青年团，选举胡耀邦担任团中央第一书记。

三年经济困难时期，周恩来指示政协礼堂和政协机关要开展各项活动，为各民主党派和党外民主人士提供生活便利，创造宽松的空间环境，把政协礼堂办成"委员之家"。政协礼堂据此开展了一系列活动。

"文化大革命"结束后，人民政协恢复工作，政协礼堂也迎来了新的春天。1978年2月24日至3月8日，全国政协五届一次会议在距四届一次会议13年后，在政协礼堂举行。刚刚恢复工作的邓小平当选第五届全国政协主席。

1980年1月1日，全国政协举行第一次新年茶话会。就在这次茶话会上，邓小平提出了全国人民要办的三件大事。自此以后，一年一度的全国政协新年茶话会都在政协礼堂举行，已成为党和国家领导人与各界人士代表畅谈友情、共商国是的重要平台。邓小平、江泽民、胡锦涛、习近平都在这里发表过重要讲话。

现在，除了全国政协大会在人民大会堂举行外，全国政协的其他重要会议和活动基本上都在政协礼堂会议楼举行。

永通桥及石道碑

永通桥是北京城东面最重要的桥梁，它与卢沟桥、朝宗桥合称为"拱卫京师三大桥梁"，位于北京市朝阳区与通州区交界处，横跨于通惠河上，因历史上距通州县城以西八里处，故俗称八里桥。

通惠河是一条南粮北运的重要人工河道，开凿于元代，历经元、明、清三代，京城的粮食及众多的生活物资都从此河运抵城内，造福京城数百年，在北京历史上享有良好的声誉。

永通桥是通惠河上唯一的一座大型石拱桥，史称"陆运京储之通道"。石桥的前身是座木桥，因通惠河河床坡度较大、河水湍急，常将这里原建的木桥冲毁，影响交通，内官监太监李德奏于明英宗，建议于此地建石桥，英宗准奏。正统十一年（1446）十二月石桥竣工，英宗赐名"永通桥"。永通桥的建成，不仅解决了交通问题，控制了洪水，还为古老的通惠河增加了一个美丽壮观的景点。通州八景之一的"长桥映月"，就是指永通桥。远望石桥如长虹卧波，月轮堕水，美不胜收，是京城一大胜景。史书赞美永通桥的诗句很多，"虹腰八里卧晴川，画舫摇从月窟穿""入夜霜清一轮堕，凌寒征锋去萧萧"正是永通桥景

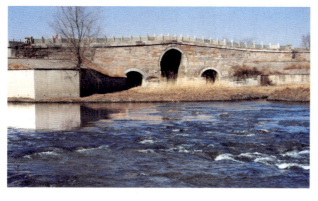

永通桥全景

1860年的永通桥

观的真实写照。

永通桥是一座三孔石拱桥，桥体加引桥通长60.2米，桥宽16米，石拱桥的建筑造型特殊，中孔净跨6.7米，净高8.5米，两次孔净跨4.5米，净高4.31米。主次孔高度相差悬殊，这种构造是专为满足漕运的需要设计的。通惠河运粮船多为帆船，如建造普通形式拱桥，粮船行至桥前，必须放倒桅杆，势必妨碍漕船的顺利航行。为此，古代工匠将桥的中孔建造得相当高耸，漕船至此可直出直入，这样就圆满地解决了这一难题，给粮船运输带来了极大的方便，史书上所谓"八里桥不落桅"正是指此。

中孔和次孔的高差很大，桥面相对较陡，不便行车，但古代工匠很巧妙地建造了引桥化解这个难题。桥面纵坡是由反正曲线组成的竖曲线，中间高两端渐低，与桥头引道连接，引道纵坡为渐变曲线，桥面竖曲线从立面看起来与整座桥造型很协调。桥梁最主要部分桥墩的分水尖上都安置了三角形铁桩，以其锐角迎击洪水和坚冰，达到减轻对桥墩撞击的目的，保证桥梁的安全。

桥梁的主要部分构件都用了腰铁，即通常所说的银锭铁榫，用以加强砌石之间的拉力。桥上

永通桥桥栏石兽

永通桥桥面

两侧建有青石护栏，望柱上有各具形态的石雕狮子，石护栏的端部以昂首蹲坐的石雕异兽作为石桥护栏完美的收尾，十分壮观。

据《通州志》记载，永通桥桥头原有华表两个，石牌坊一座，附近立庙以祀河神。经过战乱等原因的破坏，现在这些附属建筑都已无存。1938年修建京通公路时，修筑引桥，将桥两端垫土，减缓坡度以利车辆通行。中华人民共和国成立后桥面铺上了沥青。

永通桥是京东入城咽喉，地处交通要冲，战略上是兵家必争之地，历史上这里曾进行过两次大规模的中外战争。第一次为清咸丰十年（1860），中国军队与英法侵略军在此交战，史称八里桥战役。第二次为清光绪二十六年（1900），义和团与八国联军在此展开了激烈的战斗。在反侵略战斗中，中国军民在此浴血奋战，固守长桥，抗击外国侵略军入侵北京，英雄壮举可歌可泣，浩气长存。因此，永通桥不仅具有十分珍贵的历史、科学和艺术价值，而且还是近代史上重要的纪念建筑。

桥东有清雍正十一年（1733）所立御制通州石道碑，记载了自京师至通州修筑石道的情况。碑南向，碑身高5米，宽1.6米，厚0.8米，碑首雕双龙戏珠图案，龟趺长4米，高1.5米，宽1.8米，挺胸抬头，水足伏地，神态刚劲有力。龟下平托石座长3.62米，宽2.56米，高0.5米，由两块长方形巨石拼成，阳面浮雕上塑海水江崖四兽。碑身、碑侧为高浮雕游龙图案，线条流畅，形象生动。碑额篆书"御制"二字，碑文左为汉字楷书，右为满文，全文近500字之多，史料价值极高。

原雍正御制碑有碑亭，四角攒尖、黄琉璃瓦带宝顶，柱栋朱髹，和玺彩画，碑南向面道，艾叶青石制。光绪二十六年碑亭被八国联军烧毁。2005年，北京市政府拨款在原址重建碑亭。碑亭总高12米，重檐歇山顶，顶覆黄琉璃瓦，金碧辉煌，蔚为壮观。

1984年5月24日，永通桥及石道碑被北京市人民政府公布为北京市第三批市级文物保护单位。

永通桥镇水兽

永通桥及石道碑的历史沿革

永通桥及石道碑处于通惠河东段和通州区交界处。永通桥又被称作八里桥，因为它距离通州治所西有八里。

永通桥横跨通惠河，原来被人们称作八里桥，属于北京四大名古桥之一。通惠河是一条于元代人工开凿的河道，及至明代，在这条重要的漕运河上建造了仅有的一座大型石拱桥，这便是永通桥。石拱桥完工之后，英宗赐名"永通桥"。永通桥的建成，不只交通畅通了，还形成了"长桥映月"的景点，它是通州八景之一。该桥于20世纪40年代末铺设沥青，于20世纪80年代开掘分水渠道，地点就在这座古桥的北侧，同时还新建了一座混凝土桥，与永通桥一起沟通了南北交通。

石道碑位于永通桥的东南方向。清雍正十一年，雍正为记载修筑京师至通州石道之事而撰文立碑，这便是御制通州石道碑，它就立在桥东头。直到清乾隆三十八年（1773），这里又进行了重修，且在距离原碑5000米的地方又立了一座石碑。

咸丰十年，也就是第二次鸦片战争期间，天津和通州被英法联军攻陷，清朝军队阻击英法联军的战役便发生在这里，史称"八里桥战役"。光绪二十六年，八国联军进军北京，义和团进行抵抗，其地点便是八里桥。

1987年，永通桥及石道碑被划定保护范围及建设控制地带，桥的保护范围包括永通桥，还有石道，石道碑的保护范围是石道碑向东向西各25米的平行线，南面和北面分别是京通公路规划红线和距离碑座30米的平行线。

御制通州石道碑

十方诸佛宝塔

十方诸佛宝塔也称为延寿寺塔，是北京现存较为完整的明代密檐式砖塔，位于北京市朝阳区王四营乡马房寺村延寿寺，造型古朴，时代特点突出，有重要的保存价值。

十方诸佛宝塔和延寿寺都建于明嘉靖年间，由翠峰禅师修造。建成十多年后，因常年雨水侵蚀，导致宝塔墙壁出现裂缝，当时尚衣监太监薛铭等人祭奠先师公发现这一现象之后，开始担心起了建筑的坚固问题，产生了重修宝塔的想法，于是，薛铭和内外信官出资修缮宝塔。清末年间，延寿寺被八国联军焚毁，十方诸佛宝塔保留了下来。民国时期，宝塔再次重修。

十方诸佛宝塔

十方诸佛宝塔坐北朝南，掩映在苍松翠柏中，高约30米，为八角九级密檐式砖塔，八角形的八个面相似，顶部为铜铸球形塔顶，下部直径约1米。塔身各层由青砖叠涩出檐，无砖雕斗拱。塔内安请佛罗汉像，内下有藏真之穴。现今，罗汉像已无存。塔座高约3米，塔周长约25米。塔原为空心塔，用于安放僧人遗骨，因此称之为诸佛宝塔。拱券形门洞，洞高约1.7米，门洞外正上方石匾上刻有楷书"十方诸佛宝塔"，现在，塔门已封闭，塔心呈圆锥形，无阶可登。塔后原有四个和尚塔，现已无存。古塔外屹立着八通石碑，塔北三座，塔南二座，塔南百米外三座。

塔北西侧为《明故翠峰禅师碑文》碑；塔北中侧为《重修延寿寺碑记》碑；塔北东侧为《重修古刹延寿寺十方诸佛宝塔碑铭》碑；塔南东侧为明万历元年（1573）大太监冯宝率众修塔的太

监功德碑；塔南西侧为万历元年"宫眷人"捐资功德碑；塔南百米处为《重修古刹延寿寺记》碑；塔南百米东侧为《重修延寿寺记》；塔南百米西侧为万历十四年（1586）徐联芳撰《重修敕赐延寿寺鼎建地藏本尊阁碑记》碑。

古塔南垣延寿寺的位置处，原有的建筑已不

铜铸球形塔顶

曾朝节撰《重修延寿寺记》

复存在，只留下了一些碑刻建筑残件。1989年3月，朝阳区人民政府拨款重修古塔。

1990年2月23日，十方诸佛宝塔被北京市人民政府公布为北京市第四批市级文物保护单位。

翠峰禅师与古塔

翠峰禅师碑在十方诸佛宝塔的北偏西方向，石碑上刻有《明故翠峰禅师碑文》。碑高约1.8米，底座高约0.6米，上面记载了翠峰禅师的生平事迹。

禅师姓吴，法名德山，别号翠峰，关陕西夏人，小的时候就仰慕禅门，天性质朴，30岁时脱离尘世出家。拜礼灵南牛首寺海公和尚为师，守五戒、誓四愿，经过长时间的揣摩，领悟颇深。几年后，海公圆寂，翠峰说："佛学如同大海无比广阔，我还需要学更多的佛学，不能因为师父去世了就停滞不前。"于是，他开始游历天下名寺，拜访高僧，在此过程中提高自己的佛学知识。

后来，翠峰来到河南伏牛山，下定决心苦心修炼，每天只吃一顿麸糠菜根，可称之为法忘躯。经过6年的苦心修炼，翠峰的佛学造诣颇深，这时，他说："佛，就是领悟，以自己领悟的佛法感化他人，就是慈悲。"于是，他来到北京，在崇文门外二里左右的地方建造了吉祥寺，在这里讲经说法，传授自己的佛学思想。当时，有很多人听他传授经文。70岁时，翠峰在北京朝阳区王四营乡的马房寺买了约47公顷香火地，并在寺中建起了十方诸佛宝塔，以解决僧人"灵骨瘗藏无归隐"之忧，不过，翠峰高僧圆寂后，却并未葬于十方诸佛宝塔内，而是葬于"普通塔后数丈余"。

四九一电台旧址

四九一电台旧址始建于1918年，1923年竣工，是北洋军阀段祺瑞政府向日本政府借款建造的北洋政府海军无线电发射台，现存八座北欧风格住宅楼房、一座发射厂房、一座发射台办公楼，位于北京市朝阳区双桥路9号。

旧址占地面积近20万平方米。八座北欧别墅式二层楼房，融合了北欧乡村别墅风格和亚洲东方建筑元素，均为砖木结构，坡屋顶，由于使用折返式屋顶，坡度较大，均为铜丝挂红机瓦，屋顶带顶窗。屋顶由多个折返面组成，造型丰富。一层多用券门、券窗丰富立面，一层窗下部分用花岗岩装饰。整组建筑围合布置，造型简洁，是原发射台行政办公区。在办公区东为机房区，现存发射厂房和发射台办公楼。发射厂房坐东朝西，西立面为厂房山面，山面为三层楼，上置塔楼。机房南为一办公楼，坡顶，墙面均为抹灰。机房与办公楼均为砖混结构，现保存完好，作为办公使用。

2001年7月12日，四九一电台旧址被北京市人民政府公布为北京市第六批市级文物保护单位；

四九一电台发射厂房

技术人员住宅

管理人员住宅

2013年5月3日，四九一电台旧址被国务院公布为第七批全国重点文物保护单位。

 四九一电台的历史

四九一电台隶属国家新闻出版广电总局，是一个大型中短波广播发射台，其特点是功率最大、功能最全、覆盖最广。

四九一电台始建于1918年，当时正值军阀混战之时，段祺瑞政府想要统一中国，以期借助日本人的力量达到自己的目的。1918年2月21日，中华民国海军部与日本三井物产株式会社建造了被称作"中国海军中央无线电台"的通信电台。

四九一电台在民间又被称作"双桥电台"，因为它的位置就在双桥一带。电台于1923年7月底完工，建有6座高200多米的铁塔，1座发射机房和8座宿舍小楼。这里的电台设备大体上都是日本制造。其实建造电台前双方签订了《无线电台借款条约》，日方后来对中方经营不满，于是以没有收到和约借款的由头强行接管了电台。1937年卢沟桥事变，日本将该电台改为中短波发射台，为日本侵略中国服务。

中国抗战胜利以后，双桥电台被国民政府接管。1945年10月10日开始播音，这时打出的呼号是"北平广播电台"。1948年12月，北平和平解放之前，正式被中央广播事业管理处、中共中央军委三局和冀东军区"城工部"接管。

双桥电台恢复播音是在1949年第一季度，据说它的名称四九一电台由此而来。后来中共中央领导下的陕北新华广播电台迁入北平并命名为北平新华广播电台，然后将面向北京广播的电台更名为"北京人民广播电台"，而四九一电台也被北平新华广播电台使用，并于1949年9月28日更名为"北京新华广播电台"。该电台便是现在中央人民广播电台的前身，它曾向全世界广播了中国人民解放军渡长江的事情，也全程转播了中华人民共和国的开国大典实况。

四九一电台在中华人民共和国成立之初，由于需要保密而不对外挂牌，现在已经不再需要保密。该电台是我国第一个大功率发射台，也是第一个对国际和中国台湾广播的电台，更是第一个使用中国设计架设最高发射塔的电台。

北顶娘娘庙

北顶娘娘庙是北京五顶庙之一，位于北京市朝阳区北辰路国家游泳中心南侧，北京城中轴线延长线北端，是北京城中轴线北延长线的一个坐标，为北京地区城市规划发展提供了较为重要的历史实物资料，有重要的文物保护价值。

北顶娘娘庙始建于明宣德年间，清乾隆年间奉敕重修。据史料记载，北顶娘娘庙内原有明万历年间香炉及宣德年间铸钟各一。至民国时期，庙内还有殿房40多间、塑像120尊、石碑4通。此后数年，北顶娘娘庙几经战乱，至20世纪50年代已破败不堪。1976年，后殿因地震而坍塌，随后被翻盖为北顶小学。2008年北京奥运会，在奥运场馆施工中为保护古建筑，国家游泳中心（水立方）向北迁移100米，并对庙宇进行了修缮，使北顶娘娘庙与两处新建体育场馆完美结合，形成了古典与现代建筑艺术交相辉映的场景，体现了人文奥运精神。

北顶娘娘庙坐北朝南，依中轴线由南向北原有山门、天王殿、娘娘殿、东岳殿、玉皇殿等，共四进院落。山门三间，歇山顶，筒瓦屋面，檐下绘旋子彩画，明间辟火焰门，券门上嵌"敕建

北顶娘娘庙山门

钟楼

北顶娘娘庙"石额，两侧次间开三交六椀菱花券窗，券脸石上雕刻精美图案，前出垂带踏跺三级。山门两侧接"一封书"式八字影壁，歇山顶，筒瓦屋面，影壁心做中央及四岔角雕花装饰。两侧各有侧门一座。

天王殿

过山门为第一进院，院内有钟楼、鼓楼，歇山顶，筒瓦屋面，一层内向辟火焰门，前出垂带踏跺五级，上层东西向辟券窗。天王殿三间，歇山顶，筒瓦屋面，正立面明间五抹槅扇门四扇，次间槛窗各四扇，前出垂带踏跺五级；背立面明间五抹槅扇门四扇，殿宇两侧接隔墙以分割

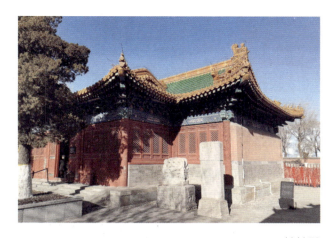

娘娘殿

内外。

娘娘殿面阔五间，前出歇山卷棚顶抱厦三间，绿琉璃瓦黄剪边屋面。东西配殿各三间，硬山顶，筒瓦屋面。娘娘殿之后还有两进院落，但建筑已无存，仅留地基。此外，北顶娘娘庙内还有包括清光绪二十九年（1903）庆亲王奕劻撰《重修北顶娘娘庙碑记》碑（残）在内的碑碣数通、古桧柏三株（树龄最大的有500多年）及古槐五株（树龄约300年）。

2003年12月11日，北顶娘娘庙被北京市人民政府公布为北京市第七批市级文物保护单位。

知识链接　　**五顶娘娘庙的传说**

碧霞元君系道教传说中的人物，其来历有不同说法。一说她是泰山东岳大帝之女，宋真宗朝拜泰山时，封其为"天仙玉女碧霞元君"；一说为皇帝所遣七仙女之一；也有人认为是由"泰山神女"的传说故事演变而来。旧时人们认为碧霞元君能护国佑民，因而加以崇祀，明代最盛，碧霞元君庙遍布京城。

北京最著名的五座碧霞元君庙，分别为东顶、西顶、南顶、北顶、中顶。

东顶娘娘庙，位于东城区东直门外今华都饭店南，因庙侧有一株数百年的老榆树，旧时顺义、通县一带人又称其为"孤榆树庙"，现已无存。建筑规模宏大，由三进殿宇组成。前殿为王灵官殿，塑像凶猛，其作用是镇守山门，镇恶驱邪。二进殿为主殿，正中供奉碧霞元君娘娘。东西两侧分别供奉有眼光娘娘、痘疹娘娘、子孙娘娘、送生娘娘。该殿悬挂虔诚弟子、信士送的牌匾、帐子极多。

西顶娘娘庙位于北京海淀区西顶路西段路北，始建于明万历年间，原名护国洪慈宫。清康熙五十一年（1712）被御赐为广仁宫。该庙坐北朝南，建筑有山门、前殿、藏经楼等，建筑格局保存完整。

南顶娘娘庙位于南苑西海子大红门北侧的凉水河北岸，中轴线东侧，坐北朝南，现已无存。庙建于明正德五年（1510），当时名为御制灵通庙，庙内留有修建成因的碑刻。清康熙五十二年庙重修。庙有山门三间，筒瓦硬山顶，中有石券拱门，两侧有石券拱窗。山门两侧有砖砌旁门。进门有殿三重，山门内有钟鼓楼，前殿供奉碧霞元君。

北顶娘娘庙位于北京朝阳区北辰路，始建于明宣德年间，清乾隆年间奉敕重修。庙沿中轴线依次排列的主体建筑有山门、天王殿、娘娘殿、东岳殿、玉皇殿，共有四进院落。庙内有万历年间铜炉1座，宣德年间铜钟1座，钟、鼓楼各1座。

中顶娘娘庙原名"护国中顶岱岳普济宫"，位于北京丰台区中顶村，建于明天启七年（1627），乾隆三十六年（1771）得以重修。庙坐北朝南，前殿供奉碧霞元君，额曰"资生溥化"；中殿供奉东岳，额曰"大德日生"，俱乾隆御笔。庙里还供奉催生、送子、眼光、痘疹等娘娘。

马骏烈士墓

马骏烈士墓是优秀的共产党员、著名的爱国学生运动领袖、中国革命先驱、第一批参加共产党的回族人马骏烈士的陵墓，位于北京市朝阳区日坛北路6号日坛公园内。

马骏烈士墓坐北朝南，处在一片松柏中，松柏的中间是一片空地，上面有一尊半身像立在红色石基上，那是马骏烈士的半身铜像。雕塑的后面是一个黑色椭圆屏风式碑，屏风后面是一块刻有邓颖超题字的白色墓碑，上面有"回族烈士马骏之墓"的字样。该墓东侧是移葬过来的其妻杨秀蓉的墓。

马骏烈士墓的北侧是马骏烈士纪念馆，它是与半身铜像一起建造的，其面积为200平方米。马骏烈士纪念馆是仿古建筑，展室一共分为"品学兼优的回族青年""五四运动的先锋""战斗在白

马骏烈士像

山黑水""革命英勇就义""弘扬烈士精神"5个部分。纪念馆对马骏烈士的生平、事迹、图片资料和其使用过的实物进行展示，为我们较全面地展现了马骏烈士的辉煌人生。

马骏烈士墓于2021年6月1日正式面向社会开放。

2021年8月28日，马骏烈士墓被北京市人民

马骏烈士墓

烈士墓碑

政府公布为第九批北京市文物保护单位。

马骏烈士的三块墓碑

马骏烈士牺牲时，由于当时特殊的历史原因，政府及相关部门为他先后立了三块墓碑。

第一块墓碑是马骏牺牲时，他的妻子杨秀蓉请人刻的石碑，石碑为大青石材质，上面刻着"马君骏之墓"的字样，然而，由于马骏是共产党员，在当时的历史背景下，这样的身份不便下葬和立碑，所以此碑没有见天日，而是随着他一起入了土。这块墓碑重新出现在世人面前是在中华人民共和国成立后。

第二块墓碑是1951年根据周总理批示寻找马骏烈士墓时所立，并对墓地进行重新修葺。当时，马骏烈士墓修好以后，时任副总理郭沫若亲题碑文，与此同时还举行了公祭。日坛公园还没有扩建时，在周总理的批示下，马骏烈士墓设在了日坛公园里，而郭沫若题写的墓碑也因年代久远而有损，现在朝阳区文物管理所里方可见这块碑。不过墓碑上郭沫若题写的碑文，文物专家已经拓印下来妥善保存。

第三块墓碑也就是我们今天所看到的墓碑，1988年北京市政府出资重新修葺马骏烈士墓，同时立下了这块墓碑，上面的碑文是时任全国政协主席邓颖超同志题写的，上面镌刻着"回族烈士马骏之墓"。

马骏烈士虽然牺牲了，但是他爱国、救国和殉国的革命壮举始终激励着后人追随他的脚步，成为一个具有爱国精神和坚强革命意志的人。

丰台区市级文物保护单位

镇岗塔

镇岗塔是北京现存最珍贵的佛塔之一，位于北京市丰台区长辛店张家坟村村东的大土岗上。这里原来建有一座寺院，但早已损毁，仅剩塔独存于高岗之上。我国现存花塔不多，镇岗塔为其中重要实例。

镇岗塔创建于金代，明嘉靖四十年（1561）重修。民国年间，塔已残破，而且自然风化严重，疮痍满目。抗日战争时期，塔底部的一角和塔刹又遭日军炸毁，尤其是塔刹部分全部被摧毁，现在的塔刹是1949年后重修的。中华人民共和国成立后，先后多次对佛塔进行修葺，1958年又进行了一次修整，补砌了被毁的部分塔基，恢复了佛塔的原有风貌。

镇岗塔是一座九级密檐式砖砌实心花塔，坐北朝南，平面呈八角形，通高18米，塔每边3米，周长24米。底座是近3米高的塔基，外观平整。塔基上为平座，其上是双抄重拱五铺作斗拱，每面各一攒。拱眼壁上有花卉、兽头等精美古朴的浮雕。西北面还有两武士、两文官和大鹏金翅鸟浮雕，线条雕刻流畅，人物面部表情极为生动。

塔身位于塔的中间部分，东、南、西、北四个正面隐作券门，其余四个侧面隐作直棂假窗。券门雕饰图案各不相同，特别是券面的雕刻内容极为丰富。塔身之上挑出短檐，筒瓦屋面，瓦垄

镇岗塔

塔身上部

斗拱和兽头

部塔身外形为圆弧形塔肚，底大上小，呈圆锥形，造型饱满，收分圆润。塔肚附有七层佛龛，第一层佛龛为重层楼阁式方塔，第二层以上均为单层亭式方塔。第一层塔以上有密布的佛龛环绕，自第二层相轮以上，每面所雕佛像排列整齐。除第七层八角有8座佛龛外，其余各层每层16座。佛龛错叠环绕而上，环绕组成巨大锥形花束。原塔每座佛龛之内端坐一尊佛像，有的双手合十，有的两手上举，有的一手平伸，形态各异，神态庄重，栩栩如生。整座塔身塔形佛龛雕刻手法有着很鲜明的辽金时期风格。

和檐椽与木作外形相同。在塔檐上原来各悬挂一个铜铃，但早已失落。檐下施以斗拱，形制与平座斗拱相同。在拱眼壁上，有一组人物及动物造型浮雕，中间雕刻大鹏金翅鸟，其左右为歌舞伎人物雕像，人物造型多种多样，活灵活现，生动逼真。

塔檐上面建有须弥座，其上是上部塔身。上

塔刹位于塔的最上部，原有塔刹是一层须弥座承托宝珠形式，现在的塔刹是在原来毁坏塔刹的基础上恢复建造的。

镇岗塔的前面原有石碑一座，为明嘉靖四十年重修镇岗塔碑记，方座圆首，碑额雕刻流云图案，正中篆书《重修镇岗塔碑记》，可惜已不存。

券门

塔身上部佛龛

1982年，重修镇岗塔塔基，加固塔下的护坡，并加装避雷针。2001年，北京市政府再拨款重修镇岗塔，同时对佛塔周围的设施和环境进行全方位的保护。

1957年10月28日，镇岗塔被北京市人民政府公布为北京市第一批市级文物保护单位；2013年5月3日，镇岗塔被国务院公布为第七批全国重点文物保护单位。

塔身雕花

据传，很久以前云岗地区有许多邪祟作怪，令人们染上了瘟疫，很多百姓在这场瘟疫中死去。一时间，人们生活在恐惧之中。

随之人们修筑了镇岗塔，人们觉得镇岗塔散发着浩然正气，可以镇压邪祟，遏制瘟疫。果然不负所望，镇岗塔建成以后，瘟疫被控制住了，但是没过多久，云岗区又出现了一只妖物，它是一只大蜘蛛，专门吸食人们的精气。幸运的是，上天有好生之德，于是降下一道天雷，这只蜘蛛精便被劈死了。

人们心中一直坚定地相信这一说法，因为镇岗塔塔顶的一角被削掉了，一看便是某种自然力量所形成的。据传，除了这些意外，天雷还在镇岗塔不远处劈开了一条大沟，将蜘蛛精的尸体掩埋起来，然后在大沟上面形成了一个几米高的土堆。

卢沟桥

卢沟桥是北京地区现存最古老的联拱石桥，位于北京西南郊的永定河上，是北京名迹之一，石栏刻狮数百，神态各异。它与永通桥、朝宗桥并称为"拱卫京师三大桥梁"。

永定河古称㶟水、治水，旧称浑河，河水湍急，河道迁徙无定，于是又有无定河之称。金代称其为卢沟，桥亦以卢沟命名。卢沟渡口自古就是进出燕京的唯一门户，无论是从中原腹地沿太行山东麓北上，还是从蒙古高原、东北平原南下，都需要渡过卢沟，因此，卢沟渡口自古以来便成为南北往来的要冲。

在卢沟桥建成以前，行人往来都以浮桥渡之。金大定二十九年（1189），金章宗下诏建造石桥，以求永固。明昌三年（1192），石桥建成，赐名广

卢沟桥

20世纪二三十年代的卢沟桥桥面

卢沟桥头宛平城

利桥，但是人们却还是习惯称之为卢沟桥。

卢沟桥建成以后，历代都对石桥进行过不同程度的修葺。据资料记载，自明代开始到民国时期，对卢沟桥的修缮就不曾间断，特别是中华人民共和国成立后，对石桥的修缮无论是时间还是规模都大大超过以往的修缮工程。这样的保护，才使得卢沟桥历经800余年的风雨侵蚀，仍旧坚固如初。

中华人民共和国成立后，主管部门将卢沟桥的桥面加铺了柏油，修缮了桥上的碑亭、石栏及柱头石狮。

1986年，北京市政府专门成立了"卢沟桥历

1910年的卢沟桥

史文物修复委员会"，发起保护古桥、恢复古桥原貌的活动，统筹规划，动员各界，组织修缮。工程筹资355万元。工程中拆除了1967年加宽的步道和混凝土挑梁，加固了原石栏望柱，清除了沥青，恢复了桥面；同时修缮了宛平城，复原了城楼，并全面整修桥券桥墩。1992年，桥面整修时，中间空出印心，完全保留古桥的原状；还对古桥全部望柱、栏板、地栿、桥面、华表、石碑等部分实施防风化及防渗漏保护措施。

卢沟桥是金代举世瞩目的伟大工程，它的建成，堪称金代建筑史上的杰作。

卢沟桥全长268米，总宽9.4米，其中桥面长213.15米，净宽6.21米，中央较东西两端稍高，坡势平缓。桥两端的雁翅桥面斜长28.2米，桥堍下宽3.2米，坡度高差近2.1米。卢沟桥共11孔，桥拱为弧形，矢跨比为1∶3.5，中间三孔南北拱券券脸石正中刻有吸水兽。兽面高浮雕，面目狰狞，虎视眈眈地注视桥下水面，造型栩栩如生。

桥体全部用坚固的岩石建成，关键部分均由银锭铁榫连接，这些银锭铁榫两端宽中间细，厚度在5厘米左右，嵌于两石之间，对桥梁的稳固

吸水兽

起到了十分重要的连接作用。为适应北方河流夏季洪水泛滥、春季上游冰雪消融伴有凌汛的特点，卢沟桥的桥墩不仅建造得宽大厚重，而且在每个桥墩迎水部分的分水尖安装三角形铁桩，俗称斩龙剑，能够将上游的巨大浮冰撕开撞碎，有效地抵御了冰凌对桥体的撞击。

部分桥拱之下铺设多层条石，并以铁柱穿心以牢固基础，从而确保了桥墩的坚固，进而保证了桥梁的整体安全。这种建筑技术反映出金代北京已经能够建造规模宏大的石拱桥，亦能够运用先进的技术建造如此复杂和坚固的大型石桥，设计和建造技术成熟且完善。卢沟桥桥面用巨大的块石铺砌，中间部分稍微高于两侧的桥面，有利于积水从桥面两侧排出，保证桥面石不至于遭受雨水的浸泡。

现在的桥面依旧主体完整，桥面上凹凸不平的车辙历历在目，真实地反映出卢沟桥当年的繁忙景象。卢沟桥虽经金、元、明、清以及民国数百年的使用，但桥梁的形制、基础和桥身的构件保存基本完好，桥身的沉降度极小，并仍保持巨大的承载能力。1975年，一辆载重429吨的大件平板车安全通过了这座古老的大石桥。历经近800个春秋的古老石桥，还能够禁得住如此超大型、超重量的车辆通过，令人叹为观止。1985年8月，北京市政府决定，卢沟桥禁止机动车、兽力车通行，成为人们游览观光的场所。

卢沟桥不仅建造规模、建造技术在当时堪称一流，而且桥栏的雕刻工艺也是享誉中华乃至世界。卢沟桥桥身两侧石雕护栏共有望柱281根，石栏板279块。石桥望柱高1.4米，柱头刻有仰覆莲座，座下刻荷叶墩，每根望柱头上的石狮高的约51厘米，矮的约20厘米，一般多在30厘米左右，具有浓郁的民族特色。

分水尖和石拱

现在的卢沟桥桥面

卢沟桥望柱上的石狮为金、元、明、清四代及近百年来各时期的石雕作品，构思巧妙，精美奇特，高低错落，姿态各异，各具特色。狮子有雌雄之分，雌的戏小狮，雄的弄绣球。大狮带小狮，在雌狮身上，雕刻了许多小狮，最小的只有几厘米长。古代工匠把石狮的形态、神情刻画得淋漓尽致，千姿百态，神气活现，栩栩如生。明代蒋一葵在《长安客话》中描述卢沟桥石狮时写道："左右石栏刻为狮形，凡一百状，数之辄隐其一。"

由于桥上雕刻的石狮数目众多，在观赏计数时，稍不留神就会漏过去，明代《帝京景物略》也有卢沟桥的石狮子"数之辄不尽"的记载，于是便有了"卢沟桥的狮子——数不清"的歇后语。1979年，在对卢沟桥进行全面复查时，经全面核实，确定卢沟桥护栏上雕刻的大小石狮子的总数应为501个。

卢沟桥石狮子千姿百态，憨态可掬，堪称建桥艺术的精华。这些石狮从雕刻风格、形态特征上，体现出各个时代的不同特点，总体观察大致可分为金、元、明、清、民国以及中华人民共和国成立前后几个时期的作品。

金元时期的石狮身躯比较瘦长，头比例特别

元代石狮

大，面部较窄，下巴不丰满。嘴巴上翘，微微张开，但总体上雕刻的狮嘴中间不掏空，类似一种假的张开。腿也特别短，前腿上还有一些鳞状的盔甲纹。头上卷毛不甚高凸，全神贯注，颈部系带飘逸。头前挂一个小铃。这些都是金元时期狮子的特征。

明代的石狮身躯稍微粗短，或足踏绣球，或足踏小狮，或身上有小狮。狮子嘴部张开，舌头向上舔着，嘴方且大，中间是空的。

清代的石狮突胸张嘴，雕刻细腻，身上间有小狮，颈下有一宽大的系带，卷毛非常高凸。雕刻的纹路比较深，眼睛拉长，眯缝着眼。这时候

金代石狮

明代石狮

清代石狮

民国石狮

现代石狮

的狮子应该说不像以前那么凶猛。雕工精细，身上的花纹包括铃铛上的花纹都刻得相当细。

清末至中华人民共和国成立前的石狮外表甚新，雕刻比较粗陋，狮子后头卷发变大了，以前都是九圈十圈，现在就一圈两圈。狮嘴、鼻子、眼睛不刻那么深了，明显很随意，没有什么比例。所用石质颜色不一。这些雕刻上的变化，反映出这个时期社会的政治、经济等方面处于动荡和萧条之中。中华人民共和国成立之后，对卢沟桥的石狮子进行了多次大修或翻修，但是在修缮时没有按照原来的数据去翻刻。石料选择的标准也不同，有好有坏，参差不齐。

总体来说，卢沟桥上的501个石狮子历经金、元、明、清、民国、新中国各个时期的修补，融汇了各个时期的艺术特征，使得卢沟桥成为一座自金代以来历朝石雕艺术的博物馆。

桥护栏两头起支戗和装饰作用的不是抱鼓石，而是桥东头一对站立式石狮头顶护栏柱，桥西头一对站立式石象头顶护栏柱，两两相对，形态相似而不相同。石狮子呈站立姿势，回头侧脸，小眼睛，大耳朵，脖子挂一粗绳，绳头有铃穗，狮头紧紧抵住护栏最外侧的望柱，使护栏更显稳固。

据专家考证，这两对石狮、石象为金代建桥时的原物。中华民族的建筑讲究对称，但卢沟桥的桥端石兽却是狮象共用，看似有违常理，但是，古人认为大象属于吉祥物，而且体大力强，采用大象来作为桥梁端部的收尾，更加显得孔武有力。

卢沟桥的东西两端，各建有八棱柱体华表一对和汉白玉碑亭一座。华表共四根，高约4.65米。华表顶端雕刻有蹲坐的石狮一只，高高在上俯视着过桥的车马行人，东端华表石狮抬头挺胸闭嘴，面朝东；西端华表石狮低头张嘴，面朝西。

桥的东西两端还立有清康熙和乾隆年间的石碑4块，记述了康乾年间永定河洪水泛滥，石桥受损严重，继而重修的经过。其中最为著名的是

桥头石狮

桥头石像

《卢沟晓月》碑。碑亭平面呈正方形，四角有四根蟠龙柱围护。中间碑有乾隆皇帝御题"卢沟晓月"4个字。史载古时卢沟晓月成为当时京城的重要景观，被列为"燕京八景"之一。黎明时分，站在古桥上，凭栏远眺，西山叠翠，远山、近水、晓月、石桥构成浑然一体的美妙景色，蔚为壮观。为此，许多文人墨客吟诗作画，乾隆皇帝也曾作诗吟诵，并题《卢沟晓月》碑，留名青史。诗曰："茅店寒鸡咿喔鸣，曙光斜汉欲参横。半钩留照三秋淡，一蛛分波夹镜明。入定衲僧心共印，怀程客子影犹惊。迩来每踏沟西道，触景那忘黯尔情。"

1937年7月7日，在这里爆发的震惊中外的卢沟桥事变，又称七七事变，点燃了抗日战争的熊熊烈火，拉开了中国人民全面抗战的序幕。宛平城墙上至今还留存着日本侵略者炮击宛平城时的累累弹痕，成为日本帝国主义侵华的罪证。现在，卢沟桥和宛平县城已成为一处具有重大历史意义的纪念地。城内北侧建有中国人民抗日战争纪念馆，城东侧为抗日战争烈士陵园，城楼上有七七事变纪念馆和中国古桥陈列馆。

1957年10月28日，卢沟桥被北京市人民政府公布为北京市第一批市级文物保护单位；1961年3月4日，卢沟桥被国务院公布为第一批全国重点文物保护单位。

华表

《卢沟晓月》碑

595

卢沟桥上的中国守军

宛平县城一起被公布为第一批国家重点文物保护单位。1971年，卢沟新桥竣工，这是为保护卢沟桥而建造的，但是卢沟桥依然可以进行交通运输。1986年，卢沟桥历史文物修复委员会成立后恢复了古桥原貌，交通运输任务也全部移到了卢沟新桥以及京港澳高速公路。

卢沟桥的历史

卢沟桥最早的记载是在意大利人马可·波罗的游记里，他说卢沟桥"是世界上独一无二的桥"，还说卢沟桥栏柱上的石狮子与桥本身"共同构成美丽的奇观"。卢沟桥也就是在此时便享誉世界了。

卢沟桥建于金代，据记载柱头上原雕有石狮子627个，现保存下来的数量是501个。石狮子小部分是金元时期遗留下来的，大部分是明清时期的。金章宗年间，卢沟晓月便是"燕京八景"之一。

卢沟桥一带历来都是燕蓟交通要道，后来金朝在燕京定都以后，但凡南方各省进京，都必从此桥经过，这座桥也成为燕京的重要门户。清康熙年间，永定河发洪水而导致该桥毁损，康熙命人重修此桥并立碑记。清乾隆皇帝御笔亲题"卢沟晓月"，这块碑就立在桥东头。清光绪帝驾崩后要葬于清西陵，卢沟桥是必经之路，所以卢沟桥曾拆除石栏，不过后来又恢复原样了。

卢沟桥还是日本全面侵略中国的起点，卢沟桥事变便是发生在这里。中华人民共和国成立后，卢沟桥多次得到修缮。1961年，卢沟桥与附近的

长辛店二七革命遗址

长辛店二七革命遗址是长辛店工人进行革命斗争的遗址，位于丰台区长辛店大街174号祠堂口胡同1号。这些遗址展现了当时长辛店工人在中国共产党的领导下进行革命斗争的场景。

二七大罢工是中国共产党领导的第一次工人运动高潮中规模最大、最有影响的一次。该革命遗址是当代重要的爱国主义教育基地，对于研究中国革命史和中国共产党党史有重要的历史意义。长辛店二七纪念馆是京汉铁路工人大罢工的策源地和发生地之一，是马克思主义与工人阶级运动相结合的典范和起点，毛泽东曾两次在这里播下革命的火种，李大钊和邓中夏等革命先驱曾在此开办了劳动补习学校，他们曾在这里告诉工人：

二七机车厂近代建筑遗存

"工人是天。"

长辛店二七大罢工旧址包括二七机车厂近代建筑遗存（长辛店杨公庄1号二七机车厂内）、工人劳动补习学校旧址（长辛店大街祠堂口胡同1号）、长辛店工人俱乐部旧址（长辛店大街174号）、工人夜班通俗学校旧址（长辛店大街135号）、警察局驻地旧址（长辛店大街196号）、长辛店留法勤工俭学预备班旧址（长辛店德善里18号）、二七烈士墓（长辛店镇桥西花园南里甲1号）。

从北京丰台区长辛店公园西门南行，就是长辛店二七革命遗址——长辛店二七纪念馆。纪念馆1983年奠基，1986年建成，1987年正式对外开放，也被称为"北方的红星"，这里收藏与保存着京汉铁路工人革命斗争的大量实物。在纪念馆的门口摆放着一辆火车模型，是1967年长辛店二七厂的老工人手工打造的工艺品。纪念馆内有8个展厅。

第一个展厅为"北方的红星——长辛店与中国工人运动"专题展，体现了中国共产党建党初期，长辛店在早期马克思主义传播、在工人运动中发挥的主要作用。长辛店在中国工人运动史上和中国共产党党史上发挥的作用都在展室中有详细介绍。沿着展厅往里走，可以看到"初声——

警察局驻地旧址

长辛店二七纪念馆

投身五四崭露头角"部分，介绍五四运动长辛店铁路工人的抗争过程，墙面上展示有1897年长辛店机厂前身照片，以及1901年动工兴建的位于三合庄的长辛店机厂照片等，展厅还展示有留法勤工俭学运动中的长辛店。

1919年，一批来自各地的有志青年从这里远赴异国他乡，寻求救国真理。纪念馆内展示有在长辛店机厂附近设立的高等法文专修馆，为长辛店留法勤工俭学预备班旧址。工人通过学习，提升觉悟，办理了一所夜班学校，同时也是在留法勤工俭学预备班的支持下，长辛店救国十人团骨干在长兴店大街北墙缝胡同路北第三院开办工人夜班通俗学校。展厅展示有夜班通俗学校旧址、学习模型，还复原了当时学校场景，在教室的墙面上写着"宁为救国死，勿做亡国奴"，还展示有教员名单，还有曾来到长辛店的革命先驱的照片，有一张李大钊为工人讲课的画。通过革命先驱的启蒙，工人阶级的思想和觉悟得到了很大的提升。在二七纪念馆收藏和保存的京汉铁路工人革命斗争的大量实物是二七大罢工工人运动的见证者，又是青少年进行革命传统教育的场所。

二七烈士墓在长辛店镇桥西花园南里甲1号，

工人夜班通俗学校旧址

长辛店公园内，建于1966年，这里安葬着二七惨案中被反动军警杀害的工人调查团团长吴祯、工人纠察队队长葛树贵两位烈士。烈士墓是砖石水泥结构，墓碑上分别刻着"二七烈士葛树贵之墓""二七烈士吴祯之墓"。

长辛店大街196号的火神庙坐东朝西，始建年代无从查证，有山门一座，保留有天王殿，山门为砖砌仿木结构拱券门三间，封护檐，歇山顶调大脊，筒瓦，门额上刻有"敕建延祚善庆宫"石匾，雕二龙戏珠，有天王殿三间，这里是二七大罢工的纪念地之一，曾是警察局驻地。

工人劳动补习学校在长辛店大街祠堂口1号，

这是一座坐南朝北的砖木结构的小四合院，占地面积为210平方米，东侧有三间正房，是当年的教室，教室里复原了当年工人上课的情景，南北两间厢房，北房是当年教师宿舍，摆放着关于学校历史的宣传展板，南房是当时学校的会议室和接待室，房间复原了当时的陈设。这所学校是京汉铁路工人运动的发源地之一，是北方工人运动的起点。

1921年，劳动补习学校在长辛店正式开学，当时的教员由共产党小组选派，为了让更多的人参与学习，采取不收学费的优惠政策，工人入学，不受年龄、身份的限制，教员向工人传授文化知识的过程中，深入浅出地宣传革命道路，让工人学员的阶级觉悟迅速提升，参加革命运动的热情日益高涨，之后来这里报名的人数增多，这里改工会为俱乐部，并迁至长辛店大街174号刘铁铺开展活动。刘铁铺位于清真寺南，是一座小型四合院，大门的墙上挂着"长辛店工人俱乐部旧址"的标识牌，从大门进入，两侧各有两间倒座房，东房五间，南北厢房各三间。过去，在前院有一个姓刘的铁匠在这里住过，所以，又被称为刘铁铺。

俱乐部成立后，会员人数日益壮大，并开展

二七烈士墓

工人劳动补习学校旧址

了多次胜利斗争，对北方工人群众产生了巨大影响。1922年4月，这里召开京汉铁路总工会第一次筹备会，8月，进行了工人罢工，1923年，进行了二七大罢工。工人俱乐部旧址是领导斗争的指挥部，二七大罢工失败后，反动军警封闭了这里，中华人民共和国成立后，这里成为居民住宅。

1979年8月21日，长辛店二七革命遗址被北京市人民政府公布为北京市第二批市级文物保护单位；2013年5月3日，长辛店二七大罢工旧址（长辛店二七革命遗址）被国务院公布为第七批全国重点文物保护单位。

知识链接　　长辛店工人运动

清朝末年，长辛店地理位置优越，因为这里是离北京城最近的驿站，所以，从西南进京的多数官吏和举子都来这里歇脚，后随着铁路的修建，这里成为卢沟桥到保定铁路的一部分，清政府便在卢沟桥西岸北侧建起了一个简易小厂——卢保铁路卢沟桥机厂，也就是长辛店二七厂的前身。

1900年，清政府在西方势力的胁迫下，将铁路改名为京汉铁路，1901年，又由比利时人和法国人联合经营，继续修筑铁路，因实际需要，在长辛店设立了新的修理厂——京汉铁路长辛店机厂，这里有北京最早的一批产业工人。蔡元培和吴玉章等人曾去法国留学，因受法国工人运动的影响，而倡导中国青年前往法国勤工俭学，由此，在1918年，成立了留法勤工俭学长辛店高等法文专修馆预备科。

1919年，五四运动爆发，当时，长辛店留法勤工俭学预备科、长辛店铁路工厂艺员养成所、长辛店车务见习所学员的觉悟提升，心系祖国的

安危，于是会合在一起，来到北京和北京高校学生一起参加爱国运动。五四运动后，共产主义先驱在工人阶级身上看到希望，他们要深入到工人阶级中，了解工人，向工人学习。在邓中夏的领导下，长辛店开设劳动补习学校，成立工会，组织工人俱乐部，向工人宣传马克思主义，由此，长辛店也成为工人运动的摇篮。

1921年10月，长辛店党小组在北京大学成立，1922年，长辛店成为北方工人运动的大本营。1923年，进行了京汉铁路工人大罢工，威胁到军阀的统治和帝国主义的在华利益，不过却以失败而告终。8月，在中国劳动组合书记部的指导下，长辛店工人俱乐部组织长辛店机厂工人举行"八月罢工"，罢工取得胜利。工人阶级在中国共产党的领导下迅速成长起来，工人阶级的觉悟提升了，革命战斗精神增强了，组织纪律意识提高了。

长辛店留法勤工俭学旧址

长辛店留法勤工俭学旧址是北京早期工人运动的重要史迹，建于1918年，位于北京市丰台区长辛店德善里18号。1918年，蔡元培等人在此创立留法勤工俭学预备班。这是当时国内唯一一处在工厂勤工俭学的预备班。

该建筑原是京汉铁路局为火车房总管郭长泰建造的住宅，1918年夏建成后改为长辛店留法勤工俭学预备班教室，现为长辛店铁路中学使用。

该建筑为法式二层小楼，坐东朝西，平面呈"凸"字形，建筑面积251平方米，高约10米，砖

长辛店留法勤工俭学预备班旧址正立面

木结构，三角桁架两坡顶，灰砖墙面为主，中间横向以红砖色带装饰，进口红机瓦屋面上置四座烟囱。建筑西立面当中开两扇门，内部为中厅及上下楼梯，周围三面各有两间居室。二层开四扇窗，均为红机砖弧形拱券形式，侧面三角山花处各辟一圆窗。东立面当中两间从楼体接出，每层各有两个独立居室。

1984年5月24日，长辛店留法勤工俭学旧址被北京市人民政府公布为北京市第三批市级文物保护单位。

知识链接

长辛店留法勤工俭学预备班

长辛店留法勤工俭学预备班创建于1918年，其创建人是蔡元培等一些有识之士，他们迫切希望国家可以复兴，国家可以强大，所以他们开始探索。长辛店留法勤工俭学预备班就是在这样的背景下成立的。

长辛店留法勤工俭学预备班又被称作北京大学附设高等法文专修馆长辛店分馆工业科，分设三个班，分别是铸造、机械和钳工，学员有100余人，他们来自全国各地，在学习法文的同时学习生产技能。毛泽东曾两次来到这里看望勤工俭学的湖南籍学生。

长辛店留法勤工俭学预备班的学生于1918年暑期入学，于1919年冬远赴法国留学。长辛店留法勤工俭学预备班的建立使得各种各样的留法预备班纷纷出现。这些留法勤工俭学预备班培养了大量青年学生，其人数达到了1600名，其中大部分学生都远赴重洋去留学，这些学生中有我们所熟知的周恩来、邓小平、蔡和森、赵世炎、陈毅和李富春等老一辈无产阶级革命家，他们一起踏

长辛店留法勤工俭学预备班旧址背面

长辛店留法勤工俭学预备班旧址门窗

上了寻求救国救民真理的道路。

长辛店留法勤工俭学预备班培养和造就了一大批栋梁之材，他们作为社会的中坚力量在中国革命、建设和改革开放中发挥了重要的作用。

金中都城遗迹

金中都城遗迹是金朝时北京作为都城的遗迹，位于丰台区凤凰嘴村、高楼村、万泉寺村。金中都城建于天德三年（1151）。现残存的金中都城南垣、西垣遗迹，是研究北京历史和城市变迁的重要实物。

北京建城已有3000多年历史，燕都是北京建城的开端；北京建都已有800多年历史，金中都为北京首都的肇始。1151年，金朝海陵王完颜亮在辽南京城的基础上兴建中都城，将南、东、西三面城垣向外扩建1500米，北墙向外扩建百米，《日下旧闻考》记载："金朝筑燕城，用涿州土，人置一筐，左右手排立定，自涿至燕传递，空筐出，实筐入，人止土一畚，不日成之。"三年后，中都城建成。中都城近似正方形，西垣长4530米，东垣长4510米，南垣长4750米，北垣长4900米。凉水河为南垣护城河。西、南城墙旧址大部分都位于丰台东北部。西南角位于卢沟桥乡凤凰嘴村，今军事博物馆南侧；东南角位于西罗元街道办事处境域，今永定门火车站南；东北角位于宣武门内翠花街；西北角位于复兴门外黄亭子。城中建有皇城和宫城，城外有祭坛。

金中都城有13座城门，东有施仁门、宣曜门、阳春门；南有端礼门、丰宜门、景风门；西有彰义门、颢华门、丽泽门；北有会城门、通玄

凤凰嘴村金土城残迹

门、崇智门、光泰门。东侧城外有正阳门和永定门，城内南有右安门（右安门外关厢桥为金都景风门桥旧址），西有广安门，北有西便门和宣武门。

曾经的金中都琼楼玉宇、富丽堂皇，范成大在《揽辔录》中记载："过玉石桥。燕石，色如玉，桥上分三道，皆以栏隔之，雕刻极工。中为御路，亦栏以杈子。两旁有小亭，中有碑曰'龙津桥'。入宣阳门，金书额，两旁有小四角亭，即登门路也。楼下分三门，中门为御路、常阖，皆画龙。两旁门通行，皆画凤。入门，北望其阙。由西御

凤凰嘴村的金中都城墙遗址在这扇大门内

金中都遗址公园

金中都城墙遗迹

廊下，转西，至会同馆。"

由宣明门至仁政殿，范成大记载："入宣明门，即常朝后殿门也。门内庭中列卫士二百许人，贴金双凤幞头，团花红锦衫，散手立。入仁政门，门盖隔门也。至仁政殿下，大花毡可半庭，中团双凤。两旁各有朵殿。朵殿之上，有两高楼，曰东、西上阁门，两旁悉有帘幕，中有甲士。东西御廊，循檐，各列甲士。东立者，红茸甲，金缠杆枪，黄旗画青龙。西立者，碧茸甲，金缠杆枪，白旗画黄龙。直至殿下皆然。惟立于门下者，皂袍，持弓矢。殿两阶杂立仪物幢节之属，如道士醮坛威仪之类。使人由殿下东行，上东阶，却转南，由露台北行入殿阈，谓之栏子。金主幞头，红袍玉带，坐七宝榻。背有龙水大屏风，四壁帘幕皆红，绣龙拱斗，皆有绣衣。两楹间，各有大出香金狮蛮地铺礼佛毯，可一殿。两旁玉带金鱼，或金带者，十四五人，相对列立。"

对于金中都的皇宫，范成大记载："上马出馆，复循西御廊，至横道，至东御廊首，转北，循檐行，几二百间。廊分三节，每节一门，路东出第一门通街，第二门通球场，第三门通太庙。庙中有楼，将至宫城廊，即东转，又百许间，其

西亦有三间，出门，但不知所通何处，望之皆民居。东西廊之间，驰道甚阔，两旁有沟，沟上植柳，两廊屋脊皆覆以青琉璃瓦，宫阙门户即纯用之。驰道之北即端门十一间，曰应天之门，旧常名通天。亦井两挟，有楼，如左右升龙之制。东西两角楼，每楼次第攒三檐，与挟楼接，极工巧。端门之内，有左、右翔龙门，日华、月华，门前殿曰大安殿，使人入左掖门，直北，循大安殿东廊后壁行，入敷德门，自侧门入，又东北行直东，有殿宇，门曰东宫，墙内亭观甚多。直北面南列三行门，中曰集英门，云是故寿康殿母后所居。西曰会通门，自会通东小门，北入承明门，又北则昭庆门。东则集禧门，尚书省在门外。又西则有右嘉会门，四门正相对。入右嘉会门，门有楼，与左嘉会门相对，即大安殿后门之后。"

经过800多年的历史变迁，金中都城垣湮灭，城内的建筑也发生了巨大变化。明清时期，原来的建筑被移至城外，原本在城内的辽金时期的古迹白云观、天宁寺、悯忠寺也被转移到了城外。据悉，金中都现存三处西、南城墙遗址，一处在卢沟桥乡三路居凤凰嘴村，这处遗址的规模相对较大，为南城墙遗址；一处在万泉寺村，为南城

金中都城遗址

凤凰嘴村石马

凤凰嘴村金中都城墙遗迹

凤凰嘴村石碑和城墙遗迹

墙遗址；一处在东管头高楼村，有一段西城墙遗址，均为夯土墙。

凤凰嘴村的南城墙遗址最高处高5—6米，宽7—8米，长约十几米，为很好地保护遗址，这处南城墙的下面用石块砌起了围墙，上面用苫布遮盖，可以减少风吹雨淋对遗址的损害程度。之后，相关部分还在这里建立了一处院落，将周围散落的石马、石虎、石碑都集中在这里保管。在凤凰嘴村金中都城遗址的东边几百米处的路南，就是万泉寺村金中都城遗址，遗址的旁边有一棵枝繁叶茂的大树，城墙长约20米，上面遮盖着苫布。在万泉寺村金中都墙遗址的西北方向，便是东管头高楼村金中都西城墙遗址，这里被拱形棚子遮盖，周围围起了铁栏杆，从栏杆外面看，西城墙

好像是"C"形，这里还有几根枯树桩子。

因为金中都城遗址是研究北京历史和城市变迁的重要实物，相关部门不断地对遗址进行修葺，并建防护栏和铁栅栏，让遗址变得坚固整洁。

1984年5月24日，金中都城遗迹被北京市人民政府公布为北京市第三批市级文物保护单位。

 知识链接　**金中都城遗迹的发掘历史**

金中都在我国古代都城发展史上占据重要地位，它是中国北方的一处边陲重镇，从金代开始，开启了作为国家统制中心的历史，1153年，海陵王完颜亮正式迁都燕京，称为中都。

金代时设有5个都城，金中都为其中之一，在

唐幽州和辽南京的基础上向南、东、西三面扩建而成。1170年，南宋诗人范成大出使金国时，记录下了金中都宫阙城垣，留下珍贵史料。金中都兴建不到100年历史，便经历了一场空前浩劫，1215年，蒙古铁骑攻陷金中都，但并没有在此地建都之意，经过一番大肆劫掠，一把火烧掉了这个繁华的大都市。曾经富丽堂皇的一代都城，毁于一场大火，之后，这里只留下残缺瓦砾，四周荆棘成林。

此后，元大都在东北方使用了金中都的"南城"。元末明初，金中都也逐渐变成废墟，仅存万泉寺、凤凰嘴村的南城墙和高楼村的西城墙三处，是研究北京历史和城市变迁的重要实物，1984年，金中都城遗迹成为北京市文物保护单位。

针对金中都城遗迹，考古学家在不断地进行考古调查和勘探。2019年至2020年，考古学家对金中都外城墙开展考古发掘，发掘面积2900平方米，并发现金中都外城护城河、城墙、马面、顺城街道路等外城城墙防御体系。考古工作者在西城墙外发现了护城河的东西两岸，河宽约66米，距西城墙为16米，据悉，护城河是在古河道的基础上建成的；其中马面长约20米，宽约7米，呈圆角长方形，是古代城墙每隔一定距离就突出的一个墩台，是防守者用来从侧面攻击来袭敌人的；此次发掘共发现5处城墙遗迹，总长约60米，底部最宽处约为24米。

2021年，在金中都城外东部、北部、西南部、东南部发掘了5处地点，分别发现了金代建筑遗址、灰坑、水井、河道、道路等重要遗迹，以及唐、辽、元、明、清时期的遗存。考古学家对金中都遗址的发掘为金中都城内及外部的布局提供了重要线索，为研究金中都城提供了参考资料。

莲花池

莲花池也被称为西湖，是海河流域北运河支流凉水河支流莲花河水系，原为金中都城外的湖泊和沼泽地带。位于丰台区莲花池路48号，东邻莲花池村，南临莲花池南里，西临西三环中路，北靠莲花池东路，是研究金中都位置和地貌的实物。

金代时这里曾作为城市水源供使用。明清时期，莲花池是仕贾郊游的地方，之后废弃，20世纪80年代，莲花池被作为养鸭场。因为莲花池是研究金中都位置的重要实物，人们常说："先有莲花池，后有北京城。"为保留这处历史遗迹，1982年，建造了莲花池公园。

莲花池公园大门

莲花池的水面面积约为22.3万平方米，池内有300余种莲花。在莲花池湖面上有一条长廊，前来观赏的游人沿着长廊从莲花池上经过，尤其是到了夏季，能够观赏到池中开着的五颜六色的莲花。

莲花池湖堤上建有各式各样的桥，有拱桥、曲桥、平桥，两边还建有凉亭，如果观赏的游人累了，可以坐在凉亭小憩。湖西南有岛，岛上也建有凉亭。湖东南有一座圆形小岛，岛中央建有

莲花池

小亭子。岛与湖岸之间有曲桥相连。湖北岸建有紫薇园，紫薇园内有水榭、观鱼池、亭廊、花架，也有展览室。

1984年5月24日，莲花池被北京市人民政府公布为北京市第三批市级文物保护单位。

莲花池湖堤桥

知识链接　莲花池的历史

有人认为，莲花池是莲花池公园修建的一座人工湖。其实不然，莲花池是一个天然湖，是北京3000多年历史的见证者。

历史记载，在公元前1045年，周武王分封诸侯时，莲花池下游为北方诸侯燕国的蓟城，北京

3000多年的历史是从蓟城开始。当时，蓟城在一条小河旁，而这条小河也属于莲花池水系一部分。在接下来的历史变迁中，北京城发生着翻天覆地的变化，但北京城的位置基本上是不变的，在当时，莲花池是城中主要的供水来源。

辽金时代，都城基本都建于莲花池附近，都城供水也由莲花池供应。莲花池之前被称为西湖。金代时，完颜亮喜欢种植莲花。在上京时，完颜亮就开始种植莲花，但因为那边气候相对较冷，莲花的成活率极低，金迁都燕京后，完颜亮发现这里的气候暖和，适合莲花的种植，于是，他开始命人大面积种植莲花，尤其是种植在莲花池内，之后，人们便称这里为莲花池。

1267年，忽必烈迁都北京，这时的元大都在金中都的东北方向。在建立元大都时，莲花池非常荒凉，元大都建在了以北海为中心的地方，原以莲花池为供水的水系直接转移至北海的前身高梁河水系，莲花池的水也少了很多。

清朝时，莲花池被称为青草湖，乾隆二十四年（1759），莲花池引入泉水，从此，莲花池的水变得多了起来，可以和最初的莲花池相媲美。纵观历史，我们得知，莲花池不仅仅是北京城一处简简单单的湖泊，它是北京城历史的见证者，具有重要的历史意义。

南苑兵营司令部旧址

南苑兵营司令部旧址位于丰台区南苑机场，原为清末北洋陆军常备军第六镇司令部驻地。1922—1924年为爱国将领冯玉祥将军的陆军检阅使署。1937年七七事变时为中国陆军第二十九军

南苑兵营司令部旧址师司令部

指挥部。这组建筑是中国近代建筑中一种特殊的类型，在近代史上也有重要的纪念价值。

南苑兵营司令部旧址占地面积3912平方米，建筑面积724平方米，是一组哥特式风格建筑。现存主要建筑有影壁、大门、卫兵室、师司令部及四排居住和办公用房。第二、第三、第四、第五排已修复为清代园林式建筑，饰以苏式彩画。整体建筑保存完好。门外十多米处有一"八"字形影壁，正中书黑色大字，南面为"奋斗"，北面为"进步"，系冯玉祥将军手迹。

1990年2月23日，南苑兵营司令部旧址被北京市人民政府公布为北京市第四批市级文物保护单位。

南苑兵营司令部旧址影壁

知识链接 29军血战南苑

1937年7月7日晚，日本侵略者发动七七事变，中国守军国民革命军第二十九军奋起抵抗，全面抗战爆发。

7月28日凌晨，日军对南苑发起进攻，第二十九军进行了顽强的抵抗，此战称南苑战役。

南苑战役中日军动用了大量飞机、大炮、坦克等重型武器。第二十九军驻南苑4个步兵团主力5000余人。京津大学生军训团1500人在佟麟阁和赵登禹指挥下，进行了英勇抵抗。

时任第二十九军副军长佟麟阁将军慷慨陈词，号召官兵："战死者光荣，偷生者耻辱，荣辱系于一身者轻，而系于国家民族者重。国家有难，军人应当马革裹尸，以死报国。"第二十九军官兵同仇敌忾。第二十九军第一三二师师长赵登禹于7月25日晚接到南苑抗日的命令，日夜兼程，于27日拂晓赶到团河，与日军发生激烈战斗。

团河之战中国军队阵亡约700人，损失战马150匹。28日凌晨，日军向南苑驻军西南角、东南角进攻，第二十九军进行了顽强抵抗。第二十九军由南苑向大红门转移时，遭遇日军袭击，两军在大红门一带进行了激烈的战斗。13时许，敌机飞来助战，对第二十九军将士进行低空扫射，佟麟阁将军头部中弹，血染沙场，以身殉国，时年45岁。赵登禹将军也在指挥战斗的过程中身体多处中弹，壮烈牺牲，时年39岁。

南苑抗日战斗，我军死伤5000余人，战斗进行得异常惨烈，南苑至大红门尸横遍野，死马横卧，血染大地。在第二十九军的奋力抵抗下，日军遭受重创，伤亡1300多人。

兵营

南苑抗战后，第二十九军被迫撤出北平，北平失陷，被日军占领。

大葆台西汉墓遗址

大葆台西汉墓遗址位于北京市丰台区花乡。是西汉广阳顷王刘建及其王后的墓冢，大葆台西汉墓是国内首次出土的西汉诸侯王"梓宫、便房、黄肠题凑"地下宫殿和唯一保存完整的西汉车马殉葬遗迹，对研究西汉墓葬制度及北京史有重要价值。

墓葬发掘工作于1974—1975年进行，共发现两座距今2000多年的西汉王墓。墓地上方原有残高20多米，直径达100多米的巨大封土堆。墓南向，平面呈"凸"字形，墓坑口大底小，形如斗状。全墓由墓道、甬道、外回廊、"黄肠题凑"、内回廊、前室、后室等组成。

墓上口南北长26.8米，东西宽21.2米，底部长23.2米，宽18米，深4.7米，向南开有30多米长的墓道。墓葬建筑形制继承和完善了战国以来采用的不透水胶泥、积沙、积炭和紧密夯土等防护措施，墓葬建造规格使用的是汉"天子之制"，即西汉皇帝御用的最高级葬具体系。地宫规模宏大，结构特殊。墓室的中心采用梓宫、便房、"黄肠题凑"等营建形制。梓宫用的是为帝王做棺椁时使用的专用梓木，帝王棺椁为"梓宫"；便房位于墓葬的中部，内设宽大的黑漆朱彩坐榻，是帝王的座席，象征帝王生前起居饮食娱乐的地方；"黄肠题凑"是中国古代封建帝王陵寝中的一种特有的建筑形式，为汉代皇帝及诸侯王特用葬具。这种葬制从西汉广阳顷王刘建始，一直沿袭到西汉末年。使用"黄肠题凑"，一方面在于表示墓

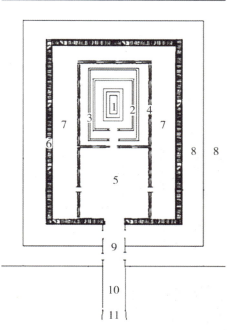

1.套棺 2.内椁 3.外椁 4.椁室 5.前室 6.题凑
7.内回廊 8.外回廊 9.过道 10.车马库
11.斜坡南墓道 12.北墓道

大葆台一号墓墓室平面图

主人的身份和地位，另一方面也有利于保护棺木，使之不受损坏。用柏木的黄色木芯做"题凑"的椁室的"黄肠题凑"葬制在西汉初开始出现，是汉代厚葬之风的产物。

大葆台西汉墓墓葬与棺椁结构保存得十分清晰完整。棺椁五重，二椁三棺，"黄肠题凑"由1.58万多根10厘米×10厘米×90厘米的柏木枋叠成高3米，厚近1米，总长42米的木墙，建筑规模极大。这种规模的西汉诸侯王地宫为国内首次出土。

墓道内随葬有3辆车、11匹马，乃实用真车马。据历史记载这种礼仪是专供皇太子及诸侯王乘坐的"朱斑轮青盖车"，不难看出当时的奢华程度。地宫遗址及车马遗迹是目前国内唯一的在原址上保存最好的大型汉墓遗址，保存完整的车马殉葬遗迹亦为国内仅见。

从发掘资料看，王墓和王后的墓葬曾经遭到多次盗掘，特别是王后墓因遭遇焚毁之灾，未能保存下来。汉王墓葬虽被盗，但仍为后人留下了保存尚好的墓室，从中出土了大批的随葬器物。出土文物共千余件，主要有铜器、铁器、玉

一号墓车马坑

器、漆器、玛瑙器、金箔、陶器及丝织品等珍贵文物。

大葆台西汉墓规模宏大，墓室结构保存完整

大葆台汉墓"黄肠题凑"

大葆台汉墓出土镏金青铜铺首

清晰，随葬内容丰富，为研究我国西汉墓葬和古代"黄肠题凑"墓结构和葬制，并进一步探讨包括明堂、后室、梓宫、便房、"黄肠题凑"的正藏棺和外藏椁的汉代天子葬制提供了重要实物例证，成为研究中国汉文化及北京汉代历史的珍贵实物资料。现在大葆台西汉墓已被辟为大葆台西汉墓博物馆。

1995年10月20日，大葆台西汉墓遗址被北京市人民政府公布为北京市第五批市级文物保护单位。

知识链接　大葆台西汉墓遗址的开发

大葆台西汉墓遗址发现于1974年，当时施工队发现了一些木炭、白膏泥和五铢钱，这才令这座西汉古墓重现人间。

大葆台西汉墓的发掘工作集中在1974年至1975年。早年，大葆台一号和二号墓被盗过，不过发掘时出土的文物依然有900多件。其中很多文物的工艺水平都很高，我们可以透过这些文物，了解2000余年以前的工匠精神和创造才能，也可以对当时的政治、经济和物质文化进行研究。

1979年，北京市人民政府决定，大葆台西汉墓遗址建立博物馆。1983年12月1日大葆台西汉墓博物馆正式对外开放。西汉广阳顷王刘建墓的原址、出土的文物都在博物馆内展出，另外投壶礼仪活动、考古小奇兵、考古科普互动等项目都深受大家的喜爱。尤其是考古小奇兵活动，为2002年开辟的一个占地100平方米的发掘工作，让学生有更好的体验。后来北京市教委提议考古小奇兵作为素质教育成功案例推广至全国各地。

金中都水关遗址

金中都水关遗址是金中都都城中水系通往永定河的闸门，是国内已知古代水关遗址中规模最大、保存完整的遗址，位于丰台区玉林南路玉林小区甲40号。该遗址标明了金中都城的位置，代表金中都城市建筑及其工艺水平，丰富了中国古代建筑的研究内容。同时该遗址还证实了金中都城内的水系流向，为金中都城的水系研究提供了重要的实物资料。

所谓水关，就是镶在城墙里面的桥洞，河水能够从桥下流过。古代城墙外都有护城河环绕，以增强城墙的防御性，当河流或水沟要穿过城墙时，水关就起到了重要作用。

金中都水关遗址跨城墙而建，木石结构，水流经水涵洞由北向南穿城而出，注入护城河。水关设计合理，构造坚固，规模宏伟，极为壮观。

金中都城墙水关遗址

在金中都水关遗址的基础上，建成了辽金城垣博物馆。这座博物馆有地上、地下两层展厅。沿着辽金城垣博物馆水关遗址入口走，来到地下展厅，能够看到水关北台、水关水道、水道衬石枋、擗石桩、铁木柱穿心、城墙基夯土。据专家考证，金中都水关位于金中都南垣景风门和丰宜门之间，呈"][形，水关是小河流出金中都前的最后一道关口，为保持水关的坚固性，古人先挖出一个地基，再打上木桩，这样就可以保护石头，以防被水冲走，上面又铺上经过特殊处理的侧面有凹槽的砖，再横一层竖一层交错排列，为衬石枋，又在上面铺上地面石，修建成形后，又采用修城门的方法修了小券洞。水道的两旁有护壁，水道岸上有石块，上面有凿穿的圆孔，水道中有一座夯土堆，水道建筑南高北低，南宽北窄。

为了让参观的人更直观地了解金中都水关遗址，博物馆工作人员在地上一层展厅制作了水关模型，这样一来，参观者可以亲自动手搭建水关。除此之外，展厅还展示了水关的建筑材料、辽代排水管、扬州水涵洞画、元大都水门照片、遗址地层堆积剖面图、《营造法式注释》、水关效果复原示意图、水关建造过程的模型沙盘等，通过模型沙盘，参观者能够亲自体验水关建造过程。

辽金城垣博物馆

辽金城垣博物馆的后面是石刻展厅，陈列着一些辽金石刻，展示了附近出土的石像石雕、其他辽金石雕、金代石坐龙、金代龙纹角柱、金陵台阶、金代缠枝牡丹纹枕形器、辽代虎纹石雕、金陵牡丹纹石栏板、金陵游泳池、元代京城东不压桥玉河堤石等。

水关石刻

金中都遗址的发现确定了金中都南城垣水关的位置，而且，经过考古钻探，往北追寻古河道方向，还确定了金中都城内一支重要水系的流向，并于1995年在原址上建了辽金城垣博物馆，在馆内设立展厅，为后世展示这一珍贵遗址，让后人铭记历史。

1995年10月20日，金中都水关遗址被北京市人民政府公布为北京市第五批市级文物保护单位；2001年6月25日，金中都水关遗址被国务院公布为第五批全国重点文物保护单位。

知识链接　辽金城垣博物馆里的艺术品

辽金城垣博物馆中除有水关遗址之外，还陈列着很多辽金时期的艺术品，如辽代花卉白釉盘、金代小瓷狗、金代琉璃鸱吻、金代双鱼铜镜等。

辽代花卉白釉盘的形状和日常生活中的普通盘子几乎相同，但却比普通的盘子要深，稍稍厚一些，颜色为浅褐色，表面是白釉，经过岁月的侵蚀，上边沿的部分釉已掉落，不过其内部的彩绘却依然清晰可见，栩栩如生，美感十足。

金代小瓷狗使用的是"一元配方"，所谓"一元配方"，就是用水碓粉碎瓷石，在1200—1250℃的温度下烧制瓷器。因为年代久远，小瓷狗的后腿已损坏，不过依然能看得出小瓷狗呈坐姿，头向右侧摆，耳朵竖立，眼睛直视前方，就像是在看守什么东西似的。

金代琉璃鸱吻由天然人造水晶制作而成，颜色唯美，晶莹别透，通体呈灰褐色，侧面尚存纹理，正面看如同马鞍，其上下部分都有缺失，中间有一道裂痕。传说，鸱吻是龙的儿子，外形看上去如同怪物，北宋吴楚原在《青箱杂记》中记载："海为鱼，虬尾似鸱，用以喷浪则降雨。"鸱吻的性格不同寻常，喜欢在危险的地方四处观望，喜欢吞火，因此，人们为防火，经常在殿角、殿脊、屋顶塑其形象。

金代双鱼铜镜是由两条鱼做主要图案的铜镜。其规格有很多种，一般直径为15厘米左右，有的高达43厘米。这面金代双鱼铜镜呈圆形，镜中央有一圆组，两条鱼位于圆组两侧，看上去为逆时针洄游状，双鱼头尾相接，相互追逐，活灵活现，生动有趣。

南岗洼桥

南岗洼桥是北京现存最完整的发掘出土的古代桥梁，位于北京市丰台区南岗洼乡，京港澳高

南岗洼桥

速公路一侧，1990年在京港澳高速公路施工中发现并出土。

南岗洼桥是在地下2.5米处发现的古石桥。桥梁所在河流河水常年泛滥，河床淤积，桥梁遂埋地下，历经百余年。古桥发掘出土后，桥面、桥栏杆及桥孔已损坏，但桥的整体构造依然可见。桥建于明代，为五孔连拱石桥，由砂质花岗岩石料砌筑而成。桥体造型古朴简洁，全长44.45米，桥面宽9.5米，石桥拱券呈半圆形，桥墩呈船形，前尖后方，便于河水迅速通过。桥面皆用巨大块石铺砌，两侧各建方形望柱22根、石栏板21块。柱顶雕莲瓣状花纹。

南岗洼桥桥面皆用石料铺装，由于年代久远，

桥头望柱和栏板

桥面

桥面已被岁月消磨得浑圆平滑。1992年，北京市政府拨专款15万元对南岗洼桥进行了修复，恢复了古桥原貌。

南岗洼桥的发掘出土，为北京西南地区水文变化、水系变迁和明代石拱桥梁的研究提供了重要的实物依据。

2001年7月12日，南岗洼桥被北京市人民政府公布为北京市第六批市级文物保护单位。

南岗洼桥吸水兽

知识链接　　中国石拱桥

石拱桥是我国传统的桥梁四大基本形式之一，这一体系石拱桥多种多样。石拱桥的桥洞呈弧形，看上去就好像虹，因此诗人们经常将拱桥比作虹。

我国石拱桥有着悠久的历史。在郦道元的《水经注》中就曾提到"旅人桥"，其大约在公元282年建成，可能是有记载的最早的石桥。石拱桥发展极为迅猛。即使在1880年，近代铁路、公路、桥梁工程技术已经传入中国，它仍然保持着非常旺盛的生命力。这种桥形式优美，结构坚固，能够雄跨江河之上几十年、几百年甚至上千年而始终发挥作用。

在我国的石拱桥中，有很多是不朽的杰作，令人叹为观止，例如河北赵县的赵州桥、北京丰台的卢沟桥等，都赢得国内外的赞誉。意大利人马可·波罗就曾经夸赞卢沟桥是世界上独一无二的，是美丽的奇观。

我国石拱桥凝结了我国劳动人民的勤劳和智慧。首先在石料工艺上，我国有很多能工巧匠，他们能够将石料切成整块的大石碑，还能在石碑上雕刻各种文字和惟妙惟肖的形象；其次在建筑技术上，没有起重机等先进机械装置，劳动人民凭借自己的智慧，安装巨石，其巧妙的方法至今是谜；最后在耗资上，修造石桥便于就地取材，建成的桥梁结构巧，强度高，省去了很多不必要的费用。

几千年来，我国修建了无数的石拱桥，很多还为现代桥梁建设提供了基础。尽管现在石拱桥已经成为历史文化遗产，其实用性远不及现代化的钢铁大桥，但是中国石拱桥的建筑、装饰仍能给人们带来无数的灵感，尤其在艺术方面，中国石拱桥对现代桥梁建设仍具有非常深刻的影响。

丰台药王庙

丰台药王庙是人们为了感恩药王孙思邈而建的庙宇，位于北京丰台区看丹村甲18号。庙始建于明代，清乾隆三十年（1765）重修。现存山门、前殿、后殿和南配殿。

传说有一年，丰台一带疫情蔓延，百姓日子过得十分艰难，恰好这时，药王孙思邈路过此地，他了解情况之后，开始帮助百姓，点化周边的人。他制药救民，不辞辛苦，不放弃每个人，把所有的病人都治好了。孙思邈的善举感动了当地村民，他们才修建了此庙。

丰台药王殿坐东朝西，庙宇并不大，东西进深16丈，宽4丈6尺6寸，南北山门面阔10丈，

药王庙山门

南北宽7丈5尺，山门内有一棵参天古树。药王庙内有药王殿、三皇殿、娘娘殿等建筑，另有两座碑刻。药王殿在一进院落，殿内供奉有药王孙思邈的造像，院内南北有配殿。三皇殿和娘娘殿位于二进院落，三皇殿供奉"三皇"坐像，分别为太昊伏羲、黄帝轩辕氏和炎帝神农氏，除此之外，二进院落还有配殿、普济殿、神库等。

1936年，丰台药王庙重修，中华人民共和国成立前，此处被废弃，多处坍塌。

中华人民共和国成立后，北京市文物局、丰台区人民政府拨专款对药王庙进行修缮。修缮后的药王庙存山门、前殿、后殿、南北配殿及四通石碑、两块碑刻。抬头能看到额匾上写着"药王庙"。旁边还有文保牌、名誉牌，北侧摆放有钟、鼓，南侧为请香处，旁边有残存的旗杆包柱石。往南不远处，有一道便门。

如今丰台药王庙前院有三座石碑，靠近大门的石碑记载了修建庙宇的功德，碑文中写道："……药王庙自成沧桑几度，又兼风雨侵蚀，年久失修，日渐衰。为保护文化古迹，庚辰年新春伊始，四方百姓闻之奔走相告，社会各界知之慷慨解囊。承北京市文物建筑保护设计院、北京市文

参天古树

庙门前石碑

药王殿前石碑

物古建筑工程公司能工巧匠，遵传统工艺，沿袭旧制，精工细作。又承花乡人民政府、北京华夏医院鼎力相助，历时一年修葺告竣。辛巳年春，老树又绿、旧观顿复、古庙生辉；当供信士瞻礼、游人抒怀；祈国泰民安、山河一统。特立此碑以志永念……"药王殿门口的石碑记载了乾隆十八年（1753）"花香圣会"的盛况。

前院的药王殿门前摆放着一尊铁香炉，南侧配殿廊下放着"二十四孝"宣传画，门口有一座石碑，记载了道光五年（1825）"攒香圣会"的盛况，也记载着药王孙思邈的传说。药王殿外廊南北两侧各有"重修庙记"和"万古流芳"石碑。

药王殿内供奉有"妙应真人"孙思邈，殿内两侧墙上有药王采药、坐虎针龙、为百姓看病的画，左右两边供奉送子娘娘和眼光娘娘。药王殿两边有一些道教文化展板。北侧的配殿没有重修，仅

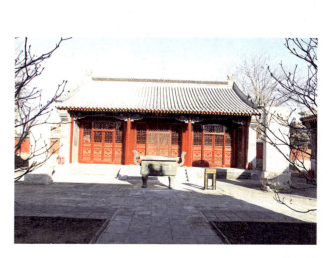

药王殿

药王殿前香炉

药王殿配殿

有"北配殿遗址"标识。药王殿南侧有一道月亮门，穿过月亮门，是药王庙南院，南院角落处有一些残碑。

第二进院的建筑正殿为三皇殿，殿前有两座石碑，左右两侧为配殿，左侧配殿为财神殿，右侧配殿为送子娘娘殿。

药王庙的后院南侧为胡仙殿，殿内供奉有胡仙老祖和老母，左侧供奉护法胡天刚，右侧供奉药王胡天成。厢房摆放着财神牌位。三仙殿供奉有三仙，东位纯阳吕洞宾仙师、中位玉清元始天尊、西位天上圣母妈祖，西厢众神齐聚。

2003年12月11日，丰台药王庙被北京市人民政府公布为北京市第七批市级文物保护单位。

知识链接 　药王孙思邈

孙思邈，我国伟大的医学家和药物学家，出生于北周大定元年（581），京兆华原人，著名的医师与道士，由于医术精湛，被人们称为"神医"，被后世誉为"药王"。

孙思邈自幼体弱多病，家人为救治他，花光了所有积蓄。不过，孙思邈从小聪慧过人，喜欢读书，精通百家之说，崇尚老庄学说，阅览佛典。18岁时，孙思邈立志学医，20岁时，开始为乡邻治病，他将所有精力都集中在了医学上。

孙思邈在医学上勤学苦练，不断钻研，精通内、外、妇、儿、五官、针灸，他倾心于药物研究，常常游走峨眉山、终南山等地，边采药、边行医、边制药，并编著了《千金要方》《千金翼方》等八十多种书籍。

孙思邈医德高尚，淡泊名利，倾注于自己毕生精力，为我国医学事业不断奉献，为我国后世医学的发展奠定了坚实的基础。药王孙思邈的医学事业影响深远，为中外医学做出了巨大贡献，他是医学发展史上的一颗璀璨的明星。

丰台娘娘庙

丰台娘娘庙始建年代不详，全称为"天仙圣母碧霞元君行宫"，俗称"娘娘庙"，位于丰台区大灰厂村，明天启年间、清康熙年间、民国年间、2002年曾多次重修。今存正殿三间，后殿三间，硬山灰筒调大脊，庙对面有戏台一座，从残存建筑可看出原来庙宇范围很大。

丰台娘娘庙坐北朝南，两进院落，面积为2000平方米，是一座很大的院落。庙前有广场、牌楼与戏台，如今，广场被公路占据一半，其余一半则成了停车场，戏台得以重建。丰台娘娘庙有山门殿三间，山门、正殿、后殿各三间，东西配殿二十四间，钟鼓楼各一座。

丰台娘娘庙的山门殿内正位供奉"先天主将王灵官"，东墙站着温、周二元帅，西壁站着赵、马二元帅，山门两侧各有便门，右侧有文保碑，

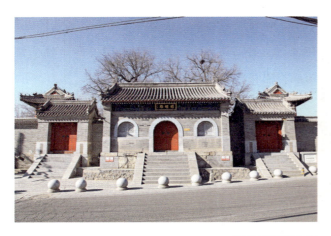

丰台娘娘庙山门

娘娘殿

山门前墙壁上有关于此庙宇的简介。

进入山门，为第一进院，东侧为钟楼，钟楼内挂有一口大钟，为2009年铸造；西侧为鼓楼，鼓楼上有一个大鼓，下层摆放有财神爷牌位，山门后有两棵大槐树，枝叶繁茂。三间前出廊正殿为娘娘殿，殿前有立式大香炉和楼式香炉，东南角有一处铁栅栏，当中立有几块碑石。娘娘殿的后墙壁上有《道德经》。

西厢房南有四间祈福堂，祈福堂南边第一位：统管人间一切金银财宝的财神——赵公明；南边第二位：主宰人生功、名、利、禄的禄神——文昌；北边第一位：以赐福人间为己任的福神天官；北边第二位：主占人间各主寿命，能让人益寿延年的寿神——南极仙翁。祈福堂北侧有三间殿房，为娘娘庙管理处；东厢房南侧有四间殿房，为道士起居室；北侧三间殿为道祖堂，主位上供的是太白金星。

后院正殿为三间元君殿，殿前摆放有阁式香炉，廊下东西墙各有壁画。元君殿供奉天仙圣母碧霞元君，东西墙有仙女壁画，墙角有仙童。东西厢房各五间，为十大阎罗殿。东五间厢房窗下坎墙壁上有《二十四孝图》，从北到南，第一殿秦

广王蒋，第二殿初江王厉，第三殿宋帝王余，第四殿伍官王吕，第五殿阎罗王天子包；西五间厢房窗下坎墙壁上有《二十四孝图》，从南到北，第六殿变成王毕，第七殿泰山王鳌，第八殿平等王渡，第九殿都市王陆，第十殿五道转轮王薛。

2003年12月11日，丰台娘娘庙被北京市人民政府公布为北京市第七批市级文物保护单位。

知识链接　碧霞元君行宫

碧霞元君坐镇泰山，也被称为泰山娘娘、泰山老奶奶、泰山老母、万山奶奶。

据史书记载：宋真宗封泰山时，于岱顶的玉女池洗手，一石像从池中浮起，洗去污泥后，发现是一玉女石像，真宗即命造神龛，将石像供奉其中，并封其为"天仙玉女碧霞元君"，并创建昭真祠。祠于金代改为昭真观，明代称灵佑宫，以后称碧霞祠。在泰山山顶的碧霞祠，是碧霞元君的主庙，山下的遥参亭、红门宫和灵应宫等都是碧霞元君的行宫。宋代以后，碧霞元君庙（行宫）遍及全国。

《帝京景物略》载："后祠日加广，香火自邹、

鲁、齐、秦以至晋、冀，祠在北京者，称泰山顶上天仙圣母。"历史上，北京有多处碧霞元君庙或祠，这些都被称为碧霞元君行宫，主要分布于平谷区、房山区、门头沟区、海淀区、丰台区等地方。平谷大金山上有娘娘庙；门头沟区有妙峰山娘娘庙；海淀区有北下关娘娘庙；丰台区有娘娘庙。

福生寺

福生寺是丰台区保存较完整的一组古建筑，位于长辛店镇张郭庄村，建筑具有明代建筑特征，为研究明代建筑提供了实物资料。

福生寺始建于明代。该寺坐北朝南，现存山门三间、正殿三间、后殿五间及东、西配殿各三间，保存较好。寺院建筑为砖制仿木结构，各大殿建筑是以大式硬山、元宝顶、箍头脊和筒瓦等基本风格为总体特征。山门的前额坊题有"福生寺"三字，前殿和后殿均有五檩前出廊。

寺里原有许多松柏树、榕树、白果树等，大殿供有如来佛，高至屋顶，后殿供有千手千眼佛，两边是四大天王。

福生寺山门

2011年3月7日，福生寺被北京市人民政府公布为北京市第八批市级文物保护单位。

福生寺与皇位疑案

在民间传说中，福生寺与雍正皇帝有着莫大的关系。康熙末年，九子夺嫡，皇子们都盯着皇位宝座，想要在康熙驾崩后夺取皇位，而雍正就是皇位的有力竞争者。

因为康熙好佛的缘故，雍正为了讨好康熙，自己也就信了佛，每年雍正都要到北京的寺院中进香拜佛，尤其是潭柘寺，雍正经常到那里拜佛，而福生寺就在雍正去往潭柘寺的路上。

爱屋及乌，雍正有事就会在去往潭柘寺的路途中来福生寺进香，一来二去雍正与福生寺的方丈就相熟了。

据说一次雍正在去往潭柘寺的途中来到福生寺，方丈劝雍正不要去潭柘寺，赶紧去畅春园，现在是他能否顺利登基的关键时刻。雍正听从了方丈的建议，赶紧去畅春园见康熙。而康熙此时已经病危，因为雍正及时赶到，于是他就顺利继承了皇位。

正是因为福生寺方丈的提醒，雍正才没有贻误大事，在登基之后，雍正为了答谢福生寺方丈，下旨重修福生寺，修建完成的福生寺成为长辛店地区非常著名的寺院。

赵登禹将军墓

赵登禹将军墓是抗日英雄赵登禹烈士的陵墓，位于北京市丰台区卢沟桥西道口京港澳高速公路西侧。该墓园坐北向南，用花岗岩砌筑，由墓冢、墓台和墓前广场构成。

赵登禹将军墓面积为350平方米，入口处左侧墙上刻着"赵登禹将军墓简介"的碑文，墓碑正面镌刻着"抗日烈士赵登禹将军之墓（1898—1937）"。墓碑右侧的墙面上刻着赵登禹将军事迹：

抗日烈士赵登禹将军，一八九八年生于山东菏泽赵楼村，十四岁从军，作战勇敢，战功卓著。历任班长、排长、连长、国军二十九军三十七师第一旅长，一三二师师长。一九三三年，长城抗战中，赵登禹亲率敢死队夜袭敌阵，取得了闻名中外的喜峰口大捷，七七事变，赵登禹率部进驻南苑，在团河与日军发生激战，转移途中又遇日军伏击，他左臂中弹，仍指挥将士突围，被日军机枪射中身体多处中弹，壮烈牺牲，时年三十九岁。

一九九一年五月

墓地周围环绕着一棵棵青松翠柏，树上点缀着一朵朵人们怀念祭奠的小白花以及对将军的凭吊之词。

赵登禹将军墓于1984年被公布为区级文物保护单位。北京市和丰台区政府于1980—2003年先后三次为赵登禹烈士墓整体扩建和立碑，并将其列为重点烈士纪念建筑保护单位。

2021年8月28日，赵登禹烈士墓被北京市人民政府公布为北京市第九批市级文物保护单位。

知识链接　赵登禹将军

赵登禹将军是抗日英雄，他每一次作战都出生入死，从未退缩，屡立战功。在1933年3月9日的喜峰口战役中，日军铃木师团直抵长城喜峰口，第二十九军奉命赴长城御敌。时任第二十九军第三十七师第一〇九旅旅长的赵登禹任喜峰口作战前敌总指挥。为了占据有利地形，他冒着风雨带领着部队急速行军700余里，当时没有子弹没有炮，第二十九军使用铁打成1米多长，八九斤重的大刀，赵登禹亲自率领部队挥大刀迎敌。面对敌我双方人力、武器相当悬殊的情况下，赵登禹带领一行人，背着大刀，拿着手榴弹，于深夜兵分两路偷袭日军炮兵阵地和宿营地，砍杀大量敌军，令日军闻风丧胆。

1937年7月7日，抗日战争全面爆发。27日，赵登禹将军率部赴南苑作战，以手榴弹、大刀对日寇的飞机大炮，杀敌不计其数。在这次战役中，副军长佟麟阁阵亡，赵登禹率军增援的途中，不幸中弹牺牲，年仅39岁。

赵登禹将军虽然牺牲了，但是他在抗战中表现出的悍不畏死、坚强不屈的精神值得我们每一个人学习。

赵登禹将军墓

北京市级
文物保护单位志 ②

BEIJING SHIJI WENWU BAOHU DANWEI ZHI

《北京市级文物保护单位志》编委会 编

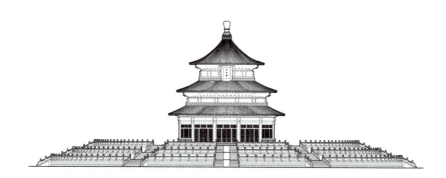

北京出版集团
北京出版社

目 录

冰川擦痕

冰川擦痕是数十万年前的冰川遗迹，位于北京石景山区模式口大街28号，既是基岩地层，又是鉴定第四纪冰川遗迹的重要证据，是华北罕有的科学实物资料，尤其是北京史前期的重要发现。

冰川是多年降雪不断积累形成的，具有一定形状并能运动，长期存在于地表寒冷地区，属于天然冰体，它并不会因为气候短暂的波动而消亡，冰川的形成与发育和气候密切相关。冰川擦痕由冰川夹带块石，在运动的过程中相互摩擦，与冰川槽谷基岩摩擦形成，这些擦痕是冰川所夹带的块石的棱角，在运动时在磨光面上摩擦刻划成深浅、粗细不一样的条纹，多数都呈现钉子形状，而模式口冰川擦痕却有几组不同方向的条痕重叠形状。

早在20世纪20年代，李四光就考察河北沙河和山西大同的地貌，1922年，他在英国《地质杂质》发表论文，论述河北沙河和山西大同的第四纪冰川的证据。1954年，我国著名地质学家李捷，在石景山区模式口地区勘测永定河引水隧洞工程时，偶然发现了冰川擦痕遗迹，后经地质学专家李四光先生考证、确认和国际部分专家认定，模式口冰川擦痕形成于第四纪。这一消息传到众多科学工作者与学者那里，引起了他们极大的兴趣，于是大家纷纷前来考察。1960年，苏联地质学家纳里夫金也来到现场考察，并称赞"冰川遗迹"为"亚洲地质史上光辉的一页"。

模式口在北京石景山比较偏僻的地方，冰川擦痕在山坡上被一片翠绿环绕，由一幢浅灰色的平顶建筑保护，门口有著名科学家李四光题写的"中国第四纪冰川遗迹陈列馆"。如果阳光照射在这几个大字上，就会闪闪发光。

陈列馆于1992年正式开放，占地面积约1950平方米，建筑面积为750平方米，分为上下两层，由11个展室和1个遗迹保护区组成，总面积为4200平方米，展示大量生物化石、矿石标本、冰川模拟场景等，主要包括四部分内容，分别为：

冰川擦痕

中国第四纪冰川遗迹陈列馆

猛犸象化石

恐龙蛋、鸵鸟蛋、猛犸象牙、三叶虫等化石；大小不一的冰碛石实物标本；冰川知识；冰川资源现状。

一层展厅包括序言、冰川知识、冰川擦痕保护区、地球演化、第四纪典型冰川地貌，这一展厅内设有多功能厅，播放与冰川有关的科普影片；二层展厅包括现代冰川的分布、冰川与人类的关系、气候变化与冰川的影响、中国第四纪冰川理论的研究成果。

在冰川遗迹展厅可以感受到大自然留下的痕迹，让你情不自禁地觉得那是多么神奇的力量，接着走过一座木阶梯山坡，能够看到两旁留下的一条条冰川刻划的擦痕，擦痕所指方向与山坡倾斜度一致，不过在局部还是会有少许变化的，而

冰川擦痕展示

且这些擦痕仅限于基岩表面。冰川擦痕不远处是陈列厅，这里陈列着一些古动物化石，有猛犸象、东北野牛、披毛犀等的化石骨架，遗迹复原图，这些动物生活在1万到2万年前。

1989年，中国第四纪冰川遗迹陈列馆成立，由中国国务院原副总理方毅题写馆名。1992年7月，中国第四纪冰川遗迹陈列馆正式开放；1999年，中国第四纪冰川遗迹陈列馆被命名为北京市科普教育基地和北京市爱国主义教育基地。

2017年11月，中国第四纪冰川遗迹陈列馆正式对公众实施免费开放。

1957年10月28日，冰川擦痕被北京市人民政府公布为北京市第一批市级文物保护单位。

李四光勘探雕塑

知识链接　　**保护地球，保护冰川资源**

第四纪距今已有二三百万年历史，地球上出现气候寒冷时期，高纬度地区和高山地带出现大量积雪。随着时间的流逝，积雪慢慢变成很厚的

冰层，覆盖在大地上、山谷中，渐渐地，冰层在本身动力的作用下流动着，形成冰川，这就是地质史上的第四纪冰期。当冰川融化时，就会留下被冰川浸渍刨蚀的痕迹，模式口冰川就是这样形成的。而这一现象不仅仅在第四纪冰期出现，每一次的冰川活动都会形成地质演变，是呈周期性发生的。在第四纪之前，就曾发生过三次演变，而每次冰期活动都会留下丰富的遗迹，只不过，第四纪冰期是距离人类最近的一次冰期，与人类有着密切的联系，具有重要的研究价值。

冰川被称为固体水库，能够调节全球水循环，是气候变化的指导器，能够反映气候变化状况，对气候产生影响，是塑造地表形态的外营力，是周围江河流水的补给源，能够平衡江河水量。

现代冰川是人类宝贵的财富，而今，全球气候变暖，会加快冰川融化速度，导致冰川面积变小，冰山解体，给人类带来极大危害，还会导致南极与北极冰盖融化，海平面上升，给人类带来极大威胁，所以，我们要保护好环境，保护冰川资源，保护生态环境，保护地球。

法海寺

法海寺是一座已有500多年历史的明代古刹，位于北京市石景山区翠微山南麓，以寺内保存有大量精美的明代壁画而闻名。这些著名壁画出自宫廷画工之手，人物造型准确，夸张适度，色彩绚丽，线条流畅，富于质感。艺术形象丰富多彩，继承了唐宋以来的绘画艺术特点，出色地表现了中国壁画在十五六世纪时所达到的高超水平，艺术价值极高，是现存明代壁画中的珍品。

法海寺山门

据寺内碑文记载，此寺为明正统四年（1439）太监李童等集资，由工部营缮司所建造，正统八年（1443）建成，英宗赐名法海禅寺。据碑记记载，当时寺内中央为大雄宝殿，左右分别为伽蓝殿、祖师堂。大雄宝殿之前有天王殿和钟楼、鼓楼，天王殿之前有护法金刚殿，大雄宝殿之后有藏经阁，左侧有方丈室，右侧有选佛场。除此之外，寺内还有庑殿、厨库、寮房等。四周有垣墙围绕，在寺南约500米处建有山门。寺院建成后在明弘治十七年（1504）至正德元年（1506）曾大修过一次，清康熙二十一年（1682）又重修，1982年重修山门、大雄宝殿和东西庑殿，1985年重修天王殿，1995年重修大雄宝殿。2005年复建

天王殿

藏经阁。

法海寺坐北朝南，山门面阔三间，歇山顶，黄琉璃瓦屋面，山门后是一东西横向长方形院落，正中设数十级台阶，通向天王殿。台阶两侧有石碑两通，为明正统八年礼部尚书胡濙所撰《敕赐法海禅寺碑记》和吏部尚书王直所撰《法海寺碑记》。天王殿面阔三间，歇山顶，削割瓦黄剪边屋面。

法海寺的大雄宝殿面阔五间，黄瓦庑殿顶，建筑宏伟，金碧辉煌，掩映在苍松翠柏之间。现在能见到的几幅壁画，分布在大殿内的佛龛背面和后门两侧及东西两壁，保存相当完好，有的色彩鲜丽如新。佛龛背后壁画绘有水月观音，神态端庄，轻纱蔽体，衣饰华贵，结跏趺坐在礁石上，衬以浩渺云水，缀以牡丹翠竹背景，形象突出，线描优美。其左边为普贤菩萨，右边为文殊菩萨，他们身躯硕大，形态端庄。

后殿门两侧壁画描绘的则是佛教护法神二十天礼佛图。礼佛护法诸天神在天女的前导下，于五色祥云中雁列而行，人物形象生动，神态各异，个性鲜明，虔诚的礼佛气氛充满画面，展现出一幅天界的奇幻景象。画工娴熟的笔法，将帝后的雍容华贵、天王的威风凛然、力士的气魄刚劲生动传神地一一刻画出来，并运用光线色彩的变化，表现出烟云缥缈、宁静神秘的效果。东西两壁描绘的是以如来、飞天为主，衬以百花盛开、祥云缭绕的五方佛胜境。这原是殿内十八罗汉塑像的背景画，可惜罗汉今已无存。

法海寺前曾经有一座塔门，塔门跨于法海寺前的通道上，实际是一座过街塔，下面是一个有圆拱门洞的台座，台座上建一座覆钵式塔。圆拱门和塔均为石砌，拱门东面上题"敕赐法海禅寺"门额，旁边有一行小字"顺治十七年夏吉日"；拱门西面以三种文字题刻着同样的内容。由此可见，此过街塔是清顺治十七年（1660）建造的。门上的覆钵式塔座平面呈"十"字形，中间束腰部分雕刻生动的狮子浮雕，上有三层台。每层台边雕刻佛像三尊，周围饰以琉璃边框，显得极为精致。座上置圆形覆钵塔肚，再上置塔刹，塔刹雕刻七相轮，冠以仰月、宝珠。此塔的形制与北海琼华岛的白塔非常相似，年代也相距不远。而此塔完全是石造的，可惜现已无存。

20世纪二三十年代的大雄宝殿和殿前白皮松

大雄宝殿

水月观音

护法天王

药师殿

1957年10月28日，法海寺被北京市人民政府公布为北京市第一批市级文物保护单位；1988年1月13日，法海寺被国务院公布为第三批全国重点文物保护单位。

知识链接 **明代寺庙壁画的发展**

中国的壁画艺术具有悠久的历史，其中以敦煌莫高窟为代表的石窟壁画和庙堂壁画成为世界壁画艺术的高峰。壁画艺术发展到明代，虽然不及唐宋时期的盛况，但由于统治阶级仍然注重利用宗教艺术维持其封建统治，所以仍兴建寺庙、道观，壁画也随之盛行。

由于朝廷对寺庙的重视，所以明代有很多著名的画家都参与过寺庙壁画的绘制工作。根据史料记载，永乐年间许多著名的宫廷画家，如上官伯达、戴进、卓迪等都曾在江南报恩寺、潮鸣寺、华藏寺进行创作。另外，除了宫廷画师，民间也有许多壁画高手，全国各地寺庙壁画多由民间画匠完成。

明代寺庙壁画的内容仍以宗教题材为主，壁画种类较多，如道释画、释道儒掺杂的水陆画，以及西藏、青海等地信仰藏传佛教的密宗佛画等。另外还有一些寺庙别出心裁，从一些历史传说中取材进行创作，还有一些取材于生活，展示当时人们的生活日常。

由于明代寺庙壁画发展仍具规模，因此留存至今的寺庙壁画非常多，其中比较著名的有北京法海寺、山西运城新绛县稷益庙、山西运城稷山县青龙寺、山西汾阳圣母庙，另外在四川、西藏、云南丽江等地，寺庙壁画留存也非常多。

不同地区的寺庙壁画风格不同。北京法海寺

壁画无论在人物刻画、造型设计，还是图案装饰等方面都非常细致多变，运用了民间沥粉贴金方法，使壁画更加灿烂光辉；山西省的壁画数量多、题材多样、艺术性非常强；四川省的壁画采用工笔重彩，技法上线描与沥粉贴金相结合，色泽鲜艳，不易褪色，立体感非常强，具有很强的艺术感染力；云南省的壁画综合反映了多民族不同宗教信仰的融合，极具地方特色；西藏自治区的壁画，地方、民族特色更加鲜明，艺术上广泛吸取汉传佛教和印度、尼泊尔等邻邦的佛教艺术的优势，构图饱满，形象夸张，装饰繁重、描绘细致、色彩浓郁，对比度非常强。

总之，明代寺庙壁画发展为我国留下了非常宝贵的文化遗产。

法海寺壁画菩萨像

西山八大处

西山八大处是指分布在石景山区西山东麓的翠微山、卢师山和平坡山的山下、山麓、山腰和山顶的八座寺院，旧有"八刹"之称，位于北京市石景山区八大处路甲3号四平台村，为京西著名的古刹群，早在隋代即有僧人于此修行。现存寺院建筑多为明清时期重建，是北京西郊重要的风景区和佛教活动地。

八大处以"三山、八刹、十二景"著称于世。八大处西、北、东三面环山，南为敞开的平原，山间环境秀美清幽，崖壑深邃，林葱水碧，十分怡人，一座座寺院掩映在苍松翠柏之中。八座古刹依次排列，从一处至八处依次为长安寺、灵光寺、三山庵、大悲寺、龙王堂、香界寺、宝珠洞、证果寺。其中一处、二处在山脚下，三处开始进入山麓，四处、五处、六处在半山腰，七处建在山顶，八处在七座寺院对面的山上。除八座庙宇外，沿途还可看到水心亭、放鹤亭、铜佛洞、眺远亭等胜迹。

一处长安寺，又名善应寺或善应长安禅林，因在翠微山山脚下，过去曾称翠微寺。长安寺始建于明弘治十七年（1504），后经清顺治十六年（1659）、康熙十年（1671）两度重修，堂阁寮舍日臻完善，佛像器属一应俱全，遂成为明、清时期西山诸寺中的一座名刹。

长安寺东向，两进院落，由东向西依次为山门、三世佛殿和观音殿，正殿两侧分列有配殿三十多间。两进院落由三世佛殿左右月亮门贯通。三世佛殿前有两棵奇松，枝繁叶茂，据说已有700多年的树龄。此外寺内还种有玉兰、紫薇、百日红、金丝木瓜、紫荆等多种珍贵花木。长安

八大处入口仿古牌楼

长安寺三世佛殿

寺原塑像名冠西山诸寺，据《帝京景物略》记载："善应寺，殿佛不结趺，高几危坐，仪如中土，两庑塑罗汉五百，穿崖踏海，游戏极态。"可见长安寺塑像的工艺水平。

二处灵光寺位于翠微山东麓，始建于唐代，名龙泉寺，金大定二年（1162）重修，改名觉山寺，明成化十四年（1478）又加修缮，改名灵光寺。1900年该寺毁于八国联军的炮火，现寺内大部分建筑为后来复建。

灵光寺坐北朝南，纵向布局。南部为大悲院和金鱼池院，北部分别为方丈院、塔院、居士院和大雄宝殿。灵光寺内原有一座招仙塔（现只剩塔基），僧人在清理废墟时发现一石函，内有一

沉香木盒，盒内供奉释迦牟尼佛牙舍利一颗。

灵牙舍利自1171年入塔至1900年被发现，在塔中供奉700多年。中国佛教协会为永久供奉灵牙舍利，于1959年新建一座佛牙舍利塔，高51米，八角十三层密檐式。

金鱼池是灵光寺少数保存下来的古迹之一，山泉从石雕龙口注入池内。池上架有一座精美的石桥，池中建有水心亭。金鱼池左有元代翠微公主墓，北有观音洞及石井，后有韬光庵。

三处三山庵位于灵光寺东北，始建于金天德三年（1151），俗称麻家庵，后因其地处翠微、平坡、卢师三山之间而得名，清乾隆时重新修茸。

三山庵面朝东北，是一座布局精巧、构筑精

长安寺山门

招仙塔塔基

美的四合院落。山门殿面阔三间，左右各开角门一扇。正殿面阔五间并配有耳房两间，两配殿分列于正殿两侧。正殿前有一块长方形汉白玉，石上花纹如流水行云，故称水云石。正殿东厢房后有一敞厅，筑于高台之上，敞厅上悬"翠微入画"匾额。

四处大悲寺位于平坡山半山腰处，旧名隐寂寺。寺院始建于辽、金时期，明嘉靖二十九年（1550）增建大悲殿，清康熙五十一年（1712）改名大悲寺，乾隆六十年（1795）重修。

大悲寺东向，前后三进院落，殿宇依山势而建。前为山门，面阔三间，石券门上石门额书"敕建大悲寺"，为康熙皇帝御笔。其后为大雄宝殿，殿内居中供奉着释迦牟尼佛，胁侍为阿难、

三山庵正殿

迦叶两大弟子，十八罗汉分列于两侧。后殿为大悲殿，是明嘉靖二十九年增建，殿内塑有大慈大悲观世音菩萨像。最后一层殿宇是药师殿，为后修复建筑。寺院北侧为大悲寺塔院，尚存一座覆钵式砖塔。

五处龙王堂位于大悲寺西北，又名龙泉庵。明末清初时此处并存着两座寺院，一为慧云禅林，一为龙王堂，前者建于明洪熙年间，后者建于清顺治二年（1645），道光年间两寺合而为一。

全庵共有五个院落，分为上、中、下三层，除主殿龙王堂外，还有卧游阁、听泉水榭、妙香院和华祖院。龙王堂以古柏及山泉而闻名，山门左右各植柏树一株，颇有趣味，人称"树旗"。寺东向，两进院落，堂内有龙王、雷公、电母等泥塑像。泉水自寺后石壁流出，至第一层院落，经石螭吻（石雕龙头）注入水池。水池左边有听泉水榭，是游人休息的地方。后殿卧游阁是深秋赏红叶的最佳处。

六处香界寺在龙王堂西北，因位于平坡山，又名平坡寺，是现今八大处面积最大的一座寺院，始建于唐乾元年间，名为平坡大觉寺，明朝名为大圆通寺，清康熙年间名为圣感寺，乾隆十三年

新建的佛牙舍利塔

大悲殿

听泉水榭

（1748）重加修缮后，改名香界寺。

　　香界寺分中、东、西三路，共五进院落。中路最前为山门，面阔三间，汉白玉券门，檐下嵌汉白玉石额，上书"敕建香界寺"5个丹漆大字，是乾隆皇帝御笔。

　　其后是大乘门（已毁）及钟、鼓二楼，再后为天王殿，券门和槛窗均以汉白玉精雕而成。殿内供奉弥勒佛，两侧列泥塑彩绘四大天王。天王殿之后为圆通殿，面阔五间，硬山顶调大脊，筒瓦屋面。圆通殿前有两通形制高大、雕造精美的石碑。东侧石碑，龟座螭首，碑阳精刻康熙十七

年（1678）《御制圣感寺碑文》，碑阴镌刻的是《御制香界寺碑文》，此碑为乾隆十四年（1749）重修圣感寺工毕后所立。西侧是一通青石巨碑，碑座四周精雕着梅、鹿、海马图，碑阳为"大悲菩萨自传真像"，碑阴为"敬佛"二字。此二字大如斗口，庄严凝重，是康熙皇帝的御笔。

　　大雄宝殿面阔五间，前后出廊，门窗雕饰着精美的三交六椀菱花纹样，殿中供奉着贴金三世

龙泉庵山门

香界寺山门

佛和十八罗汉坐像。最后为藏经楼院，院内建筑皆为二层楼宇。藏经楼面阔五间，两侧配楼各六间。东路为行宫院，为乾隆皇帝避暑的行宫。西路为一别院，仅精舍三间。

七处宝珠洞位于平坡山顶，始建于清乾隆四十六年（1781）。寺前有一座木结构牌楼，匾额内外分镌"坚固林"和"欢喜地"，为乾隆皇帝御笔。过牌楼前行，路旁一天然巨石，石上约略可见行书《宝珠洞诗》，落款处镌有乾隆皇帝御玺印迹。宝珠洞有两座殿堂，正殿为观音殿，两侧有配殿。殿后有一岩洞，深约4米，洞内砾石奇特，形如一粒粒黑白相间的珠子，宝珠洞因此而得名。洞上还有一殿为阿弥陀佛殿，殿前建有眺远亭。

八处证果寺位于卢师山上，旧名卢师寺，与其他七座寺院相对，始建于隋仁寿年间，初名尸陀林，为八大处中历史最悠久的一处寺院。

证果寺坐北朝南，全寺殿宇分为中、东、西三路，中路由南向北分别为山门殿、天王殿和三世佛殿。东路是方丈院，西路是秘魔崖和其他附属建筑。秘魔崖为一块自山巅悬空伸出的天然巨石，向下斜伏，石上刻"天然幽石"4字。岩下有一个石室，传说隋唐时，卢师和尚从江南来到这

行宫院垂花门

宝珠洞牌楼

里住下修行，故称此山为卢师山。

1957年10月28日，西山八大处被北京市人民政府公布为北京市第一批市级文物保护单位。

圆通殿

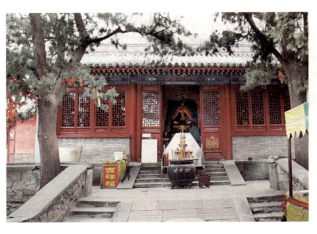

证果寺三世佛殿

知识链接

佛牙舍利塔

北京石景山八大处公园因为灵光寺供奉释迦牟尼佛牙舍利而闻名世界。

释迦牟尼佛入灭之后有两颗佛牙舍利，一颗传到了师子国（今斯里兰卡），另一颗传到了乌苌国（今印度北部苏瓦特河流域）。后来乌苌国的佛牙舍利又传到于阗。5世纪时，南朝僧人法显西游时到了于阗，将这颗佛牙舍利带到了当时的齐都建业（今南京）。隋朝统一天下之后，佛牙舍利又被送到长安，之后因为战乱，又被送到了燕京（今北京）。辽道宗咸雍七年（1071），佛牙舍利被供奉于北京灵光寺招仙塔之舍利塔中。

清光绪二十六年（1900），义和团运动爆发，八国联军炮击舍利塔，使其倒塌。人们从旧塔基台中挖出藏有佛牙舍利的沉香木盒，此后一直由僧人供奉。直到1955年，佛牙舍利才被迎到广济寺，供奉在舍利阁七宝金塔中。

1957年，中国佛教界请求按照佛教传统在原来的塔址西北重新建塔，以供奉佛牙舍利，这一请求得到了政府和相关部门的大力支持。

1958年，佛牙舍利塔在西山灵光寺动工修建，1964年竣工。新建的佛牙舍利塔庄严雄伟，格外美观。

1964年6月24日和25日，中国佛教界在北京举行了极为隆重的法会，以盛大的场面恭迎佛牙舍利供奉入塔，同时也为新建的佛牙舍利塔开光。

这次盛典极具规模，斯里兰卡、柬埔寨、日本、印度尼西亚、巴基斯坦等亚洲各国佛教界纷纷派遣代表团前来参加盛典。

看到佛牙舍利塔在政府的支持下重建，并且得到极好的保护，各国代表团纷纷盛赞，表示中国人民的宗教信仰已经有了充分的自由和保障。

如今，佛牙舍利塔高高地耸立在灵光寺中，成为全世界佛教僧众顶礼膜拜的地方，吸引着无数的信众前来瞻仰。

北京八宝山革命公墓

北京八宝山革命公墓是革命先烈和已故党和国家领导人的陵园，位于石景山区石景山路9号。

北京八宝山的前世是褒忠护国祠，是明朝永乐初年皇帝专为保护司礼太监刚炳墓而赐建的，当地人都称其为太监庙。

中华人民共和国成立后，这里被民政局接管，当时占地面积为80亩，总共有五十七间殿堂与房舍，八十四间附属房舍，之后部分殿堂被改为骨灰堂，与此同时开辟周边成为墓葬区。1950年，北京市政府将八宝山护国寺改建成公墓，遵照周恩来总理的意见，将公墓定名为"北京市革命公墓"，革命先烈安葬在这里。1970年，经周恩来总理批准，北京市革命公墓改名为"北京市八宝

20世纪二三十年代的褒忠护国祠

八宝山革命公墓入口

骨灰堂

山革命公墓"。

八宝山公墓占地面积为150亩，主要用于安葬我国已故党和国家及军队领导人、民主党派领导人、爱国民主人士、著名科学家、文学家、高级工程技术人员、革命烈士、国际友人和县团级以上领导干部。朱德、董必武、彭德怀、任弼时、史沫特莱等革命伟人去世后，均埋葬在这里。

北京八宝山革命公墓大致分为墓区和骨灰堂，分别安放墓地与骨灰，位于公墓北向顶端的一墓区，安葬中共国家领导人及副部级以上干部、民主党派人士，属于公墓中政治规格最高的地方。

骨灰堂用来安放骨灰，对于骨灰的安放有严

格规定，骨灰分为一、二、三……室，一室分为正面和侧面，安放部队兵团级以上领导，地方部级以上领导的骨灰，正面安放中央领导骨灰，侧面安放其他领导骨灰。

北京八宝山革命公墓有墙廊亭堂的建筑风格，也称之为壁葬，也就是将骨灰盒嵌在墙壁内的一种葬式，有亭子式的、四合院式的，还有多层式的。壁葬墙和普通墙壁的高度差不多，一堵壁葬墙能安置几十甚至几百个骨灰盒，相对于一般墓地而言，这里存放骨灰的量相对较大，不仅节约了土地，还丰富了墓区建筑风格。墙体正面分布着"井"字形的壁葬格，正好放入骨灰盒，格位口用石材封死，石材外表面为墓碑，刻上碑文。

北京八宝山革命公墓不仅仅只安葬烈士和一定级别的官员，也安葬着早期对革命做出突出贡献的人物，如李克农上将的父亲李哲卿老人，还有掩护过老一辈中央领导同志的夏娘娘等。

1984年5月24日，北京八宝山革命公墓被北京市人民政府公布为北京市第三批市级文物保护单位；2013年5月3日，北京八宝山革命公墓被国务院公布为第七批全国重点文物保护单位。

墓区

骨灰墙

一碑一故事，一墓一人生

八宝山革命公墓埋葬着数不胜数的英雄烈士，他们是后代仰慕与钦佩的对象。在战火纷飞的年代，这些革命烈士不顾自己的生死，甘愿为国家奉献自己宝贵的生命，他们为了祖国的繁荣昌盛，将个人荣辱生死置之度外，甘愿牺牲自己，为祖国付出一切。

八宝山革命公墓真可谓一碑一故事，一墓一人生。这里第一号墓埋葬着一位爱国将军——任弼时。任弼时出生于1904年，在那个动荡不安的时代中，他目睹外国侵略者在中国犯下的滔天罪行，于是他萌生了"改变这个时代，拯救处于苦难中的人民"的先进思想。1922年，他加入革命军，开始了自己的革命生涯，他呼吁一批又一批有志青年加入革命军，每天夜以继日地处理公务，每件事、每个环节都处理得井井有条，因公务繁重，给他带来了不小的压力，但他依然带病坚守岗位，最终，任弼时因力不从心，于1950年病逝，被葬于八宝山。任弼时为国为民，操劳一生。

林徽因出生于1904年，她从小受父亲熏陶，饱读诗书，再加上拥有惊人的天赋，成为一名才华横溢的奇女子，不仅如此，她也是一位铁骨铮铮的革命烈士，在国家处于危难之时，不顾及个人安危，甘愿与丈夫梁思成与祖国共存亡，她在1955年4月病逝，被葬在八宝山革命公墓，而对于这位才华横溢的爱国女儿，人们给予最好的形容便是"你是人间四月天"。

王进喜出生于1923年10月，15岁来到玉门油矿当童工，1949年玉门解放，他来到钻井队工作，1956年4月加入中国共产党。当中国发现大庆油田时，王进喜带着钻井队来到这里，参加了一场艰苦卓绝、震惊中外的石油大会战。为拿下大油田，他一不怕吃苦，二不怕受累，任凭寒风刺骨，依然干劲十足，带着伤奋不顾身地跳进泥浆池，用身体搅拌了起来。王进喜在长达30年的创业生涯中，吃苦、受累，因此患上了严重的胃病和关节炎。1970年11月因病去世，骨灰被安放在北京八宝山革命烈士公墓，他的"铁人"精神震撼大地，永放光芒。

在八宝山革命公墓埋葬着许许多多的英雄，他们在特殊的年代、在艰苦的环境中挺身而出，为中国人民的幸福、为祖国的未来奋勇拼搏，他们虽然已经离开人世，但他们的精神永驻，是后辈学习的榜样。

承恩寺

承恩寺位于北京市石景山区模式口大街20号。寺院始建于明正德八年（1513），现存建筑有山门、天王殿、大雄宝殿及后殿，仍保留有明代建筑特点。另外院墙四角有瞭望碉楼，下有地道相通，为明、清寺庙所罕见。

承恩寺山门

大雄宝殿

承恩寺坐北朝南，四进院落，占地约6000平方米，四周以院墙围护。山门面阔三间，歇山顶，筒瓦屋面，汉白玉券门上有"敕建承恩禅寺"石额。山门东西两侧各有一边门。

山门以北为天王殿，面阔三间，歇山顶，筒瓦屋面，檐下施一斗二升交麻叶斗拱，额枋绘旋子彩画。殿内绘有明代壁画，内容为彩绘四条祥龙和放生图。殿之左右有转角房三间，转角处起楼，东为钟楼，西为鼓楼，这种结构在明代庙宇中颇为罕见。

天王殿以北为大雄宝殿，面阔五间，进深九檩，歇山顶，筒瓦屋面，前后出廊，额枋绘旋子彩画。殿内原有一尊铸造精美通高2.5米的释迦牟尼铜像，趺坐在莲花宝座之上。殿前有三通碑：一为明正德年间的《敕赐承恩寺碑》；一为清乾隆年间重修碑；一为清道光年间的《重修承恩寺碑》。

大雄宝殿东西两侧各有配殿三间，硬山顶，筒瓦屋面，檐下施一斗二升交麻叶斗拱，额枋绘旋子彩画。配殿北侧接庑房七间，前出廊。

大雄宝殿以北为法堂，面阔五间，进深七檩，硬山顶，筒瓦屋面，前后出廊，额枋绘旋子彩画。法堂东西各有耳房四间，法堂之前左右各有配殿三间。

1990年2月23日，承恩寺被北京市人民政府公布为北京市第四批市级文物保护单位；2006年5月25日，承恩寺被国务院公布为第六批全国重点文物保护单位。

知识链接　　**神秘的承恩寺**

承恩寺是一座明代敕建寺庙。与其他寺庙相比，其最独特的地方在于它的神秘感。这种神秘主要体现在三个方面，即"三不"、"三高"和"五绝"。

"三不"就是不开庙门、不受香火、不做道场。承恩寺位于京西古道上，当时这里是交通要

天王殿

道，来来往往经过的人无数，处于这样一个热闹的环境中，承恩寺却紧闭山门，不接受任何香火，仅靠巨大的庙产生活，实在令人感到费解。

"三高"就是寺庙地位高、工程级别高、住持级别高。承恩寺是皇家敕建的寺庙，门上匾额"敕赐承恩寺"是明武宗朱厚照钦赐，不仅如此，他还特地下旨不允许当地政府、驻军等干涉寺庙事务，因此该寺庙的地位非常高。另外它是由司礼监大太监温祥主持修建的，司礼监掌管着国玺，是朝廷的重要机构，再由温祥亲自督建，工程级别自然很高。寺庙建成以后，在住持的人选上朝廷也多加考虑，最后由温祥从大功德寺请来了宗永，作为第一任寺庙住持。不仅如此，皇帝还任命宗永为僧录司的左觉义。

"五绝"就是承恩寺中的壁画、古碉楼、屋顶上的钟鼓楼、寺院北端的人字柏，以及山门外的下马石。承恩寺中有六幅明代壁画，东西两面画着青、白、黄、绿四条皇家才能用的五爪龙，北面墙壁画着明孝宗朱祐樘与皇后"放生"和"放飞"的情景，这里画的人像远比其他寺庙宗教画像更有艺术价值。古碉楼是其他寺庙没有的特殊建筑，其功用至今没有人知道。另外，一般寺院中的钟鼓楼都会建在前院中的左右两侧，而承恩

承恩寺天王殿壁画白龙

寺的钟鼓楼则建在房顶上。人字柏是把幼柏的根部一分为二，然后种下，一般来说很难成活，在全国范围内也极其罕见，只有故宫、中南海等少数几个地方有这种树。下马石通常是达官贵人骑着高头大马来到承恩寺时才能用到，所以山门外的两块下马石也表明了承恩寺非同寻常的地位。

慈善寺

慈善寺是一座集佛教、道教、民间诸神为一体的寺院，位于北京市石景山区五里坨的天台山。慈善寺始建年代不详，有两种说法：一曰建于明代，一曰建于清初。寺内有铁钟一口，上铸"天台山慈善寺，康熙三十三年"。现存碑刻也都是清代的，这说明最迟在清初寺院便已建成。2004—2006年北京市人民政府拨款对慈善寺进行全面修缮，将前后殿堂修葺一新，重塑大部分塑像，现对外开放。

慈善寺依山而建，由院门外的殿堂、东山坡建筑群和寺院本身组成。慈善寺西路为佛教建筑，东路为道教建筑，东山坡建筑群为供奉民间诸神的庙宇，共有庙宇38座，房舍150多间。

院门外殿堂有文昌阁、接引殿、卧佛殿。

东山坡建筑群位于东侧山路两侧，有民间诸神庙宇若干座，自南向北依次排列有：观音阁、财神庙、王三奶奶神殿、弥勒佛殿、龙王庙、娘娘庙、火神庙、吕祖殿、马王殿；东侧山上还建有燃灯佛塔、罗汉崖、山神庙。旧时庙会有东西南北走会，各路香客聚集，这300多米的山道，十步一灯，蔚为壮观。南山坡有一座藏式覆钵塔，高约10米。

文昌阁

观音阁

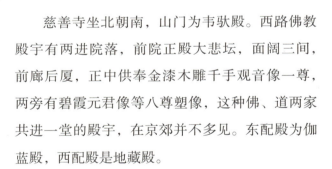

大悲坛

慈善寺坐北朝南，山门为韦驮殿。西路佛教殿宇有两进院落，前院正殿大悲坛，面阔三间，前廊后厦，正中供奉金漆木雕千手观音像一尊，两旁有碧霞元君像等八尊塑像，这种佛、道两家共进一堂的殿宇，在京郊并不多见。东配殿为伽蓝殿，西配殿是地藏殿。

后院正殿藏经阁系二层楼阁，下层内供魔王和尚坐像，上层供奉三世佛。东配殿为圆通殿，西配殿是达摩殿，供奉达摩、观音。藏经阁东侧有三间北房。著名爱国将领冯玉祥在1912—1925年曾三上天台山慈善寺游玩、养病、居住，其间挥毫写下"勤俭为宝"、"真吃苦"（三尺见方）、"耕读"、"淡泊"（二尺见方）、"灵境"、"谦卦"等楷书6处，分别镌刻在山门外东山坡和寺后北山坡上，至今完好无损。

慈善寺东路道教殿宇有五进院落，前院主殿为三皇殿，东配殿为财神殿，后有斋堂，再后为吕祖殿，两侧有配殿，最后是藏经楼。在院外山巅之上另有玉皇殿、天齐庙、山神庙。

1995年10月20日，慈善寺被北京市人民政府公布为北京市第五批市级文物保护单位。

藏经阁

冯玉祥三住慈善寺

慈善寺位于石景山区西北部的天台山上，该寺庙与冯玉祥有着非常大的缘分。冯玉祥曾经几次在慈善寺居住。

1912年，袁世凯重新编练军队，当时冯玉祥出任左路备补军前营营长，奉命前往京西三家店，镇守陆军部军械局。这段时间，每逢空闲，冯玉祥就会到天台山上游览，然后居住在慈善寺中。

1917年3月，冯玉祥被任命为正定府第六路巡防营统领。虽有官职在身，但是每天并没有什么公务可忙，几乎成了闲职。他递交辞职文件，几次呈文都没有获批，这让他非常生气，于是谎称生病，要到天台山去休养，再次住进了慈善寺。直到7月1日，张勋复辟，冯玉祥才下山。他将自己的房产抵押出去用作军队的费用，率军讨伐张勋。

1924年10月，冯玉祥等人发动"北京政变"，一举推翻了贿选总统曹锟，并将宣统皇帝驱逐出紫禁城。后冯玉祥致电孙中山，希望他能够北上主持大局，但是，段祺瑞和张作霖却持反对意见，为了阻挠冯玉祥，他们暗中勾结，对冯玉祥进行各种刁难。11月22日，段祺瑞带着幕僚和侍从从天津赶到北京，并于24日成立中华民国临时政府，自己出任临时总执政。

面对这种情形，冯玉祥只好再次到慈善寺隐居。这一次隐居期间，冯玉祥接待了前来探望的徐谦、于右任等人，还接待了国务委员许士英的秘书黄伯度，商量了孙中山先生来北京的具体事宜。另外，他还接待了张学良，接受了段祺瑞委派的西北边防督办一职。

田义墓

田义墓是目前全国范围内唯一保存最完好、规格最高、石刻最精美的明代太监墓。位于北京市石景山区翠微山脚下模式口大街80号，占地6000平方米，以精美的明代石刻闻名。

田义是明朝太监，深得万历皇帝信任，万历三十三年（1605），72岁高龄的田义在一次执行任务的途中，因病去世。万历皇帝悲痛不已，辍朝三日，安排安葬事宜。同年九月田义葬于京西模式口。为了保护田义墓，在墓地以东修建了慈祥庵，寺僧为田义守墓。

墓地始建于明万历三十三年，坐北朝南，前方后圆，四周建有围墙。主要建筑全部建于南北中轴线上，主要建筑有神道门、棂星门、碑亭、显德祠、寿域门、石五供、四面碑，墓冢位于中轴线的最后。

神道两侧矗立有两座华表和护墓文武大臣的石翁仲，石翁仲造型生动，栩栩如生。田义身为宦官，陵园神道上却可以使用皇陵中才能使用的石翁仲，可见在明朝宦官中地位之高。

汉白玉棂星门，冲天柱上雕坐狮，中间为火焰宝珠。次间墙面雕有飞禽走兽，阳面雕刻双狮

田义墓神道石翁仲

棂星门

花树，阴面雕刻双鹿虫草，构思巧妙，雕刻惟妙惟肖。

三座砖石结构的碑亭，中间为重檐攒尖顶式，两侧为重檐歇山顶式，高大雄伟，南北面辟券门，东西两侧为券窗。亭内有丰碑三座，镌刻着吏部尚书沈一贯撰写的墓碑铭，以及万历皇帝写给田义的两道敕谕，碑文至今保存完好。显德祠原为享殿三间，可惜在"文化大革命"中被毁，现仅存基址。祠以北为石五供，其后为田义墓冢。整个墓地，植以松柏，围以虎皮石墙，给人雍容华贵、古朴淡雅之感。

2006年，北京市政府拨巨款按照原有的建筑格局全部修缮，并建成我国首座以宦官历史为题材的专题博物馆，为研究明代的太监墓提供了难

碑亭

得的实物资料。

2001年7月12日，田义墓被北京市人民政府公布为北京市第六批市级文物保护单位。

 知识链接　　　　**田义**

田义，明万历年间司礼监的掌印太监，兼掌酒醋面局印。

明嘉靖十三年（1534），田义出生于陕西华阴县（今华阴市）。9岁那年，他被净身，然后送进宫中，从此开始了自己一生的宫廷生活。

田义聪明肯干，进宫后不久得到了赏识和认可，于是他被送到了司礼监下设的内书堂读书。

有了读书学习的机会，田义更加努力，他的才干有目共睹。隆庆年间，他终于有了施展才能的机会，出任了司礼监提督太监下属的六科廊掌司一职，每天的工作就是管理内外章疏和内官档案。

万历年间，田义行事沉稳，办事灵活，深受万历帝的喜爱，于是将其安排到文书房当管事，当时，文书房管事一职非常重要，是司礼监掌印太监的助手，也相当于掌印太监的预备班，这成为他将来荣升司礼监掌印太监的第一步。

田义因为办事效率高，成绩突出，很快从一

田义墓石五供

个小小的管事升成了内官监太监，负责的事务也更加重要。万历十年（1582），怀顺王的四个弟弟倚仗哥哥的身份肆无忌惮欺压百姓，被上奏朝廷，万历帝了解情况之后，治罪四人，其中一个被处死，怀墉等三人则被发配到安徽凤阳。万历帝知道怀墉等人一向桀骜，狂妄不羁，如此遥远的路途，恐怕会横生枝节，于是他思虑再三，派自己信任的田义完成此重任。田义不负期望，果然克服重重困难顺利完成任务，这让万历帝十分欢喜，第二年就将其提拔为南京副守备，掌握了监军的重权。从此以后，田义在官场上如鱼得水。从万历十七年（1589）到万历二十四年（1596），他历任要职且官职不断提升，最后成了司礼监的掌印太监，兼掌酒醋面局印。这一职务在明朝有着至关重要的作用，专门负责批阅奏章、传达圣旨，因此极受大臣们的尊崇，甚至还能受大臣们的叩头跪拜。

因为万历帝的器重，田义不仅受赏无数，还享受各种殊荣，例如皇帝不仅赐给他蟒衣玉带、岁加禄米，他还奉旨"团营大阅"和"法司录囚"等，这些都是他人所没有的待遇。

万历三十三年（1605），田义因病卧床，万历帝派医官前往为其治病，然而不久田义就去世了。伤心不已的万历帝为此罢朝三日，不仅派人祭拜，还赏赐了大量的银钱厚葬了田义。田义荣耀的一生也就此终结。

老山汉墓

老山汉墓是北京地区发现的大型西汉墓之一，位于石景山区东部老山主峰东南侧。老山汉墓是近20年来北京地区重大考古发现之一，为汉代北京地区的政治、经济、文化、城市变迁，以及汉代王陵制度等多学科的研究提供了珍贵的实物资料，具有很高的历史、文物、考古价值。

老山汉墓发掘现场

老山汉墓发掘于2000年。古墓的封土外观呈覆斗形土山状，南北宽55米，东西长60米，高约12米，顶部的四周为缓坡。墓地坐北朝南，为汉代诸侯王级土圹木椁墓。墓室平面呈"甲"字形，由墓道、甬道、椁宫、"栗木题凑"、内外回廊等组成。墓口南北长24米，东西宽22米，墓道长24米。老山汉墓门长5米，高2.5米，由每根长约90厘米的长方形栗木、油松木码放而成。一共分19层，每层27根。墓室平面呈长方形，南北长16米，东西宽13米。

建筑布局可分为前、后室两部分，后室中部有内、外两重椁，内有三重棺。墓主人为古代中原的中年女性。墓室早年被盗，但仍出土有漆案、丝织品、金器、玉器、铁制工具、彩绘陶器、木俑等大量珍贵文物，其中有迄今我国考古发掘中出土最大、保存最完好的漆案，漆案长2.3米，宽0.5米，底色为褐色，上面绘有美丽的红色花纹。

由于漆器制作工艺复杂，对制作技术要求很

出土木俑

高，而且价格昂贵，所以漆器是西汉时期随葬物品中炫富的时尚物品。再者，因环境气候的缘故，漆器的使用在南方较多，而北方地区则不多见，因此老山汉墓中出土的漆案文物研究价值极高。在墓中还发现中国北方唯一保存较好的丝织品——朱绣，绣品图案内容新颖，是迄今发现的唯一珍品，堪称文物极品。

2001年7月12日，老山汉墓被北京市人民政府公布为北京市第六批市级文物保护单位。

出土漆耳杯

老山汉墓的发现

知识链接

1999年10月23日，八宝山派出所民警正在管辖区内巡视，从几位大爷大妈身边经过时，无意间听到他们在议论一件事情，说他们经常锻炼身体的老山上，不知道什么时候就多出了几个新的坟头，很影响锻炼。民警顿觉蹊跷，因为国家早有规定，非墓区不允许私自埋葬骨灰，怎么会有新坟呢？于是他回到所里就把这件事做了汇报。

听了汇报之后，副所长凭借自己多年的工作经验，猜测这可能是一起盗墓案，因为在他刚进所里时就听老民警说过很多关于盗墓的故事。为了证实这件事情，派出所的民警们决定要探个究竟。于是他们开始在老山附近进行蹲守。

经过几天蹲守他们发现，21点以后，老山主峰南侧的一个山包上常有几个人在挖土，直到凌晨3点才开始下山，并且还是分头行动，看上去非常诡异。为了了解真相，石景山公安分局刑警队和八宝山派出所的民警一边继续蹲守，一边联系了石景山区文物局的专家们。随后，文物局专家进行实地勘察，认为这里很可能是一座古墓，挖土的人可能就是盗墓贼。

这下可让民警们为难了，办案需要证据，可寻常百姓到荒郊野外挖土也不是什么触犯法律的事情。如果要认定他们是盗墓贼，必须挖到真正的古墓才算。可是古墓怎么可能是随便挖的，一不小心就会破坏文物，造成不可挽回的损失。为了恰到好处地侦破此案，民警们个个绷紧神经，不敢放松，就这样，在老山中蹲守了一个多月。

后来，案件终于有了一些进展。民警们发现，这几个人每天20点左右在石景山游乐园西门集合，然后以各自的方式从八角新村上老山。到达挖掘现场后，他们先是将洞口打开，大概通风半个小时之后，就开始分工合作。一人进入洞内挖土，一人放哨，两人运土。等到凌晨3点，他们就用木板把洞口封好，然后用土掩盖住，伪装成一个坟头。为了不让人看出破绽，他们还专门收集树叶盖在所谓的坟头上面，然后将洞口的脚印处理干净再下山。

一转眼到了12月9日，侦查员和民警冒险钻进洞里进行取证，通过两天的努力，他们发现墓葬中有黑色的木炭和青白色的黏土。他们将获得的证据拿到北京市文物研究所进行鉴定，结果让他们大吃一惊，这座墓葬是一座高等级的汉墓。

后来，考古人员顺着盗墓贼做好的标记找到了盗洞的洞口，进洞勘查。在洞底，他们发现了一小截露在外面的小木桩和散落在周围的木炭和青膏泥，心中更加断定了之前的判断。从洞里出来之后，考古人员又对周围进行了勘察。

盗墓贼很快就挖到了墓室，这时民警们意识到这个案件马上就要收网了，如果再不行动，墓室门被打开文物就受损了。于是他们决定当天晚上就抓捕犯罪嫌疑人。可让他们没有想到的是接下来的十多天，嫌疑人始终没有再露面，民警们猜测可能是已经打草惊蛇了。这让民警们一时间不知如何是好。

为了保护好文物，民警们只好继续蹲守。直到12月22日晚上，这几个盗墓贼再次出现了，民警们惊喜万分，终于在23日凌晨将其悉数抓获，破获了这场令人震惊的盗墓案。通过审讯，民警们这才知道，原来盗墓贼十几天不露面并不是有所察觉，而是害怕因澳门回归进行严打，所以才

避避风头，结果让民警多付出了十几天的辛苦。自此，老山汉墓被发现，震惊全国。

显应寺

显应寺是北京现存规模较大的敕建尼寺，位于石景山区西黄村西北侧，附近的村民都称其为"皇姑寺"。原分三路，四进院落。现存观音殿、老祖殿和第四进院落西配殿。

显应寺建于明天顺初年，正名曰"顺天保明寺"。据《天府广记》记载，"顺天保明寺，天顺中建，俗称皇姑寺。正统八年（1443）征也先，陕西吕尼叩马谏而死。及复辟，乃为建寺，肉身尚在寺中"。明英宗为感激吕尼的恩情，为她修建了如此恢宏的寺院。

显应寺坐北朝南，初建有四进院落，山门一座。一进院为正殿天王殿，二进院为观音殿，三进院为吕祖殿，四进院为药师阁。过去，山门门额上有康熙御笔"敕建显应寺"，现已无存。进入寺院山门，是一个宽敞的小院，院落的正中间是天王殿，殿外东西分别有钟鼓楼，钟楼各挂一口铜钟，铜钟大小、形状基本相同，其中一口铜钟

显应寺山门

为慈寿皇太后命人翻铸，另一口铜钟是万历元年（1573），万历帝之母慈圣皇太后率信徒1700余人捐赠。除此之外，院内还有两根旗杆。天王殿里有四大天王神像，居中供奉弥勒佛，弥勒佛壁后为双手捧降妖杵的韦驮神像，大殿两侧分别有两个侧门，两个侧门都可以通向二进院。

二进院的主殿为观音殿，硬山正脊，面阔三间，悬康熙御书额"水心柏子"，御笔对联："片石孤云窥色相，清池皓月照禅心。"现已无存。殿前月台下有一座石碑。有东西配殿，东配殿供奉龙王神像，左为电母，右为雷公；西配殿供奉土地神，左为青苗神，右为马王神。

三进院主殿是吕祖殿，正殿悬康熙御书额"杖泉花雨"，御笔对联"月在上方诸品净，心持半偈万缘空"，现已无存。吕祖殿硬山正脊，面阔五间，殿内供奉鼻祖吕尼，吕尼的肉胎真身供奉在此，但却因为年代久远，肉身早已无存。另有二代祖杨尼，五代祖张尼。塑像两旁为金童玉女。

吕祖阁有东西配殿，东配殿供奉碧霞元君，西配殿供奉千手千眼佛。吕祖殿前有两座石碑，原碑被毁，后经专家修复，原断为三截和两截的碑身被连接重修。一座石碑上刻着满文，另一座

钟鼓楼

观音殿

石碑上刻着汉文，汉文碑刻为《显应寺碑记》，主要记述了康熙年间修茸显应寺的情景，碑文记述：

都城之西有佛舍一区，创自前明中叶。虽历加修茸，而岁月浸久，复毁于火，旧观既替，香界就荒，非所以崇象教、广禅悦也。朕以古刹胜因，宜规整饬，爰发帑金，鸠材董役。经始于康熙五十年十二月，落成于五十八年正月。不庳不侈，栋宇一新。答士庶敬信之忱，慰缁衲皈依之愿。用锡嘉名，颜为显应，盖以慧炬祥光，无微不显，慈云法力，有感必通。泽万品于真源，耀十空于宝智，同圆妙果，长稔福田云尔。

两座石碑是寺院极其珍贵的文物。

四进院正殿为药师阁，俗称大佛殿。药师阁

天王殿

吕祖殿

药师阁

悬康熙御书额"挂衲翻经"，御笔对联"碧松荫里池长润，白藕花中水亦香"。现已无存。药师佛两侧为十八罗汉，有东西配殿，东配殿供奉灌口二郎神像，西配殿供奉关羽神像。药师阁西还有一处楼房，为早年住持居住的地方。药师阁的后面是寺内尼姑禅房，共有72间。

过去，显应寺内供奉有神像弥勒佛、四大天王、韦驮菩萨、观音菩萨、释迦牟尼佛、十八罗汉，还有龙王、雷公、电母、土地爷、青苗神、马王爷、吕姑、杨祖、张祖、碧霞元君、送子娘娘、眼光娘娘、关公、灌口二郎等，供各类信徒参拜。明弘治年间，保明寺成为皇家香火院，当时来这里上香的人络绎不绝，香火旺盛。但后来，

石碑

随着历史变迁，尤其是中华人民共和国成立后，显应寺被改为学校教室和居民居住之地，之后又不断拆建，却还保留着大体轮廓，为保留这份历史遗迹，显应寺正在重修中，2007—2014年，显应寺经过两次大规模复建维修，已基本恢复原貌，重现往日恢宏。

2011年3月7日，显应寺被北京市人民政府公布为北京市第八批文物保护单位。

知识链接 敕赐保明寺的前世今生

明正统十四年（1449），瓦剌首领也先率领骑兵攻打大同，明英宗在宦官的谗言下决定亲自领兵征战，当时，正是宦官王振把持朝政时期，明英宗对其言听计从，率领50万大军亲征也先。

据传言，当明英宗进入居庸关时，吕尼装作疯婆子，拦住了明英宗去路，劝谏英宗莫出师，否则会遭遇不测。英宗哪里听得进去这"疯婆子"的话，再加上有宦官王振的挑唆，吕尼的这次劝谏没有起到一点儿作用，英宗率军继续北上。

一连几日，明英宗和王振连连遭遇挫败，明英宗和王振作为军中统帅，也不懂用兵之道，接连中瓦剌军的埋伏，最后，明军在土木堡全军覆

没，王振被将军樊忠锤杀，明英宗不幸被俘，这场战争，也就是历史上有名的"土木堡之变"。

明英宗被俘后就被关押了起来，在此期间，吕尼曾多次前来探望英宗，为英宗送水送饭，这时的英宗追悔莫及，自己从一开始就应该听吕尼的劝谏。英宗被俘的这段时间里，景泰帝即位，瓦剌分析了当时的形势，觉得再继续扣押英宗也无济于事，于是决定放了英宗。英宗回去后，在景泰帝生病之时，乘机夺回了皇位。

这时的英宗再次想到了吕尼，为表达感激之情，特封吕尼为御妹，在天顺初年（1457），为吕尼建寺，赐额曰"敕赐保明寺"，民间俗称皇姑寺，寺院宽敞明亮，宏伟壮观。这座寺院是达官贵人的专属寺院，蒋一葵在《长安客话》中记载："自平坡东转，望都城，平沙数十里。中经黄村，有保明寺，是女道尼修道处……凡贵家女缁髡皆居其中，人不易入。"

弘治年间，吕尼已故，第二代住持为吕尼的弟子杨尼，杨尼善于人际交往，与朝廷往来密切，寺院自然也成为皇家香火院。后随着时代的变迁，寺院开始接待普通大众，明世宗时面临拆寺的危险，在两宫太后的祖护下保留了下来。之后，保明寺就先后经历了被拆与复建的过程。

清康熙年间，保明寺毁于火灾，后又重修，康熙皇帝赐名为"显应寺"，从此，这里成为民间游览胜地。

北惠济庙雍正御制碑及碑亭

北惠济庙是石景山区敕建寺庙之一，位于北京市石景山区庞村西。

北惠济庙雍正御制碑碑亭

北惠济庙坐北朝南，占地6.7万平方米，三进院落，南有戏台与之相对。山门三间，门前有一对石狮子。门额上有雍正御笔"敕建北惠济庙"。

山门为一进院。院内有雍正御碑亭，坐北朝南，面阔5.2米。碑亭为四角形，顶部为卷棚顶，下部为方形，四面留有拱形门洞，其中南面门洞上方嵌着汉白玉额，长1.30米，宽0.57米，上面镌刻着乾隆御笔"谟肇恬波"4字，为行书字体，每字长23厘米，宽20厘米，韵味十足。亭内有一座体形巨大的汉白玉驮龙碑，石碑通高4.35米，螭首龟跌。碑身四周雕刻着龙和二龙戏珠的纹饰，高2.25米，宽1.02米，厚0.42米。御碑碑阳为雍正御制《北惠济庙碑文》，记述了永定河古称桑干河及发源地、河流特点、治理过程、河流顺轨、敬神惠民等内容。

乾隆题写御碑亭匾额拓片

碑文如下：

永定河，古所称桑干河，出太原，经马邑，合雁云诸水，奔注畿南。发源既高，汇流甚众，厥性急湍，数徙善溃，康熙三十七年，我皇考圣祖仁皇帝亲临指授疏导之方。新河既潴，遂庆安澜，爰锡嘉名，永昭底定。立庙卢沟桥北，题额建碑，奎文炳耀，河神之封，实自此始。朕缵绍鸿基，加意河务，设官发帑，深筹疏筑之宜。比年以来，永定河安流顺轨，无冲荡之虞，民居乐业，岁获有秋。岂惟人事之克修，实赖神功之赞佑。念石景山据河上游，捍御宜亟，爰命相择善地，作新庙以妥神。朕弟和硕怡贤亲王躬往营度，得地庞村之西，鼎建斯庙。长河西绕而南萦，峰岭北纡而左鹜，控制形胜，负山临流，殿宇崇严，规制宏敞。护以佛阁，界以缭垣。经始于雍正七年冬，逾一年役竣。复以卢沟神庙，皇考圣迹所在，载加崇饰，丹雘唯新，并增建杰阁，翼如焕如，称朕敬神惠民之意。爰赐庙名曰"惠济"，勒文贞珉，以纪其事。《诗》称怀柔百神，及河乔岳。河之有神，备载祀典。况永定为畿辅之名川，灵应昭著，田畴庐舍，绣错郊圻。其得安耕凿而乐盈宁者，胥仰荷皇考，方略之昭垂，而明神显灵默相孚佑，蒸黎徽福孔多，宜加崇敬。今兹数十里内庙貌相望，虔修秩祀，尚其妥侑歆飨，俾斯民康阜乂安，以弘我国家无疆之庆。岂惟朕承兹惠贶，我皇考平成之骏烈，实嘉赖焉。

碑阴为乾隆御笔诗两首，内容如下：

石景山初礼惠济祠

崇祠依石堰，像设诣金堂。

云壁瞻初度，曦轮届小阳。

河防慎有自，神佑赖无疆。

疏凿非经禹，惟麐永定方。

石景山礼惠济祠叠癸酉旧作韵

寺碑建雍正，皇考辟神堂。

清晏资垂佑，实枚佽向阳。

不愆秩宗祀，恒奠冀州疆。

蒿目一劳计，难言永逸方。

碑亭东西有钟楼和鼓楼。碑亭的北边正殿称为前殿，也就是龙王殿，里面供奉着永定河神。殿前匾额为乾隆御笔"畿辅安澜"4字，殿内匾额则为雍正御笔"安流泽润"4字。

前殿东西两侧各有角门，从角门可以进入二进院。二进院的正殿为后殿，也就是真武殿，里面供奉着真武大帝。二进院中有东西配殿各三间。

后殿东西两侧各有小门可通往三进院。三进院中有乾隆御碑亭，碑阳刻着乾隆十五年（1750）御制诗，碑阴刻着乾隆二十年（1755）御制诗。碑亭北面是寺庙的藏经阁。该建筑面阔七间，共上下两层，其中下层用来藏经，上层则供奉着观音菩萨。在藏经楼的东西两侧还有转角殿。

三进院有一东跨院，院中建有僧舍、斋堂、库房、磨坊、花园，另外还有农田，是寺庙僧人居住的地方。跨院的东面和北面均为花园。整个北惠济庙非常庄严气派。

该寺庙之所以成为北惠济庙，是因为在永定河沿岸有两座惠济庙，原来一座位于卢沟桥以南，始建于金代，另一座则是石景山这一座，始建于清代。

康熙年间，永定河治理颇见成效，于是在康熙三十七年（1698）七月，康熙将浑河命名为永定河。雍正帝继位之后，继续治理永定河，通过实施治河与兴修水利相结合，取得非常好的成果，连年丰收，雍正帝认为这都是永定河神保佑的结

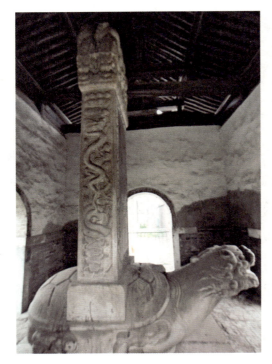

御制碑侧面

御制碑正面

果，于是兴建了北惠济庙。

乾隆十八年（1753），乾隆帝第一次来北惠济庙祭祀永定河神，作诗《石景山初礼惠济祠》。3年过后，乾隆帝再次来到北惠济庙，按照上一首诗的韵脚又作《石景山礼惠济祠叠癸酉旧作韵》。如此一来，使得北惠济庙集中了如此多的帝王文字。

1952年，石景山钢铁厂在北惠济庙以北区域建造制氧厂。

1958年，文物普查时，北惠济庙殿堂基本上保存完整，被占用为石钢二十六宿舍，只是山门、围墙、乾隆御碑亭已经消失不见。

1975年，首钢制氧厂进行扩建，北惠济庙几乎全部被拆除，只剩下雍正御碑亭一座，以及一株古柏。

1995年，首钢总公司对雍正御碑亭进行重修。

如今，乾隆御制碑和庙前的石狮子保存在北京石刻博物馆中，而雍正御制碑亭则有围栏环绕，被很好地保护起来。

2021年8月28日，北惠济庙雍正御制碑及碑亭被北京市人民政府公布为第九批北京市文物保护单位。

知识链接　乾隆御碑亭

在北惠济庙的第三进院中有一座乾隆御碑亭。亭内有一座巨型石碑，方座螭首，通高5.01米，宽1.18米，厚0.41米。碑额刻有篆书"御制"二字，碑阳和碑阴皆为乾隆御笔诗文，文字为行书，十分壮观。

碑阳为乾隆十五年（1750），乾隆帝御笔的五言体诗歌《阅永定河堤因示直隶总督方观承诗》，碑文如下：

水由地中行，行其所无事。
要以禹为师，禹贡无堤字。
后世乃反诸，只唯堤是贵。
无堤免冲决，有堤劳防备。
若禹岂不易，今古实异势。
上古田庐稀，不与水争利。
今则尺寸争，安得如许地？
为堤已末策，中又有等次。
上者御其涨，归漕则不治。
下者卑加高，堤高河亦至。
譬之筑宽墙，于上置沟渠。
行险以侥幸，几何其不溃。
胡不筹疏浚，功半费不赀。
因之日迁延，愈久愈难试。
两日阅永定，大率病在是。
无已相咨询，为补偏救弊。
下口略更移，取其趋下易。
培厚或可为，加高汝切忌。
多为减水坝，亦可杀涨异。
取土于河心，即寓疏淤义。
河中有居民，究非久长计。
相安姑弗论，宜禁新添寄。
条理尔其叆，大端吾略示。
桑干岂巨流，束手烦计议。
隐隐闻南河，与此无二致。
未临先怀忧，永言识吾意。

碑阴为乾隆二十年（1755）所作的五言体诗歌《阅永定河》，碑文如下：

永定本无定，竹箭激浊湍。
长源来塞外，两山束其间。
挟沙下且驶，不致为灾患。
一过卢沟桥，平衍渐就宽。
散漫任所流，停沙每成山。
其流复他徙，自古称桑干。
所以疏剔方，不见纪冬官。
一水麦虽成，亦时灾大田。
因之创筑堤，圣人哀民艰。
行水属之淀，荡漾归清川。
其初非不佳，无奈历多年。
河底日已高，堤墙日已穿。
无已改下流，至今凡三迁。
前岁所迁口，复叹门限然。
大吏请予视，蒿目徒忧煎。
我无禹之能，况禹未治骈。
讵云其可再，不过为补偏。
下口依汝移，目下庶且延。
复古事更张，寻恩有所难。

这两首诗表明了乾隆帝对治理永定河的重视，以及忧国忧民的情怀。如今乾隆御碑亭已经不在，乾隆御制碑存放在北京石刻博物馆中。

静明园（玉泉山）

　　静明园是著名的皇家园林之一，位于海淀区玉泉山，玉泉山是突显于西山之东的一座小山丘，山形奇丽，林木葱郁，多奇岩幽洞。金章宗时期在此修建"玉泉行宫"，明、清两代大肆建设园林，佛寺、道观等宗教建筑相继而兴。康熙三十一年（1692），玉泉山改名为"静明园"，成为皇家专用的苑囿。后山清代密宗摩崖造像，也有很高的艺术价值。

　　这里的建筑被焚毁。清顺治二年（1645）重修，改名澄心园。康熙十九年（1680），园内增建多处建筑。至康熙三十一年（1692）改名静明园，成为皇家专用的苑囿。当时，康熙和雍正皇帝常来这里阅武。乾隆年间，对静明园再次大加修茸，使之成为京郊"三山五园"中的大型皇家园林之一。

　　静明园占地面积约65万平方米，有六座园门，正门俗称南宫门，大门以东有东宫门、小南门和小东门，以西有西宫门，西北有夹墙门。至今小东门外还有"湖山罨画"坊、"烟柳佳春"坊

玉泉山玉峰塔

1911年左右玉泉山两座石牌坊、拱桥

　　静明园在辽、金时已是著名风景名胜区，相传金章宗完颜璟曾建玉泉山行宫、芙蓉殿，并多次到此行猎、避暑，且将其列入燕京八景，名"玉泉垂虹"。此后，这里成为历代帝王游幸之地。元代，元世祖忽必烈在此修建昭化寺。明代，明英宗朱祁镇又增建上、下华严寺及金山寺、崇真观、望湖亭等建筑。明嘉靖二十九年（1550），

　　东、西两座石牌坊。园内建有大小建筑群30余组，4座不同形式的佛塔。全园分为南山区、东山区及西山区。南山区有宫殿区、玉泉湖及系列景点，西北两面以山为屏，山峰上点缀华藏塔及定光塔。东山区包括玉泉山东麓及若干小湖泊，以构筑的小型水景见长，最北部以北峰妙高塔为结束。西山区地段开阔平坦，布置有东岳庙、圣

1922年静明园仁育宫

玉泉垂虹

缘寺、清凉禅窟等，形成以宗教建筑为主的景观特色。

　　静明园内有旧十六景，乾隆时又增十六景，称作后十六景。

　　静明园旧十六景是廓然大公、芙蓉晴照、玉泉趵突、竹垆山房、圣因综绘、绣壁诗态、溪田课耕、清凉禅窟、采香云径、峡雪琴音、玉峰塔影、风篁清听、镜影涵虚、裂帛湖光、云处钟声、翠云嘉荫。如廓然大公，在大宫门内，建筑为宫廷格局，是皇帝听政之所。而芙蓉晴照，在廓然大公殿北后湖中，这里有按神话中海上仙山堆筑的三座小岛，四周荷莲相映，相传金章宗的芙蓉殿就在此处山中。玉泉趵突，即金时的玉泉垂虹，在芙蓉晴照之西，是园林中最古老的景观。玉泉山水清醇甘洌，乾隆帝赐为"天下第一泉"，并撰《御制玉泉山天下第一泉记》，由户部尚书、军机大臣汪由敦书写勒石，立于泉边。玉泉趵突也为乾隆时"燕京八景"之一。

　　竹垆山房，不过是两间上铺棕毛，无油饰彩画和华丽雕装的简朴房子，在玉泉趵突上龙神祠以南。当年，乾隆帝下江南，喜爱无锡惠山听松庵山房和竹垆的高雅，回京后仿建于此。绣壁诗态，取唐代大诗人杜甫"绝壁过云开锦绣"的诗

意。此景岩石丛立，时幻烟云，有多处石刻。清凉禅窟，两侧有霞起楼、犁云亭等建筑，四周松竹花鸟，地域清幽。玉峰塔影，玉泉山顶耸立着玉峰塔，八面七层，仿镇江妙高峰江天寺慈寿塔修建。高踞山顶，亭亭塔影做了颐和园绝妙借景。

　　乾隆帝很喜爱这十六景，认为玉泉山山水吐纳，岚霭朝暮，与造物相始终，为一灵境，故分

静明园大门

别题有诗篇。但乾隆帝又认为旧十六景不能概括静明园全部，于是再增添所谓后十六景，包括清音斋、华滋馆、冠峰亭、观音洞、赏遇楼、飞云巉、试墨泉、分鉴曲、写琴廊、延绿厅、犁云亭、罗汉洞、如如室、层明宇、迸珠泉、心远阁，且分别进行题咏。

静明园亭、阁、楼、馆、寺、塔依山而筑，与山岩、泉壑、林木交融在一起，秀丽和谐，堪称我国古典园林艺术典范之一。尤其是玉泉山上的塔，抬眼望去，别有一番风景。如玉峰塔、华藏海石塔、妙高塔、圣缘塔、镇海塔等，都是静明园塔的代表。

华藏海石塔矗立在玉泉山的半山上，这里原有寺庙，名华藏海禅寺，建于清乾隆年间，现寺已毁，仅存这座石塔。华藏海石塔八角七层，高约15米，全部以汉白玉雕砌。塔座是八角形须弥座，束腰部分雕有释迦牟尼从降生到圆寂的故事，塔座转角处刻有力士像。须弥座上部由石雕仰莲承托塔身，塔身是实心的，无门窗，塔身八面也都雕有佛像及佛传故事等。塔身上部是仿木结构的石雕密檐。塔刹是一小型窣堵坡式塔，这在明清时期的塔中很常见。华藏海石塔的结构保存完整，雕工精美，颇为壮观，具有非常鲜明的清代

20世纪初的华藏海石塔

繁盛时期的雕刻艺术风格，可惜塔身下部的雕刻当年被八国联军砸坏。

妙高塔立于玉泉山北面的山峰上，建于清乾隆年间，原在妙高寺内。妙高塔的形制是金刚宝座式砖石塔，高约17米。下面是方形台座，台上建有五座覆钵式塔，中心一大塔，四角各一小塔。大塔有两层塔座，下层塔座是方形，四面各有拱门；上层塔座是八角形石雕仰莲瓣，承托覆钵式塔身。白色塔身上有金刚圈，塔顶十三天相轮承托着宝珠。小塔圆而瘦长，塔身也无花纹装饰，在圆筒形塔身上面置相轮塔刹，形制非常奇特。妙高塔附近山间尚有楞伽洞、极乐洞、含经堂等佛教建筑，有许多佛教的雕刻雕工精细，堪为清代建筑艺术杰作。

圣缘塔在玉泉山西南坡圣缘寺内，建于清乾隆年间。圣缘塔是一座楼阁式与密檐式相结合的

妙高寺和妙高塔

妙高塔

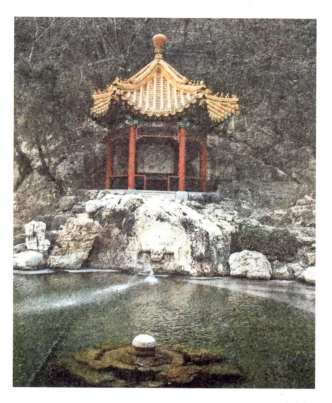

镇海塔

八角七层琉璃佛塔，高约15米。八角形须弥座承托着三层塔身和七层密檐，塔身全部以五色琉璃砖瓦镶砌，各面布满佛龛，而四面拱门内雕有佛像，塔刹是铜制铃铎式。圣缘塔又称琉璃塔，与颐和园多宝琉璃塔相似，是现存清代古塔中的珍贵实例。

1911年残破的圣缘寺和圣缘塔

镇海塔在玉泉山东部玉泉池内，建于清代。塔以整块巨石雕凿而成，八角七层，高约2米，塔顶由宝瓶组成。镇海塔的奇特之处在于该塔建在玉泉池底部，只少半截露出水面，故称半截塔，传说此塔为"镇海眼"，故称"镇海塔"。相传若镇海塔的塔尖挂上了草，水淹至塔顶，玉泉水就要暴涨，北京城就要被淹没，只是塔自建成以来从未发生过草挂塔尖之事。

玉峰塔在玉泉山山顶，建于清乾隆年间。乾隆皇帝在御制诗中说，塔仿江苏镇江金山寺慈寿塔形制建造。但与现存慈寿塔相比，两塔风格并不一样。慈寿塔具有南方建筑风格，玉峰塔则有北方建筑特点。看来建筑工匠在仿建时并非完全照搬，而是进行了改造。

玉峰塔是八角七层仿木构楼阁式砖石塔，高33米。方形塔台承托七层塔身，塔身每层八面均设有券门、券窗，上下层券门、券窗相互交错。每层檐下设有仿木结构斗拱。各层设有洞龛，原供铜佛像，早已无存。各洞龛均有乾隆御制石刻对联，现大多尚存。内有宽大平缓的石梯，可盘旋而上，以连通各层，游人可登高望远。最上面是八角脊形塔顶，承托宝珠。玉峰塔是静明园的最高点，不仅装点着西山的峰峦，而且也成为颐和园的一处借景。

玉峰塔

1957年10月28日，静明园（玉泉山）被北京市人民政府公布为北京市第一批市级文物保护单位；2006年5月25日，静明园（玉泉山）被国务院公布为第六批全国重点文物保护单位。

 "三山五园"的建造

静明园是北京著名的"三山五园"之一。三山是指香山、万寿山、玉泉山，五园则是指颐和园、静宜园、畅春园、圆明园和静明园。它们共同组成了北京西北郊的皇家行宫别苑。

自古以来，北京西北郊地区就有丰富的泉水，风景格外秀美，吸引着历代的君王在这里修建离宫别苑。

金朝时，金章宗在西山地区兴建了八大行宫，称为"八大水院"。到了明朝，由于西北有蒙古边患，这里虽没有建造皇家园林，但是却兴建了很多带有园林的寺庙和私家园林，例如外戚李伟在这里修建了清华园（后改称畅春园）等。

到了清代，历代皇帝受满族游牧文化的影响，热衷于骑马射箭、驰骋打猎的生活，不喜欢久居高墙大院的皇宫，所以常常会寻找宫外风景优美的地方修建行宫。顺治帝就经常会去南苑打猎，长时间地居住在那里。

康熙十九年（1680），康熙帝将玉泉山南麓改建成了行宫，即"澄心园"，另外还在香山寺旁边选址也兴建了行宫。之后，康熙两次南巡，被江南优美的山水风景和园林所陶醉，回京后就着手修建畅春园。它建于清华园的废址上，是一处康熙帝常年居住的离宫，风格仿照江南园林。后来，康熙帝又在畅春园的周围建园，如圆明园、自得园等，赏赐给皇子和受宠的大臣们。

雍正三年（1725），雍正帝服丧期满，开始到圆明园居住并理政。这样既避免了宫中嘈杂，又可欣赏园中美丽的风景，同时还能避暑纳凉。这一年，圆明园开始大规模扩建。原本占地面积仅为300亩，扩建后变成了3000多亩，并且还建成了二十八景，其壮观优美可见一斑。

乾隆帝即位后，对已有的行宫和园林并不满足，于是开始大规模兴建。乾隆二年（1737），他将圆明园原本的二十八景扩建到四十景，乾隆十年（1745），他又在圆明园的东边修建了长春园，在香山修建了静宜园，并建成静宜园二十八景。乾隆十四年（1749），为了恭贺母亲大寿，他在万寿山兴建清漪园，耗时五年完成。与此同时，乾隆帝还命人重修太后所居的畅春园，增建了园子西部的花园，好给皇子们提供一个良好的读书环境。乾隆十五年（1750），乾隆帝又对玉泉山的静明园（康熙时期的澄心园）进行扩建，这一次，他圈占了整个玉泉山，修建成了静明园十六景，耗时九年建成。静明园竣工的第二年，长春园北部的西洋楼景区也修建完成。乾隆三十四年（1769），乾隆帝收回了圆明园东南方向的部分赐园，并将其全部并入到绮春园中。到这时，"三山五园"的修建基本完成。它们共同构成了北京西郊的风景名胜，成为如今以清代皇家园林为代表的历史文化遗产。

觉生寺（大钟寺）

觉生寺是北京的一座寺庙，因寺内珍藏有一口明代永乐朝铸造的大钟而闻名，故俗称大钟寺。位于北京市海淀区北三环西路甲31号。始建于清雍正十一年（1733）正月，落成于雍正十二年冬日。据现存寺内碑刻记载，"京城西直门外曾家庄有园址爽垲，长林佳茂，此地又隔城市之嚣，左绕山川之胜，宜为寂静清修之地，用是肇建梵宇"。觉生寺建造之初为僧人寂静清修和善男信女顶礼朝拜之地。乾隆五十二年（1787）遇久旱无雨，皇上到此祈雨，自此，该寺成为皇家祈雨活动场所，一直延续到清朝末年。

觉生寺（大钟寺）山门

大钟寺坐北朝南，前后五进院落，由南向北依次为影壁（已毁）、山门、天王殿、大雄宝殿、后殿、藏经楼、大钟楼与东西翼楼。此外，还有钟鼓楼和六座配庑分布在两侧。

山门位于该寺最南面，面阔三间，进深五檩，歇山顶，筒瓦屋面，檐下施一斗二升交麻叶斗拱，明间六攒，次间五攒，额枋绘墨线大点金旋子彩画，明间石券门上卧匾书"敕建觉生寺"，次间石券窗。两侧有撇山影壁，上身中心、四个岔角有卷草宝相花纹砖雕，石质须弥座。山门前左右各有一石狮子。山门两侧各有一旁门。

钟楼、鼓楼位于山门内的第一进院，分列两侧，建筑形制相同，歇山顶，筒瓦屋面，檐下施

1911年的大钟寺钟楼（远处为鼓楼）

一斗二升交麻叶斗拱，上下檐均为六攒，额枋绘墨线大点金旋子彩画，上层四面障日板设四个壶门式窗，下层前檐开石券门一座。

天王殿为第一进院的正殿，面阔三间，进深五檩，硬山顶调大脊，筒瓦屋面，排山勾滴，额枋绘墨线大点金旋子彩画，前檐障日板设壶门、窗，后檐明间开四扇五抹槅扇门。

大雄宝殿为第二进院的正殿，面阔五间，硬山顶调大脊，筒瓦屋面，前檐出三间卷棚顶抱厦，额枋绘墨线大点金旋子彩画，殿前月台三面出陛，垂带踏跺五级。院内两侧有东西配殿各五间，前出廊，硬山顶调大脊，筒瓦屋面，额枋绘墨线小点金旋子彩画。配殿南侧均带一间耳房。

后殿为第三进院的正殿，面阔五间，进深七檩，硬山顶调大脊，筒瓦屋面，排山勾滴，额枋绘墨线大点金旋子彩画，前后各出垂带踏跺五级。东西庑房各十五间，硬山顶调大脊，筒瓦屋面，额枋绘雅伍墨旋子彩画。

藏经楼位于第四进院北侧，面阔七间，进深七檩，二层，前后出廊，硬山顶调大脊，筒瓦屋面，排山勾滴，额枋绘墨线大点金旋子彩画，上层前檐装饰有寻杖栏杆，下有挂檐板。两侧山墙

藏经楼

内各有楼梯可通上层。院内东西配殿各五间，前后出廊，硬山顶调大脊，筒瓦屋面，排山勾滴，额枋绘墨线小点金旋子彩画，槅扇门、窗。北侧有东西庑房各七间。

大钟楼位于寺院的最后一进院，高20米，是寺内独具特色的建筑，矗立在青石台基的月台之上，汉白玉栏板望柱，前出双垂带七级台阶。整个钟楼上圆下方，象征天圆地方。大钟楼上层为圆攒尖筒瓦屋面，檐下施一斗二升交麻叶斗拱。十二根柱子将圆楼分为十二间，每间上有斗拱四攒，下有套方锦棂心方窗四扇，再下为如意挂檐板。大钟楼下层为正方形，面阔三间，明间为六抹槅扇门，其上卧匾书"华严觉海"，门前出垂带踏跺五级，次间为四抹槅扇门。

大雄宝殿

大钟楼

楼内悬挂大钟，内设旋梯可供上下。青石台基上砌有八角形散音池，池深0.7米，直径4米，池口距钟口1米，钟响时，有很好的共鸣作用。

永乐大钟铸造于明代永乐年间，高6.75米，直径3.7米，重46.5吨。钟唇厚18.5厘米，钟体光洁，无一处裂缝，内外铸有经文230184字，无一字遗漏，铸造工艺精美，为佛教文化和书法艺术的珍品。大钟楼东西两侧各有翼楼一座。

1985年10月，大钟寺成立了古钟博物馆。大雄宝殿、观音殿、藏经楼、钟楼及配殿等，均已辟为展厅。

大钟寺古钟博物馆内，辟有古钟简史陈列、铸钟工艺陈列、钟王铭文陈列及钟林等。这里陈列的钟，有乐钟、朝钟、佛钟、道钟，也有金刚铃，古钟类文物达400余件。在这里，人们既可

永乐大钟铸字

以看到高7米多、重46.5吨的大钟，也可以看到能够置于手掌之中的小钟；可以看到2000多年前的编钟，也可以看到20世纪初民国时期铸造的道钟。这些古钟中最古的一口，应是制作于四五千年前原始社会时期、陕西出土的陶钟。这口钟只有香烟盒大小，形如方铲，中间掏空，击之有声。此外，人们还可以看到三件一套的商代编铙，以及形制不同、时代不同、饰纹优美、产地各异的100多口古钟。

1957年10月28日，觉生寺（大钟寺）被北京市人民政府公布为北京市第一批市级文物保护单位；1996年11月20日，觉生寺（大钟寺）被国务院公布为第四批全国重点文物保护单位。

知识链接 **大钟寺庙会**

旧时的京城有八大传统庙会，大钟寺庙会就是其中之一。每年农历正月初一，大钟寺庙会就热热闹闹地开始了。来自全国各地的善男信女前来拜佛祈福，还有很多人来逛庙会，享受新年伊始的快乐。

那时，大钟寺位于郊外，寺外地势开阔，在这里进行商品贸易有足够的空间。同时由于大钟寺距离京城较近，客源非常充足，这就吸引了无

永乐大钟

数商贩的目光。每当庙会，他们就纷纷赶到这里设摊做生意，售卖各种各样的东西，例如新鲜小吃、日用商品、儿童玩具、农具等。另外，各种杂耍艺人也不会放过这样好的机会，也争抢着赶到这里铺设场地，进行演唱、表演，例如踩高跷、舞狮子、玩旱船、竹马等。往往这个时候，也是庙内香火最为旺盛的时候，人们纷纷进寺烧香，使得整个大钟寺香烟袅袅，钟磬声不断。庙会期间，大钟寺一直是人山人海、热闹喧天，这种情形会一直持续到正月十五庙会结束。

大钟寺庙会最热闹的活动就是庙外的跑快车、走马和打金钱眼。跑快车其实就是赛车。赛车不只是比赛车的速度，同时还要看车的装饰、拉车的马匹、驾车人的装扮，以及走路姿势等。车的装饰很有讲究，通常人们会给车装上车帷子，就好像给车穿了衣服一样。普通人会用深浅两色的蓝棉布缝制车帷子，并且只缝外面一层。稍微高级一点儿的人会用绸缎、呢绒缝制，并且是里外两层；再高级一些的分单夹皮棉纱，季节不同，所用的材料也会不同。冬天寒冷，就用灰鼠脊、狐脊做里面的车帷子，并且还会在车帷子四周镶嵌13块玻璃，称其为"十三太保"。夏天炎热，轿厢前和两侧会支起凉篷，并且在车帷子外镶边、包角的地方用流苏、网格等各种花纹图案进行装饰，使整个车看上去更加美观。

走马就是赛马，人们选择的马匹往往毛色纯正。比赛时，马匹不仅要走得快，走得稳，还不允许四蹄腾空往前蹿。马的鞍鞯要色彩鲜明、大方美观；骑手要穿着时髦，骑术高超等，在比赛中谁得到的欢呼声多，谁就是获胜的一方。

打金钱眼就是人们把钱币投入永乐大钟顶部的洞眼。人们把洞眼称作"金钱眼"，如果谁正

巧投中，就预示着来年一定万事顺遂，吉祥如意，并且投进得越多就越吉利。因此很多人会争相参与这个活动。民国之后，金属币不再流通，庙中就会提供纸币兑换金属币的服务，帮助游客们参与活动。有的人屡投不中，始终不肯罢休，有时直到口袋中的钱用完才会耿耿离去。这个活动被当作一项有趣的民俗活动保留下来，但凡来参加庙会的人，总会投上几次，渴望给来年赢得一个好彩头。

颐和园

北京颐和园，是我国古典园林中最后的、保存规模最大的、最完整的一处帝王宫苑，位于北京市海淀区新建宫门路19号。

颐和园始建于清乾隆十五年（1750）。而早在800多年前，金章宗曾在此建造行宫。元时称万寿山为瓮山，称昆明湖为瓮山泊。著名水利专家郭守敬引昌平和玉泉山泉水注入湖中，并将瓮山泊水引至元大都城内。明代在湖边建立许多寺院和亭台，其中明弘治七年（1494）在瓮山上建造

十七孔桥和万寿山

一座著名的圆静寺。当时西山群峰叠翠，万木葱茏，前临碧波荡漾的湖水，风景如画，宛若江南风景，遂有"西湖"之称。

至清代，以西山群峰为屏障，营建多处大规模园林，统称"三山五园"，即畅春园、圆明园、玉泉山静明园、香山静宜园和万寿山清漪园。其中清漪园就是颐和园前身。乾隆十五年，乾隆帝为其母祝寿大兴土木，历时15年，至乾隆二十九年（1764）建成清漪园这座大型皇家园林，并将瓮山改名万寿山，瓮山泊改名昆明湖。

咸丰十年（1860），英法联军入侵北京，清漪园珍宝被洗劫一空，其建筑除铜亭（宝云阁）、石舫和多宝琉璃塔等非木构建筑外，其他建筑都遭焚毁，成为一片废墟。"玉泉悲咽昆明塞，唯有铜犀守荆棘"，就是清漪园被焚毁后的凄凉景象。

光绪十二年（1886），慈禧太后挪用海军经费和其他银两，在清漪园废墟上重新建园，作为晚年颐养之地，并取"颐养冲和"之意，于光绪十四年（1888）改名颐和园。清末民国以来，由于国势衰微，财力维艰，颐和园长期失于修整、管理，一片残败景象。中华人民共和国成立后，

1900年的排云殿和佛香阁

1860年10月18日清漪园文昌阁被烧，楼顶大钟指向6点30分。后来重建的文昌阁减为二层

才逐渐恢复旧观。

近年来，先后复建了四大部洲、苏州街、景明楼、澹宁堂等清漪园时期的建筑，进行了昆明湖200多年历史上的首次清淤和为期3年的万寿山绿化整治。

颐和园是我国封建王朝最后一个大型皇家文物群落遗存。

颐和园占地面积2.97平方千米，水面约占3/4。园中分布着点景建筑物100余座，大小院落20余处，古建筑300余间，建筑面积近7万平方米，古树名木1600余株。其中佛香阁、长廊、石舫、苏州街、十七孔桥、谐趣园、大戏台等都已成为代表性建筑。

园中可分3个区域：政治活动区、生活区、游览区。

政治活动区以庄重威严的仁寿殿为主体，大

殿面阔七间，灰瓦卷棚顶，建筑有金銮殿之势。原为乾隆帝御定名勤政殿，慈禧以《论语》"仁者寿"语意，改名仁寿殿。殿前庭院宽阔，松柏森森，奇石假山点缀其间。阶前陈列着铜宝鼎和龙凤，院内石须弥座上置一只铜麒麟。这里是清朝末期慈禧太后与光绪帝从事内政外交活动的主要场所。

仁寿殿南北两侧为配殿，仁寿殿门外有南北群房，为六部九卿的值房。园林中设有政治活动区，是颐和园作为帝王苑囿的一个重要特征。

生活区，在仁寿殿后，是一组以五六十间游廊连缀起来的乐寿堂、玉澜堂、宜芸馆等三座大型四合院，是慈禧太后、光绪帝及后妃居住之所。其中乐寿堂，为慈禧所居住。慈禧寝宫是生活区

仁寿殿

乐寿堂

的主体建筑，由前后两进院落及两个对称的跨院组成，全部以游廊连通。乐寿堂是这组建筑的中心，原为两层，1860年被英法联军焚毁，1886年改建为一层，慈禧晚年的生活几乎都在这里度过。

乐寿堂前临昆明湖，背倚万寿山，东有德和园大戏楼，西接长廊入口，为生活区主体。堂内陈设华丽，堂前十数株玉兰，花开时节芳香四溢。德和园大戏楼，正面三层，背面二层。背面的二层称为扮戏楼，就是后台；三层是前台，称为戏楼。高21米，底层舞台宽17米。三层之间以天井相通，演出时可出现真水效果，或演出登仙、下凡情节及时将扮演的角色通过天井出没升降。德和园大戏楼与承德避暑山庄清音阁、紫禁城畅音阁合称清代三大戏楼。

慈禧是戏迷，每到颐和园的第二天，这里就要开锣唱戏，慈禧坐在戏楼对面的颐乐殿内观看。

游览区，在生活区以西，是颐和园景物的精华，以万寿山、昆明湖、后溪河组成，分布着宫殿、寺庙、亭台楼阁，可尽览湖光山色。

万寿山南麓的中轴线上，是金黄色琉璃瓦顶的排云殿建筑群。这组建筑，自湖岸边的云辉玉

德和园大戏楼

排云门

佛香阁

宇牌楼起，经排云门、二宫门、排云殿、德辉殿、佛香阁，至山巅智慧海（又称无梁殿），重廊复殿，层叠上升，金碧辉煌，气势磅礴。

慈禧过生日举行庆典的排云殿，在中轴线上占有重要位置。而佛香阁建在20米高的石台基上，八面三层四重檐，高41米，以八根巨大铁力木做擎天柱，直贯到顶，屋顶以35种琉璃瓦组成。佛香阁结构繁复，气势宏伟，巍然耸立，高入云霄，居山面湖，统领全园。佛香阁不仅是颐和园的标志性建筑，也是我国古建筑中的精品之一。

万寿山主体建筑东侧有"转轮藏"和高达9.88米的"万寿山昆明湖"石碑。西侧有五方阁和铜铸的宝云阁。宝云阁坐落在汉白玉雕砌的须弥座上，歇山重檐、菱花槅扇及梁、柱、斗拱、椽、瓦等，无不与木结构一样。阁高7.5米，重200多吨。据档案记载，铸造后为磨光表面，仅锉下的铜屑就达2500千克，可见工程之浩大。

万寿山上还有景福阁、千峰彩翠、意迟云在、重翠亭、福荫轩、写秋轩、画中游、湖山真意等楼台亭阁。

沿着万寿山南麓而建的彩画长廊，东起乐寿堂邀月门，穿过排云门，直达万寿山西端的石丈亭，共273间，全长728米，中间建有"留佳""寄

宝云阁及附近建筑

澜""秋水""清遥"四座八角重檐的亭子。这座长廊为我国古建筑中最长的廊，梁枋全部饰以彩画，绘制了《红楼梦》《西游记》《水浒传》等古典小说中的故事场景和西湖风景、山水人物、花卉翎毛等，彩画达一万四千余幅，几乎无一雷同。长廊既是一条游廊，也是一条画廊，蜿蜒曲折，联殿通阁，将前山建筑连接在一起。

颐和园多宝琉璃塔原名多宝佛塔，建于清乾

长廊

隆年间，为旧"三山五园"中清漪园的遗物。塔前石幢上镌刻乾隆皇帝所书《万寿山多宝佛塔颂》，原坐落于塔旁的花承阁毁于1860年侵入北京的英法联军之手，现仅存阁下的团城砖台遗址。

多宝琉璃塔是楼阁式与密檐式相结合的八面实心塔，塔高16米。塔的下部三层塔身较高，仿楼阁式，每层施檐。在三层楼阁式塔身的北、东、南、西四正面正中各设一拱券形佛龛，龛中有琉璃佛像。大龛周围和塔身四侧面布满一排排小型佛龛，龛中塑有坐式佛像，共有佛像580尊。楼阁式塔身四周围有镂空琉璃护栏，塔的上部是三层密檐，檐下施斗拱。多宝琉璃塔造型优美、比例匀称、色彩丰富，是琉璃塔中的杰作。掩映于苍松翠柏间的宝塔显得雍容华贵，高大挺拔，绚丽多姿。

万寿山前山临着昆明湖。昆明湖东西最宽处达1600米，南北长近2000米，总水域面积约204万平方米，烟波浩渺。以西堤及支堤相隔分为东湖、西南湖和西北湖三部分，三湖中南湖岛、藻鉴堂岛、治镜阁岛三座岛屿鼎足而立。这种"一池三山"的构筑形式，是沿袭中国皇家园林的传统做法，寓意神话传说中的海上三仙山，上面分别建有涵虚堂、藻鉴堂、治镜阁等建筑。

三岛中最重要的是南湖岛，又称蓬莱岛，由

1860年10月18日的清漪园花承阁琉璃塔。这是清漪园被毁时的照片

现在的多宝琉璃塔

1860年的治镜阁。该建筑遭英法联军炮轰，但幸免于难，然因无力修复荒圮。后慈禧重修颐和园时拆除构件用于其他建筑，现仅剩基座

清晏舫

石栏环绕。岛上有一座龙王庙，即广润灵雨祠，岛东有十七孔桥与东岸（又称东堤）相连。十七孔桥长150米，宽8米，由十七个券洞组成，桥上石雕装饰精美，桥栏望柱上雕有神态各异的狮子，可与卢沟桥石狮相媲美。十七孔桥如长虹卧月，倒映水面，为园中最大的一座石桥。桥东端还建有一座廓如亭，八角重檐，体量庞大。亭畔一石座，卧伏一头铜牛，昂首竖耳，注视着湖面，栩栩如生。这一岛一桥一亭组成昆明湖中最主要景观。岛上涵虚堂，为二层楼阁，掩映于绿树丛中，突出于岛的北面，与万寿山佛香阁隔湖相望。

昆明湖西部水上筑有西堤，仿杭州西湖苏堤而建，遍植桃柳，萦带南北。堤上也建造六桥，由北向南顺次为界湖桥、豳风桥、玉带桥、镜桥、练桥和柳桥，其中汉白玉雕砌的玉带桥桥拱高耸，远望如一条玉带，造型优美。其他几座桥上都建有形态各异的桥亭，而成为亭桥。在湖畔岸边，还建有石舫、知春亭等点缀建筑。

万寿山北麓，地势起伏，花木扶疏，道路幽邃，松柏参天。北麓后湖景区最主要的是后溪河，东西长达1000米，河道宽处70余米，山势随之低缓，河道窄处仅10余米，山势随之高峻。一座座轩榭亭台矗立于水边，尤其后溪河中游，则是仿苏州、南京等地江南市肆建造的买卖街，又称苏

廓如亭、十七孔桥和远处的南湖岛

苏州街

州街。街长约270米，两岸店铺鳞次栉比，各商家招幌随风摆动，茶楼酒馆画旗斜矗。每遇皇帝出游，宫中太监便扮作店员与顾客，人群熙攘，宛若江南闹市。

万寿山后山山势平缓，建有十余处建筑群，其中仿西藏寺庙建造的四大部洲建筑群层台耸翠，雄伟庄严。沿河东游，水尽处有谐趣园，又称惠山园。这座小园环池而筑，游廊相连，厅堂楼榭，竹影拂栏，泉流淙淙，小巧玲珑，结构精致，颇具江南特色。这是乾隆十六年（1751）仿无锡寄畅园所建，在颐和园中相对独立，自成格局，素有"园中之园"之称。

总体上看，颐和园园林布局以水取胜，造园者以水面为主设计布置，佛香阁等主要建筑和风景都面临湖水，或者俯览湖面。万寿山高58米，像一座翠屏峙立湖北，而昆明湖水清如镜，映衬得万寿山分外秀丽。湖山景色密切结合为一个整体，是古代造园艺术家和工匠们的一大创举。"借景"也在颐和园设计中得到充分利用，以佛香阁为主体，把园外数十里的西山群峰和玉泉山宝塔都组织到园内来了，显得山外有山，景外有景，水阔天空，层次分明，融合成一片壮丽的景色，使范围有限的园子看上去无限深远。

万寿山后山

颐和园和玉泉山

颐和园继承了历代园林艺术的传统，博采各地造园手法的长处，兼有北方山川宏阔气势和江南水乡婉丽风韵，并蓄帝王宫室的富丽堂皇、民间宅居的精巧别致和宗教庙宇的庄严肃穆，气象万千而又与自然环境浑然一体，所谓"虽由人造，宛自天成"，成为我国园林艺术的瑰宝。

1957年10月28日，颐和园被北京市人民政府公布为北京市第一批市级文物保护单位；1961年3月4日，颐和园被国务院公布为第一批全国重点文物保护单位；1998年，颐和园被联合国教科文组织列入《世界文化遗产名录》。

知识链接　　　　**颐和园的由来**

在北京的西北郊有燕山余脉瓮山，山下有湖，称为瓮山泊。元朝定都北京之后，为了满足漕运，水利专家郭守敬开辟了上游水源，引泉水及沿途流水入湖，大大增加了湖的蓄水量，不仅接济了漕运，也保障了宫廷用水。

到了清代，北京西郊海淀一带的园林逐渐增多，大量的园林用水使得供水量明显不足。乾隆十五年（1750），为了给崇庆皇太后筹备六十大寿，乾隆帝以治理京西水系为由下旨拓挖瓮山泊（今昆明湖），将西山、玉泉山、寿安山来水全部拦截，然后在湖西边又挖了养水湖和高水湖，用这三个湖作为供应皇宫园林用水的蓄水库。同时周围的农田也得益于这三个湖。这时，乾隆帝下令将瓮山泊改名为昆明湖，而原本的瓮山则改名为万寿山。

乾隆二十九年（1764），朝廷耗资480余万两白银建成清漪园。园中以杭州西湖为范例，广泛仿建江南园林，以及山水名胜，以至于清漪园风景优美，颇有趣味。

清漪园鼎盛时期，规模相当宏大，园内景点建筑物有上百座，大小院落20多处，亭台楼阁等不同形式的建筑多达3000多间，就连古树名木也有1600余株。可谓集所有的美景于一园。

清道光年后，清政府国力日渐式微，清漪园逐渐荒废，咸丰十年（1860），又被英法联军放火焚烧，后慈禧太后欲退居清漪园进行休养，以光绪帝的名义，重建清漪园。然而由于经费实在有限，慈禧太后只得先重点修复前山建筑群，并且在昆明湖四周加上围墙，并将清漪园改名为颐和园，使其成为离宫。

八国联军闯进北京时，颐和园中的建筑和文物均遭到严重损毁，之后，颐和园虽然进行了修复，大致恢复了清漪园的景观，但是质量却远不如从前，因为资金不足，很多原本的高层建筑只得减低，缩小尺寸。另外在装饰上，慈禧太后刻意添加了自己喜欢的苏式彩画，因此重建后的颐和园与原本的清漪园在细节上已有不同。

宣统三年（1911）十二月二十五日，宣统帝退位，这时颐和园作为溥仪的私产，由清室内务府管理。

民国三年（1914），由于皇家经费不足，将颐和园改为售票参观，以补贴园林财政，直到如今，颐和园仍为购票参观的园林，也因其是曾经著名的皇家园林而吸引着无数的游客前来观光。

碧云寺

碧云寺是北京西山著名的寺院之一，位于北京市海淀区香山东麓，环境清幽，建筑高低错落，金刚宝座塔和五百罗汉像更堪称一绝。后殿现为

1860年10月18日，被毁前的清漪园昙花阁，后来慈禧在原址上建立了一层的景福阁

碧云寺全景

孙中山纪念堂。

碧云寺始建于元至顺二年（1331），丞相耶律楚材之后裔耶律阿吉舍宅为寺，初名碧云庵，后改碧云寺，明、清两代均有扩建。明正德年间太监于径看中了这块风水宝地，大兴土木，并在寺后为自己修建坟墓，此为第一次扩建。嘉靖初年于径获罪，不能在此处葬身。天启年间太监魏忠贤又扩建庙宇，再次建坟，准备死后葬此。崇祯元年（1628），魏忠贤自缢后被戮尸，也不能葬于此。清顺治元年（1644），魏忠贤的党羽葛九思随清军入京，将魏忠贤之衣冠葬在墓中，成为魏忠贤的衣冠冢。康熙四十年（1701），江南道监察御史奉命巡视西山时，初以为这里是前朝皇帝陵寝，后来知道是魏忠贤衣冠冢，遂于五月十二日上奏此事，二十二日康熙皇帝诏平其坟。

清乾隆十三年（1748），对寺宇重加修葺，并按寺僧所供奉的图样，建起了金刚宝座塔，同时新建了行宫和罗汉堂，对其他殿宇无大变动，寺内殿宇基本上还是明代结构。1925年孙中山先生在北京逝世，该寺后殿曾停过孙中山先生的灵柩，因而此殿后改名为孙中山纪念堂。金刚宝座塔成为孙中山先生衣冠冢。1983年颐和园东门外拓宽马路，将路旁的孙中山画像纪念碑移建至寺内金刚宝座塔前空地上。

碧云寺坐西朝东，分为中路主要建筑、水泉院建筑和罗汉堂建筑三大部分。

中路为主要殿堂所在，最前方为一座石桥，桥头有明代雕制的汉白玉石狮一对，蹲坐于须弥座上，身形伟岸，栩栩如生。据称石狮为魏忠贤所造，是明代极有艺术性的石雕。雕工异常精美和复杂。山门位于桥后，是入寺院的第一道门。三开间，中间辟券门洞，两边各开一券顶窗。窗扇为三交六椀菱花图案，素色。山门上有蓝底金字匾一面，上用满、汉、蒙、藏4种文字书写"碧云寺"，为乾隆御笔。无梁殿形式，硬山顶调大脊，筒瓦屋面。其山面各连一座碉楼式建筑，两层，歇山顶，筒瓦屋面，虎皮石墙面。

山门殿也叫哼哈二将殿，面阔三间，在山门之后，为第一进院正殿。开一券门洞，两券顶窗。单檐庑殿顶，筒瓦屋面，额枋绘旋子彩画。殿内供奉哼哈二将，分别站立大殿两侧，高约4.8米，形象逼真，色彩鲜明，体态刚劲，是一对价值极高的雕塑艺术品。殿左右为随墙门。

弥勒殿为第二进院正殿，面阔三间，歇山顶，

1906年的金刚宝座塔牌坊，后面可见左右八角形碑亭、砖石牌坊和远处的金刚宝座塔

山门

山门殿

大雄宝殿

弥勒殿

菩萨殿

筒瓦屋面，额枋绘旋子彩画，殿内供奉弥勒佛。院内鼓楼、钟楼各一座。

　　大雄宝殿位于弥勒殿后，是第三进院落正殿，面阔三间，庑殿顶，筒瓦屋面，带回廊，额枋绘旋子彩画，后檐明间出抱厦一间，额枋绘旋子彩画，殿内主佛供奉释迦牟尼。殿前有水池，池上有一座雕栏汉白玉石桥。殿前露台上左右各有一高约8米的八棱柱形汉白玉经幢，由幢顶、幢身和基座三个部分组成，幢身刻经文、佛像等。南北配殿各三间。

　　菩萨殿是第四进院落正殿，面阔五间，四周回廊，匾额上为乾隆御笔"静演三车"，殿内供奉五尊泥塑彩绘菩萨像，正中为观音菩萨，左为文

殊菩萨、大势至菩萨，右为普贤菩萨、地藏菩萨。菩萨殿前有《重修碧云寺碑》亭，重檐八角攒尖琉璃瓦顶，上下檐均有斗拱装饰，亭内立碑，上刻乾隆御笔记述乾隆十二年至十四年重修碧云寺的碑文。

　　孙中山纪念堂是第五进院落正房。原名普明妙觉殿，1925年3月12日，孙中山先生逝世后在此殿停灵4年；1954年，将此殿辟为孙中山纪念堂。面阔五间，前出廊，两山墙后镶嵌汉白玉石碑刻。正门上方悬挂红底金字木匾，上为宋庆龄手书"孙中山先生纪念堂"。南北配殿各三间，开辟为孙中山先生生平展室。

　　最后一进院即塔院，金刚宝座塔所在地。

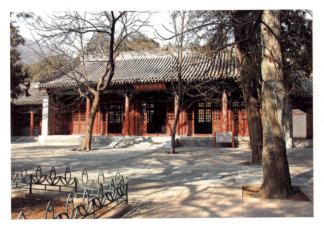

孙中山纪念堂

砖石牌坊

在第一层基台后，首先是一座木牌坊，坊无名匾，金龙和玺彩画。然后是一座汉白玉石牌坊，四柱三间三楼，冲天柱上刻有云纹，顶端设蹲兽。上枋刻飞鹤，下枋刻游龙，生动无比，静中有动。顶部为仿木结构，单檐歇山顶，中间上下枋间乾隆御书"西方极乐世界阿弥陀佛安养道场"。牌坊两侧各有八字形石雕照壁，照壁正面刻8位历史人物浮雕，并有题名，左有蔺相如为节，李密为孝，诸葛孔明为忠，陶渊明为廉；右有狄仁杰为孝，文天祥为忠，赵壁为廉，谢玄为节。照壁小额枋刻有8个大字，左为"精诚贯日"，右为"节义凌霄"。

石牌坊后有两个八角形碑亭，南北相对，亭内放乾隆御制满、汉、蒙、藏4种文字金刚宝座塔碑。

再上一层基台，是一座三间七楼砖石牌坊，一主楼二夹楼四次楼，开三券门洞，券脸素净无饰纹，坊额无匾，仿木结构，单檐歇山顶，上下枋无纹饰，简洁端庄。过牌坊，就是金刚宝座塔了。

金刚宝座塔在中路的最后面，位于全寺最高点。通高34.7米，是全国最高大的金刚宝座塔。塔通高34.7米，分为3层。底部砌两层虎皮石基座，其上建塔，正面有石阶可登塔。塔基上是用汉白玉构成的金刚宝座，中开券门，门上横额刻"灯在菩提"4字，孙中山先生的衣冠即封葬于此。入内可沿两侧石阶登至塔顶。循石阶登上塔座，出口处置一方亭，左右各有一藏式覆钵塔。方亭顶部中间一个、四角各一个小塔又构成一个小型金刚宝座塔，这在全国同类塔中较为罕见。方亭的正面开券门，门上额题"现舍利光"，内部设石供桌。

方亭后面即为主塔。有五座密檐方形石塔，以中间塔为最高大。塔顶均有铜铸塔刹。金刚宝

汉白玉牌坊

券门门额和雕像

金刚宝座塔

座塔是佛教密宗建筑，为尊奉金刚界五部的五方佛而造。这五座密檐式塔即代表着佛教密宗中的五方佛，中央代表毗卢遮那佛、东方代表阿閦佛、南方代表宝生佛、西方代表阿弥陀佛、北方代表不空成就佛。整座金刚宝座塔从塔基至塔顶满布精美浮雕，有大小佛像、天王、力士、龙、凤、狮、象，以及云纹、繁花等，这些浮雕依西藏传统形式雕刻，是乾隆年间的石雕精品。

金刚宝座塔塔座是孙中山先生衣冠冢。1929年孙中山先生灵柩移往南京后，将特为他制作的楠木棺和停灵时穿戴的衣帽封于金刚宝座券门内，以为纪念。

金刚宝座塔掩映于苍松翠柏之中，显得分外皎洁。在中间大塔后面的塔座上，生长着一棵古柏，已有200余年树龄，树干自然分出九杈，犹如九龙直冲九天，故称"九龙柏"。

水泉院位于碧云寺北跨院，是一座融园林景观和居住殿堂于一体的皇家行宫建筑。整个院落坐西朝东，前三进院为含青斋建筑群，后两进院为水泉院。

罗汉堂建于乾隆十三年（1748），仿杭州净慈寺罗汉堂而建。罗汉堂位于碧云寺南路，坐西朝东，面阔九间，庑殿顶，筒瓦屋面，正吻装饰一座小型覆钵塔。前檐出三间歇山顶抱厦，明间檐下金字卧匾书"罗汉堂"。

正门内供奉四大天王，室内有罗汉像508尊。罗汉形态各异，生动传神，表现了高超的雕塑技艺，是碧云寺的一绝，传说康熙、乾隆也进入罗汉之列。殿中心为三世佛像，四面甬道上各立一尊佛，东面为护法金刚韦驮，北面为疯僧，西面是地藏菩萨，南面为接引佛。另外，北面房梁上有济公活佛。

1957年10月28日，碧云寺被北京市人民政府公布为北京市第一批市级文物保护单位；2001年

含青斋

6月25日，碧云寺被国务院公布为第五批全国重点文物保护单位。

罗汉堂内罗汉像

 　　守护孙中山衣冠冢

1925年3月12日，伟大的革命先行者孙中山先生在北京与世长辞。由于苏联赠送的玻璃棺没有运到，因此孙中山的遗体暂时殓于西式玻璃盖楠木棺中，停放在海淀区香山碧云寺金刚宝座塔中。

由于孙中山生前交代过，他的遗体要捐献给北京协和医院做研究，遗容也要供民众瞻仰。然而由于防腐技术问题无法实现长期保留遗体，因此，孙中山先生葬事筹备委员会决定用欧式铜棺入殓，葬于碧云寺。

从此之后，各界人士纷纷前来碧云寺拜谒孙中山，为此，国民政府还专门在北京西山设立了守灵办事处，定期拨款，由孙中山的贴身卫士谭惠全等人进行驻守。

1929年，南京的中山陵建成。孙中山的遗体被迁葬到南京。移灵时更换出孙中山的衣帽，被放回到原来装殓的楠木棺中，封入金刚宝座塔中。从此，香山碧云寺就成了孙中山先生的衣冠冢。

灵柩运走之后，守灵办事处的很多人趁机离开碧云寺，但谭惠全却领着全家人在碧云寺附近住了下来，继续守护衣冠冢。

1937年7月7日，抗日战争全面爆发，没过多久北京沦陷，这时，国民政府已经鞭长莫及，于是停发了留守人员的钱款。其他守护衣冠冢的人都走了，只留下谭惠全一家。当时他们居住在荒凉的大山中，仅靠开垦出来的一小块荒地种玉米、蔬菜为生，日子极为艰难，有人高价聘请他下山做厨师，但是他一一婉拒，始终守护着衣冠冢，没有离开碧云寺半步。

这一时期，日酋冈村宁次曾来到碧云寺，想用刺刀逼退谭惠全，可谭惠全丝毫不害怕，义正词严地据理力争，在他的努力下，日本人才没有对衣冠冢进行侵犯，衣冠冢被完好地守护了下来。

谭惠全守护衣冠冢36年之久，就连去世也不忘这一使命。临终前，他要求把自己葬于碧云寺附近的万安公墓，这样他还可以继续守护衣冠冢，守护孙中山先生。

真觉寺（五塔寺）

真觉寺即五塔寺，塔位于海淀区西直门外白石桥五塔寺村24号，寺内五塔于明成化九年

真觉寺金刚宝座塔北立面及石碑

（1473）建成，塔上浮雕梵像、梵宇、梵宝、梵花、狮、象及飞马诸像，活跃逼真，是北京现存年代最早、最精美的金刚宝座塔。

明朝初年，印度高僧班迪达来京云游期间，向明成祖朱棣进献了五尊金佛和一幅印度式"菩提伽耶精舍"，即金刚宝座的建筑图样，被永乐皇帝封为国师，并下诏依此图形建造佛塔。明成化九年，金刚宝座塔竣工，赐名真觉寺。清乾隆二十六年（1761），乾隆皇帝为其母后七十大寿重修真觉寺，为避雍正皇帝胤禛名讳，将原来的真觉寺改为"大正觉寺"。据《鳌延千梵》描绘，祝寿之日，寺院内有上千名喇嘛念经，寺外各国使节、王公大臣纷纷前来祝寿，热闹非凡，场面极为壮观。清末，八国联军入侵北京，在其与义和团交战中，寺院受到战火波及，寺院建筑荡然无存，唯金刚宝座塔因全部是石质结构而幸存。

真觉寺整体建筑群的格局，是以金刚宝座塔为中心规划建造的，全寺主要建筑全部集中建于南北中轴线上，有山门、天王殿、大雄宝殿、金刚宝座塔、毗卢殿、藏经阁等重要建筑，主要建筑的两侧各建有体量较小的附属建筑，左右对称。各主体建筑自成一体，每座院落相互独立又相互连通，格局完整。金刚宝座塔坐落于大雄宝殿和藏经阁之间，从建筑群整体格局来看，基本上位于寺院的中心处，足见其地位的重要性。

金刚宝座塔是古塔中的一种特有建筑形式，其主要特点是主供五方佛。即在金刚座上矗立五座塔——中间一座大塔，环列四座小塔。五座佛塔建在一个方形台上，方形台象征着释迦牟尼打坐时的石台，五座古塔象征五方佛祖。因此，真觉寺的金刚宝座塔，就是为纪念这五方佛而建造的。

金刚宝座塔由宝座和石塔两部分组成。建筑平面呈长方形，南北长18.6米，东西宽15.73米，通高15.7米，其中宝座高7.7米。宝座内部用砖砌

1870年前后真觉寺金刚宝座塔西侧，塔侧尚有庙宇建筑，但已经破败

1870年前后真觉寺金刚宝座塔东南侧。可见围墙，塔西有一歇山式重檐建筑，塔南有一大殿（像是天王殿），塔座下的丹墀石围栏完好，还有僧人

筑，外部全部用青白石包砌。外部遍饰宗教题材雕刻，其做法仿照印度模式，内容源自藏传佛教教义。雕刻技法采用中国传统雕刻手法，同时也吸收了古印度佛塔外表的繁缛雕饰，巧妙地运用凹凸深浅的控制，使主题更加生动，并有一定的立体感。

宝座最下面是须弥座式石基座，基座外表匝刻有梵文、佛像和法器等纹饰，基座上面为宝座的座身，座身分为五层，每层均有挑出的短石檐，檐头刻出筒瓦、滴水等建筑构件。工匠利用每层规律的出檐、平浅的浮雕花纹，避免了繁缛的表现，体现了中国传统程式化和含蓄的风格。雕刻布局运用了传统的对称手法，动静结合，古雅不俗，很好地展现了中国建筑特有的传统风格和中国建筑与外来文化互相结合的创造性。

宝座上雕刻着上下五层佛龛，佛龛之间用雕有花瓶纹饰的石柱相隔，柱头雕出斗拱以承托短檐。每个佛龛内刻有佛像一尊，形态各异，号称千佛。并在最下面一层须弥座刻有梵文、藏文和各种宗教纹饰。须弥座中的五方佛坐骑雕刻，有大日如来狮子座、阿閦佛象座、宝生佛马座、阿弥陀佛孔雀座、不空成就佛迦楼罗金翅鸟王座，

须弥座雕出的法轮、花瓶、金刚杵、卷草纹等

表现为狮子、象、马、孔雀、金翅鸟王等5种动物形象的雕刻。另外，宝座上还刻有八宝金刚杵、菩提树、法轮、花瓶、四天王、降龙伏虎罗汉、卷草纹等。

宝座南北辟券门，内设过室、塔室、塔内中心柱、佛龛、佛像等。拱门券面上也刻有狮、象、孔雀、金翅鸟王等图像纹饰。南面券门上嵌有"敕建金刚宝座大明成化九年十一月初二日造"石额。

从南面券门入塔室，中心有一方形塔柱，塔柱四面各有佛龛一座，龛内原有佛像已不存。在过室的东西两侧，各有石阶梯44级，盘旋而上，

须弥座雕出的出檐和五方佛像

南券门上石额

须弥座束腰部位菩萨、坐骑和佛龛内佛像

琉璃罩亭和塔刹

通向宝座顶上的罩亭内。罩亭为琉璃砖仿木结构，亭之南北也各开一座券门，通向宝座顶部的台面，台面四周都有石护栏围绕。

琉璃罩亭左右偏后和北面是五座密檐式石塔。石塔平面呈方形。中央的一座高8米，13层密檐，塔顶是铜质的覆钵式塔刹，传说印度高僧带来的五尊金佛就藏在这座塔中。四隅的塔高7米，11层密檐。五座塔的雕刻精美绝伦，塔身雕饰以五方佛坐像为主要内容，佛像共计1561尊，造型端庄祥和。在佛塔的须弥座束腰部位，雕刻有五方佛的坐骑以及法器图案，佛龛内均有佛像。另外，

真觉寺金刚宝座塔佛足

佛塔还雕刻了大量梵文、藏文，更加突出了藏传佛教的建筑文化。中央石塔的塔座南面正中，刻有佛足一双，寓意佛迹遍天下，成为金刚宝座塔的重要景观。

1987年，北京市政府批准利用真觉寺旧址成立北京石刻艺术博物馆，在金刚宝座东、北、西三面共设7个石刻露天陈列区；同年10月7日，北京石刻艺术博物馆正式对游客开放。

2001年、2002年，北京市政府拨款对真觉寺和金刚宝座塔进行全面修葺，恢复了原有的历史面貌，使其成为北京著名的文物古迹。

1957年10月28日，真觉寺被北京市人民政府公布为北京市第一批市级文物保护单位；1961年3月4日，真觉寺金刚宝座塔被国务院公布为第一批全国重点文物保护单位。

知识链接 北京石刻艺术博物馆

北京石刻艺术博物馆，位于北京市海淀区西直门外白石桥五塔寺村24号，即北京真觉寺。真觉寺建于明永乐年间，经历风雨磨难之后，景象已十分凄凉。北京石刻艺术博物馆成立以后，前

来观赏的游客越来越多，真觉寺这座古老的寺院又重新焕发出了光彩。

北京石刻艺术博物馆是一座以收藏、研究、展示北京地区石刻文物为主的专题性博物馆。北京地区现存的石雕艺术大多收集于此。博物馆展出了历代石刻文物500余种，加上馆藏石刻，大约上千种。其种类丰富，包括造像、墓志、碑碣、石雕、石质建筑构件、经幢等，系统地展示了北京地区的石刻文化，为研究北京历史提供了重要的资料。

北京石刻艺术博物馆展陈分为室内陈列和露天陈列两部分，其中室内厅展出有"真觉寺资料陈列""北京地区石刻、石刻露天陈列""人与石——石刻简史陈列"。露天陈列则以真觉寺金刚宝座塔为中心，在其东西两侧共设立墓志陈列区、陵墓内石刻、寺观碑刻、石刻法帖、祠墓碑刻、会馆碑刻、综合碑刻，以及耶稣会士碑8个石刻陈列区。

墓志陈列区在金刚宝座塔西面碑廊内。墓志大多为方形或长方形，分为底和盖两部分。在众多的墓志中，年代最为久远的是唐开元年间的郭君墓志。另外，墓志陈列区的北边建有碑廊，这里展出的大多为石质建筑构件，上面刻有故事、佛像等，个个精美，实用价值和艺术价值都非常高。

陵墓内石刻区位于金刚宝座塔西南部，其陈列的主要是一些墓葬中出土的石刻，例如明代地宫的石椅、墓中地面摆放的石像生等，其中著名的有康熙帝为和硕显亲王富寿建造的石享堂，它是一个石仿木结构建筑，由30多块雕刻组成，精美至极。

寺观碑刻区位于金刚宝座塔西北角，其展出的是北京地区寺观的碑刻。这些石碑大多记录了寺观的修建过程，以及寺观中的各种活动等，其中比较突出的有东岳庙重修碑，它上面所记载的是康熙年间大学士明珠重修三座旧庙的故事。该碑刻形制精美，是众碑刻中的佼佼者。

石刻法帖区是刻在石板上的书迹，大多出自历代帝王、书法家，以及著名人物之手，用以供人欣赏或临摹。

祠墓碑刻区位于金刚宝座塔的东面。这些碑刻主要用来记录死者的生平、功绩或者所得到的殊荣等，例如康熙时期辅政大臣索尼的诰封碑。碑阳为索尼四次诰封的御制文，碑阴为其子为其立石记功的整个过程，以及其一生的功绩。

会馆碑刻区位于金刚宝座塔东面的碑廊中。它所展现的主要是各个会馆的创建、沿革及主要用途等。如同乡会馆碑刻、同业会馆碑刻等。

综合碑刻区在金刚宝座塔的东南，这个区陈列的主要是一些记事碑和一些形制特别的寺庙碑，例如治河、修桥、创办教育等。

耶稣会士碑区位于金刚宝座塔的东北。该区共陈列36通耶稣传教士墓碑，包括白晋、张诚等一些知名传教士。

大慧寺

大慧寺是北京的一所寺庙，位于北京市海淀区魏公村大慧寺路，因寺内有大佛，俗称大佛寺。大慧寺始建于明正德八年（1513），为司礼太监张雄创建，现仅保存大悲宝殿。大悲殿是标准的明代建造物。殿内大佛两旁的明代塑像极精美。

大慧寺大悲宝殿

大悲宝殿内明代彩塑二十八诸天像（部分）

大悲宝殿面阔五间，进深三间，重檐庑殿顶，筒瓦屋面，两层檐之间有采光用的菱花窗，殿内枋柱插头处均安放彩色小佛。明间正面原有一尊高5丈的千手千眼观世音菩萨铜立像及两尊胁侍菩萨为主体。铜像在日本侵华时期被毁掉，现存木胎彩绘千手观音泥塑像及两尊胁侍菩萨是后来

补塑的。补塑的造像制作工艺较为粗糙，但其形象尚显庄严端庄，高大挺拔，是北京地区现存较完整的一组木胎泥塑。

大悲宝殿内的两面山墙和后檐墙前面伫立二十八尊明代泥塑彩绘的诸天像，与大殿中千手观音立像及两尊胁侍菩萨组合成一组完整的宗教

大悲宝殿内千手观音彩绘塑像

大悲宝殿内明代壁画

神佛群体。二十八诸天是佛教的护法神，当时的雕塑艺术匠师们，根据诸天的不同性格塑造出各异的神态，加以服饰的衬托和色彩的渲染，使诸天像显得更形象生动，气度不凡，为现存明代塑像艺术的杰作。

诸天像背后的墙面上绘有大型彩色壁画，描绘了一个一生为善者超升得道的故事，题材新颖，色彩鲜艳，人物描绘细致传神。在一座寺院内同时保存有明代的建筑、雕塑、壁画三项艺术精品，在北京实属罕见。

1957年10月28日，大慧寺被北京市人民政府公布为北京市第一批市级文物保护单位；2001年6月25日，大慧寺被国务院公布为第五批全国重点文物保护单位。

制器物。人们在制作材料上的甄选也更加严格，制作陶器坯胎往往采用高岭土，有时还会在器物表面施以釉面，做成釉陶艺术品。

秦汉时期是中国彩塑发展的第一个高峰期。被誉为"世界第八大奇迹"的秦始皇陵兵马俑就可以充分说明这一点。秦始皇陵兵马俑坑中陶俑的数量庞大，阵容极为壮观。其中彩绘陶制塑像的数量极多，制作工艺也格外精湛，高超的彩塑技艺显露无遗。

魏晋、隋唐时期，中国彩塑取得突破性的进展。人们在彩绘泥塑和陶器的基础上加以创新，开始制作颜色鲜艳的琉璃瓦件，唐代甚至还出现了陶瓷烧制工艺的珍品"唐三彩"。这是一种低温釉陶器，颜色以黄、绿、白三色为主，造型生

知识链接　中国彩塑

北京大慧寺以其精湛的雕塑和绘画艺术而出名，二十八天神彩绘塑像为明代雕塑的上乘之作，具有非常高的艺术魅力，在中国彩塑史上具有非常重要的地位。

中国古代彩塑源远流长。据考证，我国最早的彩塑可追溯到新石器时代。1983年，地处辽宁建平和凌源两县交界处的牛河梁红山文化遗址陆续发掘，在女神庙中，考古人员就发现了彩塑残件——泥塑神像的耳和鼻。这一时期，人们用灰陶土混合红胶土捏塑成自己想要的样子，然后加温烧造，制作成各种日用器皿、人像和动物形象，然后在上面刻画纹饰或者涂彩制成彩陶，彩塑艺术从此拉开序幕。

彩塑发展到春秋战国时期，制作工艺已经成熟。除了捏塑彩绘，人们已经开始制作轮制和模

大慧寺大悲殿内明代彩塑韦驮菩萨

动，其烧制技术达到了空前的水平，甚至后世也难以超越。

中国彩塑的快速发展与宗教的盛行有着莫大的关系。佛教和道教兴起之后，全国各地开始普遍兴建寺庙和道观，部分地区还修建石窟，这就使得彩塑艺术有了十分广阔的发展空间。全国各地彩塑比比皆是，其中很多流传至今，成为我国珍贵的历史文化遗产，例如甘肃敦煌莫高窟中的北魏贴泥敷彩佛像、佛光寺的唐代彩绘泥塑佛像等无一不证明当时彩塑艺术的精湛。

儒释道在宋辽金元时期逐渐融合，宗教势力不断延续，遍布中国各地。中国彩塑进入另一个高峰时期。这时，寺庙道观中的宗教塑像也开始逐渐变化。唐代追求丰腴之美，而宋代在此基础上逐渐向清秀的形态发展，也更注重写实，从所制作的彩塑中，不难看出当时人们的服饰和思想。在众多流传下来的珍品中，山西太原晋祠圣母殿宋代宫女彩塑堪称是经典。

明清时期是中国古代社会的最后阶段，中国彩塑发展也随之进入尾声。虽然这一时期的彩塑造像总体已经趋于世俗化、程式化，但是仍不乏精品，如大慧寺二十八天神彩绘塑像等，仍是我国不可多得的艺术财富。

十方普觉寺

十方普觉寺因寺内供奉着中国最大的铜铸卧佛，又称卧佛寺，位于北京市海淀区卧佛寺路北京植物园内，西山余脉聚宝山南麓，平面布置沿袭唐宋时期的伽蓝七堂制度，在北京一带很少有。殿内神像及铜制巨型卧佛，塑造精美。

十方普觉寺山门

十方普觉寺始建于唐贞观年间，原名兜率寺，元代时进行扩建，改名大昭孝寺，又称洪庆寺。元至治元年（1321），英宗花巨资修庙铸佛，仅为铸造卧佛便"给钞千万贯，增役卒七千人"，总共花费白银500万两，工匠上万人，历时12年完成。明正统八年（1443）重建寺院，改称寿安禅林，成化十八年（1482）改名永安寺。清雍正十二年（1734）重修寺院，改名十方普觉寺，沿用至今。现存建筑均为清代所建。

十方普觉寺坐北朝南，分中、东、西三路。

琉璃牌坊

琉璃牌坊背面匾额

琉璃牌坊双龙戏珠图

中路前有一座木牌楼，四柱三楼式，筒瓦屋面，额书"智光重明"。牌楼过后是长百余米的林荫道。林荫道后为一座巨大的琉璃牌楼，三间四柱七楼式，绿琉璃瓦黄剪边屋面，正面额书"同参密藏"，背面额书"具足精严"。牌楼后有半圆形水池为功德池，池上有桥，过桥为山门殿。

山门殿灰瓦单檐歇山顶，南北两面设障日板开壶门。正中门额上悬"十方普觉寺"匾额，原为清雍正帝所题，现匾额为中国佛教协会原会长赵朴初补题。殿内两侧供奉有哼哈二将立像，他们是佛教的护法神。门前左右有钟楼、鼓楼。按晨钟暮鼓规制，东侧为钟楼，西侧为鼓楼。

山门后中轴线上依次为天王殿、三世佛殿、卧佛殿、藏经楼。在正殿两侧有达摩殿及悉多太子殿等配殿。山门山墙上开有侧门，门外侧连廊庑，至转角向北，一直延伸至卧佛殿两侧，围成纵长的廊院。这种平面布局方式是早期寺院伽蓝七堂布局的遗留，在北京地区很少见。

山门殿后为石铺甬道，通向天王殿。天王殿是寺院的第二座殿宇，形制与山门殿相若，供奉弥勒佛、四大天王、韦驮菩萨六尊佛像。殿前有铜香炉一座，石碑两通。东侧有一丛植于唐代贞观年间的古蜡梅，被誉为"京城蜡梅之冠"。

天王殿后为三世佛殿，也称大雄宝殿，居诸殿之首，面阔五间，进深三间，绿琉璃瓦黄剪边单檐歇山顶。殿前门额上悬有乾隆御笔"双林遂境"木匾，门两侧有乾隆御题楹联："翠竹黄花禅林空色相，宝幢珠珞梵宇妙庄严。"殿前左右立有两通乾隆御碑。

三世佛殿的殿内主尊供奉三世佛坐像，即东方净琉璃世界的药师佛、娑婆世界的释迦牟尼佛、西方极乐世界的阿弥陀佛，东西两侧供奉十八罗汉泥塑彩绘坐像，后方供奉海岛观音。三佛殿前有东西配殿，东配殿为伽蓝殿，西配殿是祖师殿，

天王殿与古蜡梅

三世佛殿

均为单檐歇山顶。

　　三世佛殿后面院落的正殿是卧佛殿，建筑面积196平方米，面阔三间，绿琉璃筒瓦黄剪边歇山顶，门额悬有慈禧太后题写的匾额"性月恒明"及楹联"发菩提心印诸法如意，现寿者相度一切众生"。殿内挂着乾隆皇帝题写的大匾"得大自在"。殿前左、右各有一碑，居右者是雍正十二年（1734）所立，居左者是乾隆十四年（1749）所立。

　　卧佛殿里供着一尊元代至治元年（1321）用铜铸造的卧佛，是我国现存最大的铜铸卧佛。由于佛像铸造得非常成功，元英宗孛儿只斤·硕德八剌还亲自前往该寺，嘉奖监造官员。卧佛身长5.3米，高1.6米，用铜25吨。头西面南，侧身而卧，双腿直伸，头部枕在弯曲的右臂上，左臂直伸放在腿上。卧佛后面围坐着十二圆觉菩萨，他们面部表情沉重，表现了释迦牟尼涅槃的景象。这样巨大的铜卧佛体态自如，全身各部比例匀称，实在是元代遗留下来的铜铸艺术精品。

　　卧佛殿后是藏经楼。藏经楼为两层卷棚顶楼阁建筑，是存放佛经的场所，也是寺院中路的最后一座建筑。

　　东路为寺僧起居处，有大斋堂、大禅堂、霁月轩、清凉馆、祖师院等多组院落。西路五进院落，原为皇帝避暑兼理政事的行宫建筑。行宫为四合院形式，内有假山、石桥、亭、池塘等。

　　十方普觉寺中路围成廊院，东西路各建若干院落，中路与东西路间隔有南北巷道。这种布局是唐宋以来一些寺院东西廊外分列各院的廊院制度的遗留，对了解古代佛教寺院的发展演变有重要的参考价值。

　　1957年10月28日，十方普觉寺被北京市人

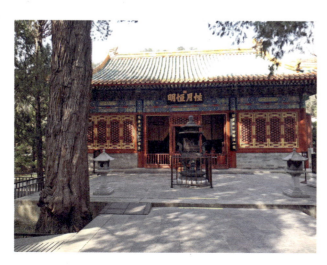

卧佛殿

卧佛

民政府公布为北京市第一批市级文物保护单位；2001年6月25日，十方普觉寺被国务院公布为第五批全国重点文物保护单位。

行宫方亭

 知识链接　　　伽蓝七堂制度

中国佛教起源于印度，因此中国早期佛寺建筑的布局大致沿袭印度的形式。而佛教从开始的住在树下发展到住进寺院，寺院建设并没有一定的规式。后来，随着佛教在中国的长期传播和发展，佛教也逐渐中国化，开始形成具有中国民族特色的中国佛教，寺院建筑也逐渐融入中华民族的建筑风格，展现出全新的面貌。

从现有的资料来看，中国早期的佛教最常见的就是以塔为主、寺塔合一的建筑格局。也就是在寺院的中心位置建塔，前面是殿堂，四周有围廊环绕，房院供僧人居住。

到了北朝时期，寺院建设迎来一种新风尚。当时的王公贵族喜欢将自己的宅第捐献出来建成寺院，因为原本为私宅，所以并没有塔这一建筑，

改成寺院之后，人们也很少再重新建塔，而是将佛像供奉在正厅中。这时正厅就代替了佛塔的地位。这些建筑通常为木制结构，位于城镇的街道或者山中，因此，之后的寺院不仅有寺号、院号，有的还有山号和年号。

到了魏晋南北朝时期，中国佛寺的布局基本上已经定型。它吸收了中国传统建筑的院落式布局，院落重重，回廊环绕。到了隋唐时期，佛教寺院逐渐采用了伽蓝七堂制度。这种院落式的格局，具有丰富的空间功能，完全能够满足寺院发展的一应需求。

伽蓝七堂原指具备7种堂宇的寺院，后来也指各种堂宇齐备的大型寺院。也就是说一僧伽蓝就应该具备7种主要的堂宇。七堂实际上是一个概数，并不一定就限制在7个。之所以说七堂，是因为古人认为一个寺院的堂宇代表了佛面，七堂正好对应佛的顶、两眼、口、鼻和双耳。

随着佛教的发展逐渐兴盛，僧众和信众也大幅度增加，为了接纳更多的信众，并有足够的场地做佛事，寺院光有法堂已经不足以运转，于是从北宋开始大多数的寺院开始建立佛殿。在营造法式上，以佛殿为中心，其他殿堂按南北中轴线分布，中轴线上为主要建筑，其他附属设施则呈对称样式分布东西两侧。

至于七堂的用法和取舍，因时代不同而各有差异，例如唐代的伽蓝七堂指的是佛塔、大雄宝殿、经堂、钟鼓楼、藏经楼、僧房、斋堂，而宋代的伽蓝七堂指的是殿堂、讲堂或法堂、禅堂、库房、山门、西净、浴室。总之，寺院建筑的功能性和观赏性都越来越丰富。

慈寿寺塔

慈寿寺塔又名永安万寿塔，因建于慈寿寺内，故俗称慈寿寺塔，当地人又称玲珑塔，位于北京市海淀区玉渊潭八里庄北里3号玲珑公园内。为明代单层多檐式塔的极重要的范例。根据现存实物来看，这种辽金时期普遍盛行的密檐砖塔，到明代几乎已经绝迹，而慈寿寺塔却继承了这种形式，所称"仿天宁寺塔而建"，诚然不假。尽管是仿建，此塔在建筑手法和雕饰艺术上，仍然表现了明代风格，说明古代工匠们在进行建筑设计的时候，没有全盘照搬，而是有所选择，有所创新的。

慈寿寺始建于明万历四年（1576），由慈圣皇太后出资修建，历时两年竣工，赐名慈寿寺。这里原是明正德年间太监谷大用墓地。史载万历皇帝登基时年仅10岁，内外政事均由慈圣皇太后执掌。皇太后平生好佛，在她主政期间，命人在京城内外兴建修缮了许多佛寺。最初皇太后修建慈寿寺是为了给丈夫隆庆皇帝祈求冥祉，给儿子万历皇帝祈求子嗣和祝福长寿。

清乾隆二十二年（1757），乾隆皇帝曾下旨修葺慈寿寺和永安万寿塔，并为慈寿寺题联："智珠朗映光明藏，意蕊常舒欢喜园。"清代末期，慈寿寺开始逐渐衰落。特别是清光绪年间的一场大火，将寺内残存的建筑全部烧毁，只留永安万寿塔和塔前的两座石碑。

慈寿寺原有五进院落，建筑规模很大。全寺的主要建筑都建在南北中轴线上，自前而后分布有山门、天王殿、永安万寿塔、延寿殿、宁安阁等，主殿的两侧建有附属建筑，左右对称，整个慈寿寺庙宇壮丽，殿堂整齐，气势非凡，曾是京郊巨刹。

慈寿寺塔平面呈八角形，为13层密檐式实心砖塔，通高50米。没有阶梯，不能攀登。整座塔

慈寿寺塔远眺

1870年，慈寿寺烧毁前的慈寿寺塔，塔院南北有三座门，四周有碑亭

分塔基、塔身和塔刹三部分。

塔基又分上下两部分，下为条石砌筑的平台，上是双层的须弥座，须弥座上有40座壶门形小龛，龛内雕有200多个人像，神态各异，栩栩如生，每个人像都源于一个教化人类敬佛向善的佛教故事。须弥座上部刻有笙、箫、琴、瑟等全行乐器图案，这在佛塔中是不多见的。须弥座上以三层仰覆莲瓣承托塔身。

塔身平面呈八角形，四正面辟券门，四斜面饰券窗，门窗装修为仿木构形式，门窗上部和两侧高浮雕金刚力士、菩萨、天部等神像。塔身转角处的砖柱上浮雕升降龙。所有雕饰造型均生动完美，线条流畅，是不可多得的中国古代雕刻艺术的珍品。塔四面拱券门上嵌有石额，南面额为

须弥座斗拱和佛龛

东面券门门额"镇静皇图"

"永安万寿塔"，东面额为"镇静皇图"，北面额为"真慈洪范"，西面额为"辉腾日月"。

塔身以上为密檐13层，密檐上每根檐椽都挂有铁制风铃，共3304个。每逢微风拂起，塔铃随风而响，抑扬顿挫，优美悦耳。每层檐下均有24个佛龛，原供奉铜佛312尊。塔刹为铜质葫芦形摩尼珠式镏金宝瓶，下有覆莲承托，自刹顶垂铁链8条，与刹座下垂脊相连，用于加固。慈寿寺塔自下而上，密檐逐层缓缓上收，檐下砖雕的斗拱层层支护，直到塔顶。

慈寿寺塔的塔旁东西两侧立有石碑，东侧碑为万历十五年（1587）立，正面刻紫竹观音和赞词，背面刻瑞莲赋；西侧碑为万历二十九年（1601）立，正面刻鱼篮观音和赞词，背面刻关圣像和赞词。1994年，北京市政府拨款对该塔进行全面修缮。

1890年，慈寿寺烧毁前的慈寿寺塔。与1870年相比，只是更破败了些

塔身束腰券窗

慈寿寺塔全貌

1957年10月28日，慈寿寺塔被北京市人民政府公布为北京市第一批市级文物保护单位；2013

年5月3日，慈寿寺塔被国务院公布为第七批全国重点文物保护单位。

知识链接

谷大用

谷大用，明武宗非常宠爱的宦官，为内侍"八虎"之一。

明武宗年幼时，东宫太监中有8个人号称"八虎"，他们总是想方设法取悦日后的新帝，每天给武宗找一些新奇的玩具，给他组织各种有趣的表演，因此很得武宗的欢心。弘治十八年（1505），明孝宗去世，明武宗顺利即位，八虎也随之得势，不仅成了皇帝面前的红人，手中的权力也越来越大。他们权倾朝野，飞扬跋扈。

正德六年（1511），刘六、刘七在河北领导农民起义，武宗得知以后，任命谷大用总督军务，与兵部侍郎陆完、伏羌伯毛锐一起率京营前去镇压。然而起义军非常勇猛，对谷大用军队不断打击，无奈之下，他竟然将辽东、宣府、大同、延绥四镇边军征调入京，他的这一行为开创了征调边军的先例。

正德十二年（1517），武宗想要出巡长城，朝中诸臣和边防将士们全部反对，居庸关巡关御史张钦为了保护皇帝安全，甚至紧闭关门阻止其出关。于是武宗将张钦调离居庸关，派其出巡白羊口，然后让自己信赖的谷大用代守居庸关，武宗顺利出关。随后，他耗费两年时间巡视了宣化、大同、偏关、延绥、榆林五镇的长城，边防得到巩固加强。

明世宗即位之后，八虎势力受到了很大的削弱，后来，御史萧淮弹劾谷大用等人"蛊惑先帝"，然而世宗念及其迎接新帝登基有功，并没有严惩，仅仅将其降为奉御，居住在南京。之后，世宗又命其去驻守康陵。

嘉靖十年（1531），谷大用被没收全部财产。

谷大用去世之后，葬于今北京海淀区。明万历四年（1576），神宗之母慈圣皇太后出资兴建慈寿寺，同年又在谷大用墓地基址上兴建慈寿寺塔。如今慈寿寺已废，只剩下一座孤塔。

魏太和造像

魏太和造像是一座石佛像，原来安放于北京市海淀区聂各庄乡车耳营村北的一座石头房子里。现在收藏于首都博物馆。这座石佛有着悠久的历史，是北京现存的最完整、最古老的一尊石佛。雕刻于北魏太和二十三年（499），迄今已经有1500余年了。

魏太和造像与大同云冈石窟和洛阳龙门石窟佛像是同时代石雕佛像的代表作，石佛像及刻字保存尚完整。造像由正面的一佛二菩萨和背面的124尊小佛像组成。主佛释迦牟尼高1.65米，赤足站立在高约0.5米的莲花石座上，身后有2.2米雕饰精美的背光，背光后又有12排，共124尊小佛

像，自上而下横排排列，每排数量不等，大小各异。小佛一般高12厘米，最小的一尊只有4厘米。

北魏太和造像施以丹彩绘。释迦牟尼佛的法相庄严丰满，神志恬静，头部发髻为螺形，两耳垂肩，左手合拢，臂微弯自然下垂，结与愿印，右手微弯亮掌，曲肱胸前做施无畏印。上身内穿僧祇支，下穿菊花图案丝裤，系羊肠大裙，衣纹以凸线表示，衣褶流畅，凹凸分明。长袖拂地，袈裟飘洒，袒胸赤足，似远行归来。石佛身两侧以及头部周围光环中雕刻着31尊吹、拉、弹、唱的歌舞伎乐天人。佛像腿部两侧分别侍立着浮雕像两尊，为释迦牟尼佛的弟子阿难和迦叶。佛像下方刻有造像记："太和二十三年三月十五日阎惠端为皇帝太皇太后造像。"

魏太和造像北魏石雕佛像的风格鲜明，其整体布局严谨，雕刻技法古朴，刀法圆润流畅，饰

魏太和造像发现地

魏太和造像正面

魏太和造像背面

彩丰富，造型纯朴自然。

1957年10月28日，魏太和造像被北京市人民政府公布为北京市第一批市级文物保护单位。

知识链接 北魏佛教造像

晋元帝建武元年（317）到北魏太武帝太延六年（439），这120多年间，东晋偏安江南，北方出现了由匈奴、鲜卑、羯、氐、羌等少数民族统治者建立的政权，历史上称为"五胡十六国"。北魏统一中国北方之后，北方的大环境才算稳定下来。

十六国时期，多数统治者崇信和推崇佛教，印度佛教造像也随即传入。魏晋南北朝时期，社会动荡不安，汉代儒学失去权威，而佛教宣扬因果报应，切合大众心理，成为社会安定的主要力量，佛教造像在北魏时期达到了第一个繁盛期，

真正意义上的中国佛教造像艺术便在这时诞生了。

在北朝的5个朝代中，北魏存在的时间最长，佛教也最为盛行，佛教造像也呈现出不同的造像风格。后来，佛教发展太过繁盛，北魏太武帝时曾实行灭佛政策，直到文成帝即位才复兴佛教，佛教造像风格也随之不断演变。

魏晋南北朝时期，佛造像从深受印度犍陀罗风格和笈多艺术的影响逐渐向汉地风格转变。受印度与汉族地区陆探微画风的不同影响，造像风格从粗犷古朴、气势雄浑、神态安静内敛的"云冈模式"，逐渐过渡到后来的面相较瘦、削肩体长、俊秀飘逸的"秀骨清像"风格。到东西魏和北周北齐时期，风格更加多样化，整体风格敦厚朴实，为隋唐佛造像艺术的发展奠定了一定的基础。

北魏佛教雕塑造像是中国雕刻艺术的典范。

魏太和造像头部

北魏佛像的一个典型特征就是微笑，给人以深邃之感，既有宗教的圣洁，同时还具备人性化的美，所以，它更贴近现实社会，作为佛教受众的普通百姓也更加容易接受，因而更具有艺术的感染力和生命力。

主建筑南立面

双清别墅

双清别墅是毛泽东在1949年3月25日到9月21日工作和居住的地方，坐落于北京市海淀区香山公园南麓半山腰，建于民国初年。中华人民共和国成立前夕，以毛泽东为首的党中央领导在这里指挥渡江战役，筹建新中国，毛泽东在这里发表了《论人民民主专政》《南京政府向何处去？》等重要文章。这里是重要的爱国主义和革命传统教育基地。

双清别墅大门为西洋式门楼，两侧方形壁柱装饰，上承托三角山花，山花内浮雕花卉图案。在额部镌刻"双清别墅"。别墅内主要建筑为一座中西合璧式灰砖平房（后刷白），主体建筑前部

凸出三间为西洋式建筑风格，明间开间较大，装饰方形券门，两侧次间为方券窗。屋顶采用砖砌线脚装饰，次间上承托三角山花，山花内雕刻花卉图案，两山墙间用女儿墙相连，屋檐转角处做巴洛克式涡卷纹装饰。后部建筑为中式建筑风格，过垄脊筒瓦屋面，各间饰方窗。

在房前有一池清水，池畔有一座六角亭，亭子由6根红色圆柱支撑，红顶，檐下装饰如意头挂檐板，各柱间饰坐凳楣子。

1979年8月21日，双清别墅被北京市人民政府公布为北京市第二批市级文物保护单位；2019

双清别墅大门

庭院旧影

年10月16日，双清别墅被国务院公布为第八批全国重点文物保护单位。

知识链接

毛泽东在双清别墅

党的七届二中全会在西柏坡胜利闭幕之后，农村包围城市的战略思想基本实现，毛泽东认为中国共产党应该大踏步前进，于是决定到北平去。1949年3月25日中共中央从西柏坡来到北平，首先进驻了双清别墅。

中共中央之所以将香山作为初入北平的驻地，是经过非常缜密的考察与思考的。1949年，给中共中央考察北平驻地的重要任务落在中央直属机关供给部副部长范离的身上。1月19日，他来到北平，多次深入侦察，发现香山是最合适的驻地，于是将自己的想法报告给当时的北平市长叶剑英。有了这个提议之后，中央社会部副部长李克农和北平市警备区司令员程子华2月7日亲自到香山考察，确定这里为中共中央进驻北平最合适的驻地。

香山之所以能够有幸被选中，成为建立新中国的历史见证地，主要有三方面的原因：首先是安全。北平刚刚和平解放，环境较为复杂，敌特分子仍非常猖獗，敌人占据青岛，随时都可能进行空袭，而香山远离城区，与西山相连，如果形势有变或者遭遇敌机侵袭，可利用有利地势进行躲避。其次是对顺利过渡十分有利。一直以来，中国共产党始终在农村的大环境中活动，走农村包围城市的路线，然而对于城市管理并无经验，无论在生活习惯上，还是思想上，都需要逐渐熟悉和适应，香山是近郊地区，可以说是农村到城市的最好过渡。最后是住房方便。熊希龄在香山创办慈幼院，大约有3000间房子，中共中央在这里办公和居住，完全不受空间的约束，极为合适。

因此，中共中央从西柏坡到达北平的当晚，毛泽东就住进了双清别墅，周恩来、刘少奇、朱德、任弼时住在不远处的来青轩。也就是在那天晚上，中共中央、解放军总部和毛泽东等已胜利到达北平的消息通过新华社广播昭告了全世界。

在中央进驻香山前，为了保证办公通信的时效性，北平军管会物资接管委员会电信接管部用了13天时间，安装了150门自动交换机，保证中央工作的顺利开展。中央进驻香山之后，各机关分散在附近办公，为了做好保密工作，对外统一宣称"劳动大学"。

进驻双清别墅当晚，毛泽东心中感慨万千，久久不能入睡，这是他第三次来到北平，距离他第一次来北平已经31年之久。后来，他让值班卫士撤去了床上的软垫，躺在硬硬的木板床上才慢慢地睡着。

这一次，毛泽东在双清别墅住了5个月，在这里留下了《人民解放军占领南京》等不朽的诗篇，也留下了许许多多美好的回忆。他喜欢这里，曾多次反对搬进中南海办公和居住，但最后只好服从集体安排，到8月23日，离开双清别墅移居中南海。

圆明园遗址

圆明园，为清代封建帝王在150余年间所营造的一座大型皇家宫苑，创建于清康熙年间。1860年、1900年遭帝国主义洗劫烧毁，圆明园是进行爱国主义教育的实物例证。

圆明园西洋楼大水法遗址

方壶胜境遗址

圆明园泉水充足，又有玉泉山、西山等名胜，早在明代时一些官宦和文人就在附近建造私家园林，其中有李伟清华园和米万钟勺园。清康熙中叶，全国统一，社会安定，康熙帝六次南巡，对江南山水大加赞赏。康熙二十九年（1690），利用原来清华园一部分，仿江南景观，建造畅春园。

康熙帝大部分时间住在园里，开创了清代皇帝园居的习惯。根据《日下旧闻考》记载，康熙帝于康熙四十八年（1709）建圆明园，赐给皇四子胤禛（即后来的雍正皇帝）。因为是赐园，所以其规模比畅春园小得多。康熙皇帝驾崩，雍正帝将自己的赐园改建为离宫，大规模扩建，在南面建成宫廷区，作为他园居时听政的地方。园中的大、中型河湖水面都是这个时期完成的，从而基本奠定了圆明园的规模。

乾隆时期，再一次扩展圆明园，圆明园营造达到全盛。乾隆帝曾六下江南，搜集天下名胜，"移天缩地"点缀园中，广泛吸收各地造园艺术精华，运用于圆明园营建之中，著名的圆明园四十景即此时建成的。并在其东面建长春园，东南面建绮春园，以上三园统称圆明园。

乾隆帝以后，圆明园营建仍不断进行。直至

嘉庆帝以后，清朝国力日衰，皇室再也无力营建新园。道光时期，畅春园逐渐荒废，但作为皇帝离宫的圆明园，仍然不断继续建造。

从雍正至咸丰五朝皇帝，都曾长年居住园内优游享乐，并在此举行朝会，处理政事，与紫禁城共同构成当时全国政治中心，被清帝称为"御园"。可惜咸丰十年（1860），英法联军进攻北京，对圆明园内珍藏的珍宝进行野蛮抢夺和破坏，最后将这座富丽堂皇的宫殿园林放火焚毁。

经过浩劫的圆明园虽然在同治十二年（1873）开始重修，但终因国力衰弱，国库空虚，次年被迫停工。民国时期，军阀、官僚、地痞流氓等更

19世纪90年代的圆明园规月桥，英法联军火烧圆明园幸免于难的建筑之一

是肆无忌惮地大规模拆卸、挖掘和盗运圆明园遗物，致使圆明园许多建筑和艺术品彻底损毁乃至荡然无存。

中华人民共和国成立后，人民政府加强圆明园遗址保护，于20世纪80年代辟为遗址公园，对外开放。近年来，对圆明园福海中心的蓬岛瑶台、东岛的瀛海仙山亭、西岛庭院、别有洞天的四方亭和绮春园的新宫门、西洋楼的黄花阵、仙人承露台、鉴碧亭、浩然亭进行修复。尤其在2008年，圆明园西部九州景区整治开放，疏通水系，再现鼎盛时期胜景。其中镂月开云景区，是康熙、雍正、乾隆三位皇帝赏牡丹之处，为恢复此景，特意从山东引进9棵百年牡丹。另外，长春园二宫门及宫门牌楼、朝房、大殿、亭子等也将进行复建。从而在最近几年内，实现圆明园全部开放。

圆明园由圆明园、长春园和绮春园三园组成，呈倒"品"字排列，组成一个整体，总面积约350万平方米。三园景色各不相同，有各自的宫门和殿堂。全园利用原有的沼泽地，挖河堆山，形成河流、堤、岛，园中有园，颇具江南水乡特色。洲岛上建有大大小小的建筑群和亭阁楼榭，建筑

1900年前的圆明园长春园养雀笼

群组合无一雷同，成为园内景点中心。

圆明园是一处规模宏伟、景色秀丽的大型园林，平地叠山理水，精制园林建筑，广植树木花卉，各景点之间以人工堆山和林木相阻隔，具有独特的景区空间。园内水面约占三园面积的2/5，园林造景多以水为主题，因水成趣，其中不少直接吸取江南水景意趣。三园共有100余景，绮春园三十景，长春园二十余景，最著名的有圆明园四十景。这三园虽被英法联军焚毁，但历史遗留下来的有关圆明园的咏景诗文和记载，以及样式雷所做烫样和晚些时候的模型、图样和清内务府有关重修工程的档案也都完整。利用这些资料，结合现存遗址，可以大致弄清当年状况。

圆明园是三园的主要组成部分，面积约200万平方米，主要园林风景群有"圆明园四十景"及紫碧山房、藻园、若帆之阁、文渊阁等处。这"四十景"分别是正大光明、勤政亲贤、九州清晏、镂月开云、天然图画、碧桐书院、慈云普护、上下天光、杏花春馆、坦坦荡荡、茹古涵今、长春仙馆、万方安和、武陵春色、山高水长、月地云居、鸿慈永祜、汇芳书院、日天琳宇、澹泊宁静、映水兰香、水木明瑟、濂溪乐处、多稼如云、鱼跃鸢飞、北远山村、西峰秀色、四宜书屋、方

复建的绮春园鉴碧亭

壶胜境、澡身浴德、平湖秋月、蓬岛瑶台、接秀山房、别有洞天、夹镜鸣琴、涵虚朗鉴、廓然大公、坐石临流、曲院风荷、洞天深处。

从造园的艺术和功能区分，大致可分为宫廷景区、九州景区、西北景区、福海景区和北部景区5个景区。宫廷景区主要由大宫门、出入贤良门、东西朝房、三大光明殿、勤政殿等，构成宫廷区的"前朝"。5个景区中最有特色的要数九州景区和福海景区。

九州景区环绕着后湖布置9座小岛，以象征全国疆域《禹贡》"九州"，包括九州清晏、镂月开云、天然图画、碧桐书院、慈云普护、上下天光、杏花春馆、坦坦荡荡和茹古涵今9岛，每一座岛上建有一处精美的景观，组成一个完整而又紧凑的景区，是圆明园的中心区。这里是帝后妃嫔居住之所，相当于宫廷区的"内寝"，且具有"御花园"的功能。

福海景区是围绕福海形成的一个以水面为中心的广阔平展的景区，位于圆明三园的中心，长宽各五六百米，加上周围的小水域，共38万平方米。这一景区水面浩渺，周围有数十处不同风格的建筑群落，被誉为人间仙境。如方壶胜境，在

唐岱《圆明园四十景图》之九州清晏

福海东北海湾岸边，是按照封建帝王幻想的仙山琼阁所建造。其前部底部以汉白玉砌成"山"字形，伸入水中。整个建筑十分庞大，金碧辉煌。1997年在福海清淤时，方壶胜境遗址得以清理，从残存的三合土建筑台基及雕刻精美的镇水兽仍可想见当年盛况。

蓬岛瑶台，取材于神话中的蓬莱仙岛，原名蓬莱洲。相传秦始皇曾派徐福率1000余名童男童女，出海东渡寻仙境求仙药。清雍正时，在圆明园东湖以嶙峋巨石堆砌成大小三岛，象征传说中的蓬莱、瀛洲、方丈"三仙山"。岛上建有殿阁亭台，并按"徐福海中求"之意，称东湖为福海。当年，每至端午佳节，即在这里举行大型龙舟竞渡活动。1860年圆明园被焚毁时，蓬岛瑶台因在水中而幸免于难，但却在同治年间毁于火灾。1985年国家恢复福海景区水系，并将蓬岛瑶台东岛的瀛海仙山六方亭等修复。福海景区是宫廷水上游乐活动中心。

长春园在圆明园以东，是乾隆帝为其归政颐

西洋楼海晏堂遗址

唐岱《圆明园四十景图》之方壶胜境

长春园三友轩遗址

先莅临游览，还多次在此接见民族首领，宴请外国来使。含经堂建有涵光室、渊映斋、得胜概、神心妙达、梵香楼、霞翥楼、澄波夕照、淳化轩、

养所建。全园占地面积约70万平方米，建有20余处园林风景群。因这里主要是宴游之地，故没有议政之所。在舒展开朗的布局上，散落着若干景点和小园，大小得体，疏密相宜。主要有澹怀堂、含经堂、玉玲珑馆、思永斋、海岳开襟、得全阁、流香渚、法慧寺、宝相寺、爱山楼、丛芳榭、茜园、映清斋、如园、鉴园、狮子林等。

重要的景点如含经堂，在长春园中心地带，是一处大型游憩寝宫园林，乾隆帝每年灯节后率

长春园神心妙达遗址

蓬岛瑶台

长春园澄波夕照遗址

蕴真斋、三友轩、静莲斋、待月楼等景点，功能也各不相同，其中霞翥楼是座书阁，乾隆的《四库全书荟要》仅抄两部，一部藏故宫（今储台北），另一部藏于此。而梵香楼是一座佛楼，共有大型金塔、银塔、铜塔、玻璃塔、紫檀木塔、珐琅塔6座佛塔。

狮子林，在长春园东北部，是一处园中之园，仿苏州名园狮子林而建，占地面积约1万平方米，大致分两部分，虹桥以东多假山叠石，虹桥以西则建筑集中。主要有狮子林、虹桥、假山、纳景堂、清阁、藤架、磴道、占峰亭、小香幢、探真书屋、延景楼、画舫、云林石室、横碧轩、水关、丛芳榭、琴清斋等景点。1993—1994年，狮子林遗址归位南部临水条石，清挖河池，发掘恢复虹桥及水关、水门三座石拱等。

长春园中最为著名的景点是西洋楼，由谐奇趣、线法桥、黄花阵、养雀笼、方外观、海晏堂、大水法、观水法、线法山和线法墙等10余处建筑和庭院组成。于乾隆十二年（1747）开始筹划，至二十四年（1759）基本建成。

西洋楼景区由意大利画师郎世宁、法国传教士蒋友仁和王致诚等设计监修，我国匠师建造。

长春园狮子林水关遗址

西洋楼大水法铜版图

这是我国皇家宫苑中第一次大规模仿建西洋建筑和园林喷泉，是中西建筑文化交流融合的有益尝试。西洋楼主体，其实就是人工喷泉，时称"水法"，主要有谐奇趣、海晏堂和大水法三处大型喷泉群。

谐奇趣主体三层，楼南一大型海棠式喷水池，设有铜鹤、铜羊和西洋翻尾石鱼组成的喷泉。楼两侧，从曲廊伸入八角楼厅，为演奏中西音乐之地。

海晏堂是西洋楼最大的宫殿，正门西向，阶前有大型水池，池左右呈八字形排列十二生肖兽首人身铜像，每昼夜依次轮流喷水，正午时刻十二生肖一起喷水，俗称"水力钟"。这种以十二生肖代替西方裸体雕像的精心设计，是洋为中用、中西结合的杰作。

1860年，十二生肖青铜兽头被英法联军掠走，散失世界各地。2000年，在香港拍卖牛、虎、猴三个兽头铜像，被竞购回北京。

大水法是西洋楼最壮观的喷泉，建筑为石龛式，有如门洞。下边一大型狮子头喷水，形成7层水帘。前下方为椭圆菊花式喷水池，池中心一只铜梅花鹿，从鹿角喷水8道。两侧10只铜狗，口中喷出水柱，直射鹿身，俗称"猎狗逐鹿"。大

谐奇趣残存的西洋柱头

1879年的长春园谐奇趣远景

西洋楼海晏堂铜版图

西洋楼海晏堂遗址局部

水法左右前方，各有一座方形13层的巨大喷水塔，顶端喷出水柱，塔四周88根铜管也一齐喷水，极为壮观。

西洋楼大水法建筑构件西洋纹饰，远处为观水法

绮春园紧连在圆明园和长春园以南，其规模大致与长春园相当。早年是怡亲王允祥赐邸，名交辉园，约于康熙末年始建。后乾隆帝改赐给大学士傅恒，更名春和园。至乾隆三十五年（1770），正式归入御园，定名绮春园。那时的范围尚不包括其西北部。嘉庆四年（1799）和十六年（1811），西部又先后并进两处赐园，一是成亲王永瑆的西爽村，一是庄敬和硕公主的含晖园，经大规模修缮和改建、增建后，绮春园始具千亩规模，成为清帝园居的主要园林之一。至此，圆明三园达到全盛时期。

嘉庆时先有"绮春园三十景"，后又陆续建成20多景，比较著名的园林景群有敷春堂、清夏斋、涵秋堂、生冬室、四宜书屋、春泽斋、凤麟洲、蔚藻堂、中和堂、鉴碧亭、竹林院、喜雨山房、烟雨楼、含晖楼、澄心堂、畅和堂、绿满轩、

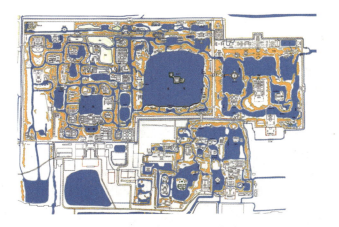

圆明三园盛时平面图

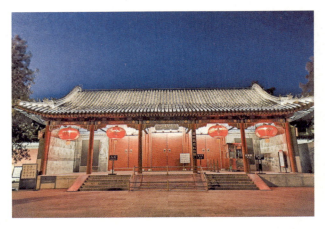

绮春园宫门

湛清轩、招凉榭等。

绮春园宫门建成于嘉庆十四年（1809），因比圆明园大宫门和长春园二宫门晚建半个多世纪，亦称"新宫门"，一直沿用至今。自道光初年起，绮春园东路的敷春堂一带经改建后，作为奉养皇太后的地方。而西路诸景，仍一直是道光、咸丰皇帝园居之处。1860年被毁后，在同治年间试图重修时，改称万春园。

敷春堂是绮春园内最大的风景群，嘉庆十年（1805）题咏的绮春园三十景，敷春堂这一带就占十二景，即敷春堂、鉴德书屋、问月楼、翠和轩、凌虚阁、澄光榭、协性斋、我见室、淙玉轩、蔚藻堂、舒卉轩、蔼芳圃。这里原是嘉庆皇帝游憩寝宫区。道光时成为皇太后寝宫。同治十二年（1873），准备将敷春堂重建为慈禧太后寝宫，更名为"天地一家春"，因财力不足而作罢。

在敷春堂北端有问月楼，楼北为一片开阔水面。湖中央浮起两座小岛，名"凤麟洲"，为全园最佳避暑之地，是皇太后、皇太妃夏日寝憩之所。仙人承露台，在凤麟洲西岸假山上，一铜铸仙人，双手托举承接露水的铜盘，意为请求上天赐予甘露。此铜铸雕像在圆明园被毁后丢失，1989年，

国家在原址按原样复建石雕承露仙人，成为圆明园遗址公园一景。

圆明园被誉为"万园之园"。它继承了我国园林建设的优秀传统，集南北园林艺术之大成，吸收了欧洲园林建筑形式，把不同风格的园林建筑融为一体，成为当时闻名于世的东方名园。圆明园是我国园林建筑史上一个辉煌的杰作，在世界园林建筑史上也占有重要地位。

1979年8月21日，圆明园遗址被北京市人民政府公布为北京市第二批市级文物保护单位；1988年1月13日，圆明园遗址被国务院公布为第三批全国重点文物保护单位。

绮春园单孔石券残桥遗迹

火烧圆明园

圆明园位于北京西北郊，由圆明园、长春园、绮春园组成，是清朝五代皇帝历时150余年建成的，耗费了无数能工巧匠心血的一处大型皇家宫苑。然而它经历一场浩劫之后，面目全非，再无往日的光彩。

1860年10月6日，英法联军从北京城东北郊绕过，直奔圆明园。当时，僧格林沁等部驻扎在城北，但他们稍作抵抗便四处逃散。于是英法联军如过无人之境，傍晚时分，法军抢先到了圆明园大宫门。之后，圆明园的20余名技勇太监与敌人对抗，但是敌我力量悬殊，技勇将领们只能以身殉职，19时，法军侵占了圆明园。

10月7日，英法联军的头目闯进圆明园之后，立即开始协商瓜分园内珍贵的宝物。等到第二天，英法侵略军再也按捺不住宝物的诱惑，军官和士兵们成群结伙地哄抢，园中的金银财宝和艺术珍品纷纷落入英法侵略军的手中。

紧接着，他们就开始大肆破坏园中的一切，展开了浩浩荡荡的洗劫。士兵们将花瓶砸碎，画卷撕烂，甚至用上等的丝绸去装饰马匹。他们的口袋里装满了宝石、珍珠和水晶，尽情地享受着抢劫的狂欢。根据曾经目睹过现场的英法军官、记者、牧师等人的描述，英国人和法国人，军官和士兵，为了争抢财宝，从四面八方拥入圆明园，然后开始肆意地抢夺，他们一个个手脚忙乱，甚至还因为争抢而互相打斗，不惜威胁彼此的生命。

圆明园中的珍宝不计其数，以至于英法联军眼花缭乱，不知从何下手。他们有的抢走绣花长

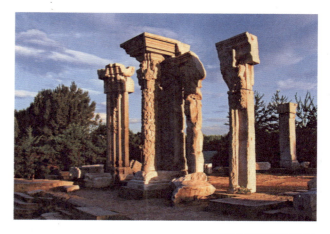

西洋楼远瀛观遗址

袍，有的搬走景泰蓝瓷瓶，有的挑选高级的皮衣，有的用大口袋装满各色珍宝。那些金条和金叶纷纷进了他们的腰包，丝绸锦缎也缠绕在他们身上，水晶、宝石装满了他们的口袋，翡翠项链在脖子上挂了一圈又一圈。仓库里的高级绸缎被士兵们用大车运了一次又一次。

军官们也抢得盆满钵满，一个英国军官抢到了一个金佛像，价值达1200英镑；一个法国军官抢劫了大约60万法郎的财物。法军司令的儿子掠夺了好几辆马车的财物，大约价值30万法郎。还有一个英军二等带兵官，他一次就抢夺了2座金佛塔，还有大量的珍宝，财物实在太多，只好找来7名壮汉替他搬运回军营，他所抢夺的财物穷其一生都用之不竭。

能搬动抢走的东西，英法联军会尽量抢走，剩下的无法带走的东西，他们则悉数糟蹋。房间里的绸缎扔得满地都是，胡乱踩踏。士兵们带着斧头，所到之处砸碎家具，只为取下上面的宝石。有的人把大镜子砸得稀碎，有的人以烛台当目标射击取乐。总之，英法联军所到之处，满目疮痍，等他们10月9日离开时，这座曾经奢华秀丽的皇家园林已经面目全非。

然而，英法联军的罪恶行径并没有就此结束。10月18日，英军指挥官额尔金伯爵詹姆斯·卜鲁斯下令火烧圆明园。在之后两天的时间里，士兵们纷纷到各个宫殿、宝塔，以及其他建筑中放火，很快圆明园就烧成了一片火海，那些无法带走的奇珍异宝、稀世的图书画卷等精美著作，全部在大火中灰飞烟灭。

西洋楼方外观遗址

大火过后，整个圆明园中只剩下残破的二三十座殿宇、宫门等建筑幸存下来，就连与圆明园邻近的清漪园、静宜园、静明园等部分建筑也遭到了损毁。

英法联军在中国犯下了如此滔天罪行，但是他们却毫无愧疚之意，甚至还引以为傲，英军随军牧师罗伯特·麦吉曾写下这样的文字："一个也不留，一栋房屋也不剩，让这里再无宫殿的痕迹吧。现在，咱们回北京去，大功已告成。"詹姆斯·卜鲁斯甚至宣扬自己了不起的功绩，狂妄地说："此举将使中国与欧洲愕然震惊，其效远非万里之外之人所能想象者。"

就这样，璀璨夺目的圆明园彻底消失了。

大觉寺

大觉寺是北京著名的佛教寺院，位于北京市海淀区大觉寺路9号旸台山南麓。

大觉寺始建于辽咸雍四年（1068），由南阳信徒邓从贵捐钱30万建造，并刻《大藏经》，名为清水院，金代时成为皇家行宫，是金章宗时期著名的西山八大水院之一。明宣德三年（1428）重修寺院，并改称大觉寺。明正统十一年（1446）和成化十四年（1478）对其进行两次大修。明末清初，寺院被毁。清康熙五十九年（1720），雍亲王胤禛，即后来的雍正皇帝对寺院进行了修建，增建四宜堂、领要亭等，并推荐迦陵性音大师出任住持。乾隆十二年（1747）再次重修寺院，并敕建白塔。

大觉寺坐西朝东，依山就势而建，步步递高。全寺有殿堂9处。建筑布局大体可以分为中路、北路和南路。寺内中轴线长约400米。山门内有天王殿、大雄宝殿、无量寿佛殿、龙王殿等。其中，天王殿、无量寿佛殿、龙王殿是明代的遗物。无量寿佛殿内的观音壁塑、铜制观音像等，为明

大觉寺山门

代时铸就，非常珍贵。

大觉寺中路最前方为山门，面阔三间，进深五檩，歇山顶，筒瓦屋面，檐下施单昂三踩斗拱，正中砖砌卧匾，题"敕建大觉禅寺"。明间开券门，次间为券窗，额枋绘墨线大点金旋子彩画，金龙枋心。山门前建月台，两侧建有一封书撇山影壁。

放生池和功德桥

无量寿佛殿明代壁塑海岛观音

第一进院正殿为天王殿，因内供奉弥勒佛，故又称弥勒殿，两侧供奉四大天王雕像。天王殿面阔三间，进深五檩，歇山顶，筒瓦屋面。檐下施单昂三踩斗拱，额枋绘墨线小点金旋子彩画，金龙枋心。天王殿院内南北两侧建有配殿各三间，院落东部碑亭两座，中部为放生池和功德桥，西部左右各为钟楼和鼓楼。钟楼、鼓楼两相对峙。

穿过天王殿进第二进院，正殿是大雄宝殿，面阔五间，进深五檩，歇山顶，绿琉璃瓦屋面，殿后带三间悬山抱厦。外檐斗拱为单昂三踩，内槽为重翘五踩。室内井口天花绘莲花瓣，木制蟠龙藻井。殿前月台一座，殿内供奉三世佛，目前的三世佛像是1972年从智化寺移来的。殿两侧建

南北配房各三间。在南北配房两侧各建通门一座，以通南路、北路。

第三进院正殿是无量寿佛殿，面阔五间，进深五檩，歇山顶，绿琉璃瓦屋面，后带三间悬山抱厦。外檐正中悬挂清乾隆皇帝御笔"动静等观"木匾。殿前月台有砖砌甬道与大雄宝殿台基相接。无量寿佛殿内供有一佛二菩萨，佛像板壁后有清代泥质悬塑精品，上塑海水江崖，观音坐于山海之中。殿前有明代石碑两通，方形螭首。银杏树两株，其中一株树龄逾千年，至今仍枝叶繁茂，被誉为"银杏树王"。殿两侧建朵殿各一间。殿南

大雄宝殿

无量寿佛殿

大悲堂

白塔

北配房各十间。

第四进院是大悲堂，又称大悲坛，二层，面阔五间，进深六檩，硬山顶过垄脊，筒瓦屋面，外檐正中悬清代醇亲王奕譞书"最上法门"木制卧匾一方，额枋绘墨线小点金旋子彩画。大悲堂北侧有一通刻于辽咸雍四年（1068）的石碑，记载大觉寺早期建寺和刊刻《大藏经》的历史，是寺内珍贵的文物。

大悲堂后山坡上有覆钵式白塔一座，外观与北京北海公园内白塔相似：圆形的塔身，细长的相轮，塔顶装有金饰宝盖，底部八角形须弥座，都表现了清代的建筑风格。这是清代乾隆皇帝为该寺住持迦陵禅师修建的舍利塔。据说，迦陵原为烧火和尚，是由乾隆皇帝指定升为住持的。塔

旁有棵古松，虬枝苍劲，巨大的翠盖从旁侍护，饶有意趣。

第五进院正殿为龙王堂，也叫藏经楼，二层，面阔三间，进深六檩，悬山顶，筒瓦屋面，额枋绘旋子彩画。堂前有一方形水池，池中有龙首吐水口，泉水由龙首涌出汇集成龙潭。堂前有古柏数株。

大觉寺北路的北院为僧人居住之处。第一进院为方丈院，坐北朝南，分前后两院。前院门内有影壁墙一座，院内有一级古树七叶树两棵，后院内有古柏、白皮松各一棵。第二进院称为北玉兰院，正房旧称香积厨，门前有"碧韵清池"，由整块巨石雕凿而成，池的西沿镌刻"碧韵清"三字，自龙潭流出的泉水在此汇集，清池绿水，交相辉映。院内有银杏一株，此树高10余米，树的

藏经楼及龙潭

南玉兰院（四宜堂）

领要亭

主干周围长出9棵小树，形成独木成林的景观。

大觉寺南路第一进院正殿是戒坛殿；第二进院名四宜堂，又称南玉兰院，修建于康熙年间，是雍亲王胤禛以自己斋号命名。院内有逾300年树龄的玉兰一株，有"玉兰王"的美誉。憩云轩是南路第三进院正殿。领要亭位于南路西端，为一座单檐六角攒尖顶的亭子。乾隆皇帝曾赋诗云："山水之趣此领要，付与山僧阅小年。"亭名由此而来。

大觉寺内有一座小砖亭，亭内保存着一块断碑，碑上"阳台山清水院创建藏经记"十一个大字依稀可见。这就是大觉寺内保存年代最久的辽碑。这座碑过去被日本人打断了，中华人民共和国成立后才重新竖立起来，并修了砖亭加以保护。这座碑是辽咸雍四年（1068）撰文竖立的。碑文上说，南阳人邓从贵"捐钱三十万，茸诸僧舍；又五十万，募同志印大藏经凡五百七十九帙，创内外藏而龛措之"。碑文还说："阳台山者，蓟壤之名峰；清水院者，幽都之胜概。"可见，早在辽代，这里就已经是一处风景名胜区。而且最迟在辽道宗咸雍四年（1068），这里就已经有了名叫清水院的寺院了。因此，这座辽碑既是大觉寺的珍贵文物，又为研究大觉寺史提供了珍贵资料。

大觉寺内，现在还完整保存着明宣德三年

（1428）《御制修大觉寺碑》，明正统十年（1445）《钦赐大藏经碑》，明成化十四年（1478）《修大觉寺碑》等。同样，这些碑文也是研究大觉寺史和当时社会政治、经济、文化、宗教情况的可靠资料，也很珍贵。

在大觉寺的后部还有一处胜境，那就是龙潭。潭呈方形。站在藏经楼上，可见一股泉水从石雕龙嘴中流出，注于潭内。潭外有石槽。龙潭泉水沿石槽流淌，玎玎淙淙，宛若琴声。石槽在寺内依山顺势回旋，泉水亦据山势的陡缓，有徐有急。每至夏季，泉流不断，浓阴密布，这里确是一个消夏的好去处。

1979年8月21日，大觉寺被北京市人民政府公布为北京市第二批市级文物保护单位；2006年

1911年的大觉寺古松和碑亭

5月25日，大觉寺被国务院公布为第六批全国重点文物保护单位。

北京三大花卉寺庙

北京有三大花卉寺庙，大觉寺以玉兰花著称，法源寺以丁香花闻名，崇效寺以牡丹花久负盛名。

大觉寺是一座建于辽代的千年古刹，这里的玉兰花有着悠久的历史。寺中四宜堂内长着一株300多年树龄的白玉兰树。相传，这株树是雍正年间迦陵禅师从四川移植过来的。如今树高5米，花繁瓣大，就好像一只只蝴蝶落满枝头，被人们称作"玉兰之王"。大觉寺的白玉兰花无论是姿态、颜色还是香味都是北京之最。因为地处山区，大觉寺的玉兰花往往比市区要晚些开。通常来说，每年4月上旬是大觉寺的玉兰花期，开花持续一周左右。如果天气好，开花会更久一些。开花时节，满树晶莹，整个寺院飘香，引人入胜。1934

年4月17日，朱自清夫妇和俞平伯等人到大觉寺游玩，有感于玉兰花的美丽，特作诗一首盛赞："大觉寺里玉兰花，笔挺挺的一丈多；仰起头来帽子落，看见树顶真巍峨。像宝塔冲霄之势，尖儿上星斗森罗。花儿是万枝明烛，一个焰一个嫦娥；又像吃奶的孩子，一只只小胖胳膊，嫩皮肤蜜糖欲滴，眨着眼儿带笑涡。上帝一定在此地，我默默等候抚摩。"

法源寺是唐太宗李世民为纪念征辽阵亡将士而建的古刹，清朝时，雍正帝赐名法源寺。寺庙不是很大，遍植丁香，素有"繁花之寺"的美称，其中大雄宝殿与悯忠阁的丁香最美。法源寺的丁香品种非常多，除了常见的白丁香和紫丁香，还有南洋马鲁古所生的丁香。花朵十字四瓣，洁白、淡紫，由内而外，颜色逐渐加深。每年4月，丁香如期绽放，白的似雪，紫的像霞，花团锦簇，香气浓郁，给游客们呈现出绝美的景象。法源寺的丁香从明清时代就非常著名，很多知名人士都曾经来过这里赏花，例如纪晓岚、林则徐、龚自珍等，印度诗人泰戈尔也曾经在徐志摩、林徽因、梁思成等人的陪同下来这里赏花。自古以来，赞咏法源寺丁香的诗篇不计其数，现代画家刘玉来就曾为其作诗《咏法源寺丁香》："古刹春深花渐浓，丁香白紫笑东风。明知香气输桃李，却鼓精神胜粉红。江北江南皆本色，天晴天雨亦同衷。一怀幽梦多情种，寂寞谁怜天地空。"其美景可见一斑。

崇效寺是唐代幽州节度使刘济舍其住宅而建的寺院。该寺起初以枣花出名，后以牡丹冠绝京城。崇效寺的牡丹品种繁多，如魏紫、姚黄、绿色和黑色等。魏紫、姚黄是牡丹中的极品，花朵大而艳丽，绿色和黑色牡丹更是珍稀的品种。相传，清末民初，深紫中带有黑色的墨牡丹全国只有两株，一株在杭州，另一株则在崇效寺。墨牡丹稀奇，引得游客无数，为此，1935年，北宁铁路局还专门开设了一个观花专列，以方便游客们来京观赏墨牡丹。遗憾的是，后来崇效寺没落，墨牡丹被移植到中山公园，最终未能流传下来。当初，画家陈师曾每年都要去崇效寺观赏牡丹，所以他笔下有不少墨牡丹作品，如今人们也只能通过观赏其画作而欣赏墨牡丹的风采了。崇效寺牡丹每年春夏之际开放，游人如织，其中有很多文人墨客留下了关于牡丹的诸多诗篇，如"维摩含笑对金轮，佛界偏同色界亲。烂漫争开三月暮，阑珊尚带十分春。名闻京国无双种，容想昭阳第一人。怪底欢场未惊艳，花王原与梵王邻""笑君百里宿春粮，来趁初花破晓光。蝶泥蜂忺相尔汝，日熏风簟午阴阳。老羞艳笔酬深色，坐久虚堂减静香。尘世自纷春自好，故应极乐是空王"等。

万寿寺山门

万寿寺

万寿寺是京西一座融寺院建筑和明、清两代皇家行宫于一体的寺院，位于北京市海淀区万寿寺路121号。万寿寺布局严谨，错落有序，规模宏大，是慈禧太后去往颐和园途中驻跸休息之所。寺分中、西、东三部，楼阁建筑、假山堆石与紫竹院公园连成一片。

万寿寺始建于唐朝，称聚瑟寺。明万历五年（1577）重修寺院，改名万寿寺，主要用来收藏经卷。后经版、经卷移至番经厂和汉经厂（即法渊寺），万寿寺成为明代帝后游西湖（昆明湖）途中用膳和小憩的行宫，明代毁于兵燹。清康熙二十五年（1686）重修万寿寺，乾隆十六年

（1751）和二十六年（1761）乾隆帝为其母祝寿于此，两次重修，并增建了西路行宫建筑。光绪初年万寿寺曾毁于火灾，之后成为菜圃，光绪二十年（1894）为了给慈禧太后祝寿再次重修万寿寺，在西跨院增修千佛阁和梳妆楼，连菜圃一起圈入，形成最后格局。1900年再次修缮寺院。

因乾隆帝曾三次在寺中为其母祝寿，以及慈禧太后来往颐和园时会在万寿寺拈香礼佛，在西跨院行宫吃茶点，故万寿寺有"小宁寿宫"之称。1934年前后，万寿寺的前部曾辟为东北难民子弟学校，1985年中路辟为北京艺术博物馆，以收藏和展示明清时期的艺术品为其特色。

万寿寺中路为主体建筑，东路为方丈院，西

1900年的万寿寺无量寿佛殿

路为行宫，共占地31800平方米。中路有八重殿，由南向北依次为山门三间，歇山顶，筒瓦屋面，门上有清顺治二年（1645）御赐的石匾，上书"敕建护国万寿寺"。天王殿三间，歇山顶，筒瓦屋面，殿内原供奉弥勒佛、护法神及四大天王神像（现已无存），天王殿前东西两侧钟楼、鼓楼各一座，重檐歇山顶，筒瓦屋面，曾放置钟王"永乐大钟"（后移至大钟寺）。

大雄宝殿面阔五间，庑殿顶，琉璃瓦屋面，殿内供奉毗卢佛及三世佛，东西配殿各三间，歇山顶，筒瓦屋面，东曰"祝延万寿"，西曰"安心镜"。

万寿阁又名宁安阁，面阔七间，歇山顶，筒瓦屋面，东西配殿各三间，东为韦驮殿，西为达摩殿，歇山顶，筒瓦屋面。大禅堂五间，硬山顶调大脊，筒瓦屋面，东西配殿为小禅堂，都是僧人坐禅之处。第五进院落很有特色，建筑置于假山之上，中为观音殿，东为文殊殿，西为普贤殿，寓意中国佛教普陀、清凉（五台山）、峨眉三仙山；乾隆御碑亭为重檐八角攒尖顶，黄琉璃瓦屋面，亭中为乾隆帝题《重修万寿寺碑》，碑文用汉、满、蒙、藏4种文字。

无量寿佛殿，面阔一间，重檐歇山顶，筒瓦屋面，两侧有两座巴洛克式门，建于清乾隆二十六年（1761），在皇家寺院中风格独特。殿后有光绪御碑亭一座，重檐八角攒尖顶，黄琉璃

瓦屋面，亭内为光绪二十年（1894）翁同龢所书碑文。中路的最后一座建筑为万佛楼，面阔七间，二层，硬山顶调大脊，筒瓦屋面，楼前东西配殿各三间。

东路为方丈院，是寺院住持修行、居住的场所。西路为行宫院，主要建筑有大门、寿茶房、寿膳房、前正殿、正殿、梳妆楼、大悲堂等建筑，既有宫廷风格又有园林气息。

1979年8月21日，万寿寺被北京市人民政府公布为北京市第二批市级文物保护单位；2006年5月25日，万寿寺被国务院公布为第六批全国重点文物保护单位。

万寿阁

万佛楼及御碑亭

大雄宝殿

寿茶房

梳妆楼

紫竹院行宫

紫竹院行宫位于北京市海淀区紫竹院公园西侧。行宫原为明代万寿寺下院，清代乾隆帝改万寿寺的下院为"紫竹禅院"，将此地作为内务府官员和太监的办事处，并在西侧建行宫一座，作为他陪同母后去万寿寺和游苏州街的驻跸之所。清光绪二十六年（1900），八国联军侵占北京时，紫竹院行宫遭洗劫和严重破坏。

辛亥革命后，紫竹院行宫仍属逊清皇室财产，由清室内务府管理。由于经费困难，清室于1920年曾将行宫部分房屋土地出租给京畿卫戍司令王

敬玺，每月租金为300元。1924年6月，清室为了讨好军阀王怀庆，作为私产相赠。当时行宫有房134间，庙前水旱地300多亩。后来因政权更替，连年战争，行宫中房屋失修，各种陈设荡然无存。

新中国成立后，这里曾办幼儿园，后来其使用性质几经变化。

紫竹院行宫现在保存有部分建筑。行宫坐西朝东，宫门三间。东西建倒座房各三间，两旁开边门各一座，均面阔一间。进门两侧各建游廊十五间，可达正殿。正殿五间，殿四出廊厦。再进为二宫门三间，进门正北为报恩楼，两层，面阔九间，中悬"报恩楼"匾额，乃乾隆帝御笔。行宫院内遍植翠竹，景色幽雅。

紫竹院行宫

团城演武厅

健锐营演武厅俗称团城演武厅，位于海淀区香山南麓红旗村1号。它是清代皇帝训练及检阅八旗军的场所，是北京仅存的有针对性的演武场所，同时也是研究清代历史、建筑艺术、建筑规划、建筑设计方面的最好的实物资料。

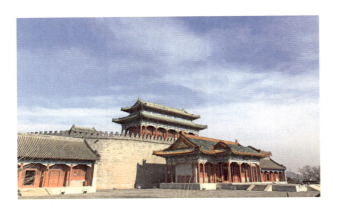

健锐营演武厅和团城

健锐营演武厅始建于清乾隆十三年（1748），是清政府征服四川大、小金川，稳定疆域的历史见证。清代前期，为了建立对西南少数民族的直接统治，促进西南地区的安定，清政府在当地推行"改土归流"政策，即由朝廷派官员代替当地的土司管理地方行政。清乾隆十一年（1746），四川金川地区土司之间为争地发生内乱，清政府派

健锐营碉楼

兵制止，大金川土司遂起兵叛乱，袭击清军。叛乱者凭借险峻地形并设置石碉楼奋力抵抗，清军久攻不克。为了对付碉楼，乾隆帝遂下令在香山山麓建演兵场，在附近修建与四川相似的碉楼，从八旗兵中挑选2000精兵，演练云梯攻城、攻碉楼战术。

云梯兵从金川得胜班师之后，乾隆帝感于这支部队的骁勇，遂命名曰"健锐云梯营"，健锐营演武厅作为这支部队定期进行演练和接受皇帝检阅的场所，还于乾隆十四年（1749）建了实胜寺，并御笔题碑。

健锐营演武厅为城堡式建筑，其外有护城河围绕，建筑群格局完整，现有面积4万平方米，是北京地区仅存的集城池、殿宇、亭台、校场为一体的武备建筑群。其主要建筑从北往南依次为小石桥，健锐营及演武厅，东、西朝房，碉楼，实胜寺碑亭和放马黄城（已毁）等。

健锐营呈椭圆形，东西长约50米，南北长约40米，城高11米，宽5米，周长仅190米，堪称世界上最小的城，又称看城，是大臣们观看健锐营演习、操练的地方。城墙为砖砌，墙体外侧建有雉堞，内侧为女墙。辟有城门两座，南门和北门均为拱券式。南城门上端的玉石门额为"威宣

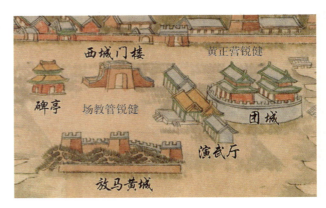

健锐营演武厅平面图

健锐营北城门

健锐营演武厅和南城楼

壁垒"，北城门上端的玉石门额为"志喻金汤"，均为乾隆御笔。

南、北门洞上各有一楼，南城楼面阔五间，重檐歇山顶，绿琉璃瓦屋面，四周回廊；北城楼面阔五间，重檐歇山顶，绿琉璃瓦屋面，四周回廊，内有乾隆御书满、汉、蒙、藏4种文字的敕建实胜寺后记碑，表彰健锐营平定准噶尔的战功。城内为一圈空地，青砖墁地，东、西值房各三间，东、西城垣各有一条马道登城。

演武厅位于健锐营南侧，坐北朝南，面阔五间，前出抱厦三间，单檐歇山顶，绿琉璃瓦黄剪边屋面，四周回廊，前有月台。整个建筑布局严谨、规整，乾隆皇帝曾多次在这里阅兵。演武厅南为占地约20公顷的校场。

西城门楼俗称梯子楼，位于健锐营西南，其

形式完全仿照四川大、小金川的碉楼样式建筑，虎皮石砌成，高11.2米，面阔24米，拱形门洞，南、北两端各有踏道。碉楼是一种军事设施，守楼者居高临下，投以滚木、石，进攻者很难取胜。健锐云梯营在此演练架云梯攻城、攻碉楼。

健锐营向南数百米原建有庆功的实胜寺，建于清乾隆十四年，今寺已无存，仅剩碑亭一座，重檐歇山顶，黄琉璃瓦屋面，檐下装饰有斗拱。亭内有用满、汉、蒙、藏4种文字篆刻的方形石

健锐营北城门内

健锐营西城门楼

实胜寺碑亭

碑，当地人称为"四方碑"，上为乾隆帝题写的《御制实胜寺碑记》，记述了平定大、小金川的经过及实胜寺沿革。

辛亥革命后，清帝逊位，军阀混战，政府更迭频繁。在兵荒马乱的年代，健锐营演武厅成为荒芜之地，无人问津。1937年七七事变后，日军攻占北平，在西山一带圈地兴建华北农事试验场，健锐营演武厅的校场改作农田。新中国成立后，健锐营演武厅由北京市农场局管辖，成为西山农场的一部分。20世纪70年代初，练兵场地变成果园，放马黄城和东、西朝房也被拆除。演武厅、

健锐营演武厅、团城全景

健锐营城墙及城楼、碑亭、碉楼等一些主要建筑物尚存。

1979年8月21日，团城演武厅被北京市人民政府公布为北京市第二批市级文物保护单位；2006年5月25日，团城演武厅（健锐营演武厅）被国务院公布为第六批全国重点文物保护单位。

知识链接　　健锐营

健锐营又叫飞虎健锐云梯营、健锐云梯营、香山健锐营，是清乾隆年间八旗禁卫军中一支特殊的军队。它由前锋营与护军营中挑选出的身强力壮者组成，具有特种部队的性质。

乾隆十二年（1747），四川西部藏族土司之间爆发了武装冲突。为了制止战乱，朝廷命令四川总督张广泗出兵金川进行镇压。可是当地土司依靠传统的碉堡进行守卫，清军一点办法也没有，就这样，第一次金川战争，清军以惨败而告终。

乾隆十三年，为了攻破这种碉楼，乾隆下令在香山脚下仿建了数十座这样的碉楼，并且从八旗中挑选出300精兵强将作为云梯兵开始训练。然而想要讨伐金川300人是远远不够的，于是云梯兵扩军成1000人，之后又扩大到2000人。经过一年的艰苦训练，特训的云梯兵再次奔赴金川，经过一番战斗之后，最先生事的土司投降，这场战乱由此而终。乾隆帝非常高兴，他认为这次获胜的关键就是云梯兵，于是下旨将云梯部队改编成健锐营，驻扎在香山脚下。而其训练的场地就是团城演武厅。

健锐营成立之后，成为清军精锐的部队，曾经参加过大小无数战争。例如乾隆二十四年（1759）健锐营平定大小和卓之乱；乾隆三十二

年（1767），乾隆帝派健锐营入滇，两年后侵犯云南的缅甸王投降；乾隆五十二年（1787），健锐营又平定台湾天地会林爽文起义军；乾隆五十六年（1791），廓尔喀入侵西藏，健锐营于西藏大胜廓尔喀；嘉庆元年（1796）又参与镇压白莲教起义等。

由于八旗制度的限制，健锐营也采用八旗子弟世袭的规定，这就极大地削弱了健锐营的战斗力，从最初的勇猛无敌渐渐归于平庸无能，甚至在军队中开始弥漫奢靡之风，军事训练也日渐荒废。

健锐营八旗营房遗址

第二次鸦片战争爆发后，健锐营作为京畿守卫队的精锐之师，伤亡极为惨重，整个正白旗将士全部阵亡。在之后镇压太平天国和捻军的战争中又损失了近九成的兵力。

1900年，八国联军攻入北京时，健锐营执行最后一次战斗任务，增援守军，为慈禧太后的逃亡争取了时间。

1912年辛亥革命爆发，清政府被推翻，健锐营将士各谋生路，从此彻底消失。

景泰陵

明景泰陵为明朝第七位皇帝朱祁钰的陵寝，是明代迁都北京之后唯一没有集中葬在明十三陵陵区内的皇帝陵。位于北京市海淀区青龙桥街道遗光寺路娘娘府附近。

明代前期，由于蒙古军撤往北方的残余势力不断骚扰，成为明朝北部边防的严重边患。明正统十四年（1449），蒙古瓦剌部首领也先率军分四路南下攻明，明英宗朱祁镇在宦官王振的怂恿下贸然御驾亲征，明军在土木堡大败，英宗被俘，史称"土木之变"。也先乘胜直逼京师。大敌当前，以兵部侍郎于谦为代表的主战派誓死保卫京城，并拥立英宗弟朱祁钰为监国，同年九月即皇位，年号景泰。十月，京师保卫战取得了胜利。景泰二年（1451），也先将已失去利用价值的英宗皇帝放回。英宗归来不久，于景泰八年（1457）正月通过"夺门之变"复辟成功，废景泰帝自立为帝。于谦、王文等因曾支持朱祁钰即帝位而被杀或下狱。

朱祁钰在被废后不久死去。他的皇帝身份不被英宗承认，不让他葬于十三陵，只以亲王礼制葬于京西金山口。景泰陵朝南，陵门外参天松柏

景泰陵祾恩门

703

御碑亭

夹道，陵门两侧左右分列宰牲亭、祠祭署、内官房。陵寝内分为三进院落，整个陵寝呈前方后圆状。未砌宝城，未建明楼。英宗死后，宪宗朱见深即位，为朱祁钰平了反，追复了景泰年号，重新营建陵寝。嘉靖年间又将绿琉璃瓦改为黄琉璃瓦，使之符合帝陵规制。但是，总体看来，景泰陵的陵寝比明十三陵的规模要小得多。清乾隆三十四年（1769）修建御碑亭。清代后期和民国期间，皇陵失修，建筑残破不堪，行将圮毁。中华人民共和国成立后，陵区得到修整，逐步恢复了陵寝原有形制。主要建筑全部建于南北中轴线上，有碑亭、祾恩门、祾恩殿、宝顶，以及神库、神厨、宰牲亭、内官房等主要建筑。现保存有御碑亭、祾恩门和宝顶等原有的中路部分建筑。

乾隆御制碑

1979年8月21日，景泰陵被北京市人民政府公布为北京市第二批市级文物保护单位；2001年6月25日，景泰陵被国务院公布为第五批全国重点文物保护单位。

知识链接　　　　**孝渊景皇后**

景泰陵为明代宗朱祁钰与孝渊景皇后合葬墓。孝渊景皇后性格刚烈，一生颇为坎坷。

孝渊景皇后，汪氏，生于北直隶顺天府（今北京），在与朱祁钰结为夫妻之前，其家族世代为金吾左卫指挥使。

明正统十年（1445）八月，汪氏被册封为郕王朱祁钰的正妃。4年后，明英宗朱祁镇在"土木之变"中被俘，其弟郕王朱祁钰登基，成为新帝，于是汪氏被册封为皇后。

汪氏宅心仁厚，性格刚毅，只要看到不平事，就很难袖手旁观。当她在京城看到暴尸街头之人时，她总是心存怜悯，命人将其好好埋葬。明英宗被俘，其妻钱皇后终日为其奔波操劳，汪皇后也时常对其加以宽慰。不仅生活中的小事，汪皇后就连朝中大事，她也非常挂心。

朱祁钰成为皇帝之后，逐渐感受到了权力的魅力，不愿再放手。景泰三年（1452），为了保住帝位，以免朱祁镇再掌皇权，朱祁钰打算立自己的独生子朱见济为太子，而废掉当时的太子朱祁镇的长子朱见深。汪皇后得知此事之后，竭力反对，朱祁钰大怒，于是废除汪皇后，改立杭妃子为皇后。

朱祁钰当上皇帝之后，瓦剌统帅觉得朱祁镇再无用处，为了离间其兄弟关系，主动放还了朱祁镇。回到北京的英宗，一直伺机夺回皇位，直到景泰八年，朱祁钰因风寒无法理政，朱祁镇发动了"夺门之变"，才重新登上帝位。

英宗复位之后，将朱祁钰降为郕王，就这样汪皇后再次被称为郕王妃。汪氏回到郕王府后，在钱皇后的照应下，也将所有的私产和曾经服侍过她的宫人一并带出宫去。在汪氏带出宫的东西中，有英宗的一件玉玲珑，后来英宗向其讨要，性格刚直的汪氏宁愿丢在井中也不还，一气之下，英宗没收了她的所有财产。

朱祁钰去世之后，朱祁镇下令将其后宫之人殉葬。汪氏因为已经被废且两个女儿年幼而得以活命。

明天顺八年（1464），明宪宗朱见深即位，他感念当初汪氏支持自己做太子的事情，对其孝顺有加。正德元年十二月（1506），汪氏去世，享年80岁，葬于景泰陵。

"三一八"烈士纪念碑

"三一八"烈士纪念碑为了纪念牺牲在"三一八"惨案中的47名烈士所建。位于北京市海淀区圆明园遗址的"九州清晏"景区内。在

"三一八"烈士公墓全景

"三一八"惨案发生三周年之际，北平特别市市长何其巩，这位亲眼见证了整个惨案发生的市长决心要建立一座"三一八"烈士公墓，以告慰烈士的英魂。

纪念碑坐北朝南，是六棱形，高度为6米，屹立在60平方米的墓基上。碑身的正面刻着7个金色篆字"三一八烈士公墓"，落款"中华民国十八年三月十八日北平特别市政府立"。基座的正南面和西南面刻着"三一八烈士墓表"，墓表是何其巩亲自撰写的，其全文内容如下：

中华民国十五年三月，国民军奋斗于畿郊，因见忌于帝国主义者，而有大沽口炮舰入港事。北京民众反对八国通牒，齐集执政府前呼号请愿，生气勃勃。乃以金壬弄国，竟令卫士开枪横射，饮弹毙命者四十一人，横尸载涂，流血成渠。其巩目睹心痛，愤慨至今。及革命军克服旧京，奉命来长北平市，追念逝者，为请于中央准予公葬。葬事告竣，奉其姓名、籍贯、职业之可考者，得三十九人，其无从考证亦死斯役者二人。又负伤或因伤而致残废者，多不得纪。志士埋名，深为遗憾。会此役者，或为青年女子，或为徒手工人，或为商贾行旅，皆无拳无勇，激于主义，而视死如饴。世以"三一八惨案"称之，以其为三月十八日事也，其巩既揭于其阡，记其事以告后之览者。

中华民国十八年三月十八日何其巩谨撰书

中华民国十八年三月十八日北平特别市政府立

墓表后面，从右往左，刻着当时可以考证到的其中39位烈士的详细资料，包括他们的姓名、年龄、籍贯、所在单位和职业等。基座西北面的第四位是杨德群烈士的姓名；基座的正北面第六位是刘和珍烈士的姓名。

"三一八"烈士纪念碑

三棱形墓碑

纪念碑四周是烈士坟茔，有28位烈士长眠于此，他们是刘和珍、杨德群、陈贵深、列炳、黄克仁、李家珍、谭季缄、彭廷珪等。烈士墓落成时举行了盛大的烈士公葬典礼，北平将近万人参加了这场葬礼。

公墓的东北角，有一座三棱形的石质墓碑，高度是3米。这是在"三一八"惨案中罹难的北京工业大学三位同学的纪念碑，他们是江禹烈、刘葆彝和陈燮烈士。纪念碑原位于西城区的原工业大学校园里。"三一八惨案江禹烈、刘葆彝、陈燮烈士纪念碑"的字样分别刻在了三棱形的墓碑上。烈士的生平记录则刻在了六角形的碑座上。1926年3月21日，北京工业大学师生举行了祭奠仪式。后来，工业大学迁走，原地要施工建设，所以这座纪念碑于1971年迁到了现在的地方。

1984年5月24日，"三一八"烈士纪念碑被北京市人民政府公布为北京市第三批市级文物保护单位。

知识链接 "三一八"惨案

1926年初，冯玉祥将军带领国民军为了阻止奉系军阀的进攻，在大沽口布置了水雷，以对大沽口进行封锁布防。在日本军舰的掩护下，两艘奉系军舰向大沽口进发，对国民军进行了炮击，遭到了国民军的抵抗。次日，日本公使向北洋政府抗议。北平和天津的人民为抗议外国侵略，一时间，各种集会请愿的事情频发。

日本纠结了7个帝国主义国家——英、美、法、意、荷、比、西班牙对中国发出"最后通牒"，要求按照《辛丑条约》中海口不设防的条款，将大沽口的防御撤去，不然便要使用武力。另外，他们集结20余艘军舰出现在大沽口的海面上。

帝国主义这样的行为彻底激怒了北京人民。在这一年的3月18日10点，由李大钊、徐谦等领导的社会各界人士来到天安门前，进行"反对八国最后通牒"的请愿活动。同日13时30分，游行队伍来到了铁狮子胡同的段祺瑞政府所在地，让人预想不到的是，段祺瑞政府居然对游行群众进行射击殴打，导致将近200人受伤，47人罹难，其中包括北京师范大学的刘和珍、杨德群，还有燕大的魏士毅等都壮烈牺牲了。据统计，"三一八"惨案当中的中学生有7位，年龄最小的一个只有12岁。

1926年3月23日，革命团体和各校学生在北京大学三院举行"三一八死难烈士追悼大会"

"三一八"惨案震惊中外，这一天被鲁迅称作"民国以来最黑暗的一天"。该事件发生后，社会各界反响强烈，纷纷谴责当局政府。鲁迅在《纪念刘和珍君》中写道："惨象，已使我目不忍视了；流言，尤使我耳不忍闻。我还有什么话可说呢？我懂得衰亡民族之所以默无声息的缘由了。

沉默呵，沉默呵！不在沉默中爆发，就在沉默中灭亡。"

"三一八"事件揭露了当局政府的残暴，讴歌了北京人民反帝国主义和反军阀的革命精神，激发了全国人民对革命的决心。为纪念在惨案中牺牲的烈士，北平市人民政府在圆明园遗址的西南角修建了一座烈士公墓，并竖立了"三一八"纪念碑。

李大钊烈士陵园

李大钊烈士陵园是为了纪念李大钊烈士而建的陵园。陵园坐落于风光秀丽的香山脚下，北京市海淀区香山东南万安里1号的万安公墓院内。李大钊烈士是中国共产主义运动的先驱、中国最早的马克思主义者和中国共产党的创始人之一。

1927年4月28日，在北京西交民巷的京师看守所，李大钊同志被奉系军阀张作霖杀害。他的灵柩暂存于长椿寺，6年后的1933年4月，在当时北京大学校长蒋梦麟的主持下，李大钊的遗体被安放到了香山的万安公墓。1982年，中共中央决定在万安公墓内建李大钊烈士陵园。1983年3月18日，将烈士及其夫人的灵柩移葬于园内。同年10月29日，中共中央主持举行了陵园落成典礼。

李大钊烈士陵园是在万安公墓墓地的基础上改造的，处于万安公墓的中间，陵园整体掩映在一片苍松翠柏当中，象征着李大钊生生不息的精神和永垂千古的功绩。陵园有2200平方米的面积，510平方米的建筑面积，主要建筑是纪念李大钊的一些设施，包括李大钊雕像、烈士墓、纪念

李大钊烈士陵园大门

碑和陈列室等。陵园坐西向东，是一座庭院式建筑，采用传统的高廊大檐样式，看上去古色古香。

陵园的大门口有一块方形的匾额，上面刻着"李大钊烈士陵园"7个大字。从大门口可以看到李大钊2米高的汉白玉雕像，雕像昂首挺立、双手背后、气质温和果敢，看上去自有风骨。雕像

的脚下环绕着万年青和美人蕉。

雕像的后面是一个约1米高的方形台，这里就是李大钊与其夫人赵纫兰的陵墓。陵墓周围松柏掩映，平台四周是万年青等花木，将他们的陵寝簇拥其中。

陵墓的后面是4米宽、2米高的纪念碑，用青色花岗石雕刻而成。纪念碑的正面是邓小平的题词，刻着"共产主义运动的先驱　伟大的马克思主义者　李大钊烈士永垂不朽"的字样。纪念碑的背面是《李大钊烈士碑文》，全文2000多字，由中共中央撰写。碑文是对李大钊壮烈一生和不朽功绩的概括。纵览碑文，那个时代的气息扑面而来，李大钊烈士的形象也更加立体地跃然眼前。

陵墓的后面是李大钊烈士革命事迹陈列室。陈列室里，展出介绍烈士的生平照片和文字，还

李大钊烈士雕像

李大钊烈士墓

李大钊烈士纪念碑

有珍贵的实物资料有250余种，这些资料是对李大钊烈士辉煌一生的介绍，共分为10个部分："幼失怙恃，少年立志""深研政理，探索振兴民族之良策""投身五四新文化运动""名重当世的学者和青年导师""讴歌俄国十月革命传播马克思主义""为创建中国共产党而奋斗""奔走国民革命统一战线，促进北伐胜利""领导北方地区的革命斗争""为共产主义英勇献身""永远活在人们心中"。

其中李大钊同志撰写的《狱中自述》，让人印象最为深刻。《狱中自述》一共2000多字，李大钊回顾了自己为挽救民族危亡所做的努力，也表明了对年轻同志的关怀之情。南侧是第二展室，这里展示的是陵园20年来的发展史，也是演播厅，可以播放李大钊的相关事迹，还有一些党和国家领导人参观的照片和题词等。

陈列室里有一块十分重要的石碑，它就位于陈列室的正中央，这便是李大钊烈士墓碑。墓碑上顶端刻着一颗红色五角星，五角星里刻着镰刀锤子，这个图案的下面刻着"中华革命领袖李大钊同志之墓"的红色字样。墓碑的背面刻着李大钊烈士碑文，碑文一共有299个字，凝练地概括了李大钊同志的革命功绩。这块墓碑是为了纪念

李大钊烈士革命事迹陈列室内景

李大钊烈士，中共地下党在他牺牲后雕刻出来并与灵柩一起埋入地底的，直到李大钊公葬那一天，它才历经万难得以出现在世人眼前。墓碑两边的红柱子上刻着一副对联："铁肩担道义，妙笔著文章"，这是对他波澜壮阔战斗人生的概括。

李大钊烈士革命事迹陈列室入口

李大钊烈士墓碑

1984年5月24日，李大钊烈士陵园被北京市人民政府公布为北京市第三批市级文物保护单位。

知识链接

蒋梦麟年表

蒋梦麟1886年1月20日出生，早年在家乡浙江余姚蒋村成长。

1898年前后，在绍兴中西学堂求学两年。

1899年，随家人到上海生活近两年，于1900年迁回故乡。

1901年，到杭州求学，入浙江省立高等学堂，其间于1903年初秋赴绍兴参加科举考试，被录取为余姚县学附生（秀才），之后返回浙江高等学堂继续学业。

1904年，赴上海入南洋公学读书。

1908年，参加浙江省官费留美考试，获录取后到美国加州深造。

1908年秋季，到达加州伯克利，补习英文。

1909年2月，入伯克利加州大学农学院。在朋友劝告下，于1909年秋季转入社会科学学院。

1912年，以教育为主科，历史与哲学为两副科，光荣地毕业于伯克利加州大学教育学系。旋赴纽约入哥伦比亚大学研究生院，取得教育学博士，导师为哲学家约翰·杜威。

1917年6月，离美返国。回国后到上海进商务印书馆当编辑，同时兼任江苏省教育会理事。一年之后从商务印书馆辞职，与朋友开始发行《新教育》月刊，任主编。其间帮助校阅孙中山所著《实业计划》原稿。

1919年五四运动后，蔡元培辞去北京大学校长，退隐杭州，并同意由蒋梦麟前往北京大学代理校务。蒋梦麟于是在7月与学生会代表张国焘赴北京就任。蔡元培于9月重返北大复职校长。蒋梦麟担任教育学教授。

1922年，作为国民代表出席华盛顿会议。

1926年4月，因为担心遭军阀抓捕，躲入东交民巷六国饭店三个月，同时躲入东交民巷的还有北大政治学教授李大钊。后乘机逃往上海，转赴杭州。

1927年，国民革命军占领杭州后，被蒋介石任命为浙江省省政府委员兼教育厅长、国民党中央政治会议浙江分会秘书长，开始党政生涯。国立浙江大学成立后，省教育厅取消，出任浙江大学校长。

1928年，出任教育部部长，兼任浙大校长。10月3日—10月24日兼任国民政府大学院第二任院长。

1929年，辞去校长兼职，在南京专任教育部部长，他是国民政府教育部首任部长。

1930年，因为与吴稚晖等元老们意见相左，被迫辞职，10月返回北平。12月被政府任命为北京大学校长。

1937年卢沟桥事变后，国立北京大学、国立清华大学、私立南开大学迁往长沙，组成长沙临时大学，11月1日复课。蒋梦麟任校务委员会委员。

1938年2月，随学校迁往昆明，长沙临时大学改称西南联合大学。

抗战期间曾出任中国红十字会会长，也曾出任国民政府行政院秘书长两年。1949年到台，致力推动中国台湾建设，任石门水库建设委员会主任委员。

1952年任农复会主委并引进美国四健会运动，由政府机关与农会合作进行，目的是训练今日农村青年成为将来具备科学知识和技能的农民。同时开始提倡节育政策。

1959年，蒋梦麟因在台湾提出节育人口的主张，遭立法委员及舆论的围剿，甚至有"杀蒋梦麟以谢国人"之口号。这位前北大校长在记者招待会上公开表示："我现在要积极地提倡节育运动，我已要求政府不要干涉我。如果一旦因我提倡节育而闯下乱子，我宁愿政府来杀我的头，那样在太多的人口中，至少可以减少我这一个人！"

1964年蒋梦麟因肝癌病逝，享年78岁。

滦州起义纪念塔

滦州起义纪念塔是为纪念牺牲在滦州起义中的烈士们而建的一座衣冠冢，屹立于辛亥滦州革命先烈纪念园里，位于北京市海淀区温泉镇的显龙山南坡。纪念园于1936年始建，1937年4月正式落成。整个纪念园坐北朝南，从牌坊到山顶是一条中轴线，建筑随山势而建，分布在这条中轴线上，有石门、碑亭、古碑、石幢和石屏，以及滦州起义纪念塔。

站在纪念园入口处，是一座米色的牌坊，在周围苍松翠柏的烘托下显得格外肃穆。这座牌坊用花岗石修筑而成，大概有2米高，民国风格。牌坊门额正中央刻着几个隶书："辛亥滦州革命纪念园"，落款是"民国二十五年十一月冯玉祥"。牌坊石柱上有一副对联："此日园林簇锦绣，当年勇烈动山川。"从牌坊中间通过，能够看到牌坊的背面也刻有字，门额上刻的是"努力革命"，还有与正面一样的落款，石柱上也有一副对联："尺山尺水永留血迹，一花一木想见英风。"

石门的后面往北，原本是一座纪念堂和一座

辛亥滦州革命纪念园牌坊

刻着"滦州起义纪略"的方碑，但早已不在了。现在这里有一座长和宽都是5米的石台，矗立着一座汉白玉石碑，2.85米高，正面的碑额上刻着青天白日党徽和环绕在周围的山纹及云纹；下面是冯玉祥的题词："辛亥滦州革命诸先烈纪念碑。"石碑的背面是《国民政府优恤滦州殉难诸烈士明令》。

在半山腰处，有一座3.88米高的八棱形石幢。石幢的正面，碑的最顶端是浮雕青天白日徽，还有水云纹；下面有"辛亥滦州革命先烈衣冠冢"的字样，还有14名烈士的姓名，以及为烈士追赠的军衔。石幢的背面，刻的是《辛亥滦州革命先烈衣冠冢并序》。石幢的基座上刻有题词，题词人都是当时的西北军将领，他们分别是冯玉祥、

辛亥滦州革命诸先烈纪念碑

石幢

张自忠、刘汝明、赵登禹、陈继淹、秦德纯。

石幢的后面是一块石屏，上面什么字都没有，源于清朝的一块被磨掉了字迹的卧碑。卧碑的下面便是烈士衣冠冢所在地。衣冠冢往北，那里有一块自然山石的斜面，大概有17米宽，上面刻着冯玉祥所题写的《礼记·礼运篇》（节选），内容为"大道之行也，天下为公。选贤与能，讲信修睦。故人不独亲其亲，不独子其子；使老有所终，壮有所用，幼有所长。鳏寡孤独废疾者，皆有所养。男有分，女有归。货恶其弃于地也，不必藏于己。力恶其不出于身也，不必为己。是故谋闭而不兴，盗窃乱贼而不作，故外户而不闭，是谓大同"。这是当年革命党人为之奋斗的革命理想。

石屏

再往上便是滦州起义纪念塔了。纪念塔位于峰顶，有12.2米高，为八角七层密檐式，用白色花岗岩所筑。塔檐也很有特色，用灰筒瓦所覆。塔座的正面刻字，那是冯玉祥的题字"精神不死"和时间"民国二十五年十一月"，还有"浩气长存"4字刻在塔的背面。站到塔台上，可以看到塔身正面上的刻字"辛亥滦州革命先烈纪念塔"，基座上也刻了字，如"英光万古""勇继黄冈""光同日月""气壮山河""功垂不朽""浩气凌霄"等，以及这些题词人的名字。

滦州起义纪念塔

1984年5月24日，滦州起义纪念塔被北京市人民政府公布为北京市第三批市级文物保护单位。

知识链接　　滦州起义

滦州起义发生在1911年12月31日，它在辛亥革命中起着十分重要的作用，推动和促进了辛亥革命的进程。

1911年10月，爆发于湖北武昌的辛亥革命成功了，北方也积极响应，以呼应南方的反清武装起义。在河北滦州驻守的新军发动起义，1912年1月3日，滦州新军在中国同盟会会员王金铭、施从云和白雅雨的带领下，向全国宣布独立。由此，北方革命军政府建立，都督由王金铭担任，总司令由施从云担任，参谋总长和参谋长分别由冯玉祥和白雅雨担任，通告全国，马上进军攻打京津。

后来，这支革命军遭到了清政府的镇压，起义没有成功。很多革命志士都被抓了，王金铭、施从云、白雅雨等都壮烈牺牲了，还有很多革命志士进了监狱。冯玉祥将军最终脱困后，为纪念这次起义中罹难的烈士，建立了辛亥滦州革命纪念园。冯玉祥将军在《我的生活》中，对滦州起义是这样表述的："这样一个在帝制势力的重围下生长起来的革命运动，因为本身的脆弱，领袖人物的幼稚与急躁，以及奸人的诈骗破坏，终于瓦解，成为一场悲痛的失败。"

滦州起义失败了，但动摇了清廷的统治，提升了南方革命的士气，推动了封建王朝的覆灭和建立共和的进程。滦州起义的意义深远，在1936年的《国民政府令》中，是这样对其评价的："辛亥光复，发轫于武昌，而滦州一役实促其成。"

黑龙潭及龙王庙

黑龙潭及龙王庙又叫神龙祠，因祈雨灵验而闻名，是明、清两朝皇帝祈雨的地方，位于北京市海淀区温泉镇太舟坞画眉山山顶。始建于明成化二十二年（1486），明万历十四年（1586）、清康熙二十年（1681）均有重修。据《清史稿·高宗本纪》记载，在乾隆皇帝举行过的25次祈雨活动中，地点在黑龙潭的就有23次，并刻碑为记。

黑龙潭龙王庙建筑群作为皇家所建的祈雨之

黑龙潭及龙王庙山门

所，使用等级最高的黄琉璃瓦，建筑更显光彩夺目。黑龙潭及龙王庙坐西向东，依山而建，逐次攀高，格局规整，主体建筑分布在东西中轴线上。黑龙潭及龙王庙的山门处，可以看到门楣上"敕建黑龙王庙"的字样。顶覆黄色琉璃瓦，石拱券门，门南侧有一块记录重修黑龙潭寺的石碑。

黑龙潭

山门左侧就是黑龙潭，周围环绕着半圆形回廊，有1米多宽，内侧有33间廊屋，用30多根柱子分割而成；墙上有20余个什锦窗，有方形、圆形、棱形和扇形等。黑龙潭是一个圆形水潭，直径有10多米，潭内的水来自山峡石隙中，水满时会漫溢到山下的田野里。根据《帝京景物略》中记载："黑龙潭，入金山口，北八里。未入金山，有甃垣方门中，绿树幽晻，望暖暖然，新黄甍者，景帝寝庙也。世宗谒陵毕，过此，特谒景帝，易黄甍焉。庙初碧瓦也。又北二里，一丘一碑，碑曰天下大师之墓。仁和郎瑛曰：建文君墓也。通纪称建文自滇还京，迎入南内，号曰老佛，卒葬西山。又北，小山累累，小冈层层，依冈而亦碧殿，亦丹垣者，龙王庙也。庙前为潭，千四丈，水二尺，文石轮轮，弱荇缕缕，空鸟云云，水有光无色，内物悉形，外物悉影。土人传黑龙潜中，曰黑龙潭也。"

从山门沿着台阶向上走，首先看到的是一座琉璃牌坊，四柱三间三楼，单檐歇山顶，雕梁画栋，非常精美。牌坊下南北两侧台地上各有一座黄琉璃筒瓦歇山顶木结构的碑亭，南北辟有券窗，东开券门，碑亭内立有祈雨碑，碑身四面均刻有文字。亭内石碑立有两块乾隆御碑，内容是乾隆皇帝为黑龙潭所写下的诗及注释。字体洒脱，气韵贯通，气势恢宏，彰显着乾隆皇帝励精图治，文治武功，达济天下的宏伟气魄。

1911年琉璃牌坊和碑亭

过牌楼来到更上一级台地，又有两座碑亭。北侧的碑亭内是康熙帝《御制黑龙潭重建龙王庙碑记》碑，南侧的碑亭内则是雍正御制碑，碑文为雍正皇帝御笔，碑文的书法行楷兼备，章法准确，结构严谨，外柔内刚，个性鲜明，难得一见，并且碑刻极为精致，为世间珍品。

再往上走又是一道门，上覆黄琉璃瓦，歇山顶。进门后便是龙王殿院。龙王殿三开间，歇山式，前出卷棚抱厦，顶上是黄琉璃瓦。此殿为近

琉璃牌坊

龙王殿

年来复建。殿的正中央，有龙王坐像。殿北侧有汉白玉石碑一座，碑上记载了龙王庙建庙的经过。

黑龙潭龙王庙依山而建，整体建筑布局整齐、

1922年的黑龙潭外景

严谨，碑亭、殿宇层层叠上，建筑主题突出，庙宇殿堂顶部的吻兽，都是龙的形象，掩映在绿树丛林之中，气派宏伟。过去，遇到干旱年景，往往附近数十里的水源都枯竭了，但唯有这黑龙潭水终年不断流。令人惊叹的是不管天下多大的雨，黑龙潭中的水也不会涨起；不管天有多旱，黑龙潭中的水位也不会下降。于是黑龙就成了掌管云雨的神王，传说对遇旱求雨者有求必应，十分灵验。

新中国成立后，黑龙潭及龙王庙成为疗养院。1981年，这里成为北京市卫生干部培训中心。

1984年5月24日，黑龙潭及龙王庙被北京市人民政府公布为北京市第三批市级文物保护单位。

知识链接　　黑龙潭的传说

从前有一个小龙女跟自己的母亲龙婆生活在黑龙潭中。小龙女不愿意一直都在潭底生活，偶尔会来到岸上玩耍。

有一天，小龙女来到了一座山坡，正在采野花玩儿时，身边出现了一位穿白衣、戴白色盘龙帽的年轻人。这个年轻人凶狠地对小龙女说道："小姑娘，你知道我吗？"小龙女回答说："当然知道了，你是白龙。"白龙大声地笑着说道："我是龙王爷，黑龙潭是我的地方，除非你给我做小老婆，否则你们就不能住在那里。"小龙女气愤极了，斥骂道："你瞎说，你说了不算，我们偏要住。"她说完便跑向了潭边。只听白龙喊道："你告诉老龙婆，三天后我要与她决斗。"白龙说完便离开了。

小龙女哭着回潭底见母亲，将自己的经历说与母亲听。龙婆生气极了，她说："可恨我们无依无靠，你祖父和你父亲犯了错误被关了起来，只剩下我们母女相依为命，却被小白龙欺负，我要与他拼命！"但是母女俩都担忧，如果硬拼，她们压根拼不过那白龙，因为她们不熟悉这里的地形也没人帮助，但是她们却并不畏惧。

三天后，白龙和黑龙缠斗在一起，大战三个日夜，黑龙和白龙都筋疲力尽，力竭而亡。小龙女面对母亲的死亡，悲痛欲绝，一头撞向了潭石，身体碎裂变成了许多小鱼，而这些小鱼就喜欢潜在黑龙潭潭底。

这里再也没有了白龙，也没有了龙婆和龙女，只剩下白龙潭和黑龙潭这两个地名，一直流传至今。

广济桥（清河大桥）

北京海淀广济桥，因原横跨于东西流向的清河上，故俗称清河大桥，原位于海淀区清河镇南

口御道上，1982年迁至东南不远处小月河上。为北京地区现存明代石拱桥中建筑年代较早、保存较为完整的一座。

据史书记载，广济桥建于明永乐十四年（1416），是当时由都城通往西北边关和明帝陵的必经之桥。

广济桥

明景泰七年（1456）对广济桥进行全面维修，这是广济桥建成48年后的第一次维修。以后每隔几十年都要进行不同程度的修缮，这既说明了当时广济桥使用率之高，也反映了朝廷对其养护的重视程度。广济桥是保证京师至边关、陵区陆路交通运输通畅的重要通道，至清代又成为沟通北京与西北边远地区经济文化的重要枢纽。20世纪80年代，由于广济桥排水量已不符合现实要求且难以适应日益繁忙的交通运输，1982年将其按原状迁建至清河镇东南小月河上。

广济桥为三孔拱券纵横式结构石桥，桥全长48.4米，桥面宽12.46米，中孔拱券正中雕有兽头，桥体和泊岸全部以块石包砌，内用条石、城砖混砌而成，并浇灌白灰浆填缝加固。内券石之间以腰铁连接，结构坚实。桥面两侧设有石望柱、栏板及抱鼓石，纹饰雕刻简洁，古朴大方。桥下

为两座桥墩，迎水面设有分水尖，以减轻洪水对桥体的冲击。

广济桥侧面

1984年5月24日，广济桥（清河大桥）被北京市人民政府公布为北京市第三批市级文物保护单位。

知识链接　广济桥的迁建

广济桥原位于北京市海淀区清河镇南口御道上。1963年8月上旬，北京地区连续下了八九天暴雨。清水河水位猛涨，来势汹汹的上游水带来了很多的树枝和芦苇。广济桥是三孔联拱石桥，三个疏水洞被堵塞，一时间无法疏通水流，于是上游发生了水患。洪水泛滥至清河毛纺厂南门外的马路上，水位极深，甚至可以行船。无奈之下，部队只好派来了冲锋舟，疏通水道，这次水患才得以消除。

有了这次的经验教训，政府重视起这个问题，于是多次论证，加宽并且调直清河河道。这样一来，广济桥这座老桥的缺点就显现出来，它的桥

身长度和过水量都无法达到使用需求，于是市政府决定要建造一座钢梁水泥新桥。

这座老石桥面临被拆除的风险，海淀区文物部门提出了很多种保护方案：一是修建新桥时将清河改道，向南绕过老桥；二是将老石桥进行迁建。后来相关人员进行研究，考虑到清河改道需要大量的资金，最终决定采用第二套方案，对老桥进行异地重建。这时，新的问题又出现了，该将老桥迁建到哪里呢？这时，人们又商讨了两种方案：一是将老桥迁建到圆明园中；二是将老桥迁建到距离不远的小月河入清河河口处。经过再三商量，考虑到地理位置的关系，市政府决定采用第二种方案，在小月河上对广济桥进行原样重建。而其原址上则修建混凝土结构的新清河桥。

尽管老桥迁建有些遗憾，但是其原本样貌没变，也还与厮守数百年的清河守望着，也算是对留恋老桥百姓的一种安慰。

钓鱼台与养源斋

北京钓鱼台是一座历史悠久的皇家园林，位于北京市海淀区阜成门外三里河玉渊潭公园东侧。原为金代旧迹，元代称玉渊潭。相传金代著名文学家王郁曾隐居于此，潜心著述，筑台垂钓。金章宗曾来此巡幸，并建行宫。元代丁氏在此建玉渊亭，是当时官僚、文人唱和集会之所。明代成为太监、皇戚的别墅。

清乾隆三十八年（1773），疏浚水池成湖，又增引香山、玉泉山之水并使其通阜成门外护城河，扩大疏通了钓鱼台水源，成为京郊著名大湖，并大兴土木，建造行宫。次年修建钓鱼台台

1922年左右的钓鱼台

座及望海楼，同时还修建养源斋、潇碧轩等建筑。至乾隆四十三年（1778），全部竣工，乾隆帝亲题"钓鱼台"三字，台侧建有行宫，正殿题"养源斋"。

钓鱼台行宫自建成后，乾隆及以后的两代帝王每逢从圆明园出发去祭天坛，或由宫中去西陵祭奠，中途都要在此休息用膳。道光以后，清王朝国势衰微。咸丰十年（1860），英法联军火烧圆明园。此后很长一段时间，清帝连去西陵祭拜的大事亦无暇顾及，更谈不上行宫的维护，钓鱼台遂日渐荒废。

中华人民共和国成立后，钓鱼台在1959年经过修缮，面貌焕然一新，辟为国宾馆。在此基础上，扩大原有规模，新辟三个人工湖，使之占地面积达50万平方米。1982年国家对原行宫部分进行修复，1998年重建钓鱼台望海楼，从而恢复了这座离宫御苑的昔日辉煌。这一名园自建成后历经沧桑，至今能够较为完整地保存下来，甚是难得。

钓鱼台行宫以水与自然林木取胜，其水系与玉渊潭相通。因处于北京城内宫苑与西郊园苑中间，故填补了两地的空旷。钓鱼台行宫园林布局，主要分为钓鱼台和同乐园两个景区，其间有小桥、

养源斋

望海楼

廊榭等相连，使这两个景区既分隔又密切相连。

钓鱼台即望海楼城阁，是这一名胜园林的发源地，自金代以来，这里就为人所钟爱。起初水边石台，垂柳拂水，芳草萋萋，游鱼出没，是很好的坐歇垂钓处。现存钓鱼台，是一座以青灰砖石砌筑的高大台座，台下以两层白石条为基，上砌砖体。台顶四周，覆以白石砌筑垛口，有如城台之状。城台坐东朝西，西面门额上为乾隆帝御笔"钓鱼台"三个大字。登台的道路别出心裁，自中门进入后甬道形成一小天井，然后从旁门石阶登上台顶。台东面三门并列，中门与台西门相向。东面正门上方石匾额，镌刻乾隆帝御笔草书乐府诗一首，记述这里拓湖疏河治水之事。台上四周垒砌雉堞，似一座小城堡。上建望海楼，为单檐歇山顶三开间带周回廊楼阁式建筑，因西临玉渊潭而得名。中华人民共和国成立前夕被毁，1998年按原状复建。登台眺望，西面玉渊潭清风扑面，远处西山峰峦如黛；东部绿树浓阴，小桥流水，掩映粉垣回廊，便是同乐园行宫景区了。

同乐园，一组四合院式建筑，四周粉垣环护，竹木蓊郁。院内布局灵活，主要建筑坐北朝南。

门前一座白石平桥，桥下涓涓流水。园门为垂花门式，门上悬"同乐园"三字匾额。院内古木参天，山石玲珑，小巧淡雅，环境清幽。养源斋为同乐园主要建筑，面阔五间，坐北朝南，是帝王休憩的行宫。同乐园面积虽小，但可小中见大。

同乐园北，临水为潇碧轩，是一座敞厅式建筑，厅前池水清澈，为清代帝王、后妃垂钓游乐之所。轩西北松柏森森，苔径曲折，循山道可达屹立山顶的重檐方亭澄漪亭。

同乐园行宫景区中另有一处建筑，名清露堂，是一座小园，门前小桥流水与围墙上的各式什锦窗交相辉映。

同乐园内一景

钓鱼台不同于内城和西郊供皇家日常起居、听政、游憩的西苑或圆明三园，也不同于依山就势或倚山面水的香山、玉泉山、万寿山诸园。钓鱼台地处平原，只作为皇帝途中行馆，用途单一，因此规模不大。在造园艺术上充分利用自然生态环境，建筑不尚华丽，布局疏朗，清幽宁静，在清代皇家园林中独具野逸特色，其造园艺术堪与京郊名园媲美。

澄漪亭

1984年5月24日，钓鱼台与养源斋被北京市人民政府公布为北京市第三批市级文物保护单位。

 钓鱼台国宾馆

古钓鱼台是北京西郊著名的园林之一，因金章宗在此筑台垂钓而得名。

1958年夏天，中共中央在北戴河召开政治局扩大会议，商讨新中国成立10周年庆典的事宜，考虑到到时候会邀请各社会主义国家首脑政要来华，周恩来总理提议建造一座富有特色的高级国宾馆。之后，这项重要的工程就交给外交部办理。

距离10周年庆典只有一年多时间，可以说时间非常紧迫。外交部接到任务之后，马上开始行动。首先就是选址。经过专门小组勘查，最终给出两个提议：一是东郊；二是西郊，最后由中央决定选择钓鱼台地区。

地址选定之后，钓鱼台国宾馆工程就紧锣密鼓地展开了，这时工程面临很多问题，如建材紧张、电力紧张、机械紧张、人手紧张等，于是工程的组织者向全国求援：在天津定制地毯；在上海定制各类家具；在广州定制红木；在景德镇定制各种餐具瓷器……全国各地的能工巧匠虽然都不在施工现场，但是他们的才华却全部融入了国宾馆的建设中。

经过一年多的努力，钓鱼台国宾馆终于建成了。在给十几栋接待楼编号时，为了体现对大小国家平等对待，迎合我国的外交政策，国宾馆不设置"一号楼"；为了尊重欧洲国家的习惯，不设"十三号楼"；为了尊重中国的传统，四号楼和十七号楼又分别用"八方苑"和"芳菲苑"代替。国宾馆共有客房400多套，还有室内游泳场、网球场、健身房等，馆区内不仅重新修缮原有的亭台楼阁等古建筑，还种植各种花木，又修建人工湖，就这样，钓鱼台国宾馆被打造成江南园林风格的花园别墅。

1959年国庆十周年庆典前夕，这里迎来了第一批国宾。从此之后，国宾馆专门用来接待来华访问的国家元首、政要人物，以及世界知名人士，成为我国外事活动的重要场所。

旭华之阁及松堂

旭华之阁及松堂位于北京市海淀区香山南麓红旗村健锐营演武厅西南，乾隆皇帝曾在此为征伐大、小金川的回归将士设宴庆功。

旭华之阁原是清乾隆二十七年（1762）建的宝相寺主殿，坐西朝东，为无梁殿结构。其平面近方形，面阔25.1米，下部为白色大理石须弥座式台基，雕刻了精美的纹样。上部殿宇为重檐歇山顶，覆绿剪边黄琉璃瓦屋面，正脊上置三座藏式小佛塔装饰。檐下施以琉璃质单翘重昂五踩斗拱，额枋均采用黄绿琉璃烧出旋子彩画，绿琉璃博风板。殿外墙身涂朱，四面各开设拱券门窗，其中明间为拱券门，次间、梢间为券窗，均为白石券面，石上雕刻大鹏金翅鸟、白象、狮子等宗教纹饰，券窗内亦装饰石质三交六椀菱花窗。

在殿宇前檐明间券门上嵌石刻横额一方，采用汉、满、蒙、藏4种文字书写"旭华之阁"，为乾隆帝御笔，后檐亦有石额书"梵光楼"（已毁）。殿内正中原供奉文殊菩萨塑像，前两侧竖立石碑二通（已毁），左侧碑碑阳刻御写文殊像并赞，碑阴镌刻乾隆三十二年（1767）御制诗一首；右侧碑碑阳镌刻乾隆二十七年（1762）《御制宝相寺碑文》，碑阴镌刻满、蒙、藏三种文字的碑文。依殿宇形式及内奉塑像分析，旭华之阁应是文殊菩萨立体坛城。阁后原建有香林室、圆庙、方庙、牌坊等诸多建筑，现均已无存。

1902年的旭华之阁

旭华之阁匾额

旭华之阁

旭华之阁山花

松堂

松堂建于清乾隆十四年（1749），原为焚香寺旁的小敞厅，名叫"来远斋"，是清乾隆帝来健锐营演武厅阅兵时休息用膳的地方，乾隆帝曾在此处为征伐大、小金川的回归将士设宴庆功。松堂坐西朝东，梁架结构全部采用汉白玉建造，石柱上镌刻楹联一副，上书"指云际千峰兴怀蜀道，听松间万籁顿入梵天"，横额曰"策功绩武"。

松堂内有用紫石雕琢的宝座（今无存），座后为一石屏风，上面镌刻乾隆帝手书，内容是赞美健锐云梯营的诗和序，为后人研究乾隆平定金川提供了宝贵资料。堂后有古朴叠石与远处黛色的

松堂内石屏风

西山交相辉映，犹如一幅巨大的画屏，美丽异常。同时，松堂四周遍植白皮松，粗壮高耸，遮天蔽日，松堂之名便由此而来。

1984年5月24日，旭华之阁及松堂被北京市人民政府公布为北京市第三批市级文物保护单位。

知识链接　旭华之阁与松堂的渊源

史料中并没有记载旭华之阁与松堂之间有何联系，它们是独立的两个建筑体。

旭华之阁是宝相寺的主体建筑。宝相寺建于乾隆二十七年（1762），《日下旧闻考》中记载，"殿制外方内圆，皆甃甓而成，不施木植。四面设瓮门"，其周围还有圆庙、香林室等建筑。乾隆建造宝相寺的原因在《御制宝相寺碑文》中有记载："岁辛巳，值圣母皇太后七旬大庆，爰奉安舆诣五台，所以祝厘也。殊像寺在山之麓，为瞻礼文殊初地，妙相端严，光耀香界，默识以归。既归则心追手摹，系以赞而勒之碑。香山南麓，曩所规菩萨顶之宝谛寺在焉，乃于寺右度隙地，出内府金钱，饬具庀材，营构兰若，视碑摹而像设之，金色庄严，惟具惟肖。"由此可见，乾隆建造宝相寺与乾隆去五台山拜谒殊像寺相关。

松堂原本是焚香寺旁的小敞厅。焚香寺建于清乾隆十四年（1749），当时，乾隆在团城阅兵，会在这里休息用膳。

由此可见，旭华之阁是清乾隆年间香山寺庙建筑群之一，而松堂则是乾隆操练精兵强将，或者在团城阅兵时的建筑，二者并没有紧密联系。

文物局将两座建筑合并为一项，公布为文物保护单位，可能只是因为旭华之阁与松堂的位置相近，均位于香山南麓。

静宜园（香山）

香山位于北京西郊西山东麓，距市区20多千米。这里三面环山，层峦叠嶂，清泉流水，树木成荫，景色清幽，故金、元、明、清历代帝王都在此营建离宫别馆，为各朝皇家游幸驻跸之处。清乾隆十年（1745）在此大兴土木，修建亭台楼阁，共成二十八景，并加筑虎皮围墙，名"静宜园"，是清代京郊"三山五园"大型皇家园林之一。

贵相继在园内修起私人别墅，不少名胜被私人占有，长期失于管理，到处残垣败景，形同荒园。中华人民共和国成立后，国家对静宜园进行大规模清理修缮，使之成为一处景色秀丽、闻名中外的园林胜地。

静宜园北邻碧云寺，南接八大处，占地面积约160万平方米。园内有多处大小建筑，经乾隆帝题署的有二十八景，包括内垣二十景，外垣八景。内垣在东南部半山坡山麓地带，是主要景点和建筑荟萃之地，二十景为勤政殿、丽瞩楼、绿

静宜园大门

霞标磴

在咸丰十年（1860）及光绪二十六年（1900），静宜园先后被英法联军和八国联军焚掠，园内建筑残存无几，成为一片废墟。民国时期，军阀显

云舫、虚朗斋、璎珞岩、翠微亭、青未了、驯鹿坡、蟾蜍峰、栖云楼、知乐濠、香山寺、听法松、来青轩、唳霜皋、香岩室、霞标磴、玉乳泉、绚秋林、雨香馆。

外垣是高山区，面积广阔，多为自然风光及因景而构的小园林建筑，八景为晞阳阿、芙蓉坪、香雾窟、栖月崖、重翠崦、玉华岫、森玉笏、隔云钟。

在内垣与外垣之外，还有别垣，指在静宜园北部，主要包括昭庙和见心斋两处建筑群。这两处建筑群，是不包括在乾隆二十八景之内的。可以说，静宜园建筑林立、景点繁多。

1922年的勤政殿遗址

昭庙俯瞰

香雾窟院落

勤政殿是乾隆帝来园驻跸临时处理政务及接见王公大臣之所，列为二十八景之首。勤政殿建于高台之上，面阔五间，进深三间，为单檐歇山式建筑，正殿前各建配殿五间。勤政殿于咸丰十年被英法联军焚毁，2002年在原址复建，2003年竣工。

勤政殿正殿布置依据"静宜园勤政殿陈设档案"，参照清康乾盛世皇家宫殿进行恢复，外檐悬乾隆帝御笔"勤政殿"满、汉金字匾额。内外檐饰以金龙和玺彩绘。正殿陈设金漆镶嵌宝座。两配殿原是王公大臣候旨休息之所，复建后南配殿改为"香山静宜园历史展"展厅，图文并茂，展示了静宜园800余年历史变迁；北配殿辟为香山公园游客中心，设置触摸屏，介绍香山丰富的

勤政殿

自然景观与人文景观。

同时复建的还有香雾窟景观，这是一座庭院式建筑，由三进院落和一座观景台组成，过去皇帝在此休息赏景。这两组建筑，辉煌壮观，气势恢宏，是静宜园中最具皇家园林特色的标志性建筑。

见心斋建于明代嘉靖年间，清嘉庆年间重修，是园内唯一保存比较完整的一组古建筑，也是一处富有江南情趣的小型庭院，苍松古柏环抱，四周护以圆形围墙。见心斋坐西朝东，院中心有个半圆形小池，泉水由石凿的龙口中源源注入池内。池的东、南、北三面筑有半圆形回廊，西面连接三间轩榭。轩榭背山临水，形制小巧，上悬"见心斋"匾额，为嘉庆帝御笔。

西、南两侧叠有怪石嶙峋的假山，山石被青苔地衣覆盖，藤蔓攀接其上，古意盎然。池东为"知鱼亭"，与轩榭相对。轩后石阶上为五间正殿，上悬"正凝堂"匾额，为乾隆帝御笔。园内有静宜园原貌图和碧云寺部分石刻碑文拓片展览。

昭庙全称"宗镜大昭之庙"。乾隆四十五年（1780），西藏班禅六世到北京"祝厘"（祈福），乾隆为接待他而特地建造的藏式建筑。昭庙坐西朝东，东面是彩色琉璃砖瓦和汉白玉制成

见心斋

多宝琉璃塔

的大牌坊，东面额曰"法源演庆"，西面额曰"慧照腾辉"，上有云龙纹组成的精美图案。牌坊前有一块方池，池上有一座虹桥，前殿三间，内为白台，绕东、南、北三面上下，共4层。后为红台，四周上下亦四层，是昭庙的主体。在清净法智殿前，有一八角重檐碑亭，碑上刻建庙缘由。据说原来的楼殿，大都上覆镏金瓦顶。后均被毁。

昭庙琉璃牌坊

昭庙西山腰处，耸立一座七级浮屠——琉璃塔，琉璃塔是八角七层楼阁式砖石塔，高约30米。塔下是一个石砌方台，台上建造八角形基座。

基座四周围以汉白玉雕栏，雕栏内建木构副阶，廊柱环绕。副阶的中部用石砌筑塔座，雕刻佛像，附阶顶部覆以八角形屋面，宽大舒展。副阶顶上收作八角形平台，成为低矮的须弥座，外缘绕以汉白玉栏杆。须弥座正中是7层琉璃塔塔身，塔身内为实体，外仿木构。每层塔身均用黄、绿、紫、蓝色琉璃构件砌成立柱、拱门、斗拱、额枋和檐椽、瓦垄。顶上为塔刹，冠以巨大的琉璃宝珠。每层八角檐端都挂有铜铃，在幽静的山林中，每有微风吹来，铜铃叮咚作响，清脆悦耳。琉璃塔屹立于万绿丛中，颇为壮观，是香山公园的主要景点之一。

香炉峰，俗称"鬼见愁"。所谓鬼见愁，是指主峰两侧的深涧，地势险峻，鬼见愁。其实峰并不高，海拔只有557米，然而登上峰巅，能饱览各处景色，令人心胸开阔。除秋、冬两季，香山在一年中的大部分时间里，都是满眼青翠。在此远眺，只见周遭群山起伏，悬崖陡峭，林木苍翠，涌泉溪流，千姿百态，争奇斗巧，各式建筑依山构筑，高低错落，自然和谐。东望昆明湖，碧波如镜，玉泉宝塔，照日呈奇。南望永定河，卢沟

香炉峰

桥隐约可见。天气晴朗时，还能望见北京古城雄姿。

玉华山庄在香山寺遗址西面，原是一座庭院式建筑，明代时为玉华寺，山门东向。在正殿西南，清乾隆帝辟小轩，其地高爽，可俯览群岫，故题名"玉华岫"。后寺毁，建玉华山庄，仍沿用

玉华山庄长廊

其名。这里是观赏红叶的好地方。

1956年，静宜园辟为香山公园，现已成为既蕴含深厚历史文化，又具有优美风光的著名风景名胜区。

1984年5月24日，静宜园（香山）被北京市人民政府公布为北京市第三批市级文物保护单位。

知识链接 香山琉璃塔

香山琉璃塔位于北京市海淀区香山公园昭庙之南。北京城西约20千米处，有一道属太行山支脉的小清凉山横亘南北，逶迤百余里，宛若龙腾蛇舞，绿障青屏，遥遥拱卫着北京城，这道山称为西山。香山公园就坐落于西山东麓，群峰崛起，突兀争奇，溪涧澄莹，层林碧染，而昭庙就在公园北路。

昭庙全称"宗镜大昭之庙"，清乾隆四十五年，为接待六世班禅前来北京向乾隆皇帝七十岁祝寿而建造。建筑风格仿西藏扎什伦布喇嘛庙，原来的楼殿大多上覆镏金瓦顶。琉璃宝塔就建在昭庙后山上，与昭庙同时修建。八国联军攻打北京时，昭庙遭到破坏，只留下庙前的琉璃牌坊和白台、红台及庙后山腰上的琉璃塔。

这种带副阶回廊的琉璃塔是按照我国殿阁建筑的副阶制度建造的，唐宋时期扩大了副阶的面积，便于登临停歇之用。有些砖石琉璃实心塔以副阶作为停歇礼佛之地，还有的将副阶顶部做平台，围以石栏，烘托上层塔身，在外形上又是一种发展。承德须弥福寿之庙的琉璃塔与香山琉璃塔如出一辙。

香山琉璃塔屹立于万绿丛中，颇为壮观，是香山公园的主要景点之一。

1922年的香山八宝琉璃塔

乐家花园大门

乐家花园

乐家花园原为清太祖次子礼亲王代善后人修建的私家宅院，被称为海淀礼亲王府花园，位于海淀区苏州街15号。民国初年，归同仁堂分号宏德堂乐静宜所有，故又称乐家花园。1949年乐氏将此园献给国家。

乐家花园由数组建筑物构成，各院落间堆石成山作为屏障，形成封闭式景观，是一处难得的园林佳境。花园坐北朝南，平面呈不规则的矩形，全园分为宅邸和花园两部分，宅东园西。宅邸部分面积仅为花园面积的1/4，现宅邸仅存四

进院落。

花园可分为前后两大部分，前院对称严谨，后院小巧自然。花园的大门在园的东南隅，坐西朝东。进门不远矗立着一座假山，起到屏风障景的作用，现已无存。

园内正南有一座坐南朝北的两层殿堂——观音堂，站在二层北望，全园景色可尽收眼底。观音堂北侧是前院的南厅，坐南朝北，七间厅堂前出三间抱厦，可做戏台用。全盛时期，这里常有大鼓等演出。南厅东西接游廊，并在两边各建有一座垂花门。

前院正北是两卷五开间前廊后厦的硬山顶正厅，东西两侧各坐落着五间贴山游廊，厅前摆置

1922年的花园假山

垂花门

八角亭

一块小巧的太湖石，坐在汉白玉石雕方盆里。前院西侧有石台一座，石台四周设有石雕栏杆，并在西侧倚靠一组假山。

院东侧建有前廊后厦卷棚歇山顶的轩馆一座，前出月台，台下有石块错落叠置，南北设有石磴道可上。游廊贯穿正厅、东轩馆和石台。游廊环抱中设一方亭。现方亭和游廊已无存，西侧的石台也已改建他用。

向北穿过正堂，可见假山围绕的水池，池形近长方形，池之西北叠有一组小型的假山，四周叠置驳岸青石，岸上置有形态各异的奇石，在假山的映衬下显得格外生机盎然。水面之中有座山石叠设的小岛，岛上建有单檐八角亭一座。

池北坐落花厅五间，以游廊环绕水池，从正堂由小石桥至八角亭，可以通过石桥到达花厅，花厅东西接平顶游廊，墙上开什锦花窗。院子的西厢坐落着一座卷棚歇山顶的水榭，四周游廊环绕；东厢为别馆三间，前出抱厦。花厅、别馆、水榭、假山倒映在池水中，再加上水中游弋的小鱼和池边垂柳的倒影，碧波荡漾，秀美可人。

花厅向北是后院部分，大面积的假山叠石，凸显出花园布局的跳跃和自然。后院的主体建筑

是位于中心部分的玉兰富贵堂，卷棚歇山顶，面阔五间。厅前月台两侧原有两株两三百年的玉兰树，玉兰富贵堂得名于此，只可惜现在这两棵古树已经枯死了。厅堂的东西两侧各建有五间贴山厅廊。厅堂被山水树木簇拥着，玉兰富贵堂的西侧原有一汪狭窄的水池，林立的假山耸立在池水的西部并绵延向北，层次分明气势不凡，景致融于自然，是清代叠山之佳作。

沿厅堂曲径北上有三座独立院落，西院是梅香院，得名于全盛时期种植的蜡梅。梅香院南北房均为五开间，南房前后各出三间抱厦，北房东西有游廊。中院有南北房和东西厢房各三开间，且均为硬山顶。东院是海棠馆，其院落格局和西

水榭

玉兰富贵堂山墙和贴山厅廊

院相似。

乐家花园处处是山，东路树木山石林立，穿小径畅游其间别有山林野趣之感，摆脱了传统北方园林的肃穆。统观全园，整个花园部分有明显的中轴线，中轴线起于前院的观音殿，终止于后院的中间院落，贯穿南北。前后院落的格局规整明了。

乐家花园的特点在叠山技巧上，园子的各个空间叠落了各式的假山，由于用料多为青石，彰显出假山的刚劲和浑厚，叠山的规模堪比京城任何一家私园，给整个花园带来更多的山野宏伟之气。假山固然雄壮，造园者的心思更体现在以假山作为空间的隔断，全园最主要的前后院落也是通过花厅北侧东西贯通的假山而划分的。园中的

水池及平顶游廊

山石也偶有单株石笋用以点缀，增添了园中的秀美温婉之气，使这座私家园林多了些柔美小巧之感。园中有几处青石叠成的山洞，形态各异、错落分明，山洞依偎着掇山，叠石技巧令人称奇。另外，在玉兰富贵堂南面，大型假山之中藏匿着一座小洞，空灵幽静，别有洞天。

1922年的花园水榭、八角亭

园内布局因地势所限，水面布置相对较少，前院的水池比较规整，水面中央建有八角亭，饶有意境。礼亲王后代热衷于描绘花木，故园中栽种很多花木，有玉兰、合欢、枫树和蜡梅，四季常青，生机盎然。但现在保留下来的已不多，只有松槐相伴。

1984年5月24日，乐家花园被北京市人民政府公布为北京市第三批市级文物保护单位。

知识链接　乐家花园里的历史故事

讲到乐家花园，要从礼亲王的子孙讲起。清雍正七年（1729），设立军机处，铁帽子王之首礼亲王第四代孙福彭为第一任军机大臣。这一时期，圆明园作为夏日行宫供皇帝游玩避暑，为此，福彭也在海淀设立了办事机构。

当时，乐家花园被称为礼亲王府花园，福彭与曹雪芹是亲表兄，曹雪芹被罢官之后，便来到这里投奔自己的亲戚，他在这里住了很长一段时间。曹雪芹对礼亲王府花园甚是了解，在创作《红楼梦》时将礼亲王府花园的雕梁画栋、亭台楼阁、峥嵘轩峻、叠石洞天、湖光山色再现于大观

1922年的花园内游廊和八角亭

园中，并在《红楼梦》中以显著人物的命名透露出其曾寄居于礼亲王府之事：第一代礼亲王爱新觉罗·代善，幻化为荣国公贾代善。

民国时期，礼亲王花园改名为乐家花园。在北京城流传着一句话，叫作"穷了礼亲王，富了同仁堂"。辛亥革命后，礼亲王花园的账目只出不入，为供家中的巨大开销，只能向同仁堂乐家借。

就这样，一天天过去，到最后，因为借款数目巨大，导致无法偿还，礼亲王花园只能拱手让给同仁堂乐家，以抵偿债务。乐家在修葺该园时，在夹皮墙中发现了珍宝，礼亲王后代得知这件事之后，已经晚了，后悔都来不及了。

乐家得到这座花园之后，没过多长时间，官府与军阀就开始占用花园，它曾作为国民军孙连仲的华北行辕；也做过国民党傅作义"剿匪"的总司令部。

中华人民共和国成立后，这里被北京八一学校使用。2001年，这里归北京白家大院餐饮公司使用。

达园

达园是一处景色宜人的园林佳境，位于海淀区圆明园西福缘门甲1号。原是北洋军阀王怀庆的私家花园。总面积约为12万平方米，是一座大型的私家花园，也是京郊私家园林中保存最为完整的一座。

达园大门

达园始建于民国十一年（1922），整个庭院融江南园林与北方建筑于一体，湖水山石叠映，亭榭长廊相连，绿树成荫，翠竹葱郁，整体建筑布局巧妙，景色宜人。达园前身为圆明园东扇子湖及湖北岸的善缘庵、慧福寺地界。

达园坐西朝东，园外小河环绕，宛如玉带，河上架石桥一座，直通大门。达园总体布局分南、北两部分，南部以水系为主，北部置有建筑、假山和草坪等。入园可见太湖石叠成假山一座，内掩洞穴，西侧植有一株龙爪槐，高大茂密，树冠

达园景色

形如伞盖。山后有大片的草坪，体现了西洋造园思想与中国传统造园手法的融合。

草坪内原竖立的乾隆帝御题《前湖》诗碑现已移至西南侧湖岸边，并新建碑亭。草坪周围散布着细如长剑的石笋和木化石，均为圆明园旧物。草坪南北有小溪环绕，沿小溪西行，草坪尽头的山顶湖石上建有一座八角亭。亭西侧树林深处有青石假山一座。草坪北面为传统建筑群，建筑形式各异。建筑中间有一圆形水池，内有数块叠石。草坪北侧有两股溪流：一股从山脚下弯向西北；另一股中途折向水池，由水池再流至最北土山下，山下叠石略具穴形，依稀有源头之感。土山山径曲折，草木茂盛，山上建有圆亭、铜钟。

达园南部为大片湖面，即为圆明园前湖的东半部。湖面辽阔，水波荡漾，岸边绿柳成荫，清

《前湖》诗碑亭

爽怡人。北岸建有一座水榭，其两侧长廊连接，廊尽头建有六角亭；东北岸建有一座小船坞，闲来可以泛舟水上；湖上西北向东南斜筑有一道长约230米的长堤，堤上绿意盎然，另有曲桥通向湖心小岛，岛上建有小亭，可供游人小憩。

达园景色秀丽之盛，在于园内有大片水面、长堤、精巧的小桥及蜿蜒流淌的溪流，并配以大片的草坪、竹林、山石和种类繁多的植物；此外，尤引人注目的还有乾隆帝御题石碑及古代遗留的稀有石笋和珍奇太湖石，极具特色。

达园内石笋

1984年5月24日，达园被北京市人民政府公布为北京市第三批市级文物保护单位。

知识链接　　　**北洋军阀王怀庆**

王怀庆（1875—1953），北洋军阀直系老将，出生于河北省宁晋县凤凰镇南塔庄的一个小官吏

家庭，父亲嗜赌成性，母亲善良，之后家庭陷于贫困。王怀庆8岁开始担起家庭重任，靠出卖体力维持生计，供养家人。12岁时母亲去世，王怀庆不忍继母和父亲的虐待，远走他乡，入伍当兵。王怀庆在军队上不怕苦、不怕累，得到聂士成赏识，来到北洋武备学堂，接连升迁。八国联军侵华，聂士成战死，王怀庆受聂母推荐，任北洋常备军第一镇马一标标统。

1905年，王怀庆效忠朝廷；1907年，王怀庆被调到东北，接连升迁，开始徇私舞弊、搜刮民财。武昌起义爆发，王怀庆驻防京东开平镇，直隶总督兼北洋大臣陈夔龙急奏朝廷，召王怀庆入关保卫京畿。当时正值秋季，王怀庆奉命进行军队操练，这时，军队中革命军发动滦州起义。随即，袁世凯派遣王怀庆赴滦州劝解抚慰，查明原委。王怀庆为抚慰军心，开始对革命军软硬兼施，威胁恐吓，因在滦州与革命军的势力悬殊，王怀庆被软禁，后在进行阅兵时逃脱。

中华民国成立，王怀庆相继担任多地镇守使，兼帮办直隶军务，袁世凯去世，王怀庆无事可做。后徐世昌任北京政府大总统，王怀庆任总统府高等顾问，直系在直皖战争获胜后，王怀庆担任京畿卫戍司令和第十三师师长。后参加两次直奉战争后辞职，不再担任任何职务。

中华人民共和国成立后，王怀庆闲居天津，1953年，因患病救治无效去世。

孚郡王墓

孚郡王墓是清光绪年间孚郡王奕譓的园寝，又称九王坟，位于海淀区苏家坨镇草场村南，是北京著名的王爷墓之一。

孚郡王奕譓是光绪生父醇亲王奕譞唯一的同母弟弟，是光绪皇帝最嫡亲的叔叔，地位尊崇。他生前养尊处优，死后哀荣优隆，上谥号为孚敬郡王，墓园也格外漂亮。墓园坐西朝东，前方后圆，东西长约200米，南北宽80米，主要建筑全部建于东西中轴线上。现存有神桥、碑亭、园寝大门、享堂、宝顶等建筑。

孚郡王墓神桥

碑亭

最前是单孔神桥，长10米、宽4米，桥栏板略有损坏。走上神桥，可以看到桥下两侧还有两段月河。过神桥，就是功德碑亭。碑亭坐西朝东，高8米，单层歇山顶式，四周开券门，上刻有缠枝莲花纹，亭中立有孚郡王功德碑，高7.5米。这在清代王爷园寝中实为少见。石料材质好，雕刻好，通体洁白。而离孚郡王墓不远处的醇亲王奕谲墓的驮龙碑仅5米多高。

清代园寝是有规制的，根据清《工部、园寝规制·坟茔规制》："亲王至辅国公碑身均高九尺，用交龙首龟趺。亲王碑广三尺八寸七分，首高四尺五寸，趺称之；世子、郡王碑广三尺八寸，首高三尺九寸，趺高四尺三寸。"显然，孚郡王墓的驮龙碑逾制了。

碑亭后南北两侧各有三间朝房，包括门窗在内保存完好。碑亭正对的是园寝大门，面阔三间，单檐歇山顶，上覆绿色琉璃瓦。

大门后就是正殿享堂。享堂高8.1米，前出廊

园寝大门

后出厦，单层歇山顶式，屋面覆以绿琉璃瓦，檐下施以一斗三升斗拱，长方形青条石台基。殿内蟠龙藻井，雕刻精美，具有重要的文物价值。殿后是罗墙，罗墙内即为陵墓。

1937年，孚郡王园寝被盗，损毁严重，但墓园整体格局至今保存基本完整。墓园中遍植白皮松，枝繁叶茂，郁郁葱葱。

墓园北侧建有阳宅，为三进四合院布局。整体格局保存完整。

1984年5月24日，孚郡王墓被北京市人民政府公布为北京市第三批市级文物保护单位。

功德碑

享堂

北京清代亲王墓

北京清代亲王墓，在当时被称为"六王坟""七王坟""八王坟""九王坟"等。其中的"九王坟"，就是清代孚郡王墓；"八王坟"为英亲王墓；"七王坟"为醇亲王墓……北京城内外散落着许许多多大小不一的王爷墓，现在只剩下西郊的醇亲王墓、孚郡王墓和北郊的庆亲王墓保存较完好。

清代王爷墓消失的主要原因是被盗毁。1912年，宣统退位，民国政府颁布《优待清室条例》，使得清朝时期的宗庙陵寝受到保护，但因为当时时局动荡，民国政府无暇顾及。1920年开始，北京周边盗墓事件频频发生。

盗墓者中，有平民、有土匪，也有清代王爷的后代。1920年末，因为生计问题，庆亲王后人将庆亲王墓地中树木砍伐，换取钱财。1922年报纸上时常刊登关于盗墓案的新闻，《京报》刊登了因生计困难盗墓的新闻；1926年和1927年，《益世报》刊登了北京东郊、西郊土匪盗墓的案件；1930年，《新天津》刊登了北京房山镇国公载泽墓被盗；1932年，《平西报》刊登了睿王坟被盗的新闻……

1934年，南京国民政府针对盗墓事件的频频发生，特委派国民政府军事委员会北平分会委员长何应钦拟定盗墓人犯加重处刑办法。这一处刑办法施行之后，北京地区警察局加大管制力度，对盗墓者进行抓捕，但即便如此，也未能有效遏制盗墓者的猖獗行径。

如今，北京许多亲王墓建筑得到有效保护，其中，孚郡王墓、醇亲王墓为市级文物保护单位，这里体现了北京城深厚的文化底蕴，是人们追溯历史的重要体现。

醇亲王墓

醇亲王墓又称七王坟，是清光绪帝亲生父亲醇亲王奕譞的陵墓，位于北安河西北约5000米的妙高峰古香道旁，是北京著名的王爷园寝之一。

醇亲王奕譞是道光皇帝的第七子，其次子载湉为光绪皇帝，其孙溥仪为清王朝最后的宣统皇帝，其五子载沣在清朝末年为摄政王，祖孙三代都是清末的显要人物。奕譞本人志大才疏，一生谨小慎微，平庸无为，没有什么政绩伟业可言。但他参与了辛西政变，亲手捉拿了肃顺，奠定了慈禧太后的统治地位，同治十一年（1872）晋封醇亲王。他在负责总理海军衙门事务时，曾与李鸿章一起兴办北洋海军，把不少钱挪为慈禧太后营建颐和园之用，成为中国历史上人们记忆犹新、没齿难忘的恨事。由于他的特别身份，死后的哀

醇亲王墓入口台阶

荣高于一般亲王的礼制，其陵寝的规制也优于一般的王陵，是现在京郊的王爷园寝中规模最大和保存完好的陵墓之一。

醇亲王园寝是醇亲王生前因病在西山养息时自己选定的，墓园背景层峦叠翠，万壑松风，几千年的山泉涌流不息，气派中带着野趣，尊贵中露出闲逸，使它在西山群峰中独占鳌头。早在隋唐时代，这里就建造了一座佛家寺院法云寺。辽金时代，这里被辟为西山八院之一的香水院，是一处得天独厚的风水宝地。经过前后20多年营造，耗银百万两，造就了七王坟今天的规模。

醇亲王园寝坐西朝东，前方后圆，东西长200米，南北宽40米，四周建有围墙。墓地依山

园寝大门

顺势分为三层，步步升高，由低到高，层层有序，最前方有99级青砖石阶，不陡不险，首先让人生出仰之弥高之感。主要建筑全部建于东西中轴线上，有碑亭、石拱神桥、园寝大门，主殿的两侧建有朝房等附属建筑。碑亭高大，顶覆黄琉璃瓦，其四面辟券门，建筑构件绘有精美的彩画，内中矗立着光绪亲书铭文的石碑。

按照《大清会典》的规定，黄琉璃瓦只有皇家能用，王公宅邸、园寝至多用绿、蓝色琉璃瓦。仅此就可证明醇亲王身份的不同凡响和醇亲王墓规制的非同一般。

墓冢位于中轴线的最后。墓冢有4个宝顶，

北朝房

神桥

碑亭

正中最大的墓冢合葬着醇亲王和嫡福晋，其余的是侧福晋的坟茔，南墙外是其夭亡子女的墓。墓园中遍植白皮松，枝繁叶茂，郁郁葱葱。园中还有一棵千年白果树，是前代建寺时留下的，林木之盛，是现存王爷园寝中极为少见的。

经过百年沧桑，醇亲王园寝早已破败不堪了。1900年义和团在这里做过坛址，八国联军入侵北京后放火烧了坟墓两侧的殿堂，还捣毁了多处园寝建筑，但醇亲王园寝整体建筑风格仍然保留了下来。

醇亲王园寝的总体建筑布局是阴阳宅式建筑群，园寝为阴宅，园寝北侧为阳宅。醇亲王生前自取别号"退潜居士""九思堂主人"，处处向慈禧示以谦逊、无为之意，以防招灾惹祸，所以陵寝的阳宅也取名"退潜别墅"。阳宅由五进的四合院院落组成，院内有祠堂、享殿、过厅、走廊、花园等，布局幽静完整。整座建筑群构思精巧，顺乎自然，犹如一座修身养性的别墅。阳宅的大门形制如同城关，形体高大。院中有大小建筑数十间，最低层北跨院的一座殿堂内，有一块石碑，记载着修建醇亲王墓的经过。

2003年，北京市政府拨巨资对醇亲王园寝建

阴、阳宅中间有条沟将其隔开，沟入口处有城关式券门

筑群进行全面修缮。经过修缮，醇亲王园寝建筑格局完整，主体建筑恢复了旧貌，墓园中遍植白皮松，枝繁叶茂，郁郁葱葱，独具特色，现已成为京西旅游的重要景点。

1984年5月24日，醇亲王墓被北京市人民政府公布为北京市第三批市级文物保护单位；2019年10月16日，醇亲王墓被国务院公布为第八批全国重点文物保护单位。

醇亲王和嫡福晋墓冢

修缮前的碑亭

慈禧太后信任的醇亲王

醇亲王奕譞，清朝道光皇帝的第七个儿子，他深受慈禧太后的器重，在同治三年（1864）加亲王衔，同治十一年（1872），被封为醇亲王。因其为慈禧太后"垂帘听政"立下汗马功劳，被封为醇亲王后，慈禧太后委以重任，命醇亲王掌管京师的旗营和绿营。

同治去世之后，慈禧太后为能继续掌管实权，便从宗室近支中选出了年幼的载湉做皇帝。载湉是醇亲王奕譞的第二个儿子，是为光绪皇帝。醇亲王一向都谨言慎行，在儿子被送到皇宫时，时时担惊受怕，于是借旧疾复发，身体不适呈上辞职报告，并得到慈禧太后的准许。之后慈禧太后发动"甲申易枢"事件，将以恭亲王奕䜣为首的军机处大臣全班罢免，命醇亲王出山，再次涉事朝廷的醇亲王变得更加谨慎与低调。

因为自己是光绪皇帝的生父，慈禧太后一度担心自己的位置受到威胁，醇亲王虽做事谨慎，在处理一些军机大事时，都会让慈禧身边的太监李莲英跟随，但即便如此，慈禧却一度对这位亲王多加猜忌，为避免引火烧身，光绪十三年（1887），醇亲王选择以生病为由在家休养，但慈禧太后仍不罢休。《睇向斋秘录》中记载，慈禧"日派御医轮流诊视，药亦由内廷颁出，阴以毒物少许杂其中，于是王病益危"。醇亲王去世后，葬于醇亲王墓。光绪二十二年（1896），慈禧太后听信风水大臣之言，认为醇亲王墓地的白果树的"白"和亲王中的"王"结合，就是"皇"，于是将白果树砍伐。

醇亲王生前做事谨慎，才得以善终，但他的儿子光绪皇帝却没有父亲那般幸运，在宫中痛苦去世。

定慧寺

定慧寺是明、清两代的京西名刹，初名善法寺，后改名云惠寺。清康熙四十一年（1702），赐名定慧寺。位于北京市海淀区阜成路66号，即西四环定慧寺桥东南。始建于明朝宣德年间，具有宏大的规模，数十间殿宇，曾经盛极一时。

定慧寺坐北向南，门额、天王殿额上的牌匾都是康熙御笔。格局是四合院式，后面有小山和石桥。定慧寺在明、清两代十分昌盛，其间重新修葺了很多次。建筑保留了前出月台后出厦的明代风格，里面包括山门殿、天王殿、钟鼓楼、前殿、东西配殿、大殿、东跨院前殿和后殿，以及几十间殿房。

定慧寺大殿面阔三间，进到里面，可以看到

定慧寺大殿前石碑

懋云堂

一方牌匾，上面是康熙帝亲手所题的"慈云广覆"4个字。现在有5座碑，其中3座碑石源于明代，2座碑石源于清代。

今天的定慧寺山门依然可以看出从前庄严的样子。山门门楣上挂着一块匾额，上面是"定慧寺"的字样，两边挂了一副楹联，门前有汉白玉制貔貅，一左一右守护在那里。通过山门和院门，便是一个殿堂，这便是"懋云堂"；院里有一座修葺过的木柱古亭，原亭中有一块刻着乾隆巡视谕，后改为记功德的石碑。清嘉庆和道光年间，都修过定慧寺的殿庭，光绪十八年（1892），定慧寺修院圈地，面积超过了180亩，定慧寺也重新修葺成为"一寺十八房"，在当时十分出名。

中华人民共和国成立后，曾对定慧寺进行过修整，2002年，阜成路需要扩建时，为贯通阜成路东西交通大动脉，定慧寺北殿被拆除。

1990年2月23日，定慧寺被北京市人民政府公布为北京市第四批市级文物保护单位。

知识链接　**其他地方的定慧寺**

定慧寺是京西古刹，有着悠久的历史。除了北京的定慧寺，在我国其他地方还有许多名叫定慧寺的寺院，在江苏省就有三座，它们的历史风貌丝毫不亚于北京的定慧寺。

苏州凤凰街定慧寺，位于苏州凤凰街定慧寺巷34号，始建于唐咸通年间，历史非常久远，据传宋代大文豪苏轼与当时定慧寺的住持守钦是要好的朋友，他经常来这里与朋友参禅。寺院现存清代山门、天王殿、大殿等建筑。大殿为单檐歇山顶，面阔三间19米，进深18米，高约12米。四周檐柱均为抹角石柱，檐下布列象鼻昂枫拱十字牌科。梁架扁作，结构完整。殿前古银杏两株并峙，树龄200余年，夏日浓阴如幄。1991年冬，大殿曾进行修缮。

镇江焦山定慧寺，始建于东汉兴平年间，距今已有1800多年历史，历史更加久远。与北京定慧寺相巧合的是，这座定慧寺的寺名也是康熙皇帝所赐，这座寺院原名普济寺，宋朝时称普济禅院，元代改称焦山寺，康熙皇帝南巡时改名为定慧寺，一直沿用至今。

江苏如皋定慧寺，初建于隋朝开皇十一年（591），由佛教天台宗智顗大师创建，取名定慧寺。宋代经历战火，寺庙破败，现存主体建筑系明朝万历年间重建，1983年11月，江苏省人民政府批准修复定慧寺并对外开放。

原燕京大学未名湖区

未名湖区燕园建筑，是以未名湖为中心的原燕京大学教学区、宿舍区，位于北京市海淀区北京大学校园西部。整组建筑采用中国传统建筑布局手法，结合原有山形水系，注重空间围合及轴线对应关系，格局完整，区划分明，建筑造型比例严谨，尺度合宜，工艺精致，是中国近代建筑中传统形式与现代功能相结合的一项重要创造，具有很高的环境艺术价值。

燕京大学成立于1920年，由美国基督教组织创办的三所教会学校——通州协和大学、北京汇文大学和华北协和女子大学合并而成。1921年以明代勺园（清代淑春园）故址为中心建校舍，后又扩大到清代的朗润园、镜春园、蔚秀园，1926年建成，并正式迁校成立燕京大学。1952年燕京大学并入北京大学，燕园建筑作为北京大学校园一部分使用至今。

民国时期的燕京大学西门

燕京大学校园统称燕园，1920年由美国建筑师亨利·墨菲做规划和建筑设计，1921年后中国建筑师吕彦直参加过设计工作。主要建筑有西校门、办公楼、外文楼、民主楼、俄文楼、化学南北楼、姊妹楼（南北阁）、临湖轩、岛亭、多景亭、图书馆、体育馆（一馆、二馆）、博雅

办公楼

外文楼

化学北楼

图书馆

塔、体斋、健斋，一院至四院（女生宿舍）和以德、才、均、备斋为名称的男生宿舍，以及由近代美国乡村式别墅组成的东大地、南大地教授住宅等。

除东大地、南大地教授住宅，其他建筑为清官式建筑风格。建筑以大分散、小集中分布，每一个建筑群形成轴线对称的集中院落，分散布置在旧日园林未名湖水面和山丘周围。建筑多为二层至三层，尺度选择得当，造型符合中国古建筑三段式划分比例，远看不失中国传统建筑尺度和视觉习惯。

1990年2月23日，原燕京大学未名湖区被北京市人民政府公布为北京市第四批市级文物保护

博雅塔远景

单位；2001年6月25日，原燕京大学未名湖区（未名湖燕园建筑）被国务院公布为第五批全国重点文物保护单位。

 知识链接　　　**淑春园**

原燕京大学未名湖区建于淑春园遗址上。淑

春园为清朝的一处古园。

清康熙年间，淑春园为圆明园的附属园林，园中有大片水田，不过建筑相对较少，风景优美。

后来，乾隆皇帝宠信和珅，便将淑春园赏赐给了他。一开始，和珅只是为皇帝抬轿的领头人，是一名小小的三等侍卫，他利用10年的时间，成为文华殿大学士，之后，他跟随乾隆皇帝时常在圆明园处理朝中大事，皇帝赐予和珅高官厚禄，并将淑春园也赐予他。和珅受到乾隆皇帝的恩宠，无比高兴，并花费重金重建了淑春园。他命人开凿湖泊，建筑湖中岛屿、环湖岗阜，修建楼台房屋、游廊楼亭。

和珅倒台后，淑春园被一分为二，西部归和

燕园岛亭

珅之子所有，东部被赐予嘉庆帝之弟成亲王。道光年间，淑春园西部被赐予睿亲王，被称为睿王园。民国时，陕西督军陈树藩花重金买下了淑春园，1962年，燕大从陈树藩手中买下了此处作为学校。

1952年，燕京大学被撤销，北京大学由市中心迁至燕京大学，未名湖成为北大校园的一部分。

清华大学早期建筑

　　清华大学早期建筑始建于20世纪初，主要集中在清华大学老教学区内，共有建筑20多栋，它们是大礼堂、西校门、二校门、机械工程馆、土木工程馆、水利实验馆、清华学堂、同方部、力学馆、科学馆、图书馆、明斋、善斋、静斋、平斋、新斋、体育馆、化学馆、气象台、生物学馆和原有古代建筑工字厅等。这些建筑均得到较好保护，修缮时坚持使用原材料、保持原风格，目前仍作为主要教学设施使用。

　　清华大学早期建筑分三个阶段建造：

　　第一阶段为1911—1912年，建筑有清华学堂、同方部等。第二阶段为1916—1920年，建筑

大礼堂

有大礼堂、科学馆、体育馆、图书馆（局部）等。第三阶段为1928—1936年，建筑有生物学馆、化学馆、图书馆（扩建部分）、气象台、西校门、机械工程馆、电机馆，以及明、善、静、平、新

清华大学二校门

清华学堂入口

生物学馆

机械工程馆

清华大学体育馆

"五斋"学生宿舍。

清华大学早期建筑反映了西方近代学校建筑在中国的演变过程，建筑风格具有典型价值，艺术水平较高，集中了中国第一代建筑师比较优秀的建筑作品，在建筑史上具有重要地位。

1990年2月23日，清华大学早期建筑被北京市人民政府公布为北京市第四批市级文物保护单位；2001年6月25日，清华大学早期建筑被国务院公布为第五批全国重点文物保护单位。

 知识链接　清华大学早期建筑里的故事

清华大学是培养人才的圣地，早期建筑是近现代具有代表性的建筑，也是重要史迹，被列入全国重点文物保护单位，在这些早期建筑中，讲述着一件件值得回忆的校园故事。

1911年为清朝末年，清华大学前身为清华学堂——留美预备学校，迎来了第一次开学仪式。大楼的东部有打蜡地板、双层拉窗、暖气炉，还有抽水马桶，每周六晚上，大礼堂会播放电影，这座礼堂是所有高校中最大的礼堂，学校大会、名人演讲、月考也都会在大礼堂中进行。1924年，印度大诗人泰戈尔受邀来华，就在这里进行演说，由徐志摩进行翻译。每个即将毕业留洋的学生，都可以在这里提前体验一下西方的生活。

1919年，清华体育馆建成，当时被称为罗斯福纪念馆，每到课外锻炼时间，大家走出教室、走出宿舍，来到这里参加体育锻炼，有的学生会在这里游泳，其中就有大文豪闻一多和梁实秋。

20世纪30年代，曹禺曾在这里学习过，他几乎每天都待在图书馆，从清晨一直待到深夜；华罗庚也曾在这里刻苦读书，除此之外，在这里学习过的还有新中国原子科学技术奠基者钱三强、著名物理学家叶企孙、杰出物理学家王竹溪等。

日军侵华时，清华大学南迁，这里被日军侵占，一些建筑和仪器受到严重破坏，有的仪器已经丢失。

清华大学早期建筑的一个个故事，也见证了国家的兴衰与民族复兴，体现了不同时代知识分子的理想和追求，也体现了中华民族在重重磨难下坚韧不拔的精神，更体现了中华民族的伟大。

摩诃庵

摩诃庵是西郊大型寺院之一，尤以保存的明代《金刚经》石刻经版闻名，位于北京市海淀区四季青街道南玲珑巷慈寿寺塔东边。大雄宝殿内的明代壁画和金刚殿墙壁上镶嵌的三十二体《金刚经》石刻经版是价值很高的艺术珍品。

摩诃庵始建于明嘉靖二十五年（1546），由太监赵正集资创建。由于摩诃庵地处京西八里庄一带，环境幽雅，良好的自然环境吸引了很多游人，也成为明、清两代士大夫和文人墨客春游观赏桃花、丁香花和吟诗题咏的场所，是当时京西著名寺院。民国时期，此处开辟为学校，直至今日，仍为学校使用。

摩诃庵坐北朝南，分为中、东、西三路。中路殿堂区保存完整。东路法堂区仅存后部第四进院正殿。西路僧房区仅存第四进院正房。寺院有明代太监赵正墓一座，已经填埋。庵院围墙四隅转角处原各建碉楼状角楼一座，通体虎皮石砌筑，

三十二体《金刚经》石刻经版

现存三座，西南角处角楼缺损。

中路最前方为山门，坐北朝南，面阔三间，歇山顶，筒瓦屋面，檐下石额刻有"摩诃庵"三字。前檐开券门一座，红色木制板门两扇，券脸石，后檐冰盘檐，额枋绘一整二破旋子彩画。山门东西两侧各接一随墙门。

山门后为第一进院，院内正殿为天王殿，面阔三间，歇山顶，筒瓦屋面，檐下施一斗二升交麻叶斗拱。前檐明间石券门，次间石券窗，排山勾滴，砖博缝，砖石台基。天王殿前院内有上马石一对，祥云奔马图案，夹杆石一对，方柱形，雕刻莲花图案。

大雄宝殿为第二进院正殿，面阔三间，歇山

东北角楼

山门

顶，筒瓦屋面，檐下施重昂五踩斗拱，额枋绘一整二破大点金旋子彩画，金龙枋心。后檐后建月台一座，月台下埋有寺内石碑。大雄宝殿屋顶有黄色琉璃瓦三块，为赵正建寺时皇帝御赐。东西配殿各三间，硬山顶调大脊，筒瓦屋面，檐下施一斗三升交麻叶斗拱，额枋绘金线大点金旋子彩画，金龙枋心。第三进院有后殿五间，进深六檩，前出廊，硬山顶，合瓦屋面，额枋绘一整二破旋子彩画，金龙枋心。前檐四抹槅扇门，次间、梢间三抹槛窗，均为三交六椀棂心，条石台基。

东路金刚殿，坐北朝南，面阔三间，进深六檩，前出廊，硬山顶过垄脊，筒瓦屋面，额枋绘

大雄宝殿

一整二破旋子彩画，龙锦枋心。殿内方砖墁地，墙上镶嵌60块明代重临集篆三十二体《金刚经》石刻经版，是研究祖国书法艺术及佛教经典的珍贵文物。院落东侧有虎皮石院墙一段。

西路第四进院正房三间，坐北朝南，硬山顶过垄脊，筒瓦屋面，额枋绘旋子彩画。

1995年10月20日，摩诃庵被北京市人民政府公布为北京市第五批市级文物保护单位；2013年5月3日，摩诃庵被国务院公布为第七批全国重点文物保护单位。

金刚殿

知识链接　　罗汉与诸天

罗汉，梵文为Arhat，又称阿罗汉，原为南传佛教中修行所达到的最高成就的第四果"阿罗汉果"。受了此果之后，就万行圆满，所作已作，应办已办，永不受生死轮回之苦。后来，北传佛教认为这种"自顾自"的罗汉果不行，如果都自顾自，佛法如何弘扬？于是便创造了并不只是自身解脱，而是要解脱众生的不入涅槃的弘扬佛法的阿罗汉。说是佛涅槃时特别指派了摩诃迦叶比丘、军徒钵叹比丘、宾头陀比丘、罗云比丘等4

位阿罗汉"住世不涅槃，流通我法"。这四大阿罗汉又称"声闻"，就是曾经亲自听到过释迦佛祖讲经说法的人。后来，又感到四人似乎太少，不能担当如此繁杂的任务，于是增加到16个阿罗汉。但在很多佛经中，还未列出16人的全部姓名，到了唐玄奘所译的《法住记》中，才正式列出了十六罗汉的姓名。他们是：1.宾度罗跋啰惰阇；2.迦诺迦伐蹉；3.迦诺迦跋厘惰阇；4.苏频陀；5.诺距罗；6.跋陀罗；7.迦哩迦；8.伐阇罗弗多罗；9.戌博迦；10.半托迦；11.罗睺罗；12.那迦犀那；13.因揭陀；14伐那婆斯；15.阿氏多；16注茶半托迦。

到了五代（907—960），罗汉又有所增加，增到18位，把原来四大"声闻"中的迦叶尊者和军徒钵叹尊者加了进去。但也不完全如此，清代乾隆时期，把降龙罗汉列为17位，伏虎罗汉列为18位，于是成了十八罗汉定数。

此外，还有另一排列为"五百罗汉"，把释迦在世听他说法的五百弟子也列为罗汉。中国最早出现五百罗汉的时代，是《高僧传》所记东晋（4世纪）时初次显现于天台山的事情。五代时在杭州西湖边上初创了五百罗汉堂，宋代雍熙二年（985）又造了五百罗汉与十六罗汉的像，供奉在天台山寿昌寺内。

由于罗汉的数量增多，名称也难记住，于是有些人借此机会混迹其间。在北京碧云寺里的罗汉堂内第四百四十四位，名叫"破邪见尊者"，观其形象，便知是有名的清乾隆皇帝想要得到阿罗汉果混迹其间的。昆明筇竹寺内的清代晚期五百罗汉像中，竟有了基督教耶稣的形象。

诸天是佛教中管理一方的天神，一般是二十位，称作二十天。有些寺院中也塑造出二十四天

或二十八天，把道教的神仙也补了进去。他们都是佛法的维护者，在寺庙中大都排列在大殿的两旁。他们排列的方法也不完全一样，一般是：1.大梵天王；2.帝释尊天；3.多闻天王；4.持国天王；5.增长天王；6.广目天王；7.金刚密迹；8.摩醯首罗；9.散脂大将；10.大辩才天；11.大功德天；12.韦驮天神；13.坚牢地神；14.菩提树神；15.鬼子母神；16.摩利支天；17.日宫天子；18.月宫天子；19.婆竭龙王；20阎摩罗王。

他们的站位，一般是单数在左边，双数在右边。还有一种是按"金光明经道场"的排列法，即佛在中，功德天在左，辩才天在右，其余依次两侧排列。

如果是二十四天，则增加以下4位：紧罗那天；紫微大帝或玉皇大帝，这纯粹是中国化，把道教也加入了；东岳大帝，也是道教之神；雷神，仍是道教之神。

在诸天中，特别请出了4位尊天来守佛、守寺、护法、守护四方，称作四大天王（也称四大金刚），并专有天王殿供奉。他们是：东方持国天王，其塑像身白色，手持琵琶；南方增长天王，身青色，手持宝剑；西方广目天王，身红色，手绕缠一龙；北方多闻天王，身绿色，右手持伞，左手持一银鼠。

这四大天王经过与中国的文化结合，又丰富了内容，进一步起到掌管风、调、雨、顺的作用，拿的道具也有改变：增长天王魔礼青持青光宝剑一把，掌管"风"；广目天王魔礼红持碧玉琵琶一面，掌管"调"；多闻天王魔礼海持混元珠伞一把，掌管"雨"；持国天王魔礼寿持紫金龙花狐貂一个，掌管"顺"。

此外，在佛寺中还有两位常见的尊天，他们

更是中国化了。

大肚弥勒：他似乎是接引众生、欢迎信徒的天神，所以把他塑造成大腹便便、满面堆笑之状。据说朱元璋给他写了一副有趣的对联："大肚能容，容天下难容之士（后人改"士"为"事"）；开口便笑，笑世间可笑之人。"

韦驮天：他是佛寺的守护大将，通常的姿势是双手合十，腕横宝杵（也有用手持宝杵触地的），姿态威武。他大多在山门或天王殿之后，与大肚弥勒或其他菩萨天神背靠背，面向大雄宝殿或其他主殿，注视着礼佛众生。

除以上诸天外，在中国佛教中还有供养菩萨、供养天人、供养人形象。

供养菩萨：在佛或菩萨的前面或两侧，系跪坐持花送果的小菩萨形象，称之为供养菩萨，以增加佛菩萨的热烈或庄严气氛。

供养天人（飞天）：他们围绕佛、菩萨像散花、送果，也是属于上述这种性质的。

供养人：有些信徒和施主们为了表示自己对佛、菩萨的虔诚，常常也把自己的肖像塑造或绘刻于佛殿内、壁画上，以之为陪伴服侍佛、菩萨，称作供养人。

清河汉城遗址

清河汉城遗址又名朱房村古城遗址，为战国至汉代古城遗址，位于北京市海淀区东升乡朱房村西南部。西、南城墙大部分保存，北、东城墙残迹可辨。曾发掘出土了大量兵器、农具，是现存距北京城区最近的汉代及以前古城遗址。

遗址西面是上地村汉墓群，南面是清河。城是边长为500米的正方形，现存城墙只剩下了西面和南面，那是一段黄土所筑的土围墙，南面约有150米，西面有115米，最高处约有5米，用板所筑。

清河汉城遗址

20世纪50年代，清河汉城遗址被考古发掘，共发掘5次，其中重要的是后面3次发掘，其间出土了许多文物，如锄、铲、斧、耧犁等农具；刀、剑、戟等铁兵器，还有一个铜制的箭头；"半两"、"三铢"、"五铢"、"货布"和"货泉"等钱币及铸钱用的钱范；铜印两枚，其中一枚是刻着"王尚私印"的普通龟纽印，另一枚是子母印，只

土围墙

留下了刻有"刘允印信"的母印，子印早已没了踪迹。

城的东北角，有古井十几座，这些古井与白云观和陶然亭等汉代古井的井圈别无二致，都是用陶土烧制而成的，绳纹外壁，卷云纹内壁，一节一节镶接在一起，往地内埋去，在古井的井底，发现陶罐和五铢钱等。

城内筒瓦、板瓦，还有印着卷云纹、字纹、篆字"千秋万岁"的瓦当，数目很可观；地下发掘出了完整的房基、墙基。

清河汉城遗址还发掘出了战国时期的典型器物，如粗把豆、鬲和红陶瓮等。城内主要分为上层唐代和辽代遗物及下层两汉遗物。城的西北角为汉代墓葬区，其中一个汉代跨室墓，规模宏大，有前、中、后、左、右五室，但是这个墓遭过盗窃，只留下了一些残存品，如陶器、漆器等专用陪葬明器。

清河汉城遗址是古城遗址，具有很大的历史研究价值。

2001年7月12日，清河汉城遗址被北京市人民政府公布为北京市第六批市级文物保护单位。

土围墙

知识链接

清河古城

清河古城具有悠久的历史，它是由清河古渡口逐渐发展而来的村落。地理位置十分重要，自古以来，便是中原民族与北方民族相互交融的第一站，也是中原民族和北方民族戍边的要塞，还是北方军事重镇古蓟城前往塞外的必经大道。

据相关文献资料记载，幽州蓟城北筑方城，移百姓，屯兵士，以守卫边境，防御侵扰的北方胡人。清河古城也遵循了蓟城的做法，筑了边长为500米的正方形城池。该城的周长是2000米，可以说是"千丈之城，万家之邑"。

清河古城建造的初衷，是用作军事城堡的，随着时代的变化，古城曾一度十分繁华，在戍边兵营区的基础上，增加了居住生活区、手工作坊区、商业交易区等各项功能，演变为一座城邑，成为最接近古蓟城的一座城。

清河古城最终因战争而损毁。

广仁宫

广仁宫是北京五顶庙之一，位于北京市海淀区曙光街道蓝靛厂，是北京"五顶"中保存最好的建筑。

五顶庙指北京著名的五座供奉泰山神碧霞元君的庙宇，亦称碧霞元君庙、娘娘庙，分为东顶、西顶、南顶、北顶、中顶。现今五顶庙中只有西顶广仁宫保存较为完好，其次是北顶娘娘庙，其余三顶庙已损毁。

广仁宫原为明正德年间创建的嘉祥观，万历

十年（1582）发内帑重建，万历十八年（1590）建成，赐额"护国洪慈宫"，天启年间再修，清康熙四十七年（1708）重葺，次年竣工，康熙五十一年（1712）改名为"西顶碧霞元君庙"，又名广仁宫。民国时期，广仁宫曾作为舍粥厂，1949年后为疗养院，20世纪70年代被辟为北京橡胶五金厂。2004年工厂迁出，广仁宫逐渐恢复原貌。

娘娘殿

广仁宫大门

广仁宫坐北朝南，四进院落。中轴线上依次有宫门三座，砖石结构，歇山顶，筒瓦屋面，辟券门三座，两侧接八字影壁。宫门前原立有牌楼，现已无存。天王殿三间，殿内供奉四大天王塑像，座下八鬼怪。殿宇两侧各带东西朵殿一间。

正殿五间，即娘娘殿，硬山顶，绿琉璃瓦黄剪边屋面，前檐三出陛，垂带踏跺各五级。殿内塑碧霞元君像，其左侧供奉眼光娘娘，右侧供奉送子娘娘，下边侍奉有甲士、侍女、夜叉等。殿前有多通明、清碑刻，其中以各会进香碑居多，同时还有明天启四年（1624）《敕赐洪慈寺碑记》碑、清康熙四十七年重修碑、康熙五十一年御制碑等。东西配殿各三间，前出廊，两侧带朵殿各一间，殿内有冥府七十四司壁画，各司像前摆放

铁香炉一只，上有"万历壬子孟冬"纪年。

寝殿五间，硬山顶，绿琉璃瓦黄剪边屋面。正殿与寝殿之间采用五间廊庑相连，廊庑正中一间为过道门，东西两侧各出垂带踏跺四级。

后殿三间，名三圣殿，硬山顶，绿琉璃瓦黄剪边屋面，殿内供奉太乙、天齐（东岳大帝）、太阴诸神塑像。殿前立有万历十八年（1590）《洪慈宫完工记》碑一通。

宫观最后为后罩楼，面阔五间，分上下两层，硬山顶，绿琉璃瓦黄剪边屋面。楼内下层为四天将守门，祀三元水府之神；上层祀玄天上帝像，每尊塑像均精致古朴。后罩楼前左右原有娑罗树

后罩楼

各一株，据《琉璃厂杂记》载，此树"二人围抱不能合，绿周遭，蔽日月，皮鳞鳞，脂涎涎，触手香不散"。

广仁宫自明、清以来，每年农历四月初一至十五开庙，清代甚至由官府派人来此拈香，直至清末依然是香火不绝。整座宫观建筑形制宏伟，其正殿与寝殿间采用廊庑相连接的布局做法，更是保留了宋元时期的形制布局特点。

2001年7月12日，广仁宫被北京市人民政府公布为北京市第六批市级文物保护单位。

知识链接 广仁宫的历史变迁

广仁宫俗称西顶，为西顶娘娘庙，主要供奉道教女神碧霞元君。广仁宫最初被称为"护国洪慈宫"。《钦定日下旧闻考》中有记载："长河麦庄桥之西为长春桥，度桥为广仁宫，供碧霞元君，旧名护国洪慈宫，康熙十一年改今名。正殿恭悬圣祖仁皇帝御书额曰'金阙宣慈'，皇上御书额曰'坤元广毓'，联曰'蕃滋遍锡寰区福，长养宏敷雨露恩'，殿前恭立。"

明天启二年（1622），司礼监太监魏忠贤来到西顶娘娘庙拜碧霞元君时，发现娘娘庙已破损，于是开始筹备资金修建西顶娘娘庙，并进行大规模扩建。当时在娘娘庙的西侧修建了精舍，作为皇帝派遣至这里的宦官的住所，同时也购买了土地，供庙中道士法坛使用。不仅如此，这次的修建，西顶娘娘庙还修建了山门、钟楼、鼓楼、藏经阁等。

清康熙四十七年，西顶娘娘庙重新修建，过了4年，康熙皇帝来到庙中进香，亲笔御赐西顶娘娘庙为"广仁宫"，并御赐广仁宫珠冠、玉书天

仙玉女经卷等。乾隆时期，乾隆皇帝来到广仁宫进香。光绪年间，广仁宫遭受劫难，被大火烧毁，只留下了菜圃，光绪二十六年（1900），又开始重新修建广仁宫。

1936年，广仁宫被记录在《北京寺庙历史资料》中，这份资料首次记录了广仁宫的庙名、地点、修建时间等。抗战后，广仁宫逐渐萧条，新中国成立后，这里作为工厂。如今，广仁宫是研究明清建筑、道教和庙会的珍贵实物，大部分建筑保存完整。

梁启超墓

梁启超墓是梁启超家族墓园，梁启超和他的两位妻子，还有三子一女以及他的弟弟梁启雄都安葬在这里，位于北京植物园东环路东北的银杏松柏区内。由梁启超之子、我国著名建筑专家梁思成设计。梁思成的设计理念，主张人与环境的和谐，所以他设计的墓园也是这样的氛围，就像是一座庭院一样。

墓地总体分为东和西两部分，墓园位于东面

梁启超家族墓园入口

部分，墓园的附属林地位于西面部分。墓园背靠西山，面积达到了4300平方米。墓园周围是矮石墙，墓园里是常青的松柏。

墓园里北墙的正中平台上是梁启超夫妻的合葬墓。墓是长方形，有1.08米高，2.75米宽，4.52米长。墓的前面是一块石碑，墓碑呈"凸"字形，碑有2.8米高，2.18米宽，0.71米厚。碑的正面是14个大字："先考任公府君暨先妣李太夫人墓。"碑的背面也刻着字："中华民国二十年十月，男梁思成、思永、思忠、思达、思礼，女适周思顺、思庄、思懿、思宁、媳林徽因、李福曼，孙女任孙敬立。"碑的前面是供台，供台高75厘米。碑两侧都有一段衬墙，衬墙是直角形且带雕饰。墓碑、墓顶和供台衬墙都是花岗岩雕筑，颜色都为土黄，前后都是如此，看起来就像是一个整体。墓碑按照梁启超生前的遗愿并没有留下任何碑文和有关其生平事迹的文字。梁启超曾经叮嘱他的儿女，他死后只要在墓前立一块小碑，上面题新会（今广东江门市新会区）谁谁和夫人谁谁之墓即可，碑阴要简单，要弃用浮词，只要刻上其籍贯、其妻生卒，还有子女名、婿妇名、孙子外孙名即可。

合葬墓东面，稍靠后的地方是一块新制卧碑，卧碑上书"母亲树"。碑后有松树，这是梁氏后人植的一株白皮松，这是为纪念王桂荃女士所植，她是梁启超的第二位夫人。

平台下是柏林，柏林被甬路分为东西两部分，其东侧葬着梁启超的弟弟梁启雄；其西侧葬着其子梁思忠和其女梁思庄。梁思忠是一位炮兵上校。梁思庄是我国著名的图书馆学家，其墓碑碑座设计蕴含深刻寓意，那是8册巨书形石雕。甬路再西侧是一座白色八角石亭，石亭四周是洞门，周围是平台，穹顶雕有图案，而图案为花瓣。八角亭内什么都没有。该亭按照原本的设计，是要立一座梁启超纪念铜像，但之后由于资金不够便没有实现。

墓园前方不远的地方是一条砖砌的甬路，其左右立着一座墓碑。墓碑是清康熙年间的东西，它造型优美且挺拔庄重。原本是没落的皇族墓地之物，梁家购入后准备将旧碑文磨掉，然后重新刻上字，后来不知何故，碑文没有镌刻，最终就弃置于墓园里了。

1978年2月24日，梁启超后人，包括梁思庄、梁思达、梁思懿、梁思宁、梁思礼将梁启超

梁启超夫妻合葬墓

八角石亭

墓免费交给国家，植物园接收以后对其进行规划整改，让这座已经荒凉的墓园恢复旧貌，变得清幽肃穆起来，供人们追思悼念。

2001年7月12日，梁启超墓被北京市人民政府公布为北京市第六批市级文物保护单位。

墓园中的石碑

 知识链接 **梁启超**

梁启超是中国近代思想家、政治家、教育家、史学家和文学家，他是戊戌变法，也就是百日维新的参与者，也是其领袖之一。

梁启超生于1873年2月23日，祖籍是广东省广州府新会县熊子乡茶坑村，也就是今天的广东省江门市新会区茶坑村。梁启超字卓如或任甫，号任公、饮冰室主人、饮冰子、哀时客、中国之新民、自由斋主人。清朝光绪年间，他中过举人。他自幼聪颖，中举时年仅17岁。后来拜康有为为师，成为一位资产阶级改良派的宣传家。他曾经参与了维新变法前的"公车上书"运动。此后，他又领导了北京强学会、上海强学会，与黄遵宪一起创办了《时务报》，还在长沙时务学堂担任主讲，为了推动变法做宣传，著成了《变法通议》。

梁启超在戊戌变法失败后流亡日本，与他一起的还有康有为。从此以后，他在政治思想上慢慢趋于保守，然而在近代文学革命运动的理论倡导上仍起着至关重要的作用。他在日本流亡期间，继续著作《饮冰室合集》和《夏威夷游记》，其中对诗中表达心意而运用新名词的做法进行了批判，推行"诗界革命"。他在海外期间，还推动君主立宪制的发展。辛亥革命以后，梁启超担任了袁世凯政府的司法总长。后来袁世凯称帝和张勋复辟事件发生，他进行了严厉的抨击。后来进入了段祺瑞政府。他一生著作的文字达到了1400万字，这些文字都收录在了《饮冰室合集》当中。此外，他教育的子女个个成才，像梁思成、梁思庄、梁思礼都在各自的领域很出色。

梁启超是我国著名的思想家。在《少年中国说》里有很多精彩名言，如："今日之责任，不在他人，而全在我少年。少年智则国智，少年富则国富，少年强则国强，少年独立则国独立，少年自由则国自由，少年进步则国进步，少年胜于欧洲，则国胜于欧洲，少年雄于地球，则国雄于地球。红日初升，其道大光；河出伏流，一泻汪洋；潜龙腾渊，鳞爪飞扬；乳虎啸谷，百兽震惶；鹰隼试翼，风尘翕张；奇花初胎，矞矞皇皇；干将发硎，有作其芒；天戴其苍，地履其黄；纵有千古，横有八荒；前途似海，来日方长。美哉，我少年中国，与天不老！壮哉，我中国少年，与国无疆！"这些名言读起来让人心潮澎湃。

1929年1月19日，梁启超在北京协和医院逝世。

上庄东岳庙

上庄东岳庙位于海淀区永泰庄村。原为纳兰明珠郊区封地的一座古庙，年久失修，清康熙五十九年（1720）重修，立为家庙。

山门前面有一座古戏台，坐南朝北，与山门相对，台基以花岗岩石条砌筑。戏台三面开，结构为双重竖联式，前为台口，后为戏房，二者共同组成一个完整的戏台。顶部为双卷勾连搭式建筑，前部为歇山式敞轩，后部为硬山式瓦顶，山墙开什锦式花窗，用以透光。戏台檩枋上手绘包袱、云头、牙脚的彩画，清晰可辨。画面大体有山水、花鸟、人物、城关、古塔、罗锅桥、六角亭等。戏台东侧额枋包袱内画有5层楼教堂，穹顶上安装十字架。彩画出现教堂，颇为罕见。

东岳庙坐北朝南，建筑分东西两路，以西路为主。

山门在西路南端，一间，两侧原有侧门，西侧角门已经不存在了，只留下基石。四柱为方形，悬山调大脊，前后枋上备有六攒重昂五踩斗拱，两山面各有三攒一斗二升交麻叶头斗拱，上下枋

山门

上有彩画痕迹。

第一进院落，西侧为鼓楼，下层为砖结构，出短檐，正面开一券门，二层为木结构，单檐歇山顶，四面均有门洞。楼内空空，二层地板、楼梯已失。东侧原有钟楼已毁。

前殿，也称瞻岱门，为东岳庙标准的建筑格局。瞻岱门面阔三间，砖结构硬山顶，灰筒瓦，明间开石拱券门，南面左右开两方窗，券门青石上镌精美的五龙穿云高浮雕图案，保存较好，门上方石额书"瞻岱之门"四字。

瞻岱门后是一宽大院落，院落南端为岱岳宝殿，是庙中正殿，面阔三间，前出月台，单檐庑

上庄东岳庙戏台

鼓楼

殿顶，檐下施重昂五踩斗拱，规制甚高。斗拱上仍保存着清代重修时的彩画。

后殿为西路建筑中的最后一进，面阔五间，硬山灰瓦调大脊，建在花岗石台阶上，三出榻脚。两边各有转角配殿五间。

东岳庙东路为跨院三进，规格不高。

2003年12月11日，上庄东岳庙被北京市人民政府公布为北京市第七批市级文物保护单位。

 知识链接　　　　**纳兰性德**

纳兰性德（1655—1685），满洲正黄旗人，清朝初年词人，康熙重臣纳兰明珠的儿子。

纳兰性德自幼饱读诗书，17岁入国子监学习，18岁中举人，22岁考中进士。因汇编《通志堂经解》，深受康熙帝赏识。被康熙留在身边授三等侍卫，不久后晋升为一等侍卫，多次随康熙出巡。还曾奉旨出使梭龙，考察沙俄侵边情况。

康熙十三年（1674），纳兰性德与两广总督卢兴祖之女卢氏成婚。

康熙十六年（1677），卢氏难产去世，纳兰的悼亡之音由此而起，成为《饮水词》中拔地而起的高峰。

纳兰性德24岁时将词作编选成集，名为《侧帽集》，又著《饮水词》。后人将两部词集增遗补缺，共349首，合为《纳兰词》。

康熙二十四年（1685）暮春，纳兰性德抱病与好友一聚，一醉一咏三叹，而后一病不起。7日后，于农历五月三十溘然长逝，年仅30岁。

纳兰性德是清代最著名的词人，他的词风格感伤，清新优雅，感情自然流露，深受广大读者的喜欢，他的那一首《长相思》更是成为后人传诵的经典：

山一程，水一程，身向榆关那畔行，夜深千帐灯。

风一更，雪一更，聒碎乡心梦不成，故园无此声。

孙岳墓

孙岳墓是著名国民革命军将领孙岳的陵墓，位于北京海淀区温泉镇温泉村，占地5万多平方米。

该墓坐北朝南，墓四周是半椭圆形月台。墓

孙岳墓

碑亭

前有墓志铭。墓南有纪念碑亭一座，亭前有一把长椅，亭子里有一座石碑，石碑上刻着"孙禹行先生纪念碑"。亭子的正对面就是孙岳墓冢。墓冢呈金字塔形状。最初是一座黄土堆坟，1990年进行了重建，改为现在我们看到的砖砌坟墓。墓东面是纪念堂，里面有蒋介石和冯玉祥等人的题字石刻。

2003年12月11日，孙岳墓被北京市人民政府公布为北京市第七批市级文物保护单位。

知识链接

孙岳

孙岳是国民党著名爱国将领。1878年生于河北高阳，参加了辛亥革命，后冯玉祥发动"北京政变"，他也是发动者之一。

孙岳年轻时，家乡有一个恶霸，在乡里横行霸道，孙岳心中不平，除掉恶霸，换了姓名出家了。之后，他参加考试，成为保定武备学堂炮科的一员。同年成为同盟会的一员，是北方支部的领导之一。他毕业后加入北洋军陆军，成为其第三镇中校参谋官。1907年进入陆军大学学习，毕业以后成为第三镇管带。

辛亥革命以后，孙岳被孙中山任命为苏、淞、宁、扬、镇五路军总司令。张勋复辟，辫子军在他手下遭遇了重创，孙岳随即成为第十九师师长。1913年二次革命，他成为讨伐袁世凯的第一路军总司令。之后，他去了日本。直到1917年，孙岳回到保定，漕河军官教导团在他手里创立，并且还创立了后来改为直隶义勇军的直隶保卫团，他自己担任司令。他带领的部队在直皖战争后进行改编，成为第十五混成旅，他担任旅长并兼任大名镇守使。其间他兴建水利，获得了大名人民的称赞。

孙岳在1924年成为京畿卫戍司令，他参与了冯玉祥发动的北京政变，是其主要领导人之一。之后，他成为国民军副总司令，兼任第三军军长。1925年，孙岳成为陕、甘、豫剿匪总司令，领陆军上将衔。这一年冬天，他担任直隶督军兼省长。二七大罢工后许多工人和工会干部被吴佩孚关押，孙岳在李大钊的请求下将这些人释放了。1926年3月12日，大沽口遭到日本军舰的炮击，这时孙岳担任前敌总指挥，在前线下令还击。

为了抗议段祺瑞所制造的"三一八"惨案，孙岳辞去了自己担任的职务。冯玉祥被迫下野出国后，孙岳代理国民军总司令对奉军作战，战争失利，被迫退守包头。

　　1928年5月27日，孙岳在上海病逝，终年50岁。国民政府追赠其陆军上将军衔。同年12月25日安葬于北京温泉显龙山下。

鹫峰地震台

　　鹫峰地震台是我国近代第一座地震观测台，位于海淀区苏家坨镇北安河村西的北京西山鹫峰国家森林公园的秀峰寺南边。鹫峰地震台于1928年由时任中央地质调查所所长的地质学家翁文灏倡议建设，1930年建成后，聘请地质学家李善邦负责。1930年9月20日，鹫峰地震台开始记录震相到达时间，然后编成月报并与世界地震台交换。作为我国民国时期最早的近代地震观测研究机构，是我国近代科技发展的重要见证。

　　鹫峰地震台从开始工作到1937年7月抗战爆发，一共记录的地震有2472次。其中一些重要地震，鹫峰地震台还参考了其他地震台交换来的资料，对其进行分析和研究，确定一些有关地震的数据，包括震中位置、震源深度等，然后继续进行分析和研究，最后编成鹫峰地震研究室专报。鹫峰地震台的仪器、管理、记录质量等，在当时世界上处于领先地位。鹫峰地震台所处位置，恰好在地震台不多的地区，因而其观测结果，还有研究报告一经出现，便受到世界同行的青睐。

　　抗战爆发后，鹫峰地震台不得不停止工作。工作人员把地震台伽利津-卫立蒲式电磁地震仪拆卸开来，然后存放到了燕京大学，维歇尔式机械地震仪由于拆运麻烦而留在地震台。而地震台

鹫峰地震台李善邦塑像

的工作人员，如李善邦、秦馨菱、贾连亨等先后离开了地震台，鹫峰地震台的房屋另作他用，后成为抗日游击队的指挥部。

　　1990年，鹫峰地震台建立60年之际，国家地震局地球物理研究所对鹫峰地震台进行了整修和复原。

　　2011年3月7日，鹫峰地震台被北京市人民政府公布为北京市第八批市级文物保护单位。

鹫峰地震研究室

李善邦

李善邦（1902—1980）是我国的地震学家，他主持并修建了我国近代第一座地震观测台。

李善邦出生于农家，祖籍是广东兴宁，大学就读于南京东南大学，毕业后，在清华大学叶企孙教授的推荐下，李善邦成为地震观测研究员。

1930年，中央地质调查所所长翁文灏先生主持建设鹫峰地震台，李善邦也是参与者之一。另外，李善邦在其他方面也有不少成就，在勘探发现四川攀枝花大型钛铁矿，在设计并研制霓式水平地震仪，在研制不同类型的地震仪，在主编我国第一套地磁图，在建立中国首批全国地震基本台站，在主编我国首部《中国地震目录》，在编制完成的《中国地震区域划分图》，在主持组建新丰江水库地震考察队中都有他的身影，他开创了很

多第一，参与了很多有关地震的项目。李善邦晚年，在病中完成《中国地震》的撰写工作，这成为中国地震事业的一笔宝贵财富。

李善邦不只在地震科研事业上成绩斐然，还承担着很多其他相关工作，如组建中国科学院地球物理研究所地震研究室，以及发展规划的制订和组织管理科研等，还组建培训班，为大学生讲解有关地震学的知识，培养了很多地震学方面的出色人才，这些人才都成为新中国创立之初的中坚力量。

贝家花园

贝家花园原为北安河村闵姓私产，民国时期协和医院法国医生贝熙业为女儿疗病静休，租用此处辟为花园别墅。它位于北京海淀区苏家坨镇大觉寺北，是北京保存较好的中西合璧的私家花园之一。

贝家花园依山而建，整体风格为中西结合式，

李善邦在鹫峰地震台

贝家花园石碉楼

北楼

分为东南石楼、北部建筑群和西南建筑群三组建筑。现在我们还可以看到的有石楼、二层北楼、石碉楼、水池、西南部正房和排房。

石碉楼在三组建筑群以东大概200米的地方，坐西向东，正门的青石横匾上刻着"济世之医"四个字。城墙墙体采用花岗岩石垒砌，各层有三扇窗，形状为长方形，窗棂四角是四块角石，西南方向是平台，向南是门，门内是台阶，南面是一座凉台，台南和台北有石级。

二层北楼，西面的四间是居室和课堂，东面一间带着转角廊。石楼的西北角有一座碉堡，楼西侧有一座高台，台上有小房二间，坐北朝南，前是平台。

自北楼下山，折向西南是歇山顶五楹厅堂，南二间耳房，北二间耳房，坐西向东。

石碉楼前面是水池、藤架和喷泉等。总的来说，这是一座保存基本完好的美丽的私家花园。

2011年3月7日，贝家花园被北京市人民政府公布为北京市第八批市级文物保护单位。

知识链接 **法国医生贝熙业和他的贝家花园**

1913年，法国医生贝熙业踏上了中国的土地。他担任过法国驻中国大使馆医官、法国医院大夫和中法大学董事等职务。他是一名受人尊敬的名医，他曾在法国使馆工作，在外交上有特权。还是民国初期最知名的外国医生。他曾担任总统府医师，他看过病的人包括黎元洪、徐世昌等人。

后来，贝熙业的女儿患了肺病，于是贝熙业选择了环境清幽的鹫峰脚下建了这座贝家花园。

后来，七七事变爆发，贝熙业亲眼看着战火荼毒中国人民，他十分痛心，经常利用自己的特殊身份帮助我党的地下工作者将稀缺的医疗物资运往根据地。也可以这样说，贝熙业和他的贝家花园，沟通了北平到晋察冀根据地的药品线路。1941年，太平洋战争的爆发令日本加紧掠夺战略物资，汽油被管制，贝熙业的汽车开不了了，时年逾古稀的贝熙业开始用自行车运送药品，其间

西南部正房

贝家花园喷泉

他要经过好几个日军关卡，只是为了保住这条输入后方的生命线。

贝熙业大夫用自己的行动告诉世人，他是一位真正的国际主义反法西斯的英雄，中国人民真诚的朋友，中国共产党的亲密战友，他得到中国人民的尊敬和爱戴。

普照寺

普照寺是一座明清佛寺，位于海淀区苏家坨镇徐各庄村西北，主要建筑保存完整，是研究明清佛寺的重要实例。

普照寺建于明天顺五年（1461），明弘治六年（1493）及清顺治十三年（1656）重修。寺院坐西朝东，四合布局，分为南北两院。南院为正院，门额题4个大字"普照禅林"。山门两侧各有一偏门。

院内正殿面阔三间，硬山挑大脊，正殿明间后檐墙处增建神龛，两侧出耳房；南北各有配殿三间。院中有明代所植银杏树一株。

北跨院有僧房十六间，以回廊相连。五间东房出后厦三间，卷棚顶，苏式彩绘，曾为寺中戏

正殿和银杏树

普照寺山门

戏台侧面

台。寺前建有放生水池，由龙口注入清泉。池东原有寺院的山门，1970年因修筑铁路而拆除，门前照壁尚存。

寺内原有明天顺五年（1461）《敕赐普照寺记》碑、弘治六年（1493）《重修普照寺碑记》碑以及成化十五年（1479）《大明诰封圆修慈济国师塔铭》碑、成化十六年（1480）《五台净戒禅师塔铭》碑、明正德四年（1509）《大明故内官监太监罗公塔铭》碑等，均被损毁。

2011年3月7日，普照寺被北京市人民政府公布为北京市第八批市级文物保护单位。

《敕赐普照寺记》残碑额

 《敕赐普照寺记》残碑录文

承旨讲经兼赐宝藏圆融显密宗师、播阳道深撰书。

少师、太子太师、光禄大夫、礼部尚书、毗陵胡濚篆额。

都城之西北约八十里旸台山，有山峦叠嶂，峰回地秀，流水清泉，乃灌顶广善西天佛子大国师光无隐上师所建□□□也，则曰西竺，而上师大通法王真身舍利窆堵在焉之左。僧录司右讲经三曼答室哩，唐称普遍吉祥宗主禅师开山，幸遇大檀越□□陈公玙及众檀越各捐己赀，大治土水，其中盖造正殿、天王之殿、廊堂、方丈，以及山门、斋廪、僧舍、垣宇，庄严佛像，供器之具，□□□美。又于丛林之后成立诰封讲经尊师之金刚坚固塔焉，塔高四十五尺有八，□安斋师梵讳微捺耶室哩，□□□伏吉祥□资，清俊颖敏，□□于永乐己丑间，仁宗在春宫，命与无隐上师为徒，而其自是参习密乘，则昼夜弗忘，不惧寒暑，不辞劳苦，梵汉经书一览，即通大义，其于

待宾□□□□之际，无不随机应便，而融融和气者也，实是谓万法□明，而岂止能五明，为板的达之谓哉！

是乙未岁，寻奉旨意，教授中官梵典。至洪熙改元乙巳，仁宗皇帝赐敕谕图书褒异，谕曰：朕惟佛氏之道，广大慈悲，充周普遍，上足以阴翊皇度，下足以拔济有□□□之弘，被于幽显。惟尔微捺耶室哩，宿性明通，自然了悟，爰造毗庐之境，超登般若之途，妙演真乘，以化善类。眷尔精勤，□用□□□□□以法性清净□□不□严□毗尼，丕阐宗旨，开导迷途，赞我皇猷，故谕。于宣德丙午，宣宗皇帝召至御前，加升僧录司右讲经，赐官帽、织锦袈裟，改良食，尤□之荣矣。己酉，□□师帽织金禅衣，度僧百五十余员，从尊师随侍□□，而其卓冠群僧之首。及遇□廷修斋，则掌坛弘教，丕隆皇化。而其至诚忠厚者，实非寻常之□□也。然而，宣德庚戌，无

疾辞众示寂矣。其□度之高徒□□多，而三宗主
禅师收尊师遗骨，以起□于普照丛林后山之阳焉。
是以兴工于正统戊辰，讫工于己巳，承敕赐前额，
礼部札付宗主禅师之徒苏塔纳室哩为住持也。景
泰五年甲戌五月□□日，□□□公文，中官陈公
汝烈，俾为之记其刹之□，因志其塔之所缘矣。
予亦幼参学密宗于上师与尊师名下，□闻如来垂
教，□□□□密其于密文一乘，则近代而泯泯焉。
我国朝复□□师，尊师少得□□行之，尊师□大
辅毅□教于□□□楷乎西归已好，群生□获□也，
然则人人皆见其慈容之于可得，而尚称赞其□，
而所谓尊者皆□□本尊上师之称耳，而□□身岂
有生□哉？是为记也。尊师与三宗主俱系交南巨
族，而宗主禅师任僧录掌教，深得秘密一宗之旨，
兼翰林译□□之官，而□具载，以示后来永传旷
劫之不朽。

大明天顺五年岁次辛巳八月十五日，□山住
持苏塔纳室哩立石。

承泽园

承泽园南近畅春园，东邻蔚秀园，位于海淀
区挂甲屯。作为圆明园的附属园林，对研究清代
皇家园林有一定的价值。承泽园约始建于雍正三
年（1725），道光年间赐予寿恩固伦公主，慈禧
发动"北京政变"后收回，光绪年间赐予庆亲王
奕劻。民国时期，承泽园为大收藏家张伯驹所得，
1953年张伯驹将此园售与北京大学。

承泽园南部空旷，布置以山水，北部则以建
筑为主。园两侧为东西相对的阿斯门，中间南侧
为影壁，向北为三间头宫门。门后为过厅式二宫

花园全景

门三间，歇山顶过垄脊，前后接平桥于万泉河上，
有如水榭。桥北广亮门内为宽阔主院，过垂花门
后两券正房即为寿恩固伦公主寝室，余为厢房、
耳房、后罩房等。东侧第三进院为额驸景寿居所，
形式与中路略同。

西路以水景为主，北岸有敞轩、楼阁及正堂，
建筑物间连以爬山游廊，湖岸布置山石花木。

承泽园初建时是一座平面狭长的私家园林，
南临万泉河，沿河水平面散开布景。后园林南北
纵向加宽，利用河中土山形成四周环水的小岛，
增加了景深空间，丰富了节奏变化。南部添建府
前院、两道宫门、东西院落，突出了稳定的主轴
线作用，建筑规格也进一步提高，体现了宗室贵

西路敞轩

西路花园楼阁

族的皇家气派。

承泽园改建时万泉河一段入园，将河水南北分流，园内二河横亘，绵延东西，流经全园后又汇为一流东去，修山理水，气势不凡，极为罕见。全园被河水一分为三，北河道宽窄不一，于西路形成湖面，以水景取胜。南河道宽大深广，水量丰沛，远非一般私园淙淙溪流可比。宅院南北隔岸相望，自然形成不同功能区域。中间横亘狭长的湖心岛屿，小桥、亭台、山石点缀其间，宛似江南美景。

此园变为公主、亲王赐园后，房屋建筑增多，园林布局、结构有所变化，景致效果更为丰富。其叠山理水、空间布局、土石花木布置等方法，匠心独运，气度不凡，故而能享誉百年，一直为

西路花园正厅

西郊著名宅园。

2011年3月7日，承泽园被北京市人民政府公布为北京市第八批市级文物保护单位。

知识链接　承泽园与张伯驹的渊源

张伯驹，原名张家骐，生于1898年，他从小受传统教育，学习音律、诗词、书画、戏曲等，因为精通艺术，成为著名的收藏家和国学大师。

张伯驹喜欢收藏，他看上了隋代展子虔的《游春图》，这幅画是历史价值极高的国宝，需要用金条购买，为了得到这幅画，张伯驹将北京弓弦胡同的老宅卖掉，换取了这幅画，剩余的黄金分给了妹妹一部分，还购买了承泽园。1946年，张伯驹居住在承泽园时，就将这里改名为展春园。

1950年，张伯驹在承泽园成立了"展春词社"，第二年，又在这里举办"重三禊集"，当时，有40个精英聚集在这处园中，规模宏大。周汝昌在《承泽园轶事》中记载："我与张先生过从甚密，几乎每日下午都要去坐坐——那儿是书画之府，丝竹之乡，我们除了诗词翰墨之外，也好京剧。记得有一回张先生唱《空城记》，我给他当琴师。那时学余派须生的，常向张先生请教，先生给予他们示范。"张伯驹居住在承泽园时，曾担任过燕京大学语文系中国艺术史名誉导师，还举办了一次展览，将自己收藏的古代书画展示在语文系楼上。

张伯驹购买承泽园的金条原本是卖掉弓弦胡同的老宅换来的，老宅是张伯驹伯父张镇芳的遗产。张镇芳无子，张伯驹父亲张锦芳就将家中长子张伯驹和最小的女儿过继给了张镇芳。当时张

伯驹只有6岁。1953年，张伯驹因家中产生纠纷需要资金，于是将承泽园卖给了北京大学。

上方寺遗存

上方寺遗存是辽代寺院上方寺的建筑遗存，位于北京市海淀区苏家坨镇凤凰岭公园内。其建筑面积约5000平方米，自明天顺年间开始到清道光年间，这300多年是上方寺香火最旺盛的时候，直到清末时才转衰。它是京西佛教文化传播和发展的重要实物资料。

上方寺坐西向东，原有依照山势建造的三重殿宇，即天王殿、大雄宝殿与三圣殿，目前均已无存。大殿后面有一座覆钵式花岗岩石塔，寺后面的崖下有两口水井，水与井齐，称之为满井，是当地名泉之一。遗址中现存两座明石碑，字迹已然模糊，一块是《圆觉经》，一块是《清修寺碑》。另有一株古银杏树、几块残碑和一块刻石，上面刻着"上方院应历十年十月十日"。

上方寺遗址前面有一山谷，山谷中有一座明代覆钵式和尚灵塔，塔坐西朝东，背依高崖，前

覆钵式花岗岩石塔

上方寺古香道蓄水池

玲珑塔

瞰深涧，全部由花岗岩砌筑而成。塔高6.1米，塔基平面呈"亚"字形。遗址北侧有元代砖塔，俗称玲珑塔，为金末元初本寺某禅师灵塔，约建于元中统年间。塔坐西朝东，为五檐六角密檐式砖塔，塔高约9米。塔身各角上分别装饰有一座五檐六角密檐式砖雕小塔。

2021年8月28日，上方寺遗存被北京市人民政府公布为第九批北京市文物保护单位。

佛塔的起源与发展

古塔并非我国所固有，而是一世纪随佛教传入我国，并与我国传统建筑相结合，成为中华古建筑中一朵绚丽的奇葩，也是中华大地上一道独特的风景。

佛教起源于印度，塔是为保存或埋葬佛教创始人释迦牟尼的"舍利"而建造的。佛经记载，释迦牟尼遗体火化后，结成许多晶莹明亮、五光十色、击之不碎的珠子，被称为舍利子，还有其他身骨、牙齿、毛发等，也被称为舍利。后来，凡德行较高的僧人死后火化的尸骨，都称作舍利。在佛教中，舍利是一种至高无上的圣物，尤其是早期那种被称作释迦牟尼舍利的，更是佛教徒顶礼膜拜的对象，犹如佛即在此。为表示对佛的虔诚和信仰，信徒争相供奉舍利。为保存舍利，就要有一定的建筑物，"塔"便应运而生。

塔的梵文为坟冢之意。塔传入我国时，印度的塔已经过较长时期的发展，除坟墓外，还有在寺庙、石窟内建造或雕刻的塔。译成中文时，各家或音译，或意译，或按其形状而译，例如窣堵波、私偷簸、偷婆、佛图、浮屠、方坟、圆冢、高显、灵庙等，译名不下20种。魏晋以前的《后汉书》《三国志》等书中，都只称佛图、浮屠等，尚无"塔"字。"塔"字最早见于葛洪的《字苑》。"塔"字采用梵文佛字"布达"音韵，较旧译浮屠、佛图更为接近，加上土做偏旁，以示土冢之意，即埋佛的土冢，就比较切合实际了。

佛教的传播，一是利用佛经进行说教，二是以形象化的实物或图画来宣传，而佛像、佛塔是最突出的形象。因此佛教于东汉明帝时期传入我国时，佛塔也就随之而来了。

塔既源于印度，那么印度塔究竟什么样呢？相传，释迦牟尼的舍利被当时的8个国王分别取去建塔供奉。后来，一些佛教信徒在各处寻找甚至制造舍利，以建塔供奉或作纪念，其数量之多，不可胜计。起初，为纪念释迦牟尼一生中的大转折，信徒们建了8座塔，是否有真的遗骨或舍利已不可知。到公元前3世纪中叶（前268—前232），印度摩羯陀国孔雀王朝的阿育王立佛教为国教，下令其统领下的八万四千个小邦国都要建塔，这就是佛教史上盛称的"阿育王八万四千宝塔"。以后，又演绎出释迦牟尼以前的一种叫多宝塔的塔，说是释迦牟尼在灵鹫山讲《华严经》将终时，忽有一安置多宝如来金身舍利的宝塔现于空中，塔内有赞叹释迦之声，谓之多宝塔。

印度的塔有两种，一种是埋藏佛舍利、佛骨等的"窣堵波"，属于坟冢性质；另一种所谓"支提"或"制底"，内无舍利，称作庙，即塔庙。印度两种形式的塔传入我国后，与我国固有的建筑形式与文化传统相结合，有了很大的变化和发展。

"支提"式塔在印度原为刻有纪念性佛塔和其他雕刻的石窟，塔在窟的后部，塔前有一个较大的礼佛集会场所。"支提"式塔传到我国后，发展成为我国的石窟寺，但我国的石窟寺甚小，没有集会之地，需要在洞窟前面或旁边另建寺院，作为僧众居住和集会之所。把原来窟内后部的塔发展成为塔柱或中心塔。在形式及用途上都与印度"支提"式塔有所不同。印度原有一种毗诃罗石窟，是僧侣修行的住处。石窟中央设方形或长方形讲堂，石窟中堂后壁凿刻小型佛塔，并造小室为说法处。在石窟正面和左右两侧开凿很多约一丈见方的小型石室，每室只能容纳一名僧人居住。我国佛寺中常用"方丈室"称呼住持和尚的住处，称住持和尚为"方丈"，即由此而来，其实很多寺庙住持和尚居住的方丈室很宽大，不止方丈之地。这种在印度早期佛教盛行的"禅窟"形式传到我国后，只在个别石窟中有所反映，例如甘肃敦煌石窟的一些洞窟内还有遗迹保存。敦煌石窟中编号为267至271的一组北凉时期洞窟，本来布局是以268为主窟，南壁267、270，北壁269、271只是4个附属小龛，其面积"才容膝头"，可能曾经是僧人坐禅用的禅洞。但坐禅僧人并不住洞内，偶来坐坐，以此为象征罢了，这说明印度毗诃罗石窟传入我国后已经发生了变化。由于"支提"式塔在后来中国塔的发展中不是主流，这里不做更多叙述。

埋藏舍利的塔传入我国后，即与我国的传统建筑和文化相结合，发展成中国式的寺塔，我国现存的古塔大多是这种塔，不管是否有舍利，总是叫各种舍利塔。

印度最初的窣堵波现存极少，或经多次毁坏又多次重建，也早非原物。从现存最早的建于一世纪前后的印度桑奇大窣堵波（即桑奇大塔）看，完全是坟墓的形式：中央是半圆覆钵形大土冢，冢顶上有竖杆和圆盘，半圆冢之下有基台和栏墙，前面有梯级上下；半圆冢的外周还有栏墙环绕，栏墙四面辟门，安设石制牌坊门；前面的牌坊门侧有精美的雕狮立柱，这与我国古代墓前华表柱的安设有些相似。在距今印度北部葛拉克波县城45千米的释迦牟尼佛涅槃处有一座覆钵式塔，虽几经毁坏和修缮，但形制上仍与桑奇大塔一脉相承，仍是一坟冢式样，我国现存的许多喇嘛塔多由这种形式发展而来。

印度的塔也在随时代不断发展。在印度比哈尔邦伽雅县布达伽雅释迦牟尼成道处的大觉塔后面，有一株菩提树，树下有一个坚硬的石座，称作金刚座，传说释迦牟尼在这里坐悟成道。因此，与窣堵波完全不同的这座大塔的形式被称作金刚宝座式，这种形式随即也在我国出现了。敦煌莫高窟第285窟内壁画中的金刚宝座塔是北周时期作品，也是迄今所知我国最早的两个金刚宝座式塔的形象之一。另外一个是山西朔县（今山西朔州）崇福寺内北魏兴安元年（452）的石刻小塔。从壁画上可以看出，塔下是一个方形台座，台上分立五塔，中间的一座塔特别高大，四角的塔很小。塔刹上均有七重相轮，塔刹顶冠以宝珠。崇福寺旧址即北魏兴安二年（453）的石刻小塔和五台南禅寺唐代石刻小塔，也都具有这种塔的神韵。但山西朔县崇福寺塔的四角小塔很不清楚，只是写意而已，敦煌壁画中的金刚宝座式塔则与现存实物非常相似。

恩佑寺山门

恩佑寺为清雍正帝为敬念康熙皇帝而修建的寺庙，位于北京市海淀区颐和园路5号北京大学西门外，它与南侧的恩慕寺山门仅相隔50米。恩佑寺始建于清朝雍正元年（1723），当时，这里原本是畅春园的清溪书屋，康熙晚年经常在这里宴寝，后来也是在这里逝世的。雍正皇帝"为圣祖仁皇帝荐福"改建书屋为恩佑寺。

恩佑寺坐西朝东，原本是三进院子，山门内有三座石桥，正殿佑正殿五楹，里面奉的是三世佛像，中间是释迦牟尼像，左右两侧分别为药师佛和无量寿佛。和圆明园一起被毁后仅存歇山式无梁结构山门。

门额

恩佑寺山门

恩佑寺山门上覆黄色琉璃瓦顶，石券门，券面上装饰缠枝牡丹纹。门额上写着"敕建恩佑寺"。

恩佑寺原来有很多皇帝留下的墨宝，如山门门额上的"龙象庄严"和正殿额上的"心源统贯"，以及殿里龛额上的"宝地昙霏"和两侧的楹联"万有拥祥轮，净因资福；三乘参慧镜，香界超尘"等。

恩佑寺山门及紧邻的恩慕寺山门是畅春园仅余的地上遗存，对畅春园的位置具有标识意义，是畅春园历史变迁的重要见证。北京市文物局于1985年对其进行了重修。

2021年8月28日，恩佑寺山门被北京市人民政府公布为第九批北京市文物保护单位。

知识链接　中国寺庙的主要建筑

中国寺庙的建筑主要有下列几种。

山　门

山门是佛寺的大门，也有称为"三门"的。据说因为很多佛寺都建在山林之中，也即是进山之门，所以称之为山门。又因有"三解脱"之说，所以也称作三门，即空门、无相门、无作门。较大的寺院，常有三门并列的形式。中间的一道是正门，往往建成门殿式，称为山门殿。门殿内一般塑左右对称的两大金刚力士像，一看而知他们是保护寺院的，也就是佛的门岗、门卫。金刚力士原来只有一个，佛经上说他原是一位"法意太子"，发誓在皈依佛法之后要做佛的亲近卫士，后来果然悟了道，做了佛的一名"卫队长"，称为"密迹金刚"。传入中国寺院之后才分为两个，东西对称守着寺门。

钟鼓楼

进了山门之后，有钟鼓二楼相对称，左为钟楼，右为鼓楼。所谓"晨钟暮鼓"，其敲击之法是早晨先击钟以鼓相应。晚上先打鼓以钟相应，也有些寺院是专门为大钟修建的，如北京大钟寺的大钟、苏州寒山寺的钟，都是蜚声遐迩的名钟。"姑苏城外寒山寺，夜半钟声到客船"，成了千古名句。

天王殿

较大的佛寺都有天王殿。进山门之后，两旁钟鼓楼与天王殿形成了寺宇的第一院落。殿里供奉了6位将领，两旁是"护世四大天王"，他们分别保护着佛教传说中的人间世界的东胜神、西牛贺、南赡部、北俱卢四大部洲。正中迎面供奉的是一位笑口常开的大肚弥勒佛。他本是未来的佛，形象庄严，但到了中国后，从五代到宋元时期，便把他与布袋和尚相融合，才成了这种引人喜欢的形象。殿的背后与大肚弥勒佛背靠背的则是威武的韦驮天，也称韦驮菩萨，是一位保护佛法的神将。

大雄宝殿

大雄宝殿是佛寺的主要建筑，为供奉佛教创始人释迦牟尼或是其他佛的大殿。"大雄"二字是指佛的法力雄大之意。供奉哪一位佛或是哪几位菩萨，都要由各种佛教经典以及宗派类别的内容来决定。一般供奉的尊数有一、三、五、七尊四种安排，安排一尊的多是佛教创始人释迦牟尼，

其余有增加为三、五、七尊者。

佛寺中的大雄宝殿，犹如宫殿中的金銮殿，是寺院的主体，从建筑布局和艺术上说，它是中心和高潮，建筑规制最高。如果有几种屋顶的话，它的等级是最高的，用庑殿顶，其余的建筑用较低等级的歇山、悬山或硬山顶。面宽和进深也较其他殿堂为大。在晚期的佛寺中，也有用歇山顶的，但也尽量提高它的建筑规格。

伽蓝殿和祖师殿

在大殿的两旁常有东西配殿，或是两阁。东配殿一般是伽蓝殿，西配殿一般是祖师殿。伽蓝殿梵文为Saṃghārāma，音译作僧伽蓝摩，是"僧院"或"众园"的意思。在伽蓝殿中，供的是波斯匿王、祇陀太子、给孤独长者三人，他们是印度最早支持释迦牟尼，护持佛法建立伽蓝（即佛院）的信士。殿内两侧有的还供了18位伽蓝神，作为保护寺院之神，名字为美音、梵音、天鼓、叹妙、叹美、摩妙、雷音、师子、广目、妙眼、遍视等。祖师殿供奉的是本寺所属的宗派系统的创始人"祖师爷"，如禅宗供的是创始人达摩祖师，两旁供以后著名的有贡献的宗师六祖慧能禅师、百丈禅师、马祖道一等。

东西配楼配阁

在有些佛寺的主要大殿的两旁，不用配殿而用配楼配阁，如河北正定隆兴寺的转轮藏、慈氏阁，山西大同善化寺大雄宝殿前的文殊阁、普贤阁等。在建筑艺术上，配楼配阁较之配殿更觉雄伟。

法 堂

法堂位于大殿之后，也称讲堂、经堂，是演说佛法、念经、皈戒集会之所。在法堂中，除供设一定的佛像之外，堂中还要设法座，供高僧们讲经说法。不少的佛寺不设法堂，而是在大雄宝殿或其他的殿堂之中讲经说法。

藏经楼或藏经阁

在佛寺的最后一进的后面，常常还建两三层的楼阁，作为储藏佛经之处，称作藏经楼或藏经阁。因它是高层楼阁，不仅可储存较多的经书，而且在建筑布局和立体观感上，也收到结尾部位突出的艺术效果。藏经楼阁的两侧，也有配殿或配楼配阁。

这里顺便说一下佛教的"经藏"来历。起初释迦牟尼说法的时候，并无经本，而是随心所悟，随时讲说。等他涅槃后，各个声闻弟子所闻不一。为了统一和便于流传起见，众弟子便举行了几次大集结，由一人为主，将声闻所记背诵下来，其他人加以补充、修改、审定。释迦牟尼涅槃那一年，弟子们由迦叶召集，五百比丘（即和尚）参加，在王舍城七叶窟举行了首次大集结。由迦叶诵出了释迦所说佛法的理论部分，经修订写成佛经，保存于竹篮"藏"内，称之为"经藏"；又由十大弟子的另一位优波离诵出释迦所讲的清规戒律部分，称之为"律藏"；此后尚有解释佛说精义的部分，称为"论藏"。这些合称为"三藏"，是佛教经典的总称。这些藏经后来经过多次修订，传到多个国家之后又有所发展。中国的佛教经典，自汉代开始译出第一部佛经《四十二章经》以后，内容逐渐增加丰富，到隋代时便有了手抄的《大藏经》。宋代开宝四年（971），在成都用木板雕刻，花了12年时间，刻成了13万块经版，是为北宋官版《大藏经》。经历代补充，至清代乾隆时又刻了一部集大成的乾隆版《大藏经》，称为"龙藏"。

"藏"字读作zàng，与西藏的"藏"同音，所以藏经的建筑不能读作cáng。中国的藏经建筑除藏经楼、藏经阁之外，还有"壁藏"（就是靠墙壁的经橱，如山西大同华严寺的壁藏）和"转轮藏"（能够转动的多角形经橱，如河北正定隆兴寺的转轮藏），但它们建筑较小，所藏之经不如藏经楼阁之多。

戒 坛

戒坛是大佛寺中的一种特种类型的建筑物，用来传授戒法。一般传戒分为三级、三次，也称作"三坛"。由于内容十分复杂，不能一一细说，只能略做介绍。

初坛传十戒，形式比较简单，于法堂或其他适当地方集体举行即可。

二坛传具足戒，必须要在戒坛举行，一般三人一组举行。具足戒也称"大戒"，是僧人所受的最隆重的戒，受此戒后就是正式的佛教徒了。因为受此戒时，必须要具备许多足够的条件，所以称具足戒。按《四分律》规定，比丘（和尚）戒有戒条250条，比丘尼（尼姑）戒有戒条348条。

三坛传菩萨戒，在大殿或殿前举行。在受了最隆重的具足戒以后，还要再受三戒：一是摄律仪戒，要永远遵守初坛、二坛戒条；二是摄善法戒，要永远修善积德；三是摄众生戒，要经常宣传佛法，济度众生，也就是要按照菩萨的宗旨进行活动。

戒条虽多，但主要的有三皈依、五戒和十戒。三皈依是：皈依佛，以佛为师；皈依法，以法为本；皈依僧，以僧为依。五戒是：不杀生，不偷盗，不邪淫，不妄语，不饮酒。十戒则在五戒之外又加不涂脂抹粉，不听看歌舞，不坐高广大床，不非时食，不积钱财珍宝。

戒坛一般为方形石砌三层台子，外面有戒坛殿罩护。殿的位置一般在佛寺的后方东或西侧，自成一个院落。此殿正面，供奉释迦十大弟子中的优波离的塑像，因为他是第一个诵出"律藏"经文的人，所以戒坛殿又称为优波离殿。三层戒坛的每层四面均有小石龛，龛中安置戒神，龛外还站有比石龛稍大的戒神，他们都是戒坛的守护神众，有诸天、天龙八部、土地、金刚力士等。

在戒坛之上设莲座供奉释迦像，下设三师七证座椅十把，合称为十师。他们向受戒者传授佛教生活规范规章等规矩戒条。

受戒完毕之后，由传戒的寺院发给受戒者"戒牒"（证书）和"同戒录"（同时受戒者的名册）。

僧众居住的建筑

许多大寺院中，常常另辟一组建筑作为僧众居住的生活区。生活区内一般安排有僧房（僧人居住之处）、香积厨（厨房）、斋堂（食堂）、职事堂（储存物品之库房）、茶堂（会客和接待处）等。

僧房多安排在生活区的前半部分。茶堂往往设在佛寺的东厢，有的地方还扩大面积，以便接待。在大寺院的茶堂前，经常布置成小花园，美化庭院，营造幽静的环境。有的佛寺内还设有对外营业的素餐馆和卖香烛、经书、佛像、佛画的

地方。斋堂的位置大多也在寺院的东侧，如果有事接洽或购买物品、进餐的人，入寺之后即可向东寻找。在斋堂前，常悬一挺直修长的木鱼形状的"木梆"，它是召唤寺僧粥食时之号报。旁边还悬金属制成的"云板"，也是报时、报午斋所用的。

在这区域的后半部，经常为方丈等高级寺僧居住的处所，经常配有花园或庭院，建筑和陈设相当考究。

恩慕寺山门

恩慕寺是清乾隆帝为敬念崇庆皇太后仿恩佑寺而建的寺庙，位于北京市海淀区颐和园路5号北京大学西门外的恩佑寺南面。它修建于乾隆四十二年（1777），是乾隆为孝圣皇太后祈福所建。

恩慕寺坐西向东，南北稍宽些，而东西则稍短些。恩慕寺山门额上写着"敕建恩慕寺"。山门前是一影壁，一进院有一座石桥跨越溪面。

恩慕寺有很多乾隆御笔，如正殿额"福应天人"，殿内额和楹联分别是"慧雨仁风"和"慈福遍人天，祥开佛日；圣恩留法宝，妙现心灯"等。

恩慕寺山门

门额

殿里有一尊药师佛，左右奉108尊药师佛。南配殿和北配殿分别是弥勒佛和观音像。另正殿的左右各有一柱石幢，一柱上刻有《药师经》全文，一柱上刻有6首乾隆作的《御制恩慕寺瞻礼诗》。

恩慕寺于英法联军火烧圆明园时被烧毁，现在仅存山门。

2021年8月28日，恩慕寺山门被北京市人民政府公布为第九批北京市文物保护单位。

知识链接

崇庆皇太后

崇庆皇太后是乾隆皇帝的生母，康熙四十三年（1704）嫁给皇四子胤禛，即后来的雍正皇帝，康熙五十年（1711）生下弘历，即后来的乾隆皇帝。

雍正皇帝登基后，于雍正元年（1723）正月十四封为熹妃，雍正八年晋封为熹贵妃。

雍正十三年（1735）八月二十三，雍正帝驾崩，弘历即位，是为乾隆皇帝。熹贵妃钮祜禄氏母以子为贵，被乾隆帝尊为皇太后，尊号为崇庆皇太后。

乾隆皇帝非常敬爱自己的母亲，乾隆帝在位期间历次出行，都有母亲陪伴。母亲每次有事提出，乾隆皇帝都会应允。有一次崇庆皇太后说北京地区的很多寺庙都已荒废，应该派人及时修缮。乾隆皇帝当即命人按照皇太后的意思去办。

乾隆四十二年（1777）正月初八，崇庆皇太后到圆明园居住，乾隆皇帝陪母亲住在这里。正月十四后，崇庆皇太后身体不豫，乾隆皇帝前往探望。到正月二十二，崇庆皇太后病情加重，乾隆一直陪侍左右，到了二十三，崇庆皇太后病逝，终年86岁。

颐和园升平署

颐和园升平署是掌管颐和园戏曲演出事务的官署，位于北京市海淀区颐和园路大有庄100号南院。颐和园升平署设立于清末，用于存放梨园演出服装用具，以及作为梨园弟子和太监的居住之所。现存较完整，是研究清末宫廷生活的实物遗存。

颐和园升平署地处颐和园德和园大戏台相邻的院墙外，都是明清时期的院落，七八重院落从南往北排开，中间有回廊、有立柱，有雕梁、有

升平署大门

升平署匾额

和道具。慈禧的时候，在颐和园听戏时觉得听鹂馆的戏台小，于是便在仁寿殿后侧的德和园中修建了可以和故宫畅音阁，以及承德避暑山庄清音阁并列的大戏台。

2021年8月28日，颐和园升平署被北京市人民政府公布为第九批北京市文物保护单位。

升平署庭院和连廊

画栋，还有参天的古槐树，以及挺拔的竹子和幽静的小路。

升平署坐北朝南，现存五进院落，一进院落现存府门、倒座房、北房、东西配房及四角月亮门；二进院落为一排房；三、四、五进院落为三路并联的院落，建筑拆改不大。现存建筑均为硬山顶筒瓦屋面，部分檐下绘制彩画。

颐和园升平署在乾隆时期被称作南府，其实就是御前戏班子，当时是在北京东城区南长街南口内路西，至道光年间，南府迁到了绮春园北侧，改称升平署。在清朝由于历代皇帝都喜好听戏，所以颐和园升平署规模一度很大，除了宫内有戏台，常驻行宫也有，还设了库房，可以安置行头

知识链接　颐和园升平署与国粹京剧

颐和园升平署源于清朝，是当时掌管宫廷戏曲演出的机构。它的主要职责有戏曲管理、剧本的创作和修编，以及培训演员和安排演出等。颐和园升平署与我国的国粹京剧的发展息息相关。

这要从慈禧太后痴迷于听戏说起，据记载，但凡慈禧太后在圆明园，她差不多每天都要听戏，所以升平署就建在颐和园旁边。慈禧太后还十分喜欢改戏，原来宫廷主演昆曲，经她改动之后成了皮黄，也就是京剧的前身。在这基础上，升平署也十分重视皮黄，经常将名角召集到一起，对慈禧太后改过的戏进行修编和排练，然后再来表演。

三进院北房

我国的京剧就是在这样的情况下逐渐定性的，最终取代昆曲成为国粹。可以说，升平署推动了京剧的发展。

上义师范学校黑山扈校区旧址

上义师范学校黑山扈校区旧址位于海淀区黑山扈路甲17号，是研究中国早期近代教育、天主教会在华传教、办学活动等方面的重要实物依据。

上义师范学校是中国历史上第一所经政府正式批准的私立教会学校，1907年由天主教圣母会建立，1918年改制为师范学校。1919年获得民国政府教育部批准，立案的校名是"北平特别市私立上义师范学校"，学制6年，后来又增设了附属小学。

上义师范学校主楼是圣约瑟楼，建成于1926年，是体量较大的砖混结构近代建筑。见习班和师范后5年的课程都搬到新楼去上课。1937年9月8日，共产党领导下的平西抗日游击队得知上义师范的传教士藏有武器弹药，为筹集武器来到圣约瑟楼与外国传教士交涉，其间一名传教士将情况报告给日军，日军立即派兵进攻游击队，在圣约瑟楼及附近激烈交火，游击队用机枪击落日军

上义师范学校黑山扈校区圣约瑟楼

飞机一架，沉重地打击了日军的嚣张气焰。

2021年8月28日，上义师范学校黑山扈校区旧址被北京市人民政府公布为第九批北京市文物保护单位。

> **知识链接** ┃ 天主教在中国的传播

天主教的全称为"罗马天主教会"，也叫"罗马公教"，简称"公教"，以前也曾音译为"加特力教"。天主教、东正教与新教并列为基督教三大派别。

"天主教"一词的西文源自希腊文，意为"全世界的""普遍的"。中文"天主"一词，为明末天主教传教士进入中国后，借用中国原有名称对所信之神的译称，取意为至高至上的主宰，以与中国所信奉的神灵相区别，故称其教为天主教。

天主教传入我国的过程曲折多变。元代，天主教一度传入我国，元亡而中断。16世纪，天主教再度传入中国，耶稣会、方济各会和多明我会的传教士相继来中国传教，其中以葡萄牙派遣的耶稣会势力最大。

耶稣会会士利玛窦以传播科学知识为媒介，以天主教教义与儒家伦理观念相融合为传教方针，积极活动于中国知识分子阶层，为天主教在中国的广泛传播奠定了基础。17—18世纪，在对中国礼仪的态度问题上，天主教内部发生争论，是为"中国礼仪之争"。1700年起，争论发展为罗马教宗与清朝皇帝的公开冲突。罗马教廷颁发"禁约"教谕，并派遣专使来华，禁止天主教徒祭祖祀孔。罗马教廷的行为激怒了康熙皇帝，他认为这是对中国内政的干涉，遂拘捕传教士，禁止天主教在华传教。雍正元年（1723），礼部奏请在全国禁教

获准，除少数传教士供职于朝廷外，其他均被逐出中国。乾隆十二年（1747）后，清廷多次搜捕镇压非法入内地的传教士，天主教在华传教活动受到严重挫折。

鸦片战争后，中国门户洞开，天主教势力在不平等条约和西方列强的庇护下，依仗特权深入中国各地，获得较快发展。1900年中国天主教徒达到72万，1921年达200多万，1945年增至300多万。新中国建立后，为了清除中国天主教界的帝国主义分子及其影响，改变中国天主教的殖民状态，中国天主教界的爱国人士首先站出来，愤怒谴责罗马教廷利用中国天主教作为帝国主义颠覆新中国工具的种种行径，号召中国广大天主教徒行动起来，实现中国天主教的自立革新，受到了中国广大天主教徒的热烈响应，从而掀起了一场反帝爱国运动，使长期以来为国外势力操纵的中国天主教改变成为中国天主教界自办的宗教事业。

佟麟阁将军墓

佟麟阁将军墓位于海淀区香山北正黄旗18号的香山脚下。该墓坐北向南，半圆凸形顶，墓前立有汉白玉石碑，上面镌刻"抗日烈士佟麟阁将军之墓"的字样，以及生卒年月日。

佟麟阁将军牺牲后，国民政府追赠其为陆军上将。1946年7月，国民政府又举行了国葬，将佟麟阁将军的灵柩移出柏林寺，葬在北京香山兰涧沟坡地上。毛主席是这样评价佟麟阁将军的："给了全中国人以崇高伟大的模范。"1979年8月，中共中央追认佟麟阁为革命烈士并重新修葺了佟麟阁墓。

佟麟阁将军之墓

2009年9月，佟麟阁将军被评为为新中国成立做出突出贡献的英雄模范之一。2015年8月13日，佟麟阁墓被国务院评定为第二批国家级抗战纪念设施和遗址名录。2021年3月，佟麟阁墓经北京市文物局确定成为北京市第一批不可移动革命文物。

2021年8月28日，佟麟阁将军墓被北京市人民政府公布为第九批北京市文物保护单位。

知识链接 **佟麟阁将军之死**

佟麟阁（1892—1937）是著名的抗日民族英雄，在抗击帝国主义侵略的过程中，他展现出了中国军人的民族气节，是中国军队的一个缩影。故事要从卢沟桥事变说起，也就是我们俗称的七七事变。1937年7月7日夜间，卢沟桥的日本驻军找了一个蹩脚的借口——他们的一个士兵失踪，故意挑衅，企图进入北平西南的宛平城，而中国守军自然是不同意这样的无理要求，随即日本驻军对中国守军发起攻击。

国军第二十九军副军长佟麟阁将军带人此时驻守南苑，面对这样的危急形势，他表现出了民族大义。他说："中日战争是不可避免了，日寇侵犯，我们军队首当其冲。战死者光荣，偷生者耻辱。光荣系于一人者轻，而系于国家民族者重。我们军人应该马革裹尸，以死报国！"他掷地有声的话语激励着在场的每一位官兵，随即他下令："凡有日军进犯处，都要坚决抵抗，誓与卢沟桥共存亡，不得后退一步！"在这样的时刻，他表现出了中国军队的英雄气概和民族气节，激励着华夏儿女不断前进。

佟麟阁将军带领第二十九军浴血奋战，一次次与进攻的敌人进行拼杀，无论多么危险，他们都没有退缩过一步，因为他们要坚守阵地，保卫河山，保卫人民。但是最终在胶着数日后，我军还是寡不敌众而被包围，在这样的情况下，佟麟阁将军依然临危不惧，继续与敌人战斗，最终他不幸壮烈牺牲。

佟麟阁将军虽然已经远去，但是他在国家危难之际表现出的坚贞不屈的民族气概和誓死捍卫民族尊严的决心，始终鞭策着后人要谨记历史教训；他表现出的舍生忘死的革命精神也将一直激励着中华儿女奋发有为。

中央党校南院近代建筑群

中央党校南院近代建筑群位于海淀区颐和园路大有庄100号。始建于1941年，其建筑主要有90号楼，现在是中央党校学习时报社所在地，还有81、82、83、84、85和86号等建筑。建筑中有很多中国传统元素，也有很多中共北平地下党的活动足迹，是中央党校发展历程的见证。

这里原来是圆明园和颐和园的附属园林，名为"自得园"，是雍正赐予和硕果亲王允礼的园

南院景色

子，为当时的"京西五大邸园"之一，至今有300多年的历史。建成后，雍正赐名"自得园"并亲题牌匾，这牌匾和雍正御笔至今依然保存完好。咸丰年间，自得园被收回了内务府。

自得园呈东西走向的长方形，园内有很多雅致的建筑，包括春和堂和静观楼等。现在这里是中央党校南院89号楼所在地。

自得园北部有一座"飞机楼"，之所以这么称呼它，是因为这座建筑的造型像老式的螺旋桨飞机。现在是中央党校南院90号楼。这里曾经是佟麟阁将军的宅子，后他在抗日战争中牺牲，宅子被日军占领，成为"伪建设总署土木工程学校"，又建了"飞机楼"以及它东边的6栋两层小楼和一幢洋房。这里现在是中央党校南院的81到86号楼所在地。

抗战胜利以后这里成为清华大学农学院校址。时至今日，千萃山下还可以看到两块小碑，它呈长方形状，上面刻有"母校留念"字迹和47位毕业生的姓名，是清华大学农学院第一期毕业生立在这里的。

新中国成立后，清华大学农学院与马列学院进行了移交工作，这里成为马列学院校址。自得园经历了历史的变迁，终于成为中国共产党的最

"飞机楼"

高学府。1955年，马列学院改称中共中央直属高级党校。1966年以后在"文化大革命"期间停办。1977年复校，为现名。

2021年8月28日，中央党校南院近代建筑群被北京市人民政府公布为第九批北京市文物保护单位。

知识链接　中央党校的早期历史

1933年3月，为纪念马克思逝世50周年及"大批训练新的工农干部，以适应目前革命与战争的需要"，中共中央局、中华苏维埃临时中央政府、全总执行局在瑞金叶坪洋溪村共同创办了马克思共产主义学校。任弼时、张闻天、李维汉先后任校长，杨尚昆、董必武、冯雪峰先后任副校长。那时候，苏区经济困难，又经常面临国民党军队的轰炸和围剿，学校机构比较精干，师资比较短缺。学校内设教务处、总务处、教材编审处、列宁室等机构，开设3种类型的训练班：新苏区工作人员训练班、党团苏维埃工会训练班和高级训练班。培养目标是使学员们了解马克思列宁主义的基本原理，并能将其应用到实际斗争中去，成为党、团、政府、工会、妇委和白区工作的骨干。专任老师只有成仿吾、冯雪峰两人，张闻天、毛泽东、刘少奇等中央领导则纷纷充当兼职教员。1933年4月底，马克思共产主义学校迁至沙洲坝镇大埠村黄竹墈下，1934年7月迁驻云石山乡田心村，同年10月随红军主力长征。

1935年10月，党校人员随中央红军长征到达陕北。11月，中央决定恢复马克思共产主义学校办学，与"中共陕北特委党校"合并，并改名为"中共中央党校"（简称中央党校），校址在安定县（今延安子长县）第二完小，董必武任校长。中央党校仍由中央组织部负责管理，招生和分配由中央组织部干部科具体负责。中央党校仍然使用马克思共产主义学校的钤印。

1936年6月底，中共中央机关从瓦窑堡移驻保安县（今陕西省志丹县），中央党校也随同进驻保安。党校机构除校部外，还包括1个高级班、4个普通班、1个工会工作班、1个白区工作班、1个研究班（师资班）、1个少数民族班，学员共400人。10月，中央党校迁移到定边。红四方面军党校与中央党校合并，学员增至700多人。

1937年2月，中央党校进驻延安，党校的教育方针和培养目标进一步明确，办学规模逐步扩大。党校的组织结构没有大的变化，但班次设置变动较大，即不再按研究班、高级班、普通班设置班次，而是按数字顺序编为7个班。当时的班次设置：一、二班主要是红四方面军的干部；三班是根据地外来的知识分子；四班主要是陕北地、县级干部；五、六班是老干部、高级干部，还有部分长期从事党的地下工作的干部和刚从敌人监狱里出来的干部；七班是少数民族干部。5月，李维汉兼任中央党校校长，成仿吾任教务处主任。党校设党总支和总务处。教务处下设政治经济学、党的建设与群众工作、中国问题、军事4个研究室，负责全校5门主课（哲学、政治经济学、党的建设、中国革命问题、马列主义和游击战争）的教学。从1937—1939年，全国各地革命青年奔赴延安，其中有不少人被分配到中央党校学习。班次编到三十九班。延安是中央取得的第一块较稳定的根据地，党中央对干部教育非常重视，在这个时期名师大家纷至沓来，王学文、艾思奇、吴亮平、张如心、刘芝明、王思华、何思敬、何干之等纷纷担任中央党校的专职或兼职教师。

1938年，中央党校成立管理委员会负责日常工作，由教务处、干部处、秘书处、党总支负责人构成。教务处下增加了马列主义研究室。12月，陈云兼任中央党校校长。

中央党校的校务部成立于1939年2月，当时谢觉哉任中央党校副校长并主持日常工作，党校管理委员会撤销，校务部由秘书处和总务处合并而成，在校长直接领导下管理党校日常行政工作，负责学员编班、行政后勤及生产建设等任务，教务处及党总支职能不变。12月，邓发兼任中央党校校长。

1940年2月发布的《中共中央书记处关于办理党校的指示》规定，"为了巩固与发展党，各地党的领导机关均应办理党校以加强对党的干部的马列主义教育"。党校的基本任务是"以马列主义的理论与实际来教育干部"。党校教学的中心目标是"求得理论与实际的一致"。"为了培养更高级的干部，各地党的领导机关须有计划地、尽可能地派送县级及县级以上的干部送中央党校及马列学院学习"。随着革命形势发展的需要，党校教育培训工作需要更加规范的管理、更加细致的部门分工。1941年7月，《中央党校组织结构及

各部干部的配备》出台，明确校长之下设教务处、干部处、校务部、党总支、考试编班委员会，各部门负责人参加校务委员会。教务处下设机构变更为政治经济学、党建、联共党史及马列主义、中国问题4个研究室，文化教育和策略研究2个委员会，另有图书馆和材料科。为了使教学和现实更加紧密结合，9月，中央党校停止原有5门主课，改学抗战以来的政治、经济、军事、文化，4个研究室合并为时事政策研究室和理论研究室。

在毛泽东亲自指导下，中央党校在延安时期经过了3次改组。第一次改组是在1941年底，中央决定由任弼时、陈云、邓发、王稼祥、张闻天组成中央党校管理委员会，同时决定将军政学院合并入中央党校，在延安的七大代表也编入中央党校，并从中央机关选调一些高级干部入中央党校学习。组织机构为：校长之下设秘书长、教育处、校务处、党总支。中央领导和专门学者任各课教授，课程重新编排，提高入学标准，进行编级考试，学习时间延长为2年，预科3年。教育内容注重理论联系实际、所学与所用一致。毛泽东亲自主讲哲学、中国近代革命史、新民主主义论。这次改组健全了学校组织机构，延长了学制，班次设置由数字编班改为按文化程度编班，教学方面更加注重理论联系实际，加大了时事问题的比重。

为进一步破除思想上和教学上的教条主义，更加彻底地推进整风运动，1942年2月，中央党校再次改组：决定停止过去所定课程，在本年内教育与学习党的路线；军事学院高级班并入中央党校；延安各机关学校高级干部（包括高级学习组），参加党校学习。同时决定中央党校直属中央书记处，其政治指导由毛泽东负责，组织指导

由任弼时负责。取消原中央党校管理委员会，成立新的管理委员会。邓发仍为校长，彭真为教育长。出版《学习报》，由彭真负责，陆定一副之。改组后的中央党校，与以前相比最大的不同就是中央党校直属中央书记处并由毛泽东负责政治指导。其次，在教学内容上废除了原有课程，只学党的路线。扩大了学校规模，学员人数增多。并且，以整风为主要任务，《学习报》就是为了指导党校整风运动而办的。

1943年3月，中共中央为了加强党的领导，决定对中央机构进行调整和精简。根据《中共中央关于中央机构调整及精简的决定》，中央党校第三次改组，由毛泽东任书记的中央宣传委员会领导。毛泽东兼任中央党校校长，彭真任副校长主持日常工作。改组后的中央党校设两个部，第一部学员为地委、旅级以上干部和少数地委以下的七大代表，军事学院高级班全部合并到第一部；第二部学员为县团级干部。5月，中央决定中央研究院（原马列学院）并入中央党校，作为党校第三部，学员多是知识分子、文化界人士。第四部学员多是工农老干部，在整风学习的同时还学习文化。

1944年2月，中央根据西北局建议，决定将西北局党校合并到中央党校，组建中央党校第五部。后来又组建了第六部。这样，中央党校的组织机构再次进行调整，办学规模不断扩大。一部主要培训对象是党的高级干部和来延安准备出席党的七大的代表及候补代表。二部共有17个支部，规模最大，主要培训对象是地方中级干部和军队团级干部。三部是由原延安中央研究院和延安中央文联、西北抗日文工团等单位合并组建的，培训的主要对象是党员知识分子。四部是以原军事学院高级班学习组为基础合并而成的，培训的主要对象是具有丰富战斗经验的军队高级干部。五部驻延安七里铺，主要培训对象是陕甘宁边区县级干部。六部驻延安马家湾，主要培训对象是从敌后根据地来延安进修的县、区级干部和投奔延安的青年知识分子。这是革命年代党校办学规模最大的时期，学工人员最多有6000余人。

根据时局变化，1945年8月起，中央党校将一、二、三、四、六部合并，五部恢复西北局党校建制，受中共中央西北局领导。1947年1月，中央党校随中共中央机关撤离延安，先期转移到陕北绥德，3月转移到山西临县，7月转移到河北建屏县（今平山县），党校暂时停办。

随着革命形势的发展和解放战争的节节胜利，前线和后方都需要补充大量政工干部。1948年7月，中央决定创办高级党校，名为马列学院，以刘少奇为院长。学院的任务为比较有系统地培养具有理论的党的领导干部和宣传干部。马列学院在建屏县正式成立。年底马列学院的组织机构明确为：设正、副院长各一人，下设教务处，由教育长、组织干部、教育干部、秘书组成。行政系统，设行政秘书及协理员，暂归教育长领导，行政秘书及协理员领导总务科，办理一切生活事项。

1949年3月27日，马列学院由建屏县李家沟口村迁往北平，中央党校的历史翻开了崭新的一页。

焦庄户地道战遗址

焦庄户地道战遗址是焦庄户人民利用地道抗击日本侵略者的战斗遗址，位于顺义区龙湾屯镇焦庄户村，全长约23里。这些遗址建筑展现了在那个烽烟四起的年代，焦庄户人民英勇战斗的风采。地道在村中纵横交错，并延伸到附近的村庄，地道内设瞭望孔、射击孔、翻板、会议室，并配有暗堡、瞭望楼等地上工事。附属建筑包括老四区区公所、支前小院、第二卫生处卫生所、农具屋等。

地道遗址有指挥所、休息室、会议室、单人掩体、陷阱、磨盘、庙台暗堡等战斗设施，还有水缸、炕洞、锅台、马圈、柴棚等较隐蔽的出入口和望孔。沿着焦庄户地道战遗址纪念馆内的入口进入地下室，地道里面潮湿阴冷，温度比外面低了近10℃。地道两旁有许多像门洞的地方，可以容纳一个人，是当年抗日战士作战时作掩体用的。

地道口

焦庄户人民利用地道的各种优势，配合地方武装对敌斗争150余次，给敌人以重创。战斗之初只是挖了几个隐蔽洞，这种洞只能藏一两个人和少量的食物。为了跟敌人长期斗争，村党支部发动群众，把单个隐蔽洞连接起来，并在地道内安装了翻板、单人掩体和暗堡等战斗设施以及数十个休息室和指挥所，供民兵和群众可较长时间的在地道里战斗和生活。

为了让大家感受当年战斗的真实感，焦庄户地道战遗址专门恢复了30米原始地道来还原当年

焦庄户地道战遗址纪念馆

地道内景

的战争场景。这段地道平均高度1.49米，最低处仅高60厘米，并采用声光电等现代化高科技手段真实再现了当时地道战的原始风貌。让游客亲身

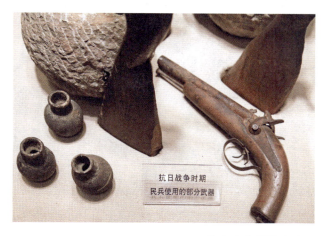

焦庄户人民战斗武器

感受那段峥嵘岁月。

1979年8月21日，焦庄户地道战遗址被北京市人民政府公布为北京市第二批市级文物保护单位；2013年5月3日，焦庄户地道战遗址被国务院公布为第七批全国重点文物保护单位。

 知识链接　　**地道战**

中国抗日战争时期，地道战是华北冀中平原抗日军民利用地道打击日本侵略者的作战方式。1941年的秋天，随着冀中平原的抗日斗争进入困难阶段，为了保存自己的力量，长期坚持平原游击战争的冀中抗日军民，开始挖掘和利用地道对日伪军进行斗争。一开始的地道民兵只是先在自己家中挖了单口隐蔽洞（俗称蛤蟆蹲），失败之后，民兵便把单口隐蔽洞改造成能进能出的双口隐蔽地道，但大多数地道又遭到破坏。

1942年后，在党的带领下，冀中人民开展大

规模挖地道的活动，地道的构造不断改进和完善，有的村还发明了连环洞，洞下有洞、洞中有洞，有真洞、有假洞，令人眼花缭乱。有的地道入口的下面还设有陷阱，陷阱上面覆盖一块活动翻板，底部倒插着尖刀或埋着地雷等爆炸物。地道内设有望孔、射击孔、通气孔、陷阱、活动翻板、指路牌、水井、储粮室等，便于抗日军民长期对敌斗争和生活。

从1943年开始，地道战进入了一个新的发展阶段，在一些地方逐渐形成了房连房、街连街、村连村的地道网。为使敌人不易发现洞口，除对群众进行必要的保密教育外，还利用墙壁、锅台、水井、土炕等做掩护，把洞口巧妙地隐蔽起来。

中国共产党冀中军区于1944年全面推广地道战，至1944年底，冀中地道已达1万千米以上，分散于冀中8000个村庄，主要配合游击战、地雷战、反包围战，成为中国共产党领导的八路军与日本侵略军进行战斗的重要依托。

元圣宫

元圣宫原名真武庙，位于顺义区牛栏山第一中学院内，始建年代不详，是为了祭祀道教神仙中赫赫有名的尊神真武大帝而建。康熙年间为避康熙帝的名讳将真武庙改名为元圣宫。

元圣宫是一座至今保存完好的古代庙宇，历史悠久，规模宏大，为一座佛道合一的庙宇。站在元圣宫远眺，北面是连绵起伏的群山；俯视，是三弯九曲的潮白河。

元圣宫的山门为垂花门，这在道教宫观中是

1901年的元圣宫大门

元圣宫山门

不多见的。最初建造之时山门前地势很低，后来被垫高。庙前有一座木制牌楼，牌楼后面有一对石狮，属于明代遗物。门两侧保留有原来的通道门遗址，前殿前有两棵硕大的槐树，残留有数通碑。前殿硬山过垄脊，外檐保留有清末民初的彩画，殿宇上分别绘有旋子彩画、苏式彩画、和玺彩画。

元圣宫坐落于高高的大坡上，坐北朝南，中轴线从南向北依次为山门、前殿、正殿、后殿，均有东西配殿，殿宇40余间，整体结构完整，具有很高的历史文化价值和科学价值。

元圣宫的主建筑是三大殿，前殿垄脊硬山顶，前置月台，月台下有两株古柏东西并排长于一层殿前，高大粗壮，称"元圣宫双柏"，是整个顺义区仅有的两株一级桧柏，也是北京著名的柏树。殿内两山墙体绘有释迦本生图和道教图案的壁画。东西耳殿位于前殿东西两侧，硬山顶，在前檐靠近前殿一间的地方设了南北墙，把东西耳殿明间与另一次间庙宇院落分隔开来，另一间靠前殿的地

方设过门，此两间东西耳殿原来是作为僧侣生活的区域。

二进院正殿及东西配殿均为硬山式，合瓦屋面，过垄脊带排山铃铛，有廊将正殿及配殿相连。中殿硬山屋顶过垄脊，面阔三间，开间三间。

后殿硬山过垄脊，黄琉璃绿剪边筒瓦，金龙和玺彩画，月台高大。东西各配殿五间。院中柏树参天，甬道用各色石子拼成图案。

雍正年间曾重修元圣宫；乾隆在位的60年中，

前殿

二进院

元圣宫的玉皇殿等均得以重修。1911年之后，元圣宫还在断断续续地进行修缮。中华人民共和国成立后，北京市文物局分别在1959年、1985年、1995年和1998年对元圣宫进行了4次修缮。2010年，再度修葺元圣宫，并于元圣宫西侧碑林墙外建中式花园，竖立起一尊孔子像。元圣宫作为学校一直使用至今。

1995年10月，元圣宫被北京市人民政府公布为北京市第五批市级文物保护单位。

元圣宫鸟瞰

知识链接　传统道观的主要殿堂

道观是道教信众从事宗教活动的主要场所。

在我国，每一个道观都建有数目不等的殿堂，

各个殿堂中都供奉着不同的道神。灵官殿、三清殿、玉皇殿、斗姥殿、三官殿、圣母殿、天师殿、重阳殿、丘祖殿、吕祖殿、纯阳殿、药王殿、救苦殿、太乙殿、关帝殿、四圣殿、通明殿、九御殿、文昌殿、雷神殿、青龙殿、白虎殿、七真殿、元君殿、碧霞元君殿以及真武阁、文昌阁、法坛、戒台等，是许多道观中常有的建筑。

三清殿内，供奉着道教的三位尊神，即玉清元始天尊、上清灵宝天尊、太清道德天尊的神像；玉皇殿内，供奉着玉皇大帝的神像；三官殿内，供奉着天官、地官、水官的神像；重阳殿内，供奉着我国道教全真道创始人王重阳的神像；七真殿内，供奉着王重阳的七位弟子，即丘处机、谭处端、王处一、刘处玄、郝大通、马钰和孙不二的神像。此外，药王殿中供奉着孙思邈、关帝殿中供奉着关羽、灵官殿中供奉着王灵官、青龙殿中供奉着青龙、白虎殿中供奉着白虎的神像等等。它们都是道众顶礼膜拜的对象，定时祭祀，四季不断。每逢道教的重大节日，或应施主的请求，道众还要在不同殿堂的神像前，举行重大的宗教仪式，以祭祀或祈求神灵。

此外，道众们还要在法坛上做道场，在戒台上为道徒受戒。

无梁阁

无梁阁是顺义区的一座道家建筑，原名玉皇阁，始建于明代，清代重修。位于顺义区大孙各庄镇顾家庄村东，阁内绘有壁画，壁画色彩鲜艳，形象生动，是研究古代民间绘画不可多得的材料。

无梁阁顶部采用特殊建筑布局，即圆形，没

有横梁支撑，为纯砖石建造而成的外部三层楼阁，气势恢宏，雄伟挺拔，高约10米。内部为两层，砖石拱券为半圆形，象征天，上层顶部画着祈祷的善男信女，正南则画着一位仙者骑坐于大鹏鸟之上；外部由砖仿木檐砌成。

中国古代的建筑大多数是由砖石、木头建造而成，而无梁阁整座建筑没有用到一梁一柱一椽一檩，全部为砖石砌成。阁内下层呈圆形，中层方形，顶部半圆形。从一层到三层，每层前、左、右各有一门。一、二层顶部均为石檐，戗脊上均有鸱吻小兽，砖砌歇山式顶，三层的四条垂脊亦有鸱吻小兽。一层戗脊有五个小兽。三层正脊上东西相对各有一条腾飞的龙，造型逼真。

无梁阁内部现存有大量民间所绘的壁画，栩栩如生，形象逼真，色彩鲜艳，体量庞大，是难得的民间艺术作品。

在无梁阁后面还有三间庙宇，叫"娘娘宫"，同样是砖石垒砌，拱券结构，也是无梁式结构，内部也绘有壁画，王母娘娘在正中间，送子娘娘和女娲娘娘分列两侧，主要用来烧香祭拜，祈求神灵添子添福、增加好运。正面三个门，从东至西，门上依次镌刻有"西王祖母宫""玉皇圣母宫""女娲黄帝宫"。

阁后半山之中有一块由和山体相连的巨石凿成的巨碑，俗称"连山碑"。碑文已漫漶不清，有"康熙三十二年"字样，此为北京最大石碑。

民国时这里的香火旺盛，在京东地区特别有名气，尤其是每年三月三的庙会，来这里烧香祈福的人络绎不绝。

无梁阁

无梁阁壁画

娘娘宫

无梁阁是目前国内仅存的明代无梁古建筑之一，因而具有很高的艺术价值。

2001年，无梁阁被北京市人民政府公布为北京市第六批市级文物保护单位。

知识链接　北京的寺观壁画

北京现存最早的寺观壁画是明代的，其他民间小庙则都是清代甚至民国的作品。像法海寺、承恩寺、智化寺、大慧寺、和平街火神庙共5处属于明代时期作品。

法海寺、承恩寺壁画代表了明代皇家水平；大慧寺著名的是彩塑；延庆区永宁镇和平街火神庙是郊区少有绘有明代壁画的寺庙；来广营乡北湖渠村护国天仙圣母庙的壁画题材，在北京应该是独一份。

一面墙壁的壁画有整体布局的，有条屏式的，也有风格类似连环画式的。廊上壁画内容比较丰富，有四值功曹，有牛头马面等。山墙角上的水墨壁画往往以梅兰竹菊、渔樵耕读、暗八仙等为主。大寺庙壁画内容多与佛教有关，而小庙壁画内容更丰富。

而位于顺义区的无梁阁内壁画人物众多，色彩鲜艳，形象生动，虽是名不见经传的民间艺人所作，却是研究北京地区古代民间绘画不可多得的实物材料。

通州区市级文物保护单位

燃灯塔

　　燃灯塔是北京地区创建年代最早、保存最完整的佛塔之一，同时也是通州地区重要的标志物。"古塔凌云"曾为通州八景之一。位于北京市通州区的东北，北运河起点的一侧。原高约48米，现高45米，13层密檐，建筑结构和塔上精美的佛像雕刻，均有艺术价值。

　　燃灯塔始建于北周时期，是通州著名的古刹佑圣教寺内的重要建筑。唐代贞观七年（633），尉迟敬德监督重修，辽、元、明诸代曾予以维修。清代康熙年间曾三次修缮或重修，其中康熙十八年（1679），京师地震，佛塔被毁，康熙三十三年（1694）又在原址上重修。光绪二十六年（1900），八国联军侵占通州期间，佛塔遭到严重的破坏。1976年，唐山大地震波及北京，塔身受损，1985年修复。此次修缮，除将塔顶重修外，并将塔刹增高5米，还添加相轮、圆光、仰月、宝珠等塔

燃灯塔全景

刹构件，同时还将所有风铃全数补齐，彻底恢复了佛塔原有的历史容貌。

　　燃灯塔是供奉燃灯佛的宗教建筑。传说燃灯佛是佛祖释迦牟尼的老师，他出生时使身边的一切光明如灯，因此称燃灯佛。

　　燃灯塔是一座砖木结构的实心密檐塔，平面呈八角形。塔基基座由大城砖砌筑而成，其上是双层须弥座，须弥座束腰雕有精美的图案。下层雕双龙戏珠图案，转角部分雕刻狮子头像；上层须弥座设有壶门形小龛，龛内雕坐佛一尊，转角处亦雕有顶抗塔基形象的金刚力士像，顶盔挂甲，栩栩如生。

1860年9月的燃灯塔

塔座

平座位于须弥座之上，砖雕双层勾栏，上层雕动物图案，下层雕几何图形。平座下面有仿木斗拱承托，拱眼壁间嵌有花卉图案。平座之上用三层硕大的仰莲莲瓣簇拥塔身。

塔身平面呈八角形，四正面辟券门，四斜面

雕饰直棂假窗。四座券门除南门外，其余三个券门都是仿木砖雕假门。南门为木制，门上有门钉和门铍等装饰物，门楣雕花卉图案。塔身中空，塔内置神台，其上供燃灯古佛。

塔身之上建造13层密檐式塔檐，檐下均施以仿木结构的双翘单昂五踩砖制斗拱。檐椽及角梁为木制，在每根椽子的端部，都悬挂制作精致的风铃一枚，风铃上篆刻有捐银者的姓名及捐助数目。在每层斗拱的拱眼壁之间，置有佛像一尊，全塔总共有风铃2248枚，神像共计415尊。

第十三层檐正南面中间部分，放置砖刻碑记一方，碑首刻"万古流芳"。碑身篆刻七言诗一首："巍巍宝塔镇潞陵，层层高耸接青云。明明光影河中现，朗朗铃音空里鸣。时赖周唐人建立，

券门

密檐斗拱

塔刹

大清复整又重新。永葆封疆千载古，万姓沾恩享太平。"背面正中刻"立碑僧寂玉造"。

塔刹是两层八角形须弥座承托仰莲，纵贯铁杵，上置铜质相轮等饰件，有八根铁链连接于塔尖各脊。

在塔顶的西北，原生长一株已有200余年树龄的榆树，它的主干直径17厘米，高3.7米，树冠阔4.2米，没有主根，须根丛集，遍布瓦顶。浓荫华盖，蓊蓊郁郁，堪称奇景。为保护塔身的安全，1986年春天修缮塔顶的时候，将它移植在塔下葫芦湖畔。

1979年8月21日，燃灯塔被北京市人民政府公布为北京市第二批市级文物保护单位。

知识链接　通州的象征——燃灯塔

燃灯塔，距今已有1400余年，从古代到现代，是北京通州的象征，也是运河沿岸四大名塔之一。它的建造时间，多数人都以周唐说为主，认为燃灯塔建于北周末期，一开始被当作镇水之塔，唐贞观年间重修。

古人认为，通州河多，河水泛滥，为镇河神，以防水患，于是，在城中高处建塔，这也印证了"宝塔镇河妖"这一说法。关于燃灯塔，最早记录在《帝京景物略》，书中记载："古有日佑圣教寺者，今通州学宫也。宫墙外片地，故塔存焉，塔级十三，高二百八十尺，围百四尺，中空供燃灯古佛。塔有碣，楷书，续续字间存，周某号几年，……此北朝后周宇文氏也。塔别存石一方，唐贞观某年，尉迟敬德修，又一方，元大德某年，笃烈图述再修。"

历史记载，明朝以前至明朝早期，燃灯塔外

部为琉璃瓦，塔壁上还刻有精美的花纹，之后塔壁的琉璃瓦和精美花纹逐渐剥落。

燃灯塔

清代王维珍在诗中描述运河北的风光时，这样写道："一支塔影认通州。"当古人乘船上京时，在离京几十里外的运河上一看到高高耸立的燃灯塔，就知道下一站是通州。通州位于北京城东，燃灯塔所处的位置，是通州古城的制高点，处在这一有利位置，再加上灯塔自身的高度，因此具备航标这一功能。

李卓吾墓

李卓吾墓是明代进步思想家李贽的陵墓，位于通州区西海子西路12号西海子公园内。墓葬原位于通州北门外马厂村迎福寺旁。1953年，因通州建设需要，迁墓至通惠河北岸大悲林村南，时以缸坛收殓遗骨。1983年再迁于现址。

李卓吾墓碑楼

李卓吾墓石碑

李卓吾墓是其生前好友马经纶根据他生前遗愿而建。明万历二十九年（1601），李卓吾的好友马经纶接他来北京通州居住，此时已75岁的李卓吾自感时日无多，于是给马经纶留下遗言，希望马经纶可以在自己死后按照自己的愿望办理自己的后事。第二年，因谏获罪的李卓吾用剃刀自杀。死后，马经纶遵其遗愿，在通州北门外马厂村迎福寺旁为其修建墓地，入土安葬。

李卓吾墓地，坐北朝南，长30米，宽12米，青砖顶，高1.55米，径2.25米，内安葬李卓吾骨坛。墓前有碑楼，山墙磨砖对缝须弥座，庑殿式顶。原有石碑两座，今天仅存明万历四十年（1612）詹轸光所立青石碑，方首、方座，通高2.51米，焦竑书"李卓吾先生墓"。碑阴为詹轸光书"李卓吾碑记""吊李卓吾先生墓"诗二首。

墓冢、碑三面围砌有十字花墙，傍墙种植松柏。碑楼前下水泥台阶至平地，隔甬路东西立碑2座，东为初迁碑记，青砂岩制；西为再迁碑记，艾叶青石制。两座石碑前居中立有刻着"一代宗

师"字样的汉白玉碑。

1984年5月24日，李卓吾墓被北京市人民政府公布为北京市第三批市级文物保护单位。

李卓吾墓冢

知识链接　　　　李卓吾

李卓吾即李贽（1527—1602），我国著名思想家、文学家，泰州学派的一代宗师。福建泉州人，晚明思想启蒙运动的旗帜，他崇尚真奇，鼓倡狂禅，揭露封建社会"无所不假""满场是假"的虚伪现实，反对儒家的泛道德主义，建立了以"童心说"为核心的新思想体系。

李卓吾主张个性解放，思想自由，蔑视权威，提出自己独到的见解，这与当时盛行的宋明理学格格不入，不为封建统治者所接受。

李卓吾还提倡人人平等，平民百姓要享有与王公贵族同等的权利，他反对歧视妇女，提倡婚姻自由，这些观点在当时就是怪诞邪说，妖言惑众之语，不容于当世。

李卓吾26岁中举人。30—45岁为官，先后任河南辉县教谕、南京国子监博士、北京国子监博士、北京礼部司务、南京刑部员外郎和郎中，最后出任云南姚安知府。

从云南姚安知府卸任后，李卓吾厌倦官场生活，开始著书讲学的漂泊生活。他的真知灼见虽然迎合了明朝中晚期已经出现的资本主义思潮，但这对于封建统治者而言无异于洪水猛兽，李卓吾遭到了排挤和迫害。

明万历三十年（1602），礼部给事中张问达秉承首辅沈一贯的旨意上奏神宗，参奏李卓吾"敢倡乱道，惑世诬民"，李卓吾在通州被逮捕下狱，并焚毁他的著作。狱中的李卓吾以死明志，用一把剃刀结束了自己的生命。

李卓吾临终遗言如下：

"春来多病，急欲辞世。幸于此辞，落在好朋友之手。此最难事，此余最幸事，尔等不可不知重也。

"倘一旦死，急择城外高阜，向南开作一坑；长一丈，阔五尺，深至六尺即止。既如是深，如是阔，如是长矣，然后就中复掘二尺五寸深土，长不过六尺有半，阔不过二尺五寸，以安予魄。既掘深了二尺五寸，则用芦席五张填平其下，而安我其上，此岂有一毫不清净者哉！我心安焉，即为乐土。勿太俗气，摇动人言，急于好看，以

伤我之本心也。虽马诚老能为厚终之具，然终不如安余心之为愈矣。此是余第一要紧言语。我气已散，即当穿此安魄之坑。

"未入坑时，且阁我魄于板上，用余在身衣服即止，不可换新衣等，使我体魄不安。但面上加一掩面，头照旧安枕，而加一白布中单总盖上下，用裹脚布廿字交缠其上。以得力四人平平扶出，待五更初开门时寂寂抬出，到于圹所，即可装置芦席之上，而板复抬回以还主人矣。既安了体魄，上加二三十根椽子横阁其上。阁了，仍用芦席五张铺于椽子之上，即起放下原土，筑实使平，更加浮土，使可望而知其为卓吾子之魄也。周围栽以树木，墓前立一石碑，题曰："李卓吾先生之墓"。字四尺大，可托焦漪园书之，想彼亦必无吝。

"尔等欲守者，须是实心要守。果是实心要守，马爷决有以处尔等，不必尔等惊疑。若实与余不相干，可听其自去。我生时不着亲人相随，没后亦不待亲人看守，此理易明。

"幸勿移易我一字一句！二月初五日，卓吾遗言。幸听之！幸听之！"

潞河中学原教学楼

潞河中学原教学楼位于通州区玉带河西街南侧，始建于清同治六年（1867），由美国基督教公理会创建，始称潞河男塾，后改称潞河书院。

潞河中学原教学楼建筑主要包括人民楼、红楼、解放楼、潞友楼、膳厅和协和书院教士楼，均属近代折中主义建筑风格，其中一部分建筑带有中国传统手法，整体环境艺术价值较高。

潞河中学老校门

人民楼西翼楼

人民楼，原名卫氏楼，位于校园中央北部，1901年开始建造，次年落成。建筑坐北朝南，砖木结构，平面呈"冂"形，地上两层，正中前后设门，为楼梯所在。建筑两端凸起平面呈多角形，东西相应。该楼原为红色铁板瓦坡顶屋面，施"人"字梁，1976年唐山大地震后将其改为圈梁楼板。楼顶采用西式城堡造型结构，并与中国传统古城墙模式相结合。屋顶上设女儿墙垛口，楼角处设西方城堡式瞭望塔，其塔下部采用砖砌倒悬圆锥装饰，檐下密砌联拱小券装饰，体现了近代折中主义的建筑风格。建筑一层前设砖券走廊，二层设拱券及砖砌护栏。南门立面突出，二层设拱券及护栏，门头嵌长方形匾额，

书"人民楼"。

人民楼正前方为红楼，原名谢氏楼，1903年建造，平面呈"十"字形，红瓦四坡顶，南端突兀高起，顶层悬挂西式铜钟一口，作用类似于中国钟鼓报时，四壁设窄长券式立窗。建筑下层中间辟拱券门作为南北通道，拱券之上嵌方形匾额，书"红楼"，楼内做东西向楼道。建筑屋顶装饰及窗式样均与人民楼类似。此楼受唐山大地震波及，于1987年按原样翻建。

红楼之东为1923年建的解放楼，原名文氏楼；红楼西为1935年由该校毕业生孔祥熙捐资修建的潞友楼，两座楼东西对称，平面均呈长方形。解放楼形制与人民楼基本相同，但无廊，有

人民楼前廊

红楼北立面

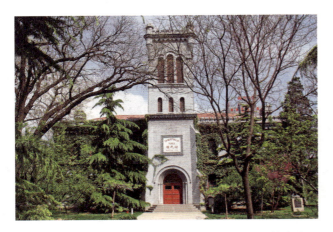

红楼南立面

红楼西立面

地下室。潞友楼檐部仍遗洋风形式，门上第二层和第三层间额处嵌汉白玉一块，上横刻楷书"潞友楼"，东北角檐下嵌白石一块，横刻"1935"字

解放楼

潞友楼

样，有地下室。

人民楼东侧建有一座平房建筑，为膳厅，建于1903年，为西洋风格，设东南二门，其中南门突出。膳厅屋顶式样、装饰及窗式样均与人民楼相同。

在潞河中学北大门外西高冈上还建有协和书院教士楼，原建筑为相邻的三座二层楼房，现仅存西面一座。现存建筑为砖木结构，地上二层，地下一层，采用铁板瓦屋顶，立面饰砖券玻璃门窗，楼内结构不规则，随形而设，极具欧美风格。

1990年2月23日，潞河中学原教学楼被北京市人民政府公布为北京市第四批市级文物保护单位；2013年5月3日，潞河中学原教学楼（通州近代学校建筑群）被国务院公布为第七批全国重点文物保护单位。

知识链接　通州革命的摇篮——潞河中学

潞河中学是一所具有百年历史的学校，它是通州革命的摇篮。当时在这里学习的青年志士为寻求救国救民的真理，在这所学校宣传新文化、新思想，他们勇于同帝国主义、封建主义斗争，宣传马克思主义，引导很多学生走上革命道路。

五四运动时期，潞河中学学生加入到反帝风暴当中，大家在天安门集会，并高呼"还我青岛""取消二十一条""外争主权、内除国贼"。学校当中的刘士钊、张春和、李友真等人组织多个"十人团"，在工厂、学校等地宣传俄国革命，反对帝国主义、封建主义在中国的统治。

潞河中学是师生探讨、研究革命的地方，因为潞河中学最初由美国教会创办，当时封建官僚和军阀不敢轻易干涉，这便为有志青年进行革命活动提供了有利条件，许多有志青年在这里探讨马克思主义、俄国革命等问题，勇于参加革命。1926年，中共北京党组织在潞河中学展开革命工作；1927年，潞河中学学生张树棠等人加入中国共产党，在他们的影响下，有越来越多的学生追求进步，向往革命，并组成了通州第一个中国共产党支部。

潞河中学党支部成立以来，展开与反动势力的斗争，并组织了"社会主义科学""学习小组""春草读书会"，党支部组织的这些活动深受大家的欢迎，越来越多的学生知道了俄国十月革命的重要性，通过学习，大家认识到，只有走俄国十月革命道路，才能挽救中国。

潞河中学支部也经历了一些波折，在宣传革命的过程中，受到反动军警的侵扰，但党支部成员依然不屈不挠，冲破重重障碍，进行顽强斗争，鼓舞学生士气，其间有多名学生被抓捕，即便如此，大家仍不放弃。

如今，潞河中学已被列为北京文物保护单位，作为革命遗址，校园内有革命纪念碑，每天，学生们学习着潞河中学的革命历史，传承着革命先辈的精神，铭记着革命先辈的不朽功绩。

通州清真寺

通州清真寺为北京四大清真寺之一，位于北京市通州区清真寺街1号。

该寺始建于元延祐年间（1314—1320），历史之悠久，仅次于牛街礼拜寺，明正德十一年（1516）修缮并更名为朝真寺，清康熙、乾隆、道光、同治年间多次扩建和修缮。1933年4月，日军攻打通州县城时，隔运河炮轰通州城，炸毁此寺部分建筑，后修复。1945年此寺曾办大学。20世纪60年代后期寺门、影壁、南井亭、窑殿被

人民楼鸟瞰旧影

通州清真寺大门

毁，70年代对其进行了大规模修缮，1996年重新开放。

通州清真寺坐西朝东，现存礼拜大殿（北殿）、讲堂、六角攒尖顶井亭、邦克楼（望月楼）等建筑。礼拜大殿坐西朝东，为四卷勾连搭形式，面阔34米，进深30米。殿的一卷、二卷均面阔三间，前为敞厅，后为过厅，屋顶形式前为卷棚顶，后为硬山顶调大脊；三卷、四卷均面阔五间，前为硬山顶调大脊，后为歇山顶，全部为筒瓦屋面。

殿内井口天花，上饰牡丹图案，四周梁、枋饰博古图案。金柱数十根，皆为朱漆，并围以绚丽夺目的捏铁线缠枝牡丹，独具特色。

邦克楼

礼拜大殿

礼拜大殿内景

礼拜大殿第四卷明间后为邦克楼，四角攒尖琉璃宝顶。第二卷两山之侧，各建一座六角攒尖顶的过门亭，均各自与第三卷梢间相通。主院北讲堂、水房尚存，有碑五通，多嵌砌于壁。通州清真寺南北均有清水脊瓦房与寺相连，配房墙壁嵌有碑三通，碑上雕刻精细。

1995年10月20日，通州清真寺被北京市人民政府公布为北京市第五批市级文物保护单位。

 通州清真寺的前世今生

金元时期，通州清真寺所在的位置为通州城南垣中段外侧。当时很多信奉伊斯兰教的人，以从商、放牧、脚夫等方式来到这里定居，于是在元延祐时期兴建清真寺。清朝时，清真寺扩大面积。

1933年，日军炮轰清真寺，受损；1945年，清真寺被修复。新中国成立前，寺内开设穆光小学，以供回民子女学习。新中国成立后，此处被称为"回民小学"，清真寺留下的古代建筑有的被拆，有的被改建。"文革"时期，这里也曾遭破坏。2004—2007年，相关部门对此先后进行了修缮与复建。

现在的通州清真寺具有很高的建筑艺术水平，纵观历史，这里见证了大运河北端众多回民的聚居，清朝康熙、乾隆祭祖或视察运河时，也曾途经这里，由此可见，通州清真寺具有很高的历史价值。

张家湾古城墙遗迹

镇水兽

通运桥及张家湾镇城墙遗迹

北京市通州区通运桥，横跨萧太后河，俗称"萧太后桥"，是京东著名的古代石桥，也是古代重要的客运码头之一，位于北京市通州区张家湾镇。通运桥与城墙遗迹是研究北京通惠河水利工程以及张家湾古镇民风民俗的实物。

张家湾为京东古镇，兴起于元代，因水而得名，曾是大运河北起点上重要的水陆交通枢纽和物流集散中心，有"大运河第一码头"之称。通运桥坐落在张家湾古城墙边，桥北城楼市肆，桥南人家烟火，一派繁华。

通运桥辽代为木桥，是在河上南北跨水搭建的木板桥，故旧称板桥。人来车往，风吹雨淋，木桥不堪重负，时断交通。明万历三十年（1602），内监张华奏请改建石桥，并建福德庙等，因万历皇帝生母李太后是通州人，遂捐大半修庙之资。万历三十一年（1603）动工，万历三十三年（1605）建成，赐名"通运"。清咸丰元年（1851）重修。

通运桥为三券联拱式石桥，全长40米，宽10

通运桥全景

米，中孔拱券较高，运粮船至此不必免桅。中孔金刚墙的两侧各嵌一块碑记。泊岸各嵌砌圆雕镇水兽一只，为龙子之一趴蝮，性好饮，故置此以镇水保桥，它扭颈视水，头角探出翅壁，伏卧状，鳞片若鲤鲫，长尾回卷，似畅饮态，形象十分生动。长2.6米，宽0.8米，体量之大乃北京现存古桥镇水兽之最。

桥两侧设护栏，一色青砂岩，各有18根海棠望柱，柱头雕石狮，石狮雌雄间置，情态不一，各具神韵，颇具明代建筑艺术风格。栏板内外双面浮雕荷叶宝瓶，叶脉洗练而无雷同，造型别致。此种雕饰目前全国现存石桥护栏中为此桥独有，极其珍贵。

桥头有4只戗栏兽作为桥栏的收尾。戗栏兽均为雄性麒麟，角锐鬣长，蹲坐于栏端，凶猛毕露，守护桥头。两端东西两侧石砌平台，为行旅上下船而置，是京杭大运河北端客船码头所在。

通运桥虽为拱桥，但桥面平整，便于运输通行。如今桥面车痕累累，深浅宽窄杂沓，记录了当年运输的繁忙景象，反映了通州运河文化之深刻内涵。

通运桥北端原立有两通石碑，桥西石碑为《敕建通运桥碑记》，桥东石碑为《敕建通州桥福德庙碑记》，记述捐资改建石桥与建庙镇桥之事，《敕建通运桥碑记》现已无存。

1995年，通运桥及张家湾镇城墙遗迹被北京市人民政府公布为第五批北京市文物保护单位；2000年北京市文物局对石桥进行了全面修缮，使桥面恢复了历史原貌；2006年5月25日，通运桥及张家湾镇城墙遗迹（京杭大运河）被国务院公布为第六批全国重点文物保护单位。

护栏石狮

戗栏兽

桥面

《敕建通州桥福德庙碑记》

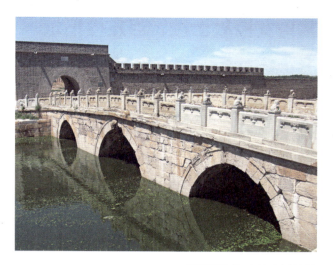

通运桥和张家湾古城遗迹

 知识链接　　张家湾古镇发展史

张家湾是一座古镇，有着上千年的历史和文化积淀，位于通州区城区东南5千米处。

这里河网交错，包括潞河、温榆河、浑河、萧太后河等众多河流在这里交汇，后来这些河流的一些河段陆续被开掘为运河被用来漕运，张家湾镇也随之变得忙碌起来，经贸活动日益频繁。

辽金以来，特别是金朝将国都定在燕京（今北京）后，张家湾的经济和人文获得了更大的发展，从东南而来的粮食通过张家湾的运河被不断运往京城，张家湾承担的漕运任务也越来越重要。

到了元朝，从南方延伸到北京的大运河如同一条生命线沟通了国家的南北，作为运河北端的重镇，张家湾成为维系元朝统治命脉的关键所在，其重要性在那一刻如日中天。这里成为重要的码头和商品集散地。

明朝从永乐年间开始，随着明成祖迁都北京，沉寂了一段时间的张家湾再度繁荣起来，各种物资纷纷从这里上岸转运北京，此时张家湾的重要性不言而喻，当时的朝廷专门设立大通关、巡检司、宣课司、提举司等部门加强对这里的管理，往来客商云集，一片繁忙的景象。为了保障安全，当时的政府专门委派守备一员、营兵500守卫维持这里的秩序。

在清朝，这里依然是北方重要的漕运码头，担负着商品集散的重任。到了近代，随着大运河的堵塞，这里也慢慢地趋于沉寂。

近年来，随着通州区运河文化产业带的建设，张家湾镇浓厚的文化底蕴不断被挖掘，人们通过这里的历史遗迹，依然能感受到当年漕运码头的繁盛，而张家湾在新的时代也迎来了新的发展契机，成为运河文化产业带上最闪耀的明珠。

富育女校教士楼、百友楼旧址

富育女校教士楼、百友楼旧址位于通州区玉带河大街西段南侧通州区第二中学院内，是北京地区洋楼的典型，是西方建筑文化的载体，亦是西方文化传入通州的实物见证，具有较高的历史价值。

富育女校教士楼建于清光绪三十年（1904），是为了当时的富育女子学校教学而建设的教学楼，该教学楼为西式风格建筑，共有3座小楼，均为砖木二层结构。

百友楼

教士楼

百友楼建于1929年，是在校学生捐建的一所教学楼，与富育女校教士楼相对，是一座仿中式建筑，东向两层楼，面阔九间，进深三间。硬山筒瓦、调大脊；鸱吻成龙首形象，嵌砌正脊两端；四条垂脊中间，各砌置一双角龙头饰件，性好望；垂脊脊端依次砌饰5只走兽，均为龙子，统称嘲风；排山滴水勾头等瓦件纹饰皆为花卉。通天柱、双步梁、飞檐、木制楼板楼梯、玻璃门窗、苏式彩画。台基表石下砖，山墙汉白玉压线石浮雕二龙戏珠，南山前檐台基石横刻楷书"民国十八

年"。明间前出抱厦一间；另一层门额嵌砌汉白玉匾一方，宽219厘米，高58.5厘米，内横刻阴文楷书"富育女学校"五字。台基下设地下室。内设四教室，每室三间，分在两端；次间为教师办公室。

建造这座楼的目的是在西方传教士所建的学校内凸显中华民族的气节，反对帝国主义的文化入侵，象征意义非常大。

2001年7月12日富育女校教士楼、百友楼旧址被北京市人民政府公布为北京市第六批市级文物保护单位。

 知识链接　　**富育女校的历史**

富育女校由美国传教士于清光绪三十年创建，是一所专门招收女童的七年制小学。1905年易名为富育女子学校。1921年，按照中华民国教育部的要求，改称富育女子中学。1923年改作六年制小学，且设初中班。"五卅惨案"爆发后，女校师生冲出校门，上街游行，声讨帝国主义者屠杀中国工人的罪行。1941年12月，日伪政权强行接

管了学校，并更名为"河北省立通县女子初级中学"。1944年秋，并入河北省立通县女子师范学校。1946年恢复富育女子中学。

1950年10月，抗美援朝战争爆发，女校师生强烈抗议美国侵略行径，声讨美国在我国文化领域的侵略罪行，强烈要求人民政府接管此校。1951年7月，河北省文教厅接管该校，复名为"河北省立通县女子初级中学"。1956年，更名为"河北省通州女子初级中学"；1958年改名为"北京通州区女子中学"；1959年起招收男生；1960年2月，易称为"北京通县第二中学"；1997年定名为"北京市通州区第二中学"。

通州兵营旧址

通州兵营旧址是冯玉祥将军下属张之江部在通州驻防地，位于通州区窑场村10号院。此兵营在1922—1923年兴建，仿中国古建筑四合院式的建筑布局，南向，是一个一进院落，其东西两侧是两个跨院。此处兵营是北京地区目前保留较为完整的近代形制的兵营，具有较高的历史价值。

通州兵营旧址有86间宿舍、8间礼堂。除此之外，还有钟警楼和演兵场等建筑。

钟警楼是整个营房的主体建筑，它位于中轴线上。钟警楼十分独特，它集钟楼、警楼和阅兵台为一体。有15米高，共三层，进深两间，四角攒尖顶。一层为无梁券顶通道；二层有两间，即里间、外间，里间是两面有瞭望孔的警卫值班室，外间两面有可以瞭望东、南、西三面情况的券窗，从券门可以到里间警卫值班室，两面有瞭望孔；三层四壁有圆券孔，顶部悬挂着大钟，敲钟可以报时和报警。楼顶立着旗杆。二层前方有可作为阅兵台的平台，该平台设有龛式矮墙护栏，登上这个平台可以走两侧砖砌的台阶。

与钟警楼相对的是礼堂，东西各有10间配

钟警楼正立面

钟警楼细部

房，它们是作为宿舍使用。东西设有跨院，各有3排营房，每排有10间。当时这里还是教育官佐眷属和子女的培德学校分校的所在地。北京市仅存的保持完整原貌的旧兵营建筑，便是这座通州兵营旧址。

2011年3月7日，通州兵营旧址被北京市人民政府公布为北京市第八批市级文物保护单位。

营房

知识链接 **通州兵营旧址的历史**

早在清朝的时候，窑场村已经形成村落。清初，这里驻扎了军队建窑烧砖，兴建窑房，当时已经有了东营、西营和南营等。清乾隆初年，这个村子的名字称作"窑场村"，自此便流传了下来。

1922年10月，冯玉祥在北洋政府的任命下成为陆军检阅使，他来北京的时候，从西北带来3个旅，其中两个在南苑兵营入驻，而第七旅则来到通州南门外的窑场村兴建营房，作为第七旅第四营的官兵营地。1935年宋哲元的国民革命军第二十九军一部也将部队驻扎在了这里，这里便有

了"老四营"的名称。

后来，冯玉祥的部队离开了这里，这里也经历了好几个主人。1948年12月，中国人民解放军总参谋部机要局迁到这里。及至1954年，这里一直都是中国人民解放军总参谋部机要局在使用。其间这里发出很多重要命令和部署，如平津战役、淮海战役和抗美援朝战争时期。

随着1954年中国人民解放军总参谋部机要局的迁出，通州兵营旧址又相继迎来了中国人民解放军第263医院、中华人民共和国铁道部卫生研究所。再后来，这里的一部分出租给了通州区私立陶情中学，后该中学停办。

路县故城遗址

路县故城遗址是目前所知通州区唯一的秦汉城址，位于北京市通州区潞城镇古城村，北侧紧邻运潮减河，是通州区迄今最早的古代城址，反映了汉代北方县级城市的形制和规模，为研究汉代郡县制提供了重要的实物资料。

路县故城遗址总面积达35万平方米，整体呈

路县故城遗址发掘现场

方形。现存的城址全部深埋在地下，城墙保存比较完好。共分为城墙基址、城内遗存、护城河和城外遗存4个部分。其中城墙基址保存相对完整。北墙基址长度约为606米，西墙基址长度约为555米，南墙基址长度约为575米，东墙基址长度约为589米，四面城墙基址基本上可以闭合。

城内还有一条南北走向的辽金时期的路面遗存和一条南北走向的明清时期的路面遗存，均叠压于汉代道路之上。在南城墙墙基外侧11—13米的地方，还发现有河道遗存，其走向基本上平行于城墙基址，宽度为30—50米。

从2015年开始，北京市文物研究所就对路县故城进行了持续且大规模的考古发掘和研究。在城内共发掘出4000余座各个时期的古代墓葬，其最早可追溯到战国晚期至西汉时期。城内还发现了大量的遗迹和文物，其中有燕文化的核心器物之一夹砂红陶釜，其所蕴含的价值不可估量。出土的陶俑形态各异，形象逼真，食物种类丰富多样，从中可探知当时人们不仅种植五谷，还饲养各种牲畜。另外，出土的房屋建筑材料也非常多，不仅实用也非常美观，可见当时人们的生活多姿多彩。

从整体上来看，城内比较普遍的是汉代遗存，并且数量较多。从地表向下3.6—4.8米的探沟内大部分都为汉代遗存。探孔中可发现汉代的陶片、瓦片以及砖块，甚至还有一少部分红烧土块和铁器遗存等。

再向城墙基址外发掘，发现的遗存有房址、灰坑、灶台、瓮棺、水井、沟渠、道路等。其中汉代的灰坑就有880余座，从这个规模上就可得知，当时这个区域有着大量的人类生存活动。汉代道路有10条，它们揭示了城外与城内的密切沟通。汉代水井有106口，集中分布，人们不仅在这里获得生活用水，同时也依靠这些水井进行手工业生产。

如今，路县故城遗址将建成遗址公园，路县故城遗址文物保护范围成为遗址公园的一部分，文物保护范围约87.9公顷。根据北京市文物研究所近10年的考古计划显示，核心区内仍不断进行考古工作，为了与其更好地配合，遗址公园的建设将分两期进行。第一期主要为城墙外的保护区域和核心区的城墙部分，建设面积达58.4公顷。其主要计划为在古城墙遗址上覆盖土层，上面种植高大的乔木，将整个古城墙的轮廓恢复起来；而古城外的城市公园进行永久绿化。第二期为城墙外的核心区域，建设面积约为29.5公顷，随考古挖掘进度修建木栈道、玻璃栈桥等，给游客提供好的体验。

路县故城出土文物

汉代水井

2021年8月28日，路县故城遗址被北京市人民政府公布为第九批北京市文物保护单位。

汉代房址

汉代城市和前代相比，规模扩大了。如西汉首都长安，经考古发掘，总占地面积约36平方千米；东汉首都洛阳，长约4.5千米，宽约3千米，俗称"九六城"，面积12—14平方千米。

除了长安和洛阳外，规模较大的城市主要就是汉代封国的国都和商业城市。比如临淄，是汉高祖长子刘肥的封国齐国的国都，同时也是一座繁华的商业城市，战国时已经是我国规模最大、人口最多的城市之一。西汉时的临淄基本沿用了战国时的临淄故城。从考古发掘结果来看，临淄城分为大小二城，两城总面积有15平方千米左右；邯郸是汉代"五都"之一，面积约14.4平方千米。

郡级城市普遍规模较大，面积多在4—10平方千米。如东武城（今山东诸城），是琅邪郡治，"周冈为城，周三十里"；位于今河北蔚县的代王城，是秦汉时期代郡郡治，城址平面呈椭圆形，全城周长近10千米。可见西汉郡级城市规模都较大。

国都、郡治都属于中心城市，此外的县级城市规模则较小，面积小的不到1平方千米，大多为1—2平方千米。南方地区普通县级城市面积更小，安徽发掘过50多座汉城，其中有23座县城面积都不到1平方千米。

边远地区的城市规模一般较小，如林邑国都浦西城（今广西黔江沿岸），城"周八里一百步"；福建崇安的城村古城，面积约0.4平方千米。

通州文庙

通州文庙是北京现存历史最为悠久的孔庙之一，始建于元大德二年（1298），就连东城区国子监旁的孔庙也要晚于它4年，是北京地区现存为数不多的学宫建筑遗存，对研究北京地方科举文化具有重要价值。

棂星门

文庙按照规制第一座门是棂星门。光绪中期及其以前，此处曾是三间歇山顶的大门。1900

年曾被八国联军烧毁，后复建时改为四柱三楼式牌楼门。伪冀东政府出笼后，"棂星门"匾额易成"圣人庙"三字，保安队起义后迫使伪政府东迁唐山，此门匾额未复。1949年8月，文庙设为河北省通县专区用房时此门拆除。2007年，通州区政府挖掘利用通州运河文化，按清代光绪间棂星门遗址和规制复建此门。

大成殿

1949年以前的棂星门

泮桥由3座小石桥构成，桥下有水，同时在水下墁有石板，故称为"泮池"。在古代，新晋的秀才进入县学"深造"，都要从泮桥中间石桥经过去参拜孔子，普通人来祭拜孔子只能走两边。1900年八国联军侵占通州，泮池和泮桥均被毁。

此桥是2004年重新修复的。但桥面改为玻璃板铺设，可以看见桥下桥基础被八国联军损毁后部分残存的桥墩的原状。

泮桥后面就是戟门，它位于建筑中轴线上，又被称作大成门，通常品级较高的官员去祭拜孔子时，就是从这个门走到大成殿的。

大成殿属于文庙的主体建筑。大成殿面阔五间，歇山顶调大脊筒瓦屋面，檐下施斗拱及彩画。

泮桥和大成门

圣训亭和燃灯塔

铁狮子

里面供奉着孔子的木制牌位，也有其弟子的木制牌位。大成殿的前面有一个宽敞的平台，据说这是孔子传授六艺的地方，称为"杏坛"。

大成殿两边是乡贤祠、名宦祠和普通管理拜祭孔子前简单修整的地方。

文庙院内西路北端，端立着一座红柱灰檐六角形的亭子，这是文庙内的圣训亭。圣训亭与文庙的历史一样长，是文庙的附属建筑。"圣训"表示尊重先圣的训诫，体现了中华民族尊师重教的传统。

通州文庙里奉祀有孔子及杰出弟子，还有历代贤明学者和儒家神位的东西庑；也有展出孔子生平事迹的盛荣殿，以及具有悠久历史的古井遗迹以及尊经阁、碑记。另外，通州文庙里保存有400年前的巨型皇木3根及元朝时期的通永道署铁狮。

2021年8月28日，通州文庙被北京市人民政府公布为第九批北京市文物保护单位。

孔子

知识链接

孔子是今山东曲阜人，他是我国古代伟大的思想家、政治家和教育家，他创造了儒学，被称为"大成至圣先师"。

孔子主张道德学说，体现了人道精神和礼制精神，这是一种中庸之道，它符合我国古代社会的要求；他的政治思想是德治或是礼制，以建立一个最高尚的国家，也就是"大同世界"，这种思想对中国后世具有深远的影响；他还主张重义轻利的经济思想；孔子在教育上主张有教无类，同时主张学而知之，学以致用，所以他"弟子三千，贤人七十二"。

孔子晚年修订了六经，也就是《诗》《书》《礼》《乐》《易》《春秋》。后来，孔子弟子以及再传弟子整理编成了《论语》，这些书被称为儒家经典。

孔子的思想对中国有深远影响，对世界的影响也巨大。因此，汉代起举行的"祭孔大典"，逐渐成为和祭祀祖先、神佛一样级别的大型祭典了。

大门

平津战役指挥部宋庄旧址

平津战役指挥部宋庄旧址是平津战役过程中解放军设在宋庄的指挥部，位于北京市通州区宋庄镇宋庄村中街北侧。这座院落由两座相邻的院落组成，修建于明末清初，曾经是地主家的院子，其建筑风格属传统风格。

东西两个院落并列对称，坐北向南，另外还有后罩房，一共占地1100平方米。两座院落的大门门楣上有"为人民服务"的字样。院落的前面，是一块刻着"平津战役指挥部旧址"字样的通州区文物保护单位石碑。

1949年1月，平津战役指挥部将这座院落定为指挥部。当年，这里见证了解放平津战役的过程，林彪、聂荣臻、罗荣桓等在这里运筹帷幄，

院落

院落

指挥了几场重要战斗，有强攻天津、围击新保安、解放张家口等。显而易见，解放军决战平津，这里是发出指令的"中枢"；也是从这里，派出了和平解放北平城的谈判代表。这里见证了有关平津战役的重要历史。

平津战役结束后，这里一直是当地政府机关、村委会驻地。直到20世纪90年代，宋庄村委会才从这里搬离。

2021年8月28日，平津战役指挥部宋庄旧址被北京市人民政府公布为第九批北京市文物保护单位。

知识链接　平津战役

平津战役是解放战争中，中国人民解放军进行的具有决定意义的三大战役之一，也是最后一个战役，对全中国的解放有着重要的意义。这次战役，中国人民解放军东北野战军和华北军区部队对国民党军傅作义集团盘踞于北平（北京）、天津、张家口地区的军队予以各个歼灭。此战解放军歼敌52.1万人（内改编25万人），基本上解放了华北全境，古都北京在这次战役中和平解放。

辽沈战役后，国民党军华北"剿总"傅作义集团50余万人，分布在东起北宁路山海关、西迄平绥路张家口的长达500余千米的狭长地带上，面临着被东北、华北解放军联合打击的形势。

傅作义收缩兵力，调整部署，从1948年11月中旬开始，先后放弃承德、保定、山海关、秦皇岛等地，以加强张家口、北平、天津、塘沽的防卫，保证西撤或南逃的通路。蒋介石曾主张放弃平、津，但在傅作义的坚持下，决定暂时固守平、津、张地区，牵制东北、华北的解放军兵力。

为此，中共中央军委除于10月底指示东北野战军组成先遣兵团先行入关外，又于11月18日电令东北野战军立即结束休整，提前在21日或22日取捷径以最快速度隐蔽入关，突然包围唐山、塘沽、天津的国民党军队。参加平津战役的部队有东北野战军约80万人，华北军区第二、第三兵团约13万人，连同东北、华北军区地方部队，共约100万人。战役分3个阶段：

第一阶段是1948年11月29日—12月21日，将傅作义集团分割包围，切断其西撤和南逃的退路。11月29日，华北军区第二、第三兵团和东北野战军先遣兵团，相继向平绥路平张段及张家口外围的国民党军发起进攻，平津战役打响。到12月上旬，歼灭平绥路东段傅作义部5个师，将其主力包围在张家口、新保安地区，切断傅作义西撤绥远的通道。12月12日起，东北野战军陆续到达平津前线，至21日完成对北平、天津、唐山国民党军队的战略包围。

第二阶段是1948年12月21日—1949年1月15日，围歼新保安、张家口、天津国民党守军，使北平守军陷入绝境。从12月21日起，人民解放军根据中央军委关于先打两头、后取中间的原则，首先攻克西线的新保安、张家口，歼灭傅作义部

一部分主力。1949年1月10日，中央决定以林彪、罗荣桓、聂荣臻3人组成总前敌委员会，林彪为书记，统一领导北平、天津、张家口、唐山地区的作战和接管等一切工作。1月14日，东北野战军采取东西对进、拦腰斩断、先南后北、先分割后围歼的作战方针，向天津发动总攻，15日全歼国民党守军13万余人，俘天津警备司令陈长捷，天津解放。1月17日，塘沽国民党守军乘船南逃。

第三阶段是1949年1月16日—31日，傅作义率25万人接受改编，北平和平解放。新保安、张家口、天津、塘沽解放后，北平成为一座孤城。中央军委为保护北平这座历史文化古城，力争在强大军事压力下通过谈判和平解决北平问题。华北局城工部指示天津、北平的党组织，通过多种渠道做傅作义的工作。经过多次谈判，1月21日，双方签订《关于和平解决北平问题的协议》。1月31日，人民解放军进入北平城接管防务，北平宣告和平解放，平津战役胜利结束。平津战役历时64天，共歼灭和改编国民党军队52万余人，使华北地区除归绥、太原、大同、安阳、新乡等少数据点外，全部获得解放，东北、华北两大解放区完全连成一片。

团河行宫遗址

北京团河行宫为清代帝王到南海子游幸狩猎或到晾鹰台阅兵驻跸之所。位于北京市大兴区西红门镇团河村，地处南海子公园南端。占地26公顷，以大小两个湖泊为中心，建有宫墙。现存建筑有御碑亭、翠润轩等，其余只有残迹。南、北侧土山尚保留有古柏126棵。

复原后的团河行宫局部

团河行宫建于清乾隆四十二年（1777）。早在金代，这里就有宫室建筑，金章宗（1190—1208年在位）即在此修造行宫，名建春宫。每年春天，金章宗都要来此捕猎鹅雁及进行网鱼活动。明代在此修建旧衙门提督官署，并按二十四节气修建了二十四园，改为行宫。清乾隆时在南苑西南隅修建团河行宫，成为清代诸帝在南苑游猎和处理政务的重要场所。

团河行宫占地面积约33万平方米，曾有各类殿宇建筑603间。当初，这里地势低洼，水源丰富，泉水有90余处。

团河行宫历时5年建成，是清王朝在南苑建造的规模最宏伟、最豪华的一座行宫。当时建有

新衙门行宫、旧衙门行宫、南红门行宫、团河行宫4座行宫，而团河行宫居南苑行宫之首。由于历年战火和八国联军洗劫，现在只有团河行宫遗址仅存，其他行宫现在连遗迹都难以寻觅了。

团河行宫云随亭

小岛、木桥和敞轩

团河行宫以东湖、西湖为中心，当时文献记载，东湖"周围一百六十二丈，水深二尺"，西湖"周围二百二十九丈五尺，水深一尺五寸，泥深三尺，河泡中水深二尺"。团河行宫围绕两湖进行营造，从而形成东湖、西湖两个景区。东湖沿岸有涵道斋、鉴止书屋、群玉山房、镜虹亭、露香亭、石板房、钓鱼台、鱼乐汀等建筑，湖中心岛上建有翠润轩，并建两座木桥，连接东、西湖岸。

宫门为西路，西路迎面是山石堆砌的假山，下有洞口，洞口上为乾隆帝御题"云岫"二字，进出者须从洞口穿过。前殿是璇源堂，为乾隆帝召见文武大臣议事和处理日常事务之所；后为涵道斋，为皇帝寝殿。进东二宫门为东路，东路迎面是一道木制大影壁，上有彩画仙鹤，壁座为一对夹杆石，浮雕麒麟，雕工精细。绕过影壁，为清怀堂，是皇太后寝殿。后院为九间殿，又称储秀宫，嫔

翠润轩

石拱桥

西湖沿岸有漪鉴轩、珠源寺、御碑亭、狎鸥舫、归云岫、四方亭、濯月漪、点景抱厦房、码头、船坞、云随亭等建筑。团河行宫同时建有大小石桥、木桥、浮桥多座，还建有两个泊岸码头，两个船坞。整个团河行宫周垣长达2千米，行宫内建筑布局精巧，自成体系，游廊曲折，小桥流水，充满诗情画意。

东部为宫殿区，雄伟庄严，建筑也相对较为集中。宫殿区西临西湖，北为东湖，南辟大宫门，宫门两侧为南宫墙。宫墙内外均有土山蜿蜒起伏，上植松柏，犹如两条青龙，头南尾北在团河行宫盘绕。大宫门面阔三楹，门前一对铁狮子，前侧有东西朝房各五间，其后东为膳房，西为茶房，各七间。大宫门内分东西两路，进西二

妃所住。院落宽敞，建有东西配殿，院内假山流泉，树木花卉，幽雅清香。两院当地俗称东宫、西宫，为团河行宫主要建筑，各自成院，以游廊连接，装饰和陈设富丽堂皇。从乾隆帝起，直至慈禧和光绪帝，每到南苑都驻跸团河行宫。

团河行宫至清末随国势衰弱而败落，光绪二十六年（1900），八国联军入侵北京，将团河行宫珍宝洗劫一空，宫内建筑多遭破坏。民国初年，曾被军阀当作兵营。1937年七七事变后，国民革命军第二十九军一部驻守团河行宫，与日军发生激战，行宫遭到炮火轰炸，几乎成为废墟。

现存建筑中，尤以御碑亭最为著名。御碑亭坐落西湖西北岸，南临水，北倚山，与西湖东南岸的云随亭隔水相望。亭为方形，重檐歇山顶，上覆

德寿寺

三孔石桥

御碑亭

筒瓦。亭内置一通方形御碑，高达4.8米，下为须弥座，上为四角攒尖顶，碑额浮雕二龙戏珠，额间镌刻"御制"二字。碑身四周边雕叶蔓花纹，四面镌刻乾隆帝御制诗，下款有"古稀天子之宝"印鉴。

团河行宫，集宫苑之豪华与田野之野趣于一身，同时融汇了我国南北园林特点，具有独特的历史价值、文物价值及建筑艺术价值。

1985年以来，国家对团河行宫遗址进行整修，先后修缮、修复了部分古建筑，修建了云随亭、十字房等建筑。铺筑环湖甬路，清淤、蓄水西湖，山间及湖畔广植花木。现在，已辟团河行宫遗址为公园，向社会开放。

十字房

2001年7月12日，团河行宫遗址被北京市人民政府公布为北京市第六批市级文物保护单位。

知识链接　团河行宫的历史风霜

1922年，冯玉祥陆军检阅时，部分部队在团河行宫驻守，驻守期间，在团河行宫东湖东岸石板房一带修挖浴池，在东部宫殿区兴办被服厂。1924年，冯玉祥在团河行宫北部买地，为阵亡官兵修建昭忠祠。此后，又兴办中学，将育德中学迁至团河，对官佐子弟展开军事教育，进行攻防演习。

1937年7月7日，卢沟桥事变爆发，日军进攻南苑，用飞机轰炸驻守在团河的第二十九军，这一次，团河行宫遭受了严重的破坏，很多驻守在团河的士兵负伤牺牲。1942年，日军为修建南苑机场等，将团河行宫拆毁。从此，原本豪华的团河行宫变得满目疮痍。

新中国成立后，北京市园林局对团河行宫进行保护与修缮，1982年，北京市政府对行宫遗址做出规划，1985年与2012年，相关部门对团河行宫遗址先后进行保护与修缮，以保留清代文化历史遗产，让世人回忆历史，缅怀革命先烈，弘扬爱国精神。

无碍禅师塔

无碍禅师塔是元代名僧无碍禅师的墓塔，位于北京市大兴区榆垡镇里河村。原有古刹灵言寺，明万历年间荒废。

无碍禅师塔是一座砖塔，建于元至元九年（1272），塔南向，六面体，通高约10米，全部以砖仿木，实心密檐结构。塔由塔基、塔身、塔檐和塔刹四部分构成。

塔基平面呈六角形，下半部分以立、顺砖分层砌筑。上半部分为六角形塔座，须弥座束腰，雕有平座和仿木斗拱，每面正中设一朵两跳补间辅作，每个转角处设一朵转角辅作。束腰部分雕刻壸门、石像和花饰，平座栏板砖砌蜀柱，几何图案纹饰。再上为仰覆莲花瓣的莲台，承接塔身。

塔身六面，向内略呈弧状，转角处磨砖倚柱凸起，形似框柱，柱下两层磨圆砖为柱础。柱顶砖砌阑额，下雕刻四朵云头。塔身南面雕刻成菱

无碍禅师塔

花格子门，门心上部嵌石刻塔铭，铭为"无碍禅师塔"。刻石上方起拱，北面隐刻门扇无存，其余四个面均隐作"万"字假窗。塔身上部为五重密檐，每层檐下出仿木砖砌斗拱，每面正中设一

须弥座上部

塔身下部

朵外两跳补间辅作，转角处设一朵转角辅作。从下至上逐层向内收缩。塔顶为六角形，两层重叠交叉莲花瓣浮雕装饰，上置石质葫芦形塔刹。

无碍禅师塔历经700余年风雨，损坏严重，1976年受河北唐山大地震的影响，佛塔损坏更加严重。1985年被大兴区人民政府公布为大兴区文物

塔身上部

保护单位。2002年，北京市政府拨款对此塔进行基础加固和修缮。现该塔保护较好。塔体建造工艺简洁明朗，造型和谐大方，塔身雕刻纹饰清晰，刻工简练生动，塔身六面体弧形设计独特，为密檐式古塔中的稀有珍品。近代在塔基周围建护塔平台。无碍禅师塔是研究金元时期建筑的珍贵实物资料。

2003年12月11日，无碍禅师塔被北京市人民政府公布为北京市第七批市级文物保护单位。

知识链接　中国古塔的特点

应该说，塔在我国古代建筑类型中出现较晚，而把外来因素与传统建筑结合得如此高妙，堪称我国古代建筑匠师的发展与创造。

印度的窣堵波本来只是一个半圆冢，但在与我国的各种建筑形式结合之后就大放异彩了。开始出现的是早期楼阁式塔，例如东汉永平十一年（68）在洛阳建造的白马寺浮屠。由于窣堵波用于埋藏舍利，最为神圣，所以必须以最高贵显著的建筑来供奉。我国原有古建筑中的高楼是统治者相互夸耀豪华之资本，并传说楼为神仙住所，秦始皇、汉武帝都曾修建高楼台榭以迎候仙人。用这种建筑尊崇佛最为适合。另外，高楼也可使人望而惊异，增加神秘感。于是楼阁建筑便被首先采用了。佛经上译作高、显二字，意为既高大又显赫。

印度窣堵波与我国传统建筑结合而成的塔主要分为三部分：塔刹、塔身和地宫。塔刹，作为表相部分，就是原来窣堵波的形象；塔身，是塔的主体建筑，用来供设佛像等，这部分除覆钵式塔外，其他各种类型的塔基本上是我国原有传统建筑的组成部分；地宫，用于埋藏舍利，便采用我国固有的陵墓地宫、墓穴方式。除文献记载的

一些情况外，从现存南北朝时期的石窟雕刻和壁画中也可以看到塔的具体形象。最早的是楼阁式塔和亭阁式塔，随着建筑的发展和佛教本身内容的变化以及工程技术的改进，又发展出密檐式塔、花塔、金刚宝座式塔、过街塔等。即使与印度原来窣堵波最接近的覆钵式塔，也在建筑造型与艺术装饰上融合了许多我国建筑艺术的成分。

寺与塔密不可分，因此早期的寺院以塔为主。我国第一座佛寺白马寺初建时的布局就是以一座大型方木塔为中心，四周门殿廊庑围绕。印度塔原来没有宫殿伴随，只是传入我国后与官衙形式结合了，当然所依照的式样仍然以窣堵波为主。塔里供奉佛骨，匠师将其尊崇至塔顶最高处，变成了"刹"。其他高楼、门殿廊庑则仍为我国原有形式。由于寺院布局形式的发展，这种早期以塔为中心、四周环绕廊庑、塔后建殿的寺塔布局形式的实物现已很难找到。现在的白马寺与原有布局已完全不同，唐以前的寺院布局原状早已不存。而早期传入日本的佛寺布局，例如日本飞鸟寺和四天王寺，均是仿照我国白马寺建造。这两座寺的建筑年代相当于我国南北朝时期，建筑布局以塔为中心，四周廊庑，塔后建殿，可作为研究早期寺塔布局的参考。

自汉、晋、南北朝至隋和唐初，这种以塔为主，塔在殿前的寺塔布局大体因循未改，但在不同地区也逐渐发生了一些变化。作为念经拜佛的殿堂，先是寺、塔并列，成为塔、殿左右相对的形式；后来逐渐把塔排出寺外，或建于寺旁、寺后，或另建塔院。这一变化大约自唐代开始，究其原因，一是中国佛教本身的发展，二是我国原有庭院建筑布局对佛寺的影响。佛教在中国广泛传播以后，不少公卿、王侯和皇帝纷纷舍宅第、王府甚至行宫御苑作寺庙，以示崇佛。现存最早

的佛塔在河南嵩山嵩岳寺，原是北魏宣武帝元恪的离宫，建于永平年间（508—512），正光元年（520）兴建佛塔，扩大寺院，后来宣武帝之子将其舍为寺院。可见佛寺传入中国后，不断与中国传统宫殿、宅第相结合，使佛寺建筑不断"中国化"。到了宋代，禅宗寺院发展成为"伽蓝七堂"制度。所谓七堂，指山门、佛殿、法堂、僧房、厨库、浴室、西净（厕所）等。印度原来的伽蓝、精舍已全部被中国式殿堂、院落式布局所代替了。

我国是一个幅员辽阔的多民族国家，寺塔布局形式千变万化，时有反复的状态。唐代以后的一些朝代和个别地区还有把塔作为寺院主体的情况。像辽、金时期的一些寺庙，塔建在寺院大殿的前部，占据着重要位置，例如山西应县佛宫寺辽代释迦塔（应县木塔）、内蒙古林西庆州辽代白塔，但寺中大殿仍是寺内佛事活动的主要场所，塔在寺中的地位也远不如从前了。

佛经上对建塔制度有不少规定，哪些佛、僧能建塔，什么样的佛建几相轮的塔等，不能僭越。例如《十二因缘经》说："八人应起塔：一如来，露盘八以上，为佛塔；二菩萨，露盘七；三圆觉，露盘六；四罗汉，露盘五；五那含，露盘四；六斯陀含，露盘三；七须陀洹，露盘二；八轮王，露盘一。"

但这些规定在实际修塔时并未起到作用，造塔工匠按我国传统习惯建造，塔身层数和相轮数绝大多数都是阳性数目的一、三、五、七、九、十一、十三等，二、四、六、八层的很罕见。有些和尚塔造了好几重相轮，引起佛教定律者的悲叹。

至于真身舍利塔、法身舍利塔，则主要以埋藏的舍利而定，从塔的外形很难看出。不少塔都称舍利宝塔或真身舍利宝塔，很少有称法身舍利宝塔的，因为真身或生身更容易为众人所崇拜。

云台

云台是我国现存建造年代最早、规模最大、雕刻最为精美的一座过街塔塔基。位于北京市昌平区南口镇居庸关关城的中心位置，券门石刻及门洞内石刻刻有大小佛像，汉、藏、蒙、梵、西夏文5种文字的经典，在佛教史和艺术史上有很高的价值。

云台建于元至正二年至五年（1342—1345）。元朝末年，顺帝根据蒙古族的宗教习俗，命人在此地建造过街塔，以供过往僧人或信徒等礼佛之便。建造当初，在高大的云台之上建有3座并排的白色覆钵式佛塔。在过街塔北面原有寺庙一座，名永明寺，过街塔曾是永明寺的一部分，令人惋惜的是云台上3座佛塔在元末明初时毁于地震。明代初年在塔的基础上建小型的佛祠一座，名泰安祠。明正统八年（1443），重修佛祠为毗卢遮那佛殿，清康熙时佛殿遇火灾被毁。现仅塔座尚存。

塔座呈梯形，全部用白色大理石砌成，通体洁白。高9.5米，塔基东西长26.84米，南北宽17.57米，台顶四周设有石护栏及排水龙头，塔座上尚遗留有原建筑柱础，开间宽大，不难看出原有建筑的规模。塔座正中开有券门，贯通南北，门洞顶部呈六边形，其形式是宋元以前城关门洞的常用建筑做法。在券门两边的券面中央，雕刻着一尊迦楼罗像，即金翅大鹏鸟，为护法神八部天龙之一。券门以内全部是佛教图像纹饰和经咒等高浮雕图案。在券门洞顶的斜面两侧各雕五尊

1911年的居庸关云台

居庸关云台

云台拱券洞顶部雕刻

佛像，代表着十方佛，周围浮雕着2000余尊小型佛像。在券门洞顶上还雕有5个曼荼罗图案。

券门洞壁的两头雕刻着四天王，这些高浮雕，形态雄劲生动，是元代雕刻的精品。天王之间的门洞壁上刻满了用梵文、藏文、八思巴文、维吾尔文、西夏文和汉文6种文字刻写的佛经，多种文字同时刻在一起，在我国古代石刻中仅此一例，这也是我国元代各民族人民的文化交流和互相往来的真实写照。整体看来，云台建筑高大雄伟，其雕刻收放圆润流畅，造型别致，图案精美，是一座巨型的石雕艺术品，是现存元代雕刻艺术和建筑技术的优秀代表作，具有极高的历史和艺术价值。

云台洞壁天王像

1957年10月28日，云台被北京市人民政府公布为北京市第一批市级文物保护单位；1961年3月4日，云台被国务院公布为第一批全国重点文物保护单位。

 居庸关

作为一处名声在外的军事雄关，居庸关最初并非是长城线上的关隘。在居庸关修筑长城，始于北魏年间的"畿上塞围"，后在北齐年间又将长城自幽州北夏口（即今居庸关之南口）修至恒州（今山西大同），再后来才从这里往东把长城修到了山海关。从此，居庸关便与长城相结合，成为万里长城线上的一处重要关口。当然，古时太行山从河南、山西经河北至北京，连绵数百里。从山麓至山脊皆陡不可攀，其间仅有八条通道，谓之曰"太行八陉"，居庸关所处即是其中的第八陉军都陉。由此可见，居庸关确非一般关隘可比。

居庸的名称，据有关文献记载是以秦始皇时迁徙庸徒（庸是指贫苦受雇的劳力）于此居住而得名的。但秦始皇时的长城却并不经过这里，而是从北面较远的地方到达辽东的。在秦始皇修筑长城的同时，曾沿长城设置了十二郡，用来开发长城沿线和保证驻扎长城部队的供应。其中，上谷郡就在今居庸关附近的延庆、昌平、怀来、宣化、保安这些地区，于是就把这些地区的老百姓和囚徒迁居至此，这倒是有可能的。不过，在居庸这里设置关卡应该是汉代时期的事。但当时这里的居庸关并不是长城线上的关口，而是居庸关县与军都县之间的关口。到了三国时，居庸关被称作西关，北魏时又称军都关，北齐则改称纳款关，而唐朝称作居庸关、蓟门关或军都关，辽之后至今都称作居庸关。

关于居庸关关城的布局情况，元代之前鲜有文字记载，直到元代熊梦祥在《松云闻见录》中摘录欧阳玄《过街塔铭》中所说的点滴内容才引起人们的注意。一是元时居庸关作为由大都通往上都的大道，皇帝经常从此往返，在居庸关内有寺院，有花园，还有皇帝住宿的地方。二是在关沟的南北建有两道大红门，作为关口的南北大门。

按照元人迺贤居庸关诗自注上说，永明宝相寺和云台在关北五里，由此可知元时居庸关的范围与现在相似。

现存的居庸关位于长达15余千米的关沟之中，有南北两个外围关口，作为南北门户。南口距北京40余千米，是居庸关关沟的入口处；北口就是现在的八达岭口，即八达岭关城。居庸关位于南北二口之间，且居于两山夹峙、山形陡峭的峡谷之中，旧时还设有重兵守卫、巡逻，因此自古就有"绝险""天险"之称。如果居庸关失守，就等于把北京城完全袒露在敌人的兵锋之下。

不过，作为一处风景胜迹，居庸关同样有着非同寻常的游览价值。居庸关仅距离昌平区10余千米，近年来当地政府投入大量资金用于修缮和恢复一些景观，是难得的一处旅游胜地。构架于30里关沟正中的居庸关，是高达8米、周长5千米的关城，除了原有的水门已经湮没无处找寻外，还有南北两座关门。史载，原先城内有高大的过街塔，如今毁坏得只剩下一处云台了。不过，这一处云台可非比一般古迹，它是元朝时兴建的，现今的云台仅底座就有9.5米，全部用青色的汉白玉砌成。云台的顶部还设有石制的护栏和石雕的排水龙头，云台正中开设有南北向的两个券门，呈唐宋式的六边形，依然可以畅通车马和行人。

居庸关云台之所以成为价值无比珍贵的文物，主要在于它是皇室祈求佛法保佑江山及其子民永世安康的见证。据过街塔的铭记中说，券门"下通行人，皈依佛乘，普受法施"。云台券门内外还密密麻麻地镌刻着密宗图形，如券顶两侧雕刻有十方佛和千手佛，券门内两侧雕刻有护法天王，他们分别是东南增长天王、东北持国天王、西北多闻天王和西南广目天王。在这四大护法天王的

云台栏杆、门洞上方雕刻

手上和脚下都持有或踩着东西，有持剑的，有打伞的，有抱着琵琶的，还有手里擒着一条蛇的，造型各异且生动逼真。特别令人费解的是，四大天王中唯有持国天王脚下踩的是人，其他天王脚下踩的都是鬼神，而持国天王脚下踩的是一位身着汉族服饰的女人，在天王的两侧还雕刻着持笏恭恭敬敬像是在迎接的汉人和少数民族人物的形象。这真是匪夷所思的事。另外，为了纪念造塔和后世不断修缮塔身者的功德，其上还有用梵文、藏文、八思巴文、古维吾尔文、西夏文和汉文等6种文字镌刻的经文咒语。那经文咒语一般人不一定能够明了，但罕见的西夏文字可是后人研究西夏历史极为鲜少的实物资料。

十三陵

明十三陵陵区是明朝十三位封建皇帝的陵寝所在地，总称十三陵，位于北京市昌平区北部天

寿山山麓。陵区内共计葬有皇帝13人、皇后23人、皇贵妃1人，以及数十名殉葬嫔妃等。除皇帝陵外，陵区内还有明朝妃子园寝7座，太监墓一座，以及神宫监、祠祭署等若干附属建筑，形成了体系完整、规模宏大、气势磅礴的陵寝建筑群，成为世界上保存完整、埋葬皇帝最多的帝王墓葬群。

明十三陵陵区面积约120余平方千米，陵区依山势筑有围墙，总长达12千米，是陵区重要的保护设施。陵区地域广阔，盆地内的各个山坡上错落有致地分布着这些帝王的陵墓，陵墓建筑群以长陵为中心，呈环绕之势，掩映在绿树丛林之中。

十三陵诸陵营建规模各不相同，凡是皇帝生前营建的，规模都比较大，例如长陵、永陵、定陵；死后营建的，规模就小，如献陵、景陵、康

1911年的十三陵牌坊

陵、思陵等。思陵，因明末崇祯皇帝是亡国之君，所用陵墓原是贵妃田氏的墓穴，因此，十三陵中数思陵规模最小。

明十三陵陵区的最重要的建筑形制分为祭祀区、埋葬区、衙署机构、保护机构等几部分，形成了一套完整的陵墓总体规划建筑格局。

祭祀区主要指陵区各陵园的地上建筑和陵区的先导部分。地面建筑主要有石牌坊、大红门、神路、大碑楼、神桥和陵园等。

石牌坊，全部为白石结构，是整个陵区导入口的标志性建筑，位于陵区的正南面。建于明嘉靖十九年（1540），是明世宗为颂扬祖先圣德所建，故称"圣德牌坊"。整座牌坊是用多块巨大的青白石经雕刻后榫卯衔接而成。石牌坊共计5间，

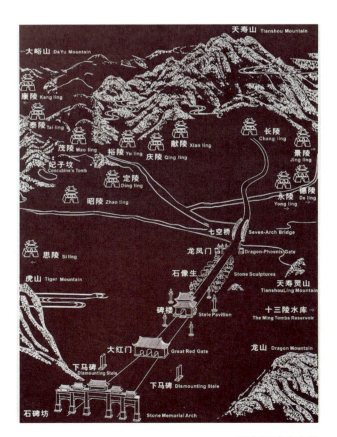

明十三陵分布图

石牌坊

仿木结构建筑，宽28.86米，高约15米，是我国现存年代最久的高等级的大型石牌坊。构件上雕有龙、狮、花卉等精美的图案，反映了明代石质建筑工艺的卓越水平。

大红门，又名大宫门，为陵园的正门。门为三洞券门，庑殿顶，上覆黄琉璃瓦顶，墙体用砖石砌筑，通体皆涂红色。大门的两侧接陵区围墙。大红门前面东西两侧各竖下马碑一通，通体由汉白玉石雕刻而成，上刻"官员人等至此下马"字样。凡是前来祭陵的人，都必须从此步入陵园，以显示皇陵地位的尊严。门内东侧稍远处原有拂尘殿，又称时陟殿，是专为帝后所建的更衣之所，现已无存。

神路，又称神道，是13座陵寝共用的神道，是明代帝陵地面建筑的导引部分。神路南起石牌坊，北至长陵，全长7000米。神路建有石像生、棂星门、五孔桥、七孔桥等。从七孔桥开始，神路由此分支，通向各陵园。

大碑亭，位于神路的前部，为长陵的神功圣德碑亭，建于正统元年（1436）。碑亭平面呈方形，高25.14米，重檐歇山顶，上覆黄琉璃瓦，墙体用砖石砌筑，通体皆涂红色，四面辟门。亭内竖有龙首龟跌石碑一通，汉白玉石雕成。石碑四

1911年的十三陵神道

1911年的大碑亭和华表

面刻字，碑首篆书"大明长陵神功圣德碑"，碑文是明仁宗朱高炽撰写，明初著名书法家程南云所书，长达3000多字。碑亭四隅立有华表一座，是碑亭的重要点缀，高10.8米，柱雕云龙纹，顶部有云板，顶端圆盘上各雕有一蹲立异兽，俗称望天犼。华表皆用汉白玉石雕刻而成，给人以肃穆端庄的感觉。

大红门

大碑亭

石像生，从碑亭至龙凤门的千米神路两旁，整齐地排列着石人和石兽，两两相对，人兽分开，排列有序。陵前放置石像生，早在 2000 多年前的秦汉时期就有了。此后历代帝王沿用不衰，只是数量和次序不尽相同。石像生主要起装饰点缀作用，以象征皇帝生前的威仪，表示皇帝死后在阴间也拥有文武百官及各种牲畜可供驱使，仍可主宰一切。石像生位于神路两侧，相向成对放置。其数量之多，形体之大，雕琢之精，保存之好，是我国古代陵园中罕见的。

文臣　　　　　　武将

神道石像生

石像生计 18 对，有石人 12 座，为文臣、武臣、勋臣；石兽 24 座，为狮子、獬豸、骆驼、象、麒麟、马。石人像身高 3.2 米，文臣及勋臣像头戴七梁冠，勋臣外加笼巾貂蝉。武臣像头戴凤翅盔，身着铠甲，手持金瓜，腰挂佩刀。石兽体型高矮不一，矮的约为两米，高的有三米多。石兽的作用各有不同，狮子生性凶猛，放置陵前有威慑作用。獬豸是古代传说中的神兽，能明辨是非，善辨邪正曲直，头生一角，专顶不正之人。骆驼是沙漠中不可缺少的运输工具，用于此地，是表示帝王统治疆域的广阔。大象性情温驯，象征吉祥

和驱鬼怪之意。麒麟是传说中的吉祥、太平的瑞兽。马是古代帝王的坐骑，地位尤为重要。

棂星门，又叫龙凤门。古代皇帝都自称为天子，死后要"归天"。棂星门就是天门的意思，进入此门就算上天了。因门上有火珠、云板等装饰图案，当地人又叫它火焰牌楼。棂星门宽 34 米多，高 8.15 米。其形制为三门六柱，门柱各雕成华表形式，柱上有云板，顶雕坐龙，在三个门额枋上的中央部分，还分别雕有火焰宝珠装饰，因而该门又称火焰牌坊。龙凤门西北侧，原建有行宫，是帝后祭陵时的歇息之处。

陵园，又称陵宫建筑，是各帝陵地面建筑的集中所在，是祭祀活动的重要专用场所。各陵皆背山而建，陵与陵之间距离少至 500 米，多至 8000 米。除思陵偏在西南一隅外，其余均呈扇形分列于长陵左右，方向、规模虽然不同，但地面建筑布局、形式基本一致，特别是主要建筑几乎完全相同。

棂星门

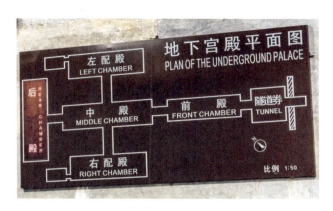

地宫平面图

明十三陵各陵宫建筑自成整体，祭殿在前，寝宫在后，门廊、殿堂、明楼、宝城，排列层次分明，严肃整齐，突出了陵墓建筑的特点。建筑分布以中轴线为主体，两侧为附属建筑陪衬，建筑布局合理完整，与中国传统建筑的布局相吻合。随着地势的逐步升高，建筑高低错落有致。

埋葬区主要指地下建筑——地宫，是帝后棺椁的停放区域。地下建筑前面一般建有隧道和甬道，成为进入地宫的导引部分。地宫平面为"十"字形，石拱券结构，后殿拱券与中殿拱券呈正交，这种拱券当时称"丁"字大券，是专供帝王使用的建筑形式，公侯大臣墓葬是不允许建造成此种形式的。

明代帝陵"十"字形建筑布局的地宫形制，

是仿照皇帝生前居住的内宫建筑布局规划的，即所谓"九重法宫"。法宫即为皇宫中的内廷建筑，就是皇帝的寝宫。明代陵寝地宫属多室建筑布局，这种建筑布局虽然唐宋时期已经普遍采用，但是明代的陵寝地宫的建筑布局和建筑形制都超过了前朝。地宫的后殿放置帝后的棺木，左右配殿亦筑有棺床。中殿是梓宫奉安后，护葬官员举行祭祀礼仪活动和放置帝、后的石御座及琉璃五供等随葬物品的场所。

明十三陵自明永乐七年（1409）开始营建，及至清代顺治初年，前后长达230多年。先后建造了13座金碧辉煌的皇帝陵墓，依次建有长陵（成祖）、献陵（仁宗）、景陵（宣宗）、裕陵（英宗）、茂陵（宪宗）、泰陵（孝宗）、康陵（武宗）、永陵（世宗）、昭陵（穆宗）、定陵（神宗）、庆陵（光宗）、德陵（熹宗）、思陵（思宗）。

长　陵

长陵位于天寿山中峰之下，是明朝第三位皇帝明成祖朱棣和皇后徐氏的合葬陵墓。朱棣（1360—1424），是明太祖朱元璋的第四子。1402年即皇帝位，年号永乐，在位22年，享年65岁，

十三陵祖陵长陵鸟瞰

1911年的长陵祾恩门

长陵祾恩门

1911年的长陵祾恩殿

长陵祾恩殿

庙号成祖。长陵是十三陵中的祖陵，建于1409—1427年，占地约12万平方米。它在十三陵中营建时间最早，其建筑工艺最考究，地面建筑也保存得最为完好。

长陵是明十三陵陵宫建筑规模最大、最宏伟的建筑群。平面为长方形，前方后圆，建筑布局为三进院落，周围建有高大的红色陵寝园墙。主要建筑都建在一条南北中轴线上，陵门前有无字碑，碑前建石桥与神道相接。第一进院以祾恩门为主要建筑，两侧建有神厨、神库、宰牲亭、碑亭等附属建筑。

第二进院是祭祀区的主体所在，建筑规模和建筑等级都是最高的。主殿祾恩殿高大雄伟，两侧建有配殿相呼应。祾恩殿建成于永乐十四年（1416），是供奉帝、后牌位和举行上陵祭祀活动

的地方。大殿面阔九间，重檐庑殿顶，黄色琉璃瓦屋面，金碧辉煌，坐落在三层汉白玉石栏杆围绕的须弥座式台基和一层小台基上。

台基前出三层月台，并有石雕护栏，每层月台前各设三层台阶，正中为高浮雕御路石雕，雕刻内容为海水江崖和双龙戏珠等精美图案。殿内"金砖"铺地，殿宇梁、柱、枋、檩、斗拱等建筑构件全部用金丝楠木加工而成，因为金丝楠木具有材质细腻，有纯天然的香气和特别耐腐蚀的特性。支撑殿宇的60根整材楠木大柱，用材粗壮，特别是殿内的32根重檐金柱，高12.58米，柱径均在1米以上，可谓世间罕见之物。

第三进院由内红门、棂星门和方城明楼组成，院内宽敞，松柏繁茂。明楼前俯祾恩殿，后接宝城，是长陵最高的建筑，在陵墓建筑中起到了标

长陵祾恩殿内柱子

志性的作用。

明楼由下面方城和上面明楼两部分组成，方城高9.84米，顶部设有雉堞。由中间券门进入，东西墙有甬道可以登城。明楼位于城台中央，重檐歇山顶。每边长18.06米，高20.06米。四面辟券门，楼上有匾额书写"长陵"二字。楼内置有圣号碑，碑通高7.89米，碑制为螭首方趺，碑额篆书"大明"二字，碑身刻有"成祖文皇帝之陵"7个大字。

明楼后为地宫入口，称为宝城。宝城内的陵体称为宝顶，地宫即在宝顶之下。宝城绕以圆形（或椭圆形）城墙，将高大的宝顶团团包裹起来，有效地防止封土堆的水土流失，保证了宝顶的完整。

石五供是陵寝园中必有的石雕祭器，虽非建筑，但是所承担的作用很重要。因此，明十三陵各陵全都具备，其雕刻工整细腻，造型稳重大方，而且所在位置十分重要，成为明楼建筑的重要组成部分。

石五供全部摆放于石几案上，由香炉、烛台和花瓶组成。香炉为双耳鼎式，炉身和炉盖各用一整石雕成。顶圆，其上雕云纹及一头部前探的蟠龙，下衬海水江崖。按照"龙生九子"之说，

长陵圣号碑

长陵石五供和宝城

此雕龙为狻猊，因喜爱焰火，所以把它安放在香炉之上。烛台分两种，一种形似古祭器中的豆，另一种为须弥座形。豆形烛台的烛盘下雕饰仰莲瓣一周，烛壁雕如意云纹。石五供中香炉的尺寸最大，次为烛台，花瓶最小。

献 陵

献陵位于天寿山西峰（黄山寺一岭），是明朝第四位皇帝朱高炽和皇后张氏的合葬陵墓。朱高炽（1378—1425），年号洪熙，庙号仁宗，47岁即位，在位10个月，享年48岁。献陵建于洪熙元年（1425）七月，八月玄宫落成。正统七年（1442）地面建筑完工。用时18年，占地约4.2万平方米。

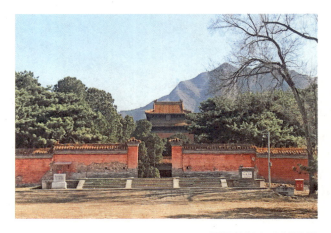

景陵陵墙和宝城远景

工。共用28年时间。占地约2.5万平方米。

裕 陵

裕陵位于天寿山西峰石门山南麓，是明朝

献陵三座门

景 陵

景陵位于天寿山东峰（黑山）下，是明朝第五位皇帝朱瞻基和皇后孙氏的合葬陵墓。朱瞻基（1399—1435），年号宣德，庙号宣宗，27岁即位，在位10年，享年37岁。景陵建于宣德十年（1435）正月。天顺七年（1463）三月陵园建筑完

裕陵陵墙和宝城远景

第六位皇帝朱祁镇和皇后钱氏、周氏的合葬陵墓，朱祁镇（1427—1464），年号前期正统，后期天顺，庙号英宗，9岁即位，在位22年，享年38岁。裕陵建于天顺八年（1464）二月，六月陵园竣工，仅用了4个月时间。占地约2.62万平方米。

茂 陵

茂陵位于裕陵右侧的聚宝山下，是明朝第八位皇帝朱见深和皇后王氏、纪氏、邵氏的合葬陵墓。朱见深（1447—1487），年号成化，庙号宪宗，18岁即位，在位23年，享年41岁。茂陵建于成化二十三年（1487）九月，弘治元年（1488）四月竣工，共用7个多月时间。占地约2.56万平方米。

茂陵棂星门和宝城

泰 陵

泰陵位于笔架山东南麓，是明朝第九位皇帝朱祐樘和皇后张氏的合葬陵墓。朱祐樘（1470—1505），年号弘治，庙号孝宗，18岁即位，在位18年，享年36岁。泰陵建于弘治十八年（1505）六月，正德元年（1506）三月建成。占地约2.6万平方米。

泰陵石五供和宝城

康 陵

康陵位于天寿山金岭（莲花山）东麓，是明朝第十位皇帝武宗朱厚照和皇后夏氏的合葬陵墓。朱厚照（1491—1521），年号正德，庙号武宗，15岁即位，在位16年，享年31岁。康陵建于正德十六年（1521）四月，嘉靖元年（1522）六月建成。占地约2.7万平方米。

康陵三座门和宝城

永 陵

永陵位于天寿山阳翠岭南麓，是明朝第十一位皇帝朱厚熜和皇后陈氏、方氏、杜氏的合葬陵墓。朱厚熜（1507—1566），年号嘉靖，庙号世宗，15岁即位，在位45年，享年60岁。永陵建于嘉靖十五年（1536）四月，用了7—11年的时间

永陵宝城

建成。占地约25万平方米。

昭　陵

昭陵位于大峪山东麓，是明朝第十二位皇帝朱载垕及其皇后李氏、陈氏、李氏的合葬陵墓。朱载垕（1537—1572），年号隆庆，庙号穆宗，30岁即位，在位6年，享年36岁。昭陵建于隆庆六年（1572）六月，万历元年（1573）建成，用时一年。占地约3.46万平方米。

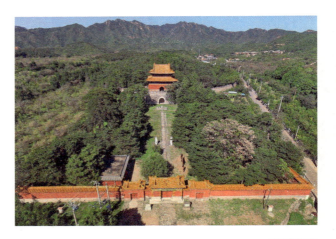

定陵鸟瞰

昭陵祾恩殿

定　陵

定陵位于大峪山东麓，是明朝第十三位皇帝朱翊钧和两位皇后的合葬陵墓。朱翊钧（1563—1620），年号万历，庙号神宗，10岁即位，在位48年，享年58岁。定陵建于万历十二年（1584）十一月，于万历十八年（1590）六月建成，用时6年。占地约18万平方米。定陵地下宫殿是十三陵中第一座被发掘的帝王陵寝。经国务院批准，1956年5月开始试掘，历时一年试掘成功。其玄宫由前、中、后、左、右5座殿室组成，石条起

券，总面积1195平方米，出土文物3000多件。1959年就原址建立定陵博物馆，正式对外开放。

庆　陵

庆陵位于天寿山黄山寺二岭南麓，是明朝第十四位皇帝朱常洛和皇后郭氏、王氏、刘氏的合葬陵墓。朱常洛（1582—1620），年号泰昌，庙号光宗，38岁即位，在位时间仅一个月，是明朝皇帝中在位时间最短的一个。庆陵建于天启元年（1621）三月，天启六年（1626）地面建筑完工。占地约2.76万平方米。

庆陵棂星门、石五供和宝城

德 陵

德陵位于潭峪岭西麓，是明朝第十五位皇帝朱由校和皇后张氏的合葬陵墓。朱由校（1605—1627），年号天启，庙号熹宗，16岁即位，在位7年，享年23岁。德陵是明朝皇帝生前营建的最后一座帝陵。建于天启七年（1627）九月，崇祯五年（1632）竣工，用时5年。占地约3.1万平方米。

德陵鸟瞰

思 陵

思陵位于陵区鹿马山南麓，是明朝最后一位皇帝朱由检和皇后周氏、皇贵妃田氏的合葬陵墓。朱由检（1611—1644），年号崇祯，庙号思宗，18岁即位，在位17年，享年34岁。由于崇祯生前未修陵，所以死后只好葬在贵妃田氏墓中。清顺治年间（1644—1661）才确定了陵名，并修建了享殿、围墙，竖立了石碑。占地约0.65万平方米。

明代的陵禁制度十分严格，为了保障陵区的安全与防范，明十三陵除思陵外，都有陵监等一整套功能不同的各种管理机构。陵监即神宫监，明十三陵各陵都有专门供守陵太监居住的神宫监，是明朝皇陵陵园的专门管理机构，由内臣掌管。陵监一般都建于陵宫的附近，在陵宫的左侧或者右侧。这些附属建筑群，是各陵完整建制的重要组成部分。

每陵各设一监。每监分设掌印太监一员，下属金书、管理、司香、长随等若干。明初各陵内官设置较少，正统时各陵不过二三员，至成化时增加到12员。陵监的主要职责是专门管理祭祀、维护陵园安全以及管理各皇庄、果园、榛厂、神马房等。由于其责任重大，因此每个陵监配有神宫监军建制，多达数千人，其职责是协助陵监等管理机构维护陵区的安全，同时也是压榨陵区附近百姓的黑恶势力。清顺治元年（1644）设司香宫和陵户，而后各陵监逐渐演变成村落。

陵监的选址全都位于所属陵寝的附近，便于

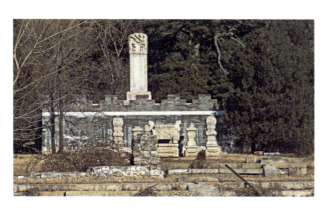

思陵石五供、石碑

永陵监大门

守护和日常管理。每个陵监的朝向没有固定的格式，基本上是朝着陵寝的方向所建，因此，十三陵的陵监方位正正方向的不是很多，有不少都是斜向的，例如，泰陵监、康陵监的坐落方向是偏西北向，庆陵监的方向则偏东南向。

陵监的形制平面为方形和长方形两种，由内外两道垣墙围合而成，又称外垣墙和回字墙，在规模上外垣墙高于回字墙。外垣墙墙体有砖墙和虎皮石墙两种，因为时间的不同，所用材质也不同。早期的陵监外垣墙除监门外基本上都是用鹅卵石砌筑，晚期的陵监则使用城砖砌筑。从现存陵监调查资料上分析，明朝第十一位皇帝世宗嘉靖皇帝的永陵之前的陵监用材都是采用虎皮石墙，如现存较为完整的裕陵监、茂陵监、泰陵监和康陵监等。永陵监以及永陵监之后的陵监都是城砖砌筑而成，如庆陵监、德陵监等。陵监用材的不同反映出明代社会经济的不同发展阶段。社会发展了，经济基础雄厚了，建筑所用材料也就会真实地反映出来，这也就是陵监用材变化的原因。

陵监墙高约4米，墙体采用三顺一丁典型的明代建筑砌法，墙腿下碱采用青石角柱石包砌，十分坚固。墙帽采用眉子顶和菱角牙子砌法，大方壮观。由于各个陵监所处的地形不同，有数座陵监因外围墙内外地面水平高度相差较大，因此在外围墙的下面加筑很高的砖石基础墙体，这时的陵监外围墙总高就有近10米，外观十分雄伟。如德陵监、茂陵监等。

监门位于外墙的中部，形体高大，用城砖砌筑而成。硬山顶，清水脊，合瓦屋面。墙腿下碱为青石，上身城砖砌筑，封护檐，存有宽厚的木质槛框，松木板门两扇，双扇对开，门扇较宽，便于车马通行。监门的正面建有一字影壁。监门两侧连接陵监外围墙。

陵监的里面亦建有回字墙一道，墙高约4米，其建筑方法与外围墙相同。回字墙的正面与陵监大门相对应的位置建有二门一座，例如，景陵监的二门，是目前明十三陵陵监中尚存的唯一一座二门。二门的檐椽、望板则油饰红漆，上槛装有门簪4枚。二门原为三启一形式，平时只有中门开启。现原有大门已不存，但是仍旧能看出原来大门的形式和建造手法，从现存建筑构件观察，可以推断两山墙及木构部分均系明朝旧物。

经实地调查，明十三陵各陵的陵监建筑保存状况不一，原陵监内部大多演变为农村生活住房。

永陵监南墙

德陵监南墙

德陵监影壁须弥座

从调查资料看，德陵监和庆陵监建筑保存较好，永陵监、裕陵监、茂陵监、泰陵监和康陵监尚存有大门和部分围墙。

景陵监位于长陵镇镇政府所在地，建于明宣德年间，是明朝第五位皇帝宣宗朱瞻基景陵的护陵机构。景陵监坐东朝西，监墙已毁，仅存监门和二门。监门用城砖砌筑而成，宽6.1米，高约4.5米，形体高大。硬山顶调大脊，脊两端施以吻兽，灰筒瓦屋面。墙腿下碱为青石，上身城砖砌筑，封护檐，存有宽厚的木质槛框，上有六角形梅花簪4枚。门扇已毁。大门门腿城砖上发现有明代烧造的年款，年代不一，例如："成化十七年

月日陵县窑造"，"弘治三年□□县造"。

与陵监大门相对应的位置建有二门一座，二门楼是明十三陵现存的独一无二的明代门楼。面阔一间，宽5.9米，门高4.35米。硬山顶，清水脊，灰筒瓦屋面。五檩进深。顶部采用彻上明造做法，其单步、双步梁，各檩、枋均绘有雅乌墨旋子彩画。檐椽、望板则油饰红漆，上槛装有门簪4枚。二门原为三启一形式，平时只有中门开启。现原有大门已不存，但是仍旧能看出原来大门的形式和建造手法。从现存建筑构件观察，可以推断两山墙及木构部分均系明朝旧物。二门内原有影壁一座，现已不存。

监门外建有龙王庙一座，始建于清朝，具体年代不详，占地面积约600平方米。现存有大殿一座，因年久失修，建筑残破不堪。

裕陵监位于长陵镇西北部，建于明天顺年间，是明朝第六位皇帝英宗朱祁镇裕陵的护陵机构。裕陵监坐西朝东，总体保存基本完整，平面基本为正方形，南北长126.4米，东西宽124.6米，占地面积1.58万平方米。

陵监现保存有较为完整的外垣墙。外垣墙残高约4米，墙体为虎皮石墙，全部用鹅卵石砌筑。

景陵监大门

景陵监二门

823

监门位于东垣墙的中部，用城砖砌筑而成。宽4.8米，高约4.8米，形体高大。硬山顶，清水脊，合瓦屋面。墙腿为城砖砌筑，封护檐，存有宽厚的木质槛框。

陵监监门外有一株古槐，胸径在一米以上，从外观上推测，树龄有五六百年；从年代上推测，古槐可能为明代所植。

裕陵监南墙

茂陵监位于明十三陵景区内，建于明成化年间，是明朝第八位皇帝宪宗朱见深茂陵的护陵机构。茂陵监坐西朝东，总体保存基本完整，平面基本为正方形，南北长174.8米，东西宽171.8米，占地面积约3万平方米。陵监建于东高西低的坡地之上，随地势而建。东墙较矮，而西墙建于较高的台基之上。陵监现保存有较为完整的外垣墙。外垣墙残高约4米，墙体为虎皮石墙，全部用鹅卵石砌筑。监门无存。

泰陵监位于长陵镇中部，建于明弘治年间，是明代第九位皇帝孝宗朱祐樘泰陵的护陵机构。泰陵监坐东南朝西北，总体保存基本完整，平面基本为正方形，南北长169.5米，东西宽169.1米，占地面积2.87万平方米。

陵监现保存有较为完整的外垣墙。外垣墙残高约4米，墙体为虎皮石墙，全部用鹅卵石砌筑。监门位于北垣墙的中部，用城砖砌筑而成。宽6.16米，高约4.8米，形体高大。硬山顶，清水脊，合瓦屋面。墙腿下碱为青石，上身城砖砌筑，封护檐，存有宽厚的木质槛框。

康陵监位于长陵镇西北部，建于明正德年间，是明朝第十位皇帝武宗朱厚照康陵的护陵机构。康陵监坐南朝北，总体保存基本完整，平面基本为正方形，南北长161.2米，东西宽162.2米，占地面积2.6万平方米。

陵监现保存有较为完整的外垣墙。外垣墙残高约4米，墙体为虎皮石墙，全部用鹅卵石砌筑。监门无存。

陵监内有一株古槐，胸径在一米以上，树高20多米。从外观上推测，树龄有四五百年；从年代上推测，古槐可能为明代所植。

永陵监位于长陵镇南部，建于明嘉靖年间，是明朝第十一位皇帝世宗朱厚熜永陵的护陵机构。

永陵监坐南朝北，平面为矩形，陵监现保存有南外垣墙和西外垣墙部分墙体。南墙宽168米，外垣墙残高约4米，墙体全部用城砖砌筑，城砖尺寸为430毫米×210毫米×105毫米。城墙采用三顺一丁的砌法。监门位于北垣墙的中部，用城砖砌筑而成。宽6.2米，高约5.5米，形体高大。硬山顶，清水脊，合瓦屋面。墙腿下碱为青石，上身城砖砌筑，封护檐，存有宽厚的木质槛框。门扇已毁。大门门腿城砖上发现有明代烧造的年款，例如，"嘉靖十七年□□窑□"。

监门的正面建有"一"字影壁，宽5米，高3米，全部用城砖砌筑，底座为须弥座，束腰雕刻花卉图案，方砖墙心，四角岔花，墙心四边砌砖柱子和线枋子，上身横放砖砌大枋子，顶部后改。

永陵监影壁

庆陵监位于长陵镇西北，建于明天启年间，是明代第十四位皇帝光宗朱常洛庆陵的护陵机构。庆陵监坐西北朝东南，总体保存基本完整，平面基本为正方形，南北长158.3米，东西宽155.8米，占地面积2.47万平方米。陵监建有外垣墙和回字墙两部分。外垣墙残高约4米，墙体全部用城砖砌筑，城砖尺寸为430毫米×210毫米×105毫米。城墙采用三顺一丁的砌法。监内建有回字墙一道，南北长87.6米，东西宽57.2米，墙高约3米，其建筑方法与外垣墙相同。回字墙的正面原二门已毁。

德陵监位于长陵镇东南，建于明天启七年（1627），是明代第十五位皇帝熹宗朱由校德陵的护陵机构。德陵监坐南朝北，总体保存基本完整，

庆陵监北墙

平面为矩形，南北长160余米，东西宽140余米，占地面积约2.3万平方米。据历史记载，德陵监营建共耗银万两，用大城砖近百万块，历时3年建成。

陵监建于东高西低的坡地之上，随地势而建。东墙较矮，而西墙建于较高的砖石台基之上，台基和墙体总高约10米，高大雄伟。陵监建有外垣墙和回字墙两部分。外垣墙残高约4米，墙体全部用城砖砌筑，城砖尺寸为430毫米×210毫米×105毫米。城墙采用三顺一丁的砌法。监门位于北垣墙的中部，用城砖砌筑而成。宽6.2米，高约5.5米，形体高大。硬山顶，清水脊，合瓦屋面。墙腿下碱为青石，上身城砖砌筑，封护檐，存有宽厚的木质槛框，松木板门两扇，双扇对开，门扇较宽，便于车马通行。

监门的正面建有"一"字影壁，宽5米，高3米，全部用城砖砌筑，底座为须弥座，束腰雕刻玛瑙柱子及花卉图案，方砖墙心，四边砌砖柱子和线枋子，上身横放砖砌大枋子。顶部后改。监内建有回字墙一道，南北长93米，东西宽49余米，墙高约3米，其建筑方法与外垣墙相同。回字墙的正面原二门已毁。

除了陵监这样的陵墓管理机构，十三陵还有陵卫这样的军事组织，这是一支专门维护皇陵的皇家卫戍部队，其主要职责是守护陵园，是明十三陵保护机构中的重要组成部分。明十三陵曾设十二陵卫军，除思陵外，每个皇陵都有陵卫军保护陵园。陵卫军由天寿山守备指挥管理，专门负责陵区的守卫。由于所在的陵园规模有所不同，因此，每陵陵卫军的官军人数也不相同。从资料看，长陵的官军人数最多，达7800人，其他各陵的官军人数一般都在2000—3000人。陵卫军建立

德陵监大门

后的数百年间，为明十三陵陵区的保护发挥了很大的作用。

在明代，十三陵曾是一个戒备森严的禁区，明陵的周围建有城墙一道，时称边城，明十三陵曾沿陵区四周共设有10个山口和两门。其中主要的山口有东山口、老君堂口、灰岭口、贤庄口、雁子口、德胜口、西山口和榨子口等。边城长约三四十千米，是利用明陵所在盆地的天然地形建成的，大体上分为南北两部分，南部以人工修筑边城为主，北部以把截山口为主，墙体高大坚固。边城建有敌楼，由重兵日夜守卫，多时达数万人之众。《大明律》曾规定：陵区内不得伐树、取土、采石，违者处死。尽管后来遭到兵火及自然火的焚毁，但明十三陵整体建筑格局及大量地面、地下文物还是保存较为完整的。

边城的建筑形制分为两种：一为陵区正面的大、小红门地段的砖墙；二为陵区偏远地段的虎皮石墙。前者因为位于陵区的正面，是皇族谒陵和祭拜的必经之路，所以这段边城建造得最为庄重，城砖砌筑，墙面涂红垩，墙帽使用黄琉璃瓦，红墙黄瓦，十分壮观。这段墙体与大、小红门等主体建筑色调、形式等方面协调一致。民国年间，该段边城遭到严重破坏，而后残墙逐渐消亡。后者地理位置偏僻，建筑形制则采用当地山石和白灰砌筑，原墙高约2.5米，宽约2米，石灰封顶。现在，该段边城破坏严重，墙体大部分坍塌，但其残垣断壁依旧保存，成为明十三陵防卫建筑宏伟设施的最好见证。

妃子园寝是中国封建社会埋葬制度的特殊产物。明朝自永乐皇帝建都北京后，历代帝王的陵寝全部建于北京明十三陵。但明代皇帝的妃子却多葬于北京西郊金山（玉泉山）脚下，只有极少数的宠妃才破格葬在明十三陵陵区内。例如永陵嘉靖皇帝的28个妃嫔都葬在了西山红石口和峰峪口。另外，明初也不是所有的妃子都殉葬，如生育过子女的或有特恩的妃子可以免殉，这些妃子也大多葬在西山一带。直到明英宗时期，明令禁止妃嫔殉葬，这样才开始为每位妃子建墓。

北京妃子园寝中当数明十三陵陵区内的7座妃子园寝最为著名。分别为宪宗万贵妃园寝、神宗五妃园寝（郑贵妃墓）、世宗贤妃园寝、世宗四妃二太子园寝（五子坟）、世宗三妃园寝（悼陵）以及成祖妃园寝两座（东井、西井）。在7座妃子园寝中以万贵妃园寝和郑贵妃园寝规模较大，地上建筑也较多。除此之外，郑贵妃园寝在园墙之外又建重垣，盖仿定陵建外罗城之制。贵妃园寝拟帝陵建造，足见其生前受宠，

郑贵妃墓冢

地位至尊。

　　妃子园寝建筑规制基本上大同小异，只有园寝大小规模、建筑多少不等的区别。建筑形式分为前方后圆和长方形两种。建筑布局都是以中轴线为建筑群的基准线，主要建筑全部位于中轴线之上，主殿的两侧有附属建筑相呼应。中轴线建筑有园寝门、重门、享殿、三重门、影壁、石碑、供案，最后为墓冢，享殿前面建有神厨、神库和配殿等附属建筑。园寝周围有高大的围墙环绕。

　　妃子园寝的墓室构造，是一座平面呈"工"字形的宫殿式建筑，由墓门、前室和主室构成。墓室为拱形建筑，前室和主室之间有两扇石门，

贤妃墓

门上刻着铺首。门顶为琉璃瓦，两端各有3个龙头形鸱吻，檐端的瓦当饰龙纹。主室的屋顶是四阿式，顶坡全铺着方砖，垂脊上有琉璃瓦脊饰。墓室中为高出地面的棺床，其上放置棺椁。前室石门两侧各置宝座一座，宝座前放置有石五供（香炉一，烛台、花瓶各二）和长明灯。

　　由于战争的破坏，以及自然和人为的损坏，明十三陵各陵损坏十分严重，建筑损毁坍塌，陵内杂草丛生，十分荒芜。中华人民共和国成立后，政府将明十三陵作为全国重点文物加以保护。从2001年开始，北京市政府拨款逐年对十三陵各陵和相关的建筑群进行整理和修缮，逐步对损毁严重的陵墓进行重点修缮。特别是近年来，政府从保护文物方面入手，加大了修缮力度。例如：

　　2001年6月，明十三陵德陵抢险修缮一期工程。

　　2002年2月，明十三陵德陵抢险修缮二期工程。

　　2003年1月，明十三陵康陵保护修缮工程。

　　2003年2月，明十三陵德陵抢险修缮工程。

　　2003年7月，明十三陵康陵三座门及影壁保护修缮工程。

　　2005年8月，明十三陵康陵祾恩门保护修缮工程。

　　2005年12月，明十三陵昭陵抢险修缮工程。

　　1957年10月28日，十三陵被北京市人民政府公布为北京市第一批市级文物保护单位；1961年3月4日，十三陵被国务院公布为第一批全国重点文物保护单位；1982年，十三陵被列入国家重点风景名胜保护区；1992年，十三陵被"北京旅游世界之最"评选委员会评为"世界上保存完整埋葬皇帝最多的墓葬群"；2003年，经联合国教科文组织第二十七届遗产大会通过，十三陵被列入《世界遗产名录》。

知识链接

帝王地宫

地宫是帝王陵墓中的重要部分,又称为"玄宫""幽宫"等等。因其结构豪华富丽,堪与帝王的人间宫殿媲美,故俗称地下宫殿。由于地宫建筑是埋葬帝王身骨和殉葬大量珍贵物品的地方,唯恐外人知道其情况,一直是一个秘密之所。自发掘了明十三陵的定陵地下宫殿之后,才对它有了具体的了解,解开了地下宫殿之谜。然而,像定陵这样的地下宫殿,也只是一个时期的形式而已,历代陵墓的地宫也不尽相同,经历由一个从最简单的黄土小穴发展成为豪华地下宫殿的过程。

(一)土穴木板墓室

在原始社会早期,墓葬的形式很是简单,只是在地下挖一个土坑,既无棺椁,也无墓室,死者的尸体也无特制的东西加以包裹。大约从母系氏族公社后期开始,对死者的尸体已开始加以注意保护。起初还只是以树枝等物遮掩之后再覆盖土,即所谓"厚衣之以薪"的说法。这当然十分简陋了,谈不到墓室结构。到了父系氏族公社的后期,贫富开始分化,埋葬方式有了发展,墓坑除了土壁之外,又加用了木板围护。如山东泰安大汶口氏族墓葬中,已经发现了长3—4米、宽2—3米的大型墓坑,坑内再围置和铺垫木材作为木椁,有的木椁底部还涂以朱色。这时的木椁还是利用天然木料,与后来春秋战国、西汉时期的木椁还有很大的距离,但已经开始向墓室建筑迈进了。而浙江嘉兴马家浜良渚文化遗址中所发现的墓葬,已有用木板围成的椁室,木板已做了加工。当然,这种形式与后来的大奴隶主和帝王的地宫还相去甚远。

(二)木椁及"黄肠题凑"

原始社会末期父系氏族公社的发展,进入了奴隶社会,奴隶主贵族们不惜花费大量的人力物力,建造起宫殿坛庙和陵寝,地宫更是其中重要的一项。这样,原来的简单椁室就很快发展成为宏大坚固的大型木椁玄宫,并出现了十分考究的"黄肠题凑"的形式,开创了帝王地下宫殿的建筑的先例。这种木椁玄宫构筑,从整个奴隶社会直到封建社会初期都在沿用着,大约是从夏启到西汉时期(前20世纪—前1世纪),约2000年。

在河南安阳殷墟侯家庄西北冈发现的一座商晚期大墓,面积有300多平方米,当是一座奴隶主的王陵。玄宫的中央置棺,棺外用长大的木杠构成椁室。椁室的内壁有雕饰花纹,建筑工艺已相当精美了。

大型木椁墓室是春秋、战国、西汉时期奴隶主和帝王陵墓的特点。"椁"是盛放棺木的"宫室",也就是地宫建筑。其做法是用砍削整齐的大木方子或厚板,用榫卯构成一个扁平的大套箱,下有底盘,上有大盖。在套箱内分成数格,正中是放置棺材的地方,两旁和上下围绕着几个方格,称为厢。如东厢、西厢(或左、右厢)、头厢、脚厢等。棺材旁边的厢是存放殉葬品之用的。如像湖南长沙马王堆西汉轪侯一号墓的椁厢即有左右边厢、头厢和脚厢,棺也分作几层。他还只是个侯,已经十分华丽,帝王陵的地宫虽还没有正式发现实物,想来定会超过许多的。历史上记载汉武帝茂陵费了53年的时间建成,其地宫内殉葬物很多,但建筑的情况未详,是否木椁也难肯定。而从几十年来考古发掘情况来看,春秋战国到西汉初期大都是木椁墓，尚无大型砖石砌筑的墓室发现，应是木椁的成分较多。唯有一个难解之例是秦始皇陵的地宫，《史记》上记载："穿三泉，下铜而致椁，宫观、百官、奇器、珍怪徙藏满之。"这都是讲棺椁的。尚有："以水银为百川江河大海，机相灌输，上具天文，下具地理。"不能解释为木椁玄宫。若真有了西汉以后的砖石砌筑或发券的结构，那将是一个特大的奇迹了，还有待于考古发掘的证实。

"黄肠题凑"是帝王陵墓建筑的一个重大发展，形成了木构地宫的高峰。这种葬制最迟在春秋时期即已经出现了。《史记·滑稽列传》上记载，一个名叫优孟的人在讽谏楚庄王的谈话中，就提到当时的人君葬制："以雕玉为棺、文梓为椁（在梓木的椁上绘画图案），楩、枫、豫章为题凑。"

到了西汉时这种葬制更趋于完善，成了梓宫、便房、内外回廊和黄肠题凑的形式。汉朝时候，帝王的棺用梓木制作，称为梓宫。梓宫的前半部分是仿照死者生前延宾宴飨之所，称为便房。黄肠题凑，最早仅见于《汉书·霍光传》："赐……便房、黄肠题凑各一具。"

颜师古注引苏林曰："以柏木黄心致累棺外，故曰黄肠。木头皆向内，故曰题凑。"

这种形式的墓葬，过去一直没有发现过。直到1974年6月，于北京丰台区郭公庄发现了一座西汉时期（可能为燕王旦）的陵墓，得到了证明。燕王旦为武帝之子，于元狩六年（前117）封于燕，在位38年，为政苛暴，滥征徭赋，因此这一地下宫殿修建得十分华丽。棺椁完全按照天子之制，五层棺，二层椁。殉葬品虽早被盗挖，但仅从残存的部分中可知也是极其豪华的。

从这一发现，我们还可推想西汉长安五陵，是否也是这种"黄肠题凑"的形式。当然，真正的天子地宫，可能比燕王地宫还会大得多。

（三）砖石发券砌筑地宫

可能是由于吸取了木椁墓容易被盗被焚的教训，以及砖石建筑技术的发展，东汉时期已经基本上扬弃了木椁玄宫的建筑方式，逐渐以砖石取而代之。砖石墓室，从考古发掘中所知，西汉晚期已经出现，在河南洛阳就曾经发现过为数甚少的几座西汉晚期砖结构墓室。砖的尺度很大，长1米或1米以上，宽40—50厘米，厚10多厘米。内为空心，表面刻出各种图案花纹。这种大型空心砖，犹如今日之大型砌块，用来砌墓室，极为便当。还有少量用小砖发券的墓室。从东汉到隋唐宋元明清，砖石发券或叠涩砌筑的墓，一直在不断发展。北朝、隋唐在黄土高原地带还盛行过天井、壁龛的土洞玄宫，如西安乾陵陪葬墓中的永泰公主、章怀太子、懿德太子墓，就是这样的形式。历代帝王陵的地下宫殿，发掘的不多，但从少数例子看，大多是用砖石砌筑的。如南京南唐李昪、李璟陵，成都前蜀王建永陵等，就是砖石发券或叠涩砌筑的。到了明清，规模就更宏大完备了。今以明十三陵定陵地宫为例，介绍其布局与结构。

定陵地下宫殿的位置正在宝顶之下，宝城之内。方向与方城明楼和棱恩殿、棱恩门成一轴线。地宫距宝顶（坟头）27米，总面积1195平方米。地宫的平面布局仍采用"前朝后寝"的制度，极力仿效生时方式，以追求"死犹如生"之义。在地宫之前半部为一长而宽广的隧道，作为进入地宫的前奏，犹如紫禁城前面之重门广道。地宫分为前、中、后三殿及左、右两配殿，共计五殿，顶部铺以琉璃瓦，与地面宫殿建筑的屋顶一样。殿与殿之间均设门和道予以区隔，前殿前面尚有一个方形的券室作为前庭，象征着紫禁城前面的广场。前殿也是作为前导建筑，中殿才是所谓"前朝"部分。在中殿里摆放着三个用汉白玉雕成的"宝座"，正中一个即是万历皇帝的位子，当然他的面前已经不是群臣朝拜而是琉璃制造的"五供"和大龙缸长明灯了。前殿和中殿的高宽均相等，自地面至顶高7.2米，宽6米，共长58米。后殿是地宫的主要部分，规模最大，高9.5米，长30.1米，宽9.1米，是所谓"后寝"部分。万历帝朱翊钧的棺木陈放在棺床的正中，孝端、孝靖两皇后棺木置于两旁，三个棺材的周围陈放着玉料、梅瓶及装满珍贵殉葬品的红漆大木箱。金银器物、珠宝玉石、日用物品盛满箱中，从人间带到了地府。

定陵的地宫建筑材料，主要是汉白玉、艾叶青石和花斑石的巨大石块，建筑结构为发券方法，铺地青砖为所谓"金砖"（即澄泥砖）。这种以砖石材料发券结构较之木樨方式优点很多，既能使地宫更为宏大、坚实，还有耐腐蚀、防火等能力，所以在扬弃了木樨方式之后，一直沿用了1000多年。从清东西陵开放的几个地宫来看，基本上仍然是继承了明陵地宫的形式。唯东陵乾隆地宫内满刻佛经和佛像，目前还是一个孤例，连被称为老佛爷的慈禧太后也没有想到。

银山塔林

银山塔林是京城北部著名的风景区，位于北京市昌平区东北银山南麓。银山峰峦高耸，山脉由墨褐色的花岗岩构成，岩壁陡峭，色黑如铁，称为"铁壁"；山崖冬日积雪深厚，银装素裹，黑白相间，反差强烈，故名"银山铁壁"。周围群山环抱，巍峨壮丽，是明清时著名的"燕平八景"之首；塔林建筑秀丽挺拔，雕造装饰精巧，是研究佛教艺术和砖石建筑的重要参考资料。

银山塔林

银山不仅以山势构造奇特而著称，而且以寺多塔众而驰名。古时，银山曾是佛家讲经说法的圣地，同时又是文人墨客隐居的最佳场所。唐元和年间（806—820），著名高僧邓隐峰在此筑寺修行，讲经说法。当年讲经的地方叫"说法台"，在高僧圆寂后，众僧为了纪念他，就在说法台的岩石上建造了一座石塔，高丈许，俗称"转腰塔"，至今保存完好。

此后，建寺之风盛行，特别是辽金时期，在原有的寺庙基础上，寺院建筑群规模进一步扩大，传说建有72座寺庙，数量惊人。著名的大延寿寺就是这个时期建成的。寺庙依山而建，殿宇巍峨，雄伟壮丽，当时北方最负盛名的高僧，如佛觉、晦堂、懿行、虚静、圆通5位大禅师都曾在此讲授佛法。由于这些高僧学识渊博，又符合统治者的需要，都被封为国师，为人们所敬仰。

除大延寿寺外，其他比较著名的寺院有老爷庙、铁壁寺、松棚庵等。就连山外的一些寺

转腰塔

庙，例如兴寿村的崇寿寺、秦城村的龙泉寺都是银山寺庙的附属寺院，俗称下庙。据金大定年间（1161—1189）的碑文记载，这里常住僧人500余人。因此，各地法师高僧等纷至沓来，云集于此，故而银山名声大噪，与南方镇江著名的金山大寺齐名，历史上有"南金北银"之说。明清时期，寺院建筑仍旧不断增加与改建。经过数百年营建，

这里寺庙众多，群塔林立，号称"京北第一绝妙圣地"。

银山塔林是银山的重要标志，无数座造型各异的宝塔，分布在山坡沟谷和丛林之中，高者数丈，矮者数尺，这些佛塔都是生活在这里的高僧、和尚、尼姑的灵骨塔。经过数百年的积累，整个银山地区，墓塔林立错落，数不胜数，故民间有"卢沟桥狮子数不清，银山佛塔数不尽"的说法。

民国时期，由于战乱，寺庙等建筑遭到了极大的破坏。1941年，日本侵略军进犯八路军平北根据地，经过银山时，将全部寺院建筑进行了毁灭性的焚毁，并烧山毁林，致使原来大批的景观不复存在，只有几座大塔和10余座小塔留存于世。如今这些佛塔大部分已毁坏，保存最完整、最大的佛塔是大延寿寺废墟上的5座砖塔和后面的两座塔，其余的则分布在附近，统称为银山塔林，均为金、元、明各时期遗物。

银山塔林现存17座墓塔，大小高矮不等，高者20余米，直径达7米左右，矮者只有两三米高。从塔的形制上看，大体上可分为两大类：一为密檐式塔，二是覆钵式塔。这里保存的几座大型佛塔全部是密檐式结构，是北京地区保存最好、最

银山延寿寺山门

大延寿寺废墟上的7座塔

故祐国佛觉大禅师塔

故懿行大师塔

为集中的密檐式塔群。有六角形和八角形两种，都是仿木结构的密檐式砖塔。塔身自下而上逐层递减，塔的高度不等。

造型最为精美的是懿行大师塔，八角十三层密檐式塔，是典型的金代作品。塔高18米，平面为八角形，塔基由须弥座和斗拱勾栏平座组成，须弥座雕有狮头宝瓶等纹饰，整个塔基除斗拱外，满布花纹，雕刻繁缛，颇具匠心。仰莲之上为塔身，塔身八隅旋圆柱，顶端砌以阑额普相枋，檐下每间补间旋施斗拱一朵，单抄四辅作。塔身四面辟假门，其余四面辟方形假窗。塔共拔檐13层，每层用叠涩手法向外砌出5层，代替檐椽，逐层收减，呈现出丰满有力的卷杀。各层檐饰以筒瓦、勾头滴水，各角饰有垂脊、吻兽，檐角系铜质风铃，塔顶雕宝月承珠。整座塔造型俊秀挺拔，雄伟壮丽，体现了我国古代建筑艺术的高超水平。

覆钵式塔大部分是石塔，砖塔的数量则较少。

复合式塔

覆钵式塔

除这两类墓塔形式外，还有一种组合式的墓塔，是将密檐和覆钵两种形式的塔结合起来，集于一身，这种建造奇特的异形塔，堪称塔林中的上乘佳作，是研究我国古代佛教和砖石建筑的宝贵遗产。

5座金代塔均是密檐式砖塔，塔下有高大的须弥座，须弥座和第一层塔身均有门窗，有佛像等精美雕饰。层层密檐下施砖刻斗拱。第一层塔身以上均施叠涩挑出短檐。这5座金代墓塔高度均为20—30米，比少林寺、灵岩寺内大型塔林的墓塔还要高大得多，看上去不像墓塔，而更像佛塔。居中为祐国佛觉大禅师塔，其余4座分别是

晦堂祐国佛觉大禅师塔、懿行大师塔、虚静禅师实公灵塔、圆通大禅师善公灵塔。

在法华禅寺遗址区外还有两座无铭的密檐式砖塔。一座是覆钵式密檐式砖塔，平面六边形，三层密檐之上有覆钵形顶子，再上置塔刹；另一座塔的平面也是六边形，但自第一层塔身而上每面塔身、塔檐均向内呈弯曲的弧线，样式颇为特殊。

另外11座都是覆钵式塔，均为明清建筑，有石结构和砖石结构两种，形制比较简单，基座均是石砌的须弥座，平面有四边形和六边形两种，塔身均作覆钵体，塔刹部分有相轮组成的"十三天"及圆盘等装饰，其中，石砌的塔身均于正面设有眼光门。

银山塔林年代久远，已有900年历史，在我国古代建筑史和美术史研究上占有重要的地位。自1992年起，对银山塔林、法华禅寺遗址进行了大规模修缮，使这片佛教圣地得以完好地保存。后又对邓隐峰说法台、古佛岩、朝阳洞、白银洞、中峰顶等银山多处古迹及环境进行整治和清理。现在，这里的自然景观优美雄奇，苍松翠柏，浓郁茂盛，其清静幽雅的自然环境，已成为京华旅游胜地。

晦堂祐国佛觉大禅师塔

弧形塔

1979年8月21日，银山宝塔被北京市人民政府公布为北京市第二批市级文物保护单位；1988年1月13日，银山宝塔被国务院公布为第三批全国重点文物保护单位。

虚静禅师实公灵塔

圆通大禅师善公灵塔

 知识链接　　中国古塔建筑材料

我国古塔众多，所用建筑材料也有独特的发展历程。大致来说，东汉至南北朝时期的塔多为木构，因为我国古建筑历来以木构为主，塔也不例外，我国第一座佛寺白马寺的塔就是木塔。北魏洛阳永宁寺塔，去地千尺，金宝瓶，承露金盘三十，朱漆金钉，金环铺首，雄伟华丽之极，却被一把火化为灰烬，故而在唐、宋、辽、金时期砖石塔取代了木塔。现存最早的砖塔是北魏正光元年（520）建造的嵩岳寺塔，现存最早的单层石塔是隋大业七年（611）所建的山东历城四门塔。唐朝时砖塔建造创造了仿木构楼阁式和密檐式两种类型，亭阁式砖石塔也在唐代达到顶峰，而到宋、辽、金时，高层砖石塔达到极盛，尤其是辽、金密檐式塔，不仅超越了隋唐，而且为明清砖石塔所罕见。此时的一个大发展是普遍由唐塔的四方形转变为六角形和八角形，增强了抗震性能，扩大了登塔眺望的视野。同时，还创造了砖木混合结构。

另外，建塔所用材料还有铜、铁等金属，主要有宋代铁塔和明清铜塔，但至今尚未发现唐朝以前实物。现存有确切纪年可考的最早的铁塔为广州光孝寺内的东西铁塔，铸制于五代南汉时期。至明清时又发展以铜铸塔，如四川峨眉山铜塔。还有金塔、银塔、珍珠塔、象牙塔、珐琅塔等，一般只供奉舍利；或作为装饰藏于塔基地宫、塔身之内；或供放在寺庙、宫廷之中。北京故宫的纯金宝塔和西藏、青海、甘肃等藏传佛教寺庙中的金银珠宝舍利塔多为明清之物。当然，还有一种琉璃宝塔多见于唐朝以后，明清时期已普遍使用。我国现存最早、最高的琉璃塔是建于北宋皇祐元年（1049）的河南开封佑国寺塔。

我国现存露天琉璃塔不下百处，明永乐皇帝下诏修建的南京大报恩寺琉璃塔，曾被列入"世界中古七大奇迹"之一。现今塔已不存，但琉璃构件残留了下来。山西洪洞明代广胜寺飞虹塔及北京香山琉璃塔、承德须弥福寿之庙琉璃塔等，都是精美绚丽的作品。

朝宗桥

朝宗桥位于北京市昌平区沙河镇北，横跨北沙河之上，故又称沙河北大桥，与横跨南沙河的安济桥（又名沙河南大桥，已拆）相距2千米。朝宗桥为京北现存最大的一座古代拱券式石桥，过去是帝、后和大臣谒陵北巡必经之路，又是京北交通要道。现在，虽然朝宗桥两侧分别建有铁路和高速公路桥，但朝宗桥依然是首都北京北部的一条重要交通要道。

朝宗桥始建于明正统十三年（1448），万历皇帝于万历四年（1576）为桥赐名"朝宗桥"，为朝见祖宗之意。朝宗桥是通往京北的咽喉，它北控居庸关、白羊口，东扼古北口，古时军事地位极为重要，同时也是明朝帝后、大臣谒陵北巡的必经之路。京北古道早在元代以前就已经有了，到明代在昌平天寿山建皇陵时，沿着已有的古道修建了京城通往皇陵的谒陵御道。辽、金、元时代，这条御道曾经建有6座木桥，其中建筑规模最大的是后来明代所建的清河桥、安济桥和朝宗桥3座木桥。由于清河、沙河每逢汛期，水势凶猛，常将木桥冲毁，使交通中断。明代建都北京后，御道交通需要日益突出，因此，明正统十二年（1447），诏命工部右侍郎王永寿拆掉南北沙河上的木桥建石桥，于南北沙河上各营建石桥一座，南曰安济，北曰朝宗。石桥的建成，解决了因水患造成的交通不便。

朝宗桥全部用巨大坚固的花岗石砌筑而成，全长130米，宽13.3米，中孔高7.5米，七孔连拱结构，桥体根据河水实际流量的需要而设计，中孔最大，两侧桥孔依次减小。中孔拱券券脸石正中雕刻有镇水兽，怒目而视水面，该兽是传说中的龙生九子之一图形，专司镇水。桥上两侧有石栏柱53对，桥头云堆抱鼓石，雕饰古朴简洁，给人雄浑之感。石砌驳岸上有伏卧镇水兽，双目注

朝宗桥

1911年南沙河上的安济桥（1959年拆除）

视河水，造型生动，雕刻精美。整个石桥高大雄伟，异常坚固。虽然经历了数百年的风雨侵蚀、洪水冲击，依旧坚固如初。1937年7月侵华日军进攻北平，曾炮轰朝宗桥，桥体至今还留有炮弹炸坏的痕迹。

朝宗桥的北端东侧竖立着一座高大的汉白玉

镇水兽

朝宗桥石碑

螭首方碑，建于明万历四年（1576），碑高2.02米，宽1.02米，石碑的阴阳两面雕刻内容相同。碑额篆书"大明"，碑身线刻双钩"朝宗桥"，馆阁体，苍劲有力，丰满圆润，以如此大碑书写桥名，在北京确实不多见。明朝皇帝出行京北的重要行宫巩华城就建在朝宗桥的南侧，城中设有兵营扼守京北要道，护卫京城。

1984年5月24日，朝宗桥被北京市人民政府公布为北京市第三批市级文物保护单位。

知识链接　安济春流

安济春流是"燕平八景"中唯一受人青睐的河流景观。

昌平境内自古河流众多，其中水流量较大的是东沙河、南沙河和北沙河。东沙河发源于军都山，出山后奔流南下；南沙河发源于西山，北沙河发源于西北山地，诸源汇集后汹涌东进；三水汇流于区境南部的沃野之上。因为三条河都叫沙河，所以三河交汇的地方遂名沙河店。安济春流描绘的是南沙河流经沙河店河段时沿河两岸的旖旎风光。

"安济"一词，源于南沙河上的安济桥。在明朝永乐初年以前，沙河上没有桥，往来皆需木船摆渡过河；自永乐年间在天寿山麓建造皇帝陵寝之后，始在沙河上架设木桥。因昔日的沙河河宽水大，架桥所需木料甚多，架桥、修路等事项都由昌平县出工出料，经办官员唯恐夏季山洪倾泻，冲毁桥梁，县小民贫无力购买木料，因此，每年都是秋季架桥，春末拆桥，夏季人来物往，仍然依靠木船摆渡。正统十二年（1447），刘思义出任昌平知县后，即上奏朝廷："沙河等处，当天寿山及居庸关道。旧桥用木，每岁秋架春折，徒劳民力，况圣驾谒陵、官军经行皆不便。乞如清河，甃之以石，庶得坚久。"朝廷采纳了刘思义的建议，决定在南、北沙河上建造石桥。正统十三年（1448）九月初八，朝廷派遣工部尚书石璞祭司工之神；九月十九日，命工部右侍郎王永寿督工建造南、北沙河石桥。石桥竣工后，北沙河桥命名为朝宗桥，俗称"北大桥"，为七孔联拱结构，全长130米，宽13.3米，中间高7.5米，桥两旁有石栏柱53对。万历四年（1576），在大桥北端东侧立螭首方座汉白玉石碑一座，阴阳碑额俱篆书"大明"二字，碑身两面均刻有"朝宗桥"三个大字。南沙河桥命名为安济桥，俗称"南大桥"，为九孔联拱结构，全长114.7米，宽13.8米，中间高7米，全部用花岗岩石建造而成，异常雄伟壮观。两座石桥相距2.5千米，成为进出沙河店的门户；也使南北交通免受水患的困扰，一年四季成为平安的坦途。

安济、朝宗两座石桥落成之后，在沙河店建造行宫的计划又摆在了皇帝的面前。当时皇帝自京城赴天寿山谒陵需要两日行程，沙河店是中途歇宿的理想处所。嘉靖十六年（1537）三月二十八日，皇帝朱厚熜驻跸沙河，查看了永乐年间的行宫遗址。此行宫建于永乐十九年（1421），历代皇帝北上谒陵及巡狩均在此安歇，正统初年被大水冲毁。随銮大臣、礼部尚书严嵩奏道："沙河为圣驾祀陵之路，南北道里适均。我文皇帝（即明成祖朱棣）肇建山陵之日，即建行宫于兹。正统时为水所坏，今遗址尚存，诚宜复修而不宜缓者。且居庸、白羊近在西北，若鼎建行宫于中，环以城池，设官戍守，宁独车驾驻跸为便，而封守慎固，南护神京，北卫陵寝，东可以

蔽密云之冲，西可以扼居庸之险，联络控制，居然增一北门重镇矣。"嘉靖皇帝听了严嵩的奏议，正中下怀，便命工部尚书甘为霖筹工备料，提督工程。嘉靖十七年五月初一，沙河行宫及环宫城池——巩华城破土动工。巩华城的建造，除城楼、城门、瓮城、桥座、牌坊，是请内官监的官匠施工外，四面城墙则坐派八府钱粮，均分一面，由各府派官监造，如有损坏，仍令该府修补。嘉靖十九年六月二十九日，皇帝御赐城名为"巩华"，并亲自为巩华城四城门命名：南曰"扶京"，北曰"展思"，东曰"镇辽"，西曰"威漠"。同年十二月十八日，沙河行宫及巩华城竣工。巩华城为两里见方，城墙高3丈，设垛口3602个，内夯黄土，外砌青砖；城外6.5丈为浚池（俗称护城河），宽2丈，深1丈。四门浚池外设吊桥，四角设角楼，各门均建城楼，其中南门城楼与皇城午门的建筑规制相同，气势恢宏壮丽，扶京、展思二门各设千斤闸三座，镇辽、威漠二门各设千斤闸一座。各门匾额均以汉白玉制成，东、西、北三门的匾额置于主门的正门之上，南门的匾额置瓮城的城门上，南门的正门上置放的是"巩华城"的匾额，各门匾额均出自权倾一时的礼部尚书严嵩之手。沙河行宫建在巩华城内正中偏南的地方，49丈见方。与扶京门相对的南墙处辟为三座门，汉白玉石甬路自宫门前直铺至南城门下，东、西、北三面各辟宫门一座。行宫内正中建大殿一座，规制如长陵祾恩殿，为帝、后梓宫停放之所，东、西配殿为帝、后寝宫，周围官舍为随銮官员的安歇之处。行宫外东、西、北三面建营房500间及奠靖仓，为驻军、囤粮之处。起初，巩华城及行宫由勋臣镇守，嘉靖二十八年（1549）改为副总兵，以后又改为守备，巩华营的士兵满额时

为3000人。巩华城因为是行宫禁地、驻军要地和粮仓重地，落成之初仅是一座兵营，直至万历元年（1573）才允许百姓进城盖屋居住。

巩华城及沙河行宫建成后，城中有了仓场，沙河的水路运输也有了恢复和发展。早在元代，朝廷就曾多次疏通南沙河河道，并在巩华城东南7丈处修建了临水泊岸（码头）和储粮仓台，以卸运、储存军粮，供应居庸、白羊等长城沿线关隘的军需。明朝永乐年间，成祖朱棣选定天寿山为皇陵宝地之后，建陵所需的砖、石、木材即由通州溯流而上，经北沙河、东沙河运抵东山口内的工部厂。隆庆六年（1572），明穆宗采纳蓟辽总督刘应节、顺天巡抚杨兆的奏议，派遣3000名士兵疏通安济桥至通州渡口的河道，全长145里，以运长陵等8卫官兵每月所需的4万石军粮。万历元年，因沙河水浅，行船稍滞，再次疏浚温榆河，并在沙子营引来小清河的水，加大河流水量，使舟船运行更加通畅。从通州运来的粮食先入莫靖仓，再分发给居庸等仓及皇陵各卫官军。

明朝中期至清朝初年，是"安济春流"景致最美的时期。当时，南沙河河宽水深，西街远山，烟波浩渺，九孔石桥横卧在碧波之上，既似青袍腰际扎束的白玉带，又像九天的彩虹垂落人间。巩华城雄踞北岸，城楼巍峨，墙堞庄严。泊岸上人来人往，搬粮运货，商旅队队，驼铃声声，一片繁忙景象。碧波上客舟点点，商帆片片，首尾相连，不见尽头。时有清客泛舟河上，或小酌吟诗，或谈笑风生；偶见小舟隐在芦苇深处，笠翁端坐船头，举竿垂钓。南岸风静水清，鱼翔浅底，鹅鸭戏水，荷艳稻香。岸上绿柳垂荫，含烟笼翠，芳草萋萋，争芳斗艳，莺鹊在枝头鸣啭，鸥雁在草间悄语。好一派南国水乡的秀丽景象！昔日，

郡人、游子频频光顾，都以到此游玩观赏为乐。据《昌平州志》记载，南沙河中出产金鳞鲤鱼，明初定为皇家贡品，曾在河边设有官捕户，将捕捞的符合标准的贡鱼每天送进皇宫内廷，供帝后尝鲜。

"安济春流"经历了300余年的繁华秀丽，随着各种建筑设施的残毁而黯然失色。清康熙十六年（1677），沙河行宫被武备院占用，设立"毡作局"，制作专供皇室及军队使用的毡子，俗称"沙河清水毡子"，在清代及民国时期曾全国闻名。乾隆八年（1743），顺天府北路厅建在巩华城西门内城隍庙东，设捕盗同知一名，负责一州四县（即昌平州及顺义县、密云县、怀柔县、平谷县）的社会治安。光绪十二年（1886）至十九年（1893），沙河堤岸相继被水冲毁，光绪二十七年（1901），沙河水路停航。1932年，沙河行宫被官府拆卖。1939年，巩华城曾使城内居民及逃入城中的灾民躲过了数百年一遇的特大洪水的浩劫。解放以后，巩华城的城墙被逐渐拆毁，现仅存四门。

安济桥在1959年修建沙河水库时被拆除，部分石料用作水库的护坡。沙河明代四大古建筑只有朝宗桥硕果仅存，至今仍为国家建设和人民生活服务着。

白浮泉遗址——九龙池、都龙王庙

白浮泉遗址包括九龙池和都龙王庙，都龙王庙建造于元代，位于昌平区龙山山顶，而九龙池修建于明代，是明永乐年间修复通惠河时所建造。九龙池与都龙王庙是研究北京水利事业发展史以

及古代民俗风情的重要实物。

元朝定都北京后，需要用水运的方式将南方的粮食运到北方，但是由于当时大运河只修到通州，于是郭守敬便上奏，开凿从通州到大都城内的新运河部分。至元二十九年（1292），郭守敬筑堰障水，汇西山诸水，引白浮泉水济漕，白浮泉成为通惠河上游水源，新运河元世祖赐名"通惠河"。

都龙王庙山门

白浮泉遗址

郭守敬引白浮泉水入通惠河济运，是中国古代水利工程史上的奇迹。通惠河通航成功之后，白浮泉名扬天下，作为通惠河的水源地，白浮泉自此成为京师名泉。离白浮泉不远处有座龙泉寺，寺内正殿三间，内供奉着弥勒佛。东西配殿各三间。寺后有76级台阶，可达山顶。引白浮泉水济漕工程完成后，元朝又在龙山之巅兴建都龙王庙，并在其源头处修建了九龙池。

都龙王庙是北京历史上唯一一座以"都"字冠名的敕建龙王庙，足见其级别为最高。龙王庙的正殿整体是元代风格，可以看到前面的柱础、献殿，体现古人祭祀的虔诚之心。

都龙王庙坐北朝南，面积不大，占地约2500

平方米，由照壁、山门、钟鼓楼、正殿及配殿等建筑组成。正殿、配殿格局规整，东西两边建有钟楼、鼓楼。正殿门口的楹联："九江八河天水总汇，五湖四海饮水思源。"横批"都龙王祠"。

都龙王庙院内有5块明清碑刻，是研究当时民俗风情的重要实物资料。殿内供奉的是人面龙王、雷公、电母、风伯、雨神，大殿两侧的墙上绘有彩色壁画《东游巡踪》，主要内容是大旱时民间百姓到都龙王庙祈求雨水，龙王显灵降雨的故事，这也是为数不多的描绘民间文化的壁画。

都龙王庙是明清时期著名的祈雨之所，香火鼎盛。历经数百年的传承，形成了独具特色的龙山庙会文化和祈雨习俗。每年农历六月十三日，附近州县的民众还要在山门下的戏楼演戏3天，

都龙王庙正殿

作为祭祀活动的主要内容之一。庙会这几天，庙内信众如织，烟雾缭绕，人声鼎沸，锣鼓喧天。当年，白浮泉建有水池，将水围起，流水出处有9个龙头，青石雕刻，惟妙惟肖，取名九龙池。龙头从石壁内向外探出，水流喷涌而出，再汇聚于深潭，泉涌摇荡，有"九龙戏水""九龙喷玉"之美称。

现在的白浮泉遗址已经对白浮泉九龙池进行整修，重现了"燕平八景"之一的"龙泉漱玉"景观。2013年，白浮泉遗址建设成白浮泉遗址公园，成为北京地区研究、展示、宣传大运河文化带的标志性公共文化设施。

1990年2月23日，白浮泉遗址——九龙池、

九龙池

都龙王庙被北京市人民政府公布为北京市第四批市级文物保护单位。

知识
链接

郭守敬开凿通惠河

元朝定都大都（今北京），为保证物资供应，从南方调运大批粮食到大都，大运河是南北交通的重要水路。但大运河只通到通州（今北京通州），从通州到北京，全靠陆路运输。在阴雨连绵的季节，人畜的疾病死亡和粮食霉烂糟蹋非常严重，运输效率极低。因此，自金朝起，人们就力图开凿一条从通州直达京城的运河，以解决运粮问题。

通州地势低于大都。开运河，只能从大都引水流往通州，沿途筑一系列闸坝，使南来的船逐级上驶。这样，就必须在大都城周围寻找水源以保证运河的水量。金朝时曾从京西石景山北面的西麻峪村开了一条运河，浑河水（今永定河）经过中都注入通州城东的白河。但因浑河中泥沙极多，运河很快淤积；加之夏、秋洪水季节，浑河水极其汹涌，极易泛滥，对运河两岸造成威胁。所以，开凿了15年之后又复把运河上游的口子填塞了。由于金朝开挖的运河正流经大都城墙的南

九龙池出水口

面。以下往东到通州的一段完全可以利用，因此郭守敬所需解决的只是上游的水源。

早在元世祖中统三年（1262），郭守敬初见忽必烈时所提的6项水利工程计划中，第一项就是此事。他计划把清河的上源中，从玉泉山涌出后东流、经瓮山（今万寿山）南面的瓮山泊（今昆明湖的前身）再向东的那一支流改道向南，注入高梁河，再进入运河。这项计划曾经实施。但因只是一泉之水，只能用于增加大都城内湖池宫苑的用水量，对航运则无裨益。

至元二年（1265）以后，郭守敬从西夏回京，又提出了修运河的第二个方案。这个方案是利用金人所开浑河的口子，只是另在金人运河的上游开一道分水河，引回浑河。当河水暴涨，危及下游时，就开放分水河闸口，解除对大都城的威胁。同时考虑到浑河水携来的泥沙问题，他撤去了运河上的闸坝，以使泥沙自然运走。这种设想固然有其道理，但大都到通州运河段的水位下降梯度，虽比大都以上的运河段梯度较小，却仍然是相当大的，没有闸坝控制，巨大的粮船就无法逆流而上。因此，这个方案在至元十三年（1276）实施完成以后，只对运河两岸的农田灌溉及放送西山砍伐木料的作业有所帮助。

此后，郭守敬总结了两个方案失败的教训，并在大都周围仔细地勘测水文和地形起伏情况。只是由于他又被调去修《授时历》，才将此事搁置。

至元二十八年（1291），有人建议利用滦河和浑河溯流而上，作为向上都运粮的渠道。忽必烈不能决断，派郭守敬去实地勘查。郭守敬探测到中途，就已发现这些建议不切实际。他趁着报告调查结果的机会，提出了许多新建议。其中第一个就是他已筹划多年的大都运河新方案。

这个方案利用他第一次方案中凿成的把瓮山泊流出的一支清河上源引向南面高梁河的河道。为了进一步扩充水源，又把昌平县神山（今称龙山）脚下的白浮泉水引入瓮山泊。此后，河水并不径直南下，而是反向西引到西山脚下，再沿西山往南，沿途拦截所有原来从西山向东流入沙河、清河的泉水，使汇成流量可观的水渠，再经高梁河进入流向通州的运河。因为这些都是清泉水源，泥沙很少，运河下游可以无顾虑地建立船闸，使粮船平稳上驶。郭守敬提出开挖大运河的建议后很快就被忽必烈采纳，于至元二十九年（1292）春天动工。

整个工程只用了一年半时间，全长80多千米的运河连同全部闸坝工程就完成了。而自昌平到瓮山泊的一段又特称白浮堰。从此以后，南来的船舶可直驶到大都城中，作为船舶终点码头的积水潭登时桅樯如林，热闹非凡。通惠河不但解决了运粮问题，而且促进了南货北销，繁荣了大都城的经济。

通惠河工程从技术上来说最突出的是白浮堰线路的选择。白浮泉的发源地海拔约60米，高出大都城地势最高的西北角约10米。但因两者之间隔有沙河和清河两条河谷地带，而它们的地势都在50米以下，甚至还不到45米。因此，如从白浮泉直线南下，则泉水势必沿河谷东流而下，进不了运河。如果用架渡槽的办法，则也只能引白浮一泉之水，起不了多大作用，却费工甚巨。而郭守敬所选的线路，虽然迂回，却保持了河道较小的水位落差梯度，且可拦截沿途所经的诸多水源，使流入运河中的水能有较大的水量。因为从神山到大都城的直线距离有30多千米，在这么长的路程上地形有几米的起伏那是很微小的。从这里可以看出，郭守敬的地形测量技术实在是很高超的。当代许多地理学家考察了白浮堰线路之后，对郭守敬的成就无不交口赞誉。

巩华城

巩华城是明代帝王北征与祭谒皇陵的必经之地。明清时，是北京城北重要的一处边防要塞。位于昌平区沙河镇。南距京城德胜门21千米，北距昌平城10千米。

巩华城的地理位置非常重要，城的南北分别是南沙河、北沙河。北沙河上有一座明代古桥朝宗桥，曾与丰台区卢沟桥、通州区八里桥齐名，是拱卫京城的"京畿三桥"。

据《光绪昌平州志》记载："巩华城，旧名沙河店，明初北征多驻于此，有文皇帝（永乐皇帝）行宫。"明永乐皇帝朱棣曾多次御驾亲征蒙古，清除了元朝的残余势力。京北沙河地区便成为大军车马粮草的集散地，并在此兴建了沙河店行宫。明正统年间（1436—1449），行宫建筑被洪水冲毁。明嘉靖十六年（1537）世宗朱厚熜谒天寿山陵寝，驻沙河，礼部尚书严嵩奏请重新修建行宫，驻兵防卫，他认为"且居庸、白羊近在西北，若鼎建行宫于中，环以城池，设官戍守，宁独车驾驻跸为便，而封守慎固，南护神京，北卫陵寝，东可以蔽密云之冲，西可以扼居庸之险，联络控制，居然增一北门重镇矣"。嘉靖十六年动工修建，嘉靖十九年（1540）完工，御赐名"巩华城"。嘉靖二十八年（1549）设副总兵守御，后改设守备。明隆庆六年（1572）在巩华城北门内建"奠靖仓"，于城外东南处修复元代时期的临水驳岸，供运送御用物资。清代一直派兵戍守，称"巩华城营"。明崇祯十七年（1644），李自成攻打北京城时，巩华城成为起义军的临时指挥部。清康熙十六年（1677）行宫设为"擀毡局"。清乾隆八年（1743）北路厅捕盗同知衙署就设在巩华城。经过历代的不断变化与扩充，巩华城成为一座集谒陵、驻防、漕运、经贸等多种功能于一身的京畿重镇。

巩华城是一座长、宽均约为1千米的方城，占地面积约1平方千米，城高10米，城墙内外两侧用城砖包砌，中间以夯土填实，顶部铺砖，城外环以护城河。城四角设有角楼，突出城墙之外以利于防守。东、南、西、北城墙各辟一门：东

修复中的巩华城城墙

巩华城内乾隆四十年（1775）武状元王懋赏宅邸

修复后的扶京门

展思门匾额

门名"镇辽",南门名"扶京",西门名"威漠",北门名"展思",分别代表着"镇闳东辽""镇固京师""威镇大漠""展陵怀思"4种不同含义。

有记载显示,这4座城门匾额,均为明朝嘉靖时期的权臣严嵩手书。南、北两门供帝王过往(生者去祭祖,逝者去埋葬),所以建筑形制十分显赫。高大的主门上开有3座门洞,主门外的瓮城辟有3座闸楼,各设千斤闸。4座城门中南门扶京门保存得最为完整,俗称大南门。扶京门是整个巩华城的正门,城门设有三洞,南部还建有瓮城,瓮城东、西两面还各有闸门式城门一座,门

内设有千斤闸,城门上为闸楼。现千斤闸的沟槽部位保存得较完整。

城以行宫为中心,行宫建在城内正中偏南,地基高于内外城池,如此设置是为防止水患。行宫南北宽150米,东西长160米。行宫南墙迎扶京门辟南门,名"迎正门",汉白玉石甬路直铺城下,东、西、北三面各辟一门。宫墙内正中建殿堂一座,为帝后灵柩停放之所;东、西配殿为帝后寝宫,周围群房为文武大臣、太监歇宿之处。行宫外的东、西、北三面建营房及奠靖仓,为驻军、屯粮之处。

扶京门瓮城修复现状鸟瞰

威漠门

镇辽门

镇辽门匾额

明崇祯十七年（1644），原本护卫京城的巩华城，却成了李自成攻打北京城的指挥部。清朝末年，巩华城逐渐破败。1900年，八国联军入侵北京，巩华城遭抢掠焚烧，被洗劫一空。1939年大部分城墙毁于洪水，存城门洞四个、瓮城及部分城墙。巩华城内的大小庙宇20余座，除自然损毁、大水冲毁外，余下的也在1958年拆除了。

1995年10月20日，巩华城被北京市人民政府公布为北京市第五批市级文物保护单位。

知识链接 ▎巩华城的来由

巩华城始建于永乐十九年（1421），这从《光绪昌平州志》里可以知道，上面是这样记载的："巩华城，旧名沙河店，明初北征多驻于此，有文皇帝（永乐皇帝）行宫。"由此可见，巩华城的建成与谒陵没有什么关系。还有记载说永乐皇帝曾5次御驾亲征蒙古，那一定会经过沙河店地区，那么在这里修建行宫再正常不过了，所以巩华城的前身自然就是沙河行宫。但是这座沙河行宫于正统年间（1436—1449）因洪水被冲毁。

此后将近一个世纪，沙河行宫都没有重建，直到嘉靖十六年（1537），明世宗朱厚熜谒天寿山陵寝要驻沙河店，这才有了重建计划，这在《明实录·世宗嘉靖实录》有所记载："嘉靖十六年三月丁未，上驻跸沙河，视文皇帝行宫遗址，面谕大臣复建，无废前规，乃宜筑城设守，为久安之图。"之后礼部尚书严嵩上了奏折，其内容是这样的："沙河为圣驾展祀陵寝之路，南北道里适均。我文皇帝（即明成祖朱棣）肇建山陵之日，即建行宫于兹。正统时为水所坏，今遗址尚存，诚宜复修而不容缓者。且居庸、白羊近在西北，若鼎建行宫于中，环以城池，设官戍守，宁独车驾驻跸为便，而封守慎固，南护神京，北卫陵寝，东可以蔽密云之冲，西可以扼居庸之险，联络控制，居然增一北门重镇矣。"

之后，嘉靖皇帝通过了严嵩所奏之事，于是在嘉靖十七年五月初一（1538年5月28日）开始修建，到嘉靖十九年六月（1540年8月）建成了行宫以及方形的城池，建成以后，嘉靖帝御笔钦赐城池名字——巩华城。自此巩华城建成，是一个重镇，"南护神京，北卫陵寝"，也是去皇陵途中的休憩之地。

和平寺

和平寺是北京北部的一座千年古刹，位于北京市昌平区南口镇花塔村。自和平寺建寺以来，各朝各代都很重视，其间多次修葺。目前依然可以见到清代重建时的钟和石碑等。《日下旧闻考》中，曾有过这样的记载，"花塔山有和平寺，唐建"。据说唐太宗李世民命尉迟恭建了该寺，后太宗亲题"敕赐和平寺"，这也是和平寺名字的由来。

和平寺的主体建筑包括山门、天王殿、大雄宝殿、弥勒殿和观音殿等。

整座建筑坐北朝南，山门歇山顶调大脊覆灰筒瓦，正立面拱门上方匾额"敕建和平寺"，左右各有一个掖门。山门后是一个广场，面积2000余平方米。中间有一棵古槐树，得两个人一起才可以合抱，其历史可以上溯千年。

过广场，登上33级台阶，便是天王殿，面阔三间，殿内迎面供奉着接引佛，背后供奉着护法神韦驮，两旁是四大天王。天王殿西侧有玉卧佛殿三间及耳房两间；东侧是药师殿及其附属建筑。

从天王殿穿过，便来到一处院落，有60米

台阶

天王殿

长，15米宽，有两棵银杏树、一棵号称"白袍将军"的白皮松及几棵柏树。白皮松在中轴线以西，树旁有三间祖师殿坐西面东。钟亭在中轴线以东，旁边有三间伽蓝殿坐东面西。

院中靠北有台阶可达石砌高台，三座大殿并列其上。大雄宝殿居中，单檐歇山顶，面阔三间，

和平寺山门

前廊后厦，进深约7米。门额悬清雍正皇帝御书
"大地金沙"匾，彰显僧众千年以来聚沙成佛塔的
功绩。殿内主奉释迦牟尼佛，两厢供奉着十八罗
汉。与别处佛殿不同的是，靠窗坐着手托200文
铜钱的第十九位罗汉。传说那是一位过路僧，骑
着雇来的毛驴来听佛祖讲经，手中的驮脚钱还未
及付给赶脚的老汉，竟然在窗内坐化，成为罗汉
堂里的"旁听生"。佛祖殿前有延生堂和往生堂各
一间，相对而立。

　　大雄宝殿两旁各有一座大殿，均为硬山屋脊，
前廊后厦，面阔三间，进深约8米。弥勒殿居西，
主奉弥勒佛。其西南有一间龙王殿坐西朝东，内

观音殿

奉四海龙王。观音殿居东，主奉观音菩萨。观音
殿东墙壁与一间半耳房相连，另半间房辟有侧门，
旧时供僧人绕道后山取泉水。殿前有一间倒座的
韦驮殿。

　　1995年10月20日，和平寺被北京市人民政府
公布为北京市第五批市级文物保护单位。

　汉传佛教寺庙的建筑

　　汉传佛教寺庙是中轴线分明、左右配殿对称，
由层层庭院组成的规模大小不同、布局严谨有序
的建筑群。这种建筑群同中国古代的皇宫、王府、
官衙、祠庙等一样，充分体现了中国古代老幼、
尊卑、主仆等严格分明的等级观念。

　　从单体建筑上看，汉传佛教寺庙中殿、堂、
楼、阁、廊、庑等古代建筑类型，应有尽有。但
无论是哪一种类型的建筑，都以木构架结构为主
要的结构形式：梁柱交错，斗拱支撑，"人"字形
两面坡屋顶，上铺青瓦、琉璃瓦甚至镏金铜瓦，
庄严美丽。等级高的单体建筑物不但形体高大、
雄伟壮观，而且梁柱枋上的绘画和屋顶正脊与垂

大雄宝殿

弥勒殿

脊上的装饰也非常丰富、绚丽。

从组群布局来看，汉传佛教寺庙的中轴线上，从前往后依次排列着山门、天王殿、大雄宝殿、毗卢殿等主要殿堂。殿堂中供奉着本寺的主要佛像。主殿的左右两侧，对称地排列着钟楼、鼓楼和各类配殿，如罗汉殿、祖师殿、禅房、法堂等。主殿和配殿之间，或以围墙相连，或以廊庑相连，构成了一个四合院。这种四合院式的传统建筑布局模式，是殷周以来逐步形成和完善的，为修建皇宫、王府、衙署、祠庙和宅第等广泛采用。

汉传佛教寺庙一般由两个或三个四合院组成，有的多达四个甚至四个以上。山西洪洞县广胜寺的下寺现有前后两个四合院，而上寺则有前、中、后三个四合院。寺庙地位越高，规模越大，四合院的数目就越多。河南登封少林寺、四川新都宝光寺、北京潭柘寺等，均是中国的古今名寺，建筑规模都不小，寺中的四合院就远非两三个。陕西扶风县的法门寺，别看今日的规模不大，但它在唐代却盛极一时。那时，法门寺是唐代皇宫之外的皇家道场，上自皇帝，下至宫女，都要定时或不定时到寺中焚香拜佛，祈求国泰民安。因此，那时的法门寺就拥有真身院、天王院、地藏院、净土院、罗汉院、吉祥院、净室院等二十四院，其规模之大可以想见。

汉传佛教寺庙建筑的扩展，既可纵深，也可横向。比如少林寺、潭柘寺等，不但在中轴线上沿纵深方向修建主殿和左右配殿，形成一重又一重的中路四合院，而且在中轴线四合院的两侧，又对称地布置了四合院，形成了左、中、右三路齐头并进的格式，气魄更显宏大。

由于受地理形势的限制，汉传佛教寺庙的建筑布局也不完全一样。在地形平坦之处，寺庙建筑完全布置在一个平面上，整齐划一，严谨有序。如北京城内的广济寺、法源寺、智化寺，陕西西安城内的大慈恩寺、荐福寺等，就是这种布局的典型。在山麓或坡地上，寺庙的建筑则依山就势，由低到高，依次布列着各种大小不同的殿堂和僧舍，在整齐中又有变化。北京的云居寺、戒台寺，辽宁千山的龙泉寺，湖北黄梅的五祖寺，福建福州的涌泉寺等，即是如此。更有甚者，有的寺庙修建于山沟之中，跨谷筑桥为基，上建佛殿，构筑十分奇特，比如河北井陉的福庆寺。还有的寺庙建筑在悬崖峭壁之上，在石壁上凿洞塞木，上架木板为基，再建佛殿，构筑甚是精巧，如山西浑源县的悬空寺。这两种寺庙，应当算是汉传佛教寺庙中的特殊类型，极为少见。但就是在这样的寺庙中，虽然连一条笔直的中轴线也难以找到，但其主要建筑仍然布置于寺内通行的主要线路上，配殿仍置于主要建筑或主要通行线路的两侧。可见，在它们的建筑布局中，仍体现了中轴线分明、左右对称的思想，自然也体现了主次分明的等级观念。

另外，在汉传佛教寺庙中，还有一种汉传寺庙建筑形式和藏传佛教寺庙建筑形式相结合而建造的寺庙，比如，河北承德的普宁寺、普乐寺。寺庙的前部为中轴线分明、左右建筑对称、由层层庭院组成的汉传佛教寺庙建筑形式，而后部却是建于一个高大坛台上，中间安置主体建筑，四周安置配殿或次要建筑的曼荼罗式建筑。这虽然也是汉传佛教寺庙中的一种类型，但数量不多，分布也不广。

汉传佛教寺庙中轴线上的殿堂，是供养佛像、焚香礼佛和举行佛事活动的地方。左右配殿，是僧众们平日坐禅修行和习读经书之处。斋房、僧舍则在配殿或配殿外的庭院中。

在汉传佛教寺庙的庭院中，广植花木，或植松，或种柏，或栽银杏，或培育紫荆、藤萝。在有的寺庙庭院中，还掘有荷池，叠有假山。因此，汉传佛教寺庙把宗教建筑和生活建筑巧妙地结合在一起，既是理想的宗教活动场所，又是安全舒适的生活居住区。

十三陵水库纪念碑

十三陵水库纪念碑是为了纪念修建十三陵水库而立的碑，位于昌平区水库路的公园内。这里

十三陵水库纪念碑

绿水青山，环境优美。十三陵水库的修建是一项具有划时代意义的丰碑，它标志着新中国水利建设进入一个全新的阶段，书写了新中国改天换地的创新精神。

十三陵水库纪念碑的上部是一组雕塑，那是4位工农兵的英雄形象，塑像有7.35米高。再看碑体的中部，上面镶着大理石，4个立面都刻了题词，那是1958年5月25日，毛泽东、刘少奇、周恩来和朱德来水库劳作，他们分别给水库的题词。这些题词分别是："十三陵水库"——毛泽东，"劳动万岁"——刘少奇，"鼓足干劲，力争上游，多快好省地建设社会主义"——周恩来，"移山造海，众志成城"——朱德。碑的下部底座是郭沫若的颂词，这是他专为十三陵水库写的。

2021年8月28日，十三陵水库纪念碑被北京市人民政府公布为第九批北京市文物保护单位。

知识链接 十三陵水库的修建

十三陵水库建于明十三陵陵域内，因为那里是盆地地形，所以每到夏季，很容易暴发山洪，冬春季时又容易缺水。

1954年，十三陵地区迎来了改变其面貌的人——周恩来总理。他在视察过后提出要建设水库。这一年夏天，北京市委对修建十三陵水库开始规划。12月26日，北京市市政工程设计院制订了十三陵水库的设计方案。1958年1月4日该方案经北京市委批准，12日"十三陵水库修建总指挥部"建立。该水库工程于21日便正式开工。

在水库建造过程中，人数由最初的3万人增加至40万人，其中的骨干是解放军，他们担负着最繁重的组织指挥工作，也担负着最艰巨困难的

工程任务。他们英勇顽强，也大胆创造，他们一直奋战在第一线。

据当年的工作人员回忆，毛泽东、周恩来等领导人曾到十三陵水库工地参加义务劳动。毛泽东率领全体中央委员到工地参加劳动这个消息最初是保密的。直到当天14点左右，才由指挥部宣传处处长宣布了这条消息。15点，工程指挥部院内开来6辆大轿车。毛泽东下车后，突然有人喊："毛主席万岁！"人们从四面八方很快围拢过来。随毛泽东下车的有周恩来、刘少奇、邓小平等。他们在工程负责人杨成武、赵凡、罗文坊等的导引下，首先来到指挥部一座普通的木板工棚里听取总工程师纪常伦介绍水库建设的工程方案及进度情况，观看十三陵水库模型沙盘。时值初夏，天气燥热，低矮的工棚挤进很多人，大家头上都冒了汗。毛泽东、周恩来坐在用木板钉的凳子上认真地听取汇报。工程指挥部宣传处负责人请示杨成武，想请毛泽东等中央领导同志题词。毛泽东欣然命笔，连写五六幅，并从中选择了最满意的一幅"十三陵水库"。刘少奇题词"劳动万岁"；周恩来题词"鼓足干劲，力争上游，多快好省地建设社会主义"；朱德题词"移山造海，众志成城"。

题词以后，毛泽东离开指挥部向大坝走去。这时民工、部队官兵等工程建设人员已拥了过来，很多人要上前和毛泽东等中央领导握手问候。毛泽东登上工地东北的墩台，关切地问工程负责人："是不是能保证在洪水到来以前修成呢？"听到回答说"一定能如期完工"，毛泽东高兴地点头。走下高坡，毛泽东来到一座帐篷里，在一个土筐上坐下。工地干事王慧兰看到毛泽东满脸是汗，赶紧递过去一块凉毛巾。毛泽东边擦汗边问她多大了，叫什么名字。听她说叫王慧兰，毛泽东就问她是不是"九兰组"的。她说不是，毛泽东笑着说：你去就是"十兰组"了。

17点35分，天气闷热，全体中央委员以普通劳动者的身份，参加水库大坝的劳动。毛泽东奋力挥锹，一锹一锹地把土装进筐里。刘少奇参加了砸夯，周恩来拉车运土，朱德挑担。70多岁的朱德已是第二次到十三陵水库工地。1958年春节期间，朱德曾到工地视察，勉励大家说："这么大的工程，你们要努力！努力！再努力！"

据5月26日的《人民日报》报道，来水库工地参加劳动的还有董必武、彭德怀、贺龙、李先念、乌兰夫、薄一波、吴玉章、徐特立、谢觉哉等领导同志。

党和国家领导人参加水库工地劳动，极大地鼓舞了10万建设大军，当日上坝土方量达到5.1万立方米，创下施工以来的单日最高纪录。

房山区市级文物保护单位

窦店土城

窦店土城是战国至西汉时期的一座古城遗址，位于房山区窦店镇西，是北京市保留较完整、遗迹较多的一座古城，对研究北京历史地理的变迁有重要的资料价值。

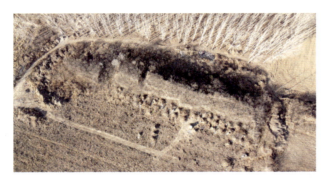

窦店土城遗址鸟瞰

窦店土城是一座长方形古城遗址，土城分为内城和外城。内城是用夯土打造，东西长1100米，南北宽860米；外城则采取了堆积土围的方式建造，东西长约1200米，南北宽约960米。外

窦店土城遗址

城现在仅存有东、西、南三面残垣，从残存的城墙中可以看到每面墙各有一座城门。而内城现在只存有南、西两侧残墙。

在对窦店土城的考古发掘过程中，考古专家发现了篦纹和绳纹灰陶，据此考古学家推断此土城的年代为我国战国末期至西汉初期。

1979年8月21日，窦店土城被北京市人民政府公布为北京市第二批市级文物保护单位。

知识链接　战国七雄的都城

战国时期，中华大地上存在着7个国力比较强盛的诸侯国，他们是齐、楚、燕、韩、赵、魏、秦，这7个国家的都城都是当时首屈一指的大都市，代表着当时我国城市发展的最高水平。

齐国的都城是临淄，在今天山东省淄博的西北方。在战国时代，齐国临淄的常住人口达到了60万，这里商业繁荣，小手工业者众多，各国商贾穿梭其间，繁华的街市不计其数。考古人员从临淄齐城遗址中发现了10条干道，可见当时临淄城的繁荣。

楚国的都城随着国势的发展几经变迁，曾在多地建都。最早的都城是丹阳，楚国在此立国；楚文王在位时将国都从丹阳迁至郢都，即今天的湖北省荆州市荆州区；楚昭王时，因为与吴国的战争失败，国度由郢都迁至鄀都，即今天的湖北省宜城东南；到楚惠王时又在鄢都建都，即今天的湖北省宜城市，后又迁回郢都；楚顷襄王时，

因为秦国攻破郢都，楚国被迫迁都陈都，即今天的河南省淮阳；楚考烈王十年（前253）将都城迁往巨阳，即今天的安徽省阜阳市北；楚考烈王二十二年（前241），又将都城迁往寿春，即今天的安徽省寿县，这也是楚国最后的国都。

燕国的都城在立国的800年间也屡经变迁。燕国最初的都城在燕地，即今天的北京市房山区琉璃河镇东北董家林古城；燕桓侯时北方游牧民族山戎不断南下侵扰，燕国被迫迁都临易，即今天的雄安新区附近；到燕庄公时，燕国开始兴建上都蓟。燕昭王时期，燕国的都城形成了"三都"体制，即蓟城、中都（今北京市房山区窦店以西）和下都武阳城。战国末期，蓟城被秦军攻破，燕王喜率军逃至辽阳，5年后燕国被秦国所灭。

韩国国君原为晋国大夫，最开始封地在韩原，即今天的陕西韩城；韩贞子时将都城迁到了平阳，即今天的山西省临汾西南；公元前403年，韩国正式成为诸侯国，都城迁往阳翟，即今天的河南禹州；公元前375年，韩哀侯灭郑，将都城迁往新郑，直至国灭。

赵国最初的都城是晋阳；约公元前451年，赵襄子迁都邢，即今天的邢台；公元前423年，赵献侯迁都中牟，即今天的河南省鹤壁附近；公元前386年，赵敬侯迁都邯郸，从此邯郸成为赵国的国都。

魏国成为诸侯国后，魏国最初的都城是安邑，即今天的山西夏县西北；公元前364年，魏惠王迁都至大梁，即今天的河南开封。

秦国在立国前期，都城变动频繁，周孝王时将秦地，即今天的甘肃天水封给秦非子，以奖赏他养马的功劳，秦国发轫于此；秦庄公时，征讨西戎有功，被任命为西垂大夫，西垂在今天的甘肃省东南部一带；秦襄公时，秦国正式成为诸侯国，先后在汧邑（陕西宝鸡陇县南）和平阳（陕西宝鸡眉县西）建都；公元前677年秦迁都城至雍，即今天的陕西宝鸡凤翔，此后300年，秦国国都都在此地；公元前350年，在商鞅的主导下，秦国国都由雍城迁至咸阳。

琉璃河商周遗址

琉璃河商周遗址是西周燕国初都的所在地，也是北京西周考古发现的一处遗址，位于北京市房山区琉璃河镇董家林村。琉璃河商周遗址集城址、宫殿区和诸侯墓地于一体，北京地区的建城史也因为它可以上溯到3000多年前。这里地下遗存丰富，对研究我国北方地区古代历史有重要的参考价值。

西周燕都遗址博物馆

琉璃河商周遗址东西长约3.5千米，南北宽约1.5千米，其面积约5.3平方千米。遗址现存夯土城墙、城内遗存和墓葬区。其中东、西、北城墙外，一条宽约25米的护城河环绕而过，剖面变化没有什么规律，最深的地方为2.8米。护城河内的水引自西南的大石河水。该城址中部偏北的地方

车马坑

便是宫殿区的所在，已知的夯土台基有6处，其中圆形4处、长方形2处，是大型建筑的基础。

琉璃河商周遗址主要包括三部分，古城址的位置就在中部的董家林村，东西向长方形，地面遗存有北城墙、东西城墙的北半部，北墙有829米长，东西向城墙北段约300米长，城南北向宽约700多米，城墙分为三部分，为主墙、内护坡、外护坡，黄土夯筑成，宽10米左右，残高超1米，5厘米厚的夯层。墓葬区在城东南部，墓有大墓、中墓和小墓。居住区在城内及西部的位置，尚存一些遗迹，如房屋、窖穴、灰坑和水井等。

琉璃河商周遗址共发掘和清理了大、中、小

型墓葬300多座，车马坑30多座，城墙4处，出土文物接近1万件，包括青铜器、陶器、原始青瓷器、玉石器、骨角器、漆器等。该遗址宫殿区的西南部还发现了一些占卜、礼仪和祭祀所用的东西，有卜骨和卜甲，还有大桃核和仿铜陶瓷，以及完整的牛骨架。遗址随葬品丰富，小型墓主

遗址出土西周伯矩鬲

燕都城墙遗址

遗址出土西周克罍

要是陶器，基本上都是鬲、簋、罐。中型墓主要是青铜器，大型墓遗存不多，大多已经被盗走。青铜器大多铸了铭文，出土了堇鼎和伯矩鬲，这些都是特别珍贵的青铜礼器。

1979年8月21日，琉璃河商周遗址被北京市人民政府公布为北京市第二批市级文物保护单位；1988年1月13日，琉璃河遗址被国务院公布为第三批全国重点文物保护单位。

知识链接　琉璃河商周遗址的发掘

琉璃河商周遗址经历了几次重要的发掘工作。第一次发掘是在1945年，当时是有散落陶片被文物工作者发现，人们才第一次发现了琉璃河商周遗址。

1962年，北京大学历史系考古专业学生实习，在北京市文物队的支持下，试着挖刘李店和董家林等地的遗址，这一次的挖掘规模并不大，是琉璃河考古调查和发掘工作的开始。

1972—1978年，北京市文物研究所的前身，即北京市文物管理处与相关单位，如北京大学历史系等开始发掘琉璃河商周遗址，发掘了古城址的西北角、东北角，虽然发掘的规模并不大，但明确了琉璃河城址的范围、城墙的建筑结构和始建年代，其中发现了带有"匽侯"铭文的青铜器，说明这里就是早期的燕国都邑遗址。这进一步证实了北京的建城史。

1981—1986年，中国社会科学院考古研究所、北京市文物研究所一起组成了琉璃河考古队，发掘了黄土坡村东、北侧的琉璃河Ⅰ区和Ⅱ区墓地，出土了数千件遗物。大型墓葬M1193出土了200多件遗物，其中有两件长铭文青铜器，它们分别叫作"克盉""克罍"，验证了《史记》中的一句记载，即"周武王之灭纣，封召公于北燕"。

1995—1997年，北京市文物研究所、北京大学考古学系和中国社会科学院考古研究所联合组成了琉璃河考古队，发掘了琉璃河城内居住区，第一次发现了"成周"卜甲，进一步划分了居住区内文化遗存。

2001—2002年，遗址附近的村子搬迁，北京市文物研究所进行了部分抢救性发掘工作，打开了遗址研究的新思路。

良乡塔

良乡塔是北京保存数量较少的楼阁式砖塔之一。位于北京市房山区良乡镇燎石岗，又名昊天塔、多宝佛塔。《良乡县志》称其始建于隋代，唐朝时由尉迟敬德重修。现存良乡塔建于辽咸雍四年（1068）。

良乡塔为灰色砖塔，外观为仿木结构形式，古朴苍劲。塔的底层较大，而上面逐渐向内收缩，

良乡塔全景

收分显著，高耸挺拔，秀美多姿。平面呈八角形，通高36米，五层楼阁式，是北京最高的楼阁式空心砖塔。

塔下基座较高，约3米，只有借助器械才能进入塔内。基座呈须弥座形式，有上、下束腰两道，束腰处雕有花卉、兽头等纹饰。壸门内雕有佛像坐像。在束腰的上部，雕有砖质一斗三升斗拱，拱眼壁雕莲花、梅花等多种花卉图案，内容丰富，手法细腻，时代特征明显。

塔身共有5层，第一层高于其他诸层。东、南、西、北4个正面辟有券门，其余4个侧面雕有直棂窗。塔身的外侧每层之间，均有高1米有余的塔檐，檐下施以砖质仿木双翘单昂七踩斗拱，比例和谐。

塔座

塔内为空心结构，内有楼梯旋转而上，直达顶层。站在塔的最高一层，北望京城，南眺涿州，山川秀色尽收眼底。塔刹为砖砌僧帽形式，由莲瓣、相轮和覆钵等组成。刹体高耸，犹如一朵绽放的莲花，盛开在蓝天白云之下。塔四面均有佛龛，龛内原雕有佛像，塔前原有接引铁佛一尊，高丈余，后均遭毁坏。

直棂窗

塔刹

券门

古代宋辽交战时，由于良乡地处辽境，燎石岗又扼南北交通要道，宋辽对峙，战事频仍，而该塔可"阶级环上，北望都城，南眺涿鹿，举在目前"，曾起瞭望敌情的重要军事作用。尤其据县志记载，燎石岗上曾有5座圆形古城，清末民初时尚存遗址，因此学术界普遍认为良乡塔是用作军事瞭望目的的。古时在当地还流传有"孟良盗骨"的故事。传说宋辽交战时期，大将杨继业遭潘仁美的迫害而死，辽军将其尸首埋于塔下。杨继业托梦给其子杨六郎，杨六郎带了孟良、焦赞，烧了塔下的寺院，盗回了杨令公的尸骸。历史传说为这座多宝佛塔增加了更加神秘的色彩。

塔前原有寺庙，今已无存。现在，良乡塔经过修缮，又恢复了原有的风貌，卓然高耸于良乡城东，成为古城良乡的象征。

塔身

1979年8月21日，良乡塔被北京市人民政府公布为北京市第二批市级文物保护单位；2013年5月3日，良乡多宝佛塔被国务院公布为第七批全国重点文物保护单位。

知识链接　　中国古塔的用途

在近2000年的岁月中，塔的用途有了许多发展变化，进而又促进了其建筑结构和艺术形式的发展，有的甚至完全脱离了佛教范畴，成为新的建筑物，并由此引申到凡是孤高挺拔的建筑物都以"塔"来命名，例如钟塔、水塔、跳伞塔等，已没有任何佛教痕迹了。

古塔兼作或改作别用的，大致有以下5种情形。

一是登高眺望。这是我国古塔用途发展中最早出现而又使用最为广泛的一种。印度原来的窣堵波只是一座圆形坟冢，从对佛的尊崇上讲，光平的圆形覆钵建筑形式不宜让人登临，而我国古塔之所以出现这一用途，主要是与中国楼阁相结合的结果。高层楼阁本来就具有登高眺望的功能，我国古代文学中有不少描写登楼眺望的作品，例如南北朝时文学家庾信写有一首《和从驾登云居寺塔诗》的五言诗，描写了登塔观览山色的情景："重峦千仞塔，危磴九层台。石关恒逆上，山梁乍斗回。"

北魏灵太后胡氏在洛阳永宁寺竣工不久，即于神龟二年（519）八月，"幸永宁寺，躬登九层浮屠"。说明在很早的时候，佛塔作为登高眺望的用途已经非常普遍了。唐宋以后，登塔游览之风更为盛行，西安大雁塔的"雁塔题名"，成为文人学子追求向往的一桩美事。当时考中进士的学子都要到大雁塔游览，登高极目，舒展胸怀，还要在塔下题名纪念，刻石长存。为了更好地发挥登高眺望的作用，古代造塔工匠们运用聪明智慧改进塔的结构，例如把塔内楼层、楼梯修造得便于攀登和伫立，门窗开口尽量宽敞，特别是每个楼层使用平座挑出塔身之外，形成周绕回廊，设立勾栏，人们可以走出塔身，在游廊上凭栏眺望。木构楼阁式塔在这方面尤能发挥其特点。相传一次曾有几千人登临山西应县佛宫寺释迦塔。即使是砖石结构的塔也仿木构楼阁修建，从各方面满足登塔者之需。福建莆田释迦文佛塔、泉州开元寺双石塔、北京玉泉山玉峰塔等，都是登高眺望的佳处。

二是瞭望敌情。既然塔可以登高眺望，军事家自然会想到以此发挥军事作用。古代没有飞机、卫星之类的现代工具，只好利用高山、大树或其他高突的自然物来观察敌情，或是修建烽火台、敌楼等作为瞭望之所。然而，高山、大树不是随处都有，敌楼、烽火台建筑也都不高，不是十分理想。塔这种建筑物不仅高，而且可以隐蔽、住歇，作为观察敌情和防御之所具有很大的优越性。河北定州的料敌塔就是以供奉舍利之名，实则以观察敌情为目的而修建起来的瞭望塔。今天的河北定州正是当时北宋与辽的交界处，双方在此地经常发生冲突。北宋守将为观察辽方军情动态，决定在城内开元寺修建一座舍利宝塔。为显示隆重，特由北宋真宗皇帝下诏修建。塔内现存数十方宋代碑刻，碑上许多捐款人都是镇守边境的将领和武职官员。这座塔修了50多年才完工，最后取名料敌塔，连"舍利"二字都省略了。为更好地发挥观察敌情的作用，工匠把塔修到当时工程技术所能达到的最高的高度，定州料敌塔通高84米，是我国现存最高的一座古塔。当登至塔顶极目四望时，冀中平原的山川形势尽收眼底，方圆数百里之内的情况一目了然，料敌效果非常显著。与定州对应的山西应县（当时称作应州）在辽与北宋的交界处，北宋的杨家将常在应州袭击辽方，现存的应县木塔就是辽方观察宋军情况的塔，只

是塔名还称作释迦塔。在历史上，许多军事城镇的古塔都曾多次发挥过瞭望和防守的作用。

三是导航引渡。由于古塔大都是高高挺立的建筑物，所以人们又将其作为导航引渡、指示津梁的标志。在我国江河岸边、海湾港埠以及长桥古渡等地方，常常很远就能看到宝塔耸立高空，许多古塔已经成为某一港湾码头的重要标志。在世界航海地图上，福建福州罗星塔早已被列为重要航海标志之一；著名的浙江杭州六和塔正位于钱塘江转折处的江岸上，白天航行至此，远远即知快到江海转折处了。到了晚上，黑夜茫茫，更需要有标志以明方向，古文献上记载："海船夜泊者，以灯塔为指南"；浙江海盐资圣寺塔，"层层用四方灯点照，东海行舟者，皆望此为标的焉"；上海青浦福田寺建塔的目的就是"建塔标灯，以为往来之望"；安徽安庆迎江寺塔屹立于长江转折处，白天高耸云天，远远即可看到。而塔身上有灯龛数百，晚上燃点起来，照亮滚滚长江，有"点燃八百灯龛火，指引千帆夜竞航"的诗句。在不少江河急流险滩、深湖巨浪处也建有塔，过去人们迷信，往往称为镇压之塔，对人们的心理起一些安慰的作用，但更重要的是使人们提高警惕性。指示津梁、标明大道，古塔也是很好的标志。在平川旷野之间人们远远看见桥头的高塔，就知道从那里可以过河，不致绕道。桥头塔有单塔、双塔，也装饰了桥梁。福建泉州洛阳桥、晋江安平桥、江苏苏州宝带桥等，桥头都有雄伟优美的古塔。有些古塔还是研究历史地理、地形变迁的重要参考。例如杭州闸口白石塔为五代、宋初时所建，现立于一座小冈上。看上去这里地形很平常，但八九百年前，此地正是大运河通过城区进入钱塘江的入口处，这座白石塔成为研究杭州历

史地理的重要实物证据。

四是装点河山、美化风景。不少古塔以其挺秀优美之姿点缀着祖国的大好河山，许多古塔还成了某一城市、某一地区的象征。例如延安宝塔象征着革命圣地延安；高耸于杭州西湖宝石山上的保俶塔，象征着风景秀丽的西子湖；北京玉泉山玉峰塔，装点着西山峰峦，成为颐和园的一处借景。其他如西安大雁塔、开封铁塔、太原双塔、泉州双石塔，也都是这些名城的标志。明清时期，兴建这种装点河山、美化风景的塔，连佛的名义也不必借用了，风水塔、文风塔、文星塔、文昌塔大量出现。陕西韩城文星塔，建于明代，虽然还称作浮屠，但与佛教毫无关联，只是借文星之名建塔，以弥补山川形胜不足。明朝冷崇在《创建文星塔记》中说过，深感东北方山峰不够耸拔，于是修建一座浮屠以弥补，并在塔上塑一魁星像，塔北建一文昌庙，使风景更加优美。

像这样为美化风景而建的古塔，所在皆是，不胜枚举。古塔已成为风景名胜不可或缺的重要内容之一。

五是道教袭用。道教本来不讲"入灭"埋葬，而是主张羽化成仙、白日飞升。但是到明清时期，统治者兼容并包，儒释道三教合流的情况不断发生，道家便也采用建塔埋葬之法，建塔形式与佛塔没有区别。道教塔很少，现在所知不过寥寥数处而已。

琉璃河大桥

琉璃河大桥是房山区最大的连拱石桥，也是北京地区著名的古代桥梁之一，位于北京市房山

琉璃河大桥

区琉璃河镇北的琉璃河上，是北京现存少数明代桥梁之一。

琉璃河镇地处交通要冲，为南下北上的咽喉地带，是北京地区通往中原、江南以及晋秦地区的门户，地理位置十分重要。琉璃河位于琉璃河镇的北面，古称圣水，今名大石河，发源于房山区与门头沟区交界的百花山小寒岭，下游从窦店镇到琉璃河镇一段，当地称琉璃河。琉璃河河宽水深，水流湍急，成为南北交通的巨大障碍。据文献记载，金代琉璃河上就架有桥梁，南宋著名诗人范成大出使金国时途经琉璃河，曾作有《琉璃河》诗。金元之际桥毁于兵燹，元定都北京后曾再度修建。但是，原建的桥梁多为木桥，经常被水冲坏或冲毁，河水湍急，特别是汛期，洪水泛滥，阻滞交通。为彻底改变屡毁屡修的现状，明嘉靖十八年（1539），皇帝下诏修建石桥，令"工部尚书甘为霖督修石桥，甘为霖以病去，未终其事"。嘉靖二十四年（1545），再度拨款修桥，《明会典》记载，"嘉靖二十四年题准，良乡琉璃河建桥一座，取用各处金银三十余万两，钦助银九万三千八百余两，复命侍郎杨麟，内官监太监陈准、袁亨建石桥"。嘉靖三十二年（1553）桥建

琉璃河大桥碑林

成，前后历时14年。

建成的琉璃河大桥，不仅高大雄伟，而且非常坚固。石桥的建成，对南北交通起到了重要的作用。由于琉璃河一带地势相对较低，加之石桥的两端又缺少堤坝防御，枯水季节水流较小，不会给交通带来多大的麻烦。但是，每逢汛期水势浩大，河水暴涨，环桥南北尽为巨河，石桥成为水中的孤岛，交通仍然受阻。为根治水患，保障道路畅通，明嘉靖四十年（1561）又拨帑银8万两，命工部尚书徐杲监修筑路堤工程，并与石桥相连接。同年，路堤工程告竣，历时一年。

石堤全长1660米，宽19.8米，平地起3.4米，高出附近地面近4米，全部用巨大的条石砌筑，

连接石块的"银锭锁扣"

平整坚固，建筑工程浩大，当地人称其为"五里长街"。路堤建成后，与石桥形成了一个整体，彻底解决了琉璃河的水患，南北交通要道天堑变通途。

琉璃河大桥从修桥到路堤建成，前后20余年，后几经维修，至今保存完好。桥梁与堤坝的结合使用，是琉璃河大桥的首创，也为北京地区桥梁建造史和建桥技术增加了创新的重要科目，书写了十分重要的篇章。

拱券

琉璃河大桥建成后，明、清两代曾数次修缮，其中经历过两次大规模重修。第一次是明万历二十八年（1600），由于历年洪水的冲刷，石桥南侧三孔塌陷，交通中断。万历皇帝拨内帑银命内官监太监何江督修，并派军队支援施工，万历三十年（1602），修复工程完成。第二次是清光绪十六年（1890）夏，大雨滂沱，山洪暴发，汹涌的河水将石桥冲断，南北交通告急。清政府随即拨巨款，命直隶总督李鸿章派员监修，年余竣工。经此修缮，琉璃河大桥从此没有再被洪水冲断过。

民国时期，虽经战乱破坏，桥面等坏损，但桥梁依然坚固。抗日战争结束以后，琉璃河大桥

1911年的琉璃河大桥

桥面

未进行过较大的修缮工程，每年只是进行例行保养，直至现在。

琉璃河大桥呈南北走向，横跨琉璃河上，桥体全部用巨大的石块砌筑，结构严谨，规模宏大，全长170米，宽11米，高8米左右，共11孔。桥体根据河水实际流量的需要而设计，中孔最大，两侧桥孔依次减小。中孔拱券券脸石正中雕有精美的吸水兽。

桥上建有实心栏板178块，望柱88对，望柱和栏板均雕有海棠线纹饰，雕刻手法古朴简洁，敦实大方。桥面以条石平铺，构件之间嵌以银锭铁榫连接，异常坚固。

中国古代建造的一些重要的桥梁，在桥的两

端一般都建有附属物或镇物，如城堡、石碑、牌楼等。琉璃河大桥是北京西南重要的大型石桥，因此在桥的两端建造附属物实属自然。《明实录》记载：琉璃河大桥的两端原建有"玄恩""咸济"两座石牌坊，敕名原题，南为"利民济事"，北为"天命仙传"。又在桥北建神祠，供奉河神。现在这些附属建筑已经无存。据介绍，七七事变以前，琉璃河大桥的北头两边各有一通石碑，桥

吸水兽

明代石栏板和望柱

南东侧也有一通石碑，碑上记录了修琉璃河大桥的事。

古时琉璃河水势浩大，自然景色优美，著名的商周古城临水而建。古镇商贾云集，人流车马川流不息，甚是繁华。因此，这里吸引了许多的文人墨客流连驻足，并留下了不少的名诗佳作流传至今。南宋著名诗人范成大经由此地，被这里的美景所感染，遂吟诗赞道："烟林匆蒨带回塘，桥眼惊人失睡乡。健起褰帷揩病眼，琉璃河上看鸳鸯。"琉璃河大桥及其周围的优美景色，古代将其列为著名的"良乡八景"之第一景——燕谷长桥。

如今，琉璃河大桥是北京地区保存较为完整的明代石桥之一。2003年，北京市政府在琉璃河大桥的一侧修建了新桥，琉璃河大桥停止使用，北京市政府拨专款进行全面修缮，去掉后期铺在桥面的柏油层，显露出几十道车辙痕迹，这些车辙深十几厘米，是几百年来古代铁轴车碾轧形成的，对研究古代桥梁和风俗有着重要的文物价值。

1984年5月24日，琉璃河大桥被北京市人

分水尖

民政府公布为北京市第三批市级文物保护单位。2013年5月3日，琉璃河大桥被国务院公布为第七批全国重点文物保护单位。

知识链接

历史上的琉璃河大桥

琉璃河大桥可追溯至历史上的金代，当时琉璃河上就建设有桥梁。到金元时期，琉璃河桥梁在战争中被毁，之后元朝官员王恽上报中书省，想要重新修建琉璃河桥梁，并呈上《请起盖良乡县留李河桥事状》，朝廷同意王恽的请求，下令并加快重新修建桥梁。元末，在战火中，琉璃河桥梁再次被毁。

明嘉靖十八年（1539）重修琉璃河桥梁，其间因财力不足和修建桥梁的工部尚书甘为霖生病去职，在刚刚开工后就一直搁置。嘉靖二十四年（1545）十一月，甘为霖恢复原职，修建琉璃河桥梁的事情又被重视了起来，桥梁由甘为霖与工部左四郎等人一同修建，于嘉靖三十二年（1553）五月完工。当时建筑为石桥，在桥的南北两侧有两座牌坊，为南北牌坊，明世宗将南牌坊命名为"利民济世"，将北牌坊命名为"天命仙传"，之后，南牌坊又名为"永明"，北牌坊为"仙积"。最后，南北二坊被命名为"咸济""玄恩"。嘉靖四十一年（1562），琉璃河桥梁再次被重新修建，南北牌坊也被重新装饰。至隆庆三年（1569），琉璃河被誉为"良乡八景"之一，石桥被誉为"燕谷长虹"。

历史上，琉璃河大桥被毁，又被重新修建，足以证明琉璃河大桥在历史上的重要性，它在南北交通中起到重要作用。

白水寺石佛

白水寺石佛是北京地区最大的石佛，位于北京市房山区歇山岗半山腰上，是研究北京佛教文化与佛教造像的重要实物。

白水寺全名白水兴隆寺，寺前有白水山溪淌过，白水寺乃其俗称。寺内石佛始建年代不可考，明成化年间曾重修。寺庙现在已荒废，只剩下了一座无梁殿，三座石佛仍在。

无梁殿坐北朝南，是一座仿亭阁式无梁建筑，殿顶是重檐庑，里边是穹窿顶，用砖石砌筑而成。它分上下两层，飞翘的石檐，石雕朝凤的檐角。顶上石檐和下部石檐相互映衬，很有特色。

殿内是三尊石佛，居中的是释迦牟尼，左边和右边分别是阿难和伽叶。石像都是立像，中间

无梁殿殿顶

的释迦牟尼像有5.8米高，两边的阿难像和伽叶像要稍微矮于释迦牟尼像。释迦牟尼低垂着双目并螺发，丰满圆润的面部上神态安详庄重。双耳垂肩。掌心向上，施禅定印，身上披着袈裟，双襟正在双小臂上挂着。右边的阿难合着手掌，弯着手指，袈裟左襟挂于胸中心线的左小臂上，然后垂到了膝盖。左边是双手合十的伽叶。三尊石佛俱是有着清晰的线条、流畅的衣纹和古朴的造型。

1984年5月24日，白水寺石佛被北京市人民政府公布为北京市第三批市级文物保护单位。

白水寺石佛

白水寺山门

知识链接 **白水寺的历史**

白水寺原名白水兴隆寺，又名大佛寺，是

"房山八景"之一。我们查看《日下旧闻考》，从中看到了这样一句话，即"白水寺俗名大佛寺，在县（房山）西北十二里，上元游人甚众"。我们还从一些明代的游记，或是碑文中看到了这样的记录，"僻居山谷，杳乏人踪，谷中秀石屹立，昔人因之为大觉像，高逾寻丈，覆之华宇"。从中可见白水寺石佛像属于就地取材，大殿是木质结构。后来，明景泰年间，大殿被毁，石佛便暴露在了荒野当中。

明万历年间，一游僧路过这里看到了被毁的寺庙和暴露的石佛，于是便筹集资金重建了白水寺。这次便采用了山石，为三尊石佛建造无梁石阁，并涂金粉于石佛，绘壁画于阁内。之后又建造了弥勒殿、禅堂和山门，又建造了钟楼和库厨等。这座寺庙的后面是一座石岗，一座花岗岩石塔就屹立在它的上面。

到了近代，白水寺只剩下了石阁、石佛和石塔，曾经的山门、弥勒殿、禅堂、钟楼和寺前石桥都已经不存在了。

1993年，北京市房山区人民政府筹集资金，重新修复了石阁，重建了白水寺石桥。现在白水寺森林公园已经具有一定的规模了。尤其是自

无梁殿入口

1984年以来，这里种植了大量的树木，其中有垂柳、刺槐、侧柏、桧柏、油松、五角枫、火炬树、苹果树和桃树等。

上方山诸寺及云水洞

上方山诸寺及云水洞是隋唐以来的佛教圣地，位于北京市房山区韩村河镇上方山国家森林公园内，有九洞十二峰名胜和以兜率寺为中心的七十二茅庵等古迹。兜率寺以西4千米的云水洞是天然石灰岩溶洞，为上方山胜迹。

兜率寺鸟瞰

上方山古称六聘山，是大房山的支脉，主峰海拔880米，山势陡峭，古柏苍郁，风景优美，因年久失修，现在只留下16个寺庵。

上方山山脚下的接待庵，是七十二茅庵的头一庵，也是登山的起点。从接待庵北上，跨入山口，再转弯，过发汗岭，便到了通往云水洞的咽喉要道——云梯。云梯两旁有铁索供游人攀扶。云梯台阶很高，一边靠着山岩，一边筑有拦护矮墙。

云梯尽头是云梯庵，庵虽甚小，但却为上下

山必经之道，且站在云梯庵前可以饱览山景。庵内保存有几尊明代道教塑像。从云梯庵沿山路北上，过款龙桥即上方山七十二茅庵的汇总点兜率寺，也是全山最大的寺院。

兜率寺始建于隋末唐初，明代嘉靖、万历年

云梯庵

云梯

间重修。目前有山门殿、大雄宝殿和左右配殿。大雄宝殿为正殿，内供奉释迦牟尼一尊。殿前有明代石碑三通，记述了寺院的历史沿革。正殿后檐墙外，镶着刻有《佛说四十二章经》的15块经板。

《佛说四十二章经》被誉为天下第一经，是佛教传入中国的第一本经典，是佛祖释迦牟尼的42段语录，也是佛经中的精髓。石刻总宽约10

米，其字笔法刚劲秀逸，有2000多字基本保存完好。在末尾处写着"太监冯保沐手拜书"几个大字，有冯保的印章。太监冯保是明万历初年的重臣，万历皇帝10岁登基时，辅佐掌管朝政的有三个人，除了太后李氏、大学士张居正，还有一人

兜率寺山门殿

就是司礼监掌印太监冯保。一个太监能参政且能和张居正一起掌管大权，在宫廷中实属罕见。

兜率寺的西南是塔院，是历代住持和尚的墓塔，这里的塔院是北京地区较大的塔林之一。现存有墓塔54座，始建于辽金时代，清代塔居多。塔形多为覆钵式与密檐式，材质多为砖、石类。墓塔或单独或一堆沿山势分布，形成一个个错落有致的小院。其中一座辽代石塔距今已有900多年历史，是诸塔中年代最久远的。

寺院对面偏西的山峰，名摘星坨，是上方山的最高峰。另外，上方山保存较完好的还有民国年间建造的藏经阁及望海庵等寺院。

1984年5月24日，上方山诸寺及云水洞被北京市人民政府公布为北京市第三批市级文物保护单位。

兜率寺大雄宝殿

知识链接 上方山国家森林公园

上方山国家森林公园位于北京市房山区韩村河镇，早在东汉末年就有僧人在此开山建寺，植树造林。这里峰奇山秀，古树参天，景色宜人。1992年，在这里建立上方山国家森林公园。

景区总面积3.53平方千米，拥有华北地区唯一保存完好的原始次生林。公园林地面积1.74平方千米，灌木林地面积1.63平方千米，森林覆盖率达90%以上。

公园内景观众多，主要有云水洞、兜率寺、藏经阁、辫香庵、塔院、华严洞、骆驼峰、品字石、一斗泉、天坑、钟楼、橡树林、柏树王、松树王、菩提树、一龙缠九柏、槐树王、林海、雾凇、云海、红叶、日出、上方飞瀑。

上方山山势俊秀，重峦叠嶂。山上树木遍布，

兜率寺舍利塔内佛像

兜率寺塔院

绿意盎然。溪流在山间蜿蜒纵横，飞鸟在林间来回穿梭，不时传来阵阵悦耳鸣叫。

这里有北京地区最大的名木古树群，共有一级古树51株、二级古树4000余株。其中以松树王、柏树王、槐树王、银杏王为首的四大千年树王彰显着上方山的底蕴。330公顷的林地内共有植物103科363属645种，我国特有以及北京地区首次发现的多种植物在上方山均有分布。

上方山空气清新，其负氧离子浓度为一般空气中的8倍，有"天然氧吧"的美誉。野生的猴群在林间穿梭，让这片山林生机盎然。

上方山国家森林公园是集生态资源、佛教文化和岩溶地貌为一体的京郊不可多得的旅游胜地。

姚广孝墓塔

姚广孝墓塔是北京地区保存完整的明代名人墓塔之一，位于北京市房山区青龙湖镇常乐寺村。

姚广孝（1335—1418）是元末明初的著名高僧，明初著名的政治家、军事家、史学家、诗人。出身于医生世家，14岁出家为僧。他博览群书，精通儒术，工诗善画，并熟读兵书、战策。明洪武十五年（1382），经人举荐成为燕王朱棣的重要谋士，居庆寿寺。建文帝削藩，他劝朱棣起兵，并为其筹划军事，策划并参与"靖难之役"，终助朱棣夺得皇位。朱棣即位后，封其为僧录司左善世，庆寿寺钦命住持。因功盖群臣，后又加封太子少师，复其姓，赐名广孝。

明永乐年间，参与重修《太祖实录》与编纂《永乐大典》，并著书立说，主要著作有《逃虚集》《逃虚子诗集》《逃虚类稿》等。85岁时病逝，

永乐皇帝追封其为荣国公，谥恭靖。永乐十六年（1418），皇帝御笔为姚广孝墓塔撰写碑文。清代曾经对塔进行过不同程度的修缮。20世纪80年代，政府曾两次出资对佛塔进行修缮。

姚广孝墓塔平面为八角形，塔通高33米，为

姚广孝墓《御制荣国公神道碑》

姚广孝墓塔

九级密檐式砖塔。塔坐北朝南。塔座为须弥座式，束腰浮雕寿字和花卉图案。平座双层勾栏，其下面由仿木构斗拱承托。平座上面是三层仰覆莲瓣雕刻簇拥塔身。塔身平面呈八角形，四正面雕刻仿木隐做槅扇门，四斜面雕刻棂花假窗。正门的门楣上嵌石额一块，其上楷书"太子少师赠荣国恭靖公姚广孝之塔"。

塔身之上建造9层叠涩式塔檐，塔檐每层均系坠铁质风铃，每逢风起，便发出清脆悦耳的铃声。塔刹为铁质，刹杆高3米，杆上筑有相轮和火焰宝珠，并有8条铁链固定于檐角的吻兽上。全塔高耸挺拔，宏伟壮观。

塔前有明宣德元年（1426）所立成祖朱棣敕建姚广孝神道碑一座，碑额篆书"御制荣国公神

斗拱和出檐

槅扇门和假窗

道碑"。神道碑螭首龟趺，高4米，宽1.1米，在1980年修缮时添建了青砖碑楼。

塔刹

1984年5月24日，姚广孝墓塔被北京市人民政府公布为北京市第三批市级文物保护单位；2013年5月3日，姚广孝墓塔被国务院公布为第七批全国重点文物保护单位。

知识链接　"黑衣宰相"姚广孝

姚广孝通晓道家、兵家和佛家，被称为史上奇才，他辅佐朱棣成就大业，开创永乐盛世。

姚广孝，长洲（今江苏省苏州市西南）人，从小聪慧，家中世代行医。元至正八年（1348），13岁的姚广孝决定出家为僧，法名道衍和尚。当时道士席应镇精通阴阳术数，姚广孝拜这位道士为师。

明洪武十五年（1382），朱元璋的妻子马氏去世，姚广孝以高僧的身份诵经祝福，在此之前，姚广孝就听说燕王朱棣雄才大略，于是在宗泐的引荐下面见燕王，姚广孝当时送上一顶白帽子，就是为了能辅佐燕王成就大业。明史《姚广孝传》中记载，姚广孝奉命侍候燕王之时，经常由于机

密大事深夜详谈。洪武三十一年（1398），燕王的三位哥哥相继去世，燕王朱棣成为藩王之首，让日后靖难取胜的赢面大大增加。朱元璋自感不久于人世，把自己的驸马都尉梅殷叫到身边，跟他说："燕王不可不虑。"

朱元璋临终前下诏书，让皇太孙朱允炆即位，并由兵部尚书齐泰和太常寺少卿黄子澄辅佐。黄子澄时常进献谗言，在朱允炆身边说藩王的坏话，尤为针对燕王朱棣。朱棣装疯蒙蔽朝廷，之后起兵，三年里连连获胜，但朝廷不断派出军队镇压，无形中给朱棣带来很大的压力。

朱棣回到北平，这时姚广孝献出良策，让朱棣直取南京，朱棣听取他的策略，最终攻下京城，成就大业。

明永乐十六年（1418），姚广孝病逝于庆寿寺，追赠荣国公，谥号恭靖。皇帝亲自撰写神道碑铭，并赐以文臣身份配享太庙，是明代第一人，也是唯一一人。《御制荣国公神道碑》曰：

"御制赠推忠辅国协谋宣力文臣特进荣禄大夫柱国荣国公谥恭靖姚广孝神道碑铭。

"朕闻商宗得傅岩之叟以佐中兴，汉高用赤松之流以成大业。盖有命世之才者，必能建辅世之功。其生也，学足以济时，仁足以泽物，谟谋足以匡国家。其殁也，声名洋溢流芳于后世，耿耿而不磨。盖天之生斯人，岂偶然哉！始之隐约，所以善其身。中之达施，所以见诸用。终之清明，所以超其类。凡若是者，惟太子少师姚广孝有焉。广孝，苏之长洲人。祖菊山，父妙心，皆积善，母费氏。广孝器宇恢弘，性怀冲澹。初学佛，名道衍。轨行峻严，人皆尊仰。潜心内典，得其阃奥。发挥激昂，广博敷畅，波澜老成，大振宗风。旁通于儒，至诸子百家之言，无不贯穿。故

其文章闳丽，诗律高简，皆超绝尘俗。虽文人魁士，心服其能，每以为不及。然蕴蓄至道，而人莫窥其底里。洪武十五年，僧宗泐举至京师。朕皇考太祖高皇帝一见异之，命住持庆寿寺，事朕藩邸。进见论说，勤勤恳恳，无非有道之言。退察其所以，坚确有守，精纯无疵，朕益重之。及皇考宾天，奸臣擅命，变更旧章，构为祸乱，危迫朕躬。朕惟宗社至重，匡救之责，实有所在。广孝于时，识进退存亡之理，明安危祸福之机，先几效谋，言无不合。出入左右帷幄之间，启沃良多，虽古之明智，莫能过也。内难既平，社稷尊安，深惟天之所以佑我国家，而辅成大勋，若广孝者，实有赖焉。乃召至京师，命易今名，特授资善大夫太子少师。既又锡之诰命，祖考皆追封资善大夫，妣皆追封夫人。广孝之为宫僚，从容渐渍，忠言匡辅，虽老益尽其心。朕命儒臣纂修皇考《太祖高皇帝实录》，广孝为监修官，躬自校阅，克勤所事。尝归吴中，以所赐金帛悉散之宗族乡人。其平生乐善好施，天性然也。永乐十六年三月，来朝于北京，仍居庆寿寺。朕往视之，与语极欢。至二十八日，召诸门人，告以去期，即敛趺端坐而逝，享年八十有四。朕闻之，哀悼不胜，辍视朝二日，命有司为治丧葬，追封荣国公，谥恭靖，赠以勋号。百司官僚，暨畿甸士庶，远迩倾赴，肩摩踵接，填郭溢衢。虽武夫悍卒，闾巷妇女，莫不赞叹嗟咨，瞻拜敬礼，惟恐弗及。凡七日，仪形如生，异香不散。卜地于西山，砻石建塔。四月六日发引，灵风飘洒，法云旋绕。以火浴之，心舌牙不坏，坚如金石，得舍利皆五色。其所养者深矣。于六月十八日遂葬焉。呜呼，广孝德备始终，行通神明，功存社稷，泽被生民。故曰有命世之才者，必能建辅世之功。

若斯人者，使其栖栖于草野之中，不遇其时，以辅佐兴王之运，则亦安能播声光于宇宙，垂功名于竹帛哉！况死生之际亦大矣，广孝能预烛于事而不惑，其有所见也。眷惟耆艾，深切朕怀。乃揭其功德不可泯者，勒之金石，以诏来世。铭曰：天生哲人，辅我国家。有猷有为，厥德孔嘉。蚤从于佛，潜养器识。洞烛古今，幽微莫测。弘济于艰，画若断金。内难既平，克享天心。崇德报功，位隆师臣。翊善弘化，正笏垂绅。端居养素，寿考惟祺。翩然而来，人莫我知。翛然而逝，俨乎容仪。克全五福，自天佑之。衣冠士庶，远迩同趋。填咽都市，瞻拜嗟咨。民夫具瞻，谁其蓍龟。西山之丘，神气所钟。冈峦回环，磅礴冲融。妥灵于兹，永固厥封。精英上腾，五色弥空。琢玉示辞，乃敕臣工。于千万年，流光无穷。永乐十六年八月十三日立。"

玉皇塔

玉皇塔是一座八角七级密檐式砖塔，位于北京市房山区大石窝镇高庄村村北的山坡上。因从前塔内供奉过玉皇大帝而得名，该塔古朴典雅，工艺精湛，是房山古塔中的上品。

玉皇塔通高15米。塔座为八角须弥座式，上面饰有砖雕的人物故事、动物图案等。塔身正面开券门可以入塔，塔身上承七级密檐，各角梁均悬有铜铃，塔顶八角攒尖，八条顶脊自顶端的封顶铁质宝珠向八方延伸，尽头有垂兽、套兽。塔顶置宝珠，上立一根铁柱塔刹，直插蓝天。

1995年10月20日，玉皇塔被北京市人民政府公布为北京市第五批市级文物保护单位。

玉皇塔

券门

塔刹

知识链接 **佛塔塔刹**

塔刹是塔身上安设的顶子，有尖的、圆的，有砖石砌的、金属制作的，形式多样。而塔刹作为塔最崇高的部分，冠表全塔，至为重要。刹，又称"乞叉""乞洒"，意思是土田，代表国土，也称佛国，佛寺也称作刹。北京北海后面的大湖被称作什刹海，就因原来湖旁有十座寺庙而得名。在建筑结构上，塔刹起收结顶盖的作用。木结构塔的塔顶，有四角或六角、八角及圆形。各屋面的椽子、望板、瓦垄都集中到一点，结构上也需要有一个压盖的构件，用以固定椽子、望板、瓦垄这些部分，并防止雨水下漏。在建筑艺术上，塔刹也是艺术处理的顶峰，以冠盖全塔，因此，工匠在建塔时对塔刹往往给予突出和精密的艺术处理，使之高插云天，玲珑挺拔。

印度早期的窣堵波也有塔刹，但并不高大复杂，例如桑奇大窣堵波只有一根不大的刹杆和三圆伞。塔传入中国后，与传统楼阁建筑结合，塔刹成了佛教意义上的象征，显得更为重要，也变得越来越突出了。《洛阳伽蓝记》中描述永宁寺塔的塔刹高"十丈"，可能有所夸张，但说明是相当高的。刹上有金宝瓶，"能容二十五石谷物"，体积也相当可观。金宝瓶下还有三十重承露金盘，金盘四周挂满金钟。由于塔刹很高，特加了四道铁链系在塔顶四角，铁链上也挂满金铎，不仅起到了稳固的作用，也使塔显得更加富丽堂皇。

还有许多塔刹本身就是一座小型喇嘛塔。最典型的是河南安阳天宁寺塔，在五层塔顶上建造一小型喇嘛塔。北京妙应寺白塔是一个大型喇嘛塔，顶上的刹则是一个小喇嘛塔。有些佛经上记载，信徒把舍利安放在刹尖上，但至今尚未发现实例，可能为刹基之误。塔刹本身也是一个小塔，结构明显分为刹座、刹身、刹顶三部分，内用刹杆直贯串联。有的刹基内也有像地宫的窟穴，作为埋藏舍利、经书、金银和玉石等器物之用。近年，人们在维修几处古塔塔刹时，在下面都曾发现刹穴。例如，在云南大理崇圣寺千寻塔刹穴内发现了舍利、

经卷和佛像等文物，而在其塔基下的地宫中却没有发现什么。是地宫被盗还是虚设地宫而将舍利、陪葬器物放在刹穴里了，至今仍是未解之谜。

刹座是刹的基础，覆压塔顶之上，压着椽子、望板、瓦垄等，并包砌刹杆。刹座形状多砌做须弥座或仰莲座，也有砌做素平台座的。须弥座上再砌以仰莲或忍冬花叶形以承托刹身。

刹身主要的形象特征是套贯刹杆上的圆环，称为相轮，也有称为金盘、承露盘的，是作为塔的一种仰望的标志，起敬佛、礼佛的作用。一般大塔的相轮较多且大，小塔相轮较少且小。在早期的塔刹中，相轮的数目没有定式，多至数十个，少至三五个，如洛阳永宁寺大木塔就有三十重相轮；现存两处较早的塔，如历城四门塔和嵩岳寺塔分别为五轮和七轮。以后相轮数目逐渐形成一、三、五、七、九、十一和十三的规律。喇嘛塔大多采用十三相轮，称为"十三天"。在相轮上置华盖，也称宝盖，作为相轮刹身的冠饰。

刹顶是全塔的顶尖，在宝盖之上，一般由仰月、宝珠所组成，也有做火焰、宝珠的，有的在火焰之上置宝珠，也有将宝珠置于火焰之中的。因避"火"字，有的称为"水烟"，日本就把塔刹称为"水烟"。

刹杆是通贯塔刹的中轴。金属塔刹各部构件都穿套在刹杆上，全靠刹杆串联支固塔刹各部分，就是较低矮的砖质塔刹中也有木质或金属刹杆。据佛经上记载，刹杆又有刹柱、金刹、表刹等名称。刹杆的构造是用木杆或铁杆插入塔顶内，如果塔刹很高，即用大木柱插入第一、二层或第三层塔顶。长大的刹杆称为刹柱，有的刹柱与塔心互相连贯，直达塔底地宫之上。

上述塔刹的结构形制是较具代表性的。此

外，各个时代不同类型、不同建筑材料的塔，其塔刹也有所变化。有在刹杆上串联三、五、七、九个金属圆球作为塔刹的，如辽宁北镇崇兴寺双塔；有在刹座上贯以巨大宝顶的，如北京天宁寺塔。宝顶形式也各有不同，有圆形、方形、八角形等。银川海宝塔刹顶是方形、葫芦形，或称蒜头形，可能受伊斯兰建筑影响所致；广州怀圣寺光塔塔刹变成了风向标，与佛教塔刹意义完全不同。

斗拱

照塔

照塔是一座八角七级密檐式砖塔，建于辽代，位于北京市房山区大石窝镇塔照村东北的金栗山山顶。

照塔坐北朝南，南临拒马河，北接黄龙山，塔身通高15米，塔形秀丽，塔基为须弥座，座高3米，每面宽2.2米，正面塔门左雕金翅鸟，右雕天王，内雕佛像一尊。塔身高2.2米，每面宽1.15米。塔身正面设券门，塔身之上为仿木砖刻额枋檐椽和砖质的一斗三升斗拱，上边是七级叠涩檐，塔尖为攒尖宝刹。

天气晴好的时候，人们在几十里外都能看到

券门和假窗

照塔的身影，所以当地人又称照塔为风水塔。

1995年10月20日，照塔被北京市人民政府公布为北京市第五批市级文物保护单位。

 佛塔塔身

塔身是塔结构的主体。由于塔的建筑类型不同，塔身形式也各异，内部结构主要有实心和中空两种。实心塔的内部或以砖石全部砌筑，或以土夯实填满，也有些实心塔以木骨填入，以增加塔的整体连接或增强挑出部分的承载力。实心塔的结构则比较简单，无须多讲。现重点叙述中空塔。

一是木楼层塔身。这是木造楼阁式塔的结构形式，盛行于汉末、魏、晋、南北朝，当时多是

照塔

四方形木塔。从文献记载和日本现存木塔可以了解到我国木塔结构大体上是塔身四周立柱，每面三间。立柱上安设梁枋、斗拱，承托上部楼层；每层有挑出的平座和栏杆游廊、塔檐。与一般木构建筑楼阁的做法一样，每层有楼梯上下。木塔的结构与施工同一般木构建筑完全相同。我国现存木塔实物首推山西应县木塔。其塔身外观五层六檐，二层以上设平座，内部一层至四层，每层又有暗层，实为九层楼层结构。塔为八角形平面，每面三间四柱，当中一间较大。平座上绕以栏杆游廊，可供周览眺望。塔中心为安置佛像处，各种斜撑和支柱结合使用，构成双层套筒式构架，增加了塔体的刚度，每层均有楼梯盘旋上下。由于塔的结构庞大复杂，各种构件变化很大，仅斗拱就有60余种不同的尺寸与样式。

二是砖壁木楼层塔身。因内部如一空筒，又称空筒式塔身，早期的楼阁式或密檐式砖塔大多是这种结构。内部楼层根据楼层高度和门窗位置安设，常在砌筑砖石外体时预先留出安设楼板枋子的位置，并挑出小半块砖作为搁放楼板枋子的分位。有些还在塔体内角隅处安设立柱，以承托楼板，这种空筒式塔身楼梯多紧靠塔壁盘旋上下。楼阁式砖石塔的楼层大都与门窗位置和外部塔檐位置一致，能登临眺望，例如西安大雁塔、杭州临安功臣塔等。密檐式塔的楼层一般与门窗或外檐位置并不一致，因为密檐式塔自第一层以上塔檐密接，相距已不够一个楼层的高度了，例如嵩岳寺塔、大理崇圣寺千寻塔等均是这样。

三是木中心柱塔身。早期木塔多以中心柱作为塔身骨干，其结构方法是以巨大木柱自塔顶贯通全塔，直入地下，历史文献上屡有记载，日本现存木塔中的法隆寺五重塔就是这种中心塔柱结构，中心塔柱结构对于塔的稳定更为有利。中国现存实物中，仅正定天宁寺木塔尚保存有这种结构方式，因为该塔为半木构，所以塔柱只达上半段，未能直下塔底，但仍可看出中心塔柱的结构情况，是极为珍贵的实例。

四是砖木混砌塔身。这类塔是木结构塔转化为砖石塔过程中的一种结构方式，即塔身以砖砌，塔檐、平座、栏杆等部分为木结构。塔的砌壁内也砌入木梁、木枋，并挑出角梁和塔檐。在宋塔中这种结构极为普遍，例如上海松江方塔、杭州六和塔、苏州瑞光塔等。

五是砖石塔心柱塔身。这类塔是中国古代砖石结构发展到高峰时的产物。在塔的主体结构上，完全摆脱了以木材作为辅助构件的结构方法，塔身全部以砖砌筑，即用砖石将楼梯、楼板、回廊、塔檐等砌成一个整体，结构十分复杂。塔的中心是一个自顶到底的大砖石柱子，每一楼层的楼板均为内柱与外壁横向联系的构件，使中心柱与外壁结为一体。楼层的砌法有拱券和叠涩两种。塔心柱外有回廊。这种结构的楼梯有两种形式，一种是沿塔心柱外壁转折上登，这种形式的塔心柱每层均有塔心室，如河南开封祐国寺塔、陕西扶风法门寺塔等；另一种是穿过塔心柱反复转折上登，如四川大足宝顶山塔、河北定州开元寺料敌塔等，这些塔大多是宋明时期的建筑，在砖石结构技术上达到了相当高的水平。

六是高台塔身。金刚宝座塔实际就是把塔身砌成高大的台子，然后从台子内部砌砖石梯盘旋登上。北京真觉寺金刚宝座塔的内部有塔心柱，塔心柱周围有回廊，回廊上用拱券顶，上面砌作平台，分建小塔。北京碧云寺塔、呼和浩特慈灯寺金刚宝座塔都是这种做法。还有一些塔从座外登顶，如北京西黄寺清净化城塔、山西五台圆照寺金刚宝座塔等。

除以上6种类型的塔身外，还有其他类型，如喇嘛塔的塔身是一个圆形覆钵。明清时期，在圆形塔肚正面开始设置眼光门，形如小龛。有的还在圆形覆钵内加砌木构架，以增强稳固性。此外，还有覆钵与楼阁结合的塔身，即在覆钵上置以高层楼阁以及圆筒塔身等，形式丰富多彩。

周吉祥塔

周吉祥塔是北京一座著名的明代高僧佛塔。位于北京市房山区韩村河镇孤山口村。周吉祥是明宪宗生母孝肃周太后的堂弟，生于明正统六年（1441），英宗正统、天顺年间，在香山永安寺出家为僧，天顺八年（1464）周吉祥被任命为僧录司右觉义。成化二年（1466）周太后出资为其建大慈仁寺，周吉祥兼任大慈仁寺第一任住持；成化十二年（1476），被任命为僧录司左讲经；成化十四年（1478），被任命为僧录司右阐教，住持大觉寺，兼管番汉僧；成化十九年（1483），被任命为掌管全国佛教事务的最高官员僧录司左善世（正六品），兼大慈仁寺并大觉寺住持。弘治元年（1488），周吉祥掌僧录司印，弘治五年（1492）去世，终年51岁。周吉祥对北京地区佛教文化的发展起到了一定的推动作用。

周吉祥去世后，大慈仁寺的僧徒在房山和海淀分别为周吉祥建塔一座。海淀周吉祥塔是墓塔，葬有周吉祥的遗骸，房山周吉祥塔是衣冠塔，为纪念塔。周吉祥是大慈仁寺的第一代住持，名望极大，在此建塔名正言顺。房山周吉祥塔所在地

周吉祥塔

是大慈仁寺在良乡的庄地，属大慈仁寺所有，这里三面环山，前面为上方山溪水流淌，风景极佳，因此，以周吉祥生前的背景和功德，在其身后大慈仁寺的僧徒除了在海淀为周吉祥建塔以外，在房山这块风水宝地再建一座塔。

周吉祥塔始建于明弘治十二年（1499），为八角七级密檐式砖塔，通高约18米。塔基由汉白玉砌成，须弥座上束腰间砖雕花卉、人物故事等，形象生动。塔身为八角形，每角有砖雕砌圆柱。塔身正面有双扇砖质假门，门上嵌塔铭。塔上各层檐均采用正反叠涩做法，各层角梁悬挂方形铜铃，塔刹砖雕盛开的莲花。塔前约10米的地

塔身束腰

塔刹

方原有石碑两块，其中一块毁于1966年，碑文记述了周吉祥的生平，是研究房山大慈仁寺的兴衰、孝肃周太后及其家族和明代外戚问题的重要历史资料。

1995年10月20日，周吉祥塔被北京市人民政府公布为北京市第五批市级文物保护单位。

 知识链接 周吉祥

周吉祥从小就对佛教迷恋，之后出游，在香山永安寺出家，后来到大觉寺剃度为僧，担任大觉寺住持。一开始家人并不知情，周太后为寻找周吉祥，派宦官查找才得知此事，于是劝说堂弟还俗，周吉祥对佛家甚是喜欢，任凭家人如何劝说都无动于衷，周太后见周吉祥如此虔诚，于是为其建了大慈仁寺，命周吉祥为大慈仁寺的第一代住持及僧录司左善世。

周吉祥圆寂后，分别在大觉寺西南和大慈仁寺建了灵塔，位于房山大慈仁寺的周吉祥塔为衣冠塔，因为房山三面环山，前方的正上方溪水流淌，被认为是风水宝地，关键是，建此塔有利于上方山一带的和尚祭拜。

应公长老寿塔

应公长老寿塔是天开寺应公长老的埋骨之处。位于北京市房山区岳各庄韩村河镇天开村北，俗称和尚塔，建于元大德五年（1301）二月。

应公长老俗姓赵，名谱应，是元代至元年间重修天开寺的一代高僧。塔南向，六角五级檐式砖塔，通高12米，须弥座上砌三层莲花。柱形塔身正面开拱门，门楣上端嵌铭文"应公长老寿塔"。正面设假门，其他面置假窗。假窗上部有挂落；塔身以上为五级密檐，各层檐下均有仿木结构的砖质斗拱。

天开寺始建于东汉，盛于辽，金代毁于战火。元至元年间全面恢复，扩大了旧有规模，明末以后，天开寺开始衰落，现寺庙建筑均已无存。应公长老寿塔是天开寺塔林现存的唯一一座寿塔。这里曾经寿塔林立，埋葬着许多得道高僧。

1995年10月20日，应公长老寿塔被北京市人民政府公布为北京市第五批市级文物保护单位。

应公长老寿塔

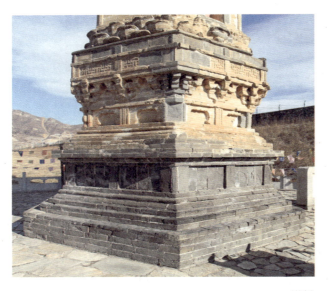

塔基

斗拱

塔基是整个塔的下部基础，覆盖在地宫之上，很多塔从塔内第一层正中即可探到地宫。早期的塔基一般较低矮，例如现存的两座唐代以前的北魏嵩岳寺塔和隋代历城四门塔的塔基都很低矮，而且很简单，均以素平砖石砌成。有的塔基仅一二十厘米高，很不明显，甚至年久残缺。现在陕西西安兴教寺玄奘墓塔已根本看不到塔基，以致误认为塔从地面而出。

在唐代，有的塔因建造得高耸突出，便在塔下建造高大的基台，例如西安大雁塔。亭阁式塔的塔基也在唐代开始演变成高大的基座，例如山西运城泛舟禅师塔。唐代以后，塔的基础明显分成基台与基座两部分。基台，就是早期塔下比较低矮的塔基；基台上增加专门承托塔身的座子，称为基座，在建筑艺术效果上，基座使塔身显得更为雄伟突出。基台一般比较低矮，没有装饰。基座则日趋富丽，成为整座塔中雕饰最为华丽的部分。

在基座发展的过程中，尤以辽金时期的密檐式塔的基座最为突出。辽金塔的基座大都是须弥座形式。须弥是佛教中所称的须弥山，传说佛、菩萨等均住在此山，以须弥命名，表示最为稳固之意，不仅是塔，其他宫殿、寺庙、佛像、器物的基座也称须弥座。北京天宁寺塔须弥座呈八角形，建在不甚高大的基台上，两层束腰。第一层束腰内，每面砌6个小龛，内刻狮子头，龛与龛之间以雕花间柱分隔；第二层束腰下部砌出5个小龛，内雕佛像，龛与龛之间的间柱上雕饰力士。上部施斗拱，斗拱上承托极为精细的砖雕栏杆，栏杆上置三仰莲，以承托第一层塔身。整个须弥

应公长老寿塔

于北京市房山区良乡镇大南关外，是研究清史的重要实物资料。

清乾隆二十五年二月，乾隆帝偕文武百官、王公大臣从京城出发来此为平定准噶尔部贵族叛乱凯旋的将军兆惠、富德行郊劳礼，并分封两位将军为一等公和一等侯。劳师之前驻跸良乡的黄辛庄行宫，乾隆帝下旨，要在良乡东侧大南关的郊劳台检阅大军。欣喜之余，乾隆帝还题诗一首，勒石一方，立在郊劳台北侧。16年后，乾隆帝再次驾临此地，迎接平定两金川凯旋的大将军阿桂。

郊劳台现仅存基址，其原有面貌已无法窥见。据文献记载，郊劳台为一圆形石台，高五尺，径五丈，四周筑有围墙，墙高七尺，厚有一尺一寸，东西宽十六丈，南北长达四十八丈，东、西各有大门一座，墙外四周种树三层，葱茏茂盛。据说郊劳台是在清乾隆二十四年（1759）腊月正式动工修建的，工程耗资巨大，集中了全国能工巧匠全力修建，前后共历时三个月便告竣工，其施工速度之快，做工之精细，在历代少有。

郊劳台基址北侧另有御碑亭一座，双围柱单檐八角形，石质结构，每面宽2.26米，内外两层共设汉白玉柱16根，每层各8根，亭顶覆黄琉璃瓦屋面，檐下木质挑檐。亭内中央立石碑一通，为清乾隆二十五年二月二十七日所立《郊劳诗》碑。碑高2.25米，宽2.26米，厚0.28米，碑文镌刻乾隆郊劳纪事诗，文中记载："时大将军臣兆惠平定准噶尔四部，奏凯于二月二十七日，皇上行郊劳礼。又乾隆四十一年（1776），大将军阿桂平定两金川，奏凯于四月二十七日，皇上行郊劳礼。"2001年11月20日北京市人民政府拨款35

座约占塔高的五分之一，成为全塔的重要组成部分。后来，其他各种类型塔的基座也越来越往高大华丽的方向发展。喇嘛塔基座非常高大，体量占全塔高度的三分之一左右；金刚宝座塔基座已成为塔身的主要部分，基座比上部小塔大得多；过街塔下的座子也较上面的塔高大。

塔基座的发展与我国古代建筑中一贯重视台基的作用有密切关系，塔基座不仅保证了上层建筑物的坚固稳定，而且也营造了庄严雄伟的效果。

郊劳台

郊劳台俗称接将台，创建于清乾隆二十五年（1760），是皇帝迎接出征将士奏凯归来之地，位

郊劳台碑亭

万元对郊劳台进行修缮，2002年5月1日完工。

1995年10月20日，郊劳台被北京市人民政府公布为北京市第五批市级文物保护单位。

《郊劳诗》碑

知识链接　乾隆迎接凯旋将士

古代，将士征战凯旋，皇帝要亲自或委派大臣到京师郊外迎接慰问，并举行盛大典礼，北京的房山就特意建了郊劳台，乾隆帝曾两次在这里

犒赏过外出征战凯旋的将士。

清乾隆二十五年（1760），乾隆帝派军机处字寄直隶总督方观传达圣旨筑郊劳台，就是为了迎接几天之后凯旋的将士。这次筑郊劳台的时间较短，设施较为简单，也没有其他建筑。郊劳台筑好之后，乾隆帝在将士凯旋的前一天举行了筵宴，亲自来到郊劳台。

在郊劳台迎接凯旋将士的场面十分隆重，可见乾隆帝对有功之臣的器重。当乾隆帝到达郊劳台之前，在京王公、满汉大学士、尚书、都统、侍郎等提早站在郊劳台两侧。郊劳台上正中摆放皇帝拜褥，北侧南向立着黄幄御座，东西向两翼搭有八顶青幕。皇帝在郊劳台上，西侧为将军与征战归来将士，东侧为王公、大学士等，时辰一到，皇帝和大臣一同行礼。

礼毕，皇帝在礼部堂官的引导下坐于黄幄御座，征战将军大臣等坐于青幕，征战兵丁坐于其后，所有参加典礼仪式的人员都会得到皇帝赏赐，尤其是征战凯旋的将士。关于此次郊劳礼，乾隆帝有诗曰："京县郊南亲劳军，圜坛陈蠢谢成勋。出师本意聊尝试，奏凯今朝备礼文。释甲韬戈罢征伐，论功行赏策忠勤。膝前抱见询经历，一瞬五年咸以欣。同心万里那睽违，毕竟欢言赋采薇。勇将归来兼福将，靫衣著得解戎衣。漫称偃武修文日，恐即嬉文恬武机。饮至宁夸畅和乐，持盈益励慎几微。"

清乾隆四十一年（1776），乾隆帝又一次在郊劳台举行郊劳礼，是为平定大小金川凯旋的阿桂及其率领的大军举行的，流程基本按照原样举行。之后，历经风雨，郊劳台建筑已基本不复存在，但是为保留历史遗迹，进行了复建。

金陵

　　金陵是中国历史上为数不多的少数民族皇陵，也是北京地区年代最早、规模最大的帝王陵墓群。位于北京市房山区周口店镇车厂村龙门口一带的云蒙山，对研究金代历史发展、建筑艺术、营建工程等具有重大作用。

　　金陵是金代皇帝和宗室诸王陵寝的所在。金朝皇陵原在东北上京会宁府，即现在的黑龙江省哈尔滨市阿城区。金贞元元年（1153），金海陵王完颜亮迁都于燕（今北京），改称中都。定都北京以后，为巩固自己的政权地位，使中都不但成为金朝的政治中心，而且真正成为女真族的精神中心，于贞元元年晚些时候，海陵王派出司天台官于中都的燕山四周勘陵，用了一年多的时间，最后选择距今北京城西南50多千米的大房山依山兴建皇陵。

　　大房山是一座历史名山，主峰茶楼顶，俗称猫耳山，海拔1307米。山脉西来北折，称为云峰山。此山9条山脉，支支派派，山势奇秀，犹如9条巨龙出世，又称九龙山，山峰云雾缭绕，瑞气升腾，自古就是佛家修身养性的圣地，也是得天独厚的"万年吉地"。根据堪舆理论，陵区所处的环境属于三山环抱（云峰山、猫耳山、连泉顶）、二水分流（九龙山西北侧山谷中有泉水涌出，终年不断。山泉从陵区的西北分流向东南，形成两股流）的绝佳风水宝地。

　　大房山金陵的陵址勘定以后，金陵经金海陵王、世宗、章宗、卫绍王、宣宗五世60年的营建，形成了一处规模宏大的称雄我国北方的女真族金朝帝王的皇家陵寝。金陵大定初划入界内为一百五十六里。至大安初又予以调整，紧缩

金陵旧照

为"周围计地一百二十八里"，成为共计葬有金太祖、太宗、始祖、德帝等17位皇帝的大型皇家陵寝。除此之外，陵区内还有诸多后妃墓和多座宗室王爷的墓葬。建陵之初，出于安葬、谒陵和祭陵的需要，在山陵东端的入陵处建造行宫磐宁宫。章宗时期，又在山陵制高点大房山主峰茶楼顶上建离宫崇圣宫。

　　金代通行帝后同陵的葬式习俗，史料记载葬于大房山的后妃共有23位。大房山唯一的一座后妃陵——坤厚陵，是金世宗为昭德皇后乌林答氏而建，原葬有世宗乌林答氏以下6位后妃，世宗死后，乌林答氏从坤厚陵迁往兴陵与世宗合葬。

　　金陵以云峰山为主山，向两翼逐渐延伸开

猫耳山

去。皇陵绵延60千米，主陵区在北京房山区九龙山，占地面积6万多平方米。据史料记载，金陵的地面建筑和地宫的规模相当宏伟，具有我国北方少数民族的特色。从金陵的整体建筑布局看，陵区共分为3个部分：主要帝陵部分、安葬后妃的坤厚陵以及埋葬皇兄皇弟、重要大臣的"诸王兆域"。帝陵部分是金陵陵区的主体部分，由17座帝陵组成，主要分布在大房山南侧左右两条山脉中。坤厚陵位于帝陵的东面，始建于金世宗大定年间，是专门埋葬妃嫔的地方，也是供早于皇帝逝世的皇后停灵的地方，等待日后和皇帝埋葬在一起，后世称其为"园寝"。"诸王兆域"位于帝陵的西侧，是埋葬皇帝兄弟和重臣的地方。

元灭金后，位于大房山的金陵并未受到破坏。有元一代及至明代前期，金陵的规模都曾扩展延续，终年享有祭祀。明朝末年，金代后裔努尔哈赤兴起于白山黑水之间，并建立了后金国。明王朝在与其作战时期，屡战屡败。因帝王惑于形家之风水说，认为是满人的祖陵大房山王气太盛的缘故，明天启元年（1621）罢金陵之祀。为断女真"地脉"，天启二年（1622），明熹宗下诏拆

毁金陵，对金陵进行了毁灭性破坏，将金代皇陵地面建筑全部拆毁，地宫也被掘开，将尸骸和大量随葬品抛撒和窃走，就连大房山山顶上的崇圣宫、白云亭也未能幸免，被夷为平地。仅有陵区内的行宫磐宁宫，由于改为佛寺而幸免于难。天启三年（1623），在陵地之上修建了数座关帝庙，予以压制。明朝的这些行为并未改变明王朝覆灭的命运，但是大房山金陵却被彻底摧毁，实是中国古代陵寝建筑的一大劫难。清兵入关后，大房山金陵受到清朝统治者的重视，对金陵进行了部分修复。清顺治三年（1646），清世祖派礼部官员视察金太祖睿陵、世宗兴陵，"修其颓者，俾规制如初"。重新修葺了金太祖、金太宗二陵。康熙帝御制金太祖世宗陵碑立于九龙山金太祖睿陵、世宗兴陵前。乾隆十六年（1751），命直隶总督方观承修金太祖、世宗陵。乾隆十八年（1753），乾隆帝亲至金太祖睿陵拜谒，并命金裔完颜氏子孙陪祀。清末民初匪盗猖獗，仅存的睿陵、兴陵毁于匪祸，陵墓被盗掘，地面建筑荡然无存。800年的历史沧桑，湮没了昔日雄伟的一代皇陵，人们只能在一片废墟之中追忆昔日的辉煌。

金陵虽然遭受过数次的破坏已成遗址，但陵园的气势宏伟，与历代皇陵相比，绝不逊色。根据近年对金陵主陵区遗址的发掘和调查发现，陵区以神道为中轴线，两侧对称布局，由石桥、神道、石御道、鹊台、东西大殿、陵墙、陵寝等组成。皇陵以西几千米外，建有十王坟，20世纪60年代，陵区出土了石羊、石马、石狮等石像生。在1986年的发掘中发现了享殿遗址、碑亭遗址和神路遗址等大量宝贵的文物。特别是埋藏于地下的一段神道更加珍贵。神道东西宽5.4米，南北长

神道石踏道

墓碑

3米，两侧在石质地袱上竖立4块双面雕刻牡丹行龙的汉白玉栏板和望柱，栏板前雕有两个石雕蹲兽，栏板之间是线刻莲花的七级石台阶，见证了金代高超的石雕艺术。2001年和2003年，先后两次对金陵遗址主陵区九龙山进行了全面的考古调查，确定了每座陵寝的地标位置，先后发现并清理了金陵主陵区内多处遗迹，出土了大量的建筑构件和随葬品，获得重大考古发现。此次遗址调查和发掘的重大收获是发现了金太祖完颜阿骨打的陵墓，为研究金代陵寝制度提供了珍贵的实物资料。

据《金史》记载，金朝开国皇帝完颜阿骨打于金天辅七年（1123）病逝于部堵泺西行宫，葬于上京会宁府北城外，称睿陵。皇统年间改葬胡凯山，称和陵。海陵王迁都中都后，又将其祖父

完颜阿骨打的陵墓迁葬于此，仍称睿陵。

完颜阿骨打的陵墓为大型石椁墓，长约13米，宽9米，深达5米，是在山体岩石中开凿而成的。墓中葬有4具石椁，其中有汉白玉石椁两具，青石素椁两具。汉白玉石椁又分为雕龙纹和雕凤鸟纹各一具，这两种汉白玉石椁为国内首次发现，是金代皇室专门使用的葬具。据专家考证，雕龙纹石椁很可能是金太祖完颜阿骨打的棺椁，雕凤鸟纹石椁很可能是金太祖完颜阿骨打的4位皇后之一、海陵王的祖母光懿皇后裴满氏的棺椁。青石素椁中所葬的是完颜阿骨打的后妃。除此之外，墓中还发现了妙音鸟、铜柄铁剑等一大批珍贵文物。

金世宗兴陵的结构与金太祖陵相同，坟头也是砖和三合土结构，但规模稍小。享殿遗迹已看不出来了，陵前亦有残破碑亭一座，亭内石碑即清康熙二年（1663）九月所建的"御制"碑，记述了明末毁陵和清初修陵的经过，字迹尚清楚。

自太祖、太宗从关外迁葬房山陵园之后，以后各帝后妃等也都相继营陵于此。主要有太祖睿陵（又称泰陵）、太宗恭陵（又称豫陵）、世宗兴陵、章宗道陵、熙宗思陵及从上京迁来除太祖、

地宫石棺

太宗二陵之外的十帝陵：光陵、熙陵、建陵、辉陵、安陵、定陵、永陵、泰陵、献陵、乔陵和其他后妃王墓等数十处。

由于金代帝王互相残杀夺位，帝号时废时贬，他们的陵墓也同样时葬时迁。就以迁都中都亲自营建房山陵区的海陵王本人来说，他就是靠刺杀熙宗当上了皇帝。由于对内残暴对外好战，累侵南宋，于侵宋战争中在瓜州镇（今扬州南）被部将所杀。他死后起初还葬在房山陵园，后来被贬为庶人逐出陵区，改葬于山陵之外西南20千米的荒僻地方去了。相反，被他所刺杀的皇帝熙宗的陵墓，却步步升格，被杀后先葬于皇后裴满氏的墓中，后来改葬在大房山蓼香甸诸王陵区，海陵王被杀后又追封了他的谥号，改葬于帝陵区内的峨眉山。

金代还有一个皇帝宣宗完颜珣，因为迁都于大梁（今开封），葬在开封，陵名德陵。最后一个皇帝哀宗，在国亡时上吊自杀，连他的骨头都被人献给宋朝，更谈不上葬于皇陵了。

由于人为和自然的破坏，房山金代陵寝早已荒废，不仅地面建筑全毁，地宫也遭盗掘，除清初修葺过的太祖、世宗二陵尚有遗址可考之外，其余诸帝后王妃陵墓连遗迹也不多了。

近几年，北京市政府拨巨资对金陵进行重点修复和修缮，部分恢复了中轴线建筑和相关的附属建筑。经过修缮，金陵主体建筑格局趋于完整，人们可以沿着修建平整的神道直接到达金太祖的地宫。

1995年10月20日，金陵被北京市人民政府公布为北京市第五批市级文物保护单位；2006年5月25日，金陵被国务院公布为第六批全国重点文物保护单位。

知识链接 金陵由来

金陵是指金朝皇陵，是一个少数民族皇陵。

金朝皇陵始建于金海陵王时期，后来三代皇朝都扩修，方圆数十千米都属于金朝皇陵的范围。它要比明十三陵早200多年，里面安葬了17位皇帝。

金朝要追溯到12世纪初，当时，在我国东北地区生活着一些少数民族，这便是完颜阿骨打领导的女真族的一支。后来，完颜阿骨打统一了女真各部，开始在与契丹的征战中慢慢变得强大起来，于是在1115年称帝并建立"金"国。

金国建立以后，在完颜阿骨打的带领下，进攻辽国北边重镇黄龙府（今吉林农安），并攻占了黄龙府城。之后更是一路进攻，大败辽兵，辽天祚帝遁逃。金太祖率军来到奉圣州（今河北涿鹿），在北宋军队的配合下攻打辽国，也收到来降附的蔚州（今河北蔚县）辽臣。就是在这个时候，辽燕京小朝廷，辽耶律淳已亡故，萧德妃也逃走了。汉臣左企弓和虞仲文等打开城门，投降了金朝。金太祖占领了燕京，但是他只是劫掠了燕京的工匠和财宝，按照与宋朝的约定将燕京六州给了宋朝，然后班师回朝。

金太祖完颜阿骨打死在了返回上京（今黑龙江阿城）的路上，所以他没有看到金国灭掉辽国和北宋。他过世后，其弟完颜吴乞买成为皇帝，这便是金太宗。金太宗死后没有传位给自己的后代，反而传给了太祖的孙子完颜亶，但是最终却是海陵王完颜亮篡位成为皇帝。

金陵便是海陵王于金贞元三年（1155）三月下令建造的，不到8个月时间，这座陵寝便已经将太祖睿陵、太宗恭陵和德宗顺陵的灵柩送入金陵安葬了。

蔡庄土城遗址

蔡庄土城是北京地区现存年代较早、保存较好的古城遗址，位于北京市房山区南尚乐乡拒马河畔蔡庄村土城山。建造于战国时期，1959年被发现。

土城呈长方形，南北长310米，东西宽306米，高4米，墙厚12米。城墙仅存东、西、南三面，北城墙早年被拒马河河水冲毁。南墙和西墙中部各有一处向外凸出，应为当时古城城门所在。城墙用版筑工艺建造，墙上遗有柱孔一排，柱孔间距1.5米左右，孔径为6厘米。夯窝、夯层清晰明显。夯层厚13—15厘米，夯土内含较多夹砂褐陶绳纹陶片。夯层间有铺草痕迹。夯窝呈圆锥状，直径3厘米左右。

遗址地表有大量陶器残片，均为夹砂陶，有红、灰两种，纹饰以粗绳纹为主。采集到的标本有青石镰残段、兽面纹半瓦当、夹砂红陶鬲足，

蔡庄土城遗址

还有汉代五铢钱等。说明该城可能沿用至汉代。

2001年7月12日，蔡庄土城遗址被北京市人民政府公布为北京市第六批市级文物保护单位。

知识链接　　　　拒马河

《水经注》记："巨马河出代郡广昌县涞山。"涞源曾名广昌县隶代郡，涞山一山分七峰，又名"七山"。《广昌县志》中说："拒马河源，在县城南半里，出七山下。"拒马河古称涞水，约在汉时，改称"巨马"，有水大流急如巨马奔腾之意。后渐写作"拒马"，相传曾因拒石勒之马南下。无论"巨马""拒马"，均言其水势之大。

发源于河北省涞源县太行山东麓的涞山。流经紫荆关向北至涞水县西北境折向东流，至北京市房山区十渡镇的套港村附近进入北京市，流至张坊分成南北二支，北支称北拒马河，于南尚乐乡二合村附近出市境，在河北省涿州东茨村与大石河、小清河汇流南折流至白沟镇，这一段称白沟河。南支称南拒马河，自张坊向南，在河北省定兴县的北河店汇入易水至白沟镇与白沟河汇合，始称大清河。于天津市郊独流镇与子牙河相汇后流入海河。全长308千米。白沟村以上流域面积1万平方千米。北京市境内干流河长61千米。张坊以上流域面积5115平方千米。河宽100—1000米。主要支流有大石河、小清河。张坊以上上游河段地处暴雨中心，河床比降较大，汇流迅速，水量充沛，水质清洁。张坊最大洪峰流量达10000立方米/秒，是北京市重要的水资源之一。以其为水源的房涞涿灌区，可灌溉耕地2万公顷。

拒马河干流长254千米，白沟村以上流域面积1000平方千米。市境内干流长61千米，流域面

积433平方千米。河床宽200—1000米。拒马河源
头的泉水温度，常年保持在7℃左右，成为冬季
北方最大的不结冰的河。拒马河因水大流急，对
所经山地切割作用强烈，多形成两壁陡峭的峡谷，
使拒马河谷成为百里画廊。拒马河景区不仅风光
秀丽，气候宜人，而且有众多的文物古迹与自然
风光。由于拒马河水恒量、恒温、水质好，滋养
了两岸的文明。涞源境内，已知的泉眼有102处，
其中仅石门以西县城附近的涞水泉、易水泉、拒
马泉、泉坊泉、杜村泉、石门泉、石门南泉的总
流量就达3.4立方米/秒。涞源的泉之多、出水量
之大，在缺水的华北地区是首屈一指的。

2021年9月27日，屈家店枢纽开闸，永定
河865千米河道实现全线通水，拒马河水流贯通
入海。

伊桑阿墓石刻

伊桑阿墓石刻是清康熙时的文华殿大学士兼
吏部尚书伊桑阿墓地的石刻，为汉白玉石雕群，
位于北京市房山区韩村河镇皇后台村。

伊桑阿墓前石刻，它们分别是华表、墓碑、
石狮和石坊等。汉白玉华表一对，八角形的底部
为须弥座，仰覆莲花和云朵雕刻在须弥座的上枋、
下枋和束腰位置。座上石柱八角形，柱顶是蹲坐
的且昂头翘尾的望天犼。

华表的后面就是伊桑阿墓碑了，是两座螭首
龟趺的石碑，均为4.8米高和1.2米宽。额上篆书
"御制"二字。碑文既有满文也有汉文，上刻碑名
"原任文华殿大学士兼吏部尚书加二级致仕谥文端
伊桑阿碑文"，落款"立于康熙四十二年（1703）

七月十八日"。

伊桑阿墓碑和大型雕刻石牌坊之间有一对石
狮，头朝东，尾巴朝西。

再后面矗立着石牌坊。石牌坊面东背西，大
概有20米面阔，五门六柱。石牌坊明间的横梁上
是楷书，上面刻着"崇祀贤良"；下侧的石垫板上
面是楷书，即"大学士伊文端公之墓"。

伊桑阿墓全景

华表

墓碑

石狮

石坊

2001年7月12日，伊桑阿墓石刻被北京市人民政府公布为北京市第六批市级文物保护单位。

知识链接

伊桑阿

伊桑阿（1638—1703），清康熙时期重臣，曾经一度官至文华殿大学士兼吏部尚书，是康熙时期的股肱之臣。伊桑阿在康熙帝平定"三藩之乱"、抵抗俄罗斯入侵的时候起着不可或缺的作用。

伊桑阿姓伊尔根觉罗氏，属满洲正黄旗。他于清顺治十二年（1655）考取进士，开始了仕途之路。康熙十四年（1675），"礼部侍郎，擢工部尚书，调户部"。从此成为朝廷高官。在康熙二十五年（1686）之前，他已经在吏部、户部、兵部、工部和礼部都任职过了。

康熙二十七年（1688），伊桑阿成为文华殿大学士兼吏部尚书。这时他已经成为文官之首，履行着丞相的职责。吏部属六部之首，伊桑阿此时真的是位高权重了。

康熙三十七年（1698），以年纪大为由，祈求辞官。但康熙帝没有应允，希望他能够继续干下去。直到康熙四十一年（1702）伊桑阿才以病致仕。第二年谥号文瑞。

伊桑阿于乾隆年间被选入祀贤良祠。

铁瓦寺

铁瓦寺因正殿顶满铺铁瓦而得名，位于北京市房山区河北镇政府院内。

铁瓦寺于明代始建，清代重修，坐北朝南，现仅存山门、铁瓦殿及东西配殿。

山门面阔三间，门楣上嵌有匾额曰"铁瓦禅林"。铁瓦殿为一座圆形建筑，攒尖顶，铁瓦屋面，自殿顶宝顶处有6条脊自上朝6个方向垂下，把顶分成6个扇面。顶上满铺铁瓦，计有458块，每片瓦长31厘米，直径13厘米，瓦表多有铸字，如"菩萨顶正德十年造""五台山菩萨顶铁瓦寺"，可知铁瓦寺与五台山相关。

铁瓦殿宝顶和脊也为铁质，整个殿用铁共约3000千克。此类建筑，在北京较为罕见。

2001年7月12日，铁瓦寺被北京市人民政府公布为北京市第六批市级文物保护单位。

铁瓦殿

铁瓦殿宝顶

知识链接　佛寺的起源

遍及神州大地的佛教寺庙，是中国古建筑的重要组成部分。无论总体布局，还是单体建筑，都具有浓郁的东方色彩。在中国，这类建筑不但数量多、分布广，而且古建筑中的许多精品，甚至现存建筑时间最早的木结构地面建筑，也保存在佛教寺庙中。北京智化寺、雍和宫，山西五台南禅寺大殿、佛光寺大殿，大同华严寺薄伽教藏殿，浙江宁波保国寺大雄宝殿，天津蓟县独乐寺观音阁，河北正定隆兴寺摩尼殿、井陉福庆寺桥楼殿，山西应县木塔、浑源悬空寺，西藏拉萨布达拉宫，青海湟中塔尔寺，等等，都是中国古建筑中的杰出作品。

中国佛教寺庙也是中国文物的宝库，雕刻、绘画、经典、碑刻，应有尽有。陕西扶风法门寺的佛指骨真身舍利、双轮十二环纯金锡杖，北京八大处灵光寺的佛牙舍利，山西五台南禅寺、佛光寺的唐代雕塑，大同华严寺、善化寺和天津蓟县独乐寺的辽金泥塑，山西平遥双林寺的明清彩塑，四川新都宝光寺、云南昆明筇竹寺的清代罗汉塑像，山西洪洞广胜寺的元代壁画，北京法海寺的明代壁画，北京云居寺的历代古经、大钟寺的永乐大钟，以及四川乐山凌云寺的大石佛，山西五台显通寺的铜塔，湖北当阳玉泉寺的铁塔，福建泉州开元寺的石塔、福州涌泉寺的陶塔，等等，都是中国文物中的珍品，彪炳史册。

然而，佛教并不是中国本土产生的宗教，佛教寺庙也不是中国古建筑中的原有形式。中国的佛教寺庙是随着佛教的传入而诞生，随着佛教的广泛传播而逐步发展起来的。那些珍藏于佛教寺庙中的难以数计、价值连城的文物，是古代的人们通过艰苦的努力，创造并保存下来的。

佛寺，也称作刹、僧院、伽蓝禅林、庵等，是传播佛教和僧侣、信徒们进行佛事活动的场所，属于佛教的专门建筑。中国的佛寺是佛教自印度传入以后才兴建起来的，不论是平面布局、内部结构，还是建筑造型、装饰艺术等，都是中国化的，是外来文化中国化、民族化和地方化的重要实例。

佛寺源自印度。在释迦牟尼还没有悟道的时候，到处流浪乞讨，苦行修炼，根本谈不上居止之处。待到他已初转法轮，开始传教，而且有了僧伽团体和信徒之后，才感到需要有说法（讲佛理）的场地。起初，是在露天野地，选择一块适当的平地，进行开讲，后来弟子越来越多，加之印度每年有两三个月的雨季，必须要寻找一个避雨的地方才能讲说，于是便产生了要寻找固定场所的想法。他说服了一些有势力的国王（小邦主）和有钱人，取得他们的支持，开始兴建讲法之处，便产生了寺院。这种最早的寺院，曾经被称为"雨安居"，也就是说在雨天仍然能在里面安然地修行与说法。

印度佛教圣地舍卫国城的祇树给孤独园遗址，便是佛教史上的第一座佛寺。相传，释迦成道后，这个名叫波斯匿的国王非常崇敬释迦，与城内另一位很有钱的名叫须达多的大臣（因为他经常给贫贱的孤寡老人施舍，人称之为"给孤独长者"），共同为释迦与僧团修建学院。他们选中了国王的太子祇陀的花园作为基址。太子起初不答应，要索取高价，后来为他们的诚心所感动，把园中树木捐献出来，修起了第一座僧学院，供僧人住宿说法、研究和传播教义。为了纪念二人，便将此僧院取名为"祇树给孤独园"，简称为"祇园精舍"。

为了广传佛教，释迦后来又在摩揭陀国的国都王舍城中建立僧院。这是由迦蓝陀长者献出的一块花园地皮，由频婆娑罗王出工献料修建，取名为"竹林精舍"，成为印度佛教的第二大寺院。

现今有人称佛寺为伽蓝，便是来源于此。

印度还有一种叫作"支提"（或"制底"）和"毗诃罗"形式的石窟。毗诃罗石窟是僧侣们修行住宿之处，往往开辟在远离闹市的山谷之中。在石窟中央设方形的讲堂，后壁刻小型佛塔；在石窟的正面和左右两侧，开凿较多的小型石室，约"一丈见方"，每室只能容纳一个僧人修行住宿。中国佛寺中常用"方丈室"的名称来称呼住持的住处，将住持本人也称为"方丈"，就是由此演化而来的。这种印度形式的石窟寺传入中国之后，已起了很大的变化。石窟内已不再住人，而是在其前面或两侧另建寺院，石窟只作为礼佛诵经的对象而已。

中国佛寺的起源在许多历史文献中已经有了详细的记载。据北魏时期的《洛阳伽蓝记》《魏书·释老志》和南北朝时期《弘明记》中所载，汉明帝夜梦金人"其名曰佛"之后，于东汉永平七年（64）派蔡、秦景、王遵等人出使天竺（印度）求佛法，至永平十年（67）迎了天竺高僧迦叶摩腾和竺法兰，并用白马驮负佛经回到洛阳。这就是中国佛教史上的"永平求法"。从此，中国才正式有佛教的传播。当迦叶摩腾和竺法兰这两位印度高僧来到洛阳之后，汉明帝非常尊崇他们，特地把他们安排在鸿胪寺里居住。"寺"这个字是中国古代官署名称，仅次于帝王宫殿，鸿胪寺是一个专门接待贵宾的地方。为了传播佛教，于永平十一年（68）在洛阳雍门外修建专门传教和居处的建筑完工之后，为了表示尊重，就取名为寺。由于佛经是由白马驮来，所以用白马为寺名，以为纪念。从此，中国开始有了第一座佛教寺院——洛阳白马寺。

岫云观

岫云观原为明嘉靖十八年（1539）建成的嘉靖帝行宫，被称为良乡行宫。岫云观位于北京市房山区琉璃河镇琉璃河北岸，是明朝在京南地区唯一的行宫，是研究明代建筑工艺的实物资料。

行宫建成时规模宏大，占地近百亩。行宫坐北朝南，中轴线主宫殿群为五进规制，东有侧院，西有御花园，后有菜圃。四周有高大的宫墙。最前端是一个小广场，东西两侧各有一座高大的宫门，呈城楼状。这些建筑目前大多无存。

小广场正南有戏楼一座，北面为内宫门，左右门房各三间。进内宫门是一座木牌楼，北有正殿三间，东西配殿五间。其后有正殿三间，两侧有便门通向后边的院子，院子正北有凉亭一座，两侧接回廊。凉亭以北、院两侧有东西配殿各三间，正殿为皋殿，此殿略成方形，十分宏敞，面阔三间长15.43米，进深三间。重檐庑殿顶，筒瓦调大脊，有吻兽，前檐为旋子彩绘。皋殿两山东西配殿各五间。最后是一座二层楼阁式宫殿。行宫建成后，嘉靖皇帝曾多次来这里驻跸。

明朝灭亡之后，此处一度被改为佛寺，名为恩惠寺，各大殿都供奉佛像。清末庚子之乱的时候，八国联军入侵北京，寺院被战火烧毁。

清宣统三年（1911），太监李乐宾在明代行宫的基础上重建，改为道观，即现在的岫云观。清朝灭亡后，大量从宫里出来的太监流落到此，将这里作为暂时的栖身之所。故当地百姓也将这里称为老公庙。

新中国成立后，这里被改建为琉璃河中学。2004年，当地政府对岫云观进行了修缮，恢复皋殿室内地面的方砖和室外的青白石台阶，恢复五

琉璃河中学大门

进殿的传统楼梯，同时清理周围的不和谐建筑。今天的岫云观与美丽的校园融为一体，展现出别样的味道。

2003年12月11日，岫云观被北京市人民政府公布为北京市第七批市级文物保护单位。

皋殿

二层楼阁宫殿

皋殿后抱厦

 知识链接 　　　**清代行宫**

　　行宫是京城以外供皇帝出巡时居住的场所。清代行宫分布范围广，所处环境优美，规制整齐，保卫严密，有的在清代历史上起过特殊的作用。

　　清代行宫的分布和兴建与皇帝出巡的路线密切相关。清代皇帝出巡的路线主要有以下几条。

　　一是从京师（今北京）到木兰围场（今河北省围场满族蒙古族自治县）的北狩路线。康熙帝为了训练军队，抚绥蒙古族等少数民族上层人士，实行围班制度，在清康熙二十年（1681）四月北巡期间，以喀喇沁、敖汉、翁牛特等蒙古王公敬献牧场的名义，设置了木兰围场。围场建成后，在康熙朝和乾隆朝，皇帝几乎每年都在此举行秋狝（秋季打猎）大典，所以开始在路途上风景优美、水源丰富、适合留宿的地方建造行宫。北狩路线上的行宫，以古北口为界，分关内和关外两段。关内行宫有蔺沟、汤山、三家店、怀柔、鞏华山、南石槽、密云、遥亭、石匣城、白龙潭、羊山、河漕、南天门。关外行宫有巴克什营、两间房、常山峪、鞍子岭、王家营、桦榆沟、兰旗营、钓鱼台、黄土坎、唐三营、喀喇河屯、热河（即承德避暑山庄）、汤泉、二沟、中关、什巴尔台、波罗河屯、张三营、济尔哈朗图、阿穆呼朗图。以上行宫总计33座。

　　二是从京师到江南的南巡路线。从康熙二十三年（1684）到乾隆四十九年（1784）间，康熙帝和乾隆帝各有六次南巡，目的是阅视河工、省方问俗、阅兵察吏、加恩士绅，以及欣赏沿途和江南的名胜古迹。南巡路线上的行宫在江南境内的有顺河集、陈家庄、天宁寺、高旻寺、钱家港、苏州府、虎邱、龙潭、栖霞、江宁、杭州府、西湖等，总计12座。

　　三是从京师到盛京（今沈阳）的东巡路线。清帝东巡指的是康熙帝（三次）、乾隆帝（四次）、嘉庆帝（二次）、道光帝（一次）到东北拜谒祖陵——永陵、福陵和昭陵，以及其间的各种活动。东巡路线上的行宫前半段基本上是北狩路线上的行宫，只是离开木兰围场之后，行进在内蒙古地区时，皇帝有时驻跸科尔沁和硕纯禧公主的府邸。如果从山海关走，有夷齐庙、文殊庵、达鲁万祥寺、塔子沟北、广慧寺、盛京旧宫、广宁、夏园、吉林城等行宫，总计9座。

四是从京师到山西五台山的西巡路线。清帝西巡是指康熙帝（五次）、乾隆帝（六次）、嘉庆帝（一次）到山西五台山的礼佛活动。到乾隆帝时，西巡路线上建有端村、圆头、赵北口、黄新庄、半壁店、秋澜村、梁格庄、正定府、定州、保定府、涿州、台麓寺、菩萨顶、灵南寺、众春园、白云寺、灵雨寺、柘岫云寺、大教场、法华村、东北溪等行宫21座。

五是从京师到山东、河南的鲁豫行路线。康熙帝和乾隆帝除南巡经过山东外，还曾专门从京师前往山东祭祀泰山和孔子。从京师到泰山、曲阜的路线，在直隶、山东境内和清帝南巡的路线相同。在直隶境内的行宫有思贤村、太平庄、红杏园、绛河，总计4座。在山东境内的行宫有德州、晏子祠、灵岩、岱顶、岱庙、四贤祠、古洋池、泉林、万松山、郑子花园、分水口，总计11座。乾隆帝曾出巡河南一次。从京城到河南的行宫，在直隶境内的有保定、高玉堡、众春园、正定、吕仙祠，在河南境内的有百泉、少林寺，以上总计7座。

六是京畿行路线。该路线包括从京师前往直隶遵化州（今河北省遵化市）的东陵，前往易州（今易县）的西陵，以及去南苑行围，到天津阅河，往盘山览胜。从京师前往东陵路线上的行宫有燕（烟）郊、白涧、桃花寺、隆福寺，共4座。前往西陵的行宫有黄新庄、半壁店、秋澜村、梁格庄，也是4座。南苑有旧衙门、南宫、新衙门、团河4座行宫。前往天津的行宫有涿州、紫泉、

赵北口、泰堡庄、左格庄、台头、扬芬港、柳墅、洛图庄、桐柏村，总计10座。盘山有行宫1座，即静寄山庄。京畿行路线上的行宫总计23座。

综上，除去西行路线上和京畿行、河南行重叠的8座行宫外，清代全国存在过的行宫总数是112座。

清代行宫修建的时间，北狩路线上的多在康熙、乾隆年间，只有羊山行宫建于道光年间。南巡路线上的行宫在康熙朝已开始修建，到乾隆朝时呈现高潮，多修建在乾隆十三年至二十七年间。东巡、西巡、鲁豫行、京畿行路线上的行宫，除南苑有的行宫兴建在明朝外，其余的行宫也多修建于康熙、乾隆年间。

清代兴建行宫的费用来源有三种情况。一是由国家出资，比如热河行宫、盘山行宫等。这些行宫规模大，修建周期长，费时费力，费用基本上由国家承担。二是由地方官向各方面筹措，国家也承担一部分，比如五台山台麓寺行宫和菩萨顶行宫。三是全部由商人出资，比如江南的杭州府行宫、西湖行宫等。

清代行宫环境优美，景色秀丽，水源丰富。比如北狩路线上的三家店行宫，潮白河蜿蜒而过，景色极为清幽。怀柔行宫杨柳轻风，千畦扑香，郊原浓露，景色绝佳。罄髻山行宫岩苍树古，意境幽远。南石槽行宫地势平衍，空旷辽阔，令人心情舒畅。密云行宫秋天金风玉露，蛩声不断，别有一番情趣。遥亭行宫轩窗无俗韵，风物极新秋，寥廓澄虚宇，威纤露远峦，一川景物斗斜阳，平野风寒吹稻黍，看上去别有异趣。南天门行宫松柏青翠，风景优美，令人赏心悦目。巴克什营行宫金秋时节，果实累累，清香袭人，尤其是站在宫门的高台上，远望南山上的猎场，只见麋鹿

成群，悠闲自在，别有风光。南巡路线上的虎邱行宫，两岸劈分，中有剑池，石泉清冷，还有千人石、说法台等景点。龙潭行宫背依大江，树木葱茏，岩峦苍翠。栖霞行宫秀石嵯峨，茂林蒙密。西湖行宫群山环拱，万堞平连，西湖全景一览无余。东巡路线上的夷齐庙行宫，面临滦河，一望弥漫。文殊庵行宫地势平坦，视野开阔。夏园行宫四面环山，两面临水，充满文雅之气。直隶境内的红杏园行宫以环植红杏数百株而得名，别有风味。绛河行宫斜抱村墟，环罨烟树，澄虚月影风光，景色十分优美。山东省境内的德州行宫，平原开阔，树木丛茂。灵岩行宫山色溪光，别有情趣。泉林行宫有泉数十，互相灌输，合而成流，气象万千。万松山行宫松柏成林，苍翠一片。河南省境内的百泉行宫在百泉湖畔，湖水四季碧绿，清冽纯净，湖周古柏参天，绿柳婆娑，景色如画。

清代行宫的规制，一般都分为两部分，即宫殿区和苑景区。宫殿区又分左、中、右三路。以山东德州行宫为例，左路是朝房、军机房、四明亭、内值事房；右路是朝房、膳房、值事房、垂花门、照房；中路是照壁、大宫门、二宫门、便殿、垂花门、寝殿、佛堂。规模小一点的行宫，宫殿区一般也都由东、西、中三座院落组成，并建有亭、台、楼、阁，中有回廊相连。苑景区或是树林中麋鹿成群，百鸟争鸣，湖水碧波粼粼；或是亭、台、轩、阁掩映在榆柳松柏之间。

清代行宫的环境和规制多能完美地结合在一起，比如喀喇河屯行宫，位于滦河与伊逊河交汇处的南岸，川谷宽敞，气候温和，土地肥沃，宜于耕牧。宫殿区有三组庭院，即东、西、中三宫。三宫的后院是小花园，园中假山错落嶙峋，松柏苍翠，芳草如茵。在宫殿区的西、北两侧是广阔的苑景区，地势辽阔，滦河从中缓缓流过。苑景区的西边是滦阳别墅，建筑在两个山包之间的坡台上，是园中之园，有假山、石峰、奇花、异草，分布自然，极有情趣。又如热河行宫，是塞外规模最大的行宫。这里有林木茂密的山峦，幽静深邃的峡谷，形态奇异的怪石，蜿蜒回环的河水。山庄周围环绕着虎皮石墙，绵延起伏，宛如游龙，总长约20里。山庄南向，宫殿区在整个山庄的南部，由正宫、松鹤斋、万壑松风和东宫四部分组成。苑景区则包括湖区、平原区和山区三部分，又都别具特色。再如江南盐商修建的高旻寺行宫，有前、中、后三殿，包括茶膳房、西配房、画房、西套房、桥亭、戏台、看戏厅、闸口亭、亭廊房、歇山楼、石板房、箭厅、丸子亭、卧碑亭、歇山门、右朝房、垂花门、后照房等，亭台楼阁几百间。行宫内部布置得富丽堂皇，陈设古玩珍宝、花木竹石、书籍、字画、瓷器、香炉、挂屏等，乾隆帝起居、听政、游乐等各种设施一应俱全。

清代行宫在皇帝驻跸时，负责保卫工作的是銮仪卫的官员銮仪使，内容包括随扈保驾、行宫守卫、戒备等。参加保卫工作的还有前锋营、护军营、侍卫处、步军营、骁骑营等机构的官员。没有皇帝驻跸的行宫，日常的保卫工作由所设的总管各官专司稽查，又有内外围千把外委兵丁巡逻看守，防范严密。此外，各处行宫内围，还有内务府千把兵丁守卫。规模比较小的行宫，比如北狩路线上的蔺沟行宫内围，则没有内务府弁兵，只有绿营外委1名，兵23名，在外围看守巡查。

清代行宫的作用，主要是保证皇帝出巡的顺

利和衣食起居的舒适，以及保障政务的及时处理。不过，有的行宫，比如热河行宫，在清朝历史上则起过特殊的作用。

广阳城遗址

广阳城遗址是汉代广阳城的建筑遗迹，位于北京市房山区长阳镇北广阳城村。该遗址对了解汉代幽燕地区的社会生活和政治经济发展情况具有重要价值。

根据广阳城遗址发掘的蚌屑红陶、泥质绳纹灰陶残片等文物判定，广阳城始建于战国末期至西汉初年。《汉书·地理志》有记载："高帝燕国，昭帝元凤元年为广阳郡，宣帝本始元年更为国。"根据这些史料记述，我们可以判定广阳曾是西汉封国燕国治下的一个县。

从汉代至唐朝，广阳城处于繁盛时期，环境宜居，人口众多，是蓟城通往南方的必经之地。

广阳城遗址

此后城池废弃，湮没在历史的尘埃中。

广阳城遗址于1962年被发现，1995—2018年陆续进行考古发掘。城址呈方形，长、宽约670米。西墙北段残存一段长40米、高4米的城墙。城墙四面各辟城门，内有"十"字形道路连接，发现水井、瓮棺、灰坑、窑址等古代遗迹。西城墙南段和南城墙西段外侧发现护城河遗迹，全长310米，深6—8米。

2021年8月28日，广阳城遗址被北京市人民政府公布为北京市第九批市级文物保护单位。

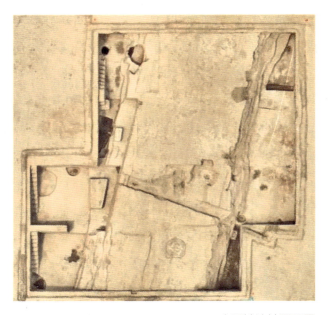
广阳城遗址平面图

燕国作为西汉诸侯国的国号，因为政治原因反复出现在西汉历史中，反映了当时西汉政治格局的云谲波诡。

西汉刚建立时，卢绾因军功被汉高祖刘邦封为异姓诸侯王，封国就是燕国。汉高祖十一年（前196），卢绾联合代国陈豨叛逃匈奴。于是汉高祖封自己的儿子刘建为燕王，汉吕后七年（前181），刘建死，未留下后代，燕国国除。

吕后八年（前180），封自己的侄孙吕通为燕王，吕氏一族权倾朝野。吕后死后，刘氏宗族与朝中大臣发动政变，一举荡平朝中诸吕势力，燕王吕通被杀。

汉文帝继位后，徙琅琊王刘泽为燕王，刘泽死后其子刘嘉继位，刘嘉死后其子刘定国继位，刘定国为人放浪，败坏人伦，最后畏罪自杀。燕国国除，改为燕郡。

汉武帝元狩六年（前117），汉武帝封自己的儿子刘旦为燕王。元凤元年（前80），刘旦因谋反自绞死，燕国再次被除，改为广阳郡。

唐幽州卢龙节度使刘济墓

唐幽州卢龙节度使刘济墓是唐幽州卢龙节度使刘济及夫人合葬墓，位于北京市房山区长沟镇坟庄村西北1.2千米处。它是北京地区现存规模最大、等级最高的唐墓，也是北京地区第一个格局得以完整保存的唐代节度使墓葬。

2011年，在房山区长沟镇北京文化硅谷建设过程中刘济墓被发现，2012—2013年，经国家文物局批准，北京市文物研究所开始对墓葬进行发掘，同时开始相关的文物保护工作。

墓葬坐北朝南，全长为34米，由墓道、墓门、前庭、前甬道、耳室、壁龛、主室、侧室、后甬道及后室等10个部分组成。

整座墓葬的最南端是墓道，全长为11.5米。墓道东西两侧墙壁从上到下呈向外扩张的状态。斜坡底面正中间的位置有一道纵向的凹槽，这是棺椁及墓志入葬时，起支撑作用的硬木受到压迫而留下来的痕迹。墓道两侧墙壁壁面采用灰泥地仗，上面又涂抹了白灰，墙面上有刘济及其夫人下葬时绘制的精美壁画。壁画总共分为两层，其中底层是刘济下葬时所绘，上层则是其夫人下葬时所绘。墓道填埋时采用了夯筑的方式，层次非常分明。

由墓道向北走去，其最北端就是墓门。墓门用青砖砌筑，上面覆以白灰墙面，然后又进行彩绘装饰。墓门与墓道连接处有封门，封门砖残存三层。墓门向内与前庭相连，其砖墙立面为仿木结构。

从墓门向内是前庭，前庭的中间位置放着刘济夫人张氏的墓志，北侧有一道隔墙，其两边分别为耳室和壁龛。

从前庭向北即进入前甬道。甬道进深5.2米，宽2.4米。甬道两侧墙壁都用灰泥涂抹，又覆以白灰，上面绘制着精美的壁画。甬道内放置着刘济墓志，两侧分布有耳室和壁龛。东侧耳室整个平面呈弧方形底部四角接近方角，砖室结构。耳室门进深1.6米，宽1.1米。耳室内部南北长2.3米，东西宽2.1米，墙体整个用白灰抹面，上面绘制壁画。与前庭相连处做两级踏步，用砖砌出两侧垂带。西侧耳室整个平面接近弧方形，底部略带有圆弧，砖室结构。耳室门进深1.2米，宽1.2米，

刘济墓实景

壁画

主墓室

耳室内部南北长2.3米，东西宽2米，墙体整个用白灰抹面，绘制精美壁画。与前庭连接处做两级踏步，用砖砌出两侧垂带。东壁龛位于前甬道东侧南部，即耳室的南部，整个平面接近长方形，上部已经被损毁。壁龛进深0.6米，宽1.2米，白灰泥墙面，底部残存有莲花座的彩绘图案。西壁龛位于前甬道西侧南部，平面接近长方形，进深0.65米，宽1.3米，白灰泥墙面，底部绘制有彩色莲花座图案。

走过前甬道即到达主室门。门槛、门砧及立柱均为石质。其中门槛长1.8米，宽0.15米，高0.31米。立柱高约2.42米，两端均有凸出来的卯，柱身线刻着精美的卷叶牡丹花纹。

走过主室门即进入主室。主室由长方形的青砖筑成，整个平面接近方形，南北8米，东西7.6米。主室墙面涂抹着厚厚的白灰，上面绘制着黑、红等多种颜色的壁画，其主要内容就是乐舞。主室东西两侧各有一室，北侧通过甬道与后室相连。在主室北部的中央放置着一张由很多石条拼合砌筑的石棺床，床平面呈梯形，南端宽，北端窄，原本床上放着石椁木棺，如今已经被毁掉。

在主室的东南侧有一盏石质的长明灯。另外主室还各有一尊通体彩绘的石质文官俑和武官俑。东侧室位于主室的东南部，通过甬道与主室连接起来。东侧室的平面接近方形，底部稍带圆弧。室门进深1.1米，宽1.4米。东侧室白灰墙面，上面绘制着壁画。西侧室位于主室的西南部，与东侧室相对，也通过甬道与主室相连。西侧室平面接近弧方形，底部稍弧形。室门进深1.1米，宽1.4米。西侧室内部南北3.1米，东西2.6米，白灰墙面，并绘制壁画，侧室南部已经遭到破坏。

主室的北侧即后甬道，它与后室相连。后甬道的南端位于主室北侧墙壁下方中间稍微偏东的位置，北端位于后室南侧墙壁东侧的下方，由此可进入后室。后甬道平面呈长方形，长2.9米，宽1.5米，后甬道南端口两侧各有一个汉白玉石质门

刘济夫人墓志盖

石棺床

彩绘文官俑　　　　　　　　　　　彩绘武官俑

柱墩，柱墩上有汉白玉石门柱，柱身雕刻着缠枝牡丹纹图案。

从后甬道向北走去，即进入后室，这也是整个墓葬的最北端。后室也用青砖筑成，整个平面接近弧方形，南北3.6米，东西3.7米，白灰墙面，墙上绘制壁画。

刘济墓葬中的随葬品非常多，质地和种类各不相同，在甬道、耳室、侧室、主室及后室随处可见，主要有玉、石、铜、铁、陶、瓷、琥珀、松石、彩绘、壁画等。

石质文物有唐幽州卢龙节度使刘济墓志、刘济夫人张氏墓志、石构件、石棺床、石俑等。刘济墓志志盖为盝顶式，顶面为0.52米×0.53米，底边残长0.96米×1.35米，厚度为0.4米，盖顶部阴刻篆书文字"唐故幽州卢龙节度观察等使中书令赠太师刘公墓志之铭"，24字共分为6行。志盖用阴刻文吏怀抱十二生肖形象进行装饰，四角则是牡丹花图案，同样也为阴刻。长方形志石与志盖紧紧地扣在一起，长1.51米，宽1.42米，厚0.22米。四边立面阴刻卷叶牡丹纹样。志石正面书写着47行楷书墓志文，共1543字。

刘济夫人墓志志盖同样为盝顶式，顶面为0.82米×0.82米，底边长1.63米×1.63米，厚0.12米。顶面正中阴刻篆书文字"唐故蓟国太夫人赠燕国太夫人清河御夫人祔志铭"，21字共分为5行。志盖装饰精美，四刹用浮雕装饰，图案为文吏怀抱十二生肖，中间又夹有牡丹花图案。这些浮雕制作技艺精湛，现实雕出物象，然后根据结构再着色，色泽饱满，颜色搭配恰到好处。志石为正方形，边长1.62米，厚0.22米。四边立面阴刻卷叶牡丹花纹。志石正面书写着46行楷书墓志文，共1438字。墓葬中彩绘的文官、武官石俑保存完整，石俑表情生动逼真，线条流畅，衣帽刻画细致，是非常难得的石雕精品。另外，石质文物还有墓前的石虎等。

陶瓷文物有白釉唾盂、白釉瓷碗等。其中唾盂造型端正，通体白釉，釉质光滑，胎细腻坚硬。玉质文物有万字纹玉饰件、白玉花卉纹饰件。另外墓葬中出土的还有琥珀、玻璃、绿松石、铁甲片、铜甲片、古钱币等。

壁画文物是唐幽州卢龙节度使刘济墓最显著的特点。墓葬出土的壁画数量多，面积大，内容丰富。它分布在墓葬中的各个位置，通过家居生活、乐舞表演、动植物、侍女等图案，展示当时社会的风俗人情、服装特色以及娱乐特点等，无论历史价值还是社会价值都非常高，给北京地区研究唐代社会生活提供了重要的实物资料。

刘济墓志

2021年8月28日，唐幽州卢龙节度使刘济墓被北京市人民政府公布为北京市第九批市级文物保护单位。

 知识链接　　**唐幽州卢龙节度使刘济**

刘济（757—810），字济之，幽州昌平（今北京昌平）人，在唐代中期任藩镇将领，父亲刘怦曾任幽州卢龙节度使。刘济年幼时聪明伶俐，深得父亲的喜爱。

长大后，刘济游学长安，考中了进士，被朝廷任命为范阳令。兴元元年（784）又担任莫州刺史。父亲刘怦病逝之后，刘济出任节度使。当时边境忧患，刘济屡屡率军出击，击退滋扰生事的外族，深得唐德宗的喜爱，不断加官晋爵。唐宪宗即位之后，刘济又率兵讨伐王承宗。

刘济镇守卢龙20余年，深得军心。他在任时统辖范围非常广泛，包括如今的北京全境、河北北部、天津大部以及辽宁西部地区，是唐代河北三镇中实力最强的藩镇。刘济信仰佛教，曾出资在云居寺刻石经500余卷，成为宝贵的历史文化遗产。刘济夫人张氏也跟着刘济享受到了极大的荣耀，她先后被封为蓟国夫人、蓟国太夫人、燕国太夫人。

然而刘济诸子不和，其长子刘绲任副大使，次子刘总任瀛州刺史兼行营都知兵马使。刘济生病之后，次子刘总开始与判官唐弘实、孔目官成国宝等人密谋篡位，他屡屡派人散布谣言，动摇军心，生病中的刘济勃然大怒，将主兵大将数十人诛杀，又命令长子刘绲立刻返回行营。心中气愤的刘济终日不思饮食，后口渴想要喝水，其次子刘总趁机投毒，将刘济毒死。之后，刘总又假借父亲刘济的命令，杖杀了刘绲，将所有的军权都揽到自己手中。

刘济去世时54岁，唐宪宗念及他劳苦功高，追赠他为太师，为表对其尊重，特废朝三日，加刘济的谥号为庄武。

庄亲王园寝

庄亲王园寝是清代八大"铁帽子王"之一的庄亲王家族墓，位于北京市房山区河北镇磁家务村，是少见的清代亲王家族墓地，是研究清代亲王园寝制度的重要实例。园寝现存文物具有很高的艺术价值。

庄亲王园寝规模宏大，具体划分为8处园寝，即前陵、后陵、西陵、小西衙门、小新陵、松树圈、姑娘坟、大立峪。前陵埋葬着第一代和硕庄亲王硕塞，后陵埋葬着博果铎，西陵埋葬着允禄，小西衙门埋葬着弘普、永瑺、绵课，小新陵埋葬着绵护、绵哗、奕仁，松树圈埋葬着奕镈、载功，大立峪埋葬着载勋，姑娘坟墓主身份尚不明确。

该遗址现存地宫4座、房址8处、墙址14处、灶址2处，由南向北分别由碑亭、茶饭房、宫门、享殿、地宫及周围园墙组成。

有史料记载，曾经的庄亲王园寝气势恢宏，坟圈内有上千株松柏，坟圈外还有核桃树和柿子树，从山顶上向下望去，绿树成荫，格外壮观。曾经有赵家等几十户人家在这里照看墓地，每年清明和中元祭奠祖先时，他们就会打扫园寝，准备猪羊、酒席，迎接前来祭扫的府中人。1927年，为了换钱，庄亲王溥绪砍掉了园寝中的一部分树木。第二年，东北军第1军司令于学忠来到磁家务，其父搬走了遗址中的驮龙碑和其他石料。1955年，大安山矿和东区矿要在遗址东部建家属区，于是将后陵拆除。1974年，房山县水泥二厂兴建楼房，将遗址上的建筑物拆除。经过历史变迁，庄亲王园寝大部分建筑已经消失不见。

庄亲王园寝石坊

经过2017年的考古发掘，考古人员发现了庄亲王家族园寝群，于是将原本的文物保护单位面积扩大，也将原本的"庄亲王墓石牌坊"更名为"庄亲王园寝"。自此，该遗址幸存下来的建筑物得到了文物认定和保护。

庄亲王园寝是到目前为止考古发掘出的唯一一组清代亲王家族园寝，因此具有非常重要的意义。它的整体格局相对保存完整，是清代亲王园寝的典型代表，为研究清代亲王园寝制度提供了确切的实物资料。

牌坊上的桃形火焰宝珠

2021年8月28日，庄亲王园寝被北京市人民政府公布为北京市第九批市级文物保护单位。

知识链接 　　和硕庄亲王硕塞

和硕庄亲王硕塞是皇太极第五子，生于天聪二年（1628）十二月二十四日亥时，其生母为侧妃叶赫那拉氏。清顺治元年（1644）十月，硕塞被封为多罗承泽郡王。顺治八年（1651）二月，晋和硕亲王，负责管理兵部。顺治十一年（1654）十二月初五寅时薨逝。

和硕庄亲王是清代铁帽子王之一。清代共有12位铁帽子王，他们爵位世袭罔替，比一般的亲王享有更优厚的待遇和特权。其中8位是清朝开国之初立下战功的皇亲宗室，即和硕礼亲王代善、和硕郑亲王济尔哈朗、和硕睿亲王多尔衮、和硕豫亲王多铎、和硕肃亲王豪格、和硕庄亲王硕塞、多罗克勤郡王岳托、多罗顺承郡王勒克德浑。另外4位属于恩封，在清朝中后期稳固江山中立下汗马功劳，即和硕怡亲王胤祥、和硕恭亲王奕䜣、和硕醇亲王奕譞、和硕庆亲王奕劻。

庄亲王一脉封旗相对较晚，顺治元年（1644）才封入镶红旗。硕塞共有四个儿子，长子博果铎继承了爵位，次子博翁果诺封惠郡王，第三子辅国将军鞯额布在孙辈绝嗣，第四子随哈早夭。庄王府邸位于北京市西城区太平仓胡同路北，其墓葬则集中在北京市房山区磁家务村。

北齐河清三年摩崖造像

北齐河清三年摩崖造像是一处以佛教人物为主题的摩崖石刻，位于北京市房山区迎风中路14号燕山公园内。

北齐河清三年摩崖造像于20世纪80年代中期被发现。造像镌于独立的花岗岩石上，外镌为龛形，龛内镌一佛二菩萨，佛像双足赤裸立于须弥座上，两侧协侍菩萨皆双手合十。主像及两协侍菩萨体态匀称，衣纹贴体，具有南北朝时期多见的笈多风格。

主尊佛像头部的右侧有两行题刻，第一行可辨为"河清三年"，第二行能辨认"石厂村……二区"等字。是目前北京地区发现有明确年代题记最早的摩崖造像，具有鲜明的时代特征与较高的艺术价值。

北齐河清三年摩崖造像

2021年8月28日，北齐河清三年摩崖造像被北京市人民政府公布为北京市第九批市级文物保护单位。

知识链接　北齐时期佛教的发展

北齐时期，因为统治者的支持，佛教在这一时期取得了长足的发展。河清三年摩崖造像即这一时期的产物。

这一时期，在对佛教的支持上，北齐除了摩崖造像外，还组织工匠修建了大量的石窟，如北响堂山石窟、南响堂山石窟与中皇山石窟都是这一时期的杰出代表。

这一时期佛经的翻译也达到一个高峰，当时的高僧慧远和那连提黎耶舍便是译经师中的杰出代表。他们在北齐统治者们的支持之下翻译多部佛教经典，大弘佛法。

北齐时期寺庙的僧尼数量也得到大量增加，仅皇家立寺的数量就高达43所，高僧大德辈出，名寺古刹林立。北齐政府每年拿出财政收入的三分之一供养僧尼。

北齐统治者针对佛教创立了僧官制度，这对我国后世对佛教的管理提供了很好的范本。

北齐对佛教的支持，在让佛教获得发展的同时也通过佛教的理念巩固了自己的统治，佛教在这一时期达到了一个发展的高峰。

奕绘、顾太清庄园及园寝

奕绘、顾太清庄园及园寝初为清乾隆帝第五子永琪之孙奕绘贝勒和侧福晋、清代著名女词人顾太清的庄园，奕绘、顾太清死后改为园寝。位于北京市房山区青龙湖镇上万村。那里是太行山余脉，周围自然风景很好。清道光十四年（1834），奕绘很喜欢这里，用了5年时间将这里建成了庄园。

杨树关

清风阁

奕绘、顾太清庄园及园寝只有一道入口，那就是杨树关，四周都是群山和林木。奕绘、顾太清庄园及园寝坐西朝东，走进去是一座跨越山涧的石桥，然后是三间大门，门内是三间后来改为享殿的山堂，西面是霏云馆和清风阁。阁后是一座高台，高台上是奕绘贝勒、福晋妙华和侧福晋顾太清，以及他们的4个子孙的墓冢，对研究清代庄园和园寝建筑风格具有重要价值。

在清代现存的宗室别墅中，奕绘、顾太清庄园及园寝是唯一一座完整保留下来的建筑。

2021年8月28日，奕绘、顾太清庄园及园寝被北京市人民政府公布为北京市第九批市级文物保护单位。

知识链接　　　　奕绘和顾太清

奕绘是乾隆帝五阿哥永琪的孙子，顾太清是雍正时大学士鄂尔泰侄子鄂善的孙女西林春。清乾隆时期，"胡中藻诗狱"爆发，顾太清的祖父受到株连，顾太清家至此败落，但是顾太清自幼在家学浓厚的氛围中耳濡目染，逐渐成长为一位著名的才女。

顾太清的姑姑是奕绘的祖母，所以顾太清曾受过奕绘家的恩惠。也是在这样的过程中，两人开始"见人佯避，背人携手私语"。两人的感情在书信来往中与日俱增，奈何由于当时的朝廷制度使得这一对恋人难以结合。于是奕绘痛苦了几年，后来居然动用自己的所有权力，为西林春将身份改成了顾太清，自此顾太清成为奕绘的侧福晋，两人也算是修成正果。

两人都是爱诗之人，婚后更是诗词唱和，作出了很多佳作，被收录进《南谷樵唱》和《东海渔歌》中。奕绘过世后，顾太清被嫡长子赶出了家，从此她着实过了一段艰难的日子。后来奕绘和顾太清的长孙在嫡长子去世后承袭爵位，顾太清才得以返回了她曾经的家，但是此时的她早已是白发苍苍。

没有共产党就没有新中国纪念馆

《没有共产党就没有新中国》词曲创作地旧址

《没有共产党就没有新中国》这首歌由曹火星创作，它陪伴着人民军队一路走向抗日战争和解放战争的胜利，也一度陪着新中国走向繁荣富强，成为激励华夏儿女前进的红色歌曲。《没有共产党就没有新中国》词曲创作地旧址位于北京市房山区霞云岭乡堂上村，现在这里是著名的红色旅游区。

没有共产党就没有新中国纪念馆是一座很别致的建筑，它依山而建，颜色为灰白。走进纪念馆，在大厅中央的位置是一座雕塑，是手握冲锋号角的造型。左边是红色墙壁，上面用金色写着"我们因何而入党？我们为谁而奉献？"的大字。迎面

的墙壁上挂着一幅画框，里面镶嵌着一幅曲谱，上面的署名是"火星"。

接下来是《没有共产党就没有新中国》词曲创作的3个展厅，它们分别是"历史回响人民心声""深山里飞出不朽的歌""让心中的歌代代传唱"。这里有珍贵照片、绘画和雕塑800余件。

走出纪念馆，首先映入眼帘的是一组有关这首歌曲的铜像，然后一间灰色砖房，这里便是《没有共产党就没有新中国》词曲创作地旧址，是当年曹火星居住和工作的地方，屋里仅有一盘土炕，炕上是曹火星的遗物，它们分别是两个方桌、两盏油灯和一套折叠的衣物。就是这样的地方，《没有共产党就没有新中国》这首反映中国共产党领导人民抗战的歌曲被创作了出来。现在这里是全国爱国主义教育基地、北京爱国主义教育基地。

《没有共产党就没有新中国》词曲创作地旧址鸟瞰

《没有共产党就没有新中国》在此房间里创作

创作地内景

2021年8月28日,《没有共产党就没有新中国》词曲创作地旧址被北京市人民政府公布为北京市第九批市级文物保护单位。

知识链接　曹火星创作《没有共产党就没有新中国》

曹火星（1924—1999），原名曹峙，河北平山人，著名作曲家。主要代表作有《没有共产党就没有新中国》《我们的祖国到处是春天》《人民总理人民爱》《拥护共产党》《我愿》等。

在抗日战争时期，为了反"扫荡"，群众剧社化整为零深入群众中宣传抗日。曹火星所在的音乐队由晋察冀边区总部驻地阜平出发，到了现在房山区霞云岭乡堂上村。该村是京西南百花山脚下的一个深山小村，是抗日根据地。当时，蒋介石发表《中国之命运》一书，说什么"没有国民党就没有中国"。中国共产党随即发表了《评中国之命运》，针锋相对地提出"没有共产党就没有中国"。年轻的曹火星虽然参加抗日斗争时间不长，但抗日的烽火、战斗的硝烟，使他对祖国山河破碎的现状感触极深，对国民党的不抵抗政策充满激愤，对日本帝国主义有着刻骨的仇恨。他目睹了在中华民族生死存亡的关键时刻，在四亿同胞到了最危险的时候，中国共产党及所领导的八路军、新四军挺身而出，为了人民的幸福，为了民族的解放，不惜抛头颅、洒热血，挽救苦难的中国……针对蒋介石"没有国民党就没有中国"的谬论，一个鲜明的主题，在他脑海中升起。于是，他怀着对共产党的无比热爱和国恨家仇，蘸着血和泪，利用当地流行的一种叫"霸王鞭"的表演形式，用"没有共产党就没有中国"这句极具凝聚力和号召力的词语作为曲名，创作了激励全国人民在中国共产党领导下坚持抗战的著名歌曲《没有共产党就没有中国》。这样，经过那些会打"霸王鞭"的人一唱，马上就流传四方了。随着抗日战争和解放战争的胜利，这首饱含人民群众抗战激情，真实反映时代心声的歌曲唱遍了平西根据地，也唱遍了整个中国。

1949年初，曹火星随部队进入天津。这时，天津军管会转发了一份文件，通知部队进城后不要唱《没有共产党就没有中国》这首已经流传甚广的歌，通知大意：京津系新解放区，群众觉悟不高，此歌暂不唱。后来了解才知，有民主人士反映歌中"没有共产党就没有中国"的歌词不妥。因为没有共产党的时候早就已经有中国了，怎么能说"没有共产党就没有中国"呢？然而，群众却反映不能不唱这首歌。1950年，毛泽东同志又亲自在歌词中的"中国"前加了一个"新"字，从而更准确地反映出中国共产党的历史功绩。

窦店志愿军烈士陵园

窦店志愿军烈士陵园是安葬中国人民志愿军烈士的陵园，位于北京市房山区窦店镇后街村。该陵园占地面积3300平方米。陵园的南侧是墓区，这里安葬着23位中国人民志愿军烈士。

陵园中央是纪念碑，庄严而肃穆，昂然屹立在那里，上面镶嵌着13个大字，即"抗美援朝志愿军烈士永垂不朽"。纪念碑的背面是一则碑文，上面记载着中国人民志愿军的功绩。

陵园北侧是抗美援朝纪念馆，有抗美援朝主题教育展示，为我们展示了很多重要的史事资料，有志愿军烈士遗骸、志愿军的参战军服，还有抗美援朝军人牺牲证明书等。

1950—1955年，这里是救治朝鲜前线转运的志愿军伤员而成立志愿军后方野战医院，其中一些战士医治无效而牺牲，于是便安葬在这里，一共23名烈士在这里长眠。1984年3月，这里改建成为革命烈士陵园。2020年10月，这里设立纪念碑，原本的安息堂进行了改造，成为窦店抗美援朝纪念馆，用来缅怀革命英烈，弘扬革命精神。

陵园入口

烈士墓区

2021年8月28日，窦店志愿军烈士陵园被北京市人民政府公布为北京市第九批市级文物保护单位。

 知识链接　　**中国人民志愿军的组建**

1950年6月25日，朝鲜人民军在苏联的默许下向韩国进攻，历时3年的朝鲜战争爆发。

战争初期，朝鲜人民军势如破竹，打得韩国军队节节败退。7月7日，美国操纵下的联合国安理会通过第84号决议，决定派遣联合国军支援韩国抵御朝鲜的进攻。8月中旬，朝鲜人民军将韩

窦店志愿军烈士陵园纪念碑

军压缩至釜山一隅，攻占了韩国90%的土地。9月15日，美军在仁川登陆，开始大规模反攻，迅速将朝鲜人民军截为两段，给朝鲜人民军造成重大损失。

27日，美国总统杜鲁门宣布美军进入朝鲜半岛，海军第七舰队进入台湾海峡，阻碍中国人民解放军解放中国领土台湾。在严重威胁中国安全的情况下，28日，毛泽东主席发出号召："全国和全世界的人民团结起来，进行充分的准备，打败美帝国主义的任何挑衅。"美国无视中国的严正立场，向操纵下的联合国安理会提交并通过申请协助韩国的动议案，组成以道格拉斯·麦克阿瑟为总司令的"联合国军"。"联合国军"以美军为主，由美国、英国、加拿大、澳大利亚、新西兰、荷兰、法国、土耳其、泰国、菲律宾、希腊、比利时、哥伦比亚、埃塞俄比亚、南非、卢森堡16个国家的军队组成。

7月7日至10日，中华人民共和国中央人民政府人民革命军事委员会召开国防会议，做出《关于保卫东北边防的决定》。根据会议决定，于1950年7月13日组建东北边防军以确保中国东北边境的安全，以中国人民解放军第十三兵团为主，共25万余人。8月下旬，将中国人民解放军第九兵团和第十九兵团分别调至津浦线、陇海线等铁路沿线。

此时，美军飞机入侵中国领空并轰炸中国东北边境城镇。时任中央人民政府政务院总理兼外交部部长周恩来宣布："中国人民绝不能容忍外国的侵略，也不能听任帝国主义者对自己的邻人肆行侵略而置之不理。"

美国对中国政府的警告仍然置若罔闻，联合国军越过"三八线"，占领朝鲜首都平壤，并向鸭绿江进犯，严重威胁中国的安全。

1950年10月8日，中华人民共和国政府应朝鲜民主主义人民共和国政府的请求，决定出兵朝鲜，并将东北边防军改名为中国人民志愿军。10月17日，苏共中央总书记斯大林同意了政务院总理周恩来要求苏联方面提供空军掩护的请求。

"抗美援朝，保家卫国。"1950年10月19日，中国人民志愿军在司令员彭德怀的率领下，跨过鸭绿江，开赴朝鲜战场。

志愿军出国作战时，彭德怀担任司令员兼政治委员。邓华任副司令员兼副政治委员，洪学智、韩先楚任副司令员，解方任参谋长，杜平任政治部主任。在战争期间，陈赓、宋时轮、杨得志曾先后任副司令员，甘泗淇曾任副政治委员，李志民曾任政治部主任，李达曾任参谋长。朝鲜停战后，邓华曾任司令员兼政治委员，杨得志、杨勇曾先后任司令员，李志民、王平曾先后任政治委员，梁必业曾任副政治委员兼政治部主任，王蕴瑞曾任参谋长。志愿军入朝作战时，共有6个军。兵力最多时为19个军，连同由刘震任司令员的志愿军空军，以及炮兵、装甲兵、工程兵、铁道兵等部队，共134万余人。

良乡烈士陵园

良乡烈士陵园（原京原铁路建设牺牲烈士陵园），是为了纪念在京原铁路的修建过程中牺牲的烈士而修建的烈士陵园，位于北京市房山区拱辰街道东关村。

陵园坐西朝东，松柏成荫，气氛肃穆。1956年春，为修建京原铁路，中国人民解放军铁道兵

良乡烈士陵园纪念碑

第四师驻扎房山西南山区。部队官兵在荒山野岭中开山凿石，架桥修路，于1970年1月建成通车。施工中历经艰险，百余名战士先后奉献生命。为缅怀英烈，1970年铁道兵第四师修建陵园，隆重祭奠77名烈士和25名病故战士。1997年陵园扩建，占地达1.3万平方米。真实记录了新中国成立之初北京铁路建设的艰辛历程，并立碑为记。

烈士墓区

2021年8月28日，良乡烈士陵园被北京市人民政府公布为北京市第九批市级文物保护单位。

知识链接 京原铁路和《良乡烈士陵园碑记》

京原铁路是连接北京市与山西省原平市的国铁Ⅰ级客货共线单线铁路，线路呈东西走向，于20世纪60—70年代由中国人民解放军铁道兵部队修建的重要战备铁路，也是晋煤外运中路通道的重要组成部分。

京原铁路采用兴建新线与合并旧线的方式修筑，西段（原平至枣林段）于1958年10月提前修建，1960年10月铺轨完成并交付临时运营；东段（北京至枣林段）于1965年11月开工建设，于1971年10月30日铺轨完成；全线于1972年7月通过初步验收，与1972年12月31日正式交付北京铁路局接管使用。

京原铁路的建成，对加强首都战备，开发河北、山西两省山区，加速社会主义经济建设发挥了非常重要的作用。

《良乡烈士陵园碑记》："距良乡昊天塔东侧1千米，原有抗日战争、解放战争、社会主义建设事业中牺牲的烈士陵园一座。因年久失修，围墙坍塌，萋萋荒草，碑石隐没，景色枯凉。时逢改革开放之机遇，中共良乡地区工委、办事处及农工商总公司会同各单位仁人志士，决定募捐集资重修。新修复的烈士陵园坐西朝东，占地1.13公顷，中轴线依次为壁墙、大门口、仿古围墙、卧碑、主碑、烈士陵园，围墙内外松柏成荫，垂柳依依，陵园景观庄重、肃穆，烘托出一片浓浓的敬慕之情。昭昭日月，功绩卓著，世代铭记，辉耀千秋。一九九七年七月一日竣立。"

延庆区市级文物保护单位

詹天佑墓、碑、像

詹天佑是我国第一代铁路工程专家，1905—1909年主持修建了我国自行设计、自行施工的第一条铁路——京张铁路。詹天佑铜像立于1919年，其墓于1982年由北京市海淀区万泉庄迁葬于延庆区京张铁路青龙桥车站。

詹天佑铜像和民国大总统徐世昌颁给之碑

青龙桥火车站全景

京张铁路南口段至八达岭段，1905年9月开工修建，于1909年建成通车。包括南口火车站站房、南口机车车辆厂近现代建筑遗存、"人"字形铁路、青龙桥车站站房及职工宿舍和监工处、詹天佑墓及铜像等。南口火车站站房、南口机车车辆厂位于南口火车站，建于1906年。"人"字形铁路位于青龙桥车站附近，利用折返线原理来减小坡度。

青龙桥车站站房位于八达岭长城脚下，西为职工宿舍和监工处。詹天佑铜像位于青龙桥车站南侧，保护范围包括詹天佑铜像和大总统徐世昌颁给之碑，铜像后山坡上有詹天佑墓。

京张铁路是我国自行设计、施工、建设的第一条铁路，是我国早期的工业遗存，在我国铁路建设史上具有重要地位。

1984年5月24日，詹天佑墓、碑、像被北京市人民政府公布为北京市第三批市级文物保护单位；2013年5月3日，京张铁路南口段至八达岭段被国务院公布为第七批全国重点文物保护单位。

詹天佑墓

詹天佑（1861—1919）是我国近代科学技术的探路人，是伟大的爱国主义者，是我国的铁路工程专家、第一位铁路总工程师，有"中国铁路之父"和"中国近代工程之父"的美誉。

詹天佑主持修建的京张铁路，即北京至张家口段铁路，这条铁路全长201千米；是沟通华北和西北的交通要道，是一条充满高山深涧、悬崖峭壁以及陡坡的路段，其修建的艰难性可想而知。但是詹天佑没有在困难面前退缩，反而是迎难而上，他首次应用了"竖井开凿法"，采用了"人"字形线路，最终比原计划提早两年竣工，有力地回击了那些外国人的藐视。这是我国第一条自主设计建造的铁路。另外，他还带领主持修建了唐山铁路、滦河大桥、京津铁路和新易铁路等，都取得了不菲的成绩。

詹天佑是清政府第一批公派留洋的学生，他在求学期间勤勉学习，在工作后就就业业，他将自己的一生都奉献给了我国的交通事业，他用自己的智慧谱写着我国科学技术的辉煌。

1909年京张铁路落成后詹天佑（前排中）及其僚属

水关长城

水关长城是八达岭长城的东段部分，始建于明代，位于北京市延庆区八达岭镇石佛寺村附近。这段长城建于险谷口，自水门箭楼起长城呈"V"字形，顺应山势而行，如巨龙似鲲鹏展翅欲飞，箭楼即敌楼同时兼具水门功效，这种建筑方式在沿线长城中极为罕见，故名水关长城。

水关长城局部

水关长城地势险要，苍龙般起伏于崇山峻岭之间，穿行于悬崖峭壁之上，城堡相连，烽燧相望，双面箭垛，拒敌万千。水关长城东起"川字一号"敌楼，西至京张铁路，全长6.8千米，以奇、险、陡、坚著称。

长城关口地势内高外低，形成了一定坡度。平时关闭闸门蓄水，一旦有敌人进攻，打开位于水关箭楼西侧的闸门，洪水汹涌而出，冲击敌军。

箭楼高15.63米，平均宽度12米，城墙用青石条砖依山而筑，犹如一条巨龙在崇山峻岭间飞舞。

1984年5月24日，水关长城被北京市人民政府公布为北京市第三批市级文物保护单位；1961

水关长城闸门

水关长城箭楼

年3月4日，万里长城——八达岭被国务院公布为第一批全国重点文物保护单位。

 知识链接 **水关长城的金鱼池**

在弹琴峡隧道南口大概50米的路基下面曾有个水潭。水潭中有一尾大金鱼，没有人知道这尾大金鱼的来历，据说是天生地养的。

有一年，关沟大旱，眼看地里的庄稼就要旱死了，一个老人告诉他们，金鱼池是一个十分灵验的地方，你只需要去淘一淘金鱼池便会下雨，村民将信将疑地去淘了金鱼池，果然很快就下起了滂沱大雨，缓解了旱情。

天长日久，金鱼池的泉水断了，金鱼池也干

涸了，当然那尾大金鱼也不知道哪里去了。

20世纪80年代时，在金鱼池原址要有一条公路通过，鉴于金鱼池的传说，人们没有简单粗暴地将金鱼池填平，反而专门建了一个石龛，里面还建了一个方形池子，刻了额书"金鱼池"三个字。在施工的过程中，人们挖出了元代石刻和5尊"三世佛"，这些都被安置在了池子的前面。

到了20世纪90年代时，八达岭高速公路动工需要借用石佛寺沟的泉水，于是金鱼池就迁建在了如今水关长城的范围内。

古崖居遗址

古崖居遗址是由一支不见史志记载的古代先民在陡峭的岩壁上开凿的岩居洞穴，共有洞穴117个，是我国目前已发现的规模最大的崖居遗址，位于北京市延庆区张山营镇东门营村北海坨山的峡谷中。

1984年古崖居由延庆县文物管理所调查发现，并对遗址进行了调查研究及较为细致的实地调查。一般认为始建于唐代中期，为奚族居住的山寨。1991年7—8月北京市文物研究所和延庆县文物管理所共同对古崖居遗址进行了初步试掘，共清理洞窟9座。1997年3—7月两部门再次联合对古崖居遗址进行了实地勘察和试掘，并进行了测绘及重新编号，同时新发现了洞室7座。2003年1月至2005年10月底，开始对古崖居进行化学保护实验。2005年3月14日北京市人民政府拨款对古崖居进行抢险加固工程，2007年拨款对古崖居进行化学保护。

古崖居洞窟群开凿于10万平方米的崖壁之

古崖居遗址前山洞窟群

上，分前、中、后3个区域，当地人将其称为洞沟石窟，位于北京地区现保存下来的石室有120余座洞窟，洞室约20间，其中基本保存完好、形制可辨的洞窟85座，未开凿完的洞窟11座。

古崖居洞窟的类型主要有马厩、居室、储藏室、议事厅等，外形为方形或长方形。窟室分为单室、双室、三室、多室等，面积由三四平方米至20多平方米不等，窟室间设阶梯相互通连，通常山体最下层为马厩和储藏室，上层为居室。此外，在一些石室内遗留有火炕、灶坑、锅台、石窗、壁橱、烟道、气孔、石龛、马槽等设施，生活功能完备。

洞窟内储藏间

在通往洞窟群的山道上还开凿设置了两道寨门，并开凿了山寨门洞窟一座，拱券状，内有石炕、石灶，功能上类似今天的"门房"或"传达室"，使其成为一座完整的石窟居住村落。

奚王府洞窟位于整座洞窟群的前、后山之间，俗称官堂子，是古崖居遗址内规模最大、结构最复杂的洞窟，亦是其中心所在。洞窟分为上、下两层，共有窟室10座，每层左右对称分布，且各有其用途。洞窟下层为主窟室，平面呈"凸"字形，面阔最宽处达11米，进深8米，高3.6米，窟室前部设廊，由两根粗大的岩柱支撑洞顶（现岩

洞窟内生活设施

柱仅存基础）。在主窟室后部的中央是雕凿成的4根岩柱合围成的高台，推测应为当时祭祀所用的神龛。主窟室外的其余窟室内门、窗、炕、灶、马槽、烟道等一应俱全。

由于奚王府洞窟所处位置特殊，独自占据一个山头，其形制、规模、尺度皆较其他窟室高级，雕凿精细，故当时应为村落首领居住或民众聚会、议事之处。

综观整座古崖居的窟室，不仅窟室的造型、用途等方面形式多样，其开凿的窟室尺寸及布局

奚王府洞窟

后山洞窟群

奚王府洞窟内一景

古崖居水井

也是别具特色。

首先，古崖居窟室的构造尺度基本在1.7—1.8米，以现今的房屋构造尺度来看普遍偏低。同时，窟室内的火炕长度也多为1.6米左右。故似乎预示着洞窟的主人们平均身高在1.6米左右。

其次，古崖居的窟室均开凿于山体背阴处，坐东朝西，这在北方的较冷环境下是不合常理的。同时，各窟室内的火炕也分布不均，前山与后山存在较大差别。例如，前山窟室面积较大，火炕却极为稀少，而后山窟室内火炕、马厩等生活设施齐全。由此推断古崖居的窟室应为前防御、后生活的结构布局，分工明确。

古崖居洞窟规划严谨、构思巧妙，洞窟类型

及功能齐全，充分体现了古代先民高超的建造工艺和聪明才智，为研究该地区的历史以及当时人们的生产、生活状况提供了珍贵的实物资料。

1990年2月23日，古崖居遗址被北京市人民政府公布为北京市第四批市级文物保护单位；2013年5月3日，延庆古崖居被国务院公布为第七批全国重点文物保护单位。

 知识链接　**古崖居与神秘部族奚族**

古崖居崖洞有100余个，单从数量上来说，这不是零散的几个人可以完成的，显而易见，这是一个石窟村落，那么从规模上来说，这需要很多人来完成，于是在翻阅资料时，奚族这个神秘的部族进入我们的视线。

奚族的记载最早见于北魏时期，之后在《旧唐书》《资治通鉴》《旧唐书·室韦传》《东北历代疆域史》《室韦史研究》《额伦村族简史》当中均有记载。奚族究竟源于什么部族，史书中并不统一，有说是源自鲜卑的，也有说是源自匈奴的，更有说他们是夏人的后裔。

据考证，奚族是我国的一个古老的民族，主要生活在我国东北地区，曾经是一个十分强大的民族。奚族人善于造车，隋唐时期，他们在今西拉木伦河上游一带活跃，到了晚唐时期，在妫州（今延庆）一带有奚族人的活动踪迹。奚族人以游猎和畜牧为生，当然也会进行少量的种植。

12世纪初，正是辽国统治时期，女真首领完颜阿骨打起兵，奚族人是支持契丹人的，但是最终大势所趋，女真族最终获得政权，奚族人只得四逃。翻阅一些历史文献，可以发现奚族人在"北山"生活了大概30年，后来契丹发现了他们的行踪并强制性地让他们返回东北。他们生活过的这个地方就留下了这么多石屋，而奚族人后来被女真人同化，在金代以后便消失了踪影，再也没有他们一星半点的记载了。

时光流逝，终于有一天，山体表层坍塌，山崖石屋也重现世人面前。

玉皇庙山戎墓遗址

玉皇庙山戎墓遗址位于北京市延庆区张山营镇玉皇庙村东向阳的山坡上，距离北京城区大约74千米。为考察古代山戎族的生活年代、地理分布、墓葬制度、经济发展、社会结构以及古代兵器制作等提供了具体的实物资料和珍贵的科学依据，丰富了北京地区少数民族发展以及中原文化的研究内容。

玉皇庙山戎墓遗址共发掘墓葬200余座。这些墓葬均为长方形竖穴土坑墓。墓中最普遍的特点就是殉牲。被殉葬的动物主要有牛、羊、狗，其中狗占多数。无论墓主是男是女，是老是幼，都有殉狗的情况。殉牲并不是将牲畜整个埋入墓葬之中，而是将其杀死后，取头和腿，一般为一头一腿象征性地祭祀。通常情况下，人们会把牲畜的头放在腿的上面。而墓内的死者通常会用麻布遮盖住面部，这一点正是山戎族的葬俗特点之一。

古崖居遗址步道

玉皇庙山戎墓地

墓葬坑

山戎墓出土的青铜器

山戎墓出土的玛瑙珠、绿松石珠项链

　　墓葬中的陪葬品种类有很多，例如金器、青铜器、陶器、骨蚌器以及玛瑙、马、豹、虎等饰物，其中每一个种类又有很多类别，例如青铜器有工具、兵器、容器、饰品等。

　　1985年，北京文物工作者开始发掘玉皇庙山戎墓，之后又对延庆县内的古城村、葫芦沟山戎墓葬进行发掘，到1987年12月，共发掘墓葬500余座，包括各类极具特色的文物，这些遗址和文物为研究山戎族的生活起居、墓葬制度、社会结构、经济发展、兵器制作等提供了实物资料和科学的依据。例如从出土的陶器可知，山戎的陶文化有自己的特点，与中原地区和燕文化的陶器有着很大的差异，与东北辽西地区的陶器也明显不

同，山戎陶器大多为手工制作，火候也掌控不均，因此表现出粗糙、质地疏松的特点。另外从青铜器种类和形制的特点，也能清楚地看出山戎文化

山戎文化陈列馆

与中原文化、燕文化的交融。

1990年，玉皇庙山戎墓遗址被辟为山戎文化陈列馆。这个陈列馆属于社科类专题遗址博物馆，是国内第一座以古代少数民族文化命名的陈列馆。它以丰富的发掘成就向世人展示了春秋战国时期在燕山地区活跃的山戎族文化遗存。

1995年10月20日，玉皇庙山戎墓遗址被北京市人民政府公布为北京市第五批市级文物保护单位。

山戎族

山戎族是我国历史上一个古老的北方游牧民族，又称作北戎，是北方民族的一支。它在春秋战国时期势力比较强盛，主要活动在河北省北部、辽宁省西南部和内蒙古东南部等地区。

山戎族主要以林中狩猎和游牧为主。他们聪明伶俐，善骑射，好争斗。《春秋·庄公三十年》《汉书·匈奴传上》中都对这个民族有记载。他们以射猎禽兽为生，随畜牧而转移。范文澜先生的《中国通史》也曾对戎族进行描述：春秋时期，中国的少数民族统称为南蛮、北狄、东夷、西戎。戎族是少数民族的一支，不仅人口数量大，而且居住地区广，并逐渐从西方迁至东方和北方。戎族分支颇多，有大戎、小戎、陆浑之戎、九州之戎、骊戎、犬戎、扬拒、泉皋、伊雒之戎、姜戎、茅戎、北戎（又称山戎）等名称。山戎，即戎族的一支，也是由西方迁往北方居住的戎族。然而，随着历史变迁，山戎族也开始农耕，曾经栽种冬葱和戎菽，在塞北颇为出名。关于这一点，在清乾隆年间的《钦定热河志》中就有记载："戎菽又名胡豆，种出山戎，北土甚多，百谷之中最为先熟。"

因为势力强大，所以山戎族经常联合起来南下侵犯中原，成为燕、齐等国的边患，曾经多次与中原诸国发生大规模的战争。公元前664年，齐桓公率兵救燕国，对山戎族进行讨伐，灭掉了令支、孤竹山戎部旅，使其力量大大削弱。

到了战国末年，山戎势力日渐衰退，已经无力再与中原各国抗衡，于是山戎族的首领将这一民族完全解散，分别融入了蒙古、契丹等其他北方少数民族中，从那以后，山戎族彻底销声匿迹了。

尽管山戎族没有在历史的长河中生存下来，但却在中国古代农业文明、军事发展等方面留下了深刻的一笔。

岔道城

岔道城是北京通往西北的重要军事据点和驿站。位于北京市延庆区八达岭镇岔道村。紧邻八达岭长城，现保存尚好。

岔道城作为居庸关的前哨，为军事要地。据《居庸志略》云："八达岭为居庸之禁扼，岔道又为八达岭之藩篱。"形象地表明了岔道城战略地位的重要性。岔道城与八达岭长城互相守望。如若有敌人来犯八达岭，岔道城的守军可以对敌人拦腰一击，或者攻其队尾，使其首尾不能相顾；如若有敌人来攻打岔道城，八达岭的守军可以迅速出击，与岔道城内守军联手，内外夹击来犯之敌。故有古人评论其重要作用："守岔道，所以守八达岭；守八达岭，所以守居庸关；守居庸关，所以守京师。"

岔道城于明嘉靖三十年（1551）筑成，隆庆五年（1571）重新加固并在墙外包砖。呈不规则长方形，中间略鼓，两端略缩，北部城建在半山之上，边墙和墩台代替了城墙。整个城东西长449.5米，南北宽185米，全城总占地面积约8.3万平方米，设东、西两座城门；东城门额曰"岔东雄关"，西城门额曰"岔西雄关"，门额均为万历三年（1575）题款。

城墙高8.5米，由条石、城砖、石灰和夯土等筑成。城墙顶部墁砖，外高里低，排水槽朝向城里，这种设计非常巧妙，既不给来敌抛绳攀墙之机会，又可缓解北方少雨的旱情。城上设有垛口、瞭望孔，南城墙有烽火台两座。城中一条主街，路旁为店铺、民居。后西城门尚存，东城门仅存条石地基。现均已修复。

岔道城整体建筑工艺豪放、粗犷，坐落在风光秀丽的两山之间。每到秋季，满山色彩斑斓，秋风飒飒，素有延庆八景之一的"岔道秋风"的美誉。作为西北交通线上的重要军城和驿站，历史上经历了许多重要的战事，许多历史名人都曾从此经过，留下了许多优美的诗篇和故事。

自2002年以来，北京市政府出资对岔道城进行了大规模保护和修缮，如清理城墙根垃圾，对东、西城门和城墙等进行原址保护，整治街道、镇、村，复建城内的古衙署和驿站，从而使古城的旅游接待功能更趋完善。

岔道城城内建筑

修缮后的岔道城西门

修缮前的岔道城西门

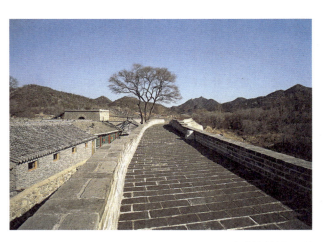

岔道城城墙马道

2001年7月12日，岔道城被北京市人民政府公布为北京市第六批市级文物保护单位。

八达岭关城

八达岭这一名称的由来曾有两种说法。一说是"把鞑岭"，因明朝的时候长城主要是防鞑靼，这里是防守鞑靼的重要口子，所以称为"把鞑岭"。另一说是由于这里南面通向南口、昌平、北京，北面通向延庆、永宁，西面通向沙城、宣化、张家口，道路从此四通八达，所以称为八达岭。这二说，应以后一说为是，因为远在元朝以前的金代就已经有八达岭的名称了。金代诗人刘迎就有《晚到八达岭下，达旦乃上》《出八达岭》的长诗。

八达岭这里两山夹峙，中通一径，在岭口之间有一小小关城，长城即从关城的南北两侧依山上筑。八达岭关城为一不规则的四方形，东西两面各有关门一座，东门题额曰"居庸外镇"，西门题额曰"北门锁钥"。历史文献上记载，关城是明弘治十八年（1505）修筑的。但从现在两个关门的匾额上的题记上看还晚了30多年。"居庸外镇"的匾额右上方有"巡按监察御使陈豪书"，左下方有"嘉靖己亥（1539）仲秋吉日立"的年月落款。这30多年都在修建八达岭一带的长城，长城工程浩大，不是短时间所能完成的。中华人民共和国成立前，"居庸外镇"的城台已残破不堪，匾额摇摇欲坠，1953年人民政府为了保护文物古迹，特拨款将该城关重新修复，"居庸外镇"的匾额也依样安回原位。

在"北门锁钥"的匾额上，标明年代更晚。匾上题："钦差总督蓟辽等处军务，兵部尚书都察院左副都御使山阴吴兊，巡按直隶监察御使新喻

敖鲲。万历拾年岁次壬午五月吉日立建。"万历十年为1582年，比弘治十八年的时间晚了近80年，说明近80年中八达岭长城都在陆续修建中。另外在居庸外镇城楼上，现在还保存有一块万历十年修居庸关八达岭长城、敌台的碑刻，说明八达岭这一带的长城是经过了将近100年的时间才修完的。碑文如下：

万历拾年驻防本镇左右部，修工起自□石，伍名关横南台至八字贰号台止，共修城墙长三十丈三尺，城墙高连垛口二丈五尺。自七月中起，至十月中止，计工三个月完，今将□员役开具于后。

钦差分守居庸关等处□副都指挥定州胡□□
钦差守备八达岭路等处副都指挥密云李凤志
中军百户眭宝刘宗录
把总百户徐钦、张自、陆文镖
管工头目赵淮、张文义
管烧灰头目诚启、谈名
窑匠头役王锐、杨二千
泥瓦匠头役□明、张举、李替、盖臣
万历拾年拾月吉日立

从这一碑刻中我们除得知修筑长城的情况外，还了解到八达岭明朝防守的情况。碑中有钦差守备八达岭路副都指挥的官衔，守备这一官职，均在长城重要关隘和其他重要军事据点上设立，受总兵指挥，并且能指挥附近的巡防人员。明朝把长城的重要地段分作"路"，作为军事管辖区"镇"的分支，往往管辖指挥它附近的十数个关口和驻兵地点。由于八达岭这里地形狭小，守备指挥衙门和粮秣、武器仓储等则设在八达岭口外的

岔道城内。当时守备所属有把总3员，巡捕1员，军丁788名，这些人员军丁都分守在附近的隘口、敌楼、长城之上。在武器、被服方面还配备有盔甲、虎皮帽、大刀、腰刀、藤牌、弓箭、大炮、连珠炮、子母炮、铅丸、火药以及燃烟举火的设备。

八达岭由于地形险阻，防守谨严，所以古时战争直接强攻取胜的不多，而都是绕道从南口前后夹击，夺取居庸关，攻破北京。明崇祯十七年（1644）三月，李自成领导的农民起义军攻下宣府之后，兵进居庸关，来到八达岭下，强攻多时不得下，于是便改变战略，分兵攻打防守较弱、地形次险的柳沟，绕出居庸之南，从南口夹攻居庸关而取胜的。

在长城的布局上，八达岭一带的长城仍属内长城，八达岭关城属于"内口"，在张家口、万全、赤城、阳高一线尚有一道长城。当时十一镇之一的宣府镇也设在八达岭以外的宣化，就在八达岭上我们还可以看见距离不远的地方又有一道重城和烟墩遗址，说明长城是重重设防的。

由于万里长城是我国古代遗留的伟大的建筑工程，也是闻名世界的古迹，因此文化部文物管理局早已将八达岭长城列为文物保护单位之一，新建的文物保管所便设在八达岭城内。八达岭是一个小小的城镇，面积只有5000多平方米，在公路的北面，为了招待国内外游人，除修建了几间房屋外，还在公路南坡的空地上利用天然石块布置成石桌、石凳，以供游人休息和野餐。如果将来能在八达岭附近种植各种花草树木，几年后，漫山遍野都是绿树红花，将会为这里增添更多的优美景色。

永宁天主教堂

永宁天主教堂是延庆地区唯一的一座天主教堂，位于北京市延庆区永宁镇阜民街，始建于清同治十二年（1873），1902年重建，是北京地区最偏远的天主教堂。

教堂坐北朝南，由正门、偏门、礼拜堂、配房等部分组成。正门面阔三间，灰色方砖壁柱分隔。明间为拱券门，灰砖砌筑，当中凸起弧形三角山花，顶部施以球形装饰，两侧连接女儿墙。其西侧另有一座西洋式拱券门，现已封堵。主堂平面呈南北向长方形，面阔13.5米，进深26.4米，巴西利卡式布局，总建筑面积750平方米，建筑造型为哥特式风格。

主堂南立面地上三层，一层入口为三间尖券

永宁天主教堂

主堂正门

西侧配房

门，两侧施以方砖壁柱装饰；二层明间为圆形玫瑰窗，两次间各为三间尖券窗；三层明间为三角山花，中绘基督教徽记，两次间为钟楼，顶部为女儿墙、三角山花、十字架。堂内北墙悬挂耶稣圣像，南为祭台及数排长凳，四周壁挂耶稣生平事迹图画。

主堂西侧有两排配房，干槎瓦屋面，封火山墙，拱券门窗。主堂南侧有四角攒尖碑亭一座，亭内立1902年"诸位信友致命者墓碑"一通。

该教堂气势雄壮，外形类似西什库教堂，故有小北堂之称。

2001年7月12日，永宁天主教堂被北京市人民政府公布为北京市第六批市级文物保护单位。

 知识链接 ┃ **永宁天主教堂的建筑风格**

永宁天主教堂建造时采用了哥特式风格。哥特式风格源于11世纪下半叶，它起源于法国，到了13—15世纪，这种建筑风格便流行起来。

哥特式建筑风格都是尖拱、肋架拱顶，看起来瘦而高耸。它体现了高超的建筑技艺，也将神秘、哀婉和崇高的强烈情感表达了出来，为后世其他艺术开创了先河。哥特式建筑的魅力来自它的美学体验，如果你仔细观察会发现它的比例、光和色彩都是一场美丽盛宴。

哥特式建筑曾经流行于欧洲，但是在欧洲文艺复兴时期，这种建筑不曾被人们看得上。到了18世纪，从英格兰开始，哥特式风格开始复兴，一度蔓延至整个欧洲，到了19世纪甚至20世纪，它依然十分流行。

哥特式风格主要应用于欧洲的主教教堂、修道院、城堡、宫殿、会堂和一些私人住宅中，后来更是被广泛地应用于各个艺术领域，如雕塑、绘画、文学、音乐、服装和字体等。

哥特式建筑风格已被列入联合国教科文组织的世界遗产名录。

木化石群

木化石群位于北京市延庆区千家店镇木下德龙湾村境内的白河北岸，距离北京城区大约130千米，分布在辛栅子大约东西400米，南北1500米范围内。以蕨类为主的硅化木，属距今1.3亿年左右的侏罗纪晚期，对于研究地质变化、环境变迁具有重要价值。

千家店镇的木化石群产生于中生代侏罗纪晚期，木化石群由千家店向东北延伸到8千米处的沙梁子乡，宽度约有400米，呈带状自然分布。这些化石形态各异，有的横卧在山脊上，有的直立在山坡上，有的看上去好像树桩，有的又好像树墩，在黄色灰质页岩和黄绿色砂岩中集中突现。

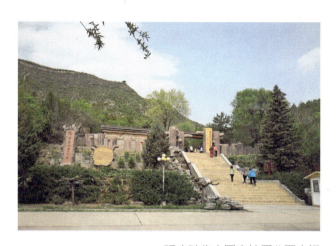

延庆硅化木国家地质公园大门

硅化木（1）

木化石桩表面呈灰白色或黄褐色，年轮非常清晰。这些化石直径一般都在1米左右，其中最大的直径达2.5米。木化石群的景致非常壮观，在北梁村西有一根"石柁"，它的树围有2米多，长度达4米，在山涧中横卧着，两端插入山中，引人注目。

木化石群的形成经历了漫长岁月。远古时期，延庆地区蕨类植物生长繁盛，随着地壳不断下降，该地区逐渐形成小型的山间湖泊，树木被深埋湖底，完全被淤泥所覆盖。这些树木每天在缺氧的环境中，被含有硅质和钙质的地下水浸泡着，逐渐形成了硅化木。后来延庆地区的地层因为地壳运动再次被抬升，那些原本处于湖底的树木就被

硅化木（2）

显露出来，形成如今壮美的景观。

千家店木化石群面积大、数量多，分布集中，保存基本完好，在国内非常罕见，是我国华北地区规模最大、保存最完整的原地木化石群。

木化石群中各化石纵横交错，形象逼真，整个区域又依山傍水、风景绝美，因此，2002年，在此建成了硅化木国家地质公园。这是北京市首家以反映地质构造变化为主题的国家公园。不仅如此，地质公园内部分地区已经被开发成旅游景区，以其"化腐朽为神奇"的特色吸引全国各地的游客，打造成一处集观光旅游、民俗度假与科普教育为一体的综合性景区。

硅化木（3）

2001年7月12日，木化石群被北京市人民政府公布为北京市第六批市级文物保护单位。

知识链接　木化石的形成

木化石又叫硅化木，它是树木在地质历史时期，经历地质变迁，被深埋地下，又经地下水隔氧浸泡，经历化学交换、填充作用逐渐形成的化石。木化石主要生成于中生代时期，其中以侏罗纪、白垩纪中期最多。

古代树木变成化石的条件非常苛刻。树木想要成为化石，必须有一个先决条件，那就是能够得到迅速掩埋，这种隔绝空气的迅速掩埋情况极为罕见，所以极难形成木化石，这也是木化石稀有的重要原因。

树木被泥沙掩埋之后，被含有丰富硅质成分的地下水所浸泡。地下水一方面对树木的木质成分进行溶解，另一方面自己所含的硅质成分沉淀进溶解木质所得到的孔洞中，从而发生物质的交换。这时，对溶解和交替的速度又有了新的要求，如果二者相等，并且都是以分子进行交换，这时树木原本的微细结构就能得到很好的保存，例如细胞轮廓、年轮等都不会被破坏，相反，如果交替的速度不及溶解速度，这时树木的微细结构就会遭到破坏，只保存其形态，从而导致年轮模糊不清。

随着溶解与替换的不断进行，最后，树木原有的成分已经全部被置换掉，换成了含有硅钙成分的石质。之后，再经过地质变化，树木经历压实、固结、成岩等过程，从而形成坚硬无比的木化石。

北关龙王庙

北关龙王庙是现存较完整且富有特色的明清寺庙，位于北京市延庆区延庆镇北关村，有较高的历史及艺术价值。

北关龙王庙始建于明代初期，明成化九年（1473）在原址上进行重建，到现在已经度过了漫长的岁月。

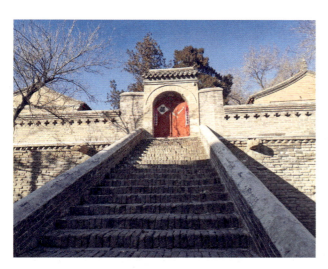

北关龙王庙山门

北关龙王庙是目前北京地区罕见的高台式龙王庙建筑。它是一座四合院式古建筑，位于10米高台之上，由山门、正殿、东西配殿、院墙组成。正殿坐北朝南，东西各有两个配房。

该寺院最大的特色在于正殿里精美的壁画。原本还有很多佛像，"文化大革命"时期佛像被毁，就连东、西两面墙壁上的壁画也遭到了毁坏。庙内正殿现存两幅壁画各为6平方米。其中东面的壁画表现的是"请雨"场景，而西面的壁画则是雨后场景。这些壁画的线条和色彩都非常引人注目，每幅壁画上大约有20—30个人物，个个栩栩如生，画面非常精致，就连房梁上的飞龙也格外

正殿

生动。

2007—2009年，延庆县对北关龙王庙的山门、正殿、东西配殿、院墙、院落地面等进行整体保护。

2011年3月7日，北关龙王庙被北京市人民政府公布为北京市第八批市级文物保护单位。

知识链接　北京的龙王庙

从古到今，中国是一个十分重视农业的国家，粮食是国家发展的根本，因此风调雨顺不仅是平民百姓的渴望，同时也是统治者的心愿。传说龙王是掌管"兴云布雨"的神，全国各地但凡是农业地区，大多会有龙王庙，北京也不例外。在北京地区，龙王庙的数量非常多，根据北京市档案馆编辑的《北京寺庙历史资料》显示，在民国时期，北京地区除皇家园林、王府花园中的龙王庙之外共有龙王庙、龙王堂80余座。其中有很多都非常著名。

位于昌平龙山顶上的都龙王庙可谓北京地区地位最显赫的龙王庙。元代郭守敬奉命解决大都

的漕运问题，他将龙山上的白浮泉引进通惠河，方便了粮食的运输。于是在白浮泉的源头处修建了该庙。相传，该龙王庙非常灵验，祈雨必应，非常出名。

广源闸是元代通惠河上游的头闸，对通惠河起着非常关键的节制作用。闸桥落下时，闸东水深不足一尺，闸桥提起时，河水可以行驶船只，因此每年朝廷运送粮食时，都会开闸放水，并在这一天派专职人员赶到广源闸河畔的龙王庙祭祀水神。祭祀场面非常热闹。

今天，北京地区留存下来的龙王庙有很多，它们对研究中国历史发展以及寺庙建筑特点等都有着重要的意义。

花盆村戏台及关帝庙

花盆村戏台及关帝庙位于北京市延庆区千家店镇花盆村，庙与戏台相对，占地1535平方米。戏台坐南朝北，面阔三间，进深六檩，硬山顶，过垄脊灰筒瓦屋面，梁架绘龙纹图案。关帝庙坐北朝南，两进院落，由山门、钟鼓亭、正殿、后

殿、东西配殿等建筑组成。正殿砖雕精美，彩画、壁画较清晰，富有北京北部典型地方特色。庙内有重修碑、石花盆等遗存。庙与戏台一体，是古代农村民间祠庙的重要实例。

花盆村戏台及关帝庙始建于清雍正四年（1726），嘉庆十四年（1809）进行重修，1934年又进行大规模修缮。

关帝庙为二进院落，从山门进入之后，可见院内有一棵国槐。戏台坐南朝北，关帝庙坐北朝南，相对而立，这种建筑特点符合庙与戏台相对的地方特色。

庙门上匾额题字为"永庆升平"，落款为"康德元年秋月立"，从落款处可知，此匾额为爱新

关帝庙山门

花盆村戏台

关帝庙庙门

觉罗·溥仪担任"伪满洲国"皇帝期间悬挂于此。庙门的两侧分别为钟楼和鼓楼。

从庙门进入庙内，正殿前有一小亭，亭中放着一个直径约40厘米、高约20厘米的石盆，这是在清雍正四年修建关帝庙时挖掘出来的。石盆的内壁上雕刻着鱼形图案，外壁则雕刻着莲花图案。当时，村民们觉得这一石盆象征着祥瑞之兆，于是就更改原来的村名，取新名为"花盆村"。相传，在石盆中盛水，鱼儿就会自己游动，也正因为如此，石盆被认为是神圣之物，安放在庙中。

正殿的右侧有一块石碑，即清嘉庆十四年重修关帝庙的记事碑。题额为"万古流芳"，碑文详细地记录了本庙前任住持穆公与其后住持圆德不辞辛苦修庙的整个过程，其中圆德在修庙过程中，不惜拿出自己几十年的积蓄，这一行为使村民颇为感动，于是纷纷慷慨解囊，捐款修庙。这块碑虽历经风雨，但是碑上的字迹仍然清晰可见。

石碑

走进正殿，里面供奉的是关帝和龙王。殿内墙壁上彩画、壁画清晰可见。其中东山墙壁画上面为三国故事画，下面为《龙王行雨图》，这些壁画为近些年对关帝庙进行修葺所添的新画。西山墙上的壁画为1934年关帝庙大规模修缮时所作，上面为三国故事连环画，下面为一幅完整的《雨毕回宫图》，这幅壁画将延庆东部山区百姓的信仰习俗展现得淋漓尽致。

亭中石盆

正殿

后殿中，墙壁上仍保存有各种壁画，这些都是在1934年大规模修缮时所作，为十殿阎罗和二十地狱壁画。壁画色彩鲜艳，栩栩如生。

新中国成立之后，关帝庙曾经被另当他用，如学校、政府机关办公场所等。

2011年3月7日，花盆村戏台及关帝庙被北京市人民政府公布为北京市第八批市级文物保护单位。

壁画

知识链接

关帝

关帝，又被称为关圣帝君，即三国时期的关羽。根据《三国志》记载，关羽，字云长，出生于今山西运城常平村。他相貌威武，武艺高强。

东汉末年天下大乱时，他投奔于刘备旗下，并与刘备、张飞在桃园结义，成为三兄弟，帮助刘备争夺天下。刘备建立蜀国之后，关羽被封为前将军。他率军打败曹仁，威名远扬。建安二十四年（219）冬天，孙权在吕蒙的谋划下，对荆州进行突袭，项羽因为一时大意而兵败，最后在麦城被孙权部下俘虏，后不幸蒙难。

千百年来，关羽始终被人们推崇为集忠、孝、节、义于一身的英雄形象，这些都为他被神化做好了铺垫。

从南北朝时期，人们就开始信仰关公，后来各地开始兴建关帝庙。这不仅是封建统治阶级对关公的褒扬，也是百姓对生活的精神追求。因为有了封建统治阶级的宣扬与鼓励，使得关公信仰开始蓬勃发展，其最直接的表现就是各地关帝庙开始增多。到了清乾隆年间，仅北京就有200多座关帝庙，可见人们对关公的信仰和推崇。

如今，人们对关公的信仰又进入一个新的阶段，供奉关公的场所除了道教宫观之外，还有佛教场所、商业场所甚至百姓家中，人们将其看作义气的象征，尊为财神和保护神。

灵照寺

灵照寺，在金代时称为观音寺，位于北京市延庆区妫水湖北岸湖北西路7号，寺坐北朝南，两进院落，三重殿宇，由山门、前殿、大殿和配殿等组成，部分建筑经近期复建，布局完整，是一处规格较高的古寺，具有较高的历史价值。

灵照寺始建于金代，元末因为兵灾被焚毁。明永乐十二年（1414）于原址上进行重建。明宣德五年（1430），山西大同名叫清潭的僧人来到此地，下定决心要在这里重修道场。几年时间，他坚持不懈，建成了大雄宝殿。明正统五年（1440），明英宗朱祁镇为该寺院赏赐寺额"灵照寺"，并且任命清潭为僧录司住持。在清潭的操持下，寺院香火旺盛。明天顺二年（1458），僧正司道宽建成了天王殿。明成化六年（1470），寺院住持僧本详建成了山门殿、方丈室以及廊庑等建筑。

到了清代，寺院已经经历了漫长的岁月，清康熙三十年（1691）灵照寺住持僧德刚组织人对寺院进行了简单的修葺。清道光二十九年（1849）僧人瑞来又组织人修葺，清光绪二十五年（1899）瑞来的弟子大力立志振兴寺院，于是对寺院进行

全面修缮，使之展现出新的面貌，寺院规模也愈加宏大，成为延庆的一处胜景。民国初年，寺庙被辟为南堂小学。

灵照寺建于高台之上，坐北朝南，占地面积为3678平方米，建筑面积为1065平方米。整座寺院为二进院落，共三层殿宇，即山门殿、天王殿、大雄宝殿，全部都位于中轴线上。

山门殿面阔三间，顶部为歇山硬脊顶，寺门上有一副藏头对联"灵光八万里，照见五蕴空"。殿左右两侧与配殿相连，配殿外墙上书写着"风调雨顺""国泰民安"。寺门前左右两侧各有一尊石狮子，另外山门外两侧还分列着石雕佛旗幡基柱。

进山门可见一座砖雕照壁，上面写着"南无

灵照寺山门殿

山门前明代石狮

阿弥陀佛"。第一进院，可见天王殿。殿堂面阔三间，顶部为歇山硬脊顶，殿前对联写着"黄金布地光华灿，甘露临门普济周"。殿堂两侧建有院墙，以便更好地保护灵照寺的主体建筑群，左右两侧共留有四道侧门相通。院内左侧有一组石刻，其种类多种多样，有唐、明、清三代石狮子、莲花柱座、明代双龙石座，以及延庆区内一些其他的碑首石刻等。

天王殿

右侧有一组石碑，共有11块。其中从右面数第一块为《重修灵照寺》碑，立于清光绪二十五年，只是石碑已经不再是原貌，碑首已经被毁，碑身上还有4个圆形的孔洞。其余各碑为佛、道、儒三教的石碑精品，是从其他地方收集而来的，例如明隆庆四年（1570）的《重修延庆州儒学》碑、清康熙五年（1666）的《灵佑观维新记》碑、清咸丰九年（1859）的《重修延庆寺北极宫》碑、清光绪十二年（1886）的《创建安神寺》碑等。

过了天王殿，二进院落中可见建在石台基上的大雄宝殿。殿堂面阔三间，每间上有四扇门，上窗下门式，窗户为彩绘格子窗。殿前有一副对联，写着"西天法雨周三界，南海慈云罩万方"。宝殿前有一座石香炉。殿堂两侧有观音殿和地藏殿。另外在院子的一角还有一间"镇寺宝幢展"殿，里面存放着灵照寺的镇寺之宝——石宝幢。这座宝幢为石刻四方体，底座为六角形须弥座，上面罩着黄色旗幡对石幢进行保护。

碑廊

1995年，北京市文物古建工程公司对灵照寺进行修葺，并且将这一工程分为二期，1997年进行二期修缮，并于1999年8月修缮完毕，此时的灵照寺殿宇巍峨，庄严非凡。

2011年3月7日，灵照寺被北京市人民政府公布为北京市第八批市级文物保护单位。

大雄宝殿

大庄科辽代矿冶遗址群

大庄科辽代矿冶遗址群是燕山地区规模较大、保存较为完整的辽代冶铁遗址，位于北京市延庆区大庄科乡水泉沟等8村，遗址的发现填补了辽代冶铁史的空白。

大庄科辽代矿冶遗址群于2005年被大庄科乡村民建房时发现。从2011年10月至2014年11月，经国家文物局批准，北京市文物研究所、北京科技大学和北京大学等单位开始对该遗址进行调查分析。通过一系列调查和勘探，发现了东三岔矿山、榆木沟矿山、慈母川矿山、香屯矿山、东王庄矿山5处矿山；汉家川冶炼遗址、铁炉村冶炼遗址、水泉沟冶炼遗址及慈母川冶炼遗址4处冶炼遗址，并且还有汉家川、铁炉村及水泉沟3处居住及作坊遗址。其中水泉沟居于遗址群的中心位置，生产环节也非常完备。

矿冶遗址群开采矿石的矿洞，以及一部分露天采矿遗址分布在山脚及半山坡范围内。采矿的洞口痕迹清晰，一些尾矿渣散落在四周，其中主要为磁铁矿。矿山周围水资源丰富，这给冶炼用水、工匠们的饮用水提供了极大的便利，同时也方便了矿石的运输，促进了矿冶发展。

慈母川矿山

辽金时期的佛教

中国辽金时期是佛教兴盛发展的时期，这一时期建造了大量的佛教寺院，并且有很多流传至今。这为研究中国古代建筑史提供了重要的实例和依据。

辽代统治者信奉佛教，其意用佛教思想来统治汉族。辽代统治者不断研究佛教，并且大力支持佛教的发展，兴建了大量的寺庙。现存著名辽代寺院建筑中，很多都与皇室有着密切的关系。例如大同华严寺、庆州白塔寺等，虽然辽代统治时间短，但是兴建的庙宇却不在少数。

金代在进入中原以前，已经从高丽、渤海国方面接触到了佛教。其武力征服辽之后，又继承了辽代社会的佛教风习，于是将统治策略定为"以儒治国，以佛治心"。统治者重视佛教，出资兴建佛寺。例如金太宗为佛教大师海慧在燕京（今北京）建寺；金熙宗在上京会宁（今黑龙江阿城南白城子）建大储庆寺；金世宗为玄冥顗禅师在燕京建大庆寿寺，又在东京（今辽阳）建清安禅寺等。

金世宗时期是佛教的鼎盛时期，世宗对佛教进行有节制的保护，整顿教团，并且严禁民间私自建寺。金章宗时期，在佛教管理上更趋完善，不仅严禁私度僧尼，规定僧尼数量，并且对僧侣进行选考，敕赐各种名德称号。

在建筑方面，由于辽、金两代长期占据中国的北部疆域，因此很多建筑不仅有辽金的地域特色，同时还沿袭了隋唐的形制，尤其是辽、宋文化交流逐渐频繁之后，宋代建筑风格更是融入了辽的建筑之中。到了金代，金军南下侵宋，各地寺院建筑中不仅继承了辽的特色，更融入了宋的特点，于是建造出很多形制独特的寺院。

在冶炼遗址现场发现了10座炼铁炉,其中5座位于水泉沟冶炼遗址,3座位于汉家川冶炼遗址,剩下2座位于铁炉村冶炼遗址。这些冶炼遗址有一个共同的特点,就是均位于一个半月形的黄土台地边缘,整体呈一个缓缓的坡度。台地所在位置为河流二级阶地。

该遗址出土了大量的文物,有矿石、炼铁块、铸造石范、炉渣、石碾盘、瓷器残件、辽代瓷片、陶质板瓦、北宋钱币等,另外还有一些瓷碗、陶罐、砚台、耳坠、纺轮、铜钱等生活用品。

由于破坏严重,该遗址没有一处完整的房址,只遗存一些石块堆砌而成的房基以及部分柱础石等。尽管如此,房屋的大致构造还是可以窥见的:房屋坐北朝南,院子由院门正房、东西厢房以及院墙组成,整个院落呈长方形,其中南北长约

水泉沟居住遗址房址

炒钢炉

10.6米,东西宽约24.3米,墙体残高仅为0.18—0.6米。房屋上原本覆盖着灰色的陶质板瓦,如今已经全部坍塌。

大庄科辽代矿冶遗址群虽不是首次被发现的辽代采矿遗址,但它却是目前我国辽代矿冶遗存中保存炼铁炉最多且保存较为完整的炼铁场所,同时还包含工匠们的居住场所,是一个工作加居住的完整冶炼系统,能够清晰地反映辽代冶铁制钢工艺的流程以及当时生产生活的基本情况。

大庄科辽代矿冶遗址群的发现不仅反映了辽代冶铁技术已经达到近代工业水平,同时也揭示了北京周边铁矿资源早在辽代时就已经进行开采,有助于了解更多北京市和燕山地带辽代冶铁的考古研究。从更远的方面来讲,它的发掘还有助于

大庄科辽代矿冶遗址

水泉沟遗址炼铁炉

了解辽代科学技术水平以及宋辽之间国力对比、两国关系等重大问题。

2021年8月28日，大庄科辽代矿冶遗址群被北京市人民政府公布为北京市第九批市级文物保护单位。

道路及车辙

知识链接 中国古代冶铁技术

中国是世界文明古国，历史上曾有无数的辉煌，冶铁技术也是极为璀璨的一项。在世界范围内，中国不是最早使用铁器的国家，但是中国的冶铁技术却称得上是先进的，始终奔跑在世界前沿。

在我国古代社会，钢铁冶炼一直被国家所垄断，处于官营手工业模式。在这种模式下，国家为了满足自身需要，就会调集优秀的工匠，使用上好的材料去冶炼，有了官府的人力和物力支持，冶铁自然发展较为迅速。据文献表明，秦汉时期，官方就曾经将中原地区优秀的工匠调配到其他地方去工作，例如河北、河南的一些著名工匠或冶铁大户迁移到四川，在当地开展冶铁事业。这些人员都具备相当熟练的技术，推动了冶铁手工业

的发展。考古学家曾经指出，冶炼所需要的主要元素有炼铁原料、木炭、冶炼炉、动力来源和鼓风设施等。修铸冶炼炉，再由工匠去寻找炼铁原料，燃烧木炭提供冶炼需要的热量，然后由人或者其他牲畜源源不断地提供动力，再用风箱、风扇等鼓风设施保持炼铁炉内的持续高温，再加上炼铁成功后器具的制作与流向，这些构成一个完整的产业链，如果没有大量的人力和财力支撑，没有强大的组织机构进行协调，很难完成。

农业生产需要大量的铁制品，战争也需要刀剑等铁制品，这些都极大地促进了钢铁冶炼技术的发展。统治者为了稳固自己的地位，一定会重视军工业的发展，尽可能地发展炼铁技术，提高装备水平，早在东汉末年，我国就已经掌握了相当成熟的生铁冶炼和锻造技术，热处理水平已经非常超前。从先秦时期开始，我国就开始利用煤炭资源，随着历史的发展，煤炭的开发和利用日渐成熟，这为冶铁提供了极大的助力。另外，鼓风系统在炼铁中至关重要，我国在这方面很早就已经达到先进的水平，这很可能继承了青铜冶炼的技术。

因此，我国古代冶铁技术的发展之所以遥遥领先有很多因素，政府的资金、人力支持，农业、战争等广阔的需求，不断传承的冶炼技术等都促进了冶铁技术的发展。

八达岭烈士陵园

八达岭烈士陵园是一座大型国有公墓，它的建造是为了安葬那些抗日战争时期延庆籍贯和在延庆牺牲的烈士们。其位于北京市延庆区八达岭

八达岭烈士陵园南门

烈士纪念墙

镇岔道村，地处北京市八达岭长城山脚下的清凉谷内。

陵园中苍松翠柏间，一座长6米、高3米的烈士纪念墙便屹立在那里。这座纪念墙在红底的那面镌刻着"革命烈士永垂不朽"几个大字；在黑底那面用白色字体镌刻着延庆烈士英名录，看起来十分肃穆。烈士英名录上一共刻了2165名烈士，其中延庆区在册烈士1618名、不在册烈士547名，它们涵盖了所有延庆籍烈士和在延庆牺牲的烈士。

延庆烈士英名录

八达岭烈士陵园除了安葬烈士外，还安葬着4位为我国做出贡献的杰出人物，他们分别是著名放射化学家杨承宗，一生奉献给航天事业、为歼-10装上"中国心"的许锡龙，火箭设计专家屠守锷和中国钢铁工程奠基人、开拓者邵象华。

2021年8月28日，八达岭烈士陵园被北京市人民政府公布为北京市第九批市级文物保护单位。

纪念碑亭

知识链接　　　八达岭长城城墙

长城从北门锁钥城台的南北两侧起，依山而筑，城墙高低不一，平均高约7.5米。在靠墙的里边，设置宇墙，靠墙的外边，设置垛口，垛口上有瞭望口和射洞，这是为观察和射击来犯的敌人用的。在城墙上，隔不多远就有一个堡垒式的台子建筑在山脊的高处、城墙的转角或险要的地方。台子有高有低，高的叫敌楼，是守望和住宿的地方，上层有垛口，可以守望射击，下层有券洞，可供住宿；低的叫墙台，高度与城墙同，但凸出墙外，四周也有垛口，是巡哨的地方。从城门南侧的石梯可以登上长城的城墙，到南端的高峰。登上敌楼，从顶上倚墙四眺，便可看见脚下的长城，好像一条无尾的长龙，翻山越岭，奔向远方，一个敌楼连着一个敌楼，一段城墙接着一段城墙，一望无际，气势异常雄伟。向西眺望，远处还有零散的墩台，土筑的边墙，这是保卫八达岭的最前哨的防线。

出北门锁钥城门不远，有一砖城叫岔道城，是从前八达岭的前哨指挥部，为明嘉靖三十年（1551）建成。当时在这里有把总3名，军士788名，并储藏了许多武器。可见那时八达岭关口是相当重要了。

八达岭不仅是历史上的军事重镇，也是交通的要道。此外，在八达岭游览区内，还有许多名胜古迹：在青龙桥下七里鬼头山下有弹琴峡，泉水自山缝中流下，终年不断，声音清脆，宛如弹琴。在居庸关西面有白凤冢，相传明正德帝出游时，在大同遇到一个酒家女李凤姐，见其貌美，就强行带回北京。路过此地时，李凤姐看见庙中凶恶神像，惊骇而死，葬于此冢。在居庸关南面沟中有一大石，平整如台，传说是宋朝杨六郎的点将台，但与历史不符，因为在宋代这里已是辽的疆土了。这些古迹与长城关系不大，亦不易去，只是在此附带提一下，以供愿遍游居庸关、八达岭的人们参考。

门头沟区市级文物保护单位

戒台寺

戒台寺正名万寿禅寺，因该寺以我国现存最大的古戒坛闻名于世，故称戒台寺或戒坛寺，寺内有辽碑、辽代经幢及有名的古松等。位于北京市门头沟区马鞍山麓永定镇，是中国北方著名的一座律宗寺院。过去，它和福建泉州的开元寺、浙江杭州的昭庆寺合称全国的"三大戒台"。

戒台寺始建于隋开皇年间，当时名慧聚寺。

1911年的戒台寺

戒台寺鸟瞰

辽咸雍年间道宗召见该寺高僧法均，并将其亲抄的金字《大乘三聚戒本》授予法均。这件戒本被公认为是律宗正统代表的信物，奠定了戒台寺北方佛教最高传法寺院和律宗圣地的崇高地位。至元代末年，因战乱影响，戒台寺受到极大的破坏。明宣德年间由皇家先后数次对寺院加以修葺，形成现在的格局。明正统五年（1440）明英宗亲书寺名，改称万寿禅寺，并敕令如幻法师在此开坛传戒。嘉靖年间再次对寺院大修，长达7年之久，寺院规模进一步扩大。清代，康熙帝和乾隆帝多次到戒台寺进香，并敕令对戒台寺进行保护和修缮。清末至民国时期戒台寺都受到了较好的保护。20世纪30年代后，戒台寺因战乱受到严重破坏。中华人民共和国成立后，国家对戒台寺进行了多次大规模修缮，并重新对社会开放。

戒台寺依山势而建，坐西朝东，为辽代寺院朝日习俗的体现，占地面积约4.3万平方米。由南、北两路组成。各殿都建在逐层升高的平台上，现存主要殿宇都是清代或近代所建。南路为主要建筑所在，山门面阔三间，庑殿顶，筒瓦屋面，山门前有清康熙帝手书《万寿寺戒坛碑记》。山门外有地藏院，坐北朝南，一进院落。天王殿在山门后一进院，面阔三间，庑殿顶，绿琉璃瓦屋面。天王殿前两侧有钟、鼓二楼。

大雄宝殿建于二进院月台之上，面阔五间，进深三间，硬山顶，绿琉璃瓦屋面，明间悬有乾隆帝手书匾额"莲界香林"。殿内供有明代铸造的铜质三世佛，屋顶装饰有三个蟠龙藻井。大雄宝

山门

观音殿

大雄宝殿

千佛阁遗址

殿前南北两侧各有配殿三间，硬山顶，筒瓦屋面，北侧为伽蓝殿，南侧为祖师殿。

大雄宝殿后为高台，台上有千佛阁，现建筑为复建。千佛阁后为高台，台上建有观音殿，面阔三间，硬山顶，筒瓦屋面。观音殿南侧有房三间，为清末恭亲王奕䜣所建书房。观音殿后为九仙殿。

千佛阁南北两侧各有一座院落，称为南宫院、北宫院，原为行宫的一部分，北宫院又称牡丹院，其建筑风格是北京传统的四合院与江南园林艺术的巧妙结合，既有北方四合院的古朴，又有南方园林的秀美。乾隆帝曾偕后妃在此避暑，恭亲王奕䜣曾常住此地。南宫院南侧另建有两座小院为

僧房，称为上院与下院。大雄宝殿南侧建有方丈院，为一座两进院落。东西两侧分别建有东、西静室。

戒台寺北路为戒坛院，明王殿面阔三间，歇山顶，筒瓦屋面，为戒坛院的山门。明王殿前有两座八角形石经幢。戒坛殿位于戒坛院内，始建于辽咸雍五年（1069），金、元、明、清各代均有维修。大殿平面呈方形，面阔、进深均为五间，重檐盝顶，筒瓦屋面，屋顶正中平台有铜质镏金宝顶，呈金刚宝座塔样式分布。

戒坛位于大殿正中，由青石砌筑而成，平面呈方形，通高3.25米，分为三层。其底层高1.4米，各边长11.3米；中层高0.95米，各边长9.6

牡丹院垂花门

戒坛殿

戒坛

米；上层高0.9米，各边长8.1米。每层台均为须弥座造型，束腰处雕有佛龛，龛内有戒神一尊。戒坛共有佛龛113座、戒神113尊，是我国现存戒坛中最大、最精美的一座。殿内原有沉香木雕花椅，系传戒时三师七证的座位，已无存，现摆放有10把紫檀木椅及桌案。大殿顶部装饰有斗八方藻井，做工极其精美，是现存藻井中的精品。大殿两侧各有南、北配殿十八间，为罗汉堂，原有泥塑彩绘的五百罗汉，现已无存。大殿后为大悲殿，面阔五间，硬山顶，筒瓦屋面。

戒坛院东侧为戒台寺塔院，其台下南北并列两座砖塔。北塔为法均墓塔，原建于辽大康元年（1075），明正统十三年（1448）重修，为七层八

辽塔

角密檐式塔。北塔之南有辽大安七年（1091）王鼎撰文的《法均大师遗行》碑。南塔为法均衣钵塔，为五层八角密檐塔。

1957年10月28日，戒台寺被北京市人民政府公布为北京市第一批市级文物保护单位；1996年11月20日，戒台寺被国务院公布为第四批全国重点文物保护单位。

唐武德五年（622），慧聚寺建立，这便是戒台寺的前身，据说这里是智周禅师隐迹的地方，而他是以戒行闻名的。

辽道宗清宁年间，一位高僧来此山归隐，这便是法均和尚。法均和尚"钟普贤之灵，孕凡夫之体"，名声十分响亮，他在寺左建了一座菩萨戒坛。这座戒坛香火旺盛，吸引了很多辽国和宋国人来这里受戒。到了元代，月泉长老成了寺内的高僧，这有元至正二十八年（1368）的碑记《大都马鞍山慧聚寺月泉新公长老塔并序》可考证。元末时，到处都是兵戈，该寺的殿堂和戒坛也被毁掉了。

明宣德时，司礼太监阮简等用皇帝赐予的金币对该寺进行重修，这次主掌工程的是知幻大师。从明宣德九年到正统五年（1434—1440），该寺才算是完工，之后英宗赐下匾额"万寿禅寺"。清康熙年间，常住寺庙的是紫哲公高僧，他40多年来一直在寺庙。翻阅此时的相关文献，关于此寺的重大修葺记录没有，只有清光绪十七年（1891）时，恭亲王出资稍微修葺了一下罗汉堂、千佛阁和北宫。通过碑记可以知道这里有"地藏会""三元大悲会""五显财神圣会"等一些民间组织的庙会或香会，所以在这座佛寺中也兴建了一些非佛教殿堂，如财神殿、娘娘殿等。

新中国成立以后，戒台寺的一切佛事活动都停止了。北京市园林局接管了这里并将其辟为公园。后来千佛阁被拆除，其木料被用来修葺天坛斋宫，"文革"时期，寺内大量佛像被毁。20世纪80年代，戒台寺大修了一次，一些佛像也被重塑，再次对外开放。1998年，戒台寺有僧人进驻，这些僧人都是中国佛教协会选派的。

潭柘寺

潭柘寺本名岫云寺，俗称潭柘寺，位于北京市门头沟区潭柘寺镇，是北京地区有史可考的最古老的寺院，北京有"先有潭柘寺，后有北京城"的说法。潭柘寺占地面积亦堪称北京寺院之最。寺内有金代石碑、石塔，是研究北京历史的重要实物资料。

潭柘寺始建于西晋永嘉元年（307），原名嘉

20世纪20年代的潭柘寺

福寺，距今已有1700多年的历史。唐代时寺院改名为龙泉寺，武则天年间对其进行扩建和重修，金皇统年间改名为大万寿寺，明天顺元年（1457）复名嘉福寺，清康熙三十一年（1692）改称岫云寺。其名称更迭频繁，但流传最广的还是因"寺后有龙潭，山上有柘树"，而被民间俗称的这个名字——潭柘寺。

潭柘寺建于宝珠峰的南麓，周围有九座高大的山峰，呈马蹄状环护。九座山峰依次为回龙峰、虎踞峰、捧日峰、紫翠峰、集云峰、璎珞峰、架月峰、象王峰和莲花峰，九座山峰宛如九条巨龙拱卫着中间的宝珠峰。由于高大的山峰挡住了从西北方袭来的寒流，使潭柘寺所在之处形成了一个温暖、湿润的小气候，因而这里植被繁茂，古树名花数量众多，自然环境优美。

潭柘寺坐北朝南，规模宏大，寺内占地面积2.5万平方米，寺外占地面积11.2万平方米，再加上周围由潭柘寺所管辖的森林和山场，总面积达121万平方米。寺院分中、东、西三路，寺院前方有三间四柱三楼式牌楼和石桥各一座。

中路为主要建筑，山门三间，无梁殿式，歇山顶，筒瓦屋面，檐下为清康熙皇帝亲书石额"敕建岫云禅寺"。山门往后为天王殿，面阔三间，歇山顶，绿琉璃瓦屋面，檐下悬康熙帝御笔"天王殿"匾。殿内正中供奉弥勒佛像，背后供奉韦驮像，东西两侧供奉四大天王神像。

天王殿前有一青铜大锅，口径1.85米，深1.1米，据说是僧人炒菜所用。原来寺内还有一口比这更大的铜锅，口径约3米，深约2米，是僧人煮粥用的。据说一次要用一石两斗小米，须煮8个时辰。由于锅大底厚，文火长熬，粥稠米香。因锅大粥多，所以有"添人不添米"和"来僧不撵，

潭柘寺鸟瞰

牌楼

山门

去僧不留"之说。还有铜锅煮粥"漏沙不漏米"之说：锅底有一凹陷坑，称为"容沙坠"，煮粥时，锅内的水与米向上滚动，再往中间下沉，由于沙重米轻，沙粒便落入容沙坠中，粥就无沙了。

天王殿后为位于寺院中心部位的大雄宝殿，是潭柘寺最重要、建筑等级最高的殿堂，面阔五

天王殿

大雄宝殿

方，俗称藏经楼，面阔七间，歇山顶，筒瓦屋面。

过大雄宝殿，在毗卢阁前的庭院内，有两株古老的银杏树。东边一株名为"帝王树"，为乾隆帝赐名，高达30多米，直径4米，需要7个人才能合围。据说此树植于辽代，距今已有千年，枝叶繁茂。西边一株名为"配王树"，种植较晚，枝干也较小。

钟楼

间，重檐庑殿顶，上层黄琉璃瓦屋面，下层黄琉璃瓦绿剪边屋面。大殿的正脊高大，正脊两端安放着一对琉璃鸱吻，高2.9米。鸱吻烧造于清康熙三十一年，仿照元代大吻的样式，是北京所有佛教寺院中最大的。鸱吻两侧各系有一条金色锁链，名镀金剑光吻带，是康熙帝的御赐之物，仅潭柘寺独有。殿内正中供奉释迦牟尼像，两侧供奉十八罗汉像。

大殿东、西两侧对称建有伽蓝殿和祖师殿两座配殿，院内还建有钟楼、鼓楼。大雄宝殿后面原来有三圣殿，现在仅存基址。毗卢阁是中路的最后一重殿，居于寺院最高点，原来是收藏经书的地

毗卢阁

从庭院往北，拾级而上，即到毗卢阁。它是中路最后一座建筑，双层楼台，硬山木结构，飞檐长廊，高15米，雕梁画栋，造型别致。阁内下层原供奉有毗卢佛，上层供奉有三世佛。登阁可俯视全寺景色。

东路建筑群由大厨房、延清阁、财神殿、方丈院、帝后宫、舍利塔等建筑组成，主要功能是方丈居住、修行和清代皇室进香礼佛时居住的行宫。其中比较有特色的一座建筑是帝后宫内的猗玕亭，俗称流杯亭，是皇室进行"曲水流觞"活动的地方。该亭建在原无逸殿的遗址上，四角攒尖顶，绿琉璃瓦屋面，檐下悬乾隆帝亲书"猗玕亭"匾。亭内汉白玉石铺地，石面上凿刻有蜿蜒曲折的水槽，宽度、深度均为10厘米，石槽构成的图案从南向北看为龙头形，从北向南看为虎头形，构思奇妙，所以该亭又俗称龙虎亭。

在流杯亭北面有一片名为"金丝挂绿"的竹林，因竹竿金黄，竹节长有绿线，所以又称"金镶玉"。在流杯亭南房后面，还有一片名为"碧玉镶金"的竹林，与"金镶玉"相反，竹竿翠绿，竹节长有金线，故又名"玉镶金"。它们都是品种十分名贵的竹子。

行宫院后面有一座白色的舍利塔，又名金刚延寿塔，是明代越靖王朱瞻墡建于明宣德二年（1427）的藏式白塔。在舍利塔后壁上有一古碑，立于金明昌五年（1194）。

西路建筑群从使用功能上划分，南侧是法坛建筑区，主要建筑有举行剃度出家仪式的戒坛、高僧讲经的楞严坛和大悲坛，还有僧人抄写经书的写经室、高等僧人吃饭的南楼等建筑；北侧是佛殿建筑区，建筑多依山而建，主要有观音殿、文殊殿、祖师堂、龙王殿等建筑。

猗玕亭

金刚延寿塔

楞严坛已毁，它取名于佛经，为僧众讲授《楞严经》而建立。戒坛是佛教徒受戒的地方。台上原来供有释迦牟尼的塑像，旁边放有10把椅子。像前的3把是受戒时讲戒和尚的座位，受戒者左边坐3人，右边坐4人，称为"三师七证"。佛教有五戒、八戒、十戒和具足戒。在这里受的是具足戒，受戒后男的成为比丘，俗称和尚；女的成为比丘尼，俗称尼姑。正式受戒的比丘有250条戒律，比丘尼有348条戒律。

观音殿在西路建筑的顶端，为全寺的最高点。殿内供奉观音菩萨像。相传这是元世祖忽必烈的女儿妙严公主拜佛的遗址。妙严公主到潭柘寺落发出家，十分虔诚，每日朝夕来观音殿顶礼膜拜，年深日久，以至手足之印深透入砖。

从观音殿往西是龙王殿，在它的廊檐下挂有一条长1.46米、重约150千克的石鱼。这鱼远看似铜，近看是石，击之清音悦耳，其实它是由一块含铜的陨石制成的，为清康熙年间的遗物，系不可多得的文物珍品。可惜原物被毁，现有的为复制品。

戒坛

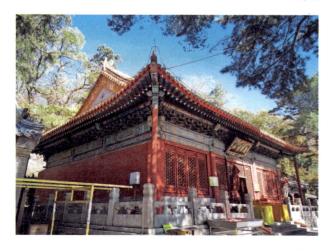

观音殿

潭柘寺寺外左前方有用于僧人养老的安乐延寿堂，寺院后部东、西两侧为东、西观音洞，寺院东部为明王殿建筑群。此外，潭柘寺前方，还有潭柘寺从金代至民国时期埋葬历代高僧的两处墓塔群，称为上塔院、下塔院，现存各种形式的墓塔70余座，是研究佛教和古建筑的珍贵实物。

这里林木葱郁，建有金、元、明、清历代的著名僧人墓塔70余座。塔院分为上、下两院：上塔院都是藏式砖塔，均为清代该寺住持的墓塔。下塔院是金代到明代的僧人墓塔，最早的一批是金天眷元年（1138）所建海云禅师塔、大定十五年（1175）建的通理禅师塔和大定十九年（1179）建的奈公长老塔，距今都已有800多年的历史。元世祖忽必烈的女儿妙严公主在潭柘寺出家，圆寂后也葬在这里，并建了妙严大师之灵塔，距今已600多年。据说此塔曾被盗，已倾斜，现用砖柱支撑。这些墓塔修建年代不同，塔形各异，对研究中国佛教建筑很有价值。

龙潭在潭柘寺的后面。出行宫院，沿山路往上行，过歇心亭、少师静室，路边有一蛙状巨石，石上刻有"海蟾石"三字。再西行经烟霞庵遗址，便可见到一围有石栏、边长约4米的水池。用12块大青石雕成一青龙，清泉从龙嘴流出，注入池中，这就是龙潭。龙潭边有一亭，内置石桌、石凳，为休息的好处所。龙潭南侧墙上有石碑，镌刻着清乾隆帝亲书的《岫云寺即事之二》诗文。龙潭两边山涧清泉潺潺，巨石嶙峋，富有山林野趣。

潭柘寺古树名木众多，其中国家保护级古树有186棵，著名的有被称为"帝王树"和"配王树"的千年银杏树及千年娑罗树、千年柏、"百事

塔林

帝王树

如意"树。此外，还有明代的二乔玉兰、紫竹、古老的探春花等。这些珍贵的文物和古木，承载了众多历史的沧桑和美妙的传奇，更为这座古老的寺院增添了几分神秘的色彩。

1957年10月28日，潭柘寺被北京市人民政府公布为北京市第一批市级文物保护单位；2001年6月25日，潭柘寺被国务院公布为第五批全国重点文物保护单位。

知识
链接 **佛教传入中国的时间和路线**

在释迦牟尼创立了佛学理论，并建立了佛教僧伽以后的40多年中，经过他们不断完善和宣传，佛教得到了很大的发展。由于佛教根据善恶行为轮回报应，苦行修炼，达于乐土的教义，符合了当时统治者的需要和劳动人民的向往，于是很快就广泛流传开来。自释迦入灭后，佛教经弟子们的传播，不仅在印度，而且传布于东南亚许多国家。很快又传到了中国，并经由中国传到朝鲜、日本等国家，成为世界性的宗教。关于佛教传到中国的情况，有很多种说法，大约包括以下几个方面：一是时间，二是路线，三是派系。

佛教传入中国的时间，一说是最早也不会超过公元前2世纪末期，即汉武帝派张骞出使西域以后，因为在此以前佛教还未向古印度以外发展。历史上曾经记载，公元前2世纪末，霍去病在和匈奴作战中得到过祭天金人，即佛像的说法。此说不甚可靠，因为有根据的佛像的出现还在此以后，但此时佛教可能已传到我国今天的新疆地区。另一记载是西汉元寿二年（前1），佛教开始从新疆（古称西域）传到内地，但尚未广泛传播。现在佛教史家学者均同意此说。到了汉永平年间，帝夜梦金人，派蔡愔、秦景等人到天竺（印度）寻求佛法，在半途遇见印度僧人迦叶摩腾和竺法兰，于东汉永平十年（67）邀请他们以白马驮经及佛像来到洛阳。翌年，明帝下令为之建白马寺，译经传教。至此，佛教才得到了官方的承认，并正式广泛传播。

关于佛教传入的路线，过去一向主张是经过今新疆、当时的西域诸国传入内地的。主要的历史文献记载也是如此。现在的佛教遗迹，石窟寺、佛塔、佛寺等也都在"丝绸之路"这条大道上，因此其主要传入道路为这一路线应是无疑的。但是，还有西南路线一说，即来自云南、四川这条路线。这一说法有两个根据：一是说张骞出使西域看到了来自印度的筇杖、蜀布，说明中国西南很早就和印度有着交往；二是在四川汉代崖墓中，已有了佛像的雕刻。可惜这条道路上的佛教早期遗迹不多，特别是在云南还未发现汉代佛教遗物，尚难以证实。可能是西南交通十分困难，早期曾有经过此路的尝试努力，以后就放弃了。

沿字四号敌台

沿河城与敌台

沿河城是明清时期的边防重镇之一，因城北临永定河，故名沿河城。位于北京门头沟区西北部太行山余脉黄草梁与青水尖两山夹峙之下峡谷中的狮子沟沟口，是北京通往塞外的要冲之一。

沿河城原名"三岔村"，明永乐四年（1406）在该处设立守御千户所驻防，始称"沿河口"。嘉靖三十二年（1553）正式修建沿河口守备公署，嘉靖三十三年改守备隶属真保镇马水口参将府节制，下辖沿河口至小龙河口。从沿河口起至小龙河口止，根据地形分别建有城墙和敌台。沿

沿字五号敌台

河口一线敌台建于隆庆五年（1571）至万历三年（1575），由兵部右侍郎汪道昆和杨兆、刘应节等主持修建。敌台以"沿字某号"编号，共有敌台17座，其中有编号的15座，无编号的2座。万历六年，副都御史张卤倡建沿河城，便于屯兵

防守。

沿河城依东西向峡谷而建，随山就势，浑然天成，地势南高北低。东、西、北三面城墙呈直线，南面城墙依山势呈弧形，周长约1200米。墙以条石为基，墙体以条石和鹅卵石砌筑，内填碎石，这与常见的内填夯土外面包砌城砖的城墙不同，是沿河城的建造特点之一。城墙不含墙基和雉堞，外墙平均高约5—6米，内墙高约3米。城墙顶部宽约3.5—3.7米，铺青砖，为巡城马道。城有东、西二门，一条主干道连接东、西二门。东门名"万安门"，西门券门汉白玉门额阴刻"永胜门"，均为砖石结构，城台上原有城楼，现已无存。东门于20世纪60年代拆除，西门城台保存较好。

北侧城墙西端筑有角台，中间有马面三处，居中建有水门一座，下部条石为基，顶部青砖发券，面阔1.73米，南高北低，以供城内排水之用。南城墙建在山上，与北水门遥遥相对。

沿河城作为防守重镇，建有上、下衙门，大、小校场，营房，火药楼，大板仓，过营岗，望景台等建筑，名称一直沿袭至今。城内建筑相当紧凑，除一条正街宽阔笔直通贯全城外，大多是四通八达的小巷，样式讲究的小四合院随处可见。城外保存有很多寺庙和碑刻。较著名的有《沿河口修城记》碑，现仅存碑身、碑额，碑身高2.17米，宽0.88米。此碑立于明万历十九年（1591），碑文详细记载了沿河城修城始末。碑原立于沿河城圣人庙前，现为沿河城办事处。城内寺庙主要有真武庙、文庙、老君堂、关王祠等。

1984年5月24日，沿河城与敌台被北京市人民政府公布为北京市第三批市级文物保护单位。

西门——永胜门

北门——水门

古老的民居

《沿河口修城记》碑文

国家以宣云为门户，以蓟为屏，而沿河口当两镇之交，东望都邑，西走塞上而通大漠，浑河汤汤襟带其左，盖腹心要害处也。今皇帝六年，御史中丞张公来抚畿南，按行兹土，则询其将吏曰："是固宜有城。今邑、路、郊、保皆城而兹，阙如也？"对曰："先抚臣请于朝矣，而未竟也。"公曰："夫业已得请，奈何玩岁，视阴而稽，成命守土之谓何？"则命吏具畚锸，积储偫，期期而不具罪之。命将校督吏卒分工而作，期期而不就罪之！将校及吏士奉约束惟谨，凡数月告成事，上闻而嘉之。昔公副都御史留填抚如故，赐将吏各有差。余惟设险守国成于易，而宋儒以为重门击柝为待衰世之意，小康之事耳。夫岂惟小康，即天子有道，守在四夷，亦岂能遽忘备哉？然则戎虎牢，去下阳，春秋无识矣。先是虏阑入塞，民闻警溃散去，保匿山谷间，士之属囊鞬出捕虏者志死，绥而犹以内顾分其锐，病在无城。且地当万山中，潢池桴鼓时时而有，百姓未能贴席卧也，不能备盗，何论备虏？假令之役以坚城当其冲，虏即深入，则狼顾而恐护其后，此其利害较然矣。今士民赖主上神武，大虏内附，无赤羽之警，藉公筹策以其间为此城也。平居不复忧盗，即一旦有缓急，急入收保，凭坚城而守，据河上流为天堑，而壮士挽强赴敌，人人自坚无二心，西扼虏、东护三辅诸郡国，燕台易水之间可高枕而无忧虏，此其为国家计久远，岂惟一城？天下无事，边臣不复修备，即修备亦不复见功颂者，虏阚于西陲而言者，始扼腕谈御虏事，练甲缮塞凛凛不暇给，余从宜指周视关城，未有如沿河口之壮者也。夫惟远计顾尽之臣，见未形而备不然。语曰：众心成城，价人维藩。是城也，实干萃毂称藩篱。惟公之经略以及于此也，故知设险守国要惟在任人哉。公名卤，别号浒东，河南仪封人，余则公礼闱中所取士云。

万历十九年辛卯夏四月吉日。

赐进士第、中宪大夫奉敕总理紫荆等关、保定等府地方兵备，兼理马政驿传山西提刑按察司副使，北海冯子履撰并书。

三官阁过街楼

三官阁过街楼是现在北京地区唯一一座保存完好的琉璃过街楼，位于北京市门头沟区琉璃渠村东口，是研究京西地区琉璃烧制业和古代建筑琉璃装饰艺术的实物例证。

过街楼是旧时的一种建筑，其功能主要包括以下几个方面：首先是城关安全，过街楼券洞设置大门，在夜间可以关闭，保护城关的安全；其次是宗教信仰，楼台上会供奉当地人崇拜的神像；

三官阁过街楼

最后是调和阴阳风水，古人信奉风水，当他们认为某条街道风水不好的时候，就会修建过街楼来调节风水，化解凶兆。

三官阁过街楼建于清乾隆二十一年（1756），光绪年间进行过重修。三官阁过街楼所在街道曾是京西地区的一条运煤古道。楼台上供奉的是文昌帝君和三官，所以这座过街楼就叫作三官阁。

三官阁过街楼为东西向，形状如城楼，檐下悬琉璃匾额，西为"三官阁"，东为"文星高照"。正脊两端为卷龙吻，仰首腾龙造型别致，脊中为象驮宝瓶。楼下有过街券洞，洞外东西额为"带河""砺山"，"带河"寓意为江山如黄河之带水，

屋脊

券洞石额

永不枯竭，万古长流；"砺山"寓意为江山永固，两旁青石刻有"众善奉行""诸恶莫作"等楷字。城台上有殿堂三间，皆为黄绿色琉璃制造，构件雕琢精美、色彩绚丽。门楼上脊正中有黄绿色相间的琉璃宝象，象身上驮有宝瓶，寓意"太平有象"。屋脊两头是琉璃鸱吻。

1995年，对过街楼进行修缮时，出土了一座石碑，上刻碑文："神京西五十里许，有琉璃局者，以烧琉璃著名者也。由王朝景、赵邦庆等首倡及局民共议，众人踊跃称善，捐资鸠工，庀材垒石为台，构木为门，下辟洞门便行人也，不数月厥工。阁之上，东向供奉文昌、三官足以消除灾祸也。……"详细记述了此过街楼建造的经过。

1990年2月23日，三官阁过街楼被北京市人民政府公布为北京市第四批市级文物保护单位。

知识链接　琉璃渠村三官阁

在北京市门头沟区著名的琉璃之乡琉璃渠村，有一座保存完好的过街楼。位于村东口，坐西朝东，是村里最显著、最具代表性的建筑。券洞之上是宽敞的殿堂，因其原供奉民间和道教尊奉掌管士人功名禄位之神的文昌帝君，以及天、地、水三官，故称三官阁。至今每逢农历正月，阁台之上都要点灯，又称"灯阁"。

灯阁现存石碑一通，名为《琉璃局创建东阁记》（即《三官文昌东阁碑记》）。此碑由山西太原府榆次县儒学士郭言撰文，山西太原府文水县儒城朝俊书，整个建楼过程均与山西人氏有关。

据碑文记载，清乾隆二十一年，清政府沿袭明代在琉璃渠村设立了专门管理琉璃烧造业的衙

署"琉璃局"，当时村中大部分是窑户，因为这里专门为皇家烧制琉璃制品，往来的皇亲国戚较多，有人提议在这里建一座能够表示琉璃特点的建筑，既要适合本地地貌，又要便于人们生活、集会，还可以为人民祈福免灾。而道教的文昌帝君、三官正是人们所向往的理想之神。于是，建三官阁过街楼符合了众人的想法。

三官阁为砖石结构，券洞用青砖发券，三官阁外门上方镶嵌琉璃额"带河"，两侧对联青石镌刻。上联"诸恶莫作"，下联"众善奉行"。内门上方镶嵌琉璃额"砺山"。阁殿三间，硬山脊，黄琉璃顶，正脊由黄绿琉璃构件组成，大脊正中置墨绿色门楼，门钉历历在目，黄色抱框。楼顶上站立着黄绿相间的宝象，身驮宝瓶，神态安详平静。两侧是精美的琉璃鸱吻。口吞正脊所饰的大朵黄色宝相花，两条游龙遨游在波涛之中，大脊上，相对而立的是两只黄色琉璃小兽，及垂脊上的十只黄色琉璃小兽，惟妙惟肖，栩栩如生。大脊外端的鸱吻形象奇特，神态逼真，鸱吻上的腾龙，张牙舞爪，做腾空欲飞之状。整个大脊造型华丽，琉璃构件雕琢精美，色彩绚丽，有很高的艺术价值。

过街楼的建成，雄伟壮观，能撑足皇家的门面，琉璃装饰表现了衙署的特点，东南可眺望北京城，西北通妙峰山及陕西等地，傍浑河无际，仰叠翠千嶂，俯观则回澜万顷，山水交映，贯穿无穷，真是一幅壮美的图画。过街楼的建成，使琉璃胜地又添盛举，有盛举又供圣者，灯阁之上，东向则奉文昌，西向则奉三官。文昌帝君启迪后人聪明睿智，三官可以消除灾难，保佑人们祥和平安。目睹这里的山水风光胜景，谁不心旷神怡，哪个不交口称赞。

建成后的三官阁金碧辉煌，颇为壮观，成为琉璃渠村标志性建筑，向世人展示皇家琉璃的烧造手艺，南来北往的客商们，见此建筑，赞叹不已。里面供奉的文昌帝君是道教和民间主宰功名利禄的神，为众多的读书人和百姓所尊崇；三官，为天官、地官、水官。民间有天官赐福、地官赦罪、水官解厄的说法，供奉以上诸神，反映出当时百姓追求功名利禄的心理和商人希望天下太平、买卖兴隆、财运亨通、逢凶化吉的美好愿望。

阁下券洞宽敞高大，可并排行驶两辆马车，至今仍是村民进出的主要大道。站在过街楼上，东望永定河一带，在阳光的照耀下，河水宛如一条灿烂的丝带，形成一道亮丽的风景线。

三官阁建成以后，商贾富户和百姓按照"三官"与"三元"相结合的习俗，"上元一品赐福天官，紫微大帝；中元二品赦罪地官，清虚大帝；下元三品解厄水官，洞阴大帝"举行民间法会，上下五邻村的各档花会都齐聚琉璃渠村，开展祭祀活动。正月十五上元节三官阁红灯高挂，闹花灯的队伍彩旗挥舞，非常热闹。七月十五中元节放河灯，三官阁下点燃数十盏用彩色玻璃纸糊（为防风）的油灯，绚丽多彩，五光十色，很是好看，给琉璃渠增添了节日的喜庆气氛。

三官阁在清光绪年间曾进行修缮。1995年，北京市文物局又拨款进行了重修。

琉璃渠三官阁是门头沟区众多过街楼中保存完好又有特点的过街楼，历经250年的风雨，依旧巍然屹立，它既向世人展示着古代先人们的聪明才智和琉璃烧造业的精湛技艺，也是道教文化和民间信仰的有益传承。

八路军冀热察挺进军司令部旧址

八路军冀热察挺进军司令部旧址是抗日战争时期八路军冀热察挺进军司令部的所在地，位于北京市门头沟区斋堂镇马栏村一组四合院内。

1939年10月，八路军冀热察挺进军在萧克将军的带领下进军马栏村，其司令部是一座坐北朝南的标准四合院。这座四合院的地面都铺了方砖，院子有10间瓦房。如今，在挺进军司令部旧址的基础上，建设了陈列馆。陈列馆占地面积和建筑面积分别是680平方米和131平方米，而展陈面积是48.2平方米。

陈列馆共有135幅资料照片、16幅文字介绍、3幅图表、4幅油画、2组8幅连环画、2张拓片、

八路军冀热察挺进军司令部旧址

陈列馆院落

1个沙盘、108件实物。陈列馆东北侧是司令部首长居住地旧址，那里建了一个可容纳100余人同时观看的录像室，这里循环播放平西抗日斗争相关的录像片。

1995年10月20日，八路军冀热察挺进军司令部旧址被北京市人民政府公布为北京市第五批市级文物保护单位。

知识链接　萧克将军与冀热察挺进军

1938年11月25日中共中央决定建立八路军冀热察挺进军。1939年，八路军冀热察挺进军建立，萧克将军担任司令员兼政治委员。萧克将军带领近百名干部挺进了冀热察，当他们来到紫荆关，快要抵达百花山和北平古城的时候，萧克将军看到了祖国的大好河山，即兴作了一首诗：

　　北渡拒马河，百花山在望。
　　建立挺进军，深入敌心脏。
　　放眼冀热察，前程不可量。
　　军民同协力，胜过诸葛亮。
　　抗战虽持久，笑我力正壮。

现如今这首诗在陈列馆左墙壁上就可以看到。每当看到这首诗，我们似乎也感受到了萧克将军当时创建冀热察挺进军时的热血青春。它似乎将我们带回了当时那个时代。

八路军冀热察挺进军建立以后，对日寇的围攻扫荡进行反击。在与日寇不断的斗争中，八路军冀热察挺进军确定了自己建立时的总任务，即"巩固平西，坚持冀东，开辟平北"。在萧克将军等人的领导下，冀热察挺进军痛击日寇，发展平

西敌后根据地。

经过几年发展，平西敌后根据地已经颇具规模，与平北和冀东地区的相邻敌后根据地连成了一片，对北平形成合围之势，为抗日战争的最终胜利贡献了力量。

宛平县人民八年抗战为国牺牲烈士纪念碑

宛平县人民八年抗战为国牺牲烈士纪念碑是为了纪念在抗日战争中宛平县为国牺牲的烈士而建造的纪念碑，纪念碑最初位于斋堂中学院内，后迁移至门头沟区斋堂镇斋幽路西九龙头山。

在抗日战争中，有很多共产党员、八路军战士、爱国群众为了保卫国家牺牲在了斋堂中学，所以在纪念碑选址的时候，就将纪念碑的建造地选在了斋堂中学。1946年7月7日，宛平县人民八年抗战为国牺牲烈士纪念碑正式落成，宛平县党、政、军、民各界万余人参加了庄严肃穆的揭幕仪式，沉痛悼念在抗日战争中死难的烈士，追思他们为国家和民族做出的伟大贡献。1976年

后，门头沟区人民政府对纪念碑进行维修。1998年4月，经北京市文物局同意，当地政府将烈士纪念碑迁移到地势高耸、场地宽敞的斋堂镇九龙头山。

纪念碑坐北朝南，呈方形屋檐式结构碑楼建筑，高7.75米，首层四面各宽2.20米，底座为正方形，总面积为5平方米，高0.40米。全碑为铁灰色，象征着宛平县人民抗战的钢铁意志；金黄色圆形塔顶象征着烈士们的功绩与日月同辉；方形碑体表示宛平人民一年四季怀念为国捐躯的烈士。四块碑石镶嵌着宛平县各区、村光荣牺牲烈士的英名、职务及出生乡里；北面碑石，碑额分两行横刻"豪气长存，英名万古"，中间竖刻"宛平县人民八年抗战为国牺牲烈士纪念碑"18个大字，两侧竖刻碑文；南面"永垂不朽"；东面"民

宛平县人民八年抗战为国牺牲烈士纪念碑

纪念碑北面

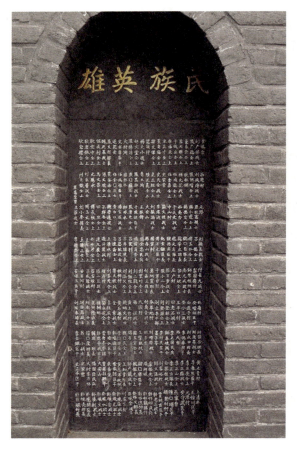

纪念碑东面

族英雄"；西面"永垂不朽"。

　　1995年10月20日，宛平县人民八年抗战为国牺牲烈士纪念碑被北京市人民政府公布为北京市第五批市级文物保护单位。

知识链接　《宛平县人民八年抗战为国牺牲烈士纪念碑》碑文

　　中华民国二十六年，日本帝国法西斯主义企图野心灭亡中国，七月七日卢沟桥畔的炮声，激起全中华民族的英勇抗战。中国当局稍事抵抗，即撤军南下，华北大好河山陷于敌人铁蹄之下，广大群众入于深水热火。幸中国共产党、八路军经万里长征，深入敌后，北上抗日，创立敌后抗日

根据地。一支雄师到达宛平，组织广大群众，成立各种抗日救国团体，建立地方民主政府，组织抗日救国农民武装，领导宛平人民开展对敌游击战争，创立了宛平抗日根据地。斯时也，我宛平人民得重见天日，为保卫祖国、家乡、父母、妻子、田园，成千百优秀革命分子纷纷参加党政军民各个机关、团体、部队，一起走上抗日民族解放的战场。

　　我宛平党政军民在八年抗日战争中，贡献了莫大的力量，粉碎了日寇无数的进攻、扫荡、蚕食、清剿，反复地袭击敌人、消灭敌人，保卫了宛平，使宛平根据地日益扩大与巩固。尤其是脱离家乡的战士、英雄们，优秀的革命工作者们，他们为了保卫祖国、家乡曾牺牲了无数头颅，流了无数鲜红热血，卒以战胜日寇，驱逐日本帝国主义出中国，取得抗日战争的最后胜利！

　　今天，抗日战争的最后胜利，解放区人民的彻底解放与享受民主自由的饱暖生活，是由于中国共产党的英明领导，解放区广大人民的对敌斗争，无数为国牺牲革命烈士的头颅和鲜血而得来的、而换来的，没有中国共产党的英明领导，没有解放区广大人民的对敌斗争，没有革命牺牲烈士的头颅和鲜血，则无有中国，则不能打败日本帝国主义，取得抗日战争的最后胜利。我宛平人民，为庆祝抗战胜利，为纪念为国牺牲烈士，特建此碑，以表扬烈士们英勇杀敌、贫贱不移、威武不屈、保卫祖国、保卫家乡的伟大功绩，歌颂英雄们民族气节与英勇事迹，永垂后世，以兹纪念。诸先烈为了人民解放事业壮烈殉国是无上光荣，先烈的英名团结着宛平人民的心，号召和鼓舞着人民的革命热情与斗争意志。我宛平干部及全人民，誓将继承先烈遗志，踏着你们的血迹前进，为完成和平民主事叶（业）而继续奋斗到底，

为慰诸先烈之英灵，而安光荣烈属之衷心。每值
七七，奉行纪念、追悼，永垂不朽，是为至祷。

先烈精神不死。

宛平县政府县长傅万睦暨全县人民公立。

宛平县政府民政科长王海如撰稿。

中华民国三十五年七月七日谷旦。

灵严寺大殿

灵严寺大殿是北京地区少有的保存有元代风
格的殿堂，位于北京市门头沟区清水镇齐家庄村。

灵严寺始建于唐武德年间，元至正年间重
建，明永乐年间改为尼姑寺，明成化二十二年
（1486）、嘉靖六年（1527）重修，清代以后寺院
渐渐衰败。

灵严寺北踞金柱山，坐北朝南，原有山门、
钟楼、鼓楼、太子殿、伽蓝殿、大雄宝殿及配殿
等，抗日战争期间多被日军焚毁。现仅存的大雄
宝殿建于石台基之上，面阔三间，建筑面积为
118.5平方米。殿内采用减柱造，檐下斗拱代替
木。整体建筑体现了元代工艺手法。殿顶及山墙

大殿宝塔脊饰

大殿兽吻

等经过清代改建。

殿内旧供奉释迦牟尼佛像，两侧铜菩萨像4
尊，佛前小佛像4排，多达50尊。殿东侧塑刘备、
关羽、张飞像，置于龛台内，西侧有如来佛龛，
佛像背光上为金翅鸟。

1995年10月20日，灵严寺大殿被北京市人民
政府公布为北京市第五批市级文物保护单位。

知识链接 **佛像**

佛像是佛教中最高地位的像。南传佛教认为
只有释迦牟尼才是佛；北传佛教则认为有无数的
佛，但未塑造出其他佛的特殊形象，只不过是以
不同的"印相"来区别罢了。

灵严寺大殿

为了表示对佛的尊重，逐渐总结出一套规制，并有专门的造像经典。对佛还有三十二相与八十种好的规定，谓之"相好"。释迦佛主要有降生相、成道相、说法相、涅槃相等，但其面相基本一样，即所谓的"千佛一面"。经常在寺庙中见到的还有如下五种佛像。

三身佛：是释迦牟尼自身的三种现身。一为"法身"佛，体现佛法的佛本身；二为"报身"佛，指以法身为因，经过修行而得佛果之身；三为"应身"佛，指释迦为超度众生而现之身。

横三世佛：正中一组为释迦佛，两旁文殊、普贤二胁侍菩萨；左侧一组为药师佛，两旁日光、月光胁侍菩萨；右侧一组为阿弥陀佛，两旁观音、大势至胁侍菩萨。

竖三世佛：正中为现在佛，即释迦牟尼；左侧为过去佛，即燃灯佛，他曾当过释迦之师；右侧为未来佛，即弥勒佛，因其未来才成佛，所以也有称之为弥勒菩萨的。

五佛：也称五方佛，东、西、南、北、中各一位。正中为法身佛，即毗卢遮那佛；左一为南方宝生佛，左二为东方阿閦佛；右一为西方阿弥陀佛，右二为北方不空成就佛。

七佛：释迦牟尼之外的六佛均为过去之佛，他们是毗婆尸佛、尸弃佛、毗舍婆佛、拘留孙佛、拘那含牟尼佛、迦叶佛。

爨底下古民居村落

爨底下古民居村落是明清时期京西贯穿斋堂镇地区西部东西向交通大动脉的最主要古驿道，也是京城连接边关的重要军事通道，清代前期重要的村落建筑文化遗存，位于北京市门头沟区斋堂镇西北部柏峪沟中段，是一座保存完好的北方古建筑群。为研究清代民间建筑、雕刻艺术和山区建筑艺术提供了极好的实物资料。

爨底下村的名字源于爨头。所谓爨头，即距离爨底下村北1000米的地方，紧扼三沟（柏峪沟、爨宝玉沟、双头石沟）之咽喉，当地人便根据其奇特的地形地貌将其命名为"爨头"。明景泰二年（1451），朝廷在此设立关口，名爨里口，并建正城一道，其侧为明正德十四年（1519）由守口千户李宫修筑的栈道，今古道上仍可见蹄窝印记。此后军兵及眷属渐至，逐步形成了村落，此时，因"爨头"在上，村落在下，故村以"爨底下"名之。

爨底下村以明弘治年间的世袭武官韩仕宁为祖先，据村内"祖先堂"记载，该村韩门现已传至第十七代，故村民皆姓韩。明弘治七年（1494）韩仕宁卒，其后裔及族人逐步流向沿河城地区的村落及爨底下村等。清康熙五十四年（1715），村落规模达到三十几户。抗日战争时期，村落遭受侵华日军破坏，其中228间房屋被焚毁。1958年"大跃进"时期推行简化字，为方便地方及刻章

爨底下村鸟瞰

用字，遂将村名改为"川底下"，后又恢复原名。1988年被门头沟区人民政府公布为门头沟区第一个历史文化保护区，并将村内的广亮院、石甬居院、双店院及关帝庙公布为门头沟区文物保护单位。爨底下村2003年被国家文物局与建设部命名为"中国历史文化名村"。

爨底下村落处于从"双石头村"到"一线天"之间的峡谷中一处向阳坡上，四周群山环抱，东面空间开阔，西面空间狭窄。村内古民宅院落以清代四合院为主体，兼有少量三合院，整体依山势修建，以村北馒头山包为中心，形成南北轴线，呈扇面状向下延展，通过严谨的规划及点、线、面形态相结合的应用，塑造了层次分明、形散而神聚的空间组合，可谓一幅古朴完整的"清

代民居图"。同时，村落内由一条蜿蜒的街道分为上、下两部分，街道采用紫石、青石、灰石铺墁，山坡上根据地形在坡前砌石墙，而后逐层垫渣土夯实以便建房，体现了典型山地四合院的特征。其不仅具有北京四合院的基本形制和以传统院落空间为核心的一般特点，又根据当地的自然环境因地制宜，形成了多种类型且独具特色的建筑形式。

同时，爨底下村的古民宅院落在局部装饰上也是独具匠心，体现在了砖雕、石雕、木雕及壁画四个方面。爨底下村古民宅院落的砖雕雕琢工序复杂，图案生动活泼并融入了匠人对美好生活的期盼。石雕则采用平雕与去地起凸的雕刻技法，纹饰种类及雕刻图案多种多样，反映了爨底

广亮院之大五间

山地四合院

墙腿石

门墩

广亮院大门

下村人的生活文化。爨底下村的木雕采用细密的硬木雕刻，内容以透雕花卉为主，用于装饰门窗。而壁画画于门洞之内，采用中国国画的工笔淡彩技法，描绘了福禄寿、望子成龙等寓意美好的图案。

村内现存古民宅院落74个，房屋689间，其中最具代表性的便是广亮院、石甬居院、双店院及磨盘院。

广亮院坐北朝南，建于清代早期，是爨底下村最高级别的四合院，亦是全村地势最高、位居中轴线的宅院建筑，清晚期及民国时期均进行过修缮。院落前后共两进，分东、中、西三路，共有房屋45间，院外环以围墙。东路前院南北狭长，方砖墁地，地下嵌方形石窝，以便搭架放置

荆笆。倒座房三间，清水脊合瓦屋面，东侧一间辟为广亮大门，木质门罩透雕牡丹花纹样，寓意"富贵荣华"，廊心前绘清代山水壁画。

两侧戗檐装饰精美砖雕图案，砖雕上部为荷花、牡丹花，寓意"阖家欢乐"，下部为"民国元宝"方孔钱和鱼，寓意"金钱有余"。墙腿石亦平雕精美图案，东侧残，西侧为"喜鹊登梅"。门前设踏跺七级，代表了主人的高贵身份，另有方形门墩石一对，顶部石雕狮子正面雕刻暗八仙纹样，侧面为花卉、瑞兽纹样。一进大门，脚下还平铺有石头两块，一为青石，一为紫石，寓意"脚踏青云，紫气东来"。

跨过广亮大门可见院内正房三间，清水脊合瓦屋面，明间五抹槅扇门装修，前出垂带踏跺四

广亮院戗檐砖雕

财主院

争时期被日军烧毁，现已修复。该院落后的第二进院，又称"财主院"，坐落在龙头之上，为全村中轴线的最北端，是村落扇面布局的交会点，可俯瞰全村大部分房屋。

院内正房五间，清水脊合瓦屋面，前有高大台基，明间五抹槅扇门装修，东、西两侧各出踏跺五级。室内青砖墁地，梢间与次间有木质槅扇分开，保存完好。正房西侧建有地窖，上起耳房一间，硬山顶合瓦屋面。穿过耳房为后院，院内地势陡峭，仅建东向工具房两间，作为整座宅院的西北角，外侧环以围墙，将三组相对独立的院落合为一体。

西路院倒座房三间，东侧一间辟门，院内方砖墁地，有正房三间，清水脊合瓦屋面，明间五抹槅扇门装修，次间支摘窗装修。西厢房两间，合瓦屋面。

石甬居院坐落于爨底下村上部东侧尽头，前临人工垒砌的高大石墙，由三组坐北朝南的三合院构成，院内房屋22间，院子正中为开墙垣式门楼，墙面采用磨砖对缝砌筑，木抱框上嵌雕刻精细的门簪。院内北房台基高大，东、西两厢较低，形成强烈的反差。石甬居院的三组院落西侧入口

级。东、西厢房各两间，板门装修，其中西厢房与中路前院东厢房呈勾连搭形式，且后檐墙前移，形成室内夹道，可通中路前院。此外，院内西侧地下设有地窖，青石嵌边，方口，木盖。后院地势高于前院，于东南角辟随墙门，院内正房三间，清水脊合瓦屋面，东山墙设山柱，西山墙则没有，建筑手法独特。东、西厢房建于陡坡之上，东厢为杂品间，西厢为花房。

中路院倒座房三间，东侧一间辟门，院内正房三间，东、西厢房各两间，其中东厢南侧设门可通东路，西厢为过厅可通西路。此院在抗日战

财主院内一景

石甬居院

双店院

关帝庙

处原有大门，构成严谨的整体院落，布瓦覆顶，地面青砖铺墁，且院内墙壁上有大幅行书墨迹。

双店院为清代店铺，是为过往商旅提供食宿之所，坐落于爨底下村古道旁，二进并联式四合院，共有房屋36间，门楼7座，连接6座院落。双店院门楼装饰精美砖雕，开四扇黑漆大门，既有专供人出入的，又有专供牲口出入的，可谓设计巧妙独特。第一进院内正房采用一明两暗结构，清水脊合瓦屋面，前后各设大门四扇。第二进院正房后砌高大墙体，并设置凸出墙体的条石，以便发洪水时登上高墙避难。

磨盘院建于清代，坐落于爨底下村上层，是村内过去八个碾房中唯一保留下来的。磨盘院由磨房及其后的两座院落组成，磨房位于院落最南端，坐南朝北，清水脊合瓦屋面，屋内石碾子一

盘，可人推也可马拉。磨房东侧有过道通其后的两座院落。磨盘院1号院内倒座房三间，正房三间（已毁），东、西厢房各两间，均为清水脊合瓦屋面，其中东厢南侧半间辟门，门前木质门罩装饰。磨盘院2号院内门楼一座，正房三间，东、西厢房各两间，亦为清水脊合瓦屋面。

爨底下村内除了古朴的古民宅院落外，还有数座寺庙建筑点缀其间，其中以龙王伏魔庙（关帝庙）、娘娘庙为代表。

龙王伏魔庙建于清康熙五十四年（1715），坐落于村东北的小山之上，坐北朝南，四周环以围墙，门前有老桑树一株。龙王伏魔庙原为龙王庙，后因爨底下村位于古道旁，商业发达，庙内便增

设关帝，遂改为今名，村内人称"大庙"。

现庙宇有门楼一间，灰筒瓦屋面，双扇板门，门洞内有墨书题记，左曰："□座宝刹似□□，十方弟子来进香，口诵真经念□咒，古佛下界降祯祥。"右侧字迹模糊不清，难以辨认。庙内正殿三间，前出廊，硬山顶调大脊，覆灰筒瓦屋面，檐下施以苏式彩绘，明间槅扇门四扇，前出垂带踏跺五级。殿内龛台正中原供奉关帝坐像，两侧为龙王像及风、雨、雷、电四神像，龛台下为周仓持刀和关平捧印立像，现均已无存（今新塑关帝像及周仓、关平像供奉其中）。殿内后墙墨绘壁画，中间为四扇屏风，两侧为云龙行空和神龙吐水图案。两侧山墙上前端亦有墨画碑记，左侧额曰"万古流芳"。西配殿三间，过垄脊合瓦屋面，明间槅扇门四扇，前出踏跺两级，配殿北侧接耳房一间。

娘娘庙坐落于村东南侧山坡上，一间，硬山顶调大脊，合瓦屋面，立面无门窗，前有照壁一座，殿内龛台上供奉娘娘彩绘坐像一尊，前有两尊侍女像。

爨底下村无论是在建筑艺术还是民俗文化上均具有较高的研究价值，其建筑依山势而建，色

关帝庙正殿

娘娘庙门神龛

彩鲜明，规划严谨，整体精良，因地制宜，巧用空间，对研究清代民居建筑、雕刻艺术和山区建筑艺术、建筑风格等诸多方面提供了极好的实物资料。同时，村内的各种民俗文化亦是研究民族传统文化的宝贵财富。

2001年7月12日，爨底下古民居村落被北京市人民政府公布为北京市第六批市级文物保护单位；2006年5月25日，爨底下村古建筑群被国务院公布为第六批全国重点文物保护单位。

知识链接 　　**爨底下村的选址与形成**

爨底下村选在一处沟谷北侧，其南和北分别是两座大山。这处位置处于背倚龙山，随山势展开，四周是青山环抱。俯瞰全村，这里像是一个金元宝，是一个建村的好地方。

从风水上来说，这是一处上吉之地，背倚龙头浸水，前照金蟾望月，四周环以群山，水流环绕村子而流淌。从自然景观来说，这里有古栈道、双龙洞、门插岭、神龟啸天、蝙蝠献福、佛影照庄、笔架和笔锋等，环境十分优美。通俗来说，这里采光和通风条件良好，可以节约用地，使得耕地更多，可以抵抗洪水，雨后排水也方便。

明正德十四年，爨底下修建了一条古驿道，而与此同时，沿河城—黄草梁—洪水口—小龙门一带的长城也修建起来。一时间，爨底下的地理位置更加特殊起来，从爨里口到天津关关隘，这里成为必经之路。随着贸易的逐渐发展，商贾往来，这里也成为他们的落脚之地，随之形成了驿站，最后形成了古村落。爨底下建村要追溯到明代，到了清朝的时候，这里还增设了守备所管辖，到清同治六年（1867），爨底下隶属于宛平县，兵丁转民。

这里还有一则传说，是说明永乐年间，韩氏祖先随山西向北京移民的潮流，迁徙到了这里，而此地也成为韩氏聚居地。明正德十年（1515），爨底下村韩氏三兄弟接到命令，

爨底下村山地四合院

在沿河城到爨里口守关以抵御北方的少数民族，经过繁衍，韩氏聚居的爨底下村逐渐形成规模。

双林寺

双林寺是靠近清水河的一座寺庙，在辽代时被称为"清水院"，位于北京市门头沟区清水镇上清水村西北。元至正年间经过修缮，作为百花山瑞云寺的下院，改名为双林寺。明、清两代都曾对寺院进行过修缮。

双林寺残存小殿

现在的双林寺，仅存元明时期小殿建筑各一座，悬山调大脊，砖雕鸱吻。梁架使用叉手，是北京地区少有的元代风格建筑。

另有辽统和十年（992）经幢一座，下为八方基座，有圆形仰莲承托幢身。幢身为两层，是上下有收分的八棱形。其上有方形小龛，周雕佛像，龛顶以定珠状石件为结束。下层幢身刻有《尊胜陀罗尼经》及题记，是考察辽玉河县地理辖界的重要文物遗存。

20世纪60年代双林寺辽统和十年经幢

2001年7月12日，双林寺被北京市人民政府公布为北京市第六批市级文物保护单位。

知识链接 辽清水院佛顶尊胜陀罗尼幢

辽清水院佛顶尊胜陀罗尼幢整体由14件石雕件叠砌而成（现已解体）。八方基座上圆形仰莲承托幢身，八面设龛，每龛雕一尊佛像，有释迦牟尼佛、文殊菩萨、普贤菩萨及伎乐人，分别做弹琴、弹琵琶、吹笛、吹排箫、舞伎等状。幢身为上小下大略有收分的八棱柱体，共5层，象征佛教五级浮屠。

第一层为梯形八棱柱体，单面上宽17—18厘米，下宽21厘米，通高115厘米，上部直径43厘米，下部直径50厘米，刻《佛顶尊胜陀罗尼经》《佛说佛顶尊胜陀罗尼经》及序文等。

第二层为梯形八面圆柱体，分八面。单面上宽16厘米，下宽18厘米，通高85厘米，上部直径37厘米，下部直径43厘米，刻《般若波罗蜜多心经》及题记等。

辽清水院佛顶尊胜陀罗尼幢是辽代统治者为利用佛教统治人民而建，主要分为浮雕图像和文字两部分，文字内容分为四部分：启请文，镌录了唐代高僧不空撰写的偈颂文，作为序言；《佛顶尊胜陀罗尼经》原文，在立幢时僧人集体唱诵；记录了军政体制、将领官职、人名地名、地方史志等多方面珍贵史料；《般若波罗蜜多心经》唐本原文。

另外，碑文镌刻各类领头人约700余人，大部分为军政教要员，与坚守长城的官军密不可分，从中看到辽宋朝廷、驻军、民间宗教首领之间密不可分的关系。如节度使、司马、将军、军头、巡官等军队职务有近百人，占据了碑文的很大篇章，又另有本地百姓几百人。地域涉及外埠省县、本地村落幅员辽阔，远达均州、凤祥、武定、郑州、顺州、城德、檀州、新安镇、均州等多个州县军务。

此石经幢选材精良，形制高大，镌刻精美，此经幢的启建，是当时的一件大事，军政教能如此统一在一方石碑之上，既是当地政府，也是辽宋官军的一件大事。它是研究辽、宋、金长城历史的珍贵文献和实物，对当时的政治、军事、佛教，以及地理辖界、村落历史研究起到十分重要的作用，又是研究辽代佛教地方组织机构、佛教艺术的宝贵资料。

天利煤厂旧址

天利煤厂是清道光年间京西地区重要的煤炭集散地，位于北京市门头沟区三家店村中街73、75、77号院，由山东青州殷姓家族在道光年间创办，是门头沟区唯一的煤厂实物遗存。

天利煤厂占地约3500平方米，有房舍73间，大门14个。院落主体建筑、格局保存完好，硬山清水脊，砖雕非常精美。

75号院影壁

三家店村中街75号院大门

75号院二道门顶部

三家店村中街73号院大门

天利煤厂在格局上分为东、中、西三处院落，东侧院落在当时做煤厂用，是储煤和进出大车的地方。该院落即现在的73号院，院门宽大，没有门槛，为的是方便车辆的进出。院内厂院开阔，可以存放大量煤炭。正房五间搭配倒座房五间，两边各有厢房六间，是煤厂办公结账的地方；西院77号是一座二进院落，保存相对完整，过去是煤厂工人居住的地方，但在装饰上远逊中院；中间75号院子是煤厂的核心部分，是煤厂主人居住的地方。

煤厂主人姓殷，所以75号院落被称为殷家大院。该院由36间房屋构成三进四合院，大门为黑漆大门，开在院落的东南角大门与倒座房连在一起，门前放着一对雕刻精美的门墩石。全院用方砖铺地，东西房各有一处精美的影壁，屋顶皆为清水脊，两头高翘"蝎子尾"。砖雕以门楼为代表，图案有"福到眼前""渔樵耕读"等。

2001年7月12日，天利煤厂旧址被北京市人民政府公布为北京市第六批市级文物保护单位。

知识链接

京西古道与运煤之路

顾名思义，京西古道即古代由北京出发向西延伸的道路，在不同年代、不同地域、不同民族称呼略有不同。玉河古道、西山大路、卢潭古道、王平古道、骡马大道都曾经是这条道的名称。它与永定河交错穿插，沿途有文字记载的则数石碑、石刻为多。如今，在永定河畔有关修桥补路的碑刻多到几十方，包括河北蔚县《蔚州杨氏先茔碑铭》及张家口地区一些碑刻，以及北京门头沟《重修西山大路碑记》《门头沟村修路碑》《重修峰口庵东西山路碑》《续立峰口庵道路行善碑》《石窟崖修桥补路摩崖碑记》《下苇甸修路碑》《重修道路碑记》《双石头村官道碑》《戒台寺重修山路碑》等。

京西古道沿线呈现出各种文化景象，如煤炭文化、军事文化、宗教文化、古村落文化等。

京西古道地处咽喉要道，东连京城所在的京津冀大平原，西北通黄土高原和蒙古大漠，再向西达历史上的西域少数民族地区，与"一带一路"相连。人员的交往、货物的运输、军事的争夺等都曾经发生在这里。

京西古道的性质，既是方便运煤和商旅通行的生活大道，也是塞外通往北京的军事要道，还是虔诚的信徒烧香拜佛的信仰大道——香道。金代定都北京称金中都，架设卢沟桥的石头就出自门头沟的石厂村。元代大书法家赵孟頫在《蔚州杨氏先茔碑铭》中曾记录蔚州杨赟带领3000将士采伐木材运送北京，修建大都城。

为了国家安全，明代修建万里长城，沿河城、斋堂城的修建跟石窟崖修路为同一年，这就是"军道"。洪水口的老龙坳之战，明将毛立芳将军为了抗击后金牺牲，就是为了守卫这条军事要道。

清代对煤炭大规模开采，北京城需要取暖，山里人需要生活资料，三家店村就成了进出山口的贸易点。形成了马队、驼队的商道，至今留下了大片"蹄窝"。

随着人们精神生活的丰富，潭柘寺、戒台寺、灵岳寺、栖隐寺成为他们的常住地，便有了"香道"。例如：妙峰山灵官殿有《四路香道碑》描写当年进香之路。卢潭古道是由卢沟桥到潭柘寺、戒台寺进香的道路，戒台寺下岢罗坨村至今保留着一座石桥，是当年妓女香客捐资修建的桥，俗称"娼妓桥"。

京西古道发生过关系中华民族命运的重大历史事件：炎黄蚩三祖"涿鹿之战""阪泉之战"等；丘处机在门头沟燕家台逗留后，经大漠不远万里到大雪山（今阿富汗境内）觐见成吉思汗；明代洪水口一代的老龙坳之战、河北省张家口怀来县的"土木堡之变"；抗日战争的鳌鬟山之战、天桥浮战斗等。

在京西古道有古关口称峰口庵，又称风口庵、风口鞍。明《宛署杂记》称峰口鞍，明《长安可游记》写为风口岩，清《日下旧闻考》中为峰口岩。北是九龙山，南是大南岭。峰口庵关城，为区级文物保护单位。关城建在两山之间"V"字形会合点的隘口上，山石砌筑券洞，便是城关，玉河古道从券洞通过。城南北两侧有石墙斜延顺山势而上，各长达数十米。关城西北，有一平场，建一院落，为峰口庵、殿堂、戏台、马王庙等。清代，峰口庵关城由王平口绿营兵把守，抗日战争期间，关城和庙宇、戏台均被日本侵略军焚毁。现存残城门券洞，庙宇只剩残基墙。古时，关城为玉河乡与王平社交界点，现为龙泉镇与王平镇交界处。原有碑五方，现存残碑四方及两座残碑趺，为《续立峰口庵道路行善碑》《重修峰口庵功德碑》《重修峰口庵东西山路碑》《重修三圣庙碑》《修建马王殿及南北道路碑》等。

天桥浮是京西古道古村，村中三义庙是古时窑工们聚集的场所，现存清嘉庆、道光年间《重修三义庙碑记》中记载窑名、煤铺名山主名几百个。另外，门头沟区王平镇北岭地区也有很多碑刻记录煤业历史，这些碑刻与史籍相互印证，记载了人们生产、生活、交易的历史。

自明代以后，直至新中国成立，随着社会的发展，北京人对煤愈加依赖，"京城百万之家，皆以石炭为薪""京师炊爨均赖西山之煤"。京西煤炭开采面积愈加扩大，需求量愈来愈多。随着开采量的增加，运输的问题就摆在眼前，修建、拓宽道路以方便运煤，就成了必然。京西古道不断扩建整修，而石板道亦不断被驼队踩踏出深深的印痕。

北京民谚曰："明修庙，清修道。"表达了北京地区明朝普遍修建寺庙，清朝普遍修补道路的历史。牛角岭、峰口庵、石窟崖是京西古道的重要关口，至今留下了多通"修桥补路碑"。

门头沟区王平镇东石古岩村四块连体摩崖碑

《石窟崖修桥补路碑》是目前发现时间较早、碑制最大、内容最多的古道碑刻，刻于明万历六年（1578）。碑刻是四方并列连体摩崖碑，利用自然山石，略做加工，因地制宜，因材施技，在20余平方米凹凸不平的石面上镌刻四方碑，通高约4米有余，宽5米。从北向南排列，其一佛教碑，碑首为三尊佛像，祥云金刚座。其他三方碑莲花座，祥云碑首上分别镌碑额："万善同归""十方诸佛""万载芳名"，主要内容是明万历六年，由明安禅师倡导，王平口巡检司牵头，发动朝中管事太监、地方政府、各地寺庙、沿途村民，多方捐款，对京西古道进行了修治。这是一项浩大的政府工程，是一件利国利民的善举，碑文记载了王平口巡检司官员、锦衣卫千户、御马监、司礼监太监、隆恩寺、承恩寺等10余座寺庙住持，附近30余个村庄等共计800余人捐资修路。

峰口庵道路险隘。据《宛署杂记》载，明万历年间，有"两峰夹峙，似乘骑马鞍之形意"。原关城有城门、殿堂、神像，现已无存，只有残墙及城门洞，进深6米，宽3米。关城旁有峰口庵、马王庙及戏台遗址和石佛雕刻残什等。关城西侧路边有碑石三方，峰口庵遗址中有碑石一方，立于清乾隆时期及以后，即清乾隆四十二年（1777）《永远免夫交界碑》、道光十四年（1834）孟夏《重修峰口庵东西山路碑》、咸丰二年（1852）孟冬《续立峰口庵道路行善碑》。

明清之际，峰口庵一带煤窑众多，又是山里煤炭外运的通道，附近的人们久有崇祀窑神、马王爷的习俗。牛角岭是古时候的重要关口和税卡，《永远免夫交界碑》《修桥补路碑》原立于京西王平镇牛角岭关城西侧，是京西煤行特有的碑记之一，记录清政府体恤民间疾苦、免除窑户煤税及附近38村夫差劳役的往事。碑文载："宛邑所属西山一带产煤之区，附近京师为亿万户炊爨所取。"窑工长年劳作，为京城千家万户解决了烧饭取暖之难，而自己却吃不饱，穿不暖，常叹"糊口之艰"。碑文讲述了当时朝廷对民情的关怀与体恤。2007年，北京市地方税务局、门头沟区地方税务局为弘扬政府德政，在牛角岭关城建纪念亭一座，请末代恭亲王爱新觉罗·毓嶦先生题"永远免夫亭"匾，重立古碑，立副碑记述《永远免夫亭记》："世谓体恤爱民为国之根本，修亭立碑乃民之寄托。兹北京市地方税务局、门头沟区地方税务局领导在深入京西山区调研之余，恤民情，察民隐，获悉水峪嘴村牛角岭存古碑一通，名曰：永远免夫交界碑。文记清初'宛邑西山一带，石厚田薄，里下走窑度日，家中每叹糊口之艰'。宛署官员体恤民情，于雍正八年恩准，乾隆四十二年重申'王平、齐家、石港三司夫役尽行豁免。于是，黎民佩德，兆姓喁恩'。

"当今国势兴盛，惠民之策，举措频出，扶持三农，免除农业税，快至民心。此举较之碑述，无异官署爱民之记录，税务文化之佐证，为中华美德之传承，诸领导缘起保护之心，委托水峪嘴村斥资鸠工，护碑建亭于牛角岭关城，以壮山川之秀美，文化之流芳，碑亭落毕，承蒙盛邀，记之为文，以致不朽云。北京市地方税务局、门头沟区地方税务局全立。"

窑神庙《豁免煤税碑》残碑立于门头沟窑神庙。门头沟区税务局于2008年将其复制，立于永定镇税务机关。重立该碑并释文："国家集民力而兴旺，文化缘智者而弘扬。煤，古称石炭，百姓抵薪柴之用，炊爨为生，随经济发展成能源之重。京西煤都，天下闻名。始于辽金，兴于元，盛于明清。明顾炎武云：'京城百万人家，皆以石炭为薪'，时煤窑百余座，民人年纳税金伍仟余两，税赋使窑工苦不堪言。清初对民窑豁免煤税，一时间煤业迅速发展。清末至民国，采煤渐向机械化发展，外国资本侵入，煤炭资源遭大肆掠夺。新中国成立，采煤业进入鼎盛期，成为地方支柱产业和重要税源。时代变迁，京西采煤业随生态涵养区的定位载入历史的辉煌。古有'重建豁免煤税碑'一通，记清代对民窑豁免煤税。为弘扬北京煤税文化之古风，以乡土之特产融于税务文化建设之中，重立古碑一通。愿国家兴旺，百姓融融，中华德政，继继有承。"

明代顺天府宛平县知县沈榜写了一本《宛署杂记》，将京西古道描写得比较详细：出西直门，沿途经阜成门、八里庄、古城、门头村、香山，以村庄相连形成了京西古道，直接通往河北、山西、内蒙古所在的黄土高原、内蒙古高原，远达西域等地，成为名副其实的西行大路。当年，契丹人、女真人、蒙古人等北方少数民族就是多次从这里撕开了长城防线，进入中原。文中对村名、地名的记载非常详细，麻峪村、大峪村、东辛房、门头口、王平口、三家店、永定河、琉璃渠、王平村、芹峪口、斋堂村、沿河口、卢沟桥、长辛店、东王佐、沙窝村、大灰厂、石佛村、罗锅岭（西峰岭）、戒台寺、潭柘寺、古城、庞村、太清观、万佛堂、桑峪等历历在目。

明朝万历初年，正是修建斋堂、清水地区的洪水口、蔡家岭、沿河城长城敌楼时期，当时蒙古人不断侵犯明朝边境，很多时候是沿着京西古道进犯北京。北京城的建设和百姓生活又需要把京西的煤炭、石材、木料、山货等物质运到京城。清朝以后，大力整修拓宽道路，基本形成了现在的古道规模，出现了三家店、圈门、峰口庵、桥耳涧、牛角岭、斋堂、清水、百花山等地的修桥补路碑。

白瀑寺

北京白瀑寺是一座悠悠古刹，它的历史可以追溯到900年前的辽代，位于北京市门头沟区雁翅镇东北部淤白村的村北。白瀑寺的名字源于该寺背靠山上的白色瀑布，一开始是称作白瀑寿峰禅寺，后来才改作白瀑寺。

白瀑寺始建于辽代乾统初年，仅存山门、大雄宝殿和一座古塔。现在的白瀑寺很多殿宇都是新建的。

白瀑寺坐北朝南，山门两旁是新塑的哼哈二将，它们却比山门还要高，让人猛一看便感到了庄严且巍峨。山门上悬挂一块匾额，上书"白瀑寺"，下方是一块小扁，上面刻着"金银山"的字样。

白瀑寺依山而建，现在寺内依次向上是天王殿、大雄宝殿、两侧僚房、钟楼、鼓楼、客堂、

新建的天王殿

法物流通处、法堂和藏经楼等建筑，各建筑环廊环抱且贯通。不过，除大雄宝殿外的其他建筑都是新建的。

白瀑寺的西南山谷，那里是地藏殿、汉白玉观音像和接引殿的所在地，有一尊铜像，那是地藏王菩萨铜像。该铜像的前方是金代七层灵骨塔，那里存放着灵骨舍利。

该寺东侧是二僧院，其后面是弥陀村安养院，前面是观音亭，亭内是6米高的观音像，它是用海底樟木树化石所雕。从远处望去，还可以看到面向四方的四大神佛像，这是寓意镇四方妖孽，

白瀑寺山门

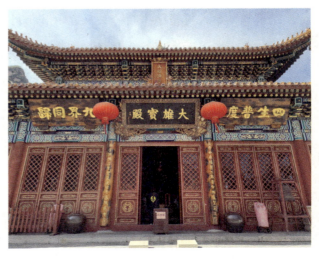

大雄宝殿

祈福苍生。

白瀑寺最出名的应该是雷云阁。阁上有佛祖出生像，周围环绕着五龙二凤像，还有十二生肖的塑像，阁内是365平安钟，它的声响可以传到好几里外。

古塔为圆正法师灵骨塔，建于金皇统六年（1146）十月一日。塔六角实心，下半部为密檐式，上半部为覆钵式。塔身三层密檐，密檐之上双层仰莲承托覆钵，覆钵上置仰莲，再上为十一重相轮，上置镂空铁球，球中插铁刹杆，此塔造型稳重、形制罕见，是金代密檐式塔中的杰作。

圆正法师灵骨塔

白瀑寺里有很多古树和梯田，具有优美的自然环境，建筑中蕴含着传统佛教理念。

2003年12月11日，白瀑寺被北京市人民政府

公布为北京市第七批市级文物保护单位。

 知识链接 《大金燕京宛平县金城山白瀑院正公法师灵塔记》碑文

师讳圆正，俗姓曹，中京乾州人。父讳文用，母田氏。初妊胎，梦一掌钵僧入其家。咸雍三年六月十五日午时降生，白光满室。师生而异相。在孩童间不喜荤茹，发言有端，举措有生知之学。龆龀，礼当州大崇仙寺□□大师为师，十五具戒，始习律，次听花严大经，未久有超群之解，众推师，愿为法主。既顺其缘，敷演圣意，座下缁素靡不服膺。一日，师忽闻同住僧唱苦声而有省，曰：法离文字语，言讲亦奚为。遂舍法席，遍历诸方，参寻禅德。往往赞师法器之人也。寿昌年间，拨草诉流，经游兹山，睹群峰秀异，溪水清甘，师默叹云："此胜地可建兰若，冥与圣合。"遂卓庵于此，唯采野蔬充斋，以噎饥疮而已。仅及月余，偶因樵者见之，施米二升，自后僧俗稍稍而来，于是道风远播，仕庶咸归，所谓果熟飘香者是矣。乾统初，昌平、玉河、矾山、怀来四县檀信，共请师建当阳大殿。从此，庵房、厨库、什物、器用之具翕然就绪，遂成禅刹。天会十二年三月示微疾，十一日午时垂诫毕，奄然而终于是山。是日，五色祥云覆于山顶。二十一日，依法茶毗，灰烬中获舍利三百颗，齿舌如生。塔葬其二：一灵骨者院之外坟山；一舍利者院之内西。师享年六十八，僧腊五十三，度门人崇贵、崇行四十余人。余适来斯瞻礼塔像，山主比丘道渊泪檀信管乾数十人，殷勤礼请余为记文刊石，庶几不泯。余曰："吾宗教外别传，直指人心。见性之法，贵其行弗贵其说，务其实不务其华。师五十

年食不重味，衣唯一衲。凡训徒示众唯以真实，终不以曲顺人情，妄有干求。檀越所施或金帛财物之类，苟不合于佛理者，叱而不受。纵合留者，即时分散见前僧众，凡所施为未尝一事不归于理。师之种种行解，笔舌安究？"撮实一二，以应来命。临终遗诫，刻诸别石，以永传之。

仰山栖隐寺退居嗣祖沙门希辩记。

皇统六年岁次丙寅十月一日，山主比丘道渊立。西盖医人庄彦和写。

灵岳寺

灵岳寺位于北京市门头沟区斋堂镇北部5千米的白铁山上。灵岳寺建于唐代贞观年间，辽代重建，称白铁山院，金代改称灵岳寺，元至元三十年（1293）和至正年间均有整修，清康熙二十二年（1683）、雍正十一年（1733）两次整修。

寺院处于白铁山主峰前的平台上，坐北朝南，现存有山门、天王殿、大雄宝殿及山门两侧钟楼、鼓楼遗址。山门一间，歇山顶，筒瓦屋面，无梁殿形式。天王殿面阔三间，悬山顶，调大脊，面阔9.52米，进深5.90米。

大雄宝殿庑殿顶，灰筒瓦，斗拱为一斗二升，带挑尖梁头，内檐斗拱为双昂五踩斗拱，面阔三间，进深三间，四周带回廊，殿堂虽经历代修缮，仍保存元代遗韵。殿内供奉四大天王、韦驮、接引佛塑像。大雄宝殿面阔、进深均为五间，庑殿顶，檐下施重昂五踩斗拱，拱眼壁处彩绘佛像。殿内原供奉一佛二菩萨像，柳木雕刻，高近4米，释迦牟尼端坐莲台之上，两侧有阿难、迦叶立像，雕刻传神，1954年被拆毁。寺内现存元至元三十

灵岳寺山门

天王殿

大雄宝殿

年《重修灵岳寺记》碑、清康熙二十二年《重修灵岳禅林碑记》。

2003年12月11日，灵岳寺被北京市人民政府公布为北京市第七批市级文物保护单位；2013年5月3日，灵岳寺被国务院公布为第七批全国重点文物保护单位。

知识链接 《重修灵岳寺记》碑文

特赐通玄广照大禅师、大都奉福禅寺退堂、南溪老衲居实……

佛教来震旦，肇自东汉永平年明帝梦金人，遣使西迎三藏摩腾、竺法兰二大士。白马驮经……楮善信等力破佛经，群僚莫之辨，赍表奏闻，旨置二台，释道二经，各安其上。以火验之，不焚……经，光耀无损，帝骇然叹异，启谛诚心，生大敬信，仍遽颁诏，创寺度僧，繇是灵图宝坊，星分棋布……堂，有山曰白铁，突然秀出，势压群峰。中有精蓝曰灵岳寺，唐贞观年中创建，五代烽起，稍废辽……方，栖心进道之所。环寺长松蔽日，拔山乔木参空，状气象之光辉，尽峰峦之雄美，真梵王之宅，释子……僧去寺空，有逢蒙冠蔡先者占住之，毁佛像，杀风景，恣行顽弊若枭雀，块艾之说久不还，旧微力莫……大元世主，今上皇帝乘乾握纪，敬天爱民，威震万邦，恩沾四海，除奸削伪，树正摧邪，是梵刹敕遍修营，有僧徒蠲除徭役……至化，自古未之有也。

丙辰春，遇上颁诏，勘当先生占住寺院，有无多寡，诸路通籍见数，计四百八十二处。是时，僧缘恩者，诣官告争本寺。至戊午岁……圣旨改正，将先生所占寺内二百三十七处断付僧人，余皆回免。尚有道士甘蔡等辈，肆行凶暴，抗拒诏

命，不易回付，以致斩首劓鼻，递流远方，正典刑讫，始付安定。恩公自是为宗主，住持本寺，勠力兴修，以真实……故得信心倾向，因缘顺行，数十年间日修日葺，渐成巨刹，归依有殿，斋会有堂，造膳有厨，储积有库，主有丈室，僧有……殿画八十四龛像，灿然金碧，寺门所宜有者莫不完具。而又置恒产，开田圃，马栏口水碾壹所，宗祐村皮鞋谷口白……洞港栗园等处，所收之物，以供清众，使居者不苦营求贵，安心修道为优耳。其田产之亩步，人物之名目，俱在碑阴矣。

灵岳寺全景

西斋堂宝峰寺，乃灵岳寺之下院也，恩公又重修佛殿、钟楼、僧舍，亦革故鼎新。而已，恩公谓门人曰："余自住山，勤于修造，今颇成趣，欲镌石以纪之，使后之来者有所考焉。孰为我文？故托本县都纲联公大师小师，显敬丐文于余，辞不获免，因掇其实而记之。"

仍为辞曰："三藏西来，玄言东被。像教兴隆，应五法记。黄冠祭酒，排佛不回。二经火验，道经灰飞。明帝颁诏，创寺度僧。普遍天下，靡所不兴。天兵南捅，僧去寺空。伥狂道士，占作琳宫。宗主恩公，卫围犯难。力破邪徒，曾无忌

悼。丙辰之春，抄数寺竟。戊午年间，奉旨改正。祖父田园，承恩作主。勍力兴修，超今迈古。栋宇新完，增置田圊。产积资粮，以供云侣。丰碑拟树，昭著其原。辞刻贞石，千古常存。事有隆替，法无废兴。铁山岌岌，玉河凌凌。"

大元至元三十年岁次癸巳五月十九日立石，燕山朱秀刊。

大雄宝殿梁架

知识链接
《重修灵岳禅林碑记》碑文

吏部候补主事刘懋恒熏沐……

富春佛弟子程典熏沐……

粤稽周昭王二十四年，释迦佛生刹利王家，放大智光明，昭十方世界，涌金莲花……分，手指天地，作狮子吼。年十九出家，号龘人师，住世四十九年，□微妙之诉，升智慧……喉珊瑚口，膻舒意叶，室度心香，玄关幽键，感而遂通，遥源浚渡，酌而不竭，致此胜果，爰……至汉明帝八年，求其道，得其书，教始通于中国。观之六寓之□，八荒之外，比比皆然。吾乡……岳寺，亦释迦象也。此寺有崇山峻岭，古松苍柏，林壑尤美，□之蔚然而深秀。

考之碑碣，创……贞观年间，迄元至正年间重修，年重葺告竣矣。若然举□荷帱幪于无外，群生乐……岁深日久，将有倾圮之虞，适有月赖以光华其姓登甲其名者，往瞻庙貌，勃然色变，皇皇……云：此寺不蚤图之，其所以摧败如幻，三抹为木所能撑矣。爰是谋诸懋恒，即助多金，洎谋诸……志，或捐资，或效力，人咸乐，趋登古刹，毋容言，竭尽心力。唯恐垂檐沉重，难以永远，复加桁木……十有二，竖木一十有六。鸠工期，都门弟子千迺际更新之，候茂崇居正之，

大雄宝殿翼角

规耸千楹而岳峙，□□百堵以云兴，山川增其炳燿，日零落者非一。兹寺住持有律师性寿者，能读内外典，博通其义，□以水月之心，搆云霞之想，欲以甲董督其事，一平首请书其事于石，以垂不朽云。

宛平县齐家庄巡检司巡检丁迪、平罗营把总王镇、直隶沿河口守备安治远、沿河口把总郝运腾、国子监监生连奏捷、原任山东东昌府城守都司谭三聘、洪水口守口王臻、国子监监生谭喜谌沐手同立。

信士：王守干、谭重元、谭有春、谭重起、韩□□、徐登起、贾□□、徐德荣、刘应才、刘景什、王登甲、谭九山、李应干、刘三友、□思惠、林起凤、贾汝贵、贾增茂、沈汝亮、刘智祥、

谭应科、宋德林、刘肯俊、谭日宋、索冲会、王世昌、贾汝亮、贾应垣、李朝资、王奉知、宋九经、张文兴、刘延祚、谭应武、师可教、徐登云、贾增荣、刘志奇、李承春、张朋。

大清康熙二十二年春王正月吉旦。

清工部琉璃窑厂办事公所

清工部琉璃窑厂办事公所是清代工部在琉璃窑厂设立的督烧机构的衙署。位于北京市门头沟区龙泉镇琉璃渠村，该衙署坐北朝南，两进院落，占地约850平方米，为北京传统宅院形式，具有一定的历史价值。

清工部琉璃窑厂办事公所外景

清工部琉璃窑厂办事公所鸟瞰

清乾隆年间，将御用琉璃的皇家琉璃窑场迁到此村，北京城内重要建筑的琉璃构件均在此烧制。工部琉璃窑厂的督造官也在此地办公，并将琉璃窑厂办事公所设在此地。

2011年3月7日，清工部琉璃窑厂办事公所被北京市人民政府公布为北京市第八批市级文物保护单位。

知识链接 中国传统瓦屋顶

从现代建筑水平看，瓦屋顶只是各种屋面材料中的一种，是可以和麦秸泥顶、草顶并列的，但在中国古代建筑中，尤其是丰富的遗物里面，瓦屋顶占了极大的比重，因之专辟本节对瓦屋顶加以介绍。从陕西省岐山县周原遗址所掘遗物中已看到有屋瓦出现，瓦数量不多，附有耳或大头桩，是否是用绳索扎结在椽木上，未敢断定。这些屋瓦间断地与附有象形文字的铜器同时出现，故可认为至迟在公元前11世纪即使用在屋顶上。到了战国时期，屋顶上筒板瓦的使用就较普遍了。筒瓦端部，或为整圆瓦当，或为半圆瓦当，瓦身长度有达80厘米者，无论河北易县燕下都遗址还是平山县三汲村中山王墓均属如此。

秦汉瓦当中半圆形就比较少了。瓦当花纹图样种类已相当丰富。有的是文字瓦当，如"延年益寿""长乐未央""上林""甘泉"；有的是蕨草纹；有的是动物纹，如龙、鹿、朱雀、鱼等。

南北朝瓦当有两大类花纹，一是文字瓦当，如"传祚无穷""万岁富贵"等，常是在圆形廓内做成田字格，在格内写字；二是莲瓣纹瓦当。

清工部《工程做法则例》把瓦作分为大式和小式。大式瓦作的特点大体如下：

（1）各瓦坡使用筒瓦、板瓦合口。

（2）大脊、垂脊上都用吻兽等装饰。

（3）材料用布瓦（青瓦），也用琉璃瓦，建筑对象为宫殿庙宇主要建筑。

小式瓦作的特点大体如下：

（1）各瓦坡只用板瓦，间或用筒瓦，绝无用琉璃瓦的。

（2）坡顶两山不做垂脊，只在正脊处做清水脊或皮条脊，不用吻兽。

（3）建筑对象为宫殿衙署次要建筑。

但也有一些做法没有包括在清工部《工程做法则例》的规定之内，如仰瓦灰梗、棋盘心等，这些只是一般住户商家使用。

1.仰瓦灰梗

北方冬季气候寒冷，一般住户虽然经济条件不宽裕，屋顶也要达到防寒的要求，仰瓦灰梗就是部分使用瓦件的一种灰泥屋面。做法是椽上铺苇箔，上铺灰泥四寸，然后在泥上瓦一层，灰泥要干些，瓦时要用力，相邻两垄瓦对缝处用麻刀青白灰堆出一道道类似筒瓦但比筒瓦直径小得多的灰梗，这样漏雨的概率就小得多了。在屋顶的边椽山墙上并做筒瓦一垄，盖板瓦一垄收住。如果经济条件不够，也有只铺仰瓦不做灰梗的做法。

2.棋盘心

做法和仰瓦灰梗大致相同，但防漏效果要好一些。也是椽上铺苇箔再铺插灰泥，泥背上扣底瓦一层；不同之处是在梁缝处和脊檩附近要加铺一行盖瓦，而且底瓦之上满抹麻刀青白灰一层，远处看来区分成一块一块的方形平顶有如棋盘，所以叫作棋盘心屋顶。

3.阴阳合瓦顶

经济条件比较富裕但又没有官阶的普通住户，多用阴阳合瓦屋顶。从苇箔到仰瓦的做法都和仰瓦灰梗一样，只是铺灰梗处改用板瓦做盖瓦，这样做防渗效果会更好一些。

4.筒板瓦顶

在一些封建时代的宫殿、衙署、寺观建筑中，筒板瓦顶是最完整的一种瓦屋顶。它和阴阳合瓦顶的不同之处在于盖瓦使用筒瓦，对于板瓦的搭接比例也有一定规格，"压七露三"是清工部《工程做法则例》瓦作大式一类中的规定"……每板瓦一片压七露三，头号长九寸得露明长二寸七分……"，也就是说，相邻的两块板瓦，上一块必须压住下一块瓦长的十分之七。

随着不同种类木构梁架的组合，瓦屋顶也体现为多种形式。依清工部《工程做法则例》指出的硬山顶、挑山顶（悬山顶）、歇山顶、庑殿顶四种屋顶试加以陈述。

1.硬山顶

硬山做法是筒板瓦坡到山墙处停止不外出，在瓦坡与山墙交接处以尺二见方或更大一些的方砖铺放成"人"字形带，叫作"方砖博缝"，博缝之上依与山墙垂直方向口放勾头滴水，叫作排山勾滴。四条垂脊就压在排山勾滴的后尾。硬山顶共有四条垂脊，每条垂脊的后部三分之二为垂脊，前部三分之一为岔脊。在脊檩上方前后瓦坡交接处则用大脊。两坡五脊是硬山顶的主要特征。

2.挑山顶（悬山顶）

挑山的特点是"人"字形瓦坡两端延伸到山墙以外五、六椽至七、八椽，各部檩子一并挑出，檩头上钉博风板，将檩头封住。檩下加燕尾枋以帮助檩子承托上部荷重。

挑山顶上仍是四条垂脊、一条大脊，和硬山相同；博风板下常常用薄板雕成鱼形、如意头形各种装饰，按李诚《营造法式》所介绍应名为"垂鱼"和"惹草"。这些薄板背面应加用穿带以防变形。

3.歇山顶

歇山顶外形很像是庑殿顶的下部和挑山顶的上部组合而成。正脊、垂脊、岔脊共九条脊构成歇山顶的外形特征，李诚《营造法式》中就有"九脊殿"的称呼。瓦作中复杂一些，尤其是山花部分。山花板上方，博风板、排山勾滴和垂脊的结构顺序都和挑山顶一样。山花板下部两山瓦坡的后尾，还要做一道博脊以便雨水排出山花板之外。

4.庑殿顶

在宫殿庙宇中，只有最尊贵的建筑物才使用庑殿顶。

前后左右四面都有斜坡的屋顶叫作庑殿顶，前后坡相交成正脊，左右两坡同前后坡相交成四垂脊。四坡五脊成庑殿顶的外形特征。所以李诚《营造法式》中对这种形式称为"四阿顶"或"五脊殿"。

河北村东魏武定三年石刻

河北村东魏武定三年石刻是北京地区发现的年代最早的文字石刻，位于北京市门头沟区王平镇河北村北侧永定河岸边北面的山坡上。

该石刻为一块巨大的不规则长方形天然岩石，颜色为青色，石质坚硬。巨石上的刻字因为常年埋在土中风化较少，因此保存完好，字迹仍非常清晰。据考证，石刻上的文字距今已经有1470多年的历史，其内容主要记录东魏武定三年（545）在此征夫筑城的历史。字体古朴，呈不规则排列，共49字分为4行。全文为："大魏武定三年十

被保护起来的东魏武定三年石刻

月十五日，平远将军、海安太守、筑城都使元勒，又用夫一千五百人，夫十人，乡豪都督三十一人，十日讫功。"

河北村东魏武定三年石刻的发现对研究王平地区历史、官职设置以及相关的历史人物都具有非常重要的价值，是北京地区非常宝贵的历史文化遗产。1981年，该石刻被公布为门头沟地区第一批文物保护单位。

如今，王平镇政府东侧修建了王平镇中心公园，公园内摆放了该石刻的复制品。而真正的石刻已经被重新埋入土中加以保护，只露出了石刻的顶部，并且在上面加玻璃罩进行保护。石刻上的文字已经无法看见，石刻两侧设立了文物保护标志牌及石刻全文碑。

石刻的保护平台台阶很短，下面是一段陡峭的土路。游客们站在石刻的保护平台上，即可俯视西面永定河的古河道及古道出口，视野开阔。

2021年8月28日，河北村东魏武定三年石刻被北京市人民政府公布为北京市第九批市级文物保护单位。

王平镇中心公园内的东魏武定三年石刻复制品

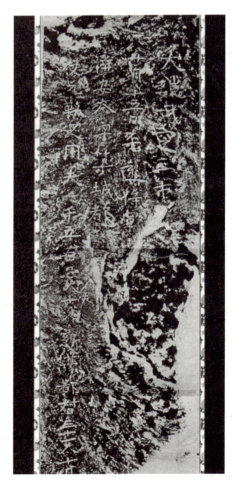

东魏武定三年石刻拓片

《王平筑城记》

河北村东魏武定三年石刻也被称为《王平筑城记》，记录了南北朝时期北方地区诸侯割据，东魏孝静帝政权于东魏武定三年在幽州王平地区修筑城池以抵御来犯之敌的历史。它是北京地区迄今所见到最早的修筑城池的摩崖石刻文字，距今已经有1470余年，具有较高的历史文化价值，既是珍贵的文献资料，又是难得生动的魏碑书法实物教材和艺术珍品，是北京石刻艺术的宝贵财富。

北魏太延五年（439），太武帝拓跋焘统一北方，北朝开始。北魏永熙三年（534），北魏分为东魏、西魏。东魏政权虽然国祚只有短短的十几年时间，却在北京长城建造史上留下了不可磨灭的印记。所留下的《王平筑城记》，记载了东魏武定三年在此修建长城的历史。5年后东魏被高洋推翻，建立了北齐。

据史料记载，历史上北魏、东魏、北齐、北周曾经对长城进行过修筑、增筑。

《资治通鉴》载："梁大同九年（即东魏武定元年，公元543年），东魏丞相高欢筑长城于肆州北山，西自马陵，东至土墱，四十日罢。"只记载了东魏政权在山西境内修建长城的历史。今天坐落在门头沟王平镇的摩崖石刻，证明了东魏时期在北京西山修筑长城的史实。西山地区有史以来就是兵家必争之地，鲜卑、突厥、契丹、瓦剌、女真等北方民族很多时候是从此穿越长城沿永定河进犯中原，王平地区是当时扼守要塞之一，高高的山峦紧紧地锁住湍急的永定河口，长城截住漠北少数民族进犯中原的古道，已经发现很多史籍和碑文记录当年的战事。

据全国长城普查成果记载，门头沟已发现和确认的明以前长城5段，总长度约7千米，包括雁翅镇马套村北石洋沟长城、马套村旁路沟东台岭长城、大村北西岭至德胜寺长城、房梁村长城，清水镇江水河村东灵山长城，是北京迄今发现古长城较密集的地带。

王平镇摩崖石刻周边夯土长城遗迹，虽未被列入长城遗址，但客观存在的种种迹象和文字表明，这里曾经是早期东魏长城的一部分，记载了东魏武定三年，平远将军在此处驻军筑城之事。如今石刻所在附近山坡地上还可依稀见到夯土墙基的痕迹。

我国历史上，东魏时期社会动荡、政权更迭频繁，这时期的历史文献记载很少，史籍当中只对帝王将相、国家大事略有记载，也很不详细，至于一个小地方的工程事件，更无从查找。《王平筑城记》的发现，填补了史料的不足，丰富了地方文献，让我们对1400年前的国家体制、地方行政、军事设施、军队职责等增加了一些了解，军队不但用来作战，还要用来生产，国家大型工程如修筑长城，同样要靠军队完成。

从历史文献角度看，此次修建城池，是一次比较大的军事工程，由平远将军海安太守为总指挥，带领1500名官兵及工匠建造，31名地方官员及乡绅负责监督。平远将军应为东魏政权长城驻防官员，统辖王平地区。这一记载填补了北京地区东魏历史文献较少的缺憾，丰富了历史档案。

《王平筑城记》是时代的产物，是万里长城军事和民间文化的遗存，是古代劳动人民辛勤汗水的结晶，它不但具有较高的军事史料价值，也是京西石刻书法艺术的精品。

东胡林人遗址

东胡林人遗址是一座初步认定的新石器时代的墓葬，位于北京市门头沟区斋堂镇东胡林村西，永定河支流金水河三级阶地上，距今约11000—9000年；是北京地区重要的新石器时代古人类文化遗址，对于研究古代人类生产生活方式及聚落形态具有重要意义，填补了自山顶洞人以来华北地区人类发展史的空白。

东胡林人遗址发现于1966年，是北京大学地质地理系学生在门头沟区实习所得成果。之后，中国科学院古脊椎动物与古人类所对该遗址进行清理。墓内共有3个人体尸骨，其中一个为16岁左右的少女，另外两个为成年男性，骨头都已经轻度的石化。墓葬均为土坑竖穴墓，埋葬方式有两种，仰身直肢与仰身屈肢。后来，又陆续发现

东胡林人遗址大门

1966年东胡林人遗址发掘现场

蜷曲状的东胡林人骸骨

东胡林人曾经使用过的火塘

了4具东胡林人骸骨。

在发掘出土的墓葬中还有很多遗迹和遗物。其中火塘已经发现十多座，大多数平面为不规则的圆形，通常直径为0.5—1米，深度为0.2—0.3米。火塘中往往会有大大小小的石块、动物骨骼以及燃烧过的灰烬。墓葬中出土的遗物很多，有石器、陶器、蚌器、骨器、石块、植物果壳、动物骨骼等。其中石器又有很多类别，如打制石器、磨制石器、细石器等，其中打制石器和细石器的数量较多，而磨制石器的数量相对较少。不同类别的石器还有更细的分类，石器的质地不同，制作工艺也不同，有的制作粗糙，有的制作比较精细。陶器都为残片，大约60余件，大多数为器物的腹部残片，制陶工艺比较粗糙，大多为夹砂陶，分为夹粗砂和夹细砂。蚌器大多由蚌壳、螺壳制成，用作各种装饰品。骨器都用动物的肢骨做成，主要类别有锥、鱼镖、骨梗石刃刀、笄等。

通过对墓葬中采集的人骨、木炭、兽骨、陶片等多种标本进行测定，北京大学考古文博学院科技考古与文物保护实验室初步分析，东胡林人大约生活的年代为11000—9000年前，属于新石器时代早期。目前在我国发现的属于这个时期的古代遗址并不是很多，因此东胡林人遗址的发现对全面了解新石器时代早期东胡林人的生活方式、埋葬习俗以及生产方式等具有重要的价值，同时它的发现也对探讨农业起源、家畜起源、陶器起源及发展提供了非常宝贵的实物资料。

不仅如此，东胡林人遗址的发掘还对考古学、第四纪地质学、古环境学、人类学等诸多学科的研究提供了十分重要的新资料，科学价值难以估量。

2021年8月28日，东胡林人遗址被北京市人民政府公布为北京市第九批市级文物保护单位。

旧石器时代和新石器时代的区别有很多个方面，包括时间、使用工具、获取食物的方式、制陶、农业等。

旧石器时代距今约300万—1万年，而新石器时代大约从1万年前开始，5000多年前结束。

旧石器时代使用的工具主要为打制工具，其类别有砍砸器、尖状器、斧形器、雕刻器、刀形器等。而新石器时代主要为磨制工具。当人类用花岗岩等坚硬的石头来制作斧头等工具时，这些石头太过坚硬，没有办法被砍削，于是人们就采用磨制的方式来制作，逐渐过渡到磨制石器的时代。

旧石器时代人类获取食物的方式很原始，通常使用狩猎和采集的方式。而新石器时代，人类开始懂得刀耕火种，发展农业，通过种植来获得食物。

新石器时代制陶开始发展。这是因为人们学会种植，有了稳定的食物来源，不再频繁地迁徙。他们定居在一个地方，搭建好自己的房子，这时储存季节性食物的需要就出现了，于是人们发明了陶器。新石器时代的陶器数量很少，大多数只是陶片，并且还掺杂着比较大的石英砂粒。到了中期，制陶工艺有了很大的进步，黄河流域开始出现彩陶。到了晚期，制陶工艺愈加发达，陶器色泽纯正，装饰手法也多种多样，开始普遍流行。

龙王观音禅林大殿

龙王观音禅林大殿是龙王观音禅寺的大殿，位于北京市门头沟区斋堂镇南的马栏村。始建于元代，明成化时重修，嘉靖时重修并改名至今。明《宛署杂记》载："龙王观音寺，先朝至正中建，旧名龙王庙，成化年村民于仲全等重修，嘉靖三年（1524）改今名。"之所以被称为"龙王观音禅林"，是因为此庙既供奉龙王，也供奉观世音菩萨。

龙王观音禅林大殿

龙王观音禅林大殿地处马栏村中心，坐北朝南，依照山坡地势建造。原有规模不小，有山门，两厢有配殿，顺数十级台阶可登最上处的大殿。现存大殿一座，面阔三间7.2米，进深间5.5米，悬山式建筑。大脊为黄、绿双色琉璃调配，饰有祥龙、吉凤、花卉及佛教故事等图案，殿顶板瓦筒瓦合瓦，石望板，木质大博风板，五花墙，朱红色，五架梁，梁柱均很粗大，桁与枋间均用座斗及宝状云纹木构件承托，颇具匠心。殿檐出檐宽阔，斗拱具有鲜明的元代建筑风格。

大殿前台阶对面有一座戏台，是寺庙的附属建筑。清代建筑，坐南朝北，建在4米高台基上，

戏台

面阔三间，宽8.6米，进深8米，悬山卷棚顶，筒瓦板瓦合瓦，描柱四根，中部有隔断，分前后两部分，檐及枋间施旋子彩绘。

2021年8月28日，龙王观音禅林大殿被北京市人民政府公布为北京市第九批市级文物保护单位。

菩萨

菩萨是梵文Bodhisattva（菩提萨埵）的简称，还有译为大士、圣士、始士、开士的，所以一般人称观音菩萨为观音大士，意思是"觉有情""道众生"等。据佛经上说，菩萨的地位仅次于佛。释迦牟尼还未成佛时也曾以菩萨称呼。在一般人的心目中，佛的地位最高，高居"色究竟天"上，世俗信徒难以接近，而菩萨则是入世度人，接近众生，使信众有亲切之感。我们在寺院中经常看到的菩萨如下。

观世音菩萨：梵文是Avalokite vara，音译"阿婆卢吉低舍婆罗"，也有译作"观自在""观世自在""光世音"的，简称观音，是中国佛教中最为普遍、最受欢迎的菩萨。据《妙法华严经·普门品》中说：观世音菩萨能化三十三身，救十二种大难。凡是众生遇难，只要念他的名号，菩萨即时听其声音前往解救，而且他救人不分贵贱贤愚，都同等对待，所以为之加上尊号称"大慈大悲救苦救难观世音菩萨"。观音本来并非女性，但为了便于接近和超度女众，逐渐把他塑造成妇女形象，后来甚至发展为抱着孩子的"送子观音"了。观音菩萨在中国还有专门的道场，即浙江省舟山群岛中的普陀山。传说在唐大中年间有一位印度僧人来此，自燔十指，亲睹观世音菩萨现身说法，授以七色宝石，便以此地为观音显圣之地。因为在《妙法华严经》上，观音住在普陀洛伽山，梵文为Potalaka，于是便把这一海中孤绝的小山称作普陀山。

由于观音要多方去救度众生，所以可随机应变，变作许多化身的形象，有"六观音""七观音""三十三身观音"等，大多是密宗所传。

六观音是为破六道轮回而变的六种化身，即圣观音，主救度饿鬼道众生；千手观音，主救度地狱道众生；马头观音，主救度畜生道众生；十一面观音，主救度阿修罗道众生；准提观音，主救度人间道众生；如意轮观音，主救度天道众生。

以上六观音再加上"不空胃索观音"，就成"七观音"了。

至于"三十三身"或"三十二应"，也基本相同，三十三身比三十二应多了一个"执金刚神身"的变化。说他能变化成佛、各种天神、各种人、各种僧侣、各种妇女、各种儿童、各种凶神猛将。观音到了中国之后，又发展了许多化身，最有名的为"送子观音"，是适应中国"不孝有三，无后为大"的旧礼教而出现的。

文殊菩萨：梵文为Majuri，又译为文殊师利或曼殊室利，意思是"妙吉祥""妙德"等。佛经上说，他在诸大菩萨中智慧和辩论的才能最高，法相是头顶结五髻，骑狮子，手持宝剑，坐莲花宝座，给他的尊号是"大智文殊"。他原来的住处，据《妙法华严经》上说：东北方有菩萨住处，名叫清凉山，文殊师利住在此山。佛教传到中国之后，人们便把他安排在五台山，五台山便成了文殊菩萨道场。

普贤菩萨：梵文为Samantabhadra，音译为"三曼多跋陀罗"，给他加的尊号是"大行普贤"。所谓"行之谨审静莫如象"，便把白象作为愿行广大功德圆满的象征，故普贤骑六牙白象。从晋代起，四川峨眉山就建了普贤寺，后来逐渐形成了专占的普贤菩萨道场。

地藏菩萨：梵文为Ksitigarbha，又译作"乞叉底蘖婆"。据佛经上说，他发了大誓愿：一定要尽度六道轮回中的众生，拯救各种苦难，方才成佛。因此，给他加的尊号是"大愿地藏"。大愿有五项：一为孝顺父母；二为众生担当一切难行、苦行；三为众生需要，令大地五谷花果草木茂盛；四为众生除病；五为不度尽地狱众生誓不成佛。

地藏菩萨与其他三大菩萨不同，他是有真名实姓的，年代较晚，记载也较多。他原是新罗国的一位王子，姓金名乔觉，身躯雄伟、顶有奇骨，出家后名地藏比丘。他于唐高宗时（7世纪）来到中国，游访到了九华山，在此修寺建塔，传播佛法，逐渐遍及全山，九华山成了地藏菩萨道场。据说他活了一百岁，于唐开元二十六年（738）坐化。他的形象也与其他菩萨不同，现出家相，作比丘装束，右手持锡杖，左手持如意宝珠。有的像两旁还有老少二人侍立，据称就是曾将九华山地面贡献给他修建寺院的闵公父子。

妙峰山娘娘庙

妙峰山娘娘庙是一座供奉天仙圣母碧霞元君的寺庙，位于北京市门头沟区妙峰山镇涧沟村，正式名称叫惠济祠。从20世纪20年代开始，娘娘庙经过多次修葺，它是研究华北地区民俗文化活动兴衰发展的实物见证。

妙峰山娘娘庙全景

妙峰山娘娘庙的主要建筑包括山门殿、正殿、地藏殿、药王殿、观音殿、财神殿、王三奶奶殿，以及庙外的回香阁。庙外曾经还有一些建筑，如喜神殿、东岳庙、关帝庙和法雨寺等，而在1993年庙会恢复以后，喜神殿正式从庙外迁入庙内。

妙峰山娘娘庙依照金顶地形偏东南，与北京城相对。庙门就是山门殿，山门殿有三间，正中央是一个圆拱形门洞，门洞上面是清嘉庆帝亲题的"敕建惠济祠"字样的汉白玉题刻。左右两侧是青龙和白虎神像，它们是道家的守门神，负责守卫惠济祠。

妙峰山娘娘庙的正殿是灵感宫，三开间，供奉天仙圣母碧霞元君，也就是妙峰山的娘娘。灵感宫前有一座高6米的藏式覆钵塔，建于1934年，

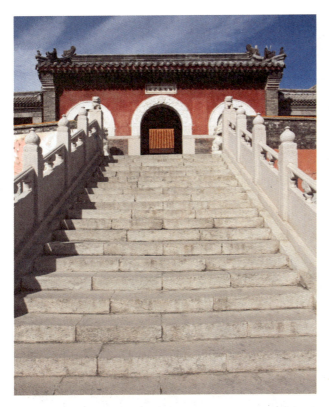

山门殿

藏式覆钵塔

汉白玉材质，基座雕刻非常精美。

灵感宫正殿的门柱楹联为"云行雨施不崇朝而遍天下，理大物博祖阳气之发东方"。硬山顶，上覆青灰筒瓦，绿琉璃瓦剪边，正脊东西分别有鸱吻，殿门是正塔斜交花棱窗，两根前出廊柱，门檐原来挂着慈禧太后亲题的3块写着"慈光普照""功侔富媪""泰云垂荫"的匾额，现在已经无踪迹。殿门上方有石额，上面刻着"灵感宫"的字样。

殿里供奉着五尊娘娘塑像，正中央是妙峰山娘娘，也就是"泰山顶上天仙圣母碧霞元君"，两侧分别是眼光娘娘、子孙娘娘、斑疹娘娘和送生娘娘。她们的两旁是护侍塑像，分别是女官和卫士16名。

灵感宫的两间东配殿是供奉着佛教四大菩萨之一的地藏王菩萨像，其门柱楹联是"地属名区赖佛威灵留净土，藏兹宝库救民饥苦上春台"。旁边两间西配殿供奉着药王菩萨的药王殿，药王殿的门柱楹联是"药有神功何若养生祛病，医无止境必须酌古参今"。

灵感宫西路建筑中央便是观音殿的所在，而喜神殿和月老殿则分立在观音殿南北。原本灵感

灵感宫

财神殿

宫的北边是观音殿，只是在修复的时候，渡海观音替代了送子观音。灵感宫东路殿是财神殿，里面供奉的是财神赵公明。财神殿的北面是王三奶奶殿，王三奶奶是为人针灸和施药的一个农村老妪，她的香火十分旺盛。

灵感宫往北大概100米的地方是回香阁，原本这里是齐天庙和回香亭，后两者合成一处后便成了回香阁。据说，香客要在庙里进香后再来回香阁烧香，这就是回香，这样，进香的活动才算完整。回香阁正殿立着东岳天齐仁圣大帝，西厢殿是立着岳飞像的武圣殿，里面还有两尊跪像，那就是秦桧夫妇跪像；东厢殿是供奉文昌帝君神像的文昌殿。

从山脚到金顶的香道一共有5条，它们分别是香道、南道、中南道、中道和中北道，但是无

论是哪一条，最后都在涧沟村会合，所以登金顶的起点就是涧沟村。各路香客都向金顶香道而来，尤其是庙会时，更是进香者络绎不绝。如今涧沟村道路经过修筑，已经有了一条盘山公路通向妙峰山娘娘庙。涧沟村的主要干道上有一大戏台，这里经常表演各种民间艺术，也会云集各路商贩和摊铺。

妙峰山娘娘庙在中国北方地区十分出名，有"香火甲天下"的美誉，对老北京以及北方省市影响深远。

2021年8月28日，妙峰山娘娘庙被北京市人民政府公布为北京市第九批市级文物保护单位。

娘娘庙俯瞰

妙峰山玉皇顶

妙峰山娘娘庙沿革

武则天当政的时候，将《大云经》颁布到全国各地州县，让广建大云寺以供奉。妙峰山的位置在幽州西部，官府便将大云寺建在了妙峰山上。《大云经》宣称，弥勒佛诞育了武则天，于是每年的五月初五，这里都会举办庆诞法会。这一天是最热闹的日子，妙峰山云集了幽州各地的官、军、僧和俗人。

邻近妙峰山的仰山栖隐寺每年四月初八举行"浴佛节"，也会召来各地香客。及至金朝初年，"青州和尚"的名号十分响亮，仰山栖隐寺创立禅刹施医施药局制度，后聘高明医师在仰山炼制神药，后来"药王"的称号便在民间流传开来。随后仰山寺庙会逐渐形成，每年四月初八到四月二十八是药王节，直到清末才逐渐平息。1180年，金世宗下令扩建仰山寺并赐名，这就是仰山大栖隐禅寺。

明永乐年间，京西山乡迎来了很多山西移民，随着他们一起过来的是山西的习俗，如在正月十五和中元节会敬娘娘、表演社火和百戏杂剧等。也就是在这样的氛围下，一些大的村子都修建娘娘庙并供奉天仙圣母碧霞元君，妙峰山附近的村子也修建娘娘庙，逐渐形成庙会，一开始来观会的只是亲朋好友、出嫁女儿等，及至明朝末年，香客逐渐增多，尤其是京城来敬佛踏春的游客。一开始是参加药王会，逛娘娘庙只是顺带，后来便逐渐以上香为主了。

清康熙帝下诏，赐予"金顶妙峰山娘娘庙"的称号，让它一跃超过了五顶娘娘庙，自此以后，妙峰山娘娘庙的庙会便格外鼎盛起来，也形成了

一个歇后语："妙峰山的娘娘——照远不照近。"清康熙时，妙峰山娘娘庙的住持改为僧人。清乾隆二十五年（1760），娘娘庙在香客的捐助下扩建，天仙庙更名，从此灵感宫就流传了下来。清嘉庆时，妙峰山娘娘庙地位达到最高，因为嘉庆帝不仅赐名"敕建惠济祠"，还赐了亲题的庙名和匾额。

清朝末年由于战祸，妙峰山香火逐渐衰落。抗日战争时期，这里成为游击区和根据地。

八路军宋邓支队会师地旧址

八路军宋邓支队会师地旧址是八路军一二〇师宋时轮和邓华所带领的两支队伍会师之地。这座宅院是一座两进四合院，位于北京市门头沟区清水镇杜家庄村。宋、邓会师后两支部队合编为八路军第四纵队，当时这支部队的司令和政委分别是宋时轮和邓华。这座宅院见证了在中国共产党的领导下，八路军宋邓支队会师后创建平西和冀热察抗日根据地，以及巩固和发展的过程。

这座院落坐北朝南，长方形，长和宽分别为40米和20米。先看到门楼，门楼坐落在七级台阶

八路军宋邓支队会师地旧址大门

上，门楣上雕刻着西洋钟，其造型十分精美。门楼硬山皮条脊，上面雕刻着花朵，板瓦合瓦，还有青砖发券的门窗和雕有龙头的砖雕。

接下来是在1米高台基上的七间北房，三间东配房和已经坍塌的西配房。对面是五间南房。再一个院子是七间正房，东配房和西配房分别是两间和五间。

这座宅院的中路和两侧都用青石铺地。院内的建筑曾经被日寇烧毁，现存的仅有门楼部分。文物保护牌中写着"八路军宋邓支队司令部旧址"，后来大家称其为"八路军第四纵队司令部旧址"。其他建筑均为复建。

一进院

2021年8月28日，八路军宋邓支队会师地旧址被北京市人民政府公布为北京市第九批市级文物保护单位。

知识链接　宋邓支队挺进平西

1937年8月，中共中央召开洛川会议，确定了八路军在敌后开展独立自主的山地游击战争的战略方针。之后，中共中央和毛泽东又多次指出："在冀热边区创造抗日根据地有极重要的战略意义"和"游击战在冀热发展对敌人的威胁最大"。

按照中共中央和毛泽东的部署，1938年2月，晋察冀军区第一军分区政委邓华，率领由一一五师独立团扩编组成的军分区三团，向平西挺进，开辟平西抗日根据地。

挺进平西斋堂川后，三团连克日伪据点，摧毁伪政权，镇压土匪，收编地方武装。3月底，在门头沟东斋堂村成立了平郊第一个抗日民主县政府——宛平县政府，魏国元任县长。4月8日，这支部队在平西清水镇，扩编为晋察冀军区第六支队，邓华任支队司令兼政委，所以这支部队又称邓华支队。

这年4月1日，八路军总部向一二〇师下达命令，要求雁北支队也就是宋时轮支队，向邓华支队靠拢，创建冀热察边抗日根据地。半个月后，朱德、彭德怀电示晋察冀军区，两个支队组成5000余人的八路军第四纵队，宋时轮任司令员，邓华任政治委员，挺进冀东，配合冀东大暴动。

1938年10月，挺进纵队由冀东返回平西，先后收复了怀来县的镇边城，以及门头沟的军响、青白口、杜家庄、东斋堂、西斋堂、马栏、上清水、下清水等重要村镇。接着，部队扩大活动区域，向平西腹地野三坡派出兵力，消灭了盘踞在这里的地

宋邓支队会师广场

主武装，解除了平西的纵深忧患。然后，又向房涞涿地区扩展，与冀中大清河地区打通联系。同时，派部队向宣涿怀地区积极活动，在北面扩大区域。

几个月后，平西抗日根据地有了新的发展。相继建立了宛平、涞水、宣涿怀、房良、涞涿5个抗日民主县政府，各区、村的抗日政权和群众组织也建立起来。平西抗日根据地控制的范围，东起长辛店，西至紫荆关；南起高碑店，北到蔚县、宣化、怀来、涿鹿。

平西抗日根据地，直接威胁日伪华北统治中心——北平和张家口，还有平绥、平汉两条铁路线，成为晋察冀边区的前哨，以及八路军向冀东、平北发展的前进基地。

北京日报社西山基地

西沟维修车间

北京日报社西山基地

北京日报社西山基地始建于1957年，位于北京市门头沟区潭柘寺镇一个名叫"一担石沟"的山谷里。它由东沟和西沟两部分组成，东沟是办公区，西沟是生产区，其建筑面积一共是2900余平方米。保存十分完整，真实再现了《北京日报》前辈们工作、生活过的印记。

《北京日报》作为党报，始终坚持贯彻党的路线、方针、政策，始终保持正确的舆论导向，积极宣传我国所取得的各项成绩，以及各行各业的先进人物和典型事迹，成为展示北京政治、经济、文化和精神文明建设的一扇窗口，始终发挥着自身的优势作用。

修缮后的北京日报社西山基地将20世纪五六十年代的建筑风格保留了下来，可以看到数排的办公平房和藏在山洞里的印刷车间。如今，印刷车间将当年的一些设施较完整地保留了下来，包括通风、照明和供暖设施，以及老锅炉和配电箱。

陈列馆里陈列着当年的工作生活用品和战备实验班的纸型资料。我们通过这些似乎看到了当年《北京日报》的前辈们生活和工作的场景。

2021年8月28日，北京日报社西山基地被北京市人民政府公布为北京市第九批市级文物保护单位。

知识链接　　西山永定河文化带的特点

西山永定河文化带自旧石器时代中期就开启了人类文明的历史，沉淀了极为丰厚的历史文化与生态资源，造就了北京城市的自然本底和文化底蕴。

西山永定河文化带历史文化资源等级高，分布集中。据初步统计，规划区范围内拥有不可移动文物1572处，占全市的41％。其中，世界文化遗产2处，占全市的29％；全国重点文物保护单位和北京市级文物保护单位分别占全市的28％和31％；国家级和市级传统村落分别占全市的76％和52％。70％以上的历史文化资源相对集中分布在海淀、房山和门头沟3个区。

历史文化资源是西山永定河文化带独特的文化载体，以周口店北京人遗址和颐和园等为代表的高级别文化遗产，在北京乃至全世界产生了极大的影响。既有周口店北京人、山顶洞人等旧石器时代遗址，东胡林人、镇江营等新石器时代遗址，又有琉璃河西周燕都遗址、金中都遗址；既有三山五园、八大处、团河行宫等皇家园林、苑囿及寺庙建筑，又有北京最早的水利工程、曹魏时期的戾陵堰、车厢渠，以及金中都水关遗址、金元时期金口河等水文化遗产；既有香山双清别墅、卢沟桥、宛平城等红色文化纪念地，又有传统村落、京西古道、妙峰山庙会、京西民俗等物质和非物质文化遗产；既有以首钢、二七机车厂为代表的工业遗产，又有中关村海淀园、大兴新媒体基地等现代文化科技融合的创新高地，承载着西山永定河丰富多彩、多元交融的文化，呈现出古都文化、红色文化、京味文化和创新文化交相辉映的特征。

西山永定河文化带的古都文化，以琉璃河西周燕都遗址、金中都遗址、清代皇家园林三山五园、明清皇家苑囿南海子、京南永定河治理工程等文化遗产为代表，体现了首善之区以"和"为本，人与自然和谐共生，多民族文化交汇融合、兼容并蓄的中华文明。

自辽金开始，北京上升为中国北方的陪都或都城，西山和京南地区成为皇家活动的重要地区，至清代三山五园、南苑建成，与紫禁城一起承担着皇帝治国理政的功能，成为京师陪都地区紫禁城之外的重要政治活动中心。

红色文化记录着中国共产党人为人民谋幸福、为民族谋复兴的一段辉煌历史。据不完全统计，西山永定河文化带现有红色遗址、遗迹和纪念场馆90余处，涉及党的创建、抗日战争、解放战争等不同时期，革命活动遗址遗迹、烈士陵园、纪念馆等不同形态，重要人物居住活动地和重大事件发生地等不同类别，并在长辛店、卢沟桥、斋堂、香山等处形成红色文化资源集聚区。

西山永定河文化带的红色文化地位独特、内涵深厚，是北京红色文化的重要组成部分，为弘扬和传承中国共产党的优良革命传统，加强爱国主义教育和党风廉政建设提供重要载体。这里是马克思主义与中国工人运动相结合的最早实践地，是全民族抗战的爆发地，是抗日战争时期晋察冀根据地的前哨，是毛泽东和中共中央进驻北平最早居住和办公的地方，是党的工作重心由乡村转向城市的转折地，是党领导人民从旧中国走向新中国、踏上中华民族伟大复兴新征程的见证地，从而也是展示与传承北京红色文化的高地。

京味文化代表着京冀地区地域文化的传承与发展。西山永定河文化带所在区域，是一个自然区域，更是一个独特的社会区域。优质、丰富的自然生态资源和悠久、丰厚的历史文化资源成就了西山永定河文化带以古街古镇、传统村落、寺庙群、古道为载体，京西、京南民风民俗为代表的京味文化。

在西山东缘浅山带或沿永定河及其支流河谷集中分布的，与自然山水布局关系密切的村落、寺庙与古道，其选址反映了中国古代朴素的自然唯物主义辩证观，真实记录了北京乃至中国北方传统村落的空间形态、建筑风貌、交通流向，以及京味十足的非物质文化遗产、民风民俗，映射着京冀地区传统农业社会时期的历史印记，与北京地区人口、经济、社会及文化活动有着高度的相关性和一致性，并与周边区域形成同根同源的天然联系，是中华民族优秀物质和非物质文化遗产的重要组成部分。

创新文化带动北京文化和科技融合发展。中关村国家自主创新示范区是中国创新文化的发源地，是以北京大学、清华大学为代表的世界一流大学、一流学科和一流人才的会集地。西山永定河文化带内分布有中关村国家文化和科技融合示范基地、大兴国家新媒体产业基地，以及海淀清华科技园、大兴星光影视园区两个市级文创示范园区，是科技创新中心为文化中心建设提供有力支撑的交会地带。特别是近年来，中关村科学城的数字经济、共享经济、平台经济等蓬勃发展，为北京经济增长提供新动能，成为全球创新的重要一极。

按照北京城市总体规划，未来依托首钢近现代工业遗产文化区这一重要文化功能区，打造新首钢后工业文化体育创意基地，利用科学技术，推动中华优秀传统文化传承发展，以中关村自主创新示范带动北京文化科技融合发展，在文化内涵挖掘，文化遗产保护、传承、展示、传播与体验等多个领域形成链条化，提升文化带的优秀传统文化创造性转化、创新性发展，展现创新文化的发展活力。

平谷区市级文物保护单位

丫髻山碧霞元君祠遗址

丫髻山为京东著名山峰，明、清两代的道教圣地之一，现保存有碧霞元君祠、回香亭、紫霄宫等建筑遗迹及大量清代至民国时期的碑刻。丫髻山碧霞元君祠遗址位于北京市平谷区刘家店镇北部，洳河西侧，是北京著名的五顶之一、两山之一。

丫髻山在唐贞观年间就有道士结庐修炼，元代改为碧霞元君祠。明嘉靖年间，香河县一位人

丫髻山山顶建筑

丫髻山入口牌坊

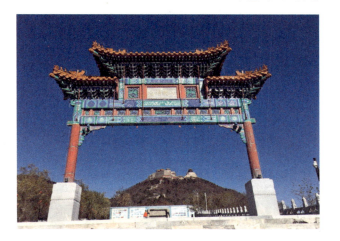

南天门

称王三奶奶的信士发愿重修，募铁瓦建成碧霞元君殿，俗称"铁瓦殿"。明天启七年（1627），巡按御史倪文焕请建太监魏忠贤生祠于半山腰，皇帝赐名为"崇功祠"，但未建成，因魏忠贤获罪而停止。清康熙年间于丫髻山东顶建玉皇阁，并于魏忠贤生祠旧址建回香亭。后来，山下、山腰陆续建起巡山庙、三官殿、菩萨殿、东岳庙、灵官殿、观音堂、虫王庙、紫霄宫、南天门、胡爷庙、马王庙等20多处建筑，至此丫髻山古建筑群形成完整规模。庙宇从山脚至山顶（丫髻）依山势萦回婉转，棋布其间。

20世纪40年代，丫髻山的建筑在战火中多数被毁，只留下残碑断碣、庙台殿基。20世纪80年代中期，丫髻山被辟为旅游区，平谷区人民政府集资复建西顶碧霞元君祠、修缮山脚紫霄宫等建筑，并恢复了丫髻山具有百年历史的民间庙会，其影响日益深广。2003—2006年，丫髻山的各处庙宇陆续按原形制修复。

回香亭

东岳庙鸟瞰

碧霞元君祠

丫髻山的庙宇可大致分为三部分：

一是山下建筑群，现存有紫霄宫，当地亦称西宫，其院落是历经战火保存下来的，较为完整。在紫霄宫东侧现尚存大殿一座，面阔三间。

二是山腰建筑群，主要为回香亭，其南有东岳庙、灵官殿，其北有菩萨殿、三官殿、巡山庙等庙宇。回香亭原址为魏忠贤生祠崇功祠，因

"其基址甚宏壮"，"道士李居祥即在其地基建回香亭，每岁四月京师及四方进香者于此回香"。

三是山顶建筑群。山顶好似两个丫髻，人称东顶、西顶，其上建筑皆是用巨石围绕山顶垒砌而成，高达30多米。西顶主要建有碧霞元君祠，仅存正殿三间，俗称娘娘殿，现已修复。殿东侧立有《重修丫髻山碧霞元君庙碑》，北侧为斗姥殿（圣母阁）遗址，山下为后修复的钟楼。

东顶为玉皇顶，面积较西顶小，原建有玉皇阁。过去曾因战乱造成北侧山体局部垮塌，形成断崖，致使玉皇阁塌毁，仅存部分柱础基石。2004年对北侧塌毁山体进行加固修补，外侧补砌

玉皇阁和鼓楼

三皇殿

毛石砌体。2006年复建玉皇阁。

东顶和西顶之间为三皇殿，殿前存有御碑两通。"三皇殿之南为庙总门，之外有万寿碑亭，亭中立和硕诚亲王撰碑……"山门（庙总门）坐北朝南，左右有阙门，山门与阙门间有卡子墙相连，仅存台明、石通槛垫、陡板石、土衬石、垂带等。山门及阙门均为砖石结构，山门为歇山顶，门洞起砖券，阙门为蛮子门。2006年根据各处遗存及相关记载恢复了三皇殿、山门等建筑。

2001年7月12日，丫髻山碧霞元君祠遗址被北京市人民政府公布为北京市第六批市级文物保护单位。

知识链接 道教建筑的特点

第一，崇尚自然，把道观修建在山林之中，体现了道家隐居修炼的思想。

道家主张道法自然，提倡隐居修炼。道家崇拜神仙。他们认为，景色秀丽、山林幽深的地方就是神仙聚居之处。在道家看来，天下名山就是神仙的乐园。因此，他们把天下名山分为十大洞天、三十六小洞天、七十二福地。十大洞天是上天派群仙治理的地方，四川青城山的青城山洞、广东罗浮山的罗浮山洞、江苏茅山的句曲山洞、江苏苏州西洞庭山的林屋山洞、浙江括苍山的括苍山洞等，就是道家崇尚的十大洞天中的五大洞天。三十六小洞天是上天派上仙治理的地方，东岳泰山洞、南岳衡山洞、西岳华山洞、北岳常山洞、中岳嵩山洞及四川的峨眉山洞、江西的庐山洞、陕西的太白山洞、福建的武夷山洞、江苏的钟山洞、湖北的紫盖山洞等，都属于道家的三十六小洞天。七十二福地是上天派真人治理的

山、洞、坛、溪，湖南洞庭湖的君山，江西的龙虎山，广东罗浮山的泉源，河南的桐柏山，山西的中条山，四川的绵竹山，江苏宜兴的张公洞，湖南衡山的青玉坛、光天坛等，都属于七十二福地。为了尊崇自然，为了和神仙通话，历代道家都把道观修在名山之上、山林之中。以上所列的名山，无不是道观云集之处。就是在今天，四川的青城山、山东的崂山、广东的罗浮山、湖北的武当山、江西的龙虎山、辽宁的千山等，仍然保存着众多的道观建筑。即使修建在城市中的道观，也要广植花草树木、挖掘水池、叠筑小山，这也充分体现了道家崇尚自然、隐居修炼的思想。

第二，巧妙地利用山形地势，使道观建筑和周围环境浑然一体，体现了道家返璞归真的思想。

我国的道观建筑大多依山就势、顺势布局、高低错落，和周围的环境融为一体。修在山顶的道观，孤高挺拔，耸入云天，似在与天通话；修建在山坡上的道观，掩映在绿树丛中，重重叠叠，幽静秀丽。还有的道观或据洞筑室，或洞旁建屋，或倚壁筑殿，或傍水建房，无不显得自然、和谐、美观、大方。因此，我国现存的道观，既体现了灵活多变的建筑美，也体现了雄伟浑厚的自然美。

第三，把我国的传统建筑模式和道教教义结合起来，使道观建筑体现了道家的宗教哲学思想。

我国的道观同其他民族传统建筑如宫殿、坛、庙等一样，一般都是坐北朝南，左右对称；主体建筑排列在南北向的中轴线上；殿堂廊庑的布局一般采用传统的四合院形式；等等。但是，道家讲究阴阳五行、八卦方位。在道家看来，坐北朝南就代表了天南地北，即乾南坤北。东为青龙，属木；西为白虎，属金；东西对称，即为八卦上的坎离对称。观中庭院采用传统的四合院形式。

在道教看来，庭院的四方就代表着金、木、水、火，中心为土，所以这种四合院就象征着五行俱全、吉祥如意。

就道观中的某些单体建筑而言，也包含着浓厚的宗教意义。观前的影壁在一般的传统建筑中仅起隔挡的作用，避免路人一眼就看见了院中的情形。但在道家的心目中，道观之前的影壁却能避邪，并有藏风聚气的作用。道观的山门修有三个门洞，走进山门就表示着进门者已经跳出了三界，即无极界、太极界和现实界，可以修炼成仙。可见，道观的各种建筑，都具有特殊的宗教意义。

此外，在各个殿堂廊庑的墙壁上到处都绘满了色彩斑斓的壁画。这些绚丽多彩的壁画，除了富有装饰性，使道观建筑变得更加富丽堂皇之外，还蕴含着浓厚的道家思想。在壁画中既有八仙过海、瑶池聚会等神仙故事，又有许许多多寓意深长的图案：日月星辰，象征着光明普照；山川岩石，象征着坚如磐石；蝙蝠、梅花鹿、白鹤、松树，象征着福、禄、寿和长生……其图案之多，内容之丰，寓意之深，难以尽述。

第四，根据所供神仙的不同地位选材用料，建造殿堂，体现了严格的等级思想。

我国的道教是一种多神教。在古代，人们曾把道神分为七级，每级都有主神和配神。这些道神的地位不同，供奉他们的道观的名称就不同；道观面积的大小，四合院和房屋数目的多少也不同。一般说来，三尊，即玉清元始天尊、上清灵宝天尊、太清道德天尊，是道教的最高尊神，供奉他们的道观被称为宫，他们所居住的房屋被建造为殿，而且建殿使用的材料或金或铜或玉或石或木，都比较高贵。这类道宫规模大、殿堂多，院落的数目也不少。

道教创始人和各派的创立者，被称为祖师。这是地位较高的道神，这些创始人或教派创立者的住地和从事宗教活动的地方，被人们称为祖庭。供奉他们的地方，一般被称为道宫或道观。其建筑规模也比较大，殿堂和院落的数目也比较多，建筑用材也比较高贵。

水神、火神、雷神、电神、城隍、土地、山神等是地位较低的道神。供奉他们的道教建筑规模不大，殿堂较小，构筑也比较简单。这类道教建筑一般被称为庙，如水神庙、火神庙、土地庙、城隍庙等。

道教宫观的建筑等级虽然与所供道神的地位有关，但也不完全如此，它也与封建帝王的重视程度关系密切。比如，唐代皇帝尊崇老子，他们就把供奉老子的楼观台，从一座道观扩建成一座道宫。元代皇帝推崇全真道龙门派创始人丘处机，就为他修建了一处规模宏大的道宫，名叫长春宫。到了明代，封建帝王对丘处机并不像元代皇帝那么重视，于是便把供奉丘处机的道宫变成了一座道观，这就是今天我们见到的北京白云观。

当然，道教建筑所体现的这种等级观念，同道家崇奉的返璞归真、清静无为的思想是不相吻合的。这种情况的出现，当是我国道教受到封建思想影响的结果。

上宅文化遗址

上宅文化遗址是北京地区新石器时代中早期文化遗存，并且是北京地区到目前为止发现最早的原始农业萌芽状态的新石器时代文化，位于北京市平谷区，由上宅遗址和北埝头遗址两部分组成，

上宅文化陈列馆

对北京地区新石器时代考古研究具有重要价值。

上宅遗址位于韩庄乡上宅村北山坡台地，1984年被发现，1985—1988年进行考古发掘，该遗址东西较南北要长，自东向西为100米，自南向北为50米，总面积大约为5000平方米。文化层厚度为0.5—4米。该遗址总的发掘面积达3500多平方米，共出土3000余件器物，很好地反映了新石器时代的文化特征。

上宅遗址的地层堆积总共可以分为8层。其中第一层为耕土层；第二层土壤为灰黄色，质地松散，厚度在0.31—1米之间，从这一土层出土了唐、辽的砖瓦及一些陶瓷碎片，在这层土壤下，还藏有夏家店下层文化墓葬；第三层土壤为细粉砂土，颜色为浅灰色，厚度在0.2—0.3米之间，出土了细泥红陶残片；第四层，土壤也为细粉砂土，颜色为灰黄色，厚度在0.3—0.5米之间，出土的器物为泥质红褐陶、夹砂红褐陶及比较少的泥质灰陶、石器；第五层土壤为细粉砂土，颜色为暗褐色，厚度为1米，在这个土层中，有大量的炭块、炭屑及已经炭化的果核，另外还出土了大量的石器、细石器、陶器、陶塑及石刻；第六层，土壤为青灰色，等稍微干燥之后，土壤颜色发生变化，接近于灰黄色，这一层的土质比较硬，厚度为0.5米，出土了石器和夹砂陶器，相对

上宅遗址出土的鸟首形陶柱

于第五层来说，这一层出土的陶器种类要少一些；第七层，土壤为粉砂黏土，颜色为黑灰色，厚度为0.3米，出土了石器和陶器，种类大致与第六层相似且数量也比较少；第八层，土壤为粉砂黏土，颜色为灰黄色，厚度为1米，出土了一些厚胎夹砂红褐陶片，上面带有网格纹。

北埝头遗址位于北京市大兴庄镇北埝头村。1984年发现该遗址，共清理出房址10座。1988年秋、1989年春相关工作人员开始对该址进行发掘，发现了3座房址，以及数百件属于上宅文化的陶器和石器等。

北埝头遗址自北向南长为120米，自东向西宽为50米，总面积约为6000平方米，整体高出河床7米。文化层厚度为0.5—2.5米。

北埝头遗址地层共分为6层，其中第一层是耕土层；第二层为片状水流层；第三层土壤为粉砂质黏土层，属于汉文化层；第四层，土壤为黏土质粉砂层，其中夹着碎石，属于战国文化层；第五层为粉砂质黏土层；第六层为黏土质粉砂层，这两层都属于新石器时代文化层，距离地面0.8—1米。

北墕头遗址发现的火种罐

上宅遗址出土的石猴

文化层厚度介于0.5—1米之间。

北墕头遗址共发掘10座房址。这10座房址分布比较集中，是半地穴式建筑。其中有7座的平面是不规则的椭圆形，有3座是抹角之形，直径均在2.5—4米之间。这些建筑的门都位于东面或南面。在房址靠近内壁的底部，能够看见柱穴的遗迹。内部地面经过了火的烘烤，因此地表为5—6厘米的红烧土层，因为火候不均匀，其地面颜色斑驳不一，硬度也有差别。在房址的地面中部，都埋有一个或者两个深腹罐，罐口高出地面6厘米，从罐中存放的木炭渣和烬土可知，这可能是人们用来煮饭取暖的灶膛，同时也具有保存

火种的功能。另外，在罐周围的土地上，也有较多的红烧土碎块及木炭渣。

2001年7月12日，上宅文化遗址被北京市人民政府公布为北京市第六批市级文物保护单位；2019年10月16日，上宅文化遗址被国务院公布为第八批全国重点文物保护单位。

知识链接　　　　　新石器时代

新石器时代是考古学家设定的一个时间区段，其开始时间为1万多年前，结束时间为距今5000多年至2000年，是原始社会的繁荣时期向阶级社会过渡的时期。这一时期的特征为早期使用部分（刃部）磨光的石器，后期使用通体磨光石器，甚至已经出现了陶器。

关于新石器时代的划分，各地并没有统一的看法，因此也就没有分期的标准，但是从制陶方面，我们大约可以看到早期、中期、晚期三段时期的特征。

早期出土的陶器数量很少，大多数都是一些陶片，而已经做成成品的陶器中也掺杂着很多的石英砂粒，制陶工艺非常简单，只是采用最原始的模制技术和泥片贴塑方法，通过捏塑成型。器具种类也很少，上面更没有任何刻意的装饰，另外不同区域的制陶方法也有差别，这也表明陶器的多元化起源。

中期制陶工艺有了很大的进步，泥片贴塑、捏塑和泥条盘筑法使用比较普遍，陶器颜色主要有红色和褐色，烧陶的温度提高了很多，但是在色泽上把控不够，器表存在深浅不一的状况，虽然这一时期的陶器上有了装饰，但普遍比较简单，黄河流域的彩陶开始萌芽。

晚期制陶工艺飞速发展，泥条盘筑法普遍流

行，满轮修整技术也使用广泛，甚至有部分地区已经开始使用轮制技术。起初，陶器的颜色主要为红色，色泽纯正，渐渐地黑灰陶器开始增多，器表装饰也越来越多样化，黄河流域开始流行各种彩陶。到了晚期的后段时间，随着制陶技术的不断纯熟，陶器产量增加，开始流行黑色和黑灰色的磨光陶，给人感觉很素雅，但又充满了凝重之感。另外在黄河流域范模制陶工艺已经快速发展起来。

中国大约是在1万年前进入新石器时代的，然而由于中国幅员辽阔，各地地理环境千差万别，所以表现出来的新石器文化面貌也各有差异。大致可分为三大经济文化区，即旱地农业经济文化区、水田农业经济文化区、狩猎采集经济文化区。其中，旱地农业经济文化区包括黄河中下游、辽河和海河流域等地，这些地区是旱作农业的起源地，猪、狗、牛、羊等也早有出现，如今出土的有大地湾遗址、半坡遗址等。水田农业经济文化区主要包括长江中下游地区，这些地区是稻作农业的重要起源地，养殖猪、狗、羊、水牛等动物，出土的有河姆渡遗址等。狩猎采集经济文化区包括长城以北的东北大部、内蒙古及新疆和青藏高原等地，面积是三个区域中最大的，大约占全国的三分之二。这些地区除了个别地方基本上没有农业，主要以狩猎为主，制陶业也不发达。受这些因素的影响，所以中国新石器时代的文化从一开始就呈现出多样化和地域的不平衡性。

鱼子山抗战遗址

鱼子山抗战遗址是抗日战争时期八路军第四纵队创建的鱼子山抗日根据地所在地，位于北京市平谷区鱼子山村。八路军还在此建立了兵工厂、卫生所、供给处等。现保存有兵工厂的猴石南沟遗址、西洞铸造车间遗址、北洞兵器组装厂遗址及当年冀东西部地分委、县委在此召开会议的崇光门遗址。

1938年7月，八路军第四纵队挺进冀东，来到鱼子山村，积极联合这一带颇有影响的"联庄会"首领、村开明人士尉助峰支持抗日，组建游击队，创建了鱼子山抗日根据地。1940年初，冀东西部以鱼子山为中心整编部队，消灭土匪，建立党组织和政权，积极开展抗日活动。

到了1941年夏天，鱼子山已经成为巩固的抗日根据地，并且这里建起了兵工厂、卫生所、供给处等，抗日工作进展得非常快，因此成为日本

崇光门遗址

鱼子山兵工厂旧址

鱼子山抗日战争纪念馆

人的重点打击目标，他们对这里进行疯狂的"扫荡"。根据地军民在残酷的条件下坚持斗争，打击日寇，经过浴血奋战，在付出巨大的代价后，终于取得了抗日战争的伟大胜利。

1999年，在鱼子山村北京东大峡谷口，建成了鱼子山抗日战争纪念馆。该馆占地面积为1000平方米，展陈面积约为400平方米，共展出革命文物近百件，珍贵照片200余幅，展览内容大致分为5个部分，即八路军第四纵队挥师挺进冀东、古长城下燃起抗日烽火；开展武装斗争建党建政，创建盘山、鱼子山抗战根据地；日寇野蛮实行"三光"政策，抗日军民坚持敌后斗争；浴血奋战夺取最后胜利、辉煌业绩永载千秋史册；缅怀先烈继承光荣传统、不忘国耻建设美好家园。

2001年7月12日，鱼子山抗战遗址被北京市人民政府公布为北京市第六批市级文物保护单位。

知识链接　　**鱼子山惨案**

1940年10月6日下午，十几个日军偷偷进犯鱼子山，他们沿着山梁向北部走，发现有正在秋收的村民，于是丧心病狂地向村民开枪。村民们赶紧向山下躲避，日军紧追不舍。到了山下，日军又看见正在搭建柿子仓的4位村民，于是又向其开枪，其中3个当场死亡。当时没有死去的一人，被日军残忍地剖开肚子，肠子也流到了肚子外面。尽管这样，日军还没有收手，又跑到东坡老馆地，把20多户人家的房子全部烧光。

1941年11月22日深夜，鱼子山再次遭到日军的包围。日军在山梁上架起机枪。第二天早晨，日军进村，手无寸铁的人们向山上跑去，这时，山上的机枪开始向村民扫射，这一次，60多位村民被杀害。

鱼子山惨案遗址

1942年2月13日下午，30多名日军来到鱼子山。得知消息的村民纷纷向山上跑去，日军在村庄里到处搜索，最后在山沟中发现了两位村民。他们对两位村民严刑逼供，逼问八路军和其他村民的下落。这两位村民咬紧牙关，一个字也不透露。气急败坏的日军，砍断了其中一位的脖子。

过了一天，正值农历新年，人们原本以为日军不会再来了，然而让他们没想到的是，天还没亮，五六百个日伪军就把村庄包围起来，抓住一些没有跑掉的老人和孩子，把其中的7位老人丢进菜窖，活活烧死了他们，剩下的那些人则一一被刺刀扎死。

日军在鱼子山的罪行累累，据《平谷革命史》等书的记载，在鱼子山村，日军先后杀死180余人，其中有10户已经被杀绝，共烧毁房屋2000多间，给鱼子山带来了沉重的灾难。

桃棚村抗战时期旧址

桃棚村抗战时期旧址位于北京市平谷区山东庄镇桃棚村。现在的遗存有抗战时期的看守所遗址、印刷厂旧址、平谷县第一个农村党支部旧址和红崖洞等。

桃棚村是著名的抗日根据地，中共在这里建立了平谷农村第一个党支部。来到桃棚村，最先看到的是一块大石头，上面是红色的字"第一个党支部成立旧址"，旁边是一块长方形大理石石

碑，上面是绿色的字"桃棚抗战遗址"。

接下来是一条并不平整的石子路，旁边竖着一块木牌子，上面写着"红谷抗战路平谷第一个党支部诞生地洪崖洞宣誓广场"。沿着这条路拾级而上，来到半山腰的位置，便是宣誓广场的所在地，这里是入党宣誓的地方，环绕着苍翠林木，其间有党旗、入党誓词、廉政誓词。再向上走便是掩映在茂盛植被下的红崖洞。红崖洞洞口朝东北开，1.8米高，2.7米宽，洞内有3.5米宽，3米高，大概6米进深。这里有一个石桌，石桌周围是5个形态各异的雕像，他们似乎在讨论着什么，这便是平谷第一个党支部诞生地，由于洞顶颜色都是红色而被称作红崖洞。

沿着山路继续向上走，来到当年第一个农村

桃棚村冀东西部地分委旧址

平谷第一个党支部诞生地红崖洞

平谷第一个农村党支部的办公地——
平密兴联合县委县政府旧址

公安科旧址

党支部的办公地旧址。这是一个前后两进的院落，依照山势的走向而建造，占地面积有226平方米。后院现存石砌的正房，东厢房只剩山墙。正房面阔11.3米，进深3.9米，高2.2米；东厢房面阔4.4米，进深3.15米，山墙残高2.1米。前院现存东厢房基础及山墙，面阔8.5米，进深4.2米，山墙和后墙的残高分别是3.4米和2米。现均已复建。这里现在是桃棚村抗战时期纪念馆，保留了很多抗战时期的珍贵文物，透过它们，我们可以一窥当年那段红色岁月。

另外，在这周围还有抗战时期看守所旧址，该房屋是石砌的，面阔三间，坐北朝南。该遗址东西有13.6米长，南北有5.5米长，后墙基础残高0.6米，东山墙高3.5米。

印刷厂旧址，这里原本是抗战时期八路军印刷厂，正房是石瓦所筑，面阔五间，坐北朝南，东西长12.4米，南北长4.9米。东厢房墙面阔8.8米，进深4.3米，北面山墙高3.4米。院落东西和南北方向的长度分别是12.4米和10米。现均已复建。

2021年8月27日，桃棚村抗战时期旧址被北京市人民政府公布为北京市第九批市级文物保护单位。

知识链接 **平谷区第一个党支部的建立**

平谷区第一个党支部的建立与桃棚村有着很大的渊源。桃棚村曾经隶属鱼子山行政村，于1944年1月独立建村。桃棚村的地理位置优越，进可攻、退可守，是兵家必争之地。因此，这里建立了平谷区第一个党支部，成为抗战时期平谷和冀东党政领导机关驻地。

1940年9月的一天深夜，为在以鱼子山和盘山为中心创建抗日根据地，县委领导李越之和西北办事处区委书记江东在桃棚村的红崖洞主持召开了大会，支部5位党员包括桃棚村的王世勋、于希元、符运广、王世发，还有鱼子山的村民谢凤宽参加了该会议。该会议中成立了平谷区第一个党支部，任命王世勋为党支部书记。

平谷区党支部的建立对当时的抗日战争起到很大的作用。它见证了平谷和冀东人民抗日的发展历程，具有重要的历史价值及革命纪念意义。

番字石刻

番字石刻位于北京市密云区番字牌村北小孤山南侧崖壁上，据考证，这些番字有梵文、蒙文、藏文等，其内容为佛教六字真言，是研究我国北方少数民族历史、文化的重要物证。

番字石刻低处距离地表1米左右，高处距离地表不足2米，多达20余处，共11组。石刻文字均为阴刻，大小不一，大字约为40厘米×50厘米，小字约为20厘米×30厘米。文字分布没有规则，文字也形体各异。1983年，在东山坡上发现一块高约2米的立石，石头东侧的崖壁上刻着一个大型番字，字是若干字形拼成的大型组字，高约1米，宽约35厘米，远看好像一幅美丽的画。

番字石刻排列整齐，有篆书的精妙，楷书的奇美，虽然历经漫长的岁月，但字迹仍然非常清晰，只是在很长的一段时间中，无人能识。1987年，中国科学院民族研究所的专家们对石刻进行

番字石刻

鉴定，辨别出石壁上的番字为梵文、蒙文和藏文3种文字，刻于元代。其中藏文4组、梵文4组、蒙文2组、梵藏合璧1组。每组文字最少1行，最多3行，有的字句中间和末尾还有很奇特的符号。文字全部为佛教的六字真言，即汉字的"唵嘛呢叭咪吽"，行数较多的文字是六字真言的重复刻写，其下会有落款和纪年，如"孛马""军队造""阴火兔三年"等。而东山坡大型的番字为梵文组合图，即佛教的"十相自在图"。

2004年番字石刻划定保护范围及建设控制地带，乡医院后山坡上的孤石石刻也为保护石刻。随着越来越多的人前来旅游观摩，番字石刻上已经修建了遮阳棚，院内的番字陈列室摆放着很多几十年的老物件及番字石刻的拓印，人们旅游参观，从这些文字中更好地了解北京地区民族迁徙融合的历史过程，了解北方少数民族的历史与文化。

1990年2月23日，番字石刻被北京市人民政府公布为北京市第四批市级文物保护单位。

保护起来的番字石刻

藏传佛教寺庙

藏传佛教寺庙俗称喇嘛庙。

唐贞观十五年（641），唐朝文成公主远嫁吐蕃赞普（即藏王）松赞干布（约617—650）。文成公主带去了汉传佛教佛像和佛经。同时，松赞干布又迎娶了尼泊尔的尺尊公主，尺尊公主也带去了印度佛教。100年以后的藏王赤松德赞（742—797），又迎请印度密教大师莲花生入藏传法。此后，印度佛教大量传入西藏。汉传佛教、印度佛教和西藏本地的原有宗教本教结合，从而产生了藏传佛教。

藏传佛教也称藏语系佛教。到了元代，由于封建统治者的大力提倡，并封藏传佛教的领袖为法王，使西藏的宗教和政权进一步结合起来，藏传佛教也得到了迅速的发展。此时，藏传佛教不但在藏族同胞中流传，而且也在蒙古族同胞中流传开来。到了清代，康熙、乾隆皇帝为了笼络藏族、蒙古族的上层贵族，大力推行藏传佛教，不但在河北承德修筑了规模宏大的藏传佛教寺庙，而且还拜藏传佛教的活佛为国师，亲自入庙听活佛讲经。乾隆皇帝还撰写了《喇嘛说》，介绍藏传佛教的产生和发展。刻写着《喇嘛说》文字的石碑，至今还矗立在北京雍和宫内。

第一座藏传佛教寺庙，是始建于唐代的西藏拉萨的布达拉宫。1000多年来，虽然布达拉宫经过多次维修和扩建，早已面目全非，但松赞干布时期修筑的法王洞（曲结竹普）、超凡佛殿（帕巴拉康），至今尚存。以后，随着藏传佛教的传播，藏传佛教寺庙也在西藏、内蒙古、青海、甘肃、四川、云南等地修建起来。到了清代，藏传佛教寺庙的修建到了极盛时期。那时，仅在内蒙古自治区境内，就有藏传佛教寺庙1000余座。直到1949年前，全国还有藏传佛教寺庙5000余座。

藏传佛教寺庙大体上可以分为三种类型。第一种是藏式的，如西藏拉萨的布达拉宫，日喀则的扎什伦布寺，青海湟中的塔尔寺，甘肃夏河的拉卜楞寺，河北承德的普陀宗乘之庙、须弥福寿之庙等；第二种是汉式的，如北京的雍和宫，它是一座由王府改建而成的藏传佛教寺庙，所以庙内的建筑和布局，均是汉式的；第三种是汉藏结合式的，如河北承德的普宁寺、普乐寺等。但这后两种类型不是藏传佛教寺庙的主要类型，在这里我们不做专门介绍。

藏传佛教寺庙和汉传佛教寺庙有很大的不同。

从单体建筑上看，藏传佛教寺庙的经堂、佛殿、僧舍，为木柱支撑、密檐平顶的碉房式建筑。墙壁厚实，收分很大，剖面呈梯形。墙面上修有许多盲窗（假窗），并加上了许多横向装饰。这使得寺庙的建筑，不但显得雄浑、平稳，同时也不单调、平淡。

从建筑群体上看，在藏传佛教寺庙中没有中轴线，没有对称的房屋布局，也没有层层叠叠的四合院。主体建筑佛寺（佛殿）和扎仓，居于寺内的重要位置上；其余的建筑，如活佛住处、办公处、喇嘛们的住处康村（僧舍），以及印经院、讲经坛、塔等，则围绕着佛殿和扎仓布列。高低错落，富有变化。厚墙环绕，酷似城堡。

扎仓是藏传佛教中喇嘛们学习各种经典的地方。一般来说，每个藏传佛教寺庙中都有两个以上的扎仓。各个扎仓中都有经堂和佛殿，存放着不同的佛教经典，供奉着不同的高大佛像。有的扎仓中的经堂很大，可同时容纳数千喇嘛念经。

喇嘛们在不同的扎仓中念经拜佛，学习不同的经典。藏传佛教格鲁派（黄教）六大寺庙之一的甘肃夏河县拉卜楞寺，就有六个扎仓。其中，有习显宗的帖桑浪瓦扎仓，有习密宗的居万巴扎仓、居多巴扎仓，有习天文的丁科扎仓，有习医药的曼巴扎仓，有习法事的季多扎仓等。藏传佛教其他寺庙中扎仓的设置，与此类似。

藏传佛教寺庙中供养的佛像，有的比较高大，高者数米或数十米不等。因此，放置这些佛像的佛殿自然也很高大，但进深很小，内部呈空筒式。在空筒的四周又修有层数不等的围廊。各层围廊之间有楼梯相通，可以逐层上达。西藏日喀则的扎什伦布寺内，供有一尊高达27.4米的强巴佛（弥勒佛）像。人们站在佛殿内抬头仰视，也很难见到佛像的面容。但是，佛殿内有五层围廊，从下往上，依次叫作莲花座殿、腰部殿、胸部殿、面部殿和冠部殿。顶部开天井采光。人们从下向上登，就可以依次看到强巴佛像的腿部、腰部、胸部、面部和冠部了。这种上开天井的空筒式佛殿建筑，也是藏传佛教寺庙建筑的一个特点。

有的藏传佛教寺庙同时也是西藏地方政府的所在地，因此这些寺庙中还建有许多政府的办公用房。西藏萨迦县的萨迦寺，曾是萨迦王朝的政府所在地。拉萨的哲蚌寺、布达拉宫，先后是历代西藏政教领袖达赖喇嘛的住地，自然也是西藏地方政府的所在地。萨迦寺、哲蚌寺、布达拉宫中，都设有政府办公用房，布达拉宫中还修有法院、监狱等建筑。

除此之外，在藏传佛教寺庙中，还有少数非常特殊的建筑。比如，西藏扎囊县的桑鸢寺，平面呈圆形，圆形的围墙、正中的乌策大殿、大殿

两侧的小庙和四角的小塔，分别象征着藏传佛教世界的铁墙、须弥山、日轮、月轮和四大天王。整个寺庙的布局，简直就是一个藏传佛教宇宙观的立体模型。西藏江孜的白居寺，寺中的主体建筑是一座造型奇特的覆钵式塔（喇嘛塔）。此塔的特殊之处，就在于它的塔座是由77间佛殿和佛龛组成的，因此被人们称为"塔中寺"。这些构筑特殊的藏传佛教寺庙建筑虽不多见，但它们却是中国佛教建筑中的珍品，十分宝贵。

白乙化烈士陵园

白乙化烈士陵园位于北京市密云区石城镇河北村，陵园北部山上为白乙化同志牺牲地。

1941年，时任八路军晋察冀军区第十团团长的白乙化在指挥密云马营战斗中不幸牺牲。4月，丰滦密联合县政府立碑纪念。1984年，密云县（今密云区）政府修建了白乙化烈士陵园。

白乙化烈士陵园入口处建有6米高的石牌坊，正面中间镌刻着原八路军冀热察挺进军司令员萧克手书"白乙化烈士千古"，左右两侧分别为"名

白乙化烈士陵园石牌坊

"垂千古""血沃幽燕"，背面则是原中共平北地委书记段苏权手书"民族精英"。

走进陵园，可以看见白乙化烈士的墓地，面积大约为3000平方米。纪念碑坐北朝南，中间放置着一尊2米高的白乙化烈士石雕像，白乙化烈士身穿戎装，目视前方。它的背后并排竖立着4块大理石碑，中间两块分别镌刻着"名垂千古"和"血沃幽燕"，最左边一块镌刻着白乙化生前战友十团第二任团长王亢撰写的《白乙化传略》，最右边一块镌刻着密云县人民政府重建白乙化纪念碑的缘由。

在陵园下面，密云县政府建成了密云地区抗日斗争史展馆。后改称"白乙化烈士纪念馆"和"密云地区抗日斗争史展馆"。展馆占地面积1000平方米，建筑面积293平方米，高度为10米，展馆的顶部为八路军军帽造型。整个展馆共分为四个展区，即白乙化烈士生平事迹展区、密云地区抗日斗争史展区、密云地区抗日斗争实物照片展区和中共中央、八路军总部、冀热辽军区主要领导照片及题词展区，供人们缅怀先烈，继承革命传统，进行更好的爱国教育。

1995年10月20日，白乙化烈士陵园被北京市人民政府公布为北京市第五批市级文物保护单位。

白乙化烈士墓地

密云地区抗日斗争史展馆

知识链接　白乙化

白乙化1911年出生于辽宁省辽阳市宏伟区石场峪村。1928年，他考入东北陆军讲武堂步兵科，希望通过武装自己来为救国献力。之后，他又考入北平中国大学，学习政治学。

在上大学期间，白乙化接触到了先进的共产主义思想，于1930年加入中国共产党。1931年，九一八事变爆发，东北被日军所侵占，白乙化回到自己的老家，开始联络有志之士，组织抗日义勇军，并且不断取得胜利。遗憾的是，1933年，国民党长城抗战失败，正在热河抗日的白乙化部队被国民党解散了。

1935年，国民政府和日本侵略者签订《何梅协定》之后，激起了北平各界人士的强烈不满，于是大家在北平共产党组织的领导下，举行示威游行。白乙化积极参与了这一次活动。他发表各种演说，要求国民党政府出兵抗日，最后被逮捕。出狱后，他积极宣传党的思想，培养忠诚的共产党员。

1937年，卢沟桥事变爆发，中国军民开始全面抗战，白乙化积极投身抗日斗争。1939年，白乙化组织的抗日民族先锋队和冀东抗日联军进行整编，称为华北人民抗日联军。1940年，华北抗日联军改称为八路军冀热察挺进军平北军分区第十团，白乙化担任团长的职务。

1940年4月，白乙化部队来到密云潮白河以西地区开展斗争，将士们浴血奋战，开辟了丰滦密抗日根据地，给了敌人沉痛打击。

1941年，日军再次对白乙化部队展开疯狂的攻击，白乙化临危不乱，指挥战斗，然而就在临近胜利的时候，冲在队伍前面的白乙化被流弹击中，不幸牺牲。中华人民共和国成立后，为了纪念白乙化，密云政府在他牺牲的地方建立了白乙化纪念馆和白乙化烈士纪念广场。

2014年9月1日，白乙化被列入民政部公布的第一批300名著名抗日英烈和英雄群体名录。

古北口战役阵亡将士墓

古北口战役阵亡将士公墓，位于北京市密云区古北口镇南关外国道西侧长城脚下。

1933年3月，东北军六十七军和中央军第十七军将士同侵华日军激战于长城古北口镇。战斗结束后，当地居民收殓中国军队阵亡将士遗体360余具，合葬于长城脚下。

古北口战役阵亡将士墓是一座用黄沙土堆积而成的高大墓丘。墓高6米，底部直径为15米。墓的四周有2米多高的花墙，用青砖砌筑而成。公墓的东南方向有门，门楼高3米。门垛两旁写着一副挽联，上联是"大好男儿光争日月"，下联是"精忠魂魄气壮山河"，横批为"铁血精神"。在公墓的前方立着一块花岗岩石碑，碑高2.5米，碑额中间镌刻着"癸酉年古北口战役阵亡将士公墓"，左右两侧的落款分别为"国民政府军事委员会北平分会"和"中华民国二十四年三月立"。

1993年，密云县（今密云区）对公墓进行了一次全面、彻底的修复，并且新建了一座纪念碑和碑亭，即"长城抗战古北口战役纪念碑"。这块碑是一块黑色大理石卧碑，长2.7米，宽1.5米，厚度为0.3米。碑身正面有"长城抗战古北口战役纪念碑"12个金色大字，它是由全国政协副主席、民革中央主席何鲁丽亲笔题写的。碑身背面详细地记述了整个长城抗战古北口战役的过程。碑文如下：

古北口战役阵亡将士墓大门

古北口战役阵亡将士墓

碑亭

纪念碑

一九三三年一月一日，日军进犯山海关，长城抗战肇兴。三月十一日晨，日军进攻古北口，第六十七军一一二师奋起迎战。十时，日军攻占古北口正关。第十七军二十五师师长关麟征在龙王峪战斗中负伤，代师长杜聿明继续指挥战斗，血战三昼夜，毙伤日军二千余人，终因电讯不通，后援无继，三月十三日撤出古北口城。四月二十一日，日军强攻南天门阵地，第二师师长黄杰、第八十三师师长刘戡率众鏖战八昼夜，毙伤日寇三千余。五月十日日军发起总攻，第十七军将士奋力苦战，迫于兵员大减，撤至大小新开岭阵地。十一日下午二师四旅接防，日军又发起强大攻势，旅长郑洞国亲赴前沿指挥。十二日，大小新开岭阵地失守。

十五日第十七军奉调撤离密云。古北口战役历时二月余，守军将士以窳劣之武器御数倍之敌，毙伤日军五千余名，抗战将士亦有近八千人伤亡。巍巍长城，虎踞龙腾。荡荡潮河，源远流洪。将士守土，与倭抗争。为国捐躯，血染长城。埋忠骨，青山有幸；慰英魂，绿水增荣。缅怀先烈，泣悼英灵。慰藉往者，砥砺后生。

从此，这座公墓就成了中华民族抵御外侵的历史见证，属于抗日战争时期重要的革命遗址。为了纪念这次战役，北京市修建了古北口长城抗战纪念馆，收集展出大量古北口战役的史料和文物。

1995年10月20日，古北口战役阵亡将士墓被北京市人民政府公布为北京市第五批市级文物保护单位。

知识链接　古北口战役

九一八事变之后，日本人开始对中国华北地区虎视眈眈。1933年1月，日本侵略者由东北转向华北，出兵侵占热河省，长城抗战全面爆发。古北口是长城要塞，向来有"京师锁钥"之称，这里就成了长城抗战的主战场，中国军队在此打响北京地区抗击日本侵略者的第一枪。

3月11日，日军第八师团及第三旅团进攻古北口，东北军六十七军一一二师奋力抵抗，经过一番激战之后，没能击退敌人，古北口正关被敌人攻陷。日军乘胜追击，将古北口长城及龙王峪占领。之后，中央军十七军二十五师英勇抗战，师长关麟征不幸中弹负伤，代师长杜聿明迅速指挥战斗，与敌人展开激烈的战斗，经过3个昼夜的奋战，共歼灭敌人2000余人。

在我军顽强的抵御下，日军无法继续进攻，于是请求增援，再调第六师团主力与第三十三旅团，以及飞机、炮兵、坦克部队来到古北口战场，敌军的实力猛增。

4月21日，日军对南天门展开疯狂的进攻，十七军二师在黄杰师长的率领下，八十三师在刘戡师长的率领下，与敌军展开8个昼夜的激战，日军伤亡3000余人，仍未攻克。到了5月上旬，日军再次增援，将第六师团一部及第五师团第十一联队调至南天门前线，并于5月10日对我军发动总攻。我十七军奋力抵抗，与敌人展开殊死搏斗，伤亡极为惨重，因为没有增援，兵力大减，无奈之下只得放弃了南天门，撤退到了大小新开岭阵地。11日日军再次发动猛烈攻击，十七军顽强抗战，几度告急，四旅旅长郑洞国急忙赶到前线指挥，才暂时保住了阵地。然而日军兵力太盛，12日，大小新开岭阵地被敌军攻陷。15日，十七军奉命从前线撤离。

5月，南京国民政府与日本人签订了《塘沽协定》，长城抗战结束。这一次战役，虽我军战败，但同时也给予日军沉重的打击，毙伤日军5000余人。这场战役是长城抗战中，双方投入兵力最多、战斗时间最长、战况最为激烈的一场战役，中国军队用鲜血和生命捍卫了民族的尊严。

白龙潭龙泉寺

白龙潭龙泉寺是一座四合院式的佛教寺庙，位于密云区太师屯镇下湾子村，即如今的白龙潭风景区。

白龙潭龙泉寺坐东朝西，顺着山势建于高台之上。寺院共有二进院落，由山门殿、大佛殿和南北配殿组成。

龙泉寺山门前台阶有61级。山门殿面阔三间，砖木结构，因为寺庙坐东朝西，所以最初山门殿的匾额题为"回光返照"。清光绪二年（1876）闰五月，李鸿章亲笔所书"龙泉寺"，做成木匾挂于山门之上。殿内塑有弥勒佛、韦驮菩萨和四大天王，材质为樟木贴金。

大佛殿面阔三间，进深三间，前出廊。殿内佛龛上原大佛已毁，现为三尊三世佛铜像，即释迦牟尼佛、药师佛、阿弥陀佛，都是元代皇家铸造的铜镏金雕像，是北京市文物局在1996年调

龙泉寺山门

天王殿

大佛殿

大佛殿西配殿

大佛殿东配殿

请而来的。三尊佛像两侧泥塑罗汉十八尊，形态各异。

南北配殿各三间，规模都比较小，北配殿原本供奉着达摩，南配殿供奉着地藏王菩萨。

寺院整个院落石板地面，小巧精致，布局严整。院内存有碑刻四通，分别为明代抗倭名将戚继光赋《游龙潭诗碑》，李鸿章《敕修密云县石匣龙神庙碑记》碑刻，袁世凯修葺龙泉寺记事碑，道光年间当地大户捐银功德碑。另外，院内还有700多年树龄的松柏，使整个寺院显得更加古朴。

白龙潭龙泉寺始建于元朝，兴盛于清朝，明、清两代进行过多次修葺。现存的山门殿及大佛殿就是清代建筑，而南、北配殿则是民国时期建筑。

1996年，白龙潭管理处对龙泉寺进行修缮，将原本的灰色筒瓦、板瓦、阴阳合瓦全部都替换

成了黄绿色的琉璃瓦，其他主体建筑都按照原来的面貌进行修复。

1995年10月20日，白龙潭龙泉寺被北京市人民政府公布为北京市第五批市级文物保护单位。

知识链接　密云白龙潭风景区

密云白龙潭风景区位于燕山长城脚下，密云城区东北30千米的太师屯镇龙潭山中，距离密云经古北口至承德的古道5千多米。从汉代开始，该地就以"应龙能致云雨"之说被人们所崇拜，并且加以建设，到现在已经有上千年历史。北宋著名诗人苏轼曾经在这里留下名句"白龙昼饮潭，修尾挂石壁"。

从元代到明清时期，几百年的建设已经使该景区古建林立，香火非常旺盛，尤其是清代康熙和乾隆年间最为辉煌。相传有四殿十八亭台及大戏楼等，在整个山谷中错落有致地分布着。乾隆时期，乾隆帝会派官祭龙，为百姓祈雨，甚至还会亲自到场祭潭，因此逐渐形成每年二月和八月进行祭龙的皇家典制。

如今的白龙潭风景区山灵水秀，峰多石怪，景色极美。各种古建筑已经得到修复，园林道路也焕然一新，登上白龙宝塔，向远处望去，密云

圣镜门

水库烟波浩渺，壮美至极。景区内有众多著名的景点，如圣镜门、龙泉寺、五龙祠、尧山滑道、飞瀑流泉等都吸引着大量的游客。

每年三月初三，这里还会举行开潭庙会。相传，白龙潭的小白龙是东海龙王的小儿子，他对黎民百姓的疾苦非常同情，为了给这里的人民造福，他每年农历三月三，就会从潭侧的海眼来到白龙潭。到那时，潭口泥沙喷溅而出，之后就会涌出清澈的泉水，这一景象被人们称作"开潭"，因为正值春耕，百姓见水无不欢呼。于是每年三月三的开潭庙会一直流传至今。很多游客都会慕名而来，因此这一天景区人很多，规模盛大。

红螺寺

红螺寺是我国北方最大的佛教净土宗丛林，位于北京市怀柔区北部的红螺山，曾为京北地区名刹。始建于东晋，初名大明寺。明正统年间改名"护国资福禅寺"。因该寺所在山下有一眼珍珠泉，相传泉水深处有两颗色彩殷红的大螺蛳，每到夕阳西下螺蛳便吐出红色光焰，故山得名红螺山，寺俗称红螺寺。

红螺寺坐北朝南，占地百余亩，由中路及东西跨院组成。中路主要建筑有：山门一座，歇山顶，无梁殿式；后为天王殿，面阔五间，硬山顶调大脊，筒瓦屋面。其后是大雄宝殿，建于台基之上，面阔五间，歇山顶，殿前出月台；正殿东西两侧各有配殿。

中路最后一重殿宇是三圣殿，面阔五间，硬山顶调大脊，筒瓦屋面。西跨院是僧人居住之所，东跨院为修容院和客房。此外寺院有膳房和勤杂人员居住的场所，西墙外还有塔院，是僧人的墓塔。

1990年2月23日，红螺寺被北京市人民政府公布为北京市第四批市级文物保护单位。

知识链接　**红螺寺与佛图澄**

佛图澄是红螺寺的开山鼻祖，他虽是一个和尚，但却以神异闻名于世。在《高僧传》当中有一则这样的记载：佛图澄是一个身怀神通的高僧，

红螺寺山门

大雄宝殿

三圣殿

他对咒术十分精通，对禅机也有领悟，另外还可以知前世今生。

佛图澄是西域僧人。西晋末年时，佛图澄有感梦境，于是来到中国，想要找出我国北方的佛教发祥地，奈何寻了20多年也没有什么结果。

东晋咸康四年（338），佛图澄随人来到渔阳

红螺寺大雄宝殿内景

城，也就是今北京怀柔地区。他发现这里有一座红螺山，该山山形上部像是大鹏金翅鸟在挥动翅膀，下面有"触地印"瑞像，这是佛祖成道时留下的。这座山简直与他梦境中的一模一样，于是他便建造了这座寺庙，并为它起名"大明寺"，这便是红螺寺。

关于红螺寺还有一个传说。明正统年间，这里被称作"护国资福禅寺"。故事中玉帝有两个女儿，来到此地化成两个巨大的红螺，在红螺湖里落脚。至于她们为什么下凡，有几个不一样的版本，有的说她们贪恋人间的美景，有的说她们爱慕人间的感情，还有的说她们心怀天下，要解救万民。至于具体什么原因，其实随着时间的变迁早已遗忘在历史的长河中了，连这座寺庙原本的名字也遗忘了，反而是红螺寺这个名字延续了下来。

跨区市级文物保护单位

元大都城墙遗址

元大都城墙遗址是元代大都城的外郭城遗址，主要以土夯筑，俗称土城。城墙始建于元世祖忽必烈至元四年（1267）。为加强防御，又在大都城的11个城门建造了瓮城和吊桥。

明朝建立后，在原来元代城墙的基础上，用砖包砌起来，并将元代的北城墙南移1000米，重新建筑明城墙。如今，元代的北城墙和西城墙的北段遗址保存了下来。

元城墙全部用夯土筑成，为了加固城墙，在夯土中使用了"永定柱"（竖柱）和"纤柱"（横木）。元大都城墙的建筑形式、建造方法和周密严谨的规划设计，成为研究元代建筑和元代城市营造工程及北京城市发展史重要的实物资料。

1957年10月28日，元大都城墙遗址被北京市人民政府公布为北京市第一批市级文物保护单位；2006年5月25日，元大都城墙遗址被国务院公布

1969年元大都和义门遗址

为第六批全国重点文物保护单位。

 知识链接 　　　　元大都

元大都是元朝的首都，我们都习惯简称大都。蒙古语和突厥语分别称作"Dayidu"和"汗八里"，即汗城、帝城的意思。忽必烈即位后将燕京（今北京）升为都城，以便于控制汉地，所以燕京就成了元朝的大都。而原来的都城上都（今开平）仍保留都城的地位，一来方便联络草原诸王，同时也满足了大汗的生活习惯。忽必烈在位时，冬在大都，夏则在上都。

元大都建造的地点选择在了金中都旧城东北的海子一带的旷野上。选择这里的原因是按照蒙古人的习俗，骑马或步行经过一个安置过斡尔朵（宫殿）留有烧火痕迹的地方是不吉利的，所以在亡金宫阙的废墟上重建新宫，就是一种禁忌。

元大都城墙遗址

大都的建设历经26年。1267年初，正式兴工筑城。4月，始建宫城，1268年10月宫城初步建成。1272年2月，忽必烈下令将金中都改为大都。1274年正月，宫阙告成，忽必烈在御正殿受百官朝贺。4月，开始建东宫。1276年外城筑成。1281年，开掘城壕。1285年2月才让旧城居民迁入了新的都城，并按照财产多少、官职高低占地起宅，一般宅基地以8亩为限，剩下的地方，留给百姓建房。到1287年，筑城工程全部完工。1293年连接大都和通州的通惠河竣工，标志大都建设的完成。

元大都规模空前。大都城呈规则的矩形，南北略长。城中心点在积水潭东岸的中心阁。外城周长28.6千米，设城门11座。皇城位于城南稍偏西，周围约10千米。宫殿建筑主要分为大明殿、延春阁及东宫三组。前两组建筑分布在从城正南门丽正门直达钟鼓楼、中心阁的正南北向的中轴线上。

元大都城市和宫阙的设计、布置体现了汉蒙文化的结合。在城池、宫阙、社庙的整体布局上，都依据《周礼·考工记》中记载的原则。宫阙的建筑风格、形制与命名则本于汉制。城门、坊名都来自《易经》。但殿廷内的陈设布置又具有蒙古斡尔朵的特色。如大明殿，殿中设七宝云龙御榻，又设皇后座位，两旁则诸王、百官、怯薛官（禁卫军官）侍宴坐床重列。入门处置木质银里漆瓮一座，高一丈七尺，可贮酒50石。丹墀前种有一种从漠北引种的思俭草，提示即位的统治者不要忘记大草原。

元大都是14世纪中国的政治经济文化中心，也是当时一座具有国际性大都市性质的城市。元大都与一般的城市不同，除了皇城、内城和外城之外，还有城外的附郭。在附郭内居住着往来各国的商人，并建有各国使者的专邸。因此在元大都内居住了众多的外国人。为满足城中各色教徒的宗教信仰需要，专门为他们提供宗教服务的星者巫师就约有5000人。元大都的贸易相当发达，据马可·波罗说，百物输入之众，有如川流之不息。来自各国的巨价异物及其他商品在这里的买卖情况，是当时世界上任何一座城市都无法比拟的。

明北京城城墙遗迹

明清北京城墙的墙体做法为内外两侧砌城砖，中间填筑三合土。明北京城城墙遗存包括东便门段、西便门段和左安门值房三部分，是研究北京城垣变迁的重要实物。明代北京城墙分别建于洪武元年（1368）、永乐十八年（1420）和嘉靖三十二年（1553），清代沿用明城墙。20世纪60年代末北京城城墙相继被拆除，仅余局部遗存。

东便门段城墙遗存全长1500米，包括自东南角楼至崇文门之间的一段内城南墙及11座马面、

东便门城墙

东南角楼之北的一小段内城东墙及3座马面。

西便门段城墙遗存，是内城西墙的南端，现存城墙长199.6米，其中有马面一处。城墙南端靠西处有"L"形城墙残迹。左安门值房位于东城区左安门桥头，坐东朝西，建筑面积148.35平方米。

东便门，在今东便门桥北、通惠河南岸，明清北京城"凸"字形平面的右肩部，始建于嘉靖三十二年（1553），当时未见命名。至嘉靖四十三年（1564）增建瓮城时始见东便门、西便门的名字。乾隆十五年（1750）以后，增建箭楼。东便门城楼为单层单檐歇山小式，灰筒瓦顶，四面开过木方门，无窗；面阔三间宽11.2米，进深一间深5.5米，高5.2米；其城台正面辟过木方门，楼连城台通高12.2米。瓮城为半圆形，东西宽27.5米，南北长15.5米，单层单檐硬山小式，灰筒瓦顶，南背面辟过木方门，东、西、北三面辟箭窗，每面各两层，北面每层4孔，东、西面每层2孔；面阔三间宽9米，进深一间深4.6米，高4.7米；其城台正中辟门，外侧（北半侧）为拱券顶，内侧（南半侧）为过木方门；楼连城台通高10.5米。

1951年12月拆除瓮城，20世纪50年代末拆除箭楼，1958年拆除城楼。

西便门，在今西便门内大街北口处，明清北京城"凸"字形平面的左肩部，始建于嘉靖三十二年，当时未见命名。至嘉靖四十三年增建瓮城。乾隆十五年后增建箭楼。城楼单层单歇山小式，灰筒瓦顶，面阔三间宽11.2米，进深一间深5.5米，高5.2米，楼连城台通高11.2米。瓮城呈半圆形，东西宽30米，南北长仅7.5米。箭楼为单层单檐硬山顶式，灰筒瓦顶，南面辟过木方门，

西便门城墙

1900年东便门城楼内侧

20世纪20年代初西便门城楼西侧

东、西、北三面辟箭窗，每面各二层，北面每层4孔，东、西面每层2孔；面阔三间宽9米，进深一间深4.6米，高4.7米。

1952—1953年瓮城及箭楼被拆除。1966年修

建地铁时将附近城墙拆除。1988年北京市政府将紧靠城楼东侧残存的195米内城墙予以整修，在与外城相接处修复城楼，共用新制城砖13万块，同时保留7处断面遗迹，即"明北京城城墙遗迹"，并立碑以示纪念。在西便门遗址修复过程中没有收集旧城砖，而是使用新城砖修复城楼，所以西便门遗址看起来远比东便门遗址整齐得多。西便门铺房遗址位于西二环路南段，驾车行驶于二环路上就可以看到铺房和城墙。

2002年，在左安门地区进行改建拆迁时发现左安门值房，并腾退居民。左安门值房，位于东城区左安门桥东北侧，建于嘉靖三十二年。该建筑坐东朝西，面阔五间，进深一间，前出廊。主

20世纪20年代初西便门城楼内侧

左安门值房

体系传统木结构，过垄脊筒瓦屋面，建筑面积为148.35平方米，左安门值房是北京唯一现存的古代值房建筑，是城门守军的驻守、居住用房，其地理位置为研究北京城各城门、城墙的坐标点定位起到了非常重要的作用。2007年，北京市政府出资整体修缮左安门值房，并于同年底完工。

1984年5月24日，明北京城城墙遗迹被北京市人民政府公布为北京市第三批市级文物保护单位；2013年5月3日，明北京城城墙遗迹被国务院公布为第七批全国重点文物保护单位。

知识链接　消失的外城城门

崇文门，位于内城南墙东侧，西距正阳门约1.75千米，元代称文明门，俗称哈德门，取《周易》"文明以健""其德刚健而文明"之意。正统四年（1439）改称崇文门，位置在今崇文门内大街南口。城楼形制小于正阳门，面阔五间，进深三间，重檐歇山顶，顶铺灰筒瓦绿剪边，城楼一层四面明间辟过木方门，二层有回廊。城楼坐落在高约10.2米的城台上。崇文门瓮城为长方形，南北长86米，东西宽78米，西墙辟券门，其上为闸楼。瓮城南城台上为箭楼。城内建有关帝庙。

明、清两代从南方来的货物进北京时，要在崇文门接受检查，缴纳税金。明代崇文门外大街设有"京师税务衙门"，成化年间升为"宣课分司"，弘治年间设"崇文司"，内城九门的课税全部由其监管。到了清代，沿袭明代旧制，设"监督署"专收货税。同时，清代规定，籍没的获罪王公大臣的财产、家奴、人口由内务府处理，内务府不需要的则交由崇文门税署变卖，获银交"广储司"。

1912年崇文门城楼

20世纪二三十年代左安门箭楼

1921年崇文门城楼东马道

20世纪二三十年代右安门箭楼

崇文门箭楼在光绪二十六年（1900）毁于八国联军的炮火，仅存城台，1901年修正阳门铁路时，拆除崇文门瓮城，瓮城西侧的闸楼及关帝庙被拆除，并在箭楼城台中间辟券门。1930年拆除箭楼城台和券门。1950年拆除残存的瓮城，并在城楼西侧城垣开豁口，辟门洞。城楼于1968—1969年拆除。

左安门，位于外城南垣东侧，今左安门内大街南口正中。左安门城楼始建于明嘉靖三十二年，明清两代均有修葺。嘉靖四十三年增建瓮城。清乾隆十五年以后，增建箭楼。城楼为单层单檐歇山式，灰筒瓦顶；面阔三间，通宽16米，进深一间，通进深9米，高6.5米，楼连城台通高15米。

瓮城呈半圆形，东西宽23米，南北长29米。箭楼为单歇山小式，灰筒瓦顶；面阔三间，宽13米，进深一间，宽6米，高7.1米，楼连城台通高16.6米；其南侧面辟两层箭窗，每层7孔，东、西侧面亦辟两层箭窗，每层3孔，楼后正中辟过木方门。20世纪30年代，因城楼与箭楼破败不堪被拆除，仅存台基与券门。1953年将瓮城与城楼、箭楼的台基拆除。

右安门，位于北京外城南垣西侧，今右安门内大街南口正中。右安门城楼始建于嘉靖三十二年，嘉靖四十三年增建瓮城。乾隆十五年后增建箭楼。城楼为单层单檐歇山式，灰筒瓦顶；面阔三间，通宽16米，进深一间，通进深9米，高6.5

米，楼连城台通高15米。瓮城呈半圆形，但较左安门略短，东西宽仅23米，南北长29米。箭楼为单歇山小式，灰筒瓦顶；面阔三间，宽13米，进深一间，深6米，高7.1米，楼连城台通高16.6米；其南侧面辟两层箭窗，每层7孔，东、西侧面亦辟两层箭窗，每层3孔，楼后正中辟过木方门。1953年拆除瓮城、箭楼，1958年拆除城楼。

广渠门，位于北京外城东垣，今广渠门东口立交桥西，是北京外城城墙东侧唯一的一座城门，俗称沙窝门。城楼始建于嘉靖三十二年，嘉靖四十三年增建瓮城。乾隆十五年以后，增建箭楼。广渠门城楼面阔三间，单檐歇山顶，四周有回廊，连廊通宽19.5米，进深一间，连廊10.3米，通高15.7米。城台宽24米，高9米。瓮城呈半圆

1910年广安门城楼和箭楼

形，西段接外城城垣，两角为直角，东段为半圆形，南北宽39.5米，东西长24米。箭楼为单檐歇山顶，正面及两侧各辟箭窗两层，正面每层7孔，两侧每层各3孔，共26孔。箭楼下开拱形门洞。1930年将箭楼、城楼拆除，1964年瓮城和残存台基被拆除。

广安门，位于外城西垣，今广安门北顺城街南口与广安门内大街西口交会处，为外城唯一向西开的门，与广渠门相对，始建于嘉靖三十二年，称广宁门，原规制与广渠门相同。嘉靖四十三年增建瓮城。乾隆十五年后增建箭楼。乾隆三十二年（1767），以该门为南方各省人员进京的主要通路，故仿永定门城楼规格加以改建。道光三年（1823），为避道光帝宁之讳，改为广安门。城楼形制一如内城，重檐歇山三滴水楼阁式建筑，绿琉璃瓦剪边灰筒瓦顶，面阔三间，通宽13.8米；进深一间，通进深6米，高17.6米；楼连城台通高26米。瓮城呈半圆形，两外角为圆弧形，东西长34米，南北宽39米，瓮城墙基宽7米，顶宽6米。箭楼为单檐歇山式灰筒瓦顶；面阔三间，宽13米，进深一间，深6.6米，高7.8米，连城台通高16.6米；南、东、西三面各辟箭窗两层，南面每层7孔，东、西面每层3孔；北侧楼门为过木

1920年广渠门箭楼

方门，楼下城台正中对着城楼门洞辟一券洞门。1953年拆除瓮城及箭楼，1956年拆除城楼。

万里长城北京段

我国最早修建长城的记载，首见于公元前7世纪即战国时期的齐国（一说楚国）。之后楚、秦、燕、赵等国相继修筑，主要由夯土筑成。公元前221年，秦始皇统一中国后，将各国长城连而为一，形成西起临洮、东至辽东的万里长城。以后各代除唐、元外均多有修建，营造长达2000余年。如保存至今的西汉玉门关及长城遗迹，是丝绸之路的一个重要关口，随着丝绸之路畅通了1000余年。明代近300年间，大规模修筑长城，形成由城墙、关隘、城堡、墙台和烟墩等组成的完整的防御工程体系，而且明代长城始以砖砌筑。保存至今的长城，多为这一时期所修筑。到清代，只对长城一些关隘进行维修，没有大规模地筑城。

修筑长城始终遵循就地取材、因地制宜的原则，如沙漠地区，以当地俯拾皆是的沙石和采伐方便的芦苇、红柳叠压而成；平原地区及黄土高原地区，多用黄土夯筑；山岭地区，多以石头垒砌。到明代，长城多以城砖包砌，尤其是山海关至雁门关一带的长城多是这样修建。长城沿线还因地理位置不同建有规模不等的各类防御设施，如关隘、城堡、墙台和烽火台等，以为驻兵、屯粮、防卫、储藏武器及军情传递等的需要。经实地考察，黑龙江、吉林、辽宁、河北、北京、天津、山西、内蒙古、河南、陕西、山东、湖北、湖南、宁夏、甘肃、新疆等省、自治区、直辖市，各个时期类似长城的城墙累计长度达5万千米以上。

北京地区明代以前的长城，构筑比较简单，多以泥石为主，结构粗糙，极易遭到风蚀破坏。它的始建年代至今未得到考古工作者的证实，据史籍记载与现场调查，明朝大规模修建长城时，大量沿袭、使用、加固前代长城墙体。北京地区能确认的早期长城遗迹坍塌毁坏严重，部分地段尚存残石基础，从分布情况可以看出，多分布在明长城沿线上。主要遗迹有：

东部密云境内古北口段，自西山野猪岭的高楼起与明长城分道，向西南方向延伸，经过潮河关关城—小花楼—大花楼—蟠龙山—石盆峪—大

北西岭北齐长城遗址

北京境内的一段长城

西沟—五里坨南山—大岭抄梁子—砖垛子—窟窿山—丫髻山—司马台，在司马台关口与明长城相接，全长20多千米。小花楼至大花楼为断崖，下有潮河，未建墙。潮河关关城被压在明代城堡之下。此段长城只存碎石和部分残墙基。

昌平至门头沟段，昌平禾子涧—老峪沟—门头沟大村，北至河北省怀来县陈家堡东与明长城相接。

门头沟灵山段自黄草梁西经东灵山出北京市界。这段长城现存部分残墙基，个别处高1米左右，尚能发现城台残基。

有学者认为北西岭、大村一带的长城应是北齐长城。昌平北西岭古长城遗址是一条碎石垄，石垄宽约3米，高约1米，石块呈散乱堆积状，仅在局部地方看到有较大石块砌筑的痕迹。长城遗址由此向北，经锅底山、白羊沟，在河北省怀来县陈家堡东与明长城相接，向南至门头沟区的大村，大村的古长城呈东西走向，扼守南北向的山谷。此处到底是不是北齐长城，还需要进一步的考古资料的佐证。

明长城是北京长城的主体，集战国时期秦、赵、燕及北魏、北齐、隋、唐、金等诸朝长城之大成，不断连续，不断完善，而成为庞大的军事防御体系。长城北京段横跨北部山区平谷区、密云区、怀柔区、昌平区、延庆区和门头沟区六个区，呈半环状分布。北京地区长城总的走向分布主要由东西、北西两个体系组成，两者在怀柔区旧水坑西南分水岭上会合，称为"北京结"，连接成一个整体。

"北京结"长城建筑在海拔1534米的黑陀山以南的高山之巅。东西向长城体系，属于蓟镇所辖，东起山海关，西至居庸关灰岭口。在"北京结"以东，以单层状为主，只在隘口附近才出现环状、多层状。"北京结"以西则比较复杂，除重要隘口附近构筑多层状、环状城墙外，在延庆盆地与北京平原之间，构筑相互平行的两道城墙，形成双重的纵深防御体系。北西向长城体系，属于宣府镇所辖，东起居庸关四海冶，西至西洋河。在北京市境内的明长城主要为单层状，在结构上也简单得多。此外，在长城主线两侧偶然可见伸出的支线，这些支线一般长几百米至几千米不等。

从长城的分布可以看出，明代北京的防御重点是西北方向。当时北京的威胁主要来自西北草原的蒙古族，他们主要从两路进攻京师。一是由康保、张北经膳房堡从张家口逼近居庸关，二是由沽源、龙门、赤城从延庆西北而来。因此，明代的防御重点主要是西北，在"北京结"以西设置了重重障碍。

城堡是长城防御系统的重要组成部分，为屯兵之用，根据军事需要来设置，多分布于长城沿线。密云区境内的长城环绕该区的东南、北、西南三面，长200余千米，约占北京地区长城的三分之一，故密云区城堡最多。延庆是北京西北的防御重点，故延庆的城堡也比较多。明亡清兴，

北西岭北齐长城瓦当

司马台长城

这些军事城堡随着军事职能的转化，大多数转化为乡村聚落。

2006年4月，北京市正式启动了北京段长城保护工程，在全国率先开始长城资源调查工作。此次长城资源调查的目的是，通过文物和测绘部门合作，全面、准确地掌握北京市历代长城的规模、分布、构成、走向、时代、自然与人文环境、保护与管理现状等基础资料，并测量长城长度，生成长城基础地理信息和长城专题要素数据，发布长城长度等重要信息，以便建立科学、准确、翔实的长城记录档案和长城资源信息系统，为编制北京市长城保护规划、开展长城保护工程、加强保护管理和进行科学研究提供依据。目前，长城资源调查数据整理工作正在紧张进行。

长城北京段——将军关

将军关位于北京市平谷区东北约40千米的明长城线上，东靠茅山，东南临黄崖关，西北近墙子路关，是平谷东北的重要隘口。

将军关，又叫将军石关，为明长城蓟镇关隘，是明长城进入北京段东端的第一座重要关口。据《四镇三关志·形胜考》载："永乐年间建正关水关，东西墩空，大段头山墩空，通众骑，极冲，迤西通步缓。"明隆庆三年（1569）又经戚继光重修。一称因建关前此谷口曾由都司将军把守，因此名"将军关"。另一说称以石得名，民国三十三年（1944）《蓟州志》载："将军石在将军关村北之阳，石高三丈六尺，兀然矗立，形基壮伟，因附近有块巨石，上刻'将军石'三大字，为明成化

将军关登城口券洞

参将王杞书，关遂亦以此石之名名之。"今在靠近城墙的一农家后院内有一天然柱状竖石，高约6米，字迹已无存。另据康熙年间《蓟州志》记载："将军石关，原设把总一名，外委一员，守墩兵九十九名，节年奉，藏兵四十四名，现存兵五十五名，向属马兰路辖。"

关口处在东、西两山之间，山峦重叠，长城蜿蜒于山巅之上，中为平川谷地，谷口地势开阔，无遮无障，明时为极冲之地。现存关城基址，东西长120米，南北长80米。关城内从防御角度设计的"丁"字街依然保持原有布局。关口东部砖砌城墙基本残存。关城东侧有一敌台遗址，东西长20米，南北长18米，残高8米。以大块条石为基，上为砖砌，内侧建有一石券门，通达楼顶，楼顶残存铺房基础。值得一提的是，在券门左、右面向关门的墙体上，砌有10个"U"形凹槽，间距2.9米。目前对这几个凹槽的用途说法不一：一说是往楼上运送东西的溜道，一说是石口，还有一说是排水设施。

将军关长城多采用将军石河中的鹅卵石砌筑，墙体基础为自然基础，墙身为毛石干垒。此段墙体随着山势的变化，时窄时宽。墙体现残存尺寸

将军关空心敌台

不等：外墙高0.5—4米，内墙高0.8—3.2米，垛墙宽0.62—0.75米，垛墙高0.6—1.1米，马道宽1.5—3.3米。有些地段随山势建有单边墙，残存单边墙墙身为毛石干垒，保存较好的城段外侧城墙高2.6米，墙宽0.8米，单边墙垛宽0.6米。有些地段前部分为墙体，之后为山险。在墙体的外侧有护墙（两皮墙）痕迹，护墙为青砖砌筑，白灰勾缝。残存护墙宽0.24米，外残高2米，内残高2米，马道宽2.2米。

2002年北京市政府出资，对将军关以东4座敌台及500米墙体进行修缮。在施工中发现部分墙体、敌台中间用石头垒砌，外皮用单层或多层城砖包砌，说明此段长城经历过多次修缮。

长城北京段——司马台

司马台长城位于北京市密云区东北部的古北口镇境内，距北京120千米。司马台长城是古北口长城的一部分，也是我国唯一一段保留明代原貌的古长城，这段长城已被联合国教科文组织确定为"原始长城"。2001年长城（司马台段）被国务院公布为全国重点文物保护单位。

司马台长城始建于明洪武初年，是明代"九镇"中蓟镇古北口路的重要隘口，称为"司马台暖泉口"。这里的长城及防御工事，对捍卫古北口、防止外族侵扰起着举足轻重的作用。明万历年间，为防御北部少数民族的南侵，著名将领戚继光、谭纶等对此段长城进行精心设计、重点增修。司马台长城修筑年代可分为：单边墙修筑于明成化年间，天梯形边墙修筑于嘉靖二十四年（1545），西7台、东2台和东4台修建于隆庆四年（1570）和隆庆五年（1571）。其余大部分城墙和

司马台长城全景

司马台长城单边长城

敌台修建于明万历年间。

司马台长城以司马台水库为中心，向东、向西延伸，东城墙有16个敌台，长2400米，西城墙有18个敌台，长3000米，城墙总长5400米，共有34座敌台。在水库中接近东1台处原有一座敌台及一孔水口，在1974年修建水库时拆除，其基址目前也被水库淹没，因此没有统计在内。司马台敌台沿山脊分水线建造，大部分敌台建在峰顶上，西1台建在水口位置，东14台则建在山口位置。两座敌台间的位置，西路间距从80米到300米不等。东路除了山势极险、边墙内外人马难通的东4台至东15台之间相距300米外，其余都在200米以内，大部分相距100米。此段长城沿山势修建，根据地形的需要设置不同的墙体，高度变化大，平缓处的墙体比陡峭处墙体高大。从西18台起至东12台止，城墙外侧高度（不算垛墙）大体为3.5—5.2米。城墙内侧高度差别较大，其高者高度与外侧相近，低者可低至1米。城墙马道宽度连垛墙、宇墙基础在内，一般在3.4—4.1米之间，个别墙段仅宽2.1米。城墙大多是由城砖包砌，城砖的尺寸大致一样，长37—38.6厘米，宽17.5—18.5厘米，厚8.5—10厘米。

司马台长城的特点可以用四个字来概括：险、巧、全、奇。先说说它的险。司马台长城形势险要，东部城墙虽然只有2400米长，却有700多米的高差，山脊狭窄，长城沿山脊蜿蜒曲折，两侧悬崖陡峭如斧砍刀削，惊险万状。尤其是天梯和天桥这两段墙体。

天梯位于司马台东14敌台和东15敌台之间，是沿刀劈斧削般的山脊修筑，由单面墙体和障墙构成，长约50米，坡陡、墙窄，坡度达85度，砌成大阶梯形状，沿山脊上升，每级高差约为2米，天梯外侧筑有垛墙，内侧另筑供人攀登的踏道。天梯两侧是百丈深渊，惊险无比。人立于其上，向下观望，令人目眩。

天桥是仙女楼和望京楼之间的一段墙体，长100米，宽仅30厘米，两侧是悬崖峭壁，内外均无人马活动的余地，墙上也就未留射孔。与天梯相比更是险中之险，很难攀登，人处其上有胆战心惊之感。

再来看看它的巧。司马台长城不仅形势险峻，而且建筑构思巧妙。它的建筑特色是敌台和城墙的建筑形态各异、变化多端。敌台均是空心敌台，是按照驻军的官衔等级、驻防人数及地势险要程

司马台长城天梯

司马台长城仙女楼

度来修建的，大小不一。一般由上、中、下三部分组成。下部为基座，均为实心，有些用石材砌成实心砌体，或者砖砌外墙，内填土石。

中部为空心部分，从内部结构来看，有砖木结构、砖结构，构成一层或两层较大的室内空间，以供士兵驻守、存放物资和兵器。

砖木结构，是用木柱承重，外侧以墙砖包砌，这类敌台在司马台长城西段分布较多，如西18台、西17台和西15台，在中层室内的地面上遗留有完好的柱础石，在敌台的残壁内有完整的柱洞。依据遗存的柱础石可以看出，室内空间被划分成深、阔各三间。其中，西17台和西15台砌筑于坡度极大的坡地上，敌台两侧面有极大的高差。坡地高侧边墙做甬道式马道与敌台门相接；坡地

低侧，中层室内开磴道上达中层地面。如此一来，使得这两座敌台从低处一侧看起来在基座上仍有三层建筑。

砖结构，是用砖墙和砖砌券拱承重。砖墙和券拱把室内空间分隔，有单室、双室、多室之分；因券拱的不同，房间布局、楼顶也变化多端。在砖拱结构中又可分为两种类型：一是单纯以一个或者两个至四个筒拱为主要构造。这种形式的敌台有13座。东15台与东16台均是设一道筒拱作为室内主要空间；西14台是在室内砌筑两个纵连的筒拱，筒拱方向与城墙走向相同，垂直城墙方向设四道短砖墙，构筑成相互连通的券室。同样是设两个纵连的筒拱，敌台内部构造也不相同。东13台也是在室内砌筑两个纵连的筒拱，筒拱方向与城墙走向相同，中间一字排开有不相连的两道砖墙，房间布局呈"日"字形。西1台砌三个纵连的筒拱，筒拱方向与城墙走向相同，布局呈"田"字形。东6台则是砌四个纵连的筒拱，筒拱方向与边墙方向垂直，平面布局呈"目"字形。

另一种是安排中心室，中心室外围有由筒

司马台长城东1台及边墙

中间门。

西13台、西12台、西11台、西10台、西7台，中层东北、西南两面设三个箭窗，西北、东南两面则两窗一门，券门居中。

东15台，中层北立面设两个箭窗，东、西两面只设一券门，南面既无窗也无门。

西16台，东、西立面均开设三个箭窗，南、北立面均开设两个箭窗和一个券门，北立面券门在西侧，南立面券门居中。

西8台，中层东北、西南两面设三个箭窗，西北、东南两面则两窗一门，券门在南侧；西6楼，中层东、北两立面均设三个箭窗，西、南两立面均设两窗一门，券门在中间。

西5台，中层东、西两立面均设三个箭窗，

拱构成的外围空间。砌筑有中心室的敌楼亦有13座。中心室的平面形状和砖拱形式也不尽相同。西12台和东7台平面呈正方形，中心室底平面呈四边形，拱顶是很像覆斗式的穹隆顶。房间布局呈"回"字形。西13台和东5台平面呈正方形，中心室底平面呈八角形，顶为穹隆顶。东12台平面呈长方形，中心室底平面呈八角形，顶部正中心砌成穹隆顶，外围围廊是由青砖砌成的两道大拱，四条甬道。东8台的中心室底平面呈方形，上端用密排的枋木砌在墙体内做成平顶。

中部门窗也新颖别致。以城楼立面墙上开设的箭窗数量的多寡来区分，有单眼、双眼、三眼、四眼、五眼之分。以门的位置来看有边门和

司马台长城东12台

司马台长城西7台

司马台长城西8台

司马台长城西5台

西、北立面开设三个箭窗，东、南立面则是一个箭窗一个券门，西、南立面亦设三个箭窗。

西9台，中层东北、西南两立面均开设四个箭窗，而西北和东南立面则设两窗一门，与其他敌台不同的是，东北、西南立面中间两个箭窗是紧紧相偎，比较独特。

西14台，中层东北、西南两立面均开设五个箭窗，而西北和东南立面则设一窗一门；东12楼是保存比较完整的五眼楼，即有五个窗式射击孔的木楼台，是官位稍高的人驻守的，其台门券脸面上还雕刻浅浮雕的西番莲花。

上部为台顶，有些敌台台顶筑有楼橹，供守城士兵遮风避雨；也有的台顶不建楼橹而是铺墁成平台，供燃烟举火以报警。上下台顶，有的是

司马台长城西15台中层箭窗与三层射孔

南、北两立面均设两窗一门，券门在中间。

西18台，在敌台北、西立面上均开设四个箭窗，而东、南立面均开设两个箭窗和一个券门，东立面券门居中，南立面券门在西侧。

西15台，中层东、北立面开设四个箭窗，

司马台长城西9台

在楼层间开洞，利用绳梯；有的是在较厚的砖砌体中留出仅供一人通行的砖砌通道，如东13台。

望京楼位于司马台长城的东端，是构筑在山峰顶端的一座敌台。望京楼建在海拔986米的山顶上，是司马台长城的制高点，为空心三眼楼，两层砖结构。登临其上，视野开阔，景色壮观，据说在雨后晴天、万里无云时伫立楼上可以依稀望见北京城，夜晚还可以看到北京城的万家灯火，故名望京楼。它可以东观"雾灵积雪"，西望"蟠龙卧虎"，北看"燕山叠翠"，南瞰"云中明珠"。

仙女楼位于望京楼西，是敌台中建造得最美的一座。它下部条石合缝，上部磨砖达顶，整个建筑处处给人精巧、细腻、秀丽之感，就像一座仙境楼阁。传说因有一只羚羊变作的仙女住在此楼，敌台因而得名。

司马台长城的"全"，一方面表现在上文说到的空心敌台各异的形态，另一方面表现在长城建筑形式的全面。除了敌台，此段长城还有障墙、战台等在北京地区其他长城上很难见到的建筑形式。司马台长城就是一座长城建筑艺术的博物馆。

司马台长城建筑结构上还有一个独特的地方是在城墙之上，横切城面砌有一道道短墙，叫作障墙，墙高约2.5米，一端与雉堞墙相接，另一端距宇墙约1米，仅能容单人通过，墙上有瞭望孔和射击孔。障墙的设置是根据城墙的倾斜角度，每隔一定距离筑一障墙，使每个障墙射孔均能实施超越射击，而重叠的若干障墙，可遮蔽战台不受敌人侧射火力的射击。这种障墙相互交叉地封锁住了城墙墙面的2/3，即便敌人从某处攻上城墙，守城兵士亦可据守障墙，步步为营进行抵抗。

东方神台，司马台长城东段的一座墙台，其

司马台长城望京楼

司马台长城东方神台

内侧与边墙内侧平齐相接，平台长9.28米，通宽9.94米，墙台与城墙本身同高，不设垛墙，三面城墙上排列有射孔，当敌人逼近城墙，准备登城时，城上守兵可凭借墙台从侧面射击来犯之敌。

司马台长城上有很多文字砖，刻着负责烧制城砖、修建城墙者的身份，以及城墙的修筑年代。明代修长城时责任制非常明确，即采用分区、分片、分段包干的办法，先将某一段修建任务分给戍军某营、某卫所，然后再下分到各段、各防守据点的戍卒身上，而材料的征集也是分派到防区内的各部队。为确保长城修建工程的质量，明代在隆庆以后大兴"物勒工名"，以此形式对整个工

麒麟影壁

程实行责任制管理。文字砖为研究明长城及明代历史提供了珍贵的资料。

司马台长城西13台上有一块麒麟影壁,麒麟造型生动,是长城上极其珍贵的文物,昭示着当年驻守在这里的人的尊贵身份。

修筑长城的一条重要原则就是因险设塞,因此明代修筑长城时十分注意地形环境的整修,其中重要的一项工程就是"削偏坡"。据文献记载,削偏坡有三种情况:一是铲削山崖,使其更加险峻;二是在平地挑掘沟堑,形成难以逾越之势;三是在铲削或者挑挖之后仍不足恃之处再加筑。其作用是保护边墙,明代时攻城一方所用器械主要是登城用的木梯和钩杆等长兵器,偏坡的设置使这些长兵器难以接近边墙,减缓敌人的运动速度,从而有效保护边墙。在司马台长城就发现了偏坡遗迹,均位于边墙外侧坡度较平缓的山脊接近顶部处,均为土石偏坡,延伸长度较长。如东段边墙外侧,可以清晰地看到三道偏坡自东4台起沿边墙向东延展,直到东9台附近才逐渐不易辨识。

司马台长城有一个奇特的地方,就是在一段墙体下方有两个溶洞,这两个溶洞彼此相通。在溶洞上面建长城,可谓罕见之极。

长城北京段——古北口

古北口位于密云区北部的崇山峻岭之中,距城区60千米,距北京市125千米,是密云三大古镇之一。

古北口,原名"虎北口",因西南有山势如卧虎,人称卧虎山,关因居此山北而得名。古北口所处的地理位置非常险要,处于密云平原的最北端,往北是连绵的山地和高原,潮河从北蜿蜒流来,在山脉间切出一个谷地,到了古北口,这个谷地迅速向南呈喇叭状展开成一片大平原,古北口就成了从北方进入这一平原的咽喉要道。此处山峰陡峭,西有卧虎山,东是蟠龙山,两山夹峙,紧锁关门。关门以北是河北省滦平县,以南为京师重地。历史上这里是北方的游牧民族进入南方大平原的重要通道之一,自古便是京师北部的重要门户和边关重镇,有"京师锁钥"之称,战略意义非常重要。北齐时为了防卫突厥族的侵扰,于天保六年(555)修筑一道西起榆林东至山海关全长1500多千米的长城,其中,古北口是重点设防的关口。金泰和五年(1205)在古北口筑

古北口卧虎山长城

东、陉两城。元中统三年（1262）设立古北口驿。明洪武十一年（1378）修建古北口关城，立守御千户所，洪武三十年（1397）改密云后卫，领左、中、右、前、后五千户所，以参将一人守之。到了明隆庆元年（1567）名将戚继光、谭纶任蓟镇总兵和蓟辽总督时，在明初修建长城的基础上，又亲自筹划和督办加修续建。

明朝为了加强古北口的防御工事，在关门加修了两道门关。一门设在潮河之上，称为"水门关"。在万里长城的建筑中，它是非常独特的。蟠龙山、卧虎山之间的空隙形成了山口险境，人们便依山势在峡谷缺口处建造水门，构筑了水门雄关，使潮河河水由北向南穿关而过。另一门设在长城关口处，称为"铁门关"。此关建筑坚固，守卫森严，仅容一骑一车通过，可谓"一夫当关，万夫莫开"。《四镇三关志》记载："古北路，东自卢家安寨，西抵蚕房谷寨，延袤九十五里。南至密云县潮河川属下各隘口一百里，古北口属下各隘口一百里；北即关外。"

古北口长城由卧虎山长城、蟠龙山长城、金山岭长城和司马台长城组成，全长21千米，设敌台143座。古北口长城所处地势艰险，变化多端，大体呈东西高、中间低的形势，长城沿山脊建造，忽高忽低，左右盘旋，长城两侧悬崖峭壁，难登难爬。蟠龙山长城位于古北口长城体系的中段，其西通过水关长城与卧虎山长城相连，东至五里坨长城。它与西面的卧虎山长城、水关长城、铁门关、瓮城共同构成了古北口长城防御体系的核心。

古北口镇城位于蟠龙山山脚下，南控大石岭，北界潮河川，建于明洪武十一年（1378），城池随山势上下起伏，全城平面呈三角形，周4里310步，为夯土墙芯，外包城砖，城墙基础块石砌筑。

古北口残长城

城顶全部坍塌无存，夯土芯外露。有东、南、北三门，南门城楼上有"古关"匾额一块。城墙高5米，陡峭处以山石垒砌，灰浆勾缝；平缓处以条石为基，青砖包砌，是明代守军的防御指挥中心。现东关门、南关门无存，北关门两城台局部保存完整，顶部无存。东水关券洞保存较完整，城顶无存，南水关无存。北关城台两侧城墙向东西各随山势延伸，城墙坍塌约80%，敌台大部坍塌，只存城根。东西墩台紧挨长城墙部位已全部暴露在外。

1号、2号、3号、4号敌台形制相似，均为三眼楼，底层平面呈方形，中层内部由平行于边墙走向的三个纵连筒拱构成。

16号、17号、23号、24号、26号敌台形制相似，均为五眼楼，底层平面呈方形，中层内部正

古北口镇城城墙

长城抗战中的中国军队

中有一平面呈长方形的中心室，中心室外砌筑筒拱围廊。在中心室外围的砖墙中砌筑有楼梯，通达楼顶。

18号、19号、20号、21号、22号敌台形制相似，均为四眼楼，底层平面呈方形，中层内部由平行于边墙走向的3个纵连筒拱构成，中层亦砌筑有楼梯，通达楼顶。

25号敌台底层平面呈长方形，为三眼楼，中层内部正中有一平面呈长方形的中心室。

27号、28号、29号、30号、31号敌台形制相似，均为三眼楼，底层平面呈方形，中层内部由平行于边墙走向的3个纵连筒拱构成，室内布局近似汉字"出"。

以上所提到的敌台是位于古北口镇城城墙上，在明长城资源调查工作中将镇城作为一个完整的城堡统计，其城墙上敌台未一一定名。

在潮河两岸的山崖上，有两座敌楼并肩而立，一高一矮，人称"姊妹楼"。

古北口历来为兵家必争之地，战事频发。1933年，长城抗战爆发，为古老的长城谱写了新的悲壮篇章。古北口成为长城抗战的主要战场之一。

如今，残破、古旧、质朴的古北口长城绵延

于崇山峻岭之中，尤显苍凉之美。

北京长城段——金山岭

金山岭长城，位于北京市密云区与河北省滦平县交界地带，早在北齐、五代、辽、金时便设置关隘和修筑长城，明代初年，徐达督修长城。隆庆元年（1567），戚继光镇守北疆，又主持修筑和兴建众多敌楼和敌台。后又由其弟戚继美监修，连续营造达10余年，使这里成为万里长城上构筑最复杂、楼台最密集的一段。金山岭山势险峻，重峦叠嶂，长城就分布其间，长达10.5千米，设置敌楼、敌台158座。敌楼有砖木结构，也有砖

金山岭长城

石结构。建筑形式因山而异，简直一楼一式。楼墩有方形、圆形等，楼顶有船篷形、穹隆形、四角形、八角攒尖式等，不一而足，各具特色。另外，还有多眼瞭望楼和库房楼等，为长城其他地段所少见。这些楼台高低错落、突兀参差，构成完整的防御体系。

金山岭长城西起古北口，是东北进关唯一的关隘。起初，长城上没有敌楼，直至16世纪中期，戚继光总理蓟州、昌平、保定三镇防务，才"建空心敌台，尽将通人马处堵塞……两台相应，左右相救，骑墙而立。造台法，下筑基与墙平，外出一丈四五尺有余，内出五尺有余。中层空豁，四面箭窗；上层建楼檐，环以垛口。内卫战卒，下发火炮，外击敌人。敌矢不能及，敌骑不敢近"。

青龙峡长城

长城北京段——青龙峡

青龙峡长城，位于怀柔区怀北镇大水峪村，紧邻大水峪水库。登上最高峰玉皇顶楼可俯瞰水库美景。

大水峪，为明长城隘口，称"大水峪关"，隶属蓟镇，是怀柔区界内长城最东关口。据《四镇三关志》载："明永乐年间建关，有城，设三门，系旧日屯兵之所。"关门及城堡，俱已拆毁，城址现为大水峪村。此段长城东连密云区司马台长城，西接慕田峪长城。这一带山势险要，地形复杂，长城因山势而建。有的地方城、楼并建，有的据险而建，只建楼未筑墙。

青龙峡长城沿大水峪水库南端由东向西，海拔最高为玉皇顶敌台，约537米，最低为关门，约110米。长城的修建选择在陡峭的山脊上。城

以北为关外，地势多险峻；以南为关内，山势较为平坦。两侧山体自然资源较丰富，有花岗岩、石灰岩类山岩。由关门有公路通向怀柔区，京通铁路由村北和关口间通过。

西线长城均为石砌边墙，局部城段依自然地形，未建边墙。如编号269玉皇顶楼至270墩台段，全长230米，大部分地段未建边墙；278墩台至279后凤楼段山势险峻，无边墙；279后凤楼至280敌楼段，局部依山势未建边墙。东线长城均为条石砌墙基，砖砌宇墙，碎石填芯。其中283挥官楼至284碾子楼段，全长338米，是保存较好的墙段。

青龙峡长城敌楼形制变化不大，多为三眼楼。

269玉皇顶楼、271豆顶楼、277三眼楼、279后凤楼均为三眼楼，四周没有边墙，底层平面均呈方形，中层内由3个纵连筒拱构成，平面布局呈"田"字形。后凤楼顶层已坍塌，东、北各残存部分墙体。豆顶楼、玉皇顶楼、三眼楼，这3个敌楼原来登楼台阶均已无存，现为乱石干砌，顶层砖木结构的望亭均仅余部分檐墙墙址。

283挥官楼为三眼楼，底层平面呈长方形，

青龙峡长城后凤楼

青龙峡长城碾子楼

青龙峡长城挥官楼

青龙峡长城西山崖楼

中层内部中间设中心室，四周环以围廊。中层西南部设踏道通达楼顶。顶层砖木结构的望亭仅余部分檐墙。

284碾子楼、273西山崖楼均为三眼楼，砖木结构，底层平面均呈长方形，中层内均由3个纵连筒拱构成，平面布局呈"田"字形。二者的区别是碾子楼的筒拱垂直于边墙方向，而西山崖楼的筒拱则平行于边墙方向。碾子楼顶层砖木结构的望亭仅余部分地面，在敌楼南侧有石阶登楼。

270、272、274、276、278、281这6座是墩台，均为毛石浆砌，内里为碎石掺灰泥填芯。以墩台残损最为严重：大部缺失或为碎石、黄土垒砌。

2006年北京市政府出资对青龙峡长城部分进行修缮，修缮范围为玉皇顶楼南行向东折向大水峪关门南石崖，再北上至碾子楼，全长约2000米。共有敌楼（空心敌台）10座，墩台（实心敌台）6座，残存边墙约1700米。

长城北京段——慕田峪

慕田峪长城位于北京市怀柔区境内，北距北京市区70多千米，西接昌平区的居庸关长城，东连密云区的古北口长城，为京师北门黄花镇的东段，地理位置十分重要，自古以来就是军事要冲，是拱卫京师、明皇陵的北方屏障。

慕田峪长城是明初朱元璋手下大将徐达督建，明永乐二年（1404）建"慕田峪关"。隆庆三年（1569），谭纶、戚继光镇守京畿时，又在明初长城的基础上加以修葺，创建空心敌台，用城砖包砌旧有边墙，加高、增厚墙体。

慕田峪长城西接牛角边，东经大角楼与亓连关相连。长城多建在外侧陡峭的崖边，依山就势，自东南向西北蜿蜒起伏于山峦之上。因墙体随山就势而建，故高度不等，大致为：城墙底基宽阔，墙体高七八米，墙顶宽四五米。城墙下未做基础，直接建在山脊岩石上，内、外皮建筑材料以条石为主，长度不等，多数长约1米，高为30—40厘米，条石间白灰勾缝，雄伟坚固。

慕田峪长城的一大特点，是拥有双面垛口。其他段长城，多为长城外侧一面建垛口墙，而慕田峪长城在墙顶上两边都筑有垛口，外垛口墙通高1.7米，底宽54厘米，顶宽43厘米，外垛口高9厘米，宽50—60厘米；内侧垛口墙通高1.6米，垛口高8厘米，宽50—60厘米不等。双面垛口可两面拒敌，外侧还挖掘有挡马坑，使防御功能更加完善。在关门两侧沿山势翻转的地段，城墙顶部的垛口呈锯齿状，射洞是顶部呈弧状的方形孔，筑在垛口的下方，险要之处还修有炮台。可见慕田峪段长城在历史上的重要战略地位。

慕田峪长城的关门两侧是沿山脊升起的，慕田峪关城地势最低，海拔仅486米，往东，陡然上升，至大角楼（慕字1台），距离不到500米，海拔上升117米；往西，从正关台（即慕字4台）至慕字19台，起伏不大，较为平缓；从慕字20台至牛角边最高处，只经过近10座敌楼，海拔就上升了533米，达到1039米，富有立体感，蔚

慕田峪长城

慕田峪长城敌台入口

为壮观。

慕田峪长城的构筑有着独特的风格。敌楼多为两层，中间筑有"吕"或"回"字形通道，四周设箭窗。最独特的是在东南面有3座三个敌台并矗在南北通长37.76米台基之上的正关台，当中一座高大雄伟，两侧各有一小楼。三个敌台内室相通，构成中厅、侧室之路。它不是从正中城台开门，而是从南侧城体开门，作为关内外通道，这在长城建筑中极为罕见。正关台跨两山而建，

慕田峪长城正关台

慕田峪长城12号敌楼及双面垛口

城楼占据山谷，大有"一夫当关，万夫莫开"之势。慕田峪长城多在靠近敌台的城墙内侧设边门，供士兵出入。边门通高2.2米，宽0.9—1米，顶部为一券一伏或两券两伏。

慕田峪长城呈东南—西北走向。长城东侧顺山势伸向东北，可是到大角楼突然分出长1000多米的地段，另辟蹊径摆向东南方向，山势尽处，突然终止。这段1000余米的长城被人们称为"秃尾巴边"。这样长城在此处就形成了三道长城汇于一楼，"三面极目观巨龙"的景观。多修出这段"秃

尾巴边"，对加强慕田峪关的防御有着重要作用，是慕田峪关的前哨，便于守城士兵侦察、警戒。

大角楼建造独特，无论从任何角度看，都如一城角，故被称为"大角楼"。此楼特殊之处是在其外围又修了距楼两米的垛口墙，作为射击敌人的掩体，再加上敌台中层的箭窗、上层的垛口墙，就形成了上、中、下三层火力网，这是不同于其他任何敌台的特殊所在。

慕田峪长城西北，长城随山势起伏，由山腰直伸山顶，在山顶筑一敌台后，又突然下降，向下返回山腰，后又骤然升起，直到海拔940多米的地方。一上一折，墙体绕了一个大弯，其形状酷似牛角，苍劲雄浑，所以人称"牛角边"。这段长城的修建充分体现了长城因险置塞的原则。长城本来可以从山腰的平缓处修过，并能节约大量人力、物力。可是为了占据北面的制高点，长城拐了一个大弯，形成了现在的牛角形，把高山顶留在了城内。

慕田峪长城上还建有"支城"。支城就是在长城内、外侧有高脊山梁的地方，再额外地顺山梁修出一段长度几米到几十米不等的长城来，支城尽头，有一个敌台，即慕字11台。支城的设计，

慕田峪长城大角楼

慕田峪长城牛角边

箭扣长城

在岩石裸露的悬崖峭壁上，长城的坡度大都在50度左右，其中有一节接近90度，几近垂直，称为"天梯"。擦过边，指的是修建在陡峭山崖上的一段单边墙，此处两边都是悬崖峭壁，在狭窄的崖尖，只修建了一面墙体，没有马道，墙体内侧仅留有三四十厘米的宽度，着实惊险。

鹰飞倒仰是修建在箭扣最险要的制高点处一突兀山体之上的一个敌楼。这里的山峰如鹰嘴倒立，直刺青天。因此处山高风大，仿佛连雄鹰飞到此处都被吹得不得不仰起头来。在修筑长城时，必须从外侧悬崖绝壁上通过，又不能把这个制高点留在外面。于是智慧的能工巧匠们，用了"铁梁飞跨"的办法解决这一难题，即用两根大铁梁搭在断崖之上，上面再垒砌砖石，这种方法在整个长城修建史上极为罕见。如此一来，整座敌楼拔地而起，其势险峻峥嵘。

大大地加强了防守作用，减少了对主城的威胁。

在长城南侧山下地势较平缓的台地上，建有慕田峪城堡。

长城北京段——箭扣

箭扣长城位于怀柔区雁栖镇西栅子村，在慕田峪长城西侧，东连慕田峪，西接黄花城，距怀柔城区约30千米，始建于明初，是明代万里长城最著名的险段之一。此处地形复杂，山峰错落，长城随山脊忽高忽低，盘踞在崇山峻岭之中，其形状酷似一张仰放着的弓，中间最低处犹如射箭时手握的"扣"，因此，这段长城被称为"箭扣"。此段长城风貌原始，以雄奇险峻而著称，但未经修葺，现未对外开放。

箭扣长城有天梯、擦过边、鹰飞倒仰等长城景观。整段长城依山就势，起伏连绵，墙体多建

长城北京段——响水湖

响水湖长城位于慕田峪长城西部，怀柔城区西北，距北京78千米，距怀柔城区28千米，以古长城、清泉和飞瀑闻名京郊。

响水湖长城隶属沙峪乡长城段。沙峪乡长城段西接黄花城断边，向北经大长峪口折向东，经南冶口、大榛峪口、驴鞍岭口、磨石口、擦石口至"北京结"，全长18.7千米，其中空心敌台52座、实心敌台7座。磨石口关为明长城枢纽工程，据传因隘口狭小，经长年流水冲磨，已将两边石头磨光，故名"磨石口"。原设有瓮城，并设有两道关门，据《日下旧闻考》记载："磨石口永乐三年（1405）建，擦石口又十里至磨石口，惟二道关……"故称"双关子"，属于"北京结"附近的边关要塞。现磨石口关已无存。

响水湖长城属明长城，以磨石口关为中心，向东南延伸城墙和23个敌台，城墙延展总长约5179米；向西北延伸城墙和9个敌台，城墙延展总长约2219米。城墙总长7398米，共32座敌台。因此段城墙邻近响水湖，村民俗称"响水湖长城"。响水湖是因在泉水的源头泉涌如注、水响如雷，千米之外便可听到流水的响声，故得名"响水湖"。响水湖长城呈东南—西北走向，墙体下筑条石，上砌青砖，白灰浆勾缝，碎石填芯。城墙上砌双垛墙。保存较好的墙体外墙高3.7—5.4米，内墙高1—5米，马道宽2.3—4.4米。垛墙高1.7米，垛口高75厘米，宽50厘米，厚40厘米，望孔高29厘米，宽20厘米，箭孔高21米，宽18厘米。

东1台原为水关，东西向，现仅存水道券洞，

响水湖长城东10台

响水湖长城西3台

响水湖长城东6台

响水湖长城西8台

券洞面阔5米，进深7.6米，高3米。

东3台南北长10.62米，东西长10.06米。基座石南北坍塌，存10%，东西存50%，中室墙体残毁严重，券砖存10%，地面铺装被坍塌物覆盖，上部垛墙无存。

东10台、西3台均为五眼楼。东10台底层平面呈方形，平面南北长11.25米，东西长11.52米。西3台底层平面呈长方形，南北长9.62米，东西长12.7米。这两楼中层内部中间均设平面呈长方形的中心室，四周环以围廊。中室各券及地面基本完好。

东6台、西8台、西9台均为四眼楼，底层平面均呈长方形。这三楼大小不等，内部结构也不尽相同。东6台南北长7.4米，东西长12.6米，中层内部设3个纵连筒拱，中层西部设磴道通达楼顶。西9台南北长7.93米，东西长12.06米，中层内部设3个纵连筒拱，同样是筒拱，却富于变化，两边筒拱较长，中间筒拱较短，中层东部设磴道通达楼顶。西8台南北长10.09米，东西长11.13米，中层内部中央设方形的中心室，四周环以围廊，平面布局呈"回"字形，中层西部设磴道通达楼顶。

2002年，以磨石口关为中心，对东3台—东10台、西3台—西9台和东南方向两座水关、西北方向一座水关进行了部分修缮。

长城北京段——黄花城

黄花城长城位于北京市怀柔区黄花城乡，距明十三陵20千米。此处东连怀柔、密云，西接延庆，北通内蒙古东部，南蔽昌平，是京师北部的藩屏。其地处天寿山，也是守卫明皇陵——十三陵的重镇。

《读史方舆纪要》卷十一记载："黄花镇当居庸、古北口二关之中，北连四海冶，拥护陵寝，为京师后户。"《日下旧闻考》中亦有"黄花镇为京师北门，东则山海，西则居庸，其北邻四海冶，极为紧要之区"的记载。因此，此段长城设计严密完备，据《昌平州志》记载，元代在黄花镇设千户所，以参将一人、守备一人守之。明景泰年间建城，设内官守备。明弘治中，遣总制严兰经略东西诸关，以黄花城为中心，向东经密云至山海关，向西经居庸关、紫荆关至龙泉关。明嘉靖十七年（1538）建成黄花镇口关。嘉靖三十年

黄花城长城全景

（1551）黄花城成为长城黄花路指挥机关驻地，设黄花路营。

黄花城长城全长12.4千米，其中有空心敌台40座、墩台9座、墙台5座。本段长城最低处海拔325.7米（撞道口），最高处海拔575.2米（东9台），垂直高差249.5米。墙体以条石为基，上砌城砖。东、西线边墙均为三层构造，外墙条石下肩，城砖淌白上身及宇墙，墙顶芯部用毛石砌实，地面城砖、方砖铺设。保存较好的墙体，外墙高2.8—4.7米，内墙高3.2—4.9米，马道宽3.4—4.5米，垛墙高0.3—1.6米，垛口高0.77米，宽0.55米，厚0.44米，瞭望孔高0.29米，宽0.29米，箭孔高0.25米，宽0.19米。由于是战略要地，长城修得十分坚固，堪称"固若金汤"，又名"金汤长城"。

本镇口山势陡峭，中间为峡谷，峡谷处修大坝，为蓄水70万立方米的黄花城水库，将此段长城分为东、西两段，水库大坝两端与长城相接。长城由谷底起雄踞两岸并向东逶迤。岩壁上书"金汤"二字的摩崖石刻，笔力雄厚，刻有"己卯春"三字，足以显示出当年关口的作用。雄伟、险峻、气势磅礴的长城，环绕在灏明湖畔，景色

黄花城长城东1台

黄花城长城与水库大坝

黄花城长城东2台

秀美壮观。河口两岸敌台残损,东敌台西半部已拆毁。

从已调查的黄花城长城西起撞道口,向东逶迤至关口的敌台来看,多为空心敌台,但也有一处实心的墩台。空心敌台从中层内部结构来看,有砖木结构和砖结构两种类型。砖木结构敌台有西3台、西4台、西5台、西6台、东2台、东3台、东4台、东6台、东8台,但上层望亭、地板等木结构均已无存;砖结构敌台有西2台、东1台。

撞道口,海拔325.7米,据《西关志》记载:"撞道口,正城一道,堡城一座,过门一空。"《日下旧闻考》载:"建于永乐二年(1404),内洼外阜,受敌极冲。"关门现保存较完好,墙顶地面及垛口无存。

西2台为三眼楼,底层平面呈方形,中层内中部设中心室,四周以筒拱围廊,东部砌有登城便门,通达楼顶。

西3台为四眼楼,中层平面呈方形,中层中部有中心室,中心室外建有围廊,比较独特的是,南、北两侧平行于边墙的围廊做成筒拱,而东、西两侧垂直边墙的围廊则是以石板做成平顶。在中心室北侧两个过道门之间的砖柱上还开有一券窗。楼东有登城便门。

东3台为四眼楼,底层平面呈长方形。中层平面呈"口"字形,四周都是厚重的墙体和较深的券洞,门窗仅仅镶嵌在券洞的外端。墙体外立面大致完整,券窗多残损,雉堞局部残存。

在已经调查的黄花城段长城中有一处实心墩台,即东9台。墩台下肩条石,上身城砖淌白,有台门可登顶。顶垛口、地面均已无存。

东9台与东10城门之间的墙体,由于山势陡

黄花城长城东8台

峭,墙顶修建成高大的台阶状,仅在墙顶中间砌筑仅容一人通行的踏道。遇有敌情,士兵可以站在高大的台阶上通过射孔杀敌。

西堡城名撞道口城堡,位于撞道口关南200米处,海拔323米,北距长城墙体500米。城堡东西长100米,南北宽80米。现存城堡四周部分墙体:南墙被水冲毁已无存;北墙保存有123米墙体;东墙残长39米;西墙残长70米。外墙条石砌筑局部缺失。城内多处搭建有民宅。

东堡城名小城峪城堡,北距长城墙体100米。城堡南北长50米,东西宽40米,墙体为块石砌筑,现存城墙轮廓大致完整,南墙中有券门一处,规制、做法可辨,券体、墙面残失严重。城内现为当地居民所种植的果树。

黄花城开东、西、南三门,城东北角为黄花仓,南门额书"黄花镇城"。城平面呈长方形,南北长约240米,东西宽约210米。城墙以条石为基础,上砌城砖。

黄花城关被称为头道关,它是外省通往京师的要冲,也是拱卫明皇陵的门户。为了进一步加强皇城的军事防御,黄花城北面又延修了一段长城,这段长城被称为外长城。距头道关北约2000

修复后的黄花城长城

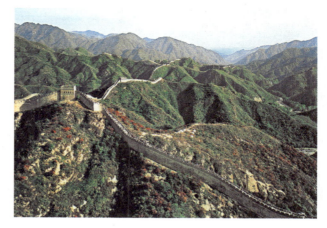

八达岭长城

米处，建置一关，称二道关。墙体全部由块石砌筑，为干插边长城，墙体高1.3米，步道宽2.7米。如今，二道关隘口已不复存在，而当地村落却因此而得名。

2004年开始，对黄花城长城西起撞道口，向东逶迤至关口，由大坝穿越水库向东至小城峪，总长约4000米的范围进行了修缮。包括空心敌台（敌楼）13座，城门（关门）两处，附墙台两处，实心敌台（墩台）一处，东、西堡城各一处，边墙约3300米，建筑面积约18870平方米。

长城北京段——八达岭

八达岭长城位于北京市西北60千米的延庆区，燕山沉降带西端，构筑在海拔600—1000米的山脊之上。八达岭长城是对地处八达岭地段长城的称呼，是我国古代伟大的防御工程万里长城的一部分，是明长城中保存最好的一段，也是最具代表性的一段。1961年，万里长城——八达岭被国务院公布为全国重点文物保护单位。

八达岭位于关沟的北端，故称北口，长城由东、西两方向蜿蜒而至，横阻谷口，是居庸关的第二道防线。由于南去北京，北通延庆，西往宣化、张家口、大同的道路在此分岔，故名八达岭。从南口到北口（即八达岭），重峦叠嶂，其间两山夹峙，长达20多千米，人们要从燕北、内蒙古进入北京，必须通过八达岭这个孔道。古人说："居庸之险不在关城（即居庸关），而在八达岭。"因此，此处成为历代兵家必争之地，早在战国时期此地已构筑了长城防御工事。汉代在这里设置了军督和居庸两座关城。北魏修造的"畿上塞围"长城，西起黄河，东至上谷军督山（即今八达岭）。

八达岭地势居高临下，形势险要，为居庸关的门户，是防守的主要阵地，八达岭关城一旦被敌人攻破，以此关作为屏障的北京城就没有了安全保障。古时战争直接强攻八达岭取胜十分不易，多是绕道攻打南口，前后夹击，夺取居庸关，进而攻破北京。明崇祯十七年（1644）三月，李自成的起义军来到八达岭下，强攻多时不得下，于是便改变战略，分兵攻打防守较弱、地形次险的柳沟，绕出居庸之南，从南口夹攻居庸关而取胜。

据《四镇三关志》载，八达岭关城建于明弘治十八年（1505），关城墩台高大厚实，下部用

1860年的八达岭长城和关门

八达岭长城关城东门石额

八达岭长城关城西门石额

10余层花岗岩条石垒砌，上部砌大城砖，城高7.5米、厚4米，呈东窄西宽的梯形，面积约5000平方米。关城有东、西两座关门，两门间相距64米。东门额题"居庸外镇"，石匾宽3米，高1米，字为阴刻楷体，体势端厚。匾额右上方有"巡按监察御史陈豪书"，左下方有"嘉靖己亥仲秋吉旦立"的年月落款。

西门额题"北门锁钥"，石匾宽3米，高1米，为4块宽0.75米的石板拼接而成，每板刻一字，字为阴刻双勾楷体，书体端庄，笔势遒劲。此款匾额上题"钦差总督蓟辽等处军务、兵部尚书、都察院左副都御史山阴吴兑，巡按直隶监察御史新喻敖鲲。万历十年岁次壬午五月吉日立建"。

"北门"指此地是居庸关的门户，也是京师北方之门；"锁钥"则说这座关城坚固险要，是举足轻重的关键重镇，像是北京城和居庸关的一把大铁锁。两门均为砖石结构，条石基础，砖券洞，券洞上为平台，台上四周砌垛墙，并于南、北垛墙上各开一豁口，有登城马道可以下到城中。城门洞上，古时安装有巨大的双扇木门，门面铆钉嵌铁皮，门内安装有杠顶柱和锁闩。和平时期，大门敞开，行人、商旅可以自由出入；遇到战时，

八达岭关城西门

则城门紧闭，严防谨守。一旦听到进攻的号令，城门洞瞬时成为千军万马发起冲锋的出口。

从《四镇三关志》记载的关城修建年代，到两块匾额落款年代，其间相差近80年。另外在关城城台的宇墙上，也嵌有一通万历十年（1582）修葺居庸关八达岭长城、敌台的碑刻，不难看出八达岭关城是陆续地修建的，其功能也是不断地完备的，反映出工程的浩大。

八达岭长城的墙体宽大、结实、坚固，墙顶

宽为5.8米，有的地段墙顶可容五马并骑或十人并行，是万里长城中最雄伟壮观的地段。关城西门南北两侧连接着高低不一、曲折连绵的长城，该段长城全部为砖石结构，建造得十分坚固。城墙的高低、厚薄和敌台的大小位置以及形状等，无不体现了"因地制宜"的长城修建原则。城墙一般建在山脊稍偏外侧部位，使墙外侧较高、内侧略低，以加强墙身的防御能力。

城墙依山而筑，高低不一，用宽50厘米、高40厘米、长0.80—1米的石条砌筑，最长的石条达3.1米，重1.5—1.7吨，合缝处灌以灰浆。墙芯用泥土、石块夯实于墙体内。如此一来，墙体坚固异常。城墙平均高约7.8米，墙基宽约6.5米，顶宽5.8米。遇到山冈陡峭处，墙较低，有的仅3—5米；地势平缓处则墙较高，可达10米以上。

蜿蜒起伏的八达岭长城

墙身随山岭起伏，遇陡峭之处，城墙顶上就用砖砌出踏步，修筑成梯形，称作梯道，八达岭长城上的梯道长达千米。城墙内侧设置宇墙，外侧设置垛口，宇墙高1米余，垛口高约2米。垛口上部留有方孔为瞭望孔，用以瞭望敌人动向；垛口下部有一洞为射洞，用以射击敌人。城墙顶部由三四层砖铺砌而成，墙面上有排水沟和吐水嘴，将雨水引出墙外，避免雨水侵蚀冲刷墙基。吐水嘴是约1米长的石槽，伸出墙体以外，隔不多远就设一个。墙身里侧，每隔不远就设一个券门，

券门是圆拱形小门，高约1.8米、宽约0.8米，券门内有砖或石梯通到墙顶上，供守城士兵上下。为了加强防御，在城墙上每隔三五十米或一二百米就建有一个墙台或敌台。登上八达岭关城的城墙，远远望去，只见长城如同长龙升入云端。

八达岭长城马道

八达岭城墙经关城向南北两峰展开，在南北两峰上各有四座敌台，南北遥相呼应。两峰相对高度较大，山势陡峭。关城到南峰顶上的第四楼，城墙长约685.8米，高度上升约127米，最险要处位于南峰第三台至第四台之间的一段，坡度约为70度，几乎是直上直下。从关城到北峰第四台，城墙长约767.5米，高度上升约155米，比南峰稍平缓。敌台由低向高依次峙立，在此观看长城，视野开阔，仰角大，加上坚固的城墙墙体，愈加凸显出长城的气势磅礴、高大雄伟。

北6台是面积较大的一座敌台，楼长约12.6米、宽约8.5米，底层面积约100平方米。内部全用砖砌筑，洞顶发券，形成四方廊形券道，中间留空，成为长方形的天窗，称为"天井式"敌台，可从天井处登梯上到顶层去巡逻放哨。

八达岭长城海拔最高的一座敌台是北8台，建在海拔888米处，敌台上下两侧，有梯相通。日出时分，登临此台可观日出，故名观日台。登高望远，景色美不胜收，是俯瞰长城的最佳之处。

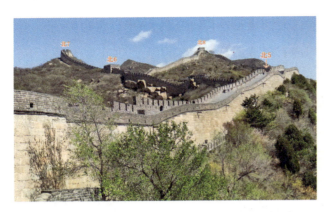

八达岭长城北5台—北8台

站在此台俯瞰长城，如同一条巨龙从西南朦胧的云雾中蹿出，在山脊沟谷之上翻腾跳跃。穿过关城来到北8台脚下，再往右一折，向东南的居庸关方向蜿蜒而去。

八达岭长城烽火台墩墩相接，北面与外长城相通，南面与居庸关相连，构成了严密的联络网。戚继光《练兵实纪》中记载："大约相去一二里，梆鼓相闻为一墩……计蓟镇边墙，延袤曲折二十余里，不过三个时辰可遍。"可见信息传递是比较迅速的。

在八达岭关城入口处陈列着五门古炮，它们是明代守长城的武器。其中最大的一门名为"神威大将军"，长为2.85米，周长为1.05米，上有铭文"敕赐神威大将军"，小字有铁匠姓氏，铸造时间为崇祯十一年（1638）。其余还有四门牛腿小炮和235枚炮弹，都是1957年修整长城时出土的。最大的炮弹直径12.5厘米，重6千克，最小的直径4厘米，重0.5千克。直径12.5厘米的大炮弹表明，当时长城上还有比"神威大将军"口径更大、更加"神威"的大炮。

八达岭关城东门外路旁有一块巨石，据说天气晴朗的时候站在上面，可以看到北京城，因而被称作"望京石"。

在八达岭长城东门外，沿公路而下约500米的山崖上，有一处人工凿平的崖壁上刻着楷书"天险"二字，左下方刻有清代题名："知延庆州事四明童恩摩□同游，元和朱骏声、四阴张忠恕、四明张嗣鸿。道光十五年四月保阳刘振宗镌。"八达岭长城气势磅礴，雄伟壮观，与周围优美的风景交相辉映，形成了自然景观与人为景观的完美结合。

八达岭长城是历史上许多重大事件的见证。史载秦始皇东临碣石之后，就是从八达岭取道大同，再返回咸阳的。而萧太后巡幸、元太祖入关、明朝帝王北伐、清代天子亲征……八达岭都

"神威无敌大将军"铜炮

望京石

"天险"摩崖刻石

八达岭长城烽火台

单，为毛石干砌，许多地方只是单边墙。所剩基础较好，墙体两侧仍可见条石，存留部分仍很坚固。位于"人"字形城墙顶端的一座敌台，平面呈长方形，块石砌筑，长7.8米，宽5.8米，残高4.72米。

长城北京段——居庸关

居庸关位于北京城西北50余千米，是万里长城最负盛名的雄关之一，为古代北京西北的重要屏障。

"居庸"一词，始见于战国时期的《吕氏春秋》中的《有始览·有始》："天有九野，地有九州，土有九山，山有九塞。何谓九塞？大汾、冥厄、荆阮、方城、崤、井陉、令疵、句注、居庸。"战国时期称居庸为塞，而到了《汉书·地理志》中，在上谷郡里有"居庸，有关"的记载，可见在居庸关设立关城的历史最早可追溯到汉代。在居庸关修建长城最早的记载是北魏太平真君七年（446）。到了北齐，据《北史·齐本纪》载，北齐天保六年（555），征发180万民夫大规模修筑长城，自幽州北夏口（今昌平区居庸关南口），西到今大同市东北，900余里。至此，居庸关与长

是必经之地。清代以来，八达岭长城已日渐荒废。1961年，国务院公布八达岭关城和城墙为全国重点文物保护单位。1984年，在邓小平同志"爱我中华，修我长城"的倡议下，古老雄关更换新颜，先后修复敌台19座。1986年，八达岭被评为"新北京十六景"之一。

八达岭往南为上关城。上关城建在陡峭险峻的山丛中，是居庸关前部的一个卫城，亦是居庸关的第三道防线。上关城随山就势而建，据《西关志》记载，城"周围二百八十五丈"，原有"南北城门城楼二座，敌楼一座，偏左为东、西水门，各一空。护城墩：东山二座，西山二座，烽（燧）一十二座"。现存西山"人"字走向的墙体和实心敌台两座。现存墙体全长约248米，砌筑方式简

居庸关石额

城结合。居庸关在北齐时称"纳税关"，辽以后至今，便始终称居庸关。

居庸关的地理环境十分优越。关城建在一条长约20千米的"关沟"之中，周围环境为修筑防御设施提供了有利条件。居庸关四周高山环抱，进攻者从远处很难看清关内建筑，关内设施隐蔽性极好。关城两侧高山屹立，峭壁陡不可攀，东、西两面依山筑城。关城东、西两山建有长城敌楼、铺房；西山南侧、北侧山上建有烽（燧）；东山北侧、东侧建有烽（燧），有效地构成了关城防御体系。由于居庸关在拱卫北京的五关之中交通最为方便，古人通过关沟，特别是车马、军队必须走居庸关。这种绝险的地势，决定了它在军事上的重要性，为历代兵家必争之地，因而也就成了进攻北京的最佳路径。辽金时期围绕争夺居庸关进而进占北京而发生的战争层出不穷。明代杰出学者李贽的诗句"重门天险设居庸，百二山河势转雄"，很好地概括了这道雄关的形势。

多少年来，居庸关不知经历过多少次战事。早在汉朝元初五年（118）就有鲜卑人攻打居庸关的记载。北宋宣和四年（1122）金灭辽，就是先打下的居庸关，而后挥师南进，直取辽都燕京（今北京）的。元朝的灭亡也是朱元璋军从居庸关而入，直下大都。明末农民起义领袖李自成，于明崇祯十七年（1644）三月挥师突破居庸关，3天就攻入北京，明朝的末日也就到了。

明代的三道长城都集中到居庸关，一是外边，是由山海关到嘉峪关的长城；一是内边，是由山西省偏关县东北老营堡起，转南而东历雁门关、平型关转入河北省涞源、易县到达居庸关北口，在永宁四海冶和外边长城会合；一是由固关、娘子关、井陉沿河北、山西边界经倒马关、紫荆

民国时期的居庸关

抗战时期

关等地接入居庸关南口，是为三边。可见居庸关战略地位的重要性。为了确保居庸关的安全，沿着狭长的峡谷由北而南共设岔道城、八达岭长城、

居庸关关城城楼

上关城、居庸关和南口五重防线。居庸关前有三道防线，上关城作为主城居中，便于调兵遣将，指挥前线战斗。若有敌人绕道从后面袭击，又有南口可以暂时抵挡，居庸关守将可以从主城派兵后顾，或者抽调上关城、八达岭长城等处兵马回援。这种首尾呼应的战略布局，确保了居庸关的安全。

现存的居庸关关城和长城，始建于明朝初期。明太祖灭元，为了防御元顺帝卷土重来，于洪武三年（1370）便派大将军徐达修筑居庸关等关口，垒石为城。明代居庸关自洪武建关后，各朝都有修建，较大的一次是景泰初年。土木之变后，居庸关作为京师之门户，亟待加固、守备，遂将居庸关关城扩大加固。现在的居庸关门额上，还有"景泰五年立"的题记来佐证。

居庸关关城作为岔道城、八达岭长城、上关城、居庸关、南口这一纵深防御体系的指挥中心所在，在明朝的时候，在这里设立了"卫"，经常驻有五六千人防守，并统辖附近长城沿线的守军。居庸关关城建筑比八达岭关城更加完备。关城作卵形，四周封闭。居庸关军事防御范围很广，南北券城相距约850米，周围面积50多公顷，有南北券门、城楼、水门、水闸、铺房、炮台、敌台等建筑。居庸关内从南水门至1号敌楼下是长630

米、宽120米的弧形河道，南北方向贯穿关城，长城与河道交叉之处，建有双孔圆拱形水门，水门上有闸楼，内设水闸，借此控制门内外的水量，洪水季节打开闸口泄洪，枯水季节储备河水供关城使用。水门桥墩为南北尖状，以利于减少洪水对水门的作用力，起到防止毁坏、延长使用时间的作用。河道东侧是翠屏山，西侧是高约22米的土坎。出于对关城内地势的考虑，关内建筑多数建在土坎西侧。从土坎至西山脚下，最窄处50米，最宽处达300米。如此一来，关沟内如遇大水，水冲向东山后向南流去，危害不了其他建筑。

居庸关长城全长4000余米，围绕关城呈圆周状建设。东侧建在翠屏山上，西侧建在金柜山上。长城曲直、宽窄、高低变化较大，东山长城长1500余米，最宽处达16.4米，最窄处仅1.2米，多数地段宽4—5米，不计垛口外侧墙体最高约6.5米，最低约4米，地势北高南低，由北至南坡度较平缓；西山长城长约2000米，最宽处约7.4米，最窄处约1.2米，外侧墙体最高13.2米，最低4米，地势坡度变化较大，西山山顶长城比河道长城高出近170米，在长城坡陡处砌筑

居庸关关城全景鸟瞰

居庸关长城

居庸关关城内

锯齿形垛口，平缓处砌筑长方形垛口。全部长城只有位于河道的城墙较平直，长 50 余米。为适应地形变化，长城在西山山顶、东山北部、西山北侧与北关券城连接处这三处分岔修建。长城城墙大部分采用外侧高内侧低的形式砌筑，如此一来，既能有效抗击外侧来犯之敌，又合理利用了地形，省力省材。

居庸关从建关至清末，经过长期的建设，把战斗设施与生活设施、军事哨卡与贸易往来等极其巧妙地结合在一起，使古代的军事设施达到了最完备的程度。关城内地域宽阔，除了军事设施外，还建有衙署、儒学、寺庙、演武厅、校场、草场、仓房、武器库等，成为万里长城上一个具有军事、政治、经济、文化功能的重镇。

为了满足驻兵的需要，居庸关关城内建有仓场，以储备粮食。据《西关志》记载，有永丰仓、丰裕仓、广积仓，明弘治年间丰裕仓、广积仓并为一处；建有银库一座，共五间，在永丰仓内。有粮仓，又有银库，"盖粮为本色，取便于军也；银为折色，取便于民也"。神机库在北关券城内，正统十四年（1449）立，用于存放兵器。

居庸关在经济上也是十分发达的。《昌平山水记》引《通典》："古居庸关在昌平县西，北齐改为纳款。"这证明，北齐时期居庸关不仅有军事作用，而且在经济上也发挥着重要作用，是税收关口。1971 年在内蒙古和林格尔发现的一座东汉墓中，中室东壁有一幅《使君从繁阳迁度关时》的壁画，描绘了墓主人由繁阳县赴宁城就职时途经居庸关的情景，居庸关被画成平顶八字的桥梁形式，旁题"居庸关"三字。墓主人的车队从桥上经过，壁画上的居庸关，桥下有水，可以行舟，生动地描绘了当时居庸关内外车马往来的繁华情景。这幅珍贵的壁画足以说明，居庸关在东汉时期，就已经是沟通长城内外的重要门户了，而且在经济贸易、交通运输方面占有重要地位。在《居庸关过街塔铭》中记载，元代居庸关街中衙署、铺店林立，是一处繁华闹市。元代，皇帝每

居庸关关王庙

叠翠书馆

年夏季都要从大都往上都去避暑，经常从居庸关往还，因此在居庸关内建有寺院、花园和行宫。

居庸关关城除了重视军事防御外，还十分重视人才的培养，在文化建设方面也是投入了相当大的精力。据《西关志》记载，在居庸关建有儒学、文社学、武社学、叠翠书馆各一所，社学"每所请卫学生员一人训蒙，月各给银有差"。据记载，儒学建在居庸关南门外，正统四年（1439）立，正统十四年（1449）毁于兵火，于天顺七年（1463）重修，庙学结合，规模较大。庙即文庙，主要建筑有正殿五间、两庑各五间、戟门三间、棂星门一座。学宫部分主要建筑有明伦堂五间，博文斋、约礼斋各五间，敬一箴亭一座。在儒学建筑群中同时还建有教官的私宅东西两所、大门一座、二门三间。文社学、武社学分列儒学的左右，体现出文武并重。

叠翠书馆建于明嘉靖二十年（1541），御史肖祥曜改立，既是藏书之所，又是供守关将士子弟读书的地方。据明《叠翠书馆记》碑载，书院有房16间，中间辟为聚乐堂，作为朝夕会讲之所，北配殿藏书54部，供学生诵览；南配殿则提供给师生作为住宿，以廊子连接。

居庸关内的学校、书馆历经岁月的洗礼，多数现已无存。近年来修复了叠翠书馆，面对翠屏峰而建，拾级而上，曲拐累叠形成入门的通道，小院环境幽雅。西南望金柜山长城，西北望半山亭。门前高台上，俯眺城隍庙、永安河、关城楼等。书馆已辟为长城博物馆。

居庸关自元代至清代修建了众多的寺庙祠堂，涉及佛、道、儒三大派别。在《西关志》中记载的就有玉皇庙、真武庙、旗纛庙、关王庙、晏公祠、城隍庙、火神庙、三官庙、表忠祠等。在军事重镇建寺庙，也都是出于求神庇佑，固城安邦的目的。

居庸关城隍庙

居庸关南面的南口，是关沟的入口，是居庸关的第五道防线。据《西关志》记载，南口古城"上跨东西两山，下当两山之冲，为堡城。周围二百丈五尺。南北城门楼二座，敌楼一座，偏左为东、西水门，各一空。护城墩东山一座，西山三座，烽堠九座"。城墙和烽火台把南口与居庸关连成一体，组成一个封闭的防区。清光绪三十二年（1906）修建京张铁路时，沿南口城东侧穿堡而过。南口城现存南城门一座、烽火台两座及部分城墙。

现存南城门坐北朝南，平面为矩形，城门宽19.02米，进深12米，门洞内口宽4.7米，残高4.06米，外口宽3.82米，残高2.96米，券顶为三券三伏。南门两侧各有一段城墙遗迹。东段，从南门向东共长183.2米，墙高5.7米，上宽3.9米，城墙外侧在墙底部用三层条石垒砌，其上完全使用河卵石加白灰垒砌，直到墙顶。城墙内侧亦使用河卵石加白灰垒砌，墙芯填以碎石。西段城墙残长57米，形制、规模与东墙相同。在城北对应的东、西两山上各有一座烽火台，全部就地取材，为毛石砌筑。

长城北京段——城堡

在北京区域内分布着许多城堡，这些城堡也是万里长城北京段的重要组成部分，这些城堡主要包括姜毛峪城堡、吉家营城堡、遥桥峪城堡、小口城堡、司马台城堡、白马关城堡、上峪城堡、神堂峪城堡、火焰山营盘遗址、双营城堡、榆林堡及长峪城等。

姜毛峪城堡

姜毛峪城堡位于密云区董家坟村东北的山上，距董家坟村2000米左右。据《四镇三关志》记载："洪武年建，通步，缓。"城堡四面环山，西高东低，平面呈正方形，周长595米，城墙为大块石砌筑。城堡设一东门。门由砖砌，砖砌大部分被拆除，门券脸无存。城堡现处于野外，城内建筑均已无存，城内、城外均是农田。昔日的军事堡垒，已失去往日的风采，唯有城墙较完整地保存下来，静静地守望着长城。

居庸关长城马道敌台

姜毛峪城堡东门

吉家营城堡

吉家营城堡位于密云区新城子镇吉家营村，地处群山环抱的丘陵地带。在新城子镇往南5000米的位置，是新城子镇曹家路的后防。

城堡边墙由大块山石组成，东西边墙长240米，南北边墙长165米，边墙宽6.5米，城堡设有东、西两个城门。

东城门宽4米，高6.07米。城门顶部有四个出水嘴，东、西两侧各两个。通高为8.6米，为五券五伏，两层条石基座。一丁一顺，砌白灰，水平勾缝。门口处有两个栓眼石，宽5厘米，高38厘米，直径19厘米。

西门额曰"吉家营城"，城门宽4.34米，高

吉家营城堡东门

吉家营城堡西门门额

6.55米，通高8.45米，为五券五伏，四层条石基座，一丁一顺，砌白灰，水平勾缝。门口处有两个栓眼石，高28厘米，宽50厘米，直径21厘米。整体边墙损坏程度不均，北墙西部、西墙北部、东墙南部已无城墙，西门南侧的一段城墙是由墙砖组成。

城内有两条并行大街。一条自东门向西，一条自西门向东。城东门外有演武厅、点兵台、教练场等军事设施。

2006年，北京市政府出资对该城堡东、西两门进行了修缮。

遥桥峪城堡

遥桥峪城堡位于密云区新城子镇遥桥峪村东，一条名为安达木的河从城外流过。

城堡四周边墙由大块鹅卵石砌筑，白灰勾缝，边墙宽为3.52—4.65米。东西边墙长102米，南北边墙长123米。东西边墙内侧各平均分布3个出水嘴，南北边墙内侧各平均分布4个出水嘴。

城堡设一南门，由墙砖组成，砌白灰，水平勾缝，一丁一顺，底部有4层条石基座。城门为

遥桥峪城堡城墙

遥桥峪城堡堡门

小口城堡东墙马道

三券三伏，门宽2.52米，高3.4米，内券高5米，城门通高9米。进城门左转走5米，左手边有一登城马道，阶梯有35层，最下层为一条石。走上去为城门顶层。城门顶部北侧与南侧各有四个垛口。东西两侧各有一登顶台阶，台阶两侧各有两个垛口。垛口宽61厘米，高61厘米，垛墙高1.53米。城门顶层北侧左右分布两个出水嘴，南北垛墙下部各有5个出水孔。东西垛墙下部为4个。顶层中心为一石碑，南侧写有"遥桥古堡"4个字，北侧为《遥桥峪古堡志》。

2006年，北京市政府出资对该城堡城墙进行了抢险修缮。

小口城堡

小口城堡位于密云区新城子镇小口村内，距遥桥峪城堡4000米。2002年，遥桥峪城堡和小口城堡被北京市人民政府公布为历史文化保护区。

小口城堡，建于明洪武年间。城里曾住过一位将军，所以又称"将军台堡"。它的地理位置十分重要，处在新城子通往曹家路和遥桥峪的三岔

道口上。因此，屯重兵，而且驻守将军坐镇指挥，此处可算得上兵家必争之地。其城池因山就势，南临溪流小河，北靠山，城堡坐北朝南，北圆南方，好似一把太师椅。以将军府为中心，北面墙修在山顶上，南面随坡而下，城周围总长为564米，城墙内外都是大块毛石砌筑，墙芯填以土石。城堡设一个南门，城门为砖石结构，现存部分基础。如今除南门及部分墙拆成缺口，整个城墙也算基本完好。城内原有老爷庙、药王庙等庙宇。

司马台城堡

司马台城堡位于密云区古北口镇司马台村内。

该堡呈长方形，北面墙体长136米，北墙东部保存部分原始城墙体，顶部残损，残高6米不等。城墙东北角坍塌。东面墙体长138.5米。东墙往南24米墙体基本完好，城砖砌白灰，水平勾缝，局部基础可见条石两层高55厘米，墙体外通高6.35米，内通高4.6米，由大块毛石砌筑，顶宽5米。东墙外侧局部城砖无存，坍塌呈坡状；南面墙体长141米，南城墙东部墙体已损坏，城砖全

司马台城堡北门

无，残剩墙芯。西墙体长142米，城砖垒砌，白灰勾缝。西南角坍塌严重，往北较好。

辟有南、北两个门。现北门保存完好，在原始建筑坍塌损坏部位加固复修。门宽2.89米，高3.32米，进深3.4米；门顶券内外均为三券三伏；门内洞顶部为顺砌大筒拱，长6.6米，宽3.53米，高5米；门及门洞基础均为条石垒砌，白灰勾缝，竖缝相错，大块条石三层。墙身及顶券全部由城砖砌白灰，水平勾缝，竖缝相错，一丁一顺排列。北门外侧券门上顶部有水泥抹面凹进的长方匾一块，无字；匾上顶部有拔檐一层，通高5.6米。现原始城砖已风化。南门高3.26米，长2.4米，门进深3.17米，门宽2.93米；门顶部有拔檐一层，

总宽7.2米。南门往北进深由高往低，门内洞顶部为顺砌大筒拱，长6.8米，宽3.4米，高5.55米。

北门西侧有一块保护标志牌，门对面为"文革"时垒砌的旧城砖影壁，壁上无字画。

2006年，北京市政府出资对城堡南、北两门进行了抢险修缮。

白马关城堡

白马关城堡位于密云区冯家峪镇白马关村，明朝时白马山自然形成与蒙古部族的分界线，大山南面为明朝属地，大山北面为蒙古部族地域。白马山山狭路窄、山峦起伏，明朝在此修建关口，原称"三关口"，后改为白马关，属石塘路管辖，关口内外设有两道边墙，今有冯家峪至番字牌公路从白马关通过。内侧边墙当地称一道边，是白马关主体长城，关口东侧为尖山峭壁无墙，路口西有砖墙至山崖断壁止。关外侧边墙当地称为二道边，现仅存公路东一小段残塌石墙，公路西有较好石墙至山崖断处止。

白马关城堡始建于明永乐年间，起初是一座简易小城堡，嘉靖三十年（1551）重修。城堡与村庄相连，朝南偏东45度，西临公路及白马关

司马台城堡南门

白马关城堡城门

河，东靠山。平面呈长方形，外侧墙均用城砖砌水平缝，一丁一顺，竖缝相错；内侧墙均为大块毛石砌筑，白灰勾缝；墙芯填以土石。东墙残长约224米，内侧墙残高约7.26米，外侧墙残高约4.3米，残宽约2.5米；南墙残长约67.6米，内侧墙残高约5.3米，残宽约4米；北墙残长约51.8米，内墙残高约4.54米，外墙坍塌残高不详；西墙残长约184米，内墙残高3.13米，外墙残高4.37米，残宽1.95米。该堡面积41216平方米。各墙顶部垛口、女墙、射孔、瞭望孔、马道形制不详。城堡南墙辟有一城门，门额上有石匾阴刻楷书"白马关堡"。城门顶部原为砖券结构，现形制不详，门洞内外口均为砖券五券五伏。门洞长8.16米，宽2.05米，高2.55米。门洞两侧洞壁墙体均用7层条石砌水平缝，白灰勾缝，竖缝相错，非常坚固。

上峪城堡

上峪城堡位于密云区冯家峪镇冯家峪村委会上峪村东北部，与村庄相连，北靠山，河水由堡西南环绕流过。

该堡坐西朝东，方位北偏东40度，平面呈长方形，南北宽120米，东西长147米，面积为

上峪城堡堡门

1.764万平方米。内、外侧城墙均用大块毛石砌筑，白灰勾缝，墙芯填以土石。内侧城墙残高4.6米，外侧城墙残高5.8米，顶宽5.6—5.8米，各墙顶部垛口、女墙、射孔、瞭望孔、马道形制不详，已无存，杂草丛生。只设一东门，城门为砖石结构拱券而成，顶部形制不详，现已无存。门洞长1.68米，宽3.5米，城门通高6.03米。门洞两侧洞壁墙体7层条石砌水平缝，白灰勾缝，竖缝相错。门洞顶部为砖券。城门洞外口均为砖券三券三伏，内口砖拱五券五伏。在堡四角各有一座角楼，东北角角楼现已无存，其他三座角楼只残存基座及部分墙身。基座全部用条石砌筑，墙身用城砖砌水平缝，一丁一顺，竖缝相错。西南角基座残长6.85米，残宽5.7米，残高8.07米；西北角基座残长5.7米，残宽1.8米，残高5.8米；东南角基座残长3.22米，残宽1.8米，残高2.92米。

现在，墙身大部分已坍塌。西墙保存较好，其他墙体外侧条石均被不同程度地拆毁，但内侧墙体保存较好。北墙西段被毁严重。

2006年，由北京市政府出资对城堡门洞进行了抢险修缮。

神堂峪城堡

神堂峪城堡位于怀柔区范各庄乡神堂峪村西北约1000米处，南距怀柔区11千米。明永乐年间修建神堂峪关，据《长城关堡录》记载："神堂峪关，在县北二十里……水口十余丈，人马俱通，永乐年建，串条子墩空通众骑，极冲。余通步，缓。"长城伸向东、西两侧为海拔300米左右的山峰，以山崖为防。在关南500米处即为神堂峪城堡，城堡呈正方形，各边长83米，南墙正中开城

神堂峪城堡堡门

门，城门为券洞式，墙体用大卵石和块石砌筑，上建垛口。现城墙尚存，为条石基础，上为城砖砌筑，残高2米。城内建筑全部为新建。

火焰山营盘遗址

火焰山营盘遗址位于北京市延庆区四海镇石窑村东南3000米的火焰山山脊上，是明代外长城上的一处兵营遗址，现存主要有城墙、城门和房屋基址，以及位于北城墙外侧的北敌楼、西南城

墙外侧的庙台等部分。

城址南面和北面为陡坡，西南面为断崖，东西分别与外长城相连，面积约4400平方米，平面呈不规则五边形，周长约263.3米。其中东城墙长约22.4米，南城墙长约88米，西南城墙长约45米，西城墙长约64.8米，北城墙长约43.4米。城墙部分均为石块干垒建筑，部分城墙以条石为基础。城墙下宽上窄，均有不同程度的坍塌，残存高度1.5—6.5米。辟有西城门一座，在原始建筑坍塌损坏部分加固修复。门宽约1.57米，通高约4.49米，进深约3.1米，门顶内外券均为三券三伏，门内洞顶部为大筒拱，长约4.6米，宽约2米，门及门洞基础均为条石垒砌，白灰勾缝，竖缝相错，大块条石三层，墙身及顶券全部由城砖砌白灰，水平勾缝。外侧券门上顶部有匾一块，曰"威严"。城内正对着城门有一条道路将营盘分为南、北两部分，大部分建筑在北半部。遗址内地势中间低、东西两侧高，起伏较大，故建筑物依山势而建。

2006年3—5月，北京市文物研究所和延庆县（今延庆区）文化委员会对火焰山营盘遗址进行了发掘清理，主要清理北部大部分建筑区和南部一小部分建筑区及城门、北敌楼、庙台，清理面积共计1600余平方米，共发现房屋基址16座，出土器物以兵器和建筑构件为主，生活用品也有发现。同年，北京市政府出资对城门进行了修缮，只保留极少部分房屋遗迹做展示用，其他房屋遗迹全部回填。

双营城堡

双营城堡位于延庆区东北3800米处。双营城堡的历史可追溯到北魏，在《水经注》就有记载。

火焰山营盘城门

双营城堡东门

明代设村，为隆庆州后七里之一，原名西双营堡，清代改为现名。据清光绪《延庆州志》载，明嘉靖年间，操守戚士登用砖石筑之。

城堡为东西簸箕形，城墙及城门保存基本完整。东墙长232米，西墙长211米，北墙长308米，南墙长328米，现存城墙为夯土筑成，内外包砖均无，城墙残高约8米。城有东、西两门，基本保留。城门形式为一座大城台，中间开券洞，台体以夯土筑成，墙体厚3.3米，外面包城砖，东、西城门外包城砖大部分残存。券洞上镶嵌汉白玉石额，额题已经剥蚀不清。城门之间以通街相连。城内有南街和北街两条主要街道。

榆林堡

榆林堡位于延庆区康庄镇榆林堡村，东邻康庄镇政府2000米，西距河北省怀来县清水河1000米，是古代京北交通线上的主要驿站之一，是北京地区目前保存最完整、规模最大的古驿站遗存。

驿站，是古代官办的传递信息的机构，具有传递军事情报、接待过往官员等多种功能。榆林驿站位于由北京经居庸关、八达岭，延伸至内蒙古的京北的交通干线上，这条交通干线是帝王巡边和长城内外经济交流及民族来往的重要通道之一。早在春秋战国时期，这条要道上就车马不断。元代，在今榆林堡周围地区正式设立驿站。据记载，元代在此路段设居庸、榆林、土木三个驿站，榆林驿是出居庸关后通往内蒙古的主要驿站。据学者考证，明代政府在这一带建立驿站，始于明洪武二十七年（1394），但其址不在今榆林堡城。明正统十四年（1449）土木堡之役，明初建于北京的驿站都遭到了破坏。其后，明政府强化边防，陆续修筑边城、墩台、烽堡等防务工程时，易地再建了榆林驿及其城堡。有明一代，北方边患不

双营城堡西门

榆林堡街景

息，因此，明中期以后，榆林堡不仅是京北一线的重要驿站，同时也成为京都北线上拱卫皇陵和都城的重要军事城堡。清代初年，承袭明制，榆林驿仍作为军驿存在。但是随着经济的发展，驿道扩展，榆林驿除传递军事情报外，也为商客、过路行人、平民百姓服务。据《怀来县志》记载，从康熙四十二年（1703）开始，榆林驿每月一、三、五、七、九日在人和街开设永兴集。当时南城东大街至西门外仅四五十户人家，就有王家客店、吕家车马店、德丰恒百货店、油房、缸房、药店、当铺等十六七家店铺，还有零售、设摊流动小商。每逢集日商客云集，工、农、副、渔各类商品样样俱全，人山人海，热闹非凡。近代以来，京张铁路开通，现代邮政事业兴起，榆林驿的地位逐渐被康庄镇所取代。

现存榆林驿及城堡建于明正统十四年（1449）至景泰五年（1454）间，当时只建了北城，为夯土城墙。正德十三年（1518），增建了南城。隆庆三年（1569），将北城城墙用砖石包砌。万历四十五年（1617），又一次进行了修缮。城堡总平面呈"凸"字形，周围有护城沟壕环绕。城分南、北两部，共有4座城门，两城城墙附建有墩台、马面11处。

北城平面近似正方形，各边长244米，砖包城墙，占地约6公顷。辟城门有二，一在东城墙大约居中之位，称"小东门"；一在南城墙正中，称"镇安门"，镇安门有南向小瓮城一座。北城墩台上有两处建阁楼，一处在东南角墩台之上，称"文昌"；一处在正北墙居中墩台上，称"武昌"。北城是榆林堡核心所在，其东部偏北位置建有"驿丞署"，正临"小东门"内东、西之街。驿丞署之北、之西是空旷场地，用于遛放马匹，大致

是"马站"用地所在。此外，城内还建有供来往官员等临时居住的馆舍、供奉神佛之寺店多处。

榆林堡北墙

南城平面呈长方形，南北向深245米，东西向宽423米，夯土城墙，占地约16.24公顷；辟城门有二，分别在东、西城墙中段，称"大东门""大西门"，东、西二门均有额题"新榆林堡"。南城中多驻军士、役夫，推测曾有军营之设。城中贯穿东、西两门的大街，即明以来古驿道穿城而过的段落，名为"人和街"。有临街商业铺面约13处。城中也建有庙宇、旅馆、公馆等。

现榆林堡各处城门、城楼已荡然无存，城外环城沟壕全部被破坏，垦为田地，唯从各处略呈低洼的地貌特征上，可大略寻得遗迹。但榆林堡基本保持着明清的格局，作为古代驿站、军事城堡，各类历史文化遗存较多。城内庙宇颇多，有城隍庙、武道庙、财神庙、龙王庙、老爷庙、火神庙、观音庙等10余处。庙内神像被毁，庙殿残存。如城隍庙现存正殿三间，进深8米，宽11米，院中有古柏一株，树龄约600岁。堡中还保留有多处做工考究的古民宅，雕梁画栋。清光绪二十六年（1900）八月，八国联军进攻北京，慈

榆林堡南城墙

长峪城城墙

榆林堡城隍庙

长峪城老城北门

禧太后和光绪皇帝西逃，先至岔道城，后至榆林堡，躲在民家四合院里小憩，之后继续上路西逃。那座小院今仍存，位于南城西街，保存较好。

除建筑、城墙等之外，城中尚有大量的磨盘、碾子、石槽、拴马桩遗存，足以证实历史上驿城往来人员之多、规模之大。

长峪城

长峪城新城东城门

长峪城位于昌平区老峪乡，因山谷长10千米而得名，亦称长谷城。历史上对保护北京起着重要作用，是历代兵家必争之地。此地山大沟深，形势险恶。北倚长城，南与镇边城相望，东与白羊城比邻，三城互为掎角之势。由于北方民族多次进犯中原，都从长峪城、白羊城等处进击，几次都严重地威胁京师的安全，更引起了统治者对几处要口的重视，从而多加筑修缮。居庸、白羊、长峪、镇边各城连为一个整体的防线，巩固了京北的形势。

长峪城有新旧两城。旧城建于明正德十五年（1520），城跨东、西两山，设南、北城门两座，以及南、北水门两座，墙体砖石结构。原有敌台2座、角楼1座、城铺10间、边墙4道、护城墩6座。城内原有钟楼、鼓楼、娘娘庙等建筑。新城建于明万历元年（1573），位于旧城的南侧，与旧城相连，实际形成了南、北两道防线。新城东门辟有瓮城，城东山头筑望台1座。望台与长城的烽火台隔山相望，遇有情况可以马上增兵支援。长峪城的修建和扩建，为北面防护起到了屯兵的作用。现存新城东城门及部分城墙，城内布局较完整。

知识链接　明代万里长城

明洪武元年（1368），朱元璋领导的农民起义军推翻了元朝，建立了明朝。

在明朝灭掉元朝以后，原来的统治者蒙古贵族退回旧地，仍然不断南下骚扰掠夺明朝。同时在东北又有女真的兴起，为了防御蒙古、女真等游牧民族贵族的扰掠，明代十分重视北方的防务。明太祖朱元璋原是一个农民起义的领袖，对于攻打城池曾经有过切身的体会，当他取得天下之后，为了巩固其统治，十分重视筑城设防的措施。早在朱元璋即将统一全国的时候，就采纳了休宁人朱升"高筑墙、广积粮、缓称王"的建议。高筑墙就是筑城设防备战之意。因此明朝不仅对全国各州府县的城墙都修筑得十分坚固，全部用砖包砌，而且对长城的修筑工程更为浩大，在明朝的200多年中，差不多一直没有停止过对长城的修筑

和巩固长城的防务。明朝长城工程之大，自秦皇、汉武之后没有一个朝代能够与之相比，工程技术也有了很大的改进，结构更加坚固，防御的作用也更大了。我们可以这样说，万里长城这项从春秋战国时期开始修筑、经秦始皇连成一气的伟大工程，到明朝才完成。

明朝的军事防御工程，不仅是长城，而且在东北、西北和东南沿海，以及全国其他各地都设置了军事机构，修筑了城防、关隘。远出万里长城山海关以北3000多里的特林地区设立了奴儿干都司，行使军事和民政权力。远出嘉峪关西北数千里的哈密、吐鲁番等地设立了卫所等军事和民政机构，管理那里的军事和民政事务。这些城防、关隘、都司、卫所与万里长城同属明朝的防御工程体系。

明朝还在重要的关隘，特别是在当时的京城北京的北面居庸关、山海关、雁门关一带修筑了好几重城墙，多的达到20多重。并在长城南北设立了许多堡城、烟墩（烽火台），用来瞭望敌情，传递军情。正德年间在宣府、大同一带修筑了烽堠3000多所。

戚继光任蓟镇总兵时又在山海关至居庸关长城线上修筑墩台1000多座。这些烽堠、墩台与长城南北的许多城防、关隘、都司、卫所等防御工程和军事机构共同构成一道城堡相连、烽火相望的万里防线。

由于朱元璋曾接受了朱升"高筑墙"的建议，在他正式建国号的第一年——洪武元年就派大将军徐达修筑居庸关等处长城。洪武十四年（1381），又修筑山海关等处长城，到万历二十八年（1600）前后经过了200多年的时间才基本完成了万里长城的修筑工程。而一些个别城堡关城一

直到明末还在修筑。这一东起鸭绿江，西达嘉峪关，全长1.46万多里的长城，其中从山海关到鸭绿江这一段，由于工程比较简单，毁坏较为严重。而从山海关到嘉峪关这一段工程较为坚固，保存较为完整，又有两个关城东西对峙，所以长期以来就被一般人误称为东起山海关，西到嘉峪关的万里长城了。

为了加强长城的防务和指挥调遣长城沿线的兵力，并经常修缮长城关隘，明代把长城沿线划分成为九个防守区段，称为"九边"，每边设镇守（总兵），谓之九边重镇。九边重镇之外，为了加强京城的防务和保护帝陵（今明十三陵）的需要，于嘉靖三十年（1551）又在北京的西北增设了昌镇和真保镇，共为十一镇，构成了九边十一镇的防御体系布局。十一镇分别管辖的长城范围、总兵驻地如下：

辽东镇管辖的长城，东起辽宁省的鸭绿江边，西到河北省的山海关，全长1950余里。镇指挥官总兵驻在辽阳，以后又驻在北镇。

蓟镇管辖的长城，东起河北省的山海关，西到北京市居庸关的灰岭口，全长1200多里。因这段长城紧靠首都北京，战略地位非常重要，所以，城墙修得特别坚固。居庸关一带的长城城墙多达三重。镇总兵驻地在今天津市蓟县东面的三屯营。

宣府镇管辖的长城，东起北京市居庸关的四海冶，西至山西省大同市东北的西洋河，全长1023里。这段长城地处北京西北，控制着北京和内蒙古大草原的通道，地当要冲，形势险要，所以，不但长城修得坚固，有的地段内外城墙数重。镇总兵驻地在今河北省张家口市宣化区。

大同镇管辖的长城，东起山西省大同市东北的镇口台，西至偏关东北的鸦角山（也作丫角山），长647里。镇总兵驻地在今山西省大同市。

山西镇（亦称太原镇）管辖的长城，西起山西省保德县的黄河岸边，沿黄河东岸北行至偏关，再蜿蜒东去，经老营堡、宁武关、雁门关、平型关、河北省阜平县的龙泉关，再南行至山西省和顺县东的黄榆岭，全长1600余里。这一段长城地处北京的西面，战略意义重大，所以，有的地方有城墙多重，同时还筑有石墙，有的石墙达20余重。镇总兵驻地在今山西省偏关。

延绥镇（亦称榆林镇）管辖的长城，东起今内蒙古自治区清水县的清水营，西到宁夏回族自治区盐池县的花马池，长1770里。镇总兵驻地在今陕西省榆林市。

宁夏镇管辖的长城，东起宁夏回族自治区盐池县的大盐池，西到甘肃省的高兰、靖远，全长2000里。镇总兵驻地在今宁夏回族自治区银川市。

固原镇管辖的长城，东起陕西省靖边县，西到甘肃省皋兰县，全长1000里。有的地段长城城墙多重。镇总兵驻地在今宁夏回族自治区固原市。

甘肃镇管辖的长城，东起甘肃省兰州市，西到嘉峪关，全长1600余里。镇总兵驻地在今甘肃省张掖县。

明代在长城沿线，除设置九镇分区防守外，还建造了许多城堡、烟墩，用来传递军情，明武宗正德年间，在宣府、大同两镇地区就修了烽堠3000多所。

以上九边十一镇的长城，长度共计1.46万多里。全线防守官兵名额共计97.66万余名。由于明长城各镇的管辖范围和官兵名额时有变化，以上统计只是一个时间内的数字。长城的长度也只是一些文献上的记载，除了相连贯的干线长城之外，还有一些个别段落，如湖南、贵州交界处，甘肃南部等地都分别修筑过数百千米的长城，加上重墙、关城等，实际的长度远不止此。就以北京地区的长城来说，原来只知是600多里，最近以空中遥感方法调查，发现了更多的遗址，已知长度已达1256里，较之原来增加了一倍多。其余地区的长城的长度，也可想而知了。

明长城的防御工事，分作镇城（镇守或总兵驻地）、路城、卫所城、关城、堡城、城墙、墙台、敌台、烟墩等不同等级、不同形式和不同功能的建筑物，它们相互联系、相互配合，共同组成一个完整的防御工程体系。关城尤为重要。

明长城的关口很多，每镇所辖关口多至数百，十一镇长城的关口总计在1000座以上，其中著名的也有数十座。自居庸关以西，明长城分南、北两线，到山西偏关附近的老营相合，被称为内、外长城或里、外长城。里长城从居庸关西南向，经河北易县、涞源、阜平而进入山西的灵丘、浑源、应县、繁峙、神池而至老营。外长城即自居庸关西北经赤城、崇礼、张家口、万全、怀安而进入山西的天镇、阳高、大同，沿内蒙古、山西交界处达于偏关、河曲。此位于河北、北京、山西、内蒙古境内的明代内、外长城是明代首都北京的西北屏障，对于防御自西北来的威胁，保卫王朝的安全与蓟镇长城同样重要。因此，长城工程亦甚雄伟坚固。关隘也很多，著名的内、外三关即长城线上的六个重要关口。靠近当时首都北京的居庸关、倒马关、紫荆关是为内三关。自此往西的雁门关、宁武关、偏头关是为外三关。这内、外三关成了明王朝保卫京师和东南地区的重要险阻，经常派重兵把守。

明代大修长城，主要在于防范蒙古各部。明朝前期，国力强盛，蒙古的瓦剌、鞑靼及兀良哈等部的首领，都曾接受明朝的封爵，归附于明中央政府。15世纪中叶，明朝国力已不如前。明英宗正统十四年（1449），瓦剌首领也先率众攻破长城，在土木堡（今河北怀来东）俘虏了御驾亲征的明英宗皇帝，这就是著名的"土木之变"。此后，蒙古各部南犯的次数加多了。明世宗嘉靖二十九年（1550），鞑靼首领俺答率众攻入蓟镇地区，从古北口南下，前锋直抵北京城下，这次事变史称"庚戌之变"。

蒙古南下进攻的重点是宣府、大同、蓟州三镇，所以这三镇的长城修筑工程也最大。除上述正德年间在宣府、大同两镇大修烽堠，以及嘉靖二十五年至二十六年（1546—1547）又在这两镇修筑长城992里外，名将戚继光在任蓟镇总兵期间（1569—1583）修筑长城是值得一提的。戚继光对蓟镇所辖的1200多里的长城，除了普遍地加高加宽，修缮倾颓部分，在重要地段修建双层的城墙外，还在长城沿线，选择适宜的地点，建造了1300多座高大的敌台。敌台高者达5丈，底宽12丈，内分两或三层，又叫空心台。这种高大的敌台既便于瞭望敌情，又可容纳较多的守兵，储存大量的武器和粮食，解决了过去守城兵力太分散、风雨难蔽及军事物资不便储备等问题。修建这种敌台，使长城的防御体系更臻于坚固严密，这是军事防御工程的一项重要创造。

16世纪六七十年代，明中央政府在高拱、张居正的主持下，大力加强九镇军备，同时采取正确对策，在明穆宗隆庆四年（1570）同俺答达成和议，于次年封俺答为顺义王，在长城若干关口设立贸易点，除官府主持的贡市贸易外，也允许蒙汉人民私人贸易。俺答和他的妻子忠顺夫人三娘子信守和议；从宣府、大同到甘肃的长城一线，几十年间保持了和平安定的局面，长城又成了蒙汉两族友好和睦的纽带。

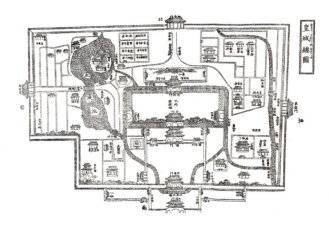

《唐土名胜图会》中的皇城总图

皇城墙遗址

皇城城墙距今已有500多年历史，位于内城的中心偏南，是保护紫禁城的城墙，是北京宫殿城池建设的配套工程。皇城内大部分为园囿、皇家庙宇、内务府衙署等，平民百姓不得在内居住。北京皇城修筑于明朝永乐年间，在元大都皇城的基址上向东、北、南三面扩建而成，周长近11千米，平面呈不规则长方形，西南角因避让庆寿寺而缺一角。

东墙长约2150米，位于今东皇城根北口至今贵宾楼对面一线；南墙长约1770米，位于今府右街南口至今北京饭店以西一线；西墙长约2644米，是自今西黄城根南街南口沿灵境胡同折向东，至今府右街中段中南海西墙，再南至府右街南口；北墙长约2460米，位于今平安大街中段之地安门大街南侧一线。墙体用明城砖砌筑，抹麻刀灰，涂红土，顶覆黄琉璃瓦，墙高约6米，墙基厚约3米，顶厚约1.7米。

皇城南墙正中为明代承天门，清改称天安门，是皇城正门。

中华门，是明清两代天安门的外门，又称"皇城第一门"，位于天安门之南，明称"大明门"，清称"大清门"，民国改称"中华门"。门为砖石结构，面阔五间，有券门三个，单层歇山黄琉璃瓦顶。1958年，中华门被拆除。

1900年的天安门

长安左门，位于天安门左前方，取"长治久安"之意，是内城通往皇城东部的孔道之一。长安街就是因门而得名。门有券门三个，单层歇山黄琉璃瓦顶，坐落在汉白玉须弥座基础上，设汉白玉门槛。明清殿试后，将写有中进士者名字的皇榜自长安左门出皇城，悬挂在临时搭建的"龙棚"内，供参加考试的举子观看。举子们一旦金榜题名，可谓鲤鱼跃龙门，故亦称长安左门为"龙门"，或称"青龙门"，附会"左青龙，右白虎"之意；还称"孔圣门"，意为借由孔圣之学而登此龙门。

长安右门，位于天安门右前方，与长安左门

1860年的大清门

1912年的长安右门

相对。形制与长安左门完全一样。明清时期，每年霜降前，将刑部的死囚由长安右门带入，在西千步廊旁进行讯问，确认无疑者则押赴刑场行刑。因犯自长安右门进入皇城，就犹如进入虎口，凶多吉少，故称此门为"虎门"，或称"白虎门"，附会"左青龙，右白虎"之意。明朝时，环皇城设72座"红铺"，即警卫值班室，每"红铺"驻10名护军，每夜初更，派护军边摇铜铃边巡视皇城，依次传递铜铃。长安右门为第一座"红铺"，即铜铃传递的起点，经西安门、北安门、东安门至长安左门，铜铃便储存在长安右门内。明清时期，文武官员须在长安左门、右门外或下马，或下轿，步行进入皇城。1912年为便利通行，将长安左门、长安右门的汉白玉门槛拆除。1913年1

月长安街正式通行。1952年，为扩建天安门广场，长安左门、长安右门被拆除。

地安门，位于皇城北墙正中，始建于明永乐十八年（1420），称"北安门"，清顺治九年（1652）重建，改称地安门，是明清北京城的子午门，俗称"后门"。砖木结构，面阔七间，三明间开三个券门，设朱红大门，左右两梢间为值房。1900年八国联军入侵北京后，慈禧太后就是出皇城地安门，再出德胜门逃往西安的。地安门于1954—1955年拆毁。

2006年初，西城区市政市容管理委员会对地安门内大街进行改造拆迁的过程中，发现原雁翅楼北楼西侧楼残存一间（南端起第四间），经勘测，现场发现其大木构架保存基本完好，部分原

皇城根遗址公园保留的皇城城墙

1955年的地安门

复建的地安门雁翅楼

八国联军劫后的西安门

有椽子及部分二层地面等存留构件均为明清时期原物。据《乾隆京城全图》推测，原雁翅楼应面阔十五间。经专家研究，决定参考文献和实物依据，在原有建筑遗址上恢复部分雁翅楼。

东安门，位于皇城东墙中间偏南，始建于明

东安门遗址

宣德七年（1432），其形制与地安门相同，砖木结构，面阔七间。1912年曹锟兵变时被焚毁。

西安门，位于皇城西墙中段偏北。与东安门并不对称，是由于有太液池相隔，与紫禁城相隔较远造成的。西安门始建于明永乐十五年（1417），无城台，门基为青白石，单檐歇山黄琉璃瓦顶，面阔七间，进深三间，正中明间及左、右次间设门，左、右梢间及末间作为值房。门内曾有明代玉熙宫的棂星门（今文津街西口），清将棂星门改为砖石琉璃花壁方形三座门，称"外三座门"。西安门于1950年末不幸被焚毁。

2003年12月11日，皇城墙遗址被北京市人民政府公布为北京市第七批市级文物保护单位。

知识链接　地安门雁翅楼

地安门雁翅楼始建于明永乐十八年（1420），处在北京中轴线上，清代为内务府满、蒙、汉三旗公署。

地安门雁翅楼位于地安门门楼左右两侧，是北京的一处知名景观，是两栋东西相对称的二层砖混建筑，面宽各十三间，每栋楼的面积大约是300平方米。其顶部全部采用黄琉璃瓦覆盖，建筑造型十分别致，从远处观望就像一只张开了双翅的大雁，因此而得名。

1954年，北京市为了疏导北京北部城区的交通，将地安门和雁翅楼拆除。

当时有关部门将从地安门拆下来的门窗、过梁、柱子、枋、檩等进行编号、登记、造册，还有一同被拆下来的砖石琉璃瓦等一起运到天坛，计划在天坛内北侧按照地安门雁翅楼的原样进行复建。但后来天坛内发生了一场火灾，材料全部化为灰烬，复建失败。

2005年，多位北京文史学家提议复建地安门及雁翅楼，恢复京城北中轴线的风貌。2012年2月，北京启动了新中国成立以来最大规模的"名城标志性历史建筑恢复工程"，其中包括地安门雁翅楼的复建。

复建后的雁翅楼，有1000多平方米，仍然保持历史上的格局，分上、下两层，东、西两侧以雁翅排开，每侧4—6间，总体比历史上的雁翅楼稍小一些。复建后的雁翅楼尽量在外形和内饰上保证了原汁原味。

北京市市级以上文物保护单位保护范围及建设控制地带

(资料来源于北京市文物局网站)

第一批划定文保单位的保护范围及建控地带（1984年公布）

旧皇城保护区及其以北城区

保护范围：

1.钟楼：围墙范围以内。

2.鼓楼：围墙范围以内。

3.景山：原景山方形围墙以内，包括景山公园、北京市少年宫等单位的使用范围。

4.故宫：东、西、北至筒子河外沿墙，南至筒子河北沿墙及端门南墙，包括午门东、西朝房。

5.天安门：东、西至端门东、西朝房外墙，南至长安街，北至端门南墙。

6.太庙：东、南至现劳动人民文化宫围墙，西至故宫东朝房东墙，北至筒子河北沿墙。

7.社稷坛：东至故宫西朝房西墙，南、西至现中山公园围墙，北至筒子河北沿墙。

8.人民英雄纪念碑：至四周绿地外围。

9.毛主席纪念堂：至四周绿地外围。

10.凝和庙：包括北池子小学的使用范围，东、南、北三面至小学围墙，西至北池子规划红线。

11.北京宋庆龄故居：宋庆龄生前居住范围。

12.醇亲王府（摄政王府）：包括卫生部的使用范围，东侧北段至东跨院东外墙，南段至中路古建东外墙，南至王府大门，西至宋庆龄故居，北至规划红线。

13.广化寺：包括北京佛教协会寺庙管理处的使用范围，东至古建东山门，南至山门，西至寺西侧第二路古建西墙，北至规划红线。

14.恭王府及花园：包括中国音乐学院、文学艺术研究所、公安部、国务院机关事务管理局等单位的使用范围。东至毡子胡同，南、西至规划红线，北至大翔凤胡同。

15.郭沫若故居：包括郭沫若故居纪念馆的使用范围。

16.火德真君庙（火神庙）：包括北京市公安局交通大队、防化兵招待所的使用范围及部分民宅，东至规划红线，南至南山门，西至西厢房后墙，北至后罩楼后墙。

17.后门桥：因在规划红线以内，主要保护其侧墙及望柱栏板，不另划保护范围。

18.北海、团城：包括北海公园、北海幼儿园、北京市文物研究所、北海体育场等单位的使用范围。

19.大高玄殿：包括军委办公厅行政经济处的使用范围，东、南至规划红线，西、北至围墙。

20.中南海：包括中共中央、国务院等单位的使用范围。

21.福佑寺：包括班禅驻京办事处的使用范围，东至筒子河，南、北至寺墙，西至规划红线。

22.昭显庙：包括北长街小学的使用范围，东至规划红线，南、西、北至学校围墙。

建设控制地带：

Ⅰ类：

1.南、北长街与故宫，社稷坛保护范围之间。

2.南、北池子与故宫，太庙保护范围之间。在此Ⅰ类地带内，现状好的四合院建筑可保留。

Ⅱ类：

1.南锣鼓巷保护区范围：东至交道口南大街，南至地安门东大街，西至东不压桥、豆角胡同、方砖胡同附近（与鼓楼东Ⅲ类地带东沿齐），北至前楼苑胡同、交道口南二条（菊儿胡同）。

2.沿南锣鼓巷向北，经北锣鼓巷至车辇店胡同向东的规划红线两侧以外各30米以内。

3.距故宫的围墙以东250米以内。

Ⅲ类：

1.距故宫、景山的围墙以东、以北250米以内。西至距故宫东围墙外沿及其延长线250米，东至东黄城根南街一线内。

2.东至景山东街规划红线北延长线，南至景山后街规划红线，西至景山西街规划红线北延长线，北至地安门东、西大街。

3.东至南锣鼓巷保护区（Ⅱ类地带）及其北延长线，南至地安门东大街规划红线，西至地安门外大街规划红线，北至鼓楼东大街规划红线。

4.鼓楼东侧路规划红线以东100米以内，南至鼓楼东大街规划红线，北至国旺胡同规划红线。

5.东至旧鼓楼大街规划红线，南至鼓楼西大街规划红线，西至德胜门内大街规划红线，北至距钟楼中心与德胜门箭楼中心连线以北100米。

6.东至鼓楼东侧路规划红线，南至国旺胡同规划红线，西至旧鼓楼大街规划红线，北至北二环规划红线。

Ⅳ类：

1.旧皇城范围以内（除保护范围，Ⅰ、Ⅱ、Ⅲ类地带，规划绿地，道路用地等以外）。

2.东至安定门内大街、交道口南大街规划红线，南至地安门东、西大街，西至德胜门大街南段及新街口北大街以内（除保护范围，Ⅰ、Ⅱ、Ⅲ类地带，规划绿地，道路用地，河湖等以外）。

3.东至府右街，南至西长安街，西与西黄城根南街西规划红线齐。

国子监、孔庙、雍和官、柏林寺、国子监街

保护范围：

1.首都图书馆、首都博物馆、雍和宫管理处、北京图书馆的使用范围。

2.国子监街牌楼中心线两侧各8米，东、西两端至规划红线。

3.孔庙前照壁至一四三中四层教学楼之间。

4.雍和宫东北角墙外，地铁用房与民政局宿舍之间。

建设控制地带：

Ⅰ类：

1.国子监、孔庙东、西、北三面保护范围外10米以内。

2.雍和宫东侧保护范围外20—40米以内。

3.雍和宫西侧保护范围外到规划红线。

4.柏林寺东、西、北三面突出部分保护范围外10米以内。

Ⅱ类：

1.自国子监、孔庙南墙向南、北各50米以内。

2.雍和宫东北，Ⅰ类地带外55米以内。

Ⅲ类：

1.国子监街Ⅱ类地带以南至距方家胡同15米处，东至规划红线、西与路北规划绿地齐。

2.雍和宫、柏林寺南侧和东侧公共通道以南、以东各50米以内。

3.柏林寺东、北两面Ⅰ类地带外50米以内。

Ⅳ类：

1.国子监西规划绿地以西110米，国子监街Ⅱ类地带以北100米以内。

2.国子监街Ⅱ、Ⅲ类地带以南至方家胡同以南130米以内。

3.距雍和宫南Ⅲ类地带以南220米，柏林寺东Ⅲ类地带以东120米以内，柏林寺北侧Ⅲ类地带以北70米以内。雍和宫东Ⅱ类地带以东120米以内。

文天祥祠、顺天府学、府学胡同36号（包括交道口南大街136号）四合院、孙中山先生逝世纪念地、和敬公主府、段祺瑞执政府旧址

保护范围：

1.文天祥祠、顺天府学：东至文丞相胡同，南至府学胡同，西至规划红线，北至府学胡同小学内旧礼堂北墙。

2.府学胡同36号（包括交道口南大街136号）四合院：包括北京市文物局、东四妇产医院的使用范围。

3.孙中山先生逝世纪念地：包括第八招待所的使用范围（距院内三层楼东、南各10米处除外）。

4.和敬公主府：东至公共通道，南至规划红线，西至五层宿舍楼东山墙，北至大殿北10米以内。

5.段祺瑞执政府旧址：东至规划红线，南至规划红线，西至五层宿舍楼东山墙，北至府学胡同。段祺瑞执政府旧址照壁四周各10米以内。

建设控制地带：

Ⅰ类：

1.孙中山先生逝世纪念地保护范围以东至公共通道。

2.和敬公主府保护范围以西，南至规划红线，西至公共通道，北至距五层宿舍楼30米处。

3.段祺瑞执政府旧址保护范围以西，南至规划红线，西至公共通道，北至段祺瑞执政府主楼南沿向延长线。

4.段祺瑞执政府旧址主楼东15米处至东配楼前，东、南至规划红线。

Ⅱ类：

1.地安门东大街规划红线以南35米以内，东至东四北大街规划红线，西至距段祺瑞执政府照壁以西90米。

2.孙中山先生逝世纪念地保护范围以西至公共通道，府学胡同36号四合院保护范围以南至规划红线。

Ⅲ类：

1.孙中山先生逝世纪念地保护范围以北30米，府学胡同36号四合院保护范围以东40米以内。

2.和敬公主府保护范围以西，五层宿舍楼与Ⅰ类地带之间。

3.段祺瑞执政府旧址保护范围以西，五层宿舍楼与Ⅰ类地带之间。

4.和敬公主府保护范围以北至府学胡同。

5.地安门东大街规划红线以南35米内，东接Ⅱ类地带，西至美术馆后街规划红线。

Ⅳ类：

1.府学胡同36号四合院保护范围以南公共通道的西南地带。

2.孙中山先生逝世纪念地保护范围北Ⅲ类地带以外，东、北至公共通道。

3.和敬公主府保护范围以西至公共通道，五层宿舍楼以北至公共通道。

4.段祺瑞执政府旧址保护范围以西至公共通道，五层宿舍楼以北至公共通道。

皇史宬

保护范围：皇史宬围墙内。

建设控制地带：

Ⅰ类：皇史宬保护范围外东、南、北三面20米以内。

Ⅲ类：皇史宬保护范围外，东、北两面Ⅰ类地带外30米以内，南至距旧皇城红墙北20米处。

古观象台、北京城东南角楼

保护范围：

1.古观象台：东至规划红线，南至规划停车场北，西、北至原紫微宫院墙。

2.北京城东南角楼：东、南至规划红线，西、北至最突出部分向外10米的连线以内。

建设控制地带：

Ⅰ类：

1.古观象台保护范围以西50米以内，北至规划红线。

2.北京城东南角楼保护范围西北与六层楼之间，保护范围以北80米以内。

Ⅳ类：

1.东至古观象台Ⅰ类地带及停车场，南北至规划红线，西至支路西侧规划红线以西40米处。

2.西、北至古观象台停车场，东、南至规划红线。

3.建国门南路规划红线与北京站东路规划红线的交点和北京城东南角楼保护范围东北角的连线以西100米以内。

4.自北京城东南角楼最西点以西200米以内，东至保护范围及Ⅰ类地带，南至规划红线，北至铁路。

Ⅴ类：建国门南路东侧规划红线以东60米，建国门外大街南侧规划红线以南110米以内，不得建高于30米的建筑。

法源寺、牛街礼拜寺

保护范围：

1.法源寺及西侧门诊部的使用范围。

2.牛街礼拜寺的使用范围。

建设控制地带：

Ⅰ类：

1.法源寺保护范围外，东、南至公共通道，西10米、北25米以内。

2.牛街礼拜寺保护范围外，东40米，南、北距寺中线各50米以内，西至规划红线。

Ⅲ类：

1.法源寺东侧公共通道以东40米以内，南至规划红线，北与Ⅰ类地带齐。

2.法源寺南至南横西街规划红线，东至公共通道，西距寺中线110米。

Ⅳ类：东至距法源寺中线以东280米，南至南横西街规划红线，西至牛街规划红线以西70米，北距法源寺保护范围160米以内（除道路，保护范围，Ⅰ、Ⅲ类地带，规划绿地等以外）。

Ⅴ类：南横西街规划红线南30米宽，不得建超过30米高的建筑。

白云观、天宁寺塔

保护范围：

1.白云观：包括白云观的使用范围，大斋堂东至平房东端，南至平房南墙，距罗公塔南15米，北至滨河路规划红线。

2.天宁寺塔：东、南、西均以寺院墙为界，北至距天宁寺塔中心55米以内。

建设控制地带：

Ⅰ类：

1.东至白云观保护范围，南至公共通道，西至白云路规划红线，北至第二热电厂泵房墙。

2.白云观保护范围以东10米以内。

3.天宁寺塔保护范围以外，东、西、北三面10米，南35米以内。

Ⅱ类：

1.第二热电厂水泵房范围内。

2.白云观照壁南25米处至五层"Γ"形楼北墙，东至公共通道，西到白云路规划红线。

Ⅲ类：

1.东至白云路规划红线，南至莲花池东路规划红线，西至"U"形三层楼西山墙，北至滨河路规划红线。

2.白云观南Ⅲ类地带以南至莲花池东路规划红线。

3.天宁寺路规划红线以东60米以内，南至莲花池东路规划红线，西至规划绿地及公共通道，北至滨河路规划红线。

4.东至滨河路规划红线，南至公共通道，西至白云路规划红线，北至莲花池东路规划红线以内（除保护范围、Ⅰ类地带、规划绿地及道路等）。

Ⅳ类：天宁寺路东Ⅳ类地带以东至规划红线，南至莲花池东路规划红线，北至滨河路规划红线。建筑高度不得高于30米。

毛主席故居、北京大学红楼（包括民主广场）、宣仁庙

保护范围：

1.毛主席故居：吉安所左巷8号院。

2.北京大学红楼（包括民主广场）：东、南至规划红线，西自红楼西山墙向北平行东安门北街规划红线，北至距文化部大楼突出部分20米以内。

3.宣仁庙：东、南、北三面至庙墙，西至庙内鼓楼西墙。

建设控制地带：

Ⅱ类：吉安所左巷5、7、9、10号院及吉安所北巷22号。

东四清真寺

保护范围： 东四清真寺的使用范围。

建设控制地带：

Ⅰ类：东至规划红线，南侧东段保护范围外15米以内，南侧西段及西侧、北侧保护范围突出部分外10米以内。

Ⅲ类：东、北至规划红线，南至民政局五层楼南墙，西至"L"形四层楼西墙。

智化寺、禄米仓

保护范围：

1.智化寺：东、西两侧以南端围墙最宽处为准，平行智化寺中线向北延长，南至院墙，北至智化寺后殿以北10米处。

2.禄米仓：东至仓东墙外5米处，南至仓南墙外10米处，西至围墙，北至禄米仓后巷。

建设控制地带：

Ⅰ类：智化寺保护范围外，东、西、北三面20米及南面30米以内。

南堂、天主教圣母会法文学校旧址、民国国会议场

保护范围：

1.南堂、天主教圣母会法文学校旧址：东至学校旧址二层楼南端东墙，南、西至规划红线，北至三十二中北围墙及工厂北墙。

2.民国国会议场：东至二层楼西墙；南侧东段至主楼北墙，西段至议场南20米处；西侧南段至议场西20米处，北段至现三层楼西墙；北至三层楼北墙。

建设控制地带：

Ⅰ类：南堂、天主教圣母会法文学校旧址保护范围外，东侧15米、北侧10米以内。

李大钊故居、克勤郡王府、原国立北平大学女子师范学院

保护范围：

1.李大钊故居：东、西至文华胡同24号院院墙，南至故居四合院南房南墙，北至文化胡同公共通道。

2.克勤郡王府：东、西、北至托儿所围墙，南至规划红线。

3.原国立北平大学女子师范学院：东至距二层楼15米处，南至规划红线，西至一五八中围墙，北侧西段至一五八中围墙，北侧东段至十六层塔楼南墙。

建设控制地带：

Ⅰ类：

1.李大钊故居保护范围和Ⅱ类地带外，东端与文华胡同22号院东墙齐，南至规划红线以北20米处，西端与文华胡同25号院西墙齐，北至文华胡同公共通道。

2.克勤郡王府保护范围外，东、西、北各10米以内。

Ⅱ类：文华胡同22、26、21、23、245、27号院及35号院南部。

郑王府

保护范围：东、西两侧至距原王府厢房两层楼外墙东、西各14米处，南至府门，北至距王府逸仙堂后六层楼以北14米处。

建设控制地带：不划定。

天坛、先农坛

保护范围：

1.天坛：内坛全部；外坛西、北、东部；外坛墙以内，东部南端至中山公园管理处所属花圃南界，西部南端至药检所北墙。神乐署从建筑南、西、北各向外20米，南、北线向东延长接至天坛内坛墙之间。

2.先农坛：育才学校的使用范围，包括神仓、太岁殿、神厨；神仓东三层简易楼；一三七中的使用范围；庆成宫及庆成宫腰墙与南墙向东、西延长线之间。

建设控制地带：

Ⅰ类：

1.先农坛保护范围外西侧20米以内，南、北与保护范围齐。

2.庆成宫保护范围外东侧10米、北侧20米以内；庆成宫与育才学校围墙之间。

3.庆成宫南体委北院（南与育才学校南墙齐）。

Ⅳ类：

1.东至南、北岗子街，南至滨河，西至天坛东路、崇文门外大街，北至广渠门内大街。

2.东至崇文门外大街，南至天坛路，西至前门大街，北至珠市口东大街。

3.东至蒲黄榆路，南至距圜丘900米处，西与天坛内坛西墙齐，北至滨河铁路。

4.庆成宫Ⅱ类地带外东北地区，东至先农坛路，北至规划红线。

5.东至先农坛路，南至规划红线，西至Ⅱ类地带外50米处，北至保护范围及Ⅱ类地带，西北角至白纸坊路规划红线。

Ⅴ类：

1.天坛保护范围以外，东至天坛东路，南至滨河路，西至永定门内大街，北至天坛路。此范围内除永定门内大街，按中轴线统一规划建设，不宜建高层建筑外，其他地区，除必要的生活服务设施可适当增加一些平房外，应严格控制不得再建房。现有单位外迁后的用地，应改为绿地。

2.圜丘南950—1300米，东至蒲黄榆路，西与天坛内坛西墙齐。此范围内自北向南建筑高度不得高于30米。

3.东至铁路及幸福大街，南至龙潭路，西至南、北岗子街，北至广渠门内大街。此范围内建筑高度不得高于30米。

4.先农坛Ⅳ类地带以东至太平街规划红线，南至永定门西街，北至白纸坊路规划红线。此地带内建筑高度不得超过18米，并要严格控制工业建筑的添建与扩建。

金中都太液池遗址

保护范围： 东至广外南街规划红线，南至南马连道路规划红线，西至围墙，北至青年湖游泳池北墙（包括宣武区体委全部用地范围）。

建设控制地带：

Ⅳ类：

1.保护范围北100米以内。

2.在南马连道路以南第一排建筑。

西黄寺

保护范围： 东至寺墙外墙，南至规划红线，西、北至寺围墙。

建设控制地带：

Ⅰ类：西、北两侧保护范围以外20米以内。

Ⅲ类：东至国防科委距黄寺第二行宿舍楼东山墙，南、西均至规划红线，北至距后罩房外100米处（除保护范围及Ⅰ类地带以外）。

觉生寺（大钟寺）

保护范围：东至大钟寺保管所与食品厂东墙，南至规划红线，西至距西配殿西墙外318米处，北至食品厂北墙。

建设控制地带：

Ⅰ类：在保护范围外，东、西两侧各20米以内。

Ⅳ类：

1.财经学院东侧路以东100米以内，南至规划红线，北距保护范围北端延长线以北80米处。

2.北京照相机厂南，公共通道以北65米以内。

卢沟桥（包括宛平县城、赵登禹墓）

保护范围：

1.卢沟桥：南、北栏板外各50米以内，东、西两端华表外30米以内，西端北侧岱王庙地区（东至卢沟桥，南至京保公路规划红线，西至小清河东堤，北至冶金工业局仓库南墙）。

2.宛平县城：城墙内距城墙10米以内，城墙外东侧距城墙20米以内（随瓮城突出），南、北两侧距最突出城垛20米以内，西侧距城墙60米以内（南段随路向内斜）。

3.赵登禹墓：南至铁路，东、西、北由墓中向外20米以内。

建设控制地带：

Ⅰ类：

1.宛平县城城墙南、北保护范围外10米以内，城东京保公路以南，东与路北五层楼东山墙对齐。

2.赵登禹墓保护范围外，东至京保公路，南至大枣山包南铁路，西侧南段至山包下二层楼，西侧北段与北京军区后勤部围墙齐，北至北京军区后勤部围墙。

Ⅱ类：

1.岱王庙对面，东接卢沟桥保护范围，南与卢沟桥保护范围齐，西至小清河堤，北至京保公路。

2.宛平县城城内全部。

3.宛平县城城墙保护范围外，东至五层楼东楼东山墙，南至黄土岗公社引水渠，西至永定河河堤，北至铁路。

Ⅲ类：

1.宛平县城北，东至距铁路道岔东200米处，南至铁路，西至永定河河堤，北至距Ⅰ类地带外320米处。

2.宛平县城南，南至京周公路规划红线，西至永定河河堤，北至黄土岗公社引水渠。

Ⅳ类：宛平县城东Ⅰ、Ⅱ类地带以东，南至京周公路规划红线，北至赵登禹墓Ⅰ类地带南的铁路（除道路、铁路以外）。

Ⅴ类：永定河东、西两堤之间，南至卢沟新桥（京周公路桥），北至铁路桥。此地带内不得破坏地形地貌，不得进行其他任何建设。宛平县城以北，东至赵登禹墓Ⅰ类地带之间的铁路用地，按规划绿地控制。

周口店遗址

保护范围：东至距规划拟建铁路西侧最外股道中心30米处；东南至距铁路专用线北股道中心300米处；南至一点（坐标273520/469270）转向二点（坐标273340/469310）；西南自二点连至171高地，转向北连至三点（坐标273250/469765），然后沿150米等高线向北连至四点（坐标273160/470145），连至界碑，再沿150米等高线向西北连至五点（坐标273300/470515）；北至猿人遗址北围墙。

建设控制地带：

Ⅴ类：东至保护范围西界，南自171高地向西北依次连至178、227.1、259、258、250.7高地，北连至五点。此地带内，不得破坏地形地貌，加强绿化，不得进行设施与建筑建设。

第二批划定文保单位的保护范围及建控地带（1987年公布）

北新仓

保护范围：东、南至距保护古仓建筑10米的平行线；西：南段至现状仓墙，北段至距古仓10米的平行线；北：东段至距古仓10米的平行线，西段至距古仓15米的平行线。现存仓墙及北仓门为保护建筑，在其近旁建设时需留出3米宽以上的通道。

建设控制地带：

Ⅰ类：东、南至保护范围，西至仓墙，北与东段保护范围齐。

地坛

保护范围：四至现状内坛坛墙。

建设控制地带：

Ⅱ类：东至保护范围，南至第一传染病医院南墙，西至外坛坛墙，北至地坛西门通道现状北墙延长线。

Ⅲ类：

1.第一传染病医院：东至保护范围及其延长线，南至Ⅱ类地带，西至外坛坛墙延长线，北与规划绿地北界齐。

2.地坛西门外以南：东至外坛墙，南至距现状墙40米，西至安外大街规划红线，北至现状墙。

3.地坛西门外以北：东至外坛墙延长线，南至现状墙，西至安外大街规划红线，北至距现状墙40米。

Ⅳ类：

1.地坛西门外以南：东至外坛墙，南至距Ⅲ类地带40米处，西至安外大街规划红线，北至Ⅲ类地带。

2.地坛西门外以北：东至外坛墙延长线，南至Ⅲ类地带，西至安外大街规划红线，北至距Ⅲ类地带40米处。

东四六条63至65号四合院

保护范围：东四六条63号至65号院范围以内。

建设控制地带：在城市规划绿地内，不另划建设控制地带。

方家胡同13号、15号四合院

保护范围：东至方家胡同13号东围墙及其延长线，南至方家胡同规划红线，西至方家胡同15号西围墙及其北段向北延长线，北至Ⅱ类地带。

建设控制地带：按原公布60项文物保护单位中的国子监保护范围及建设控制地带不变。

孚王府

保护范围：东至朝阳门北小街规划红线，南至朝内大街规划红线，西至北段原府墙及其延长线，北至原府墙。

建设控制地带：

Ⅳ类：

1.孚王府东：东至五层楼西山墙及其南、北延长线，南至朝内大街规划红线，西至朝阳门北小街规划红线，北至距保护范围以北80米的延长线。

2.孚王府东南：东至高层塔楼西山墙，南至朝阳门南小街路西Ⅳ类地带南界延长线，西至朝阳门南小街规划红线，北至朝内大街规划红线。

3.孚王府南：东至朝阳门南小街规划红线，南至二、四层楼南墙连线，西至四、五层楼西墙连线，北至朝内大街规划红线。

4.孚王府西：东至规划绿地，南至朝内大街规划红线，西至三层楼东山墙及其南、北延长线，北至东四北三条公共通道（距保护范围10米内为公共通道）。

5.孚王府北：东至朝阳门北小街规划红线，南至东四北三条公共通道，西至孚王府西Ⅳ类地带西界延长线，北至距保护范围80米的平行线。

国祥胡同2号四合院

保护范围：东、北至国祥胡同2号四合院院墙，南至2号院围墙最突出部分的东西延长线，西至距保护建筑5米。

建设控制地带：

Ⅰ类：东至保护范围，南与保护范围南界齐，西至五层楼东山墙南北延长线，北至国祥胡同。此地带内应为高低结合的绿化地带。

Ⅲ类：东：北段至Ⅰ类地带，南段至公共通道（距保护范围10米内为公共通道）；南、西至规划红线；北至国祥胡同。

注：其他按原公布60项文物保护单位中的旧皇城保护区及其以北城区保护范围及建设控制地带不变。

可园、旧宅园

保护范围：

1.旧宅园：东城区帽儿胡同35号、37号院范围以内。

2.可园：东至7号院旁门现状东围墙及其延长线，南至帽儿胡同，西至11号院现状西围墙，北至7、9、11号院北围墙。

建设控制地带： 在城市规划平房保护区内，不另划建设控制地带。

老舍故居

保护范围： 东、南、西至故居围墙，北至距灯市口西街规划红线30米处。原老舍故居建筑一部分在灯市口西街规划红线内，马路展宽时，如需拆迁，则照原建筑格局和形式向北平移迁建至规划红线外。

建设控制地带：

Ⅱ类：东至富强胡同，南至灯市口西街规划红线，西至康健胡同，北至距保护范围15米的平行线。

礼士胡同129号四合院、内务部街11号四合院

保护范围： 礼士胡同129号四合院、内务部街11号四合院范围以内。

建设控制地带：

Ⅰ类：礼士胡同129号四合院保护范围外：东、南至距保护范围最突出点20米的平行线，西、北至距保护范围最突出点40米的平行线，西北角以二层楼外墙为准。此地带内应为高低结合的绿化地带。

Ⅱ类：礼士胡同131号院。

Ⅳ类：

1.朝阳门南小街路东：东至距红线50米，南、西至规划红线，北至路西Ⅳ类北界延长线。

2.保护范围东：北段至规划红线，南段至规划绿地；南：东段至保护范围及规划绿地，西段至规划红线；西至距保护范围140米的平行线；北至距保护范围70米的平行线。

茅盾故居、东城区圆恩寺后街7、9号四合院

保护范围：

1.茅盾故居：圆恩寺后街13号院范围以内。

2.圆恩寺后街7、9号四合院范围以内。

建设控制地带：

Ⅱ类：在菊儿胡同北侧：东至六层楼西山墙，南至六层楼南墙延长线，西至茅盾故居保护范围东侧延长线，北至距六层楼南墙延长线10米处。

注：其他地带按原公布60项文物保护单位中的旧皇城保护区及其以北城区保护范围和建设控制地带不变。

南新仓

保护范围：

东至南新仓原仓墙；南至百货公司批发部现状院墙；西：南段至批发部现状院墙，北段至距保护建筑门廊8米的平行线；北：东段至规划红线，西段至距保护建筑门廊8米的平行线。

建设控制地带：

不另划建设控制地带。

普度寺大殿

保护范围： 普度寺大殿及山门本身。

建设控制地带：

Ⅱ类：东、南、北至距规划绿地30米的平行线，西至南池子规划红线。

嵩祝寺及智珠寺，原中法大学

保护范围：

1.嵩祝寺及智珠寺：东：北段至嵩祝院后巷，南段至智珠寺保护建筑东墙；南：东段至嵩祝寺最南端保护建筑南山墙延长线，西段至智珠寺山南门墙延长线；西至嵩祝院西巷；北至嵩祝寺及智珠寺北围墙。

2.原中法大学：东至小取灯胡同，南、北至保护建筑南、北山墙向东延长线，西至保护建筑西墙。

建设控制地带：

Ⅰ类：

1.原中法大学保护范围以东以北：东至距保护范围10米处；南：东段与保护范围南界齐，西段至保护范围；西：南段至保护范围，北段至规划红线；北至距保护范围20米的平行线。

2.原中法大学保护范围以南：东至六层楼西山墙，南、西至规划红线，北至保护范围。

Ⅲ类：嵩祝寺及智珠寺以北：东与嵩祝寺保护范围东界齐，南至公共通道（距嵩祝寺北围墙12米内为公共通道），西与公共通道齐（距智珠寺保护建筑西山墙以西 10 米为公共通道），北至距公共通道以北 15 米。其他地带按原公布 60 项文物保护单位中的旧皇城保护区及其以北城区的保护范围和建设控制地带不变。

原协和医院

保护范围：原协和医院围墙以内。含南小院现首都医院使用范围。

建设控制地带：不另划建设控制地带。

注：原协和医院正门（西门）前帅府园胡同，以现状楼房为准，留出约 23 米宽的公共通道。

于谦祠

保护范围：裱褙胡同 23 号院范围以内。

建设控制地带：

I 类：东、南、西至距保护范围 10 米的平行线，北至东长安街规划红线。此地带为以乔木为主的绿化带。

正阳门与箭楼

保护范围：正阳门：东、南、西至规划路，北至距城墙北墙 70 米处；箭楼：四至规划路。

建设控制地带：此地区为重点规划审查地区，需经过详细规划特殊审定。在做详细规划时必须考虑正阳门与箭楼周围的建筑与文物景观的协调、配合，因此不另划建设控制地带。

基督教青年会旧址

保护范围：东至东单北大街需保护建筑东墙，南至煤渣胡同，西至五层楼东墙夹道，北至北院墙。

建设控制地带：不另划建设控制地带。

北京图书馆主楼

保护范围：东、北至北京图书馆使用范围，南至规划红线，西至北京图书馆西配楼西墙向南延长线至规划红线。

建设控制地带：

III 类：东至保护范围，南至规划红线，西至距保护范围以西 80 米的平行线，北至以保护范围西北角为准与二层楼的平行线。其他地带按原公布60项文物保护单位中的旧皇城保护区及其以北城区的保护范围及建设控制地带不变。

明北京城城墙遗迹

保护范围：东至城墙遗迹东墙基及其向南延长线，南至东南角楼的Ⅰ类地带，西至距城墙遗迹以西20米的平行线，北至北京站东街规划红线。

1.西便门：现存城墙遗迹本身。

2.东便门：东至距北京城东南角楼西端点200米处，南、西至规划红线，北至距城墙遗址原中心线30米处。

建设控制地带：

Ⅳ类：东至保护范围，南至东南角楼的Ⅰ类地带，西至距保护范围以西30米的平行线，北至北京站东街规划红线。西便门，在规划红线范围内，不另划建设控制地带。在城市道路设计施工时应与文物保护规划及文物管理部门密切配合，在保护好遗址的前提下，做好保护与交通的两利规划，共同审定。

注：东便门保护范围现按全段保护规划。如将来实现北京站向南扩建，正对北京站主楼建筑的一段，可以作为扩建用。除此用途以外，不得进行其他建设。

德胜门箭楼、关岳庙保护范围

保护范围：德胜门箭楼：东、西、北至规划红线，南至距城墙南端5米连线；关岳庙：东、西、北至现状围墙，南至鼓楼西大街规划红线。

建设控制地带：

Ⅰ类：关岳庙保护范围以外东、西、北各20米。此地带为以常绿乔木为主的绿化地带。

Ⅳ类：

1.德胜门箭楼以东：北段至一机部研究院机电研究所围墙，中段至二层楼西山墙，南段至三层楼东墙南延长线；南至安德路规划红线；西至距德胜门外大街规划红线60米处；北至距德胜门箭楼城墙500米的平行线。

2.德胜门箭楼以西：东至距德胜门外大街规划红线60米处；南至规划红线；西：南段至四层楼东山墙延长线，北段至过二层楼东北角与德胜门外大街规划红线的平行线；北：东段至距箭楼城墙500米的平行线，西段至二层楼南山墙及其延长线。

Ⅴ类：德胜门外大街规划红线两侧向外各60米，南至规划红线，北至距箭楼城墙600米的平行线。此地带内只能建高度7米以下的传统形式建筑。

都城隍庙后殿

保护范围： 后殿建筑本身。

建设控制地带：

Ⅰ类：东至南二层车间楼东山墙延长线，南至二层车间楼北墙及其延长线，西至花园宫胡同，北至距二层教学楼以南7米的平行线。在此地带内只能进行低矮绿化。

程砚秋故居，西四北三条11号、19号四合院，西四北六条23号四合院，鲁迅故居，妙应寺白塔，历代帝王庙，广济寺

保护范围：

1.程砚秋故居：西四北三条39号院范围以内。

2.西四北三条11号四合院：11号院范围以内。

3.西四北三条19号四合院：19号院范围以内。

4.西四北六条23号四合院：23号院范围以内。

5.鲁迅故居：鲁迅故居现状围墙以内。

6.妙应寺白塔：东至现状围墙，南至规划红线，西至文昌阁、方丈院及僧房院等西侧围墙，北至现状围墙。

7.历代帝王庙：159中学范围以内。在展宽马路时，照壁尽量原地保护。必须迁建时，应迁至距原址最近的绿化带或路边。

8.广济寺：东至广济寺现状围墙（包括佛协宿舍），南至规划红线，西、北至现状广济寺围墙（包括两进方丈院及西侧夹道）。在展宽马路时，山门迁至规划红线。

建设控制地带：

Ⅰ类：

1.历代帝王庙以东：东至距历代帝王庙保护范围20米处，南至规划红线，西至保护范围，北至西四北头条通视走廊（距广济寺和历代帝王庙北围墙连线15米以内为通视走廊）。

2.历代帝王庙以西：东至保护范围，南至规划红线，西至人民医院三层楼，北至西四北头条通视走廊。

Ⅱ类：

1.广济寺与历代帝王庙之间：东至距广济寺中轴线100米处，南至规划红线，西至历代帝王庙Ⅰ类地带，北至西四北头条通视走廊。

2.东至阜成门内北街（阜成门内北街南口中点与鲁迅博物馆大楼中点连线为中心线两侧各10米为北街通道），南至阜内大街规划红线，西至西二环路规划红线，北至距鲁迅博物馆围墙东北角以南110米与

阜内大街规划红线的平行线。

Ⅲ类：

1.人民医院范围：东至历代帝王庙Ⅰ类地带，南至阜内大街规划红线，西至白塔寺东街规划红线，北至西四北头条通视走廊。

2.妙应寺白塔周围：东至白塔寺东街规划红线，南至阜内大街规划红线，西至西直门内南小街规划红线，北至安平巷公共通道（公共通道南侧以福绥境大楼北山墙为准，北侧以安平巷东口路北五层楼西南角为准，通道宽15米）。除已划其他地带外。

3.鲁迅故居东南：东至西直门内南小街规划红线，南至阜内大街规划红线，西至阜成门内北街，北至距鲁迅博物馆围墙东北角以南110米与阜内大街规划红线的平行线。

Ⅳ类：

1.西四北大街路东：东至距规划红线80米，南、西至规划红线，北至距南侧规划红线240米处。

2.西四南大街路东：东至距规划红线80米，南至距规划红线70米处，西、北至规划红线。

3.阜内大街路南东段：东至西四南大街规划红线，南至距阜内大街规划红线70米处，西至太平桥大街规划红线，北至阜内大街规划红线。

4.阜内大街路南西段：东至锦什坊街，南至距阜内大街规划红线70米处，西至西二环路规划红线，北至阜内大街规划红线。

5.妙应寺以北：东至白塔寺东街，南至安平巷公共通道，西至距西直门内南小街规划红线100米的平行线，北至距受壁胡同规划红线40米的平行线。

Ⅴ类：

1.福绥境大楼：东、南、北至福绥境大楼山墙，西至西直门内南小街规划红线。

2.受壁胡同规划红线南：东：北段至白塔寺东街规划红线，南段至Ⅳ类地带；南：东段至Ⅳ类地带，西段至安平巷公共通道；西至西直门内南小街规划红线；北至受壁胡同规划红线。

3.受壁胡同规划红线北：东至白塔寺东街规划红线，南至受壁胡同规划红线，西至西直门内南小街规划红线，北至距受壁胡同规划红线40米处。此地带内建筑高度不得超过30米。程砚秋故居，西四北三条11号、19号四合院，西四北六条23号四合院均在城市规划平房保留区内，不另划建设控制地带。

利玛窦墓及明清以来外国传教士墓地

保护范围：利玛窦墓碑，现状围墙以内。

建设控制地带：

Ⅰ类：东至现状路，南、西、北至距保护范围20米的平行线。此地带内以矮小绿化为主。

礼王府

保护范围：东至礼王府府墙；南：东段至现状围墙，西段至三层楼南墙；西：南段至以三层楼东南角为准与礼王府中轴线平行线，北段至现状围墙；北至现状围墙。

建设控制地带：

Ⅰ类：保护范围南（西段）、西、北至距保护范围15米的平行线。此地带内应为以乔木为主的绿化带。

Ⅲ类：东至距西黄城根南街规划红线60米处。南、西、北至规划红线。

Ⅳ类：东至西黄城根南街规划红线，南至丰盛胡同规划红线，西至西四南大街规划红线，北至西安门大街规划红线（在此范围内除保护范围与Ⅰ类地带以外）。其他按原公布60项文物保护单位中的旧皇城保护区及其以北城区的保护范围和建设控制地带不变。

吕祖阁，北新华街112号、西交民巷87号四合院

保护范围：

1.吕祖阁：东、西、北至现状围墙，南至距四层楼南墙以南15米。

2.北新华街112号及西交民巷87号两院范围（沿北新华街凸出规划红线部分的保护方式在实现展宽道路时具体研究）。

齐白石故居

保护范围：西城区跨车胡同13号院范围以内。

建设控制地带：

Ⅰ类：东至跨车胡同，南、西、北至规划红线（除保护范围以外）。

前公用胡同15号四合院

保护范围：前公用胡同15号四合院范围以内。

建设控制地带：

Ⅰ类：东至新街口南大街规划红线，南、东段至距保护范围20米处，中、西段至距保护范围10米处，西至距保护范围10米处，北至距保护范围西段20米的平行线。此地带内应为高低结合的绿化地带。

护国寺金刚殿。梅兰芳故居、庆王府、原辅仁大学

保护范围：

1.护国寺金刚殿：东、西至距殿20米的平行线，南、北至距殿10米的平行线。

2.梅兰芳故居：迁建保护，东、南迁至规划红线，东至德胜门内大街规划红线，南至护国寺街规划红线，西、北至迁建后的院墙（迁建后用地大小按现状不变）。

3.庆王府：东、北至围墙，南至定阜街规划红线，西至德内大街规划红线。

4.原辅仁大学：东至柳荫街规划红线，南至定阜街规划红线，西、北至现状围墙。

建设控制地带：

Ⅰ类：梅兰芳故居：东至德内大街规划红线，南至护国寺街规划红线，西至距德胜门内大街规划红线50米处，北至距护国寺街规划红线60米处（除保护范围以外）。在此地带内应为以乔木为主高低结合的绿地。

Ⅲ类：

1.庆王府北：东至原辅仁大学保护范围西界向北延长线，南至延年胡同公共通道（距保护范围10米内为公共通道），西至德胜门内大街规划红线，北至距保护范围70米处。

2.庆王府南：东至龙头井规划红线，南至距定阜街规划红线60米处，西至德胜门内大街规划红线，北至定阜街规划红线。其他地带按原公布60项文物保护单位中的旧皇城保护区及其以北城区的保护范围及建设控制地带不变。

升平署戏楼

保护范围： 东至二十八中现状围墙，南至距保护建筑10米的平行线，西、北至中南海保护范围。

建设控制地带： 在保护范围东南为城市规划绿地，不另划建设控制地带。

顺承郡王府

保护范围： 东、西、北至现状围墙，南至政协礼堂北墙及其延长线。

建设控制地带：

Ⅳ类：

1.太平桥大街以东：东至距太平桥大街规划红线70米处，南至规划红线，西至太平桥规划红线，北接阜内大街Ⅳ类地带。

2.保护范围以南：东至太平桥大街规划红线，南、北至政协礼堂南、北墙及其延长线，西至保护范围西界延长线。

3.锦什坊街以西：东至锦什坊街通道，南至规划红线，西至距锦什坊街通道100米，北接阜内大街Ⅳ类地带。

西什库教堂

保护范围：东至通道；南：东段至西什库大街，西段至距四层楼北墙10米；西：南段至四层楼东山墙及其延长线，北段至三十九中学西侧院墙；北至保护建筑北墙及其延长线。

建设控制地带：

Ⅰ类：

1.保护范围以西：东至保护范围，南与保护范围南界齐，西至规划红线，北与保护范围北界齐。此地带应建成以高大乔木为主的绿地。

2.保护范围以北：东至公共通道，南至保护范围，西至距规划红线以东15米处，北至距保护建筑北墙50米处。此地带如做学校操场时在保护建筑以北距1.5米以外需加保护网，并加强绿化。

Ⅲ类：东至距规划红线15米，南至Ⅰ类地带及保护范围，西至规划红线，北与Ⅰ类地带北界齐。

Ⅳ类：东至西黄城根北街规划红线，南、北至规划红线，西至以五层楼西墙为准向南、北的延长线。其他地带按原公布60项文物保护单位中旧皇城保护区及其以北城区的保护范围及建设控制地带不变。

月坛

保护范围：东、西、北至现状围墙，南以腰墙为界，北门外在北门东、西墙外两侧各10米向北至规划红线。

建设控制地带：

Ⅴ类：

1.月坛北门以东：东、北至规划红线。南、西至保护范围。

2.月坛北门以西：东、南至保护范围，西至11层楼东山墙，北至规划红线。此Ⅴ类地带内保留现状建筑，在今后改建时，不得高于现有建筑，并改建为青砖色外墙。

福建汀州会馆北馆

保护范围：现存福建汀州会馆北馆主院正房建筑。

建设控制地带：Ⅱ类：东、西至长巷二条48号院东、西院墙向南、北延长线，南至长巷二条，北至长巷三条。

金台书院

保护范围：东晓市小学范围以内。

建设控制地带：在城市规划绿地内，不另划建设控制地带。

新革路20号四合院

保护范围：新革路20号四合院范围以内。

建设控制地带：

Ⅱ类：包括新革路18号、22号，西兴隆街9号、11号、13号、15号院范围以内。

燕墩

保护范围：燕墩建筑本身。

建设控制地带：在城市规划绿地内，不另划建设控制地带。

阳平会馆戏楼

保护范围：小江胡同36号，包括药材公司批发部仓库全部使用范围。

建设控制地带：东至后营胡同，南、北至距保护范围东南角，西北角以外10米与前门大街规划红线垂直线，西至规划红线。此地带内应为高低结合的绿化地带。

隆安寺、袁崇焕祠、墓、庙

保护范围：袁崇焕庙：东北、东南、西北至距保护建筑10米处，西南至距保护建筑50米处；袁崇焕祠、墓：东北、东南、西北至保护建筑及其延长线，西南至东花市斜街；隆安寺：东、北（包括崇文区青少年科技馆使用范围）至现状围墙，南至山门，西至北段现状围墙及其南延长线。

建设控制地带：

Ⅰ类：

1.袁崇焕祠、墓保护范围外：东至五层楼西山墙连线，西南至东花市斜街，西北至距保护范围10米的平行线，东北至距保护范围15米的平行线。

2.隆安寺保护范围外：东至铁路，南、西至规划红线，北至距保护范围30米的平行线。此地带应为高低结合的绿化地带。

Ⅳ类：

1.白桥大街路东：东至铁路，南至Ⅰ类地带，西至白桥大街规划红线，北至沿隆安寺中轴线向北距Ⅰ类地带50米为准与白桥大街规划红线的垂直线。

2.白桥大街路西：东、南至规划红线，西至五、六层楼西山墙连线延长线，北至白桥大街路东Ⅳ类地带北界向西延长线。

Ⅴ类：东、南至规划红线，西至铁路，北至Ⅳ类地带北界向东延长线。此地带建筑高度不得超过30米。

正阳桥疏渠记方碑

保护范围： 正阳桥疏渠记方碑本身。

建设控制地带：

Ⅰ类：东、西、北至距碑座以外20米的正方位线，南至规划红线，此地带为高低结合的小绿地。

注：其他按原公布60项文物保护单位中的天坛保护范围及建设控制地带不变。

报国寺及顾亭林祠

保护范围： 报国寺及顾亭林祠现状围墙以内。

建设控制地带：

Ⅰ类：东、西至距保护范围20米的平行线，南至规划红线，北至距保护范围10米的平行线（除保护范围以外）。此地带为以乔木为主的绿化地带。

Ⅳ类：

1.保护范围以东：东至距Ⅰ类地带90米的平行线，南至规划红线，西至Ⅰ类地带及规划绿地，北至Ⅴ类地带北侧东延长线。

2.保护范围以西：东至Ⅰ类地带及规划绿地，南至规划红线，西至距Ⅰ类地带90米的平行线，北至五层楼南墙。

Ⅴ类：东、西至保护范围东、西两侧向北延长线，南至现状六层楼南墙，北至现状五层楼南墙向东延长线。此地带内不应再建其他建筑，现状建筑翻建时不得超过原高度。

陶然亭慈悲庵、云绘楼清音阁

保护范围：

1.陶然亭慈悲庵：东至距需保护建筑35米的平行线及湖岸，南、西至湖岸，北至距需保护建筑40米的平行线及湖岸。

2.云绘楼清音阁：东、北至湖岸，南、西至距需保护建筑30米的平行线。

建设控制地带：

Ⅴ类：

1.慈悲庵东北：东北至两土山顶点连线及其延长线，南、西至湖岸及保护范围。

2.清音阁西南：东至湖岸及其延长线和保护范围，南至规划红线，西至湖岸及以湖岸南端为准与规划红线的垂直线，北至湖岸及保护范围。此地带内应加强绿化，不得破坏地形地貌，可建极少量北京传统庭院式平房。

湖南会馆

保护范围： 东至烂缦胡同101号院东围墙，南至101号院南围墙及其延长线，西至需保护二层楼西山墙及其延长线，北至需保护古建筑北墙连线。

建设控制地带：

Ⅰ类：东、南、北至距保护范围20米的平行线，西至法源寺Ⅲ类地带。此地带内应为高低结合的绿化地带。

湖广会馆

保护范围： 东至戏台门楼东墙及其延长线，南至保护戏台南墙，西至戏台西山墙向北的延长线，北至规划红线。

建设控制地带： 在规划绿地中，不另划建设控制地带。

京报馆、安徽会馆戏楼

保护范围： 京报馆、安徽会馆戏楼范围内。

建设控制地带：

1.京报馆：魏染胡同30号、32号院范围以内。

2.安徽会馆戏楼：包括后孙公园胡同17、19、23、25、27号院范围以内。

康有为故居、中山会馆

保护范围：

1.康有为故居：四至现状故居院内（原七树堂）。

2.中山会馆：东、南至珠朝街5号院东、南围墙，西、北至规划红线。

建设控制地带：

Ⅱ类：

1.康有为故居：东至米市胡同，南至米市胡同34号院内距故居保护建筑24米处围墙，西至内环西侧路规划红线，北至二层楼北墙及其延长线。

2.中山会馆以东：东至距保护范围20米的平行线（其中珠朝街应保护现状面貌），南至中山会馆以南的Ⅱ类地带南边延长线，西至珠朝街，北至规划红线。

3.中山会馆以南：包括珠朝街7号、9号院，官菜园上街4号、6号院。西至内环西侧路规划红线，北至保护范围。

杨椒山祠、朱彝尊故居

保护范围：

1.杨椒山祠：达智桥12号及校场三条1号院范围以内。

2.朱彝尊故居：海柏胡同16号院。东、西、北至现状院墙，南至方亭南房南墙及其延长线。

建设控制地带：在规划绿地之中，不另划建设控制地带。

东岳庙

保护范围：

1.包括现状中路建筑及庙北小学范围内的庙东北角处一组古建筑，庙西派出所等单位使用的一组古建筑。在展宽马路时山门迁至规划红线内。

2.琉璃坊：东、西、南各至距坊基10米的平行线，北至规划红线。

建设控制地带：

Ⅲ类：

1.庙东：东至距工人体育场路规划红线20米处，南、北至规划红线，西至五层楼西山墙连线及其延长线。

2.庙西：东至规划绿地，南、北至规划红线，西至距规划绿地60米处。

Ⅳ类：

1.工人体育场路路东：东至以三层楼西山墙为准与工人体育场路的平行线，南、西、北至规划红线。

2.工人体育场路路西：东、南、北至规划红线，西至距工人体育场路规划红线20米处。

3.朝外大街路南：东段：东至路北Ⅳ类东界延长线，南至路西Ⅳ类南界延长线，西、北至规划红线；中段：东、北至规划红线，南至五层楼南墙延长线，西至绿带；西段：东至绿带，南至路东Ⅳ类南界延长线，西、北至规划红线。

4.东岳庙以西：东至Ⅲ类地带，南、西、北至规划红线。

日坛

保护范围： 东至距神厨院墙以东10米的平行线，南至距西坛门中线120米与北坛门的平行线，西至西坛门西墙南北延长线，北至北坛门北墙东西延长线。

建设控制地带： 在城市规划绿地中，不另划建设控制地带。

永通桥及石道碑

保护范围：

1.永通桥：永通桥建筑本身及石道。

2.石道碑：东、西至距石道碑座25米的平行线，南至京通公路规划红线，北至距碑座30米的平行线。

建设控制地带：

Ⅴ类：东、西至距桥身50米的平行线，南、北至规划公路。在此地带内的所有建设工程不得破坏地形地貌，各项工程均应经北京市文物局同意，北京市规划局批准。

慈寿寺塔（含摩诃庵）

保护范围：

1.慈寿寺塔：四至现状围墙。

2.摩诃庵：东、西至现状围墙，南、北至规划红线。

建设控制地带：

Ⅰ类：摩诃庵东、西至距保护范围各20米处，南、北至规划红线。在此地带内应为以乔木为主的绿化带。

Ⅳ类：

1.慈寿寺塔以西：东至规划绿地地带，南至规划红线，西至距规划绿地100米处，北至规划绿地北界延长线。

2.慈寿寺塔以南：东至规划绿地地带，南至距规划红线80米处，西至距规划绿地地带240米处，北至规划红线。

3.摩诃庵以东：东、南、北到规划红线，西至Ⅰ类地带。

4.摩诃庵以西：东至Ⅰ类地带，南、北至规划红线，西至规划绿地地带。

5.摩诃庵以北：东、南至规划红线，西至规划绿地地带，北至距规划红线40米处。

大觉寺（含普照寺）

保护范围：

1.大觉寺：东至距照壁以东50米的平行线；南、北：东段至距照壁20米与中轴线的平行线，西段至现状大觉寺围墙；西至现状大觉寺围墙。

2.普照寺：四至现状围墙。

建设控制地带： 在城市规划绿地内，不另划建设控制地带。

大慧寺、大正觉寺、乐善园建筑遗存

保护范围：

1.乐善园建筑遗存（东部）：北京动物园正门内东、西、北至距保护建筑20米的平行线，南至西直门外大街规划红线。

2.乐善园建筑遗存（西部）：东、西至距建筑中轴线30米处，南至距南端保护建筑40米的平行线，北至距二层楼南墙20米的平行线。

3.大正觉寺：四至大正觉寺（五塔寺）现状围墙。

4.大慧寺：东、西至现状围墙及其向南的延长线，南至距五层楼北墙20米的平行线，北至距大殿北墙18米的平行线。

建设控制地带：

Ⅰ类：大慧寺东、西、北至距保护范围10米的平行线；南：在大殿东侧与保护范围齐，在大殿西侧至规划红线。在此地带内，需植以常绿乔木。

Ⅲ类：

1.大慧寺北：东至三层楼东山墙延长线，南至Ⅰ类地带及其延长线，西至五层楼西山墙延长线，北至

距Ⅰ类地带40米的平行线。

2.大正觉寺西：东至中央气象局东院墙（东院墙以东20米内为公共通道），南至长河，西至四层楼西山墙延长线，北至规划红线。

3.大正觉寺北：在幼儿园及小学拨地范围内，东、西为120米，北至五塔寺路规划红线，南至距规划红线40米处。

Ⅳ类：

1.大慧寺：东、西分别至距大殿东北角、西南角70米与规划红线的垂直线。南至规划红线，北至二层楼南山墙向西的延长线（除保护范围、Ⅰ类、Ⅲ类地带以外）。

2.大正觉寺以西：东至Ⅲ类地带，南至中央气象局现状围墙，西至距Ⅲ类地带140米处，北至规划红线。

3.大正觉寺以北：东至五层楼东山墙延长线，南至规划红线，西至中央气象局八层楼东山墙延长线，北至距规划红线120米处。

Ⅴ类：大正觉寺以西：东至Ⅲ类地带，南至长河，西至规划红线，北至Ⅳ类地带。此地带内建筑东侧高度应控制在18米以下，向西逐渐提高，西侧可建到45米以下。

钓鱼台与养源斋

保护范围：钓鱼台东、南、西、北各至距台墙基20米处。养源斋以岛为界。

建设控制地带：在城市规划绿地内，不另划建设控制地带。

广济桥

保护范围：广济桥建筑本身。

建设控制地带：

Ⅴ类：东至昌平路规划红线，南、西、北至距保护建筑20米的平行线。在此地带内不得建房和改变地形地貌，应保持小月河整洁，并加强绿化。

黑龙潭及龙王庙

保护范围：东、西、北至现状围墙及山坡挡土墙，南至腰墙挡土墙及其延长线。

建设控制地带：

Ⅰ类：东至保护范围及现状挡土墙，南至现状公路，西至现状围墙及其西端点与公路垂直线，北至现状围墙。在此地带内要保护地形地貌，加强绿化。

Ⅴ类：东、西、北至距保护范围100米与保护范围的平行线，南至现状公路。此地带内不得建楼房，建筑色调应以灰色为主，应加强绿化。

静宜园、双清别墅、碧云寺、十方普觉寺、静明园、颐和园、圆明园遗址、达园、"三·一八"烈士纪念碑

保护范围：

1.静宜园及双清别墅：四至现状围墙。

2.碧云寺：四至现状围墙。

3.十方普觉寺：四至现状围墙。

4.静明园：四至现状围墙。

5.颐和园：四至现状围墙及1233工厂全部使用范围。

6.圆明园遗址及"三·一八"烈士纪念碑：四至为圆明园遗址原三园围墙。

7.达园：四至为7089宾馆围墙。

建设控制地带：

Ⅱ类：

1.颐和园东宫门以东：东北、北至颐和园东路规划红线，南至辅路，西至昆明湖路规划红线。

2.颐和园北：东至颐和园北路，南至保护范围，西与颐和园保护范围西界齐，北至小土山中点东、西向线。

3.香山东路南：东至香山南路，南至规划用地界，西至香山路口，北至香山路。

Ⅲ类：

1.玉泉山以东：玉泉山路与颐香路之间建设用地。

2.颐香路以北沿山规划建设地区。

3.颐和园北路至中央党校围墙之间地带。

4.颐和园北路东段以南，规划绿地以北。

5.万泉河路与昆明湖之间的规划建设地区。

Ⅳ类：

1.中央党校使用范围内。

2.黑山扈路以西，山坡下规划建设地区。

3.四环路以北、黑山扈路以东、八达岭快速公路以西、东北旺路以南的规划建设地区。

4.圆明园东、南：清华大学东西主路以北，东至距圆明园东路北段规划红线400米处及其南延长线；清华大学东西主路以南，北段东至距西颐路规划红线600米处，南段东至距苏州路规划红线700米处；南

至距颐和园东路和清华大学东、西主路400米处；西北至圆明园东路规划红线。

5.东至苏州路规划红线，南至四环路规划红线，西至万泉河路东侧规划绿地，北至颐和园东路规划红线。

6.北四环路以南昆明湖路以西规划建设地区。

Ⅴ类：东至清华南路及其向北的延长线，南至清华南通道，西至苏州规划红线，北至Ⅳ类地带。此地带内建筑高度不超过30米。

景泰陵

保护范围：东北、西南至宝顶两侧围墙及其延长线，东南至16号楼房北墙及其延长线，西北至宝顶围墙。

建设控制地带：南侧为已建成区，按现状控制。北侧为规划绿地，不另划建设控制地带。

乐家花园

保护范围：东至规划红线，南至保护建筑南墙及其延长线，西至原乐家花园围墙，北至五层楼南墙向东的延长线。

建设控制地带：

Ⅰ类：东至清真寺西墙及停车场，南至距保护范围60米的平行线，西至距苏州街规划红线130米处，北至公共通道（距保护范围15米内为公共通道）。

Ⅱ类：

1.Ⅰ类地带以东：东至规划红线，南、西、北至清真寺院墙。

2.Ⅰ类地带以西：东至Ⅰ类地带，南至距保护范围60米的平行线，西至距Ⅰ类地带70米处，北至公共通道。

李大钊烈士陵园

保护范围：李大钊烈士陵园现状围墙以内。

建设控制地带：

Ⅴ类：万安公墓现状围墙以内。此地带内应为墓地，一般不得建楼房。

滦州起义纪念塔

保护范围：东南、南至结核病医院现状路，西至现状路西端向北接至65米等高线，西南、西北、北沿65米等高线至东北接温泉路，东北至温泉路。

建设控制地带：

Ⅰ类：东、西至结核病医院内部现状路，南至二层楼北墙延长线，北至保护范围。在此地带内，要保护好现有树木，并加强绿化，建成小绿化园林。

Ⅲ类：东、北至温泉路，南至保护范围，西至过65米等高线西端的正南北线。

Ⅳ线：东至保护范围及Ⅰ类地带，南至Ⅰ类地带南界延长线，西至过65米等高线西端的正南北线，北至保护范围。

Ⅴ类：东至距Ⅰ类地带220米，南至Ⅰ类地带南界延长线，西至Ⅰ类地带，西北至保护范围，东北至温泉路。在此地带内不得建房，应保留绿化或作为果园、苗圃及农田。

土城

保护范围：

1.北土城：东至来广营路规划红线，南至土城南路规划红线，西至学院路规划红线，北至土城沟北岸。

2.西土城：东至学院路规划红线，南至学院南路规划红线，西至土城沟西岸，北至北土城沟北岸。

3.肃清门瓮城：东、北至规划红线，西、南至距瓮城遗址20米处。

建设控制地带：

Ⅳ类：肃清门瓮城遗址：东北至保护范围，东至规划红线，南至距保护范围南端40米与学院南路规划红线的平行线，西至13层楼东山墙与5层楼东山墙的连线及其延长线，北至规划红线。

团城、演武厅、旭华之阁及松堂

保护范围：

1.团城演武厅：东至以城台遗址东、南各距30米的交点A为准与团城演武厅中线的平行线，东南至距保护建筑城台遗址30米的平行线，南至距团城290米与团城中线的垂直线，西至香山南路规划红线，北至距桥30米与中线的垂直线。

2.旭华之阁：东南至距阁20米处，西南、东北至距阁各14米处，西北至通道。

3.松堂：东至香山南路规划红线，南至山沟北岸，西至现状小石桥，北至距松堂约50米处围墙。

建设控制地带：

Ⅱ类：东至距香山南路规划红线230米处，南至山脚土坎，西至山沟西端点，北至山沟。

Ⅲ类：

1.松堂南：东至香山南路规划红线，南至山脚土坎，西至Ⅱ类地带，北至山沟。

2.松堂北：东至香山南路规划红线，南至规划绿地，西、北至山坡坡脚90米等高线，北端沿车道向

北至与团城保护范围北界齐。

Ⅴ类：规划拨地范围内，建筑要求按已定条件办理并应加强绿化。

魏太和造像

保护范围： 东至现状虎皮石挡土墙，南、北至现状大殿两侧围墙及其向东的延长线，西至现状大殿后挡土墙。

建设控制地带：

Ⅰ类：

1.保护范围以东：东至保护范围以东约14米处现状土坎，南、北至保护范围向东的延长线，西至保护范围。

2.保护范围以西：东至保护范围，南、北至保护范围向西的延长线，西至保护范围以西约13米处现状土坎。以上Ⅰ类地带内只能绿化植树或作农田，不得进行任何建设工程。

万寿寺

保护范围： 四至万寿寺现状围墙，山门前女儿墙及码头为保护构筑物（码头可沿中轴线方向迁建）。

建设控制地带：

Ⅲ类：东至五层楼东山墙延长线，西南至距保护范围20米的平行线，西至围墙，北至四层楼南墙及其延长线。

Ⅳ类：东至九层楼东山墙延长线，南至动物园北路规划红线，西北至现状小路。

Ⅴ类：东至围墙，东南至保护范围，西南至保护建筑北墙延长线，西至西三环北路规划红线，北至五层楼南墙延长线。此地带内保持现有建筑维修使用，不应再添建楼房。

长辛店"二七"革命遗址

保护范围： 祠堂口1号院范围以内。

建设控制地带：

Ⅱ类：东至距保护范围20米的平行线，南至距保护范围35米的平行线，西至规划红线，北至距保护范围45米的平行线。

莲花池

保护范围： 莲花池公园内现存水面及水系，对此水面水系不得破坏。

建设控制地带：在城市规划绿地中，不另划建设控制地带。

长辛店留法勤工俭学旧址

保护范围：旧址二层楼建筑本身。

建设控制地带：

Ⅰ类：东至新二层楼西墙延长线，南至距保护建筑以南15米与北边三层楼的平行线，西至现状围墙，北至距三层楼南山墙15米与三层楼的平行线。此地带内应为高低结合的绿化地带。

Ⅲ类：

1.保护建筑以北：东至新二层楼西墙延长线，南至Ⅰ类地带，西、北至现状围墙。

2.保护建筑以南：东至新二层楼西墙延长线，南至南侧新二层楼北墙及其延长线，西至现状围墙，北至Ⅰ类地带。

Ⅳ类：东至自来水胡同，南至南侧新二层楼北墙及其延长线，西至新二层楼西山墙延长线，北至现状围墙。

镇岗塔

保护范围：东、南、西以现状土坎为准，西北至护墙。

建设控制地带：

Ⅱ类：东北至村内通道及工厂现状围墙，东南、西南至现状最下面一层土坎，西北至公开通道（距塔西北护墙20米以内为公共通道）。

Ⅴ类：东北至Ⅱ类地带东北界的延长线，东南至公共通道，西至距塔170米以外的现状土坎，北至距塔200米处现状土坎。此地带内应保持原有地形地貌，加强绿化，用作园林、苗圃或农田，不得进行其他建设工程。

金中都城遗迹

保护范围：现存万泉寺、凤凰嘴、高楼三处金中都城墙遗迹土丘。

建设控制地带：

Ⅰ类：以万泉寺遗迹南侧与凤凰嘴遗迹中线为南城墙中线，延长至距凤凰嘴以西380米处与高楼处遗址中心相连为西城墙中线。在中线两侧各30米，东端至距万泉寺遗迹30米处，北端至距高楼遗迹30米以内。此地带为绿化带，遗迹附近应为低矮绿化，其他可为高低结合的绿化带。

西山八大处

保护范围： 一处长安寺，二处灵光寺，三处三山庵，四处大悲庵，五处龙王堂，六处香界寺，七处宝珠洞，八处正果寺。四至现状围墙及台地挡土墙。

建设控制地带：

Ⅰ类：

1. 一处东：东至现状旱河河岸，南、北至保护范围延长线，西至保护范围。

2. 一处西：东至围墙、保护范围及Ⅱ类地带，南、北至距保护范围最突出点60米与保护范围南、北墙平行线，西至寺中轴线上距保护范围100米与中轴线的垂直线。

3. 二处至七处：东自河滩向西，沿至二处路两侧各30米以内，至距二处东墙50米的平行线，向南至距二处南墙50米的平行线向西，至距二处西墙50米的平行线向北，至距五处南墙50米的平行线向西，至距五处西墙50米平行线向北，与六处西南山沟北崖相交。自交点连至七处以西的山头、自山头成90度角转向东北，再成90度角转向六处东北山沟端点，沿山沟东北崖至六处保护范围东角连至距四处北墙50米的平行线与四处东北山沟东北崖交点的连线，沿三、四处东、北崖向东，至距二处东墙50米的平行线。

4. 八处：东至现状小路，南至距保护范围50米的平行线，西至山崖，北至200米等高线。

Ⅱ类：

1. 一处南侧：东至现状旱河河岸，南至距保护范围突出段60米的平行线，西至保护范围南北最突出点连线的延长线，北至保护范围。

2. 一处北侧：东至现状旱河河岸，南至保护范围，西至保护范围南、北最突出点连线的延长线，北至距保护范围最突出段60米的平行线。

八宝山革命公墓

保护范围： 东、西、北至公墓围墙，南至石景山路规划红线。

建设控制地带：

Ⅴ类：东至保护范围，南至石景山路规划红线，西、北至火葬场围墙。此地带建筑高度不得超过12米。

法海寺（含光泉寺）、冰川擦痕

保护范围：

1. 法海寺：东、南、西至现状围墙，北至原毛石围墙。

2. 光泉寺：东、西至山崖，南、北至山崖南、北端点的分别连线。

3.冰川擦痕：四至现状围墙。

建设控制地带：

Ⅱ类：

1.东至石景山中学规划绿地，南至模式口路规划红线，西至距田义墓西围墙100米处，北至距规划红线150米处。

2.东至距石景山中学规划绿地100米处，南至模式口路规划红线，西至规划绿地，北至距规划红线150米处。

白水寺石佛

保护范围：东、南、西至距石佛方殿建筑10米处，北至155米等高线断崖。

建设控制地带：在规划绿地内，不另划建设控制地带。

窦店土城

保护范围：土城遗址的中心线两侧各30米及各端点外10米以内。西城墙中段需保护遗址不另划保护范围。在城内西北部台地及土坎为地形地貌重点保护区。

建设控制地带：

Ⅰ类：东、南、西（村间小路以南）、北至距中线两侧各55米处，西（村间小路以北）至距中线两侧各30米处（除保护范围以外）。在此地带内应形成绿化林带。

Ⅴ类：东、南、西、北均至距Ⅰ类地带外侧100米处，包括城内全部。在此地带内应保持原有地形地貌，可建平房和少数7米以下二层建筑。

注：1、2、3、4、5、6、7、11为土城遗址的中点，各点连线为土城遗址中心线。

良乡塔

保护范围：东、南、西以距塔30—40米的现状山坎为界，南侧包括水池。

建设控制地带：

Ⅰ类：东、北至现状山下路，塔和64.7米高点连线与路相交后沿连线转向东南，连线与距塔500米的正南北线相交，再转向南至土路；南至距塔约430米的现状土沟内小路；西至现状铁路。在此地带内，除可建看护塔的少量传统形式平房以外，不得进行其他建设工程。应建成以低矮绿化为主的地带。在距塔200米以外的Ⅰ类地带内可以作为农田和果园。

Ⅳ类：东、北至距塔500米的正方位线，南至Ⅰ类地带及Ⅰ类地带南界的延长线，西至京保公路规划红线。

琉璃河大桥

保护范围： 琉璃河大桥建筑本身。

建设控制地带：

Ⅴ类：东北、东南、西南、西北各距保护建筑70米的平行线。在此地带内的所有建设工程不得破坏地形地貌。各项工程均应经北京市文物局同意，北京市规划局批准。

琉璃河商周遗址

保护范围： 东至距城址以东900米的平行线，南至琉璃河，西、北各至距城址西、北墙50米的平行线。在保护范围内经北京市文物局同意，北京市规划局批准，可以建平房并由文物部门派人随工程的基础工程同时调查。如发现遗址，工程应立即停工，经研究如需原址保护，则必须修改工程设计。对保护范围内的地形地貌不得破坏，在重点保护区中，有遗址的一般均在原址保护。

建设控制地带：

Ⅴ类：东至距保护范围1500米处与保护范围东界平行，南至琉璃河。西至距保护范围1250米处与保护范围西界平行，北至距保护范围500米处与保护范围北界平行。此地带内在进行其他工程时，如发现遗址应妥善予以保护，并报经文物部门研究保护及处理，如需原地保护，则须修改工程设计，如只需留档案的，经文物部门测绘、拍照后，方可继续施工。

万佛堂、孔水洞

保护范围： 东：北段至挡土墙，南段至距小塔20米与职工宿舍楼东墙的平行线；南至山崖；西至丙楼西南角与山崖北端点连线；北：西段至丙楼南山墙及其延长线，东段至距小塔20米与职工宿舍楼南墙的平行线；东北至距万佛堂20米的平行线。

建设控制地带：

Ⅰ类：东至职工宿舍楼西山墙及其向北的延长线，沿楼南正面墙向东、南至楼东墙及其向南的延长线；南至山崖断壁及保护范围；西至丙楼西墙；北至丙楼北墙及其向东的延长线。在此地带内为高低结合的绿化带。

Ⅴ类：东至山崖，南至山脊线，西至山崖，北至保护范围。此地带内不得开山采石、采矿及进行建设工程，应加强绿化，保护地形地貌。

姚广孝墓塔

保护范围： 东至距塔80米处，南至距碑20米处，西、北至距塔45米处（原墓地墙基）。

建设控制地带：

Ⅴ类：东、西、北至距塔200米与保护范围的平行线，南至距保护范围200米的平行线。此地带内，不得建楼房，应保持为农田、果园或建成绿地。

云居寺塔及石经

保护范围：

1.云居寺：以北京市规划局恢复云居寺拨地范围为准。

2.石经山：东距茶亭碑以东100米，向北垂直北界线，向南沿275米等高线，向西南至茶亭碑以南60米处，向西北连至413.0米高点，再向北连至442.3米高点。北至442.3米高点与293.2米高点连线。

建设控制地带：

Ⅰ类：

1.云居寺西：自57601部队围墙最东角起，至高程136米与133—134米的阶墙，沿阶墙向西至平房西山墙向南连坡下大平房东北角，沿北墙向西，自西北墙角向西北山坡至现有三栋平房最高一栋的西北墙角再连至373.6米高点。由该高点作以老虎塔为圆心、150米（水平距）为半径的圆切线，东北至从云居寺北塔作此圆切线，沿云居寺保护范围向南接至57601部队围墙再转向最东墙角。

2.石经山：北至442.3米高点与293.2米高点连线向东延长线接至150米等高线，沿150米等高线向南至铁路，西北至442.3米高点与252.6米高点连线。在此范围内，必须保护地形地貌，加强绿化。不得开山、开矿和采石。

Ⅱ类：东南至公路；南至57601部队围墙；西至两层楼西墙后阶墙及57610部队内部道路，沿Ⅰ类地带、保护范围转向西北；西北至252.6米高点与442.3米高点连线；北至铁路。

Ⅲ类：东南至Ⅱ类地带，西南至140.44米与142.31米阶墙南端与水塔的连线及其延长线，西北至57601部队围墙，北及东北至Ⅰ类地带。

Ⅳ类：东、北至Ⅲ类地带，东至Ⅱ类地带，南、西、西北至57601部队围墙。

Ⅴ类：顺序连接以下各高点：423.0米、559.3米、409.0米、514.0米、475.0米、442.3米、252.6米、339.2米、580.0米、423.0米，各点连线以内（除Ⅰ类地带以外）。在此地带内应保护现有地形地貌，加强绿化，不得开山、采矿、采石。在山谷地带建房，建筑高度应在9米以下。

戒台寺

保护范围：

1.戒台寺寺庙：四至现状围墙。

2.上塔院：四至距最外侧塔塔基40米的正方位线。

3.下塔院：台地挡土墙及坡道等构筑物为保护建筑。

4.石牌楼：四至距石牌楼20米的平行线。

建设控制地带： 在规划绿地内，不另划建设控制地带。

潭柘寺

保护范围：

1.潭柘寺：四至现状围墙。包括东观音洞、西菩提洞等四组小院及山坡小院、龙潭等。

2.塔院：东南至现状路，西至334.2米高点向正南引线，北至334.2米高点与最北端塔以北30米的连线。在此范围内所有塔、墙、碑均为保护文物。

建设控制地带：

Ⅰ类：东至保护范围东界延长线，南、西至道路，北至保护范围。在此范围内，只能进行低矮绿化。

Ⅱ类：东侧：东、南、北至现状围墙，西至保护范围及Ⅰ类地带；西侧：东至保护范围西界延长线，南至塔院保护范围。西至距东界60米，北至现状围墙及腰墙。

燃灯塔、李卓吾墓

保护范围：

1.燃灯塔：东至需保护古建筑东山墙南、北的延长线，南至花丝镶嵌厂西段现状围墙及其延长线，西、北至花丝镶嵌厂现状围墙。

2.李卓吾墓：四至墓现状台基栏板。

建设控制地带：

Ⅲ类：以塔与射圃胡同南口中点连线为中线，宽15米为公共通道。

1.通道以东：东至保护范围向南的延长线，南至司空分署街，西至通道，北至保护范围。

2.通道以西：东至通道，南至司空分署街，西至规划绿地，北至保护范围。

Ⅳ类：东至北大街规划红线，南至司空分署街，西至保护范围及其延长线，北至通惠河。

焦庄户地道战遗址

保护范围：

1.村西部旧水井周围向东、南、西、北各15米（方向平行或垂直于现展览馆墙）。村内已修复及未修复地道，包括地上出入口、射击口、观察孔及有关房屋、构筑物和院落等均为需保护的遗址。

2.在Ⅱ类地带地下地道及北至龙王屯，南至唐洞的地下道均为保护建筑。

建设控制地带：

Ⅱ类：东至已修复地下道最东端点以东30米与展览馆西墙的平行线；南：东段至鱼池北岸，沿西岸向南至鱼池西南角向西，西段至距碾盘以南20米与展览馆西墙的垂直线；西：南段至距展览路西墙30米的平行线，北段至距水井保护范围40米与展览馆西墙的平行线；北至距水井保护范围以北60米与西界线的垂直线。在此范围内只能建平房，并从形式风貌上尽量保护旧状。对1—9点要原状保护，不能改建，并应保护其周围环境；对南北主街两侧及1、2两点向西到水井及斜街的街道景观要保护现状；对各保护点和地道要加强保护和维修，不得破坏。

Ⅴ类：东：北段至现有村边，南段至北段所对的胡同；南：西段至Ⅱ类地带，东段与Ⅱ类地带南界齐；西：南段至Ⅱ类地带，北段沿村北胡同向北；北至村边。村北至龙王屯地道两侧各10米，由村北边界向北延伸200米以内。村南至唐洞地道两侧各10米，由养鱼池西南角向南延伸200米以内。在此地带内建房不做其他控制，但对地道必须给予保护，不得影响地道安全，更不能对地道有所破坏。新建地段下的地道由建房人或建房单位负责修复和经常维修。

朝宗桥

保护范围： 朝宗桥现状建筑本身（包括碑刻及南端东、西两侧石砌护岸、北端西侧虎皮石护岸）。

建设控制地带：

Ⅴ类：东、西两侧至距桥两侧墙60米的平行线，南至距桥头南端70米的平行线，北至距桥头北端30米的平行线。在此地带内的所有建设工程不得破坏地形地貌。各项工程均应经北京市文物局同意，北京市规划局批准。

詹天佑铜像及墓

保护范围： 东、南至现状铁栏杆，西南、东北至距铜像及墓轴线两侧各17米的平行线，西、北至距墓碑24米的平行线。

建设控制地带：

Ⅰ类：

1.保护范围西南：东南至保护范围东南界的延长线，西北至现状排洪沟，东北至保护范围。

2.保护范围东北：东南至保护范围东南界的延长线，西南至保护范围，西北至现状排洪沟，东北至距保护范围8米处。

Ⅲ类：东南至保护范围东南界的延长线，西南至Ⅰ类地带，西北、东北至现状挡土墙。

第三批划定文保单位的保护范围及建控地带
（1990年2月23日公布）

沿河城与敌台

保护范围：城墙和敌台均为保护建筑，不划保护范围。

建设控制地带：

Ⅰ类：

1.各敌台和与敌台相连的城墙及山口处独立城墙四面均至距敌台及城墙的墙皮或端点30米的平行线。

2.沿河城东门外：东至距城门外30米的平行线，南至400米等高线，西至城门与城墙，北至永定河边通道（沿河城北城墙与永定河之间为通道）。

3.沿河城西门外：东至城门与城墙，南至400米等高线，西至距西门外墙皮30米与城门的平行线，北至永定河边通道。

4.沿河城内：东、南、西至城墙，北至400米等高线。

Ⅱ类：

1.沿河城内：东、西、北至距城墙10米处（距城墙10米以内为环城通道），南至400米等高线。

2.城东门外：东、南至400米等高线，西至东门外Ⅰ类地带，北至永定河边通道。

3.城西门外：东至西门外Ⅰ类地带，南至400米等高线，西北至沿河城到王龙口的道路。在Ⅱ类地带内只能建当地传统形式外貌的平房。

Ⅴ类：东至距沿河城东门外东北方向永定河北岸约1600米处的山崖绝壁东端（甲点），向南过永定河沿柳树场与刘家洼之间山梁上至与高压线的交点；南以高压线为界向西至576.0米高点与南北走向高压线相交的电杆，再由此向西连638.0米高点连线；西至638.0米高点与过龙门口山沟北山上786.0米高点处的电杆连线；西北至786.0米高点处电杆与过石羊沟东的842.0米高点连线；北至842.0米高点与永定河东672.0米两高点间的山沟中线，至672.0米向东北沿山脊线至787.8米高点后，越过高点下至750米等高线，沿750米等高线向东至向东南的山梁，沿山梁脊线下至甲点（此范围内Ⅰ类、Ⅱ类地带除外）。在Ⅴ类地带内应保护地形地貌，不得开山取石及开矿，尽量绿化，增加植被，可作为农田或山林。如建房需做出规划经北京市规划部门和北京市文物部门审批后，可建成外貌为当地传统形式的平房。

注：除沿河城北城墙与永定河之间为通道外，在距沿河城城墙内、外各10米以内为内、外环城通道。

孚郡王墓（九王坟）

保护范围： 东至距石桥东端10米与中轴线的垂直线，南、北至围墙及其向东的延长线，西端帽墙周围至最下面一层挡土墙。

建设控制地带：

Ⅰ类：

1.保护范围周围：东至距保护范围10米的平行线，南、北至距西端帽墙外南、北两角外最下面一层挡土墙10米与中轴线的平行线，西至距帽墙外最下面一层挡土墙10米的圆弧线。

2.公共通道两侧：东至北安河路，南、北至距公共通道两侧外10米的平行线，西至保护范围（距中轴线两侧各7.5米以内为公共通道）。

Ⅲ类：东至北安河路，南、北至距Ⅰ类地带西段50米的平行线及其延长线，西沿中轴线至距Ⅰ类地带50米与中轴线的垂直线（除保护范围及Ⅰ类地带以外）。

万里长城、八达岭

保护范围：

1.八达岭长城北关锁钥关城内。

2.詹天佑铜像及墓：详见《第二批划定文保单位的保护范围及建控地带》"詹天佑铜像及墓"。

建设控制地带：

Ⅰ类：

1.岔道城：东至距土边城150米接736.5米高点向西山梁，沿山梁脊线至736.5米高点，转向南连至距岔道城城墙东北角30米处并延长至铁路，沿铁路隔离绿带向西至距岔道城西门外30米的城墙平行线向北至600米等高线，沿等高线向西至距土边城30米线向西南至土路，沿土路向西，至距土边城西150米线，沿此线向北。土边城向北一直以距上边城两侧各150米以内为Ⅰ类地带，至土边城遗迹消失为止。

2.八达岭路以北地区：东至石佛寺北山上636.0米高点与645.1米高点连线，沿645.1米高点向南山梁脊线下至八达岭路；南至八达岭路；西：南段至长城博物馆拨地线，中段至滚天沟650米等高线，北段沿滚天沟中心线向北上至1053.3米高点；北至1053.3米高点向东连1078.2米山顶再向东连至801.0米高点与800米等高线相交后沿800米等高线向南至向南山梁后，再沿山梁脊线向下至青龙桥火车站老站铁路北端，过铁路再沿山梁脊线经727.0米高点至821.4米高点，自821.4米高点向东南沿山梁脊线连至636.0米高点。

3.八达岭路以南地区：东：北段至八达岭老路，中段至青龙桥火车站新站东、西两侧Ⅲ类地带西界及沿600米等高线向南至铁路端点向西南沿山梁脊线上至771.2米高点的高压电杆；南至自771.2米高点的高压电杆沿高压线向西至长城外714.5米高点西下坡山沟，沿山沟中线向北上至781.6米高点；西至自781.6

米高点连至765.5米高点，向北沿山沟中线下至八达岭路；北至八达岭路。在此范围内除保护范围、Ⅱ类地带、Ⅲ类地带外为Ⅰ类地带。此Ⅰ类地带内，应保护地形地貌，不得挖土取石、开矿采掘。加强造林绿化，不得进行建设。在天险沟口的停车场，可维持现状，不得再扩大增建。

Ⅱ类：

1.岔道城内：保持现状东、西关门之间的路不变，四周距城墙里皮10米为环城通道外的其余城内地区。

2.岔道城西：东至距墙外皮30米，南至现状大车路，西至距土边城墙30米，北至600米等高线。

3.岔道城东：东至现状山沟西沿，南至铁路隔离绿化带，西到距城墙东北角30米与736.5米高点连线的延长线，北至城墙东北角北墙向东的延长线。

4.八达岭关城外道路南侧：东南至现状两层餐厅东南墙，西南至距八达岭路50米处，西北至现状八达岭特区管理处招待所楼，东北至距八达岭路10米处。

5.青龙桥老站西南口长城内：铁路东：东南至山沟，南至距长城200米处，西至铁路隔离绿化带，北至距长城50米处；铁路西：东南至铁路隔离绿化带，西至600米等高线，北至距长城50米处。以上Ⅱ类地带内只能建成当地传统形式灰砖灰顶的平房。

Ⅲ类：

1.八达岭关城外道路北侧：八达岭火车站现状范围内。

2.八达岭关城外道路南侧：东至现状八达岭特区办事处招待所楼；南：东段至距八达岭路50米处，西段至风力站拨地界。西至风力站西150米处涵洞；北至距八达岭路10米处。

3.青龙桥火车站老站铁路西侧，详见"京政发〔1987〕156号"文件。

4.青龙桥火车站新站东侧：东至现状路，西南至铁路隔离绿化带，西北至575米等高线（即现状已挖山脚处，不得再向里挖山），东北至距八达岭旧路7米处。

5.青龙桥火车站新站西侧：东至站台，南至站台南端西北至600米等高线。

6.青龙桥八达岭新旧两路之间，东、南、西至距现状路7米处，北至铁路隔离绿化带。以上Ⅲ类地带内的建筑，必须用灰砖灰瓦，当地传统形式，体型、体量、形式、色调，都要与长城相协调。

Ⅴ类：滚天沟内，东南至650米等高线、西南、西北至詹天佑纪念馆和停车场拨地线。在此地带内，在拨地线长向中线西北地带不得进行建设，只能作为停车场。中线东南地带沿山可建部分为开展旅游管理的商服业用房，其建筑面积应尽量少，体量应尽量小，不得影响山势和长城景观。应进行统一规划，按文物保护法及条例规定等经严格审查同意，报上级批准后，分期实施。

十三陵

保护范围：

1.长陵、献陵、景陵、裕陵、茂陵、泰陵、康陵、永陵、昭陵、定陵、庆陵、德陵均以原有陵墓围墙以内为保护范围。

2.思陵：以墓顶及主碑为中轴线，东、西各至距中轴线100米的平行线，南至距墓顶300米与中轴线的垂直线，北至距墓顶100米与中轴线的垂直线。

3.王承恩墓：以东西两端石碑中点连线为中轴线，东至思陵保护范围西界及其延长线，南、北至距中轴线50米的平行线，西至距西端石碑50米与中轴线的垂直线。

4.娘娘坟：共五座，均以各坟围墙及遗迹以内为保护范围。

5.神路自大宫门至龙凤门：东、西至规划两侧路，南、北定两条侧路交会点。

6.在陵区以内的所有石雕、碑刻、围栏、至各陵的古道及古道上的古桥、各陵监监墙及陵区的东山口、中山口、榨子口、西山口、德胜口、燕子口、礁臼峪口、下口、上口、老君堂口等十口处的陵墙、九龙池、东井、西井等所有文物古迹均为保护内容，给予保护。

建设控制地带：

Ⅰ类：

1.长陵、献陵、景陵、裕陵、茂陵、永陵、庆陵、德陵周围：东至长陵后山天寿山760.1米高点与景陵后山阳翠岭531.0米高点的连线，在此线与阳翠岭300米等高线交点转向西向南，沿300米等高线至德陵中轴线和300米等高线的交点甲点与永陵后山447.9米高点的连线延长线相交，再沿连线至甲点，连甲点至305.3米高点。南至自305.3米高点与永陵陵墙南角连线至德陵路，沿路接至距永陵中轴线200米的平行线，再接距永陵廊墙正门墙500米的平行线，再接永陵西北距承陵中轴线200米的平行线，沿永陵至景陵路、景陵路至长陵定陵路交叉口，再沿长陵路向北转向西北沿至献陵、庆陵、裕陵、茂陵旧路至距茂陵前墙300米的平行线，接至茂陵监。西至距茂陵中轴线100米的平行线及茂陵陵墙西南角向西北引的45度线，接至茂陵后山向西南的山梁，然后沿山梁脊线上至300米高程。北至300米等高线。

2.秦陵：东：北段至距泰陵中轴线500米的平行线，中段至上、下口现状路，南段至距泰陵中轴线100米的平行线；南至距泰陵前陵墙300米的平行线；西：南段至距秦陵中轴线100米的平行线，北段至自秦陵陵墙西南角向西北引的45度线，接至笔架山向西南的山梁，沿山梁脊线上至300米高程；北至300米等高线。

3.康陵：东北：北段至康陵陵墙东北角向北引的45度线，南段至距康陵中轴线100米的平行线；东南至距康陵前陵墙300米的平行线；西南：东段至距康陵中轴线100米的平行线，西段至自康陵陵墙东南角向西引的45度线；西北至300米等高线。

4.定陵、昭陵：定陵前，南、北至距定陵中轴线200米的平行线，东至距定陵前陵墙500米的平行线及自定陵前陵墙两角向后侧引的45度线分别与300米等高线和昭陵45度线相交。昭陵前，南、北至距昭陵中轴线150米的平行线，东、南至距昭陵前陵墙500米的平行线及自昭陵前陵墙两角向后侧引的45度线，西至昭陵后山向德胜口沟口的山梁脊线沿脊线上至300米等高线。两陵后至300米等高线。

5.思陵、娘娘坟：东至距思陵中轴线200米的平行线及自思陵墓顶与墓东北山的西北梁上205.5米高点的连线及其延长线交至德胜口路，南至西山口的现状路，西至距思陵中轴线200米的平行线及思陵墓顶与小虎峪530.5米高点的连线，西北至小虎峪300米等高线，北至483.5米高点与德胜口桥南端的连线。

6.神路两侧：东、西至距神路中线250米处，南至石牌坊南200米及现状路两侧各100米北至距神路两侧规划路交会点外150米处。

以上六项地带内保护范围除外。在此地带内不得改变地形地貌、挖土取石，加强植被，进行山林绿化，做农田果园等用，不得进行建设工程，现有建筑由各使用单位有计划地进行调整搬迁。如有特殊需要留在原地的，必须做出总体规划、详细规划及建筑设计，报经北京市文物部门同意，北京市规划部门批准，并向北京市主管机关及国家文物局备案，核发施工执照后，方可实施，在规划中对现有用地和建筑面积不得增加，并应尽量减少。

V类：东至自天寿山顶760.1米高点向阳翠岭531.0米高点连线，自531.0米高点向东南沿山脊经521.6米、502.5米、474.4米、466.6米、494.9米等高点至529.3米向东连至577.1米高点，再转向南沿长陵乡与崔村乡分界线的山脊至661.4米高点。南至自661.4米高点连至长陵路上新七孔桥南端以南300米的马路中心点乙点及乙点与德胜四桥南端的连线，再由德胜四桥南端连至小虎峪山483.5米高点，连线与小虎峪山300米等高线相交后沿300米等高线向西南至小虎峪530.5米高点与思陵墓顶连线后，沿连线上至530.52米高点。西至自小虎峪530.52米高点向东北沿山脊线经558.4米、650.2米、506.9米、485.5米、440.2米至483.5米高点，连接483.5米高点至大峪向南山梁的288.6米高点，再向北连大峪511.0米高点，再连至康陵后山莲花山531.0米高点。北至自莲花山531.0米高点向西北沿山脊线下至363.0米高点，连363.0米高点至笔架山361.0米高点，再顺序连382.0米、444.6米、400.2米等山梁上高点，再转向东南连至黄泉寺559.6米高点，再向东北沿山脊经644.7米、654.6米等高点至天寿山760.1米高点的连线。

以上地区内除保护范围、I类建设控制地带，道路隔离带及陵监绿地外的地区为V类建设控制地带。在此地带内应保护地形地貌、加强绿化，不得开山开矿。现有建筑须加强整顿，必须依规划进行建设，建筑形式必须与文物建筑相协调，建筑色调应为灰砖灰瓦，不得建楼房，并按规定严格管理。

居庸关云台

保护范围：

1.南、北关两瓮城以内。

2.泮宫：东至八达岭路旧路西边，南、北各至距石坊中心线40米与石坊的垂直线，西至距泮宫石碑20米与石坊的平行线。

注：1.南、北关两瓮城内不再进行任何建设。八达岭旧路至北关瓮城内规划中需改在山坡上，另行选线，由南关瓮城以西的城墙下通过，将南关瓮城恢复原状。2.云台、城墙（包括所有遗址），均为重点文物保护建筑。城隍庙遗碑以及关城内石狮、石刻、碑记均应原地保护。3.泮宫保护范围内石坊及石碑需原

地保护外，可查清泮宫原状给予恢复，做学校使用。

建设控制地带：

Ⅰ类：

1.关城外围：以关城城墙外围最突出点1—16点（其中5为居庸关西三角点；9为敌台，16为1—2连线与14—15连线延长线的交点）的连线为基线，东至距基线100米的平行线，南、西、北至距基线200米的平行线。

2.关城以内。

以上两项范围内除保护范围、Ⅱ、Ⅴ类地带以外，均为Ⅰ类地带。

3.关城以南：东至八达岭新路，西至八达岭路旧路，南至两路相连接处，北至距现状汽水厂大门以北100米处。

注：1.以上关城以南及泮宫以北至城墙之间的Ⅰ类地带应建成以草坪为主的低矮绿化带。2.在关城内南北城关通道两侧西至现状八达岭旧路西山脚坡坎，东至八达岭新路，南北至关城城墙间的Ⅰ类地带应建成低矮绿化带。3.其他Ⅰ类地带均应规划为自南北城关云台一线能看到层次分明、四季互换景观的山坡绿地。

Ⅱ类：

1.关城内：东至272.95米与270.84米两高点间的挡土墙，南至距北关内墙皮270米的平行线，西至关城内公共通道（以南北城关间老石板路中为准两侧各6米为公共通道），北至距北关内墙皮80米的平行线。

2.关城南八达岭旧路以西：东至八达岭旧路，南至交通部绿化队院南墙，西至270米等高线，北至泮宫保护范围南界。

3.关城南八达岭旧路以东：东至八达岭新路，南至Ⅰ类地带北界，西至八达岭旧路，北至泮宫保护范围南界东延长线。

以上Ⅱ类地带内必须建成青砖、青瓦或石板瓦，以及青灰顶等当地传统形式的平房。

Ⅴ类：

1.云台东北：东至已迁学校东墙（保留学校原围墙，不可拆除）及沿墙土坎向北的延续线；南至已迁学校围墙；西：南段至276.2米高程向下的挡土墙及其向北的延长线，北段至Ⅱ类地带东界；北至坡坎。在此Ⅴ类地带内，南段可建成当地传统形式的青砖青瓦平房建筑，如需建筑面积较多时可利用地形建成两层，但须对地坪高程加以调整，应从云台地坪看为一层，从东侧看可为两层的当地传统形式建筑。

2.城隍庙遗迹处：东至300米等高线向下的土坎，南至距关城75米处，西至316.7米高程向下的土坎，北至城隍庙碑北的山沟沿。在此Ⅴ类地带内可建成当地传统形式的民居或恢复城隍庙建筑。

银山塔林

保护范围： 在大延圣寺七塔群处，以七塔群外沿为准，东北至距最东塔外沿东北50米与塔群中轴线的平行线，东南至距前方两塔外沿30米的连线，西南至距最南角塔外沿西南50米与塔群中轴线的平行线，西北至距西北角塔外沿南50米与塔群中轴线的平行线，西北至距西北角塔外沿西北30米与塔群中轴线的垂直线（以前五塔中心塔的中心与前方两塔中点连线为塔群中轴线）。

建设控制地带：

Ⅰ类：除以上七座塔划定保护范围外，在保护规划绿地以内的八座塔及东侧山沟东坡上的一座塔（包括只有塔座及残缺的）均以塔为中心30米半径以内为Ⅰ类地带。在Ⅰ类地带内的绿化以草坪和矮小灌木为主。

第四批划定文保单位的保护范围及建控地带
（1992年4月18日公布）

北京饭店初期建筑

保护范围：东：南段至与1974年建的东楼西墙的接合部，北段至与1953年建的西餐厅西墙的接合部；南至现状北京饭店中楼南墙；西至与1954年建的西楼东墙的接合部；北：西段以西点制作间的三层楼房的南墙为界，东段至与1953年建的西餐厅的接合部及北京饭店中楼北墙。

注：以上接合部的墙均属保护建筑。

建设控制地带：不划定建设控制地带。

东城区西堂子胡同25—37号四合院、东堂

保护范围：

1.东城区西堂子胡同25—37号四合院：东至西堂子胡同25号院东墙，南至25—37号各院南墙，西至西堂子胡同37号和甘雨胡同粮店西墙，北至25—37号各院北墙。

2.东堂：东至王府井小学东围墙及其延长线，南至甘雨胡同，西至王府井大街规划红线（道路展宽时，东堂大门迁至规划红线），北至东堂及王府井小学北院墙。

建设控制地带：

Ⅱ类：东至西堂子胡同25—37号四合院保护范围，南至距现状中国京安总公司二层楼以北10米处，西至王府井大街规划红线，北至甘雨胡同。

Ⅲ类：东至王府井大街规划红线，南至Ⅳ类地带，西至距王府井大街规划红线以西30米处，北至Ⅳ类地带。

Ⅳ类：

1.东堂以东：东至现状百货大楼六层商业综合楼东墙及其延长线，南至甘雨胡同，西至东堂保护范围，北至柏树胡同。

2.西堂子胡同25—37号四合院以东：东至台湾饭店六层搬迁住宅楼东墙及其延长线，南至西堂子胡同，西至保护范围，北至甘雨胡同。

3.西堂子胡同25—37号四合院以南：东至海关六层宿舍楼东墙及其延长线，南至金鱼胡同规划红线，

西至西堂子胡同25—37号四合院保护范围西界南延长线，北至西堂子胡同。

4.王府井大街西侧中段：东至王府井大街规划红线，南至利生体育用品商店六层楼南山墙及其延长线，西至距王府井大街规划红线以西30米，北至利生体育用品商店六层楼北山墙及其延长线。

5.王府井大街西侧北段：东至王府井大街规划红线，南至天伦饭店拨地南界向西的延长线，西至距王府井大街规划红线以西30米处，北至灯市口西街规划红线。

Ⅴ类：

1.东堂以北：东至松鹤大酒楼拨地线西界，南至柏树胡同，西至天伦饭店拨地线东界，北至灯市口大街规划红线。此地带内新建建筑，高度不可超过现状建筑物高度。另松鹤大酒楼及天伦饭店不宜再加高。

2.西堂子胡同25—37号四合院以西：东至保护范围，南至西堂子胡同，西至王府井大街规划红线，北至Ⅱ类地带。此地带内二层建筑需加强维修、保留使用，只允许添建少量平房，且不得与小楼连接。

3.西堂子胡同南侧：东至Ⅳ类地带，南至金鱼胡同规划红线，西至王府井大街规划红线，北至西堂子胡同。

4.王府井大街西侧：东至王府井大街规划红线，南至东安门大街规划红线，西至距王府井大街规划红线以西30米处，北至Ⅳ类地带。在3、4两地带内建筑高度不得超过24米。

大慈延福宫建筑遗存

保护范围：东至距大慈延福宫建筑遗存中轴线以东18米处，南至朝阳门内大街规划红线，西至西配殿后檐墙及其延长线，北至距后殿以北10米的平行线。

建设控制地带：

Ⅰ类：东至距保护范围8米，南至朝阳门内大街规划红线，西、北至距保护范围10米处。Ⅰ类地带内宜植高大乔木。

Ⅳ类：东接至"京政发〔1987〕156号"文件文孚王府保护范围及建设控制地带Ⅳ类地带的西界；南：东段至朝阳门内大街规划红线，西段至Ⅰ类地带；西：南段至Ⅰ类地带，北段至大慈延福宫西侧Ⅰ类地带西界的北延长线；北至东四三条公共通道。其他按"京政发〔1987〕156号"文件文孚王府保护范围及建设控制地带不变。

北京大学地质馆旧址、京师大学堂建筑遗存

保护范围：

1.北京大学地质馆旧址：东至沙滩北街，南、西、北至现状中科院法学所使用范围的围墙。

2.京师大学堂建筑遗存：东至大学夹道胡同西侧围墙，南至沙滩后街55号、59号院建筑南墙及其向东的延长线，西至景山东街规划红线（皇城内夹道墙），北至55号、59号院北围墙。

注：1.原皇城内夹道墙（含保护范围外、南、北延伸部分）及原公主府围墙为需保护古建筑。2.距京师大学堂建筑遗存保护范围南12米以内为沙滩后街公共通道。

建设控制地带：

Ⅱ类：东：北段至嵩祝院西巷通道，南段至沙滩北街规划红线，南至五四大街、景山前街规划红线，西至景山东街规划红线。北至景山后街规划红线北红线向东延长线。以上范围内除保护范围及公共通道外的地区均为Ⅱ类地带。其他地区按"京政发〔1987〕156号"文件旧皇城保护区及其以北城区保护范围及建设控制地带不变。

盛新中学与佑贞女中旧址

保护范围：东、南至北海的保护范围，西、北至北海中、小学，四十中学现状西墙及北墙。

建设控制地带：保护范围以北10米为教场胡同公共通道。规划绿地为教场胡同公共通道与地安门西大街红线之间。其他地区按"京政发〔1987〕156号"文件关于旧皇城保护区及其以北城区保护范围及建设控制地带不变。

十方诸佛宝塔

保护范围：东、西至距十方诸佛宝塔南北中线25米的平行线，南至距十方诸佛宝塔中点60米与塔南、北中线的垂直线，北至距十方诸佛宝塔中点25米与塔南、北中线的垂直线。

注：保护范围南，距十方诸佛宝塔南、北中线东、西各7.5米为公共通道，南接至马坊寺村中间东、西道路。

建设控制地带：

Ⅴ类：东至焦化西路规划红线，南至距保护范围20米的平行线，西至距保护范围55米的平行线，北至现状农田灌溉水渠（距塔中心约60米，除保护范围外的地带为Ⅴ类地带）。此地带为文物保护专用绿地，近期仍可用作菜地、农田，远期应植树绿化，绿化设计应留出多方向观赏全塔的草坪和通视走廊。

定慧寺

保护范围：

东、西至东、西配殿后墙及其延长线，南至恩济庄小区中学现状三层楼北墙及其向西的延长线，北至大雄宝殿北墙与抱厦北墙及其延长线。

建设控制地带：

Ⅰ类：

定慧寺东北：东至距定慧寺中轴线以东75米处，南至空后干休所四层楼北墙，西至保护范围，北至阜成路规划红线。

定慧寺西北：东至保护范围，南至空后干休所四层楼北墙及其延长线，西至距定慧寺中轴线以西75米处，北至阜成路规划红线。

定慧寺南：东、西至保护范围东、西界向南的延长线，南至距保护范围以南35米，北至保护范围。

Ⅳ类：东至距中轴线140米的平行线，南至距保护范围以南85米的平行线，西至距中轴线140米的平行线，北至阜成路规划红线（除保护范围、Ⅰ、Ⅴ类地带以外的地带，均为Ⅳ类地带）。

Ⅴ类：东、西至距定慧寺中轴线东、西各75米处，南至Ⅰ类地带南界东、西延长线，北至Ⅰ类地带（除保护范围、Ⅰ类地带以外的地带，均为Ⅴ类地带）。在Ⅴ类地带内的新建筑，要求为坡屋顶、灰色调，高度不得超过现状四层楼。

清华大学早期建筑

保护范围：东：北段至现状宿舍四层楼西墙及其延长线，中段至万泉河西岸（万泉河应予保护），南段至现状阶梯教室二层楼西墙及其延长线；南至清华东路规划红线；西至气象台、生物馆西现状道路西沿；北：西段至距平斋、新斋北墙以北10米的平行线，东段至宿舍四层楼南墙及其延长线。

建设控制地带：

Ⅰ类：东至16层塔楼，南至5层楼北墙连线，西至圆明园东路规划红线，北至清华东路规划红线。

Ⅱ类：

保护范围西：东至留学生楼东墙及其延长线，南至清华东路规划红线，西、北至圆明园东路规划红线。另北端沿圆明园东路南侧25米以内，东至保护范围。

保护范围北：沿圆明园东路东侧25米以内，南至保护范围。

Ⅲ类：

保护范围以东：东至现状道路中线，南至清华东路规划红线；西：南段至保护范围，北段至万泉河东岸。北至保护范围以北Ⅲ类地带北界延长线。

保护范围以西：东至保护范围，南至清华东路规划红线，西、北至Ⅱ类地带。

保护范围以北：东至万泉河东岸，南至保护范围，西至Ⅱ类地带，北至距新斋北墙约110米处现状五层楼北墙及其延长线。

Ⅳ类：

保护范围以东：东至运动场西四、五层楼东墙及其延长线；南：东段至清华东路规划红线，西段至三类地带；西：南段至Ⅲ类地带，北段至"京政发〔1987〕156号"文件圆明园东的Ⅳ类建设控制地带；北至距Ⅲ类地带北界150米的平行线。

清华东路以南：东至现状道路中线；南：东段至距清华东路规划红线以南350米处；西至"京政发〔1987〕156号"文件公布的海7—Ⅳ类、Ⅴ类地带分界线；北至清华东路规划红线。其他地带按"京政发〔1987〕156号"文件静宜园、颐和园等九项文物保护单位的保护范围及建设控制地带不变。

原燕京大学未名湖区

保护范围：东：北段以现状围墙为界（现状围墙以东20米以内为大城坊公共通道），南段至图书馆四层楼西墙及其南延长线；南：东段至图书馆四层楼北墙及其东延长线，中段至距女生体育馆以南25米的平行线，西段至现状五层楼北墙及其延长线；西：南段至距六院女生宿舍楼西墙20米处，北段至现状围墙；北至现状围墙。

建设控制地带：

Ⅰ类：燕京大学保护范围以北至清华东路规划红线之间地带。东至颐和园路规划红线，南至宿舍区围墙，西至万泉河，北至清华东路规划红线。

Ⅱ类：东至圆明园东路规划红线，南至距清华东路规划红线50米处，西至大城坊公共通道，北至清华东路规划红线。

Ⅳ类：

保护范围以东：东北至圆明园东路规划红线，南至公共通道（公共通道以北京大学总体规划中东门辅路为准，宽度为20米），西至大城坊公共通道，北至Ⅱ类地带。

保护范围以南：东：北段至圆明园东路规划红线，南段至四层物理楼西墙及其南延长线；南：东段至四层物理楼北墙及其东延长线，西段至三层宿舍楼北墙及其延长线；西至颐和园路规划红线；北：西段至保护范围，东段至公共通道。

Ⅴ类：东至成府路规划红线，南至北四环路规划红线，西至颐和园路规划红线，北至Ⅳ类地带。此Ⅴ类地带内建筑高度应低于30米。其他地带按"京政发〔1987〕156号"文件静宜园、颐和园等九项文物保护单位的保护范围及建设控制地带不变。

承恩寺

保护范围：东至现状围墙；南：东段至山门及围墙，西段至原承恩寺塔院南侧现状土坎及其向东的延长线；西：南、北两段至现状围墙，中段至原承恩寺塔院西侧现状土坡及其向北的延长线；北：西段至"京政发〔1987〕156号"文件关于法海寺、冰川擦痕保护范围及建设控制地带的Ⅱ类地带北界延长线，东段至承恩寺围墙。

建设控制地带：

Ⅰ类：东、南至模式口街规划红线，西至保护范围西界南段向南的延长线，北至保护范围。

三官阁过街楼

保护范围：东、南、西、北各距三官阁过街楼台基10米（以门洞中线向东西延长为路中心线，中心线两侧各5米为公共通道）。

建设控制地带：

Ⅰ类：东、西至距保护范围15米，南、北至距保护范围10米。在此范围内，除保护范围以外的地带为Ⅰ类地带，此地带内以种植灌木为主，沿外侧边沿可植乔木。

Ⅱ类：

公共通道南：东至北京市琉璃制品厂内二层楼西墙及其延长线；南至距公共通道43米的平行线；西至距三官阁过街楼西墙80米处；北：东段至规划绿地，中段至Ⅰ类地带，西段至公共通道。

公共通道北：东：北段至门头沟区公路管理所机械队拨地界，南段至Ⅰ类地带；南：东段至Ⅰ类地带，西段至公共通道；西至距三官阁过街楼西墙80米处；北至距公共通道43米的平行线。

Ⅲ类：

公共通道南：东至北京市琉璃制品厂内二层楼东墙及其延长线；南至铁路专用绿地隔离带；西至距三官阁过街楼西墙140米的平行线；北：东段至规划绿地，中段至Ⅱ类地带，西段至公共通道。

公共通道北：东、南至门头沟区公路管理所机械队拨地界东北角与Ⅱ类地带东北角连线；南：东段至Ⅱ类地带，西段至公共通道；西至距三官阁过街楼西墙140米的平行线；北至现状道路。

Ⅴ类：

公共通道北：东至门头沟区公路管理所拨地东界；南至规划绿地；西：南段至Ⅰ类地带，北段至Ⅱ类地带；西北至Ⅲ类地带。此地带内按拨地性质，只能做停车场，不能进行建设。

公共通道南：东、南至铁路专用绿地隔离带，西至Ⅲ类地带，北至规划绿地。此地带内可建12米以下建筑。

潞河中学原教学楼

保护范围：东：北段至现状北门内路东三栋三层楼南北两栋西墙连线及其延长线，南段至距望湖亭以东20米与红楼、人民楼中轴线的平行线；南、西至现状围墙；北：西段至现状围墙，东段至解放楼南墙向东的延长线。

建设控制地带：

Ⅲ类：

潞河中学原教学楼保护范围以东：东至新城南路规划红线铁路以南段西侧红线向北的延长线；南：西段至保护范围，东段至铁路隔离带；西至保护范围；北至现状围墙。

潞河中学原教学楼保护范围西南：东北至保护范围外现状小路，南至铁路隔离带，西至保护范围西界南延长线。

潞河中学原教学楼保护范围以北：东至通县医院西墙，南至现状道路，西至距通县二中拟保护建筑最西一栋以西30米处，北至玉带河大街规划红线。

Ⅳ类：

潞河中学原教学楼保护范围以西：东至保护范围和Ⅲ类地带，南至铁路隔离带，西至潞河中学宿舍区、工厂区现状围墙，北至现状道路。

潞河中学原教学楼北Ⅲ类地带以东：东至新城南路规划红线，南至现状道路，西至Ⅲ类地带，北至玉带河大街规划红线。

潞河中学原教学楼以东：东、南至新城南路规划红线，西至Ⅲ类地带，北至现状道路。

亚斯立堂

保护范围：东、南至北京站西街规划红线（建筑突出部分予以保护），西至后沟胡同，北至船板胡同。

建设控制地带：

Ⅰ类：东至后沟胡同，南至同仁医院五层楼北墙及其延长线，西至金朗大酒店预留通道（通道宽度以金朗大酒店拨地界规定的12米为准），北至教堂南墙向西的延长线。

Ⅲ类：东至后沟胡同，南至Ⅰ类地带，西至金银大酒店预留通道，北至金朗大酒店拨地北界的向东延长线。

第五批划定文保单位的保护范围及建控地带
（2004年4月27日公布）

南苑兵营司令部旧址

保护范围： 以南苑兵营司令部旧址围墙（即宇翔宾馆现状围墙）为界。保护范围内新老建筑，均作为需保护文物建筑。旧址围墙及在南门前的照壁均为需保护建筑。在旧址南、西两面的水渠水系为需保护水系。

建设控制地带：

Ⅰ类：

保护范围以南：东至保护范围以东80米的平行线南延长线，南至机场内现状道路，西至保护范围以西80米的平行线南延长线，北至保护范围及其东、西延长线。

保护范围以北：东至保护范围以东80米的平行线北延长线，南至保护范围及其东、西延长线，西至保护范围以西80米的平行线北延长线，北至距保护范围以北20米的平行线及其东、西延长线。

保护范围以东：东至距保护范围以东80米的平行线，西至距保护范围东侧道路西边界。

Ⅱ类：

保护范围以东：东至距保护范围以东80米的平行线，南、北至Ⅰ类建设控制地带，西至保护范围。

保护范围以西：东至保护范围，南、北至Ⅰ类建设控制地带，西至距保护范围以西80米的平行线（其中停车场亦为非建房地带）。

Ⅲ类：东至距保护范围东界以东80米的平行线北延长线。南至保护范围以北Ⅰ类建设控制地带，西至距保护范围西界以西80米的平行线北延长线，北至现状机场内道路（约距保护范围110米）。该范围内现状五层楼保留，如果翻建，则需按Ⅲ类要求建设。

上方山诸寺及云水洞

保护范围：

兜率寺至观音禅林地带：东至兜率寺斋堂东墙及其南、北延长线和坝壁围墙，南至兜率寺、舍利殿以南的坝壁挡土墙及3号寺、4号寺围墙坝壁遗址，西至观音禅林西围墙和2号寺西坝壁，北至2号寺北坝壁东双井北挡土墙向东至475.00米等高线。

塔院地带：东至上山路以西的土坎，南至最南端的古塔南坝壁挡土墙及10号寺遗址南墙基，西至10号寺遗址西的坝壁挡土墙，北至10号寺北围墙及其向东、西延伸的坝壁挡土墙。

望海庵：四至均以望海庵围墙为界。

吕祖庙、朝阳庵：四至均以吕祖庙、朝阳庵围墙为界。

5号寺、6号寺、7号寺、8号寺、观音殿、地藏庵：均以现状四面围墙及其遗迹及坝壁为界。

永慈寺：其东北部前院以现状围墙及其遗迹为界，其西南部以现状山崖坝壁为界。

9号寺：东至挡土墙及坡坎，西北、西南至坝壁和山崖。

华严洞：东、南、北至矮墙、坡坎，西至山崖挡土墙。

堂子庵：保护建筑遗址。

藏经阁：北、东、东南至坝壁挡土墙，西北至山崖，西南至东坝壁南端与西山崖南端连线。

法华庵、退居庵：东、北段至法华庵围墙，南段至退居庵东山崖，中段至退居庵围墙与山崖的连线；南、西至平台坎；北至法华庵北墙。

普贤庵：东至上至兜率寺踏步的东沿向南连至普贤庵遗存建筑东土坎，南、西至普贤庵遗址平台坡坎，北至坝壁挡土墙。

朝阳庵：东至山崖坡，南、西至台地坡坎，北至朝阳庵遗迹北墙。

半香庵、12号寺、山门、款龙桥：东至山崖坡；南：东段至12号寺南端台地坡坎，西段至款龙桥南20米；西至上山新路坝壁，北至半香庵北坝壁及12号寺北台地坡坎。

一斗泉：东至台地东坡坎（泉东南两山崖东端连线），南至两层山崖的南边山崖，西至山崖，西南至南山崖西端与西山崖南端的连线，北至山崖及坝壁。

圣康庵：南、西至台地坝壁，北至山崖，东至北界山崖东端与南界坝壁东端的连线。

尊胜庵：四至遗址建筑外墙及院墙。

圣贤庵：东至460.00米等高线；南、西至山崖；北：西段至山崖，东段至450.00米等高线。

旱龙潭：四至以旱龙潭周边山崖为界。

接引庵、云梯庵、山神庙：均以所在小台地周围的山崖、坝壁为界。

钟楼：西南部台地：东南、西南、西北至山崖；东北部台地：东南、西北至台地坡坎，宽约18米；东北至水塔水池。

云水洞前：东、南至台地坝壁；西：南段至山崖，北段至高台西坝壁；北至山崖。

注：1.四至所说山崖包括民间所说的"山碴子"，泛指山石或高台陡立的侧面及山石断面。2.坝壁泛指砖石等所砌挡土墙及加固山坡山崖的砌筑物。3.坡坎、土坎指山上平台地带边缘有高差的陡坡或直坎。

建设控制地带：

Ⅰ类：东：一斗泉以南，北以550米等高线为界，一斗泉以南至550米等高线向东回转处以向下连至约500米高点的山崖东端再连至455米高点的山崖东端为界，自455米高点的山崖东端向南下至450米等高线至钟楼西南山崖之间以450米等高线为界，东南以上山路开始上坡的南端点坝壁东端与钟楼的连线为界，西南以坝壁及其延长线为界；西：山神庙以南以300米等高线与山神庙南弧形山崖为界，山神庙西北以庙南弧形山崖西端点向北转变处为起点以向北偏西的山梁为界，上至500米等高线，以500米等高线为界，至7号寺西侧古塔向西以古塔向西的引线为界上至550米等高线，北以550米等高线为界。

注：在Ⅰ类建设控制地带内的所有古建筑、古建筑遗迹遗址、残墙断壁、墙基遗存、古代通路、桥石踏跺、山崖坝壁，均应给予妥善保护。在此地带内要保护古树名木，搞好绿化植被的同时要留出各文物古迹之间的通视走廊。

Ⅱ类：东至云水洞接待处西界，南至沥青路绿化带，西北至排洪沟。

Ⅲ类：

东至上方山管理处道路，南至台基坝阶挡土墙，西、北至排洪沟。

东至沥青路绿化带，南至二七八医院用地南东西向坝阶及其延长线，西至175米等高线，北至沥青路绿化带。

东、南、西至排洪沟，北至现状台地坝阶。

东至二七八医院围墙，西南至沥青路绿化带，西北至圣水峪现状村边，东北至200米等高线。

东至沥青路绿化带，南至现状电线位置，西南至210米等高线，西北至排洪沟，北至沥青路绿化带。

Ⅳ类：东至沥青路绿化带，南至现有建筑群南端，西至175米等高线，北至Ⅲ类建设控制地带。

Ⅴ类：

上方山管理处地带：东北至现状管理处坝阶及平台端，东南至上山路，西南至与二七八医院分界处，西北至平台上坝阶。在此地带内以保持现状为主，如确需增加新建筑时只能建低于7米的二层建筑。

二七八医院地带：四至均以二七八医院围墙为界。在此地带内以保持现状为主，如确需增加新建筑时，只能建低于7米的二层建筑，局部特殊需要时也只能建低于9米的三层建筑。现有高于三层的建筑，可维修使用。一旦成为危房需落地翻建时，应建不高于9米的建筑。

水洞接待处地带：北、东、南至排水沟；西：北段至围墙，南段至沥青路。在此地带内以保持现状为主。如确需增加新建筑时只能建低于7米的二层建筑。

白浮泉遗址——九龙池、都龙王庙

保护范围：

九龙池：现状九龙池两个池塘及池壁及其上的石雕。池岸新建碑厅及碑亦为需保护建筑。

都龙王庙：以都龙王庙围墙为界（庙墙与庙山门前的照壁为文物保护建筑）。

龙山东南山坡的四合院：东南及东北、西南的前段均以现状平台为界（含平台向下的台阶踏步），西北及东北、西南的后半段均以现状坝壁为界。

建设控制地带：

Ⅰ类：东北以55米等高线为界，东南以现状坝壁为界，南、西、西北以现状龙山休养所围墙为界（其中保护范围、Ⅴ2、Ⅴ3建设控制地带除外）。

Ⅱ类：

1.龙山南化庄通道以东地带：东：北段至龙山休养所围墙、南段至畜养场围墙；南至京密引水渠绿化隔离带；西至化庄公共通道绿化带；北至龙山休养所围墙。

2.化庄通道南端路西地带：东至化庄公共通道绿化带，南至京密引水渠绿化隔离带，西至北京百鹭办公用品有限公司西围墙，北至北京百鹭办公用品有限公司北围墙及其延长线。

3.龙山、凤山之间地带：东至龙山西北55米等高线，南至龙山休养所围墙西北角与京密引水龙山管理处围墙东北角连线，西至凤山东山坡60米等高线，北至凤山北坡60米等高线与龙山北坡55米等高线连线。

Ⅲ类：东至化庄村中心路，南至凤山北坡60米等高线与龙山北坡55米等高线连线，西至昌平自来水公司东围墙及其南延长线，北至昌平科技园区南侧路。

Ⅴ类：

龙山休养所内东南部：东、东南、西南至龙山休养所围墙；西北：南段至Ⅰ类建设控制地带、北段至四合院保护范围；北至Ⅰ类建设控制地带。此地带内只能建二层以下与现有建筑风格一致的建筑。

龙山上现有平房的两块台地地带：约12米×28米、约10米×12米。以现状占地面积为准，不得再扩大用地。并须将建筑外貌改建为北京传统建筑形式，颜色为灰色调，建筑高度不超过3.5米。

龙山以西凤山以南地带：东：北段至化庄公共通道绿化带，南段至北京百鹭办公用品有限公司西围墙；南：东段至北京百鹭办公用品有限公司北围墙及其延长线，西段至京密引水渠绿化隔离带；西至凤山西侧至山峡村小路；北：西段至凤山东南坡60米等高线及京密引水龙山管理处北围墙，东段至龙山休养所围墙西北角与京密引水龙山管理处围墙东北角连线。在此地带内的建设，东南部靠近Ⅱ类建设控制地带及京密引水渠绿化隔离带地区，应建成以北京传统形式平房为主，局部可建少量高度为6.5米以下北京传统形式的二层建筑。向西北可逐渐提高，至与Ⅲ类建设控制地带及与凤山相接处可建低于8米的建筑。

龙山以北地带：东至龙山55米等高线和龙山休养所西北围墙的交点与化庄东机电井的连线，南至凤山北坡60米等高线与龙山北坡55米等高线连线，西至现状化庄村中心路，西北至昌平科技园区环路，北至排水沟。在此地带内的建设，南端以北京传统形式平房为主，局部可建少量高度低于6.5米的北京传统形式的二层建筑。向北可逐渐提高，至北端可建至高度低于12米的建筑。

昌平科技园区以东地带：范围以城市规划管理部门已拨地界为准。此地带内的建设，只可建高度12米以下以灰色调为准的建筑。

注：四至所指公共通道应规划为不小于7米宽的路面。两侧各留出不小于6米宽的绿化带。

古崖居遗址

保护范围：

北以古崖居洞沟北端775米等高线为界；东、西沿东、西山梁向东南、西南至775米等高线向北回转处以南，以洞沟两侧山梁为界向南下至洞沟山口；南以山口两山最近处自然连线为界。对保护范围内现存崖洞、寨门遗迹、山坡山石等均需按现状严格保护，不得在保护范围内进行工程建设。采取措施对山体予以加固。如需进行保护性建设需经市文物古迹保护委员会讨论通过，经有关部门按文物保护法审批，方可施工。对绿化植被加强保护，不宜增加和改变现状植被面貌。

建设控制地带：

V类：

东：自洞沟北山1072.0米高点山头向东南沿山梁（在保护范围以东部分约距保护范围500米）向南至约555米高程的水渠；南：东段以水渠为界，西段以连接水渠的小路为界（在山口前距山口200—300米）；西：北段自洞沟北山1072.0米高点山头向西南沿山梁向下、遇有岔梁时，沿向西南山岔梁向下，至650米等高线山梁分岔处以下则以两岔间山沟中线为界；北至1072.0米高点（除保护范围以外地带）。在此地带内不得开山取石、打孔放炮、改变地形地貌、开矿挖洞。加强绿化植被，可建经济林、植果树等。在此地带南端575米高程以下部分平坦地区，可建部分旅游配套设施，建筑高度应以平房为主，可建局部二层，建筑形式外貌以农村旧民居形式为准，内部可建成符合现代要求的设施。

红螺寺

保护范围：

红螺寺主体建筑群：东至红螺寺东路东墙（含下至东侧低地的踏步及台地），南至红螺寺内南院墙（含山门前大坡道、护栏、护墙及至原寺大门的甬道），西南及西界至红螺寺围墙，北至红螺寺围墙。

珍珠泉为应保护水域，泉池不得缩小，应加强护岸整修及保护水质清澈，并应重点保护西、北、东三面地下水源头，不得打井取水，防止泉水枯竭。

红螺寺东山坡的和尚塔为需保护古建筑物。

建设控制地带：

I类：

红螺寺东山坡和尚塔：以和尚塔中心为圆心、以30米为半径的圆范围内。

老干部活动中心以南：东至老干部活动中心东围墙南延长线，南至怀柔公路，西至老干部活动中心西侧排洪沟，北至老干部活动中心围墙。

芦庄东、西、北：至怀柔公路及现状停车场2；南：东段至距停车场2西南边界及至怀柔公路（红螺寺向东路段）西边线20米宽以内地带，西段距至怀柔公路40米以内地带。在Ⅰ类地带内只能进行绿化，不能进行建设。

Ⅱ类：

红螺寺西上坡台地：东至距红螺寺正门甬道西边线70米的平行线，南、西至排洪沟，北至红螺寺保护范围。

芦庄东部：东：北段至Ⅰ3建设控制地带，南段至怀柔规划公路；南：东段至芦庄村南排洪沟，西段至距珍珠泉南端以南180米的正东西线；西：南段至芦庄村中排水沟，北段至Ⅰ3建设控制地带；北：西段至Ⅰ3建设控制地带，东段至规划停车场。

Ⅲ类：

怀柔老干部活动中心及其东侧地段：老干部活动中心以其四面现有围墙为界。老干部活动中心东侧地段，东至排洪沟西侧通道，南至现状停车场1，西至老干部活动中心东围墙，北至86850部队至老干部活动中心的小路。

Ⅴ类：

红螺寺内东坡坎下及甬道以东地段：东、东南至排洪沟；西：北段至红螺寺保护范围，南段至红螺寺正门甬道；北：东段至红螺寺外围墙，西段至红螺寺保护范围。在此保护范围以南部分应以绿化园林为主，必要时只可建极少量的一层北京传统形式的平房。在保护范围以东部分可建一层及局部6米以下二层的北京传统形式建筑（注：内部装修设备可采用现代化标准）。

红螺寺内甬道以西地段：东至红螺寺正门甬道，东南至红螺寺外围墙，南至新建牌楼大踏步，西至距红螺寺正门甬道西边线70米的平行线，北至红螺寺保护范围。在此范围内应维持现状，加强绿化和管理，保护竹林，不宜再添建建筑物。

86850部队范围内：东、南、西、北均以部队现状围墙及与围墙连接的现状坝壁、挡土墙为界。在此地带内以维持现状建筑为准，如需添建只能建一层平房建筑。不能再扩大用地范围。

番字石刻

保护范围：

村中崖壁石刻：东南至村北山洪沟上小桥的桥头小路，西南至番字牌村中沥青路，西北至石刻石壁西端有现状平房的平台上沿，东北以石刻石壁的山嘴东北崖脚为界。

村医院后山坡上孤石石刻为保护石刻。

建设控制地带：

Ⅰ类：以医院后山坡石刻孤石为圆心、20米半径的圆范围以内。

Ⅱ类：东、北以现状平房的平台东、北崖脚为界，南至平台上沿，西至现状平房西山墙及其延长线（约为35米×35米方形台地）。

第六批划定文保单位的保护范围及建控地带
（2004年4月27日公布）

军调部1946年中共代表团驻址

保护范围： 现状翠明庄宾馆围墙范围内。

建设控制地带： 该文物保护单位位于皇城历史文化保护区内，建设控制要求详见皇城保护规划。

孑民堂

保护范围： 北河沿大街甲83号院内现状二进四合院范围。

建设控制地带：

Ⅰ类：东至保护范围南延长线，南至距保护范围60米处，西至保护范围西院墙南延长线，北至保护范围。

Ⅱ类：东至保护范围东院墙北延长线，与保护范围和Ⅰ类区相接，南至保护范围南60米处的延长线，西至沙滩北街规划红线，北至保护范围北40米处的延长线。

Ⅲ类：东至东华门大街道路规划西红线，南至Ⅰ类区南端的延长线，西至保护范围东界的延长线，北至Ⅱ类区北端的延长线。

京师大学堂分科大学旧址文物

保护范围： 文物建筑本身（包括主体建筑及散水、台阶）。

建设控制地带：

Ⅰ类：东起鼓楼外大街规划西道路红线，西至111号楼西墙向西15米；南起111号楼中部南墙向南15米，北至111号楼北墙向北15米处，局部112号楼北墙向北5米，东墙向东50米。

Ⅳ类：

1.南侧地块：北起Ⅰ类建设控制地带南界，南至北起向南40米；东起鼓楼外大街规划西道路红线，西至Ⅰ类建设控制地带西界向南延长线。

2.北侧地块：南起Ⅰ类建设控制地带北界，北至局部Ⅰ类建设控制地带北界向东延长线；东起鼓楼外

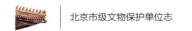

大街规划西道路红线，西至局部Ⅰ类建设控制地带东界。

可园、东城区帽儿胡同5号

保护范围：

1.可园：帽儿胡同7号、9号、11号、13号院范围内。

2.东城区帽儿胡同5号：帽儿胡同3号、5号院范围内。

建设控制地带：该文物保护单位位于南锣鼓巷历史文化保护区内，建设控制要求详见该历史文化保护区规划。

东城区美术馆东街25号四合院

保护范围：南起院落大门南墙，北至原有北围墙；东起原有东围墙，西至原有西围墙。

建设控制地带：

Ⅰ类：南起五四大街规划北道路红线，北至保护范围最北界（东侧院墙）向东的延伸线，局部至保护范围最南界；东起美术馆东街规划西道路红线，西至保护范围西界向南的延长线，局部至保护范围东界。

Ⅱ类：北起美术馆后街规划南道路红线，南至保护范围南界向西的延长线，局部至保护范围Ⅰ类区最北界；东起美术馆东街规划西道路红线，西至黄米胡同。

东城区棉花胡同15号院及拱门砖雕

保护范围：南起院落大门南墙，北至原有北围墙；西起原有西围墙及局部建筑西墙外皮，东至原有东围墙。

建设控制地带：该文物保护单位位于南锣鼓巷历史文化保护区内，建设控制要求详见该历史文化保护区规划。

东城区前鼓楼苑胡同7号、9号四合院

保护范围：南起鼓楼苑胡同7号院大门南墙，北至后罩房最北端建筑外墙皮向北4米；东起原有东围墙，西至原有西围墙。

建设控制地带：该文物保护单位位于南锣鼓巷历史文化保护区内，建设控制要求详见该历史文化保护区规划。

东城区鼓楼东大街255号四合院

保护范围：南起鼓楼东大街院落大门南墙，北至原有北围墙，局部至最北侧建筑后檐墙外皮；西起原有西围墙，东至原有东围墙。

建设控制地带：该文物保护单位位于北锣鼓巷历史文化保护区内，建设控制要求详见该历史文化保护区规划。

宁郡王府

保护范围：基本以现存原有围墙为界，东至小新开胡同西侧，南至北极阁三条胡同北侧，西至宁郡王府西侧院墙，北至新开胡同南侧。

建设控制地带：

Ⅰ类：宁郡王府围墙东侧、北侧10米范围以内，西侧至东单北大街规划道路东红线，南侧至北极阁三条规划道路北红线。

Ⅲ类：东至宁郡王府东侧南北向规划道路西红线，南至北极阁三条规划道路北红线，西至东单北大街规划道路西红线与Ⅰ类区相接，北至西总部规划道路南红线。

Ⅴ类：东至距东单北大街规划道路东红线60米处，南至距北极阁三条规划道路南红线60米处，西至东单北大街规划道路东红线，北至北极阁三条规划道路南红线。高度控制在12米以内。

西城富国街3号四合院文物

保护范围：南起富国街3号四合院院落南墙，北至现状院落北围墙，东起现状院落东围墙，西至现状院落西围墙。

建设控制地带：

Ⅰ类：东起保护范围西界，西至建筑西围墙向西10米；南起富国街规划北道路红线，北至平安里西大街规划南道路红线。

Ⅲ类：

1.西侧地块：东起Ⅰ类建控区西界，西至北京三中现有西围墙；南起富国街规划北道路红线，北至平安里西大街规划南道路红线。

2.南侧地块：东起赵登禹路规划道路西红线，西至距赵登禹路规划道路西红线抹角约58米处，北起富国街规划道路南红线，南至距富国街规划道路南红线60米处。

涛贝勒府

保护范围： 东至柳荫街，南至定阜街规划道路北红线（原辅仁大学保护范围），西至涛贝勒府原有西围墙，北至铜铁厂胡同。

建设控制地带：

Ⅱ类：东至柳荫街规划道路西红线，南至保护范围，西至松树街规划道路东红线，北至大新开胡同规划道路南红线。

Ⅲ类：

西北地块：东至松树街道路规划西红线，南至延年胡同道路规划南红线，西至德胜门内大街道路规划东红线，北至刘海胡同道路规划南红线。此次调查、考证辅仁大学保护范围原为涛贝勒府花园；故对原有保护范围和建设控制地带划定予以调整，以本次划定范围为准。

大陆银行旧址、中央银行旧址、保商银行旧址、中国农工银行旧址

保护范围：

1.大陆银行旧址：建筑本身及散水、台阶投影范围。

2.中央银行旧址：建筑本身及散水、台阶投影范围。

3.保商银行旧址：建筑本身及散水、台阶投影范围（含地下金库）。

4.中国农工银行旧址：建筑本身及散水、台阶投影范围。

建设控制地带：

Ⅰ类：

1.现状西交民巷南北宽度15米，东至规划天安门广场西红线道路，西至规划人大西侧路东红线。

2.东至天安门广场西红线，西至中央银行旧址西侧现状路西缘，南至西交民巷路，北至规划人大南路南红线。

Ⅴ类：

1.保商银行旧址西侧地块：东至保商银行旧址西侧Ⅰ类地带，西至规划人大西侧路东红线，南至西郊民巷道路北缘，北至规划人大南路南红线。

2.中国农工银行旧址周围：中国农工银行旧址保护范围外，东至天安门广场西红线，西至规划人大西侧路东红线，南至前三门大街北红线，北至西交民巷道路南缘。

万松老人塔

保护范围： 原有建筑围墙之内之范围。东起山门，西至万松老人塔西围墙，南起万松老人塔南围墙，北至万松老人塔北围墙。

建设控制地带：

Ⅱ类：东起西四南大街规划道路西侧红线，西至规划道路东侧红线。北起羊肉胡同南侧红线，南起向北至保护范围65米处。

平绥西直门站旧址

保护范围： 文物建筑本身（包括天桥、候车雨廊、候车室及其散水、台阶）。

建设控制地带：

Ⅰ类：北起候车室北墙向北50米处，南至候车室南墙向南50米处；西起西侧雨廊西端向西50米处，东至候车室东墙向东40米处。

Ⅲ类：西起Ⅰ类建控区东界，东至规划道路西侧红线。北起Ⅰ类建设控制地带北边界向东的延长线，南至Ⅰ类建设控制地带南边界向东的延长线。

北京水准原点旧址

保护范围： 文物建筑本身（包括主体建筑及散水、台阶）。

建设控制地带：

Ⅰ类：文物建筑主体分别向东、南、西、北4个方向扩展4米。

旧式铺面房文物保护单位

保护范围： 文物建筑本身。

建设控制地带：

Ⅱ类：西起文物建筑西墙南、北延长线，东至主体建筑东墙向东25米处；南起文物建筑南墙向南8米，北至文物建筑北墙向北8米处。

贤良祠

保护范围：地安门西大街103号院范围内。

建设控制地带：

Ⅲ类：东、北至龙头井街，南至地安门西大街规划道路北红线，西至东官房规划道路东红线。贤良祠东北部龙头井街以北为什刹海历史文化保护区，建设控制要求详见该历史文化保护区规划。

国立蒙藏学校旧址

保护范围：南起小石虎胡同蒙藏学校大门南墙，北至堂子胡同规划南道路红线；西起学校原有西围墙，东至学校原有东围墙。

建设控制地带：

Ⅰ类：南起小石虎胡同蒙藏学校大门南墙向东延伸线，北至堂子胡同规划南道路红线；西起保护范围东界，局部至Ⅱ类区东界，东至高登大厦西墙延长线。

Ⅱ类：南起保护范围北界局部，北至堂子胡同规划南道路红线；西起保护范围东界局部，东至西起向东40米。

西城区百万庄园路8号墓园石刻

保护范围：文物建筑本身。

建设控制地带：

Ⅰ类：西起文物建筑面向东侧外墙皮，东至北营房中街道路东红线向东10米；南起文物建筑南墙皮向东水平延长线，北至以文物建筑北侧墙角为起点向东水平延长线。

中华圣公会教堂

保护范围：文物建筑本身。

建设控制地带：

Ⅰ类：东起佟麟阁路规划西道路红线，西至佟麟阁路规划西道路红线向西30米；南起温家沥街规划北道路红线，北至规划路南道路红线。

Ⅱ类：东起Ⅰ类区西边界，西至承恩胡同道路东边缘；北起规划路南道路红线，南至规划路南道路红线向南40米。

Ⅲ类：东起Ⅰ类区西边界，西至承恩胡同道路东边缘；北起Ⅱ类区南边界，南至温家沥街规划北道路红线。

京奉铁路正阳门东车站旧址

保护范围：现状建筑本身及散水、台阶投影范围。

建设控制地带：该保护单位地处天安门广场地区，建设控制详见天安门广场规划有关规定。

劝业场旧址、谦祥益旧址门面、瑞蚨祥旧址门面、
祥义号绸缎店旧址门面、盐业银行旧址、交通银行旧址

保护范围：建筑本身及散水、台阶投影范围。

建设控制地带：

注：6个保护单位均处于大栅栏历史文化保护区内，建设控制要求详见历史文化保护区规划。

三圣庵

保护范围：西起三圣庵院落西围墙，东至原有东围墙外皮；南起原有南围墙，北至原有北围墙。

建设控制地带：

Ⅰ类：自保护范围南界、北界、东界起分别向外扩展10米。

正乙祠

保护范围：现状建筑本身及散水、台阶投影范围。

建设控制地带：

Ⅱ类：

1.东地块：东至佘家胡同西侧，北至前门西河沿街南侧，西至正乙祠保护范围东侧，南至前门西河沿街南缘60米处。

2.西地块：东至正乙祠保护范围西侧，南至实验一小北围墙北侧，西至南新华街规划道路东红线的延长线处，北至前门西河沿街南侧。

3.北地块：东至佘家胡同北口路西侧，北至前门西河沿大街北侧往北20米处，西至佘家胡同北口西侧往西85米处，南至前门西河沿大街南侧。

长椿寺

保护范围： 南起现状长椿寺南墙，北至现状长椿寺北墙；东起长椿寺山门，西至长椿寺藏经楼西墙外皮。

建设控制地带：

Ⅰ类：东起下斜街规划西道路红线，西至长椿街规划东道路红线；北起保护范围北界向北12米处，南至长椿街与下斜街规划道路红线交会处。

Ⅱ类：

1.北地块：南起Ⅰ类建设控制区北界，北至感化寺胡同规划南道路红线；东起下斜街规划西道路红线，西至长椿街规划东道路红线。

2.东地块：西起下斜街规划东道路红线，东至西起向东45米处；南起思源胡同规划北道路红线，北至南起向北85米处。

民国财政部印刷厂旧址

保护范围： 文物建筑本身。

建设控制地带：

Ⅰ类：西起主楼最西端建筑外墙向西20米，东至主楼最东端建筑外墙向东30米处；南起主楼最南端建筑外墙皮向南20米，北至规划路南道路红线，局部至Ⅱ类区最南界。西起Ⅰ类区最东端界，东至西起向东150米处；北起规划路南道路红线向南30米处，南至北起向南50米处。

Ⅱ类：

1.西北地块：北起规划路南道路红线，南至北起向南30米；西起Ⅰ类区最西端向北的延伸线，东至西起向东40米处。

2.东北地块：北起规划路南道路红线，南至北起向南30米；东起Ⅰ类区东端向北的延伸线，西至东起向西50米处。

粮食店街第十旅馆

保护范围： 文物建筑本身。

建设控制地带：

Ⅲ类：西起规划道路东道路红线，东至前门大街规划西道路红线；南起文物建筑南墙向南20米，北至湿井胡同道路南边缘。

四九一电台旧址

保护范围：东起1号楼东墙南北延长线，西至3号楼西墙南北延长线，南起4号楼南墙东西延长线，北至2号楼北墙东西延长线。西起8号楼西墙南北延长线，东至7号楼东墙南北延长线，南起8号楼南墙东西延长线，北至7号楼北墙东西延长线。

建设控制地带：

Ⅰ类：自保护范围起分别向东、西、南、北4个方向扩展25米。

摩诃庵

保护范围：北京市海淀区西八里庄小学院现状围墙范围。

建设控制地带：

Ⅰ类：

西侧：东起摩诃庵西侧围墙，南至八里庄路规划道路北红线，西至保护范围西侧20米处，北至百万庄路规划南红线。南侧：东至北洼路规划道路西红线，南至距规划红线20米处，西至摩诃庵围墙西侧20米的延长线，北至八里庄路规划道路南红线。

Ⅲ类：东至北洼路规划道路西红线，南至八里庄路规划道路北红线，西至摩诃庵东侧围墙，北至百万庄路规划道路南红线。

Ⅳ类：

1.西地块：东至东侧Ⅰ类地带西侧，南至八里庄路规划道路北红线，西至京密引水渠规划绿地，北至百万庄路规划道路南红线。

2.北地块：东至北洼路规划道路西红线，南至百万庄路规划道路北红线，西至京密引水渠规划绿地，北至距百万庄路规划道路北红线40米处。

注：该项目第二批已划定，此次摩诃庵部分修改，以本次划定范围为准。

清河汉城遗址

保护范围：清河汉城遗址现状城墙。

建设控制地带：

Ⅰ类：东至京包快速路规划道路西红线，南至距清河汉城遗址现状城墙南105米处，西至京包铁路，北至上地南路规划道路南红线。

广仁宫（西顶）

保护范围：南起老营房路规划北道路红线，北至后罩楼最北端外墙；东起中殿最东端外墙，西至配殿最西端外墙。

建设控制地带：

Ⅰ类：自保护范围东、西、北三面起分别向外扩展15米。

梁启超墓

保护范围：梁启超墓地现状围墙范围。

注：西南侧孙传芳墓为区级保护文物。

建设控制地带：

Ⅰ类：距现状围墙向东、西、南、北各40米的范围。

金中都水关遗址

保护范围：金中都水关遗址本身为地下文物；地下保护范围四至为辽金城垣博物馆现状围墙。

建设控制地带：

Ⅰ类：东起辽金城垣博物馆东侧围墙向南的延长线，南至凉水河北岸河上口22米处，西至距辽金城垣博物馆西围墙18米处，北至辽金城垣博物馆北围墙的延长线。

南岗洼桥

保护范围：文物建筑本身。

建设控制地带：

Ⅰ类：西起桥西侧乡村路东侧边缘，东至京九铁路规划西道路红线，南起保护范围南边界向南35米，北至京石高速公路规划南道路红线。

老山汉墓

保护范围：东至上庄村西边界及山地车道东端外边缘，南至八一体工大队北围墙及南侧规划路，西至西五环路东红线，北至铁路北侧规划道路南红线。

建设控制地带：

Ⅲ类：

1.东南地块：老山骨灰堂四至范围。

2.南侧地块：八一体工大队现状围墙。

3.西侧地块：体育总局自行车、摩托车中心现状围墙。

Ⅳ类：东至首钢居住区规划道路东红线，南至石景山路规划道路北红线，西至五环路规划道路东红线，北至八一体工大队南侧规划道路南红线。

田义墓

保护范围：田义墓地四至现状围墙。

建设控制地带：

Ⅱ类：田义墓保护范围外，东侧、北侧至现状小路，南至规划模式口大街北红线，西至距田义墓保护范围西线100米处。

注：该项东侧与承恩寺的保护范围及建设控制地带相连。

地安门东大街古建筑群文物保护单位六项

保护范围：文天祥祠、顺天府学、府学胡同三十六号（包括交道口南大街一百三十六号）四合院、孙中山先生逝世纪念地、和敬公主府、段祺瑞执政府旧址的保护范围。

文天祥祠、顺天府学：东至文丞相胡同，南至府学胡同，西至规划红线，北至府学胡同小学内旧礼堂北墙。

府学胡同三十六号四合院：包括北京市文物事业管理局、东四妇产医院的使用范围。

孙中山先生逝世纪念地：包括第八招待所的使用范围（距院内三层楼东、南各10米处除外）。

和敬公主府：东至公共通道，南至规划红线，西至五层宿舍楼东山墙，北至大殿北10米以内。

段祺瑞执政府旧址：东至规划红线，南至规划红线，西至五层宿舍楼东山墙，北至府学胡同。段祺瑞执政府旧址照壁四周各10米以内。

建设控制地带：

Ⅰ类：

孙中山先生逝世纪念地保护范围以东至公共通道。

和敬公主府保护范围以西，南至规划红线，西至公共通道，北至距五层宿舍楼30米处。

段祺瑞执政府旧址保护范围以西、南至规划红线，西至公共通道，北至段祺瑞执政府主楼南沿向延

长线。

段祺瑞执政府旧址主楼东15米处至东配楼前，东、南至规划红线。

Ⅱ类：

地安门东大街规划红线以南35米以内，东至东四北大街规划红线，西至距段祺瑞执政府照壁以西90米。

孙中山先生逝世纪念地保护范围以西至公共通道，府学胡同三十六号四合院保护范围以南至规划红线。

Ⅲ类：

孙中山先生逝世纪念地保护范围以北30米，府学胡同三十六号四合院保护范围以东40米以内。

和敬公主府保护范围以西，五层宿舍楼与Ⅰ类地带之间。

段祺瑞执政府旧址保护范围以西，五层宿舍楼与Ⅰ类地带之间。

和敬公主府保护范围以北至府学胡同。

地安门东大街规划红线以南35米内，东接Ⅱ类地带，西至美术馆后街规划红线。

Ⅳ类：

府学胡同三十六号四合院保护范围以南公共通道的西南地带。

孙中山先生逝世纪念地保护范围北Ⅲ类地带以外，东、北至公共通道。

和敬公主府保护范围以西至公共通道，五层宿舍楼以北至公共通道。

段祺瑞执政府旧址保护范围以西至公共通道，五层宿舍楼以北至公共通道。

巩华城

保护范围：现存东、西、南、北四个瓮城城墙外侧墙皮各向外延伸20米的范围（包括瓮城内部所围合的面积）；城东南角及城东侧古城残留部分墙体外皮范围内。

建设控制地带：

Ⅰ类：

城墙：沿原巩华城城墙中线向内30米、向外40米（共计70米）宽的地带。城东：原巩华城东门保护范围以东至东侧规划主干路南丰路以西之间宽40米的范围之内为视线走廊。城南：原巩华城南门保护范围以南至南沙河床北沿之间宽40米的范围之内为视线走廊。城西：原巩华城西门保护范围以西至西侧八达岭路以东之间宽60米的范围之内为视线走廊。城北：原巩华城北门保护范围以北至北沙河床南沿之间宽40米的范围之内为视线走廊。

Ⅴ类：沿原巩华城内侧的Ⅰ类建设控制地带向内所包含的所有内城区范围，原城内交通道路——南北御路、东西主干线除外；高度控制为9米以内，建筑应为坡屋顶，中国传统建筑形制，总容积率控制在0.7以内。

东交民巷使馆建筑群、美国使馆旧址、荷兰使馆旧址、法国邮政局旧址、圣米厄尔教堂

保护范围：东交民巷使馆建筑群。淳亲王府：东至原王府老围墙（部分后修）；西至西配楼西侧甬路边缘，与英国使馆保护范围连通；北至寝殿北墙往北25米；南至王府南门外16米甬路南边缘。

建设控制地带：

Ⅱ类：

花旗银行旧址、东方汇理银行旧址周围：北侧至东交民巷现状路，西侧、南侧从建筑外墙向外15米处，东侧与东方汇理银行旧址控制区连通。

Ⅲ类：

1. 东方汇理银行旧址东侧地块：东起正义路规划西红线，南至Ⅴ类地带北侧，西至Ⅰ类地带东侧，北为东交民巷道路规划南红线。

2. 花旗银行旧址西侧地块：东至Ⅰ类地带西侧，南至Ⅴ类地带北侧，西至道路规划东红线，北至东交民巷道路规划南红线。

3. 花旗银行旧址北侧地块：东至正义路规划西红线，南至东交民巷北侧规划红线，西至历史博物馆东侧路道路规划东红线，北至高法主楼（8层）向南10米处。

4. 正金银行旧址东侧地块：东至日本公使馆旧址保护范围西侧，南至东交民巷北侧，西侧南段至正金银行旧址东侧院墙，西侧北段为正义路东红线，北至日本公使馆旧址保护范围北端向西的延长线。

5. 正金银行旧址、日本公使馆旧址、法国使馆旧址南侧地块：北至东交民巷南侧，东至台基厂路西侧，南至东交民巷南侧红线向南40米的平行线，西至正义路东缘。

6. 法国使馆旧址东南地块：东至台基厂路规划西红线，南至前门东大街规划北红线，西至首都宾馆东围墙东侧，北至东交民巷规划南红线。

7. 意大利使馆旧址与奥匈使馆旧址之间：东侧、南侧与奥匈使馆旧址保护范围西侧相连接，西到台基厂路规划东红线，北至奥匈使馆旧址保护范围北界的延长线。

8. 比利时使馆旧址北与圣米厄尔教堂东地块：东至兴华路西侧，南至东交民巷现状路北侧，西至圣米厄尔教堂东围墙，北至东交民巷北红线向北40米处。

9. 比利时使馆旧址东地块：东至新桥饭店西墙，西至比利时使馆旧址保护范围东院墙，北至东交民巷道路南红线，南至东交民巷道路南红线往南40米处。

10. 比利时使馆旧址东北地块：东至大华路规划西红线，南至东交民巷现状路北侧，西至兴华路东侧，北至东交民巷北红线向北40米处。

Ⅳ类：

1. 英国使馆旧址正南地块：东至正义路西侧，南至高法主楼前10米处，西至历史博物馆东侧道路规

划东红线，北至保护范围南界。

2.英国使馆旧址与法国使馆旧址之间地块：东至法国使馆旧址保护范围西侧，南至日本公使馆旧址保护范围北端向西的延长线，西至正义路道路规划东红线，北至与市政府大院分界围墙走向道路规划南红线。

3.日本使馆旧址北地块：东至意大利使馆旧址保护范围西院墙，南至日本使馆旧址保护范围北端，西至正义路道路规划东红线，北至市政府北围墙及意大利使馆北围墙延长线。

4.日本使馆旧址东侧地块：东至台基厂大街西侧，南至原法国使馆旧址保护范围以北的道路规划红线，西至日本使馆旧址保护范围东界（呈台阶形），北至意大利使馆旧址保护范围南界。

5.奥匈使馆旧址东侧地块：东至大华路规划西红线，南至台基厂头条道路规划北红线，西至奥匈使馆旧址保护范围东侧，北至奥匈使馆旧址保护范围北院墙的延长线。

6.奥匈使馆旧址东地块：东至大华路规划西红线，南至台基厂二条道路规划北红线，西至国际俱乐部旧址保护范围东院墙，北至台基厂头条道路规划南红线。

7.法国兵营旧址东侧地块：东至大华路规划西红线，南至东交民巷规划红线以北40米处，西至兴华路东侧，北至台基厂二条道路南红线。

8.法国兵营旧址南侧地块：东至兴华路西侧，南至东交民巷现状路北侧以北40米处，西至圣米厄尔教堂东围墙，北至台基厂三条南侧。

Ⅴ类：

1.淳亲王府北地块：东至正义路道路规划西红线，南至使馆主楼北墙15米处的小甬路北，西至历史博物馆东侧道路规划东红线，北至国家博物馆北墙延长线。控制高度为30米。

2.英国使馆旧址西地块：现国家博物馆所在街区，控制高度为24米。另外，此地块以西至天安门广场东侧路之间和以北至长安街道路规划南红线的空间为规划绿地。

3.美国使馆旧址北侧地块：美国大使馆旧址以北，历史博物馆南侧的街区范围内。

4.美国使馆旧址西北地块：至天安门广场东侧路之间的空间为规划绿地。

5.美国使馆旧址西侧地块：原美国大使馆以西，至天安门广场东侧路之间的空间为规划绿地。

6.花旗银行旧址、东方汇理银行旧址南侧地块：东至正义路规划西红线，南至前门东大街，西至原荷兰使馆旧址东侧道路规划东红线，北至花旗银行旧址、东方汇理银行旧址南侧15米的连线处。控制高度为24米。

7.意大利使馆旧址北侧地块：东起台基厂大街道路规划西红线，南至意大利使馆旧址保护范围北界及延长线，西至正义路道路规划东红线，北到东长安街道路规划南红线。控制高度为30米。

8.法国使馆旧址南地块：东至台基厂路规划西红线，南至前门东大街规划北红线，西至首都宾馆东围墙东侧，北至东交民巷规划南红线。Ⅲ类区南部至前门东大街规划道路南红线。控制高度为24米。

9.奥匈使馆旧址北侧地块：东至兴华路西侧，南至奥匈使馆旧址保护范围北界的延长线，西至台基厂路东侧，北至东长安街规划南红线。控制高度为30米。

10.比利时使馆旧址Ⅲ类东地块：南至前门东大街北红线之间的区域。控制高度为18米。

第七批划定文保单位的保护范围及建控地带
（2007年4月30日公布）

协和医院住宅群

保护范围：东城区北极阁三条26号院东、西、北三面至现状围墙，南至北极阁头条规划道路北红线。东城区外交部街59号院四至现状围墙。

建设控制地带：

Ⅰ类：

1. 东、南侧与外交部街59号院西、北保护范围连接，西、北侧到东单北大街、东堂子胡同规划道路红线。

2. 东、北侧与外交部街59号院西、南保护范围连接，西、南侧到东单北大街、外交部街规划道路红线。

Ⅱ类：东、南侧与北极阁三条26号院西、北保护范围连接，西、北侧到北极阁三条胡同规划道路南红线。

Ⅲ类：

1. 东至北极阁三条26号院保护范围东侧50米处的北延长线，南至北极阁三条规划道路北红线，西至北极阁胡同规划道路东红线，北至新开路胡同规划道路南红线。

2. 东至北极阁三条26号院保护范围东侧50米处，南至北极阁二条胡同规划道路北红线，西至北极阁胡同规划道路东红线，北至北极阁三条胡同规划道路南红线。

3. 东至北极阁三条26号院保护范围东侧50米处，南至北极阁头条胡同规划道路北红线，西至北极阁胡同规划道路东红线，北至北极阁二条胡同规划道路南红线。

Ⅳ类：

1. 东至春雨西巷规划道路西红线，南至北极阁二条胡同规划道路北红线，西至北极阁三条26号院保护范围东侧50米处，北至北极阁三条胡同规划道路南红线。

2. 东至春雨西巷规划道路西红线，南至北极阁头条胡同规划道路北红线，西至北极阁三条26号院保护范围东侧50米处，北至北极阁二条胡同规划道路南红线。

Ⅴ类：

1. 东至北极阁胡同规划道路西红线，南至北极阁三条规划道路北红线，西与宁郡王府东侧Ⅲ类建设控制地带连接，北至新开路胡同规划道路南红线。现状为多层区，改造时控制高度为9米。

2. 西与外交部街59号院保护范围东侧连接，北至东堂子胡同规划道路南红线，东至外交部街59号院

保护范围东南端往东75米的北延长线，南至外交部街规划道路北红线。现状为多层区，改造时控制高度为9米。

3.东至外交部街59号院保护范围东南端往东75米的南延长线，南至西总布胡同规划道路北红线，西至东单北大街规划道路东红线，北至外交部街规划道路南红线。现状为多层区，改造时控制高度为9米。

总理各国事务衙门建筑遗存

保护范围：东城区东堂子胡同49号院四至现状围墙。

建设控制地带：

Ⅱ类：东至东堂子胡同49号院现状西围墙及北延长线，南至东堂子胡同规划道路北红线，西至石槽胡同规划道路东红线，北至保护范围北围墙北30米处的西延长线。

Ⅳ类：

东至东堂子胡同49号院现状围墙东侧规划道路西红线，南至东堂子胡同规划道路北红线，西至保护范围及Ⅱ类建设控制地带，北至保护范围北围墙北30米处及其东延长线。

东至东堂子胡同49号院南面地块东侧规划道路西红线，南至东堂子胡同规划道路南红线南侧30米处，西至石槽胡同规划道路东红线的南延长线，北至东堂子胡同规划道路南红线。

恒亲王府

保护范围：恒亲王府四至现状围墙。

建设控制地带：

Ⅰ类：东至恒亲王府东围墙往东10米处，南至朝阳门内大街规划道路北红线，西南至恒亲王府南围墙南侧20米处，西至恒亲王府西围墙西侧5米处，北为福夹道规划道路南红线。

Ⅳ类：东北至福夹道规划道路西红线，东南与Ⅰ类地带区西南连接，南至朝阳门内大街规划道路北红线，西至恒亲王府保护范围西侧规划道路东红线，北为仓南胡同规划道路南红线。

原麦加利银行

保护范围：东交民巷甲39号文物建筑本身。

建设控制地带：

Ⅴ类：东至新大路规划道路西红线，南至东交民巷规划道路北红线，西侧与原麦加利银行东立面连接，北至原麦加利银行北立面的东延长线。用地为规划城市绿地。原麦加利银行所在街区的南、西、北至规划道路红线范围内，为第六批东交民巷使馆建筑群Ⅴ类建设控制地带。用地为规划城市绿地。

注：1.位于东交民巷使馆建筑群保护范围及建设控制地带，建设控制地带的建设应符合保护区规划。2.原麦加利银行西侧三栋相连接的建筑为民国时期法国医院旧址。

绮园花园

保护范围：东城区秦老胡同35号院四至现状围墙。

建设控制地带：

Ⅱ类：

东至文物建筑11号西北角往东40米的南、北延长线，南至秦老胡同规划道路北红线，西至南锣鼓巷胡同规划道路东红线，北至前圆恩寺胡同规划道路南红线。

东至文物建筑11号西北角往东40米的南延长线，南至文物建筑2号西南角向南40米处的东、西向延长线，西至南锣鼓巷胡同规划道路东红线，北至秦老胡同规划道路南红线。

东至文物建筑11号西北角往东40米的北延长线，南至前圆恩寺胡同规划道路北红线，西至南锣鼓巷胡同规划道路东红线，北至文物建筑12号东北角向北40米处的东、西向延长线，其间有规划道路南、北向穿过。

注：位于南锣鼓巷历史文化保护区内，建设控制地带的建设应符合保护区规划。

东城区黑芝麻胡同13号四合院

保护范围：东城区黑芝麻胡同13号四合院四至现状围墙。

建设控制地带：

Ⅱ类：

东至文物建筑36号东北角向东50米的南、北延长线，南至黑芝麻胡同规划道路北红线，西至南下洼子胡同规划道路东红线，北至前鼓楼苑胡同规划道路南红线。

东至文物建筑36号东北角向东50米的北延长线，南至前鼓楼苑胡同规划道路北红线，西至后鼓楼苑胡同规划道路东红线，北至文物建筑26号东北角向北70米处的东西延长线。

注：1.该项保护范围及建设控制地带南面与沙井胡同15号保护范围及建设控制地带连接。2.位于南锣鼓巷历史文化保护区内，建设控制地带的建设应符合保护区规划。

东城区沙井胡同15号四合院

保护范围：东城区沙井胡同15号四合院四至现状围墙。

建设控制地带：

Ⅱ类：

东至文物建筑13号东北角往东50米的南、北延长线，南至沙井胡同规划道路北红线，西至南下洼子胡同规划道路东红线，北至黑芝麻胡同规划道路南红线。

东至文物建筑13号东北角往东50米的南延长线，南至景阳胡同规划道路北红线，西至南下洼子胡同规划道路东红线，北至沙井胡同规划道路南红线。

注：1.该项保护范围及建设控制地带北面与黑芝麻胡同13号保护范围及建设控制地带连接。2.位于南锣鼓巷历史文化保护区内，建设控制地带的建设应符合保护区规划。

僧王府

保护范围： 东城区炒豆胡同75、77号院，南锣鼓巷110号（南中、北院）院，板厂胡同30、32、34号院的四至现状围墙。

建设控制地带：

Ⅱ类：

东至文物建筑35号东南角往东72米的北延长线，南至炒豆胡同规划道路北红线，西至保护范围东侧，北至板厂胡同规划道路南红线。

东至文物建筑35号东南角往东72米的南延长线，南至地安门东大街规划道路北红线，西至南锣鼓巷规划道路东红线，北至炒豆胡同规划道路南红线。

东至南锣鼓巷规划道路西红线，南至地安门东大街规划道路北红线，西至保护范围西侧往西45米的南延长线，北至福祥胡同规划道路南红线。

东至南锣鼓巷规划道路西红线，南至福祥胡同规划道路北红线，西至保护范围西侧往西45米的南、北延长线，北至蓑衣胡同规划道路南红线。

东至南锣鼓巷规划道路西红线，南至蓑衣胡同规划道路北红线，西至保护范围西侧往西45米的北延长线，北至雨儿胡同规划道路南红线。

东至文物建筑35号东南角往东72米的北延长线，东侧规划道路西红线；南至板厂胡同规划道路北红线；西至南锣鼓巷规划道路东红线；北至东棉花胡同规划道路南红线。

注：位于南锣鼓巷历史文化保护区内，建设控制地带的建设应符合保护区规划。

东城区前永康胡同7号四合院

保护范围： 东城区前永康胡同7号四合院四至现状围墙及前永康胡同南侧影壁。

建设控制地带：

Ⅱ类：

东至前永康胡同5号东侧规划道路西红线，南至前永康胡同规划道路北红线，西至前永康胡同9号西院墙的北延长线及规划道路东红线，北至柏林胡同规划道路南红线。

东至保护范围东北角往东47米的南、北延长线，南至后永康胡同规划道路北红线，西至西侧规划道路东红线，北至规划道路南红线。

东至前永康三巷规划道路西红线，南至北新桥三条胡同规划道路北红线，西至前永康二巷规划道路东红线，北至前永康胡同规划道路南红线。

注：位于国子监历史文化保护区内，建设控制地带的建设应符合保护区规划。

北京大学女生宿舍

保护范围： 东、南、西三侧为东城区沙滩北街乙2号院内"∏"形楼周边东、南、西三侧现状围墙，北侧至"∏"形楼北墙15米处。

建设控制地带：

Ⅴ类：东至北河沿大街规划道路西红线，南与保护范围北侧相连，西南段至距北河沿大街道路规划西红线95米处，西北、北侧到规划道路南红线。现状建设情况复杂，改造时对现状为1—2层的传统平房四合院建筑，建筑高度应按照原貌保护的要求进行控制，禁止超过原有建筑的高度。对现状为3层及3层以上的建筑，建筑高度控制为9米。建筑形式应与传统风貌相协调。

注：1.该保护单位南侧与子民堂保护范围和建设控制地带相连，控制详见有关规定。2.位于皇城历史文化保护区内，建设控制地带的建设应符合保护区规划。

皇城墙遗址

保护范围： 文物建筑本身。

建设控制地带：

Ⅰ类：文物建筑主体四周向外侧扩展各10米。

注：位于皇城历史文化保护区内，建设控制地带的建设应符合保护区规划。

雪池冰窖

保护范围： 文物建筑本身。

建设控制地带：

Ⅱ类：

东至园景胡同规划道路西红线，南至陟山门街规划道路北红线，西至雪池胡同规划道路东红线，北至房钱库胡同规划道路南红线。

东至雪池胡同规划道路西红线，南至陟山门街规划道路北红线，西、北至北海公园东园墙。

注：位于皇城历史文化保护区内，建设控制地带的建设应符合保护区规划。

恭俭冰窖

保护范围：文物建筑本身。

建设控制地带：

Ⅱ类：东至恭俭胡同规划道路西红线，南至自文物建筑南墙向南120米处及规划道路北红线，西至北海公园东园墙，北至自文物建筑北墙向北170米处。

注：位于皇城历史文化保护区内，建设控制地带的建设应符合保护区规划。

会贤堂

保护范围：前海北沿18号、19号院四至现状围墙。

建设控制地带：

Ⅰ类：东至保护范围东侧向东45米的南延长线，南至前海北岸，西至规划道路东红线，北至前海北沿规划道路南红线。

Ⅱ类：

东至规划道路西红线，南至自文物建筑1号西南角向南40米的东、西延长线，西北至前海北沿规划道路南红线。

东至保护范围东界向东45米处，南至前海北沿规划道路北红线，西至保护范围西界向西65米处，北至南官房胡同规划道路南红线。

东至东侧规划道路西红线，南至南官房胡同规划道路北红线，西至前井胡同规划道路东红线，北至保护范围向北40米处。

东至前井胡同规划道路西红线，南至南官房胡同规划道路北红线，西至文物建筑12号西北角向东55米处前井胡同规划道路东红线的南延长线，北至前井胡同规划道路南红线。

注：位于什刹海历史文化保护区内，建设控制地带的建设应符合保护区规划。

拈花寺

保护范围： 鼓楼西大街大石桥胡同 61 号四合院四至现状围墙及南侧影壁。

建设控制地带：

Ⅰ类：东至现状小八道湾胡同规划道路西红线，南至保护范围南侧 7 米处及影壁南侧 5 米处的东、西延长线，西至保护范围西侧南延长线及影壁西侧 7 米处的南、北延长线，北至保护范围南侧边界。

Ⅱ类：

东至东侧规划道路西红线，南至西绦胡同规划道路北红线，西至西侧规划道路东红线，北至德胜门东大街规划道路南红线。

东至规划道路西红线，南至小八道湾胡同规划道路北红线，西至保护范围东侧，北至西绦胡同规划道路南红线。

东至规划道路西红线，南至保护范围东南角向南 55 米处的东、西延长线，西至小八道湾胡同规划道路东红线，北至小八道湾胡同规划道路南红线。

东南至小八道湾胡同规划道路西北红线，西至保护范围西侧的南延长线，北至Ⅰ类地带南边界。

注：位于什刹海历史文化保护区内，建设控制地带的建设应符合保护区规划。

西城区地安门西大街 153 号四合院

保护范围： 地安门西大街 153 号院四至现状围墙。

建设控制地带：

Ⅱ类：东至德胜门内大街规划道路西红线，南至地安门西大街规划道路北红线，西至规划道路东红线，北至护国寺街规划道路南红线。

注：位于什刹海历史文化保护区内，建设控制地带的建设应符合保护区规划。

西城区阜成门内大街 93 号四合院

保护范围： 阜成门内大街 93 号四合院四至现状围墙。

建设控制地带：

Ⅱ类：东至保护范围东南角向东 40 米的延长线，南至阜成门内大街规划道路北红线，西至姚家胡同规划道路东红线，北至西四北头条规划道路南红线。其间有 5 米宽规划道路（胡同）自南向北转东穿过。

注：位于阜成门内大街历史文化保护区内，建设控制地带的建设应符合保护区规划。

花市火神庙

保护范围：花市火神庙四至现状围墙。

建设控制地带：

Ⅰ类：东至保护范围东侧往东6米的南北延长线，南至西花市大街规划道路北红线，西至西侧规划道路东红线，北至保护范围北界往北6米的东西延长线。

Ⅱ类：东至Ⅰ类建设控制地带东南角往东20米的北延长线，南至西花市大街规划道路北红线，西至Ⅰ类建设控制地带东北界及规划道路东红线，北至Ⅰ类建设控制地带西北角向北50米的东延长线。

京华印书局

保护范围：文物建筑本身。

纪晓岚故居

保护范围：珠市口西大街241号院四至现状围墙。

建设控制地带：

Ⅱ类：

东至距保护范围东界35米处，南至珠市口大街规划道路北红线，西至规划道路东红线，北至西壁营胡同规划道路南红线。

东至规划道路西红线，南至西壁营胡同规划道路北红线，西至规划道路东红线，北至百顺胡同规划道路南红线。

德寿堂药店

保护范围：文物建筑本身。

建设控制地带：

Ⅱ类：

1.东至陕西巷规划道路西红线，南至珠市口大街规划道路北红线，西至胭脂胡同规划道路东红线，北至韩家胡同规划道路南红线。其间有百顺胡同、东壁营胡同东西向穿过。

2.东至石头胡同规划道路西红线，南至珠市口大街规划道路北红线，西至陕西巷规划道路东红线，北至韩家胡同规划道路南红线。其间有万福巷东西向穿过。

注：位于大栅栏历史文化保护区内，建设控制地带的建设应符合保护区规划。

北顶娘娘庙

保护范围：南至规划道路北红线，北至保护范围南界向北149.1米处，东至天王殿东墙向东37米处，西至天王殿西墙向西37米处。

建设控制地带：

Ⅰ类：东至规划道路西红线，西至规划道路东红线，南至规划道路北红线，北至保护范围北界向北69米处。

孙岳墓

保护范围：东、南至北京胸科医院内部现状路，南至现状二层建筑北墙及其东、西延长线，西至现状路并自现状路北端向北接至60米等高线，西南、西北、北延56米等高线（显龙山西侧支脉），北延56米等高线（显龙山主脉）至东北接温泉路规划道路西南红线。

建设控制地带：

Ⅲ类：

1. 东北至规划温泉路，东沿排洪沟西侧，南至保护范围南侧的东延长线，西至保护范围东侧，西北至保护范围东南侧。

2. 东至排洪沟西侧，南至保护范围南侧85米处，西至北京胸科医院围墙东侧，北至保护范围及其东西向的延长线。

3. 东起保护范围西侧，南至保护范围南侧的西延长线，西至65米等高线西端的正南北线，北接保护范围。

4. 东至65米等高线西端的正南北线，南至保护范围南侧40米处，西至规划道路东红线，北为温泉路规划道路南红线。

5. 东北接温泉路规划道路南红线，西至65米等高线西端的正南北线，南接保护范围北侧。

Ⅴ类：东至规划道路西红线，南至保护范围南侧85米处的东延长线，西至排洪沟西侧与Ⅲ类建设控制地带的1、2地块相接，北至温泉路规划道路南红线。在此地带内不得建房，应保留绿化或作为果园、苗圃及农田。

注：该项保护范围及建设控制地带东侧与滦州起义纪念塔的保护范围及建设控制地带相连，其保护范围及建设控制地带以此次公布为准。

上庄东岳庙

保护范围：

上庄东岳庙四至围墙内。

大戏台周围东25米、南10米、西20米、北5米平行线范围内。

建设控制地带：

Ⅰ类：东至东岳庙保护范围1东边界及其延长线，东南至距保护范围1南边界外30米的现状道路南沿，南侧至大戏台保护范围2北界及东、西界的北延长线，西南至距保护范围1南边界外30米的现状道路南沿的西延长线，西至东岳庙保护范围1西边界外50米的平行线，西北、北侧至沙阳路规划南红线。

Ⅱ类：东北侧至沙阳路规划南红线，东至东岳庙保护范围1外50米的平行线，南侧至大戏台保护范围2外30米的平行线，西南段至Ⅰ类地带西边界南延长线，西北段与东岳庙保护范围及Ⅰ类地带相接，北与Ⅰ类地带及大戏台保护范围2相接。

丰台药王庙

保护范围：丰台药王庙东、北两侧为现状围墙，南侧至南配殿东南角向南21米平行线处，西侧为山门殿西北角往西（偏南）10米并与西侧庙墙平行。

建设控制地带：

Ⅰ类：东侧至丰西二号路规划道路东红线向东100米处，南侧至A点（山门西北角）往南60米处，西侧至丰西二号路规划道路西侧红线，北侧至A点（山门西北角）往北45米处。

Ⅴ类：东至现状铁路的规划绿化隔离带西侧，南至Ⅰ类建设控制地带南侧50米处，西至丰西二号路规划道路东红线，北至看丹路规划道路南红线。建筑控制高度为30米。

大葆台西汉墓遗址

保护范围：大葆台西汉墓博物馆四至现状围墙。

建设控制地带：

Ⅰ类：东至万寿路南延规划道路西红线，南至保护范围南侧100米处，西至保护范围西侧100米处，北至丰葆路规划道路南红线。

丰台娘娘庙

保护范围：东、西、北侧为丰台娘娘庙现状围墙，南侧到丰台娘娘庙前戏楼南5米处。

建设控制地带：

Ⅰ类：

东至丰台娘娘庙保护范围东侧5米处，南至丰台娘娘庙保护范围南边界及其东、西延长线，西至丰台娘娘庙保护范围西侧5米处，北至丰台娘娘庙保护范围北侧10米处。

东至丰台娘娘庙Ⅰ类建设控制地带1东侧100米处，南延京原铁路西北侧的外边线，西至保护范围西侧45米处的南延长线，北至现状大灰厂东路及其东延的规划道路南红线。

Ⅱ类：

东、南至现状大灰厂东路及其东延的规划道路北红线，西至丰台娘娘庙保护范围西45米处，北至北侧Ⅰ类建设控制地带1地块东北端向北33米的土坎处。

东至丰台娘娘庙保护范围西侧5米处，南至丰台娘娘庙保护范围南侧西延长线，西至丰台娘娘庙保护范围西侧45米处，北至现状大灰厂东路道路南红线。

东至丰台娘娘庙保护范围东侧25米处，南至丰台娘娘庙保护范围南侧东延长线，西至丰台娘娘庙保护范围西5米处，北至现状大灰厂东路道路南红线。

慈善寺

保护范围：

以慈善寺现状围墙、土坡、台地、栅栏为界。

玉皇庙、天齐庙东侧以332米等高线为界，南侧以距天齐庙南侧11米的水池南沿及其延长线为界，西侧以331米等高线为界，北侧以距玉皇庙北墙5米的平行线为界。

山神庙以周围四面各5米平行线范围为界。

覆钵塔以距塔基四面5米平行线范围为界。

北侧山腰的淡泊、耕读、《易经·谦卦》三处摩崖石刻为保护石刻。

建设控制地带：

Ⅰ类：

东侧以345米等高线为界，向东南、西南连接覆钵塔保护范围外25米处的平行线，西侧连接295米等高线，北侧以307.5米、315.9米、327.5米、342.2米高点的连线为界。

北侧山腰摩崖石刻中心点20米半径范围内。

Ⅴ类：西北以沿天泰山西南走向的山梁为界，东北与541.1米、449.0米两高点的连线相接，东侧接449.0米、436.7米两高点的连线，南侧以沿天泰山向西的山梁为界，西侧以250米等高线为界连接天泰山山梁。此地带内应保持原有地形地貌，加强绿化，不得随意开山采石、取土，不得进行各项建设工程。

通州清真寺

保护范围： 通州清真寺四至现状围墙。

建设控制地带：

Ⅱ类：

东至保护范围西边界，南至马家胡同北边界，西至新华南大街规划道路东红线，北至回民胡同规划道路南红线。

东至清真寺保护范围东界向东30米，南至马家胡同北边界，西至清真寺保护范围东界，北至回民胡同规划道路南红线。

富育女校教士楼、百友楼旧址

保护范围：文物建筑本身。

建设控制地带：

Ⅰ类：东至通州二中东围墙，南至百友楼南墙向南32米，西至图书馆楼西墙向西35米，北至百友楼西北角向北24米沿玉带河大街的平行线。

Ⅳ类：

东至通州二中东围墙，南至Ⅰ类建设控制地带北界，西至Ⅰ类建设控制地带西界北延长线，北至玉带河大街规划道路南红线。

东至通州二中东围墙，南至南侧规划道路北红线，西至Ⅰ类建设控制地带西界南延长线，北至Ⅰ类建设控制地带南界。

元圣宫

保护范围：东、南、西至元圣宫现状围墙，北至后殿北侧外11米的现状二层教学楼南墙及其东延长线。

建设控制地带：

Ⅰ类：东至东配殿东墙外50米的平行线，南至元圣宫现状围墙东南角A点外30米的东西向水平线，西至西配殿西墙外30米的平行线，北至保护范围西北角B点外20米的东西向水平线。

Ⅱ类：东、南、北至Ⅰ类地带东、南、北边界外50米的平行线，西接Ⅰ类地带西边界外20米的平行线。

Ⅳ类：东至Ⅱ类地带西边界，南、北至Ⅱ类地带南、北边界西延长线，西至Ⅱ类地带西边界外80米的平行线。

无梁阁

保护范围：东至距无梁阁东墙外44米的现状院墙，南至距无梁阁南墙外25米现状路南侧的坝壁（泛指砖石等所砌挡土墙及加固山坡及山崖的砌筑物）及其延长线，西至距无梁阁西墙外34米的现状院墙及其北延长线，北侧沿55米等高线向东至距娘娘宫东北角点24米的东北侧崖壁为界。

建设控制地带：

Ⅱ类：东、南至部队营房现状围墙及其延长线，西至39米等高线及现状坝壁，北侧与保护范围界相接。东西长约178米，南北长约146米。

Ⅴ类：东、西、北侧以55米等高线为界，南侧以东西两段55米等高线的自然连线为界，此地带内应保持原有地形地貌，不得开山取石、打孔放炮，应加强绿化，已破坏的地形应尽量恢复，不得随意进行各项建设工程。

无碍禅师塔

保护范围：四至距护塔台15米范围内。

建设控制地带：

Ⅰ类：东、西至塔南北中轴线东西两侧各10米平行线范围内，北至保护范围边界，南至保护范围南边界外85米平行线。

Ⅱ类：东、西至保护范围东西边界外15米平行线，南至Ⅰ类地带南边界的东西延长线，北至距保护范围北边界外29米的现状道路南沿。

岫云观

保护范围：东、西至后楼及耳房两侧现状围墙，南至皋殿南侧散水及其延长线，北至后楼北侧散水。

建设控制地带：

Ⅰ类：东至保护范围东边界南的延长线，南至距保护范围南边界外90米的中学现状小操场南边界，西至保护范围西边界的南延长线，北接保护范围。

Ⅱ类：

保护范围东侧：东至距Ⅰ类地带西南角A点144米的现状道路西边界，南至Ⅰ类地带南界东延长线，西与保护范围、Ⅰ类地带相接，北至保护范围北边界东延长线。

保护范围西侧：东与保护范围、Ⅰ类地带、现状中学田径场西边界相接，南至Ⅰ类地带南界西延长线，西至距Ⅰ类地带西南角B点85米的现状道路东沿及其北延长线，北至田径场北边界的西延长线。

东至现状道路东边界外50米平行线，南至Ⅰ类地带南边界外166米现状道路北沿的东延长线，西至现状道路东边界，北至田径场北边界的东延长线。

Ⅲ类：东至现状道路西边界，南至Ⅰ类地带南边界外166米现状道路北沿，西至现状道路东沿，北至

Ⅰ类地带南边界及其东西延长线。

Ⅴ类：东至现状道路西边界，南至保护范围北边界及其东延长线，西接建设控制地带Ⅱ类2东边界，北至琉璃河中学田径场现状北边界，南北长约296米。此地带内应维持现状使用，加强绿化，不得随意进行各项建设工程。

伊桑阿墓石刻

保护范围：东至华表东端外20米平行线，南北两侧分别至华表南、北端外20米墓区东西中轴线的平行线，西至距现状石碑西端外60米平行线的现状路东沿。

建设控制地带：

Ⅴ类：东、南、西、北至保护范围外50米的平行线。在此地带内应保持原有地形地貌，加强绿化，不得任意取土，不得进行各项建设工程。现有皇后台村的村舍建筑及活动设施不得再添建、扩建，旧房翻建应尽可能迁出原址，确无条件迁出的，翻建房屋不得超出原建筑基址和高度。

蔡庄土城遗址

保护范围：土城遗址内、外沿（北京市域范围内）各30米平行线范围以内。

建设控制地带：

Ⅴ类：东至保护范围外50米平行线，南接保护范围及市界，西接保护范围边界，北侧以拒马河河岸线为界，包括城内全部。在此地带内应保持原有地形地貌，加强绿化，维持原有生产状况，不得取土，不得随意进行各项建设工程。

铁瓦寺

保护范围：

东、西、北至河北镇政府现状围墙，南至现状围墙外5米平行线。东西约89米，南北约92米。

现状路南侧圣泉水池现状范围。东西约33米，南北约14米。该范围内的古建筑、古树、圣泉遗址均应妥善保护。

建设控制地带：

Ⅱ类：

保护范围东侧：东、北至现状建设用地，边界以图示为准，南至现状道路北沿，西至保护范围边界。

保护范围西侧：东至保护范围边界，南至现状道路北沿，西至铁瓦寺西配殿西墙外150米的平行线，北至现状建设用地，边界以图示为准。

京昆路复线的道路红线定线后，Ⅱ类建设控制地带1、2南边界以道路北红线为准。

Ⅴ类：

东至铁瓦寺东配殿东墙外150米平行线，南接保护范围和Ⅱ类地带，西至铁瓦寺西配殿西墙外150米平行线，北侧以175米等高线为界。

东、西至现状道路南沿，南至现状京昆路复线（磁家务—辛庄段）北边界，北接圣泉水池保护范围。

现状道路南侧：东、北至现状道路南沿，南至现状京昆路复线（磁家务—辛庄段）北边界，西至Ⅱ类建设控制地带2西边界南延长线。此地带内应加强绿化，山地应保持原有地形地貌，不得随意开山采石、取土，除京昆路复线的道路工程外，不得进行其他各项建设工程。

郊劳台

保护范围：东、南、西、北至郊劳台碑亭基础外20米范围。

建设控制地带：

Ⅰ类：东至距保护范围外约44米的现状土坎，南至保护范围外150米的平行线，西至距保护范围外约86米的现状土坎及其延长线，北至距保护范围外约38米的现状房屋北墙。

Ⅱ类：南接Ⅰ类地带，东、西至Ⅰ类地带东西边界的北延长线，北至Ⅰ类地带北边界外75米的平行线。

Ⅴ类：东、南至Ⅰ类地带外50米的平行线，西接Ⅰ类地带及其延长线，北至Ⅱ类地带北边界的东延长线。在此地带内应保持原有地形地貌，维持原有生产状况，不得任意取土，不得进行其他建设工程。现有村舍建筑及设施不得添建、扩建，旧房翻建应尽可能迁出原址，确无条件迁出的，翻建房屋不得超出原建筑基址和高度。

玉皇塔

保护范围：塔基周围20米半径范围内。

建设控制地带：

Ⅴ类：东南至100米等高线，西南至距塔基B点外150米平行线及100米等高线，西北至125米等高线，东北至距塔基A点外约160米远处的现状道路西沿。此地带内不得开山采石、采矿及进行建设工程。应加强绿化，保护地形地貌，已破坏的地形应尽量恢复。

照塔

保护范围： 234米等高线范围以内。

建设控制地带：

Ⅴ类：东、南、西侧以115米等高线为界，北侧与过267.2米高点的东西水平线相接。此地带内应保持原有地形地貌，不得随意开山取石、打孔放炮，应加强绿化，不得随意建房。

周吉祥塔

保护范围： 东、南、西、北距塔基20米范围内。

建设控制地带：

Ⅰ类：东、西至塔南北轴线东、西两侧各7.5米范围内，南至距保护范围南约70米外的现状道路北沿，北侧与保护范围相接。

Ⅱ类：东接保护范围及其延长线、Ⅰ类地带，南至距保护范围南约70米外的现状道路北沿，西至保护范围西边界外30米平行线，北至保护范围北边界外30米平行线的西延长线。

Ⅲ类：

东至Ⅴ类地带东边界外30米平行线，南至距保护范围南约70米外的现状道路北沿，西接Ⅴ类地带东边界，北接Ⅴ类地带北边界东延长线。

东接Ⅱ类、Ⅴ类地带西边界，南至距保护范围南约70米外的现状道路北沿，西至Ⅱ类地带西边界外30米平行线，北接Ⅴ类地带北边界的西延长线。

Ⅴ类：东至保护范围东边界外30米平行线，南至距保护范围南约70米外的现状道路北沿，西接Ⅰ类地带、保护范围及其延长线、Ⅱ类地带及其北延长线，北至保护范围北边界外80米平行线。此地带应保持原有地形地貌，维持现有生产状况，不得取土，不得随意建房。

应公长老寿塔

保护范围： 东至距塔基A点外5米的现状路基西侧土坡下沿，南、北至塔基外25米平行线，西至距塔基B点外20米的塔南北轴线平行线。

建设控制地带：

Ⅴ类：东至距保护范围东边界外16米的现状道路西沿，西至距保护范围西边界外约14米的现状道路东沿，南、北距保护范围外50米平行线。此地带内应保持原有地形地貌，维持现有生产状况，不得取土，不得随意建房。

金陵

保护范围：东西两侧以现状山沟为界，南侧以285米等高线为界，北侧以350米等高线为界。

建设控制地带：

Ⅰ类：东侧以现状山梁防火道中心线为界，南侧以306.1米、343.3米高点的连线为界，西南以343.3米、426.3米高点的连线为界，西北、北侧以425米等高线为界。

Ⅴ类：东侧以燕山石化现状西侧厂为界，南侧以324.0米、330.2米、288.9米高点的连线及其延长线为界，西侧由南向北依次连接288.9米、361.5米、780.0米、968.6米、1016.0米高点，以此连线及其向北延长线为界，北以车厂村与南窖村的现状行政边界为界。在此地带内不得开山取石、打孔放炮，不得改变地形地貌、开矿挖洞。加强绿化植被，以生态防护林木为主，可植少量经济林木。在此地带南部的车厂村现状村庄建设用地范围内，新建建筑以平房为主，可建局部二层，建筑形式以该地区农村传统民居形式为主。

和平寺

保护范围：四至现状围墙范围以内。

建设控制地带：

Ⅰ类：

东至保护范围东边界的北延长线，南、西接保护范围，北至保护范围北边界的东延长线。

东、西至通过山门中心点的道路中心线东西两侧各5米平行线，南至山门南侧现状道路南沿外80米的平行线，北至山门南侧现状道路南沿。

Ⅱ类：

东至Ⅰ类建设控制地带2东边界外120米平行线，南至Ⅰ类建设控制地带2南边界的东延长线，西接Ⅰ类建设控制地带2东边界，北至山门南侧现状道路南沿。

东接Ⅰ类建设控制地带2西边界，南至Ⅰ类建设控制地带2南边界西延长线，西至距Ⅰ类建设控制地带2西边界外133米的现状道路东沿，北至山门南侧现状道路南沿。

Ⅴ类：南至山门南侧现状道路北沿及保护范围，东至Ⅱ类建设控制地带1东边界的北延长线，顺距Ⅰ类建设控制地带1东边界约16米的现状沟和坡坎向北，依次连接164.3米高点、距现状亭北角（A点）正北5米处的B点、226.4高点，折向南，依次连接198.1米、191.1米、182.2米、172.5米、150.0米、149.6米高点所围合的范围。此地带内应保持原有地形地貌，不得开山取石，打孔放炮，应加强绿化，不得进行各项建设工程。

鱼子山抗战遗址

保护范围：

北洞：四至为现状岩壁、洞口平台与山洞遗址所在范围。

西洞：东至现状岩壁及山洞遗址东端外18米平行线，南至距山洞遗址南端外28米的现状岩壁，西至山洞遗址东端外2米的现状房屋西墙及其延长线，北至山洞遗址南端外30米平行线。

崇光门：四至为崇光门墙基外5米平行线。

猴石南沟：四至遗址现状墙基外10米平行线。

建设控制地带：

Ⅰ类：

崇光门：保护范围四至外15米平行线。

Ⅴ类：

1.北洞：东至414.5米、399.8米高点连线及400米等高线，东南沿山梁依次连接400.6米、366.0米、357.8米、345.7米、330.6米、322.1米、307.5米高点及其延长线，西至300米等高线，西北依次连接315.4米、333.6米、379.6米、421.8米高点，东北至425米等高线。

2.西洞：东至距保护范围东界外约43米的现状道路西沿、现状房屋南墙延长线、现状岩壁及其延长线，南至175.9米与156.4米两高点连线及其延长线，西、北至保护范围西、北边界外30米平行线。

3.崇光门：Ⅰ类地带四至外50米平行线。

4.猴石南沟：东北以距保护范围外约15米的现状台地及其延长线为界，东南至235.4米、242.8米两高点连线，南至243米等高线，西南至240.5米、243.9米两高点连线，西北至239.1米、235.3米两高点连线，北至235.3米、232.2米两高点连线。在此地带内不得开山取石、打孔放炮，应加强山体绿化，不得改变原有地形地貌，不得随意进行工程建设。猴石南沟的Ⅴ类地带内可进行土地生产、经济作物种植等活动。

丫髻山碧霞元君祠遗址

保护范围： 东宫大殿、万寿亭、御碑亭，文物建筑本身；山顶建筑群，以建筑群所在现状高台以内为保护范围。其他建筑（群），四至现状围墙为界。

建设控制地带：

Ⅰ类：

山脚下东宫大殿文物建筑东、南、北外侧10米范围内，西至现状道路东沿。

东至西宫保护范围东边界北延长线（现状道路西沿），北至西宫保护范围北边界外35米平行线，南至山门南侧的现状道路北沿及西宫保护范围，西至西宫保护范围西边界外5米平行线、北吉山村现状村庄建设用地边界及Ⅰ类建设控制地带2东边界西55米平行线。

慈航殿西北、东北侧外10米范围内，西南侧至现状道路外10米范围内，东南接北吉山村现状村庄建设用地边界。

东接Ⅰ类建设控制地带2，南至北吉山村现状村庄建设用地边界，西接Ⅰ类建设控制地带3，北至登山道路台阶外10米平行线。

登山道路台阶及两侧外10米范围内。

山腰建筑：东岳庙东、西、北20米范围，西南至现状道路西沿，南至现状停车场范围及东岳庙南墙最远端20米处。回香亭东侧至现状道路东侧外10米范围，南侧与东岳庙Ⅰ类建设控制地带相接，西、北侧至现状围墙外20米平行线。三官殿及御碑亭东、南、北外侧10米平行线范围内，西侧至现状道路西侧外10米，与回香亭西侧、北侧围墙外20米平行线相连。

巡山殿东、南、北距现状围墙外10米处，西至现状道路外侧10米平行线。

山顶建筑：东、西、北以319米等高线为界，南至万寿亭南侧，与登山道路两侧10米平行线相接。

道士墓：四至以现状混凝土道路内侧为界。

Ⅱ类：

东、西至现状村庄建设用地边界，南接Ⅰ类建设控制地带2，北至南边界外约65米的现状村庄建设用地边界。

东、西、北接Ⅰ类建设控制地带2、3、4，南至山门南侧的现状道路北沿。

东至现状密平路西沿，南至西宫保护范围南边界外50米平行线，西至北吉山村现有村庄建设用地边界，北至山门南侧的现状道路南沿。

Ⅴ类：

东侧至现状密平路西沿，南侧至现状道路，西南沿山梁线的延长线向北依次连接332.1米、426.2米、293.8米、290.8米高点，北侧以290.8米与146.5米高点的连线及其延长线为界。

东至现状密平路东沿外20米平行线，南至Ⅴ类建设控制地带1南边界的东延长线，西、北至现状密平路东沿。在此地带内不得开山取石、打孔放炮，应加强山体绿化，不得改变原有地形地貌，不得随意进行工程建设。Ⅴ类建设控制地带2内除现有房基外，不再添建，应以沿路绿化为主。

上宅文化遗址

保护范围：

北埝头遗址：该文物保护单位（现状土台）四至范围内。东西长约214米，南北长约181米。

上宅遗址：东至现状斜坡，南至村北现状路北沿，西南角以现状房基为界，西侧至现状台地边缘，北以现状土坎为界。东西长约126米，南北长约130米。

建设控制地带：

Ⅱ类：

北埝头遗址：东至距保护范围东界约169米外的村内现状道路西沿，南至Ⅴ类地带南边界的东延长线，西南以保护范围南侧现状道路东、北沿为界，西侧与保护范围相接，北至保护范围北界的东延长线。

上宅遗址：北侧西段以现状斜坡为界，中段接保护范围南界，东北角以现状房基为界，东、西两侧以Ⅴ类建设控制地带东、西边界的南延长线为界，南侧以距北边界外约93米的村南现状路北沿为界。

Ⅴ类：

北埝头遗址：东侧至Ⅱ类地带东边界的北延长线，接Ⅱ类地带和保护范围，南至距保护范围南边界中点外约180米的现状土坎及其延长线，西、北以30米等高线为界。

上宅遗址：东侧以96.7米、96.7米两高点连线及其延长线为界，南接Ⅱ类建设控制地带及保护范围，西至保护范围外侧最远端30米平行线，北至保护范围外50米平行线范围。此地带内应保持原有地形地貌，维持现有生产状况，不得随意取土，可建少量不超过3.3米高的平房。

白龙潭龙泉寺

保护范围：

1. 五龙祠：东至水坝墙。南至现状平台栏板，西至现状平台栏板及其北延长线，北至土坡边缘，向东北至高台阶顶部。

2. 龙泉寺、普荫殿：东、西、北侧至现状院墙，包括山门前的高台阶，南侧至普荫殿前现状路北沿。

3. 行宫：东、西、北以现状院墙为界，南至宫门外影壁及其延长线与东、西院墙的南延长线相接。

建设控制地带：

Ⅰ类：东南至水坝墙。西南至五龙祠保护范围1南边界外15米平行线。过五龙祠后，以现状河道北岸为界，至河道北岸与桥交点处，连接237.4米高点，再与现状河道北岸相接。至行宫折向北，北侧西段以行宫北墙外5米平行线连接东侧现状院墙，以现状院墙东北角连接胜境门东墙角点，沿胜境门现状院墙向东。至龙泉寺，以龙泉寺北院墙外10米平行线及延长线为界，与东段现状道路南沿相连至五龙祠东水坝墙范围。

Ⅱ类：

白龙潭景区管理处附属用房现状范围内。

白水宾馆及其周边附属用房现状范围内。

Ⅴ类：东北以324.0米、392.1米、504.5米高点的连线为界，东侧以504.5米、498.2米高点的连线为界，南侧以498.2米、379.5米、344.4米高点的连线为界，西侧以344.4米、288.7米、324.0米高点的连线为界。在此地带内应以山体绿化为主，并加强管理、增加植被，严禁砍伐，不得开山取石、改变地形地貌。

古北口战役阵亡将士墓

保护范围：

将士墓四至围墙（包括台阶）范围内。

东侧纪念碑碑亭（包括台阶）范围内。

建设控制地带：

Ⅰ类：东、北以纪念碑碑亭保护范围2东边界外50米平行线为界，东侧以距碑亭约29米的现状斜坡为界，南侧以距将士墓门约27米的现状池壁及挡土墙为界，西南连接212米等高线与保护范围1西边界外50米平行线相连，西北以保护范围1北边界外10米平行线连接213米等高线，与纪念碑碑亭保护范围2北边界外10米平行线相连为界。

白乙化烈士陵园

保护范围：

1.白乙化烈士陵园内的台阶、甬路、牌坊、石栏板围成的平台、白乙化烈士雕像、四扇屏范围内。

2.王亢墓本身。

建设控制地带：

Ⅰ类：北至白乙化烈士纪念馆（建造中）周围5米，东至台阶、甬路东侧外5米平行线。至陵园平台处，东、北至石栏板10米外平行线；至土路，以土路北沿外5米平行线为界折向东，向东连接189米等高线；至王亢墓，以188.4米与182.0米两高点的连线为界；王亢墓南侧、西侧与185米等高线相接，西至台阶、甬路西侧外5米平行线。

玉皇庙山戎墓遗址

保护范围：山戎文化陈列馆四至围墙范围内。东西长约158米，南北长约67米。

建设控制地带：

Ⅴ类：东侧以565.1米、541.3米、530.3米高点连线及其延长线为界，南、西、北至距保护范围南、西、北边界13—64米外的现状道路边沿。此地带内应以山体绿化为主，并加强管理、增加植被，严禁砍伐，不得开山取石、改变地形地貌。

木化石群

保护范围：在参考北京市地勘局地质研究所的《北京延庆朝阳寺市级木化石自然保护区综合科学考察报告》的基础上，确定了沿白河两岸分布，东至四道湾，南至白塔南沟北，西至河南东，北至大对沟北的保护范围。白河南岸、赤滦公路以南、以西地区，沿山梁依次连接520.8米、651.2米、683.1米、776.5米、817.4米、867.2米、905.4米、858.1米、678.4米、741.5米、791.0米、637.1米、702.0米、635.1米、635.2米、633.1米、626.4米、636.0米、540.5米、511.6米、504.9米高点。由504.9米高点过白河，沿山梁依次连接746.3米、818.3米、867.2米、901.5米、949.1米、935.5米、952.5米高点，过大尖山三角点，沿山梁依次连接976.4米、653.9米、629.5米、606.2米、601.1米、716.6米、905.0米、927.2米、1045.6米高点，过道虎窝南山三角点，沿山梁依次连接1003.1米、1002.3米、821.5米、776.8米、789.7米高点。由789.7米高点过白河，沿山梁连接520.8米高点所形成的封闭区域。

建设控制地带：不另划定建设控制地带。

永宁天主教堂

保护范围：永宁天主教堂围墙四至范围。

建设控制地带：

Ⅰ类：东、北以天主教堂东、北墙外12米平行线为界，南至现状道路黄甲巷北沿，西南与保护范围东界相接，西北至教堂西北角向西12米处。

Ⅱ类：

1.东至距Ⅰ类地带东边界外38米的现状粮食仓库东墙及其延长线，南至黄甲巷北沿，西至现状道路东沿，北至距Ⅰ类地带北边界外34米的粮食仓库北侧现状路南沿。

2.东至距Ⅰ类地带东边界外38米的现状粮食仓库东墙及其延长线，南至黄甲巷南沿外20米范围，西至现状道路东沿，北至黄甲巷南沿。

Ⅲ类：

1.东、北至Ⅱ类建设控制地带1东、北边界外30米平行线，南至黄甲巷北沿，西至现状道路东沿及Ⅱ类建设控制地带1。

2.东、南至Ⅱ类建设控制地带2东、南边界外30米平行线，西至现状道路东沿及Ⅱ类建设控制地带2，北至黄甲巷南沿。

3.东至现状道路西沿，南至Ⅲ类建设控制地带2南边界西延长线，北至Ⅲ类建设控制地带1北边界西延长线，西至现状道路西沿外20米平行线。

灵严寺大殿

保护范围：距大殿东墙外27米、南墙外53米、西墙外9米、北墙外22米的现状围墙范围内。

建设控制地带：

Ⅱ类：东至Ⅴ类地带东边界的南北延长线，南、西、北至保护范围外20米平行线。

Ⅴ类：东至距保护范围东边界外17米的现状土坑与果林的交界处，西接保护范围东界，南、北至保护范围南、北边界的东延长线。此地带内应加强绿化，维持原有生产状况，不得进行各项建设工程。

八路军冀热察挺进军司令部旧址

保护范围：

冀热察挺进军司令部旧址陈列馆院落范围内。

马栏村84号（放映厅）院落范围内。

马栏村91号（萧克故居）院落范围内。

建设控制地带：

Ⅱ类：东、南、西至距司令部旧址陈列馆保护范围边界最远端各20米的范围内，北至萧克故居保护范围北边界外20米的范围内。

宛平县人民抗日战争为国牺牲烈士纪念碑

保护范围：大门以内的甬路、平台、台阶、基础及纪念碑后的围屏范围内。

建设控制地带：

Ⅰ类：东、南、北以烈士纪念碑周围栅栏墙为界，西至409米等高线。

白瀑寺

保护范围：以新建寺院正殿院四至范围为界。

建设控制地带：

Ⅴ类：东北以580米等高线为界，至现状围挡东南角点A折向南，以A点、568.7米、532.5米、523.6米、559.5米高点连线及其延长线为界，西、南至575米等高线，北侧以570.5米、555.6米、521.9米、534.9米、548.4米、578.3米高点连线及其延长线为界。此地带内应保持原有地形地貌，加强绿化，不得随意开山采石、取土，不得进行各项建设工程。现状已建成的对文物保护单位安全及景观构成影响的建筑及设施应

逐步拆除。

双林寺

保护范围： 东至距东配殿东墙外约35米，西至距西配殿西墙外约53米的双林寺度假山庄现状范围，南至距东配殿南墙外约38米的现状山崖，北至561米等高线。

建设控制地带：

Ⅴ类：东侧以584.9米、567.5米、545.7米高点连线及其延长线为界，向南沿现状山梁依次经过545.7米、551.7米、563.8米、573.7米、584.2米、588.8米高点，西侧、北侧沿590米等高线。此地带内应保持原有地形地貌，加强绿化，不得随意开山采石、取土，不得进行各项建设工程。

天利煤厂旧址

保护范围： 三家店中街73、75、77号院范围内。

建设控制地带：

Ⅱ类：东至保护范围外45米平行线，南至现状三家店中街北沿，西、北至保护范围外30米平行线。

东至保护范围外45米平行线的南延长线，南至保护范围外60米平行线，西至保护范围外30米平行线的南延长线，北至现状三家店中街南沿。

注：位于三家店历史文化保护区内，建设控制地带的建设应符合保护区规划。

灵岳寺

保护范围： 东、西、南至灵岳寺现状四至围墙，北至灵岳寺正殿北墙外25米平行线。

建设控制地带：

Ⅰ类：东至保护范围东边界外50米平行线，南至距保护范围西南角A点39米外的灵岳寺山门前坡地边缘，西、北至保护范围西、北边界外30米平行线。

Ⅱ类：

1.东柳林村现状建设用地范围内。

2.灵岳寺村现状建设用地范围内。

爨底下村古建筑群

保护范围： 东至680米等高线，至南侧与676.5米、657.4米、546.8米、606.6米、632.7米、656.3米、677.6米、679.0米高点的连线相接，西侧以680米等高线为界，北侧以671.3米、667.3米高点的连线及其延长线为界。

建设控制地带：

Ⅴ类：东北以现状山崖为界，至山崖南端A点与937.0米、848.5米、752.9米、712.8米高点及其南延长线相连，东侧与675米等高线相连；南侧以881.0米高点与现状山崖东端B点连线为界，沿山崖至西端C点，连接西端C点与754.0米高点；西南以754.0米、839.8米高点的连线为界，与西侧770米等高线相接，向北经770米等高线与山崖相交D、E点的自然连线，再连接770米等高线；西北与798.3米、846.0米、802.5米高点相连；北侧沿山崖及其延长线，至山崖西端F点，连接864.3米、802.5米高点。在此地带内应保护山地植被，丰富古村山野的生态特色。保护村落原有地形地貌，尤其是依山形构建的自然村景（威虎镇山、神龟啸天、蝙蝠献寿、神笔育人、金蟾望月等），除增设少量旅游服务设施和迁移部分村舍外，严禁大规模新建。建设项目不得破坏文物景观和村落选址宏观环境。新建建筑高度控制在6米以下，以保证与古村建筑的协调和整体风貌的延续。

注：建设控制地带的建设亦应符合爨底下历史文化保护区保护规划。

第八批划定文保单位的保护范围及建控地带
（2011年5月15日公布）

岔道城

保护范围：保护区划的划定沿用《第三批划定七项文物保护单位的保护范围及建设控制地带》中《万里长城、八达岭保护范围及建设控制地带》的规定。

建设控制地带：

保护区划的划定沿用《第三批划定七项文物保护单位的保护范围及建设控制地带》中《万里长城、八达岭保护范围及建设控制地带》的规定。

陈独秀旧居

保护范围：旧居院墙内划为保护范围。

建设控制地带：

Ⅰ类：保护范围东、北侧10米之内划为Ⅰ类建设控制地带。

Ⅱ类：保护范围西、南侧50米之内以"06控规"地块红线为界划为Ⅱ类建设控制地带。

Ⅴ类：Ⅰ类建设控制地带以东、以北依据"06控规"地块红线为界划为Ⅴ类建设控制地带。具体要求如下：本地块位于皇城历史文化保护区，必须严格保护其传统的平缓、开阔的空间形态。对现状为1—2层的传统平房四合院建筑，在改造更新时，建筑高度应按照原貌保护的要求进行控制，禁止超过原有建筑的高度。对现状为3层以上的建筑，在改造更新时，新的建筑高度必须低于9米。不得新建3层及3层以上的楼房和与传统风貌不协调的建筑。

长城

保护范围：

1.长城本体保护范围划定原则：保护范围及建设控制地带划定所依据的文物本体为城墙、支墙、挡马墙，以及城墙附属的敌台、马面、登城步道、暗门等。（1）基本原则：长城墙体向外两侧以500米为参考数值，结合等高线（山峰制高点、山脊线）、道路、河流等地形、地物划定保护范围。对于两段或几段长城之间围合的区域，原则上划为保护范围。长城墙体与两侧邻近烽火台之间的区域，原则上划为保护范围。（2）初步划定的保护范围如涉及经审定的规划建设用地：对于一般建设区，结合审定的规划予以适当调整，但保护范围在文物本体两侧不少于100米；对于由原来的关城、军堡、村堡演变而来的、与长城结合十分紧密的村庄仍划入保护范围严格控制。

2.烽火台保护范围划定原则：（1）烽火台本体向周边以500米为参考数值，结合等高线（山峰制高点、山脊线）、道路、河流等地形、地物划定保护范围。相邻烽火台之间的视线通廊原则上亦划为保护范围；位于平原区，且在500米范围内没有明显参照物的孤立烽火台，以半径500米画圆作为保护范围。（2）初步划定的保护范围如涉及经审定的规划建设用地：对于一般建设区，结合审定的规划予以适当调整，但保护范围在文物本体周边不少于50米；对于由原来的关城、军堡、村堡演变而来的、与长城结合十分紧密的村庄仍划入保护范围严格控制。

建设控制地带：

长城本体建设控制地带划定基本原则：长城墙体向外两侧以3000米为参考数值，结合等高线（山峰制高点、山脊线）、道路、河流等地形、地物划定建设控制地带。保护范围之外的区域：若为非建设区，原则上结合等高线（山峰制高点、山脊线）、道路、河流等地形、地物划定为Ⅰ类建设控制地带。若该范围内涉及已经行政审批的建设区，视其对文物环境影响的大小，划为Ⅱ、Ⅲ或Ⅴ类建设控制地带。

烽火台建设控制地带划定原则：烽火台本体周边向外以3000米为参考数值，结合等高线（山峰制高点、山脊线）、道路、河流等地形、地物划定建设控制地带。保护范围之外的区域：若为非建设区，原则上结合等高线（山峰制高点、山脊线）、道路、河流等地形、地物划定为Ⅰ类建设控制地带。若该范围内涉及已经行政审批的建设区，视其对文物环境影响的大小，划为Ⅱ、Ⅲ或Ⅴ类建设控制地带。

十字寺遗址

保护范围：十字寺院墙内划为保护范围。

建设控制地带：保护范围以东至300米等高线，以西至320米等高线，南、北两侧100米之内划为Ⅰ类建设控制地带。

通运桥及张家湾镇城墙遗迹

保护范围：张家湾镇城墙两侧10米之内划为保护范围；通运桥东、西、南侧20米之内划为保护范围。

建设控制地带：

Ⅰ类：保护范围西侧、北侧40米之内划为Ⅰ类建设控制地带。保护范围东侧、南侧以规划用地红线为界划为Ⅰ类建设控制地带。

Ⅲ类：Ⅰ类建设控制地带以北以"06控规"地块红线为界划为Ⅲ类建设控制地带。Ⅰ类建设控制地带南侧50米之内划为Ⅲ类建设控制地带。

Ⅳ类：Ⅲ类建设控制地带以南以"06控规"地块红线为界划为Ⅳ类建设控制地带。

团河行宫遗址

保护范围：行宫遗址及团河路以东至现状道路范围内划为保护范围，保护范围北侧、西侧以规划用地红线为界，南侧以规划道路红线为界。

建设控制地带：

Ⅰ类：保护范围西侧、南侧200米之内划为Ⅰ类建设控制地带。

Ⅱ类：保护范围东侧、北侧200米之内划为Ⅱ类建设控制地带。

未名湖燕园建筑（修订更新原燕京大学未名湖区）

保护范围：保护范围的界定延续北京市人民政府1992年公布的第四批划定文保单位的保护范围及建控地带中的相关规定，其占地面积约为50.18公顷。东：北段以现状围墙为界（现状围墙以东20米以内为大城坊公共通道），南段至图书馆四层楼西墙及其南延长线。南：东段至图书馆四层楼北墙及其东延长线，中段至距女生体育馆以南25米的平行线，西段至现状五层楼北墙及其延长线。西：南段至距六院女生宿舍楼西墙20米处，北段至现状围墙。北至现状围墙。

建设控制地带：延续北京市人民政府1992年公布的第四批划定文保单位的保护范围及建控地带中的相关规定，局部进行调整。

Ⅰ类：

燕京大学保护范围以北至清华西路规划红线之间地带。

东至颐和园路规划红线，南至宿舍区围墙，西至万泉河，北至清华西路规划红线。面积约2.57公顷。

Ⅱ类：东至圆明园东路（现名中关村北大街）规划红线，南至距清华西路规划红线50米处，西至大城坊公共通道，北至清华西路规划红线。面积约1.05公顷。

Ⅳ类：

保护范围以东：东北至圆明园东路（现名中关村北大街）规划红线，南至公共通道（公共通道位置以北京大学总体规划中东门辅路坐标为准，宽度为20米），西至大城坊公共通道，北至Ⅱ类建设控制地带。

保护范围以南。东：北段至圆明园东路（现名中关村北大街）规划红线，南段至四层物理楼西墙及其南延长线；南：东段至四层物理楼北墙及其东延长线，西段至三层宿舍楼北墙及其延长线；西至颐和园路规划红线；北：西段至保护范围，东段至公共通道。主校区部分面积约38.64公顷。

Ⅴ类：东至成府路规划红线，南至北四环路规划红线，西至颐和园路规划红线，北至Ⅳ类建设控制地带。主校区部分面积约39.23公顷。其他地带按"京政发〔1987〕156号"文件静宜园、颐和园等九项文物保护单位的保护范围及建设控制地带不变。

调整情况如下。燕南园：本区域范围与《北京大学海淀本部校区总体规划》中YY-S-11-A地块保持一致，面积约3.26公顷。燕东园小楼区：北侧以教工宿舍40号—38号甲与37号—35号建筑南外墙为界；东侧以燕东园现院墙为界；南侧东段以北大附属幼儿园外墙北侧为界，中段以北大附小用地范围为界，西段以东西向入口道路北侧为界；西侧以小楼区院墙西侧为界。位于北大附属幼儿园及北大附小内的4栋小楼以建筑东、南、西、北外边界外廊5米范围为界设置保护范围，与其他建筑物紧邻边界以保护建筑外墙为界，面积约2.58公顷。蔚秀园宿舍区历史园林遗存部分：北侧东端至山形以北5米，其余以宿舍楼24号、26号建筑南外墙为界；东侧以颐和园路道路红线西侧为界；南侧沿幼儿园北侧东西向道路北侧为界；西侧沿21号楼至24号楼东墙为界；西北侧沿山体退5米为界，面积约为3.03公顷。

门头沟沿河城

保护范围： 本次规划拟沿用北京市第三批划定文保单位的保护范围与建控地带的规定执行。

建设控制地带： 本次规划拟沿用北京市第三批划定文保单位的保护范围与建控地带的规定执行。

门头沟斋堂东城门

保护范围： 城堡东门周边5米内为保护范围。城堡北侧残墙周边5米内为保护范围。城堡西北侧天仙庙北院墙40米内、东院墙30米内、西院墙65米内、南院墙65米内为保护范围。

建设控制地带： 城堡东门保护范围外东至斋堂大街与现状道路交叉口、北至现状道路、南至斋堂大街、西至斋堂中学东墙为Ⅱ类建设控制地带。斋堂中学院内为Ⅲ类建设控制地带。

昌平上关城

保护范围： 城堡位于长城保护范围之内，故不另行划定保护范围。

建设控制地带： 城堡位于长城保护范围之内，故不另行划定建设控制地带。

周口店遗址（修订更新周口店遗址）

保护范围： 重点保护区范围较集中的重要考古遗址点本体及相关环境区域。

建设控制地带：建设控制地带范围指遗址保护范围外需要保护整体环境风貌与限制建设项目的区域。该控制地带范围内划分为低山丘陵区域建设控制地带和周口店镇建设用地区域建设控制地带。

北部边界：京原铁路与现状周口店镇至长沟峪煤矿公路相交的涵洞处，往东沿山口村往牛口峪水库道路东行，至牛口峪水库西南角。

东部边界：由牛口峪水库西南角往南至太平山东北侧169.6米高点，再向南经过165.2米、166.9米、158.2米高点至现状房易公路，南面至鸡骨山下辛庄南部。

西部边界：自北部边界西起点沿京原铁路向西南至黄院。

南部边界：自黄院沿路向西南过周张公路，沿强力水泥厂南侧向东行约700米后，向南沿鸡骨山西侧，经娄子水村东侧向南至辛庄南侧房易公路处。规划建设控制地带范围为13.68平方千米。扣除保护范围面积后，建设控制地带实际面积为8.88平方千米。

镇区建设用地范围内建设控制地带管理要求：（1）区域内的各项建设工程，包括建筑、道路和工业等，均应按规划执行，依法审批。（2）建设过程中，如发现新遗址应及时采取保护措施，报文物主管部门，必要时调整工程建设用地。（3）区域内的建筑功能以居住、文化、旅游为主。（4）区域内的原有建设用地，应加强生态景观建设和安全防护，不得设置对环境有污染的设施，对有安全隐患的设施要加强监管，及时应对意外状况，避免危及遗址。（5）区域内新建项目，建筑物体量不能过大，建筑色彩、建筑风貌要与周围的遗址区域和村镇景观协调。周口店大街东侧的建设控制地带确定为《北京市文物保护单位保护范围及建设控制地带管理规定》（以下简称《规定》）中的"三类地带"，建筑控制高度为9米，建筑密度不超过35%，容积率不大于1。建筑形式应简朴，整体色调以灰色调为主，外饰面不得使用各色琉璃瓦、陶瓷面砖和玻璃幕墙。（6）建设控制地带不得新建有污染的工业企业，应在中期内迁出有污染的工业企业和对遗址保护有潜在安全隐患的设施。

低山、丘陵区域建设控制地带管理要求：（1）该区域为《规定》中的"五类地带"，即特殊控制地带，区域内不得进行任何建设项目。（2）该区域不得再审批工矿企业进入，对现有工矿企业应加强环境污染监测和管理力度，严格控制其规模的扩大，并在中期内停止生产，迁出该区域。（3）区域内以强化自然景观为主，必须保护地形地貌，加强绿化，加大植被覆盖率。（4）区域内可种植经济林带，修建步行道路，但应注意水土和地形地貌的保持，改善生态环境。

昌平居庸关

保护范围：本次规划拟沿用北京市第三批划定的文保单位的保护范围与建控地带的规定执行。

建设控制地带：本次规划拟沿用北京市第三批划定的文保单位的保护范围与建控地带的规定执行。

昌平南口城

保护范围： 城堡墙体南、北两侧20米内，城门北侧10米内，城堡墙体西端50米内为保护范围。保护范围东侧与长城保护范围相接。清真寺周边5米内为保护范围。

建设控制地带： 城堡保护范围外侧，北至八达岭高速公路及居庸关路交会处，东至京包铁路，西至居庸关路，南至清真寺南侧村间小路，划为Ⅱ类建设控制地带；其外围地区为长城保护范围及Ⅰ类、Ⅳ类建设控制地带。

昌平白羊城

保护范围： 城堡位于长城保护范围之内，故不另行划定保护范围。

建设控制地带： 城堡位于长城保护范围之内，故不另行划定建设控制地带。

昌平长峪城

保护范围： 城堡位于长城保护范围之内，其外部不另行划定保护范围，城堡墙体内侧15米内为保护范围。

建设控制地带： 城堡南侧以自然村界为界划为Ⅱ类建设控制地带。城堡保护范围内部为Ⅴ类建设控制地带。具体要求如下：

地带内经批准改建、新建的建筑物，原则上高度不得超过3.3米，但为了营造较为优美的天际线而经过精心设计的方案，经文物主管部门审查同意后，可以实施。

地带内现有村庄的街巷格局及空间尺度应予以保持。地带内现有的传统建筑应加强维护，不得任意改建、添建，翻建时应依照原有布局。

地带内与传统风貌冲突较大的新式建筑或危险建筑，应创造条件按传统四合院的形式进行改建，或设计为色彩、尺度都较为和谐的现代建筑。

地带内新建及改建建筑密度原则上不得大于40%，以院落式建筑为主，不得出现布局过于集中、体量过大的建筑物。

延庆里炮城堡

保护范围： 城堡范围内地面上无明显可见文物本体，故不另行划定保护范围。

建设控制地带： 城堡位于长城Ⅱ类建设控制地带之内，故不另行划定建设控制地带。

延庆土城城堡

保护范围：城堡位于长城保护范围之内，故不另行划定保护范围。

建设控制地带：城堡位于长城保护范围之内，故不另行划定建设控制地带。

延庆营城子城堡（八达岭镇）

保护范围：城堡位于长城保护范围之内，故不另行划定保护范围。

建设控制地带：城堡位于长城保护范围之内，故不另行划定建设控制地带。

延庆岔道城东北营城城堡

保护范围：城堡位于长城保护范围之内，故不另行划定保护范围。

建设控制地带：城堡位于长城保护范围之内，故不另行划定建设控制地带。

延庆小张家口西营城堡

保护范围：城堡位于长城保护范围之内，故不另行划定保护范围。

建设控制地带：城堡位于长城保护范围之内，故不另行划定建设控制地带。

延庆小张家口东营城堡

保护范围：城堡位于长城保护范围之内，故不另行划定保护范围。

建设控制地带：城堡位于长城保护范围之内，故不另行划定建设控制地带。

延庆西红山西城堡

保护范围：城堡位于长城保护范围之内，故不另行划定保护范围。

建设控制地带：城堡位于长城保护范围之内，故不另行划定建设控制地带。

延庆西红山东城堡

保护范围：城堡位于长城保护范围之内，故不另行划定保护范围。

建设控制地带：城堡位于长城保护范围之内，故不另行划定建设控制地带。

延庆东红山城堡

保护范围：城堡位于长城保护范围之内，故不另行划定保护范围。

建设控制地带：城堡位于长城保护范围之内，故不另行划定建设控制地带。

延庆柳沟城堡

保护范围：城堡位于长城保护范围之内，故不另行划定保护范围。

建设控制地带：城堡位于长城保护范围之内，故不另行划定建设控制地带。

延庆头司城原址

保护范围：城堡位于长城保护范围之内，故不另行划定保护范围。

建设控制地带：城堡位于长城保护范围之内，故不另行划定建设控制地带。

延庆头司城堡

保护范围：城堡位于长城保护范围之内，故不另行划定保护范围。

建设控制地带：城堡位于长城保护范围之内，故不另行划定建设控制地带。

延庆二司古城

保护范围：城堡位于长城保护范围之内，故不另行划定保护范围。

建设控制地带：城堡位于长城保护范围之内，故不另行划定建设控制地带。

延庆三司城堡

保护范围：城堡位于长城保护范围之内，故不另行划定保护范围。

建设控制地带：城堡位于长城保护范围之内，故不另行划定建设控制地带。

延庆四司城堡

保护范围：城堡位于长城保护范围之内，故不另行划定保护范围。

建设控制地带：城堡位于长城保护范围之内，故不另行划定建设控制地带。

延庆东灰岭西城堡

保护范围：城堡位于长城保护范围之内，故不另行划定保护范围。

建设控制地带：城堡位于长城保护范围之内，故不另行划定建设控制地带。

延庆东灰岭城堡

保护范围：城堡位于长城保护范围之内，故不另行划定保护范围。

建设控制地带：城堡位于长城保护范围之内，故不另行划定建设控制地带。

延庆韩江口城堡

保护范围：城堡位于长城保护范围之内，故不另行划定保护范围。

建设控制地带：城堡位于长城保护范围之内，故不另行划定建设控制地带。

延庆营城村拾金口城堡

保护范围：城堡位于长城保护范围之内，故不另行划定保护范围。

建设控制地带：城堡位于长城保护范围之内，故不另行划定建设控制地带。

延庆菅城西沟梁城堡

保护范围：城堡位于长城保护范围之内，故不另行划定保护范围。

建设控制地带：城堡位于长城保护范围之内，故不另行划定建设控制地带。

延庆海字口城堡

保护范围：城堡位于长城保护范围之内，故不另行划定保护范围。

建设控制地带：城堡位于长城保护范围之内，故不另行划定建设控制地带。

延庆海字口村西城堡

保护范围：城堡位于长城保护范围之内，故不另行划定保护范围。

建设控制地带：城堡位于长城保护范围之内，故不另行划定建设控制地带。

延庆海字口村西南城堡

保护范围：城堡位于长城保护范围之内，故不另行划定保护范围。

建设控制地带：城堡位于长城保护范围之内，故不另行划定建设控制地带。

延庆岔石口村南城堡

保护范围：城堡位于长城保护范围之内，故不另行划定保护范围。

建设控制地带：城堡位于长城保护范围之内，故不另行划定建设控制地带。

延庆永安堡城

保护范围：城堡墙体两侧5米之内为保护范围。

建设控制地带：城堡位于长城 II 类建设控制地带之内，故不另行划定建设控制地带。

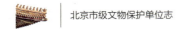

延庆四海冶城堡

保护范围：城堡墙体两侧5米之内为保护范围。

建设控制地带：城堡位于长城Ⅱ类建设控制地带之内，故不另行划定建设控制地带。

延庆火焰山营城城堡

保护范围：城堡位于长城保护范围之内，故不另行划定保护范围。

建设控制地带：城堡位于长城保护范围之内，故不另行划定建设控制地带。

延庆马营城堡

保护范围：城堡内部及其外侧现状道路围合空地以内为保护范围。

建设控制地带：城堡保护范围东南侧约50米之内、东北侧约130米至现状道路、西北侧约215米至现状道路、西侧约175米之内、西南侧至马刘路为Ⅰ类建设控制地带。城堡位于长城Ⅲ类建设控制地带之内，在Ⅰ类建设控制地带以外的地区按长城Ⅲ类建设控制地带要求控制。

延庆南湾龙泉堡

保护范围：城堡位于长城保护范围之内，故不另行划定保护范围。

建设控制地带：城堡位于长城保护范围之内，故不另行划定建设控制地带。

延庆黑汉岭城堡

保护范围：城堡位于长城保护范围之内，故不另行划定保护范围。

建设控制地带：城堡位于长城保护范围之内，故不另行划定建设控制地带。

延庆周四沟城堡

保护范围：城堡位于长城保护范围之内，墙体内侧5米内划为保护范围，外侧不再另行划定保护范围。

建设控制地带：城堡位于长城保护范围之内，外侧不再另行划定建设控制地带。墙体内侧及城堡遗址范围内划为Ⅴ类建设控制地带。具体要求如下：

地带内经批准改建、新建的建筑物，原则上高度不得超过3.3米，但为了营造较为优美的天际线而经过精心设计的方案，经文物主管部门审查同意后，可以实施。

地带内现有村庄的街巷格局及空间尺度应予以保持。

地带内现有的传统建筑应加强维护，不得任意改建、添建。翻建时应依照原有布局。

地带内与传统风貌冲突较大的新式建筑或危险建筑，应创造条件按传统四合院的形式进行改建，或设计为色彩、尺度都较为和谐的现代建筑。地带内新建及改建建筑密度原则上不得大于40%，以院落式建筑为主，不得出现布局过于集中、体量过大的建筑物。

延庆白河堡城堡

保护范围：城堡遗址位于长城保护范围之内，故不另行划定保护范围。

建设控制地带：城堡遗址位于长城保护范围之内，故不另行划定建设控制地带。

延庆大柏老城堡

保护范围：墙体5米之内为保护范围。土地庙5—10米之内为保护范围。

建设控制地带：城墙保护范围北侧现状道路以南、东侧现状道路以西、南侧现状道路以北、西侧现状道路以西为Ⅱ类建设控制地带。

延庆东白庙城堡

保护范围：城堡墙体两侧5—10米之内为保护范围。

建设控制地带：城堡保护范围北侧约128米之内、城堡西北现状道路以东为Ⅰ类建设控制地带；昌赤路以南约92米之内为Ⅰ类建设控制地带。城堡保护范围外，东至城堡以东104米左右的现状道路、南至昌赤路、西至城堡以西约127米的现状道路及村庄院墙连线为Ⅱ类建设控制地带。城堡保护范围内划为Ⅴ类建设控制地带，具体要求如下：

地带内经批准改建、新建的建筑物，原则上高度不得超过3.3米，但为了营造较为优美的天际线而经过精心设计的方案，经文物主管部门审查同意后，可以实施。

地带内现有村庄的街巷格局及空间尺度应予以保持。

地带内现有的传统建筑应加强维护，不得任意改建、添建。翻建时应依照原有布局。

地带内与传统风貌冲突较大的新式建筑或危险建筑，应创造条件按传统四合院的形式进行改建，或设计为色彩、尺度都较为和谐的现代建筑。地带内新建及改建建筑密度原则上不得大于40%，以院落式建筑为主，不得出现布局过于集中、体量过大的建筑物。

延庆东门营城堡

保护范围： 城堡内南墙、东墙残体、泰山庙、真武庙、阎王庙、老爷庙及老宅院等文物本体外侧3米之内为保护范围。

建设控制地带： 城堡范围外侧200米之内为Ⅱ类建设控制地带。墙堡范围内划为Ⅴ类建设控制地带。具体要求如下：

地带内经批准改建、新建的建筑物，原则上高度不得超过3.3米，但为了营造较为优美的天际线而经过精心设计的方案，经文物主管部门审查同意后，可以实施。

地带内现有村庄的街巷格局及空间尺度应予以保持。

地带内现有的传统建筑应加强维护，不得任意改建、添建。翻建时应依照原有布局。

地带内与传统风貌冲突较大的新式建筑或危险建筑，应创造条件按传统四合院的形式进行改建，或设计为色彩、尺度都较为和谐的现代建筑。地带内新建及改建建筑密度原则上不得大于40%，以院落式建筑为主，不得出现布局过于集中、体量过大的建筑物。

延庆古夷兴城城堡

保护范围： 城墙本体20米之内为保护范围。

建设控制地带： 城堡保护范围东侧100米之内、西侧100米之内、南至旧小路、北至白河北干渠为Ⅰ类建设控制地带。

延庆旧县城堡

保护范围： 城墙本体及城隍庙周围5—20米之内为保护范围。关帝庙院墙之内为保护范围。

建设控制地带： 城堡保护范围东侧45米之内以院墙为界、南侧55米之内以院墙为界、西侧25米以院墙为界、北侧60米之内以现状道路为界划为Ⅱ类建设控制地带。

延庆米粮屯城堡

保护范围： 城堡墙体两侧5米之内划为保护范围。

建设控制地带： 城堡墙体保存较少，考虑其周边环境具体情况，故不划定建设控制地带。

延庆双营城堡

保护范围：墙体内侧5米之内为保护范围；墙体外侧至城堡四周现状道路为保护范围。龙王庙、观音寺周围30米之内为保护范围。

建设控制地带：城墙保护范围北侧约160米之内、南侧约135米之内、东侧约158米之内、西侧约184米之内的区域划为建设控制地带。其中，非建设区为Ⅰ类建设控制地带，现状建设区为Ⅱ类建设控制地带。城堡保护范围内、龙王庙及观音寺保护范围之外，划为Ⅴ类建设控制地带，具体要求如下：

地带内经批准改建、新建的建筑物，原则上高度不得超过3.3米，但为了营造较为优美的天际线而经过精心设计的方案，经文物主管部门审查同意后，可以实施。

地带内现有村庄的街巷格局及空间尺度应予以保持。

地带内现有的传统建筑应加强维护，不得任意改建、添建。翻建时应依照原有布局。

地带内与传统风貌冲突较大的新式建筑或危险建筑，应创造条件按传统四合院的形式进行改建，或设计为色彩、尺度都较为和谐的现代建筑。地带内新建及改建建筑密度原则上不得大于40%，以院落式建筑为主，不得出现布局过于集中、体量过大的建筑物。

怀柔鹞子峪城堡

保护范围：城堡位于长城保护范围之内，墙体内侧5米之内划为保护范围，外侧不再另行划定保护范围。

建设控制地带：城堡位于长城保护范围之内，外侧不再另行划定建设控制地带。墙体保护范围内侧划为Ⅴ类建设控制地带。具体要求如下：

地带内经批准改建、新建的建筑物，原则上高度不得超过3.3米，但为了营造较为优美的天际线而经过精心设计的方案，经文物主管部门审查同意后，可以实施。

地带内现有村庄的街巷格局及空间尺度应予以保持。

地带内现有的传统建筑应加强维护，不得任意改建、添建。翻建时应依照原有布局。

地带内与传统风貌冲突较大的新式建筑或危险建筑，应创造条件按传统四合院的形式进行改建，或设计为色彩、尺度都较为和谐的现代建筑。地带内新建及改建建筑密度原则上不得大于40%，以院落式建筑为主，不得出现布局过于集中、体量过大的建筑物。

延庆东边村营城城堡

保护范围：城堡位于长城保护范围之内，故不另行划定保护范围。

建设控制地带：城堡位于长城保护范围之内，故不另行划定建设控制地带。

延庆城城堡

保护范围： 墙体两侧约20米之内为保护范围。龙王庙周边约10米之内为保护范围。

建设控制地带： 城墙保护范围北侧约55米之内、南侧约55米之内、东侧约33米之内、西侧约73米之内为Ⅱ类建设控制地带。

延庆香营城堡

保护范围： 墙体两侧10米之内为保护范围。

建设控制地带： 城墙保护范围北侧60米之内为Ⅰ类建设控制地带。城墙保护范围东侧现状道路以西、南侧香刘路以北、西侧现状道路以东为Ⅱ类建设控制地带。

怀柔二道关城堡

保护范围： 城堡位于长城保护范围之内，故不另行划定保护范围。

建设控制地带： 城堡位于长城保护范围之内，故不另行划定建设控制地带。

怀柔西水峪城堡

保护范围： 城堡墙体两侧5米内为保护范围。保护范围北侧并入长城保护范围。

建设控制地带： 城堡位于长城Ⅱ类建设控制地带之内，故不另行划定建设控制地带。

怀柔撞道口城堡

保护范围： 城堡墙体内侧5米之内、外侧10米之内为保护范围，保护范围北侧并入长城保护范围。

建设控制地带： 城堡位于长城Ⅱ类建设控制地带之内，故不另行划定建设控制地带。

怀柔黄花城

保护范围： 城堡东城墙、北城墙墙体两侧20米之内为保护范围。城堡西城墙保护范围以东侧院墙、北侧道路、西侧道路为界。

建设控制地带： 城堡位于长城Ⅱ类建设控制地带之内，故不另行划定建设控制地带。

怀柔小长峪城堡

保护范围：城堡位于长城保护范围之内，故不另行划定保护范围。

建设控制地带：城堡位于长城保护范围之内，故不另行划定建设控制地带。

怀柔兴隆城堡

保护范围：城堡墙体周围10米之内、南至怀黄路划为保护范围。

建设控制地带：城堡墙体保存较少，考虑其周边环境具体情况，故不划定建设控制地带。

怀柔南冶口城堡

保护范围：城堡位于长城保护范围之内，故不另行划定保护范围。

建设控制地带：城堡位于长城保护范围之内，故不另行划定建设控制地带。要求在当地竖立标牌，由文物主管部门决定是否委托有关部门进行考古发掘等相关事宜，今后涉及此区域的相关规划须予以考虑，在遗址范围内的建设须报请文物主管部门审批。

怀柔大榛峪城堡

保护范围：城堡位于长城保护范围之内，故不另行划定保护范围。

建设控制地带：城堡位于长城保护范围之内，故不另行划定建设控制地带。

怀柔磨石口城堡

保护范围：城堡位于长城保护范围之内，故不另行划定保护范围。

建设控制地带：城堡位于长城保护范围之内，故不另行划定建设控制地带。

怀柔驴鞍岭城堡

保护范围：城堡位于长城保护范围之内，故不另行划定保护范围。

建设控制地带：城堡位于长城保护范围之内，故不另行划定建设控制地带。

怀柔擦石口城堡

保护范围：城堡墙体两侧5米内为保护范围。

建设控制地带：城堡位于长城Ⅱ类建设控制地带之内，故不另行划定建设控制地带。

怀柔渤海城

保护范围：城堡范围内地面上无明显可见文物本体，故不划定保护范围。

建设控制地带：城堡范围内地面上无明显可见文物本体，故不划定建设控制地带。要求在当地竖立标牌，由文物主管部门决定是否委托有关部门进行考古发掘等相关事宜，今后涉及此区域的相关规划须予以考虑，在遗址范围内的建设须报请文物主管部门审批。

怀柔新营城

保护范围：城堡墙体两侧20米之内为保护范围，其中北、南、西侧范围以相邻院墙为界。

建设控制地带：城堡位于长城Ⅱ类建设控制地带之内，故不另行划定建设控制地带。

怀柔田仙峪城

保护范围：城堡墙体两侧10米内为保护范围。

建设控制地带：城堡位于长城Ⅱ类建设控制地带之内，故不另行划定建设控制地带。

怀柔贾儿岭城堡

保护范围：城堡墙体两侧5米内为保护范围，南侧以现状道路为界。

建设控制地带：城堡位于长城Ⅱ类建设控制地带之内，故不另行划定建设控制地带。

怀柔慕田峪城

保护范围：城堡墙体两侧5米内为保护范围，南侧以现状道路为界。

建设控制地带：城堡位于长城Ⅱ类建设控制地带之内，故不另行划定建设控制地带。

怀柔亓连口城堡

保护范围：城堡位于长城保护范围之内，故不另行划定保护范围。

建设控制地带：城堡位于长城保护范围之内，故不另行划定建设控制地带。

怀柔长园营城堡

保护范围：城堡墙体两侧5米内为保护范围。

建设控制地带：城堡位于长城Ⅱ类建设控制地带之内，故不另行划定建设控制地带。

怀柔神堂峪城堡

保护范围：城堡位于长城保护范围之内，故不另行划定保护范围。

建设控制地带：城堡位于长城保护范围之内，故不另行划定建设控制地带。

怀柔河防口城堡

保护范围：城堡范围内地面上无明显可见文物本体，故不划定保护范围。

建设控制地带：城堡位于长城Ⅱ类建设控制地带之内，故不另行划定建设控制地带。要求在当地竖立标牌，由文物主管部门决定是否委托有关部门进行考古发掘等相关事宜，今后涉及此区域的相关规划须予以考虑，在遗址范围内的建设须报请文物主管部门审批。

怀柔大水峪城堡

保护范围：城堡北段墙体位于长城保护范围之内，故不另行划定保护范围。城堡南段墙体两侧25米之内为保护范围。

建设控制地带：城堡位于长城保护范围及Ⅱ类建设控制地带之内，故不另行划定建设控制地带。

密云黄岩口瓮城

保护范围：城堡位于长城保护范围之内，故不另行划定保护范围。

建设控制地带：城堡保护范围西南侧沿自然村界将现状居民区划为Ⅱ类建设控制地带。

密云营房城堡

保护范围：城堡位于长城保护范围之内，故不另行划定保护范围。

建设控制地带：城堡位于长城保护范围之内，故不另行划定建设控制地带。

密云墙子路营城

保护范围：城堡北部位于长城保护范围之内，故不另行划定保护范围。城堡南部墙体两侧30米之内划为保护范围。

建设控制地带：城堡北部位于长城保护范围之内，城堡南部外侧位于长城Ⅱ类建设控制地带之内，故不另行划定建设控制地带。城堡南部内侧划为Ⅴ类建设控制地带。具体要求如下：

地带内经批准改建、新建的建筑物，原则上高度不得超过3.3米，但为了营造较为优美的天际线而经过精心设计的方案，经文物主管部门审查同意后，可以实施。

地带内现有村庄的街巷格局及空间尺度应予以保持。

地带内现有的传统建筑应加强维护，不得任意改建、添建。翻建时应依照原有布局。

地带内与传统风貌冲突较大的新式建筑或危险建筑，应创造条件按传统四合院的形式进行改建，或设计为色彩、尺度都较为和谐的现代建筑。地带内新建及改建建筑密度原则上不得大于40%，以院落式建筑为主，不得出现布局过于集中、体量过大的建筑物。

密云关上城堡

保护范围：城堡墙体内侧5米之内及城堡内部非建设用地划为保护范围。城堡外部位于长城保护范围之内，故不另行划定保护范围。

建设控制地带：城堡内部建设用地划为Ⅴ类建设控制地带。具体要求如下：

地带内经批准改建、新建的建筑物，原则上高度不得超过3.3米，但为了营造较为优美的天际线而经过精心设计的方案，经文物主管部门审查同意后，可以实施。

地带内现有村庄的街巷格局及空间尺度应予以保持。

地带内现有的传统建筑应加强维护，不得任意改建、添建。翻建时应依照原有布局。

地带内与传统风貌冲突较大的新式建筑或危险建筑，应创造条件按传统四合院的形式进行改建，或设计为色彩、尺度都较为和谐的现代建筑。地带内新建及改建建筑密度原则上不得大于40%，以院落式建筑为主，不得出现布局过于集中、体量过大的建筑物。

密云堡子里城堡

保护范围： 城堡墙体内侧5米之内、外侧20米之内为保护范围。

建设控制地带： 城堡位于长城Ⅰ类建设控制地带之内，故不在其外侧另行划定建设控制地带。城堡保护范围内侧划为Ⅱ类建设控制地带。

密云令公城堡

保护范围： 城堡墙体两侧5米之内划为保护范围。

建设控制地带： 城堡位于长城Ⅱ类建设控制地带之内，故不在其外侧另行划定建设控制地带。城堡保护范围之内划为Ⅴ类建设控制地带。具体要求如下：

地带内经批准改建、新建的建筑物，原则上高度不得超过3.3米，但为了营造较为优美的天际线而经过精心设计的方案，经文物主管部门审查同意后，可以实施。

地带内现有村庄的街巷格局及空间尺度应予以保持。

地带内现有的传统建筑应加强维护，不得任意改建、添建。翻建时应依照原有布局。

地带内与传统风貌冲突较大的新式建筑或危险建筑，应创造条件按传统四合院的形式进行改建，或设计为色彩、尺度都较为和谐的现代建筑。地带内新建及改建建筑密度原则上不得大于40%，以院落式建筑为主，不得出现布局过于集中、体量过大的建筑物。

密云黄岩口城堡

保护范围： 城堡位于长城保护范围之内，故不另行划定保护范围。

建设控制地带： 城堡保护范围东北侧沿自然村界将现状居民区划为Ⅱ类建设控制地带。

密云石岩井城堡

保护范围： 城堡内部及城堡墙体外侧10米之内划为保护范围。

建设控制地带： 城堡保护范围南侧至现状道路之间围合区域划为Ⅱ类建设控制地带。其余地区位于长城保护范围及Ⅰ类建设控制地带之内，故不另行划定建设控制地带。

密云姜毛峪城堡

保护范围：城堡墙体外侧5米之内及城堡内部划为保护范围。

建设控制地带：城堡周边6个制高点（508.4米、467.3米、506.6米、493.2米、453.8米、500.1米）连线围合范围内划为Ⅰ类建设控制地带。

密云关门城堡

保护范围：城堡位于长城保护范围之内，故不另行划定保护范围。

建设控制地带：城堡位于长城保护范围之内，故不另行划定建设控制地带。

密云吉家营城堡

保护范围：城堡墙体两侧5米之内划为保护范围。

建设控制地带：城堡外侧150米之内划为Ⅱ类建设控制地带。城堡内侧划为Ⅴ类建设控制地带，具体要求如下：

地带内经批准改建、新建的建筑物，原则上高度不得超过3.3米，但为了营造较为优美的天际线而经过精心设计的方案，经文物主管部门审查同意后，可以实施。

地带内现有村庄的街巷格局及空间尺度应予以保持。

地带内现有的传统建筑应加强维护，不得任意改建、添建。翻建时应依照原有布局。

地带内与传统风貌冲突较大的新式建筑或危险建筑，应创造条件按传统四合院的形式进行改建，或设计为色彩、尺度都较为和谐的现代建筑。地带内新建及改建建筑密度原则上不得大于40%，以院落式建筑为主，不得出现布局过于集中、体量过大的建筑物。

密云遥桥峪城堡

保护范围：城堡墙体内侧5米及墙体外侧25米之内划为保护范围。

建设控制地带：城堡保护范围内部划为Ⅴ类建设控制地带。具体要求如下：

地带内经批准改建、新建的建筑物，原则上高度不得超过3.3米，但为了营造较为优美的天际线而经过精心设计的方案，经文物主管部门审查同意后，可以实施。

地带内现有村庄的街巷格局及空间尺度应予以保持。

地带内现有的传统建筑应加强维护，不得任意改建、添建。翻建时应依照原有布局。

地带内与传统风貌冲突较大的新式建筑或危险建筑，应创造条件按传统四合院的形式进行改建，或设计为色彩、尺度都较为和谐的现代建筑。地带内新建及改建建筑密度原则上不得大于40%，以院落式建筑为主，不得出现布局过于集中、体量过大的建筑物。城堡外为长城Ⅰ类及Ⅱ类建设控制地带，不再另行划定建设控制地带。

密云马圈城堡

保护范围：城堡内部及墙体外侧20米之内划为保护范围。

建设控制地带：城堡位于长城Ⅰ类建设控制地带之内，故不另行划定建设控制地带。

密云花园城堡

保护范围：城堡内部及墙体外侧10米之内划为保护范围。

建设控制地带：城堡位于长城Ⅰ类及Ⅱ类建设控制地带之内，故不另行划定建设控制地带。

密云黑古关城堡

保护范围：城堡位于长城保护范围之内，故不另行划定保护范围。

建设控制地带：城堡位于长城保护范围之内，故不另行划定建设控制地带。

密云大树峪城堡

保护范围：城堡内部及墙体外侧20米之内划为保护范围。

建设控制地带：城堡位于长城Ⅰ类建设控制地带之内，故不另行划定建设控制地带。

密云大角峪城堡

保护范围：城堡墙体两侧5米之内划为保护范围。

建设控制地带：城堡保护范围内部划为Ⅴ类建设控制地带。具体要求如下：

地带内经批准改建、新建的建筑物，原则上高度不得超过3.3米，但为了营造较为优美的天际线而经过精心设计的方案，经文物主管部门审查同意后，可以实施。

地带内现有村庄的街巷格局及空间尺度应予以保持。

地带内现有的传统建筑应加强维护，不得任意改建、添建。翻建时应依照原有布局。

地带内与传统风貌冲突较大的新式建筑或危险建筑，应创造条件按传统四合院的形式进行改建，或设计为色彩、尺度都较为和谐的现代建筑。地带内新建及改建建筑密度原则上不得大于40%，以院落式建筑为主，不得出现布局过于集中、体量过大的建筑物。城堡外为长城Ⅰ类及Ⅱ类建设控制地带，不再另行划定建设控制地带。

密云曹家路城堡

保护范围： 城堡北部墙体两侧120米之内划为保护范围，城堡南部残存墙体周围5米之内划为保护范围。

建设控制地带： 城堡保护范围北侧为长城Ⅰ类建设控制地带。城堡保护范围南侧以现状道路为界划定Ⅱ类建设控制地带。城堡Ⅱ类建设控制地带以南至现状沟坎划为Ⅲ类建设控制地带。

密云破城子城堡

保护范围： 城堡东、西墙体两侧2米之内划为保护范围；北墙内侧2米之内、外侧至415米等高线划为保护范围；南墙内侧2米之内、外侧至405米等高线划为保护范围。

建设控制地带： 城堡保护范围内部划为Ⅴ类建设控制地带。具体要求如下：

地带内经批准改建、新建的建筑物，原则上高度不得超过3.3米，但为了营造较为优美的天际线而经过精心设计的方案，经文物主管部门审查同意后，可以实施。

地带内现有村庄的街巷格局及空间尺度应予以保持。

地带内现有的传统建筑应加强维护，不得任意改建、添建。翻建时应依照原有布局。

地带内与传统风貌冲突较大的新式建筑或危险建筑，应创造条件按传统四合院的形式进行改建，或设计为色彩、尺度都较为和谐的现代建筑。地带内新建及改建建筑密度原则上不得大于40%，以院落式建筑为主，不得出现布局过于集中、体量过大的建筑物。城堡外为长城Ⅰ类及Ⅱ类建设控制地带，不再另行划定建设控制地带。

密云齐头堡城堡

保护范围： 城堡内部及城堡墙体外侧5米之内划为保护范围。

建设控制地带： 城堡外部为长城Ⅰ类建设控制地带，故不另行划定建设控制地带。

密云小口城堡

保护范围：城堡墙体内侧约5米之内划为保护范围；墙体外侧约20米之内、西北至400米等高线、南至现状道路划为保护范围。

建设控制地带：城堡保护范围内部划为Ⅴ类建设控制地带。具体要求如下：

地带内经批准改建、新建的建筑物，原则上高度不得超过3.3米，但为了营造较为优美的天际线而经过精心设计的方案，经文物主管部门审查同意后，可以实施。

地带内现有村庄的街巷格局及空间尺度应予以保持。

地带内现有的传统建筑应加强维护，不得任意改建、添建。翻建时应依照原有布局。

地带内与传统风貌冲突较大的新式建筑或危险建筑，应创造条件按传统四合院的形式进行改建，或设计为色彩、尺度都较为和谐的现代建筑。地带内新建及改建建筑密度原则上不得大于40%，以院落式建筑为主，不得出现布局过于集中、体量过大的建筑物。城堡外为长城Ⅰ类建设控制地带，不再另行划定建设控制地带。

密云蔡家店城堡

保护范围：城堡墙体两侧5米之内划为保护范围。

建设控制地带：城堡内部及遗址范围外侧20米之内划为Ⅱ类建设控制地带。

密云新城子城堡

保护范围：城堡墙体两侧5米之内划为保护范围。

建设控制地带：城堡保护范围内部划为Ⅴ类建设控制地带。具体要求如下：

地带内经批准改建、新建的建筑物，原则上高度不得超过3.3米，但为了营造较为优美的天际线而经过精心设计的方案，经文物主管部门审查同意后，可以实施。

地带内现有村庄的街巷格局及空间尺度应予以保持。

地带内现有的传统建筑应加强维护，不得任意改建、添建。翻建时应依照原有布局。

地带内与传统风貌冲突较大的新式建筑或危险建筑，应创造条件按传统四合院的形式进行改建，或设计为色彩、尺度都较为和谐的现代建筑。地带内新建及改建建筑密度原则上不得大于40%，以院落式建筑为主，不得出现布局过于集中、体量过大的建筑物。城堡外为长城Ⅰ类及Ⅱ类建设控制地带，不再另行划定建设控制地带。

密云唐家寨城堡

保护范围： 城堡内部及城堡墙体外侧10米之内划为保护范围。

建设控制地带： 城堡外部为长城Ⅰ类建设控制地带，故不另行划定建设控制地带。

密云沙岭沟城堡

保护范围： 城堡内部及城堡墙体外侧30米之内划为保护范围。

建设控制地带： 城堡外部为长城Ⅰ类建设控制地带，故不另行划定建设控制地带。

密云司马台城堡

保护范围： 城堡墙体内侧5米及墙体外侧20米之内划为保护范围。

建设控制地带： 城堡保护范围内部划为Ⅴ类建设控制地带。具体要求如下：

地带内经批准改建、新建的建筑物，原则上高度不得超过3.3米，但为了营造较为优美的天际线而经过精心设计的方案，经文物主管部门审查同意后，可以实施。

地带内现有村庄的街巷格局及空间尺度应予以保持。

地带内现有的传统建筑应加强维护，不得任意改建、添建。翻建时应依照原有布局。

地带内与传统风貌冲突较大的新式建筑或危险建筑，应创造条件按传统四合院的形式进行改建，或设计为色彩、尺度都较为和谐的现代建筑。地带内新建及改建建筑密度原则上不得大于40%，以院落式建筑为主，不得出现布局过于集中、体量过大的建筑物。城堡外为长城Ⅰ类及Ⅱ类建设控制地带，不再另行划定建设控制地带。

密云上营城堡

保护范围： 城堡墙体两侧5米之内划为保护范围。

建设控制地带： 城堡保护范围内部划为Ⅴ类建设控制地带。具体要求如下：

地带内经批准改建、新建的建筑物，原则上高度不得超过3.3米，但为了营造较为优美的天际线而经过精心设计的方案，经文物主管部门审查同意后，可以实施。

地带内现有村庄的街巷格局及空间尺度应予以保持。

地带内现有的传统建筑应加强维护，不得任意改建、添建。翻建时应依照原有布局。

地带内与传统风貌冲突较大的新式建筑或危险建筑，应创造条件按传统四合院的形式进行改建，或设计为色彩、尺度都较为和谐的现代建筑。地带内新建及改建建筑密度原则上不得大于40%，以院落式建筑为主，不得出现布局过于集中、体量过大的建筑物。城堡外为长城保护范围及Ⅱ类建设控制地带，不再另行划定建设控制地带。

密云古北口瓮城

保护范围：城堡位于长城保护范围之内，故不另行划定保护范围。

建设控制地带：城堡位于长城保护范围之内，故不另行划定建设控制地带。

密云古北口镇城

保护范围：城堡位于长城保护范围之内，故不另行划定保护范围。

建设控制地带：城堡位于长城保护范围之内，故不另行划定建设控制地带。

密云砖垛子城堡

保护范围：城堡内部及城堡墙体外侧10米之内划为保护范围。

建设控制地带：城堡外部为长城Ⅰ类建设控制地带，故不另行划定建设控制地带。

密云半城子城堡

保护范围：墙体两侧10米之内划为保护范围。

建设控制地带：文物保护范围以西截至250米等高线划为Ⅰ类建设控制地带。

密云吊马寨城堡

保护范围：城堡位于长城保护范围之内，故不另行划定保护范围。

建设控制地带：城堡位于长城保护范围之内，故不另行划定建设控制地带。

密云河西城堡

保护范围：城堡位于长城保护范围之内，故不另行划定保护范围。

建设控制地带：城堡位于长城保护范围之内，故不另行划定建设控制地带。

密云潮河关城堡

保护范围：城堡北城墙两侧5米之内、西城墙东侧5米之内及城内瘟神庙院内划为保护范围，西城墙以西位于长城保护范围之内，故不另行划定保护范围。

建设控制地带：城堡内部及北侧居民区以现状村界为参照划为Ⅱ类建设控制地带。

密云堡子根城堡

保护范围：城堡位于长城保护范围之内，故不另行划定保护范围。

建设控制地带：城堡位于长城保护范围之内，故不另行划定建设控制地带。

密云西坨古城堡

保护范围：城堡墙体内侧5米之内、外侧10米之内划为保护范围。城堡北侧为长城保护范围，不再另行划定保护范围。

建设控制地带：城堡保护范围内部划为Ⅴ类建设控制地带。具体要求如下：

地带内经批准改建、新建的建筑物，原则上高度不得超过3.3米，但为了营造较为优美的天际线而经过精心设计的方案，经文物主管部门审查同意后，可以实施。

地带内现有村庄的街巷格局及空间尺度应予以保持。

地带内现有的传统建筑应加强维护，不得任意改建、添建。翻建时应依照原有布局。

地带内与传统风貌冲突较大的新式建筑或危险建筑，应创造条件按传统四合院的形式进行改建，或设计为色彩、尺度都较为和谐的现代建筑。地带内新建及改建建筑密度原则上不得大于40%，以院落式建筑为主，不得出现布局过于集中、体量过大的建筑物。城堡外为长城保护范围及Ⅰ类建设控制地带，不再另行划定建设控制地带。

密云乍儿峪城堡

保护范围：城堡墙体两侧20米之内划为保护范围。

建设控制地带：城堡外为长城Ⅰ类建设控制地带，不再另行划定建设控制地带。

密云陈家峪城堡

保护范围：城堡墙体内侧5米之内划为保护范围；墙体外侧约22米之内，东至315米等高线、西至现状沟坎划为保护范围。

建设控制地带：城堡保护范围内部划为Ⅴ类建设控制地带。具体要求如下：

地带内经批准改建、新建的建筑物，原则上高度不得超过3.3米，但为了营造较为优美的天际线而经过精心设计的方案，经文物主管部门审查同意后，可以实施。

地带内现有村庄的街巷格局及空间尺度应予以保持。

地带内现有的传统建筑应加强维护，不得任意改建、添建。翻建时应依照原有布局。

地带内与传统风貌冲突较大的新式建筑或危险建筑，应创造条件按传统四合院的形式进行改建，或设计为色彩、尺度都较为和谐的现代建筑。地带内新建及改建建筑密度原则上不得大于40%，以院落式建筑为主，不得出现布局过于集中、体量过大的建筑物。城堡外为长城Ⅰ类建设控制地带，不再另行划定建设控制地带。

密云上峪城堡

保护范围：城堡墙体内侧5米之内划为保护范围，墙体外侧为长城保护范围，不再另行划定保护范围。

建设控制地带：城堡保护范围内部划为Ⅴ类建设控制地带。具体要求如下：

地带内经批准改建、新建的建筑物，原则上高度不得超过3.3米，但为了营造较为优美的天际线而经过精心设计的方案，经文物主管部门审查同意后，可以实施。

地带内现有村庄的街巷格局及空间尺度应予以保持。

地带内现有的传统建筑应加强维护，不得任意改建、添建。翻建时应依照原有布局。

地带内与传统风貌冲突较大的新式建筑或危险建筑，应创造条件按传统四合院的形式进行改建，或设计为色彩、尺度都较为和谐的现代建筑。地带内新建及改建建筑密度原则上不得大于40%，以院落式建筑为主，不得出现布局过于集中、体量过大的建筑物。城堡外为长城保护范围及Ⅰ类建设控制地带，不再另行划定建设控制地带。

密云高庄子城堡

保护范围：城堡位于长城保护范围之内，故不另行划定保护范围。

建设控制地带：城堡位于长城保护范围之内，故不另行划定建设控制地带。

密云北化岭城堡

保护范围：城堡位于长城保护范围之内，故不另行划定保护范围。

建设控制地带：城堡位于长城保护范围之内，故不另行划定建设控制地带。

密云白马关城堡

保护范围：城堡墙体内侧5米之内划为保护范围，墙体外侧为长城保护范围，不再另行划定保护范围。

建设控制地带：城堡保护范围内部划为Ⅴ类建设控制地带。具体要求如下：

地带内经批准改建、新建的建筑物，原则上高度不得超过3.3米，但为了营造较为优美的天际线而经过精心设计的方案，经文物主管部门审查同意后，可以实施。

地带内现有村庄的街巷格局及空间尺度应予以保持。

地带内现有的传统建筑应加强维护，不得任意改建、添建。翻建时应依照原有布局。

地带内与传统风貌冲突较大的新式建筑或危险建筑，应创造条件按传统四合院的形式进行改建，或设计为色彩、尺度都较为和谐的现代建筑。地带内新建及改建建筑密度原则上不得大于40%，以院落式建筑为主，不得出现布局过于集中、体量过大的建筑物。城堡外为长城保护范围，不再另行划定建设控制地带。

密云下营城堡

保护范围：城堡墙体及城堡遗址范围线内侧5米之内划为保护范围，墙体外侧为长城保护范围，不再另行划定保护范围。

建设控制地带：城堡保护范围内部划为Ⅴ类建设控制地带。具体要求如下：

地带内经批准改建、新建的建筑物，原则上高度不得超过3.3米，但为了营造较为优美的天际线而经过精心设计的方案，经文物主管部门审查同意后，可以实施。

地带内现有村庄的街巷格局及空间尺度应予以保持。

地带内现有的传统建筑应加强维护，不得任意改建、添建。翻建时应依照原有布局。

地带内与传统风貌冲突较大的新式建筑或危险建筑，应创造条件按传统四合院的形式进行改建，或设计为色彩、尺度都较为和谐的现代建筑。地带内新建及改建建筑密度原则上不得大于40%，以院落式建筑为主，不得出现布局过于集中、体量过大的建筑物。城堡外为长城保护范围，不再另行划定建设控制地带。

密云石炮沟南城堡

保护范围： 城堡墙体内部及外侧10米之内划为保护范围。

建设控制地带： 城堡外为长城保护范围及Ⅰ类建设控制地带，不再另行划定建设控制地带。

密云石炮沟北城堡

保护范围： 城堡墙体两侧5米之内划为保护范围。

建设控制地带： 城堡西墙内侧东至现状道路，划为Ⅱ类建设控制地带。城堡范围以南，西起310米等高线、东至300米等高线、南至现状道路及现状村界，划为Ⅱ类建设控制地带。

密云石佛城堡

保护范围： 城堡墙体两侧5米之内划为保护范围。

建设控制地带： 城堡外为长城Ⅰ类及Ⅱ类建设控制地带，不再另行划定建设控制地带。

密云冯家峪城堡

保护范围： 城堡墙体两侧5米之内划为保护范围。

建设控制地带： 城堡外为长城保护范围、Ⅰ类及Ⅱ类建设控制地带，不再另行划定建设控制地带。

密云水堡子城堡

保护范围： 城堡墙体周围5米之内划为保护范围。

建设控制地带： 城堡位于长城Ⅰ类及Ⅱ类建设控制地带之内，故不另行划定建设控制地带。

密云石塘路城堡

保护范围： 城堡内部、城堡东城墙外侧20米之内、城堡北墙外侧北至现状沟坎、城堡遗址西至现状沟坎划为保护范围。

建设控制地带： 城堡南部石塘路村现状建设区以村庄周边现状道路为界划为Ⅱ类建设控制地带。城堡东部、北部、西部位于长城Ⅰ类建设控制地带之内，故不另行划定建设控制地带。

密云马营城堡

保护范围：城堡墙体外侧20米之内及城堡内部划为保护范围。

建设控制地带：城堡位于长城Ⅰ类建设控制地带之内，故不另行划定建设控制地带。

密云西湾子城堡

保护范围：城堡位于长城保护范围之内，故不另行划定保护范围。

建设控制地带：城堡位于长城保护范围之内，故不另行划定建设控制地带。

密云白道峪村北城堡

保护范围：城堡位于长城保护范围之内，故不另行划定保护范围。

建设控制地带：城堡位于长城保护范围之内，故不另行划定建设控制地带。

密云黑山寺村内南城堡

保护范围：城堡位于长城保护范围之内，故不另行划定保护范围。

建设控制地带：城堡外为长城保护范围及Ⅱ类建设控制地带，故不另行划定建设控制地带。

密云柏坨山城堡

保护范围：城堡内部、城堡墙体及遗址范围外侧20米之内划为保护范围。

建设控制地带：城堡外为长城Ⅱ类建设控制地带，故不另行划定建设控制地带。

密云北白岩村内城堡

保护范围：城堡墙体两侧5米之内划为保护范围。

建设控制地带：城堡保护范围之内划为Ⅱ类建设控制地带。城堡保护范围之外，东至现状道路、南至现状道路、西至现状道路及院墙连线延长线、北至现状道路及其延长线，划为Ⅱ类建设控制地带。

密云北白岩村北城堡

保护范围：城堡墙体外侧20米之内及城堡范围线内部划为保护范围。

建设控制地带：城堡位于长城Ⅰ类及Ⅱ类建设控制地带之内，故不另行划定建设控制地带。

密云小水峪城堡

保护范围：城堡墙体两侧5米之内划为保护范围。

建设控制地带：城堡保护范围外为长城保护范围及Ⅱ类建设控制地带，故不另行划定建设控制地带。

密云牛盆峪村西北城堡

保护范围：城堡位于长城保护范围之内，故不另行划定保护范围。

建设控制地带：城堡位于长城保护范围之内，故不另行划定建设控制地带。

密云白道峪村内城堡

保护范围：城堡内部及墙体外侧5米之内划为保护范围。

建设控制地带：城堡保护范围外为长城保护范围及Ⅱ类建设控制地带，故不另行划定建设控制地带。

平谷彰作里关

保护范围：城堡位于长城保护范围之内，故不另行划定保护范围。

建设控制地带：城堡位于长城保护范围之内，故不另行划定建设控制地带。

平谷黄松峪关

保护范围：城堡位于长城保护范围之内，故不另行划定保护范围。

建设控制地带：城堡位于长城保护范围之内，故不另行划定建设控制地带。

密云三角城堡

保护范围：城堡位于长城保护范围之内，故不另行划定保护范围。

建设控制地带：城堡外为长城保护范围及Ⅰ类建设控制地带，故不另行划定建设控制地带。

密云河南营城堡

保护范围：城堡墙体内侧5米之内、外侧10米之内划为保护范围。

建设控制地带：城堡保护范围内部划为Ⅴ类建设控制地带。具体要求如下：

地带内经批准改建、新建的建筑物，原则上高度不得超过3.3米，但为了营造较为优美的天际线而经过精心设计的方案，经文物主管部门审查同意后，可以实施。

地带内现有村庄的街巷格局及空间尺度应予以保持。

地带内现有的传统建筑应加强维护，不得任意改建、添建。翻建时应依照原有布局。

地带内与传统风貌冲突较大的新式建筑或危险建筑，应创造条件按传统四合院的形式进行改建，或设计为色彩、尺度都较为和谐的现代建筑。地带内新建及改建建筑密度原则上不得大于40%，以院落式建筑为主，不得出现布局过于集中、体量过大的建筑物。城堡保护范围之外为长城Ⅰ类及Ⅱ类建设控制地带，不再另行划定建设控制地带。

平谷南水峪关

保护范围：城堡位于长城保护范围之内，故不另行划定保护范围。

建设控制地带：城堡位于长城保护范围之内，故不另行划定建设控制地带。

平谷北水峪关

保护范围：城堡位于长城保护范围之内，故不另行划定保护范围。

建设控制地带：城堡位于长城保护范围之内，故不另行划定建设控制地带。

平谷将军关城堡

保护范围：城堡位于长城保护范围之内，故不另行划定保护范围。

建设控制地带：城堡位于长城保护范围之内，故不另行划定建设控制地带。

平谷东上营城堡

保护范围：城堡南门周边10米之内划为保护范围；城堡西北部残墙周边10米之内划为保护范围；城堡西侧残存墙体两侧5米之内划为保护范围；城西古井周边院墙及现状土坎围合区域划为保护范围。

建设控制地带：城堡内部及外侧50米之内划为Ⅱ类建设控制地带。具体以图中所示坐标为准。

平谷黑水湾城堡

保护范围：城堡墙体两侧10米之内划为保护范围。

建设控制地带：城堡墙体保存较少，考虑其周边环境具体情况，故不划定建设控制地带。要求在当地竖立标牌，由文物主管部门决定是否委托有关部门进行考古发掘等相关事宜，今后涉及此区域的相关规划须予以考虑，在遗址范围内的建设须报请文物主管部门审批。

平谷北寨村城堡

保护范围：城堡墙体及遗址范围线内侧5米内划为保护范围，因城堡位于长城保护范围之内，其外部不另行划定保护范围。具体以图中所示坐标为准。

建设控制地带：城堡保护范围内部为Ⅴ类建设控制地带。具体要求如下：

地带内经批准改建、新建的建筑物，原则上高度不得超过3.3米，但为了营造较为优美的天际线而经过精心设计的方案，经文物主管部门审查同意后，可以实施。

地带内现有村庄的街巷格局及空间尺度应予以保持。

地带内现有的传统建筑应加强维护，不得任意改建、添建。翻建时应依照原有布局。

地带内与传统风貌冲突较大的新式建筑或危险建筑，应创造条件按传统四合院的形式进行改建，或设计为色彩、尺度都较为和谐的现代建筑。地带内新建及改建建筑密度原则上不得大于40%，以院落式建筑为主，不得出现布局过于集中、体量过大的建筑物。城堡位于长城保护范围之内，其外部不另行划定建设控制地带。

平谷峨嵋山营城堡

保护范围：城堡墙体两侧10米之内为保护范围。

建设控制地带：城堡外侧80米之内划为Ⅱ类建设控制地带，以现状道路为界。墙堡遗址范围内划为Ⅴ类建设控制地带。具体要求如下：

地带内经批准改建、新建的建筑物，原则上高度不得超过3.3米，但为了营造较为优美的天际线而经过精心设计的方案，经文物主管部门审查同意后，可以实施。

地带内现有村庄的街巷格局及空间尺度应予以保持。

地带内现有的传统建筑应加强维护，不得任意改建、添建。翻建时应依照原有布局。

地带内与传统风貌冲突较大的新式建筑或危险建筑，应创造条件按传统四合院的形式进行改建，或设计为色彩、尺度都较为和谐的现代建筑。地带内新建及改建建筑密度原则上不得大于40%，以院落式建筑为主，不得出现布局过于集中、体量过大的建筑物。

平谷鱼子山城堡

保护范围：崇光门周围10米之内划为保护范围。

建设控制地带：城堡墙体保存较少，考虑其周边环境具体情况，故不划定建设控制地带。要求在当地竖立标牌，由文物主管部门决定是否委托有关部门进行考古发掘等相关事宜，今后涉及此区域的相关规划须予以考虑，在遗址范围内的建设须报请文物主管部门审批。

平谷熊耳营城堡

保护范围：城堡范围内地面上无明显可见文物本体，故不划定保护范围。

建设控制地带：城堡范围内地面上无明显可见文物本体，故不划定建设控制地带。要求在当地竖立标牌，由文物主管部门决定是否委托有关部门进行考古发掘等相关事宜，今后涉及此区域的相关规划须予以考虑，在遗址范围内的建设须报请文物主管部门审批。

平谷熊儿寨城堡

保护范围：城堡墙体两侧10米之内划为保护范围。

建设控制地带：城堡墙体保存较少，考虑其周边环境具体情况，故不划定建设控制地带。要求在当地竖立标牌，由文物主管部门决定是否委托有关部门进行考古发掘等相关事宜，今后涉及此区域的相关规划须予以考虑，在遗址范围内的建设须报请文物主管部门审批。

平谷上营城堡

保护范围： 城堡墙体两侧 5 米之内为保护范围。

建设控制地带： 城堡东至院墙连线、南侧至长城保护范围边界、西侧至现状道路、北侧至平关公路划为 II 类建设控制地带。墙堡遗址范围内划为 V 类建设控制地带。具体要求如下：

地带内经批准改建、新建的建筑物，原则上高度不得超过 3.3 米，但为了营造较为优美的天际线而经过精心设计的方案，经文物主管部门审查同意后，可以实施。

地带内现有村庄的街巷格局及空间尺度应予以保持。

地带内现有的传统建筑应加强维护，不得任意改建、添建。翻建时应依照原有布局。

地带内与传统风貌冲突较大的新式建筑或危险建筑，应创造条件按传统四合院的形式进行改建，或设计为色彩、尺度都较为和谐的现代建筑。地带内新建及改建建筑密度原则上不得大于 40%，以院落式建筑为主，不得出现布局过于集中、体量过大的建筑物。

平谷下营城堡

保护范围： 城堡范围内地面上无明显可见文物本体，故不划定保护范围。

建设控制地带： 城堡范围内地面上无明显可见文物本体，故不划定建设控制地带。要求在当地竖立标牌，由文物主管部门决定是否委托有关部门进行考古发掘等相关事宜，今后涉及此区域的相关规划须予以考虑，在遗址范围内的建设须报请文物主管部门审批。

平谷上关城堡

保护范围： 城堡内部及城墙外侧 15 米之内划为保护范围。

建设控制地带： 城堡位于长城 I 类建设控制地带之内，故不另行划定建设控制地带。

第九批划定文保单位的保护范围及建控地带
（2018年2月7日公布）

东城区史家胡同51、53、55号宅院

保护范围：东城区史家胡同51、53、55号院现状围墙内。

建设控制地带：

Ⅰ类：

1.东至史家胡同55号院西墙，南至史家胡同北沿，西至史家胡同55号院西北角现状建筑西墙以西6米平行线，北至内务部街南沿。

2.东至规划道路西红线，南至史家胡同53号院南墙以南20米平行线，西至史家胡同55号院西北角现状建筑西墙以西6米平行线，北至史家胡同南沿。

Ⅱ类：

1.东至史家胡同51号院东厢房以东100米平行线，南至内务部街北沿，西至东单北大街东红线，北至本司胡同南沿。

2.东至史家胡同51号院东厢房以东100米平行线，南至史家胡同北沿，西至史家胡同51号院东墙，北至内务部街南沿。

3.东至史家胡同51号院东厢房以东100米平行线，南至干面胡同北沿，西至规划道路东红线，北至史家胡同南沿。

Ⅲ类：东与Ⅰ类建设控制地带1西界相连，南至史家胡同北沿，西至东单北大街东红线，北至内务部街南沿。

Ⅴ类：东至规划道路西红线，南至干面胡同北沿，西至东单北大街东红线，北至史家胡同南沿并与Ⅰ类建设控制地带2南界及西界相连。该地带内现状建筑为7—10层，要求改扩建时建筑高度不得提高。如未来有条件整体更新，应将本区域内的新建建筑高度自北向南按18—45米控制：区域内距离史家胡同20米内新建建筑高度不得超过18米，距离史家胡同20—50米区域内新建建筑高度不得超过30米，距离史家胡同50米以外区域内新建建筑高度不得超过45米，并进行视线分析。

注：该文物保护单位位于东四南历史文化街区，相关建设须满足历史文化街区总体控制要求。

顺天府大堂

保护范围： 东至顺天府大堂东山墙以东6米，南至大堂南墙南侧6米平行线，西至大堂西墙西侧20米平行线，北至大堂北墙北侧6米平行线。

建设控制地带：

Ⅰ类：

1.保护范围以南20米之内，东、西边界与保护范围齐平。

2.北至规划道路南红线，南与保护范围相连，东、西边界与保护范围齐平。

Ⅱ类：东至东公街西红线，南至规划道路北红线，西至西公街东红线，北至规划道路南红线，并与保护范围及Ⅰ类建设控制地带1、2相连。

Ⅲ类：东至东公街西红线，南至规划道路北红线，西至西公街东沿北延长线，北至Ⅰ类建设控制地带2北界以北30米平行线。

Ⅳ类：东至东公街西红线，南与Ⅲ类建设控制地带相连，西至西公街东沿北延长线，北至Ⅲ类建设控制地带北界以北30米平行线。

注：该文物保护单位位于北锣鼓巷历史文化街区，相关建设须满足历史文化街区总体控制要求。

东城区魏家胡同18号宅院

保护范围： 东至小细管胡同西沿，南、西、北至魏家胡同18号院院墙。

建设控制地带：

Ⅱ类：

1.东至小细管胡同西沿，南至什锦花园胡同北沿，西至游廊西墙延长线，北与保护范围相连。

2.东至小细管胡同西沿北延长线，南至魏家胡同北沿，西至南吉祥胡同东沿北延长线，北至汪芝麻胡同南沿。

3.东至保护范围，南至现状道路南沿及其延长线，西至南吉祥胡同东沿，北至魏家胡同南沿。

Ⅲ类：东与Ⅱ类建设控制地带1相连，南至什锦花园胡同北沿，西至南吉祥胡同东沿，北与Ⅱ类建设控制地带3相连。

注：该文物保护单位位于张自忠路南历史文化街区，相关建设须满足历史文化街区总体控制要求。

东城区东皇城根南街32号宅院

保护范围： 东皇城根南街32号院院墙内。

建设控制地带：

Ⅰ类：

1.保护范围东侧及南侧6米之内。

2.东至东皇城根南街西红线，南至保护范围以南50米平行线，西至北河沿大街东红线，北至保护范围以北50米平行线。

Ⅲ类：

1.东至规划道路西红线，南至东厂胡同北沿，西至东皇城根南街东红线，北至保护范围以北50米平行线。

2.东至规划道路西红线，南至保护范围以南50米平行线，西至东皇城根南街东红线，北至东厂胡同南沿并与Ⅰ类建设控制地带1相连。

欧美同学会（含皇史宬）

保护范围：

皇史宬院内。

欧美同学会院内。

建设控制地带：

Ⅰ类：

1.皇史宬东、南、北侧宫墙6米之内。

2.欧美同学会东墙及北墙6米之内、西墙9米之内，并与保护范围相连。

3.东至南河沿大街西红线，南至东长安街北红线，西至南湾子胡同西沿延长线，北至菖蒲河沿胡同南沿。

Ⅱ类：

1.东至南池子大街西红线，南至飞龙桥胡同北沿，西至南池子大街西红线以西20米处，北至北湾子胡同南沿延长线。

2.东至南池子大街西红线，南至菖蒲河沿胡同北沿，西至南池子大街西红线以西20米处，北至飞龙桥胡同南沿。

3.东至南湾子胡同西沿及北湾子胡同西沿，南至菖蒲河沿胡同北沿，西至南池子大街东红线并与Ⅰ类建设控制地带1相连，北至北湾子胡同南沿。

4.东至南河沿大街西红线，南至菖蒲河沿胡同北沿并与保护范围及Ⅰ类建设控制地带2相连，西至南湾子胡同东沿，北至南湾子胡同南沿。

5.东至南池子大街西红线，南至东长安街北红线，西至南池子大街西红线以西20米处，北至菖蒲河沿胡同南沿。

6.东至南湾子胡同西沿延长线，南至东长安街北红线，西至南池子大街东红线，北至菖蒲河沿胡同南沿。

Ⅲ类：东至南河沿大街西红线，南至南湾子胡同北沿，西至北湾子胡同东沿，北至南湾子胡同北沿以北90米平行线。

Ⅴ类：

1.规划用地红线内。该地带内新建及改扩建建筑高度不得超过24米，建筑形式应与传统风貌相协调。

2.规划用地红线内。该地带内新建及改扩建建筑高度不得超过24米，建筑形式应与传统风貌相协调。

注：皇史宬保护范围及建设控制地带于1984年在《第一批划定六十项文物保护单位的保护范围及建设控制地带的四至说明》中划定，本次根据保护管理需要统一调整后重新划定。该文物保护单位位于皇城历史文化街区，相关建设须满足历史文化街区总体控制要求。

大清邮政总局旧址

保护范围：现状建筑本身。

建设控制地带：

Ⅰ类：保护范围以北、以西、以南6米之内，东界与保护范围东界齐平。

Ⅱ类：

1.保护范围以东30米之内，南、北界与Ⅰ类建设控制地带齐平。

2.西至崇文门内大街东红线，东界与Ⅰ类建设控制地带相连，南、北界与Ⅰ类建设控制地带齐平。

北平电话北局旧址

保护范围：东至文物本体东墙以东5米平行线，南至文物本体南墙以南10米平行线，西至东皇城根北街东红线，北至现状围墙。

建设控制地带：

Ⅰ类：

1.东至东皇城根北街西红线，南至现状道路北红线，西至北河沿大街东红线，北至保护范围北界以北50米平行线。

2.东至东皇城根北街西红线，南至保护范围南界以南50米平行线，西至北河沿大街东红线，北至现状道路南红线。

Ⅱ类：

1.东至规划道路西红线，南、北界与保护范围边界齐平，西侧与保护范围相连。

2.东至规划道路西红线延长线，南至规划道路北红线，西至东皇城根北街东红线，北至保护范围北界

以北20米平行线。

Ⅲ类：东至规划道路西红线，南至保护范围南界以南50米平行线，西至东皇城根北街东红线，北侧与保护范围及Ⅱ类建设控制地带1相连。

Ⅳ类：东至规划道路西红线延长线，南与Ⅱ类建设控制地带2相连，西至东皇城根北街东红线，北至保护范围北界以北50米平行线。

蔡元培旧居

保护范围：蔡元培故居院内。

建设控制地带：

Ⅰ类：东至保护范围东侧6米之内，南至规划道路北红线并与保护范围相连，西至东单北大街东红线，北至励骏酒店墙面及其延长线（距离保护范围北界约12米）。

东城区北总布胡同2号宅院

保护范围：北总布胡同2号院内。

建设控制地带：

Ⅲ类：

1.东界与北总布胡同2号院东墙齐平，南至向春胡同南沿延长线，西至北总布胡同东沿，北与2号院南墙相连。

2.东至北总布胡同西沿，南至向春胡同南沿，西至北总布胡同2号院西墙向西50米平行线，北至金宝街南红线。

Ⅳ类：东至艺华胡同西沿，南至规划道路北红线，西至北总布胡同东沿并与保护范围及Ⅲ类建设控制地带1相连，北至金宝街南红线。

清代自来水厂

保护范围：

1.东至现状围墙，南至规划道路北红线并包含水塔塔基，西至现状围墙，北至现状围墙。

2.现状院墙内。

3.东至规划道路西红线，南至更楼以南2米平行线，西至更楼以西6米平行线，北至更楼以北10米平行线。

建设控制地带：

Ⅰ类：

1.东至亮马河河道东岸绿线与保护范围北界延长线交点向正南的垂直线，南至规划道路北红线，西侧与保护范围1相连，北至保护范围1北边界向北50米平行线。

2.东、南、西至香河园项目边界，北至规划道路南红线。

3.东至规划道路西红线，南、西、北均至清代自来水厂历史范围边界。

Ⅳ类：东至规划道路西红线和香河园路西红线，南至清代自来水厂历史范围边界，西侧与Ⅰ类建设控制地带1相连，北至保护范围1北边界向北50米平行线。

Ⅴ类：

1.东至香河园路西红线，南至香河园南街北红线，西至规划道路东红线，北至规划道路南红线并与Ⅰ类建设控制地带2相连。该地带内，距离保护范围2南界20米之内禁止新建建筑物及构筑物，地带内总容积率不得超过5.0。

2.东至清代自来水厂历史范围边界，南至香河园南街北红线，西至东直门北大街东红线，北至规划道路南红线。该地带内新建及改扩建建筑高度不得超过30米，建筑风格应与文物相协调。

3.东至Ⅰ类建设控制地带1西边界，南至规划道路北红线并与保护范围1相连，西至东直门北大街东红线，北至保护范围1北边界向北50米平行线。该地带内新建及改扩建建筑高度不得超过30米，建筑风格应与文物相协调。

全聚德烤鸭店门面

保护范围： 全聚德烤鸭店门面墙体本身。

建设控制地带： 因文物本体位于烤鸭店室内，且位置已经移动，本次不划定建设控制地带。

注：该文物保护单位位于鲜鱼口历史文化街区，相关建设须满足历史文化街区总体控制要求。

西交民巷近代银行建筑群

保护范围：

1.大陆银行旧址、中央银行旧址、保商银行旧址东至现状建筑东墙以东5米平行线，南至西交民巷北红线，西至现状道路东沿，北至文物本体以北5米平行线。

2.中国农工银行旧址现状院墙内。

3.户部银行旧址东至文物建筑东墙及延长线，南至西交民巷北沿，西至雕花门墩以西1米平行线，北至文物建筑北墙延长线。

建设控制地带：

Ⅰ类：

1.东至规划天安门广场西侧路西红线，南至西交民巷北红线并与保护范围1相连，西至规划天安门广场西红线以西140米，北至人民大会堂西路南红线。

2.大陆银行南侧规划绿地内。即东至规划天安门广场西红线，南至前门西大街北红线，西至规划天安门广场西红线以西80米，北至西交民巷南红线。

3.保护范围以东、以西、以北6米之内，南至西交民巷北红线。

4.保护范围以南20米之内，北至西交民巷南红线，东、西界与Ⅰ类建设控制地带3齐平。

Ⅲ类：北至Ⅰ类建设控制地带3北边界北侧20米平行线，东、西界与Ⅰ类建设控制地带3齐平，南与Ⅰ类建设控制地带3相连。

Ⅳ类：

1.东与Ⅰ类建设控制地带1相连，南至西交民巷北红线，西至人民大会堂西路东红线，北至人民大会堂南路南红线。

2.东与Ⅰ类建设控制地带2相连，南至前门西大街北红线，西至人民大会堂西路东红线并与保护范围2相连，北至西交民巷南红线并与保护范围2相连。

3.东至人民大会堂西路西红线，南至西交民巷北红线并与Ⅲ类建设控制地带相连，西至人民大会堂西路西红线以西200米平行线，北至后红井胡同南红线。

4.东至人民大会堂西路西红线，南至前门西大街北红线，西至人民大会堂南路西红线以西200米平行线，北至西交民巷南红线并与Ⅰ类建设控制地带4相连。

注：大陆银行旧址、中央银行旧址、保商银行旧址、中国农工银行旧址于2004年在《第六批划定五十一项文物保护单位的保护范围及建设控制地带》中划定，本次根据保护管理需要统一调整后重新划定。

醇亲王府南府

保护范围：

东至鲍家街现状路沿，南至王府东墙南端以南2米平行线，西至王府西墙及延长线，北至王府北墙及延长线。

古树树坑之内。

建设控制地带：

Ⅰ类：东至鲍家街西红线，南至保护范围南界以南30米平行线，西至保护范围西界以西20米平行线，北至醇亲王府路南红线及保护范围。

Ⅱ类：

1.东至规划道路西红线，南至醇亲王府路北红线，西至西嘉祥里东红线，北至寿逾百胡同北沿及延长线。

2.东至Ⅰ类建设控制地带西边界，南界与Ⅰ类建设控制地带南界齐平，西至Ⅰ类建设控制地带西边界以西20米平行线，北至醇亲王府路南红线。

3.东至鲍家街东红线向东20米平行线，南至西太平街北红线，西至鲍家街东红线，北至新文化街南红线。

4.东至鲍家街东红线向东20米平行线，南至规划道路北红线，西至鲍家街东红线，北至西太平街南红线。

Ⅳ类：东至规划道路西红线，南至寿逾百胡同北沿及延长线，西至西嘉祥里东红线，北至西铁匠胡同南沿。

广福观

保护范围：广福观院内。

建设控制地带：

Ⅱ类：

1.东至地安门外大街西红线，南至地安门商场北侧道路及前海东沿胡同北沿，西至小石碑胡同东沿，北至大石碑胡同南沿，并与保护范围相连。

2.东至地安门外大街西红线，南至大石碑胡同北沿，西至大石碑胡同东沿，北至鼓楼西大街南红线。

3.东至小石碑胡同西沿，南至后海北沿胡同北沿，西至鸦儿胡同东沿，北至鼓楼西大街南红线及大石碑胡同南沿。

注：该文物保护单位位于什刹海历史文化街区，相关建设须满足历史文化街区总体控制要求。

清学部遗存

保护范围：清学部遗存院内。

建设控制地带：

Ⅰ类：东至宣武门内大街西红线，南至教育街北红线，西至保护范围以西6米平行线，北至复兴门内大街南红线。

Ⅱ类：

1.东与Ⅰ类建设控制地带相连，南至教育街北红线，西至参政胡同东红线，北至教育街北红线以北20米平行线。

2.东至宣武门内大街西红线，南至新文化街北红线，西至规划道路东红线，北至教育街南红线。

Ⅴ类：东与Ⅰ类建设控制地带相连，南与Ⅱ类建设控制地带1相连，西至参政胡同东红线，北至复兴门内大街南红线。在本地带内新建及改扩建建筑高度不得超过30米。

清稽查内务府御史衙门

保护范围：清稽查内务府御史衙门院内，南至陟山门街北沿。

建设控制地带：

Ⅰ类：

1.保护范围西界以西6米之内。

2.东至景山西街西红线，南至衙署大门以南30米平行线，西至大石作胡同东沿，北至陟山门街南沿。

Ⅱ类：

1.东至园景胡同西沿，南至陟山门街北沿并与保护范围及Ⅰ类建设控制地带1相连，西至雪池胡同东沿，北至房钱库胡同南沿。

2.东至景山西街西红线，南至陟山门街北沿，西至园景胡同西沿，北至房钱库胡同南沿。

注：该文物保护单位位于皇城历史文化街区，相关建设须满足历史文化街区总体控制要求。

兆惠府第遗存

保护范围：北至正房后墙延长线，东至东厢房东墙延长线，南至现状二层建筑北墙，西至西厢房西墙延长线。

建设控制地带：

Ⅰ类：东至前井胡同西沿，南至保护范围南界延长线，西至保护范围以西6米平行线，北至保护范围以北6米平行线及保护范围南界延长线以北6米平行线。

Ⅱ类：东至前井胡同西沿并与保护范围及Ⅰ类建设控制地带相连，南至规划道路北红线，西至大翔凤胡同东沿及规划道路东红线，北至后海南沿胡同南沿。

注：该文物保护单位位于什刹海历史文化街区，相关建设须满足历史文化街区总体控制要求。

绍兴会馆

保护范围：绍兴会馆院内。

建设控制地带：

Ⅱ类：东至南半截胡同西沿并与保护范围相连，南至保护范围南界以南50米平行线，西至烂缦胡同东沿，北至永庆胡同南红线。

注：该文物保护单位位于法源寺历史文化街区，相关建设须满足历史文化街区总体控制要求。

浏阳会馆

保护范围： 东、南、北至浏阳会馆院墙，西至南半截胡同东沿。

建设控制地带：

Ⅱ类：

1.东至菜市口大街西红线，南与保护范围相连，西至南半截胡同东沿，北至永庆胡同南红线。

2.东至菜市口大街西红线，南至浏阳会馆院内南侧南厢房以南30米平行线，西至南半截胡同东沿，北与保护范围相连。

Ⅲ类：东至菜市口大街西红线，南至Ⅱ类建设控制地带2南界以南50米平行线，西至南半截胡同东沿，北与Ⅱ类建设控制地带2相连。

中国地质调查所旧址

保护范围： 地质调查所院内。

建设控制地带：

Ⅲ类：

1.东至小院胡同西沿，南至兵马司胡同北沿，西至规划道路东红线北延长线，北至小院西巷南沿。

2.东至小院胡同西沿，南至小院西巷北红线，西至规划道路东红线北延长线，北至大院胡同南沿。

3.东至朱苇箔胡同西沿，南至兵马司胡同北沿，西至小院胡同东沿并与保护范围相连，北至大院胡同南沿。

4.东至西四南大街西红线，南至兵马司胡同北沿，西至朱苇箔胡同东沿，北至大院胡同南沿。

5.东至西四南大街西红线，南至丰盛胡同北红线，西至北京联合大学继续教育学院东墙，北至兵马司胡同南沿。

Ⅳ类：

1.东与Ⅲ类建设控制地带5相连，南至丰盛胡同北红线，西至规划道路东红线，北至兵马司胡同南沿。

2.东至规划道路西红线，南至丰盛胡同北红线，西至规划道路东红线，北至兵马司胡同南沿。

张自忠旧居

保护范围：张自忠旧居院内。

建设控制地带：

Ⅰ类：东至府右街西红线，南至保护范围以南70米平行线，西至保护范围以西5米平行线及现状教学楼，北界与保护范围北界齐平。

Ⅱ类：东至府右街西红线，南至现状建筑墙线并与保护范围及Ⅰ类建设控制地带相连，西至规划小学用地边界延长线，北至保护范围北界50米平行线。

Ⅲ类：东至府右街西红线并与Ⅰ类建设控制地带相连，南、西至规划小学用地边界，北与Ⅰ类及Ⅱ类建设控制地带相连。

注：该文物保护单位位于皇城历史文化街区，相关建设须满足历史文化街区总体控制要求。

明北京城城墙遗存——东便门城墙及东南角楼

保护范围：

南段城墙及北京城东南角楼：明城墙遗址公园划为保护范围，即东至建国门南大街西红线，南至崇文门东大街北红线，西至崇文门路口东沿，北至墙体北侧15米平行线及现状铁路。

东段城墙：东至建国门南大街西红线，南至盔甲厂胡同南沿延长线，西至规划道路东红线及其延长线，北至北京站东街南红线。

建设控制地带：

Ⅳ类：

1.东至规划道路西红线，南至盔甲厂胡同北沿，西至规划道路西红线30米平行线，北至规划道路南红线。

2.东至东城墙保护范围，南至规划道路北红线，西至Ⅳ类建设控制地带1西界延长线，北至北京站东街南红线。

Ⅴ类：

1.东至建国门南大街西红线，南侧与东便门城墙保护范围相连，西至北京市汇文第一小学教学楼（亦为文物建筑）东墙以东30米平行线，北至东镇江胡同南沿、北京站主楼及盔甲厂胡同南沿。在本地带内不得建造与铁路运输无关的建筑物、构筑物，且新建及改扩建建筑高度不得超过30米；地带南侧距离保护范围北界20米内禁止建设。

2.东侧与Ⅴ类建设控制地带1相连，南侧与东便门城墙保护范围相连，西至北京站西街东红线，北至东镇江胡同南沿。在本地带内新建及改扩建建筑高度不得超过12米。

注：北京城东南角楼保护范围及建设控制地带于1984年在《第一批划定六十项文物保护单位的保护范围及建设控制地带的四至说明》中划定，明北京城城墙遗存保护范围及建设控制地带于1987年在《第二批划定一百二十项文物保护单位的保护范围及建设控制地带的四至说明》中划定，本次根据保护管理需要统一调整后重新划定。

明北京城城墙遗存——西便门城墙

保护范围：城墙墙体周围10米之内，西、南至现状道路路沿。

建设控制地带：

Ⅰ类：西便门城墙遗址公园绿地划为Ⅰ类建设控制地带，即复兴门南大街、宣武门西大街及宣武门桥西侧匝道围合区域内。

注：北京城东南角楼保护范围及建设控制地带于1984年在《第一批划定六十项文物保护单位的保护范围及建设控制地带的四至说明》中划定，明北京城城墙遗存保护范围及建设控制地带于1987年在《第二批划定一百二十项文物保护单位的保护范围及建设控制地带的四至说明》中划定，本次根据保护管理需要统一调整后重新划定。

明北京城城墙遗存——左安门值房

保护范围：左安门值房院内。

建设控制地带：

Ⅰ类：左安门值房东侧三角形绿地内，即保护范围东界、龙潭东路北沿与龙潭东路由东向西方向右转匝道围合区域内。

注：北京城东南角楼保护范围及建设控制地带于1984年在《第一批划定六十项文物保护单位的保护范围及建设控制地带的四至说明》中划定，明北京城城墙遗存保护范围及建设控制地带于1987年在《第二批划定一百二十项文物保护单位的保护范围及建设控制地带的四至说明》中划定，本次根据保护管理需要统一调整后重新划定。

承泽园

保护范围：西、北、东至承泽园现状围墙，南至承泽园小区边界。

建设控制地带：

Ⅰ类：

1. 保护范围北、西、南界6米平行线之内。

2. 万泉河西侧规划绿地内。

3. 万泉河河道及东侧规划绿地内。

4. 万泉河河道。

5. 万泉河东侧规划绿地内。

Ⅱ类：东与Ⅰ类建设控制地带1、2相连，南至承泽园路北红线，西至万泉河路东红线，北至Ⅰ类建设控制地带1北边界20米平行线。

Ⅲ类：东至颐和园路西红线，南至蔚秀园路北红线，西至万泉河东侧规划绿地东红线，北至颐和园路南侧规划绿地南红线。

Ⅳ类：

1. 东至万泉河西侧规划绿地西红线，南侧与Ⅱ类建设控制地带相连，西至万泉河路东红线，北至颐和园路南红线。

2. 东至颐和园路西红线，南至畅春园路北红线，西至万泉河东侧规划绿地东红线，北至蔚秀园路南红线。

普照寺

保护范围： 东至影壁东侧现状道路西沿，南至影壁南侧6米平行线及普照寺院墙，西至普照寺院墙，北至普照寺院墙及影壁北侧6米平行线。

建设控制地带：

Ⅰ类：东至铁路西沿，南至影壁南侧现状道路北沿延长线，西至210.9米高点向正南垂直线，北至210.9米高点至现状铁路垂直线。

Ⅱ类：东至铁路东沿100米平行线，南至现状道路北沿，西至铁路东沿并与保护范围相连，北至210.9米高点至现状铁路垂直线。

贝家花园

保护范围：

东以现状建筑及其延长线为界；南以园内道路与石阶路外扩3米线、现状坝壁及其延长线、建筑遗存边界及现状山崖及其延长线为界；西以200米等高线为界；北以以下边界的包络线为界，分别为193.3米、

189.7米高点连线的延长线，193.3米、168.0米、162.0米高点及现状坝壁角点的连线，现状建筑、台阶边界及其延长线。

东、南至现状山崖及其延长线，西至18号附属用房西侧10米平行线，北至18号附属用房北侧10米平行线。

建设控制地带：

Ⅱ类：东、南以现状山崖、坝壁及其延长线为界；西、北以现状建筑外缘线及其延长线与台阶外缘线及其延长线为界。

Ⅲ类：东以航天二院技校现状围墙外缘线及其西延长线为界；南以现状坝壁外缘线、建筑外缘线及其延长线、138.8米高点与坝壁外缘线和建筑台基线交点的连线为界；西以130米等高线为界；北以航天二院技校现状围墙外缘线及其西延长线为界。

Ⅴ类：东以以下边界的包络线为界，分别为妙灵山庄现状围墙及其西延长线、杨家花园东墙外缘线及其南北延长线、140米等高线、138.8米高点与坝壁外缘线和建筑台基线交点的连线、航天二院技校现状围墙外缘线及其西延长线、现状道路及其延长线、现状铁路护坡与现状山崖外缘线；南以364.1米、225.1米、191.0米、173.7米、153.7米、148.5米高点、现状山崖拐点连线为界；西以通过439.2米与364.1米高点山梁为界；北以道路中心线、204米等高线、现状山梁为界。该地带内应保持原有地形地貌，不得随意开山采石、取土，不得破坏原有植被，不得进行各项建设工程。对原有台地、石阶、水工及排水设施进行保护，保护古树名木，并加强绿化，维护贝家花园作为乡村别墅的幽静气氛和开阔视野、"奥旷兼备"的山地园林的独有气氛。

鹫峰地震台

保护范围： 鹫峰地震台院内。

建设控制地带：

Ⅰ类：东至地震台东侧30米平行线，南至地震台南侧20米平行线，西至地震台西侧20平行线，北至地震台北侧10米平行线。

长辛店二七大罢工旧址——"二七"机车厂近代建筑遗存、长辛店留法勤工俭学预备班旧址

保护范围：

1.1—6号办公用房：东至6号厂房以东35米平行线，南至现状道路北沿，西至1号厂房以西5米平行线，北至现状道路及5号厂房以北11米平行线。

2.7号办公用房：建筑墙体东侧11米之内、南侧6米之内、西侧6米之内、北侧10米之内。

3.8号厂房：建筑本体。

4.长辛店留法勤工俭学预备班旧址：现状下沉广场之内。

建设控制地带：

Ⅰ类：

1.东至保护范围2东界延长线，南至保护范围1北界，西界与保护范围1齐平，北界与保护范围2齐平。

2.8号厂房西墙以西44米（即至现状厂房东墙）以内。

3.沿用《第二批划定一百二十项文物保护单位的保护范围及建设控制地带的四至说明》，即东至新二层楼西墙延长线，南至距保护建筑以南15米与北边三层楼的平行线，西至现状围墙，北至距三层楼南山墙15米与三层楼的平行线。该地带内应为高低结合的绿化地带。

Ⅱ类：东至规划道路西红线，南与保护范围1、2及Ⅰ类建设控制地带1相连，西界与保护范围1齐平，北至规划道路南红线。

Ⅲ类：

1.沿用《第二批划定一百二十项文物保护单位的保护范围及建设控制地带的四至说明》，即保护建筑以北，东至新二层楼西墙延长线，南侧与Ⅰ类建设控制地带3相连，西、北至现状围墙。

2.沿用《第二批划定一百二十项文物保护单位的保护范围及建设控制地带的四至说明》，即保护建筑以南，东至新二层楼西墙延长线，南至南侧新二层楼北墙及其延长线，西至现状围墙，北侧与Ⅰ类建设控制地带3相连。

Ⅳ类：沿用《第二批划定一百二十项文物保护单位的保护范围及建设控制地带的四至说明》，即东至自来水胡同，南至南侧新二层楼北墙及其延长线，西至新二层楼西山墙延长线，北至现状围墙。

注：长辛店二七革命遗址、长辛店留法勤工俭学预备班旧址保护范围及建设控制地带于1987年在《第二批划定一百二十项文物保护单位的保护范围及建设控制地带的四至说明》中划定，本次根据保护管理需要统一调整后重新划定。

长辛店二七大罢工旧址——警察局驻地旧址、工人夜班通俗学校旧址、劳动补习学校旧址

保护范围：

警察局驻地旧址：东至天王殿后墙，南至天王殿南山墙延长线，西至长辛店大街东侧路沿，北至天王殿北山墙延长线。

工人夜班通俗学校旧址：东至现状二层建筑物西墙，南至现状三层建筑北墙，西至现状三层建筑西墙延长线，北至现状建筑南墙。

劳动补习学校旧址：祠堂口1号院范围以内。

建设控制地带：

Ⅰ类：东至天王殿东侧6米平行线，南至天王殿南侧6米平行线，西至长辛店大街东红线，北至天王殿北侧6米平行线。

Ⅱ类：

1.东至天王殿东侧40米平行线，南、北界与Ⅰ类建设控制地带齐平，西与Ⅰ类建设控制地带相连。

2.东至长辛店大街西红线，南至现状三层教学楼北墙及其延长线，西至保护范围西侧15米平行线，北至现状胡同南沿。

3.沿用《第二批划定一百二十项文物保护单位的保护范围及建设控制地带的四至说明》，即东至东房东侧20米平行线，南至距保护范围南侧35米平行线，西至长辛店大街规划红线，北至保护范围北侧45米平行线。

注：长辛店二七革命遗址、长辛店留法勤工俭学预备班旧址保护范围及建设控制地带于1987年在《第二批划定一百二十项文物保护单位的保护范围及建设控制地带的四至说明》中划定，本次根据保护管理需要统一调整后重新划定。

长辛店二七大罢工旧址——长辛店工人俱乐部旧址

保护范围：现状四合院院内。

建设控制地带：

Ⅰ类：四合院门前广场。即东至四合院大门，南、北与保护范围齐平，西至长辛店大街东红线。

Ⅱ类：东至保护范围东界以东22米平行线，南至曹家口胡同北沿，西至长辛店大街东红线，北至现状胡同南沿。

注：长辛店二七革命遗址、长辛店留法勤工俭学预备班旧址保护范围及建设控制地带于1987年在《第二批划定一百二十项文物保护单位的保护范围及建设控制地带的四至说明》中划定，本次根据保护管理需要统一调整后重新划定。

长辛店二七大罢工旧址——"二七"烈士墓

保护范围：烈士墓台基。

建设控制地带：

Ⅰ类：烈士墓周边绿地内，以环形步道为界。

注：长辛店二七革命遗址、长辛店留法勤工俭学预备班旧址保护范围及建设控制地带于1987年在《第

二批划定一百二十项文物保护单位的保护范围及建设控制地带的四至说明》中划定，本次根据保护管理需要统一调整后重新划定。

福生寺

保护范围：福生寺现状院墙内。

建设控制地带：

Ⅰ类：东、西、北至保护范围15米以内，南至大灰厂东路北红线。

Ⅱ类：

1.东至Ⅰ类建设控制地带东界以东40米平行线，南至大灰厂东路及规划道路北红线并与Ⅰ类建设控制地带相连，西至Ⅰ类建设控制地带西界以西40米平行线，北至Ⅰ类建设控制地带北界以北85米平行线及规划道路西南红线。

2.东、北界与Ⅱ类1齐平，西、南至规划道路东北红线。

显应寺

保护范围：显应寺现状院墙以内划为保护范围。

建设控制地带：

Ⅰ类：

1.院墙以北6米之内，院墙东、西两侧15米平行线之内，以及寺院南侧规划绿地。

2.寺院南侧规划道路、苹果园南路与八大处路之间的规划绿地。

Ⅲ类：东、西两侧与Ⅰ类建设控制地带1齐平，南侧与Ⅰ类建设控制地带1相连，北至Ⅰ类建设控制地带1北边界20米平行线。

Ⅴ类：东至规划道路西红线，南至规划道路北红线与Ⅲ类建设控制地带和Ⅰ类建设控制地带相连，西至八大处路东红线，北至规划道路南红线。该地带内规划为居住用地，控规限高60米，要求距离Ⅰ类建设控制地带1的20米内建筑高度按18—30米控制。

通州近代学校建筑群

保护范围：

潞河中学。东界：北段以潞河中学一饭厅东墙以东10米平行线为界，南段至东侧操场跑道西沿及其延长线；南至现状铁路，西至规划道路。北界：西段至潞河中学北路南沿，东段至东侧操场看台北墙及其延长线。

富育女校：文物建筑5米内为保护范围。

北京护士学校：文物建筑5米内为保护范围。

建设控制地带：

Ⅰ类：

1.东至规划道路东红线延长线，南至潞河中学北街北红线，西至富育女校图书馆楼西墙以西20米平行线，北至玉带河西街南红线。

2.东至新华南路西红线，南至规划道路北红线，西至北苑南路东红线，北至规划道路南红线并与潞河中学保护范围相连。

Ⅲ类：东至新华南路西红线，南至规划道路北红线，西侧与潞河中学保护范围相连，北至潞河中学北街南红线。

Ⅳ类：

1.东至新华南路西红线，南至潞河中学北街北红线，西至潞河国际教育学园院墙，北至玉带河西街南红线。

2.东至规划道路西红线，南至规划道路北红线，西至规划道路东红线，北至潞河中学北街南红线。

3.东侧与Ⅰ类建设控制地带1相连，南至潞河中学北街北红线，西至规划道路东红线，北至玉带河西街南红线。

4.东至规划道路西红线，南至玉带河西街北红线，西至通惠南路东红线，北至西营房胡同南沿。

Ⅴ类：

1.东至新华南街西红线，南至玉带河西街北红线，西至规划道路东红线，北至新城南街南红线。该地带内新建及改扩建建筑高度不得超过30米，建筑风格应与近代学校建筑群相协调。

2.东至规划道路西红线，南至潞河中学北街北红线，西侧与Ⅰ类建设控制地带1相连，北至玉带河西街南红线。该地带内新建及改扩建建筑高度不得超过30米，建筑风格应与近代学校建筑群相协调。

3.东至潞河国际教育学园院墙，南至潞河中学北街北红线，西至规划道路东红线，北至玉带河西街南红线。该地带内新建及改扩建建筑高度不得超过30米，建筑风格应与近代学校建筑群相协调。

注：潞河中学原教学楼保护范围及建设控制地带于1992年在《第四批划定十五项文物保护单位的保护范围及建设控制地带的四至说明》中划定，富育女校教士楼、百友楼旧址保护范围及建设控制地带于2007年在《第七批划定六十一项文物保护单位的保护范围及建设控制地带》中划定，本次根据保护管理需要统一调整后重新划定。

通州兵营旧址

保护范围：东至2号营房东山墙以东35米平行线，南至规划道路北红线，西至1号营房西山墙以西38米平行线，北至11号营房以北18米平行线。

建设控制地带：

Ⅰ类：东至兵营保护范围界以西6米平行线，南至规划道路北红线，西至玉桥西路东红线，北至西营前街南红线。

Ⅲ类：东至规划道路西红线，南至规划道路北红线，西侧与保护范围相连，北至西营前街南红线。

Ⅳ类：

1.东至规划道路西红线，南至西营前街北红线，西至玉桥西路东红线，北至玉带河东街南红线。

2.东至规划道路西红线，南至西营前街北红线，西至规划道路东红线，北至玉带河东街南红线。

焦庄户地道战遗址

保护范围：

村西部旧水井周围向东、南、西、北各15米（方向平行或垂直于现展览馆墙）。村内已修复及未修复地道，包括地上出入口、射击口、观察孔及有关房屋、构筑物和院落等均为需保护的遗址。

在Ⅱ类地带地下地道及北至龙王屯，南至唐洞的地下道均为保护构筑物。

建设控制地带：

Ⅱ类：东至已修复地下道最东端点以东30米与展览馆西墙的平行线；南：东段至鱼池北岸，沿西岸向南至鱼池西南角向西，西段至距碾盘以南20米与展览馆西墙的垂直线；西：南段至距展览路西墙30米的平行线，北段至距水井保护范围40米与展览馆西墙的平行线；北至距水井保护范围以北60米与西界线的垂直线。在此范围内只能建平房，并从形式风貌上尽量保护旧状。对1—9点要原状保护，不能改建，并应保护其周围环境。对南北主街两侧及1、2两点向西到水井及斜街的街道景观要保护现状。对各保护点和地道要加强保护和维修，不得破坏。

Ⅴ类：

1.东：北段至现有村边，南段至北段所对胡同；南：西段至Ⅱ类地带，东段与Ⅱ类地带南界齐；西：南段至Ⅱ类地带，北段沿村北胡同向北；北至村边。村北至龙王屯地道两侧各10米，由村北边界向北延伸200米以内。该地带内建房不做其他控制，但对地道必须给予保护，不得影响地道安全，更不能对地道有所破坏。新建地段下的地道由建房人或建房单位负责修复和维修。

2.村南至唐洞地道两侧各10米，由养鱼池西南角向南延伸200米以内。该地带内建房不做其他控制，但对地道必须给予保护，不得影响地道安全，更不能对地道有所破坏。新建地段下的地道由建房人或建房单位负责修复和维修。

注：该文物保护单位位于顺义区焦庄户历史文化街区，相关建设须满足历史文化街区总体控制要求。此项沿用《第二批划定一百二十项文物保护单位的保护范围及建设控制地带的四至说明》的规划文本。

房山大白玉塘采石场遗址

保护范围：东至距文物本体以东300米处至251.3米高点与264.1米高点连线的垂直线，南至251.3米高点与264.1米高点连线的延长线，西至距文物本体以西300米处至251.3米高点与264.1米高点连线的垂直线，北至其南界以北600米平行线。

建设控制地带：

Ⅴ类：东至保护范围以东100米处，南至264.1米高点与251.3米高点连线的延长线，西至保护范围以西100米处，北至保护范围以北200米处。要求如下：未经文物行政主管部门允许，禁止挖掘、开采、爆破、钻探等工程。允许进行土地平整、植被恢复等环境整治工程；允许修建道路；允许建设不危及文物及其环境安全的建筑物或构筑物，建筑高度不得超过9米。

清工部琉璃窑厂办事公所、三官阁过街楼

保护范围：

清工部琉璃窑厂办事公所：现状院墙内。

三官阁过街楼：过街楼四周10米之内。

建设控制地带：

Ⅰ类：

1.清工部琉璃窑厂办事公所院墙西侧、南侧及东侧周围6米范围内，三官阁保护范围四周15米范围内，北至琉璃渠大街南沿及保护范围。

2.三官阁保护范围四周15米范围内，南至琉璃渠大街北沿。

3.东至京门线西侧铁轨以西30米平行线及现状院墙，南至丰沙铁路南侧铁轨以南30米平行线，西至琉璃渠大街东南沿，北至丰沙铁路北侧铁轨以北30米平行线及铁路护坡。

4.东至京门线东侧铁轨以东30米平行线，南至琉璃渠大街北沿，西、北至现状道路。

5.京门线铁路两侧30米范围内，南至丰沙铁路南侧铁轨以南30米平行线，北至琉璃渠大街南沿。

Ⅱ类：

1.北至琉璃渠大街并与Ⅰ类建设控制地带1相连，东至京门线铁路西侧铁轨以西30米平行线，南至现状院墙并与Ⅰ类建设控制地带3相连。

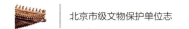

2.南至琉璃渠大街北沿并与Ⅰ类建设控制地带2相连，西、北、东至现状道路。

3.南至琉璃渠大街北沿，西、北、东至现状道路。

4.东至现状道路，南至琉璃渠大街北沿，西至现状围墙，北至现状道路延长线。

Ⅲ类：东与Ⅰ类建设控制地带5相连，南至现状铁路护坡，西至现状院墙，北与Ⅱ类建设控制地带1相连。

注：三官阁过街楼保护范围及建设控制地带于1992年在《第四批划定十五项文物保护单位的保护范围及建设控制地带的四至说明》中划定，本次根据保护管理需要统一调整后重新划定。

北关龙王庙

保护范围：龙王庙台基及南侧台阶投影范围内。

建设控制地带：

Ⅰ类：东至保护范围以东6米平行线及玉皇阁大街西红线，南至北顺城街北红线，西至规划道路东红线，北至保护范围以北6米平行线及东配殿与西配殿南墙以南30米平行线。

Ⅱ类：东至Ⅰ类建设控制地带1东界以东30米处，南侧与Ⅰ类建设控制地带相连，西至规划道路东红线并与Ⅰ类建设控制地带相连，北至Ⅰ类建设控制地带北界以北30米平行线。

Ⅲ类：

1.东至规划道路西红线，南至北顺城街北红线，西至规划道路东红线（北段直线）以西70米平行线，北至规划道路南红线。

2.东至玉皇阁大街西红线，南侧与Ⅰ类及Ⅱ类建设控制地带相连，西至规划道路东红线并与Ⅱ类建设控制地带相连，北至规划道路南红线。

Ⅴ类：东侧与Ⅲ类建设控制地带1相连，南至北顺城街北红线，西至Ⅲ类建设控制地带1西边界向西30米平行线，北至规划道路南红线。该地带内商业居住项目建筑高度不得超过9米，棚改项目建筑高度可适当放宽至18米。

花盆村戏台及关帝庙

保护范围：关帝庙现状院内。

建设控制地带：

Ⅰ类：东北至保护范围外侧6米平行线，东南至庙东南侧现状道路东南沿，西南至保护范围外侧25米平行线，西北至保护范围外侧25米平行线。

Ⅱ类：东北至Ⅰ类建设控制地带边界外20米平行线，东南至庙东南保护范围东南界外25米平行线，西南至现状悬崖，西北至Ⅰ类建设控制地带界外50米平行线。

灵照寺

保护范围：灵照寺现状院墙以内。

建设控制地带：

Ⅰ类：

1.保护范围东、北、西侧6米之内。

2.东至东配殿东墙100米平行线，南至妫水河北岸，西至南街东红线的延长线，北至湖北西路南红线。

Ⅲ类：东至规划道路西红线，南至湖北西路北红线并与Ⅰ类建设控制地带1相连，西至南街东红线，北至正殿北墙50米平行线。

Ⅳ类：

1.东至规划道路西红线，南侧与Ⅲ类建设控制地带相连，西至南街东红线，北至规划道路南红线。

2.东至东配殿东墙100米平行线，南至湖北西路北红线，西至规划道路东红线，北至正殿北墙50米平行线。

Ⅴ类：东至东配殿东墙100米平行线，南侧与Ⅳ类建设控制地带2相连，西至规划道路东红线，北至规划道路南红线。该地带内新建及改扩建建筑高度不得超过24米，现存超高的建筑物改建时应降低建筑高度。

京张铁路南口至八达岭段

注：待定。

大运河

注：详见《大运河遗产保护规划（北京段）》。